votre
orthographe

64 000 mots

Rédaction : Dominique Le Fur, Jennifer Rossi
Informatique : Sébastien Pettoello
Informatique documentaire : Laurent Nicolas
Lecture-correction : Muriel Zarka-Richard
Maquette : Gonzague Raynaud

N° d'éditeur : 101 69 675
Dépôt légal : juin 2010
Imprimé en Italie chez Grafica Veneta

Nouvelle Édition

Tous droits de reproduction, de traduction et d'adaptation réservés pour tous pays.

© 2010 Dictionnaires LE ROBERT
25, avenue Pierre-de-Coubertin, 75211 Paris Cedex 13
www.lerobert.com

ISBN 978-2-84902-819-3

© 2008 Dictionnaires LE ROBERT pour la première édition

Cet ouvrage est une œuvre collective au sens de l'article L. 113-2 du Code de la propriété intellectuelle. Publié par la société DICTIONNAIRES LE ROBERT, représentée par Marianne Durand, directrice déléguée.

«Toute représentation ou reproduction, intégrale ou partielle, faite sans le consentement de l'auteur, ou de ses ayants droit, ou ayants cause, est illicite» (article L. 122-4 du Code de la propriété intellectuelle). Cette représentation ou reproduction, par quelque procédé que ce soit, constituerait une contrefaçon sanctionnée par l'article L. 335-2 du Code de la propriété intellectuelle. Le Code de la propriété intellectuelle n'autorise, aux termes de l'article L. 122-5, que les copies ou reproductions strictement réservées à l'usage privé du copiste et non destinées à une utilisation collective, d'une part, et, d'autre part, que les analyses et les courtes citations dans un but d'exemple et d'illustration.

PRÉFACE

Vérifiez votre orthographe a été spécialement conçu pour apporter une réponse rapide, claire et complète aux questions que l'on peut se poser sur l'orthographe d'un mot et éventuellement sa prononciation. Il contient **64 000 mots**, pour lesquels il précise :
- la catégorie grammaticale
- l'invariabilité et le genre
- le féminin des adjectifs et des noms
- les pluriels irréguliers des mots simples et les pluriels des mots composés
- la catégorie des verbes
- le numéro de conjugaison des verbes, qui renvoie aux tableaux en annexe
- la prononciation de mots rares ou difficiles
- le sens des homographes de même catégorie grammaticale
- les marques déposées
- les recommandations officielles.

Les variantes orthographiques des mots sont données, qu'il s'agisse des variantes bien installées dans l'usage (ex. *shampouiner* ou *shampooiner* ; *évènement* ou *événement*) ou des graphies préconisées dans le cadre de la réforme de l'orthographe de 1990, dont certaines ont du mal à s'imposer dans notre langue (ex. : *ognon* pour *oignon*).

LA RÉFORME DE L'ORTHOGRAPHE

Le 6 décembre 1990 paraissait au Journal officiel un texte du Conseil supérieur de la langue française proposant un certain nombre de rectifications orthographiques. Elles portent sur les 5 points principaux suivants :

- le trait d'union disparaît dans un certain nombre de mots au profit de la soudure (ex. *autoécole, contrappel*) mais est ajouté dans les nombres composés (ex. *vingt-et-un-mille-six-cent-deux*)
- les mots composés de type forme verbale + nom ou bien préposition + nom prennent la marque du pluriel au deuxième élément (ex. *un essuie-main, des essuie-mains ; un garde-côte, des garde-côtes ; un après-midi, des après-midis*)
- l'accent circonflexe n'est plus obligatoire sur les lettres *i* et *u* (ex. *flute, traitre*), sauf dans les formes verbales (ex. *qu'il fût*), et dans quelques mots qui pourraient devenir ambigus (ex. *mûr*)
- le participe passé est invariable dans le cas de *laisser* suivi d'un infinitif (ex. *elle s'est laissé convaincre*)
- les mots empruntés suivent les règles d'accentuation et de formation du pluriel des mots français (ex. *un imprésario, des imprésarios*).

PRÉFACE

Par ailleurs :
- les graphies de mots de la même famille sont harmonisées (ex. *boursouffler* comme *souffler*, *charriot* comme *charrette*) et rendues conformes aux règles de l'écriture du français (ex. *douçâtre*)
- une consonne qui suit un *e* muet n'est pas doublée : ex. on écrit *lunette/lunetier*, *prunelle/prunelier*, sur le modèle de *noisette/noisetier*
- les verbes en *-eler* et en *-eter* s'écrivent avec un accent grave et une consonne simple devant une syllabe contenant un *e* muet. Les dérivés en *-ment* de ces verbes suivent la même règle (ex. *il détèle* sur le modèle de *il pèle* ; *il étiquètera* sur le modèle de *il achètera* ; *nivèlement, renouvèlement*). Exceptions : *appeler*, *jeter* et leurs composés (y compris *interpeler*) bien implantés dans l'usage
- les verbes en *-otter* s'écrivent avec une consonne simple, de même que leurs dérivés (ex. *frisoter*, *frisotis*).

CERTAINES CONJUGAISONS SONT MODIFIÉES

- les formes conjuguées des verbes du type *céder* s'écrivent avec un accent grave au futur et au conditionnel (ex. *il cèdera*, sur le modèle de *il lèvera*)
- dans les inversions interrogatives, la première personne du singulier en *e* suivie du pronom personnel *je* porte un accent grave (ex. *aimè-je*).

Ces propositions ont reçu un avis favorable de l'Académie française, l'accord du Conseil de la langue française du Québec et celui du Conseil de la langue de la Communauté française de Belgique. Censées aller dans le sens de la simplification, elles n'en ont pas moins des détracteurs qui pointent l'introduction d'incohérences et de confusions. Pourquoi écrire *un sèche-cheveu*, *des sèche-cheveux* alors que cet appareil a toujours vocation à sécher plusieurs cheveux ? Pourquoi écrire *sûr* au masculin mais *sure* au féminin alors que cela crée une ambiguïté avec l'homographe *sure* dans le sens de « aigre » (*une pomme sure*) ?

Loin de ces polémiques, **Vérifiez votre orthographe** identifie par le symbole ★ les graphies préconisées par la réforme de l'orthographe, lorsqu'elles ne sont pas déjà entérinées par l'usage et enregistrées dans des ouvrages de référence tels que le *Petit Robert de la langue française*. Il signale ainsi que ces formes, réputées fautives jusqu'en 1990, ne devraient plus être sanctionnées.

Vous trouverez également en annexe :
- les noms d'habitants
- les suffixes et préfixes
- les tableaux de conjugaison
- un récapitulatif sur l'accord du participe passé.

★ ★ ★

Vérifiez votre orthographe est un compagnon qui se rendra vite indispensable tant pour l'expression écrite (rédaction de lettres, rapports, dissertations, etc.) que pour tous les jeux de lettres (mots fléchés, mots croisés, Scrabble®, etc.).

ABRÉVIATIONS ET SYMBOLES

abrév.	abréviation	**inv.**	invariable
adj.	adjectif ; adjectival	**irrég.**	irrégulier
adv.	adverbe, adverbial	**m. ; masc.**	masculin
all.	allemand	**n.**	nom
ar.	arabe	**n. f.**	nom féminin
art.	article	**n. m.**	nom masculin
br.	breton	**numér.**	numéral
comp.	composé	**ord.**	ordinal
compar.	comparatif ; comparaison	**p. p.**	participe passé
condit.	conditionnel	**p. prés.**	participe présent
conj.	conjonction ; conjonctif	**partit.**	partitif
		pers.	personne ; personnel
déf.	défini	**pl.**	pluriel
dém.	démonstratif	**poss.**	possessif
f. ; fém.	féminin	**prép.**	préposition ; prépositif
hébr.	hébreu	**prés.**	présent
imp.	imparfait	**pron.**	pronom ; pronominal
impér.	impératif		
impers.	impersonnel	**rel.**	relatif
indéf.	indéfini	**sing.**	singulier
indic.	indicatif	**subj.**	subjonctif
indir.	indirect	**subst.**	substantif
inf.	infinitif	**superl.**	superlatif
interj.	interjection	**symb.**	symbole
interrog.	interrogatif	**tr.**	transitif
intr.	intransitif	**v.**	verbe
		vx	vieux

* ★   graphie préconisée par la réforme de l'orthographe
* ●   nom officiel d'habitant
* ®   marque déposée

PRONONCIATION ET SIGNES PHONÉTIQUES

Dans cet ouvrage, la prononciation des mots présentant une difficulté est indiquée entre crochets. La transcription phonétique, dont les symboles sont présentés ci-dessous, est donnée soit intégralement, soit partiellement, selon les lettres ou syllabes qui posent problème.

VOYELLES

- [i] il, épi, lyre
- [e] blé, aller, chez, épée
- [ɛ] lait, merci, fête
- [a] ami, patte
- [ɑ] pas, pâte
- [ɔ] fort, donner, sol
- [o] mot, dôme, eau, saule, zone
- [u] genou, roue
- [y] rue, vêtu
- [ø] peu, deux
- [œ] peur, meuble
- [ə] premier
- [ɛ̃] brin, plein, bain
- [ɑ̃] sans, vent
- [ɔ̃] ton, ombre, bonté
- [œ̃] lundi, brun, parfum

SEMI-CONSONNES

- [j] yeux, paille, pied, panier
- [w] oui, fouet, joua (et joie)
- [ɥ] huile, lui

CONSONNES

- [p] père, soupe
- [t] terre, vite
- [k] cou, qui, sac, képi
- [b] bon, robe
- [d] dans, aide
- [g] gare, bague, gui
- [f] feu, neuf, photo
- [s] sale, celui, ça, dessous, tasse, nation
- [ʃ] chat, tache, schéma
- [v] vous, rêve
- [z] zéro, maison, rose
- [ʒ] je, gilet, geôle
- [l] lent, sol
- [ʀ] rue, venir
- [m] mot, flamme
- [n] nous, tonne, animal
- [ɲ] agneau, vigne
- [h] hop ! (exclamatif)
- ['] (pas de liaison) héros, onze, yaourt
- [ŋ] (mots empruntés à l'anglais) camping
- [χ] (mots empruntés à l'espagnol) jota ; (à l'arabe) khamsin

a

a n. m. inv.; abrév. et symb.
A n. m. inv.; abrév. et symb.
à prép.
abaca n. m.
abacule n. m.
abaissant, ante adj.
abaisse n. f.
abaisse-langue n. m.
  PL. inv. ou *abaisse-langues*
abaissement n. m.
abaisser v. tr. (conjug. 1)
abaisseur, euse adj.
abajoue n. f.
abalone n. m.
abandon n. m.
abandonnant, ante adj.
abandonnataire n.
abandonné, ée adj.
abandonner v. tr. (conjug. 1)
abandonnique adj. et n.
abaque n. m.
abasie n. f.
abasourdi, ie [-z-] adj.
abasourdir v. tr. (conjug. 2)
abasourdissant, ante adj.
abasourdissement n. m.
abat n. m.
abâtardir v. tr. (conjug. 2)
abâtardissement n. m.
abatée n. f.
abatis n. m.
abat-jour n. m.
  PL. inv. ou *abat-jours*★
abat-son n. m.
  PL. *abat-sons*
abattage ou **abatage** (vx) n. m.
abattant n. m.

abattée ou **abatée** (vx) n. f.
abattement n. m.
abatteur n. m.
abattis n. m.
abattoir n. m.
abattre v. (conjug. 41)
abattu, ue adj. et n.
abat-vent n. m.
  PL. inv. ou *abat-vents*
abat-voix n. m. inv.
abbasside adj. et n.
abbatial, iale, iaux adj.
abbaye [-ei-] n. f.
abbé n. m.
abbesse n. f.
abbevillien, ienne adj. et n. m.
a b c n. m. inv.
abcéder v. intr. (conjug. 6)
abcès n. m.
abdicataire adj. et n.
abdicateur, trice adj.
abdication n. f.
abdiquer v. tr. (conjug. 1)
abdomen n. m.
abdominal, ale, aux adj.
abdos n. m. pl.
abducteur, trice adj. et n. m.
abduction n. f.
abécédaire adj. et n. m.
abée n. f.
abeille n. f.
abelia n. f.
abélien, ienne adj.
abénaquis, ise adj. et n.
aber [-ɛʁ-] n. m.
aberrance n. f.
aberrant, ante adj.
aberration n. f.
abêtir v. tr. (conjug. 2)
abêtissant, ante adj.
abêtissement n. m.
abhorrer v. tr. (conjug. 1)
abîme ou **abime**★ n. m.
abîmé, ée ou **abimé, ée**★ adj.

abîmer ou **abimer**★ v. tr. (conjug. 1)
ab intestat loc. adv. et loc. adj.
abiogenèse n. f.
abiotique adj.
ab irato loc. adv. et loc. adj.
abject, e adj.
abjectement adv.
abjection n. f.
abjuration n. f.
abjurer v. tr. (conjug. 1)
ablastine n. f.
ablater v. tr. (conjug. 1)
ablatif n. m. et adj.
ablation n. f.
ablégat n. m.
ableret n. m.
ablette n. f.
ablier n. m.
ablution n. f.
abnégation n. f.
aboi n. m.
aboiement n. m.
aboiteau n. m.
abolir v. tr. (conjug. 2)
abolition n. f.
abolitionnisme n. m.
abolitionniste n. et adj.
abominable adj.
abominablement adv.
abomination n. f.
abominer v. tr. (conjug. 1)
abondamment adv.
abondance n. f.
abondanciste n.
abondant, ante adj.
abonde n. f.
abondement n. m.
abonder v. (conjug. 1)
abonné, ée adj. et n.
abonnement n. m.
abonner v. tr. (conjug. 1)
abonnir v. tr. (conjug. 2)
abonnissement n. m.
abord n. m.
abordable adj.
abordage n. m.
aborder v. (conjug. 1)

aborigène

aborigène n. et adj.
abortif, ive adj.
abouchement n. m.
aboucher v. tr. (conjug. 1)
abouler v. (conjug. 1)
aboulie n. f.
aboulique adj.
about n. m.
aboutage n. m.
aboutement n. m.
abouter v. tr. (conjug. 1)
abouti, ie adj.
aboutir v. (conjug. 2)
aboutissant n. m.
aboutissement n. m.
aboyer v. intr. (conjug. 8)
aboyeur, euse n.
abracadabra n. m.
abracadabrant, ante adj.
abracadabrantesque adj.
abraser v. tr. (conjug. 1)
abrasif, ive n. m. et adj.
abrasion n. f.
abréaction n. f.
abrégé n. m.
abrégement ou abrègement n. m.
abréger v. tr. (conjug. 3 et 6)
abrêtier n. m.
abrêt-noir n. m.
  pl. abrêts-noirs
abreuvement n. m.
abreuver v. tr. (conjug. 1)
abreuvoir n. m.
abréviatif, ive adj.
abréviation n. f.
abri n. m.
abribus® n. m.
abricot n. m.
abricoté, ée adj.
abricotier n. m.
abrier v. tr. (conjug. 7)
abri-sous-roche n. m.
  pl. abris-sous-roche
abrité, ée adj.
abriter v. tr. (conjug. 1)
abrivent n. m.
abrogatif, ive adj.

abrogation n. f.
abrogatoire adj.
abrogeable adj.
abroger v. tr. (conjug. 3)
abrupt, e adj. et n. m.
abruptement adv.
abruti, ie adj. et n.
abrutir v. tr. (conjug. 2)
abrutissant, ante adj.
abrutissement n. m.
A. B. S. n. m. (anti-lock brake ou braking system)
abscisse n. f.
abscons, onse adj.
absence n. f.
absent, ente adj. et n.
absentéisme n. m.
absentéiste adj. et n.
absenter (s') v. pron. (conjug. 1)
absidal, ale, aux adj.
abside n. f.
absidial, iale, iaux adj.
absidiole n. f.
absinthe n. f.
absinthisme n. m.
absolu, ue adj. et n. m.
absoluité n. f.
absolument adv.
absolution n. f.
absolutisme n. m.
absolutiste adj. et n.
absolutoire adj.
absorbable adj.
absorbance n. f.
absorbant, ante adj.
absorber v. tr. (conjug. 1)
absorbeur n. m.
absorptif, ive adj.
absorptiométrie n. f.
absorption n. f.
absorptivité n. f.
absoudre v. tr. (conjug. 51)
absoute n. f.
abstème adj. et n.
abstenir (s') v. pron. (conjug. 22)
abstention n. f.
abstentionnisme n. m.
abstentionniste n.

abstinence n. f.
abstinent, ente adj.
abstracteur n. m.
abstractif, ive adj.
abstraction n. f.
abstraire v. tr. (conjug. 50)
abstrait, aite adj. et n. m.
abstraitement adv.
abstrus, use adj.
absurde adj. et n. m.
absurdement adv.
absurdité n. f.
abus n. m.
abuser v. tr. (conjug. 1)
abuseur, euse n. et adj.
abusif, ive adj.
abusivement adv.
abyme n. m.
abyssal, ale, aux adj.
abysse n. m.
abyssin, ine adj. et n.
abzyme n. f.
acabit n. m.
acacia n. m.
académicien, ienne n.
académie n. f.
académique adj.
académiquement adv.
académisable adj.
académisme n. m.
acadianisme n. m.
acadien, ienne adj. et n.
acajou n. m.
acalèphes n. m. pl.
acalorique adj.
acanthe n. f.
acanthocéphales n. m. pl.
acanthoptérygiens n. m. pl.
a cappella ou a capella ou à capella* loc. adj. et loc. adv.
acariâtre adj.
acaricide adj. et n. m.
acarien n. m.
acarus [-ys-] n. m.
acathésie n. f.
acathisie ou akathisie n. f.

accroire

acathisique adj.
acaule adj.
accablant, ante adj.
accablement n. m.
accabler v. tr. (conjug. 1)
accalmie n. f.
accaparant, ante adj.
accaparement n. m.
accaparer v. tr. (conjug. 1)
accapareur, euse n.
accastillage n. m.
accastiller v. tr. (conjug. 1)
accédant, ante n.
accéder v. tr. ind. (conjug. 6)
¹accelerando ou accélérando n. m.
  PL. inv. ou accelerandos ou accélérandos
²accelerando ou accélérando adv.
accélérateur, trice adj. et n. m. (rec. off. de booster)
accélération n. f.
accéléré, ée adj. et n. m.
accélérer v. tr. (conjug. 6)
accélérine n. f.
accélérographe n. m.
accéléromètre n. m.
accent n. m.
accenteur n. m.
accentuation n. f.
accentué, ée adj.
accentuel, elle adj.
accentuer v. tr. (conjug. 1)
acceptabilité n. f.
acceptable adj.
acceptant, ante adj. et n.
acceptation n. f.
accepter v. tr. (conjug. 1)
accepteur n. m. et adj. m.
acception n. f.
accès n. m.
accessibilité n. f.
accessible adj.
accession n. f.
accessit n. m.
accessoire adj. et n. m.
accessoirement adv.
accessoiriser v. tr. (conjug. 1)

accessoiriste n.
accident n. m.
accidenté, ée adj. et n.
accidentel, elle adj.
accidentellement adv.
accidentogène adj.
accidentologie n. f.
accidentologue n.
accise n. f.
acclamation n. f.
acclamer v. tr. (conjug. 1)
acclimatable adj.
acclimatation n. f.
acclimatement n. m.
acclimater v. tr. (conjug. 1)
accointance n. f.
accolade n. f.
accolage n. m.
accolement n. m.
accoler v. tr. (conjug. 1)
accommodant, ante adj.
accommodat n. m.
accommodateur, trice adj.
accommodation n. f.
accommodement n. m.
accommoder v. (conjug. 1)
accompagnant, ante n.
accompagnateur, trice n.
accompagnement n. m.
accompagner v. tr. (conjug. 1)
accompli, ie adj. et n. m.
accomplir v. tr. (conjug. 2)
accomplissement n. m.
accord n. m.
accordailles n. f. pl.
accord-cadre n. m.
  PL. accords-cadres
accordé, ée adj.
accordéon n. m.
accordéoniste n.
accorder v. tr. (conjug. 1)
accordeur, euse n.
accordoir n. m.
accore n. et adj.

accort, orte [akɔʀ, ɔʀt] adj.
accostable adj.
accostage n. m.
accoster v. tr. (conjug. 1)
accot n. m.
accotement n. m.
accoter v. tr. (conjug. 1)
accotoir n. m.
accouchée n. f.
accouchement n. m.
accoucher v. tr. (conjug. 1)
accoucheur, euse n.
accouement n. m.
accouder (s') v. pron. (conjug. 1)
accoudoir n. m.
accouple n. f.
accouplé, ée adj.
accouplement n. m.
accoupler v. tr. (conjug. 1)
accourcir v. (conjug. 2)
accourir v. intr. (conjug. 11)
accoutrement n. m.
accoutrer v. tr. (conjug. 1)
accoutumance n. f.
accoutumé, ée adj.
accoutumer v. tr. (conjug. 1)
accouvage n. m.
accréditation n. f.
accréditer v. tr. (conjug. 1)
accréditeur n. m.
accréditif, ive adj. et n. m.
accrescent, ente adj.
accrétion n. f.
accro adj. et n.
acrobranche® ou acrobranche n. f.
accroc n. m.
accrochage n. m.
accroche n. f.
accroche-cœur n. m.
  PL. accroche-cœurs
accroche-plat n. m.
  PL. accroche-plats
accrocher v. tr. (conjug. 1)
accrocheur, euse adj. et n.
accroire v. tr. (seult inf.)

accroissement n. m.
accroître ou **accroitre*** v. tr. (conjug. 55, sauf p. p. *accru*)
accroupir (s') v. pron. (conjug. 2)
accroupissement n. m.
accru n. m.
accrue n. f.
accueil n. m.
accueillant, ante adj. et n.
accueillir v. tr. (conjug. 12)
acculée n. f.
acculer v. tr. (conjug. 1)
acculturation n. f.
accumulateur n. m.
accumulation n. f.
accumuler v. tr. (conjug. 1)
accus n. m. pl.
accusateur, trice n. et adj.
accusatif n. m.
accusation n. f.
accusatoire adj.
accusé, ée n.
accuser v. tr. (conjug. 1)
ace n. m.
acellulaire adj.
acéphale adj. et n.
acerbe adj.
acerbité n. f.
acéré, ée adj.
acérer v. tr. (conjug. 6)
acéricole adj.
acériculteur, trice n.
acériculture n. f.
acescence n. f.
acescent, ente adj.
acétabulaire adj.
acétamide n. m.
acétate n. m.
acétification n. f.
acétifier v. tr. (conjug. 7)
acétimètre ou **acétomètre** n. m.
acétique adj.
acétobacter n. m.
acétocellulose n. f.
acétomètre n. m.

acétone n. f.
acétonémie n. f.
acétonémique adj.
acétonurie n. f.
acétylcholine [-k-] n. f.
acétylcoenzyme n. f.
acétyle n. m.
acétylène n. m.
acétylénique adj.
acétylsalicylique adj.
achaine n. m.
achalandage n. m.
achalandé, ée adj.
achalander v. tr. (conjug. 1)
achalant, ante adj. et n.
achalasie n. f.
achaler v. tr. (conjug. 1)
achards n. m. pl.
acharné, ée adj.
acharnement n. m.
acharner v. (conjug. 1)
achat n. m.
achatine n. m. ou f.
ache n. f.
acheminement n. m.
acheminer v. tr. (conjug. 1)
achène [-k-] n. m.
achetable adj.
acheter v. tr. (conjug. 5)
acheteur, euse n.
acheuléen, enne adj. et n. m.
achevé, ée adj. et n. m.
achèvement n. m.
achever v. tr. (conjug. 5)
achigan n. m.
achillée [-k-] n. f.
acholie [-k-] n. f.
achondroplasie [-k-] n. f.
achoppement n. m.
achopper v. tr. ind. (conjug. 1)
achoura n. f.
achromat [-k-] n. m.
achromatique [-k-] adj.
achromatiser [-k-] v. tr. (conjug. 1)
achromatisme [-k-] n. m.
achromatopsie [-k-] n. f.
achromie [-k-] n. f.

achromique [-k-] adj.
achylie n. f.
aciculaire adj.
acidalie n. f.
acide adj. et n. m.
acidifiable adj.
acidifiant, iante adj. et n. m.
acidification n. f.
acidifier v. tr. (conjug. 7)
acidimètre n. m.
acidimétrie n. f.
acidité n. f.
acidophile adj.
acidose n. f.
acidulé, ée adj.
aciduler v. tr. (conjug. 1)
acier n. m.
aciérage n. m.
aciération n. f.
aciérer v. tr. (conjug. 6)
aciérie n. f.
acinésie n. f.
acineux, euse adj.
acinus [-ys] n. m. PL. inv. ou *acini*
aclinique adj.
acmé n. m. ou f.
acné n. f.
acnéique adj.
acolytat n. m.
acolyte n. m.
acompte n. m.
acon ou **accon** n. m.
aconage ou **acconage** n. m.
aconier ou **acconier** n. m.
aconit n. m.
aconitine n. f.
a contrario ou **à contrario*** loc. adv. et loc. adj.
acoquinement n. m.
acoquiner (s') v. pron. (conjug. 1)
acore n. m.
à-côté n. m. PL. *à-côtés*
acotylédone adj.

à-coup n. m.
 PL *à-coups*
acouphène n. m.
acousmatique adj.
acousticien, ienne n.
acoustique adj. et n. f.
acquéresse n. f.
acquéreur n. m.
acquérir v. tr. (conjug. 21)
acquêt n. m.
acquiescement n. m.
acquiescer v. tr. ind.
 (conjug. 3)
¹**acquis, ise** adj.
²**acquis** n. m.
acquisitif, ive adj.
acquisition n. f.
acquit n. m.
acquit-à-caution n. m.
 PL *acquits-à-caution*
acquittement n. m.
acquitter v. tr. (conjug. 1)
acra n. m.
acre n. f.
âcre adj.
âcreté n. f.
acridien, ienne n. m. et adj.
acrimonie n. f.
acrimonieux, ieuse adj.
acrobate n.
acrobatie [-si] n. f.
acrobatique adj.
acrobatiquement adv.
acrobranche n. f.
acrocéphale adj.
acrocéphalie n. f.
acrocyanose n. f.
acroléine n. f.
acromégalie n. f.
acromégalique adj.
acromial, iale, iaux adj.
acromion n. m.
acronyme n. m.
acroparesthésie n. f.
acrophobie n. f.
acropole n. f.
acrosome n. m.
acrosport n. m.
acrostiche n. m.

acrotère n. m.
acrylique adj. et n. m.
actanciel, ielle adj.
actant n. m.
acte n. m.
actée n. f.
acter v. tr. (conjug. 1)
acteur, trice n.
A. C. T. H. n. f.
 (adrenocorticotrop(h)ic hormone)
actif, ive adj. et n. m.
actine n. f.
actinide n. m.
actinie n. f.
actinique adj.
actinisme n. m.
actinite n. f.
actinium n. m.
actinologie n. f.
actinomètre n. m.
actinomorphe adj.
actinomycète n. m.
actinomycose n. f.
actinoptérygiens n. m. pl.
actinote n. f.
actinothérapie n. f.
action n. f.
actionnaire n.
actionnariat n. m.
actionnement n. m.
actionner v. tr. (conjug. 1)
actionneur n. m.
actionnisme n. m.
activable adj.
activateur, trice n. m. et adj.
activation n. f.
activement adv.
activer v. tr. (conjug. 1)
activeur n. m.
activisme n. m.
activiste n.
activité n. f.
actuaire n.
actualisation n. f.
actualiser v. tr. (conjug. 1)
actualisme n. m.
actualité n. f.
actuariat n. m.

actuariel, ielle adj.
actuation n. f.
actuel, elle adj.
actuellement adv.
acuité n. f.
acul n. m.
aculéates n. m. pl.
acutangle adj.
acuminé, ée adj.
acupuncteur, trice ou
 acuponcteur, trice n.
acupuncture ou
 acuponcture n. f.
acutangle adj.
acyclique adj.
ada n. m.
adac n. m.
adage n. m.
¹**adagio** n. m.
 PL inv. ou *adagios*
²**adagio** [ada(d)ʒjo] adv.
adamantin, ine adj.
adamiens n. m.
adamique adj.
adamisme n. m.
adamites n. m. pl.
adaptabilité n. f.
adaptable adj.
adaptateur, trice n.
adaptatif, ive adj.
adaptation n. f.
adapter v. tr. (conjug. 1)
adav n. m.
addax n. m.
addenda [adɛ̃da] n. m.
 PL inv. ou *addendas*
addict adj. et n.
addictif, ive adj.
addiction n. f.
addictologie n. f.
addictologue n.
additif, ive adj. et n. m.
addition n. f.
additionnable adj.
additionnel, elle adj.
additionner v. tr.
 (conjug. 1)
additivé, ée adj.
adducteur adj. m. et n. m.
adduction n. f.

adduit n. m.
adénine n. f.
adénite n. f.
adénocarcinome n. m.
adénoïde adj.
adénoïdectomie n. f.
adénomateux, euse adj.
adénome n. m.
adénopathie n. f.
adénosine n. f.
adénovirus n. m.
adent n. m.
adepte n.
adéquat, ate [-kwa(t), at] adj.
adéquatement adv.
adéquation n. f.
adhérence n. f.
adhérent, ente adj. et n.
adhérer v. tr. ind. (conjug. 6)
adhésif, ive adj.
adhésion n. f.
ad hoc loc. adj.
ad hominem loc. adj.
adiabatique adj. et n. f.
adiabatisme n. m.
adiante n. m.
adiaphorèse n. f.
adieu interj. et n. m.
à-Dieu-va(t) [adjøvat] loc. interj.
adipeux, euse adj.
adipique adj.
adipocyte n. m.
adipolyse n. f.
adipopexie n. f.
adipose n. f.
adiposité n. f.
adipsie n. f.
adjacent, ente adj.
adjectif, ive n. m. et adj.
adjectival, ale, aux adj.
adjectivement adv.
adjectiver v. tr. (conjug. 1)
adjoindre v. tr. (conjug. 49)
adjoint, ointe n. et adj.
adjonction n. f.
adjudant, ante n.

adjudant-chef n.
PL *adjudants-chefs*
adjudant-major n.
PL *adjudants-majors*
adjudicataire n.
adjudicateur, trice n.
adjudicatif, ive adj.
adjudication n. f.
adjuger v. tr. (conjug. 3)
adjuration n. f.
adjurer v. tr. (conjug. 1)
adjuvant n. m.
adjuvat n. m.
ad libitum loc. adv.
ad litem loc. adj.
admettre v. tr. (conjug. 56)
adminicule n. m.
administrateur, trice n.
administratif, ive adj.
administration n. f.
administrativement adv.
administré, ée n.
administrer v. tr. (conjug. 1)
admirable adj.
admirablement adv.
admirateur, trice n.
admiratif, ive adj.
admiration n. f.
admirativement adv.
admirer v. tr. (conjug. 1)
admis, ise adj.
admissibilité n. f.
admissible adj.
admission n. f.
admittance n. f.
admonestation n. f.
admonester v. tr. (conjug. 1)
admonition n. f.
A. D. N. ou **ADN** n. m.
(acide désoxyribonucléique)
A. D. N.ase n. f.
(désoxyribo(se) et nucléase)
ado n.
adobe n. m.
adolescence n. f.
adolescent, ente n.

adologie n. f.
adologique adj.
adonide n. f.
adonis n. m.
adonner v. (conjug. 1)
adoptable adj.
adoptant, ante adj. et n.
adopter v. tr. (conjug. 1)
adoptif, ive adj.
adoption n. f.
adorable adj.
adorablement adv.
adorateur, trice n.
adoration n. f.
adorer v. tr. (conjug. 1)
ados n. m.
adossement n. m.
adosser v. tr. (conjug. 1)
adosseur n. m.
adoubement n. m.
adouber v. tr. (conjug. 1)
adoucir v. tr. (conjug. 2)
adoucissage n. m.
adoucissant, ante adj.
adoucissement n. m.
adoucisseur n. m.
ad patres [-tres] loc. adv.
adragant n. m.
adragante n. f.
adrénaline n. f.
adrénergique adj.
adressage n. m.
adresse n. f.
adresser v. tr. (conjug. 1)
adret n. m.
adriatique adj.
adroit, oite adj.
adroitement adv.
ADSL ® n. f. (asymmetric digital subscriber line)
adsorbant, ante adj. et n. m.
adsorber v. tr. (conjug. 1)
adsorption n. f.
adstrat n. m.
adufe n. m.
adulateur, trice n.
adulation n. f.
aduler v. tr. (conjug. 1)

affaitage

adulte adj. et n.
adultération n. f.
adultère adj. et n.
adultérer v. tr. (conjug. 6)
adultérin, ine adj.
adultisme n. m.
adultocrate n. m.
adultocratie n. f.
ad usum delphini loc. adj.
ad valorem loc. adj.
advection n. f.
advenir v. intr. (conjug. 22; inf. et 3ᵉ pers. seult)
adventice adj. et n. f.
adventif, ive adj.
adventiste n.
adverbe n. m.
adverbial, iale, iaux adj.
adverbialement adv.
adversaire n.
adversatif, ive adj.
adverse adj.
adversité n. f.
ad vitam æternam [-ETERNAM] loc. adv.
adynamie n. f.
aède n. m.
aédès ou aedes n. m.
ægagropile ou égagropile n. m.
ægosome ou égosome n. m.
æpyornis ou épyornis n. m.
aérage n. m.
aérateur n. m.
aération n. f.
aéraulique n. f.
aéré, ée adj.
aérer v. tr. (conjug. 6)
aéricole adj.
aérien, ienne adj.
aérifère adj.
aérium n. m.
aérobic n. f.
aérobie adj. et n. m.
aérobiologie n. f.
aérobiologique adj.
aérobiose n. f.

aéroclub ou aéro-club PL. aéro(-)clubs n. m.
aérocolie n. f.
aérodigestif, ive adj.
aérodrome n. m.
aérodynamicien, ienne n.
aérodynamique n. f. et adj.
aérodynamisme n. m.
aérodyne n. m.
aérofibre n. f.
aérofrein n. m.
aérofreinage n. m.
aérogare n. f.
aérogastrie n. f.
aérogel n. m.
aéroglisseur n. m.
aérogramme n. m.
aérographe n. m.
aérographié, ée adj.
aérolargage n. m.
aérolarguable adj.
aérolarguer v. tr. (conjug. 6)
aérolithe ou aérolite n. m.
aérologie n. f.
aérologique adj.
aéromagnétique adj.
aéromobile adj.
aéromodèle n. m.
aéromodélisme n. m.
aéromodéliste n.
aéromoteur n. m.
aéronaute n.
aéronautique adj. et n. f.
aéronaval, ale adj. et n. f.
aéronef n. m.
aéronomie n. f.
aéropathie n. f.
aérophagie n. f.
aérophone n. m.
aérophotographie n. f.
aéroplane n. m.
aéroponie n. f.
aéroport n. m.
aéroporté, ée adj.
aéroportuaire adj.

aéropostal, ale, aux adj.
aéroscope n. m.
aérosol [AEROSOL] n. m.
aérosolthérapie [-SOL-] n. f.
aérosondage n. m.
aérospatial, iale, iaux adj.
aérostat n. m.
aérostation n. f.
aérostatique adj. et n. f.
aérostier n. m.
aérostructure n. f.
aérotechnique n. f. et adj.
aéroterrestre adj.
aérotherme n. m.
aérothermique adj.
aérotrain ® n. m.
æschne [ESKN] n. f.
æthuse ou éthuse [ETYZ] n. f.
aétite n. f.
afeité, ée adj.
affabilité n. f.
affable adj.
affablement adv.
affabulateur, trice adj. et n.
affabulation n. f.
affabuler v. (conjug. 1)
affacturage n. m. (rec. off. de factoring)
affadir v. tr. (conjug. 2)
affadissant, ante adj.
affadissement n. m.
affaiblir v. tr. (conjug. 2)
affaiblissant, ante adj.
affaiblissement n. m.
affaiblisseur n. m.
affaire n. f.
affairé, ée adj.
affairement n. m.
affairer (s') v. pron. (conjug. 1)
affairisme n. m.
affairiste n.
affaissement n. m.
affaisser v. tr. (conjug. 1)
affaitage n. m.

affaitement

affaitement n. m.
affalement n. m.
affaler v. tr. (conjug. 1)
affamé, ée adj.
affamer v. tr. (conjug. 1)
affameur, euse n.
affect n. m.
affectation n. f.
affecté, ée adj.
affecter v. tr. (conjug. 1)
affectif, ive adj.
affection n. f.
affectionné, ée adj.
affectionner v. tr. (conjug. 1)
affectivement adv.
affectivité n. f.
affectueusement adv.
affectueux, euse adj.
affectus n. m.
afférent, ente adj.
affermage n. m.
affermer v. tr. (conjug. 1)
affermir v. tr. (conjug. 2)
affermissement n. m.
affété, ée adj.
affèterie ou afféterie n. f.
affichable adj.
affichage n. m.
affiche n. f.
afficher v. tr. (conjug. 1)
affichette n. f.
afficheur n. m.
affichiste n.
affidavit [-vit] n. m.
affidé, ée adj. et n.
affilage n. m.
affilée (d') loc. adv.
affilement n. m.
affiler v. tr. (conjug. 1)
affiliation n. f.
affilier v. tr. (conjug. 7)
affiloir n. m.
affin, ine adj.
affinage n. m.
affine adj.
affinement n. m.
affiner v. tr. (conjug. 1)

affinerie n. f.
affineur, euse n.
affinitaire adj.
affinité n. f.
affins n. m. pl.
affiquet n. m.
affirmatif, ive adj. et adv.
affirmation n. f.
affirmativement adv.
affirmer v. tr. (conjug. 1)
affixal, ale, aux adj.
affixe n. m. ou f.
affleurement n. m.
affleurer v. (conjug. 1)
afflictif, ive adj.
affliction n. f.
affligeant, ante adj.
affliger v. tr. (conjug. 3)
afflouer v. tr. (conjug. 1)
affluence n. f.
affluent n. m.
affluer v. intr. (conjug. 1)
afflux n. m.
affolant, ante adj.
affolé, ée adj.
affolement n. m.
affoler v. tr. (conjug. 1)
affouage n. m.
affouagiste n. m.
affouillement n. m.
affouiller v. tr. (conjug. 1)
affourcher v. tr. (conjug. 1)
affourragement ou affouragement n. m.
affourrager ou affourager v. tr. (conjug. 3)
affranchi, ie adj. et n.
affranchir v. tr. (conjug. 2)
affranchissement n. m.
affres n. f. pl.
affrètement n. m.
affréter v. tr. (conjug. 6)
affréteur n. m.
affreusement adv.
affreux, euse adj.
affriander v. tr. (conjug. 1)
affriolant, ante adj.
affrioler v. tr. (conjug. 1)
affriquée adj. f.

affront n. m.
affrontement n. m.
affronter v. tr. (conjug. 1)
affublement n. m.
affubler v. tr. (conjug. 1)
affusion n. f.
affût ou affut* n. m.
affûtage ou affutage* n. m.
affûté ou affuté*, ée adj.
affûter ou affuter* v. tr. (conjug. 1)
affûteur, euse ou affuteur, euse* n.
affûtiaux ou affutiaux* n. m. pl.
afghan, ane adj. et n.
aficionado n. m.
afin de loc. prép.
afin que loc. conj.
aflatoxine n. f.
afocal, ale, aux adj.
a fortiori ou à fortiori* loc. adv.
africain, aine adj. et n.
africanisation n. f.
africaniser v. tr. (conjug. 1)
africanisme n. m.
africaniste n.
afrikaans ou afrikans [-kās] adj. et n. m.
afrikander ou afrikaner n.
afro adj. inv.
afro-américain, aine adj.
PL. afro-américains, aines
afro-asiatique adj.
PL. afro-asiatiques
afro-beat ou afrobeat* n. m.
afro-brésilien, ienne adj.
PL. afro-brésiliens, iennes
afrocentrisme n. m.
afro-cubain, aine adj.
PL. afro-cubains, aines
afro-européen, enne adj. et n.
PL. afro-européens, ennes
after n. m. ou f. inv.

agression

after-shave n. m. inv. ou **aftershave★** n. m.
A. G. n. f. (assemblée générale)
aga n. m.
agaçant, ante adj.
agace ou **agasse** n. f.
agacement n. m.
agacer v. tr. (conjug. 3)
agacerie n. f.
agalactie ou **agalaxie** n. f.
agame adj.
agami n. m.
agamie n. f.
agapanthe n. f.
agape n. f.
agar-agar n. m.
  PL. *agars-agars*
agaric n. m.
agaricacées n. f. pl.
agaricale n. f.
agasse n. f.
agate n. f.
agatisé, ée adj.
agavacée n. f.
agave n. m.
age n. m.
âge n. m.
âgé, ée adj.
agence n. f.
agencement n. m.
agencer v. tr. (conjug. 3)
agencier n. m.
agenda n. m.
agénésie n. f.
agenouillement n. m.
agenouiller (s') v. pron. (conjug. 1)
agenouilloir n. m.
¹**agent** n. m.
²**agent, e** ou
ageratum ou **agératum★** n. m.
Agétac n. m. (accord général sur les tarifs douaniers et le commerce)
aggiornamento [a(d)ʒɔʀnamento] n. m.
agglo n. m. (aggloméré)

agglomérant, ante adj. et n. m.
agglomérat n. m.
agglomération n. f.
aggloméré n. m.
agglomérer v. tr. (conjug. 6)
agglutinant, ante adj.
agglutination n. f.
agglutiner v. tr. (conjug. 1)
agglutinine n. f.
agglutinogène n. m.
aggravant, ante adj.
aggravation n. f.
aggravée n. f. (inflammation du pied)
aggraver v. tr. (conjug. 1)
agha ou **aga** n. m.
agile adj.
agilement adv.
agilité n. f.
à ou **a giorno** loc. adv.
agiotage n. m.
agioter v. intr. (conjug. 1)
agioteur, euse n.
agir v. (conjug. 2)
âgisme n. m.
agissant, ante adj.
agissements n. m. pl.
agitateur, trice n.
agitation n. f.
agitato adv., adj. et n. m.
agité, ée adj.
agiter v. tr. (conjug. 1)
agit-prop n. f.
aglycone n. m. ou f.
aglyphe adj. et n. m.
agnat [agna] n. m.
agnathe [agnat] adj. et n. m.
agnation [agnasjɔ̃] n. f.
agnatique adj.
agneau n. m.
agnelage n. m.
agneler v. intr. (conjug. 5)
agnelet n. m.
agnelin n. m.
agneline n. f.
agnelle n. f.
agnosie n. f.

agnosticisme n. m.
agnostique adj.
agnus-castus [aɲyskastys; aɲyskastys] n. m. inv.
agnus dei [aɲys- aɲys-] n. m. inv.
agogique adj.
agonie n. f.
agonir v. tr. (conjug. 2)
agonisant, ante adj.
agoniser v. intr. (conjug. 1)
agoniste adj. et n.
agora n. f.
agoraphobe adj. et n.
agoraphobie n. f.
agouti n. m.
agrafage n. m.
agrafe n. f.
agrafer v. tr. (conjug. 1)
agrafeuse n. f.
agraire adj.
agrammatical, ale, aux adj.
agrammatisme n. m.
agrandir v. tr. (conjug. 2)
agrandissement n. m.
agrandisseur n. m.
agranulocytose n. f.
agraphie n. f.
agrarien, ienne n. et adj.
agréable adj.
agréablement adv.
agréation n. f.
agréé n. m.
agréer v. tr. (conjug. 1)
agrég n. f. (agrégation)
agrégat n. m.
agrégateur n. m.
agrégatif, ive n.
agrégation n. f.
agrégé, ée adj.
agréger v. tr. (conjug. 3 et 6)
agrément n. m.
agrémenter v. tr. (conjug. 1)
agrès n. m. pl.
agresser v. tr. (conjug. 1)
agresseur, euse n.
agressif, ive adj.
agression n. f.

agressivement

agressivement adv.
agressivité n. f.
agressologie n. f.
agreste adj.
agricole adj.
agriculteur, trice n.
agriculture n. f.
agrile n. m.
agrion n. m.
agriote n. m.
agripaume n. f.
agrippement n. m.
agripper v. tr. (conjug. 1)
agroalimentaire adj.
agrobiologie n. f.
agrobusiness n. m.
agrocarburant n. m.
agrochimie n. f.
agrochimique adj.
agrochimiste n.
agroenvironnemental, ale, aux adj.
agroforesterie n. f.
agroforestier, ière adj.
agro-industrie n. f.
 PL. agro-industries
agro-industriel, ielle adj.
 PL. agro-industriels, ielles
agrologie n. f.
agrologisticien, ienne n.
agronome n.
agronomie n. f.
agronomique adj.
agropastoral, ale, aux adj.
agrostide n. f.
agrostis n. m.
agrosystème n. m.
agrotis n. m.
agrotourisme n. m.
agrume n. m.
agrumiculteur, trice n.
agrumiculture n. f.
aguardiente n. f.
aguerrir v. tr. (conjug. 2)
aguets (aux) loc. adv.
agueusie n. f.
agui n. m.

aguichage n. m. (rec. off. de teasing)
aguichant, ante adj.
aguiche n. f.
aguicher v. tr. (conjug. 1)
aguicheur, euse adj. et n.
ah interj.
Ah symb. (unité électrique)
ahan n. m.
ahaner v. intr. (conjug. 1)
ahuri, ie adj.
ahurir v. tr. (conjug. 2)
ahurissant, ante adj.
ahurissement n. m.
aï n. m.
aiche n. f.
aicher v. tr. (conjug. 1)
aïd n. m.
aidant, ante n. et adj.
aide n.
aide-chimiste n.
 PL. aides-chimistes
aide-comptable n.
 PL. aides-comptables
aide-cuisinier n.
 PL. aides-cuisiniers
aide-mémoire n. m.
 PL. inv. ou aide-mémoires
aide-ménagère n. f.
 PL. aides-ménagères
aider v. tr. (conjug. 1)
aide-soignant, ante n.
 PL. aides-soignant(e)s
aïe interj.
aïeul, aïeule n.
aïeux n. m. pl.
aigle n. m. et f.
aiglefin n. m.
aiglette n. f.
aiglon, onne n.
aigre adj.
aigre-doux, douce adj.
 PL. aigres-doux, douces
aigrefin n. m.
aigrelet, ette adj.
aigrement adv.
aigremoine n. f.
aigrette n. f.
aigretté, ée adj.
aigreur n. f.

aigri, ie adj.
aigrir v. (conjug. 2)
aigu, uë ou üe* adj.
aiguail n. m.
aigue-marine n. f.
 PL. aigues-marines
aiguière n. f.
aiguillage n. m.
aiguillat n. m.
aiguille n. f.
aiguillée n. f.
aiguiller v. tr. (conjug. 1)
aiguilleté, ée adj.
aiguilleter v. tr. (conjug. 4)
aiguillette n. f.
aiguilleur, euse n.
aiguillon n. m.
aiguillonner v. tr. (conjug. 1)
aiguillot n. m.
aiguisage n. m.
aiguisement n. m.
aiguiser v. tr. (conjug. 1)
aiguiseur, euse n.
aiguisoir n. m.
aïkibudo n. m.
aïkido n. m.
ail [aj] n. m.
ailante n. m.
aile n. f.
ailé, ée adj.
aileron n. m.
ailette n. f.
ailier, ière n.
aillade n. f.
ailler v. tr. (conjug. 1)
ailleurs adv.
aïoli ou ailloli n. m.
aimable adj.
aimablement adv.
¹aimant, ante adj.
²aimant n. m.
aimantation n. f.
aimanter v. tr. (conjug. 1)
aimantin n. m. (rec. off. de magnet)
aimer v. tr. (conjug. 1)
aine n. f.
aîné, ée ou ainé, ée* adj. et n.

aînesse ou **aînesse*** n. f.
ainsi adv.
aïoli n. m.
air n. m.
air-air loc. adj.
airbag ® n. m.
airbus n. m.
aire n. f.
airedale n. m.
airelle n. f.
airer v. intr. (conjug. 1)
air-mer loc. adj.
air-sol loc. adj.
ais n. m.
aisance n. f.
aise adj. et n. f.
aisé, ée adj.
aisément adv.
aisseau n. m.
aisselle n. f.
ajointer v. tr. (conjug. 1)
ajonc n. m.
ajour n. m.
ajouré, ée adj.
ajourer v. tr. (conjug. 1)
ajournement n. m.
ajourner v. tr. (conjug. 1)
ajout n. m.
ajouter v. tr. (conjug. 1)
ajustable adj.
ajustage n. m.
ajustement n. m.
ajuster v. tr. (conjug. 1)
ajusteur, euse n.
ajut [-yt] n. m.
ajutage n. m.
akathisie n. f.
akène ou **achaine** ou **achène** n. m.
akinésie n. f.
akinétique adj.
akkadien, ienne adj. et n. m.
alabandite n. f.
alabastrite n. f.
alacrité n. f.
alaire adj.
alaise n. f.

alambic n. m.
alambiqué, ée adj.
alandier n. m.
alangui, ie adj.
alanguir v. tr. (conjug. 2)
alanguissement n. m.
alanine n. f.
alarmant, ante adj.
alarme n. f.
alarmer v. tr. (conjug. 1)
alarmisme n. m.
alarmiste n.
alastrim n. m.
alaterne n. m.
albacore n. m.
albanais, aise adj. et n.
albâtre n. m.
albatros n. m.
albédo n. m.
albinisme n. m.
albinos n.
albite n. f.
albuginé, ée adj. et n. f.
albugo n. m.
album n. m.
albumen n. m.
albuménie n. f.
albumine n. f.
albuminé, ée adj.
albuminémie n. f.
albumineux, euse adj.
albuminoïde n. m.
albuminurie n. f.
albuminurique adj.
albumose n. f.
alcade n. m.
alcalescence n. f.
alcalescent, ente adj.
alcali n. m.
alcalimètre n. m.
alcalimétrie n. f.
alcalin, ine adj.
alcaliniser v. tr. (conjug. 1)
alcalinité n. f.
alcalinoterreux, euse adj.
alcaloïde n. m.
alcalose n. f.
alcane n. m.

alcaptonurie n. f.
alcarazas n. m.
alcazar n. m.
alcène n. m.
alchémille n. f.
alchimie n. f.
alchimique adj.
alchimiste n.
alcool n. m.
alcoolat n. m.
alcoolature n. f.
alcoolé n. m.
alcoolémie n. f.
alcoolier, ière n. m. et adj.
alcoolification n. f.
alcoolique adj. et n.
alcoolisable adj.
alcoolisation n. f.
alcooliser v. tr. (conjug. 1)
alcoolisme n. m.
alcoolo adj. et n. (alcoolique)
alcoolodépendance n. f.
alcoolodépendant, ante adj. et n.
alcoologie n. f.
alcoologique adj.
alcoologue n.
alcoolotabagique adj.
alcoolotabagisme n. m.
alcoomètre n. m.
alcoométrie n. f.
alcootest ® n. m.
alcopop n. m.
alcoran n. m.
alcôve n. f.
alcoyle n. m.
alcyne n. m.
alcyon n. m.
alcyonaires n. m. pl.
aldéhyde n. m.
aldéhydique adj.
al dente adv. et adj. inv.
aldin, ine adj.
aldol n. m.
aldose n. m.
aldostérone n. f.
ale n. f.
aléa n. m.
aléatoire adj.

aléatoirement

aléatoirement adv.
alémanique adj. et n. m.
alêne ou alène n. f.
alénois adj. m.
alentour adv.
alentours n. m. pl.
aléoute ou aléoutien, ienne adj. et n.
aleph n. m. inv.
alépine n. f.
alérion n. m.
alertant, ante adj.
alerte adj. et n. f.
alerter v. tr. (conjug. 1)
alésage n. m.
alèse ou alaise n. f.
aléser v. tr. (conjug. 6)
aléseur n. m.
aléseuse n. f.
alésoir n. m.
aléthique adj.
aleurode n. m.
aleurone n. m.
alevin n. m.
alevinage n. m.
aleviner v. tr. (conjug. 1)
alevinier n. m.
alevinière n. f.
alexandra n. m.
alexandrin, ine adj. et n. m.
alexie n. f.
alexine n. f.
alexique n.
alexithymie n. f.
alezan, ane adj. et n.
alfa n. m.
alfalfa n. m.
alfatier, ière n. et adj.
algarade n. f.
algazelle n. f.
algèbre n. f.
algébrique adj.
algébriquement adv.
algébriste n.
algérien, ienne adj. et n.
algicide adj. et n. m.
algide adj.

algidité n. f.
algie n. f.
algine n. f.
algique adj.
algoculture n. f.
algodystrophie n. f.
algol n. m. (algorithmic language)
algologie n. f.
algologue n.
algonquin, ine ou algonkin, ine (vx) adj. et n.
algorithme n. m.
algorithmique adj. et n. f.
algothérapie n. f.
algue n. f.
alias [aljɑs] adv. et n. m.
alibi n. m.
aliboufier n. m.
alicament n. m.
alicyclique adj.
alidade n. f.
alien [aljɛn] adj.
aliénabilité n. f.
aliénable adj.
aliénant, ante adj.
aliénataire n.
aliénateur, trice n.
aliénation n. f.
aliéné, ée adj. et n.
aliéner v. tr. (conjug. 6)
aliéniste n.
aligné, ée adj.
alignement n. m.
aligner v. tr. (conjug. 1)
aligot n. m.
aligoté n. m.
aliment n. m.
alimentaire adj.
alimentation n. f.
alimenter v. tr. (conjug. 1)
alinéa n. m.
alios n. m.
aliphatique adj.
aliquante adj. f.
aliquote adj. f.
alise ou alize n. f.
alisier ou alizier n. m.
alisma ou alisme n. m.

alitement n. m.
aliter v. tr. (conjug. 1)
alizari n. m.
alizarine n. f.
alize n. f.
alizé adj. et n. m.
alizéen, enne adj.
alizier n. m.
alkékenge n. m.
alkermès n. m.
alkyde adj.
alkylation n. f.
alkyle n. m.
allaitant, ante adj.
allaitement n. m.
allaiter v. tr. (conjug. 1)
allant, ante n. m. et adj.
allantoïde n. f.
alléchant, ante adj.
allécher v. tr. (conjug. 6)
allée n. f.
allégation n. f.
allégé, ée adj.
allège n. f.
allégeance n. f.
allégement ou allègement n. m.
alléger v. tr. (conjug. 6)
allégorie n. f.
allégorique adj.
allégoriquement adv.
allègre adj.
allègrement ou allégrement adv.
allégresse n. f.
¹allégretto ou allegretto n. m.
   pl. *allégrettos* ou *allegrettos*
²allégretto ou allegretto adv.
¹allégro ou allegro n. m.
   pl. *allégros* ou *allegros*
²allégro ou allegro adv.
alléguer v. tr. (conjug. 6)
allèle n. m.
allélique adj.
allélomorphe adj.
alléluia n. m.
allemand, ande adj. et n.
allène n. m.

alternance

¹**aller** n. m.
²**aller** v. (conjug. 9)
allergène n. m. et adj.
allergénique adj.
allergie n. f.
allergique adj.
allergisant, ante adj. et n. m.
allergologie n. f.
allergologique adj.
allergologiste n.
allergologue n.
aller-retour n. m.
  PL. *allers-retours*
alleu n. m.
alleutier n. m.
alliacé, ée adj.
alliage n. m.
alliaire n. f.
alliance n. f.
allié, iée adj. et n.
allier v. tr. (conjug. 7)
alligator n. m.
allitératif, ive adj.
allitération n. f.
allo ou **allô** interj.
alloc n. f. (allocation)
allocataire n.
allocation n. f.
allocentrisme n. m.
allochtone adj.
allocutaire n.
allocution n. f.
allodial, iale, iaux adj.
allogame adj.
allogamie n. f.
allogène adj.
allogreffe n. f.
allogreffon n. m.
allonge n. f.
allongé, ée adj.
allongement n. m.
allonger v. (conjug. 3)
allopathe adj.
allopathie n. f.
allopathique adj.
allophone n. et adj.
allosaure n. m.
allostérie n. f.
allostérique adj.
allotissement n. m.
allotropie n. f.
allotropique adj.
allouer v. tr. (conjug. 1)
alluchon n. m.
allumage n. m.
allumé, ée adj.
allume-cigare n. m.
  PL. *allume-cigares*
allume-feu n. m.
  PL. *allume-feux*
allume-gaz n. m. inv.
allumer v. tr. (conjug. 1)
allumette n. f.
allumettier, ière n.
allumeur, euse n.
allure n. f.
alluré, ée adj.
allusif, ive adj.
allusion n. f.
allusivement adv.
alluvial, iale, iaux adj.
alluvion n. f.
alluvionnaire adj.
alluvionnement n. m.
alluvionner v. intr. (conjug. 1)
allyle n. m.
allylique adj.
alma mater n. f. inv.
almanach n. m.
almandin n. m.
almandine n. f.
almasilicium n. m.
almée n. f.
almicantarat n. m.
aloès n. m.
aloétique adj.
aloe vera ou **aloé véra** n. m. inv.
alogique adj.
aloi n. m.
alopécie n. f.
alors adv.
alose n. f.
alouate n. m.
alouette n. f.
alourdir v. tr. (conjug. 2)
alourdissement n. m.
aloyau n. m.
alpaga n. m.
alpage n. m.
alpagiste n.
alpaguer v. tr. (conjug. 1)
alpax n. m.
alpe n. f.
alpenstock n. m.
alpestre adj.
alpha n. m.
  PL. inv. ou *alphas*★ (lettre)
alphabet n. m.
alphabète n. et adj.
alphabétique adj.
alphabétiquement adv.
alphabétisation n. f.
alphabétiser v. tr. (conjug. 1)
alphabétiseur, euse n.
alphabétisme n. m.
alphanumérique adj.
alphapage® n. m.
alpin, ine adj.
alpinisme n. m.
alpiniste n.
alpiste n. m.
alquifoux n. m.
alsacien, ienne adj. et n.
altérabilité n. f.
altérable adj.
altéragène adj.
altérant, ante adj.
altération n. f.
altercation n. f.
alterconsommateur, trice n.
alterconsommation n. f.
alter ego n. m. inv.
altérer v. tr. (conjug. 6)
altereuropéen, enne adj. et n.
altérité n. f.
altermonde n. m.
altermondialisation n. f.
altermondialisme n. m.
altermondialiste adj. et n.
alternance n. f.

alternant, ante adj.
alternat n. m.
alternateur n. m.
alternatif, ive adj.
alternative n. f.
alternativement adv.
alterne adj.
alterné, ée adj.
alterner v. (conjug. 1)
altesse n. f.
althæa ou **alt(h)éa** n. f. et m.
altier, ière adj.
altimètre n. m.
altimétrie n. f.
altimétrique adj.
altiport n. m.
altise n. f.
altiste n.
altitude n. f.
alto n. m.
altocumulus n. m.
altostratus n. m.
altruisme n. m.
altruiste adj. et n.
altuglas® ou **altuglass** n. m.
alu n. m.
alucite n. f.
aluminage n. m.
aluminate n. m.
alumine n. f.
aluminer v. tr. (conjug. 1)
aluminerie n. f.
alumineux, euse adj.
aluminiage n. m.
aluminier n. m.
aluminium n. m.
aluminosilicate n. m.
aluminothermie n. f.
aluminure n. f.
alun n. m.
alunage n. m.
aluner v. tr. (conjug. 1)
alunir v. intr. (conjug. 2)
alunissage n. m.
alunite n. f.
alvéolaire adj.
alvéole n. m. (vx) ou f.

alvéolé, ée adj.
alvéolite n. f.
alvin, ine adj.
alysse n. m.
alyte n. m.
alzheimer [alzajmɛʁ] n. m.
alzheimérien, ienne adj. et n.
a. m. loc. adv. (avant midi)
amabilité n. f.
amadou n. m.
amadouer v. tr. (conjug. 1)
amadouvier n. m.
amagnétique adj.
amaigrir v. tr. (conjug. 2)
amaigrissant, ante adj. et n. m.
amaigrissement n. m.
amalgamation n. f.
amalgame n. m.
amalgamer v. tr. (conjug. 1)
aman n. m.
amandaie n. f.
amande n. f.
amanderaie n. f.
amandier n. m.
amandine n. f.
amanite n. f.
amant, ante n.
amarante n. f.
amareyeur, euse n.
amaril, ile adj.
amarinage n. m.
amariner v. tr. (conjug. 1)
amarrage n. m.
amarre n. f.
amarrer v. tr. (conjug. 1)
amaryllis n. f.
amas n. m.
amasser v. tr. (conjug. 1)
amateur, trice n.
amateurisme n. m.
amathie n. f.
amatir v. tr. (conjug. 2)
amaurose n. f.
amazone n. f.
ambages n. f. pl.
ambassade n. f.

ambassadeur, drice n.
ambiance n. f.
ambiancer v. intr. (conjug. 3)
ambianceur, euse n.
ambiant, iante adj.
ambidextre adj. et n.
ambigu, uë ou **güe*** adj.
ambiguïté ou **ambiguïté*** n. f.
ambiophonie® n. f.
ambisexué, ée adj.
ambitieusement adv.
ambitieux, ieuse adj.
ambition n. f.
ambitionner v. tr. (conjug. 1)
ambitus n. m.
ambivalence n. f.
ambivalent, ente adj.
amble n. m.
ambler v. intr. (conjug. 1)
ambleur, euse adj.
amblyope adj. et n.
amblyopie n. f.
amblyoscope n. m.
amblystome n. m.
ambon n. m.
ambre n. m.
ambré, ée adj.
ambréine n. f.
ambroisie n. f.
ambrosien, ienne adj.
ambulacraire adj.
ambulacre n. m.
ambulance n. f.
ambulancier, ière n.
ambulant, ante adj.
ambulatoire adj.
âme n. f.
amélanchier n. m.
améliorable adj.
améliorant, ante adj. et n. m.
amélioration n. f.
améliorer v. tr. (conjug. 1)
amen interj. et n. m. inv.
aménageable adj.
aménagement n. m.
aménager v. tr. (conjug. 3)

aménageur, euse n.
aménagiste n.
amendable adj.
amende n. f.
amendement n. m.
amender v. tr. (conjug. 1)
amène adj.
amenée n. f.
amener v. tr. (conjug. 5)
aménité n. f.
aménorrhée n. f.
amentifère adj. et n. f.
amenuisement n. m.
amenuiser v. tr. (conjug. 1)
¹amer, ère adj.
²amer n. m.
amèrement adv.
américain, aine adj. et n.
américanisation n. f.
américaniser v. tr. (conjug. 1)
américanisme n. m.
américaniste adj. et n.
américanocentrique adj.
américanocentrisme n. m.
américanocentriste adj.
américanologie n. f.
américanophilie n. f.
américium n. m.
amérindien, ienne adj. et n.
amerrir v. intr. (conjug. 2)
amerrissage n. m.
amertume n. f.
amétallique adj.
améthyste n. f.
amétrope adj.
amétropie n. f.
ameublement n. m.
ameublir v. tr. (conjug. 2)
ameublissement n. m.
ameuter v. tr. (conjug. 1)
A. M. G. n. f. (assistance médicale gratuite)
amharique n. m.
ami, ie n. et adj.
amiable adj.

amiante n. m.
amiante-ciment n. m.
pl. *amiantes-ciments*
amibe n. f.
amibiase n. f.
amibien, ienne n. et adj.
amiboïde adj.
amical, ale, aux adj. et n. f.
amicalement adv.
amict n. m.
amide n. m.
amidon n. m.
amidonnage n. m.
amidonner v. tr. (conjug. 1)
amidonnerie n. f.
amidonnier, ière n.
amidopyrine n. f.
amimie n. f.
amincir v. tr. (conjug. 2)
amincissant, ante adj.
amincissement n. m.
amine n. f.
aminé, ée adj.
a minima ou **à minima** loc. adj.
aminoacide ou **amino-acide** n. m.
pl. *amino(-)acides*
aminoplaste n. m.
aminoside n. m.
amiral, ale, aux adj. et n.
amirauté n. f.
amish n. inv. et adj. inv.
amitié n. f.
amitose n. f.
ammi n. m.
ammocète n. f.
ammonal n. m.
ammoniac, iaque adj. et n. m.
ammoniacal, ale, aux adj.
ammoniaque n. f.
ammoniaqué, ée adj.
ammoniotélique adj.
ammonite n. f.
ammonitrate n. m.
ammonium n. m.
ammophile adj.

amnésie n. f.
amnésique adj. et n.
amniocentèse n. f.
amnios n. m.
amnioscopie n. f.
amniote adj. et n. m.
amniotique adj.
amnistiable adj.
amnistiant, iante adj.
amnistie n. f.
amnistier v. tr. (conjug. 7)
amocher v. tr. (conjug. 1)
amodiataire n.
amodiateur, trice n.
amodiation n. f.
amodier v. tr. (conjug. 7)
amoindrir v. tr. (conjug. 2)
amoindrissement n. m.
amok n. m.
amollir v. tr. (conjug. 2)
amollissant, ante adj.
amollissement n. m.
amonceler v. tr. (conjug. 4)
amoncellement ou **amoncèlement*** n. m.
amont n. m.
amoral, ale, aux adj.
amoralisme n. m.
amoralité n. f.
amorçage n. m.
amorce n. f.
amorcer v. tr. (conjug. 3)
amorçoir n. m.
amoroso adv.
amorphe adj.
amorti n. m.
amortir v. tr. (conjug. 2)
amortissable adj.
amortissant, ante adj.
amortissement n. m.
amortisseur, euse n. m. et adj.
amour n. m.
amouracher (s') v. pron. (conjug. 1)
amourette n. f. (tocade)
amourettes n. f. pl. (moelle épinière)
amoureusement adv.
amoureux, euse adj. et n.

amour-propre n. m.
pl. *amours-propres*
amovibilité n. f.
amovible adj.
ampélographie n. f.
ampélographique adj.
ampélologie n. f.
ampélopsis n. m.
ampérage n. m.
ampère n. m.
ampère-heure ou
  ampèreheure* n. m.
  pl. *ampères-heure* ou
  ampèreheures*
ampèremètre n. m.
amphétamine n. f.
amphétaminique adj. et n. m.
amphi n. m. (amphithéâtre)
amphiarthrose n. f.
amphibie adj. et n. m.
amphibiens n. m. pl.
amphibole adj. et n. f.
amphibolique adj.
amphibologie n. f.
amphibologique adj.
amphictyon n. m.
amphictyonie n. f.
amphigouri n. m.
amphigourique adj.
amphimixie n. f.
amphineures n. m. pl.
amphioxus n. m.
amphisbène n. m.
amphithéâtre n. m.
amphitryon, onne n.
ampholyte n. m.
amphore n. f.
amphotère adj.
ample adj.
amplectif, ive adj.
amplement adv.
ampleur n. f.
ampli n. m. (amplificateur)
ampliatif, ive adj.
ampliation n. f.
amplifiant, iante adj.
amplificateur, trice n. m. et adj.
amplification n. f.

amplifier v. tr. (conjug. 7)
amplitude n. f.
ampoule n. f.
ampoulé, ée adj.
amputation n. f.
amputé, ée adj. et n.
amputer v. tr. (conjug. 1)
amuïr (s') v. pron. (conjug. 2)
amuïssement n. m.
amulette n. f.
amure n. f.
amurer v. tr. (conjug. 1)
amusant, ante adj.
amuse-bouche n. m.
  pl. *amuse-bouches*
amuse-gueule n. m.
  pl. *amuse-gueules*
amusement n. m.
amuser v. tr. (conjug. 1)
amusette n. f.
amuseur, euse n.
amusie n. f.
amyélinique adj.
amygdale n. f.
amygdalectomie n. f.
amygdalien, ienne adj.
amygdaline n. f.
amygdalite n. f.
amylacé, ée adj.
amylase n. f.
amyle n. m.
amylène n. m.
amylique adj.
amylobacter n. m.
amyloïdose n. f.
amylose n. f.
amyotrophie n. f.
amyotrophique adj.
an n. m.
ana n. m.
  pl. inv. ou *anas*
anabaptisme n. m.
anabaptiste n. et adj.
anabiose n. f.
anabolique adj.
anabolisant, ante n. m. et adj.
anabolisé, ée adj.
anabolisme n. m.

anabolite n. m.
anacardier n. m.
anachorète [-k-] n. m.
anachorétique [-k-] adj.
anachorétisme [-k-] n. m.
anachronique [-k-] adj.
anachroniquement [-k-] adv.
anachronisme [-k-] n. m.
anaclitique adj.
anacoluthe n. f.
anaconda n. m.
anacrouse n. f.
anadrome adj.
anaérobie adj.
anaérobiose n. f.
anaglyphe n. m.
anaglyptique adj.
anagogie n. f.
anagogique adj.
anagrammatique adj.
anagrammatisme n. m.
anagramme n. f.
anal, ale, aux adj.
analepse n. f.
analeptique adj.
analgésie n. f.
analgésique adj. et n. m.
analité n. f.
anallergique adj.
analogie n. f.
analogique adj.
analogiquement adv.
analogon n. m.
analogue adj. et n. m.
analphabète adj.
analphabétisme n. m.
analycité n. f.
analysable adj.
analysant, ante n.
analyse n. f.
analyser v. tr. (conjug. 1)
analyseur n. m.
analyste n.
analyste-programmeur, euse n.
  pl. *analystes-programmeurs, euses*
analytique n. f. et adj.
analytiquement adv.

anamnèse n. f.
anamnestique adj.
anamorphose n. f.
ananas [anana(s)] n. m.
anapeste n. m.
anaphase n. f.
anaphore n. f.
anaphorèse n. f.
anaphorique adj. et n. m.
anaphrodisiaque adj. et n. m.
anaphrodisie n. f.
anaphylactique adj.
anaphylaxie n. f.
anaplastie n. f.
anar n. et adj. (anarchiste)
anarchie n. f.
anarchique adj.
anarchiquement adv.
anarchisant, ante adj.
anarchisme n. m.
anarchiste n. et adj.
anarchosyndicalisme [-k-] n. m.
anarchosyndicaliste [-k-] adj. et n.
anarthrie n. f.
anasarque n. f.
anastatique adj.
anastigmat ou anastigmatique adj. m.
anastomose n. f.
anastomoser v. tr. (conjug. 1)
anatexie n. f.
anathématiser v. tr. (conjug. 1)
anathème n. m.
anathémiser v. tr. (conjug. 1)
anatife n. m.
anatifère adj.
anatomie n. f.
anatomique adj.
anatomiquement adv.
anatomiste n.
anatomopathologie n. f.
anatomopathologiste n.

anatoxine n. f.
anavenin n. m.
ancestral, ale, aux adj.
ancêtre n.
anche n. f.
anchoïade n. f.
anchois n. m.
ancien, ienne adj.
anciennement adv.
ancienneté n. f.
ancillaire [ɑ̃silɛʀ] adj.
ancolie n. f.
ancrage n. m.
ancre n. f.
ancrer v. tr. (conjug. 1)
andain n. m.
andainage n. m.
andaineur n. m.
andalou, ouse adj. et n.
andante [ɑ̃dɑ̃t; andante] adv. et n. m.
¹andantino n. m.
    pl. andantinos
²andantino adv.
andésite n. f.
andin, ine adj. et n.
andouille n. f.
andouiller n. m.
andouillette n. f.
andrène n. m.
androcée n. m.
androcentrique adj.
androcentrisme n. m.
androcéphale adj.
androgène adj. et n. m.
androgenèse n. f.
androgénie n. f.
androgénique adj.
androgyne adj. et n.
androgynie n. f.
androïde n. m. et adj.
andrologie n. f.
andrologue n.
andropause n. f.
androstérone n. f.
âne n. m.
anéantir v. tr. (conjug. 2)
anéantissement n. m.
anecdote n. f.

anecdotier, ière n.
anecdotique adj.
anémiant, iante adj.
anémie n. f.
anémier v. tr. (conjug. 7)
anémique adj.
anémographe n. m.
anémomètre n. m.
anémone n. f.
anémophile adj.
anémophilie n. f.
anencéphale n.
anencéphalie n. f.
anergie n. f.
ânerie n. f.
anéroïde adj. m.
ânesse n. f.
anesthésiant, iante adj.
anesthésie n. f.
anesthésier v. tr. (conjug. 7)
anesthésiologie n. f.
anesthésiologiste n.
anesthésique adj. et n. m.
anesthésiste n.
anesthétique adj.
aneth n. m.
anévrismal, ale, aux ou anévrysmal, ale, aux adj.
anévrisme ou anévrysme n. m.
anfractuosité n. f.
angarie n. f.
ange n. m.
angéiologie n. f.
angéite n. f.
angélique adj. et n. f.
angéliquement adv.
angélisme n. m.
angelot n. m.
angélus [-lys] n. m.
angevin, ine adj.
angiectasie n. f.
angiite n. f.
angine n. f.
angineux, euse adj. et n.
angiocardiographie n. f.
angiocholite [-k-] n. f.
angiographie n. f.

angiologie

angiologie n. f.
angiome n. m.
angioneurotique adj.
angioplastie n. f.
angioscopie n. f.
angiosperme adj. et n. f.
angiotensine n. f.
anglais, aise adj. et n.
anglaise n. f.
anglaiser v. tr. (conjug. 1)
angle n. m.
angledozer ou
  angledozeur*
  [ɑ̃glədozœʀ] n. m. (rec. off. : bouteur biais)
anglet n. m.
anglican, ane adj. et n.
anglicanisme n. m.
anglicisant, ante adj.
anglicisation n. f.
angliciser v. tr. (conjug. 1)
anglicisme n. m.
angliciste n.
anglo-américain, aine adj. et n.
  PL. anglo-américains, aines
anglo-arabe adj.
  PL. anglo-arabes
anglomane n.
anglomanie n. f.
anglo-normand, ande adj. et n.
  PL. anglo-normands, andes
anglophile adj. et n.
anglophilie n. f.
anglophobe adj. et n.
anglophobie n. f.
anglophone adj. et n.
anglo-saxon, onne adj. et n.
  PL. anglo-saxons, onnes
angoissant, ante adj.
angoisse n. f.
angoissé, ée adj.
angoisser v. (conjug. 1)
angon n. m.
angor n. m.
angora adj. et n. m.
ångström ou
  angstroem* n. m.

anguiforme adj.
anguille n. f.
anguillère ou
  anguillière n. f.
anguilliforme adj. et n. m.
anguillule n. f.
angulaire adj.
anguleux, euse adj.
angustura n. f.
anharmonique adj.
anhélation n. f.
anhéler v. intr. (conjug. 6)
anhidrose ou anidrose n. f.
anhidrotique adj. et n. m.
anhistorique adj.
anhydre adj.
anhydride n. m.
anhydrite n. f.
anhydrobiose n. f.
anhypothétique adj.
anicroche n. f.
anidrose n. f.
ânier, ière n.
anilide n. f.
aniline n. f.
anilisme n. m.
animadversion n. f.
¹animal, ale, aux adj.
²animal, aux n. m.
animalcule n. m.
animalerie n. f.
animalier, ière n. et adj.
animalité n. f.
animateur, trice adj. et n.
animathèque n. f.
animation n. f.
animato adv.
animé, ée adj.
animer v. tr. (conjug. 1)
animisme n. m.
animiste adj. et n.
animosité n. f.
anion n. m.
anis [ani(s)] n. m.
anisakiase n. f.
aniser v. tr. (conjug. 1)
anisette n. f.
anisocorie n. f.

anisogamie n. f.
anisole n. m.
anisotrope adj.
anisotropie n. f.
anite n. f.
ankylosaure n. m.
ankylose n. f.
ankyloser v. tr. (conjug. 1)
ankylostome n. m.
ankylostomiase n. f.
annal, ale, aux adj.
annales n. f. pl.
annaliste n.
annalité n. f.
annamite adj. et n.
anneau n. m.
année n. f.
année-lumière n. f.
  PL. années-lumière
annelé, ée adj.
annélides n. m. pl.
annexe adj. et n. f.
annexer v. tr. (conjug. 1)
annexion n. f.
annexionnisme n. m.
annexionniste adj. et n.
annihilation n. f.
annihiler v. tr. (conjug. 1)
anniversaire adj. et n. m.
annonce n. f.
annoncer v. tr. (conjug. 3)
annonceur, euse n.
annonciateur, trice adj.
annonciation n. f.
annoncier, ière n.
annone n. f.
annotateur, trice n.
annotation n. f.
annoter v. tr. (conjug. 1)
annuaire n. m.
annualisation n. f.
annualiser v. tr. (conjug. 1)
annualité n. f.
annuel, elle adj.
annuellement adv.
annuité n. f.
annulable adj.
annulaire adj. et n. m.
annulation n. f.

annuler v. tr. (conjug. 1)
annus horribilis loc.
anoblir v. tr. (conjug. 2)
anoblissement n. m.
anode n. f.
anodin, ine adj.
anodique adj.
anodisation n. f.
anodiser v. tr. (conjug. 1)
anodonte adj. et n. m.
anomal, ale, aux adj.
anomale ou **anomala** n. m.
anomalie n. f.
anomalon n. m.
anomie n. f.
anomique adj.
ânon n. m.
anone n. f.
ânonnement n. m.
ânonner v. tr. (conjug. 1)
anonymat n. m.
anonyme adj. et n.
anonymement adv.
anonymisation n. f.
anonymiser v. tr. (conjug. 1)
anonymographe n.
anophèle n. m.
anorak n. m.
anordir v. intr. (conjug. 2)
anorexie n. f.
anorexigène adj. et n. m.
anorexique adj. et n.
anorganique adj.
anorgasmie n. f.
anormal, ale, aux adj. et n.
anormalement adv.
anormalité n. f.
anosmie n. f.
anoure adj. et n. m.
anovulation n. f.
anovulatoire adj.
anoxémie n. f.
anoxie n. f.
anse n. f.
ansé, ée adj.
ansériforme adj. et n. m.
ansérine n. f.

antabuse adj.
antagonique adj.
antagoniser v. tr. (conjug. 1)
antagonisme n. m.
antagoniste adj. et n.
antalgique adj.
antan (d') loc. adj.
antarctique adj.
ante n. f.
antébois ou **anteboi**s n. m.
antécambrien, ienne adj.
antécédence n. f.
antécédent, ente adj. et n. m.
antéchrist n. m.
antécime n. f.
antédiluvien, ienne adj.
antéfixe n. f.
antéhypophyse n. f.
antémémoire n. f.
antenais, aise adj.
anténatal, ale adj.
antenne n. f.
antenniste n.
antépénultième adj. et n. f.
antéposer v. tr. (conjug. 1)
antéposition n. f.
antépulsion n. f.
antérieur, ieure adj.
antérieurement adv.
antériorité n. f.
antérograde adj.
antéro(-)postérieur, ieure adj.
PL. *antéro(-)postérieurs, ieures*
antéversion n. f.
anthelminthique adj.
anthémis n. f.
anthère n. f.
anthéridie n. f.
anthérozoïde n. m.
anthèse n. f.
anthocyanine n. f.
anthologie n. f.
anthonome n. m.
anthozoaires n. m. pl.

anthracène n. m.
anthracite n. m.
anthraciteux, euse adj.
anthracnose n. f.
anthracose n. f.
anthraquinone n. f.
anthrax n. m.
anthrène n. m.
anthropique adj.
anthropocentrique adj.
anthropocentrisme n. m.
anthropogenèse n. f.
anthropogénie n. f.
anthropoïde adj. et n.
anthropologie n. f.
anthropologique adj.
anthropologue n.
anthropométrie n. f.
anthropométrique adj.
anthropomorphe adj.
anthropomorphique adj.
anthropomorphisme n. m.
anthroponyme n. m.
anthroponymie n. f.
anthropophage adj. et n.
anthropophile adj.
anthropopithèque n. m.
anthume adj.
anthyllide n. f.
anthyllis n. f.
anti-
antiacridien, ienne adj.
antiadhésif, ive adj.
antiaérien, ienne adj.
antiâge adj. inv.
antiagglomérant, ante adj.
antiagression adj.
antialcoolique adj.
antiallergique adj. et n. m.
antiamaril, ile adj.
antiaméricanisme n. m.
antiandrogène adj. et n. m.
antiapartheid adj. inv.

antiasthénique

antiasthénique adj. et n. m.
antiatome n. m.
antiatomique adj.
antiavalanche adj.
antiavortement adj.
PL. inv. ou *antiavortements*
antibactérien, ienne adj.
antibactériologique adj.
antibiogramme n. m.
antibiorésistance n. f.
antibiorésistant, ante adj.
antibiothérapie n. f.
antibiotique adj. et n. m.
antiblanchiment adj.
antiblocage adj.
antibois n. m.
antibott ou antibotte n. m.
antibouchon adj.
antibourgeois, oise adj.
antibrouillage n. m.
antibrouillard adj. et n. m.
antibruit adj.
antibuée adj. inv.
anticalcaire adj. inv.
anticancer adj.
anticancéreux, euse adj.
anticapitalisme n. m.
anticapitaliste adj.
anticarie adj.
anticathode n. f.
anticatholique adj. et n.
anticellulite adj. inv.
anticerne(s) adj. et n. m.
PL *anticernes*
antichambre n. f.
antichar adj.
antichoc adj.
antichrèse [-k-] n. f.
antichrétien, ienne adj. et n.
anticipation n. f.
anticipé, ée adj.
anticiper v. (conjug. 1)
anticlérical, ale, aux adj. et n.

anticléricalisme n. m.
anticlinal, ale, aux adj. et n.
anticoagulant, ante adj. et n. m.
anticodon n. m.
anticollision n. f.
anticolonialisme n. m.
anticolonialiste adj. et n.
anticomitial, iale, iaux adj. et n. m.
anticommercial, ale, aux adj.
anticommunisme n. m.
anticommuniste adj. et n.
anticommutatif, ive adj.
anticonceptionnel, elle adj. et n.
anticonformisme n. m.
anticonformiste adj. et n.
anticonjoncturel, elle adj.
anticonstitutionnel, elle adj.
anticonstitutionnellement adv.
anticopie adj.
anticorps n. m.
anticorrosion adj. inv.
anticrue adj.
anticryptogamique adj.
anticyclique adj.
anticyclone n. m.
anticyclonique adj.
antidate n. f.
antidater v. tr. (conjug. 1)
antidéflagrant, ante adj. et n. m.
antidéflagration n. f.
antidélocalisation n. f.
antidémarrage n. m. et adj. inv.
antidémocratique adj.
antidéplacement n. m.
antidépresseur adj. m. et n. m.
antidépressif, ive adj.

antidérapage adj.
antidérapant, ante adj.
antidétonant, ante adj. et n. m.
antidiabétique adj. et n. m.
antidiarrhéique n. m.
antidiphtérique adj.
antidiscrimination adj. et n. f.
antidiscriminatoire adj.
antidiurétique adj. et n. m.
antidopage adj. inv.
antidoping adj. inv.
antidote n. m.
antidouleur adj. et n. m.
antidrogue adj.
antidumping adj.
antiéconomique adj.
antiélectron n. m.
antiémétique adj. et n. m.
antiémeute(s) adj.
antienne [ɑ̃tjɛn] n. f.
antienzyme n. m. ou f.
antiépileptique adj.
antiesclavagiste adj. et n.
antiétincelle adj.
antieuropéen, enne adj. et n.
antiexclusion adj.
antifading n. m.
antifasciste adj. et n.
antifatigue adj. et n.
antifédéral, ale, aux adj.
antiféminisme n. m.
antiféministe adj. et n.
antifeu adj.
PL *antifeux*
antifongique adj. et n. m.
antiforme adj. et n. f.
antifraude adj.
antifriction n. m. et adj.
antifuite adj.
antifumée n. m. et adj.
anti-g adj. inv.
antigang adj. et n.
antigaspi adj.

antigel n. m. et adj. inv.
antigène n. m.
antigénémie n. f.
antigénique adj.
antigivrant, ante adj. et n. m.
antigivre n. m. et adj. inv.
antigivreur, euse adj. et n. m.
antiglisse adj. inv.
antigoutte adj.
antigouvernemental, ale, aux adj.
antigraffiti adj.
antigravifique adj.
antigravitation n. f.
antigravitationnel, elle adj.
antigravité n. f.
antigrève adj. inv.
antiguerre adj. et n.
PL. inv. ou *antiguerres*
antihalo adj. et n. m.
antihausse adj. inv.
antihémophilique adj. et n. m.
antihépatite n. m.
antihéros n. m.
antiherpétique adj. et n. m.
antihistaminique adj. et n. m.
anti-HIV adj.
antihormone adj. et n. f.
antihydrogène adj. et n. m.
antihygiénique adj.
antihypertenseur n. m.
anti-impérialisme ou **antiimpérialisme*** n. m.
anti-impérialiste ou **antiimpérialiste*** adj. et n.
PL. *anti-impérialistes* ou *antiimpérialistes**
anti-inflammatoire ou **antiinflammatoire*** adj. et n. m.
PL. *anti-inflammatoires* ou *antiinflammatoires**

anti-inflationniste ou **antiinflationniste*** adj.
PL. *anti-inflationnistes* ou *antiinflationnistes**
anti-institutionnel, elle ou **antiinstitutionnel, elle*** adj.
PL. *anti-institutionnels, elles* ou *antiinstitutionnels, elles**
anti-IVG adj. et n. inv.
antijeu n. m.
antijeune adj.
antijuif, juive adj.
antilaïc, ique adj.
antilibéral, ale, aux adj.
antilibéralisme n. m.
antilicenciement adj.
antilithique adj. et n. m.
antillanisme n. m.
antilogarithme n. m.
antilogie n. f.
antilope n. f.
antimaastrichtien, ienne n. et adj.
antimaffia ou **antimafia** adj.
antimaffieux, euse ou **antimafieux, euse** adj.
antimagnétique adj.
antimatière n. f.
antimicrobien, ienne adj. et n. m.
antimigraineux, euse adj. et n. m.
antimilitarisme n. m.
antimilitariste adj. et n.
antimine adj.
antimissile adj.
antimite ou **antimites** adj. et n. m.
PL. *antimites*
antimitotique adj. et n. m.
antimodernisme n. m.

antimoderniste adj. et n. m.
antimoine n. m.
antimonarchique adj.
antimonarchiste n.
antimondialisation n. f. et adj. inv.
antimondialisme n. m.
antimondialiste adj. et n.
antimoniate n. m.
antimonié, ée adj.
antimoniure n. m.
antimonopole adj.
antimoustiques adj.
antimycosique adj. et n. m.
antinataliste adj.
antinational, ale, aux adj.
antinationaliste adj.
antinaupathique adj. et n. m.
antinazi, ie adj. et n.
antineutrino n. m.
antineutron n. m.
antinévralgique adj. et n. m.
antinomie n. f.
antinomique adj.
antinucléaire adj. et n.
antiobésité adj. et n. m.
antioccidental, ale, aux adj.
antioccidentalisme n. m.
antiodeur adj.
antioxydant, ante adj. et n. m.
antioxygène n. m.
antipaludéen, enne adj. et n. m.
antipaludique adj. et n. m.
antipape n. m.
antiparallèle adj.
antiparasitaire adj. et n. m.
antiparasite adj.
antiparkinsonien, ienne adj. et n. m.

antiparlementaire

antiparlementaire adj. et n.
antiparlementarisme n. m.
antiparticule n. f.
antipasti n. m.
   PL. *antipasti(s)*
antipathie n. f.
antipathique adj.
antipatinage n. m.
antipatriotique adj.
antipatriotisme n. m.
antipelliculaire adj.
antipéristaltique adj.
antipersonnel, elle adj.
   PL. inv. ou *antipersonnels, elles*
antiperspirant, ante adj. et n. m.
antiphlogistique adj. et n. m.
antiphonaire n. m.
antiphrase n. f.
antipiratage adj. inv.
antipode n. m.
antipodisme n. m.
antipodiste n.
antipoétique adj.
antipoison adj. inv. et n. m.
antipolio adj.
antipoliomyélitique adj.
antipolitique adj. et n. f.
antipollution n. f.
antipopulaire adj.
antiprohibitionniste adj. et n.
antiprotéase n. f.
antiprotectionniste adj. et n.
antiproton n. m.
antiprurigineux, euse adj. et n. m.
antipsychiatre [-k-] n.
antipsychiatrie [-k-] n. f.
antipsychiatrique [-k-] adj.
antipsychotique [-k-] adj. et n. m.
antipub adj. et n.
antiputride adj. et n. m.

antipyrétique adj. et n. m.
antipyrine n. f.
antiquaille n. f.
antiquaire n.
antique adj. et n.
antiquité n. f.
antirabique adj.
antiracisme n. m.
antiraciste adj. et n.
antiradar n. m. et adj.
antiradiation n. f.
antiradical, ale, aux n.
antiradicalaire adj.
antireflet adj.
antiréflexif, ive adj.
antireflux adj.
antiréglementaire ou **antirèglementaire*** adj.
antirejet adj.
antireligieux, ieuse adj.
antirépublicain, aine adj. et n.
antirépublicanisme n. m.
antiretour adj.
antirétroviral, ale, aux adj. et n. m.
antiride ou **antirides** adj.
antiripage n. m. (rec. off. de antiskating)
antirouille adj. et n. m. inv.
antiroulis adj.
antisalissure adj.
antisatellite adj.
antiscientifique adj.
antiscorbutique adj.
antisèche n. f.
antisecte adj.
antiségrégationniste adj. et n.
antisémite adj. et n.
antisémitisme n. m.
antisepsie n. f.
antiseptique adj. et n.
antisérum n. m.
antisida adj. inv.
antisionisme n. m.
antisismique adj.

antiskating n. m.
antislash n. m.
antisocial, iale, iaux adj.
anti-sous-marin, ine adj.
   PL. *anti-sous-marins, ines*
antispam n. m.
antispasmodique adj. et n. m.
antispécisme n. m.
antispéciste adj. et n.
antisportif, ive adj.
antistalinisme n. m.
antistar adj.
antistatique adj. et n. m.
antistress adj. inv.
antistrophe n. f.
antisudoral, ale, aux adj. et n.
antisymétrique adj.
antisyndical, ale, aux adj.
antisyndicalisme n. m.
antisyphilitique adj.
antitabac adj. inv.
antitabagisme n. m.
antitache adj. et n. m.
antiterrorisme n. m.
antiterroriste adj. et n.
antitétanique adj.
antithèse n. f.
antithétique adj.
antithrombine n. f.
antithyroïdien, ienne adj. et n.
antitout adj. inv.
antitoxine n. f.
antitoxique adj.
antitranspirant, ante adj. et n. m.
antitranspiration adj.
antitrust adj.
antitrypsine n. f.
antituberculeux, euse adj.
antitumoral, ale, aux adj. et n. m.
antitussif, ive adj. et n. m.
antiulcère adj. et n. m.

apophysaire

antiulcéreux, euse adj. et n. m.
anti-UV adj.
antivariolique adj.
antivenimeux, euse adj.
antivibration adj.
antivieillissement adj. inv.
anti-VIH adj. inv.
antiviolence adj.
antiviral, ale, aux adj. et n. m.
antivirus n. m.
antivol n. m. et adj.
antonomase n. f.
antonyme n. m.
antonymie n. f.
antre n. m.
antrite n. f.
antrustion n. m.
anurie n. f.
anus n. m.
anxiété n. f.
anxieusement adv.
anxieux, ieuse adj. et n.
anxiodépressif, ive adj.
anxiogène adj.
anxiolytique adj. et n. m.
A. O. C. n. f. (appellation d'origine contrôlée)
aoriste n. m.
aorte n. f.
aortique adj.
aortite n. f.
août ou aout★ n. m.
aoûtat ou aoutat★ n. m.
aoûtement ou aoutement★ n. m.
aoûter ou aouter★ v. (conjug. 1)
aoûtien, ienne ou aoutien, ienne★ [ausjɛ̃] n.
apache n. et adj.
apaisant, ante adj.
apaisement n. m.
apaiser v. tr. (conjug. 1)
apanage n. m.
a pari ou à pari★ loc. adv. et loc. adj. inv.

aparté n. m.
apartheid [-tɛd] n. m.
apathie n. f.
apathique adj. et n.
apatite n. f.
apatosaure n. m.
apatride adj. et n.
apax n. m.
apepsie n. f.
aperception n. f.
apercevoir v. (conjug. 28)
aperçu n. m.
apériodique adj.
apériteur, trice n. et adj.
apéritif, ive adj. et n.
apéro n. m.
aperture n. f.
apesanteur n. f.
apétale adj. et n. f.
à-peu-près ou à peu près (vx) n. m. inv.
apeuré, ée adj.
apeurer v. tr. (conjug. 1)
apex n. m.
aphasie n. f.
aphasique adj. et n.
aphélie n. f.
aphérèse n. f.
aphidés n. m. pl.
aphone adj.
aphonie n. f.
aphorisme n. m.
aphrodisiaque adj. et n. m.
aphte n. m.
aphteux, euse adj.
aphylle adj.
A. P. I. n. m. (alphabet de l'association phonétique internationale)
à-pic n. m.
pl. à-pics
apical, ale, aux adj. et n. f.
apicole adj.
apiculteur, trice n.
apiculture n. f.
api (d') loc. adj.
apiol n. m.
apion n. m.
apiquer v. tr. (conjug. 1)

apitoiement n. m.
apitoyer v. tr. (conjug. 8)
A. P. L. n. f. (aide personnalisée au logement)
aplanat n. m.
aplanétique adj.
aplanir v. tr. (conjug. 2)
aplanissement n. m.
aplasie n. f.
aplasique adj.
aplat ou à-plat n. m.
pl. aplats ou à-plats
aplati, ie adj.
aplatir v. tr. (conjug. 2)
aplatissage n. m.
aplatissement n. m.
aplatisseur n. m.
aplomb n. m.
apnée n. f.
apnéique adj.
apnéiste n.
apoastre n. m.
apocalypse n. f.
apocalyptique adj.
apocope n. f.
apocopé, ée adj.
apocryphe adj. et n. m.
apode adj.
apodictique adj.
apoenzyme n. m. ou f.
apogamie n. f.
apogée n. m.
apolipoprotéine n. f.
apolitique adj. et n.
apolitisme n. m.
apollinien, ienne adj.
apollon n. m.
apologétique adj. et n. f.
apologie n. f.
apologiste n.
apologue n. m.
apomorphe adj.
apomorphie n. f.
apomorphine n. f.
aponévrose n. f.
aponévrotique adj.
apophonie n. f.
apophtegme n. m.
apophysaire adj.

apophyse n. f.
apoplectique adj. et n.
apoplexie n. f.
apoprotéine n. f.
apoptose n. f.
apoptotique adj.
aporétique adj.
aporie n. f.
aposiopèse n. f.
apostasie n. f.
apostasier v. intr. (conjug. 7)
apostat, ate adj. et n.
aposté, ée adj.
a posteriori ou **à posteriori*** loc. adv.; adj. inv. et n. m. inv.
apostille n. f.
apostiller v. tr. (conjug. 1)
apostolat n. m.
apostolique adj.
apostoliquement adv.
apostrophe n. f.
apostropher v. tr. (conjug. 1)
apothécie n. f.
apothème n. m.
apothéose n. f.
apothicaire n. m.
apôtre n. m.
appalachien, ienne adj.
appaloosa n. m.
apparaître ou **apparaitre*** v. intr. (conjug. 57)
apparat n. m.
apparatchik n.
PL. *apparatchiks*
apparaux n. m. pl.
appareil n. m.
appareillable adj.
appareillage n. m.
appareiller v. (conjug. 1)
appareilleur, euse n.
apparemment adv.
apparence n. f.
apparent, ente adj.
apparenté, ée adj.
apparentement n. m.
apparenter v. tr. (conjug. 1)
appariement n. m.

apparier v. tr. (conjug. 7)
appariteur, trice n.
apparition n. f.
apparoir v. intr. (conjug. usité seulement à l'inf. et à la 3ᵉ pers. du sing. de l'indic. prés.)
appartement n. m.
appartement-témoin n. m.
PL. *appartements-témoins*
appartenance n. f.
appartenir v. tr. ind. (conjug. 22)
appas n. m. pl. (attraits)
appassionata adj. f. et n. f.
appassionato adv., adj. et n. m.
appât n. m.
appâter v. tr. (conjug. 1)
appauvrir v. tr. (conjug. 2)
appauvrissement n. m.
appeau n. m.
appel n. m.
appelant, ante n. et adj.
appelé, ée adj. et n. m.
appeler v. tr. (conjug. 4)
appellatif, ive adj.
appellation n. f.
appendice n. m.
appendicectomie n. f.
appendicite n. f.
appendiculaire adj. et n.
appendre v. tr. (conjug. 41)
appentis n. m.
appenzell [apɛnzɛl] n. m.
appert (il) v. (apparoir)
appertisation n. f.
appertiser v. tr. (conjug. 1)
appesantir v. tr. (conjug. 2)
appesantissement n. m.
appétence n. f.
appétissant, ante adj.
appétit n. m.
applaudimètre n. m.
applaudir v. (conjug. 2)
applaudissement n. m.
applicabilité n. f.
applicable adj.
applicage n. m.

applicateur, trice n. et adj.
applicatif, ive adj. et n. m.
application n. f.
applique n. f.
appliqué, ée adj.
appliquer v. tr. (conjug. 1)
appliquette n. f.
appoggiature ou **appogiature** [apɔ(d)ʒjatyʁ] n. f.
appoint n. m.
appointage n. m.
appointements n. m. pl.
appointer v. tr. (conjug. 1)
appondre v. tr. (conjug. 41)
apponse n. f.
appontage n. m.
appontement n. m.
apponter v. intr. (conjug. 1)
apponteur n. m.
apport n. m.
apporter v. tr. (conjug. 1)
apporteur n. m.
apposer v. tr. (conjug. 1)
apposition n. f.
appréciabilité n. f.
appréciable adj.
appréciateur, trice n. et adj.
appréciatif, ive adj.
appréciation n. f.
apprécier v. tr. (conjug. 7)
appréhender v. tr. (conjug. 1)
appréhension n. f.
apprenant, ante n.
apprendre v. tr. (conjug. 58)
apprenti, ie n.
apprentissage n. m.
apprêt n. m.
apprêtage n. m.
apprêté, ée adj.
apprêter v. tr. (conjug. 1)
apprêteur, euse n.
apprivoisable adj.
apprivoisement n. m.
apprivoiser v. tr. (conjug. 1)
approbateur, trice n. et adj.

approbatif, ive adj.
approbation n. f.
approbativement adv.
approbativité n. f.
approchable adj.
approchant, ante adj.
approche n. f.
approché, ée adj.
approcher v. (conjug. 1)
approfondi, ie adj.
approfondir v. tr. (conjug. 2)
approfondissement n. m.
appropriation n. f.
approprié, iée adj.
approprier v. tr. (conjug. 7)
approuvé p. p. inv.; n. m.
approuver v. tr. (conjug. 1)
approvisionnement n. m.
approvisionner v. tr. (conjug. 1)
approvisionneur, euse n. et adj.
approximatif, ive adj.
approximation n. f.
approximativement adv.
appui n. m.
appuie-bras n. m. inv.
appuie-main n. m.
 pl. *appuie-mains*
appuie-tête n. m.
 pl. *appuie-têtes*
appuyé, ée adj.
appuyer v. (conjug. 8)
apragmatisme n. m.
apraxie n. f.
apraxique adj. et n.
âpre adj.
aprèm n. m. ou f. inv.
âprement adv.
après prép.; adv.; n. m.
après-demain adv.
après-dîner ou
 après-diner★ n. m.
 pl. *après-dîners* ou
 après-diners★

après-guerre n. m.
 pl. *après-guerres*
après-midi n. m. ou f.
 pl. inv. ou *après-midis*
après-rasage n. m. et adj.
 pl. *après-rasages*
après-shampoing ou
 après-shampooing
 n. m. et adj.
 pl. *après-shampoings*
après-ski n. m.
 pl. inv. ou *après-skis*
après-soleil n. m.
 pl. inv. ou *après-soleils★*
après-vente adj.
 pl. *après-ventes*
âpreté n. f.
¹**a priori** ou **à priori★**
 loc. adv.; loc. adj.
 pl. inv.
²**a priori** ou **apriori★**
 n. m.
 pl. inv. ou *aprioris★*
apriorique adj.
apriorisme n. m.
aprioriste n.
à-propos n. m. inv.
apsara n. f.
apside n. f.
apte adj.
aptère adj.
aptéryx n. m.
aptitude n. f.
apurement n. m.
apurer v. tr. (conjug. 1)
apyre adj.
apyrétique adj.
apyrexie n. f.
aquabuilding [akwa-] n. m.
aquabulle [akwa-] n. f.
aquacole [akwa-] adj.
aquaculteur, trice
 [akwa-] n.
aquaculture [akwa-] n. f.
aquafitness [akwa-] n. m.
aquafortiste [akwa-] n.
aquagym [akwa-] n. f.
aquajogging [akwa-] n. m.
aquamanile [akwa-] n. m.
aquanaute [akwa-] n.

aquaparc [akwa-] n. m.
aquaplanage [akwa-] n. m.
 (rec. off. de aquaplaning)
aquaplane [akwa-] n. m.
aquaplaning [akwa-] n. m.
 (rec. off. : aquaplanage)
aquarelle [akwa-] n. f.
aquarelliste [akwa-] n.
aquariologie [akwa-] n. f.
aquariologique [akwa-] adj.
aquariophile [akwa-] n.
aquariophilie [akwa-] n. f.
aquarium [akwa-] n. m.
aquascope [akwa-] n. m.
aquaspace [akwa-] n. m.
aquatinte [akwa-] n. f.
aquatintiste [akwa-] n.
aquatique [akwa-] adj.
aquavit ou **akvavit**
 [akwa-] n. m.
aquazole ® [akwa-] n. m.
aqueduc n. m.
aqueux, euse adj.
à quia loc. adv.
aquicole [akui-] adj.
aquiculteur, trice [akui-] n.
aquiculture [akui-] n. f.
aquifère [akui-] n. m.
aquilin adj. m.
aquilon n. m.
aquitanien n. m.
aquoibonisme n. m.
aquoiboniste ou
 aquoibonniste adj. et n.
aquosité n. f.
ara n. m.
arabe adj. et n.
arabesque n. f.
arabica n. m.
arabique adj.
arabisant, ante adj. et n.
arabisation n. f.
arabiser v. tr. (conjug. 1)
arabisme n. m.
arabité n. f.
arable adj.
arabo-islamique adj.
 pl. *arabo-islamiques*

arabologue n.
arabophone adj.
arachide n. f.
arachnéen, enne [-k-] adj.
arachnides [-k-] n. m. pl.
arachnoïde [-k-] n. f.
arachnoïdien, ienne [-k-] adj.
arachnophobe [-k-] n.
arachnophobie [-k-] n. f.
aragonaise n. f.
aragonite n. f.
araignée n. f.
araire n. m.
arak ou **arac** ou **arack** n. m.
araméen, enne adj. et n.
aramide adj.
aramon n. m.
arase n. f.
arasement n. m.
araser v. tr. (conjug. 1)
aratoire adj.
araucaria n. m.
arbalète n. f.
arbalétrier n. m.
arbalétrière n. f.
arbi n.
arbitrable adj.
arbitrage n. m.
arbitragiste adj.
arbitraire adj. et n. m.
arbitrairement adv.
arbitral, ale, aux adj.
arbitralement adv.
arbitre n.
arbitrer v. tr. (conjug. 1)
arboré, ée adj.
arborer v. tr. (conjug. 1)
arborescence n. f.
arborescent, ente adj.
arboretum ou **arborétum** n. m.
arboricole adj.
arboriculteur, trice n.
arboriculture n. f.
arborisation n. f.
arborisé, ée adj.
arbouse n. f.

arbousier n. m.
arbovirose n. f.
arbovirus n. m.
arbre n. m.
arbrisseau n. m.
arbuste n. m.
arbustif, ive adj.
¹**arc** n. m.
²**arc** n. m. inv. (aids related complex)
arcade n. f.
arcane n. m.
arcanson n. m.
arcasse n. f.
arcature n. f.
arc-boutant ou **arcboutant** n. m. PL. *arcs-boutants* ou *arcboutants*
arc-bouter ou **arcbouter** v. tr. (conjug. 1)
arc-doubleau ou **arcdoubleau** n. m. PL. *arcs-doubleaux* ou *arcdoubleaux*
arceau n. m.
arc-en-ciel n. m. PL. *arcs-en-ciel*
archaïque adj.
archaïsant, ante adj. et n.
archaïsme n. m.
archal n. m. sing.
archange n. m.
archangélique adj.
arche n. f.
archée n. f.
archéen, enne adj. et n. m.
archégone n. m.
archelle n. f.
archéobactérie [-k-] n. f.
archéologie [-k-] n. f.
archéologique [-k-] adj.
archéologue [-k-] n.
archéoptéryx [-k-] n. m.
archéozoïque [-k-] adj. et n. m.
archéozoologie [-k-] n. f.
archéozoologue [-k-] n.

archer, ère n.
archère ou **archière** n. f.
archerie n. f.
archet n. m.
archetier, ière n.
archétypal, ale, aux [-k-] adj.
archétype [-k-] n. m.
archevêché n. m.
archevêque n. m.
archiconfrérie n. f.
archicube n. m.
archidiaconat n. m.
archidiaconé n. m.
archidiacre n. m.
archidiocésain, aine adj.
archidiocèse n. m.
archiduc, archiduchesse n.
archiépiscopal, ale, aux adj.
archiépiscopat n. m.
archière n. f.
archimandrite n. m.
archimandritat n. m.
archipel n. m.
archiphonème n. m.
archipresbytéral, ale, aux adj.
archiprêtre n. m.
archiptère n. m.
architecte n.
architectonie n. f.
architectonique adj. et n. f.
architectural, ale, aux adj.
architecturalement adv.
architecture n. f.
architecturer v. tr. (conjug. 1)
architrave n. f.
architravé, ée adj.
archivage n. m.
archiver v. tr. (conjug. 1)
archives n. f. pl.
archiviste n.

archiviste-paléographe n.
pl. *archivistes-paléographes*
archivistique adj. et n. f.
archivolte n. f.
archontat [-k-] n. m.
archonte [-k-] n. m.
arçon n. m.
arc-rampant n. m.
pl. *arcs-rampants*
arctique adj.
arcure n. f.
ardemment adv.
ardent, ente adj.
ardeur n. f.
ardillon n. m.
ardoise n. f.
ardoisé, ée adj.
ardoisier, ière adj. et n.
ardu, ue adj.
arduité n. f.
are n. m.
aréage n. m.
arec n. m.
aréflexie n. f.
areg n. m. pl.
aréique adj.
areligieux, ieuse adj.
aréna ou **arena** n. m. ou f.
arénacé, ée adj.
arénavirus n. m.
arène n. f.
arénicole adj. et n. f.
arénite n. f.
aréolaire adj.
aréole n. f.
aréomètre n. m.
aréométrie n. f.
aréopage n. m.
aréopagites n. m. pl.
aréostyle n. m.
aréquier n. m.
arête n. f.
arêtier n. m.
arêtière n. f.
areu areu interj.
argan n. m.
arganier n. m.
argas n. m.
argent n. m.

argentage n. m.
argentan ou **argenton** n. m.
argentation n. f.
argenté, ée adj.
argenter v. tr. (conjug. 1)
argenterie n. f.
argenteur, euse n.
argentier n. m.
argentifère adj.
argentin, ine adj. et n.
argentique adj.
argentite n. f.
argenton n. m.
argenture ou **argentation** n. f.
arghoul ou **arghul** n. m.
argile n. f.
argileux, euse adj.
arginine n. f.
argon n. m.
argonaute n. m.
argot n. m.
argotique adj.
argotisme n. m.
argotiste n.
argousier n. m.
argousin n. m.
arguer ou **argüer***
[argɥe] v. tr. (conjug. 1)
argument n. m.
argumentaire adj. et n. m.
argumentant n. m.
argumentateur, trice n.
argumentatif, ive adj.
argumentation n. f.
argumenter v. intr. (conjug. 1)
argus® n. m.
argutie n. f.
argyrie n. f.
argyrisme n. m.
argyronète n. f.
argyrose n. f.
aria n. m.; n. f.
arianisme n. m.
ariary n. m.
pl. *ariarys*
aride adj.

aridification n. f.
aridité n. f.
arien, ienne adj. et n.
ariette n. f.
arille n. m.
arioso n. m.
pl. *ariosos*
ariser v. tr. (conjug. 1)
aristo n. (aristocrate)
aristocrate n.
aristocratie n. f.
aristocratique adj.
aristocratiquement adv.
aristoloche n. f.
aristotélicien, ienne adj. et n.
aristotélique adj. et n.
aristotélisme n. m.
arithméticien, ienne n.
arithmétique adj. et n. f.
arithmétiquement adv.
arithmographe n. m.
arithmologie n. f.
arithmomètre n. m.
arlequin, ine n. m. et f.
arlequinade n. f.
arlésien, ienne adj. et n.
armada n. f.
armagnac n. m.
armailli n. m.
amateur n. m.
armature n. f.
arme n. f.
¹**armé, ée** adj.
²**armé** n. m.
armée n. f.
armement n. m.
arménien, ienne adj. et n.
arménité n. f.
armer v. tr. (conjug. 1)
armet n. m.
armeuse n. f.
armillaire [-ler] adj.
armilles n. f. pl.
arminien n. m.
armistice n. m.
armoire n. f.
armoiries n. f. pl.

armoise

armoise n. f.
armon n. m.
armorial, iale, iaux adj.
armorier v. tr. (conjug. 7)
armure n. f.
armurerie n. f.
armurier n. m.
A. R. N. ou **ARN** n. m. (acide ribonucléique)
arnaque n. f.
arnaquer v. tr. (conjug. 1)
arnaqueur, euse n.
arnica n. f.
arobas [aʀɔbas] n. m.
arobase ou **arrobase** n. f.
arobe n. f.
arolle ou **arole** n. m. ou f.
aromate n. m.
aromathérapeute n.
aromathérapie n. f.
aromaticien, ienne n.
aromatique adj.
aromatisant n. m.
aromatisation n. f.
aromatiser v. tr. (conjug. 1)
arome n. m. (plante)
arôme n. m. (odeur)
aronde n. f.
arpège n. m.
arpéger v. tr. (conjug. 3 et 6)
arpent n. m.
arpentage n. m.
arpenter v. tr. (conjug. 1)
arpenteur, euse n.
arpète ou **arpette** n. f.
arpion n. m.
arqué, ée adj.
arquebusade n. f.
arquebuse n. f.
arquebusier n. m.
arquer v. (conjug. 1)
arrachage n. m.
arraché n. m.
arrache-clou n. m.
  PL. *arrache-clous*
arrache-cœur n. m.
  PL. inv. ou *arrache-cœurs*

arrachement n. m.
arrache-moyeu n. m.
  PL. *arrache-moyeux*
arrache-pied (d') ou **arrachepied (d')**★ loc. adv.
arracher v. tr. (conjug. 1)
arrache-racine n. m.
  PL. *arrache-racines*
arracheur, euse n.
arrachis n. m.
arrachoir n. m.
arraisonnement n. m.
arraisonner v. tr. (conjug. 1)
arrangeable adj.
arrangeant, ante adj.
arrangement n. m.
arranger v. tr. (conjug. 3)
arrangeur, euse n.
arrenter v. tr. (conjug. 1)
arrérager v. (conjug. 3)
arrérages n. m. pl.
arrestation n. f.
arrêt n. m.
arrête adj.
¹**arrêté, ée** adj.
²**arrêté** n. m.
arrête-bœuf n. m.
  PL. *arrête-bœufs*
arrêter v. (conjug. 1)
arrêtiste n.
arrêtoir n. m.
arrhes n. f. pl.
arriération n. f.
arriéré, ée adj. et n.
arrière adv. et adj. inv. et n. m.
arrière-ban n. m.
  PL. *arrière-bans*
arrière-bec n. m.
  PL. *arrière-becs*
arrière-bouche n. f.
  PL. *arrière-bouches*
arrière-boutique n. f.
  PL. *arrière-boutiques*
arrière-cerveau n. m.
  PL. *arrière-cerveaux*
arrière-chœur n. m.
  PL. *arrière-chœurs*
arrière-corps n. m. inv.

arrière-cour n. f.
  PL. *arrière-cours*
arrière-cuisine n. f.
  PL. *arrière-cuisines*
arrière-faix n. m. inv.
arrière-fleur n. f.
  PL. *arrière-fleurs*
arrière-fond n. m.
  PL. *arrière-fonds*
arrière-garde n. f.
  PL. *arrière-gardes*
arrière-gorge n. f.
  PL. *arrière-gorges*
arrière-goût ou **arrière-gout**★ n. m.
  PL. *arrière-goûts* ou *arrière-gouts*★
arrière-grand-mère n. f.
  PL. *arrière-grands-mères*
arrière-grand-oncle n. m.
  PL. *arrière-grands-oncles*
arrière-grand-père n. m.
  PL. *arrière-grands-pères*
arrière-grands-parents n. m. pl.
arrière-grand-tante n. f.
  PL. *arrière-grands-tantes*
arrière-main n. f. et m.
  PL. *arrière-mains*
arrière-neveu n. m.
  PL. *arrière-neveux*
arrière-pays n. m. inv.
arrière-pensée n. f.
  PL. *arrière-pensées*
arrière-petite-fille n. f.
  PL. *arrière-petites-filles*
arrière-petite-nièce n. f.
  PL. *arrière-petites-nièces*
arrière-petit-fils n. m.
  PL. *arrière-petits-fils*
arrière-petit-neveu n. m.
  PL. *arrière-petits-neveux*
arrière-petits-enfants n. m. pl.

arrière-plan n. m.
  PL. *arrière-plans* (rec. off. de background)
arrière-port n. m.
  PL. *arrière-ports*
arriérer v. tr. (CONJUG. 6)
arrière-saison n. f.
  PL. *arrière-saisons*
arrière-salle n. f.
  PL. *arrière-salles*
arrière-train n. m.
  PL. *arrière-trains*
arrière-vassal, aux n. m.
arrière-voussure n. f.
  PL. *arrière-voussures*
arrimage n. m.
arrimer v. tr. (CONJUG. 1)
arrimeur n. m.
ariser ou **ariser** v. tr. (CONJUG. 1)
arrivage n. m.
arrivant, ante n.
arrivé, ée adj.
arrivée n. f.
arriver v. intr. (CONJUG. 1)
arrivisme n. m.
arriviste n.
arrobas n. m.
arrobase n. f.
arrobe ou **arobe** n. f.
arroche n. f.
arrogamment adv.
arrogance n. f.
arrogant, ante adj.
arroger (s') v. pron. (CONJUG. 3)
arroi n. m.
arrondi, ie adj. et n. m.
arrondir v. tr. (CONJUG. 2)
arrondissage n. m.
arrondissement n. m.
arrondisseur n. m.
arrosable adj.
arrosage n. m.
arrosé, ée adj.
arrosement n. m.
arroser v. tr. (CONJUG. 1)
arroseur, euse n.
arrosoir n. m.

arrow-root [ARORUT] n. m.
  PL. *arrow-roots*
arroyo [AROJO] n. m.
ars [AR] n. m.
arsenal, aux n. m.
arséniate n. m.
arsenic n. m.
arsenical, ale, aux adj.
arsénieux adj. m.
arsénique adj.
arsénite n. m.
arséniure n. m.
arsin adj. m.
arsine n. f.
arsouille n.
arsouiller (s') v. pron. (CONJUG. 1)
art n. m.
artéfact ou **artefact** n. m.
artel n. m.
artémise n. f.
artère n. f.
artériectomie n. f.
artériel, ielle adj.
artériographie n. f.
artériole n. f.
artériopathie n. f.
artérioscléreux, euse adj. et n.
artériosclérose n. f.
artériotomie n. f.
artérite n. f.
artéritique adj. et n.
artésien, ienne adj. et n.
arthralgie n. f.
arthrite n. f.
arthritique adj. et n.
arthritisme n. m.
arthrodèse n. f.
arthrodie n. f.
arthrographie n. f.
arthropathie n. f.
arthropodes n. m. pl.
arthroscopie n. f.
arthrose n. f.
arthrosique adj. et n.
arthurien, ienne adj.
artichaut n. m.
artichautière n. f.

article n. m.
articulaire adj.
articulation n. f.
articulatoire adj.
articulé, ée adj. et n. m.
articuler v. tr. (CONJUG. 1)
artifice n. m.
artificialiser v. tr. (CONJUG. 1)
artificialité n. f.
artificiel, ielle adj.
artificiellement adv.
artificier n. m.
artificieusement adv.
artificieux, ieuse adj.
artiflot n. m.
artillerie n. f.
artilleur n. m.
artimon n. m.
artiodactyles n. m. pl.
artiozoaire n. m.
artisan, ane n.
artisanal, ale, aux adj.
artisanalement adv.
artisanat n. m.
artiste n. et adj.
artistement adv.
artistique adj.
artistiquement adv.
artocarpe n. m.
artothécaire n. m.
artothèque n. f.
Arts déco n. m. pl.
arum n. m.
aruspice ou **haruspice** n. m. (VX)
aryen, enne n. et adj.
aryle n. m.
aryténoïde adj. et n. m.
arythmie n. f.
arythmique adj.
as n. m.
ASA n. m. inv. (American Standards Association)
asbeste n. m.
asbestose n. f.
ascaride ou **ascaris** n. m.
ascaridiose ou **ascaridiase** n. f.
ascaris n. m.

ascendance n. f.
¹ascendant, ante adj.
²ascendant n. m.
ascenseur n. m.
ascension n. f.
ascensionnel, elle adj.
ascensionner v. tr. (conjug. 1)
ascensionniste n.
ascensoriste n.
ascèse n. f.
ascète n.
ascétique adj.
ascétisme n. m.
ascidie n. f.
• ASCII [aski] n. m. (American Standard Code for Information Interchange)
ascite n. f.
ascitique adj. et n.
asclépiade n. m.; n. f.
ascolaire adj.
ascomycètes n. m. pl.
ascorbique adj.
ascospore n. f.
asdic n. m. (Allied Submarine Detection Investigation Committee)
aselle n. m.
asémanticité n. f.
asémantique adj.
asepsie n. f.
aseptique adj.
aseptisation n. f.
aseptiser v. tr. (conjug. 1)
ases n. f. pl.
asexualité n. f.
asexué, ée adj.
asexuel, elle adj.
ashkénaze n. et adj.
ashram n. m.
asialie n. f.
asiate n. et adj.
asiatique adj. et n.
asien, enne adj. et n.
asilage n. m.
asilaire adj.
asile n. m.
asiler v. tr. (conjug. 1)
asinien, ienne adj.

asismique adj.
asociabilité n. f.
asocial, iale, iaux adj. et n.
asomatognosie n. f.
asparagiculteur, trice n.
asparagine n. f.
asparagus n. m.
aspartam(e) n. m.
aspartique adj.
aspe ou asple n. m.
aspect n. m.
asperge n. f.
asperger v. tr. (conjug. 3)
aspergès n. m.
aspergille n. m.
aspergillose n. f.
aspérité n. f.
aspermatisme n. m.
asperme adj.
aspermie n. f.
asperseur n. m.
aspersion n. f.
aspersoir n. m.
asphaltage n. m.
asphalte n. m.
asphalter v. tr. (conjug. 1)
asphérique adj.
asphodèle n. m.
asphyxiant, iante adj.
asphyxie n. f.
asphyxié, iée adj. et n.
asphyxier v. tr. (conjug. 7)
aspi adj. et n. (aspirant)
aspic n. m.
aspidistra n. m.
aspirant, ante adj. et n.
aspirateur, trice adj. et n. m.
aspiration n. f.
aspiratoire adj.
aspirer v. tr. (conjug. 1)
aspirine n. f.
aspivenin® n. m.
asple n. m.
asque n. m.
assa fœtida ou assa-fœtida [-fetida] n. f.
assagir v. tr. (conjug. 2)

assagissement n. m.
assai adv.
assaillant, ante adj. et n. m.
assaillir v. tr. (conjug. 13)
assainir v. tr. (conjug. 2)
assainissement n. m.
assainisseur n. m.
assaisonnement n. m.
assaisonner v. tr. (conjug. 1)
assamais, aise adj. et n.
assassin, ine n. m. et adj.
assassinat n. m.
assassiner v. tr. (conjug. 1)
assaut n. m.
asseau n. m.
assèchement n. m.
assécher v. (conjug. 6)
assemblage n. m.
assemblé n. m.
assemblée n. f.
assembler v. tr. (conjug. 1)
assembleur, euse n.
assemblier n. m.
asséner ou assener v. tr. (conjug. 5, 6)
assentiment n. m.
asseoir ou assoir* v. tr. (conjug. 26)
assermentation n. f.
assermenté, ée adj.
assertif, ive adj.
assertion n. f.
assertivité n. f.
assertorique adj.
asservir v. tr. (conjug. 2)
asservissant, ante adj.
asservissement n. m.
asservisseur n. m.
assesseur n.
assette n. f.
assez adv.
assibilation n. f.
assidu, ue adj.
assiduité n. f.
assidûment ou assidument* adv.
assiégé, ée adj.
assiégeant, ante adj. et n.

asymétrique

assiéger v. tr. (conjug. 3 et 6)
assiette n. f.
assiettée n. f.
assignable adj.
assignat n. m.
assignation n. f.
assigner v. tr. (conjug. 1)
assimilabilité n. f.
assimilable adj.
assimilateur, trice adj. et n.
assimilation n. f.
assimilé, ée adj. et n. m.
assimiler v. tr. (conjug. 1)
assis, ise adj.
assise n. f.
assises n. f. pl.
assistanat n. m.
assistance n. f.
assistanciel, elle adj.
assistant, ante n.
assisté, ée adj.
assister v. (conjug. 1)
assoce n. f. (association)
associatif, ive adj.
association n. f.
associationnisme n. m.
associationniste n.
associativité n. f.
associé, iée n.
associer v. tr. (conjug. 7)
assoiffé, ée adj. et n.
assoiffer v. tr. (conjug. 1)
assoir* v. tr. → asseoir
assolement n. m.
assombrir v. tr. (conjug. 2)
assombrissement n. m.
assommant, ante adj.
assommer v. tr. (conjug. 1)
assommoir n. m.
assomption n. f.
assonance n. f.
assonancé, ée adj.
assonant, ante adj.
assorti, ie adj.
assortiment n. m.
assortir v. tr. (conjug. 2)
assoupi, ie adj.
assoupir v. tr. (conjug. 2)

assoupissant, ante adj.
assoupissement n. m.
assouplir v. tr. (conjug. 2)
assouplissant n. m.
assouplissement n. m.
assouplisseur n. m.
assourdir v. tr. (conjug. 2)
assourdissant, ante adj.
assourdissement n. m.
assouvir v. tr. (conjug. 2)
assouvissement n. m.
assuétude n. f.
assujetti, ie adj. et n.
assujettir v. tr. (conjug. 2)
assujettissant, ante adj.
assujettissement n. m.
assumable adj.
assumer v. tr. (conjug. 1)
assurable adj.
assurage n. m.
assurance n. f.
assurance-chômage n. f.
assurantiel, elle adj. et n. m.
assuré, ée adj. et n.
assurément adv.
assurer v. tr. (conjug. 1)
assureur n. m.
assyrien, ienne adj. et n.
assyriologie n. f.
assyriologue n.
astable adj. et n. m.
astaciculteur, trice n.
astaciculture n. f.
astasie n. f.
astatique adj.
astate n. m.
aster [astɛʀ] n. m.
astéracée n. f.
astéréognosie n. f.
astérie n. f.
astérisque n. m.
astérixis ou **asterixis** n. m.
astéroïde n. m.
astérosismologie n. f.
asthénie n. f.
asthénique adj. et n
asthénosphère n. f.

asthmatiforme adj.
asthmatique adj. et n.
asthme n. m.
asthmologie n. f.
asti n. m.
asticot n. m.
asticoter v. tr. (conjug. 1)
astigmate adj.
astigmatique adj.
astigmatisme n. m.
astiquage n. m.
astiquer v. tr. (conjug. 1)
astragale n. m.
astrakan n. m.
astral, ale, aux adj.
astre n. m.
astreignant, ante adj.
astreindre v. tr. (conjug. 52)
astreinte n. f.
astringence n. f.
astringent, ente adj. et n.
astrobiologie n. f.
astrolabe n. m.
astrologie n. f.
astrologique adj.
astrologue n.
astrométrie n. f.
astrométrique adj.
astronaute n.
astronauticien, ienne n.
astronautique n. f.
astronef n. m.
astronome n.
astronomie n. f.
astronomique adj.
astronomiquement adv.
astrophotographie n. f.
astrophysicien, ienne n.
astrophysique n. f.
astroport n. m.
astuce n. f.
astucieusement adv.
astucieux, ieuse adj.
asymbolie n. f.
asymétrie n. f.
asymétrique adj.

asymétriquement

asymétriquement adv.
asymptomatique adj.
asymptote n. f. et adj.
asymptotique adj.
asynchrone [-k-] adj.
asyndète n. f.
asynergie n. f.
asystolie n. f.
ataca n. m.
ataman n. m.
ataraxie n. f.
ataraxique adj.
atavique adj.
atavisme n. m.
ataxie n. f.
ataxique adj. et n.
atchoum interj.
atèle n. m.
atélectasie n. f.
atelier n. m.
atellanes n. f. pl.
atémi ou atemi n. m.
   PL. atémis ou atemi
atemporalité n. f.
atemporel, elle adj.
ATER n. (attaché temporaire d'enseignement et de recherche)
atermoiement n. m.
atermoyer v. (conjug. 8)
athanor n. m.
athée n. et adj.
athéisme n. m.
athématique adj.
athénée n. m.
athermane adj.
athermique adj.
athéromateux, euse adj. et n. m.
athéromatose n. f.
athérome n. m.
athéroscléreux, euse adj.
athérosclérose n. f.
athétose n. f.
athlète n.
athlétique adj.
athlétiquement adv.
athlétisme n. m.
athrepsie n. f.
athymie n. f.

atlante n. m.
atlantique adj. et n.
atlantisme n. m.
atlantiste n. et adj.
atlas n. m.
atmosphère n. f.
atmosphérique adj.
atoca n. m.
atocatière n. f.
atoll n. m.
atome n. m.
atome-gramme n. m.
   PL. atomes-grammes
atomicité n. f.
atomique adj.
atomiquement adv.
atomisation n. f.
atomiser v. tr. (conjug. 1)
atomiseur n. m.
atomisme n. m.
atomiste n. et adj.
atomistique adj. et n. f.
atonal, ale, aux ou als adj.
atonalité n. f.
atone adj.
atonie n. f.
atonique adj.
atopie n. f.
atopique adj.
atour n. m.
atout n. m.
atoxique adj.
A. T. P. n. f. (adénosine triphosphate)
atrabilaire adj.
atrabile n. f.
âtre n. m.
atrésie n. f.
âtrier n. m.
atrium n. m.
atroce adj.
atrocement adv.
atrocité n. f.
atrophie n. f.
atrophié, iée adj.
atrophier v. tr. (conjug. 7)
atrophique adj.
atropine n. f.
atropisme n. m.

attabler v. tr. (conjug. 1)
attachant, ante adj.
attache n. f.
attaché, ée adj. et n.
attaché-case [-kεz] n. m.
   PL. attachés-cases
attachement n. m.
attacher v. tr. (conjug. 1)
attagène n. m.
attaquable adj.
attaquant, ante n.
attaque n. f.
attaquer v. tr. (conjug. 1)
attardé, ée adj.
attarder v. tr. (conjug. 1)
atteignable adj.
atteindre v. tr. (conjug. 52)
atteint, einte adj.
atteinte n. f.
attelage n. m.
atteler v. tr. (conjug. 4)
attelle n. f.
attenant, ante adj.
attendant, ante adj.
attendre v. tr. (conjug. 41)
attendrir v. tr. (conjug. 2)
attendrissant, ante adj.
attendrissement n. m.
attendrisseur n. m.
¹attendu, ue adj.
²attendu prép. et n. m.
attentat n. m.
attentatoire adj.
attentat-suicide n. m.
attente n. f.
attenter v. tr. (conjug. 1)
attentif, ive adj.
attention n. f.
attentionné, ée adj.
attentionnel, elle adj.
attentisme n. m.
attentiste adj. et n.
attentivement adv.
atténuant, ante adj.
atténuateur n. m.
atténuation n. f.
atténuer v. tr. (conjug. 1)
atterrage n. m.
atterrant, ante adj.

atterrer v. tr. (conjug. 1)
atterrir v. intr. (conjug. 2)
atterrissage n. m.
atterrissement n. m.
attestation n. f.
attesté, ée adj.
attester v. tr. (conjug. 1)
atticisme n. m.
attiédir v. tr. (conjug. 2)
attiédissement n. m.
attifement n. m.
attifer v. tr. (conjug. 1)
attiger v. (conjug. 3)
attique adj. et n. m.
attirail n. m.
attirance n. f.
attirant, ante adj.
attirer v. tr. (conjug. 1)
attisement n. m.
attiser v. tr. (conjug. 1)
attitré, ée adj.
attitude n. f.
attorney n. m.
    pl. *attorneys*
attouchement n. m.
attracteur, trice adj.
attractif, ive adj.
attraction n. f.
attractivité n. f.
attrait n. m.
attrapade n. f.
attrape n. f.
attrape-couillon n. m.
    pl. *attrape-couillons*
attrape-gogo n. m.
    pl. inv. ou *attrape-gogos*
attrape-mouche n. m.
    pl. inv. ou *attrape-mouches*
attrape-nigaud n. m.
    pl. *attrape-nigauds*
attrape-poussière n. m.
    pl. inv. ou *attrape-poussières*
attraper v. tr. (conjug. 1)
attrayant, ante adj.
attribuable adj.
attribuer v. tr. (conjug. 1)
attribut n. m.
attributaire n. et adj.
attributif, ive adj.
attribution n. f.

attristant, ante adj.
attrister v. tr. (conjug. 1)
attrition n. f.
attroupement n. m.
attrouper v. tr. (conjug. 1)
atypie n. f.
atypique adj.
atypiquement adv.
au art. déf. masc. sing.
aubade n. f.
aubaine n. f.
aube n. f.
aubépine n. f.
aubère adj. et n. m.
auberge n. f.
aubergine n. f. et adj. inv.
aubergiste n.
aubette n. f. (rec. off. de *abribus*)
aubier n. m.
aubin n. m.
aubrac n. f.
auburn [obœʀn] adj. inv.
auctorial, iale, iaux adj.
aucuba n. m.
aucun, une adj. et pron.
aucunement adv.
audace n. f.
audacieusement adv.
audacieux, ieuse adj. et n.
au-deçà de loc. prép.
au-dedans loc. adv.
au-dehors loc. adv.
au-delà n. m. et prép.
au-dessous loc. adv.
au-dessus loc. adv.
au-devant de loc. prép.
audibilité n. f.
audible adj.
audience n. f.
audiencement n. m.
audiencer v. tr. (conjug. 1)
audimat® [-mat] n. m.
    pl. inv. ou *audimats*
audimateur, euse adj. et n.
audimatique adj.
audimètre n. m.
audimétrie n. f.

audimétrique adj.
audimutité n. f.
audio adj. inv.
audioconférence n. f.
audiofréquence n. f.
audiogramme n. m.
audioguidage n. m.
audioguide n. m.
audiolivre n. m.
audiologie n. f.
audiologue n.
audiomètre n. m.
audiométrie n. f.
audionumérique adj.
audiophile n.
audiophone n. m.
audiophonie n. f.
audiophonique adj.
audioprothésiste n.
audiotéléphonique adj.
audiotexte n. m.
audio-vidéo adj. inv.
audiovisuel, elle adj. et n. m.
audit n. m.
auditer v. tr. (conjug. 1)
auditeur, trice n.
auditif, ive adj.
audition n. f. (rec. off. de *casting*)
auditionner v. (conjug. 1)
auditivement adv.
auditoire n. m.
auditorat n. m.
auditorium n. m.
auge n. f.
auget n. m.
augment n. m.
augmentatif, ive adj.
augmentation n. f.
augmenter v. (conjug. 1)
augural, ale, aux adj.
augure n. m.
augurer v. tr. (conjug. 1)
auguste adj.
augustinien, ienne adj.
aujourd'hui adv. et n. m.
aula n. f.
aulnaie [o(l)nɛ] n. f.

aulne [o(l)n] n. m.
aulofée ou **aulloffée** n. f.
aulx n. m. pl.
aumône n. f.
aumônerie n. f.
aumônier n. m.
aumônière n. f.
aumusse n. f.
aunaie n. f.
aune n. m.; n. f.
aunée n. f.
auner v. tr. (conjug. 1)
auparavant adv.
auprès adv.
auquel pron. rel. et interrog.
aura n. f.
aurélie n. f.
auréole n. f.
auréoler v. tr. (conjug. 1)
auréomycine ® n. f.
auriculaire adj. et n.
auricule n. f.
auriculothérapie n. f.
aurifère adj.
aurification n. f.
aurifier v. tr. (conjug. 7)
aurige n. m.
aurignacien, ienne adj. et n. m.
aurique adj.
aurochs ou **auroch*** [ɔʀɔk] n. m.
  pl. aurochs
auroral, ale, aux adj.
aurore n. f.
auscultation n. f.
auscultatoire adj.
ausculter v. tr. (conjug. 1)
auspices n. m. pl.
aussi adv. et conj.
aussière n. f.
aussitôt adv.
austénite n. f.
austère adj.
austèrement adv.
austérité n. f.
austral, ale adj.
australopithèque n. m.
autan n. m.
autant adv.

autarcie n. f.
autarcique adj.
autel n. m.
auteur, e n.
auteuriste adj.
authenticité n. f.
authentification n. f.
authentifier v. tr. (conjug. 7)
authentique adj.
authentiquement adv.
authentiquer v. tr. (conjug. 1)
autisme n. m.
autiste adj. et n.
autistique adj.
auto n. f.
autoaccusation n. f.
autoaccuser (s') v. pron. (conjug. 1)
autoadhésif, ive adj. et n. m.
autoadministration n. f.
autoadministrer (s') v. pron. (conjug. 1)
autoallumage n. m.
autoamorçage n. m.
autoanticorps n. m.
autobalayeuse n. f.
autoberge n. f.
autobiographe n.
autobiographie n. f.
autobiographique adj.
autobloquant, ante adj.
autobronzant, ante adj.
autobus n. m.
autocar n. m.
autocaravane n. f. (rec. off. de camping-car, motor-home)
autocariste n.
autocassable adj.
autocastration n. f.
autocatalyse n. f.
autocélébration n. f.
autocensure n. f.
autocensurer (s') v. pron. (conjug. 1)
autocentré, ée adj.
autocéphale adj.
autochenille n. f.

autochrome [-k-] adj. et n. f.
autochromie [-k-] n. f.
autochtone [-k-] adj. et n.
autocinétique adj.
autoclave adj. et n. m.
autocollant, ante adj. et n. m.
autocommutateur n. m.
autoconcurrence n. f.
autoconduction n. f.
autocongratulation n. f.
autocongratuler (s') v. pron. (conjug. 1)
autoconsommation n. f.
autocontrôle n. m.
autocontrôler (s') v. pron. (conjug. 1)
autocopiant adj. m.
autocopie n. f.
autocorrection n. f.
autocorriger (s') v. pron. (conjug. 3)
autocouchettes adj.
autocrate n. m.
autocratie n. f.
autocratique adj.
autocritique n. f.
autocuiseur n. m.
autodafé n. m.
autodateur n. m.
autodéclaratif, ive adj. et n. m.
autodéclaration n. f.
autodéfendre (s') v. pron. (conjug. 41)
autodéfense n. f.
autodéfinir (s') v. pron. (conjug. 2)
autodégrader (s') v. pron. (conjug. 1)
autodérision n. f.
autodestructeur, trice adj.
autodestruction n. f.
autodétermination n. f.
autodétruire (s') v. pron. (conjug. 38)

autopunition

autodictée n. f.
autodidacte adj. et n.
autodidactisme n. m.
autodidaxie n. f.
autodirecteur n. m.
autodiscipline n. f.
autodiscipliner (s') v. pron. (conjug. 1)
autodissolution n. f.
autodistribution n. f.
autodocumentation n. f.
autodocumenté, ée adj.
autodrome n. m.
autoécole ou **auto-école** n. f.
Pl. *autoécoles* ou *auto-écoles*
autoéditer v. tr. (conjug. 1)
autoédition n. f.
autoérotique adj.
autoérotisme n. m.
autoévaluation n. f.
autoévaluer (s') v. pron. (conjug. 1)
autoexcitateur, trice adj.
autoextractible adj.
autofécondation n. f.
autoféconder (s') v. pron. (conjug. 1)
autofiction n. f.
autofinancement n. m.
autofinancer v. tr. (conjug. 3)
autoflagellation n. f.
autoflageller (s') v. pron. (conjug. 1)
autofocus adj.
autoformation n. f.
autoformer (s') v. pron. (conjug. 1)
autogame adj.
autogamie n. f.
autogène adj.
autogéré, ée adj.
autogérer (s') v. pron. (conjug. 6)
autogestion n. f.
autogestionnaire adj.

autogire n. m.
autogoal [-gol] n. m.
autogonflant, ante adj.
autographe adj. et n. f.
autographie n. f.
autographier v. tr. (conjug. 7)
autographique adj.
autogreffe n. f.
autogreffon n. m.
autoguidage n. m.
autoguidé, ée adj.
auto-immun, une adj.
Pl. *auto-immuns, unes*
auto-immunisation n. f.
Pl. *auto-immunisations*
auto-induction n. f.
Pl. *auto-inductions*
auto-infection n. f.
Pl. *auto-infections*
auto-injectable adj.
Pl. *auto-injectables*
auto-injection n. f.
Pl. *auto-injections*
auto-intoxication n. f.
Pl. *auto-intoxications*
autolaveuse n. f.
autolubrifiant, iante adj.
autolyse n. f.
automassant, ante adj.
automate n. m.
automaticien, ienne n.
automaticité n. f.
automation n. f.
automatique adj.
automatiquement adv.
automatisation n. f.
automatiser v. tr. (conjug. 1)
automatisme n. m.
automédication n. f.
automitrailleuse n. f.
automnal, ale, aux [ɔtɔnal, ɔtɔnal] adj.
automne [ɔtɔn; ɔtn] n. m.
automobile adj. et n. f.
automobilisme n. m.
automobiliste n.

automorphisme n. m.
automoteur, trice adj. et n.
automutilation n. f.
automutiler (s') v. pron. (conjug. 1)
autoneige n. f.
autonettoyant, ante adj.
autonome adj.
autonomie n. f.
autonomisation n. f.
autonomiser (s') v. pron. (conjug. 1)
autonomisme n. m.
autonomiste n.
autonyme adj.
autonymie n. f.
autonymique adj.
autopalpation n. f.
autoparodie n. f.
autoparodier v. tr. (conjug. 7)
autopersuasion n. f.
autoplastie n. f.
autopollinisation n. f.
autopompe n. f.
autopont n. m.
autoportant, ante adj.
autoporteur, euse adj.
autoportrait n. m.
autoprescription n. f.
autoproclamation n. f.
autoproclamer (s') v. pron. (conjug. 1)
autoproduction n. f.
autoproduire (s') v. tr. (conjug. 38)
autopromotion n. f.
autopropulsé, ée adj.
autopropulseur n. m.
autopropulsion n. f.
autoprotection n. f.
autoprotolyse n. f.
autopsie n. f.
autopsier v. tr. (conjug. 7)
autopunitif, ive adj.
autopunition n. f.

autoquestionnement n. m.
autoradio adj. inv. et n. m.
autoradiographie n. f.
autorail n. m.
autoréglage n. m.
autorégulateur, trice adj.
autorégulation n. f.
autoréguler v. tr. (conjug. 1)
autoréparer (s') v. pron. (conjug. 1)
autorépliquer (s') v. pron. (conjug. 1)
autoreverse adj. inv.
autorisation n. f.
autorisé, ée adj.
autoriser v. tr. (conjug. 1)
autoritaire adj.
autoritairement adv.
autoritarisme n. m.
autorité n. f.
autoroute n. f.
autoroutier, ière adj.
autosatisfaction n. f.
autoscopie n. f.
autos-couchettes ou **autocouchettes** adj.
autosome n. m.
autosomique adj.
autostop ou **auto-stop** n. m.
autostoppeur, euse ou **auto-stoppeur, euse** n.
PL. *autostoppeurs, euses* ou *auto-stoppeurs, euses*
autosuffisance n. f.
autosuffisant, ante adj.
autosuggestion n. f.
autosurveillance n. f.
autotensiomètre n. m.
autotomie n. f.
autotour n. m.
autotracté, ée adj.
autotransfusion n. f.
autotrophe adj.
autour adv. ; n. m.
autovaccin n. m.

autovaccination n. f.
autre adj.; pron. et n. m.
autrefois adv.
autrement adv.
autrice n. f.
autrichien, ienne adj. et n.
autruche n. f.
autruchon n. m.
autrui pron.
autunite n. f.
auvent n. m.
auvergnat, ate adj. et n.
aux art. déf. pl.
auxiliaire adj. et n.
auxiliairement adv.
auxine n. f.
auxotrophe n. m.
auxquels, auxquelles pron. rel. et interrog.
avachi, ie adj.
avachir v. tr. (conjug. 2)
avachissement n. m.
aval n. m.
avalanche n. f.
avalancheux, euse adj.
avalant, ante adj.
avalé, ée adj.
avaler v. tr. (conjug. 1)
avaleur, euse n.
avaliser v. tr. (conjug. 1)
avaliseur, euse adj. et n.
avaliste adj. et n.
à-valoir n. m. inv.
avance n. f.
avancé, ée adj.
avancée n. f.
avancement n. m.
avancer v. (conjug. 3)
avançon n. m.
avanie n. f.
avant prép. et adv.; n. m.
avantage n. m.
avantager v. tr. (conjug. 3)
avantageusement adv.
avantageux, euse adj.
avant-bassin n. m.
PL. *avant-bassins*
avant-bec n. m.
PL. *avant-becs*

avant-bras n. m. inv.
avant-centre n. m.
PL. *avants-centres*
avant-corps n. m. inv.
avant-coureur n. m. et adj.
PL. *avant-coureurs*
avant-courrier, ière n.
PL. *avant-courriers, ières*
avant-dernier, ière adj.
PL. *avant-derniers, ières*
avant-garde n. f.
PL. *avant-gardes*
avant-gardisme n. m.
PL. *avant-gardismes*
avant-gardiste adj. et n.
PL. *avant-gardistes*
avant-goût ou **avant-gout*** n. m.
PL. *avant-goûts* ou *avant-gouts**
avant-guerre n. m. ou f.
PL. *avant-guerres*
avant-hier adv.
avanti interj.
avant-main n. f.
PL. *avant-mains*
avant-midi n. m. ou f.
PL. inv. ou *avant-midis*
avant-mont n. m.
PL. *avant-monts*
avant-plan n. m.
PL. *avant-plans*
avant-port n. m.
PL. *avant-ports*
avant-poste n. m.
PL. *avant-postes*
avant-première n. f.
PL. *avant-premières*
avant-projet n. m.
PL. *avant-projets*
avant-propos n. m. inv.
avant-scène n. f.
PL. *avant-scènes*
avant-soirée n. f.
PL. *avant-soirées* (rec. off. de prime time)
avant-toit n. m.
PL. *avant-toits*
avant-train n. m.
PL. *avant-trains*

avant-veille n. f.
PL *avant-veilles*
avare adj. et n.
avarice n. f.
avaricieux, ieuse adj.
avarie n. f.
avarié, iée adj.
avarier v. tr. (conjug. 7)
avatar n. m.
à vau-l'eau loc. adv.
AVC n. m. (accident vasculaire cérébral)
Ave [ave] n. m. inv.
avec prép. et adv.
aveline n. f.
avelinier n. m.
Ave Maria n. m. inv.
aven n. m.
¹**avenant, ante** adj.
²**avenant** n. m.
avenant (à l') loc. adv.
avènement n. m.
avenir n. m.
avent n. m.
aventure n. f.
aventuré, ée adj.
aventurer v. tr. (conjug. 1)
aventureusement adv.
aventureux, euse adj.
aventurier, ière n.
aventurine n. f.
aventurisme n. m.
aventuriste adj. et n.
avenu, ue adj.
avenue n. f.
avéré, ée adj.
avérer v. tr. (conjug. 6)
avers n. m.
averse n. f.
aversion n. f.
averti, ie adj.
avertir v. tr. (conjug. 2)
avertissement n. m.
avertisseur, euse n. m. et adj.
aveu n. m.
aveuglant, ante adj.
aveugle adj. et n.
aveuglement n. m.

aveuglément adv.
aveugler v. tr. (conjug. 1)
aveuglette (à l') loc. adv.
aveulir v. tr. (conjug. 2)
aveulissement n. m.
aviaire adj.
aviateur, trice n.
aviation n. f.
avicole adj.
aviculteur, trice n.
aviculture n. f.
avide adj.
avidement adv.
avidité n. f.
avifaune n. f.
avili, ie adj.
avilir v. tr. (conjug. 2)
avilissant, ante adj.
avilissement n. m.
aviné, ée adj.
avion n. m.
avion-cargo n. m.
PL *avions-cargos*
avion-citerne n. m.
PL *avions-citernes*
avion-école n. m.
PL *avions-écoles*
avionique n. f.
avionnerie n. f.
avionnette n. f.
avionneur n. m.
avion-taxi n. m.
PL *avions-taxis*
aviron n. m.
avironner v. intr. (conjug. 1)
avis n. m.
avisé, ée adj.
aviser v. tr. (conjug. 1)
aviso n. m.
avitaillement n. m.
avitailler v. tr. (conjug. 1)
avitailleur n. m.
avitaminose n. f.
avivage n. m.
avivement n. m.
aviver v. tr. (conjug. 1)
avocaillon n. m.
avocasserie n. f.

avocassier, ière adj.
¹**avocat** n. m.
²**avocat, ate** n.
avocat-conseil n. m.
PL *avocats-conseils*
avocatier n. m.
avocature n. f.
avocette n. f.
avoine n. f.
¹**avoir** n. m.
²**avoir** v. tr. (conjug. 34)
avoirdupoids n. m.
avoisinant, ante adj.
avoisiner v. tr. (conjug. 1)
avortement n. m.
avorter v. (conjug. 1)
avorteur, euse n.
avorton n. m.
avouable adj.
avoué n. m.
avouer v. tr. (conjug. 1)
avoyer v. tr. (conjug. 8)
avril n. m.
avulsion n. f.
avunculaire [avɔ̃-] adj.
awalé n. m.
award n. m.
axe n. m.
axel n. m.
axène adj.
axénique adj.
axénisation n. f.
axer v. tr. (conjug. 1)
axérophtol n. m.
axial, iale, iaux adj.
axile adj.
axillaire adj.
axiologie n. f.
axiologique adj.
axiomatique adj. et n. f.
axiomatisation n. f.
axiomatiser v. tr. (conjug. 1)
axiome n. m.
axis n. m.
axisymétrique adj.
axolotl n. m.
axone n. m.

axonge

axonge n. f.
axonométrie n. f.
axonométrique adj.
ayaï n. m.
ayant p. prés. (avoir)
ayant cause n. m.
  PL. *ayants cause*
ayant droit n. m.
  PL. *ayants droit*
ayatollah n. m.
aye-aye n. m.
  PL. *ayes-ayes*
ayurvéda [ajyʀveda; ajuʀveda] n. m.
ayurvédique [ajyʀ-] adj.
azalée n. f.
azéotrope adj.
azerole n. f.
azerolier n. m.
AZERTY adj. inv.
azidothymidine n. f.
azimut n. m.
azimutal, ale, aux adj.
azimuté, ée adj.
azoïque adj.
azoospermie n. f.
azoospermique adj.
azotate n. m.
azote n. m.
azoté, ée adj.
azotémie n. f.
azotémique adj.
azoteux adj. m.
azothydrique adj.
azotique adj.
azotite n. m.
azoture n. m.
azoturie n. f.
AZT ® n. m. (azidothymidine)
aztèque adj.
azulejo ou **azuléjo★** [asulexo] n. m.
azulène n. m.
azur n. m.
azurage n. m.
azurant, ante adj. et n. m.
azuré, ée adj.
azuréen, enne adj.
azurer v. tr. (conjug. 1)
azurite n. f.

azygos adj. et n. f.
azyme adj.

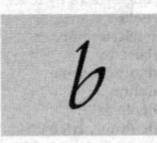

b

b n. m. inv.; abrév. et symb.
B n. m. inv.; abrév. et symb.
B2B ou **B to B** adj. et n. m. (business to business)
B2C ou **B to C** adj. et n. m. (business to consumer)
B. A. n. f. (bonne action)
baba adj. et n.; n. m.
b. a.-ba n. m. sing.
baba cool [-kul] n.
babélisme n. m.
babelutte ou babelute n. f.
babeurre n. m.
babiche n. f.
babil n. m.
babillage n. m.
babillard, arde adj. et n.
babiller v. intr. (conjug. 1)
babines n. f. pl.
babiole n. f.
babiroussa n. m.
bâbord n. m.
bâbordais n. m.
babouche n. f.
babouchka n. f.
babouin n. m.
baboune n. f.
babouvisme n. m.
babouviste adj. et n.
baby [babi; bebi] n. m.
  PL. *babies* ou *babys*
baby-blues [babibluz; bebi-] n. m. inv.
baby-boom ou **babyboum★** [babibum; bebi-] n. m.
  PL. *baby-booms* ou *babyboums★*

baby-boomer ou baby-boumeur, euse ou babyboumeur, euse★ [babibumœʀ; bebi-] n. m.
  PL. *baby-boomers* ou *baby-boomeurs, euses* ou *babyboumeurs, euses★*
baby-foot ® ou **babyfoot** [babifut] n. m.
  PL. inv. ou *babyfoots*
baby(-)sitter ou babysitteur, euse [babisitœʀ; bebi-] n.
  PL. *baby(-)sitters* ou *babysitteurs, euses*
baby(-)sitting [babisitiŋ; bebi-] n. m.
bac n. m.
bacante n. f.
baccalauréat n. m.
baccara n. m.
baccarat n. m.
bacchanale n. f.
¹bacchante n. f. (prêtresse)
²bacchante ou bacante n. f. (moustache)
bacchique adj.
baccifère adj.
bacciforme adj.
bâchage n. m.
bâche n. f.
bachelier, ière n.
bâcher v. tr. (conjug. 1)
bachi-bouzouk ou **bachibouzouk★** n. m.
  PL. *bachi-bouzouks* ou *bachibouzouks★*
bachique ou bacchique adj.
bachot n. m.
bachotage n. m.
bachoter v. intr. (conjug. 1)
bacillaire adj.
bacille n. m.
bacillifère n. et adj.
bacilliforme adj.
bacillose n. f.
bacillurie n. f.
bäckeofe n. m.

backgammon [bakgamɔn] n. m.
background n. m.
back office ou **back-office** n. m.
backup ou **back-up** n. m.
bâclage n. m.
bâcle n. f.
bâcler v. tr. (conjug. 1)
bacon n. m.
bactéricide adj. et n. m.
bactérie n. f.
bactériel, ielle adj.
bactériémie n. f.
bactériémique adj.
bactérien, ienne adj.
bactério n. m.
bactériochlorophylle [-k-] n. f.
bactériocine n. f.
bactériologie n. f.
bactériologique adj.
bactériologiste n.
bactériolytique adj.
bactériophage n. m.
bactériostatique adj.
badaboum interj.
badaud, aude n. et adj.
badauderie n. f.
bader v. (conjug. 1)
baderne n. f.
badge n. m.
badgé, ée adj.
badgeage n. m.
badger v. intr. (conjug. 3)
badgeuse n. f.
badiane n. f.
badigeon n. m.
badigeonnage n. m.
badigeonner v. tr. (conjug. 1)
badigeonneur n. m.
badigoinces n. f. pl.
¹badin, ine adj.
²badin n. m.
badinage n. m.
badine n. f.
badiner v. intr. (conjug. 1)
badinerie n. f.
badlands n. f. pl.

badminton n. m.
baeckeofe ou **bäkeofe** n. m.
BAFA n. m. (brevet d'aptitude aux fonctions d'animateur)
baffe n. f.
baffer v. tr. (conjug. 1)
baffle n. m.
bafouer v. tr. (conjug. 1)
bafouillage n. m.
bafouille n. f.
bafouiller v. intr. (conjug. 1)
bafouilleur, euse n. et adj.
bâfrer v. tr. (conjug. 1)
bâfreur, euse n.
bagad n. m.
PL. *bagadou* ou *bagads*★
bagage n. m.
bagagerie ® n. f.
bagagiste n.
bagarre n. f.
bagarrer v. (conjug. 1)
bagarreur, euse adj. et n.
bagasse n. f.
bagatelle n. f.
bagel n. m.
baggy [bagi] n. m.
PL. *baggys* ou *baggies*
bagnard, arde n.
bagne n. m.
bagnole n. f.
bagou n. m.
bagouse n. f.
bagout ou **bagou** n. m.
baguage n. m.
bague n. f.
baguenaude n. f.
baguenauder v. intr. (conjug. 1)
baguenaudier n. m.
baguer v. tr. (conjug. 1)
baguette n. f.
baguier n. m.
bah interj.
bahut n. m.
bai, baie adj.
baie n. f.
baignade n. f.
baigner v. (conjug. 1)

baigneur, euse n.
baignoire n. f.
bail n. m.
PL. *baux*
baille n. f.
bâillement n. m.
bailler v. tr. (conjug. 1)
bâiller v. intr. (conjug. 1)
bailleur, bailleresse n.
bailli n. m.
bailliage n. m.
bâillon n. m.
bâillonnement n. m.
bâillonner v. tr. (conjug. 1)
baïlothérapie n. f.
bain n. m.
baïne n. f.
bain-marie n. m.
PL. *bains-marie*
baïonnette n. f.
baisable adj.
baise n. f.
baise-en-ville n. m. inv.
baisemain n. m.
baisement n. m.
¹baiser n. m.
²baiser v. tr. (conjug. 1)
baiseur, euse n.
baisodrome n. m.
baisse n. f.
baisser v. (conjug. 1)
baissier, ière n. m. et adj.
baissière n. f.
bajoue n. f.
bajoyer n. m.
bakchich n. m.
bakélite ® n. f.
baklava n. m.
bal n. m.
balade n. f.
balader v. tr. (conjug. 1)
baladeur, euse adj. et n.
baladin, ine n.
baladodiffusion n. f.
balafon n. m.
balafoniste n.
balafre n. f.
balafrer v. tr. (conjug. 1)
balai n. m.

balai-brosse

balai-brosse n. m.
 pl. *balais-brosses*
balais adj. m.
balalaïka n. f.
balan n. m.
balance n. f.
balancé, ée adj.
balancelle n. f.
balancement n. m.
balancer v. (conjug. 3)
balancier n. m.
balancine n. f.
balançoire n. f.
balane n. f.
balanite n. f.
balata n. f.
balayage n. m.
balayer v. tr. (conjug. 8)
balayette n. f.
balayeur, euse n.
balayures n. f. pl.
balbutiant, iante adj.
balbutiement n. m.
balbutier v. (conjug. 7)
balbuzard n. m.
balcon n. m.
balconnet n. m.
baldaquin n. m.
bale n. f.
baleine n. f.
baleiné, ée adj.
baleineau n. m.
¹baleinier, ière adj.
²baleinier n. m.
baleinière n. f.
baleinoptère n. m.
balèse adj. et n.
balèvre n. f.
balèze ou balèse adj. et n.
balisage n. m.
balise n. f.
baliser v. (conjug. 1)
baliseur n. m.
balisier n. m.
baliste n. f.; n. m.
balisticien, ienne n.
balistique adj. et n. f.
balivage n. m.
baliveau n. m.

baliverne n. f.
balkanique adj.
balkanisation n. f.
balkaniser v. tr. (conjug. 1)
ballade n. f.
ballant, ante adj. et n. m.
ballast n. m.
ballastage n. m.
ballaster v. tr. (conjug. 1)
ballastière n. f.
¹balle n. f. (ballon)
²balle ou **bale** n. f. (de céréale)
baller v. intr. (conjug. 1)
ballerine n. f.
ballet n. m.
ballettomane ou **ballétomane*** n.
ballon n. m.
ballonné adj.
ballonnement n. m.
ballonner v. tr. (conjug. 1)
ballonnet n. m.
ballon-sonde n. m.
 pl. *ballons-sondes*
ballot n. m.
ballote n. f.
ballotin n. m.
ballottage ou **ballotage*** n. m.
ballottement ou **ballotement*** n. m.
ballotter ou **balloter*** v. (conjug. 1)
ballottine n. f.
ball(-)trap [balтʀap] n. m.
balluchon ou **baluchon** n. m.
bal-musette n. m.
 pl. *bals-musettes*
balnéaire adj.
balnéation n. f.
balnéothérapie n. f.
balourd, ourde n. et adj.
balourdise n. f.
balsa n. m.
balsamier n. m.
balsamine n. f.
balsamique adj.
balte adj. et n.

balthazar n. m.
baltringue n. m.
baluchon n. m.
balustrade n. f.
balustre n. m.
bambin, ine n.
bamboche n. f.
bambocher v. intr. (conjug. 1)
bambocheur, euse n.
bambou n. m.
bamboula n. m.; n. f.
bambousaie ou **bambouseraie** n. f.
ban n. m.
banal, ale adj.
banalement adv.
banalisation n. f.
banalisé, ée adj.
banaliser v. tr. (conjug. 1)
banalité n. f.
banana split n. m.
 pl. *banana(s) splits*
banane n. f.
bananer v. tr. (conjug. 1)
bananeraie n. f.
bananette n. f.
¹bananier, ière adj.
²bananier n. m.
banc n. m.
bancable ou **banquable** adj.
bancaire adj.
bancal, ale adj.
bancarisation n. f.
bancarisé, ée adj.
bancassurance n. f.
bancassureur n. m.
banche n. f.
bancher v. tr. (conjug. 1)
banco adj., n. m. et interj.
bancoulier n. m.
bancroche adj.
banc-titre n. m.
 pl. *bancs-titres*
banda n. f.
bandage n. m.
bandagiste n.
bandana n. m.
bandant, ante adj.

bande n. f.
bandé, ée adj.
bande-amorce n. f.
  PL. *bandes-amorces*
bande-annonce n. f.
  PL. *bandes-annonces*
bandeau n. m.
bandelette n. f.
bander v. (conjug. 1)
banderille n. f.
banderillero ou **banderilléro** n. m.
  PL. *banderilleros* ou *banderilléros*
banderolage n. m.
banderole n. f.
banderoleuse n. f.
bande-son n. f.
  PL. *bandes-sons*
bandit n. m.
banditisme n. m.
bandonéiste n. m.
bandonéon n. m.
bandoulière n. f.
banette® n. f.
bang interj. et n. m. inv.
bangladeshi adj.
banian n. m.
banjo [bɑ̃(d)ʒo] n. m.
banjoïste [bɑ̃(d)ʒɔist] n.
banlieue n. f.
banlieue-dortoir n. f.
  PL. *banlieues-dortoirs*
banlieusard, arde n.
banne n. f.
banneton n. m.
bannette n. f.
banni, ie adj.
bannière n. f.
bannir v. tr. (conjug. 2)
bannissement n. m.
banon n. m.
banquable adj.
banque n. f.
banquer v. intr. (conjug. 1)
banqueroute n. f.
banqueroutier, ière n.
banquet n. m.
banqueter v. intr. (conjug. 4)

banqueteur, euse n.
banquette n. f.
banquier, ière n.
banquise n. f.
banquiste n. m.
bantou, e n. et adj.
bantoustan n. m.
banyuls [banjyls; banjuls] n. m.
banzaï interj.
baobab n. m.
baptême [batɛm] n. m.
baptiser [batize] v. tr. (conjug. 1)
baptismal, ale, aux [batismal, o] adj.
baptisme [batism] n. m.
baptistaire [batis-] adj.
baptiste [batist] adj. et n.
baptistère [batis-] n. m.
baquet n. m.
baquetures n. f. pl.
bar n. m.
baragouin n. m.
baragouinage n. m.
baragouiner v. (conjug. 1)
baragouineur, euse n.
baraka n. f.
baraque n. f.
baraqué, ée adj.
baraquement n. m.
baraquer v. intr. (conjug. 1)
baraterie n. f.
baratin n. m.
baratiner v. (conjug. 1)
baratineur, euse n. et adj.
barattage n. m.
baratte n. f.
baratter v. tr. (conjug. 1)
barbacane n. f.
barbant, ante adj.
barbaque n. f.
barbare adj. et n.
barbaresque adj. et n.
barbarie n. f.
barbarisme n. m.
barbe n. f.; n. m.
barbeau n. m.
barbecue n. m.

barbe-de-capucin n. f.
  PL. *barbes-de-capucin*
barbelé, ée adj. et n. m.
barbelure n. f.
barber v. tr. (conjug. 1)
barbet n. m.
barbiche n. f.
barbichette n. f.
barbichu, ue adj.
barbier n. m.
barbifiant, iante adj.
barbifier v. tr. (conjug. 7)
barbille n. f.
barbillon n. m.
barbital n. m.
barbiturique adj. et n. m.
barbiturisme n. m.
barbon n. m.
barbotage n. m.
barbote n. f.
barboter v. (conjug. 1)
barboteur, euse n.
barboteuse n. f.
barbotin n. m.
barbotine n. f.
barbouillage n. m.
barbouille n. f.
barbouiller v. tr. (conjug. 1)
barbouilleur, euse n.
barbouze n. f.; n. m.
barbu, ue adj. et n.
barbue n. f.
barbule n. f.
barcarolle ou **barcarole**★ n. f.
barcasse n. f.
bard n. m.
barda n. m.
bardage n. m.
bardane n. f.
barde n. m.; n. f.
bardeau n. m.
barder v. (conjug. 1)
bardis n. m.
bardot ou **bardeau** n. m.
barefoot [bɛrfut] n. m.
barème n. m.
barémique adj.
baresthésie n. f.

barge

barge adj.; n. f.
barguigner v. intr. (conjug. 1)
barigoule n. f.
baril n. m.
barillet [baʀijɛ; baʀilɛ] n. m.
bariolage n. m.
bariolé, ée adj.
barioler v. tr. (conjug. 1)
barjaque n. f.
barjaquer v. intr. (conjug. 1)
barjo adj.
barlong, ongue adj.
barlotière n. f.
barmaid [-mɛd] n. f.
barman n. m.
  PL. barmans ou barmen
bar-mitsva(h) [baʀmitsva] n. f. inv. ou barmitsva* n. f.
barn n. m.
barnabite n. m.
barnache n. f.
barnacle n. f.
barnum n. m.
barographe n. m.
baromètre n. m.
barométrique adj.
¹baron n. m.
²baron, onne n.
baronnage n. m.
baronnet n. m.
baronnie n. f.
baroque adj. et n. m.
baroqueux, euse n. et adj.
baroquisme n. m.
baroscope n. m.
barostat n. m.
barotraumatique adj.
barotraumatisme n. m.
baroud n. m.
barouder v. intr. (conjug. 1)
baroudeur, euse n.
barouf n. m.
barque n. f.
barquette n. f.
barracuda n. m.
barrage n. m.
barragiste adj. et n.
barre n. f.

barré, ée adj. et n. m.
barreau n. m.
barrement n. m.
barrer v. tr. (conjug. 1)
barrette n. f.
barreur, euse n.
barricade n. f.
barricader v. tr. (conjug. 1)
barricot n. m.
barriérage n. m.
barrière n. f.
barrique n. f.
barrir v. intr. (conjug. 2)
barrissement n. m.
barrit [baʀi] n. m.
barrot n. m.
bar-tabac n. m.
bartavelle n. f.
bartering n. m.
bartériser v. tr. (conjug. 1)
bartholinite n. f.
bartonelle n. f.
bartonellose n. f.
barycentre n. m.
barye n. f.
barymétrie n. f.
baryon n. m.
baryonique adj.
barysphère n. f.
baryte n. f.
baryté, ée adj.
barytine n. f.
baryton n. m.
baryum n. m.
barzoï [baʀzɔj] n. m.
¹bas, basse adj.
²bas n. m.; adv.
basal, ale, aux adj.
basalte n. m.
basaltique adj.
basane n. f.
basané, ée adj.
basaner v. tr. (conjug. 1)
bas-bleu n. m.
  PL. bas-bleus
bas-côté n. m.
  PL. bas-côtés
basculant, ante adj.
bascule n. f.

basculement n. m.
basculer v. (conjug. 1)
basculeur n. m.
bas de casse n. m. inv.
base n. f.
baseball ou base-ball n. m.
base jump n. m.
baselle n. f.
baser v. tr. (conjug. 1)
bas-fond ou basfond* n. m.
  PL. bas-fonds ou basfonds*
basic n. m.
basicité n. f.
baside n. f.
basidiomycètes n. m. pl.
basidiospores n. f. pl.
basilaire adj.
basilic n. m.
basilical, ale, aux adj.
basilique adj.; n. f.
basin n. m.
basiphile adj.
basique adj.
basiquement adv.
bas-jointé, ée adj.
  PL. bas-jointés, ées
basket n. m.; n. f.
basketball ou basket-ball n. m.
basketteur, euse n.
bas-mât n. m.
  PL. bas-mâts
basmati n. m.
bas-normand, ande n. et adj. inv. ou bas-normands, andes
basoche n. f.
basophile adj.
basquaise adj. f. et n. f.
basque adj. et n.; n. f.
basquine n. f.
basquisant, ante n. et adj.
basquitude n. f.
bas-relief n. m.
  PL. bas-reliefs
bas-rouge n. m.
  PL. bas-rouges

bassac n. m.
basse n. f.
basse-contre ou **bassecontre*** n. f.
  PL. *basses-contre* ou *bassecontres**
bassecour ou **basse-cour** n. f.
  PL. *bassescours* ou *basse-cours*
basse-fosse ou **bassefosse*** n. f.
  PL. *basses-fosses* ou *bassefosses*
bassement adv.
bassesse n. f.
basset n. m.
basse-taille ou **bassetaille*** n. f.
  PL. *basses-tailles* ou *bassetailles**
bassin n. m.
bassinant, ante adj.
bassine n. f.
bassiner v. tr. (conjug. 1)
bassinet n. m.
bassinoire n. f.
bassiste n.
basson n. m.
bassoniste n.
basta interj.
bastague n. f.
bastaing n. m.
bastaque n. f.
baste interj.
baster v. intr. (conjug. 1)
bastide n. f.
bastidon n. m.
bastille n. f.
bastillé, ée adj.
basting ou **bastaing** n. m.
bastingage n. m.
bastion n. m.
baston n. m. ou f.
bastonnade n. f.
bastonner v. tr. (conjug. 1)
bastos n. m.
bastringue n. m.

bas-ventre n. m.
  PL. *bas-ventres*
b. à t. n. m. (bon à tirer)
bât n. m.
bataclan n. m.
bataille n. f.
batailler v. intr. (conjug. 1)
batailleur, euse adj.
bataillon n. m.
bâtard, arde adj. et n.
batardeau n. m.
bâtardise n. f.
batave adj. et n.
batavia n. f.
batavique adj.
batayole n. f.
bateau n. m.
bateau-bus ou **batobus** n. m.
bateau-citerne n. m.
  PL. *bateaux-citernes*
bateau-feu n. m.
  PL. *bateaux-feux*
bateau-lavoir n. m.
  PL. *bateaux-lavoirs*
bateau-mouche n. m.
  PL. *bateaux-mouches*
bateau-phare n. m.
  PL. *bateaux-phares*
bateau-pilote n. m.
  PL. *bateaux-pilotes*
batée n. f.
batelage n. m.
bateler v. intr. (conjug. 4)
bateleur, euse n.
batelier, ière n. et adj.
batellerie n. f.
bâter v. tr. (conjug. 1)
bat-flanc n. m.
  PL. *bat-flancs*
bath adj. inv.
bathyal, yale, yaux adj.
bathymétrie n. f.
bathymétrique adj.
bathyscaphe n. m.
bathysphère n. f.
¹bâti, ie adj.
²bâti n. m.
batifolage n. m.
batifoler v. intr. (conjug. 1)

batifoleur, euse n.
batik n. m.
bâtiment n. m.
bâtir v. tr. (conjug. 2)
bâtisse n. f.
bâtisseur, euse n.
batiste n. f.
bâton n. m.
bâtonnat n. m.
bâtonner v. tr. (conjug. 1)
bâtonnet n. m.
bâtonnier, ière n.
batoude n. f.
batracien n. m.
battage n. m.
¹battant, ante adj. et n.
²battant n. m.
batte n. f.
battée n. f.
battellement n. m.
battement n. m.
batterie n. f.
batteur n. m.
batteuse n. f.
battitures n. f. pl.
battle-dress [batœldʀɛs] n. m. inv.
battoir n. m.
battre v. (conjug. 41)
battu, ue adj.
battue n. f.
batture n. f.
bau n. m.
baud n. m.
baudet n. m.
baudrier n. m.
baudroie n. f.
baudruche n. f.
bauge n. f.
bauhinie n. f.
baume n. m.
baumier n. m.
bauquière n. f.
bauxite n. f.
bavard, arde adj. et n.
bavardage n. m.
bavarder v. intr. (conjug. 1)
bavarois, oise adj. et n.
bavasser v. intr. (conjug. 1)

bave

bave n. f.
baver v. intr. (conjug. 1)
bavette n. f.
baveux, euse adj.
bavoir n. m.
bavolet n. m.
bavure n. f.
bayadère n. f.
bayer v. intr. (conjug. 1)
bayou n. m.
bay-window ou
   baywindow*
   [bɛwindo] n. f.
   PL. *bay-windows*
   ou *baywindows**
   (rect. off. : oriel)
bazar n. m.
bazarder v. tr. (conjug. 1)
bazooka n. m.
B. C. B. G. ou
   bécebège ou
   bèsbège adj. (bon chic bon genre)
B. C. G.® n. m. (bacille Bilié de Calmette et Guérin)
B. D. n. f. (bande dessinée)
bê ou **bè** interj.
beach-volley n. m.
beagle n. m.
béance n. f.
béant, ante adj.
béarnais, aise adj. et n.
beat adj. inv.
béat, ate adj.
béatement adv.
béatification n. f.
béatifier v. tr. (conjug. 7)
béatifique adj.
béatitude n. f.
beatnik n. m.
beau ou **bel, belle** adj. et n.
beaucoup adv.
beauf n. m.
beauferie n. f.
beau-fils n. m.
   PL. *beaux-fils*
beaufort n. m.
beau-frère n. m.
   PL. *beaux-frères*

beaujolais n. m.
beau-parent n. m.
   PL. *beaux-parents*
beau-père n. m.
   PL. *beaux-pères*
beaupré n. m.
beauté n. f.
beaux-arts n. m. pl.
beaux-enfants n. m. pl.
bébé n. m.
bébé-bulle n. m.
   PL. *bébés-bulle*
bébé-éprouvette n. m.
   PL. *bébés-éprouvette*
bébelle ou bebelle n. f.
bébête adj. et n. f.
bébite ou bebite ou
   bibit(t)e n. f.
be-bop n. m.
   PL. *be-bops*
bec n. m.
bécane n. f.
bécard n. m.
bécarre n. m.
bécasse n. f.
bécasseau n. m.
bécassine n. f.
because ou bicause
   [bikɔz] conj. et prép.
bec-croisé n. m.
   PL. *becs-croisés*
bec-d'âne n. m.
   PL. *becs-d'âne*
bec-de-cane n. m.
   PL. *becs-de-cane*
bec-de-corbeau n. m.
   PL. *becs-de-corbeau*
bec-de-corbin n. m.
   PL. *becs-de-corbin*
bec-de-lièvre n. m.
   PL. *becs-de-lièvre*
bécebège adj.
becfigue n. m.
bec-fin ou becfin* n. m.
   PL. *becs-fins* ou *becfins**
béchamel n. f.
bêche n. f.
bêche-de-mer n. m.
   PL. *bêches-de-mer*
bêcher [-ʃer] n. m.

bêcher v. tr. (conjug. 1)
bêcheur, euse n.
bêcheveter v. tr. (conjug. 4)
béchique adj.
béchot n. m.
bec-jaune n. m.
   PL. *becs-jaunes*
bécot n. m.
bécoter v. tr. (conjug. 1)
becquée ou béquée n. f.
becquerel n. m.
becquet n. m.
becqueter ou
   béqueter ou
   bèqueter* v. tr.
   (conjug. 4)
bec-scie n. m.
bectance ou
   becquetance n. f.
becter ou becqueter
   v. tr. (conjug. 1)
bedaine n. f.
bed and breakfast
   [bɛdɛndbrɛkfœst] n. m. inv.
bédane n. f.
bédé n. f.
bedeau n. m.
bédéiste n.
bédéphile n. et adj.
bédéthèque n. f.
bedon n. m.
bedonnant, ante adj.
bedonner v. intr. (conjug. 1)
bédouin, ine n. et adj.
bée adj. f. et n. f.
beefsteak [biftɛk] n. m.
béer v. intr. (conjug. 1)
beffroi n. m.
bégaiement n. m.
bégayant, ante adj.
bégayer v. intr. (conjug. 8)
bégonia n. m.
bègue adj. et n.
béguètement n. m.
bégueter v. intr. (conjug. 5)
bégueule n. f.
bégueulerie n. f.
béguin n. m.
béguinage n. m.
béguine n. f.

bercelonnette

bégum n. f.
béhaviorisme ou behaviorisme ou behaviourisme n. m.
béhavioriste ou behavioriste ou behaviouriste n.
beige adj.
beigeasse adj.
beigeâtre adj.
beigne n. f. et m.
beignet n. m.
béjaune n. m.
béké n.
bel adj. m.
bêlant, ante adj.
bel cantiste ou belcantiste* n.
bel canto ou belcanto* n. m.
PL. inv. ou belcantos*
bêlement n. m.
bélemnite n. f.
bêler v. intr. (conjug. 1)
belette n. f.
belge adj. et n.
belgicisme n. m.
bélier n. m.
bélière n. f.
bélino n. m.
bélinogramme n. m.
bélinographe n. m.
bélître ou bélitre* n. m.
belladone n. f.
bellâtre n. m.
belle adj. f.; n. f.
belle-dame n. f.
PL. belles-dames
belle-de-jour n. f.
PL. belles-de-jour
belle-de-nuit n. f.
PL. belles-de-nuit
belle-doche n. f.
PL. belles-doches
belle-d'un-jour n. f.
PL. belles-d'un-jour
belle-famille n. f.
PL. belles-familles
belle-fille n. f.
PL. belles-filles

belle-maman n. f.
PL. belles-mamans
bellement adv.
belle-mère n. f.
PL. belles-mères
belles-lettres n. f. pl.
belle-sœur n. f.
PL. belles-sœurs
bellicisme n. m.
belliciste adj.
belligérance n. f.
belligérant, ante adj. et n.
belliqueux, euse adj.
belluaire n. m.
belon n. f.
belote n. f.
bélouga ou béluga n. m.
belvédère n. m.
bémol n. m.
bémoliser v. tr. (conjug. 1)
ben adv.; n. m.
bénard n. m.
bénarde n. f.
benchmark n. m.
benchmarking n. m.
bend n. m.
bending n. m.
bendir n. m.
bénédicité n. m.
bénédictin, ine n.
bénédiction n. f.
bénef n. m. (bénéfice)
bénéfice n. m.
bénéficiaire n. et adj.
¹bénéficier n. m.
²bénéficier v. tr. ind. (conjug. 7)
bénéfique adj.
benêt n. m. et adj. m.
bénévolat n. m.
bénévole n.
bénévolement adv.
bengali, ie [bɛ̃-] n. et adj.
bénichon n. f.
bénignité n. f.
bénin, igne adj.
béni-oui-oui n. m. inv.
bénir v. tr. (conjug. 2; p. p. béni)

bénissant, ante adj.
bénisseur, euse adj.
bénit, ite adj.
bénitier n. m.
benjamin, ine n.
benji n. m.
benjoin n. m.
benne n. f.
benoît, oîte ou benoit, oite* adj.
benoîte ou benoite* n. f.
benoîtement ou benoitement* adv.
benthique [bɛ̃-] adj.
benthos [bɛ̃-] n. m.
bentonite [bɛ̃-] n. f.
benzédrine ® [bɛ̃-] n. f.
benzène [bɛ̃-] n. m.
benzénique [bɛ̃-] adj.
benzine [bɛ̃-] n. f.
benzoate [bɛ̃-] n. m.
benzodiazépine [bɛ̃-] n. f.
benzoïque [bɛ̃-] adj.
benzol [bɛ̃-] n. m.
benzolisme [bɛ̃-] n. m.
benzophénone [-bɛ̃-] n. m.
benzopyrène [bɛ̃-] n. m.
béotien, ienne n. et adj.
béotisme n. m.
B. E. P. n. m. inv. (brevet d'études professionnelles)
B. E. P. C. n. m. (brevet d'études du premier cycle)
béquée n. f.
béquet ou becquet n. m.
béquillard, arde adj.
béquille n. f.
béquiller v. (conjug. 1)
ber [bɛʁ] n. m.
berbère adj. et n.
berbéris n. m.
herbérophone adj. et n.
bercail n. m.
berçant, ante adj.
berce n. f.
berceau n. m.
bercelonnette n. f.

bercement

bercement n. m.
bercer v. tr. (conjug. 3)
berceur, euse adj.
berceuse n. f.
béret n. m.
bérézina n. f.
bergamasque n. f.
bergamote n. f.
bergamotier n. m.
berge n. f.
berger, ère n.
bergère n. f.
bergerie n. f.
bergeronnette n. f.
béribéri n. m.
berimbau ou
  bérimbau n. m.
berk ou beurk interj.
berkélium n. m.
berline n. f.
berlinette n. f.
berlingot n. m.
berlue n. f.
berme n. f.
bermuda n. m.
bernache ou bernacle n. f.
bernardin, ine n.
bernard-l'ermite ou
  bernard-l'hermite n. m. inv.
berne n. f.
berner v. tr. (conjug. 1)
bernicle ou bernique n. f.
bernique interj.
bersaglier [bɛʀsaglijɛ; bɛʀsaljɛʀ] n. m.
berthe n. f.
bertillonnage n. m.
béryl n. m.
bérylliose n. f.
béryllium n. m.
béryx ou beryx n. m.
berzingue (à tout, à toute) loc. adv.
besace n. f.
besaiguë ou besaigüe★ n. f.
besant n. m.

bèsbègue adj. et n.
bésef ou bézef adv.
bésicles ou besicles n. f. pl.
bésigue n. m.
besogne n. f.
besogner v. (conjug. 1)
besogneusement adv.
besogneux, euse adj.
besoin n. m.
bessemer n. m.
besson, onne n.
bestiaire n. m.
bestial, iale, iaux adj.
bestialement adv.
bestialité n. f.
bestiau n. m.
bestiaux n. m. pl.
bestiole n. f.
best of n. m. inv.
best-seller ou
  bestseller★ n. m.
  PL best-sellers ou
  bestsellers★
¹bêta n. m. et adj.
  PL inv. ou bêtas
²bêta, asse n. et adj.
bêtabloquant n. m.
bêtacarotène n. m.
bétail n. m.
bétaillère n. f.
bêtalactamine n. f.
bétanine n. f.
bêta-stimulant n. m.
  PL bêta-stimulants
bêta-test n. m.
  PL inv. ou bêta-tests
bêta-testeur n. m.
  PL inv. ou bêta-testeurs
bêtathérapie n. f.
bêtatron n. m.
bête n. f. et adj.
bétel n. m.
bêtement adv.
bêtifiant, iante adj.
bêtification n. f.
bêtifier v. (conjug. 7)
bêtise n. f.
bêtisier n. m.
bétoine n. f.

bétoire n. f.
béton n. m.
bétonisation n. f.
bétonnage n. m.
bétonner v. (conjug. 1)
bétonneur n. m.
bétonneuse n. f.
bétonnière n. f.
bette ou blette n. f.
betterave n. f.
betteravier, ière adj. et n. m.
bétyle n. m.
beuglant n. m.
beuglante n. f.
beuglement n. m.
beugler v. intr. (conjug. 1)
beur n. m.
beure n. f. et adj. f.
beurette n. f. et adj. f.
beurk interj.
beurre n. m.
¹beurré, ée adj. et n. f.
²beurré n. m.
beurre-frais adj. inv.
beurrer v. tr. (conjug. 1)
beurrerie n. f.
beurrier, ière n. et adj.
beuverie n. f.
bévatron n. m.
bévue n. f.
bey n. m.
  PL beys
beylical, ale, aux adj.
beylicat n. m.
beylisme n. m.
bézef adv.
bézoard n. m.
bi n. m.
biactif, ive adj.
biadmissible adj.
biais, biaise adj. et n. m.
biaiser v. (conjug. 1)
biathlète n.
biathlon n. m.
biaural, ale, aux adj.
biauriculaire adj.
biaxe adj.
bibande adj.

bibelot n. m.
bibendum [bibɛdɔm] n. m.
biberon n. m.
biberonner v. intr. (conjug. 1)
bibi n. m.; pron.
bibine n. f.
bibite ou **bibitte** n. f.
bible n. f.
biblio n. f. (bibliographie)
bibliobus n. m.
bibliographe n.
bibliographie n. f.
bibliographique adj.
bibliophage n. m.
bibliophile n.
bibliophilie n. f.
bibliotechnique adj.
bibliothécaire n.
bibliothéconomie n. f.
bibliothèque n. f.
biblique adj.
bibliquement adv.
Bic ® n. m.
bicaméralisme n. m.
bicamérisme n. m.
bicarbonate n. m.
bicarbonaté, ée adj.
bicarburation n. f.
bicarré, ée adj.
bicaténaire adj.
bicause conj. et prép.
bicentenaire adj. et n. m.
bicéphale adj.
biceps n. m.
biche n. f.
bicher v. intr. (conjug. 1)
bichette n. f.
bichlamar n. m.
bichlorure [-k-] n. m.
bichon, onne n.
bichonner v. tr. (conjug. 1)
bichromate [-k-] n. m.
bicipital, ale, aux adj.
biclou n. m.
bicloune n. m.
bicolore adj.
bicombustible adj. et n. m.
bicomposant n. m.

biconcave adj.
biconvexe adj.
bicoque n. f.
bicorne adj. et n. m.
bicorps adj.; n. m.
bicot n. m.
bicouche n. f.
bicross ® n. m.
bicrossing n. m.
biculturalisme n. m.
biculturel, elle adj.
bicuspide adj.
bicycle n. m.
bicyclette n. f.
bicylindre n. m.
bidasse n. m.
bide n. m.
bident n. m.
bidet n. m.
bidimensionnel, elle adj.
bidoche n. f.
bidon n. m.
bidonnage n. m.
bidonnant, ante adj.
bidonner v. tr. (conjug. 1)
bidonville n. m.
bidouillage n. m.
bidouille n. f.
bidouiller v. tr. (conjug. 1)
bidouilleur, euse n.
bidule n. m.
bief n. m.
bielle n. f.
biellette n. f.
bien adv.; adj. inv.; n. m.
bien-aimé, ée adj. et n.
  PL. *bien-aimés, ées*
bien-dire n. m. inv.
biénergie n. f.
bien-être n. m. inv.
bienfacture n. f.
bienfaisance n. f.
bienfaisant, ante adj.
bienfait n. m.
bienfaiteur, trice n.
bien-fondé n. m.
  PL. *bien-fondés*
bien-fonds n. m.
  PL. *biens-fonds*

bienheureux, euse adj. et n.
bien-jugé n. m.
  PL. *bien-jugés*
biennal, ale, aux adj. et n. f.
biennalité n. f.
bien-pensant, ante adj. et n.
  PL. *bien-pensants, antes*
bienséance n. f.
bienséant, ante adj.
bientôt adv.
bientraitance n. f.
bienveillamment adv.
bienveillance n. f.
bienveillant, ante adj.
bienvenir v. intr. (seult inf.)
bienvenu, ue adj. et n.
bienvenue n. f.
bière n. f.
biergol n. m.
bièvre n. m.
bif n. m.
biface n. m.
biffage n. m.
biffe n. f.
biffer v. tr. (conjug. 1)
biffeton n. m.
biffin n. m.
bifurre n. f.
bifide adj.
bifidobactérie n. f.
bifidus n. m.
bifilaire adj.
bifocal, ale, aux adj.
bifteck ou **biftèque** n. m.
bifurcation n. f.
bifurquer v. intr. (conjug. 1)
bigame adj. et n.
bigamie n. f.
bigarade n. f.
bigaradier n. m.
bigarré, ée adj.
bigarrer v. tr. (conjug. 1)
bigarreau n. m.
bigarrure n. f.
big bang ou **big-bang** ou **bigbang*** n. m.
bigle adj. et n.

bigler

bigler v. (conjug. 1)
bigleux, euse adj. et n.
bigner (se) v. pron. (conjug. 1)
bignole ou bignolle n. f.
bignone n. f.
bignonia n. m.
bigo n. m.
bigophone n. m.
bigophoner v. intr. (conjug. 1)
bigorne n. f.
bigorneau n. m.
bigorner v. tr. (conjug. 1)
bigot, ote adj. et n.
bigoterie n. f.
bigotisme n. m.
bigouden, ène n. et adj.
bigoudi n. m.
bigre interj. et n. m.
bigrement adv.
bigue n. f.
biguine n. f.
bihebdomadaire adj.
bihoreau n. m.
bijectif, ive adj.
bijection n. f.
bijou n. m.
bijouterie n. f.
bijoutier, ière n.
biker n. m.
bikini® n. m.
bilabial, iale, iaux adj. et n. f.
bilabié, iée adj.
bilame n. f.
bilan n. m.
bilatéral, ale, aux adj.
bilatéralisme n. m.
bilboquet n. m.
bile n. f.
biler (se) v. pron. (conjug. 1)
bileux, euse adj.
bilharzie n. f.
bilharziose n. f.
biliaire adj.
bilieux, ieuse adj.
bilinéaire adj.
bilingue adj.
bilinguisme n. m.

bilirubine n. f.
biliverdine n. f.
bill n. m.
billard n. m.
bille n. f.
billet n. m.
billeté, ée adj.
billetique n. f.
billette n. f.
billetterie n. f.
billettiste n.
billevesée n. f.
billion n. m.
billon n. m.
billonnage n. m.
billot n. m.
bilobé, ée adj.
bimane adj. et n.
bimatière adj.
bimbeloterie n. f.
bimbelotier, ière n.
bimbo n. f.
bimembraphone adj.
bimensuel, elle adj. et n. m.
bimestre n. m.
bimestriel, ielle adj. et n. m.
bimétallique adj.
bimétallisme n. m.
bimétalliste adj. et n.
bimillénaire adj. et n. m.
bimodal, ale, aux adj.
bimoteur adj.
binage n. m.
binaire adj.
binairement adv.
binational, ale, aux adj. et n.
binaural, ale, aux adj.
binauriculaire adj.
biner v. (conjug. 1)
binette n. f.
bineuse n. f.
bing interj.
bingo n. m.
biniou n. m.
binoclard, arde adj. et n.
binocle n. m.

binocleux, euse adj. et n.
binoculaire adj. et n.
binôme n. m.
binomial, iale, iaux adj.
bintje n. f.
binz ou bin's [bins] n. m.
bio adj. et n.
bioassimilable adj.
bioastronomie n. f.
biobibliographie n. f.
biobibliographique adj.
biocapsule n. f.
biocapteur n. m.
biocarburant n. m.
biocatalyseur n. m.
biocénose ou biocœnose
biocéramique adj. et n. f.
biochimie n. f.
biochimique adj.
biochimiste n.
biocide n.
bioclimatique adj.
bioclimatologie n. f.
biocœnose [-se] n. f.
biocombustible n. m.
biocompatibilité n. f.
biocompatible adj.
bioconversion n. f.
biocosmétique adj.
biodégradabilité n. f.
biodégradable adj.
biodégradation n. f.
biodesign [-dizajn; -dezajn] n. m.
biodiesel ou biodiésel n. m.
biodiversité n. f.
biodynamie n. f.
bioélectronique n. f.
bioénergétique adj.
bioénergie n. f.
bioéthanol n. m.
bioéthicien, ienne n.
bioéthique n. f.
biofertilisant n. m.
biofibre® n. f.
biogaz n. m.
biogène adj.
biogenèse n. f.

biogénétique adj. et n. f.
biogéographie n. f.
biogéographique adj.
biographe n.
biographie n. f.
biographique adj.
bio-industrie n. f.
  PL. *bio-industries*
bio-informaticien, ienne n.
  PL. *bio-informaticiens, iennes*
bio-informatique n. f.
bio-ingénierie n. f.
biolistique n. f.
biologie n. f.
biologique adj.
biologiquement adv.
biologiser v. tr. (conjug. 1)
biologisme n. m.
biologiste n.
bioluminescence n. f.
bioluminescent, ente adj.
biomagnétisme n. m.
biomasse n. f.
biomatériau n. m.
biomécanique n. f.
biomédecine n. f.
biomédical, ale, aux adj.
biométéorologie n. f.
biométrie n. f.
biométrique adj.
biomimétique adj.
biomoléculaire adj.
bionicien, ienne n.
bionique n. f.
biopeptidique adj.
biopesticide n. m.
biopharmaceutique adj.
biopharmacie n. f.
biophysicien, ienne n.
biophysique n. f. et adj.
biopsie n. f.
biopsier v. tr. (conjug. 7)
biopuce n. f.
bioréacteur n. m.
biorythme n. m.
bioscience n. f.

biosécurité n. f.
biosphère n. f.
biosphérique adj.
biostatisticien, ienne n.
biostatistique n. f.
biosynthèse n. f.
biosynthétique adj.
biote n.
biotechnicien, ienne n.
biotechnique n. f.
biotechnologie n. f.
biotechnologique adj.
biotechnologiste n.
bioterrorisme n. m.
bioterroriste n.
biothérapie n. f.
biotine n. f.
biotique adj.
biotite n. f.
biotope n. m.
biotype n. m.
biotypologie n. f.
biovigilance n. f.
bioxyde n. m.
bip n. m.
bipale adj.
biparti, ie ou **bipartite** adj.
bipartisme n. m.
bipartite adj.
bipartition n. f.
bipasse n. m.
bip-bip n. m.
  PL. *bips-bips*
bipède adj. et n. m.
bipédie n. f.
bipenne n. f.
bipenné, ée adj.
¹**biper** ou **bipeur** n. m.
²**biper** v. tr. (conjug. 1)
biphasé, ée adj.
biphényle n. m.
bipied n. m.
biplace adj.
biplan n. m.
bipoint n. m.
bipolaire adj.
bipolarisation n. f.
bipolarité n. f.

bipoutre adj.
biprocesseur adj. et n. m.
biquadratique adj.
bique n. f.
biquet, ette n.
biquotidien, ienne adj.
birapport n. m.
birbe n. m.
birdie ou **birdy** n. m.
biréacteur n. m.
biréfringence n. f.
biréfringent, ente adj.
birème n. f.
birotor adj. et n. m.
biroute n. f.
birr n. m.
¹**bis, bise** adj.
²**bis** interj. et adv.
bisaïeul, eule n.
  PL. *bisaïeuls, eules*
bisannuel, elle adj.
bisbille n. f.
biscornu, ue adj.
biscoteau n. m.
biscotte n. f.
biscotterie n. f.
biscuit n. m.
biscuiter v. tr. (conjug. 1)
biscuiterie n. f.
bise n. f.
biseau n. m.
biseautage n. m.
biseauter v. tr. (conjug. 1)
biser v. (conjug. 1)
biset n. m.
bisexualité n. f.
bisexué, ée adj.
bisexuel, elle adj.
bismuth n. m.
bismuthé, ée adj.
bison, onne n.
bisou n. m.
bisque n. f.
bisquer v. intr. (conjug. 1)
bis repetita loc.
bissac n. m.
bisse n. f.
bissecteur, trice adj. et n. f.

bissection n. f.
bisser v. tr. (conjug. 1)
bissexte n. m.
bissextil, ile adj.
bistable adj.
bistorte n. f.
bistouille n. f.
bistouquette n. f.
bistouri n. m.
bistournage n. m.
bistourner v. tr. (conjug. 1)
bistre n. m. et adj. inv.
bistré, ée adj.
bistrer v. tr. (conjug. 1)
bistroquet n. m.
bistrot ou **bistro** n. m.
bistrote n. f.
bistrotier, ière n.
bisulfate n. m.
bit n. m. (binary digit)
bite ou **bitte** n. f. (pénis)
biter ou **bitter** v. tr. (conjug. 1) (comprendre)
bithérapie n. f.
bitmap adj. et n. m.
bitonal, ale, aux ou **als** adj.
bitoniau n. m.
bitord n. m.
bitos n. m.
bitte n. f. (pénis, bollard)
¹bitter n. m.
²bitter v. tr. (conjug. 1)
bitture n. f.
bitturer (se) v. pron. (conjug. 1)
bitumage n. m.
bitume n. m.
bitumer v. tr. (conjug. 1)
bitumeux, euse adj.
bitumineux, euse adj.
biturbine adj.
biture ou **bitture** n. f. (ivresse)
biturer (se) ou **bitturer (se)** v. pron. (conjug. 1) (s'enivrer)
biunivoque adj.
bivalence n. f.
bivalent, ente adj.

bivalve adj.
biveau n. m.
bivitellin, ine adj.
bivouac n. m.
bivouaquer v. intr. (conjug. 1)
biwa n. m.
bizarre adj.
bizarrement adv.
bizarrerie n. f.
bizarroïde adj.
bizness n. m.
biznessman n. m.
PL. *biznessmans* ou *biznessmen*
biznesswoman n. f.
PL. *biznesswomans* ou *biznesswomen*
bizut ou **bizuth** n. m.
bizutage n. m.
bizute n. f.
bizuter v. tr. (conjug. 1)
bizuth n. m.
blabla n. m.
blablabla interj.
blablater v. intr. (conjug. 1)
black n. et adj.
black-bass ou **blackbass*** n. m. inv.
blackboulage n. m.
blackbouler v. tr. (conjug. 1)
black-jack [blak(d)ʒak] n. m. ou **blackjack*** n. m.
PL. *black-jacks* ou *blackjacks**
black-out ou **blackout*** n. m.
PL. inv. ou *blackouts**
black-rot ou **blackrot*** n. m.
PL. *black-rots* ou *blackrots**
blafard, arde adj.
blaff n. m.
blague n. f.
blaguer v. intr. (conjug. 1)
blagueur, euse n. et adj.
blair n. m.
blaireau n. m.
blairer v. tr. (conjug. 1)
blâmable adj.

blâme n. m.
blâmer v. tr. (conjug. 1)
blanc, blanche adj. et n.
blanc-bec n. m.
PL. *blancs-becs*
blanc-bleu adj.
PL. *blancs-bleus*
blanc-cassis n. m.
PL. *blancs-cassis*
blanc-étoc ou **blanc-estoc** n. m.
PL. *blancs-étocs* ou *blancs-estocs*
blanchaille n. f.
blanchâtre adj.
blanche n. f.
blanchet n. m.
blancheur n. f.
blanchiment n. m.
blanchir v. (conjug. 2)
blanchissage n. m.
blanchissant, ante adj.
blanchissement n. m.
blanchisserie n. f.
blanchisseur, euse n.
blanchon n. m.
blanc-manger n. m.
PL. *blancs-mangers*
blanc-seing n. m.
PL. *blancs-seings*
blandice n. f.
blanquette n. f.
blaps n. m.
blase ou **blaze** n. m.
blasé, ée adj.
blasement n. m.
blaser v. tr. (conjug. 1)
blason n. m.
blasonner v. tr. (conjug. 1)
blasphémateur, trice n. et adj.
blasphématoire adj.
blasphème n. m.
blasphémer v. (conjug. 6)
blast n. m.
blaster n. m.
blastoderme n. m.
blastogenèse n. f.
blastomère n. m.

blastomyces n. m. pl.
blastomycose n. f.
blastopore n. m.
blastula n. f.
blatérer v. intr. (conjug. 6)
blatte n. f.
blaze n. m.
blazer n. m.
blé n. m.
blèche adj.
bled n. m.
blédard n. m.
blem n. m.
blème n. m.
blême adj.
blêmir v. intr. (conjug. 2)
blêmissant, ante adj.
blêmissement n. m.
blend ou **blended** n. m.
blende n. f.
blennie n. f.
blennorragie n. f.
blennorragique adj.
blennorrhée n. f.
blépharite n. f.
blépharoplastie n. f.
blépharospasme n. m.
blèsement n. m.
bléser v. intr. (conjug. 6)
blésité n. f.
blessant, ante adj.
blessé, ée adj. et n.
blesser v. tr. (conjug. 1)
blessure n. f.
blet, blette adj.
blette ou **bette** n. f.
blettir v. intr. (conjug. 2)
blettissement n. m.
blettissure n. f.
bleu, bleue adj. et n. m.
bleuâtre adj.
bleuet n. m.
bleuetier n. m.
bleuetière n. f.
bleuetterie n. f.
bleuir v. (conjug. 2)
bleuissant, ante adj.
bleuissement n. m.
bleusaille n. f.

bleuté, ée adj.
bliaud ou **bliaut** n. m.
blindage n. m.
blinde n. f.
blindé, ée adj.
blinder v. (conjug. 1)
blind test n. m.
blini(s) n. m.
blinquer v. intr. (conjug. 1)
blister n. m.
blistériser v. tr. (conjug. 1)
blitz n. m.
blitzkrieg n. m.
blizzard n. m.
bloc n. m.
blocage n. m.
blocaille n. f.
bloc-cylindres n. m.
  PL. *blocs-cylindres*
bloc-diagramme n. m.
  PL. *blocs-diagrammes*
blockbuster n. m.
blockhaus n. m.
bloc-moteur n. m.
  PL. *blocs-moteurs*
bloc-note n. m.
  PL. *blocs-notes*
bloc-système n. m.
  PL. *blocs-systèmes*
blocus n. m.
blog ou **blogue** n. m.
blogger n.
blogosphère n. f.
bloguer v. intr. (conjug. 1)
blogueur, euse ou
  blogger n.
blond, blonde adj. et n.
blondasse adj.
blonde n. f.
blondeur n. f.
¹**blondin** n. m.
²**blondin, ine** n.
blondinet, ette n.
blondir v. (conjug. 2)
bloody mary n. m. inv.
bloomer n. m.
bloquant, ante adj.
bloquer v. tr. (conjug. 1)
bloqueur n. m.

bloquiste adj. et n.
blottir (se) v. pron.
  (conjug. 2)
blousant, ante adj.
blouse n. f.
blouser v. (conjug. 1)
blouson n. m.
blue grass n. m.
blue-jean ou
  blue-jeans ou
  bluejean★ n. m.
  PL. *blue-jeans* ou *bluejeans★*
blues n. m.
bluesman n.
  PL. *bluesmen* ou *bluesmans*
bluesy adj.
bluet n. m.
bluette n. f.
bluff n. m.
bluffant, ante adj.
bluffer v. (conjug. 1)
bluffeur, euse n. et adj.
blush n. m.
  PL. *blushs*
blutage n. m.
bluter v. tr. (conjug. 1)
blutoir n. m.
B. M. X. n. m.
B. N. n. f. (Bibliothèque
  nationale)
B. O. n. m. (Bulletin officiel)
boa n. m.
boat people n. m. inv.
bob n. m.
bobard n. m.
bobby n. m.
  PL. *bobbies*
bobèche n. f.
bobeur, euse n.
bobinage n. m.
bobine n. f.
bobiner v. tr. (conjug. 1)
bobinette n. f.
bobineur, euse n.
bobinier, ière n.
bobino ou **bobinot** n. m.
bobinoir n. m.
¹**bobo** n. m.
²**bobo** n. (bourgeois bohème)
boboïsation n. f.

bobonne

bobonne n. f.
bobraft n. m.
bobsleigh [bɔbslɛg] n. m.
bobtail [bɔbtɛl] n. m.
bocage n. m.
bocager, ère adj.
bocal, aux n. m.
bocard n. m.
bocardage n. m.
bocarder v. tr. (conjug. 1)
boche n. et adj.
bock n. m.
bodega ou bodéga [bɔdega] n. f.
bodhisattva [bɔdisatva] n. m.
PL bodhisattvas
body n. m.
PL bodys ou bodies
bodyboard [bɔdibɔrd] n. m.
bodybuildé, ée [bɔdibildé] adj.
bodybuildeur, euse n.
bodybuilding [bɔdibildiŋ] n. m.
boësse [bwɛs] n. f.
boëtte ou bouette n. f.
bœuf n. m.
PL bœufs
bœufer v. intr. (conjug. 1)
B. O. F. n. et adj. (beurre, œufs, fromages)
bof interj.
bogey n. m.
PL bogeys
boggie [bɔgi] n. m.
boghead n. m.
boghei ou boguet n. m.
bogie ou boggie n. m.
bogomile n. m.
¹bogue n. f. (enveloppe)
²bogue n. f. ou m. (rec. off. de bug)
bogué, ée adj.
boguet n. m.
bohème n.
bohémien, ienne n.
bohrium n. m.
boille n. f.

¹boire n. m.
²boire v. tr. (conjug. 53)
bois n. m.
boisage n. m.
bois-de-fer n. m. inv.
boisé, ée adj. et n. m.
boisement n. m.
boiser v. tr. (conjug. 1)
boiserie n. f.
boiseur n. m.
boisseau n. m.
boisselier n. m.
boissellerie n. f.
boisson n. f.
boîtage ou boitage n. m.
boîte ou boite★ n. f.
boitement n. m.
boiter v. intr. (conjug. 1)
boiterie n. f.
boiteux, euse adj.
boîtier ou boitier★ n. m.
boitillant, ante adj.
boitillement n. m.
boitiller v. intr. (conjug. 1)
boiton n. m.
bol n. m.
bolchevik ou bolchévik★ [-ʃəvik; -ʃevik] n.
bolchevique ou bolchévique★ [-ʃəvik; -ʃevik] adj.
bolchevisme ou bolchévisme★ [-ʃəvism; -ʃevism] n. m.
bolcheviste ou bolchéviste★ [ʃəvist; -ʃevist] n.
boldo n. m.
bolduc n. m.
bolée n. f.
boléro n. m.
bolet n. m.
bolide n. m.
bolier ou boulier n. m. (filet)
bolivar n. m.
boliviano n. m.
bollard n. m.

bolognaise ou bolognese adj. f.
bolomètre n. m.
bolus n. m.
bombage n. m.
bombance n. f.
bombarde n. f.
bombardement n. m.
bombarder v. tr. (conjug. 1)
bombardier n. m.
bombardon n. m.
bombaywalla adj. et n.
bombe n. f.
bombé, ée adj.
bombement n. m.
bomber v. (conjug. 1)
bombeur, euse n.
bombinette n. f.
bombonne n. f.
bombyx n. m.
bôme n. f.
bômé, ée adj.
¹bon, bonne adj. et n.
²bon n. m.; adv.
bonace n. f.
bonapartisme n. m.
bonapartiste adj. et n.
bonard, arde ou bonnard, arde adj.
bonasse adj.
bonasserie n. f.
bonbec n. m.
bonbon n. m.
bonbonne ou bombonne n. f.
bonbonnière n. f.
bond n. m.
bondage n. m.
bonde n. f.
bondé, ée adj.
bondelle n. f.
bondérer v. tr. (conjug. 1)
bondérisation® n. f.
bondieusard, arde adj. et n.
bondieuserie n. f.
bondir v. intr. (conjug. 2)
bondissant, ante adj.
bondissement n. m.
bondon n. m.

bondrée n. f.
bon enfant adj. inv.
bonheur n. m.
bonheur-du-jour n. m.
  PL. *bonheurs-du-jour*
bonhomie ou
  bonhommie n. f.
bonhomme n. m.
  PL. *bonshommes*
boni n. m.
boniche ou **bonniche** n. f.
bonifiant, ante adj.
bonification n. f.
bonifier v. tr. (conjug. 7)
boniment n. m.
bonimenter v. intr. (conjug. 1)
bonimenteur, euse n.
bonite n. f.
bonjour n. m.
bon marché loc. adj. inv.
bonnard, arde adj.
bonne n. f.
bonne femme n. f.
bonne-maman n. f.
  PL. *bonnes-mamans*
bonnement adv.
bonnet n. m.
bonneteau n. m.
bonneterie ou
  bonnèterie* n. f.
bonneteur n. m.
bonnetier, ière n.
bonnette n. f.
bonniche n. f.
bonobo n. m.
bon-papa n. m.
  PL. *bons-papas*
bonsaï n. m.
bon sens n. m.
bonshommes n. m. pl.
bonsoir n. m.
bonté n. f.
bonus n. m.
bonze n. m.
bonzerie n. f.
bonzesse n. f.
boogie-woogie n. m.
  PL. *boogie-woogies*

book n. m.
booké, ée adj.
booker v. tr. (conjug. 1)
bookeur, euse n.
booking n. m.
bookmaker ou
  bookmakeur n. m.
booléen, enne ou
  booléien, ienne ou
  boolien, ienne adj.
boom ou **boum*** n. m.
boomer n. m.
boomerang n. m.
¹**booster** ou **boosteur*** n. m.
  [bustœʀ]
²**booster** [buste] v. tr. (conjug. 1)
boot n. m.
booter v. tr. (conjug. 1)
bootlegger ou
  bootleggeur* n. m.
boots n. f. pl.
bop n. m.
boqueteau n. m.
boquillon n. m.
bora n. f.
borane n. m.
borasse n. f.
borassus n. m.
borate n. m.
borax n. m.
borborygme n. m.
bord n. m.
bordages n. m. pl.
borde n. f.
bordé n. m.
bordeaux n. m.
bordée n. f.
bordelais, aise adj. et n.
bordélique adj.
bordéliser v.
border v. tr. (conjug. 1)
bordereau n. m.
borderie n. f.
bordier, ière n.; adj.
bordigue ou **bourdigue** n. f.
bordure n. f.
bordurer v. tr. (conjug. 1)

bordurette n. f.
bordureuse n. f.
bore n. m.
boréal, ale, aux adj.
borgne adj. et n.
borie n. f.
borique adj.
boriqué, ée adj.
bornage n. m.
borne n. f.
borné, ée adj.
borne-fontaine n. f.
  PL. *bornes-fontaines*
borner v. tr. (conjug. 1)
bornier n. m.
bornoyer v. (conjug. 8)
borréliose n. f.
borsalino ® n. m.
bort n. m.
bortch ou **bortsch** n. m.
bosco n. m.
boscop n. f.
boscot, otte adj. et n.
boskoop ou **boscop** n. f.
bosniaque adj. et n.
boson n. m.
bosquet n. m.
boss n. m. inv.
bossage n. m.
bossanova ou **bossa-nova** n. f.
  PL. *bossanovas* ou *bossa-novas*
bosse n. f.
bosselage n. m.
bosseler v. tr. (conjug. 4)
bossellement ou
  bossèlement* n. m.
bosselure n. f.
bosser v. (conjug. 1)
bossette n. f.
bosseur, euse n.
bossoir n. m.
bossu, ue adj. et n.
bossuer v. tr. (conjug. 1)
boston n. m.
bostonner v. intr. (conjug. 1)
bostryche n. m.
bot, bote adj.
botanique adj. et n. f.

botaniser

botaniser v. intr. (conjug. 1)
botaniste n.
bothriocéphale n. m.
botrytis n. m.
botrytisé, ée adj.
bottage n. m.
botte n. f.
bottelage n. m.
botteler v. tr. (conjug. 4)
botteleur, euse n.
botter v. tr. (conjug. 1)
botteur n. m.
bottier, ière n.
bottillon n. m.
bottin ® n. m.
bottine n. f.
botulinique adj.
botulique adj.
botulisme n. m.
boubou n. m.
boubouler v. intr. (conjug. 1)
bouc n. m.
boucan n. m.
boucanage n. m.
boucane n. f.
boucaner v. (conjug. 1)
boucanier n. m.
boucau n. m.
boucaud ou boucot n. m.
bouchage n. m.
boucharde n. f.
boucharder v. tr. (conjug. 1)
bouche n. f.
bouché, ée adj.
bouche-à-bouche n. m. inv.
bouchée n. f.
¹boucher, ère n.
²boucher v. tr. (conjug. 1)
boucherie n. f.
bouche-trou n. m.
  pl. bouche-trous
boucholeur n. m.
bouchon n. m.
bouchonnage n. m.
bouchonné, ée adj.
bouchonnement n. m.

bouchonner v. tr. (conjug. 1)
bouchonnier n. m.
bouchot n. m.
bouchoteur n. m.
bouclage n. m.
boucle n. f.
boucler v. (conjug. 1)
bouclette n. f.
bouclier n. m.
boucot n. m.
bouddha n. m.
bouddhique adj.
bouddhisme n. m.
bouddhiste n. et adj.
boude n. m.
bouder v. (conjug. 1)
bouderie n. f.
boudeur, euse adj. et n. f.
boudi interj.
boudin n. m.
boudinage n. m.
boudiné, ée adj.
boudiner v. tr. (conjug. 1)
boudineuse n. f.
boudiou interj.
boudoir n. m.
boudu interj.
boue n. f.
bouée n. f.
bouette n. f.
¹boueux, boueuse adj.
²boueux n. m.
bouffant, ante adj.
bouffarde n. f.
bouffe adj.; n. f.
bouffée n. f.
bouffer v. (conjug. 1)
bouffetance n. f.
bouffette n. f.
bouffeur, euse n.
bouffi, ie adj.
bouffir v. (conjug. 2)
bouffissage n. m.
bouffissure n. f.
bouffon, onne n. m. et adj.
bouffonnement adv.
bouffonner v. intr. (conjug. 1)

bouffonnerie n. f.
bougainvillée ou bougainvillier n. f.
bouge n. m.
bougé n. m.
bougeoir n. m.
bougeotte n. f.
bouger v. (conjug. 3)
bougie n. f.
bougisme n. m.
bougnat n. m.
bougon, onne adj.
bougonnement n. m.
bougonner v. intr. (conjug. 1)
bougonneux, euse adj.
bougre, bougresse n.
bougrement adv.
bouh interj.
bouiboui ou boui-boui n. m.
  pl. bouibouis ou bouis-bouis
bouif n. m.
bouillabaisse n. f.
bouillant, ante adj.
bouillasse n. f.
bouille n. f.
bouillée n. f.
bouilleur, euse n.
bouilli, ie adj. et n. m.
bouillie n. f.
bouillir v. intr. (conjug. 15)
bouillissage n. m.
bouilloire n. f.
bouillon n. m.
bouillon-blanc n. m.
  pl. bouillons-blancs
bouillonnant, ante adj.
bouillonné, ée adj.
bouillonnement n. m.
bouillonner v. (conjug. 1)
bouillotte n. f.
bouillotter ou bouilloter* v. intr. (conjug. 1)
boulaie n. f.
boulange n. f.
¹boulanger, ère n.
²boulanger v. tr. (conjug. 3)
boulangerie n. f.

bouseux

boulangisme n. m.
boulangiste adj. et n.
boulard n. m.
boulbène n. f.
boulder n. m.
boule n. f.
bouleau n. m.
boule-de-neige n. f.
 pl. boules-de-neige
bouledogue n. m.
bouléguer v. tr. (conjug. 6)
bouler v. (conjug. 1)
boulet n. m.
boulette n. f.
boulevard n. m.
boulevardier, ière adj.
bouleversant, ante adj.
bouleversement n. m.
bouleverser v. tr.
 (conjug. 1)
boulgour ou
 boulghour n. m.
boulier n. m.
boulimie n. f.
boulimique adj. et n.
boulin n. m.
bouline n. f.
boulingrin n. m.
boulinier, ière adj. et n. m.
boulisme n. m.
bouliste n.
boulistique adj.
boulochage n. m.
bouloche n. f.
boulocher v. intr. (conjug. 1)
boulodrome n. m.
bouloir n. m.
boulomane n.
boulon n. m.
boulonnage n. m.
boulonner v. (conjug. 1)
boulonnerie n. f.
¹boulot, otte adj. et n.
²boulot n. m.
boulotter ou bouloter
 v. (conjug. 1)
boum interj.; n. m.; n. f.
boumer v. intr. (conjug. 1)
boumeur n. m.
bouquet n. m.

bouqueté, ée adj.
bouquetière n. f.
bouquetin n. m.
bouquin n. m.
bouquiner v. intr. (conjug. 1)
bouquinerie n. f.
bouquiniste n.
bourbe n. f.
bourbeux, euse adj.
bourbier n. m.
bourbillon n. m.
bourbon n. m.
bourbonien, ienne adj.
bourdaine n. f.
bourdigue n. f.
bourdon n. m.
bourdonnant, ante adj.
bourdonnement n. m.
bourdonner v. intr.
 (conjug. 1)
bourg n. m.
bourgade n. f.
bourge n. et adj. (bourgeois, oise)
bourgeois, oise n. et adj.
bourgeoisement adv.
bourgeoisial, iale,
 iaux adj.
bourgeoisie n. f.
bourgeon n. m.
bourgeonnement n. m.
bourgeonner v. intr.
 (conjug. 1)
bourgeron n. m.
bourgmestre n. m.
bourgogne n. m.
bourgueil n. m.
bourguignon, onne adj.
 et n.
bourguignotte n. f.
bourka n. f.
bourlingue n. f.
bourlinguer v. intr.
 (conjug. 1)
bourlingueur, euse n.
 et n.
bourrache n. f.
bourrade n. f.
bourrage n. m.

bourrasque n. f.
bourratif, ive adj.
bourre n. f.; n. m.
bourré, ée adj.
bourreau n. m.
bourrée n. f.
bourrèlement n. m.
bourreler v. tr. (conjug. 4)
bourrelet n. m.
bourrelier, ière n.
bourrellerie n. f.
bourre-pif ou
 bourrepif★ n. m.
 pl. bourre-pifs ou bourrepifs★
bourrer v. (conjug. 1)
bourrette n. f.
bourriche n. f.
bourrichon n. m.
bourricot n. m.
bourride n. f.
bourrin n. m. et adj.
bourrique n. f.
bourriquet n. m.
bourroir n. m.
bourru, ue adj.
bourse n. f.
bourse-à-pasteur n. f.
 pl. bourses-à-pasteur
boursicotage n. m.
boursicoter v. intr.
 (conjug. 1)
boursicoteur, euse n.
boursier, ière n.; adj.
boursouflage ou
 boursufflage n. m.
boursouflé, ée ou
 boursufflé, ée adj.
boursouflement ou
 boursufflement
 n. m.
boursoufler ou
 boursuffler v. tr.
 (conjug. 1)
boursouflure ou
 boursufflure n. f.
bouscueil n. m.
bousculade n. f.
bousculer v. tr. (conjug. 1)
bouse n. f.
bouseux n. m.

bousier

bousier n. m.
bousillage n. m.
bousiller v. (conjug. 1)
bousin n. m.
boussole n. f.
boustifaille n. f.
boustrophédon n. m.
bout n. m.
boutade n. f.
boutargue n. f.
bout-dehors n. m.
PL. *bouts-dehors*
boute-en-train ou
boutentrain★ n. m.
PL. inv. ou *boutentrains★*
boutefas n. m.
boutefeu n. m.
bouteille n. f.
bouteiller n. m.
bouter v. tr. (conjug. 1)
bouterolle ou
bouterole★ n. f.
bouteroue n. f.
bouteur n. m. (rec. off. de angledozer, bulldozer)
boutique n. f.
boutiquier, ière n.
boutis [buti(s)] n. m.
boutisse n. f.
boutoir n. m.
bouton n. m.
bouton-d'argent n. m.
PL. *boutons-d'argent*
bouton-d'or n. m.
PL. *boutons-d'or*
boutonnage n. m.
boutonné, ée adj.
boutonner v. (conjug. 1)
boutonneux, euse adj. et n.
boutonnier, ière n.
boutonnière n. f.
bouton-poussoir n. m.
PL. *boutons-poussoirs*
bouton-pression n. m.
PL. *boutons-pression*
boutre n. m.
bout-rimé n. m.
PL. *bouts-rimés*

bouturage n. m.
bouture n. f.
bouturer v. tr. (conjug. 1)
bouverie n. f.
bouvet n. m.
bouveteuse n. f.
bouvier, ière n.
bouvière n. f.
bouvillon n. m.
bouvreuil n. m.
bouvril n. m.
bouzouki n. m.
bovarysme n. m.
bovidés n. m. pl.
bovin, ine adj. et n.
bovinés n. m. pl.
bowling n. m.
bow-window ou
bowwindow★ n. m.
PL. *bow-windows* ou *bowwindows★* (rec. off. : oriel)
box n. m. inv.
boxe n. f.
¹**boxer** [bɔksɛʀ] n. m.
²**boxer** v. (conjug. 1)
boxershort [bɔksœʀʃɔʀt] n. m.
boxeur, euse n.
box-office ou
boxoffice★ n. m.
PL. *box-offices* ou *boxoffices★*
boxon n. m.
boy n. m.
PL. *boys*
boyard n. m.
boyau n. m.
boyauderie n. f.
boyauter (se) v. pron. (conjug. 1)
boycott n. m.
boycottage n. m.
boycotter v. tr. (conjug. 1)
boycotteur, euse n.
boy-scout ou
boyscout★ n. m.
PL. *boy-scouts* ou *boyscouts★*
B. P. n. f. (boîte postale)
brabançon, onne adj. et

brabant n. m.
bracelet n. m.
brachial, iale, iaux [-k-] adj.
brachialgie [-k-] n. f.
brachiation [-k-] n. f.
brachiopodes [-k-] n. m. pl.
brachiosaure [-k-] n. m.
brachycéphale [-k-] adj. et n.
brachydactyle [-k-] adj. et n.
brachyoure [-k-] n. m.
brachythérapie [-k-] n. f.
braconnage n. m.
braconner v. intr. (conjug. 1)
braconnier, ière n.
bractéal, ale, aux adj.
bractée n. f.
bradage n. m.
bradel (à la) loc. adj.
brader v. tr. (conjug. 1)
braderie n. f.
bradeur, euse n.
bradycardie n. f.
bradykinine n. f.
bradype n. m.
bradypnée n. f.
brae(d)burn n. f.
braguette n. f.
brahmane n. m.
brahmanique adj.
brahmanisme n. m.
brahmine n. f.
brai n. m.
braies n. f. pl.
braillard, arde n. et adj.
braille n. m. et adj. inv.
braillement n. m.
brailler v. intr. (conjug. 1)
brailleur, euse adj. et n.
braiment n. m.
brain-drain ou
braindrain★ [bʀɛndʀɛn]
n. m.PL. *brain-drains* ou *braindrains★*

brainstorming [brɛnstɔrmiŋ] n. m. (rec. off. : remue-méninges)
brain-trust ou **braintrust** ★ n. m. PL. brain-trusts ou braintrusts ★
braire v. intr. (conjug. 50)
braise n. f.
braiser v. tr. (conjug. 1)
braisière n. f.
brame n. m.
bramement n. m.
bramer v. intr. (conjug. 1)
bran n. m.
brancard n. m.
brancardage n. m.
brancarder v. tr. (conjug. 1)
brancardier n. m.
branchage n. m.
branche n. f.
branché, ée adj. et n.
branchement n. m.
brancher v. (conjug. 1)
branchial, iale, iaux [-k-] adj.
branchie n. f.
branchiopodes [-k-] n. m. pl.
branchouille adj.
branchu, ue adj.
brandade n. f.
brande n. f.
brandebourg n. m.
brandir v. tr. (conjug. 2)
brandon n. m.
brandy n. m. PL. brandys
branlant, ante adj.
branle n. m.
branle-bas ou **branlebas** ★ n. m. inv.
branlée n. f.
branlement n. m.
branler v. (conjug. 1)
branlette n. f.
branleur, euse n. et adj.
branque n. m. et adj.
branquignol n. m. et adj.
brante n. f.

braquage n. m.
braque n. m. et adj.
braquemart n. m.
braquer v. tr. (conjug. 1)
braquet n. m.
braqueur, euse n. m.
bras n. m.
brasage n. m.
braser v. tr. (conjug. 1)
brasérade ou **braserade** n. f.
braséro ou **brasero** n. m.
brasier n. m.
brasiller v. intr. (conjug. 1)
bras-le-corps (à) loc. adv.
brasque n. f.
brassage n. m.
brassard n. m.
brasse n. f.
brassée n. f.
brasser v. tr. (conjug. 1)
brasserie n. f.
brasseur, euse n. m.
brasseyer v. tr. (conjug. 1)
brassicole adj.
brassière n. f.
brassin n. m.
brasure n. f.
bravache n. m. et adj.
bravade n. f.
brave adj. et n.
bravement adv.
braver v. tr. (conjug. 1)
bravissimo interj.
bravo interj. et n. m.
bravoure n. f.
brayer v. tr. (conjug. 1)
break [brɛk] n. m.
breakdance ou **break dance** [brɛkdɑ̃s] n. f.
¹breaker [brɛkœr] n. m.
²breaker v. (conjug. 1)
breakfast [brɛkfœst] n. m.
brebis n. f.
brèche n. f.
bréchet n. m.
bredouillage n. m.
bredouillant, ante adj.
bredouille n. f.

bredouillement n. m.
bredouiller v. (conjug. 1)
bredouilleur, euse n. et adj.
bredouillis n. m.
bredzon n. m.
¹bref, brève adj. et adv.
²bref n. m. (rec. off. de briefing)
bréhaigne adj. f.
breitschwanz [brɛtʃvɑ̃ts] n. m.
brelan n. m.
¹brèle n. m. (mulet)
²brèle ou **brelle** n. f. (tronc, harnachement)
brêler v. tr. (conjug. 1)
breloque n. f.
brème n. f.
bren [brɑ̃ ; brɛ] n. m.
brent n. m.
brésil n. m.
brésilien, ienne adj. et n.
brésiller v. (conjug. 1)
bretèche n. f.
bretelle n. f.
breton, onne adj. et n.
bretonnant, ante adj.
brette n. f.
bretteler v. tr. (conjug. 4)
bretter v. tr. (conjug. 1)
bretteur, euse n. m.
bretzel n. m.
breuvage n. m.
brève n. f.
brevet n. m.
brevetabilité n. f.
brevetable adj.
brevetage n. m.
breveté, ée adj.
breveter v. tr. (conjug. 4)
bréviaire n. m.
bréviligne adj.
brévité n. f.
B. R. I. n. f. (brigade de répression et d'intervention)
briard, arde adj. et n. m.
bribe n. f.
bric-à-brac n. m. inv.
bricelet n. m.

bric et de broc (de) loc. adv.
brick n. m.; n. f.
bricolage n. m.
bricole n. f.
bricoler v. (conjug. 1)
bricoleur, euse n.
bricolo n.
bride n. f.
bridé, ée adj.
brider v. tr. (conjug. 1)
bridge n. m.
bridger v. intr. (conjug. 3)
bridgeur, euse n.
bridon n. m.
brie n. m.
brief [bʀif] n. m.
briefer [bʀife] v. tr. (conjug. 1)
briefing [bʀifiŋ] n. m.
brièvement adv.
brièveté n. f.
briffer v. (conjug. 1)
brigade n. f.
brigadier, ière n.
brigadier-chef n. m.
  PL. *brigadiers-chefs*
brigand n. m.
brigandage n. m.
brigande n. f.
brigandine n. f.
brigantin n. m.
brigantine n. f.
brigue n. f.
briguer v. tr. (conjug. 1)
brillamment adv.
brillance n. f.
¹**brillant, ante** adj.
²**brillant** n. m.
brillantage n. m.
brillanter v. tr. (conjug. 1)
brillantine n. f.
brillantiner v. tr. (conjug. 1)
brillat-savarin n. m. inv.
briller v. intr. (conjug. 1)
brimade n. f.
brimant, ante adj.
brimbalement n. m.
brimbaler v. (conjug. 1)
brimbelle n. f.

brimborion n. m.
brimer v. tr. (conjug. 1)
brin n. m.
brindezingue adj.
brindille n. f.
bringue n. f.
bringé, ée adj.
bringuebalant, ante ou **brinquebalant, ante** adj.
bringuebalement ou **brinquebalement** n. m.
bringuebaler ou **brinquebaler** v. (conjug. 1)
brio n. m.
brioche n. f.
brioché, ée adj.
briocherie n. f.
brique n. f.
briquer v. tr. (conjug. 1)
briquet n. m.
briquetage n. m.
briqueter v. tr. (conjug. 4)
briqueterie ou **briquèterie** n. f.
briquetier n. m.
briquette n. f.
bris n. m.
brisance n. f.
¹**brisant, ante** adj.
²**brisant** n. m.
briscard ou **brisquard** n. m.
brise n. f.
brisé, ée adj.
brise-bise n. m.
  PL. *brise-bises*
brise-fer n.
  PL. inv. ou *brise-fers*
brise-glace n. m.
  PL. *brise-glaces*
brise-jet n. m.
  PL. *brise-jets*
brise-lame(s) n. m.
  PL. *brise-lames*
brisement n. m.

brise-motte(s) n. m.
  PL. *brise-mottes*
briser v. tr. (conjug. 1)
brise-soleil n. m.
  PL. inv. ou *brise-soleils**
brise-tout ou **brisetout*** n.
  PL. inv. ou *brisetouts**
briseur, euse n.
brise-vent n. m.
  PL. inv. ou *brise-vents*
brisis n. m.
bristol n. m.
brisure n. f.
britannique adj.
brize n. f.
broc [bʀo] n. m.
brocantage n. m.
brocante n. f.
brocanter v. (conjug. 1)
brocanteur, euse n.
¹**brocard** n. m. (adage, raillerie)
²**brocard** ou **brocart** n. m. (chevreuil)
brocarder v. tr. (conjug. 1)
brocart n. m.
brocatelle n. f.
broccio ou **brocciu** ou **bruccio** [bʀɔtʃ(j)o, bʀɔtʃ(j)u] n. m.
brochage n. m.
broche n. f.
broché n. m.
brocher v. tr. (conjug. 1)
brochet n. m.
brochet-lance n. m.
  PL. *brochets-lances*
brochette n. f.
brocheur, euse n.
brochure n. f.
brocoli n. m.
brodequin n. m.
broder v. tr. (conjug. 1)
broderie n. f.
brodeur, euse n.
broie n. f.
broiement n. m.
broker ou **brokeur*** [bʀɔkœʀ] n. m.

brol n. m.
bromate n. m.
brome n. m.
broméliacée n. f.
bromhydrique adj.
bromique adj.
bromisme n. m.
bromothymol n. m.
bromure n. m.
bronca n. f.
bronche n. f.
bronchectasie ou **bronchiectasie** [-k-] n. f.
broncher v. intr. (conjug. 1)
bronchiectasie [-k-] n. f.
bronchiole [-fj ɔl; -kjɔl] n. f.
bronchiolite [-k-] n. f.
bronchique adj.
bronchite n. f.
bronchitique adj. et n.
bronchopathie n. f.
bronchopneumonie n. f.
bronchopulmonaire adj.
bronchorrhée n. f.
bronchoscope n. m.
bronchoscopie n. f.
bronchospasme n. m.
brontosaure n. m.
bronzage n. m.
bronzant, ante adj.
bronze n. m.
bronzé, ée adj.
bronzer v. tr. (conjug. 1)
bronzette n. f.
bronzeur n. m.
bronzier n. m.
brook n. m.
broquette n. f.
brossage n. m.
brosse n. f.
brosser v. (conjug. 1)
brosserie n. f.
brossier, ière n.
brou n. m.
broue n. f.
brouet n. m.
brouette n. f.

brouettée n. f.
brouetter v. tr. (conjug. 1)
brouhaha n. m.
brouillage n. m. (rec. off.: embrouillage)
brouillamini n. m.
brouillard n. m.
brouillasser v. intr. impers. (conjug. 1)
brouille n. f.
brouiller v. tr. (conjug. 1)
brouillerie n. f.
brouilleur n. m. et adj.
¹**brouillon, onne** adj.
²**brouillon** n. m.
brouilly n. m.
broum interj.
broussaille n. f.
broussailleux, euse adj.
broussard, arde n.
brousse n. f.
brout n. m.
broutage n. m.
broutard n. m.
broutement n. m.
brouter v. (conjug. 1)
brouteur, euse adj. et n.
broutille n. f.
brownie [bʀoni] n. m.
PL. *brownies*
brownien, ienne [bʀonjɛ̃] adj.
browning [bʀoniŋ] n. m.
broyage n. m.
broyat n. m.
broyer v. tr. (conjug. 8)
broyeur, euse n. et adj.
brrr interj.
bru n. f.
bruant n. m.
bruccio [bʀutʃ(j)o] n. m.
brucella n. f.
brucelles n. f. pl.
brucellose n. f.
bruche n. f.
brucine n. f.
brugnon n. m.
bruine n. f.
bruiner v. intr. impers. (conjug. 1)

bruineux, euse adj.
bruire v. intr. (conjug. 2; défectif à l'inf., 3ᵉ pers., p. prés.)
bruissement n. m.
bruisser v. intr. (conjug. 1)
bruit n. m.
bruitage n. m.
bruiter v. tr. (conjug. 1)
bruiteur, euse n.
brûlage ou **brulage★** n. m.
brûlant, ante ou **brulant, ante★** adj.
brûlé, ée ou **brulé, ée★** adj. et n.
brûle-gueule ou **brule-gueule★** n. m.
PL. *brûle-gueules* ou *brule-gueules★*
brûle-parfum ou **brule-parfum★** n. m.
PL. *brûle-parfums* ou *brule-parfums★*
brûle-pourpoint (à) ou **brule-pourpoint (à)★** loc. adv.
brûler ou **bruler★** v. (conjug. 1)
brûlerie ou **brulerie★** n. f.
brûleur, euse ou **bruleur, euse★** n.
brûlis ou **brulis★** n. m.
brûloir ou **bruloir★** n. m.
brûlot ou **brulot★** n. m.
brûlure ou **brulure★** n. f.
brumaire n. m.
brume n. f.
brumeux, euse adj.
brumisateur ® n. m.
brumiser v. tr. (conjug. 1)
brun, brune adj. et n.
brunante n. f.
brunâtre adj.
brunch n. m.
PL. *brunches* ou *brunchs*
brune n. f.
brunéien, ienne adj.
brunet, ette n.
bruni n. m.

brunir

brunir v. (conjug. 2)
brunissage n. m.
brunisseur, euse n. et adj.
brunissoir n. m.
brunissure n. f.
brunoise n. f.
bruschetta n. f.
brushing n. m.
brusque adj.
brusquement adv.
brusquer v. tr. (conjug. 1)
brusquerie n. f.
brut, brute adj.
brutal, ale, aux adj.
brutalement adv.
brutaliser v. tr. (conjug. 1)
brutalité n. f.
brute n. f.
bruxisme n. m.
bruxomanie n. f.
bruyamment adv.
bruyant, ante adj.
bruyère n. f.
bryone n. f.
bryophytes n. f. pl.
bryozoaire n. m.
B. Sc. n. m. (baccalauréat ès sciences)
B. T. n. f. (basse tension)
B to B n. m. inv. (business to business)
B to C n. m. inv. (business to consumer)
B. T. P. n. m. pl. (bâtiments et travaux publics)
B. T. S. n. m. (brevet de technicien supérieur)
buanderie n. f.
buandier, ière n.
bubale n. m.
bubble-gum n. m.
bubon n. m.
bubonique adj.
buccal, ale, aux adj.
buccin n. m.
buccinateur n. m. et adj. m.
buccine n. f.
buccodentaire adj.

buccogénital, ale, aux adj.
bûche ou **buche*** n. f.
¹**bûcher** ou **bucher*** n. m.
²**bûcher** ou **bucher*** v. tr. (conjug. 1)
bûcheron, onne ou **bucheron, onne*** n.
bûchette ou **buchette*** n. f.
bûcheur, euse ou **bucheur, euse*** n.
bucolique n. f. et adj.
bucrane n. m.
buddleia ou **buddléia** n. m.
budget n. m.
budgétaire adj.
budgéter v. tr. (conjug. 6)
budgétisation n. f.
budgétiser v. tr. (conjug. 1)
budgétivore adj. et n.
buée n. f.
buffer n. m.
buffet n. m.
buffetier, ière n.
buffle n. m.
bufflesse n. f.
bufflèterie ou **bufflèterie*** n. f.
buffletin n. m.
bufflon n. m.
bufflonne n. f.
bug n. m.
buggy n. m.
PL. *buggys* ou *buggies*
bugle n. m.
bugne n. f.
bugrane n. f.
bugué, ée adj.
building n. m.
buire n. f.
buis n. m.
buisson n. m.
buisson-ardent n. m.
PL. *buissons-ardents*
buissonnant, ante adj.
buissonneux, euse adj.
buissonnier, ière adj.

bulbaire adj.
bulbe n. m.
bulbeux, euse adj.
bulbille n. f.
bulgare adj. et n.
bulgomme ® n. m.
bull n. m.
bullaire n. m.
bulldozer ou **bulldozeur*** n. m. (rec. off. : bouteur)
bulle n. f.; adj. m. inv. et n.
bullé, ée adj.
buller v. intr. (conjug. 1)
bulletin n. m.
bulletin-réponse n. m.
PL. *bulletins-réponses*
bulleur, euse n.
bulleux, euse adj.
bull-finch ou **bullfinch*** [bul-] n. m.
PL. *bull-finch(e)s* ou *bullfinchs**
bull-terrier ou **bullterrier*** [bul-] n. m.
PL. *bull-terriers* ou *bullterriers**
bulot n. m.
bun [bœn] n. m.
buna ® n. m.
bundle n. m.
bungalow [bœgalo] n. m.
bunker n. m.
bunkeriser ou **bunkériser** v. tr. (conjug. 1)
bunraku n. m.
bupreste n. m.
buraliste n.
bure n. f.
bureau n. m.
bureaucrate n.
bureaucratie n. f.
bureaucratique adj.
bureaucratisation n. f.
bureaucratiser v. tr. (conjug. 1)
bureauticien, ienne n.
bureautique ® n. f. et adj.
burelé, ée adj.
burelle ou **burèle** n. f.

burette n. f.
burgau n. m.
burgaudine n. f.
burger n. m.
burgrave n. m.
burin n. m.
burinage n. m.
buriné, ée adj.
buriner v. tr. (conjug. 1)
burineur n. m.
buriniste n.
burka [bouRka] n. f.
burlat n. f.
burlesque adj. et n.
burlesquement adv.
burlingue n. m.
burné, ée adj.
burnes n. f. pl.
burnous n. m.
burn-out n. m. inv.
buron n. m.
burqa ou burka ou bourka [bouRka] n. f.
bursite n. f.
bus n. m.
busard n. m.
busc n. m.
buse n. f.
buser v. tr. (conjug. 1)
bush n. m.
bushido n. m.
business ou bizness [biznɛs] n. m.
businessman [biznɛsman] n. m. pl. businessmans ou businessmen
business modèle ou business model n. m.
businesswoman [biznɛswuman] n. f. pl. businesswomans ou businesswomen
busqué, ée adj.
busserole n. f.
buste n. m.
bustier n. m.
but [by(t)] n. m.
butadiène n. m.
butane n. m.
butanier n. m.
buté, ée adj.
butée n. f.
butène n. m.
buter v. (conjug. 1)
buteur, euse n.
butin n. m.
butiner v. (conjug. 1)
butineur, euse adj.
butô ou buto [byto; buto] n. m.
butoir n. m.
butome n. m.
butor n. m.
buttage n. m.
butte n. f.
butter v. tr. (conjug. 1)
butte-témoin n. f. pl. buttes-témoins
butteur, euse n.
buttoir n. m.
butyle n. m.
butylène n. m.
butylique adj.
butyreux, euse adj.
butyrine n. f.
butyrique adj.
butyromètre n. m.
buvable adj.
buvard n. m.
buvée n. f.
buvette n. f.
buveur, euse n.
buzuki [buzuki] n. m.
buzz n. m.
buzzer n. m.
bye [baj] interj.
bye-bye [bajbaj] interj.
by-pass ou bypass* [bajpas] n. m. inv. (rec. off. : dérivation)
byssinose n. f.
byssus [bisys] n. m.
byte n. m. (rec. off. : octet)
byzantin, ine adj.
byzantinisme n. m.
byzantiniste n.
byzantinologie n. f.
byzantinologue n.
B. Z. D. n. f. (benzodiazépine)

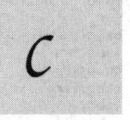

C

c n. m. inv.; abrév. et symb.
C n. m. inv.; abrév. et symb.
ça pron. dém.; n. m.
C. A. abrév. (chiffre d'affaires)
çà adv. et interj.
cab n. m.
cabale n. f.
cabaler v. intr. (conjug. 1)
cabalistique adj.
caban n. m.
cabane n. f.
cabaner v. tr. (conjug. 1)
cabanon n. m.
cabaret n. m.
cabaretier, ière n.
cabas n. m.
cabécou n. m.
cabernet n. m.
cabestan n. m.
cabiai n. m.
cabillaud n. m.
cabillot n. m.
cabin-cruiser n. m. pl. cabin-cruisers
cabine n. f.
cabinet n. m.
câblage n. m.
câble n. m.
câblé, ée adj. et n. m.
câbleau n. m.
câbler v. tr. (conjug. 1)
câblerie n. f.
câbleur, euse n.
câblier n. m.
câbliste n.
câblodistributeur n. m.
câblodistribution n. f.
câblogramme n. m.
câblo-opérateur n. m. pl. câblo-opérateurs
câblot ou câbleau n. m.

cabochard

cabochard, arde adj. et n.
caboche n. f.
cabochon n. m.
cabosse n. f.
cabosser v. tr. (conjug. 1)
cabot n. m. et adj.
cabotage n. m.
caboter v. intr. (conjug. 1)
caboteur n. m.
cabotin, ine n.
cabotinage n. m.
cabotiner v. intr. (conjug. 1)
cabouillat n. m.
caboulot n. m.
cabrage n. m.
cabré, ée adj.
cabrer v. tr. (conjug. 1)
cabri n. m.
cabriole n. f.
cabrioler v. intr. (conjug. 1)
cabriolet n. m.
cabrouet n. m.
cabus adj. m.
C. A. C. n. m. (cotation assistée en continu)
caca n. m.
cacaber v. intr. (conjug. 1)
cacahouète ou cacahuète n. f.
cacaille n. f.
cacao n. m.
cacaoté, ée adj.
cacaotier n. m.
cacaotière n. f.
cacaoui n. m.
cacaoyer n. m.
cacaoyère n. f.
cacarder v. intr. (conjug. 1)
cacatoès n. m.
cacatois n. m.
cachalot n. m.
cache n. f.; n. m.
caché, ée adj.
cache-cache ou cachecache* n. m. inv.
cache-cœur n. m.
PL. cache-cœurs
cache-col n. m.
PL. cache-cols

cachectique adj. et n.
cache-flamme n. m.
PL. cache-flammes
cachemire n. m.
cache-misère n. m.
PL. inv. ou cache-misères
cache-nez n. m. inv.
cache-pot n. m.
PL. cache-pots
cache-poussière n. m.
PL. inv. ou cache-poussières
cache-prise n. m.
PL. cache-prises
¹cacher ou casher [kaʃɛʀ] adj. inv.
²cacher v. tr. (conjug. 1)
cache-radiateur n. m.
PL. cache-radiateurs
cachériser v. tr. (conjug. 1)
cache-sexe n. m.
PL. cache-sexes
cachet n. m.
cachetage n. m.
cache-tampon n. m. sing.
cacheter v. tr. (conjug. 4)
cacheton n. m.
cachetonnage n. m.
cachetonner v. intr. (conjug. 1)
cachette n. f.
cachexie n. f.
cachot n. m.
cachotter v. tr. (conjug. 1)
cachotterie ou cachoterie* n. f.
cachottier, ière ou cachotier, ière* n.
cachou n. m.
cacique n. m.
cacochyme adj.
cacodylate n. m.
cacodyle n. m.
cacodylique adj.
cacographe n.
cacographie n. f.
cacolet n. m.
cacophonie n. f.
cacophonique adj.
cacou n. m.
cactacées n. f. pl.

cactées n. f. pl.
cactus n. m.
cadastral, ale, aux adj.
cadastre n. m.
cadastrer v. tr. (conjug. 1)
cadavéreux, euse adj.
cadavérique adj.
cadavre n. m.
¹caddie ® n. m. (chariot)
²caddie ou caddy n. m. (de golf)
cade n. m.
cadeau n. m.
cadenas n. m.
cadenasser v. tr. (conjug. 1)
cadence n. f.
cadencé, ée adj.
cadencement n. m.
cadencer v. tr. (conjug. 3)
cadenette n. f.
cadet, ette n.
cadi n. m.
cadjin, ine n. et adj.
cadmiage n. m.
cadmie n. f.
cadmium n. m.
cador n. m.
cadrage n. m.
cadran n. m.
cadrat n. m.
cadratin n. m.
cadrature n. f.
cadre n. m.
cadrer v. (conjug. 1)
cadreur, euse n. (rec. off. de caméraman)
caduc, uque adj.
caducée n. m.
caducité n. f.
cæcal, ale, aux [se-] adj.
cæcum [sekɔm] n. m.
cæsium [sezjɔm] n. m.
C. A. F. adj. et adv. (coût, assurance, fret)
cafard, arde n.
cafardage n. m.
cafarder v. (conjug. 1)
cafardeur, euse n.
cafardeux, euse adj. et n.
caf'conc'

calcination

café n. m.
café-concert n. m.
  pl. cafés-concerts
caféiculteur, trice n.
caféiculture n. f.
caféier n. m.
caféière n. f.
caféine n. f.
caféiné, ée adj.
caféino-dépendant, ante
  pl. caféino-dépendants, antes
caféisme n. m.
café-restaurant n. m.
  pl. cafés-restaurants
café-tabac n. m.
  pl. cafés-tabacs
cafetan n. m.
cafétéria n. f.
café-théâtre n. m.
  pl. cafés-théâtres
cafetier, ière n.
cafetière n. f.
cafouillage n. m.
cafouiller v. intr. (conjug. 1)
cafouilleux, euse adj.
cafouillis n. m.
cafre adj. et n.
caftan ou cafetan n. m.
cafter v. tr. (conjug. 1)
cafteur, euse n.
C. A. G. n. m. (contrôle automatique de gain)
cagade n. f.
cage n. f.
cageot n. m.
cagerotte n. f.
caget n. m.
cagette n. f.
cagibi n. m.
cagna n. f.
cagnard n. m.
cagne n. f.
¹cagneux, euse adj.
²cagneux, euse ou khâgneux, euse n. (élève)
cagnotte n. f.
cagot, ote adj.
cagoterie n. f.

cagouille n. f.
cagoulard, arde n.
cagoule n. f.
cagoulé, ée adj.
caguer v. intr. (conjug. 1)
cahier n. m.
cahin-caha ou cahincaha★ adv.
cahors n. m.
cahot n. m.
cahotant, ante adj.
cahotement n. m.
cahoter v. (conjug. 1)
cahoteux, euse adj.
cahute ou cahutte n. f.
caïd n. m.
caïeu ou cayeu n. m.
caillage n. m.
caillant, ante adj.
caillassage n. m.
caillasse n. f.
caillasser v. tr. (conjug. 1)
caille n. f.
caillé n. m.
caillebotis ou caillebottis n. m.
caillebotte n. f.
caillebottis n. m.
cailler v. (conjug. 1)
caillera n. f.
cailletage n. m.
caillette n. f.
caillot n. m.
caillou n. m.
cailloutage n. m.
caillouter v. tr. (conjug. 1)
caillouteux, euse adj.
cailloutis n. m.
caïman n. m.
caïque n. m.
cairn n. m.
caisse n. f.
caisse-outre n. f.
  pl. caisses-outres (rec. off. de cubitainer)
caisserie n. f.
caissette n. f.
caissier, ière n.
caisson n. m.
cajeput [-pyt] n. m.

cajoler v. tr. (conjug. 1)
cajolerie n. f.
cajoleur, euse n.
cajou n. m.
cajun n. et adj. inv. en genre
cake [kɛk] n. m.
cake-walk ou cakewalk★ [kɛkwɔk] n. m.
  pl. cake-walks ou cakewalks★
¹cal n. m.
²cal symb. (calorie)
calabrais, aise adj. et n.
calade n. f.
caladium n. m.
calage n. m.
calaison n. f.
calamar n. m.
calambac n. m.
calambour n. m.
calame n. m.
calamine n. f.
calaminer (se) v. pron. (conjug. 1)
calamistrer v. tr. (conjug. 1)
calamite n. f.
calamité n. f.
calamiteux, euse adj.
calamus n. m.
calancher v. intr. (conjug. 1)
calandrage n. m.
calandre n. f.
calandrer v. tr. (conjug. 1)
calandreur, euse n.
calanque n. f.
calao n. m.
calcaire adj. et n.
calcanéum n. m.
calcédoine n. f.
calcémie n. f.
calcéolaire n. f.
calcicole adj.
calcif n. m.
calciférol n. m.
calcification n. f.
calcifié, iée adj.
calcifuge adj.
calcin n. m.
calcination n. f.

calciner

calciner v. tr. (conjug. 1)
calcique adj.
calcite n. f.
calcitonine n. f.
calcium n. m.
calciurie n. f.
calcul n. m.
calculabilité n. f.
calculable adj.
calculateur, trice n. et adj.
calculatrice n. f.
calculer v. tr. (conjug. 1)
calculette n. f.
calculeux, euse adj.
caldarium n. m.
caldeira ou caldera n. f.
caldoche n.
cale n. f.
calé, ée adj.
calebasse n. f.
calebassier n. m.
calèche n. f.
caleçon n. m.
calédonien, ienne adj. et n.
caléfaction n. f.
caléidoscope n. m.
caléidoscopique adj.
calembour n. m.
calembredaine n. f.
calendaire adj.
calendes n. f. pl.
calendos n. m.
calendrier n. m.
calendula n. f.
cale-pied n. m.
    PL. cale-pieds
calepin n. m.
caler v. (conjug. 1)
caleter v. intr.
    (conjug. défectif)
calf n. m.
calfat n. m.
calfatage n. m.
calfater v. tr. (conjug. 1)
calfeutrage n. m.
calfeutrer v. tr. (conjug. 1)
calibrage n. m.
calibrateur n. m.

calibration n. f.
calibre n. m.
calibrer v. tr. (conjug. 1)
calibreur n. m.
calibreuse n. f.
calice n. m.
caliche n. m.
calicot n. m.
calicule n. m.
calier n. m.
califat ou khalifat n. m.
calife ou khalife n. m.
californium n. m.
califourchon (à) loc. adv.
câlin, ine adj. et n.
câliner v. tr. (conjug. 1)
câlinerie n. f.
caliorne n. f.
calisson n. m.
call-back n. m.
calleux, euse adj.
callgirl [kolgœrl] n. f.
    PL. callgirls
calligramme n. m.
calligraphe n.
calligraphie n. f.
calligraphier v. tr.
    (conjug. 7)
calligraphique adj.
callipyge adj.
callosité n. f.
calmant, ante adj. et n. m.
calmar ou calamar n. m.
calme adj. et n. m.
calmement adv.
calmer v. tr. (conjug. 1)
calmir v. intr. (conjug. 2)
calmoduline n. f.
calmos adv.
calo n. m.
calomel n. m.
calomniateur, trice n.
calomnie n. f.
calomnier v. tr. (conjug. 7)
calomnieusement adv.
calomnieux, ieuse adj.
caloporteur adj. m. et n. m.
calorie n. f.
calorifère n. m. et adj.

calorification n. f.
calorifique adj.
calorifuge adj. et n. m.
calorifugeage n. m.
calorifuger v. tr. (conjug. 3)
calorimètre n. m.
calorimétrie n. f.
calorimétrique adj.
calorique adj.; n. m.
calorisation n. f.
caloriser v. (conjug. 1)
calot n. m.
calotin n. m.
calotte n. f.
caloyer, yère n.
calque n. m.
calquer v. tr. (conjug. 1)
calter v. intr. (conjug. 1)
calumet n. m.
calvados n. m.
calvaire n. m.
calvinisme n. m.
calviniste adj. et n.
calvitie n. f.
calypso n. m.
calzone n. f.
camaïeu n. m.
    PL. camaïeux ou camaïeus
camail n. m.
camarade n.
camaraderie n. f.
camard, arde adj. et n.
camarilla n. f.
cambiaire adj.
cambiste n.
cambium n. m.
cambouis n. m.
cambrage n. m.
cambré, ée adj.
cambrement n. m.
cambrer v. tr. (conjug. 1)
cambrien, ienne n. m. et adj.
cambriolage n. m.
cambrioler v. tr. (conjug. 1)
cambrioleur, euse n.
cambrousse n. f.
cambrure n. f.
cambuse n. f.

cambusier n. m.
came n. f.
camé, ée adj. et n.
camée n. m.
caméléon n. m.
camélia ou camellia n. m.
camelin, ine adj.
cameline ou caméline n. f.
camelle n. f.
camellia n. m.
camelot n. m.
camelote n. f.
camembert n. m.
caméra n. f.
caméraman ou cameraman n. m.
PL caméramans ou cameramen
caméraphone n. m.
camérier n. m.
cameriste n. f.
camerlingue n. m.
camer (se) v. pron. (conjug. 1)
caméscope ® n. m.
camion n. m.
camion-citerne n. m.
PL camions-citernes
camionnage n. m.
camionner v. tr. (conjug. 1)
camionnette n. f.
camionneur, euse n.
camisard n. m.
camisole n. f.
camomille n. f.
camouflage n. m.
camoufler v. tr. (conjug. 1)
camouflet n. m.
camp n. m.
campagnard, arde adj. et n.
campagne n. f.
campagnol n. m.
campanaire adj.
campane n. f.
campanile n. m.
campaniste n. m.
campanule n. f.

campé, ée adj.
campêche n. m.
campement n. m.
camper v. (conjug. 1)
campeur, euse n.
camphre n. m.
camphré, ée adj.
camphrier n. m.
camping n. m.
camping-car n. m.
PL camping-cars
camping-gaz ® n. m. inv.
¹campo n. m. (savane)
²campo ou campos n. m. (congé)
campus [-pys] n. m.
camus, use adj.
C. A. N. n. m. (convertisseur analogique-numérique)
canada n. m.
canadair ® n. m.
canadianisme n. m.
canadienne n. f.
canaille n. f. et adj.
canaillerie n. f.
canal, aux n. m.
canaliculaire adj.
canalicule n. m.
canalisable adj.
canalisation n. f.
canaliser v. tr. (conjug. 1)
cananéen, enne adj. et n.
canapé n. m.
canapé-lit n. m.
PL canapés-lits
canaque n. et adj.
canard n. m.
canardeau n. m.
canarder v. (conjug. 1)
canardière n. f.
canari n. m.
canasson n. m.
canasta n. f.
cancan n. m.
cancaner v. intr. (conjug. 1)
cancanier, ière adj. et n.
cancel n. m.
cancer n. m.
cancéreux, euse adj. et n.
cancérigène adj.

cancérisation n. f.
cancériser v. tr. (conjug. 1)
cancérogène adj. (rec. off. de cancérigène)
cancérogenèse n. f.
cancérologie n. f.
cancérologique adj.
cancérologue n.
cancérophobe adj. et n.
cancérophobie n. f.
cancéropôle n. m.
canche n. f.
cancoillotte [kãkwajɔt] n. f.
cancre n. m.
cancrelat n. m.
candela ou candéla n. f.
candélabre n. m.
candeur n. f.
candi adj. m.
candida n. m. inv.
candidat, ate n.
candidature n. f.
candide adj.
candidement adv.
candidose n. f.
candir (se) v. pron. (conjug. 2)
candisation n. f.
candomblé n. m.
cane n. f.
canebière n. f.
canepetière n. f.
canéphore n. f.
¹caner v. intr. (conjug. 1) (reculer)
²caner ou canner v. intr. (conjug. 1) (s'enfuir)
canetage n. m.
canetière n. f.
caneton n. m.
canette n. f. (oiseau)
canevas n. m.
canezou n. m.
cange n. f.
cangue n. f.
caniche n. m.
caniculaire adj.
canicule n. f.
canidés n. m. pl.

canidrome

canidrome n. m.
canier n. m.
canif n. m.
canin, ine adj.
canine n. f.
caninette® n. f.
canisette n. f.
canisse ou cannisse n. f.
canissier n. m.
canitie [-si] n. f.
caniveau n. m.
canna n. m.
cannabique adj.
cannabis n. m.
cannabisme n. m.
cannage n. m.
cannaie n. f.
canne n. f.
canné, ée adj.
canneberge n. f.
cannebière n. f.
canne-épée n. f.
  PL. cannes-épées
cannelé, ée® adj. et n. m.
canneler v. tr. (conjug. 4)
cannelier n. m.
cannelle n. f.
cannelloni n. m.
  PL. cannellonis
cannelure n. f.
canner v. (conjug. 1)
cannetille n. f.
canneur, euse n.
cannibale n.
cannibalesque adj.
cannibalisation n. f.
cannibaliser v. tr.
  (conjug. 1)
cannibalisme n. m.
cannier, ière n.
cannisse n. f.
canoë n. m.
canoéisme n. m.
canoéiste n.
canoë-kayak n. m.
  PL. canoës-kayaks
canon n. m.; adj. inv.
cañon [kaɲɔn] n. m.
canonial, iale, iaux adj.
canonicat n. m.

canonicité n. f.
canonique adj.
canoniquement adv.
canonisable adj.
canonisation n. f.
canoniser v. tr. (conjug. 1)
canoniste n.
canonnade n. f.
canonnage n. m.
canonner v. tr. (conjug. 1)
canonnier n. m.
canonnière n. f.
canope n. m.
canopée n. f.
canot n. m.
canotage n. m.
canoter v. intr. (conjug. 1)
canoteur, euse n.
canotier, ière n.
cantabile [kɑ̃tabile] n. m.
cantal n. m.
cantaloup n. m.
cantate n. f.
cantatrice n. f.
canter [kɑ̃tɛʀ] n. m.
cantharide n. f.
cantharidine n. f.
cantilène n. f.
cantilever ou
  cantiléver* [-lavɛʀ,
  -levɛʀ] adj. inv. et n. m.
cantine n. f.
cantiner v. intr. (conjug. 1)
cantinier, ière n.
cantique n. m.
cantoche n. f.
canton n. m.
cantonade n. f.
cantonal, ale, aux adj.
cantonalisation n. f.
cantonaliser v. tr.
  (conjug. 1)
cantonalisme n. m.
cantonaliste adj. et n.
cantonnement n. m.
cantonner v. tr. (conjug. 1)
cantonnier n. m.
cantonnière n. f.
cantor n. m.
cantre n. m.

canulant, ante adj.
canular n. m.
canularesque adj.
canule n. f.
canuler v. tr. (conjug. 1)
canut, use n.
canyon ou cañon [kanjɔ̃;
  kaɲɔn] n. m.
canyoning ou
  canyonisme n. m.
canzone [kɑ̃tzone] n. f.
C. A. O. n. f. (conception
  assistée par ordinateur)
caoua ou kawa n. m.
caouane n. f.
caoutchouc [kautʃu] n. m.
caoutchoutage n. m.
caoutchouter v. tr.
  (conjug. 1)
caoutchouteux, euse
  adj.
caoutchoutier, ière adj.
  et n.
cap n. m.
C. A. P. n. m. inv. (certificat
  d'aptitude professionnelle)
C. A. P. A. n. m. inv.
  (certificat d'aptitude à la
  profession d'avocat)
capable adj.
capacitaire n. et adj.
capacitance n. f.
capacitation n. f.
capacité n. f.
capacitif, ive adj.
caparaçon n. m.
caparaçonner v. tr.
  (conjug. 1)
cape n. f.
capé, ée adj.
capelage n. m.
capelan n. m.
capeler v. tr. (conjug. 4)
capeline n. f.
C. A. P. E. S. n. m. inv.
  (certificat d'aptitude au
  professorat de l'enseignement
  secondaire)
capésien, ienne n.

C. A. P. E. T. n. m. (certificat d'aptitude au professorat de l'enseignement technique)
capétien, ienne adj.
capeyer v. intr. (conjug. 1)
capharnaüm [kafaʀnaɔm] n. m.
cap-hornier n. m.
PL. *cap-horniers*
capillaire adj. et n. m.
capillarite n. f.
capillarité n. f.
capillaroscopie n. f.
capilliculteur, trice n.
capilliculture n. f.
capilotade n. f.
capiston n. m.
capitaine n. m.
capitainerie n. f.
capital, ale, aux adj.;
capitale n. f.
capitalisable adj.
capitalisation n. f.
capitaliser v. (conjug. 1)
capitalisme n. m.
capitaliste n. et adj.
capitalistique adj.
capitalistiquement adv.
capital-risque n. m.
PL. *capitaux-risques*
capital-risqueur n. m.
PL. *capitaux-risqueurs*
capitan n. m.
capitanat n. m.
capitation n. f.
capité, ée adj.
capiteux, euse adj.
capitole n. m.
capitolin, ine adj.
capiton n. m.
capitonnage n. m.
capitonner v. tr. (conjug. 1)
capitoul n. m.
capitulaire adj. et n. m.
capitulard, arde n. et adj.
capitulation n. f.
capitule n. m.
capitulé, ée adj.
capituler v. intr. (conjug. 1)
capo n. m.
capodastre n. m.
capoeira [kapue(i)ʀa] n. f.
capon, onne adj. et n.
caponnière n. f.
caporal, ale, aux n. m.
caporal-chef n.
PL. *caporaux-chefs*
caporalisme n. m.
capot n. m. ; adj. inv.
capotage n. m.
capote n. f.
capoter v. (conjug. 1)
cappa n. f.
cappelletti n. m.
cappuccino n. m.
câpre n. f.
capricant, ante adj.
capriccio [kapritʃo; kaprisjo] n. m.
caprice n. m.
capricieusement adv.
capricieux, ieuse adj.
capricorne n. m.
câprier n. m.
caprification n. f.
caprifigue n. f.
caprin, ine adj.
caprique adj.
caproïque adj.
caprylique adj.
capselle n. f.
capside n. f.
capsulage n. m.
capsulaire adj.
capsule n. f.
capsuler v. tr. (conjug. 1)
capsuleuse n. f.
captable adj.
captage n. m.
captateur, trice n.
captatif, ive adj.
captation n. f.
captativité n. f.
captatoire adj.
capter v. tr. (conjug. 1)
capteur n. m.
captieusement adv.

captieux, ieuse adj.
captif, ive adj. et n.
captivant, ante adj.
captiver v. tr. (conjug. 1)
captivité n. f.
capture n. f.
capturer v. tr. (conjug. 1)
capuce n. m.
capuche n. f.
capuchon n. m.
capucin, ine n.
capucinade n. f.
capucine n. f.
capybara n. m.
caque n. f.
caquelon n. m.
caquet n. m.
caquetage n. m.
caquetant, ante adj.
caquètement n. m.
caqueter v. intr. (conjug. 5)
car conj.; n. m.
carabe n. m.
carabin n. m.
carabine n. f.
carabiné, ée adj.
carabinier n. m.
carabistouille n. f.
caracal n. m.
caracin n. m.
caraco n. m.
caracoler v. intr. (conjug. 1)
caractère n. m.
caractériel, ielle adj. et n.
caractériellement adv.
caractérisation n. f.
caractérisé, ée adj.
caractériser v. tr. (conjug. 1)
caractéristique adj. et n. f.
caractérologie n. f.
caractérologique adj.
caracul ou **karakul** [-kyl] n. m.
carafe n. f.
carafon n. m.
caraïbe adj. et n.
carambar® n. m.
carambolage n. m.

carambole n. f.
caramboler v. (conjug. 1)
carambolier n. m.
carambouillage n. m.
carambouille n. f.
carambouilleur n. m.
caramel n. m.
caramélisation n. f.
caraméliser v. tr. (conjug. 1)
carapace n. f.
carapate n. f.
carapater (se) v. pron. (conjug. 1)
caraque n. f.
carassin ou **caracin** n. m.
carat n. m.
caravanage n. m. (rec. off. de caravaning)
caravane n. f.
caravanier, ière n.
caravaning n. m.
caravansérail n. m.
caravelle n. f.
carbamate n. m.
carbamique adj.
carbet n. m.
carbhémoglobine n. f.
carbocation n. f.
carbochimie n. f.
carbochimique adj.
carbogène n. m.
carboglace ® n. f.
carbohémoglobine n. f.
carbonade ou **carbonnade** n. f.
carbonado n. m.
carbonara n. f.
carbonarisme n. m.
carbonaro n. m. PL *carbonaros* ou *carbonari* (it.)
carbonatation n. f.
carbonate n. m.
carbonater v. tr. (conjug. 1)
carbone n. m.
carboné, ée adj.
carbonifère adj. et n. m.
carbonique adj.
carbonisation n. f.

carboniser v. tr. (conjug. 1)
carbonnade n. f.
carbonyle n. m.
carbonylé, ée adj.
carborundum ® [kaʁbɔʁɔ̃dɔm] n. m.
carboxylase n. f.
carboxyle n. m.
carboxylique adj.
carburant adj. et n. m.
carburateur, trice adj. et n. m.
carburation n. f.
carbure n. m.
carburéacteur n. m. (rec. off. de jet fuel)
carburer v. (conjug. 1)
carcailler v. intr. (conjug. 1)
carcajou n. m.
carcan n. m.
carcasse n. f.
carcel adj. inv. et n.
carcéral, ale, aux adj.
carcinogène adj.
carcinogenèse n. f.
carcinogénétique adj.
carcinologie n. f.
carcinologique adj.
carcinomateux, euse adj.
carcinome n. m.
cardage n. m.
cardamine n. f.
cardamome n. f.
cardan n. m.
carde n. f.
cardé, ée adj.
carder v. tr. (conjug. 1)
cardère n. f.
cardeur, euse n.
cardia n. m.
cardial, iale, iaux adj.
cardialgie n. f.
cardiaque adj. et n.
cardiatomie n. f.
cardigan n. m.
¹**cardinal, ale, aux** adj.
²**cardinal, aux** n. m.
cardinalat n. m.

cardinal-diacre n. m. PL *cardinaux-diacres*
cardinalice adj.
cardiogramme n. m.
cardiographe n. m.
cardiographie n. f.
cardioïde adj.
cardiologie n. f.
cardiologique adj.
cardiologue n.
cardiomégalie n. f.
cardiomyopathie n. f.
cardiomyoplastie n. f.
cardiopathie n. f.
cardiopathologie n. f.
cardiorespiratoire adj.
cardiotomie n. f.
cardiotonique adj. et n. m.
cardiotraining n. m.
cardiotrope n. m.
cardiovasculaire adj.
cardite n. f.
cardon n. m.
carême n. m.
carême-prenant n. m. PL *carêmes-prenants*
carénage n. m.
carence n. f.
carencer v. tr. (conjug. 3)
carène n. f.
caréner v. tr. (conjug. 6)
carentiel, ielle adj.
caressant, ante adj.
caresse n. f.
caresser v. tr. (conjug. 1)
caret n. m.
carex n. m.
car-ferry ou **carferry*** n. m. PL *car-ferrys* ou *car-ferries* ou *carferrys** (rec. off. de ferry-boat)
cargaison n. f.
cargo n. m.
cargue n. f.
carguer v. tr. (conjug. 1)
cari n. m.
cariacou n. m.
cariant, iante adj.
cariatide ou **caryatide** n. f.

caribou n. m.
caricatural, ale, aux adj.
caricature n. f.
caricaturer v. tr. (conjug. 1)
caricaturiste n.
carie n. f.
carier v. tr. (conjug. 7)
carieux, ieuse adj.
carignan n. m.
carillon n. m.
carillonnement n. m.
carillonner v. intr. (conjug. 1)
carillonneur n. m.
carinates n. m. pl.
cariogène adj.
cariste n.
caritatif, ive adj.
carlin n. m.
carline n. f.
carlingue n. f.
carlinguier n. m.
carlisme n. m.
carliste adj. et n.
carmagnole n. f.
carme n. m.
carmeline n. f.
carmélite n. f.
carmin n. m.
carminatif, ive adj.
carminé, ée adj.
carnage n. m.
carnassier, ière adj. et n.
carnassière n. f.
carnation n. f.
carnaval n. m.
carnavalesque adj.
carne n. f.
carné, ée adj.
carneau n. m.
carnet n. m.
carnier n. m.
carnification n. f.
carnifier (se) v. pron. (conjug. 7)
carnivore adj. et n.
carnotset [kaʀnɔtsɛ] n. m.
carolingien, ienne adj. et n.

carolus n. m.
caronade n. f.
caroncule n. f.
carotène n. m.
caroténoïde n. m.
carotide adj. et n. f.
carotidien, ienne adj.
carottage n. m.
carotte n. f.
carotter v. tr. (conjug. 1)
carotteur, euse adj. et n.
carotteuse n. f.
carottier, ière adj. et n.
caroube n. f.
caroubier n. m.
carouge n. f.
carpaccio [kaʀpatʃ(j)o] n. m.
carpe n. f.; n. m.
carpeau n. m.
carpelle n. m.
carpette n. f.
carpettier n. m.
carpiculteur, trice n.
carpiculture n. f.
carpien, ienne adj.
carpillon n. m.
carpocapse n. m. ou f.
carpophore n. m.
carquois n. m.
carragheen [kaʀagɛn] n. m.
carraghénane n. m.
carrare n. m.
carre n. f.
carré, ée adj. et n. m.
carreau n. m.
carreauté, ée adj.
carrée n. f.
carré-éponge n. m.
PL. *carrés-éponges*
carrefour n. m.
carrelage n. m.
carreler v. tr. (conjug. 4)
carrelet n. m.
carreleur, euse n.
carrément adv.
carrer v. tr. (conjug. 1)
carrick n. m.
carrier n. m.

carrière n. f.
carriérisme n. m.
carriériste n.
carriole n. f.
carrom n. m.
carrossable adj.
carrossage n. m.
carrosse n. m.
carrosser v. tr. (conjug. 1)
carrosserie n. f.
carrossier n. m.
carrousel n. m.
carroyage n. m.
carroyer v. tr. (conjug. 8)
carrure n. f.
cartable n. m.
carte n. f.
cartel n. m.
cartelette n. f.
carte-lettre n. f.
PL. *cartes-lettres*
cartellisation n. f.
¹**carter** n. m.
²**carter** [kaʀtɛʀ] v. tr. (conjug. 1)
carte-réponse n. f.
PL. *cartes-réponses*
carterie n. f.
cartésianisme n. m.
cartésien, ienne adj.
carthame n. m.
cartier n. m.
cartilage n. m.
cartilagineux, euse adj.
cartisane n. f.
cartogramme n. m.
cartographe n.
cartographie n. f.
cartographier v. tr. (conjug. 7)
cartographique adj.
cartomancie n. f.
cartomancien, ienne n.
carton n. m.
cartonnage n. m.
cartonné, ée adj.
cartonner v. tr. (conjug. 1)
cartonnerie n. f.
cartonneux, euse adj.

cartonnier

cartonnier n. m.
cartoon [kaʀtun] n. m.
cartooniste n.
cartophile adj.
cartothèque n. f.
cartouche n. m.; n. f.
cartoucherie n. f.
cartouchière n. f.
cartulaire n. m.
carver v. intr. (conjug. 1)
carvi n. m.
caryatide n. f.
caryocinèse n. f.
caryophyllacées n. f. pl.
caryophyllé, ée adj. et n. f.
caryopse n. m.
caryotype n. m.
cas n. m.
casanier, ière adj.
casaque n. f.
casaquin n. m.
casbah n. f.
cascade n. f.
cascader v. intr. (conjug. 1)
cascadeur, euse adj. et n.
cascara n. f.
cascatelle n. f.
cascher [kaʃɛʀ] adj. inv.
case n. f.
caséation n. f.
caséeux, euse adj.
caséification n. f.
caséine n. f.
casemate n. f.
caser v. tr. (conjug. 1)
caseret n. m.
caserette n. f.
caserne n. f.
casernement n. m.
caserner v. tr. (conjug. 1)
caseyeur n. m.
cash [kaʃ] adv. et n. m.
casher ou kascher ou cascher [kaʃɛʀ] adj. inv.
cash-flow ou cashflow★ [kaʃflo] n. m.
PL. cash-flows ou cashflows★
cashmere [kaʃmiʀ] n. m.
casier n. m.

casimir n. m.
casino n. m.
casoar n. m.
casque n. m.
casqué, ée adj.
casquer v. intr. (conjug. 1)
casquette n. f.
casquettier n. m.
cassable adj.
cassage n. m.
Cassandre n. f. inv.
cassant, ante adj.
cassate n. f.
cassation n. f.
cassave n. f.
casse n. f.; n. m.
cassé, ée adj.
¹casseau n. m. (cylindre, casse)
²casseau ou cassot n. m. (récipient)
casse-cou n.
PL. casse-cous
casse-couilles n. et adj. inv.
casse-croûte ou casse-croute★ n. m.
PL. casse-croûte(s) ou casse-croutes★
casse-croûter ou cassecroûter ou cassecrouter★ v. intr. (conjug. 1)
casse-cul n. et adj.
PL. inv. ou casse-culs
casse-dalle n. m.
PL. inv. ou casse-dalles
casse-graine n. m.
PL. inv. ou casse-graines
casse-gueule n. m. et adj.
PL. inv. ou casse-gueules
cassement n. m.
casse-noisette(s) n. m.
PL. casse-noisettes
casse-noix n. m. inv.
casse-patte(s) n. m.
PL. casse-pattes
casse-pied(s) n. et adj.
PL. casse-pieds
casse-pierre n. m.
PL. casse-pierres

casse-pipe n. m.
PL. casse-pipes
casser v. (conjug. 1)
casserole n. f.
casse-tête n. m.
PL. casse-têtes
cassetin n. m.
cassette n. f.
cassettothèque n. f.
casseur, euse n.
cassier n. m.
cassine n. f.
¹cassis [kasis] n. m. (fruit)
²cassis [kasi(s)] n. m. (dépression)
cassissier n. m.
cassitérite n. f.
cassolette n. f.
casson n. m.
cassonade n. f.
cassot n. m.
cassoulet n. m.
cassure n. f.
castagne n. f.
castagner v. (conjug. 1)
castagnettes n. f. pl.
castagneur n. m.
castard, arde ou castar adj. et n.
caste n. f.
castel n. m.
castillan, ane adj. et n.
castine n. f.
casting n. m.
castor n. m.
castorette n. f.
castoréum n. m.
castramétation n. f.
castrat n. m.
castrateur, trice adj.
castration n. f.
castrer v. tr. (conjug. 1)
castrisme n. m.
castriste adj.
casuarina n. m.
casuel, elle adj. et n. m.
casuiste n.
casuistique n. f.

casus belli [kazysbelli; -beli] n. m. inv.
C. A. T. n. m. (centre d'aide par le travail)
catabolique adj.
catabolisme n. m.
catabolite n. m.
catachrèse [-k-] n. f.
cataclysmal, ale, aux adj.
cataclysme n. m.
cataclysmique adj.
catacombe n. f.
catadioptre n. m.
catadioptrique adj. et n. f.
catafalque n. m.
cataire ou **chataire** n. f.
catalan, ane adj. et n.
catalase n. f.
catalectique adj.
catalepsie n. f.
cataleptique adj.
catalogage n. m.
catalogne n. f.
catalogue n. m.
cataloguer v. tr. (conjug. 1)
catalogueur n. m.
cataloguiste n.
catalpa n. m.
catalyse n. f.
catalyser v. tr. (conjug. 1)
catalyseur n. m.
catalytique adj.
catamaran n. m.
cataménial, iale, iaux adj.
cataphorèse n. f.
cataphote ® n. m.
cataplasme n. m.
cataplectique adj.
cataplexie n. f.
catapultage n. m.
catapulte n. f.
catapulter v. tr. (conjug. 1)
cataracte n. f.
catarhiniens n. m. pl.
catarrhal, ale, aux adj.
catarrhe n. m.
catarrheux, euse adj.
catastrophe n. f.

catastropher v. tr. (conjug. 1)
catastrophique adj.
catastrophisme n. m.
catastrophiste adj.
catatonie n. f.
catatonique adj. et n.
catch n. m.
catcher v. intr. (conjug. 1)
catcheur, euse n.
caté n. m.
catéchèse n. f.
catéchine n. f.
catéchisation n. f.
catéchiser v. tr. (conjug. 1)
catéchisme n. m.
catéchiste n.
catéchistique adj.
catéchol [-ɔl; -kɔl] n. m.
catécholamine [-k-] n. f.
catéchuménat [-k-] n. m.
catéchumène [-k-] n.
catégorème n. m.
catégorie n. f.
catégoriel, ielle adj.
catégorique adj.
catégoriquement adv.
catégorisation n. f.
catégoriser v. tr. (conjug. 1)
catelle n. f.
caténaire n. f.
caténane n. f.
catergol n. m.
catgut [katgyt] n. m.
cathare n. et adj.
catharsis n. f.
cathartique adj.
cathédral, ale, aux adj.
cathédrale n. f.
cathèdre n. f.
cathepsine n. f.
catherinette n. f.
cathéter n. m.
cathétérisme n. m.
cathétomètre n. m.
cathode n. f.
cathodique adj.
cathodoluminescence n. f.

catholicisme n. m.
catholicité n. f.
catholique adj.
cati n. m.
catilinaire n. f.
catimini (en) loc. adv.
catin n. f.
cation [katjɔ̃] n. m.
catir v. tr. (conjug. 2)
catissage n. m.
catleya n.
catoblépas n. m.
catogan n. m.
catoptrique adj. et n. f.
cattleya ou **catleya** n. m.
cauchemar n. m.
cauchemarder v. intr. (conjug. 1)
cauchemardesque adj.
cauchemardeux, euse adj.
caucus [kokys] n. m.
caudal, ale, aux adj.
caudataire n. m.
caudé, ée adj.
caudillo [kaodijo] n. m.
caudrette n. f.
caulerpe n. f.
caulescent, ente adj.
cauri ou **cauris** n. m.
causal, ale, als ou **aux** adj.
causalgie n. f.
causalisme n. m.
causalité n. f.
causant, ante adj.
causatif, ive adj.
cause n. f.
causer v. (conjug. 1)
causerie n. f.
causette n. f. (rec. off. de chat)
causeur, euse adj. et n.
causeuse n. f.
causse n. m.
causticité n. f.
caustique adj. et n. m.; n. f.
cautèle n. f.
cauteleux, euse adj.
cautère n. m.

cautérisation

cautérisation n. f.
cautériser v. tr. (conjug. 1)
caution n. f.
cautionnement n. m.
cautionner v. tr. (conjug. 1)
cavage n. m.
cavaillon n. m.
cavalcade n. f.
cavalcader v. intr. (conjug. 1)
cavalcadour adj. m.
cavale n. f.
cavaler v. (conjug. 1)
cavalerie n. f.
cavaleur, euse n. et adj.
cavalier, ière n. et adj.
cavalièrement adv.
cavatine n. f.
cave adj.; n. f.; n. m.
caveau n. m.
caveçon n. m.
cavée n. f.
caver v. (conjug. 1)
caverne n. f.
caverneux, euse adj.
cavernicole adj.
cavet n. m.
caviar n. m.
caviardage n. m.
caviarder v. tr. (conjug. 1)
cavicorne adj.
caviste n.
cavitaire adj.
cavitation n. f.
cavité n. f.
cayeu n. m.
cayon n. m.
C. B. [sibi] n. f. (citizens' band)
C. C. P. n. m. (compte chèques postal)
CD n. m. (compact disc)
C. D. D. n. m. (contrat à durée déterminée)
C. D. I. n. m. (compact disc interactive, contrat à durée indéterminée)
CD-R n. m. (compact disc enregistrable)

CD-ROM ou **cédérom** n. m. inv. (compact disc read only memory)
CD-RW n. m. (compact disc réenregistrable)
ce adj. dém.
C. E. n. m. inv. (cours élémentaire, comité d'entreprise)
C. E. A. n. m. (compte d'épargne en actions)
céans adv.
cébette n. f.
cébiste n. (rec. off. de cibiste)
ceci pron. dém.
cécidie n. f.
cécité n. f.
cédant, ante n.
céder v. (conjug. 6)
cédérom n. m.
cédéthèque ou **CDthèque** n. f.
cédétiste adj. et n.
cedex ou **cédex** n. m. (courrier d'entreprise à distribution exceptionnelle)
cédille n. f.
cédraie n. f.
cédrat n. m.
cédratier n. m.
cèdre n. m.
cédrière n. f.
cédulaire adj.
cédule n. f.
cégep n. m. (collège d'enseignement général et professionnel)
cégétiste adj. et n.
ceindre v. tr. (conjug. 52)
ceinturage n. m.
ceinture n. f.
ceinturer v. tr. (conjug. 1)
ceinturon n. m.
cela pron. dém.
céladon n. m. et adj. inv.
célébrant n. m.
célébration n. f.
célèbre adj.
célébrer v. tr. (conjug. 6)
celebret ou **célébret★** [selebʀɛt] n. m.

célébrité n. f.
celer [sale, sele] v. tr. (conjug. 5)
céleri ou **cèleri★** n. m.
célérifère n. m.
céleri-rave n. m.
pl. céleris-raves
célérité n. f.
celesta n. m.
céleste adj.
célibat n. m.
célibataire adj. et n.
célibattant, ante n.
célioscopie n. f.
cella [sela; sɛlla] n. f.
pl. cellae ou **cellas★**
celle pron. dém.
cellérier, ière n.
cellier n. m.
cellophane ® n. f.
cellulaire adj.
cellular n. m.
cellulase n. f.
cellule n. f.
cellulite n. f.
cellulitique adj.
celluloïd n. m.
cellulose n. f.
cellulosique adj.
celte n. m. et adj.
celtique adj. et n. m.
celtisant, ante adj.
celui, celle pron. dém.
pl. ceux, celles
celui-ci, celle-ci pron. dém.
pl. ceux-ci, celles-ci
celui-là, celle-là pron. dém.
pl. ceux-là, celles-là
cément n. m.
cémentation n. f.
cémenter v. tr. (conjug. 1)
cénacle n. m.
cendre n. f.
cendré, ée adj.
cendrée n. f.
cendrer v. tr. (conjug. 1)
cendreux, euse adj.
cendrier n. m.

cendrillon n. f.
cène n. f.
cenelle n. f.
cenellier ou **senellier** n. m.
cénesthésie n. f.
cénesthésique adj.
cenne n. f.
cénobite n. m.
cénobitique adj.
cénobitisme n. m.
cénotaphe n. m.
cénozoïque adj.
cens n. m.
censé, ée adj.
censément adv.
censeur n.
censier, ière adj. et n.
censitaire n. m. et adj.
censorat n. m.
censorial, iale, iaux adj.
censurable adj.
censure n. f.
censurer v. tr. (conjug. 1)
¹cent adj. numér. et n.
²cent [sã] n. m. (d'euro)
³cent [sɛnt] n. m. (de monnaie étrangère)
centaine n. f.
centaure n. m.
centaurée n. f.
centavo n. m.
centenaire adj. et n.
centenier n. m.
centennal, ale, aux adj.
centésimal, ale, aux adj.
centiare n. m.
centième adj. et n.
centigrade adj. et n. m.
centigramme n. m.
centilage n. m.
centile n. m.
centilitre n. m.
centime n. m.
centimètre n. m.
centimétrique adj.
centon n. m.
centrage n. m.
central, ale, aux adj. et n.

centrale n. f.
centralien, ienne n.
centralisateur, trice adj.
centralisation n. f.
centraliser v. tr. (conjug. 1)
centralisme n. m.
centraliste adj. et n.
centralité n. f.
centre n. m.
centre-américain, aine adj.
  PL. centre-américains, aines
centrer v. tr. (conjug. 1)
centreur n. m.
centre-ville n. m.
  PL. centres-villes
centrifugation n. f.
centrifuge adj.
centrifuger v. tr. (conjug. 3)
centrifugeuse n. f.
centriole n. m.
centripète adj.
centrisme n. m.
centriste adj. et n.
centromère n. m.
centrophylle n. f.
centrosome n. m.
centrosphère n. f.
centuple adj. et n. m.
centupler v. (conjug. 1)
centurie n. f.
centurion n. m.
cénure ou **cœnure** [senyʀ] n. m.
cep n. m.
cépage n. m.
cèpe n. m.
cépée n. f.
cependant adv.
céphalée n. f.
céphalique adj.
céphalocordés n. m. pl.
céphalopodes n. m. pl.
céphalorachidien, ienne adj.
céphalosporine n. f.
céphalothorax n. m.
céphéide n. f.
cérambyx n. m.

cérame n. m.
céramide n. m.
céramique adj. et n. f.
céramiste n.
céramographie n. f.
céramologie n. f.
céramologue n.
céraste n. m.
cérat n. m.
cerbère n. f.
cercaire n. f.
cerce n. f.
cerceau n. m.
cerclage n. m.
cercle n. m.
cercler v. tr. (conjug. 1)
cercopithèque n. m.
cercueil n. m.
céréale n. f.
céréaliculture n. f.
céréalier, ière adj.
cérébelleux, euse adj.
cérébral, ale, aux adj.
cérébralité n. f.
cérébroside n. m.
cérébrospinal, ale, aux adj.
cérémonial, iale adj. et n. m.
cérémonie n. f.
cérémoniel, ielle adj.
cérémonieusement adv.
cérémonieux, ieuse adj.
cerf [sɛʀ] n. m.
cerfeuil n. m.
cerf-volant n. m.
  PL. cerfs-volants
cerf-voling ou **cerf-voliste** ou **cervoliste** n. et adj.
  PL. cerfs-volistes ou cervolistes
cerisaie n. f.
cerise n. f.
cerisette n. f.
cerisier n. m.
cérithe ou **cérite** n. m.
cérium n. m.
cerne n. m.

cerné, ée adj.
cerneau n. m.
cerner v. tr. (conjug. 1)
certain, aine adj. et pron.
certainement adv.
certes adv.
certifiant, iante adj.
certificat n. m.
certificateur, trice n.
certification n. f.
certifié, iée adj. et n.
certifier v. tr. (conjug. 7)
certitude n. f.
céruléen, enne adj.
cérumen n. m.
cérumineux, euse adj.
céruse n. f.
cérusé, ée adj.
cerveau n. m.
cervelas n. m.
cervelet n. m.
cervelle n. f.
cervical, ale, aux adj.
cervicalgie n. f.
cervidés n. m. pl.
cervier adj. m.
cervoise n. f.
cervoliste n. et adj.
ces adj. dém. pl.
¹C. E. S n. m. (contrat emploi solidarité)
²C. E. S. n. m. (collège d'enseignement secondaire)
césalpinées n. f. pl.
césar n. m.
césarien, ienne adj.
césarienne n. f.
césariser v. tr. (conjug. 1)
césarisme n. m.
césium n. m.
cespiteux, euse adj.
cessant, ante adj.
cessation n. f.
cesse n. f.
cesser v. (conjug. 1)
cessez-le-feu n. m. inv.
cessibilité n. f.
cessible adj.
cession n. f.

cessionnaire n.
c'est-à-dire loc. conj.
cesta punta n. f.
ceste n. m.
cestodes n. m. pl.
césure n. f.
cet adj. dém. m. sing.
PL **ces**
C. E. T. n. m. (collège d'enseignement technique)
cétacé n. m.
cétane n. m.
céteau n. m.
cétène n. m.
cétérach ou **cétérac** n. m.
cétoine n. f.
cétologue n.
cétone n. f.
cétonémie n. f.
cétonique adj.
cétonurie n. f.
cette adj. dém.
PL **ces**
ceux pron. dém.
ceviche ou **cévichè** n. f.
cf. abrév. (confer)
C. F. A. n. f. et adj. (communauté financière africaine)
C. F. A. O. n. f. (conception et fabrication assistées par ordinateur)
C. F. C. n. m. inv. (chlorofluorocarbone)
C. G. S. adj. (centimètre, gramme, seconde)
chabbat n. m.
chabichou n. m.
châble n. m.
chablis n. m.
chablon n. m.
chabot n. m.
chabraque n. f.
chabrol ou **chabrot** n. m.
chacal n. m.
cha-cha-cha n. m. inv.
chachlik n. m.
chaconne ou **chacone** n. f.

chacun, une pron. indéf.
chadburn n. m.
PL **chadburns**
chafouin, ine n. et adj.
¹chagrin, ine adj.
²chagrin n. m.
chagrinant, ante adj.
chagriner v. tr. (conjug. 1)
chah n. m.
chahut n. m.
chahuter v. (conjug. 1)
chahuteur, euse adj. et n.
chai n. m.
chaînage ou **chainage*** n. m.
chaîne ou **chaine*** n. f.
chaîné, ée ou **chainé, ée*** adj.
chaîner ou **chainer*** v. tr. (conjug. 1)
chaînette ou **chainette*** n. f.
chaîneur ou **chaineur*** n. m.
chaînier ou **chainier*** n. m.
chaîniste ou **chainiste*** n. m.
chaînon ou **chainon*** n. m.
chaintre n. f. ou m.
chair n. f.
chaire n. f.
chaise n. f.
chaisier, ière n.
chakra n. m.
¹chaland n. m. (bateau)
²chaland, ande n. (client)
chalandage n. m. (rec. off. de shopping)
chalandise n. f.
chalaze [ʃalaz; kalaz] n. f.
chalazion n. m.
chalcographie [k-] n. f.
chalcolithique [k-] adj.
chalcopyrite [k-] n. f.
chalcosine [k-] n. f.
chaldéen, enne adj. [-k-] et n.
châle n. m.

chalet n. m.
chaleur n. f.
chaleureusement adv.
chaleureux, euse adj.
châlit n. m.
challenge [ʃalɛndʒ] n. m.
challenger ou **challengeur, euse** [ʃalɛndʒœʀ] n.
chaloir v. impers. (conjug. seult *chaut*)
chaloupe n. f.
chaloupé, ée adj.
chalouper v. intr. (conjug. 1)
chalumeau n. m.
chalut n. m.
chalutage n. m.
chalutier n. m.
chamade n. f.
chamærops [kameʀɔps] n. m.
chamaille n. f.
chamailler v. (conjug. 1)
chamaillerie n. f.
chamailleur, euse n. et adj.
chamallow® n. m.
chaman ou **shaman** [ʃaman] n. m.
chamanique ou **shamanique** adj.
chamanisme ou **shamanisme** n. m.
chamarrer v. tr. (conjug. 1)
chamarrure n. f.
chambard n. m.
chambardement n. m.
chambarder v. tr. (conjug. 1)
chambellan n. m.
chambertin n. m.
chamboulement n. m.
chambouler v. tr. (conjug. 1)
chamboule-tout n. m. inv.
chambranlant, ante adj.
chambranle n. m.

chambranler v. intr. (conjug. 1)
chambray n. m.
chambre n. f.
chambrée n. f.
chambrer v. tr. (conjug. 1)
chambrette n. f.
chambreur, euse n.
chambrière n. f.
chambriste n.
chameau n. m.
chamelier n. m.
chamelle n. f.
chamelon n. m.
chamærops ou **chamærops** [kameʀɔps] n. m.
chamito-sémitique [ka-] adj. et n.
chamois, oise adj. et n. m.
chamoisage n. m.
chamoiser v. tr. (conjug. 1)
chamoiserie n. f.
chamoisine n. f.
champ n. m.
champagne n. f.; n. m.
champagnisation n. f.
champagniser v. tr. (conjug. 1)
champart n. m.
champêtre adj.
champi, isse ou **champis, isse** n. et adj.
champignon n. m.
champignonneur, euse n.
champignonnière n. f.
champignonniste n.
champion, ionne n.
championnat n. m.
champis, isse n. et adj.
champleure n. f.
champlever [ʃɑ̃l(ə)ve] v. tr. (conjug. 5)
champlure ou **champleure** n. f.
chamsin n. m.
chançard, arde adj. et n.
chance n. f.
chancel n. m.

chancelant, ante adj.
chanceler v. intr. (conjug. 4)
chancelier, ière n.
chancelière n. f.
chancellerie n. f.
chanceux, euse adj. et n.
chancir v. intr. (conjug. 2)
chancre n. m.
chancrelle n. f.
chandail n. m.
chandeleur n. f.
chandelier n. m.
chandelle n. f.
chanfrein n. m.
chanfreinage n. m.
chanfreiner v. tr. (conjug. 1)
chanfreineuse n. f.
change n. m.
changeable adj.
changeant, ante adj.
changement n. m.
changer v. (conjug. 3)
changeur, euse n.
chanlatte n. f.
channe n. f.
chanoine n. m.
chanoinesse n. f.
chanson n. f.
chansonner v. tr. (conjug. 1)
chansonnette n. f.
chansonnier n.
chant n. m.
chantage n. m.
chantant, ante adj.
chanteau n. m.
chantefable n. f.
chantepleure n. f.
chanter v. (conjug. 1)
chanterelle n. f.
chanteur, euse n.
chantier n. m.
chantignole n. f.
chantilly n. m. et f. inv.
chantoir n. m.
chantonnement n. m.
chantonner v. (conjug. 1)
chantoung n. m.

chantourner v. tr. (conjug. 1)
chantre n. m.
chanvre n. m.
chanvrier, ière n.
chaos n. m.
chaotique adj.
chaotiquement adv.
chaource n. m.
chapardage n. m.
chaparder v. tr. (conjug. 1)
chapardeur, euse adj. et n.
chapati n. m.
chape n. f.
chapeau n. m.
chapeautage n. m.
chapeauter v. tr. (conjug. 1)
chapelain n. m.
chapelet n. m.
chapelier, ière n. et adj.
chapelle n. f.
chapellenie n. f.
chapellerie n. f.
chapelure n. f.
chaperon n. m.
chaperonner v. tr. (conjug. 1)
chapiteau n. m.
chapitre n. m.
chapitrer v. tr. (conjug. 1)
chapka n. f.
chapon n. m.
chaponnage n. m.
chaponner v. tr. (conjug. 1)
chaponneur, euse n.
chapska ou **schapska** n. m. ou f.
chaptalisation n. f.
chaptaliser v. tr. (conjug. 1)
chaque adj. indéf.
¹**char** n. m. (chariot)
²**char** ou **charre** n. m. (bluff)
charabia n. m.
charade n. f.
charadriiformes [ka-] n. m. pl.
charançon n. m.
charançonné, ée adj.

charbon n. m.
charbonnage n. m.
charbonner v. (conjug. 1)
charbonnerie n. f.
charbonneux, euse adj.
charbonnier, ière n. et adj.
charbonnière n. f.
charcler v. intr. (conjug. 1)
charcuter v. tr. (conjug. 1)
charcuterie n. f.
charcutier, ière n.
chardon n. m.
chardonnay n. m.
chardonneret n. m.
charentaise n. f.
charge n. f.
chargé, ée adj. et n.
chargement n. m.
charger v. tr. (conjug. 3)
chargeur n. m.
chargeuse n. f. (rec. off. de loader)
charia ou **sharia** n. f.
chariot ou **charriot** n. m.
chariotage ou **charriotage** n. m.
charismatique [ka-] adj.
charisme [ka-] n. m.
charitable adj.
charitablement adv.
charité n. f.
charivari n. m.
charlatan n. m.
charlatanerie n. f.
charlatanesque adj.
charlatanisme n. m.
charlemagne n. m.
charleston [ʃaʀlɛstɔn] n. m.
charlot n. m.
charlotte n. f.
charmant, ante adj.
charme n. m.
charmer v. tr. (conjug. 1)
charmeur, euse n.
charmille n. f.
charnel, elle adj.
charnellement adv.
charnier n. m.

charnière n. f.
charnu, ue adj.
charognage n. m.
charognard, arde n.
charogne n. f.
charolais, aise adj. et n.
charpentage n. m.
charpente n. f.
charpenter v. tr. (conjug. 1)
charpenterie n. f.
charpentier n. m.
charpie n. f.
charre n. m.
charretée n. f.
charretier, ière n. et adj.
charreton n. m.
charrette n. f.
charriage n. m.
charrier v. tr. (conjug. 7)
charrière n. f.
charroi n. m.
charron n. m.
charronnage n. m.
charroyer v. tr. (conjug. 8)
charrue n. f.
charte n. f.
charte-partie n. f.
   pl. *chartes-parties*
charter [ʃaʀtɛʀ] n. m.
chartériser v. tr. (conjug. 1)
chartisme n. m.
chartiste adj. et n.
chartre n. f.
chartreuse® n. f.
chartreux, euse n.
chartrier n. m.
chas n. m.
chasse n. f.
chassé n. m.
châsse n. f.
chasse-clou n. m.
   pl. *chasse-clous*
chassé-croisé n. m.
   pl. *chassés-croisés*
chasselas n. m.
chasse-marée n. m.
   pl. inv. ou *chasse-marées*★
chasse-mouche n. m.
   pl. *chasse-mouches*

cheap

chasse-neige n. m.
PL inv. ou chasse-neiges
chasse-pierre(s) n. m.
PL chasse-pierres
chassepot n. m.
chasser v. (conjug. 1)
chasseresse adj. et n. f.
chasse-roue n. m.
PL chasse-roues
chasseur, euse n.
chassie n. f.
chassieux, ieuse adj.
châssis n. m.
châssis-presse n. m.
PL châssis-presses
chaste adj.
chastement adv.
chasteté n. f.
chasuble n. f.
¹chat [tʃat] n. m. (conversation)
²chat, chatte n. (animal)
châtaigne n. f.
châtaigner v. intr. (conjug. 1)
châtaigneraie n. f.
châtaignier n. m.
châtain adj. m.
châtaine adj. f.
chataire n. f.
château n. m.
chateaubriand ou châteaubriant n. m.
châtelain, aine n.
châtelaine n. f. (chaîne)
châtelet n. m.
châtellenie n. f.
chat-huant n. m.
PL chats-huants
châtier v. tr. (conjug. 7)
chatière n. f.
châtiment n. m.
chatoiement n. m.
¹chaton n. m. (de bague)
²chaton, onne n. (animal)
chatonner v. intr. (conjug. 1)
chatou n. m.
chatouille n. f.
chatouillement n. m.
chatouiller v. tr. (conjug. 1)
chatouilleux, euse adj.

chatouillis n. m.
chatoyant, ante adj.
chatoyer v. intr. (conjug. 8)
châtrer v. tr. (conjug. 1)
chatrou n. m.
chatte n. f.
chattemite n. f.
chatter ou tchatter [tʃate] v. intr. (conjug. 1)
chatterie n. f.
chatterton [ʃatɛʁtɔn] n. m.
chatteur, euse [tʃatœʁ, øz] n.
chat-tigre n. m.
PL chats-tigres
chaud, chaude adj. et n. m.
chaude n. f.
chaudeau n. m.
chaudement adv.
chaude-pisse n. f.
PL chaudes-pisses
chaud-froid n. m.
PL chauds-froids
chaudière n. f.
chaudrée n. f.
chaudron n. m.
chaudronnée n. f.
chaudronnerie n. f.
chaudronnier, ière n. et adj.
chauffage n. m.
chauffagiste n. m.
chauffant, ante adj.
chauffard n. m.
chauffe n. f.
chauffe-assiette(s) n. m.
PL chauffe-assiettes
chauffe-bain n. m.
PL chauffe-bains
chauffe-biberon n. m.
PL chauffe-biberons
chauffe-eau n. m.
PL inv. ou chauffe-eaux★
chauffe-plat n. m.
PL chauffe-plats
chauffer v. (conjug. 1)
chaufferette n. f.
chaufferie n. f.
chauffeur n. m.

chauffeuse n. f.
chaufour n. m.
chaufournier n. m.
chaulage n. m.
chauler v. tr. (conjug. 1)
chauleuse n. f.
chaume n. m.
chaumer v. tr. (conjug. 1)
chaumière n. f.
chaumine n. f.
chaussage n. m.
chaussant, ante adj. et n. m.
chausse n. f.
chaussée n. f.
chausse-pied ou chaussepied★ n. m.
PL chausse-pieds ou chaussepieds★
chausser v. tr. (conjug. 1)
chausse-trape ou chausse-trappe ou chaussetrappe★ n. f.
PL chausse-trapes ou chaussetrappes★
chaussette n. f.
chausseur n. m.
chausson n. m.
chaussonnier n. m.
chaussure n. f.
chaut v. (3ème pers. du sing. de chaloir)
chauve adj.
chauve-souris ou chauvesouris★ n. f.
PL chauves-souris ou chauvesouris★
chauvin, ine adj. et n.
chauvinisme n. m.
chauvir v. intr. (conjug. 16; sauf aux pers. du sing. du prés. de l'indic. et de l'impér. 2)
chaux n. f.
chavirage n. m.
chavirement n. m.
chavirer v. (conjug. 1)
chayotte ou chayote n. f.
cheap adj. inv.

chébec

chébec n. m.
chèche n. m.
chéchia n. f.
checker v. tr. (conjug. 1)
checklist [(t)ʃɛklist] n. f.
check-up ou checkup [(t)ʃekœp] n. m.
PL. inv. ou checkups
cheddar n. m.
cheddite n. f.
cheeseburger [(t)ʃizbœrgœr; tʃizburgœr] n. m.
cheesecake [(t)ʃizkɛk] n. m.
chef n. m.
chefaillon n. m.
chef-d'œuvre n. m.
PL. chefs-d'œuvre
cheffe n. f.
chefferie n. f.
chef-lieu n. m.
PL. chefs-lieux
cheftaine n. f.
cheik ou cheikh n. m.
cheire n. f.
chéiroptères [kei-] n. m. pl.
chélate [ke-] n. m.
chélateur [ke-] adj. m. et n. m.
chélation [ke-] n. f.
chelem ou schelem [ʃlɛm] n. m.
chélicère [ke-] n. f.
chélidoine [ke-] n. f.
chelléen, enne adj. et n. m.
chéloïde [ke-] n. f.
chéloniens [ke-] n. m. pl.
chemin n. m.
chemin de fer n. m.
chemineau n. m.
cheminée n. f.
cheminement n. m.
cheminer v. intr. (conjug. 1)
cheminot, ote n. et adj.
chemisage n. m.
chemise n. f.
chemiser v. tr. (conjug. 1)
chemiserie n. f.

chemisette n. f.
chemisier, ière n.
chémorécepteur [ke-] n. m.
chênaie n. f.
chenal, aux n. m.
chenapan n. m.
chêne n. m.
cheneau n. m.
chêneau n. m.
chêne-liège n. m.
PL. chênes-lièges
chenet n. m.
chènevière n. f.
chènevis n. m.
chènevotte n. f.
cheni n. m.
chenil n. m.
chenille n. f.
chenillé, ée adj.
chenillette n. f.
chénopode n. m.
chenu, ue adj.
cheptel n. m.
chéquard n. m.
chèque n. m.
chèque-restaurant n. m.
PL. chèques-restaurants
chéquier n. m.
cher, chère adj. et adv.
chercher v. tr. (conjug. 1)
chercheur, euse n. et adj.
chère n. f.
chèrement adv.
chergui n. m.
chéri, ie adj. et n.
chérif n. m.
chérifien, ienne adj.
chérir v. tr. (conjug. 2)
chérot adj. m.
cherry n. m.
PL. cherrys ou cherries
cherté n. f.
chérubin n. m.
chester n. m.
chétif, ive adj.
chétivement adv.
chétivité n. f.
chevaine n. f.

cheval, aux n. m.
chevalement n. m.
chevaler v. tr. (conjug. 1)
chevaleresque adj.
chevalerie n. f.
chevalet n. m.
chevalier, ière n.
chevalière n. f.
chevalin, ine adj.
cheval-vapeur n. m.
PL. chevaux-vapeur
chevauchant, ante adj.
chevauchée n. f.
chevauchement n. m.
chevaucher v. (conjug. 1)
chevau-léger n. m.
chevau-légers n. m. pl.
chevêche n. f.
chevelu, ue adj.
chevelure n. f.
chevesne ou chevaine ou chevenne n. f.
chevet n. m.
chevêtre n. m.
cheveu n. m.
cheveu-de-la-Vierge n. m.
PL. cheveux-de-la-Vierge
cheveu-de-Vénus n. m.
PL. cheveux-de-Vénus
chevillard n. m.
cheville n. f.
cheviller v. tr. (conjug. 1)
chevillette n. f.
cheviotte n. f.
chèvre n. f.; n. m.
chevreau n. m.
chèvrefeuille n. m.
chèvre-pied ou chèvrepied* adj. et n. m.
PL. chèvre-pieds ou chèvrepieds*
chevrette n. f.
chevreuil n. m.
chevrier, ière n.
chevrillard n. m.
chevron n. m.
chevronné, ée adj.
chevrotain n. m.
chevrotant, ante adj.

chevrotement n. m.
chevroter v. intr. (conjug. 1)
chevrotin n. m.
chevrotine n. f.
chewing-gum n. m.
  PL. *chewing-gums*
chez prép.
chez-moi n. m. inv.
chez-soi n. m. inv.
chez-toi n. m. inv.
chiac n. m.
chiader v. tr. (conjug. 1)
chialer v. intr. (conjug. 1)
chialeur, euse n. et adj.
chiant, chiante adj.
chianti n. m.
  PL. *chiantis*
chiard n. m.
chiasma n. m.
chiasmatique adj.
chiasme n. m.
chiasse n. f.
chiatique adj.
chibouque ou **chibouk** n. f. ou m.
chic n. m. et adj. inv.
chicane n. f.
chicaner v. (conjug. 1)
chicanerie n. f.
chicaneur, euse n.
chicanier, ière n. et adj.
chicano n. m.
chicha n. f.
chiche adj.; n. m.; interj.
chiche-kébab ou **chiche-kebab** ou **chichekébab*** n. m.
  PL. *chiches-kébabs* ou *chiches-kebabs* ou *chichekébabs**
chichement adv.
chichi n. m.
chichiteux, euse adj.
chiclé [(t)ʃikle] n. m.
chichon n. m.
chicon n. m.
chicorée n. f.
chicorer (se) v. pron. (conjug. 1)
chicos adj.

chicot n. m.
chicoter v. tr. (conjug. 1)
chicotin n. m.
chié, chiée adj.
chiée n. f.
chien, chienne n.
chien-assis n. m.
  PL. *chiens-assis*
chiendent n. m.
chienlit n. f.
chien-loup n. m.
  PL. *chiens-loups*
chiennerie n. f.
chier v. intr. (conjug. 7)
chierie n. f.
chieur, chieuse n.
chiffe n. f.
chiffonnade n. f.
chiffonnage n. m.
chiffonné, ée adj.
chiffonnement n. m.
chiffonner v. (conjug. 1)
chiffonnier, ière n.
chiffrable adj.
chiffrage n. m.
chiffre n. m.
chiffrement n. m.
chiffrer v. (conjug. 1)
chiffreur, euse n.
chigner v. intr. (conjug. 1)
chignole n. f.
chignon n. m.
chihuahua [ʃiwawa] n. m.
chiisme ou **shiisme** n. m.
chiite ou **shiite** adj. et n.
chikungunya n. m.
chili (con carne) ou **chile (con carne)** [(t)ʃile ; (t)ʃile(kɔnkaʁne)] n. m.
chilom n. m.
chimère n. f.
chimérique adj.
chimie n. f.
chimio n. f.
chimioembolisation n. f.
chimioluminescence n. f.
chimionique n. f.

chimioprophylaxie n. f.
chimiorécepteur n. m.
chimiorésistance n. f.
chimiosynthèse n. f.
chimiotactisme n. m.
chimiothèque n. f.
chimiothérapie n. f.
chimiothérapique adj.
chimique adj.
chimiquement adv.
chimiquier n. m.
chimisme n. m.
chimiste n.
chimiurgie n. f.
chimpanzé n. m.
chinage n. m.
chinchard n. m.
chinchilla n. m.
chine n. m.; n. f.
chiné, ée adj.
chiner v. tr. (conjug. 1)
chinetoque n. et adj.
chineur, euse n.
chinois, oise adj. et n.
chinoiser v. intr. (conjug. 1)
chinoiserie n. f.
chinon n. m.
chinook [ʃinuk] n. m.
chintz [ʃints] n. m.
chinure n. f.
chiot n. m.
chiotte n. f.; n. m.
chiourme n. f.
chip n. m.
chiper v. tr. (conjug. 1)
chipie n. f.
chipiron n. m.
chipo n. f.
chipolata n. f.
chipotage n. m.
chipoter v. intr. (conjug. 1)
chipoteur, euse n. et adj.
chippendale [ʃipɛndal] adj. inv. et n.
chips [ʃips] n. f. pl.
chique n. f.
chiqué n. m.
chiquement adv.
chiquenaude n. f.

chiquer v. tr. (conjug. 1)
chiqueur, euse n.
chiral, ale, aux [ki-] adj.
chiralité [ki-] n. f.
chirographaire [ki-] adj.
chirographie [ki-] n. f.
chirologie [ki-] n. f.
chiromancie [ki-] n. f.
chiromancien, ienne [ki-] n.
chiropracteur, trice [ki-] n.
chiropractie [kirɔprakti] n. f.
chiropraticien, ienne [ki-] n. (rec. off. de chiropracteur, trice)
chiropratique [ki-] n. f.
chiropraxie ou **chiropractie** [ki-] n. f.
chiroptères [ki-] n. m. pl.
chirurgical, ale, aux adj.
chirurgicalement adv.
chirurgie n. f.
chirurgien, ienne n.
chirurgien-dentiste n.
PL. chirurgiens-dentistes
chisel n. m.
chistéra ou **chistera** [(t)ʃistera] n. f. ou m.
chitine [ki-] n. f.
chitineux, euse [ki-] adj.
chiton n. m.
chiure n. f.
chlamyde [kla-] n. f.
chlamydia [kla-] n. f.
PL. chlamydias ou chlamydiae (lat.)
chlasse adj.
chlinguer ou **schlinguer** v. intr. (conjug. 1)
chloasma [klɔ-] n. m.
chloral [k-] n. m.
chloramphénicol ® [k-] n. m.
chlorapatite [k-] n. f.
chlorate [k-] n. m.
chloration [k-] n. f.

chlore [k-] n. m.
chloré, ée [k-] adj.
chlorelle [k-] n. f.
chlorer [k-] v. tr. (conjug. 1)
chloreux, euse [k-] adj.
chlorhydrate [k-] n. m.
chlorhydrique [k-] adj.
chlorique [k-] adj.
chlorite [k-] n. f.
chlorochimie [k-] n. f.
chlorofibre [k-] n. f.
chlorofluoroalcane [k-] n. m.
chlorofluorocarbone [k-] n. m.
chlorofluorocarbure [k-] n. m.
chloroforme [k-] n. m.
chloroformer [k-] v. tr. (conjug. 1)
chloroformisation [k-] n. f.
chlorogénique [k-] adj.
chloroïdérémie [k-] n. f.
chloromètre [k-] n. m.
chlorométrie [k-] n. f.
chlorométrique [k-] adj.
chlorophylle [k-] n. f.
chlorophyllien, ienne [k-] adj.
chloropicrine [k-] n. f.
chloroplaste [k-] n. m.
chloroquine [k-] n. f.
chlorose [k-] n. f.
chlorotique [k-] adj.
chlorpromazine [k-] n. f.
chlorure [k-] n. m.
chloruré, ée [k-] adj.
chlorurer [k-] v. tr. (conjug. 1)
chnoque ou **schnock** adj. et n.
chnouf ou **schnouf** n. m.
choanes [kɔ-] n. f. pl.
choanichtyens [kɔ-] n. m. pl.
choc n. m.
chocard n. m.
chochotte adj. et n. f.
chocolat n. m.

chocolaté, ée adj.
chocolaterie n. f.
chocolatier, ière n. et adj.
chocolatine n. f.
chocottes n. f. pl.
choéphore n.
chœur [kœʀ] n. m.
choir v. intr. (conjug. je chois; tu chois, il choit, ils choient (les autres personnes manquent au présent); je chus, nous chûmes. Chu, chue au p. p.)
choisi, ie adj.
choisir v. tr. (conjug. 2)
choix n. m.
choke-bore [(t)ʃɔkbɔʀ] n. m.
PL. choke-bores
choker n. m.
cholagogue [k-] adj.
cholécalciférol [k-] n. m.
cholécystectomie [k-] n. f.
cholécystite [k-] n. f.
cholécystotomie [k-] n. f.
cholédoque [k-] adj.
cholémie [k-] n. f.
choléra [k-] n. m.
cholérétique [k-] adj.
choleriforme [k-] adj.
cholérine [k-] n. f.
cholérique [k-] adj. et n.
cholestase [k-] n. f.
cholestéatome [k-] n. m.
cholestérol [k-] n. m.
cholestérolémie [k-] n. f.
choliambe [k-] n. m.
choline [k-] n. f.
cholinergique [k-] adj.
cholinestérase [k-] n. f.
cholique [k-] adj.
cholostase [k-] n. f.
cholurie [k-] n. f.
chômable adj.
chômage n. m.
chômé, ée adj.
chômedu n. m.
chômer v. intr. (conjug. 1)

chômeur, euse n.
chondrichtyens [k-] n. m. pl.
chondriome [k-] n. m.
chondriosome [k-] n. m.
chondrite [k-] n. f.
chondroblaste [k-] n. m.
chondrocalcinose [k-] n. f.
chondrostéens [k-] n. m. pl.
chope n. f.
choper v. tr. (conjug. 1)
chopine n. f.
chopper v. intr. (conjug. 1)
chop suey [ʃɔpswi; ʃɔpsɥɛ] n. m. inv.
choquant, ante adj.
choquer v. tr. (conjug. 1)
choral, ale [kɔ-] adj. et n. m.
chorale [kɔ-] n. f.
chorée [kɔ-] n. f.
chorège [kɔ-] n. m.
chorégraphe [kɔ-] n.
chorégraphie [kɔ-] n. f.
chorégraphier [kɔ-] v. (conjug. 7)
chorégraphique [kɔ-] adj.
choréique [kɔ-] adj.
choreute [kɔ-] n. m.
choriambe [kɔ-] n. m.
chorion [kɔ-] n. m.
choriste [kɔ-] n.
chorizo [ʃɔrizo; tʃɔriso] n. m.
choroïde [kɔ-] n. f. et adj.
choroïdien, ienne [kɔ-] adj.
choronyme n. m.
chorten [ʃɔrtɛn] n. m.
chorus [kɔ-] n. m.
chose n. f. et m.
chosification n. f.
chosifier v. tr. (conjug. 7)
chosisme n. m.
chott [ʃɔt] n. m.
¹**chou** n. m.
²**chou, choute** n. et adj.
chouan n. m.
chouannerie n. f.
choucard, arde adj.

choucas n. m.
chouchen [ʃuʃɛn] n. m.
¹**chouchou** n. m.
²**chouchou, oute** n.
chouchouter v. tr. (conjug. 1)
choucroute n. f.
chouette n. f.; adj.
chou-fleur n. m.
PL choux-fleurs
chougner ou **chouiner** v. intr. (conjug. 1)
chouïa n. m.
chouille n. f.
chouleur n. m.
chou-navet n. m.
PL choux-navets
choupette n. f.
chouquette n. f.
chou-rave n. m.
PL choux-raves
chouraver v. tr. (conjug. 1)
choure n. f.
chourer v. tr. (conjug. 1)
choute n. f.
chow-chow ou **chowchow*** [ʃoʃo] n. m.
PL chows-chows ou chowchows*
choyer v. tr. (conjug. 8)
chrême n. m.
chrestomathie [k-] n. f.
chrétien, ienne adj. et n.
chrétien-démocrate adj.
PL chrétiens-démocrates
chrétiennement adv.
chrétienté n. f.
chris-craft ® ou **chriscraft** ou **criscraft*** [kriskraft] n. m. PL inv. ou chriscrafts ou criscrafts*
chrisme [krism] n. m.
christ n. m.
christe-marine [krist(ə)marin] n. f.
christiania n. m.
christianisation n. f.

christianiser v. tr. (conjug. 1)
christianisme n. m.
christique [k-] adj.
christologie [k-] n. f.
christologique [k-] adj.
christophine [k-] n. f.
chromage [k-] n. m.
chromate [k-] n. m.
chromatide [k-] n. f.
chromatine [k-] n. f.
chromatique [k-] adj.
chromatisme [k-] n. m.
chromatogramme [k-] n. m.
chromatographie [k-] n. f.
chromatopsie [k-] n. f.
chrome [k-] n. m.
chromé, ée [k-] adj.
chromer [k-] v. tr. (conjug. 1)
chromeux, euse [k-] adj.
chrominance [k-] n. f.
chromique [k-] adj.
chromiste [k-] n.
chromite [k-] n. f.
chromo [k-] n.
chromodynamique [k-] n. f.
chromogène [k-] adj.
chromolithographie [k-] n. f.
chromoprotéine [k-] n. f.
chromopsychologie [k-] n. f.
chromosome [k-] n. m.
chromosomique [k-] adj.
chromosphère [k-] n. f.
chromothérapie [k-] n. f.
chromotypie [k-] n. f.
chromotypographie [k-] n. f.
chronaxie [k-] n. f.
chroniciser (se) [k-] v. pron. (conjug. 1)
chronicité [k-] n. f.
chronique [k-] adj.; n. f.

chroniquement [k-] adv.
chroniquer [k-] v. tr. (conjug. 1)
chroniqueur, euse [k-] n.
chrono [k-] n. m.
chrono-alimentation [k-] n. f.
chronobiologie [k-] n. f.
chronobiologique [k-] adj.
chronobiologiste [k-] n.
chronographe [k-] n. m.
chronologie [k-] n. f.
chronologique [k-] adj.
chronologiquement [k-] adv.
chronométrage [k-] n. m.
chronomètre [k-] n. m.
chronométrer [k-] v. tr. (conjug. 6)
chronométreur, euse [k-] n.
chronométrie [k-] n. f.
chronométrique [k-] adj.
chronophage [k-] adj.
chronopharmacologie [k-] n. f.
chronophotographie [k-] n. f.
chronoprogrammable [k-] adj.
chronoprogrammation [k-] n. f.
chronoprogrammer [k-] v. tr. (conjug. 1)
chronoproportionnel, elle [k-] adj.
chronothérapie [k-] n. f.
chronotolérance [k-] n. f.
chrysalide [k-] n. f.
chrysanthème [k-] n. m.
chryséléphantin, ine [k-] adj.
chrysobéryl [k-] n. m.
chrysocale [k-] n. m.
chrysolithe ou chrysolite [k-] n. f.

chrysomèle [k-] n. f.
chrysope [k-] n. f.
chrysoprase [k-] n. f.
chtar n. m.
chtarbé, ée [ʃtaʀbe] adj.
chti ou ch'ti n. et adj.
chtimi ou ch'timi [ʃtimi] n. et adj.
chtonien, ienne [ktɔ-] adj.
chtouille n. f.
C. H. U. n. m. inv. (centre hospitalier universitaire)
chuchotement n. m.
chuchoter v. intr. (conjug. 1)
chuchoterie n. f.
chuchotis n. m.
chuintant, ante adj. et n. f.
chuintement n. m.
chuinter v. intr. (conjug. 1)
churro n. m.
chut interj. et n. m.
chute n. f.
chuter v. intr. (conjug. 1)
chutney [ʃœtnɛ] n. m.
PL. chutneys
chva [ʃva; ʃwa] n. m.
chyle n. m.
chylifère adj. et n. m.
chyme n. m.
chymotrypsine n. f.
chypre n. m.
chypré, ée adj.
ci adj.; pron. dém.
ci-annexé, ée adj.
PL. ci-annexés, ées
ci-après loc. adv.
cibiche n. f.
cibiste n. (rec. off. : cébiste)
ciblage n. m.
cible n. f.
cibler v. tr. (conjug. 1)
ciboire n. m.
ciboule n. f.
ciboulette n. f.
ciboulot n. m.
cicatrice n. f.
cicatriciel, ielle adj.

cicatricule n. f.
cicatrisant, ante adj.
cicatrisation n. f.
cicatriser v. (conjug. 1)
cicéro n. m.
cicérone n. m.
cichlidés n. m. pl.
cicindèle n. f.
ciclosporine ou cyclosporine n. f.
ci-contre loc. adv.
cicutine n. f.
ci-dessous loc. adv.
ci-dessus loc. adv.
ci-devant loc. adv.
cidre n. m.
cidrerie n. f.
cidrier n. m.
Cie n. f. (compagnie)
ciel n. m.
PL. ciels ou cieux
cierge n. m.
cieux n. m. pl.
C. I. F. n. m. (cost, insurance and freight)
CIG n. f.
cigale n. f.
cigare n. m.
cigarette ® n. f.
cigarettier n. m.
cigarière n. f.
cigarillo n. m.
ci-gît ou ci-git* loc. verb.
cigogne n. f.
cigogneau n. m.
ciguë ou cigüe* n. f.
ci-inclus, use adj.
ci-joint, ci-jointe adj.
cil [sil] n. m.
ciliaire adj.
cilice n. m.
cilié, iée adj.
cillement n. m.
ciller v. intr. (conjug. 1)
cimaise n. f.
cime n. f.
ciment n. m.
cimentation n. f.
ciment-colle n. m.
PL. ciments-colles

cimenter v. tr. (conjug. 1)
cimenterie n. f.
cimentier n. m.
cimeterre n. m.
cimetière n. m.
cimier n. m.
cinabre n. m.
cinchonine [sɛ̃kɔnin] n. f.
cincle n. m.
ciné n. m.
cinéaste n.
cinéclub ou **ciné-club** n. m.
  PL. *cinéclubs* ou *ciné-clubs*
cinéma n. m.
cinémascope ® n. m.
cinémathèque n. f.
cinématique n. f.
cinématographe n. m.
cinématographie n. f.
cinématographier v. tr. (conjug. 7)
cinématographique adj.
cinémomètre n. m.
cinéparc ou **ciné-parc** n. m. PL. *cinéparcs* ou *ciné-parcs* (rec. off. de drive-in)
cinéphage adj. et n.
cinéphile adj. et n.
cinéphilie n. f.
cinéphilique adj.
cinérama ® n. m.
cinérite n. f.
cinéshop ou **ciné-shop** n. m.
  PL. *cinéshops* ou *ciné-shops*
cinéthéodolite n. m.
cinétique n. f. et adj.
cinétir n. m.
cinétose n. f.
cinglant, ante adj.
cinglé, ée adj. et n.
cingler v. (conjug. 1)
cinnamome n. m.
cinoche n. m.
cinoque adj.
cinq adj. numér. inv. et n. inv.
cinquantaine n. f.

cinquante adj. numér. inv. et n. inv.
cinquantenaire adj. et n.
cinquantième adj. et n.
cinquième adj. et n.
cinquièmement adv.
cinsault n. m.
cintrage n. m.
cintre n. m.
cintré, ée adj.
cintrer v. tr. (conjug. 1)
C. I. O. n. m. (centre d'information et d'orientation)
cipal, aux n. m.
cipaye [sipaj] n. m.
cipolin n. m.
cippe n. m.
cirage n. m.
circa adv.
circadien, ienne adj.
circaète n. m.
circamensuel, elle adj.
circannuel, elle adj.
circassien, ienne adj. et n.
circoncire v. tr. (conjug. 37; sauf p. p. *circoncis, ise*)
circoncis, ise adj. et n. m.
circoncision n. f.
circonférence n. f.
circonférentiel, ielle adj.
circonflexe adj.
circonlocution n. f.
circonscription n. f.
circonscrire v. tr. (conjug. 39)
circonspect, ecte [siʀkɔ̃spɛ(kt), ɛkt] adj.
circonspection n. f.
circonstance n. f.
circonstancié, iée adj.
circonstanciel, ielle adj.
circonstanciellement adv.
circonvallation n. f.
circonvenir v. tr. (conjug. 22)
circonvoisin, ine adj.
circonvolution n. f.

circuit n. m.
circuiterie n. f.
circulable adj.
circulaire adj. et n. f.
circulairement adv.
circulant, ante adj.
circularité n. f.
circulation n. f.
circulatoire adj.
circuler v. intr. (conjug. 1)
circumduction [siʀkɔm-] n. f.
circumlunaire [siʀkɔm-] adj.
circumnavigateur, trice [siʀkɔm-] n.
circumnavigation [siʀkɔm-] n. f.
circumpolaire [siʀkɔm-] adj.
circumsolaire [siʀkɔm-] adj.
circumterrestre [siʀkɔm-] adj.
cire n. f.
ciré, ée adj. et n. m.
cirer v. tr. (conjug. 1)
cireur, euse n.
cireux, euse adj.
cirier, ière n.
ciron n. m.
cirque n. m.
cirre ou **cirrhe** n. m.
cirrhose n. f.
cirrhotique adj. et n.
cirripèdes n. m. pl.
cirrocumulus n. m.
cirrostratus n. m.
cirrus n. m.
cis adj.
cisaille n. f.
cisaillement n. m.
cisailler v. tr. (conjug. 1)
cisalpin, ine adj.
ciseau n. m.
cliselage n. m.
cisèlement n. m.
ciseler v. tr. (conjug. 5)
ciselet n. m.
ciseleur, euse n.

ciselure

ciselure n. f.
cisoires n. f. pl.
ciste n. m.; n. f.
cistercien, ienne adj. et n.
cis-trans adj.
cistre n. m.
cistron n. m.
cistude n. f.
citadelle n. f.
citadin, ine adj. et n.
citateur, trice n.
citation n. f.
cité n. f.
cité-dortoir n. f.
 PL cités-dortoirs
cité-jardin n. f.
 PL cités-jardins
citer v. tr. (conjug. 1)
citerne n. f.
citernier n. m.
cithare n. f.
cithariste n.
citoyen, citoyenne adj. et n.
citoyenneté n. f.
citrate n. m.
citrin, ine adj.
citrique adj.
citron n. m.
citronnade n. f.
citronné, ée adj.
citronnelle n. f.
citronner v. tr. (conjug. 1)
citronnier n. m.
citrouille n. f.
citrus [sitʀys] n. m.
cive n. f.
civelle n. f.
civet n. m.
civette n. f.
civière n. f.
civil, ile adj. et n.
civilement adv.
civilisateur, trice adj.
civilisation n. f.
civilisationnel, elle adj.
civilisé, ée adj. et n.
civiliser v. tr. (conjug. 1)
civiliste n.

civilité n. f.
civique adj.
civiquement adv.
civisme n. m.
clabaudage n. m.
clabauder v. intr. (conjug. 1)
clabauderie n. f.
clabot n. m.
clabotage n. m.
clac interj.
clade n. m.
cladisme n. m.
cladistique adj.
cladogramme n. m.
clafoutis n. m.
claie n. f.
clair, claire adj.; n. m. et adv.
clairance n. f. (rec. off. de clearance)
claire n. f.
clairement adv.
clairet, ette adj. et n. m.
clairette n. f.
claire-voie ou
 clairevoie* n. f.
 PL claires-voies ou
 clairevoies*
clairière n. f.
clair-obscur n. m.
 PL clairs-obscurs
clairon n. m.
claironnant, ante adj.
claironner v. (conjug. 1)
clairsemé, ée adj.
clairvoyance n. f.
clairvoyant, ante adj. et n.
clam n. m.
clamecer v. intr. (conjug. défectif)
clamer v. tr. (conjug. 1)
clameur n. f.
clamp n. m.
clamper v. tr. (conjug. 1)
clampin n.
clamser v. intr. (conjug. 1)
clan n. m.
clandé adj.
clandestin, ine adj. et n.

clandestinement adv.
clandestinité n. f.
clando n.
clanique adj.
clanisme n. m.
claniste adj.
clap n. m.
clapet n. m.
clapier n. m.
clapir v. intr. (conjug. 2)
clapir (se) v. pron. (conjug. 2)
clapman n.
 PL clapmans ou clapmen
clapot n. m.
clapotage n. m.
clapotement n. m.
clapoter v. intr. (conjug. 1)
clapotis n. m.
clappement n. m.
clapper v. intr. (conjug. 1)
claquage n. m.
claquant, ante adj.
claque adj.; n. m.; n. f.
claquement n. m.
claquemurer v. tr. (conjug. 1)
claquer v. (conjug. 1)
claquet n. m.
claqueter v. intr. (conjug. 4)
claquette n. f.
claquoir n. m.
clarification n. f.
clarifier v. tr. (conjug. 7)
clarine n. f.
clarinette n. f.
clarinettiste n.
clarisse n. f.
clarté n. f.
clash n. m.
classable adj.
classe n. f.
classement n. m.
classer v. tr. (conjug. 1)
classeur n. m.
classicisme n. m.
classieux, ieuse adj.
classificateur, trice n. et adj.
classification n. f.

clochardisation

classificatoire adj.
classifier v. tr. (conjug. 7)
classique adj. et n.
classiquement adv.
clastique adj.
claudicant, ante adj.
claudication n. f.
claudiquer v. intr. (conjug. 1)
clause n. f.
claustra n. m.
claustral, ale, aux adj.
claustration n. f.
claustrer v. tr. (conjug. 1)
claustrophobe adj. et n.
claustrophobie n. f.
claustrophobique adj.
clausule n. f.
clavaire n. f.
clavardage n. m.
clavarder v. intr. (conjug. 1)
clavardeur, euse n.
claveau n. m.
clavecin n. m.
claveciniste n.
clavelée n. f.
clavetage n. m.
claveter v. tr. (conjug. 4)
clavette n. f.
clavicorde n. m.
claviculaire adj.
clavicule n. f.
clavier n. m.
claviériste n.
claviste n.
clayère n. f.
clayette n. f.
claymore [klɛmɔʀ] n. f.
clayon n. m.
clayonnage n. m.
clayonner v. tr. (conjug. 1)
clé ou **clef** n. f.
clean [klin] adj. inv.
clearance [kliʀɑ̃s] n. f.
clearing [kliʀiŋ] n. m.
clébard n. m.
clebs n. m.
clédar n. m.
clef n. f.

clématite n. f.
clémence n. f.
clément, ente adj.
clémentine n. f.
clémentinier n. m.
clémenvilla n. f.
clenche n. f.
clepsydre n. f.
cleptomane ou **kleptomane** n. et adj.
cleptomanie ou **kleptomanie** n. f.
clerc [klɛʀ] n. m.
clergé n. m.
clergie n. f.
clergyman [klɛʀdʒiman] n. m. PL. *clergymans* ou *clergymen*
clérical, ale, aux adj. et n.
cléricalisme n. m.
cléricature n. f.
clic interj.
clicable adj.
clic-clac interj. et n. m. inv.
clichage n. m.
cliché n. m.
clicher v. tr. (conjug. 1)
clicheur, euse n.
client, cliente n.
clientèle n. f.
clientélisme n. m.
clientéliste adj.
clignement n. m.
cligner v. (conjug. 1)
clignotant, ante adj. et n. m.
clignotement n. m.
clignoter v. intr. (conjug. 1)
clignoteur n. m.
clim n. f. (climatisation)
climat n. m.
climatère n. m.
climatérique adj. et n. f.
climatique adj.
climatisation n. f.
climatiser v. tr. (conjug. 1)
climatiseur n. m.
climatisme n. m.
climatologie n. f.

climatologique adj.
climatologiste n.
climatologue n.
climatopathologie n. f.
climatothérapie n. f.
climax n. m.
clin n. m.
clinamen n. m.
clinche n. f.
clin d'œil n. m.
clinfoc n. m.
clinicat n. m.
clinicien, ienne n. et adj.
clinique adj. et n. f.
cliniquement adv.
clinomètre n. m.
clinorhombique adj.
clinquant, ante adj. et n. m.
clip n. m.
clipage n. m.
clipart n. m.
cliper v. tr. (conjug. 1)
clipper ou **clippeur*** n. m.
clips n. m.
cliquable adj.
clique n. f.
cliquer v. intr. (conjug. 1)
cliques n. f. pl.
cliquet n. m.
cliquetant, ante adj.
cliquètement ou **cliquettement** n. m.
cliqueter v. intr. (conjug. 4)
cliquetis n. m.
cliquette n. f.
cliquettement n. m.
clisse n. f.
clisser v. tr. (conjug. 1)
clitocybe n. m.
clitoridectomie n. f.
clitoridien, ienne adj.
clitoris n. m.
clivage n. m.
cliver v. tr. (conjug. 1)
cloaque n. m.
clochard, arde n.
clochardisation n. f.

clochardiser

clochardiser v. tr. (conjug. 1)
cloche n. f.; n. m.
clochemerle n. m.
cloche-pied (à) ou clochepied (à)* loc. adv.
¹clocher n. m.
²clocher v. intr. (conjug. 1)
clocheton n. m.
clochette n. f.
clodo n. m.
cloison n. f.
cloisonnage n. m.
cloisonné, ée adj. et n.
cloisonnement n. m.
cloisonner v. tr. (conjug. 1)
cloisonnisme n. m.
cloître ou cloitre* n. m.
cloîtrer ou cloitrer* v. tr. (conjug. 1)
clonage n. m.
clonal, ale, aux adj.
clone n. m.
cloner v. tr. (conjug. 1)
cloneur n. m.
clonie n. f.
clonique adj.
clonus n. m.
clope n. f.
cloper v. intr. (conjug. 1)
clopin-clopant loc. adv.
clopiner v. intr. (conjug. 1)
clopinettes n. f. pl.
cloporte n. m.
cloque n. f.
cloqué, ée adj.
cloquer v. tr. (conjug. 1)
clore v. tr. (conjug. 45)
¹clos, close adj.
²clos n. m.
close-combat n. m.
 PL. close-combats
closerie n. f.
clostridies n. f. pl.
clostridium n. m.
clôture n. f.
clôturer v. tr. (conjug. 1)
clou n. m.
clouage n. m.

clouer v. tr. (conjug. 1)
cloueuse n. f.
cloutage n. m.
clouté, ée adj.
clouter v. tr. (conjug. 1)
clouterie n. f.
cloutier, ière n.
clovisse n. f.
clown n. m.
clownerie n. f.
clownesque adj.
cloyère [klwa-; klɔ-] n. f.
club n. m.
clubbeur, euse n.
club-house n. m.
 PL. club-houses (rec. offi. : pavillon)
clubiste n.
clunisien, ienne adj.
clupéiformes n. m. pl.
cluse n. f.
cluster [klœstœr] n. m.
clustériser v. tr. (conjug. 1)
clystère n. m.
cm n. m. inv. (centimètre)
CM n. m. inv. (cours moyen)
CMU n. f. (couverture maladie universelle)
C. N. A. n. m. (convertisseur numérique-analogique)
cnémide n. f.
cnidaires n. m. pl.
coaccusé, ée n.
coacervat n. m.
coach [kotʃ] n.
 PL. coaches ou coachs
coacher [kotʃe] v. tr. (conjug. 1)
coaching [kotʃiŋ] n. m.
coacquéreur n. m.
coactionnaire adj. et n.
coadaptateur, trice n.
coadaptation n. f.
coadjuteur, trice n.
coadministrateur, trice n.
coagulabilité n. f.
coagulable adj.
coagulant, ante adj. et n. m.

coagulateur, trice adj.
coagulation n. f.
coaguler v. (conjug. 1)
coagulum n. m.
 PL. coagulums
coalescence n. f.
coalescent, ente adj. et n. m.
coalisé, ée adj. et n.
coaliser v. tr. (conjug. 1)
coalition n. f.
coaltar [kol-; kɔl-] n. m.
coaptation n. f.
coarctation n. f.
coassement n. m.
coasser v. intr. (conjug. 1)
coassocié, iée n.
coassurance n. f.
coati n. m.
coauteur n. m.
coaxial, iale, iaux adj.
cob n. m.
cobalt n. m.
cobaltite n. f.
cobaye n. m.
cobée n. f.
cobelligérant, ante n. m. et adj.
cobol n. m. (common business oriented language)
cobra n. m.
cobranding n. m.
coca n. m.; n. f.
coca-cola ® n. m. inv.
cocagne n. f.
cocaïer n. m.
cocaïne n. f.
cocaïne-base n. f.
cocaïnique adj.
cocaïnisation n. f.
cocaïnomane n.
cocaïnomanie n. f.
cocarde n. f.
cocardier, ière adj.
cocasse adj.
cocasserie n. f.
coccidie n. f.
coccinelle n. f.
coccolithe n. f.
coccus n. m.

coccygien, ienne adj.
coccyx [kɔksis] n. m.
coche n. f.; n. m.
cochenille n. f.
¹**cocher** n. m.
²**cocher** v. tr. (conjug. 1)
côcher v. tr. (conjug. 1)
cochère adj. f.
cochette n. f.
cochléaire [kok-] n. f.; adj.
cochlée [kok-] n. f.
¹**cochon** n. m.
²**cochon, onne** n. et adj.
cochonceté n. f.
cochonglier n. m.
cochonnaille n. f.
cochonne n. f. et adj. f.
cochonner v. (conjug. 1)
cochonnerie n. f.
cochonnet n. m.
cochylis [-k-] n. m.
cocker n. m.
cockney [kɔknɛ] n. et adj.
 PL *cockneys*
cockpit [kɔkpit] n. m.
cocktail [kɔktɛl] n. m.
coco n. f.; n. m.
cocon n. m.
cocontractant, ante n.
cocooner [kɔkune] v. intr.
 (conjug. 1)
cocooning [kɔkuniŋ] n. m.
cocorico n. m.
cocoter v. intr. (conjug. 1)
cocoteraie n. f.
cocotier n. m.
cocotte n. f.
cocotte-minute ® n. f.
 PL *cocottes-minute*
cocotter ou **cocoter** v.
 intr. (conjug. 1)
coction n. f.
cocu, ue n. et adj.
cocuage n. m.
cocufier v. tr. (conjug. 7)
cocyclique adj.
coda n. f.
codage n. m.
codant, ante adj.
code n. m.

code-barres n. m.
 PL *codes-barres*
codébiteur, trice n.
codec n. m.
codécider v. tr. (conjug. 1)
codécision n. f.
codéine n. f.
codemandeur,
 deresse adj. et n.
coder v. (conjug. 1)
codet n. m.
codétenteur, trice n.
codétenu, ue n.
codeur n. m.
codéveloppement n. m.
codex n. m.
codicillaire adj.
codicille n. m.
codicologie n. f.
codicologique adj.
codicologue n.
codificateur, trice adj.
 et n.
codification n. f.
codifier v. tr. (conjug. 7)
codirecteur, trice n.
codiriger v. tr. (conjug. 3)
codominance n. f.
codon n. m.
coécrire v. tr. (conjug. 39)
coéditer v. tr. (conjug. 1)
coéditeur, trice n.
coédition n. f.
coefficient n. m.
cœlacanthe [se-] n. m.
cœlentérés [se-] n. m. pl.
cœliaque [se-] adj.
cœliochirurgie [se-] n. f.
cœlioscopie ou
 célioscopie [se-] n. f.
cœlioscopique [se-] adj.
cœlostat [se-] n. m.
cœnure [se-] n. m.
coentreprise n. f. (rec. off.
 de *joint venture*)
coenzyme n. m. ou f.; n. m.
coépouse n. f.
coéquation n. f.
coéquipier, ière n.
coercitif, ive adj.

coercition n. f.
cœur n. m.
cœur-de-pigeon n. m.
 PL *cœurs-de-pigeon*
coexistence n. f.
coexister v. intr. (conjug. 1)
coextensif, ive adj.
cofacteur n. m.
coffrage n. m.
coffre n. m.
coffre-fort n. m.
 PL *coffres-forts*
coffrer v. tr. (conjug. 1)
coffret n. m.
coffreur n. m.
cofinancement n. m.
cofinancer v. tr. (conjug. 3)
cofondateur, trice n.
cofonder v. tr. (conjug. 1)
cogénération n. f.
cogérance n. f.
cogérant, ante n.
cogérer v. tr. (conjug. 6)
cogestion n. f.
cogitation n. f.
cogiter v. intr. (conjug. 1)
cogito n. m.
cognac n. m.
cognassier n. m.
cognat [kɔgna] n. m.
cognation n. f.
cognatique adj.
cogne n. m.
cognée n. f.
cognement n. m.
cogner v. (conjug. 1)
cogneur, euse n.
cogniticien, ienne
 [kɔgni-] n.
cognitif, ive [kɔgni-] adj.
cognition [kɔgni-] n. f.
cognitivisme [kɔgni-] n. m.
cognitiviste [kɔgni-] adj. et
 n.
cohabitant, ante adj. et
 n.
cohabitation n. f.
cohabitationniste adj. et
 n.
cohabiter v. intr. (conjug. 1)

cohérence

cohérence n. f.
cohérent, ente adj.
cohéreur n. m.
cohéritier, ière n.
cohésif, ive adj.
cohésion n. f.
cohorte n. f.
cohue n. f.
coi, coite adj.
coiffage n. m.
coiffant, ante adj.
coiffe n. f.
coiffé, ée adj.
coiffer v. tr. (conjug. 1)
coiffeur, euse n.
coiffeuse n. f.
coiffure n. f.
coin n. m.
coinçage n. m.
coincé, ée adj.
coincement n. m.
coincer v. tr. (conjug. 3)
coinceur n. m.
coinche n. f.
coinchée n. f.
coincher v. intr. (conjug. 1)
coïncidence n. f.
coïncident, ente adj.
coïncider v. intr. (conjug. 1)
coin-coin ou coincoin* n. m.
PL inv. ou *coincoins**
coïnculpé, ée n.
coin-de-feu n. m.
PL *coins-de-feu*
coing n. m.
coin-repas n. m.
PL *coins-repas*
coït n. m.
coïter v. intr. (conjug. 1)
¹coke [kɔk] n. f.
²coke [kɔk] n. m.
cokéfaction n. f.
cokéfiable adj.
cokéfier v. tr. (conjug. 7)
cokerie n. f.
col n. m.
cola ou kola n. m. et f.
colatier ou kolatier n. m.

colature n. f.
colback ou colbac* n. m.
colbertisme n. m.
colbertiste adj.
col-bleu n. m.
PL *cols-bleus*
colchicine n. f.
colchique n. m.
colcotar n. m.
cold-cream [kɔldkrim] n. m.
PL *cold-creams*
col-de-cygne n. m.
PL *cols-de-cygne*
colectomie n. f.
colégataire n.
coléoptère n. m.
colère n. f. et adj.
coléreux, euse adj.
colérique adj.
coleslaw n. m.
colibacille n. m.
colibacillose n. f.
colibri n. m.
colicine n. f.
colicitant, ante n. m. et adj.
colifichet n. m.
coliforme adj.
colimaçon n. m.
colin n. m.
colinéaire adj.
colineau n. m.
colinguisme n. m.
colin-maillard n. m.
PL *colin-maillards*
colinot ou colineau n. m.
colin-tampon n. m.
colique adj.; n. f.
colis n. m.
colisage n. m.
coliser v. tr. (conjug. 1)
colistier, ière n.
colite n. f.
colitigant, ante n.
collabo n.
collaborateur, trice n.
collaboratif, ive adj.
collaboration n. f.

collaborationniste adj. et n.
collaborer v. tr. ind. (conjug. 1)
collage n. m.
collagène n. m.
collant, ante adj. et n. m.
collante n. f.
collanterie n. f.
collapser v. intr. (conjug. 1)
collapsus n. m.
collargol ® n. m.
collatéral, ale, aux adj.
collateur n. m.
collation n. f.
collationnement n. m.
collationner v. (conjug. 1)
colle n. f.
collectage n. m.
collecte n. f.
collecter v. tr. (conjug. 1)
collecteur, trice n. et adj.
collecticiel n. m.
collectif, ive adj. et n. m.
collection n. f.
collectionner v. tr. (conjug. 1)
collectionneur, euse n.
collectionnisme n. m.
collectivement adv.
collectivisation n. f.
collectiviser v. tr. (conjug. 1)
collectivisme n. m.
collectiviste n. et adj.
collectivité n. f.
collector n. m.
collège n. m.
collégial, iale, iaux adj.
collégialement adv.
collégialité n. f.
collégien, ienne n.
collègue n.
collenchyme n. m.
coller v. (conjug. 1)
collerette n. f.
collet n. m.
colletage n. m.
colleter v. tr. (conjug. 4)
colleteur n. m.

colleur, euse n.
colley n. m.
 PL *colleys*
collier n. m.
colliger v. tr. (conjug. 3)
collimateur n. m.
collimation n. f.
colline n. f.
collision n. f.
collisionneur n. m.
collocation n. f.
collodion n. m.
colloïdal, ale, aux adj.
colloïde n. m.
colloque n. m.
colloquer v. tr. (conjug. 1)
collusion n. f.
collusoire adj.
collutoire n. m.
colluvion n. f.
collyre n. m.
colmatage n. m.
colmater v. tr. (conjug. 1)
colo n. f. (colonie)
colocase n. f.
colocataire n.
colocation n. f.
cologarithme n. m.
colombage n. m.
colombe n. f.
colombier n. m.
colombin, ine adj.; n. m.
colombite n. f.
colombo n. m.
colombophile adj. et n.
colombophilie n. f.
colon n. m.
côlon n. m.
colonage n. m.
colonat n. m.
colonel, elle n.
colonial, iale, iaux adj. et n.
colonialisme n. m.
colonialiste adj. et n.
colonie n. f.
colonisateur, trice adj. et n.
colonisation n. f.
colonisé, ée adj. et n.
coloniser v. tr. (conjug. 1)
colonnade n. f.
colonne n. f.
colonnette n. f.
colopathie n. f.
colophane n. f.
coloquinte n. f.
colorant, ante adj. et n. m.
coloration n. f.
colorature n. f.
coloré, ée adj.
colorectal, ale, aux adj.
colorer v. tr. (conjug. 1)
coloriage n. m.
colorier v. tr. (conjug. 7)
colorimètre n. m.
colorimétrie n. f.
colorimétrique adj.
coloris n. m.
colorisation n. f.
coloriser v. tr. (conjug. 1)
coloriste n.
coloristique adj.
coloscope n. m.
coloscopie n. f.
colossal, ale, aux adj.
colossalement adv.
colosse n. m.
colostomie n. f.
colostrum n. m.
colportage n. m.
colporter v. tr. (conjug. 1)
colporteur, euse n.
colposcope n. m.
colposcopie n. f.
colt ® n. m.
coltin n. m.
coltinage n. m.
coltiner v. tr. (conjug. 1)
columbarium n. m.
 PL *columbariums*
columbidé n. m.
columelle n. f.
colvert n. m.
colza n. m.
colzatier n. m.
C. O. M. n. f. (collectivité d'outre-mer)
coma n. m.
comateux, euse adj.
combat n. m.
combatif, ive ou
 combattif, ive adj.
combativité ou
 combattivité n. f.
combattant, ante n. et adj.
combattre v. tr. (conjug. 41)
combava n. m.
combe n. f.
combien adv.
combientième adj.
combinaison n. f.
combinard, arde adj.
combinat n. m.
combinateur n. m.
combinatoire adj. et n. f.
combine n. f.
combiné, ée adj. et n.
combiner v. tr. (conjug. 1)
combinette n. f.
combishort n. m.
comblanchien n. m.
comble adj.; n. m.
comblement n. m.
combler v. tr. (conjug. 1)
combo n.
comburant, ante adj.
combustibilité n. f.
combustible adj. et n. m.
combustion n. f.
come-back [kɔmbak] n. m. inv.
comédie n. f.
comédien, ienne n. et adj.
comédogène adj.
comédon n. m.
comestibilité n. f.
comestible adj. et n. m.
cométaire adj.
comète n. f.
comic (book) n. m.
comice n. m. et f.
coming out [kɔmiŋaut] n. m. inv.
comique adj. et n.
comiquement adv.

comité

comité n. m.
comitial, iale, iaux adj.
comitialité n. f.
comitologie n. f.
comma n. m.
commandant, ante n. et adj.
commande n. f.
commandement n. m.
commander v. (conjug. 1)
commanderie n. f.
commandeur, euse n.
commanditaire n. (rec. off. de sponsor)
commandite n. f.
commandité, ée n.
commanditer v. tr. (conjug. 1) (rec. off. de sponsoriser)
commando n. m.
comme conj. et adv.
commedia dell'arte [kɔmedjadɛlart(e)] n. f.
commémoraison n. f.
commémoratif, ive adj.
commémoration n. f.
commémorer v. tr. (conjug. 1)
commençant, ante adj. et n.
commencement n. m.
commencer v. (conjug. 3)
commendataire adj. et n. m.
commende n. f.
commensal, ale, aux n.
commensalisme n. m.
commensurable adj.
comment adv. et n. m. inv.
commentaire n. m.
commentateur, trice n.
commenter v. tr. (conjug. 1)
commérage n. m.
commerçant, ante n. et adj.
commerce n. m.

commercer v. intr. (conjug. 3)
commercial, iale, iaux adj. et n.
commercialement adv.
commercialisable adj.
commercialisation n. f.
commercialiser v. tr. (conjug. 1)
commercialité n. f.
commère n. f.
commettage n. m.
commettant, ante n.
commettre v. tr. (conjug. 56)
comminatoire adj.
comminutif, ive adj.
commis n. m.
commisération n. f.
commis-greffier n. m.
PL. commis-greffiers
commissaire n.
commissaire-priseur, euse n.
PL. commissaires-priseurs, euses
commissariat n. m.
commission n. f.
commissionnaire n.
commissionner v. tr. (conjug. 1)
commissoire adj.
commissural, ale, aux adj.
commissure n. f.
commissurotomie n. f.
commodat n. m.
commode adj.; n. f.
commodément adv.
commodité n. f. (rec. off. de utilities)
commodore n. m.
commotion n. f.
commotionner v. tr. (conjug. 1)
commuable adj.
commuer v. tr. (conjug. 1)
commun, une adj. et n.
communal, ale, aux adj. et n.

communaliser v. tr. (conjug. 1)
communard, arde adj. et n.
communautaire adj.
communautarisation n. f.
communautariser v. tr. (conjug. 1)
communautarisme n. m.
communautariste adj. et n.
communauté n. f.
commune n. f.
communément adv.
communiant, iante n.
communicabilité n. f.
communicable adj.
communicant, ante adj. et n.
communicateur, trice adj. et n.
communicatif, ive adj.
communication n. f.
communicationnel, elle adj.
communier v. intr. (conjug. 7)
communion n. f.
communiqué n. m.
communiquer v. (conjug. 1)
communisant, ante adj.
communisme n. m.
communiste adj. et n.
commutable adj.
commutateur n. m.
commutatif, ive adj.
commutation n. f.
commutativité n. f.
commutatrice n. f.
commuter v. (conjug. 1)
compacité n. f.
compact, e adj. et n. m.
compactable adj.
compactage n. m.
compact-disc n. m.
compacter v. tr. (conjug. 1)
compacteur n. m.

compréhensibilité

compactothèque n. f.
compagne n. f.
compagnie n. f.
compagnon n. m.
compagnonnage n. m.
compagnonnique adj.
comparabilité n. f.
comparable adj.
comparaison n. f.
comparaître ou **comparaitre*** v. intr. (conjug. 57)
comparant, ante adj. et n.
comparateur, trice n. m. et adj.
comparatif, ive adj. et n. m.
comparatisme n. m.
comparatiste adj. et n.
comparativement adv.
comparé, ée adj.
comparer v. tr. (conjug. 1)
comparoir v. intr. (conjug. seult inf. et p. prés. *comparant*)
comparse n.
compartiment n. m.
compartimentage n. m.
compartimentation n. f.
compartimenter v. tr. (conjug. 1)
comparution n. f.
compas n. m.
compassé, ée adj.
compasser v. tr. (conjug. 1)
compassion n. f.
compassionnel, elle adj.
compatibilité n. f.
compatible adj. et n. m.
compatir v. tr. ind. (conjug. 2)
compatissant, ante adj.
compatriote n.
compendieusement adv.
compendieux, ieuse adj.

compendium n. m.
compénétrer v. tr. (conjug. 6)
compensable adj.
compensateur, trice adj. et n.
compensation n. f.
compensatoire adj.
compensé, ée adj.
compenser v. tr. (conjug. 1)
compérage n. m.
compère n. m.
compère-loriot n. m.
PL. *compères-loriots*
compète n. f.
compétence n. f.
compétent, ente adj.
compétiteur, trice n.
compétitif, ive adj.
compétition n. f.
compétitivité n. f.
compilateur, trice n.
compilation n. f.
compiler v. tr. (conjug. 1)
compisser v. tr. (conjug. 1)
complainte n. f.
complaire v. tr. ind. (conjug. 54)
complaisamment adv.
complaisance n. f.
complaisant, ante adj.
complément n. m.
complémentaire adj.
complémentarité n. f.
complémentation n. f.
¹**complet, ète** adj.
²**complet** n. m.
complètement adv.; n. m.
compléter v. tr. (conjug. 6)
complétif, ive adj.
complétude n. f.
complet-veston n. m.
PL. *complets-vestons*
complexe adj. et n. m.
complexé, ée adj. et n.
complexer v. tr. (conjug. 1)
complexification n. f.
complexifier v. tr. (conjug. 7)
complexion n. f.

complexité n. f.
compliance n. f.
complication n. f.
complice adj. et n.
complicité n. f.
complies n. f. pl.
compliment n. m.
complimenter v. tr. (conjug. 1)
complimenteur, euse adj.
compliqué, ée adj.
compliquer v. tr. (conjug. 1)
complot n. m.
comploter v. (conjug. 1)
comploteur, euse n.
compograveur, euse n.
compogravure n. f.
componction n. f.
componé, ée adj.
comportement n. m.
comportemental, ale, aux adj.
comportementaliste n. et adj.
comporter v. tr. (conjug. 1)
composant n. m.
composante n. f.
composé, ée adj. et n. m.
composées n. f. pl.
composer v. (conjug. 1)
composeuse n. f.
composite adj. et n. m.
compositeur, trice n.
composition n. f.
compost n. m.
compostage n. m.
composter v. tr. (conjug. 1)
composteur n. m.
compote n. f.
compotée n. f.
compoter v. tr. (conjug. 1)
compotier n. m.
compound [kɔ̃pund] adj. inv. et n.
comprador ou **compradore** adj.
compréhensibilité n. f.

compréhensible

compréhensible adj.
compréhensif, ive adj.
compréhension n. f.
comprendre v. tr. (conjug. 58)
comprenette n. f.
compresse n. f.
compressé, ée adj.
compresser v. tr. (conjug. 1)
compresseur n. m. et adj. m.
compressibilité n. f.
compressible adj.
compressif, ive adj.
compressiomètre n. m.
compression n. f.
comprimable adj.
comprimé, ée adj. et n. m.
comprimer v. tr. (conjug. 1)
compris, ise adj.
compromettant, ante adj.
compromettre v. (conjug. 56)
compromis n. m.
compromission n. f.
compromissoire adj.
compta n. f. (comptabilité)
comptabilisation n. f.
comptabiliser v. tr. (conjug. 1)
comptabilité n. f.
comptable adj. et n.
comptage n. m.
comptant adj. m.; n. m.; adv.
compte n. m.
compte-fil(s) n. m.
   PL. compte-fils
compte-goutte(s) n. m.
   PL. compte-gouttes
compte-pas n. m. inv.
compter v. (conjug. 1)
compte rendu n. m.
compte-tour n. m.
   PL. compte-tours
compteur n. m.
comptine n. f.
comptoir n. m.

compulser v. tr. (conjug. 1)
compulsif, ive adj.
compulsion n. f.
compulsionnel, elle adj.
compulsivement adv.
compuscrit n. m.
comput n. m.
computation n. f.
computationnel, elle n. f.
comtal, ale, aux adj.
comtat n. m.
comte n. m.
comté n. m.
comtesse n. f.
comtois, oise adj. et n.
con, conne n. et adj.
conard, arde ou connard, arde adj. et n.
conasse ou connasse n. f.
conatif, ive adj.
conation n. f.
concassage n. m.
concasser v. tr. (conjug. 1)
concasseur n. m.
concaténation n. f.
concave adj.
concavité n. f.
concédant, ante adj. et n.
concéder v. tr. (conjug. 6)
concélébrer v. tr. (conjug. 6)
concentrateur n. m. (rec. off. de hub)
concentration n. f.
concentrationnaire adj.
concentré, ée adj. et n.
concentrer v. tr. (conjug. 1)
concentrique adj.
concentriquement adv.
concept n. m.
conceptacle n. m.
concepteur, trice n.
conception n. f.
conceptisme n. m.
conceptualisation n. f.
conceptualiser v. (conjug. 1)
conceptualisme n. m.

conceptualiste adj.
conceptuel, elle adj.
conceptuellement adv.
concernant prép.
concerner v. tr. (conjug. 1)
concert n. m.
concertant, ante adj.
concertation n. f.
concerter v. tr. (conjug. 1)
concertina n. m.
concertino n. m.
   PL. concertinos ou concertini (it.)
concertiste n.
concerto n. m.
   PL. concertos ou concerti (it.)
concessif, ive adj. et n. f.
concession n. f.
concessionnaire n.
concetti n. m.
   PL. inv. ou concettis
concevable adj.
concevoir v. tr. (conjug. 28)
conchoïdal, ale, aux [-k-] adj.
conchoïde [-k-] adj. et n. f.
conchyliculteur, trice [-k-] n.
conchyliculture [-k-] n. f.
conchylien, ienne [-k-] adj.
conchyliologie [-k-] n. f.
conchylis [-k-] n. m.
concierge n.
conciergerie n. f.
concile n. m.
conciliable adj.
conciliabule n. m.
conciliaire adj.
conciliant, iante adj.
conciliateur, trice n.
conciliation n. f.
conciliatoire adj.
concilier v. tr. (conjug. 7)
concis, ise adj.
concision n. f.
concitoyen, concitoyenne n.
conclave n. m.

conclaviste n. m.
concluant, ante adj.
conclure v. (conjug. 35)
conclusif, ive adj.
conclusion n. f.
concocter v. tr. (conjug. 1)
concombre n. m.
concomitamment adv.
concomitance n. f.
concomitant, ante adj.
concordance n. f.
concordancier n. m.
concordant, ante adj.
concordat n. m.
concordataire adj.
concorde n. f.
concorder v. intr. (conjug. 1)
concourant, ante adj.
concourir v. (conjug. 11)
concouriste n. f.
concours n. m.
concrescence n. f.
concrescent, ente adj.
concret, ète adj. et n.
concrètement adv.
concrétion n. f.
concrétisation n. f.
concrétiser v. tr. (conjug. 1)
conçu, ue adj.
concubin, ine n.
concubinage n. m.
concubinat n. m.
concupiscence n. f.
concupiscent, ente adj. et n. m.
concurremment adv.
concurrence n. f.
concurrencer v. tr. (conjug. 3)
concurrent, ente adj. et n.
concurrentiel, ielle adj.
concussion n. f.
concussionnaire n. et adj.
condamnable adj.
condamnation n. f.
condamnatoire adj.
condamné, ée adj. et n.
condamner v. tr. (conjug. 1)
condé n. m.
condensable adj.
condensateur n. m.
condensation n. f.
condensé, ée adj. (rec. off. de digest)
condenser v. tr. (conjug. 1)
condenseur n. m.
condescendance n. f.
condescendant, ante adj.
condescendre v. tr. ind. (conjug. 41)
condiment n. m.
condisciple n.
condition n. f.
conditionnable adj.
conditionnalité n. f.
conditionné, ée adj.
conditionnel, elle adj. et n. m.
conditionnellement adv.
conditionnement n. m. (rec. off. de packaging)
conditionner v. tr. (conjug. 1)
conditionneur, euse n.
condoléances n. f. pl.
condom n. m.
condominium n. m.
condor n. m.
condottiere ou **condottière*** [kɔ̃dɔ(t)tjɛʀ] n. m. PL. *condottieres* ou *condottieri* (it.) ou *condottières**
conductance n. f.
conducteur, trice n. et adj.
conductibilité n. f.
conductimètre n. m.
conduction n. f.
conductivité n. f.
conduire v. tr. (conjug. 38)
conduit n. m.
conduite n. f.
condyle n. m.
condylien, ienne adj.
condylome n. m.
cône n. m.
confection n. f.
confectionner v. tr. (conjug. 1)
confectionneur, euse n.
confédéral, ale, aux adj.
confédération n. f.
confédéré, ée n. et adj.
confédérer v. tr. (conjug. 6)
confer [kɔ̃fɛʀ] adv.
conférence n. f.
conférencier, ière n.
conférer v. (conjug. 6)
confesse n. f.
confesser v. tr. (conjug. 1)
confesseur n. m.
confession n. f.
confessionnal, aux n. m.
confessionnalisme n. m.
confessionnel, elle adj.
confessionnellement adv.
confetti n. m. pl.
confiance n. f.
confiant, iante adj.
confidence n. f.
confident, ente n.
confidentialité n. f.
confidentiel, ielle adj.
confidentiellement adv.
confier v. tr. (conjug. 7)
configurabilité n. f.
configuration n. f.
configurer v. tr. (conjug. 1)
confiné, ée adj.
confinement n. m.
confiner v. tr. (conjug. 1)
confins n. m. pl.
confiote n. f.
confire v. tr. (conjug. 37)
confirmand n. m.
confirmatif, ive adj.
confirmation n. f.
confirmer v. tr. (conjug. 1)
confiscable adj.
confiscation n. f.

confiscatoire adj.
confiserie n. f.
confiseur, euse n.
confisquer v. tr. (conjug. 1)
confit, ite adj. et n. m.
confiteor [kɔ̃fiteɔʀ] n. m. inv.
confiture n. f.
confiturerie n. f.
confiturier, ière n.
conflagration n. f.
conflictualité n. f.
conflictuel, elle adj.
conflit n. m.
confluence n. f.
confluent n. m.
confluer v. intr. (conjug. 1)
confondant, ante adj.
confondre v. tr. (conjug. 41)
conformateur n. m.
conformation n. f.
conforme adj.
conformé, ée adj.
conformément adv.
conformer v. tr. (conjug. 1)
conformisme n. m.
conformiste n. et adj.
conformité n. f.
confort n. m.
confortable adj.
confortablement adv.
conforter v. tr. (conjug. 1)
confortique n. f.
confraternel, elle adj.
confraternité n. f.
confrère n. m.
confrérie n. f.
confrérique adj.
confrontation n. f.
confronter v. tr. (conjug. 1)
confucianisme n. m.
confucianiste adj. et n.
confus, use adj.
confusément adv.
confusion n. f.
confusionnel, elle adj.
confusionnisme n. m.
conga n. f.
congé n. m.
congédiement n. m.
congédier v. tr. (conjug. 7)
congelable adj.
congélateur n. m.
congélation n. f.
congelé, ée adj. et n. m.
congeler v. tr. (conjug. 5)
congélo n. m. (congélateur)
congénère adj. et n.
congénital, ale, aux adj.
congénitalement adv.
congère n. f.
congestif, ive adj.
congestion n. f.
congestionner v. tr. (conjug. 1)
conglomérat, ale, aux adj.
conglomérat n. m.
conglomération n. f.
conglomérer v. tr. (conjug. 6)
conglutination n. f.
conglutiner v. tr. (conjug. 1)
congolais, aise adj. et n.
congratulation n. f.
congratuler v. tr. (conjug. 1)
congre n. m.
congréer v. tr. (conjug. 1)
congréganiste adj. et n.
congrégation n. f.
congrégationalisme n. m.
congrès n. m.
congressiste n.
congru, ue adj.
congruence n. f.
congruent, ente adj.
congrûment ou congrument* adv.
conicité n. f.
conidie n. f.
conifère n. m.
conique adj. et n.
conirostre adj. et n.
conjectural, ale, aux adj.
conjecturalement adv.
conjecture n. f.
conjecturer v. tr. (conjug. 1)
conjoint, ointe adj. et n.
conjointement adv.
conjoncteur n. m.
conjonctif, ive adj.
conjonction n. f.
conjonctival, ale, aux adj.
conjonctive n. f.
conjonctiviste n.
conjonctivite n. f.
conjoncture n. f.
conjoncturel, elle adj.
conjoncturiste n.
conjugable adj.
conjugaison n. f.
conjugal, ale, aux adj.
conjugalement adv.
conjugateur n. m.
conjugué, ée adj.
conjuguer v. tr. (conjug. 1)
conjungo [kɔ̃ʒɔ̃go] n. m.
conjurateur, trice n.
conjuration n. f.
conjuratoire adj.
conjuré, ée n.
conjurer v. tr. (conjug. 1)
connaissable adj.
connaissance n. f.
connaissement n. m.
connaisseur, euse n. et adj.
connaître ou connaitre* v. tr. (conjug. 57)
connard, arde adj. et n.
connasse n. f.
conne n. f. et adj. f.
conneau n. m.
connectable adj.
connecter v. (conjug. 1)
connecteur n. m.
connecticien, ienne n.
connectif, ive adj. et n. m.
connectique n. f.
connement adv.
connerie n. f.
connétable n. m.

connexe adj.
connexion n. f.
connexionnisme n. m.
connexionniste adj. et n.
connexité n. f.
connivence n. f.
connivent, ente adj.
connotatif, ive adj.
connotation n. f.
connoter v. tr. (conjug. 1)
connu, ue adj.
conoïde adj. et n. m.
conopée n. m.
conque n. f.
conquérant, ante n. et adj.
conquérir v. tr. (conjug. 21)
conquête n. f.
conquis, ise adj.
conquistador n. m.
  PL. *conquistadores* ou *conquistadors*
consacrant adj. m.
consacré, ée adj.
consacrer v. tr. (conjug. 1)
consanguin, ine adj.
consanguinité n. f.
consciemment adv.
conscience n. f.
consciencieusement adv.
consciencieux, ieuse adj.
conscient, iente adj. et n.
conscientisation n. f.
conscientiser v. tr. (conjug. 1)
conscription n. f.
conscrit, ite adj. et n.
consécration n. f.
consécutif, ive adj.
consécution n. f.
consécutivement adv.
conseil n. m.
¹**conseiller, ère** n.
²**conseiller** v. tr. (conjug. 1)
conseilleur, euse n.
consensuel, elle adj.
consensus n. m.
consentant, ante adj.

consentement n. m.
consentir v. tr. (conjug. 16)
conséquemment adv.
conséquence n. f.
conséquent, ente adj.
conservateur, trice n. et adj.
conservation n. f.
conservatisme n. m.
conservatoire adj.; n. m.
conserve n. f.
conservé, ée adj.
conserver v. tr. (conjug. 1)
conserverie n. f.
conserveur, euse n.
considérable adj.
considérablement adv.
considérant n. m.
considération n. f.
considérer v. tr. (conjug. 6)
consignataire n. m.
consignation n. f.
consigne n. f.
consigner v. tr. (conjug. 1)
consistance n. f.
consistant, ante adj.
consister v. intr. (conjug. 1)
consistoire n. m.
consistorial, iale, iaux adj. et n.
conso n. f. (consommation)
consœur n. f.
consolable adj.
consolant, ante adj.
consolateur, trice n.
consolation n. f.
console n. f.
consoler v. tr. (conjug. 1)
consolidation n. f.
consolidé, ée adj. et n.
consolider v. tr. (conjug. 1)
consommable adj.
consommateur, trice n.
consommation n. f.
consommatoire adj.
consommé, ée adj. et n. m.
consommer v. tr. (conjug. 1)

consomptible adj.
consomption n. f.
consonance n. f.
consonant, ante adj.
consonantique adj.
consonantisme n. m.
consonne n. f.
consort n. m. et adj. m.
consortial, iale, iaux adj.
consortium n. m.
consoude n. f.
conspirateur, trice n.
conspiration n. f.
conspirer v. (conjug. 1)
conspuer v. tr. (conjug. 1)
constable n. m.
constamment adv.
constance n. f.
constant, ante adj.
constantan n. m.
constante n. f.
constat n. m.
constatation n. f.
constater v. tr. (conjug. 1)
constellation n. f.
constellé, ée adj.
consteller v. tr. (conjug. 1)
consternant, ante adj.
consternation n. f.
consterner v. tr. (conjug. 1)
constipation n. f.
constiper v. (conjug. 1)
constituant, ante adj. et n.
constitué, ée adj.
constituer v. tr. (conjug. 1)
constitutif, ive adj.
constitution n. f.
constitutionnalisation n. f.
constitutionnaliser v. tr. (conjug. 1)
constitutionnaliste n.
constitutionnalité n. f.
constitutionnel, elle adj.
constitutionnellement adv.
constricteur adj. m.

constrictif adj.
constriction n. f.
constrictor adj. m.
constructeur, trice n. m. et adj.
constructible adj.
constructif, ive adj.
construction n. f.
constructique n. f.
constructivisme n. m.
constructiviste n. et adj.
construire v. tr. (conjug. 38)
consubstantialité n. f.
consubstantiation n. f.
consubstantiel, ielle adj.
consubstantiellement adv.
consul, e n.
consulaire adj.
consulat n. m.
consultable adj.
consultance n. f.
consultant, ante adj. et n.
consultatif, ive adj.
consultation n. f.
consulte n. f. (consultation)
consulter v. (conjug. 1)
consulteur n. m.
consulting n. m.
consumer v. tr. (conjug. 1)
consumérisme n. m.
consumériste adj. et n.
contact n. m.
contacter v. tr. (conjug. 1)
contacteur n. m.
contactologie n. f.
contactologue n.
contage n. m.
contagieux, ieuse adj.
contagion n. f.
contagionner v. tr. (conjug. 1)
contagiosité n. f.
container n. m.
contaminant, ante adj. et n. m.
contaminateur, trice adj. et n.

contamination n. f.
contaminer v. tr. (conjug. 1)
conte n. m.
contemplateur, trice n.
contemplatif, ive adj.
contemplation n. f.
contempler v. tr. (conjug. 1)
contemporain, aine adj. et n.
contemporanéité n. f.
contempteur, trice n.
contenance n. f.
contenant n. m.
conteneur n. m.
conteneuriser v. tr. (conjug. 1)
contenir v. tr. (conjug. 22)
content, ente adj.
contentement n. m.
contenter v. tr. (conjug. 1)
contentieux, ieuse adj. et n.
contentif, ive adj.
contention n. f.
contenu, ue adj. et n. m.
conter v. tr. (conjug. 1)
contestable adj.
contestant, ante n. et adj.
contestataire adj. et n.
contestation n. f.
contester v. tr. (conjug. 1)
conteste (sans) loc. adv.
conteur, euse n.
contexte n. m.
contextualisation n. f.
contextualiser v. tr. (conjug. 1)
contextuel, elle adj.
contextuellement adv.
contexture n. f.
contigu, uë ou **üe*** adj.
contiguïté ou **contigüité*** n. f.
continence n. f.
¹**continent, ente** adj.
²**continent** n. m.

continental, ale, aux adj.
continentalité n. f.
contingence n. f.
contingent, ente adj. et n. m.
contingentement n. m.
contingenter v. tr. (conjug. 1)
continu, ue adj. et n. m.
continuateur, trice n.
continuation n. f.
continuel, elle adj.
continuellement adv.
continuer v. (conjug. 1)
continuité n. f.
continûment ou **continument*** adv.
continuo n. m.
continuum n. m.
contondant, ante adj.
contorsion n. f.
contorsionner (se) v. pron. (conjug. 1)
contorsionniste n.
contour n. m.
contourné, ée adj.
contournement n. m. (rec. off. de by-pass)
contourner v. tr. (conjug. 1)
contraceptif, ive adj. et n. m.
contraception n. f.
contractant, ante adj.
contracte adj.
contracté, ée adj.
contracter v. tr. (conjug. 1)
contractibilité n. f.
contractile adj.
contractilité n. f.
contraction n. f.
contractualisation n. f.
contractualiser v. tr. (conjug. 1)
contractuel, elle adj. et n.
contractuellement adv.
contracture n. f.
contracyclique adj.
contradicteur n. m.

contradiction n. f.
contradictoire adj.
contradictoirement adv.
contragestif, ive adj. et n. m.
contragestion n. f.
contraignable adj.
contraignant, ante adj.
contraindre v. tr. (conjug. 52)
contraint, ainte adj.
contrainte n. f.
contraire adj. et n. m.
contrairement adv.
contralto n. m.
contrapuntique ou **contrapontique** ou **contraponctique** adj.
contrapuntiste ou **contrapontiste** n.
contrariant, iante adj.
contrarié, iée adj.
contrarier v. tr. (conjug. 7)
contrariété n. f.
contrarotatif, ive adj.
contrastant, ante adj.
contraste n. m.
contrasté, ée adj.
contraster v. (conjug. 1)
contrat n. m.
contravention n. f.
contravis n. m.
contre prép.; adv.; n. m.
contre-alizé ou **contralizé★** n. m.
 PL. *contre-alizés* ou *contralizés★*
contre-allée ou **contrallée★** n. f.
 PL. *contre-allées* ou *contrallées★*
contre-amiral, ale, aux ou **contramiral, ale, aux★** n.
contre-appel ou **contrappel★** n. m.
 PL. *contre-appels* ou *contrappels★*

contre-argument n. m.
 PL. *contre-arguments*
contre-argumentaire n. m. PL. *contre-argumentaires*
contre-argumentation n. f. PL. *contre-argumentations*
contre-assurance ou **contrassurance★** n. f.
 PL. *contre-assurances* ou *contrassurances★*
contre-attaque ou **contrattaque★** n. f.
 PL. *contre-attaques* ou *contrattaques★*
contre-attaquer ou **contrattaquer★** v. intr. (conjug. 1)
contrebalancer v. tr. (conjug. 3)
contrebalancer (s'en) v. pron. (conjug. 3)
contrebande n. f.
contrebandier, ière n.
contrebas (en) loc. adv.
contrebasse n. f.
contrebassiste n.
contrebasson n. m.
contrebatterie n. f.
contrebattre v. tr. (conjug. 41)
contrebraquer v. intr. (conjug. 1)
contrebuter v. tr. (conjug. 1)
contrecarrer v. tr. (conjug. 1)
contrechamp n. m.
contre-chant ou **contrechant★** n. m. PL. *contre(-)chants*
contrechâssis n. m.
contrechoc ou **contrechoc** n. m. PL. *contre(-)chocs*
contreclef n. f.
contrecœur (à) loc. adv.
contrecoller v. tr. (conjug. 1)

contrecoup n. m.
contre-courant ou **contrecourant★** n. m.
 PL. *contre-courants* ou *contrecourants★*
contre-courbe ou **contrecourbe★** n. f.
 PL. *contre-courbes* ou *contrecourbes★*
contre-culture ou **contreculture★** n. f.
 PL. *contre-cultures* ou *contrecultures★*
contredanse n. f.
contre-dénonciation ou **contredénonciation★** n. f.
 PL. *contre-dénonciations* ou *contredénonciations★*
contre-digue ou **contredigue★** n. f.
 PL. *contre-digues* ou *contredigues★*
contredire v. tr. (conjug. 37, sauf *contredisez*)
contredit n. m.
contrée n. f.
contre-écrou ou **contrécrou★** n. m.
 PL. *contre-écrous* ou *contrécrous★*
contre-électromotrice ou **contrélectromotrice★** adj. f.
 PL. *contre-électromotrices* ou *contrélectromotrices★*
contre-emploi ou **contremploi★** n. m.
 PL. *contre-emplois* ou *contremplois★*
contre-empreinte ou **contrempreinte★** n. f.
 PL. *contre-empreintes* ou *contrempreintes★*
contre-enquête ou **contrenquête★** n. f.
 PL. *contre-enquêtes* ou *contrenquêtes★*

contre-épaulette ou **contrépaulette*** n. f.
PL. *contre-épaulettes* ou *contrépaulettes**

contre-épreuve ou **contrépreuve*** n. f.
PL. *contre-épreuves* ou *contrépreuves**

contre-espionnage ou **contrespionnage*** n. m.
PL. *contre-espionnages* ou *contrespionnages**

contre-essai ou **contressai*** n. m.
PL. *contre-essais* ou *contressais**

contre-exemple ou **contrexemple*** n. m.
PL. *contre-exemples* ou *contrexemples**

contre-expertise ou **contrexpertise*** n. f.
PL. *contre-expertises* ou *contrexpertises**

contre-extension ou **contrextension*** n. f.
PL. *contre-extensions* ou *contrextensions**

contrefaçon n. f.

contrefacteur, trice n.

contrefaction n. f.

contrefaire v. tr. (conjug. 60)

contrefait, aite adj.

contre-fer ou **contrefer*** n. m.
PL. *contre-fer(s)* ou *contrefers**

contre-feu ou **contrefeu*** n. m.
PL. *contre-feux* ou *contrefeux**

contrefiche ou **contre-fiche** n. f. PL. INV. ou *contrefiches* ou *contre-fiches*

contrefiche (se) v. pron. (conjug. 1)

contrefil ou **contre-fil** n. m.

contrefilet ou **contrefilet*** n. m.
PL. *contre-filets* ou *contrefilets**

contrefort n. m.

contrefoutre (se) v. pron. (conjug. *foutre*)

contre-haut (en) ou **contrehaut (en)*** loc. adv.

contre-hermine ou **contrehermine*** n. f.
PL. *contre-hermines* ou *contrehermines**

contre-heurtoir ou **contreheurtoir*** n. m.
PL. *contre-heurtoirs* ou *contreheurtoirs**

contre-indication ou **contrindication*** n. f.
PL. *contre-indications* ou *contrindications**

contre-indiquer ou **contrindiquer*** v. tr. (conjug. 1)

contre-interrogatoire ou **contrinterrogatoire*** n. m. PL. *contre-interrogatoires* ou *contrinterrogatoires**

contre-jour ou **contrejour*** n. m.
PL. INV. ou *contrejours**

contre-lame ou **contrelame*** n. f.
PL. *contre-lames* ou *contrelames**

contre-la-montre n. m. INV.

contre-lettre ou **contrelettre*** n. f.
PL. *contre-lettres* ou *contrelettres**

contremaître, contremaîtresse ou **contremaitre*, contremaitresse*** n.

contre-manifestant, ante ou **contremanifestant, ante*** n.
PL. *contre-manifestants, antes* ou *contremanifestants, antes**

contre-manifestation ou **contremanifestation*** n. f.
PL. *contre-manifestations* ou *contremanifestations**

contre-manifester ou **contremanifester*** v. intr. (conjug. 1)

contremarche n. f.

contremarque n. f.

contre-mesure ou **contremesure*** n. f.
PL. *contre-mesures* ou *contremesures**

contre-mi n. m. INV.

contre-mine ou **contremine*** n. f.
PL. *contre-mines* ou *contremines**

contre-mur ou **contremur*** n. m.
PL. *contre-murs* ou *contremurs**

contre-offensive ou **controffensive*** n. f.
PL. *contre-offensives* ou *controffensives**

contre-pal ou **contrepal*** n. m.
PL. *contre-pals* ou *contrepals**

contrepartie n. f.

contrepartiste n.

contre-pas ou **contrepas*** n. m. INV.

contre-passation ou **contrepassation*** n. f.
PL. *contre-passations* ou *contrepassations**

contre-passer ou **contrepasser*** v. tr. (conjug. 1)

contrepente ou **contre-pente** n. f.
PL. *contrepentes* ou *contre-pentes*

contre-performance ou **contreperformance**★ n. f.
PL. *contre-performances* ou *contreperformances*★

contrepet n. m.

contrepèterie n. f.

contrepied ou **contre-pied** n. m.
PL. *contre(-)pieds*

contreplacage n. m.

contreplaqué n. m.

contre-plongée ou **contreplongée**★ n. f.
PL. *contre-plongées* ou *contreplongées*★

contrepoids n. m.

contre-poil (à) ou **contrepoil (à)**★ loc. adv.

contrepoint n. m.

contre-pointe ou **contrepointe**★ n. f.
PL. *contre-pointes* ou *contrepointes*★

contrepoison n. m.

contre-porte ou **contreporte**★ n. f.
PL. *contre-portes* ou *contreportes*★

contre-pouvoir ou **contrepouvoir**★ n. m.
PL. *contre-pouvoirs* ou *contrepouvoirs*★

contre-productif, ive ou **contreproductif, ive**★ adj.
PL. *contre-productifs, ives* ou *contreproductifs, ives*★

contreprojet ou **contre-projet** n. m.
PL. *contre(-)projets*

contre-propagande ou **contrepropagande**★ n. f.
PL. *contre-propagandes* ou *contrepropagandes*★

contreproposition ou **contre-proposition** n. f.
PL. *contre(-)propositions*

contre-publicité ou **contrepublicité**★ n. f.
PL. *contre-publicités* ou *contrepublicités*★

contrer v. (conjug. 1)

contre-rail ou **contrerail**★ n. m.
PL. *contre-rails* ou *contrerails*★

contre-ré n. m. inv.

contre-réaction ou **contreréaction**★ n. f.
PL. *contre-réactions* ou *contreréactions*★

contre-réforme ou **contreréforme**★ n. f.
PL. *contre-réformes* ou *contreréformes*★

contre-révolution ou **contrerévolution**★ n. f.
PL. *contre-révolutions* ou *contrerévolutions*★

contre-révolutionnaire ou **contrerévolutionnaire**★ adj. et n.
PL. *contre-révolutionnaires* ou *contrerévolutionnaires*★

contrescarpe n. f.

contreseing n. m.

contresens n. m.

contresignataire n. et adj.

contresigner v. tr. (conjug. 1)

contre-sommet ou **contresommet**★ n. m.
PL. *contre-sommets* ou *contresommets*★

contresujet ou **contre-sujet** n. m.
PL. *contresujets* ou *contre-sujets*

contre-taille ou **contretaille**★ n. f.
PL. *contre-tailles* ou *contretailles*★

contre-temps ou **contretemps**★ n. m. inv.

contre-ténor ou **contreténor**★ n. m.
PL. *contre-ténors* ou *contreténors*★

contre-terrorisme ou **contreterrorisme**★ n. m.

contre-terroriste ou **contreterroriste**★ n.
PL. *contre-terroristes* ou *contreterroristes*★

contre-timbre ou **contretimbre**★ n. m.
PL. *contre-timbres* ou *contretimbres*★

contre-tirer ou **contretirer**★ v. tr. (conjug. 1)

contre-torpilleur ou **contretorpilleur**★ n. m.
PL. *contre-torpilleurs* ou *contretorpilleurs*★

contre-transfert ou **contretransfert**★ n. m.
PL. *contre-transferts* ou *contretransferts*★

contretype n. m.

contre-ut ou **contrut**★ n. m.
PL. inv. ou *contruts*★

contre-vair ou **contrevair**★ n. m.
PL. *contre-vairs* ou *contrevairs*★

contre-valeur ou **contrevaleur**★ n. f.
PL. *contre-valeurs* ou *contrevaleurs*★

contrevallation n. f.

contrevenant, ante adj. et n.

contrevenir v. tr. ind. (conjug. 22)
contrevent n. m.
contreventement n. m.
contreventer v. tr. (conjug. 1)
contrevérité ou **contre-vérité** n. f.
PL. contrevérités ou contre-vérités
contre-visite ou **contrevisite★** n. f.
PL. contre-visites ou contrevisites★
contre-voie (à) ou **contrevoie (à)★** loc. adv.
contribuable n.
contribuer v. tr. ind. (conjug. 1)
contributeur, trice n.
contributif, ive adj.
contribution n. f.
contrister v. tr. (conjug. 1)
contrit, ite adj.
contrition n. f.
contrôlabilité n. f.
contrôlable adj.
controlatéral, ale, aux adj.
contrôle n. m.
contrôler v. tr. (conjug. 1)
contrôleur, euse n.
contrordre n. m.
controuvé, ée adj.
controversable adj.
controverse n. f.
controversé, ée adj.
controverser v. tr. (conjug. 1)
controversiste n.
contumace n. f.
contumax adj. et n.
contus, use adj.
contusion n. f.
contusionner v. tr. (conjug. 1)
conurbation n. f.
convaincant, ante adj.

convaincre v. tr. (conjug. 42)
convaincu, ue adj.
convalescence n. f.
convalescent, ente adj.
convecteur n. m.
convection n. f.
convenable adj.
convenablement adv.
convenance n. f.
convenir v. tr. ind. (conjug. 22)
convent n. m.
convention n. f.
conventionnalisme n. m.
conventionné, ée adj.
conventionnel, elle adj. et n. m.
conventionnellement adv.
conventionnement n. m.
conventuel, elle adj.
convenu, ue adj.
convergence n. f.
convergent, ente adj.
converger v. intr. (conjug. 3)
convers, erse adj.
conversation n. f.
conversationnel, elle adj.
converser v. intr. (conjug. 1)
conversion n. f.
converti, ie adj. et n.
convertibilité n. f.
convertible adj. et n. m.
convertir v. tr. (conjug. 2)
convertissage n. m.
convertisseur n. m.
convexe adj.
convexité n. f.
convict n. m.
conviction n. f.
convier v. tr. (conjug. 7)
convive n.
convivial, iale, iaux adj.
convivialement adv.
convivialiser v. (conjug. 1)
convivialiste n.

convivialité n. f.
convocable adj.
convocation n. f.
convoi n. m.
convoiement n. m.
convoiter v. tr. (conjug. 1)
convoitise n. f.
convoler v. intr. (conjug. 1)
convoluté, ée adj.
convolution n. f.
convolvulacées n. f. pl.
convolvulus n. m.
convoquer v. tr. (conjug. 1)
convoyage n. m.
convoyer v. tr. (conjug. 8)
convoyeur, euse n. et adj.
convulsé, ée adj.
convulser v. tr. (conjug. 1)
convulsif, ive adj.
convulsion n. f.
convulsionnaire n.
convulsionner v. tr. (conjug. 1)
convulsivement adv.
convulsothérapie n. f.
coobligé, ée n.
cooccupant, ante adj. et n.
cooccurrence n. f.
cooccurrent, ente adj. et n.
cookie n. m. (rec. off. : mouchard électronique, témoin de connexion)
cool adj. inv.
coolie n. m.
coolos adj.
coopérant, ante adj. et n.
coopérateur, trice n.
coopératif, ive adj.
coopération n. f.
coopératisme n. m.
coopérative n. f.
coopérer v. tr. ind. (conjug. 6)
cooptation n. f.
coopter v. tr. (conjug. 1)
coordinateur, trice n. et adj.

cordillère

coordination n. f.
coordinence n. f.
coordonnateur, trice adj. et n.
coordonné, ée adj.
coordonnée n. f.
coordonnées n. f. pl.
coordonner v. tr. (conjug. 1)
copahu n. m.
copain n. m. et adj.
copal n. m.
coparent n. m.
coparental, ale, aux adj.
coparentalité n. f.
copartage n. m.
copartageant, ante adj. et n.
coparticipant, ante adj. et n.
coparticipation n. f.
copayer n. m.
copeau n. m.
copépodes n. m. pl.
copermuter v. tr. (conjug. 1)
copernicien, ienne adj. et n.
copiage n. m.
copie n. f.
copier v. tr. (conjug. 7)
copier-coller n. m. inv.
copieur, ieuse n.
copieusement adv.
copieux, ieuse adj.
copilote n.
copiloter v. tr. (conjug. 1)
copinage n. m.
copine n. f. et adj. f.
copiner v. intr. (conjug. 1)
copinerie n. f.
copion n. m.
copiste n.
coplanaire adj.
copocléphile n.
copolymère n. m.
coposséder v. tr. (conjug. 6)
coppa n. f.
copra ou coprah n. m.

coprésidence n. f.
coprésident, ente n.
coprésider v. (conjug. 1)
coprin n. m.
coprocesseur n. m.
coproducteur, trice n.
coproduction n. f.
coproduire v. tr. (conjug. 38)
coprolalie n. f.
coprolithe n. m.
coprologie n. f.
coprologique adj.
coprophage adj.
coprophagie n. f.
coprophile adj.
copropriétaire n.
copropriété n. f.
coprostérol n. m.
copte adj. et n.
copulateur, trice adj.
copulatif, ive adj.
copulation n. f.
copule n. f.
copuler v. intr. (conjug. 1)
copyright n. m.
coq n. m.
coq-à-l'âne n. m. inv.
coquard ou coquart n. m.
coque n. f.
coquecigrue n. f.
coquelet n. m.
coqueleux n. m.
coquelicot n. m.
coquelle n. f.
coqueluche n. f.
coquelucheux, euse adj.
coquemar n. m.
coquerelle n. f.
coqueret n. m.
coquerico n. m.
coquerie n. f.
coqueron n. m.
coquet, ette adj.
coqueter v. intr. (conjug. 4)
coquetier n. m.
coquetière n. f.

coquettement adv.
coquetterie n. f.
coquillage n. m.
coquillard n. m.
coquillart n. m.
coquille n. f.
coquillette n. f.
coquillier, ière ou coquiller, ère★ adj. et n. m.
coquin, ine n. et adj.
coquinerie n. f.
cor n. m.
cora n. f.
coracoïde adj.
corail, aux adj. inv.; n. m.
corailleur, euse n.
corallaire n. m.
corallien, ienne ou coralien, ienne adj.
corallifère adj.
coralline n. f.
Coran n. m.
coranique adj.
corbeau n. m.
corbeille n. f.
corbières n. m. inv.
corbillard n. m.
corbillat n. m.
corbillon n. m.
cordage n. m.
corde n. f.
cordé, ée adj.
cordeau n. m.
cordée n. f.
cordeler v. tr. (conjug. 4)
cordelette n. f.
cordelier, ière n.
cordelière n. f.
corder v. tr. (conjug. 1)
corderie n. f.
cordés n. m. pl.
cordeur n. m.
cordial, iale, iaux adj. et n. m.
cordialement adv.
cordialité n. f.
cordier n. m.
cordiforme adj.
cordillère n. f.

cordite n. f.
cordon n. m.
cordon-bleu n. m.
  PL. *cordons-bleus*
cordonner v. tr. (conjug. 1)
cordonnerie n. f.
cordonnet n. m.
cordonnier, ière n.
cordophone n. m.
cordura n. m.
corê n. f.
coréalisateur, trice n.
coréalisation n. f.
coréaliser v. tr. (conjug. 1)
coréen, enne adj. et n.
corégones n. m. pl.
coreligionnaire n.
coréopsis n. m.
corépresseur n. m.
coresponsabilité n. f.
coresponsable adj.
coriace adj.
coriandre n. f.
coricide n. m.
corindon n. m.
corinthien, ienne adj. et n.
cormier n. m.
cormoran n. m.
cornac n. m.
cornage n. m.
cornaline n. f.
cornaquer v. tr. (conjug. 1)
cornard n. m.
corne n. f.
corné, ée adj.
corned-beef ou **cornedbif*** [kɔʀnɛdbif, kɔʀnbif] n. m.
cornée n. f.
cornéen, enne adj.
corneille n. f.
cornélien, ienne adj.
cornement n. m.
cornemuse n. f.
cornemuseur, euse n.
¹**corner** [kɔʀnɛʀ] n. m.
²**corner** v. (conjug. 1)
cornet n. m.
cornette n. f.; n. m.

cornettiste n.
cornflakes ou **corn-flakes** [kɔʀnflɛks] n. m. pl.
corniaud n. m.
corniche n. f.
cornichon n. m.
cornier, ière adj.
cornière n. f.
cornillon n. m.
cornique adj.
corniste n.
cornouille n. f.
cornouiller n. m.
cornu, ue adj.
cornue n. f.
corollaire ou **corolaire*** n. m.
corolle ou **corole*** n. f.
coron n. m.
coronaire adj.
coronal, ale, aux adj.
coronarien, ienne adj.
coronarite n. f.
coronarographie n. f.
coronavirus n. m.
coronelle n. f.
coroner [-nɛʀ] n. m.
coronille n. f.
coronographe n. m.
corossol n. m.
corossolier n. m.
corozo n. m.
corporal, aux n. m.
corporatif, ive adj.
corporation n. f.
corporatisme n. m.
corporatiste adj.
corporel, elle adj.
corporellement adv.
corps n. m.
corps-à-corps n. m. inv.
corpsard [kɔʀsaʀ] n. m.
corps-mort n. m.
  PL. *corps-morts*
corpulence n. f.
corpulent, ente adj.
corpus n. m.
corpusculaire adj.
corpuscule n. m.

corral n. m.
corrasion n. f.
correct, e adj.
correctement adv.
correcteur, trice n.
correctif, ive adj. et n. m.
correction n. f.
correctionnalisation n. f.
correctionnaliser v. tr. (conjug. 1)
correctionnel, elle adj. et n. f.
corregidor ou **corrégidor*** n. m.
corrélat n. m.
corrélatif, ive adj.
corrélation n. f.
corrélationnel, elle adj.
corrélativement adv.
corréler v. tr. (conjug. 6)
correspondance n. f.
correspondancier, ière n.
correspondant, ante adj. et n.
correspondre v. (conjug. 41)
corrida n. f.
corridor n. m.
corrigé n. m.
corrigeable adj.
corriger v. tr. (conjug. 3)
corroboration n. f.
corroborer v. tr. (conjug. 1)
corrodant, ante adj.
corroder v. tr. (conjug. 1)
corroi n. m.
corroierie n. f.
corrompre v. tr. (conjug. 41)
corrompu, ue adj.
corrosif, ive adj.
corrosion n. f.
corroyage n. m.
corroyer v. tr. (conjug. 8)
corroyeur n. m.
corrupteur, trice n. et adj.
corruptible adj.

coudée

corruption n. f.
corsage n. m.
corsaire n. m.
corse adj. et n.
corsé, ée adj.
corselet n. m.
corser v. tr. (conjug. 1)
corset n. m.
corseter v. tr. (conjug. 5)
corseterie n. f.
corsetier, ière n.
corso n. m.
cortège n. m.
cortès n. f. pl.
cortex n. m.
cortical, ale, aux adj.
corticoïdes n. m. pl.
corticostéroïdes n. m. pl.
corticosurrénal, ale, aux n. f. et adj.
corticothérapie n. f.
cortinaire n. m.
cortisol n. m.
cortisone n. f.
corton n. m.
coruscant, ante adj.
corvéable adj.
corvée n. f.
corvette n. f.
corvidés n. m. pl.
corybante n. m.
corymbe n. m.
coryphée n. m.
coryza n. m.
C. O. S. n. m. (coefficient d'occupation des sols)
cosaque n. m.
coscénariste n.
cosécante n. f.
cosignataire n. et adj.
cosigner v. tr. (conjug. 1)
cosinus n. m.
cosmétique adj. et n.
cosmétiquer v. tr. (conjug. 1)
cosmétologie n. f.
cosmétologue n.
cosmique adj.
cosmodrome n. m.
cosmogonie n. f.

cosmogonique adj.
cosmographie n. f.
cosmographique adj.
cosmologie n. f.
cosmologique adj.
cosmologiste n.
cosmonaute n.
cosmopolite adj.
cosmopolitisme n. m.
cosmos n. m.
cossard, arde n. et adj.
cosse n. f.
cossette n. f.
cossu, ue adj.
cossus n. m.
costal, ale, aux adj.
costard n. m.
costaud, aude adj. et n.
costière n. f.
costume n. m.
costumé, ée adj.
costumer v. tr. (conjug. 1)
costumier, ière n.
cosy adj. inv.; n. m.
PL. *cosys*
cotangente n. f.
cotation n. f.
cot cot interj. et n. m. inv.
cote n. f.
coté, ée adj.
côte n. f.
côté n. m.
coteau n. m.
côtelé, ée adj.
côtelette n. f.
coter v. (conjug. 1)
coterie n. f.
côtes-du-Rhône n. m. inv.
cothurne n. m.
cotice n. f.
cotidal, ale, aux adj.
côtier, ière adj.
cotignac n. m.
cotillon n. m.
cotinga n. m.
cotisant, ante adj.
cotisation n. f.
cotiser v. (conjug. 1)
coton n. m.

cotonéaster n. m.
cotonnade n. f.
cotonner (se) v. pron. (conjug. 1)
cotonneux, euse adj.
cotonnier, ière n. et adj.
coton-poudre n. m.
PL. *cotons-poudres*
coton-tige® n. m.
PL. *cotons-tiges*
côtoyer v. tr. (conjug. 8)
cotre n. m.
cotret n. m.
cotriade n. f.
cottage [kɔtɛdʒ: kɔtaʒ] n. m.
cotte n. f.
cotuteur, trice n.
cotyle n. m. ou f.
cotylédon n. m.
cotyloïde adj.
cou n. m.
couac n. m.
couard, couarde adj.
couardise n. f.
couchage n. m.
couchailler v. intr. (conjug. 1)
couchant, ante adj. et n. m.
couche n. f.
couché, ée adj.
couche-culotte n. f.
PL. *couches-culottes*
¹**coucher** v. (conjug. 1)
²**coucher** v. (conjug. 1)
coucherie n. f.
couche-tard n. inv.
couche-tôt n. inv.
couchette n. f.
coucheur, euse n.
couchis n. m.
couchoir n. m.
couci-couça ou **couicicouça*** loc. adv.
coucou n. m. et interj.
coucougnettes n. f. pl.
coucoumelle n. f.
coude n. m.
coude-à-coude n. m. inv.
coudée n. f.

cou-de-pied n. m.
PL. *cous-de-pied*
couder v. tr. (conjug. 1)
coudière n. f.
coudoiement n. m.
coudoyer v. tr. (conjug. 8)
coudraie n. f.
coudre v. tr. (conjug. 48)
coudrier n. m.
couenne n. f.
couenneux, euse adj.
couette n. f.
couffin n. m.
coufique ou **kufique** adj.
coufle adj.
couguar ou **cougouar** n. m.
couic interj.
couille n. f.
couillon, onne n.
couillonnade n. f.
couillonner v. tr. (conjug. 1)
couillu, ue adj.
couinement n. m.
couiner v. intr. (conjug. 1)
coulage n. m.
¹**coulant, ante** adj.
²**coulant** n. m.
coule n. f.
coulé n. m.
coule (à la) loc. adj.
coulée n. f.
coulemelle n. f.
couler v. (conjug. 1)
couleur n. f.
couleuvre n. f.
couleuvreau n. m.
couleuvrine n. f.
coulis adj. m. et n. m.
coulissant, ante adj.
coulisse n. f.
coulisseau n. m.
coulisser v. (conjug. 1)
coulissier n. m.
couloir n. m.
couloire n. f.
coulomb n. m.
coulommiers n. m.
coulpe n. f.

coulure n. f.
coumarine n. f.
country [kuntʀi] adj. et n. f. ou m. inv.
coup n. m.
coupable adj. et n.
coupage n. m.
coupailler v. tr. (conjug. 1)
coupant, ante adj.
coupasser v. tr. (conjug. 1)
coup-de-poing n. m.
PL. *coups-de-poing*
coupe n. f.
¹**coupé, ée** adj.
²**coupé** n. m.
coupe-chou(x) n. m.
PL. *coupe-choux*
coupe-cigare n. m.
PL. *coupe-cigares*
coupe-circuit n. m.
PL. *coupe-circuits*
coupe-coupe ou **coupecoupe*** n. m.
PL. inv. ou *coupecoupes**
coupée n. f.
coupe-faim n. m.
PL. inv. ou *coupe-faims*
coupe-feu n. m.
PL. inv. ou *coupe-feux*
coupe-file n. m.
PL. *coupe-files*
coupe-gorge n. m.
PL. inv. ou *coupe-gorges*
coupe-jarret n. m.
PL. *coupe-jarrets*
coupe-légume(s) n. m.
PL. *coupe-légumes*
coupellation n. f.
coupelle n. f.
coupement n. m.
coupe-ongle n. m.
PL. *coupe-ongles*
coupe-papier n. m.
PL. inv. ou *coupe-papiers*
couper v. (conjug. 1)
coupe-racine n. m.
PL. *coupe-racines*
couper-coller n. m. inv.
couperet n. m.
couperose n. f.

couperosé, ée adj.
coupeur, euse n.
coupe-vent n. m.
PL. inv. ou *coupe-vents*
couplage n. m.
couple n. m. et f.
couplé ® n. m.
coupler v. tr. (conjug. 1)
couplet n. m.
coupleur n. m.
coupoir n. m.
coupole n. f.
coupon n. m.
couponing n. m.
couponnage n. m.
couponning n. m.
coupon-réponse n. m.
PL. *coupons-réponse*
coupure n. f.
couque n. f.
cour n. f.
courage n. m.
courageusement adv.
courageux, euse adj.
courailler v. intr. (conjug. 1)
couramment adv.
¹**courant, ante** adj.
²**courant** n. m.; prép.
courante n. f.
courant-jet n. m.
PL. *courants-jets* (rec. off. de *jet-stream*)
courantologie n. f.
courbaril n. m.
courbarine n. f.
courbatu, ue ou **courbattu, ue** adj.
courbature ou **courbatture** n. f.
courbaturer ou **courbatturer** v. tr. (conjug. 1)
courbe n. f.
courbé, ée adj.
courbement n. m.
courber v. tr. (conjug. 1)
courbette n. f.
courbure n. f.
courcaillet n. m.
courée n. f.

courette n. f.
coureur, euse n.
courge n. f.
courgette n. f.
courir v. (conjug. 11)
courlis n. m.
couronne n. f.
couronné, ée adj.
couronnement n. m.
couronner v. tr. (conjug. 1)
courre v. tr. (seult inf.)
courriel n. m. (rec. off. de e-mail)
courrier n. m.
courriériste n.
courroie n. f.
courroucé, e adj.
courroucer v. tr. (conjug. 3)
courroux n. m.
cours n. m.
course n. f.
course-poursuite n. f.
PL. *courses-poursuites*
courser v. tr. (conjug. 1)
coursier, ière n.
coursive n. f.
courson n. m.
coursonne n. f.
¹**court, courte** adj.
²**court** n. m.; adv.
courtage n. m.
courtaud, aude adj.
courtauder v. tr. (conjug. 1)
court-bouillon n. m.
PL. *courts-bouillons*
court-circuit n. m.
PL. *courts-circuits*
court-circuitage n. m.
court-circuiter v. tr. (conjug. 1)
court-courrier n. m.
PL. *court-courriers*
courtepointe n. f.
courtier, ière n. (rec. off. de broker)
courtilière n. f.
courtine n. f.
courtisan, ane n. m. et adj.
courtisane n. f.

courtisanerie n. f.
courtiser v. tr. (conjug. 1)
court-jointé, ée adj.
PL. *court-jointés, ées*
court-jus n. m.
PL. *courts-jus*
court-noué n. m.
PL. *courts-noués*
courtois, oise adj.
courtoisement adv.
courtoisie n. f.
court-termisme n. m.
court-vêtu, ue adj.
PL. *court-vêtus, ues*
couru, ue adj.
couscous n. m.
couscoussier n. m.
cousette n. f.
couseur, euse n.
¹**cousin** n. m. (insecte)
²**cousin, ine** n.
cousinage n. m.
cousiner v. intr. (conjug. 1)
coussin n. m.
coussinet n. m.
cousu, ue adj.
coût ou **cout*** n. m.
coûtant ou **coutant*** adj. m.
couteau n. m.
couteau-scie n. m.
PL. *couteaux-scies*
coutelas n. m.
coutelier, ière n. et adj.
coutellerie n. f.
coûter ou **couter*** v. (conjug. 1)
coûteusement ou **couteusement*** adv.
coûteux, euse ou **couteux, euse*** adj.
coutil [-ti] n. m.
coutre n. m.
coutume n. f.
coutumier, ière adj. et n. m.
couture n. f.
couturé, ée adj.
couturier n. m.
couturière n. f.

couvade n. f.
couvain n. m.
couvaison n. f.
couvée n. f.
couvent n. m.
couventine n. f.
couver v. (conjug. 1)
couvercle n. m.
¹**couvert, erte** adj.
²**couvert** n. m.
couverte n. f. (émail)
couverture n. f.
couveuse n. f.
couvoir n. m.
couvrant, ante adj.
couvre-chaussure n. m.
PL. *couvre-chaussures*
couvre-chef n. m.
PL. *couvre-chefs*
couvre-feu n. m.
PL. *couvre-feux*
couvre-joint n. m.
PL. *couvre-joints*
couvre-lit n. m.
PL. *couvre-lits*
couvre-livre n. m.
PL. *couvre-livres*
couvre-objet n. m.
PL. *couvre-objets*
couvre-pied ou **couvrepied*** n. m.
PL. *couvre-pieds* ou *couvrepieds**
couvre-plat n. m.
PL. *couvre-plats*
couvre-sol adj. et n. m. inv.
couvreur, euse n.
couvrir v. (conjug. 18)
covalence n. f.
covalent, ente adj.
covariance n. f.
covariant, iante adj.
covedette n. f.
covelline n. f.
covenant n. m.
covendeur, euse n.
cover-girl ou **covergirl*** n. f.
PL. *cover-girls* ou *covergirls**
covoiturage n. m.

covolume

covolume n. m.
cow-boy ou cowboy* n. m.
 PL cow-boys ou cowboys*
cow-pox ou cowpox* n. m. inv.
cox n. f. inv.
coxal, ale, aux adj.
coxalgie n. f.
coxalgique adj.
coxarthrose n. f.
coxofémoral, ale, aux adj.
coyau n. m.
coyote n. m.
C. P. n. m. inv. (cours préparatoire).
CPU n. f. (central processing unit)
C. Q. F. D. abrév. (ce qu'il fallait démontrer)
crabe n. m.
crabier n. m.
crabot n. m.
crabotage n. m.
crac interj.
crachat n. m.
craché, ée adj. inv.
crachement n. m.
cracher v. (conjug. 1)
cracheur, euse adj. et n.
crachin n. m.
crachiner v. impers. (conjug. 1)
crachoir n. m.
crachotement n. m.
crachoter v. intr. (conjug. 1)
crachouiller v. (conjug. 1)
crachouillis n. m. pl.
crack n. m.
¹craker n. m. (biscuit)
²cracker ou crackeur* n. m. (rec. off. : pirate)
cracking n. m. (rec. off. : craquage)
cracra adj. inv.
crade adj.
cradingue adj.
crado ou cradoque adj.
craie n. f.

craignos adj.
crailler v. intr. (conjug. 1)
craindre v. (conjug. 52)
crainte n. f.
craintif, ive adj.
craintivement adv.
crambe n. m.
cramé, ée adj.
cramer v. (conjug. 1)
cramique n. m.
cramoisi, ie adj.
crampe n. f.
crampillon n. m.
crampon n. m.
cramponnable adj.
cramponnage n. m.
cramponné, ée adj.
cramponnement n. m.
cramponner v. tr. (conjug. 1)
cramponnet n. m.
cran n. m.
crâne n. m.; adj.
crânement adv.
crâner v. intr. (conjug. 1)
crânerie n. f.
crâneur, euse n. et adj.
craniectomie n. f.
crânien, ienne adj.
craniologie n. f.
craniotomie n. f.
cranter v. tr. (conjug. 1)
cranteur, euse adj.
crapahuter v. intr. (conjug. 1)
crapaud n. m.
crapaud-buffle n. m.
 PL crapauds-buffles
crapaudine n. f.
crapauduc n. m.
crapette n. f.
crapoter v. intr. (conjug. 1)
crapoteux, euse adj.
crapouillaux, euse adj.
crapouillot n. m.
crapule n. f.
crapulerie n. f.
crapuleusement adv.
crapuleux, euse adj.

craquage n. m. (rec. off. de cracking)
craquant, ante adj.
craque n. f.
craquelage n. m.
craquèlement ou craquellement n. m.
craqueler v. tr. (conjug. 4)
craquelin n. m.
craquellement n. m.
craquelure n. f.
craquement n. m.
craquer v. (conjug. 1)
craquètement ou craquettement n. m.
craqueter v. intr. (conjug. 4)
craquettement n. m.
crase n. f.
crash n. m.
 PL crashs ou crashes
crasher (se) v. pron. (conjug. 1)
crash test n. m.
craspec adj. inv.
crassane n. f.
crasse adj. f.; n. f.
crasseux, euse adj.
crassier n. m.
cratère n. m.
cratérelle n. f.
cratériforme adj.
cratérisé, ée adj.
cravache n. f.
cravacher v. (conjug. 1)
cravate n. f.
cravater v. tr. (conjug. 1)
crave n. m.
crawl n. m.
crawler v. intr. (conjug. 1)
crawleur, euse n.
crayeux, euse adj.
crayon n. m.
crayonnage n. m.
crayonner v. tr. (conjug. 1)
cré
créance n. f.
créancier, ière n.
créateur, trice n. et adj.
créatif, ive adj. et n. m.
créatine n. f.

criminaliser

créatinine n. f.
création n. f.
créationnisme n. m.
créationniste adj. et n.
créatique n. f.
créativité n. f.
créature n. f.
crécelle n. f.
crécerelle ou
  crècerelle n. f.
crèche n. f.
crécher v. intr. (conjug. 6)
crédence n. f.
crédibilisation n. f.
crédibiliser v. tr. (conjug. 1)
crédibilité n. f.
crédible adj.
crédiblement adv.
crédirentier, ière n. et adj.
crédit n. m.
crédit-bail n. m.
  PL *crédits-bails* (rec. off. de *leasing*)
créditer v. tr. (conjug. 1)
créditeur, trice n.
crédit-temps n. m.
  PL *crédits-temps*
credo ou **crédo** n. m.
  PL inv. ou *crédos*
crédule adj.
crédulité n. f.
créer v. tr. (conjug. 1)
crémaillère n. f.
crémant n. m.
crémation n. f.
crématiste n.
crématoire adj.
crématorium ou
  crematorium n. m.
crème n. f.; adj.; n. m.
crémer v. intr. (conjug. 6)
crémerie ou
  crèmerie* n. f.
crémeux, euse adj.
crémier, ière n.
crémone n. f.
crénage n. m.
créneau n. m.

crénelage ou
  crènelage* n. m.
crénelé, ée ou
  crènelé* adj.
créneler ou **crèneler***
  v. tr. (conjug. 4)
crénelure ou
  crènelure* n. f.
créner v. tr. (conjug. 6)
créole n. et adj.
créolisation n. f.
créoliser v. tr. (conjug. 1)
créosote n. f.
crêpage n. m.
crêpe n. f.; n. m.
crêpelé, ée adj.
crêpelure n. f.
crêper v. tr. (conjug. 1)
crêperie n. f.
crêpi n. m.
crêpier, ière n.
crépine n. f.
crépinette n. f.
crépir v. tr. (conjug. 2)
crépissage n. m.
crépissure n. f.
crépitation n. f.
crépitement n. m.
crépiter v. intr. (conjug. 1)
crépon n. m.
crépu, ue adj.
crépusculaire adj.
crépuscule n. m.
crescendo [kʀeʃɛndo; kʀeʃɛ̃do] adv. et n. m.
crésol n. m.
cresson [kʀesɔ̃; kʀɑsɔ̃] n. m.
cressonnette n. f.
cressonnière n. f.
crésyl ® n. m.
crêt n. m.
crétacé, ée adj. et n. m.
crête n. f.
crêté, ée adj.
crête-de-coq n. f.
  PL *crêtes-de-coq*
crételle n. f.
crétin, ine n.
crétinerie n. f.
crétinisant, ante adj.

crétinisation n. f.
crétiniser v. tr. (conjug. 1)
crétinisme n. m.
crétois, oise adj. et n.
cretonne n. f.
cretons n. m. pl.
creusement n. m.
creuser v. (conjug. 1)
creuset n. m.
creux, creuse adj. et n.; n. m.
crevaison n. f.
crevant, ante adj.
crevard, arde n. et adj.
crevasse n. f.
crevasser v. tr. (conjug. 1)
crevé, ée adj. et n. m.
crève n. f.
crève-cœur n. m.
  PL *crève-cœurs*
crevée n. f.
crève-la-faim n. inv.
crève-misère n. inv.
crever v. (conjug. 5)
crevette n. f.
crevettier n. m.
cri n. m.
criaillement n. m.
criailler v. intr. (conjug. 1)
criaillerie n. f.
criant, criante adj.
criard, criarde adj.
criblage n. m.
crible n. m.
cribler v. tr. (conjug. 1)
cribleur, euse n.
cric n. m.
cric-crac ou **criccrac*** interj.
cricket [kʀikɛt] n. m.
cricoïde adj.
cricri n. m.
criée n. f.
crier v. (conjug. 7)
crieur, crieuse n.
crime n. m.
criminalisation n. f.
criminaliser v. tr. (conjug. 1)

criminaliste n.
criminalistique n. f.
criminalité n. f.
criminel, elle adj. et n.
criminellement adv.
criminogène adj.
criminologie n. f.
criminologue n.
crin n. m.
crincrin n. m.
crinelle n. f.
crinière n. f.
crinoïdes n. m. pl.
crinoline n. f.
criocère n. m.
crique n. f.
criquer (se) v. pron. (conjug. 1)
criquet n. m.
crise n. f.
criser v. intr. (conjug. 1)
crispant, ante adj.
crispation n. f.
crisper v. tr. (conjug. 1)
crispin n. m.
criss ou **kriss** n. m.
crissement n. m.
crisser v. intr. (conjug. 1)
cristal, aux n. m.
cristallerie n. f.
cristallier, ière n.
cristallin, ine adj. et n. m.
cristallinien, ienne adj.
cristallisable adj.
cristallisant, ante adj.
cristallisation n. f.
cristalliser v. (conjug. 1)
cristallisoir n. m.
cristallite n. f.
cristallogenèse n. f.
cristallogénie n. f.
cristallographie n. f.
cristallographique adj.
cristalloïde adj. et n.
cristallophone n. m.
cristallophyllien, ienne adj.

criste-marine ou **christe-marine** n. f.
PL. *cristes-marines* ou *christes-marines*
critère n. m.
critérium n. m.
crithme n. m.
criticailler v. intr. (conjug. 1)
criticisme n. m.
criticiste adj.
criticité n. f.
critiquable adj.
critique adj.; n.; n. f.
critiquer v. tr. (conjug. 1)
critiqueur, euse n.
croassement n. m.
croasser v. intr. (conjug. 1)
croate adj. et n.
crobard n. m.
croc n. m.
croc-en-jambe n. m.
PL. *crocs-en-jambe*
croche adj.; n. f.
croche-patte n. m.
PL. *croche-pattes*
croche-pied ou **crochepied★** n. m.
PL. *croche-pieds* ou *crochepieds★*
crocher v. tr. (conjug. 1)
crochet n. m.
crochetable adj.
crochetage n. m.
crocheter v. tr. (conjug. 5)
crocheteur, euse n.
crochu, ue adj.
croco n. m. (crocodile)
crocodile n. m.
crocodiliens n. m. pl.
crocus n. m.
croire v. (conjug. 44)
croisade n. f.
croisé, ée adj. et n. m.
croisée n. f.
croisement n. m.
croiser v. (conjug. 1)
croisette n. f.
croiseur n. m.
croisière n. f.
croisiériste n.

croisillon n. m.
croissance n. f.
¹**croissant, ante** adj.
²**croissant** n. m.
croissanterie® n. f.
croît ou **croit★** n. m.
croître ou **croitre★** v. intr. (conjug. 55)
croix n. f.
crolle n. f.
crollé, ée adj. et n.
croller v. intr. (conjug. 1)
cromalin® n. m.
cromlech n. m.
cromorne n. m.
crooner ou **crooneur★** n. m.
croquant, ante adj.; n. m.
croque n. m.
croque au sel (à la) loc. adv.
croque-madame ou **croquemadame★** n. m. PL. inv. ou *croquemadames★*
croquembouche n. m.
croquemitaine ou **croque-mitaine** n. m.
PL. *croque(-)mitaines*
croque-monsieur ou **croquemonsieur★** n. m.
PL. inv. ou *croquemonsieurs★*
croquemort ou **croque-mort** n. m.
PL. *croque(-)morts*
croquenot n. m.
croquer v. (conjug. 1)
croquet n. m.
croquette n. f.
croqueur, euse adj. et n.
croquignole n. f.
croquignolesque adj.
croquignolet, ette adj.
croquis n. m.
croskill n. m.
crosne n. m.
cross n. m.

cross-country ou **crosscountry*** PL. *cross-countrys* ou *crosscountrys** n. m.
crosse n. f.
crossé n. m.
crosser v. tr. (conjug. 1)
crossette n. f.
crossing-over [krɔsiŋɔvœr] n. m. inv.
crossoptérygiens n. m. pl.
crotale n. m.
croton n. m.
crotte n. f.
crotter v. (conjug. 1)
crottin n. m.
croulant, ante adj. et n.
croule n. f.
crouler v. intr. (conjug. 1)
croup [krup] n. m.
croupade n. f.
croupe n. f.
croupetons (à) loc. adv.
croupier, ière n.
croupière n. f.
croupion n. m.
croupir v. intr. (conjug. 2)
croupissant, ante adj.
croupissement n. m.
croupon n. m.
croustade n. f.
croustillance n. f.
croustillant, ante adj.
croustille n. f.
croustiller v. intr. (conjug. 1)
croustilles n. f. pl.
croustilleux, euse adj.
croustillon n. m.
croûte ou **croute*** n. f.
croûté, ée ou **crouté, ée*** adj.
croûter ou **crouter*** v. (conjug. 1)
croûteux, euse ou **crouteux, euse*** adj.
croûton ou **crouton*** n. m.
crouzet n. m.

crown-glass [krɔnglas] n. m. inv.
croyable adj.
croyance n. f.
croyant, ante adj. et n.
crozet n. m.
C. R. S. n. m. (compagnie républicaine de sécurité)
¹**cru, crue** adj.
²**cru** n. m.
cruauté n. f.
cruche n. f.
cruchon n. m.
crucial, iale, iaux adj.
crucifère adj.
crucifié, iée adj.
crucifiement n. m.
crucifier v. tr. (conjug. 7)
crucifiliste n. et adj.
crucifix [-fi] n. m.
crucifixion n. f.
cruciforme adj.
cruciverbiste n.
crudité n. f.
crudivore adj.
crudivoriste n.
crue n. f.
cruel, cruelle adj.
cruellement adv.
cruenté, ée adj.
cruiser ou **cruiseur*** [kruzœr] n. m.
crumble [krœmbœl] n. m.
crûment ou **crument*** adv.
crural, ale, aux adj.
cruralgie n. f.
crustacé, ée adj. et n.
crustal, ale, aux adj.
cruzado [kruza-; krusa-] n. m.
cruzeiro [kruzero; krusejro] n. m.
cryobroyage n. m.
cryochimie n. f.
cryochirurgie n. f.
cryoconducteur, trice adj.
cryoconservation n. f.
cryogène adj.

cryogénie n. f.
cryogénique adj.
cryogénisation n. f.
cryogéniser v. tr. (conjug. 1)
cryolithe ou **cryolite** n. f.
cryométrie n. f.
cryophysique n. f.
cryoscopie n. f.
cryostat n. m.
cryotempérature n. f.
cryothérapie n. f.
cryothermie n. f.
cryothermique adj.
cryotron n. m.
cryoturbation n. f.
cryptage n. m.
cryptanalyse n. f.
crypte n. f.
crypté, ée adj.
crypter v. tr. (conjug. 1)
cryptique adj.
cryptoanalyse n. f.
cryptobiose n. f.
cryptobiotique adj.
cryptococcose n. f.
cryptocommuniste adj. et n.
cryptogame adj. et n. m.
cryptogamique adj.
cryptogénétique adj.
cryptogénique adj.
cryptogramme n. m.
cryptographe n.
cryptographie n. f.
cryptographier v. tr. (conjug. 7)
cryptographique adj.
cryptologie n. f.
cryptologique adj.
cryptologue n.
cryptophane n. m.
cryptorchidie [kriptɔrkidi] n. f.
cryptosporidiose n. f.
C. S. G. n. f. (contribution sociale généralisée)
cténaires n. m. pl.
cténophores n. m. pl.

cuadrilla

cuadrilla [kwadʀija] n. f.
cubage n. m.
cubature n. f.
cube n. m.
cubèbe n. m.
cuber v. (conjug. 1)
cubi n. m.
cubilot n. m.
cubique adj. et n. f.
cubisme n. m.
cubiste adj. et n. m.
cubitainer ® n. m. (rec. off. : caisse-outre)
cubital, ale, aux adj.
cubitière n. f.
cubitus n. m.
cuboïde adj.
cuboméduse n. f.
cucu ou **cucul** adj.
cuculle n. f.
cucurbitacées n. f. pl.
cucurbitain ou **cucurbitin** n. m.
cucurbite n. f.
cucurbitin n. m.
cucuterie n. f.
cueillaison n. f.
cueillette n. f.
cueilleur, euse n.
cueillir v. tr. (conjug. 12)
cueilloir n. m.
cuesta n. f.
cui-cui ou **cuicui** interj. et n. m. PL. inv. ou **cuicuis**
cuillère ou **cuiller** n. f.
cuillerée ou **cuillérée** n. f.
cuilleron n. m.
cuir n. m.
cuirasse n. f.
cuirassé, ée adj. et n. m.
cuirassement n. m.
cuirasser v. tr. (conjug. 1)
cuirassier n. m.
cuire v. (conjug. 38)
cuisant, ante adj.
cuiseur n. m.
cuisinable adj.
cuisine n. f.
cuisiné, ée adj.

cuisiner v. (conjug. 1)
cuisinette n. f. (rec. off. de kitchenette)
cuisinier, ière n.
cuisinière n. f.
cuisiniste n.
cuissage n. m.
cuissard n. m.
cuissarde n. f.
cuisse n. f.
¹**cuisseau** ou **cuissot** n. m. (cuissard, cuisse de gibier)
²**cuisseau** n. m. (partie du veau)
cuissettes n. f. pl.
cuisson n. f.
cuissot n. m.
cuistance n. f.
cuistot n. m.
cuistre n. m.
cuistrerie n. f.
cuit, cuite adj.
cuite n. f.
cuiter (se) v. pron. (conjug. 1)
cuit-tout ou **cuitout** n. m. PL. inv. ou *cuit-touts*
cuit-vapeur n. m. PL. inv. ou *cuit-vapeurs*★
cuivrage n. m.
cuivre n. m.
cuivré, ée adj.
cuivrer v. tr. (conjug. 1)
cuivreux, euse adj.
cuivrique adj.
cul n. m.
culard, arde adj.
culasse n. f.
cul-bénit n. m. PL. *culs-bénits*
cul-blanc n. m. PL. *culs-blancs*
culbutage n. m.
culbute n. f.
culbuter v. (conjug. 1)
culbuteur n. m.
culbuto n. m.
cul-de-basse-fosse n. m. PL. *culs-de-basse-fosse*

cul-de-four n. m. PL. *culs-de-four*
cul-de-jatte n. m. et adj. PL. *culs-de-jatte*
cul-de-lampe n. m. PL. *culs-de-lampe*
cul-de-poule n. m. PL. *culs-de-poule*
cul-de-sac n. m. PL. *culs-de-sac*
cul-doré n. m. PL. *culs-dorés*
culée n. f.
culer v. intr. (conjug. 1)
culeron n. m.
culière n. f.
culinaire adj.
culminant, ante adj.
culmination n. f.
culminer v. intr. (conjug. 1)
culot n. m.
culottage n. m.
culotte n. f.
culotté, ée adj.
culotter v. tr. (conjug. 1)
culottier, ière n.
culpabilisant, ante adj.
culpabilisation n. f.
culpabiliser v. (conjug. 1)
culpabilité n. f.
cul-rouge n. m. PL. *culs-rouges*
culte n. m.
cul-terreux n. m. PL. *culs-terreux*
cultisme n. m.
cultivable adj.
cultivar n. m.
cultivateur, trice n.
cultivé, ée adj.
cultiver v. tr. (conjug. 1)
cultuel, elle adj.
cultural, ale, aux adj.
culturalisme n. m.
culturaliste adj. et n.
culture n. f.
culturel, elle adj.
culturellement adv.
cultureux, euse n. et adj.
culturisme n. m.

culturiste adj. et n.
cumin n. m.
cumul n. m.
cumulable adj.
cumulard, arde n.
cumulatif, ive adj.
cumulativement adv.
cumuler v. tr. (conjug. 1)
cumulet n. m.
cumulonimbus n. m.
cumulostratus n. m.
cumulovolcan n. m.
cumulus n. m.
cunéiforme adj.
cunicole adj.
cunnilingus n. m.
cupide adj.
cupidement adv.
cupidité n. f.
cuprifère adj.
cuprique adj.
cuprite n. f.
cupro n. m.
cuproalliage n. m.
cuproammoniacal, ale, aux adj.
cupronickel n. m.
cupule n. f.
cupulifères n. f. pl.
curabilité n. f.
curable adj.
curaçao n. m.
curage n. m.
curaillon n. m.
curare n. m.
curarisant, ante adj. et n. m.
curarisation n. f.
curatelle n. f.
curateur, trice n.
curatif, ive adj.
curcuma n. m.
curcumine n. f.
cure n. f.
curé n. m.
cure-dent n. m.
PL. cure-dents
curée n. f.
cure-ongle(s) n. m.
PL. cure-ongles

cure-oreille n. m.
PL. cure-oreilles
cure-pipe n. m.
PL. cure-pipes
curer v. tr. (conjug. 1)
curetage n. m.
cureter v. tr. (conjug. 4)
cureton n. m.
curette n. f.
curial, iale, iaux adj.
curie n. f.; n. m.
curiethérapie n. f.
curieusement adv.
curieux, ieuse adj. et n.
curiosa n. m. pl.
curiosité n. f.
curiste n.
curium n. m.
curling n. m.
curriculum n. m.
curriculum vitæ n. m.
PL. inv. ou curriculums vitæ
curry n. m.
PL. currys
curseur n. m.
cursif, ive adj.
cursus n. m.
curule adj.
curviligne adj.
curvimètre n. m.
cuscute n. f.
cuspide n. f.
custode n. f.
custom [kœstɔm] n. m.
customisation [kœstɔmizasjɔ̃] n. f.
customiser [kœstɔmize] v. tr. (conjug. 1)
cutané, ée adj.
cuti n. f.
cuticule n. f.
cutiréaction ou **cuti-réaction** n. f.
PL. cutiréactions ou cutis-réactions
cutter ou **cutteur** [kœtœʀ; kytɛʀ] n. m.
cuvage n. m.
cuvaison n. f.
cuve n. f.

cuveau n. m.
cuvée n. f.
cuvelage n. m.
cuveler v. tr. (conjug. 4)
cuver v. (conjug. 1)
cuvette n. f.
cuvier n. m.
C. V. n. m. inv. (curriculum vitæ)
cyan n. m.
cyanamide n. f.
cyanée n. f.
cyanhydrique adj.
cyanobactéries n. f. pl.
cyanogène n. m.
cyanose n. f.
cyanoser v. tr. (conjug. 1)
cyanuration n. f.
cyanure n. m.
cyberachat n. m.
cyberacheteur, euse n.
cyberbanque n. f.
cybercafé n. m.
cyberconsommateur, trice n.
cyberconsommation n. f.
cybercriminalité n. f.
cyberculture n. f.
cyberdélinquance n. f.
cyberdrague n. f.
cyberespace n. m.
cyberguerre n. f.
cyberlangage n. m.
cybermarchand n. m.
cybermonde n. m.
cybernaute n.
cybernéticien, ienne n.
cybernétique n. f.
cyberpirate n. m.
cybersexe n. m.
cyberspace n. m.
cyberterrorisme n. m.
cyberterroriste n.
cyberthèque n. f.
cybertravailleur, euse n.
cyborg n. m.
cycas n. m.
cyclable adj.

cyclamen

cyclamen n. m.
cycle n. m.
cyclique adj.
cycliquement adv.
cycliser v. tr. (conjug. 1)
cyclisme n. m.
cycliste adj. et n.
cyclo n. m.
cyclocross ou cyclo-cross n. m. inv.
cycloïdal, ale, aux adj.
cycloïde n. f.
cyclomoteur n. m.
cyclone n. m.
cyclonique adj.
cyclope n. m.
cyclopéen, enne adj.
cyclopousse ou cyclo-pousse n. m.
PL cyclo(-)pousses
cyclorama n. m.
cyclorameur n. m.
cyclosporine n. f.
cyclostome n. m.
cyclothymie n. f.
cyclothymique adj. et n.
cyclotourisme n. m.
cyclotouriste adj. et n.
cyclotron n. m.
cygne n. m.
cylindrage n. m.
cylindre n. m.
cylindrée n. f.
cylindrer v. tr. (conjug. 1)
cylindrique adj.
cylindro-ogival, ale, aux adj.
cylindrurie n. f.
cymbalaire n. f.
cymbale n. f.
cymbalier n. m.
cymbaliste n.
cymbalum n. m.
cyme n. f.
cymrique adj. et n.
cyndinicien, ienne n.
cyndinique n. f.
cynégétique adj. et n. f.
cynips n. m.

cynique adj.
cyniquement adv.
cynisme n. m.
cynocéphale adj. et n. m.
cynodrome n. m.
cynoglosse n. f.
cynophile adj. et n.
cynorhodon ou cynorrhodon n. m.
cyphoscoliose n. f.
cyphose n. f.
cyprès n. m.
cyprin n. m.
cyprine n. f.
cyprinidé n. m.
cyprinodontidé n. m.
cyrard n. m.
cyrillique adj.
cystectomie n. f.
cystéine n. f.
cysticerque n. m.
cystine n. f.
cystique adj.
cystite n. f.
cystographie n. f.
cystoscope n. m.
cystoscopie n. f.
cystotomie n. f.
cytise n. m.
cytobactériologique adj.
cytodiagnostic n. m.
cytogénéticien, ienne adj.
cytogénétique adj.
cytokines n. f. pl.
cytologie n. f.
cytologique adj.
cytologiste n.
cytolyse n. f.
cytomégalovirus n. m.
cytoplasme n. m.
cytoplasmique adj.
cytosine n. f.
cytosol n. m.
cytosquelette n. m.
cytothèque n. f.
cytotoxicité n. f.

cytotoxique adj.
czar n. m.
czardas [gzaʀdas; tsaʀdas] n. f.

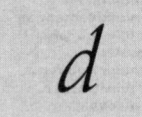

d

d n. m. inv.; abrév. et symb.
D n. m. inv.; abrév. et symb.
da interj.
dab ou dabe n. m. (père)
DAB n. m. (distributeur automatique de billets)
dabe n. m. (père)
dabiste n.
d'abord loc. adv.
d'ac loc. adv.
da capo loc. adv.
d'accord loc. adv.
dacron® n. m.
dactyle n. m.
dactylique adj.
dactylo n.; n. f.
dactylographe n.
dactylographie n. f.
dactylographier v. tr. (conjug. 7)
dactylographique adj.
dactylologie n. f.
dactylologique adj.
dactyloscopie n. f.
dada n. m.
dadais n. m.
dadaïsme n. m.
dadaïste n. et adj.
dague n. f.
daguerréotype n. m.
daguet n. m.
dahir n. m.
dahlia n. m.
dahu n. m.
daigner v. tr. (conjug. 1)
daïkon n. m.

daim n. m.
daïmio ou **daimyo** n. m.
daine n. f.
daïquiri n. m.
dais n. m.
dalaï-lama ou
  dalaïlama★ n. m.
  PL. dalaï-lamas ou dalaïlamas★
daleau n. m.
dallage n. m.
dalle n. f.
dalle (que) loc.
daller v. tr. (conjug. 1)
dalleur n. m.
dalmate adj. et n.
dalmatien, ienne n.
dalmatique n. f.
dalot ou **daleau** n. m.
dalton n. m.
daltonien, ienne adj. et n.
daltonisme n. m.
dam n. m.
damage n. m.
damalisque n. m.
daman n. m.
damas n. m.
damasquinage n. m.
damasquiner v. tr.
  (conjug. 1)
damasquineur n. m.
damasquinure n. f.
damassé, ée adj.
damasser v. tr. (conjug. 1)
damassine n. f.
damassure n. f.
dame n. f.; interj.
dame-d'onze-heures
  n. f.
  PL. dames-d'onze-heures
dame-jeanne n. f.
  PL. dames-jeannes
damer v. tr. (conjug. 1)
dameuse n. f.
damier n. m.
damnable [danabl] adj.
damnation [danasjɔ̃] n. f.
damné, ée [dane] adj. et n.
damner [dane] v. tr.
  (conjug. 1)
damoiseau n. m.

damoiselle n. f.
dan [dan] n. m.
danaïde n. f.
dance [dɑ̃s] n. f. (music)
dancing [dɑ̃siŋ] n. m.
dandinement n. m.
dandiner v. tr. (conjug. 1)
dandinette n. f.
dandy n. m.
  PL. dandys ou dandies
dandysme n. m.
danger n. m.
dangereusement adv.
dangereux, euse adj.
dangerosité n. f.
danien, ienne adj. et n. m.
danois, oise adj. et n.
dans prép.
dansable adj.
dansant, ante adj.
danse n. f.
danser v. (conjug. 1)
danseur, euse n.
dansoter ou **dansotter**
  v. intr. (conjug. 1)
dantesque adj.
D. A. O. n. m. (dessin assisté
  par ordinateur)
daphné n. m.
daphnie n. f.
daraise n. f.
darbouka ou **derbouka**
  n. f.
darce n. f.
dard n. m.
darder v. tr. (conjug. 1)
dare-dare ou
  daredare★ adv.
dariole n. f.
darique n. f.
darjeeling [daʀ(d)ʒiliŋ] n. m.
darne n. f.
darse ou **darce** n. f.
dartre n. f.
dartreux, euse adj.
dartrose n. f.
darwinesque [daʀwi-] adj.
darwinien, ienne
  [daʀwi-] adj.
darwinisme [daʀwi-] n. m.

darwiniste [daʀwi-] adj. et
  n.
DASS n. f. (direction des
  affaires sanitaires et sociales)
dasyure n. m.
D. A. T. n. m. (digital audio
  tape)
datable adj.
datage n. m.
dataire n. m.
datation n. f.
datcha n. f.
date n. f.
dater v. (conjug. 1)
daterie n. f.
dateur, euse adj. et n. m.
datif, ive adj.; n. m.
dation n. f.
datte n. f.
dattier n. m.
datura n. m.
D. A. U. n. m. (document
  administratif unique)
daube n. f.
dauber v. tr. (conjug. 1)
daubeur, euse adj. et n.
daubière n. f.
dauphin n. m.
dauphinat n. m.
dauphine n. f.
dauphinelle n. f.
dauphinois, oise adj. et n.
daurade n. f.
davantage adv.
davier n. m.
dazibao [da(d)zibao] n. m.
D. B. n. f. inv. (division blindée)
dB symb. (décibel)
D. B. O. n. f. (demande
  biochimique en oxygène)
D. C. A. n. f. (défense contre
  avions)
D. C. I. n. f. (dénomination
  commune internationale)
D. C. O. n. f. (demande
  chimique en oxygène)
d. d. p. n. f. (différence de
  potentiel)
D. D. T. n. m. (dichloro-
  diphényl-trichloréthane)

de prép.; art. indéf. et partitif
dé n. m.
D. E. A. n. m. (diplôme d'études approfondies)
dead-heat ou **deadheat*** n. m. PL. dead-heats ou deadheats*
deal [dil] n. m.
¹**dealer** ou **dealeur** [dilœʀ] n. m.
²**dealer** [dile] v. tr. (conjug. 1)
dealeur, euse n.
déambulateur n. m.
déambulation n. f.
déambulatoire n. m.
déambuler v. intr. (conjug. 1)
débâcle n. f.
débâcler v. (conjug. 1)
débagouler v. (conjug. 1)
débâillonner v. tr. (conjug. 1)
déballage n. m.
déballastage n. m.
déballer v. tr. (conjug. 1)
déballonner (se) v. pron. (conjug. 1)
débanalisation n. f.
débanaliser v. tr. (conjug. 1)
débandade n. f.
débander v. (conjug. 1)
débaptiser v. tr. (conjug. 1)
débarbouillage n. m.
débarbouiller v. tr. (conjug. 1)
débarbouillette n. f.
débarcadère n. m.
débardage n. m.
débarder v. tr. (conjug. 1)
débardeur, euse n.
débarouler v. intr. (conjug. 1)
débarqué, ée adj. et n.
débarquement n. m.
débarquer v. (conjug. 1)
débarras n. m.
débarrasser v. tr. (conjug. 1)

débarrasseur, euse n.
débarrer v. tr. (conjug. 1)
débat n. m.
debater n. m.
débâter v. tr. (conjug. 1)
débâtir v. tr. (conjug. 2)
débattement n. m.
débatteur ou **debater** n. m.
débattre v. tr. (conjug. 41)
débauchage n. m.
débauche n. f.
débauché, ée adj. et n.
débaucher v. tr. (conjug. 1)
débecter v. tr. (conjug. 1)
débenture n. f.
débenzolage [-bɛ̃-] n. m.
débenzoler [-bɛ̃-] v. tr. (conjug. 1)
débet n. m.
débile adj. et n.
débilement adv.
débilitant, ante adj.
débilité n. f.
débiliter v. tr. (conjug. 1)
débillarder v. tr. (conjug. 1)
débine n. f.
débiner v. tr. (conjug. 1)
débiner (se) v. pron. (conjug. 1)
débiper v. tr. (conjug. 1)
débirentier, ière n.
débit n. m.
débitable adj.
débitage n. m.
débitant, ante n.
débiter v. tr. (conjug. 1)
¹**débiteur, euse** n. (ouvrier)
²**débiteur, trice** n. (qui a des dettes)
débitmètre n. m.
déblai n. m.
déblaiement n. m.
déblatérer v. intr. (conjug. 6)
déblayage n. m.
déblayer v. tr. (conjug. 8)
déblocage n. m.
débloquant, ante adj.

débloquer v. (conjug. 1)
débobiner v. tr. (conjug. 1)
débogage n. m.
déboguer v. tr. (conjug. 1)
débogueur n. m.
déboire n. m.
déboisage n. m.
déboisement n. m.
déboiser v. tr. (conjug. 1)
déboîtement ou **déboitement*** n. m.
déboîter ou **déboiter*** v. (conjug. 1)
débonder v. tr. (conjug. 1)
débonnaire adj.
débonnairement adv.
débonnaireté n. f.
débord n. m.
débordant, ante adj.
débordé, ée adj.
débordement n. m.
déborder v. (conjug. 1)
débosselage n. m.
débosseler v. tr. (conjug. 4)
débosseleur, euse n.
débotté n. m.
¹**débotter** n. m.
²**débotter** v. tr. (conjug. 1)
débouchage n. m.
débouché n. m.
débouchement n. m.
déboucher v. (conjug. 1)
déboucheur n. m.
débouchoir n. m.
déboucler v. tr. (conjug. 1)
déboulé n. m.
débouler v. intr. (conjug. 1)
déboulocheur n. m.
déboulonnage n. m.
déboulonnement n. m.
déboulonner v. tr. (conjug. 1)
débouquement n. m.
débouquer v. intr. (conjug. 1)
débourbage n. m.
débourber v. tr. (conjug. 1)
débourbeur n. m.
débourgeoisé, ée adj.
débourrage n. m.

débourrement n. m.
débourrer v. (conjug. 1)
débours n. m.
débourser v. tr. (conjug. 1)
déboussolant, ante adj.
déboussolement n. m.
déboussoler v. tr. (conjug. 1)
debout adv.
débouté n. m.
déboutement n. m.
débouter v. tr. (conjug. 1)
déboutonnage n. m.
déboutonner v. tr. (conjug. 1)
débraguetter v. tr. (conjug. 1)
débraillé, ée adj. et n. m.
débrailler (se) v. pron. (conjug. 1)
débranché, ée adj.
débranchement n. m.
débrancher v. tr. (conjug. 1)
débrayable adj.
débrayage n. m.
débrayer v. (conjug. 8)
débridage n. m.
débridé, ée adj.
débridement n. m.
débrider v. tr. (conjug. 1)
débriefer v. tr. (conjug. 1)
débriefing n. m.
débris n. m.
débrochage n. m.
débrocher v. tr. (conjug. 1)
débronzage n. m.
débrouillage n. m.
débrouillard, arde adj. et n.
débrouillardise n. f.
débrouille n. f.
débrouillement n. m.
débrouiller v. tr. (conjug. 1)
débroussaillage n. m.
débroussaillant, ante n. m. et adj.
débroussaillement n. m.

débroussailler v. tr. (conjug. 1)
débroussailleuse n. f.
débrousser v. tr. (conjug. 1)
débuché ou **débucher** n. m.
débucher v. (conjug. 1)
débudgétisation n. f.
débudgétiser v. tr. (conjug. 1)
débureaucratisation n. f.
débureaucratiser v. tr. (conjug. 1)
débusquer v. tr. (conjug. 1)
début n. m.
débutant, ante adj. et n.
débuter v. intr. (conjug. 1)
deçà adv.
déca n. m.
décachetage n. m.
décacheter v. tr. (conjug. 4)
décadaire adj.
décade n. f.
décadence n. f.
décadent, ente adj. et n.
décadentisme n. m.
décadi n. m.
décadrer v. tr. (conjug. 1)
décaèdre adj. et n.
décaféination n. f.
décaféiné, ée adj. et n. m.
décagonal, ale, aux adj.
décagone n. m.
décaissement n. m.
décaisser v. tr. (conjug. 1)
décalage n. m.
décalaminage n. m.
décalaminer v. tr. (conjug. 1)
décalcifiant, iante adj.
décalcification n. f.
décalcifier v. tr. (conjug. 7)
décalcomanie n. f.
décalé, ée adj. et n.
décaler v. tr. (conjug. 1)
décalitre n. m.
décalogue n. m.
décalotter v. tr. (conjug. 1)
décalquage n. m.

décalque n. m.
décalquer v. tr. (conjug. 1)
décalvant, ante adj.
décamètre n. m.
décamétrique adj.
décamper v. intr. (conjug. 1)
décan n. m.
décanal, ale, aux adj.
décanat n. m.
décaniller v. intr. (conjug. 1)
décantage n. m.
décantation n. f.
décanter v. (conjug. 1)
décanteur, euse adj. et n. m.
décapage n. m.
décapant, ante adj. et n. m.
décaper v. tr. (conjug. 4)
décapement n. m.
décaper v. tr. (conjug. 1)
décapeur n. m.
décapeuse n. f. (rec. off. de scraper)
décapitalisation n. f.
décapitaliser v. tr. (conjug. 1)
décapitation n. f.
décapiter v. tr. (conjug. 1)
décapode adj. et n. m.
décapole n. m.
décapotable adj.
décapoter v. tr. (conjug. 1)
décapsulage n. m.
décapsulation n. f.
décapsuler v. tr. (conjug. 1)
décapsuleur n. m.
décapuchonner v. tr. (conjug. 1)
décarbonater v. tr. (conjug. 1)
décarboxylase n. f.
décarboxylation n. f.
décarburant, ante adj.
décarburation n. f.
décarburer v. tr. (conjug. 1)
décarcasser (se) v. pron. (conjug. 1)
décarottage n. m.
décarreler v. tr. (conjug. 4)

décartellisation n. f.
décasyllabe adj. et n. m.
décasyllabique adj.
décathlon n. m.
décathlonien, ienne n.
décati, ie adj.
décatir v. tr. (conjug. 2)
décatissage n. m.
décatisseur, euse adj. et n.
decauville n. m.
décavaillonner v. tr. (conjug. 1)
décavaillonneuse n. f.
décavé, ée adj. et n.
décaver v. tr. (conjug. 1)
decca n. m.
décéder v. intr. (conjug. 6)
décelable adj.
décèlement n. m.
déceler v. tr. (conjug. 5)
décélération n. f.
décélérer v. intr. (conjug. 6)
décembre n. m.
décembriste n. m.
décemment adv.
décemvir n. m.
décemviral, ale, aux adj.
décemvirat n. m.
décence n. f.
décennal, ale, aux adj.
décennie n. f.
décent, ente adj.
décentrage n. m.
décentralisateur, trice adj. et n.
décentralisation n. f.
décentraliser v. tr. (conjug. 1)
décentration n. f.
décentrement n. m.
décentrer v. tr. (conjug. 1)
déception n. f.
décercler v. tr. (conjug. 1)
décérébration n. f.
décérébrer v. tr. (conjug. 6)
décerner v. tr. (conjug. 1)
décervelage n. m.
décerveler v. tr. (conjug. 4)

décerveleur, euse n.
décès n. m.
décevant, ante adj.
décevoir v. tr. (conjug. 28)
déchaîné, ée ou **déchainé, ée*** adj.
déchaînement ou **déchainement*** n. m.
déchaîner ou **déchainer*** v. tr. (conjug. 1)
déchant n. m.
déchanter v. intr. (conjug. 1)
déchaperonner v. tr. (conjug. 1)
décharge n. f.
déchargement n. m.
décharger v. tr. (conjug. 3)
décharné, ée adj.
décharner v. tr. (conjug. 1)
déchaumage n. m.
déchaumer v. tr. (conjug. 1)
déchaumeuse n. f.
déchaussage n. m.
déchaussé, ée adj.
déchaussement n. m.
déchausser v. tr. (conjug. 1)
déchausseuse n. f.
déchaussoir n. m.
déchaux adj. m.
dèche n. f.
déchéance n. f.
déchet n. m.
déchetterie ou **déchèterie*** n. f.
déchettiste n.
déchiffonner v. tr. (conjug. 1)
déchiffrable adj.
déchiffrage n. m.
déchiffrement n. m.
déchiffrer v. tr. (conjug. 1)
déchiffreur, euse n.
déchiquetage n. m.
déchiqueté, ée adj.
déchiqueter v. tr. (conjug. 4)
déchiqueteur n. m.
déchiqueteuse n. f.
déchiqueture n. f.

déchirage n. m.
déchirant, ante adj.
déchiré, ée adj.
déchirement n. m.
déchirer v. tr. (conjug. 1)
déchirure n. f.
déchlorurer [-k-] v. tr. (conjug. 1)
déchoir v. (conjug. 25; futur je déchoirai; pas d'impér. ni de p. prés.)
déchoquage n. m.
déchristianisation [-k-] n. f.
déchristianiser [-k-] v. tr. (conjug. 1)
déchronologie [-k-] n. f.
déchu, ue adj.
déci n. m.
décibel n. m.
décibélique adj.
décidabilité n. f.
décidable adj.
décidé, ée adj.
de-ci de-là loc. adv.
décidément adv.
décider v. tr. (conjug. 1)
décideur, euse n.
décidu, ue adj.
décidual, ale, aux adj. et n. f.
décigramme n. m.
décilage n. m.
décile n. m.
décilitre n. m.
décimal, ale, aux adj. et n. f.
décimalisation n. f.
décimaliser v. tr. (conjug. 1)
décimalité n. f.
décimation n. f.
décime n. f. et m.
décimer v. tr. (conjug. 1)
décimètre n. m.
décimétrique adj.
décintrage n. m.
décintrement n. m.
décintrer v. tr. (conjug. 1)
décisif, ive adj.

décision n. f.
décisionnaire n. et adj.
décisionnel, elle adj.
décisivement adv.
décisoire adj.
décitex n. m.
déclamateur, trice n.
déclamation n. f.
déclamatoire adj.
déclamer v. (conjug. 1)
déclarant, ante n.
déclaratif, ive adj.
déclaration n. f.
déclaratoire adj.
déclaré, ée adj.
déclarer v. tr. (conjug. 1)
déclassé, ée adj. et n.
déclassement n. m.
déclasser v. tr. (conjug. 1)
déclassification n. f.
déclassifier v. tr. (conjug. 7)
déclaveter v. tr. (conjug. 4)
déclenchant, ante adj.
déclenchement n. m.
déclencher v. tr. (conjug. 1)
déclencheur n. m.
décléricaliser v. tr. (conjug. 1)
déclic n. m.
déclin n. m.
déclinable adj.
déclinaison n. f.
déclinant, ante adj.
déclinatoire adj. et n. m.
décliner v. (conjug. 1)
décliquetage n. m.
décliqueter v. tr. (conjug. 4)
déclive adj.
déclivité n. f.
décloisonnement n. m.
décloisonner v. tr. (conjug. 1)
déclore v. tr. (conjug. 45)
déclouer v. tr. (conjug. 1)
déco n. f. (décoration)
décochage n. m.
décochement n. m.
décocher v. tr. (conjug. 1)
décocté n. m.

décoction n. f.
décodage n. m.
décoder v. tr. (conjug. 1)
décodeur n. m.
décoffrage n. m.
décoffrer v. tr. (conjug. 1)
décoiffage n. m.
décoiffant, ante adj.
décoiffement n. m.
décoiffer v. tr. (conjug. 1)
décoinçage n. m.
décoincer v. tr. (conjug. 3)
décolérer v. intr. (conjug. 6)
décollable adj.
décollage n. m.
décollation n. f.
décollecte n. f.
décollement n. m.
décoller v. (conjug. 1)
décolletage n. m.
décolleté, ée adj. et n. m.
décolleter v. tr. (conjug. 4)
décolleteur, euse n.
décolleuse n. f.
décolonisation n. f.
décoloniser v. tr. (conjug. 1)
décolorant, ante adj. et n. m.
décoloration n. f.
décolorer v. tr. (conjug. 1)
décombres n. m. pl.
décommander v. tr. (conjug. 1)
décommettre v. tr. (conjug. 56)
de commodo et incommodo loc. adj.
décommunisation n. f.
décommuniser v. tr. (conjug. 1)
décompactage n. m.
décompacter v. tr. (conjug. 1)
décompensation n. f.
décompensé, ée adj.
décompenser v. intr. (conjug. 1)
décompilation n. f.

décompiler v. tr. (conjug. 1)
décomplexer v. tr. (conjug. 1)
décomposable adj.
décomposer v. tr. (conjug. 1)
décomposeur n. m.
décomposition n. f.
décompresser v. (conjug. 1)
décompresseur n. m.
décompression n. f.
décomprimer v. tr. (conjug. 1)
décompte n. m.
décompter v. (conjug. 1)
déconcentration n. f.
déconcentrer v. tr. (conjug. 1)
déconcertant, ante adj.
déconcerter v. tr. (conjug. 1)
déconditionnement n. m.
déconditionner v. tr. (conjug. 1)
déconfit, ite adj.
déconfiture n. f.
décongélation n. f.
décongeler v. tr. (conjug. 5)
décongestif, ive adj. et n. m.
décongestion n. f.
décongestionnant, ante adj.
décongestionnement n. m.
décongestionner v. tr. (conjug. 1)
déconnade n. f.
déconnage n. m.
déconnecter v. (conjug. 1)
déconner v. intr. (conjug. 1)
déconneur, euse n.
déconnexion n. f.
déconseiller v. tr. (conjug. 1)

déconsidération

déconsidération n. f.
déconsidérer v. tr. (conjug. 6)
déconsigner v. tr. (conjug. 1)
déconsolider v. tr. (conjug. 1)
déconstruction n. f.
déconstructivisme n. m.
déconstructiviste adj. et n.
déconstruire v. tr. (conjug. 38)
décontaminateur, trice n.
décontamination n. f.
décontaminer v. tr. (conjug. 1)
décontenancer v. tr. (conjug. 3)
décontract(e) adj.
décontracté, ée adj.
décontracter v. tr. (conjug. 1)
décontraction n. f.
déconventionnement n. m.
déconventionner v. tr. (conjug. 1)
déconvenue n. f.
décoqueuse n. f.
décoquiller v. tr. (conjug. 1)
décor n. m.
décorateur, trice n.
décoratif, ive adj.
décoration n. f.
décorder v. tr. (conjug. 1)
décorer v. tr. (conjug. 1)
décorner v. tr. (conjug. 1)
décorrélation n. f.
décorréler v. tr. (conjug. 6)
décorticage n. m.
décortication n. f.
décortiquer v. tr. (conjug. 1)
décorum n. m.
décote n. f.
décoté, ée adj.
décoter v. tr. (conjug. 1)

découcher v. intr. (conjug. 1)
découdre v. tr. (conjug. 48)
découenné, ée adj.
découler v. intr. (conjug. 1)
découpage n. m.
découpe n. f.
découpé, ée adj.
découper v. tr. (conjug. 1)
découpeur, euse n.
découplage n. m.
découplé, ée adj.
découpler v. tr. (conjug. 1)
découpoir n. m.
découpure n. f.
décourageant, ante adj.
découragement n. m.
décourager v. tr. (conjug. 3)
découronnement n. m.
découronner v. tr. (conjug. 1)
décours n. m.
décousu, ue adj.
décousure n. f.
¹découvert, erte adj.
²découvert n. m.
découvert (à) loc. adv.
découverte n. f.
découvrable adj.
découvreur, euse n.
découvrir v. tr. (conjug. 18)
décrassage n. m.
décrassement n. m.
décrasser v. tr. (conjug. 1)
décrédibilisation n. f.
décrédibiliser v. tr. (conjug. 1)
décréditer v. tr. (conjug. 1)
décrément n. m.
décrêpage n. m.
décrêper v. tr. (conjug. 1)
décrépir v. tr. (conjug. 2)
décrépissage n. m.
décrépit, ite adj.
décrépitation n. f.
décrépitude n. f.

¹décrescendo ou decrescendo [dekreʃɛndo] n. m.
PL. décrescendos ou decrescendo
²décrescendo ou decrescendo [dekreʃɛndo] adv.
décret n. m.
décrétale n. f.
décréter v. tr. (conjug. 6)
décret-loi n. m.
PL. décrets-lois
décreusage n. m.
décreusement n. m.
décreuser v. tr. (conjug. 1)
décri n. m.
décrier v. tr. (conjug. 7)
décriminaliser v. tr. (conjug. 1)
décrire v. tr. (conjug. 39)
décrispation n. f.
décrisper v. tr. (conjug. 1)
décrochage n. m.
décrochement n. m.
décrocher v. (conjug. 1)
décrocheur, euse adj. et n.
décrochez-moi-ça n. m. inv.
décroisement n. m.
décroiser v. tr. (conjug. 1)
décroissance n. f.
décroissant, ante adj.
décroissement n. m.
décroît ou décroit* n. m.
décroître ou décroitre* v. intr. (conjug. 55)
décrottage n. m.
décrotter v. tr. (conjug. 1)
décrotteur n. m.
décrottoir n. m.
décruage n. m.
décrue n. f.
décruer v. tr. (conjug. 1)
décrusage n. m.
décruser v. tr. (conjug. 1)
décrutement n. m.

décruteur adj. m.
décryptage n. m.
décryptement n. m.
décrypter v. tr. (conjug. 1)
déçu, ue adj.
décubitus n. m.
décuivrage n. m.
décuivrer v. tr. (conjug. 1)
de cujus [dekyʒys; dekujus] n. m. inv.
déculasser v. tr. (conjug. 1)
déculottage n. m.
déculottée n. f.
déculotter v. tr. (conjug. 1)
déculpabilisant, ante adj.
déculpabilisation n. f.
déculpabiliser v. tr. (conjug. 1)
déculturation n. f.
décuple adj. et n. m.
décuplement n. m.
décupler v. (conjug. 1)
décurie n. f.
décurion n. m.
décurrent, ente adj.
décuscuteuse n. f.
décussé, ée adj.
décuvage n. m.
décuvaison n. f.
décuver v. tr. (conjug. 1)
dédaignable adj.
dédaigner v. tr. (conjug. 1)
dédaigneusement adv.
dédaigneux, euse adj.
dédain n. m.
dédale n. m.
dédaléen, enne adj.
dedans prép.; adv.; n. m.
dédicace n. f.
dédicacer v. tr. (conjug. 3)
dédicataire n.
dédicatoire adj.
dédié, iée adj.
dédier v. tr. (conjug. 7)
dédifférenciation n. f.
dédifférencier (se) v. pron. (conjug. 7)
dédire v. tr. (conjug. 37, sauf *dédisez*)

dédit n. m.
dédommagement n. m.
dédommager v. tr. (conjug. 3)
dédorage n. m.
dédoré, ée adj.
dédorer v. tr. (conjug. 1)
dédorure n. f.
dédouanage n. m.
dédouanement n. m.
dédouaner v. tr. (conjug. 1)
dédoublage n. m.
dédoublement n. m.
dédoubler v. tr. (conjug. 1)
dédoublonner v. tr. (conjug. 1)
dédramatisation n. f.
dédramatiser v. tr. (conjug. 1)
déductibilité n. f.
déductible adj.
déductif, ive adj.
déduction n. f.
déduire v. tr. (conjug. 38)
déduit n. m.
deejay n. m.
pl. *deejays*
déesse n. f.
de facto [defakto] loc. adv.
défaillance n. f.
défaillant, ante adj.
défaillir v. intr. (conjug. 13)
défaire v. tr. (conjug. 60)
défaisance n. f.
défaisé, e adj.
défaiseur n. m.
défait, aite adj.
défaite n. f.
défaitisme n. m.
défaitiste adj. et n.
défalcation n. f.
défalquer v. tr. (conjug. 1)
défanage n. m.
défanant, ante adj.
défatigant, ante adj.
défatiguer v. tr. (conjug. 1)
défaufiler v. tr. (conjug. 1)
défausse n. f.
défausser v. tr. (conjug. 1)

défausser (se) v. pron. (conjug. 1)
défaut n. m.
défaveur n. f.
défavorable adj.
défavorablement adv.
défavorisé, ée adj. et n.
défavoriser v. tr. (conjug. 1)
défécation n. f.
défectif, ive adj.
défection n. f.
défectueusement adv.
défectueux, euse adj.
défectuosité n. f.
défendable adj.
défendeur, deresse n.
défendre v. tr. (conjug. 41)
défends n. m.
défendu, ue adj.
défenestration n. f.
défenestrer v. tr. (conjug. 1)
défens ou **défends** n. m.
défense n. f.
défenseur, euse n.
défensif, ive adj. et n. f.
défensivement adv.
déféquer v. (conjug. 6)
déférement n. m.
déférence n. f.
déférent, ente adj.
déférer v. tr. (conjug. 6)
déferlage n. m.
déferlant, ante adj. et n. f.
déferlement n. m.
déferler v. (conjug. 1)
déferrage n. m.
déferrer v. tr. (conjug. 1)
défervescence n. f.
défervescent, ente adj.
défet n. m.
défeuillaison n. f.
défeuiller v. tr. (conjug. 1)
défeutrage n. m.
défeutrer v. tr. (conjug. 1)
défi n. m.
défiance n. f.
défiant, iante adj.
défibrage n. m.

défibrer

défibrer v. tr. (conjug. 1)
défibreur, euse n.
défibrillateur n. m.
défibrillation n. f.
déficeler v. tr. (conjug. 4)
déficience n. f.
déficient, iente adj.
déficit n. m.
déficitaire adj.
défier v. tr. (conjug. 7)
défier (se) v. pron. (conjug. 7)
défiguration n. f.
défigurement n. m.
défigurer v. tr. (conjug. 1)
défilage n. m.
défilé n. m.
défilement n. m.
défiler v. (conjug. 1)
défileuse n. f.
défini, ie adj. et n. m.
définir v. tr. (conjug. 2)
définissable adj.
définissant adj.
définiteur n. m.
définitif, ive adj.
définition n. f.
définitionnel, elle adj.
définitivement adv.
définitoire adj.
défiscalisation n. f.
défiscaliser v. tr. (conjug. 1)
déflagrant, ante adj.
déflagrateur n. m.
déflagration n. f.
déflagrer v. intr. (conjug. 1)
déflaté, ée adj.
déflateur, trice adj.
déflation n. f.
déflationniste n. et adj.
défléchir v. (conjug. 2)
déflecteur n. m.
défleuraison n. f.
défleurir v. (conjug. 2)
déflexion n. f.
déflocage n. m.
défloquer v. tr. (conjug. 1)
défloraison n. f.
défloration n. f.

déflorer v. tr. (conjug. 1)
défluent n. m.
défluviation n. f.
défoliant, iante adj. et n. m.
défoliation n. f.
défolier v. tr. (conjug. 7)
défonçage n. m.
défonce n. f.
défoncé, ée adj.
défoncement n. m.
défoncer v. tr. (conjug. 3)
défonceuse n. f. (rec. off. de dragline)
déforcer v. tr. (conjug. 3)
déforestage n. m.
déforestation n. f.
déforester v. tr. (conjug. 1)
déformable adj.
déformant, ante adj.
déformateur, trice adj.
déformation n. f.
déformer v. tr. (conjug. 1)
défoulement n. m.
défouler v. tr. (conjug. 1)
défouloir n. m.
défourailler v. intr. (conjug. 1)
défournage n. m.
défournement n. m.
défourner v. tr. (conjug. 1)
défourneur, euse n.
défragmentation n. f.
défragmenter v. tr. (conjug. 1)
défraîchi, ie ou **défraichi, ie*** adj.
défraîchir ou **défraichir*** v. tr. (conjug. 2)
défraiement n. m.
défranchir v. tr. (conjug. 2)
défrayer v. tr. (conjug. 8)
défrichage n. m.
défrichement n. m.
défricher v. tr. (conjug. 1)
défricheur, euse n.
défriper v. tr. (conjug. 1)
défrisage n. m.
défrisement n. m.

défriser v. tr. (conjug. 1)
défroissable adj.
défroisser v. tr. (conjug. 1)
défroncer v. tr. (conjug. 3)
défroque n. f.
défroqué, ée adj.
défroquer v. (conjug. 1)
défruiter v. tr. (conjug. 1)
défunt, unte adj. et n.
dégagé, ée adj.
dégagement n. m.
dégager v. tr. (conjug. 3)
dégaine n. f.
dégainer v. tr. (conjug. 1)
déganter v. tr. (conjug. 1)
dégarnir v. tr. (conjug. 2)
dégât n. m.
dégauchir v. tr. (conjug. 2)
dégauchissage n. m.
dégauchisseuse n. f.
dégazage n. m.
dégazer v. (conjug. 1)
dégazolinage n. m.
dégazoliner v. tr. (conjug. 1)
dégazonnage n. m.
dégazonnement n. m.
dégazonner v. tr. (conjug. 1)
dégel n. m.
dégelée n. f.
dégeler v. (conjug. 5)
dégêner v. tr. (conjug. 1)
dégénératif, ive adj.
dégénération n. f.
dégénéré, ée adj. et n.
dégénérer v. intr. (conjug. 6)
dégénérescence n. f.
dégermer v. tr. (conjug. 1)
dégingandé, ée [deʒɛ̃gɑ̃de] adj.
dégivrage n. m.
dégivrer v. tr. (conjug. 1)
dégivreur n. m.
déglaçage n. m.
déglacement n. m.
déglacer v. tr. (conjug. 3)
déglaciation n. f.
déglingue n. f.

déglinguer v. tr. (conjug. 1)
dégluer v. tr. (conjug. 1)
déglutination n. f.
déglutir v. tr. (conjug. 2)
déglutition n. f.
dégober v. tr. (conjug. 1)
dégobiller v. tr. (conjug. 1)
dégoiser v. (conjug. 1)
dégommage n. m.
dégommer v. tr. (conjug. 1)
dégonflage n. m.
dégonflard, arde n.
dégonfle n. f.
dégonflé, ée adj.
dégonflement n. m.
dégonfler v. (conjug. 1)
dégorgeage n. m.
dégorgement n. m.
dégorgeoir n. m.
dégorger v. (conjug. 3)
dégoter ou **dégotter** v. (conjug. 1)
dégoulinade n. f.
dégoulinement n. m.
dégouliner v. intr. (conjug. 1)
dégoupiller v. tr. (conjug. 1)
dégourdi, ie adj.
dégourdir v. tr. (conjug. 2)
dégourdissage n. m.
dégourdissement n. m.
dégoût ou **dégout*** n. m.
dégoûtamment ou **dégoutamment*** adv.
dégoûtant, ante ou **dégoutant, ante*** adj.
dégoûtation ou **dégoutation*** n. f.
dégoûté, ée ou **dégouté, ée*** adj.
dégoûter ou **dégouter*** v. tr. (conjug. 1)
dégouttant, ante adj.
dégoutter v. intr. (conjug. 1)
dégradant, ante adj.
dégradateur n. m.
dégradation n. f.
dégradé n. m.
dégrader v. tr. (conjug. 1)

dégrafer v. tr. (conjug. 1)
dégrafeur n. m.
dégraffitage n. m.
dégraissage n. m.
dégraissant, ante adj. et n. m.
dégraisser v. tr. (conjug. 1)
dégras n. m.
dégravoiement n. m.
dégravoyer v. tr. (conjug. 8)
degré n. m.
dégréer v. tr. (conjug. 1)
dégressif, ive adj.
dégressivité n. f.
dégrèvement n. m.
dégrever v. tr. (conjug. 5)
dégriffé, ée adj.
dégringolade n. f.
dégringoler v. (conjug. 1)
dégrippant n. m.
dégripper v. tr. (conjug. 1)
dégrisement n. m.
dégriser v. tr. (conjug. 1)
dégrosser v. tr. (conjug. 1)
dégrossir v. tr. (conjug. 2)
dégrossissage n. m.
dégrossissement n. m.
dégrouiller (se) v. pron. (conjug. 1)
dégroupage n. m.
dégroupement n. m.
dégrouper v. tr. (conjug. 1)
dégroupeur n. m.
déguenillé, ée adj.
déguerpir v. (conjug. 2)
déguerpissement n. m.
dégueulasse adj.
dégueulasser v. tr. (conjug. 1)
dégueulatoire adj.
dégueuler v. (conjug. 1)
dégueulis n. m.
déguisé, ée adj.
déguisement n. m.
déguiser v. tr. (conjug. 1)
dégurgitation n. f.
dégurgiter v. tr. (conjug. 1)
dégustateur, trice n.
dégustation n. f.
déguster v. tr. (conjug. 1)

déhalage n. m.
déhaler v. tr. (conjug. 1)
déhanché, ée adj.
déhanchement n. m.
déhancher (se) v. pron. (conjug. 1)
déharnacher v. tr. (conjug. 1)
déhiscence n. f.
déhiscent, ente adj.
dehors prép.; adv.; n. m.
déhotter v. intr. (conjug. 1)
déhouiller v. tr. (conjug. 1)
déhoussable adj.
déhydroépiandrostérone n. f.
déicide adj. et n.; n. m.
déictique adj. et n. m.
déification n. f.
déifier v. tr. (conjug. 7)
déisme n. m.
déiste n.
déité n. f.
déjà adv.
déjanté, ée adj.
déjanter v. (conjug. 1)
déjauger v. intr. (conjug. 3)
déjà-vu n. m. inv.
déjection n. f.
déjeté, ée adj.
déjeter v. tr. (conjug. 4)
¹**déjeuner** n. m.
²**déjeuner** v. intr. (conjug. 1)
déjouer v. tr. (conjug. 1)
déjucher v. (conjug. 1)
déjuger (se) v. pron. (conjug. 3)
de jure [deʒyre] loc. adj. et loc. adv.
delà prép. et adv.
délabialisation n. f.
délabialiser v. tr. (conjug. 1)
délabré, ée adj.
délabrement n. m.
délabrer v. tr. (conjug. 1)
délabyrinther v. tr. (conjug. 1)
délacer v. tr. (conjug. 3)
délai n. m.

délai-congé

délai-congé n. m.
  PL. *délais-congés*
délainage n. m.
délainer v. tr. (conjug. 1)
délaissé, ée adj.
délaissement n. m.
délaisser v. tr. (conjug. 1)
délaitage n. m.
délaiter v. tr. (conjug. 1)
délaiteuse n. f.
délardement n. m.
délarder v. tr. (conjug. 1)
délassant, ante adj.
délassement n. m.
délasser v. tr. (conjug. 1)
délateur, trice n.
délation n. f.
délavage n. m.
délavé, ée adj.
délaver v. tr. (conjug. 1)
délayage n. m.
délayé, ée adj.
délayement n. m.
délayer v. tr. (conjug. 8)
delco ® n. m.
deleatur ou déléatur
  [deleatyʀ] n. m.
  PL. inv. ou *déléaturs*
déléaturer v. tr. (conjug. 1)
débile adj.
délectable adj.
délectation n. f.
délecter v. tr. (conjug. 1)
délégant, ante n.
délégataire n.
délégation n. f.
délégitimation n. f.
délégitimer v. tr. (conjug. 1)
délégué, ée n.
déléguer v. tr. (conjug. 6)
délestage n. m.
délester v. tr. (conjug. 1)
délétère adj.
délétion n. f.
déliaison n. f.
délibérant, ante adj.
délibératif, ive adj.
délibération n. f.
délibératoire adj.

délibéré, ée adj. et n. m.
délibérément adv.
délibérer v. (conjug. 6)
délicat, ate adj.
délicatement adv.
délicatesse n. f.
délice n. m.
délicieusement adv.
délicieux, ieuse adj.
délictuel, elle adj.
délictueux, euse adj.
délié, iée adj. et n. m.
déliement n. m.
délier v. (conjug. 7)
délignification n. f.
délignifier v. (conjug. 7)
délimitation n. f.
délimiter v. tr. (conjug. 1)
délimiteur n. m.
délinéament n. m.
délinéamenter v. tr. (conjug. 1)
délinéarisé, ée adj.
délinéer v. (conjug. 1)
délinquance n. f.
délinquant, ante n. et adj.
déliquescence n. f.
déliquescent, ente adj.
délirant, ante adj.
délire n. m.
délirer v. intr. (conjug. 1)
delirium (tremens) ou délirium (trêmens) n. m.
  PL. *deliriums* ou *déliriums* (tremens)
délit n. m.
délitage n. m.
délitement n. m.
déliter v. tr. (conjug. 1)
délitescence n. f.
délitescent, ente adj.
délivrance n. f.
délivre n. m.
délivrer v. tr. (conjug. 1)
délivreur n. m.
délocalisable adj.
délocalisation n. f.
délocaliser v. tr. (conjug. 1)

délogement n. m.
déloger v. (conjug. 3)
déloguer (se) v. pron. (conjug. 1)
délot n. m.
déloyal, ale, aux adj.
déloyalement adv.
déloyauté n. f.
delphinarium n. m.
delphine n. f.
delphinidés n. m. pl.
delphinium n. m.
delphinologue n.
¹**delta** adj. et n. m. (lettre)
  PL. inv. ou *deltas*★
²**delta** n. m. (dépôt)
deltaïque adj.
deltaplane ® n. m.
deltiste n.
deltoïde adj. et n. m.
deltoïdien, ienne adj.
déluge n. m.
déluré, ée adj.
délurer v. tr. (conjug. 1)
délustrage n. m.
délustrer v. tr. (conjug. 1)
délutage n. m.
déluter v. tr. (conjug. 1)
démagnétisation n. f.
démagnétiser v. tr. (conjug. 1)
démago adj. et n.
démagogie n. f.
démagogique adj.
démagogue n.
démaigrir v. (conjug. 2)
démaigrissement n. m.
démaillage n. m.
démailler v. tr. (conjug. 1)
démailloter v. tr. (conjug. 1)
demain adv. et n. m.
démanchement n. m.
démancher v. (conjug. 1)
demande n. f.
demandé, ée adj.
demander v. tr. (conjug. 1)
demanderesse n. f.
demandeur, euse n.
démangeaison n. f.

démanger v. intr. (conjug. 3)
démantèlement n. m.
démanteler v. tr. (conjug. 5)
démantibuler v. tr. (conjug. 1)
démaquillage n. m.
démaquillant, ante adj. et n. m.
démaquiller v. tr. (conjug. 1)
démarcage ou **démarquage** n. m.
démarcatif, ive adj.
démarcation n. f.
démarchage n. m.
démarche n. f.
démarcher v. tr. (conjug. 1)
démarcheur, euse n.
démarier v. tr. (conjug. 7)
démarquage n. m.
démarque n. f.
démarquer v. (conjug. 1)
démarqueur, euse n.
démarrage n. m.
démarrer v. (conjug. 1)
démarreur n. m.
démasclage n. m.
démascler v. tr. (conjug. 1)
démasquer v. tr. (conjug. 1)
démasticage n. m.
démastiquer v. tr. (conjug. 1)
démâtage n. m.
démâter v. (conjug. 1)
dématérialisation n. f.
dématérialiser v. tr. (conjug. 1)
démazoutage n. m.
démazouter v. tr. (conjug. 1)
d'emblée loc. adv.
dème n. m.
déméchage n. m.
démécologie n. f.
démédicalisation n. f.
démédicaliser v. tr. (conjug. 1)
démêlage n. m.
démêlant n. m.

démêlé n. m.
démêlement n. m.
démêler v. tr. (conjug. 1)
démêloir n. m.
démêlures n. f. pl.
démembrement n. m.
démembrer v. tr. (conjug. 1)
déménagement n. m.
déménager v. (conjug. 3)
déménageur, euse n.
démence n. f.
démener (se) v. pron. (conjug. 5)
dément, ente adj. et n.
démenti n. m.
démentiel, ielle adj.
démentir v. tr. (conjug. 16)
démerdard, arde n. et adj.
démerde n. f.
démerder (se) v. pron. (conjug. 1)
démérite n. m.
démériter v. intr. (conjug. 1)
démesure n. f.
démesuré, ée adj.
démesurément adv.
démettre v. tr. (conjug. 56)
démeubler v. tr. (conjug. 1)
demeurant (au) loc. adv.
demeure n. f.
demeuré, ée adj. et n.
demeurer v. intr. (conjug. 1)
¹**demi, ie** adj. et n.
²**demi** adv.
demiard n. m.
demi-bas n. m. inv.
demi-botte n. f.
PL. *demi-bottes*
demi-bouteille n. f.
PL. *demi-bouteilles*
demi-brigade n. f.
PL. *demi-brigades*
demi-centre n. m.
PL. *demi-centres*
demi-cercle n. m.
PL. *demi-cercles*
demi-circulaire adj.
PL. *demi-circulaires*

demi-clé ou **demi-clef** n. f.
PL. *demi-clés* ou *demi-clefs*
demi-colonne n. f.
PL. *demi-colonnes*
demi-deuil n. m.
PL. *demi-deuils*
demi-dieu n. m.
PL. *demi-dieux*
demi-douzaine n. f.
PL. *demi-douzaines*
demi-droite n. f.
PL. *demi-droites*
demie adj. f. et n. f.
demi-écrémé, ée adj.
PL. *demi-écrémés, ées*
démieller v. tr. (conjug. 1)
demi-entier, ière adj.
PL. *demi-entiers, ières*
demi-espace n. m.
PL. *demi-espaces*
demi-fin, fine adj.
PL. *demi-fins, fines*
demi-finale n. f.
PL. *demi-finales*
demi-finaliste n.
PL. *demi-finalistes*
demi-fond n. m.
demi-frère n. m.
PL. *demi-frères*
demi-gros n. m. inv.
demi-grossiste n.
PL. *demi-grossistes*
demi-heure n. f.
PL. *demi-heures*
demi-jour n. m.
PL. inv. ou *demi-jours*
demi-journée n. f.
PL. *demi-journées*
démilitarisation n. f.
démilitariser v. tr. (conjug. 1)
demi-litre n. m.
PL. *demi-litres*
demi-longueur n. f.
PL. *demi-longueurs*
demi-lune n. f.
PL. *demi-lunes*
demi-mal, maux n. m.
demi-mesure n. f.
PL. *demi-mesures*

demi-mondain, aine
adj. et n. f.
PL *demi-mondains, aines*
demi-monde n. m.
PL *demi-mondes*
demi-mort, morte adj.
PL *demi-morts, mortes*
demi-mot n. m.
PL *demi-mots*
déminage n. m.
déminer v. tr. (conjug. 1)
déminéralisation n. f.
déminéraliser v. tr.
(conjug. 1)
démineur n. m.
demi-part n. f.
PL *demi-parts*
demi-pause n. f.
PL *demi-pauses*
demi-pension n. f.
PL *demi-pensions*
demi-pensionnaire n.
PL *demi-pensionnaires*
demi-périmètre n. m.
PL *demi-périmètres*
demi-pièce n. f.
PL *demi-pièces*
demi-place n. f.
PL *demi-places*
demi-plan n. m.
PL *demi-plans*
demi-pointe n. f.
PL *demi-pointes*
demi-portion n. f.
PL *demi-portions*
demi-produit n. m.
PL *demi-produits*
demi-quart n. m.
PL *demi-quarts*
demi-queue adj. et n. m.
PL *demi-queues*
demi-reliure n. f.
PL *demi-reliures*
demi-ronde adj. f. et n. f.
PL *demi-rondes*
démis, ise adj.
demi-saison n. f.
PL *demi-saisons*
demi-sang n. m.
PL inv. ou *demi-sangs*

demi-sel adj. et n. m.
PL inv. ou *demi-sels*
demi-sœur n. f.
PL *demi-sœurs*
demi-solde n. f. et m.
PL *demi-soldes*
demi-sommeil n. m.
PL *demi-sommeils*
demi-soupir n. m.
PL *demi-soupirs*
démission n. f.
démissionnaire n. et adj.
démissionner v. intr.
(conjug. 1)
demi-tarif n. m. et adj.
PL *demi-tarifs*
demi-teinte n. f.
PL *demi-teintes*
demi-tige n. f.
PL *demi-tiges*
demi-ton n. m.
PL *demi-tons*
demi-tour n. m.
PL *demi-tours*
démiurge n. m.
démiurgique adj.
demi-vie n. f.
PL *demi-vies*
demi-vierge n. f.
PL *demi-vierges*
demi-volée n. f.
PL *demi-volées*
demi-volte n. f.
PL *demi-voltes*
démixtion n. f.
démo n. f.
démobilisable adj.
démobilisateur, trice
adj.
démobilisation n. f.
démobiliser v. tr.
(conjug. 1)
démocrate n. et adj.
**démocrate-chrétien,
ienne** n. et adj.
PL *démocrates-chrétiens,
iennes*
démocratie n. f.
démocratique adj.
démocratiquement
adv.

démocratisation n. f.
démocratiser v. tr.
(conjug. 1)
démodé, ée adj.
démoder v. tr. (conjug. 1)
démodex ou **demodex**
n. m.
démodulateur n. m.
démodulation n. f.
démoduler v. tr. (conjug. 1)
démodulomètre n. m.
démographe n.
démographie n. f.
démographique adj.
demoiselle n. f.
démolir v. tr. (conjug. 2)
démolissage n. m.
démolisseur, euse n.
démolition n. f.
démon n. m.
démone n. f.
démonétisation n. f.
démonétiser v. tr.
(conjug. 1)
démoniaque adj. et n.
démoniser v. tr. (conjug. 1)
démonisme n. m.
démonologie n. f.
démonomanie n. f.
démonstrateur, trice
n.
démonstratif, ive adj.
démonstration n. f.
démonstrativement
adv.
démontable adj.
démontage n. m.
démonté, ée adj.
démonte-pneu n. m.
PL *démonte-pneus*
démonter v. tr. (conjug. 1)
démontrable adj.
démontrer v. tr. (conjug. 1)
démoralisant, ante adj.
démoralisateur, trice
adj.
démoralisation n. f.
démoraliser v. tr.
(conjug. 1)

démordre v. tr. ind. (conjug. 41)
démoscopie n. f.
démotique adj. et n.
démotivant, ante adj.
démotivateur, trice adj. et n. m.
démotivation n. f.
démotivé, ée adj.
démotiver v. tr. (conjug. 1)
démoucheter v. tr. (conjug. 4)
démoulage n. m.
démouler v. tr. (conjug. 1)
démouleur n. m.
démoustication n. f.
démoustiquer v. tr. (conjug. 1)
démultiplexage n. m.
démultiplicateur, trice adj. et n. m.
démultiplication n. f.
démultiplier v. tr. (conjug. 7)
démunir v. tr. (conjug. 2)
démuseler v. tr. (conjug. 4)
démutisation n. f.
démutiser v. tr. (conjug. 1)
démyélinisation n. f.
démyéliniser v. tr. (conjug. 1)
démystifiant, iante adj.
démystificateur, trice n.
démystification n. f.
démystifier v. tr. (conjug. 7)
démythification n. f.
démythifier v. tr. (conjug. 7)
dénasalisation n. f.
dénasaliser v. tr. (conjug. 1)
dénatalité n. f.
dénationalisation n. f.
dénationaliser v. tr. (conjug. 1)
dénatter v. tr. (conjug. 1)
dénaturalisation n. f.
dénaturaliser v. tr. (conjug. 1)
dénaturant, ante adj.

dénaturation n. f.
dénaturé, ée adj.
dénaturer v. tr. (conjug. 1)
dénazification n. f.
dénazifier v. tr. (conjug. 7)
dendrite [dɑ̃-; dɛ̃-] n. f.
dendritique [dɑ̃-; dɛ̃-] adj.
dendrochronologie [dɑ̃-] n. f.
dendrologie [dɑ̃-] n. f.
dendrologiste [dɑ̃-] n.
dendrologue [dɑ̃-] n.
dénébulateur n. m.
dénébulation n. f.
dénébuler v. tr. (conjug. 1)
dénébulisation n. f.
dénébuliser v. tr. (conjug. 1)
dénégation n. f.
dénégatoire adj.
déneigement n. m.
déneiger v. tr. (conjug. 3)
dénervation n. f.
dengue [dɛ̃g] n. f.
déni n. m.
déniaiser v. tr. (conjug. 1)
dénicher v. (conjug. 1)
dénicheur, euse n.
dénicotinisation n. f.
dénicotiniser v. tr. (conjug. 1)
dénicotiniseur n. m.
denier n. m.
dénier v. tr. (conjug. 7)
dénigrant, ante adj.
dénigrement n. m.
dénigrer v. tr. (conjug. 1)
dénigreur, euse n. et adj.
denim [danim] n. m.
dénitratation n. f.
dénitrater v. tr. (conjug. 1)
dénitrification n. f.
dénitrifier v. tr. (conjug. 7)
dénivelé n. m.
dénivelée n. f.
déniveler v. tr. (conjug. 4)
dénivellation n. f.
dénivellement ou **dénivèlement*** n. m.
dénombrable adj.

dénombrement n. m.
dénombrer v. tr. (conjug. 1)
dénominateur n. m.
dénominatif, ive adj.
dénomination n. f.
dénommer v. tr. (conjug. 1)
dénoncer v. tr. (conjug. 3)
dénonciateur, trice n.
dénonciation n. f.
dénotatif, ive adj.
dénotation n. f.
dénoter v. tr. (conjug. 1)
dénouement n. m.
dénouer v. tr. (conjug. 1)
dénoûment n. m.
de novo [denovo] loc. adv.
dénoyage n. m.
dénoyautage n. m.
dénoyauter v. tr. (conjug. 1)
dénoyauteur n. m.
dénoyer v. tr. (conjug. 8)
denrée n. f.
dense adj.
densément adv.
densification n. f.
densifier v. tr. (conjug. 7)
densimètre n. m.
densimétrie n. f.
densimétrique adj.
densité n. f.
densitométrie n. f.
dent n. f.
dentaire adj.; n. f.
dental, ale, aux adj.
dent-de-lion n. f.
pl. *dents-de-lion*
dent-de-loup n. f.
pl. *dents-de-loup*
denté, ée adj.
dentée n. f.
dentelaire n. f.
dentelé, ée adj.
denteler v. tr. (conjug. 4)
dentelle n. f.
dentellerie n. f.
dentellier, ière ou **dentelier, ière** n. et adj.
dentelure n. f.
denticule n. m.

denticulé, ée adj.
dentier n. m.
dentifrice n. m.
dentine n. f.
dentirostre adj.
dentiste n.
dentisterie n. f.
dentition n. f.
dento-facial, iale, iaux adj.
denture n. f.
denturologie n. f.
denturologiste n.
dénucléarisation n. f.
dénucléariser v. tr. (conjug. 1)
dénudage n. m.
dénudation n. f.
dénudé, ée adj.
dénuder v. tr. (conjug. 1)
dénudeur n. m.
dénué, ée adj.
dénuement n. m.
dénuer (se) v. pron. (conjug. 1)
dénutri, ie adj.
dénutrition n. f.
déo n. m.
déodorant, ante n. m. et adj.
déontique adj.
déontologie n. f.
déontologique adj.
déontologue n.
dépaillage n. m.
dépailler v. tr. (conjug. 1)
dépalisser v. tr. (conjug. 1)
dépannage n. m.
dépanner v. tr. (conjug. 1)
dépanneur, euse n.
dépanneuse n. f.
dépaquetage n. m.
dépaqueter v. tr. (conjug. 4)
déparaffinage n. m.
déparaffiner v. tr. (conjug. 1)
déparasiter v. tr. (conjug. 1)
dépareillé, ée adj.

dépareiller v. tr. (conjug. 1)
déparer v. tr. (conjug. 1)
déparier v. tr. (conjug. 7)
déparler v. intr. (conjug. 1)
départ n. m.
départager v. tr. (conjug. 3)
département n. m.
départemental, ale, aux adj.
départementalisation n. f.
départementaliser v. tr. (conjug. 1)
départir v. tr. (conjug. 16)
départiteur n. m.
dépassant n. m.
dépassé, ée adj.
dépassement n. m.
dépasser v. tr. (conjug. 1)
dépassionner v. tr. (conjug. 1)
dépatouiller (se) v. pron. (conjug. 1)
dépatrier v. tr. (conjug. 7)
dépavage n. m.
dépaver v. tr. (conjug. 1)
dépaysant, ante adj.
dépaysé, ée adj.
dépaysement n. m.
dépayser v. tr. (conjug. 1)
dépeçage n. m.
dépècement n. m.
dépecer v. tr. (conjug. 3 et 5)
dépeceur, euse n.
dépêche n. f.
dépêcher v. tr. (conjug. 1)
dépeigner v. tr. (conjug. 1)
dépeindre v. tr. (conjug. 52)
dépenaillé, ée adj.
dépénalisation n. f.
dépénaliser v. tr. (conjug. 1)
dépendamment adv.
dépendance n. f.
dépendant, ante adj.
dépendeur, euse n.
dépendre v. (conjug. 41)
dépens n. m. pl.
dépense n. f.
dépenser v. tr. (conjug. 1)

dépensier, ière n. et adj.
déperdition n. f.
dépérir v. intr. (conjug. 2)
dépérissant, ante adj.
dépérissement n. m.
déperlance n. f.
déperlant, ante adj. et n. m.
dépersonnalisation n. f.
dépersonnaliser v. tr. (conjug. 1)
dépêtrer v. tr. (conjug. 1)
dépeuplé, ée adj.
dépeuplement n. m.
dépeupler v. tr. (conjug. 1)
déphasage n. m.
déphasé, ée adj.
déphaser v. tr. (conjug. 1)
déphosphatisation n. f.
déphosphoration n. f.
déphosphorer v. tr. (conjug. 1)
déphosphorylation n. f.
dépiauter v. tr. (conjug. 1)
dépigeonnage n. m.
dépigmentation n. f.
dépigmenter v. tr. (conjug. 1)
dépilage n. m.
dépilation n. f.
dépilatoire adj. et n. m.
dépilement n. m.
dépiler v. (conjug. 1)
dépiquage n. m.
dépiquer v. tr. (conjug. 1)
dépistage n. m.
dépister v. tr. (conjug. 1)
dépisteur n. m.
dépit n. m.
dépité, ée adj.
dépiter v. tr. (conjug. 1)
déplacé, ée adj.
déplacement n. m.
déplacer v. tr. (conjug. 3)
déplafonnement n. m.
déplafonner v. tr. (conjug. 1)
déplaire v. tr. (conjug. 54)
déplaisant, ante adj.
déplaisir n. m.

déplanification n. f.
déplantage n. m.
déplantation n. f.
déplanter v. tr. (conjug. 1)
déplantoir n. m.
déplâtrage n. m.
déplâtrer v. tr. (conjug. 1)
déplétion n. f.
dépliage n. m.
dépliant, iante n. m. et adj.
dépliement n. m.
déplier v. tr. (conjug. 7)
déplissage n. m.
déplisser v. tr. (conjug. 1)
déploiement n. m.
déplombage n. m.
déplomber v. tr. (conjug. 1)
déplorable adj.
déplorablement adv.
déploration n. f.
déplorer v. tr. (conjug. 1)
déployer v. tr. (conjug. 8)
déplumé, ée adj.
déplumer v. tr. (conjug. 1)
dépoétiser v. tr. (conjug. 1)
dépointer v. tr. (conjug. 1)
dépoitraillé, ée adj.
dépoitrailler (se) v. pron. (conjug. 1)
dépolarisant, ante adj. et n.
dépolarisation n. f.
dépolariser v. tr. (conjug. 1)
dépolir v. tr. (conjug. 2)
dépolissage n. m.
dépolissement n. m.
dépolitisation n. f.
dépolitiser v. tr. (conjug. 1)
dépolluant, ante adj. et n. m. (dernière)
dépolluer v. tr. (conjug. 1)
dépollution n. f.
dépolymérisation n. f.
dépolymériser v. tr. (conjug. 1)
déponent, ente adj. et n. m.
dépopulation n. f.
déport n. m.

déportance n. f.
déportation n. f.
déporté, ée adj. et n.
déportement n. m.
déporter v. tr. (conjug. 1)
déposant, ante adj. et n.
dépose n. f.
déposer v. tr. (conjug. 1)
dépositaire n.
déposition n. f.
dépositoire n. m.
déposséder v. tr. (conjug. 6)
dépossession n. f.
dépôt n. m.
dépotage n. m.
dépotement n. m.
dépoter v. tr. (conjug. 1)
dépotoir n. m.
dépôt-vente n. m.
PL. dépôts-vente(s)
dépouillage n. m.
dépouille n. f.
dépouillé, ée adj.
dépouillement n. m.
dépouiller v. tr. (conjug. 1)
dépourvu, ue adj.
dépoussiérage n. m.
dépoussiérer v. tr. (conjug. 6)
dépoussiéreur n. m.
dépravant, ante adj.
dépravation n. f.
dépravé, ée adj.
dépraver v. tr. (conjug. 1)
dépréciation n. f.
dépréciateur, trice n.
dépréciatif, ive adj.
dépréciation n. f.
déprécier v. tr. (conjug. 7)
déprédateur, trice n. et adj.
déprédation n. f.
déprendre (se) v. pron. (conjug. 58)
dépressif, ive adj.
dépression n. f.
dépressionnaire adj.
dépressurisation n. f.
dépressuriser v. tr. (conjug. 1)

déprimant, ante adj.
déprime n. f.
déprimé, ée adj. et n.
déprimer v. tr. (conjug. 1)
déprise n. f.
dépriser v. tr. (conjug. 1)
De profundis [deprɔfɔ̃dis] n. m. inv.
déprogrammation n. f.
déprogrammer v. tr. (conjug. 1)
déprolétarisation n. f.
déprolétariser v. tr. (conjug. 1)
déprotéger v. tr. (conjug. 6 et 3)
dépucelage n. m.
dépuceler v. tr. (conjug. 4)
depuis prép.
dépulper v. tr. (conjug. 1)
dépuratif, ive adj. et n. m.
dépuration n. f.
dépurer v. tr. (conjug. 1)
députation n. f.
député, ée n.
député-maire n.
PL. députés-maires
députer v. tr. (conjug. 1)
déqualification n. f.
déqualifié, iée adj.
déqualifier v. tr. (conjug. 7)
der n.
déracinement n. m.
déraciner v. tr. (conjug. 1)
dérader v. intr. (conjug. 1)
dérager v. intr. (conjug. 3)
déraidir v. tr. (conjug. 2)
déraillement n. m.
dérailler v. intr. (conjug. 1)
dérailleur n. m.
déraison n. f.
déraisonnable adj.
déraisonnablement adv.
déraisonnement n. m.
déraisonner v. intr. (conjug. 1)
déramer v. (conjug. 1)
dérangeant, ante adj.
dérangement n. m.

déranger v. tr. (conjug. 3)
dérapage n. m.
déraper v. intr. (conjug. 1)
dérasement n. m.
déraser v. tr. (conjug. 1)
dératé, ée n.
dératisation n. f.
dératiser v. tr. (conjug. 1)
dérayer v. (conjug. 8)
dérayure n. f.
derbouka n. f.
derby n. m.
   PL. *derbys*
derche n. m.
déréalisant, ante adj.
déréalisation n. f.
déréaliser v. tr. (conjug. 1)
derechef adv.
déréel, elle adj.
déréférencement n. m.
déréférencer v. tr. (conjug. 3)
déréglé, ée adj.
déréglement n. m.
déréglementation ou **dérèglementation*** n. f.
déréglementer ou **dérèglementer*** v. tr. (conjug. 1)
dérégler v. tr. (conjug. 6)
dérégulation n. f.
déréistique adj.
déréliction n. f.
déremboursable adj.
déremboursement n. m.
dérembourser v. tr. (conjug. 1)
déresponsabilisation n. f.
déresponsabiliser v. tr. (conjug. 1)
derge ou **dergeot** n. m.
déridage n. m.
dérider v. tr. (conjug. 1)
dérision n. f.
dérisoire adj.
dérisoirement adv.
dérivable adj.

dérivant, ante adj.
dérivatif, ive adj. et n. m.
dérivation n. f. (rec. off. *by-pass*)
dérive n. f.
dérivé, ée adj.; n. m.
dérivée n. f.
dériver v. (conjug. 1)
dériveur n. m.
dermabrasion n. f.
dermatite n. f.
dermatoglyphes n. m. pl.
dermatologie n. f.
dermatologique adj.
dermatologiste n.
dermatologue n.
dermatomycose n. f.
dermatophyte n. m.
dermatophytose n. f.
dermatose n. f.
derme n. m.
dermeste n. m.
dermique adj.
dermite n. f.
dermoactif, ive adj.
dermocorticoïde n. m.
dermocosmétique n. m. et n. f.
dermographisme n. m.
dermolipectomie n. f.
dermopharmacie n. f.
dermoprotecteur, trice adj.
dermotrope adj.
dernier, ière adj. et n.
dernièrement adv.
dernier-né, dernière-née n.
   PL. *derniers-nés, dernières-nées*
derny n. m.
   PL. *dernys*
dérobade n. f.
dérobé, ée adj.
dérobée (à la) loc. adv.
dérobement n. m.
dérober v. tr. (conjug. 1)
dérochage n. m.
dérochement n. m.
dérocher v. (conjug. 1)

déroctage n. m.
déroder v. tr. (conjug. 1)
dérogation n. f.
dérogatoire adj.
dérogeance n. f.
déroger v. tr. ind. (conjug. 3)
dérougir v. intr. (conjug. 2)
dérouillée n. f.
dérouiller v. tr. (conjug. 1)
déroulage n. m.
déroulant, ante adj.
déroulement n. m.
dérouler v. tr. (conjug. 1)
dérouleur n. m.
dérouleuse n. f.
déroutage n. m.
déroutant, ante adj.
déroute n. f.
déroutement n. m.
dérouter v. tr. (conjug. 1)
derrick n. m. (rec. off. : *tour de forage*)
derrière prép.; adv.; n. m.
déruralisation n. f.
derviche n. m.
D. E. S. n. m. (diplôme d'études supérieures)
des art. déf. pl.
dès prép.
désabonnement n. m.
désabonner v. tr. (conjug. 1)
désabusé, ée adj.
désabusement n. m.
désabuser v. tr. (conjug. 1)
désaccentuation n. f.
désaccentuer v. tr. (conjug. 1)
désacclimater v. tr. (conjug. 1)
désaccord n. m.
désaccordé, ée adj.
désaccorder v. tr. (conjug. 1)
désaccouplement n. m.
désaccoupler v. tr. (conjug. 1)
désaccoutumance n. f.
désaccoutumer v. tr. (conjug. 1)

désacidification n. f.
désacidifier v. tr. (conjug. 7)
désaciérer v. tr. (conjug. 6)
désacralisation n. f.
désacraliser v. tr. (conjug. 1)
désactivation n. f.
désactiver v. tr. (conjug. 1)
désadaptation n. f.
désadapté, ée adj.
désadapter v. tr. (conjug. 1)
désaération n. f.
désaérer v. tr. (conjug. 6)
désaffectation n. f.
désaffecté, ée adj.
désaffecter v. tr. (conjug. 1)
désaffection n. f.
désaffectionner (se) v. pron. (conjug. 1)
désaffiliation n. f.
désaffilier v. tr. (conjug. 7)
désagrafer v. tr. (conjug. 1)
désagréable adj.
désagréablement adv.
désagrégation n. f.
désagréger v. tr. (conjug. 3 et 6)
désagrément n. m.
désaimantation n. f.
désaimanter v. tr. (conjug. 1)
désaisonnalisation n. f.
désaisonnaliser v. tr. (conjug. 1)
désajuster v. tr. (conjug. 1)
désaliénation n. f.
désaliéner v. tr. (conjug. 6)
désalignement n. m.
désaligner v. tr. (conjug. 1)
désalinisation n. f.
désaliniser v. tr. (conjug. 1)
désalpe n. f.
désalper v. intr. (conjug. 1)
désaltérant, ante adj.
désaltération n. f.
désaltérer v. tr. (conjug. 6)
désambiguïsation ou **désambigüisation*** n. f.

désambiguïser ou **désambigüiser*** v. tr. (conjug. 1)
désamiantage n. m.
désamianter v. tr. (conjug. 1)
désamidonnage n. m.
désamidonner v. tr. (conjug. 1)
désaminase n. f.
désamination n. f.
désaminer v. tr. (conjug. 1)
désamorçage n. m.
désamorcer v. tr. (conjug. 3)
désamour n. m.
désannoncer v. tr. (conjug. 3)
désaper v. tr. (conjug. 1)
désapparier v. tr. (conjug. 7)
désappointé, ée adj.
désappointement n. m.
désappointer v. tr. (conjug. 1)
désapprendre v. tr. (conjug. 58)
désapprobateur, trice adj.
désapprobation n. f.
désapprouver v. tr. (conjug. 1)
désapprovisionner v. tr. (conjug. 1)
désarçonner v. tr. (conjug. 1)
désargenté, ée adj.
désargenter v. tr. (conjug. 1)
désarmant, ante adj.
désarmé, ée adj.
désarmement n. m.
désarmer v. tr. (conjug. 1)
désarrimage n. m.
désarrimer v. tr. (conjug. 1)
désarroi n. m.
désarticulation n. f.
désarticuler v. tr. (conjug. 1)
désassemblage n. m.

désassembler v. tr. (conjug. 1)
désassembleur n. m.
désassimilation n. f.
désassimiler v. tr. (conjug. 1)
désassortiment n. m.
désassortir v. tr. (conjug. 2)
désastre n. m.
désastreusement adv.
désastreux, euse adj.
désatomisation n. f.
désatomiser v. tr. (conjug. 1)
désavantage n. m.
désavantager v. tr. (conjug. 3)
désavantageusement adv.
désavantageux, euse adj.
désaveu n. m.
désavouer v. tr. (conjug. 1)
désaxé, ée adj. et n.
désaxer v. tr. (conjug. 1)
descellement n. m.
desceller v. tr. (conjug. 1)
descendance n. f.
descendant, ante adj. et n.
descenderie n. f.
descendeur, euse n.
descendre v. (conjug. 41)
descenseur n. m.
descente n. f.
déscolarisation n. f.
déscolarisé, ée adj.
déscolariser v. tr. (conjug. 1)
décotcher v. tr. (conjug. 1)
descripteur n. m.
descriptible adj.
descriptif, ive adj. et n. m.
description n. f.
descriptivisme n. m.
desdits, ites adj.
déséchouage n. m.
déséchouer v. tr.
désectorisation n. f.

désectoriser v. tr. (conjug. 1)
déségrégation n. f.
désélectionner v. tr. (conjug. 1)
désémantisation n. f.
désembobiner v. tr. (conjug. 1)
désembourber v. tr. (conjug. 1)
désembourgeoiser v. tr. (conjug. 1)
désembouteiller v. tr. (conjug. 1)
désembuage n. m.
désembuer v. tr. (conjug. 1)
désemparé, ée adj.
désemparement n. m.
désemparer v. tr. (conjug. 1)
désemplir v. (conjug. 2)
désencadrement n. m.
désencadrer v. tr. (conjug. 1)
désenchaîner ou **désenchainer*** v. tr. (conjug. 1)
désenchanté, e adj.
désenchantement n. m.
désenchanter v. tr. (conjug. 1)
désenclavement n. m.
désenclaver v. tr. (conjug. 1)
désencombrement n. m.
désencombrer v. tr. (conjug. 1)
désencrage n. m.
désencrasser v. tr. (conjug. 1)
désendettement n. m.
désendetter (se) v. pron. (conjug. 1)
désénerver v. tr. (conjug. 1)
désenfler v. (conjug. 1)
désenfumage n. m.
désenfumer v. tr. (conjug. 1)
désengagement n. m.

désengager v. tr. (conjug. 3)
désengluer v. tr. (conjug. 1)
désengorgement n. m.
désengorger v. tr. (conjug. 3)
désengourdir v. tr. (conjug. 2)
désengrener v. tr. (conjug. 5)
désenivrer v. (conjug. 1)
désennuyer v. tr. (conjug. 8)
désenrayer v. tr. (conjug. 8)
désensablement n. m.
désensabler v. tr. (conjug. 1)
désensibilisant, ante adj. et n.
désensibilisateur n. m.
désensibilisation n. f.
désensibiliser v. tr. (conjug. 1)
désensorceler v. tr. (conjug. 4)
désentoilage n. m.
désentoiler v. tr. (conjug. 1)
désentortiller v. tr. (conjug. 1)
désentraver v. tr. (conjug. 1)
désenvaser v. tr. (conjug. 1)
désenvenimer v. tr. (conjug. 1)
désenverguer v. tr. (conjug. 1)
désenvoûtement ou **désenvoutement*** n. m.
désenvoûter ou **désenvouter*** v. tr. (conjug. 1)
désépaissir v. tr. (conjug. 2)
désépargnant, ante adj.
désépargne n. f.
désépargner v. intr. (conjug. 1)
déséquilibrant, ante adj.
déséquilibre n. m.
déséquilibré, ée adj.

déséquilibrer v. tr. (conjug. 1)
déséquiper v. tr. (conjug. 1)
¹**désert, erte** adj.
²**désert** n. m.
déserter v. tr. (conjug. 1)
déserteur n. m.
désertification n. f.
désertifier (se) v. pron. (conjug. 7)
désertion n. f.
désertique adj.
désescalade n. f.
désespérance n. f.
désespérant, ante adj.
désespéré, ée adj.
désespérément adv.
désespérer v. (conjug. 6)
désespoir n. m.
désétatisation n. f.
désétatiser v. tr. (conjug. 1)
désexcitation n. f.
désexciter v. tr. (conjug. 1)
désexualisation n. f.
désexualiser v. tr. (conjug. 1)
déshabillage n. m.
déshabillé n. m.
déshabiller v. tr. (conjug. 1)
déshabituer v. tr. (conjug. 1)
désherbage n. m.
désherbant, ante adj. et n. m.
désherber v. tr. (conjug. 1)
déshérence n. f.
déshérité, ée adj. et n.
déshériter v. tr. (conjug. 1)
déshonnête adj.
déshonneur n. m.
déshonorant, ante adj.
déshonorer v. tr. (conjug. 1)
déshuiler v. tr. (conjug. 1)
déshumanisant, ante adj.
déshumanisation n. f.
déshumanisé, e adj.
déshumaniser v. tr. (conjug. 1)

déshumidificateur n. m.
déshydratation n. f.
déshydraté, ée adj.
déshydrater v. tr.
(conjug. 1)
déshydrogénase n. f.
déshydrogénation n. f.
déshydrogéner v. tr.
(conjug. 6)
déshypothéquer v. tr.
(conjug. 6)
désidérabilité n. f.
desiderata ou **désidérata** n. m.
PL. desiderata ou désidératas
desideratum n. m. sing.
design n. m.
désignatif, ive adj.
désignation n. f.
designer n.
désigner v. tr. (conjug. 1)
désileuse n. f.
désiliciage n. m.
désillusion n. f.
désillusionnement n. m.
désillusionner v. tr.
(conjug. 1)
désincarcération n. f.
désincarcérer v. tr.
(conjug. 6)
désincarné, ée adj.
désincarner v. tr.
(conjug. 1)
désincrustant, ante adj. et n. m.
désincrustation n. f.
désincruster v. tr.
(conjug. 1)
désindexation n. f.
désindexer v. tr. (conjug. 1)
désindustrialisation n. f.
désindustrialiser v. tr.
(conjug. 1)
désinence n. f.
désinentiel, ielle adj.
désinfectant, ante adj. et n. m.
désinfecter v. tr. (conjug. 1)
désinfection n. f.

désinfiltrant, ante adj.
désinflation n. f.
désinformation n. f.
désinformer v. tr.
(conjug. 1)
désinhibant, ante adj.
désinhiber v. tr. (conjug. 1)
désinhibiteur, trice adj.
désinhibition n. f.
désinscription n. f.
désinscrire (se) v. pron.
(conjug. 39)
désinsectisation n. f.
désinsectiser v. tr.
(conjug. 1)
désinsérer v. tr. (conjug. 6)
désinsertion n. f.
désinstallation n. f.
désinstaller v. tr.
(conjug. 1)
désintégration n. f.
désintégrer v. tr.
(conjug. 6)
désintéressé, ée adj.
désintéressement n. m.
désintéresser v. tr.
(conjug. 1)
désintérêt n. m.
désintermédiation n. f.
désintoxication n. f.
désintoxiquer v. tr.
(conjug. 1)
désinvestir v. tr. (conjug. 2)
désinvestissement n. m.
désinvolte adj.
désinvolture n. f.
désir n. m.
désirable adj.
désirant, ante adj.
désirer v. tr. (conjug. 1)
désireux, euse adj.
désistement n. m.
désister (se) v. pron.
(conjug. 1)
desk n. m.
desktop n. m.
desman n. m.
désobéir v. tr. ind. (conjug. 2)
désobéissance n. f.
désobéissant, ante adj.

désobligeance n. f.
désobligeant, ante adj.
désobliger v. tr. (conjug. 3)
désoblitération n. f.
désobstruction n. f.
désobstruer v. tr.
(conjug. 1)
désocialisation n. f.
désocialiser v. tr.
(conjug. 1)
désodorisant, ante adj. et n. m.
désodoriser v. tr.
(conjug. 1)
désœuvré, ée adj.
désœuvrement n. m.
désolant, ante adj.
désolation n. f.
désolé, ée adj.
désoler v. tr. (conjug. 1)
désolidariser v. tr.
(conjug. 1)
désoperculateur n. m.
désoperculer v. tr.
(conjug. 1)
désopilant, ante adj.
désopiler v. tr. (conjug. 1)
désorbiter v. tr. (conjug. 1)
désordonné, ée adj.
désordre n. m.
désorganisateur, trice adj. et n.
désorganisation n. f.
désorganiser v. tr.
(conjug. 1)
désorientation n. f.
désorienté, ée adj.
désorienter v. tr.
(conjug. 1)
désormais adv.
désorption n. f.
désossage n. m.
désossé, ée adj.
désossement n. m.
désosser v. tr. (conjug. 1)
désoxygéner v. tr.
(conjug. 6)
désoxyribonucléase n. f.

désoxyribonucléique adj.
désoxyribose n. m.
déspécialisation n. f.
desperado ou **desperado** n. m.
despote n. m.
despotique adj.
despotiquement adv.
despotisme n. m.
desquamation n. f.
desquamer v. (conjug. 1)
desquels, desquelles pron. rel. et interrog.
D. E. S. S. n. m. (diplôme d'études supérieures spécialisées)
dessablage n. m.
dessablement n. m.
dessabler v. tr. (conjug. 1)
dessaisir v. tr. (conjug. 2)
dessaisissement n. m.
dessaisonnement n. m.
dessaisonner v. tr. (conjug. 1)
dessalage n. m.
dessalement n. m.
dessaler v. (conjug. 1)
dessalinisateur n. m.
dessalinisation n. f.
dessangler v. tr. (conjug. 1)
dessaouler v. (conjug. 1)
desséchant, ante adj.
dessèchement n. m.
dessécher v. tr. (conjug. 6)
dessein n. m.
desseller v. tr. (conjug. 1)
desserrage n. m.
desserrement n. m.
desserrer v. tr. (conjug. 1)
dessert n. f.
desserte n. f.
dessertir v. tr. (conjug. 2)
dessertissage n. m.
desservant n. m.
desservir v. tr. (conjug. 14)
dessiccateur n. m.
dessiccatif, ive adj.
dessiccation n. f.
dessiller ou **déciller** v. tr. (conjug. 1)

dessin n. m.
dessin animé n. m.
dessinateur, trice n.
dessiné, ée adj.
dessiner v. tr. (conjug. 1)
dessolement n. m.
dessoler v. tr. (conjug. 1)
dessouchage n. m.
dessoucher v. tr. (conjug. 1)
dessouder v. tr. (conjug. 1)
dessoûler ou **dessouler★** v. (conjug. 1)
dessous prép.; adv.; n. m.
dessous-de-bouteille n. m. inv.
dessous-de-bras n. m. inv.
dessous-de-plat n. m. inv.
dessous-de-table n. m. inv.
dessuintage n. m.
dessuinter v. tr. (conjug. 1)
dessus prép. et adv.; n. m.
dessus-de-lit n. m. inv.
dessus-de-plat n. m. inv.
dessus-de-porte n. m. inv.
déstabilisant, ante adj.
déstabilisateur, trice adj.
déstabilisation n. f.
déstabiliser v. tr. (conjug. 1)
déstalinisation n. f.
déstaliniser v. tr. (conjug. 1)
destin n. m.
destinataire n.
destinateur n. m.
destination n. f.
destinée n. f.
destiner v. tr. (conjug. 1)
destituer v. tr. (conjug. 1)
destitution n. f.
déstockage n. m.
déstocker v. (conjug. 1)
déstockeur n. m.
déstressant, ante adj.
déstresser v. (conjug. 1)
destrier n. m.
destroy [dɛstʀɔj] adj. inv.

destroyer [dɛstʀwaje; dɛstʀɔjœʀ] n. m.
destructeur, trice n. et adj.
destructible adj.
destructif, ive adj.
destruction n. f.
destructivité n. f.
déstructuration n. f.
déstructurer v. tr. (conjug. 1)
désuet, ète adj.
désuétude n. f.
désulfitage n. m.
désulfiter v. tr. (conjug. 1)
désulfuration n. f.
désulfurer v. tr. (conjug. 1)
désuni, ie adj.
désunion n. f.
désunir v. tr. (conjug. 2)
désynchronisation [-k-] n. f.
désynchroniser [-k-] v. tr. (conjug. 1)
désyndicalisation n. f.
désyndicaliser v. tr. (conjug. 1)
détachable adj.
détachage n. m.
détachant, ante adj. et n. m.
détaché, ée adj.
détachement n. m.
détacher v. tr. (conjug. 1)
détacheur, euse n.
détail n. m.
détaillant, ante n.
détailler v. tr. (conjug. 1)
détaler v. intr. (conjug. 1)
détartrage n. m.
détartrant, ante adj. et n. m.
détartrer v. tr. (conjug. 1)
détartreur n. m.
détaxation n. f.
détaxe n. f.
détaxer v. tr. (conjug. 1)
détectable adj.
détecter v. tr. (conjug. 1)

dévastation

détecteur, trice adj. et n. m.
détection n. f.
détective n.
détectivité n. f.
déteindre v. (conjug. 52)
dételage n. m.
dételer v. (conjug. 4)
détendeur n. m.
détendre v. tr. (conjug. 41)
détendu, ue adj.
détenir v. tr. (conjug. 22)
détente n. f.
détenteur, trice n.
détention n. f.
détenu, ue adj. et n.
détergence n. f.
détergent, ente adj. et n. m.
déterger v. tr. (conjug. 3)
détérioration n. f.
détériorer v. tr. (conjug. 1)
déterminable adj.
déterminant, ante adj. et n. m.
déterminatif, ive adj.
détermination n. f.
déterminé, ée adj. et n.
déterminer v. tr. (conjug. 1)
déterminisme n. m.
déterministe adj. et n.
déterrage n. m.
déterré, ée adj.
déterrement n. m.
déterrer v. tr. (conjug. 1)
déterreur, euse n.
détersif, ive adj. et n. m.
détersion n. f.
détestable adj.
détestablement adv.
détestation n. f.
détester v. tr. (conjug. 1)
déthéiné, ée adj.
détirer v. tr. (conjug. 1)
détonant, ante adj.
détonateur n. m.
détonation n. f.
détoner v. intr. (conjug. 1)

détonique n. f.
détonner v. intr. (conjug. 1)
détordre v. tr. (conjug. 41)
détors, orse adj.
détorsion n. f.
détortiller v. tr. (conjug. 1)
détour n. m.
détourage n. m.
détourer v. tr. (conjug. 1)
détourné, ée adj.
détournement n. m.
détourner v. tr. (conjug. 1)
détourneur, euse n.
détoxication n. f.
détoxifiant, iante adj. et n. m.
détoxifier v. tr. (conjug. 7)
détoxination n. f.
détoxiner v. tr. (conjug. 1)
détoxiquer v. tr. (conjug. 1)
détracter v. tr. (conjug. 1)
détracteur, trice n.
détraction n. f.
détramage n. m.
détramer v. tr. (conjug. 1)
détranspirant n. m.
détraqué, ée adj. et n.
détraquement n. m.
détraquer v. tr. (conjug. 1)
détrempe n. f.
détremper v. tr. (conjug. 1)
détresse n. f.
détricotage n. m.
détricoter v. tr. (conjug. 1)
détriment n. m.
détritique adj.
détritivore adj. et n. m.
détritus n. m.
détroit n. m.
détromper v. tr. (conjug. 1)
détrompeur n. m.
détrôner v. tr. (conjug. 1)
détroquage n. m.
détroquer v. tr. (conjug. 1)
détrousser v. tr. (conjug. 1)
détrousseur n. m.
détruire v. tr. (conjug. 38)
dette n. f.
détumescence n. f.

détumescent, ente adj.
deuche n. f.
deuches n. f. pl.
deudeuche n. f.
D. E. U. G. n. m. (diplôme d'études universitaires générales)
deuil n. m.
deus ex machina [deuseksmakina; deys-] n. m. inv.
D. E. U. S. T. n. m. (diplôme d'études universitaires scientifiques et techniques)
deutérium n. m.
deutérocanonique adj.
deutéron n. m.
deuton n. m.
deux adj. numér. inv. et n. inv.
deux-chevaux n. m.
deuxième adj. numér. ord. et n.
deuxièmement adv.
deux-mâts n. m.
deux-pièces n. m.
deux-points n. m.
deux-ponts n. m.
deux-roues n. m.
deux-temps adj. et n. m.
deuzio adv.
dévaler v. (conjug. 1)
dévaliser v. tr. (conjug. 1)
dévaloir n. m.
dévalorisant, ante adj.
dévalorisation n. f.
dévaloriser v. tr. (conjug. 1)
dévaluation n. f.
dévaluationniste adj.
dévaluer v. tr. (conjug. 1)
devanagari ou dévanagari* n. f.; (vx) n. m.; adj. inv. en genre
devancement n. m.
devancer v. tr. (conjug. 3)
devancier, ière n.
devant prép.; adv.; n. m.
devanture n. f.
dévaser v. tr. (conjug. 1)
dévastateur, trice n. et adj.
dévastation n. f.

dévaster v. tr. (conjug. 1)
dévédéthèque n. f.
déveine n. f.
développable adj.
développante n. f.
développateur n. m.
développé n. m.
développée n. f.
développement n. m.
développer v. tr. (conjug. 1)
développeur, euse n.
¹**devenir** n. m.
²**devenir** v. intr. (conjug. 22)
déverbal, aux n. m.
déverbatif n. m.
dévergondage n. m.
dévergondé, ée adj.
dévergonder (se) v. pron. (conjug. 1)
déverguer v. tr. (conjug. 1)
dévernir v. tr. (conjug. 2)
dévernissage n. m.
déverrouillage n. m.
déverrouiller v. tr. (conjug. 1)
devers prép.
dévers n. m.
déversement n. m.
déverser v. tr. (conjug. 1)
déversoir n. m.
dévêtir v. tr. (conjug. 20)
déviance n. f.
déviant, iante adj. et n.
déviateur, trice adj. et n. m.
déviation n. f. (rec off. de by-pass)
déviationnisme n. m.
déviationniste adj.
dévidage n. m.
dévider v. tr. (conjug. 1)
dévideur, euse n.
dévidoir n. m.
dévier v. (conjug. 7)
devin, devineresse n.
devinable adj.
deviner v. tr. (conjug. 1)
devineresse n. f.
devinette n. f.
dévirer v. tr. (conjug. 1)

dévirginiser v. tr. (conjug. 1)
dévirilisation n. f.
déviriliser v. tr. (conjug. 1)
devis n. m.
dévisager v. tr. (conjug. 3)
devise n. f.
deviser v. (conjug. 1)
devise-titre n. f. PL. *devises-titres*
deviseur n. m.
dévissable adj.
dévissage n. m.
dévissé n. m.
dévisser v. (conjug. 1)
dévisseuse n. f.
de visu [devizy] loc. adv.
dévitalisation n. f.
dévitaliser v. tr. (conjug. 1)
dévitaminé, ée adj.
dévitrification n. f.
dévitrifier v. tr. (conjug. 7)
dévoiement n. m.
dévoilement n. m.
dévoiler v. tr. (conjug. 1)
¹**devoir** n. m.
²**devoir** v. tr. (conjug. 28; au p. p. dû, due, dus, dues)
dévoisé, ée adj.
dévoltage n. m.
dévolter v. tr. (conjug. 1)
dévolu, ue adj. et n. m.
dévolutif, ive adj.
dévolution n. f.
devon ou **devon** n. m.
dévonien, ienne adj. et n. m.
dévorant, ante adj.
dévorateur, trice adj.
dévorer v. tr. (conjug. 1)
dévoreur, euse n. et adj.
dévot, ote adj. et n.
dévotement adv.
dévotion n. f.
dévotionnel, elle adj.
dévoué, ée adj.
dévouement n. m.
dévouer v. tr. (conjug. 1)
dévoyé, ée adj. et n.
dévoyer v. tr. (conjug. 8)

déwatté, ée adj.
dextérité n. f.
dextralité n. f.
dextre n. f. et adj.
dextrine n. f.
dextrinisation n. f.
dextrocardie n. f.
dextrogyre adj.
dextrorsum adj. PL. inv. ou *dextrorsums* *
dextrose n. m.
dey n. m. PL. *deys*
dézingage n. m.
dézinguer v. tr. (conjug. 1)
dézipper v. tr. (conjug. 1)
dézonage n. m.
dézoner v. tr. (conjug. 1)
¹**D. G.** n. (directeur, trice général(e))
²**D. G.** n. f. (direction générale)
DGSE n. f. (direction générale de la sécurité extérieure)
dharma n. m.
DHEA n. f. (déhydroépiandrostérone)
dhole n. m.
dia n. f.
diabète n. m.
diabétique adj.
diabétologie n. f.
diabétologue n.
diable n. m.
diablement adv.
diablerie n. f.
diablesse n. f.
diablotin n. m.
diabolique adj.
diaboliquement adv.
diabolisation n. f.
diaboliser v. tr. (conjug. 1)
diabolo n. m.
diacétylmorphine n. f.
diachronie [-k-] n. f.
diachronique [-k-] adj.
diachroniquement [-k-] adv.
diachylon [-k-] n. m.
diacide n. m. et adj.
diaclase n. f.
diacode n. m.

didactisme

diaconal, ale, aux adj.
diaconat n. m.
diaconesse n. f.
diacoustique n. f.
diacre n. m.
diacritique adj.
diadème n. m.
diadoque n. m.
diagénèse n. f.
diagnose n. f.
diagnostic n. m.
diagnosticien, ienne n.
diagnostique adj.
diagnostiquer v. tr. (conjug. 1)
diagnostiqueur, euse n.
diagonal, ale, aux adj.
diagonale n. f.
diagonalement adv.
diagramme n. m.
diagraphe n. m.
diagraphie n. f.
dialcool n. m.
dialectal, ale, aux adj.
dialectalisme n. m.
dialecte n. m.
dialecticien, ienne n.
dialectique n. f. et adj.
dialectiquement adv.
dialectiser v. tr. (conjug. 1)
dialectologie n. f.
dialectologique adj.
dialectologue n.
dialogique adj.
dialogue n. m.
dialoguer v. (conjug. 1)
dialoguiste n.
dialypétale adj. et n. f.
dialyse n. f.
dialyser v. tr. (conjug. 1)
dialyseur n. m.
diamagnétique adj.
diamagnétisme n. m.
diamant n. m.
diamantaire adj. et n.
diamanté, ée adj.
diamanter v. tr. (conjug. 1)
diamantifère adj.

diamantin, ine adj.
diamétral, ale, aux adj.
diamétralement adv.
diamètre n. m.
diamide n. f.
diamine n. f.
diaminophénol n. m.
diamorphine n. f.
diane n. f.
diantre interj.
diantrement adv.
diapason n. m.
diapédèse n. f.
diaphane adj.
diaphanéité n. f.
diaphanoscopie n. f.
diaphonie n. f.
diaphonique adj.
diaphorèse n. f.
diaphorétique adj.
diaphragmatique adj.
diaphragme n. m.
diaphragmer v. (conjug. 1)
diaphysaire adj.
diaphyse n. f.
diapo n. f. (diapositive)
diaporama n. m.
diapositive n. f.
diapothèque n. f.
diapré, ée adj.
diaprer v. tr. (conjug. 1)
diaprure n. f.
diariste n.
diarrhée n. f.
diarrhéique adj. et n.
diarthrose n. f.
diascope n. m.
diascopie n. f.
diaspora n. f.
diastase n. f.
diastasique adj.
diastole n. f.
diastolique adj.
diathèque n. f.
diathermane adj.
diatherme adj.
diathermie n. f.
diathermique adj.
diathèse n. f.

diathésique adj.
diatomée n. f.
diatomique adj.
diatomite n. f.
diatonique adj.
diatoniquement adv.
diatribe n. f.
diaule [djol; djɔl] n. f.
diazoïque adj. et n. m.
diazote n. m.
dibasique adj.
dicastère n. m.
dichlore [-k-] n. m.
dichlorure [-k-] n. m.
dichogame [diko-] adj.
dichogamie [diko-] n. f.
dichotome [diko-] adj.
dichotomie [diko-] n. f.
dichotomique [diko-] adj.
dichroïque [-k-] adj.
dichroïsme [-k-] n. m.
dichromatique [-k-] adj.
dickensien, ienne adj.
dicline adj.
dico n. m. (dictionnaire)
dicotylédone n. f.
dicoumarine n. f.
dicoumarol n. m.
dicrote adj.
dictame n. m.
dictaphone ® n. m.
dictateur, trice n.
dictatorial, iale, iaux adj.
dictatorialement adv.
dictature n. f.
dictée n. f.
dicter v. tr. (conjug. 1)
diction n. f.
dictionnaire n. m.
dictionnairique adj. et n. f.
dictionnariste n.
dicton n. m.
didactèque n. f.
didacticiel n. m.
didactique adj. et n. f.
didactiquement adv.
didactisme n. m.

didactyle

didactyle adj.
didascalie n. f.
didjeridoo ou
  didgeridoo [didʒɛʀidu]
  n. m.
diduction n. f.
didyme adj. et n. m.
dièdre adj. et n. m.
diégèse n. f.
diégétique adj.
diélectrique adj. et n. m.
diencéphale n. m.
diencéphalique adj.
diérèse n. f.
diergol n. m.
dièse n. m.
diesel ou diésel n. m.
diéséliste n.
diéser v. tr. (conjug. 6)
Dies irae [djesiʀe] n. m. inv.
diester n. m.
diète n. f.
diététicien, ienne n.
diététique adj. et n. f.
diététiquement adv.
diététiste n.
dieu n. m.
diffa n. f.
diffamant, ante adj.
diffamateur, trice n.
diffamation n. f.
diffamatoire adj.
diffamé, ée adj.
diffamer v. tr. (conjug. 1)
différé n. m.
différemment adv.
différence n. f.
différenciateur, trice
  adj. et n.
différenciation n. f.
différencier v. tr.
  (conjug. 7)
différend n. m.
différent, ente adj.
différentiation n. f.
¹différentiel, ielle adj.
²différentiel n. m.
différentielle n. f.
différentier v. tr. (conjug. 7)
différer v. (conjug. 6)

difficile adj.
difficilement adv.
difficulté n. f.
difficultueux, euse adj.
diffluence n. f.
diffluent, ente adj.
difforme adj.
difformité n. f.
diffracter v. tr. (conjug. 1)
diffraction n. f.
diffus, use adj.
diffusément adv.
diffuser v. (conjug. 1)
diffuseur, euse n.
diffusible adj.
diffusion n. f.
diffusionnisme n. m.
diffusionniste adj. et n.
diffusivité n. f.
digamma n. m.
digérer v. tr. (conjug. 6)
digest n. m. (rec. off. :
  condensé)
digeste adj.; n. m.
digesteur n. m.
digestibilité n. f.
digestible adj.
digestif, ive adj. et n. m.
digestion n. f.
digicode® n. m.
digipack n. m.
digit n. m.
digital, ale, aux adj.
digitale n. f.
digitaline n. f.
digitalique adj.
digitalisation n. f.
digitaliser v. tr. (conjug. 1)
digitaliseur n. m.
digité, ée adj.
digitiforme adj.
digitigrade adj.
digitopuncture n. f.
diglossie n. f.
digne adj.
dignement adv.
dignitaire n. m.
dignité n. f.
digon n. m.

digramme n. m.
digraphie n. f.
digresser v. intr. (conjug. 1)
digression n. f.
digue n. f.
diholoside n. m.
dik-dik n. m.
  PL. diks-diks
diktat ou dictat* n. m.
dilacération n. f.
dilacérer v. tr. (conjug. 6)
dilapidateur, trice adj.
  et n.
dilapidation n. f.
dilapider v. tr. (conjug. 1)
dilatabilité n. f.
dilatable adj.
dilatant, ante adj. et n. m.
dilatateur, trice adj. et
  n. m.
dilatation n. f.
dilater v. tr. (conjug. 1)
dilatoire adj.
dilatomètre n. m.
dilection n. f.
dilemme n. m.
dilettante n.
dilettantisme n. m.
diligemment adv.
diligence n. f.
diligent, ente adj.
diligenter v. tr. (conjug. 1)
diluant n. m.
diluer v. tr. (conjug. 1)
dilutif, ive adj.
dilution n. f.
diluvial, iale, iaux adj.
diluvien, ienne adj.
diluvium n. m.
dimanche n. m.
dîme ou dime* n. f.
dimension n. f.
dimensionnel, elle adj.
dimensionnement n. m.
dimensionner v. tr.
  (conjug. 1) (rec. off. :
  proportionner)
dimère n. m.
diminué, ée adj.

diminuendo [diminɥɛndo; diminɥɛdo] adv.
diminuer v. (conjug. 1)
diminutif, ive adj. et n. m.
diminution n. f.
dimissoire n. m.
dimissorial, iale, iaux adj.
dimorphe adj.
dimorphisme n. m.
DIN [din] n. m. inv. (Deutsche Industrie Norm)
dinanderie n. f.
dinandier n. m.
dinar n. m.
dînatoire ou **dinatoire*** adj.
dinde n. f.
dindon n. m.
dindonneau n. m.
¹**dîner** ou **diner*** n. m.
²**dîner** ou **diner*** v. intr. (conjug. 1)
dînette ou **dinette*** n. f.
dîneur, euse ou **dineur, euse*** n.
ding interj.
dinghy ou **dinghie** [diŋgi] n. m.
PL. **dinghys** ou **dinghies**
dingo adj. et n.; n. m.
dingue adj.
dinguer v. intr. (conjug. 1)
dinguerie n. f.
dinoflagellés n. m. pl.
dinophysis n. m.
dinornis n. m.
dinosaure n. m.
dinosauriens n. m. pl.
dinothérium n. m.
diocésain, aine adj. et n.
diocèse n. m.
diode n. f.
diodon n. m.
dioïque adj.
diol n. m.
dionée n. f.
dionysiaque adj. et n.
dionysies n. f. pl.
dioptre n. m.

dioptrie n. f.
dioptrique n. f. et adj.
diorama n. m.
diorite n. f.
diot n. m.
dioxine ® n. f.
dioxyde n. m.
dioxygène n. m.
dipétale adj.
diphasé, ée adj.
diphénol n. m.
diphényle n. m.
diphtérie n. f.
diphtérique adj.
diphtongaison n. f.
diphtongue n. f.
diphtonguer v. tr. (conjug. 1)
diplocoque n. m.
diplodocus n. m.
diploé n. m.
diploïde adj.
diplômant, ante adj.
diplomate n.
diplomatie n. f.
diplomatique adj. et n. f.
diplomatiquement adv.
diplôme n. m.
diplômé, ée adj. et n.
diplômer v. tr. (conjug. 1)
diplopie n. f.
diplopodes n. m. pl.
dipneumone adj.
dipneustes n. m. pl.
dipode adj. et n. m.
dipolaire adj.
dipôle n. m.
dipsomane adj. et n.
dipsomaniaque adj. et n.
dipsomanie n. f.
diptère adj. et n. m.
diptyque n. m.
dircom n.
¹**dire** n. m.
²**dire** v. tr. (conjug. 37)
direct, e adj.; n. m.
directement adv.
directeur, trice adj. et n.
directif, ive adj.

direction n. f.
directionnel, elle adj.
directive n. f.
directivisme n. m.
directivité n. f.
directoire n. m.
directorat n. m.
directorial, iale, iaux adj.
directrice n. f.
dirham n. m.
dirigé, ée adj.
dirigeable n. m.
dirigeant, ante adj. et n.
diriger v. tr. (conjug. 3)
dirigisme n. m.
dirigiste adj. et n.
dirimant, ante adj.
dirlo n. (directeur, trice)
disaccharide ou **disaccaride*** [-k-] n. m.
discal, ale, aux adj.
discale n. f.
discarthrose n. f.
discectomie n. f.
discernable adj.
discernement n. m.
discerner v. tr. (conjug. 1)
disciple n.
disciplinable adj.
disciplinaire adj. et n. m.
disciplinairement adv.
discipline n. f.
discipliné, ée adj.
discipliner v. tr. (conjug. 1)
disc-jockey n.
PL. **disc-jockeys**
disco n. m. et adj.
discobole n.
discographie n. f.
discographique adj.
discoïdal, ale, aux adj.
discoïde adj.
discomobile n. f.
discompte n. m.
discompteur n. m. (rec. off. de discounter)
discomycètes n. m. pl.
discontacteur n. m.
discontinu, ue adj. et n. m.

discontinuation n. f.
discontinuer v. (conjug. 1)
discontinuité n. f.
disconvenance n. f.
disconvenir v. tr. ind. (conjug. 22)
discopathie n. f.
discophile n.
discophilie n. f.
discordance n. f.
discordant, ante adj.
discorde n. f.
discorder v. intr. (conjug. 1)
discothécaire n.
discothèque n. f.
discount [diskawnt] n. m. (rec. off. : ristourne)
¹**discounter** ou **discounteur** [diskawntœʀ] n. m.
²**discounter** [diskawnte] v. tr. (conjug. 1)
discoureur, euse n.
discourir v. intr. (conjug. 11)
discours n. m.
discourtois, oise adj.
discourtoisement adv.
discourtoisie n. f.
discrédit n. m.
discréditer v. tr. (conjug. 1)
discret, ète adj.
discrètement adv.
discrétion n. f.
discrétionnaire adj.
discrétionnairement adv.
discrétisation n. f.
discrétiser v. tr. (conjug. 1)
discriminant, ante adj. et n. m.
discriminateur n. m.
discriminatif, ive adj.
discrimination n. f.
discriminatoire adj.
discriminer v. tr. (conjug. 1)
disculpation n. f.
disculper v. (conjug. 1)
discursif, ive adj.
discussion n. f.

discutable adj.
discutailler v. intr. (conjug. 1)
discutaillerie n. f.
discuté, ée adj.
discuter v. (conjug. 1)
discuteur, euse adj. et n.
disert, erte adj.
disertement adv.
disette n. f.
disetteux, euse adj. et n.
diseur, euse n.
disfonctionnement n. m.
disgrâce n. f.
disgracié, iée adj. et n.
disgracier v. tr. (conjug. 7)
disgracieux, ieuse adj.
disharmonie [diza-, disa-] n. f.
disharmonieux, ieuse adj.
disjoindre v. tr. (conjug. 49)
disjoint, ointe adj.
disjoncté, ée adj.
disjoncter v. (conjug. 1)
disjoncteur n. m.
disjonctif, ive adj.
disjonction n. f.
dislocation n. f.
disloquer v. tr. (conjug. 1)
disparaître ou **disparaitre*** v. intr. (conjug. 57)
disparate adj. et n. f.
disparité n. f.
disparition n. f.
disparu, ue adj.
¹**dispatcher** ou **dispatcheur, euse** n.
²**dispatcher** v. tr. (conjug. 1)
dispatching n. m.
dispendieusement adv.
dispendieux, ieuse adj.
dispensable adj.
dispensaire n. m.
dispensateur, trice n.
dispensation n. f.
dispense n. f.
dispenser v. tr. (conjug. 1)

dispersant, ante n. m. et adj.
dispersement n. m.
disperser v. tr. (conjug. 1)
disperseur n. m.
dispersif, ive adj.
dispersion n. f.
display n. m.
PL *displays* (rec. off. : visuel)
disponibilité n. f.
disponible adj.
dispos, ose adj.
disposant, ante n.
disposé, ée adj.
disposer v. (conjug. 1)
dispositif n. m.
disposition n. f.
disproportion n. f.
disproportionné, ée adj.
disputailler v. intr. (conjug. 1)
disputailleur, euse adj.
dispute n. f.
disputer v. tr. (conjug. 1)
disquaire n.
disqualification n. f.
disqualifier v. tr. (conjug. 7)
disque n. m.
disque-jockey ou **disc-jockey** [disk(ə)ʒɔkɛ] n.
PL *disques-jockeys* ou *disc-jockeys* (rec. off. : animateur)
disquette n. f.
disqueuse n. f.
disruptif, ive adj.
disruption n. f.
dissecteur, euse n.
dissection n. f.
dissemblable adj.
dissemblance n. f.
dissémination n. f.
disséminer v. tr. (conjug. 1)
dissension n. f.
dissentiment n. m.
disséquer v. tr. (conjug. 6)
disséqueur, euse n.
dissertation n. f.
disserter v. intr. (conjug. 1)

dissidence n. f.
dissident, ente adj.
dissimilation n. f.
dissimilitude n. f.
dissimulateur, trice n. et adj.
dissimulation n. f.
dissimulé, ée adj.
dissimuler v. tr. (conjug. 1)
dissipateur, trice n.
dissipatif, ive adj.
dissipation n. f.
dissipé, ée adj.
dissiper v. tr. (conjug. 1)
dissociabilité n. f.
dissociable adj.
dissociation n. f.
dissocier v. tr. (conjug. 7)
dissolu, ue adj.
dissolubilité n. f.
dissoluble adj.
dissolution n. f.
dissolvant, ante adj. et n. m.
dissonance n. f.
dissonant, ante adj.
dissoner v. intr. (conjug. 1)
dissoudre v. tr. (conjug. 51)
dissuader v. tr. (conjug. 1)
dissuasif, ive adj.
dissuasion n. f.
dissyllabe adj. et n. m.
dissyllabique adj. et n. m.
dissymétrie n. f.
dissymétrique adj.
distal, ale, aux adj.
distance n. f.
distancer v. tr. (conjug. 3)
distanciation n. f.
distancier v. tr. (conjug. 7)
distanciomètre n. m.
distant, ante adj.
distendre v. tr. (conjug. 41)
distension n. f.
disthène n. m.
distillat n. m.
distillateur, trice n.
distillation n. f.
distiller v. (conjug. 1)

distillerie n. f.
distinct, incte adj.
distinctement adv.
distinctif, ive adj.
distinction n. f.
distinguable adj.
distingué, ée adj.
distinguer v. tr. (conjug. 1)
distinguo n. m.
distique n. m.
distomatose n. f.
distome n. m.
distordre v. tr. (conjug. 41)
distorsion n. f.
distractif, ive adj.
distraction n. f.
distractivité n. f.
distraire v. tr. (conjug. 50)
distrait, aite adj.
distraitement adv.
distrayant, ante adj.
distribuable adj.
distribuer v. tr. (conjug. 1)
distributaire adj. et n.
distributeur, trice n.
distributif, ive adj.
distribution n. f.
distributionnalisme n. m.
distributionnaliste adj. et n.
distributionnel, elle adj.
distributivement adv.
distributivité n. f.
districal, ale, aux adj.
district n. m.
distyle adj.
dit, dite adj. et n. m.
dithyrambe n. m.
dithyrambique adj.
dito adv.
diurèse n. f.
diurétique adj. et n. m.
diurnal, aux n. m.
diurne adj.
diva n. f.
divagateur, trice adj.
divagation n. f.
divaguer v. intr. (conjug. 1)

divalent, ente adj.
divan n. m.
dive adj. f.
divergence n. f.
divergent, ente adj.
diverger v. intr. (conjug. 3)
divers, erse adj.
diversement adv.
diversification n. f.
diversifier v. tr. (conjug. 7)
diversiforme adj.
diversion n. f.
diversité n. f.
diverticule n. m.
diverticulose n. f.
divertimento [-ménto; -méto] n. m.
divertir v. tr. (conjug. 2)
divertissant, ante adj.
divertissement n. m.
divette n. f.
dividende n. m.
divin, ine adj.
divinateur, trice n. et adj.
divination n. f.
divinatoire adj.
divinement adv.
divinisation n. f.
diviniser v. tr. (conjug. 1)
divinité n. f.
divis, ise adj. et n. m.
diviser v. tr. (conjug. 1)
diviseur, euse n.
divisibilité n. f.
divisible adj.
division n. f.
divisionnaire adj.
divisionnisme n. m.
divisionniste adj. et n.
divorce n. m.
divorcé, ée adj. et n.
divorcer v. intr. (conjug. 3)
divortialité n. f.
divulgateur, trice n.
divulgation n. f.
divulguer v. tr. (conjug. 1)
divulsion n. f.
dix adj. numér. inv. et n. m.
dix-cors n. m.

dix-heures n. m.
dix-huit adj. numér. et n. inv.
dix-huitième adj. et n.
 PL. *dix-huitièmes*
dix-huitièmement adv.
dixième adj. et n.
dixièmement adv.
dixit loc.
dix-neuf adj. numér. et n. inv.
dix-neuvième adj. et n.
 PL. *dix-neuvièmes*
dix-neuvièmement adv.
dix-sept adj. numér. et n. inv.
dix-septième adj. et n.
 PL. *dix-septièmes*
dix-septièmement adv.
dizain n. m.
dizaine n. f.
dizygote adj. et n. m.
D. J. ou **deejay** [didʒi; didʒɛ] n. (disc jockey)
djaïn ou **djaïna** adj. et n.
djaïnisme n. m.
djebel ou **djébel** n. m.
djellaba n. f.
djembé n. m.
djeune ou **djeun** [dʒœn] n.
djihad ou **jihad** n. m.
djihadisme ou **jihadisme** n. m.
djihadiste ou **jihadiste** n.
djinn n. m.
D. N. A n. m. (acide désoxyribonucléique)
do n. m. inv.
doberman n. m.
doc n. m.
DOC n. m. (disque optique compact)
docile adj.
docilement adv.
docilité n. f.
docimasie n. f.
docimologie n. f.
docimologue n.
dock n. m.
docker n. m.
docte adj.

doctement adv.
docteur n.
doctoral, ale, aux adj.
doctoralement adv.
doctorant, ante n. et adj.
doctorat n. m.
doctoresse n. f.
doctrinaire n. et adj.
doctrinal, ale, aux adj.
doctrine n. f.
docudrame n. m.
docufiction n. f.
document n. m.
documentaire adj. et n. m.
documentaliste n.
documentariste n.
documentation n. f.
documenter v. tr. (conjug. 1)
documentique n. f.
docu-soap ou **docusoap** n. m.
dodécaèdre n. m.
dodécagonal, ale, aux adj.
dodécagone n. m.
dodécaphonique adj.
dodécaphonisme n. m.
dodécaphoniste adj. et n.
dodécastyle adj.
dodécasyllabe adj. et n. m.
dodelinement n. m.
dodeliner v. intr. (conjug. 1)
dodine n. f.
dodo n. m.
dodu, ue adj.
dogaresse n. f.
dog-cart n. m.
 PL. *dog-carts*
doge n. m.
dogger n. m.
dogmatique adj.
dogmatiquement adv.
dogmatiser v. intr. (conjug. 1)
dogmatiseur n. m.
dogmatisme n. m.
dogmatiste n.
dogme n. m.
dogue n. m.

doigt n. m.
doigté n. m.
doigter v. (conjug. 1)
doigtier n. m.
doit n. m.
dojo n. m.
dol n. m.
dolby® n. m.
dolce adv.
dolce vita n. f.
dolcissimo adv.
doléance n. f.
doleau n. m.
dolent, ente adj.
doler v. tr. (conjug. 1)
dolic ou **dolique** n. m.
dolichocéphale adj.
dolichocôlon n. m.
doline n. f.
dolique n. m.
dollar n. m.
dollarisation n. f.
dolman n. m.
dolmen n. m.
doloire n. f.
dolomie n. f.
dolomite n. f.
dolomitique adj.
dolorisme n. m.
dolosif, ive adj.
dom [dɔm] n. m. (département d'outre-mer)
D. O. M. n. m. inv. (département d'outre-mer)
domaine n. m.
domanial, iale, iaux adj.
domanialité n. f.
dôme n. m.
domestication n. f.
domesticité n. f.
domestique adj. et n.
domestiquer v. tr. (conjug. 1)
domicile n. m.
domiciliaire adj.
domiciliataire n. m.
domiciliation n. f.
domicilier v. tr. (conjug. 7)

doublement

domien, ienne adj. et n.
dominance n. f.
dominant, ante adj.
dominante n. f.
dominateur, trice n. et adj.
domination n. f.
dominer v. (conjug. 1)
dominicain, aine n.
dominical, ale, aux adj.
dominion n. m.
domino n. m.
dominoterie n. f.
dominotier, ière n.
domisme n. m.
dommage n. m.
dommageable adj.
dommages-intérêts n. m. pl.
domoticien, ienne n.
domotique n. f.
domotiser v. tr. (conjug. 1)
domptable [dɔ̃(p)tabl] adj.
domptage [dɔ̃(p)taʒ] n. m.
dompter [dɔ̃(p)ite] v. tr. (conjug. 1)
dompteur, euse [dɔ̃(p)tœʀ, øz] n.
D. O. M.-R. O. M. n. m. inv. (départements et régions d'outre-mer)
don n. m.
D. O. N. n. m. (disque optique numérique)
doña ou donia* n. f.
donacie n. f.
donataire n.
donateur, trice n.
donation n. f.
donation-partage n. f.
PL. donations-partages
donatisme n. m.
donatiste n. et adj.
donc conj.
dondon n. f.
donf (à) loc. adv.
dông n. m.
donjon n. m.

don juan ou don Juan ou donjuan* n. m.
PL. dons juans ou don Juan ou donjuans*
donjuanesque adj.
donjuanisme n. m.
donnant, ante adj.
donne n. f.
donné, ée adj.
donnée n. f.
donner v. (conjug. 1)
donneur, euse n. et adj.
don quichotte ou don Quichotte ou donquichotte* n. m.
PL. dons quichottes ou don Quichotte ou donquichottes*
donquichottisme n. m.
dont pron.
donut n. m.
donzelle n. f.
dopa n. f.
dopage n. m. (rec. off. de doping)
dopamine n. f.
dopaminergique adj.
dopant, ante n. m. et adj.
dope n. f.
doper v. tr. (conjug. 1)
dopeur n. m.
doping n. m. (rec. off. : dopage)
doppler n. m.
dorade ou daurade n. f.
dorage n. m.
doré, ée adj.; n. f.; n. m.
dorénavant adv.
dorer v. tr. (conjug. 1)
d'ores et déjà loc. adv.
doreur, euse n.
dorien, ienne adj. et n.
dorique adj.
doris n. f.; n. m.
dorlotement n. m.
dorloter v. tr. (conjug. 1)
dormance n. f.
dormant, ante adj. et n. m.
dormeur, euse n.

dormir v. intr. (conjug. 16)
dormitif, ive adj.
dormition n. f.
dorsal, ale, aux adj. et n. f.
dorsalgie n. f.
dorsolombaire adj.
dortoir n. m.
dorure n. f.
doryphore n. m.
dos n. m.
DOS n. m. (disc operating system)
dosable adj.
dosage n. m.
dos d'âne n. m. inv.
dose n. f.
doser v. tr. (conjug. 1)
dosette n. f.
doseur n. m.
dosimètre n. m.
dosimétrie n. f.
dos-nu n. m.
PL. dos-nus
dossard n. m.
dosse n. f.
dosseret n. m.
dossier n. m.
dossière n. f.
dot [dɔt] n. f.
dotal, ale, aux adj.
dotation n. f.
dotcom n. f. inv.
doter v. tr. (conjug. 1)
douaire n. m.
douairière n. f.
douane n. f.
douanier, ière n. et adj.
douar n. m.
doublage n. m.
double adj. et n. m.
doublé, ée adj. et n. m.
doubleau n. m.
double-clic n. m.
PL. doubles-clics
double-cliquer v. intr. (conjug. 1)
double-crème n. m.
PL. doubles-crèmes
doublement adv.; n. m.

doubler

¹**doubler** n. m.
²**doubler** v. (conjug. 1)
doublet n. m.
doublette n. f.
¹**doubleur** n. m. (bague)
²**doubleur, euse** n. (redoublant)
double-vitrage n. m.
  PL. *doubles-vitrages*
doublon n. m.
doublonnage n. m.
doublonner v. intr. (conjug. 1)
doublure n. f.
douçain n. m.
douçâtre adj.
douce adj. f. et n. f.
douce-amère n. f.
  PL. *douces-amères*
douceâtre ou **douçâtre** adj.
doucement adv.
doucereusement adv.
doucereux, euse adj.
doucet, ette adj. et n. f.
doucettement adv.
douceur n. f.
douche n. f.
doucher v. tr. (conjug. 1)
douchette n. f.
doucheur, euse n.
doucin ou **douçain** n. m.
doucine n. f.
doucir v. tr. (conjug. 2)
doucissage n. m.
doudou n. f.; n. m.
doudoune n. f.
doudounes n. f. pl.
doué, douée adj.
douelle n. f.
douer v. tr. (conjug. 1)
douglas n. m.
douille n. f.
douiller v. intr. (conjug. 1)
douillet, ette adj.
douillette n. f.
douillettement adv.
douilletterie n. f.
douleur n. f.
douloureusement adv.

douloureux, euse adj. et n. f.
doum n. m.
douma n. f.
doum-doum n. m.
  PL. *doums-doums*
dourine n. f.
douro n. m.
doute n. m.
douter v. tr. ind. (conjug. 1)
douteur, euse adj. et n.
douteusement adv.
douteux, euse adj.
douvain n. m.
douve n. f.
douvelle n. f.
¹**doux, douce** adj. et n.
²**doux** adv.
doux-amer, douce-amère adj.
  PL. *doux-amers, douces-amères*
douzain n. m.
douzaine n. f.
douze adj. numér. inv. et n. inv.
douze-huit (à) loc. adj.
douzième adj. et n.
douzièmement adv.
doxa n. f.
doxocratie n. f.
doxologie n. f.
doyen, doyenne n.
doyenné n. m.
D. P. L. G. adj. inv. (diplômé par le gouvernement)
dracéna n. m.
drache n. f.
dracher v. impers. et intr. (conjug. 1)
drachme [dʀakm] n. f.
draconien, ienne adj.
drag n. m.
dragage n. m.
dragée n. f.
dragéifier v. tr. (conjug. 7)
drageoir n. m.
drageon n. m.
drageonnage n. m.
drageonnement n. m.

drageonner v. intr. (conjug. 1)
dragline [dʀaglin; dʀaglajn] n. f. (rec. offi. : *défonceuse*)
dragon n. m.
dragonnade n. f.
dragonne n. f.
dragonnier n. m.
drag-queen [dʀagkwin] n. f.
  PL. *drag-queens*
dragster [dʀagstɛʀ] n. m.
drague n. f.
draguer v. tr. (conjug. 1)
dragueur, euse n.
draille n. f.
drain n. m.
drainage n. m.
draine n. f.
drainer v. tr. (conjug. 1)
draineur n. m.
draineuse n. f.
draisienne n. f.
draisine n. f.
drakkar n. m.
dramatique adj. et n. f.
dramatiquement adv.
dramatisant, ante adj.
dramatisation n. f.
dramatiser v. tr. (conjug. 1)
dramaturge n.
dramaturgie n. f.
dramaturgique adj.
drame n. m.
drap n. m.
drapé, ée adj. et n. m.
drapeau n. m.
drapement n. m.
draper v. tr. (conjug. 1)
draperie n. f.
drap-housse n. m.
  PL. *draps-housses*
drapier, ière n. et adj.
drastique adj.
drave n. f.
draver v. tr. (conjug. 1)
draveur, euse n.
dravidien, ienne adj. et n. m.
drawback [dʀobak] n. m.

drayage n. m.
drayer v. tr. (conjug. 8)
drayoir n. m.
drayoire n. f.
dreadlocks n. f. pl.
drêche n. f.
drège n. f.
drelin interj.
drenne n. f.
drépanocytose n. f.
dressage n. m.
dresser v. tr. (conjug. 1)
dresseur, euse n.
dressing-room n. m.
 PL. *dressing-rooms*
dressoir n. m.
drève n. f.
dreyfusard, arde adj. et n.
dreyfusisme n. m.
DRH n. (directeur, trice des ressources humaines)
drible ou **dribble** n. m.
dribler ou **dribbler** v. tr. (conjug. 1)
dribleur, euse ou **dribbleur, euse** n.
drift n. m.
drifter ou **drifteur*** n. m.
drill n. m.
drille n. m.; n. f.
dring interj.
dringuelle n. f.
drink n. m.
drisse n. f.
drive [dʀajv] n. m.
drive-in [dʀajvin] n. m. inv. (rec. off. : ciné-parc)
¹driver ou **driveur** [dʀajvœʀ ; dʀivœʀ] n. m.
²driver [dʀajve ; dʀive] v. (conjug. 1)
drogman [dʀɔgmɑ̃] n. m.
 PL. *drogmans*
drogue n. f.
drogué, ée n. et adj.
droguer v. (conjug. 1)
droguerie n. f.
droguet n. m.

droguiste n.
droïde n. m.
¹droit, droite adj. et adv.
²droit, droite adj. et n. m.
droit-de-l'hommisme n. m.
droit-de-l'hommiste n.
 PL. *droit-de-l'hommistes*
droite n. f.
droitement adv.
droitier, ière adj. et n.
droitisation n. f.
droitiser v. tr. (conjug. 1)
droitisme n. m.
droitiste n. et adj.
droiture n. f.
drolatique adj.
drôle n. et adj.
drôlement adv.
drôlerie n. f.
drôlesse n. f.
drôlet, ette adj.
dromadaire n. m.
drome n. f.
drone n. m.
dronte n. m.
drop n. m.
¹droper v. intr. (conjug. 1) (filer)
²droper ou **dropper** v. tr. (conjug. 1) (abandonner)
drop-goal n. m.
 PL. *drop-goals*
droppage n. m.
dropper v. tr. (conjug. 1)
droséra n. m.
drosophile n. f.
drosse n. f.
drosser v. tr. (conjug. 1)
dru, drue adj.
drugstore [dʀœgstɔʀ] n. m.
druide n. m.
druidesse n. f.
druidique adj.
druidisme n. m.
drumlin [dʀœmlin] n. m.
drummer ou **drummeur, euse** [dʀœmœʀ] n.
drums [dʀœms] n. m. pl.

drupe n. f.
druze adj. et n.
dry [dʀaj] adj. m.
 PL. INV. ou *drys*
dryade n. f.
dry farming [dʀajfaʀmiŋ] n. m.
dryopithèque n. m.
D. T. S. n. m. (droit de tirage spécial)
D. U. n. m. (diplôme d'université)
du art. déf. et partitif
dû, due adj. et n. m.
dual, duale adj.
dualisation n. f.
dualisme n. m.
dualiste adj. et n.
dualité n. f.
dub n. m.
dubitatif, ive adj.
dubitation n. f.
dubitativement adv.
dubnium [dubnjɔm] n. m.
duc n. m.
ducal, ale, aux adj.
ducasse n. f.
ducat n. m.
duc-d'albe n. m.
 PL. *ducs-d'albe*
duché n. m.
duchesse n. f.
ducroire n. m.
ductile adj.
ductilité n. f.
dudit adj. m.
duègne n. f.
¹duel, duelle adj.
²duel n. m.
D. U. E. L. n. m. (diplôme universitaire d'études littéraires)
duelliste n.
D. U. E. S. n. m. (diplôme universitaire d'études scientifiques)
duettiste n.
duetto [dyeto; dyetto] n. m.
 PL. *duettos* ou *duetti* (it.)

duffel-coat ou **duffle-coat** ou **duffelcoat*** ou **dufflecoat*** [dœfœlkot] n. m.
PL. *duffel-coats* ou *duffle-coats* ou *duffelcoats* ou *dufflecoats**
dugong [dygɔ̃g] n. m.
duit n. m.
duite n. f.
dulçaquicole adj.
dulcinée n. f.
dulcite n. f.
dulcitol n. m.
dulie n. f.
dum-dum ou **dumdum*** adj.
PL. inv. ou *dumdums**
dûment ou **dument*** adv.
dumper ou **dumpeur*** [dœmpœʀ] n. m. (rec. off. : tombereau)
dumping [dœmpiŋ] n. m.
dundee [dœndi] n. m.
dune n. f.
dunette n. f.
dunk n. m.
duo n. m.
duodécimal, ale, aux adj.
duodénal, ale, aux adj.
duodénite n. f.
duodénum n. m.
duodi n. m.
duopole n. m.
D. U. P. n. f. (déclaration d'utilité publique)
dupe n. f. et adj.
duper v. tr. (conjug. 1)
duperie n. f.
duplex n. m.
duplexer v. tr. (conjug. 1)
duplicata n. m.
PL. inv. ou *duplicatas*
duplicate (en) loc. adv.
duplicateur n. m.
duplication n. f.
duplicité n. f.
duplicopieur n. m.
dupliquer v. tr. (conjug. 1)
duquel pron. rel. et interrog.

¹**dur, dure** adj. et n.
²**dur** adv.; n. m.
durabilité n. f.
durable adj.
durablement adv.
duraille adj.
dural, ale, aux adj.
duralumin ® n. m.
duramen n. m.
durant prép.
duratif, ive adj.
durcir v. (conjug. 2)
durcissant, ante adj. et n. m.
durcissement n. m.
durcisseur n. m.
durée n. f.
durement adv.
dure-mère n. f.
PL. *dures-mères*
durer v. intr. (conjug. 1)
dureté n. f.
durham n. et adj.
durian [dyʀjɑ̃; dyʀjan] n. m.
durillon n. m.
durion n. m.
durit ® ou **durite** n. f.
D. U. T. n. m. (diplôme universitaire de technologie)
duty-free adj.
duumvir [dyɔmviʀ] n. m.
duumvirat [dyɔmviʀa] n. m.
duvet n. m.
duveté, ée adj.
duveter (se) v. pron. (conjug. 5)
duveteux, euse adj.
duxelles n. f.
DVD n. m. (digital video disc)
DVD-CAM n. m. ou f.
DVD-ROM n. m. inv. (digital versatile disc read only memory)
dyade n. f.
dyadique adj.
dyarchie n. f.
dyke [dik; dajk] n. m.
dyn symb.
dynamicien, ienne n.
dynamique adj. et n. f.

dynamiquement adv.
dynamisant, ante adj.
dynamisation n. f.
dynamiser v. tr. (conjug. 1)
dynamisme n. m.
dynamiste n.
dynamitage n. m.
dynamite n. f.
dynamiter v. tr. (conjug. 1)
dynamiterie n. f.
dynamiteur, euse n.
dynamo n. f.
dynamoélectrique adj.
dynamogène adj.
dynamogénie n. f.
dynamogénique adj.
dynamographe n. m.
dynamomètre n. m.
dynamométrique adj.
dynastie n. f.
dynastique adj.
dyne n. f.
dysacousie n. f.
dysacromélie n. f.
dysacromélique adj.
dysarthrie n. f.
dysarthrique adj.
dysbarisme n. m.
dysbasie n. f.
dysbasique adj.
dysboulie n. f.
dysboulique adj.
dyscalculie n. f.
dyschromatopsie [-k-] n. f.
dyschromie [-k-] n. f.
dyscinétique adj.
dyscrasie n. f.
dyscrasique adj.
dysendocrinie n. f.
dysendocrinien, ienne adj.
dysenterie n. f.
dysentérique adj. et n.
dysesthésie n. f.
dysesthésique adj.
dysfonction n. f.
dysfonctionnement n. m.
dysgénique adj.

dysgraphie n. f.
dysgraphique adj. et n.
dysgueusie n. f.
dysharmonie n. f.
dysharmonieux, ieuse adj.
dysidrose ou **dyshidrose** n. f.
dyskinésie n. f.
dyskinétique adj.
dysleptique adj.
dyslexie n. f.
dyslexique adj. et n.
dyslogie n. f.
dysmélie n. f.
dysmélique adj. et n.
dysménorrhée n. f.
dysménorrhéique adj.
dysmnésie n. f.
dysmnésique adj.
dysmorphie n. f.
dysmorphique adj.
dysmorphose n. f.
dysorexie n. f.
dysorthographie n. f.
dysorthographique adj. et n.
dysosmie n. f.
dyspareunie n. f.
dyspepsie n. f.
dyspepsique adj.
dyspeptique adj.
dysphagie n. f.
dysphagique adj.
dysphasie n. f.
dysphasique adj. et n.
dysphonie n. f.
dysphonique adj. et n.
dysphorie n. f.
dysphorique adj.
dysplasie n. f.
dysplasique adj.
dyspnée n. f.
dyspnéique adj. et n.
dyspraxie n. f.
dysprosium n. m.
dystasie n. f.
dystocie n. f.
dystocique adj.
dystomie n. f.

dystonie n. f.
dystonique adj.
dystrophie n. f.
dystrophique adj.
dysurie n. f.
dysurique adj.
dytique n. m.
dzaquillon n. m.

e

e n. m. inv.; abrév. et symb.
E n. m. inv.; abrév. et symb.
eagle [igœl]
E. A. O. n. m. (enseignement assisté par ordinateur)
earl grey [œRlgRε] n. m. inv.
eau n. f.
eau-de-vie n. f.
   PL. *eaux-de-vie*
eau-forte n. f.
   PL. *eaux-fortes*
eaux-vannes n. f. pl.
ébahi, e adj.
ébahir v. tr. (conjug. 2)
ébahissement n. m.
ébarbage n. m.
ébarber v. tr. (conjug. 1)
ébarbeur n. m.
ébarboir n. m.
ébarbure n. f.
ébats n. m. pl.
ébattre (s') v. pron. (conjug. 41)
ébaubi, ie adj.
ébauchage n. m.
ébauche n. f.
ébaucher v. tr. (conjug. 1)
ébaucheur n. m.
ébauchoir n. m.
ébaudir v. tr. (conjug. 2)
ébavurer v. tr. (conjug. 1)
ébavureuse n. f.

ébène n. f.
ébénier n. m.
ébéniste n.
ébénisterie n. f.
éberlué, ée adj.
ébiseler v. tr. (conjug. 4)
éblouir v. tr. (conjug. 2)
éblouissant, ante adj.
éblouissement n. m.
Ebola (virus) n. m.
ébonite n. f.
e-book n. m.
   PL. *e-books*
éborgnage n. m.
éborgnement n. m.
éborgner v. tr. (conjug. 1)
éboueur, euse n.
ébouillantage n. m.
ébouillanter v. tr. (conjug. 1)
éboulement n. m.
ébouler v. (conjug. 1)
éboulis n. m.
ébourgeonnage n. m.
ébourgeonnement n. m.
ébourgeonner v. tr. (conjug. 1)
ébouriffage n. m.
ébouriffant, ante adj.
ébouriffé, ée adj.
ébouriffer v. tr. (conjug. 1)
ébourrer v. tr. (conjug. 1)
éboutage n. m.
ébouter v. tr. (conjug. 1)
ébranchage n. m.
ébranchement n. m.
ébrancher v. tr. (conjug. 1)
ébranchoir n. m.
ébranlement n. m.
ébranler v. tr. (conjug. 1)
ébrasement n. m.
ébraser v. tr. (conjug. 1)
ébrécher v. tr. (conjug. 6)
ébréchure n. f.
ébriété n. f.
ébrouement n. m.
ébrouer (s') v. pron. (conjug. 1)
ébruitement n. m.

ébruiter v. tr. (conjug. 1)
ébulliomètre n. m.
ébulliométrie n. f.
ébullioscope n. m.
ébullioscopie n. f.
ébullition n. f.
éburné, ée adj.
éburnéen, enne adj.
e-business n. m.
écacher v. tr. (conjug. 1)
écaillage n. m.
écaille n. f.
écaillé, ée adj.
¹écailler, ère n.
²écailler v. tr. (conjug. 1)
écailleur n. m.
écailleux, euse adj.
écaillure n. f.
écale n. f.
écaler v. tr. (conjug. 1)
écalure n. f.
écang n. m.
écanguer v. tr. (conjug. 1)
écarlate n. f. et adj.
écarquiller v. tr. (conjug. 1)
écart n. m.
¹écarté, ée adj.
²écarté n. m.
écartelé, ée adj.
écartèlement n. m.
écarteler v. tr. (conjug. 5)
écartement n. m.
écarter v. tr. (conjug. 1)
écarteur n. m.
ecballium n. m.
E. C. B. U. n. m. (examen cytobactériologique des urines)
ecce homo [εtʃeɔmo] n. m. inv.
eccéité n. f.
ecchymose [-k-] n. f.
ecchymotique [-k-] adj.
ecclésial, iale, iaux adj.
ecclésiastique adj. et n. m.
ecdysone n. f.
écervelé, ée adj. et n.
échafaud n. m.
échafaudage n. m.
échafauder v. (conjug. 1)

échalas n. m.
échalasser v. tr. (conjug. 1)
échalier n. m.
échalote n. f.
échancré, ée adj.
échancrer v. tr. (conjug. 1)
échancrure n. f.
échange n. m.
échangeable adj.
échanger v. tr. (conjug. 3)
échangeur n. m.
échangisme n. m.
échangiste n. et adj.
échanson n. m.
échantillon n. m.
échantillonnage n. m.
échantillonner v. tr. (conjug. 1)
échantillonneur, euse n.
échappatoire n. f.
échappé, ée n.
échappée n. f.
échappement n. m.
échappementier n. m.
échapper v. (conjug. 1)
écharde n. f.
échardonnage n. m.
échardonner v. tr. (conjug. 1)
écharnage n. m.
écharnement n. m.
écharner v. tr. (conjug. 1)
écharpe n. f.
écharper v. tr. (conjug. 1)
échasse n. f.
échassier n. m.
échaudage n. m.
échaudé, ée adj. et n. m.
échauder v. tr. (conjug. 1)
échaudoir n. m.
échauffant, ante adj.
échauffement n. m.
échauffer v. tr. (conjug. 1)
échauffourée n. f.
échauguette n. f.
èche n. f.
échéance n. f.
échéancier n. m.
échéant, ante adj.

échec n. m.
échelette n. f.
échelier n. m.
échelle n. f.
échelon n. m.
échelonnement n. m.
échelonner v. tr. (conjug. 1)
échenillage n. m.
écheniller v. tr. (conjug. 1)
échenilloir n. m.
écher v. tr. (conjug. 6)
écheveau n. m.
échevelé, ée adj.
écheveler v. tr. (conjug. 4)
échevin, ine n.
échevinage n. m.
échevinal, ale, aux adj.
échevinat n. m.
échidné n. m.
échiffre n. f. et m.
échine n. f.
échiner v. tr. (conjug. 1)
échinocactus n. m.
échinococcose n. f.
échinocoque n. m.
échinodermes n. m. pl.
échiquéen, enne adj.
échiqueté, ée adj.
échiquier n. m.
écho n. m.; n. f.
échocardiogramme n. m.
échocardiographie n. f.
écho-doppler n. m. pl. *échos-dopplers*
échoendoscopie n. f.
échographie n. f.
échographique adj.
échographiste n.
échoir v. intr. défectif (conjug. il échoit, ils échoient; il échut, il échoira; il échoirait; échéant, échu)
écholalie [-k-] n. f.
écholalique [-k-] adj.
écholocalisation [-k-] n. f.
écholocation [-k-] n. f.
échoppe n. f.
échopper v. tr. (conjug. 1)
échotier, ière n.

échouage n. m.
échouement n. m.
échouer v. (conjug. 1)
échu, ue adj.
écimage n. m.
écimer v. tr. (conjug. 1)
éclaboussement n. m.
éclabousser v. tr. (conjug. 1)
éclaboussure n. f.
éclair n. m.
éclairage n. m.
éclairagisme n. m.
éclairagiste n.
éclairant, ante adj.
éclaircie n. f.
éclaircir v. tr. (conjug. 2)
éclaircissage n. m.
éclaircissement n. m.
éclaire n. f.
éclairé, ée adj.
éclairement n. m.
éclairer v. (conjug. 1)
éclairette n. f.
éclaireur, euse n.
éclampsie n. f.
éclamptique adj.
éclat n. m.
éclatant, ante adj.
éclate n. f.
éclaté n.
éclatement n. m.
éclater v. (conjug. 1)
éclateur n. m.
éclectique adj.
éclectisme n. m.
éclimètre n. m.
éclipse n. f.
éclipser v. tr. (conjug. 1)
écliptique adj. et n. m.
éclisse n. f.
éclisser v. tr. (conjug. 1)
éclopé, ée adj.
éclore v. intr. (conjug. 45; rare sauf au présent, inf. et p. p.)
écloserie n. f.
éclosion n. f.
éclusage n. m.
écluse n. f.

éclusée n. f.
écluser v. tr. (conjug. 1)
éclusier, ière n.
écobilan n. m.
écobuage n. m.
écobuer v. tr. (conjug. 1)
écocide n. m.
écocitoyen, citoyenne adj. et n.
écocitoyenneté n. f.
écodéveloppement n. m.
écoemballage n. m.
écœurant, ante adj.
écœurement n. m.
écœurer v. tr. (conjug. 1)
écoguide n. m.
écohabitat n. m.
écoinçon n. m.
éco-industrie n. f.
  pl. éco-industries
éco-industriel, ielle adj. et n.
  pl. éco-industriels, ielles
éco-ingénierie n. f.
écolabel n. m.
écolage n. m.
écolâtre n. m.
école n. f.
écolier, ière n.
écolo n. et adj.
écologie n. f.
écologique adj.
écologisme n. m.
écologiste n. et adj.
écologue n.
écomusée n. m.
éconocroques n. f. pl.
éconduire v. tr. (conjug. 38)
économat n. m.
économe n. et adj.
économètre n. m.
économétricien, ienne n.
économétrie n. f.
économétrique adj.
économie n. f.
économique adj. et n. m.
économiquement adv.

économiser v. tr. (conjug. 1)
économiseur n. m.
économisme n. m.
économiste n.
écoparticipation n. f.
écopastille n. f.
écope n. f.
écoper v. tr. (conjug. 1)
écoperche n. f.
écophysiologiste n.
écoproduit n. m.
écoquartier n. m.
écorçage n. m.
écorce n. f.
écorcer v. tr. (conjug. 3)
écorceur, euse n.
écorché, ée n.
écorchement n. m.
écorcher v. tr. (conjug. 1)
écorcheur n. m.
écorchure n. f.
écorecharge n. f.
écorner v. tr. (conjug. 1)
écornifler v. tr. (conjug. 1)
écornifleur, euse n.
écornure n. f.
écossais, aise adj. et n.
écosser v. tr. (conjug. 1)
écosystème n. m.
écot n. m.
écotaxe n. f.
écoté, ée adj.
écotechnologie n. f.
écotourisme n. m.
écotoxicité n. f.
écotoxicologie n. f.
écotoxicologue n.
écotoxique adj.
écotype n. m.
écoulage n. m.
écoulement n. m.
écouler v. tr. (conjug. 1)
écoumène n. m.
écourter v. tr. (conjug. 1)
écoutant, ante n.
écoute n. f.
écouter v. tr. (conjug. 1)
écouteur, euse n.

écoutille n. f.
écouvillon n. m.
écouvillonnage n. m.
écouvillonner v. tr. (conjug. 1)
écrabouillage n. m.
écrabouillement n. m.
écrabouiller v. tr. (conjug. 1)
écran n. m.
écrasant, ante adj.
écrasé, ée adj.
écrasement n. m.
écrase-merde n. m.
  pl. *écrase-merdes*
écraser v. tr. (conjug. 1)
écraseur, euse n.
écrémage n. m.
écrémer v. tr. (conjug. 6)
écrémeuse n. f.
écrêtage n. m.
écrêtement n. m.
écrêter v. tr. (conjug. 1)
écrevisse n. f.
écrier (s') v. pron. (conjug. 7)
écrin n. m.
écrire v. tr. (conjug. 39)
¹**écrit, ite** adj.
²**écrit** n. m.
écriteau n. m.
écritoire n. f.
écriture n. f.
écrivailler v. intr. (conjug. 1)
écrivailleur, euse n.
écrivaillon n. m.
écrivain n. m.
écrivaine n. f.
écrivasser v. intr. (conjug. 1)
écrivassier, ière n. et adj.
écrou n. m.
écrouelles n. f. pl.
écrouer v. tr. (conjug. 1)
écrouir v. tr. (conjug. 2)
écrouissage n. m.
écroulement n. m.
écrouler (s') v. pron. (conjug. 1)
écroûter ou **écrouter*** v. tr. (conjug. 1)

écroûteuse ou **écrouteuse*** n. f.
écru, ue adj.
ecsta n. f.
ecstasié, ée adj.
ecstasy n. m.
  pl. *ectasys*
ectase n. f.
ectasie n. f.
ecthyma n. m.
ectoblaste n. m.
ectoderme n. m.
ectodermique adj.
ectoparasite n. m. et adj.
ectopie n. f.
ectopique adj.
ectoplasme n. m.
ectropion n. m.
écu n. m.
écubier n. m.
écueil n. m.
écuelle n. f.
écuisser v. tr. (conjug. 1)
éculé, ée adj.
écumage n. m.
écumant, ante adj.
écume n. f.
écumer v. (conjug. 1)
écumeur, euse n.
écumeux, euse adj.
écumoire n. f.
écurer v. tr. (conjug. 1)
écureuil n. m.
écurie n. f.
écusson n. m.
écussonnage n. m.
écussonner v. tr. (conjug. 1)
écuyer, ère n.
eczéma ou **exéma** n. m.
eczémateux, euse ou **exémateux, euse** adj. et n.
édam n. m.
edamer v. tr. (conjug. 1)
édaphique adj.
edelweiss ou **édelweiss** n. m.
éden n. m.
édénique adj.
édenté, ée adj. et n. m.

édenter v. tr. (conjug. 1)
édicter v. tr. (conjug. 1)
édicule n. m.
édifiant, iante adj.
édificateur, trice adj. et n.
édification n. f.
édifice n. m.
édifier v. tr. (conjug. 7)
édile n. m.
édilitaire adj.
édilité n. f.
édit n. m.
éditer v. tr. (conjug. 1)
éditeur, trice n.
édition n. f.
éditionner v. tr. (conjug. 1)
éditique n. f.
édito n. m. (éditorial)
¹**éditorial, iale, iaux** adj.
²**éditorial, iaux** n. m.
éditorialement adv.
éditorialiste n.
édredon n. m.
éducable adj.
éducateur, trice n. et adj.
éducatif, ive adj.
éducation n. f.
éducationnel, elle adj.
édulcorant, ante adj. et n. m.
édulcoration n. f.
édulcorer v. tr. (conjug. 1)
éduquer v. tr. (conjug. 1)
éfaufiler v. tr. (conjug. 1)
éfendi [efɛdi] n. m.
effaçable adj.
effacé, ée adj.
effacement n. m.
effacer v. tr. (conjug. 3)
effaceur n. m.
effarant, ante adj.
effaré, ée adj.
effarement n. m.
effarer v. tr. (conjug. 1)
effarouchement n. m.
effaroucher v. tr. (conjug. 1)
effarvatte n. f.

effecteur, trice adj. et n. m.
¹**effectif, ive** adj.
²**effectif** n. m.
effectivement adv.
effectuer v. tr. (conjug. 1)
efféminé, ée adj.
efféminement n. m.
efféminer v. tr. (conjug. 1)
effendi ou **éfendi** n. m.
efférent, ente adj.
effervescence n. f.
effervescent, ente adj.
effet n. m.
effeuillage n. m.
effeuillaison n. f.
effeuillement n. m.
effeuiller v. tr. (conjug. 1)
effeuilleuse n. f.
efficace adj.; n. f.
efficacement adv.
efficacité n. f.
efficience n. f.
efficient, iente adj.
effigie n. f.
effilage n. m.
¹**effilé, ée** adj.
²**effilé** n. m.
effiler v. tr. (conjug. 1)
effilochage n. m.
effiloche n. f.
effilocher v. tr. (conjug. 1)
effilocheuse n. f.
effilochure n. f.
effiloquer v. tr. (conjug. 1)
efflanqué, ée adj.
effleurage n. m.
effleurement n. m.
effleurer v. tr. (conjug. 1)
effleurir v. intr. (conjug. 2)
efflorescence n. f.
efflorescent, ente adj.
effluence n. f.
effluent, ente adj. et n. m.
effluve n. m.
effondrement n. m.
effondrer v. tr. (conjug. 1)
efforcer (s') v. pron. (conjug. 3)

effort n. m.
effraction n. f.
effraie n. f.
effranger v. tr. (conjug. 3)
effrayant, ante adj.
effrayer v. tr. (conjug. 8)
effrayé, ée adj.
effréné, ée adj.
effritement n. m.
effriter v. tr. (conjug. 1)
effroi n. m.
effronté, ée adj. et n.
effrontément adv.
effronterie n. f.
effroyable adj.
effroyablement adv.
effusif, ive adj.
effusion n. f.
éfrit [efrit] n. m.
égaiement ou **égayement** n. m.
égailler (s') [egaje; egeje] v. pron. (conjug. 1)
égal, ale, aux adj.
égalable adj.
également adv.
égaler v. tr. (conjug. 1)
égalisateur, trice adj.
égalisation n. f.
égaliser v. tr. (conjug. 1)
égaliseur n. m.
égalitaire adj.
égalitarisme n. m.
égalitariste adj. et n.
égalité n. f.
égard n. m.
égaré, ée adj.
égarement n. m.
égarer v. tr. (conjug. 1)
égayement n. m.
égayer v. tr. (conjug. 8)
égéen, enne adj.
égérie n. f.
égide n. f.
églantier n. m.
églantine n. f.
églefin ou **aiglefin** n. m.
église n. f.
églogue n. f.

ego ou **égo★** n. m.
PL. inv. ou *égos★*
égocentrique adj.
égocentriquement adv.
égocentrisme n. m.
égocentriste adj.
égoïne n. f.
égoïsme n. m.
égoïste adj. et n.
égoïstement adv.
égorgement n. m.
égorger v. tr. (conjug. 3)
égorgeur, euse n.
égosiller (s') v. pron. (conjug. 1)
égosome n. m.
égotisme n. m.
égotiste adj. et n.
égout n. m.
égoutier, ière n.
égouttage n. m.
égouttement n. m.
égoutter v. tr. (conjug. 1)
égouttoir n. m.
égoutture n. f.
égrainage n. m.
égrainement n. m.
égrainer v. tr. (conjug. 1)
égrappage n. m.
égrapper v. tr. (conjug. 1)
égrappoir n. m.
égratigner v. tr. (conjug. 1)
égratignure n. f.
égravillonner v. tr. (conjug. 1)
égrenage n. m.
égrènement n. m.
égrener v. tr. (conjug. 5)
égreneuse n. f.
égrillard, arde n. et adj.
égrisage n. m.
égrisé n. m.
égrisée n. f.
égriser v. tr. (conjug. 1)
égrotant, ante adj.
égrugeage n. m.
égrugeoir n. m.
égruger v. tr. (conjug. 3)
égueulement n. m.
égueuler v. tr. (conjug. 1)

égyptien

égyptien, ienne adj. et n.
égyptologie n. f.
égyptologue n.
eh interj.
éhonté, ée adj.
eider n. m.
eidétique adj.
einsteinium ou einsténium* n. m.
éjaculateur adj. m.
éjaculation n. f.
éjaculer v. tr. (conjug. 1)
éjecta n. m.
éjectable adj.
éjecter v. tr. (conjug. 1)
éjecteur n. m.
éjection n. f.
éjointer v. tr. (conjug. 1)
ekta n. m.
ektachrome ® [-k-] n. m.
élaboration n. f.
élaborer v. tr. (conjug. 1)
élaeis n. m.
élagage n. m.
élaguer v. tr. (conjug. 1)
élagueur, euse n.
élaiomètre n. m.
élan n. m.
élancé, ée adj.
élancement n. m.
élancer v. tr. (conjug. 3)
éland n. m.
élargir v. tr. (conjug. 2)
élargissement n. m.
élargisseur n. m.
élasthanne n. m.
élasticimétrie n. f.
élasticité n. f.
élastine n. f.
élastique adj. et n.
élastiqué, ée adj.
élastomère n. m.
elbot n. m.
eldorado n. m.
éléate n.
éléatique adj.
électeur, trice n.
électif, ive adj.
élection n. f.

électivement adv.
électivité n. f.
électoral, ale, aux adj.
électoralisme n. m.
électoraliste adj. et n.
électorat n. m.
électret n. m.
électricien, ienne n.
électricité n. f.
électrification n. f.
électrifier v. tr. (conjug. 7)
électrique adj.
électriquement adv.
électrisable adj.
électrisant, ante adj.
électrisation n. f.
électriser v. tr. (conjug. 1)
électroacousticien, ienne n.
électroacoustique n. f.
électroaimant n. m.
électrobiologie n. f.
électrocardiogramme n. m.
électrocardiographe n. m.
électrocardiographie n. f.
électrocardiographique adj.
électrocautère n. m.
électrochimie n. f.
électrochimique adj.
électrochoc n. m.
électrocinétique n. f. et adj.
électrocoagulation n. f.
électroconvulsothérapie n. f.
électrocuter v. tr. (conjug. 1)
électrocution n. f.
électrode n. f.
électrodéposition n. f.
électrodiagnostic n. m.
électrodialyse n. f.
électrodomestique adj. et n.
électrodynamique n. f. et adj.

électrodynamomètre n. m.
électroencéphalogramme ou électro-encéphalogramme n. m. PL. électroencéphalogrammes ou électro-encéphalogrammes
électro-encéphalographie ou électro-encéphalographie n. f. PL. électroencéphalographies ou électro-encéphalographies
électrofaible adj.
électrogène adj.
électro-jazz n. m.
électrologie n. f.
électroluminescence n. f.
électroluminescent, ente adj.
électrolyse n. f.
électrolyser v. tr. (conjug. 1)
électrolyseur n. m.
électrolyte n. m.
électrolytique adj.
électromagnétique adj.
électromagnétisme n. m.
électromécanicien, ienne n.
électromécanique adj. et n. f.
électroménager adj. m.
électroménagiste n.
électrométallurgie n. f.
électromètre n. m.
électrométrie n. f.
électromoteur, trice adj.
électromyogramme n. m.
électromyographie n. f.
électron n. m.
électronarcose n. f.
électronégatif, ive adj.
électronicien, ienne n.

électronique adj. et n. f.
électroniser v. tr. (conjug. 1)
électronucléaire adj.
électronvolt n. m.
électrophile adj.
électrophone n. m.
électrophorèse n. f.
électrophorétique adj.
électrophysiologie n. f.
électrophysiologique adj.
électroplaque n. f.
électropneumatique adj.
électroponcture n. f.
électropositif, ive adj.
électropuncture ou **électroponcture** n. f.
électroradiologie n. f.
électroradiologiste n.
électroscope n. m.
électrostatique adj. et n. f.
électrostimulation n. f.
électrostriction n. f.
électrotechnique adj. et n. f.
électrothérapie n. f.
électrothermie n. f.
électrothermique adj.
électrovalence n. f.
électrovanne n. f.
électrum [elektrɔm] n. m.
électuaire n. m.
élégamment adv.
élégance n. f.
élégant, ante adj.
élégiaque adj.
élégie n. f.
élégir v. tr. (conjug. 2)
éléis ou **elæis** n. m.
élément n. m.
élémentaire adj.
éléomètre n. m.
éléphant, ante n.
éléphanteau n. m.
éléphantesque adj.
éléphantiasique adj.
éléphantiasis n. m.

éléphantin, ine adj.
élevage n. m.
élévateur, trice adj. et n.
élévation n. f.
élévatoire adj.
élevé, ée adj.
élève n.
élever v. tr. (conjug. 5)
éleveur, euse n.
elfe n. m.
élider v. tr. (conjug. 1)
éligibilité n. f.
éligible adj.
élimer v. tr. (conjug. 1)
éliminable adj.
éliminateur, trice adj.
élimination n. f.
éliminatoire adj. et n. f.
éliminer v. tr. (conjug. 1)
élingue n. f.
élinguer v. tr. (conjug. 1)
élire v. tr. (conjug. 43)
élisabéthain, aine adj.
élision n. f.
élitaire adj.
élite n. f.
élitisme n. m.
élitiste adj.
élixir n. m.
elle pron. pers. f.
ellébore ou **hellébore** n. m.
ellipse n. f.
ellipsoïdal, ale, aux adj.
ellipsoïde n. m. et adj.
elliptique adj.
elliptiquement adv.
élocution n. f.
élodée ou **hélodée** n. f.
éloge n. m.
élogieusement adv.
élogieux, ieuse adj.
éloigné, ée adj.
éloignement n. m.
éloigner v. tr. (conjug. 1)
élongation n. f.
élonger v. tr. (conjug. 3)
éloquemment [elɔkamɑ̃] adv.

éloquence n. f.
éloquent, ente adj.
elstar n.
élu, ue adj. et n.
éluant, ante adj.; n. m.
élucidation n. f.
élucider v. tr. (conjug. 1)
élucubration n. f.
élucubrer v. tr. (conjug. 1)
éluder v. tr. (conjug. 1)
éluer v. tr. (conjug. 1)
élusif, ive adj.
élution n. f.
éluvial, iale, iaux adj.
éluvion n. f.
elyme n. m.
élyséen, enne adj.
élytre n. m.
elzévir n. m.
elzévirien, ienne adj.
émaciation n. f.
émacié, iée adj.
émacier v. tr. (conjug. 7)
e-mail [imɛl] n. m.
PL **e-mails** (rec. off. : courriel)
émail, aux [emaj, o] n. m.
émaillage n. m.
émailler v. tr. (conjug. 1)
émaillerie n. f.
émailleur, euse n.
émaillure n. f.
émanation n. f.
émanche n. f.
émancipateur, trice n. et adj.
émancipation n. f.
émanciper v. tr. (conjug. 1)
émaner v. intr. (conjug. 1)
émargement n. m.
émarger v. tr. (conjug. 3)
émasculation n. f.
émasculer v. tr. (conjug. 1)
émaux n. m. pl.
embâcle n. m.
emballage n. m.
emballagiste n.
emballant, ante adj.
emballement n. m.
emballer v. tr. (conjug. 1)

emballeur

emballeur, euse n.
embarbouiller v. tr. (conjug. 1)
embarcadère n. m.
embarcation n. f.
embardée n. f.
embargo n. m.
embarqué, ée adj.
embarquement n. m.
embarquer v. tr. (conjug. 1)
embarras n. m.
embarrassant, ante adj.
embarrassé, ée adj.
embarrasser v. tr. (conjug. 1)
embarrer v. (conjug. 1)
embase n. f.
embasement n. m.
embastillement n. m.
embastiller v. tr. (conjug. 1)
embattage ou **embatage** (vx) n. m.
embattre ou **embatre** (vx) v. tr. (conjug. 41)
embauchage n. m.
embauche n. f.
embaucher v. tr. (conjug. 1)
embaucheur, euse n.
embauchoir n. m.
embaumement n. m.
embaumer v. tr. (conjug. 1)
embaumeur, euse n.
embellie n. f.
embellir v. (conjug. 2)
embellissement n. m.
embellisseur, euse adj. m. et n. m.
emberlificoter v. tr. (conjug. 1)
embêtant, ante adj.
embêtement n. m.
embêter v. tr. (conjug. 1)
embeurrée n. f.
embiellage n. m.
emblavage n. m.
emblaver v. tr. (conjug. 1)
emblavure n. f.
emblée (d') loc. adv.
emblématique adj.

emblème n. m.
embobeliner v. tr. (conjug. 1)
embobiner v. tr. (conjug. 1)
emboîtable ou **emboitable*** adj.
emboîtage ou **emboitage*** n. m.
emboîtant, ante ou **emboitant, ante*** adj.
emboîtement ou **emboitement*** n. m.
emboîter ou **emboiter*** v. tr. (conjug. 1)
emboîture ou **emboiture*** n. f.
embolie n. f.
embolisation n. f.
embonpoint n. m.
embossage n. m.
embosser v. tr. (conjug. 1)
embossure n. f.
embouche n. f.
emboucher v. tr. (conjug. 1)
emboucheur n. m.
embouchoir n. m.
embouchure n. f.
embouquement n. m.
embouquer v. intr. (conjug. 1)
embourber v. tr. (conjug. 1)
embourgeoisement n. m.
embourgeoiser v. (conjug. 1)
embourrure n. f.
embout n. m.
embouteillage n. m.
embouteiller v. tr. (conjug. 1)
embouteilleur n. m.
emboutir v. tr. (conjug. 2)
emboutissage n. m.
emboutisseur, euse n.
emboutissoir n. m.
embranchement n. m.

embrancher v. tr. (conjug. 1)
embraquer v. tr. (conjug. 1)
embrasement n. m.
embraser v. tr. (conjug. 1)
embrassade n. f.
embrasse n. f.
embrassé, ée adj.
embrassement n. m.
embrasser v. tr. (conjug. 1)
embrasseur, euse n.
embrasure n. f.
embrayage n. m.
embrayer v. (conjug. 8)
embrèvement n. m.
embrever v. tr. (conjug. 5)
embrigadement n. m.
embrigader v. tr. (conjug. 1)
embringuer v. tr. (conjug. 1)
embroc n. f.
embrocation n. f.
embrochement n. m.
embrocher v. tr. (conjug. 1)
embronchement n. m.
embroncher v. tr. (conjug. 1)
embrouillage n. m. (rec. off. de brouillage)
embrouillamini n. m.
embrouille n. f.
embrouillé, ée adj.
embrouillement n. m.
embrouiller v. tr. (conjug. 1)
embrouilleur, euse n.
embroussailler v. tr. (conjug. 1)
embruiné, ée adj.
embrumer v. tr. (conjug. 1)
embrun n. m.
embryogenèse n. f.
embryogénie n. f.
embryogénique adj.
embryologie n. f.
embryologique adj.
embryologiste n.
embryon n. m.
embryonnaire adj.

embryopathie n. f.
embryotome n. m.
embryotomie n. f.
embu, ue adj. et n. m.
embûche ou **embuche*** n. f.
embuer v. tr. (conjug. 1)
embuscade n. f.
embusquer v. tr. (conjug. 1)
éméché, ée adj.
émécher v. tr. (conjug. 6)
émeraude n. f.
émergence n. f.
émergent, ente adj.
émerger v. intr. (conjug. 3)
émeri n. m.
émerillon n. m.
émerillonné, ée adj.
émeriser v. tr. (conjug. 1)
éméritat n. m.
émérite adj.
émersion n. f.
émerveillement n. m.
émerveiller v. tr. (conjug. 1)
émétine n. f.
émétique adj. et n. m.
émetteur, trice n. et adj.
émettre v. tr. (conjug. 56)
émeu n. m.
émeute n. f.
émeutier, ière n.
émiettée n. f.
émiettement n. m.
émietter v. tr. (conjug. 1)
émietteuse n. f.
émigrant, ante n.
émigration n. f.
émigré, ée n.
émigrer v. intr. (conjug. 1)
émincé, ée adj. et n. m.
émincer v. tr. (conjug. 3)
éminemment adv.
éminence n. f.
éminent, ente adj.
éminentissime adj.
émir n. m.
émirat n. m.
émirati, ie adj.

émissaire adj. et n. m.
émissif, ive adj.
émission n. f.
émissole n. f.
emmagasinage n. m.
emmagasiner v. tr. (conjug. 1)
emmailloter v. tr. (conjug. 1)
emmanchement n. m.
emmancher v. tr. (conjug. 1)
emmanchure n. f.
emmarchement n. m.
emmêlement n. m.
emmêler v. tr. (conjug. 1)
emménagement n. m.
emménager v. intr. (conjug. 3)
emménagogue adj. et n. m.
emmener v. tr. (conjug. 5)
emmental ou **emmenthal** n. m.
emmerdant, ante adj.
emmerde n. f.
emmerdement n. m.
emmerder v. tr. (conjug. 1)
emmerdeur, euse n.
emmétrer v. tr. (conjug. 6)
emmétrope adj. et n.
emmétropie n. f.
emmieller v. tr. (conjug. 1)
emmitoufler v. tr. (conjug. 1)
emmotté, ée adj.
emmouscailler v. tr. (conjug. 1)
emmurer v. tr. (conjug. 1)
émoi n. m.
émollient, iente adj.
émolument n. m.
émonctoire n. m.
émondage n. m.
émonder v. tr. (conjug. 1)
émondes n. f. pl.
émondeur, euse n.
émondoir n. m.
émorfilage n. m.
émorfiler v. tr. (conjug. 1)

émoticone n. m.
émoticône n. f.
émotif, ive adj.
émotion n. f.
émotionnable adj.
émotionnel, elle adj.
émotionnellement adv.
émotionner v. tr. (conjug. 1)
émotivité n. f.
émottage n. m.
émotter v. tr. (conjug. 1)
émotteur, euse n. f. et adj.
émouchet n. m.
émouchette n. f.
émoulu, ue adj.
émoussage n. m.
émousser v. tr. (conjug. 1)
émoustillant, ante adj.
émoustiller v. tr. (conjug. 1)
émouvant, ante adj.
émouvoir v. tr. (conjug. 27, sauf p. p. *ému*)
empaffé, ée adj.
empaillage n. m.
empailler v. tr. (conjug. 1)
empailleur, euse n.
empalement n. m.
empaler v. tr. (conjug. 1)
empan n. m.
empanaché, ée adj.
empannage n. m.
empanner v. intr. (conjug. 1)
empapaoutage n. m.
empaquetage n. m.
empaqueter v. tr. (conjug. 4)
empaqueteur, euse n.
emparer (s') v. pron. (conjug. 1)
empâtement n. m.
empâter v. tr. (conjug. 1)
empathie n. f.
empathique adj.
empattement n. m.
empatter v. tr. (conjug. 1)
empaumer v. tr. (conjug. 1)
empaumure n. f.

empêché, ée adj.
empêchement n. m.
empêcher v. tr. (conjug. 1)
empêcheur, euse n.
empéguer v. tr. (conjug. 6)
empeigne n. f.
empennage n. m.
empenne n. f.
empenner v. tr. (conjug. 1)
empereur n. m.
emperler v. tr. (conjug. 1)
emperruqué, ée adj.
empesage n. m.
empesé, ée adj.
empeser v. tr. (conjug. 5)
empester v. tr. (conjug. 1)
empêtrer v. tr. (conjug. 1)
emphase n. f.
emphatique adj.
emphatiquement adv.
emphysémateux, euse adj. et n.
emphysème n. m.
emphytéose n. f.
emphytéote n.
emphytéotique adj.
empiècement n. m.
empierrement n. m.
empierrer v. tr. (conjug. 1)
empiètement ou empiétement n. m.
empiéter v. tr. ind. (conjug. 6)
empiffrer (s') v. pron. (conjug. 1)
empilable adj.
empilage n. m.
empile n. f.
empilement n. m.
empiler v. tr. (conjug. 1)
empire n. m.
empirer v. (conjug. 1)
empiriocriticisme n. m.
empirique adj.
empiriquement adv.
empirisme n. m.
empiriste adj. et n.
emplacement n. m.
emplafonner v. tr. (conjug. 1)

emplanture n. f.
emplâtre n. m.
emplette n. f.
emplir v. tr. (conjug. 2)
emploi n. m.
employabilité n. f.
employable adj.
employé, ée n.
employer v. tr. (conjug. 8)
employeur, euse n.
emplumé, ée adj.
empocher v. tr. (conjug. 1)
empoignade n. f.
empoignant, ante adj.
empoigne n. f.
empoigner v. tr. (conjug. 1)
empointure n. f.
empois n. m.
empoisonnant, ante adj.
empoisonnement n. m.
empoisonner v. tr. (conjug. 1)
empoisonneur, euse n.
empoissonnement n. m.
empoissonner v. tr. (conjug. 1)
emporium n. m.
PL. emporiums ou emporia (lat.)
emport n. m.
emporté, ée adj.
emportement n. m.
emporte-pièce n. m.
PL. emporte-pièces
emporter v. tr. (conjug. 1)
empoté, ée adj. et n.
empoter v. tr. (conjug. 1)
empourprer v. tr. (conjug. 1)
empoussièrement n. m.
empoussiérer v. tr. (conjug. 6)
empreindre v. tr. (conjug. 52)
empreinte n. f.
empressé, ée adj.
empressement n. m.

empresser (s') v. pron. (conjug. 1)
emprésurage n. m.
emprésurer v. tr. (conjug. 1)
emprise n. f.
emprisonnement n. m.
emprisonner v. tr. (conjug. 1)
emprunt n. m.
emprunté, ée adj.
emprunter v. tr. (conjug. 1)
emprunteur, euse n. et adj.
empuantir v. tr. (conjug. 2)
empuse n. f.
empyème n. m.
empyrée n. m.
empyreumatique adj.
empyreume n. m.
ému, ue adj.
émulateur n. m.
émulation n. f.
émule n.
émuler v. tr. (conjug. 1)
émulseur n. m.
émulsif, ive adj.
émulsifiable adj.
émulsifiant, iante adj.
émulsifier v. tr. (conjug. 7)
émulsine n. f.
émulsion n. f.
émulsionner v. tr. (conjug. 1)
émulsionneur n. m.
en pron.; adv.; prép.
enamourer (s') ou énamourer (s') v. pron. (conjug. 1)
énanthème n. m.
énantiomère n.
énantiomorphe adj.
énantiotrope adj.
énarchie n. f.
énarchique adj.
énarque n. m.
énarquien, ienne adj.
énarthrose n. f.
en-avant n. m. inv.

en-but n. m.
pl. **en-buts**
encabanage n. m.
encabaner v. tr. (conjug. 1)
encablure ou
   encâblure n. f.
encadré n. m.
encadrement n. m.
encadrer v. tr. (conjug. 1)
encadreur, euse n.
encagement n. m.
encager v. tr. (conjug. 3)
encagouler v. tr. (conjug. 1)
encaissable adj.
encaisse n. f.
encaissement n. m.
encaisser v. tr. (conjug. 1)
encaisseur n. m.
encaisseuse n. f.
encalminé, ée adj.
encan n. m.
encanaillement n. m.
encanailler (s') v. pron.
   (conjug. 1)
encanter v. tr. (conjug. 1)
encanteur, euse n.
encapsuler v. tr. (conjug. 1)
encapuchonner v. tr.
   (conjug. 1)
encaquement n. m.
encaquer v. tr. (conjug. 1)
encart n. m.
encartage n. m.
encarté, ée adj.
encarter v. tr. (conjug. 1)
encarteuse n. f.
encartonner v. tr.
   (conjug. 1)
encas ou **en-cas** n. m. inv.
encaserner v. tr. (conjug. 1)
encastelure n. f.
encastrable adj.
encastrement n. m.
encastrer v. tr. (conjug. 1)
encaustiquage n. m.
encaustique n. f.
encaustiquer v. tr.
   (conjug. 1)
encavage n. m.

encavement n. m.
encaver v. tr. (conjug. 1)
enceindre v. tr. (conjug. 52)
enceinte adj. f.; n. f.
enceinter v. tr. (conjug. 1)
encens n. m.
encensement n. m.
encenser v. tr. (conjug. 1)
encenseur, euse n.
encensoir n. m.
encépagement n. m.
encépager v. tr. (conjug. 3)
encéphale n. m.
encéphaline n. f.
encéphalique adj.
encéphalisé, ée adj.
encéphalite n. f.
encéphalitique adj.
encéphalogramme n. m.
encéphalographie n. f.
encéphalomyélite n. f.
encéphalopathie n. f.
encerclement n. m.
encercler v. tr. (conjug. 1)
enchaînement ou
   enchainement* n. m.
enchaîner ou
   enchainer* v. tr.
   (conjug. 1)
enchanté, ée adj.
enchantement n. m.
enchanter v. tr. (conjug. 1)
enchanteur, teresse n.
   et adj.
enchâssement n. m.
enchâsser v. tr. (conjug. 1)
enchâssure n. f.
enchatonnement n. m.
enchatonner v. tr.
   (conjug. 1)
enchausser v. tr. (conjug. 1)
enchemisage n. m.
enchemiser v. tr.
   (conjug. 1)
enchère n. f.
enchérir v. intr. (conjug. 2)
enchérissement n. m.
enchérisseur, euse n.
enchevalement n. m.

enchevaucher v. tr.
   (conjug. 1)
enchevauchure n. f.
enchevêtrement n. m.
enchevêtrer v. tr.
   (conjug. 1)
enchevêtrure n. f.
enchifrené, ée adj.
enchifrènement n. m.
enchilada n. f.
enclave n. f.
enclavement n. m.
enclaver v. tr. (conjug. 1)
enclenche n. f.
enclenchement n. m.
enclencher v. tr. (conjug. 1)
enclencheur n. m.
enclin, ine adj.
encliquetage n. m.
encliqueter v. tr. (conjug. 4)
enclise n. f.
enclitique n. m.
enclore v. tr. (conjug. 45;
   p. prés. *enclosant*)
enclos n. m.
enclosure n. f.
enclouage n. m.
enclouer v. tr. (conjug. 1)
enclouure n. f.
enclume n. f.
encoche n. f.
encochement n. m.
encocher v. tr. (conjug. 1)
encodage n. m.
encoder v. tr. (conjug. 1)
encodeur n. m.
encoignure [ɑ̃kɔɲyʀ,
   ɑ̃kwaɲyʀ] n. f.
encollage n. m.
encoller v. tr. (conjug. 1)
encolleur, euse n.
encolure n. f.
encombrant, ante adj.
encombré, ée adj.
encombrement n. m.
encombrer v. tr. (conjug. 1)
encombre (sans) loc.
   adv.
encontre (à l') loc. adv.
encoprésie n. f.

encor

encor adv.
encorbellement n. m.
encorder (s') v. pron. (conjug. 1)
encore adv.
encorné, ée adj.
encorner v. tr. (conjug. 1)
encornet n. m.
encoubler v. tr. (conjug. 1)
encourageant, ante adj.
encouragement n. m.
encourager v. tr. (conjug. 3)
encourir v. tr. (conjug. 11)
en-cours ou encours n. m. inv.
encrage n. m.
encrassement n. m.
encrasser v. tr. (conjug. 1)
encre n. f.
encrer v. tr. (conjug. 1)
encreur adj. m.
encrier n. m.
encrine n. m.
encroué, ée adj.
encroûtement ou encroutement* n. m.
encroûter ou encrouter* v. tr. (conjug. 1)
encryptage n. m.
encrypter v. tr. (conjug. 1)
enculage n. m.
enculé, ée n.
enculer v. tr. (conjug. 1)
enculeur, euse n.
encuvage n. m.
encuver v. tr. (conjug. 1)
encyclique n. f.
encyclopédie n. f.
encyclopédique adj.
encyclopédisme n. m.
encyclopédiste n. m.
endéans prép.
endémicité n. f.
endémie n. f.
endémique adj.
endémisme n. m.
endenté, ée adj.

endenter v. tr. (conjug. 1)
endermologie n. f.
endettement n. m.
endetter v. tr. (conjug. 1)
endeuiller v. tr. (conjug. 1)
endêver v. intr. (conjug. 1)
endiablé, ée adj.
endiabler v. (conjug. 1)
endiamanté, ée adj.
endiguement n. m.
endiguer v. tr. (conjug. 1)
endimancher (s') v. pron. (conjug. 1)
endive n. f.
endoblaste n. m.
endocarde n. m.
endocardite n. f.
endocarpe n. m.
endochirurgie n. f.
endocrânien, ienne adj.
endocrine adj.
endocrinien, ienne adj.
endocrinologie n. f.
endocrinologique adj.
endocrinologiste n.
endocrinologue n.
endoctrinement n. m.
endoctriner v. tr. (conjug. 1)
endoderme n. m.
endodermique adj.
endogame adj. et n.
endogamie n. f.
endogamique adj.
endogé, ée adj.
endogène adj.
endolori, ie adj.
endolorissement n. m.
endoluminal, ale, aux adj.
endomètre n. m.
endométriose n. f.
endométrite n. f.
endommagement n. m.
endommager v. tr. (conjug. 3)
endomorphine n. f.
endomorphisme n. m.
endoparasite n. m.
endophasie n. f.

endoplasme n. m.
endoplasmique adj.
endorectal, ale, aux adj.
endoréique adj.
endoréisme n. m.
endormant, ante adj.
endormi, ie adj.
endormir v. tr. (conjug. 16)
endormissement n. m.
endorphine n. f.
endos n. m.
endoscope n. m.
endoscopie n. f.
endoscopique adj.
endoscopiste n.
endosmose n. f.
endosonographie n. f.
endossable adj.
endossataire n.
endossement n. m.
endosser v. tr. (conjug. 1)
endosseur n.
endothélial, iale, iaux adj.
endothélium n. m.
endotherme adj.
endothermique adj.
endotoxine n. f.
endroit n. m.
enduction n. f.
enduire v. tr. (conjug. 38)
enduit n. m.
endurable adj.
endurance n. f.
endurant, ante adj.
endurci, ie adj.
endurcir v. tr. (conjug. 2)
endurcissement n. m.
endurer v. tr. (conjug. 1)
enduriste n.
enduro n. m.; n. f.
endymion n. m.
énergéticien, ienne n.
énergétique adj. et n. f.
énergétiquement adv.
énergétisant, ante adj.
énergie n. f.
énergique adj.

énergiquement adv.
énergisant, ante adj. et n. m.
énergiseur n. m.
énergivore adj.
énergumène n. m.
énervant, ante adj.
énervation n. f.
énervé, ée adj.
énervement n. m.
énerver v. tr. (conjug. 1)
enfaîteau ou **enfaiteau★** n. m.
enfaîtement ou **enfaitement★** n. m.
enfaîter ou **enfaiter★** v. tr. (conjug. 1)
enfance n. f.
enfant n.
enfantement n. m.
enfanter v. tr. (conjug. 1)
enfantillage n. m.
enfantin, ine adj.
enfarger v. tr. (conjug. 3)
enfariner v. tr. (conjug. 1)
enfer n. m.
enfermement n. m.
enfermer v. tr. (conjug. 1)
enferrer v. tr. (conjug. 1)
enfeu n. m.
enfichable adj.
enfichage n. m.
enficher v. tr. (conjug. 1)
enfieller v. tr. (conjug. 1)
enfièvrement n. m.
enfiévrer v. tr. (conjug. 6)
enfilade n. f.
enfilage n. m.
enfiler v. tr. (conjug. 1)
enfileur, euse n.
enfin adv.
enflammé, ée adj.
enflammer v. tr. (conjug. 1)
enfle adj.
enflé, ée adj.
enfléchure n. f.
enfler v. (conjug. 1)
enfleurage n. m.
enfleurer v. tr. (conjug. 1)
enflure n. f.

enfoiré, ée adj. et n.
enfoncé, ée adj.
enfoncement n. m.
enfoncer v. (conjug. 3)
enfonceur, euse n.
enfonçure n. f.
enfouir v. tr. (conjug. 2)
enfouissement n. m.
enfouraillé, ée adj.
enfourchement n. m.
enfourcher v. tr. (conjug. 1)
enfourchure n. f.
enfournage n. m.
enfournement n. m.
enfourner v. tr. (conjug. 1)
enfreindre v. tr. (conjug. 52)
enfuir (s') v. pron. (conjug. 17)
enfumage n. m.
enfumer v. tr. (conjug. 1)
enfûtage ou **enfutage★** n. m.
enfutailler v. tr. (conjug. 1)
enfûter ou **enfuter★** v. tr. (conjug. 1)
engagé, ée adj.
engageant, ante adj.
engagement n. m.
engager v. tr. (conjug. 3)
engainant, ante adj.
engainer v. tr. (conjug. 1)
engamer v. tr. (conjug. 1)
engazonnement n. m.
engazonner v. tr. (conjug. 1)
engeance n. f.
engelure n. f.
engendrement n. m.
engendrer v. tr. (conjug. 1)
engin n. m.
engineering [ɛn(d)ʒiniriŋ, in-] n. m. (rec. off. : ingénierie)
englober v. tr. (conjug. 1)
engloutir v. tr. (conjug. 2)
engloutissement n. m.
engluage n. m.
engluement n. m.
engluer v. tr. (conjug. 1)
engobage n. m.

engobe n. m.
engober v. tr. (conjug. 1)
engommage n. m.
engommer v. tr. (conjug. 1)
engoncer v. tr. (conjug. 3)
engorgement n. m.
engorger v. tr. (conjug. 3)
engouement n. m.
engouer (s') v. pron. (conjug. 1)
engouffrement n. m.
engouffrer v. tr. (conjug. 1)
engoulevent n. m.
engourdi, ie adj.
engourdir v. tr. (conjug. 2)
engourdissement n. m.
engrain n. m.
engrais n. m.
engraissement n. m.
engraisser v. (conjug. 1)
engraisseur n. m.
engramme n. m.
engrangement n. m.
engranger v. tr. (conjug. 3)
engravement n. m.
engraver v. tr. (conjug. 1)
engravure n. f.
engrêlé, ée adj.
engrêlure n. f.
engrenage n. m.
engrènement n. m.
engrener v. tr. (conjug. 5)
engreneur n. m.
engrenure n. f.
engrois n. m.
engrosser v. tr. (conjug. 1)
engueulade n. f.
engueuler v. tr. (conjug. 1)
enguirlander v. tr. (conjug. 1)
enhardir v. tr. (conjug. 2)
enharmonie n. f.
enharmonique adj.
enharnacher v. tr. (conjug. 1)
enherbement n. m.
enherber v. tr. (conjug. 1)
énième adj. et n.
énigmatique adj.
énigmatiquement adv.

énigme n. f.
enivrant, ante [ɑ̃nivʁɑ̃, ɑ̃t] adj.
enivrement [ɑ̃nivʁəmɑ̃] n. m.
enivrer [ɑ̃nivʁe; enivʁe] v. tr. (conjug. 1)
enjambée n. f.
enjambement n. m.
enjamber v. (conjug. 1)
enjambeur, euse adj.
enjeu n. m.
enjoindre v. tr. (conjug. 49)
enjôler v. tr. (conjug. 1)
enjôleur, euse n.
enjolivement n. m.
enjoliver v. tr. (conjug. 1)
enjoliveur, euse n.
enjolivure n. f.
enjoué, ée adj.
enjouement n. m.
enképhaline n. f.
enkysté, ée adj.
enkystement n. m.
enkyster (s') v. pron. (conjug. 1)
enlacement n. m.
enlacer v. tr. (conjug. 3)
enlaçure n. f.
enlaidir v. (conjug. 2)
enlaidissement n. m.
enlevage n. m.
enlevé, ée adj.
enlèvement n. m.
enlever v. tr. (conjug. 5)
enlevure n. f.
enliasser v. tr. (conjug. 1)
enlier v. tr. (conjug. 7)
enlisement n. m.
enliser v. tr. (conjug. 1)
enluminer v. tr. (conjug. 1)
enlumineur, euse n.
enluminure n. f.
ennéade n. f.
ennéagonal, ale, aux adj.
ennéagone n. m.
enneigé, ée adj.
enneigement n. m.
ennemi, ie n. et adj.

ennoblir v. tr. (conjug. 2)
ennoblissement n. m.
ennuager v. tr. (conjug. 3)
ennui n. m.
ennuyant, ante adj.
ennuyé, ée adj.
ennuyer v. tr. (conjug. 8)
ennuyeux, euse adj.
énolate n. m.
énoncé n. m.
énoncer v. tr. (conjug. 3)
énonciatif, ive adj.
énonciation n. f.
enorgueillir v. tr. (conjug. 2)
énorme adj.
énormément adv.
énormité n. f.
énostose n. f.
énouer v. tr. (conjug. 1)
enquérir (s') v. pron. (conjug. 21)
enquerre (à) loc. adj.
enquête n. f.
enquêter v. tr. (conjug. 1)
¹**enquêteur, euse** n. (policier)
²**enquêteur, trice** n. (sondeur)
enquillage n. m.
enquiller v. tr. (conjug. 1)
enquiquinant, ante adj.
enquiquinement n. m.
enquiquiner v. tr. (conjug. 1)
enquiquineur, euse n.
enracinement n. m.
enraciner v. tr. (conjug. 1)
enragé, ée adj.
enrageant, ante adj.
enrager v. intr. (conjug. 3)
enraiement ou **enrayement** n. m.
enrayage n. m.
enrayement n. m.
enrayer v. tr. (conjug. 8)
enrayeur n. m.
enrayoir n. m.
enrayure n. f.

enrégimenter v. tr. (conjug. 1)
enregistrable adj.
enregistrement n. m.
enregistrer v. tr. (conjug. 1)
enregistreur, euse adj. et n. m.
enrésinement n. m.
enrésiner v. tr. (conjug. 1)
enrhumé, ée adj.
enrhumer v. tr. (conjug. 1)
enrichi, ie adj.
enrichir v. tr. (conjug. 2)
enrichissant, ante adj.
enrichissement n. m.
enrobage n. m.
enrobé, ée adj.
enrobement n. m.
enrober v. tr. (conjug. 1)
enrobeuse n. f.
enrochement n. m.
enrocher v. tr. (conjug. 1)
enrôlement n. m.
enrôler v. tr. (conjug. 1)
enrôleur n. m.
enroué, e adj.
enrouement n. m.
enrouer v. tr. (conjug. 1)
enroulement n. m.
enrouler v. tr. (conjug. 1)
enrouleur, euse adj.
enrubannage n. m.
enrubanner v. tr. (conjug. 1)
ensablement n. m.
ensabler v. tr. (conjug. 1)
ensachage n. m.
ensacher v. tr. (conjug. 1)
ensacheur, euse n.
ensanglanter v. tr. (conjug. 1)
ensauvagement n. m.
ensauvager v. tr. (conjug. 3)
enseignant, ante adj. et n.
enseigne n. f.; n. m.
enseignement n. m.
enseigner v. tr. (conjug. 1)
ensellé, ée adj.
ensellement n. m.

ensellure n. f.
ensemble adv.; n. m.
ensemblier n. m.
ensembliste adj.
ensemencement n. m.
ensemencer v. tr. (conjug. 3)
enserrer v. tr. (conjug. 1)
enseuillement n. m.
ensevelir v. tr. (conjug. 2)
ensevelissement n. m.
ensiforme adj.
ensilage n. m.
ensiler v. tr. (conjug. 1)
ensileuse n. f.
en-soi ou **ensoi**★ n. m.
PL. inv. ou *ensois*★
ensoleillement n. m.
ensoleiller v. tr. (conjug. 1)
ensommeillé, ée adj.
ensorcelant, ante adj.
ensorceler v. tr. (conjug. 4)
ensorceleur, euse n. et adj.
ensorcellement ou **ensorcèlement**★ n. m.
ensouple n. f.
ensoutané, ée adj.
ensuite adv.
ensuivre (s') v. pron. (conjug. 40; inf. et 3ᵉ pers. seult)
ensuqué, ée adj.
entablement n. m.
entabler v. tr. (conjug. 1)
entablure n. f.
entacher v. tr. (conjug. 1)
entaillage n. m.
entaille n. f.
entailler v. tr. (conjug. 1)
entame n. f.
entamer v. tr. (conjug. 1)
entartage n. m.
entarter v. tr. (conjug. 1)
entarteur, euse n.
entartrage n. m.
entartrer v. tr. (conjug. 1)
entassement n. m.
entasser v. tr. (conjug. 1)
ente n. f.

enté, ée adj.
entéléchie n. f.
entendant, ante n.
entendement n. m.
entendeur n. m.
entendre v. tr. (conjug. 41)
entendu, ue adj.
enténébrer v. tr. (conjug. 6)
entente n. f.
enter v. tr. (conjug. 1)
entéral, ale, aux adj.
entéralgie n. f.
entérinement n. m.
entériner v. tr. (conjug. 1)
entérique adj.
entérite n. f.
entérocolite n. f.
entérocoque n. m.
entérokinase n. f.
entérorénal, ale, aux adj.
entéroscopie n. f.
entérotoxine n. f.
entérovaccin n. m.
entérovirus n. m.
enterrage n. m.
enterrement n. m.
enterrer v. tr. (conjug. 1)
entêtant, ante adj.
en-tête ou **entête** n. m.
PL. *en-têtes* ou *entêtes*
entêté, ée adj. et n.
entêtement n. m.
entêter v. tr. (conjug. 1)
enthalpie n. f.
enthèse n. f.
enthésiopathie n. f.
enthésopathie n. f.
enthousiasmant, ante adj.
enthousiasme n. m.
enthousiasmer v. tr. (conjug. 1)
enthousiaste adj. et n.
enthymème n. m.
entichement n. m.
enticher v. tr. (conjug. 1)
entier, ière adj. et n. m.
entièrement adv.
entièreté n. f.

entité n. f.
entoilage n. m.
entoiler v. tr. (conjug. 1)
entoileuse n. f.
entoir n. m.
entôlage n. m.
entôler v. tr. (conjug. 1)
entôleur, euse n.
entolome n. m.
entomologie n. f.
entomologique adj.
entomologiste n.
entomophage adj.
entomophile adj.
entomophobie n. f.
entonnage n. m.
entonnaison n. f.
entonnement n. m.
entonner v. tr. (conjug. 1)
entonnoir n. m.
entorse n. f.
entortillage n. m.
entortillement n. m.
entortiller v. tr. (conjug. 1)
entour n. m.
entourage n. m.
entouré, ée adj.
entourer v. tr. (conjug. 1)
entourloupe n. f.
entourloupette n. f.
entournure n. f.
entraccuser (s') v. pron. (conjug. 1)
entracte n. m.
entradmirer (s') v. pron. (conjug. 1)
entraide n. f.
entraider (s') v. pron. (conjug. 1)
entrailles n. f. pl.
entrain n. m.
entraînable ou **entrainable**★ adj.
entraînant, ante ou **entrainant, ante**★ adj.
entraînement ou **entrainement**★ n. m.
entraîner ou **entrainer**★ v. tr. (conjug. 1)

entraîneur

entraîneur, euse ou **entraîneur, euse*** n.
entrait n. m.
entrant, ante adj. et n.
entrapercevoir v. tr. (conjug. 28)
entrave n. f.
entravé, ée adj.
entraver v. tr. (conjug. 1)
entraxe n. m.
entre prép.
entrebâillement n. m.
entrebâiller v. tr. (conjug. 1)
entrebâilleur n. m.
entrechat n. m.
entrechoquement n. m.
entrechoquer v. tr. (conjug. 1)
entrecolonne n. m.
entrecolonnement n. m.
entrecôte n. f.
entrecoupé, ée adj.
entrecouper v. tr. (conjug. 1)
entrecroisement n. m.
entrecroiser v. tr. (conjug. 1)
entrecuisse n. m.
entredéchirer (s') ou **entre-déchirer (s')** v. pron. (conjug. 1)
entredétruire (s') ou **entre-détruire (s')** v. pron. (conjug. 38)
entre-deux ou **entredeux** n. m. inv.
entre-deux-guerres n. m. inv.
entredévorer (s') ou **entre-dévorer (s')** v. pron. (conjug. 1)
entrée n. f.
entrée-sortie n. f.
 PL *entrées-sorties*
entrefaite n. f.
entrefer n. m.
entrefilet n. m.
entregent n. m.

entrégorger (s') ou **entre-égorger (s')** ou **entr'égorger (s')** v. pron. (conjug. 3)
entrejambe n. m.
entrelaçable adj.
entrelacé, ée adj.
entrelacement n. m.
entrelacer v. tr. (conjug. 3)
entrelacs n. m.
entrelarder v. tr. (conjug. 1)
entremanger (s') ou **entre-manger (s')** v. pron. (conjug. 3)
entremêlement n. m.
entremêler v. tr. (conjug. 1)
entremets n. m.
entremetteur, euse n.
entremettre (s') v. pron. (conjug. 56)
entremise n. f.
entrenerf ou **entre-nerf** n. m.
 PL *entrenerfs* ou *entre-nerfs*
entrenœud ou **entre-nœud** n. m.
 PL *entrenœuds* ou *entre-nœuds*
entrenuire (s') ou **entre-nuire (s')** v. pron. (conjug. 38)
entrepont n. m.
entreposage n. m.
entreposer v. tr. (conjug. 1)
entreposeur n. m.
entrepositaire n.
entrepôt n. m.
entreprenant, ante adj.
entreprenaute n.
entreprendre v. tr. (conjug. 58)
entrepreneur, euse n.
entrepreneurial, iale, iaux adj.
entrepreneuriat n. m.
entreprise n. f.
entrer v. (conjug. 1)

entrerail ou **entre-rail** n. m.
 PL *entrerails* ou *entre-rails*
entreregarder (s') ou **entre-regarder (s')** v. pron. (conjug. 1)
entresol n. m.
entretaille n. f.
entretailler (s') v. pron. (conjug. 1)
entretemps ou **entre-temps** n. m. et adv.
entretenir v. tr. (conjug. 22)
entretenu, ue adj.
entretien n. m.
entretoise n. f.
entretoisement n. m.
entretoiser v. tr. (conjug. 1)
entretuer (s') ou **entre-tuer (s')** v. pron. (conjug. 1)
entrevoie n. f.
entrevoir v. tr. (conjug. 30)
entrevous n. m.
entrevoûter ou **entrevouter*** v. tr. (conjug. 1)
entrevue n. f.
entrisme n. m.
entropie n. f.
entropion n. m.
entroque n. m.
entrouvert, erte adj.
entrouvrir v. tr. (conjug. 18)
entuber v. tr. (conjug. 1)
enturbanné, ée adj.
enture n. f.
énucléation n. f.
énucléer v. tr. (conjug. 1)
énumératif, ive adj.
énumération n. f.
énumérer v. tr. (conjug. 6)
énurésie n. f.
énurétique adj.
envahir v. tr. (conjug. 2)
envahissant, ante adj.
envahissement n. m.
envahisseur n. m.
envasement n. m.
envaser v. tr. (conjug. 1)

enveloppant, ante adj.
enveloppe n. f.
enveloppée n. f.
enveloppement n. m.
envelopper v. tr. (conjug. 1)
enveloppe-réponse n. f.
PL. *enveloppes-réponses*
envenimation n. f.
envenimé, ée adj.
envenimement n. m.
envenimer v. tr. (conjug. 1)
enverguer v. tr. (conjug. 1)
envergure n. f.
envers prép.; n. m.
enviable adj.
envi (à l') loc. adv.
envidage n. m.
envider v. tr. (conjug. 1)
envie n. f.
envier v. tr. (conjug. 7)
envieusement adv.
envieux, ieuse adj. et n.
enviné, ée adj.
environ prép.; adv.; n. m.
environnant, ante adj.
environnement n. m.
environnemental, ale, aux adj.
environnementalisme n. m.
environnementaliste n.
environner v. tr. (conjug. 1)
envisageable adj.
envisager v. tr. (conjug. 3)
envoi n. m.
envol n. m.
envolée n. f.
envoler (s') v. pron. (conjug. 1)
envoûtant, ante ou **envoutant, ante*** adj.
envoûtement ou **envoutement*** n. m.
envoûter ou **envouter*** v. tr. (conjug. 1)

envoûteur, euse ou **envouteur, euse*** n.
envoyé, ée adj. et n.
envoyer v. tr. (conjug. 8; futur *j'enverrai*)
envoyeur, euse n.
enzootie n. f.
enzymatique adj.
enzyme n. f. ou m.
enzymologie n. f.
E. O. A. n. (élève officier d'active)
éocène n. m.
éolien, ienne adj. et n.
éoliharpe n. f.
éolithe n. m.
éon n. m.
E. O. R. n. (élève officier de réserve)
éosine n. f.
éosinophile adj. et n.
éosinophilie n. f.
épacte n. f.
épagneul, eule n.
épair n. m.
épais, aisse adj.
épaisseur n. f.
épaissir v. (conjug. 2)
épaississant, ante adj.
épaississement n. m.
épaississeur n. m.
épalement n. m.
épamprage n. m.
épamprer v. tr. (conjug. 1)
épanchement n. m.
épancher v. tr. (conjug. 1)
épandage n. m.
épandeur n. m.
épandre v. tr. (conjug. 41)
épannelage n. m.
épanneler v. tr. (conjug. 4)
épanoui, ie adj.
épanouir v. (conjug. 2)
épanouissant, ante adj.
épanouissement n. m.
épar ou **épart** n. m.
éparchie n. f.
épargnant, ante adj. et n.
épargne n. f.
épargner v. tr. (conjug. 1)

éparpillement n. m.
éparpiller v. tr. (conjug. 1)
éparque n. m.
épars, arse adj.
épart n. m.
éparvin ou **épervin** n. m.
épatamment adv.
épatant, ante adj.
épate n. f.
épaté, ée adj.
épatement n. m.
épater v. tr. (conjug. 1)
épateur, euse adj.
épaufrer v. tr. (conjug. 1)
épaufrure n. f.
épaulard n. m.
épaule n. f.
épaulé-jeté n. m.
PL. *épaulés-jetés*
épaulement n. m.
épauler v. tr. (conjug. 1)
épaulette n. f.
épaulière n. f.
épave n. f.
épaviste n.
épeautre n. m.
épectase n. f.
épée n. f.
épeiche n. f.
épeichette n. f.
épeire n. f.
épeirogénique adj.
épéisme n. m.
épéiste n.
épeler v. tr. (conjug. 4)
épellation [epelasjɔ̃; epɛllasjɔ̃] n. f.
épendyme n. m.
épenthèse n. f.
épenthétique adj.
épépiner v. tr. (conjug. 1)
éperdu, ue adj.
éperdument adv.
éperlan n. m.
éperon n. m.
éperonner v. tr. (conjug. 1)
épervier n. m.
éperviève n. f.
épervin n. m.

épeurant, ante adj.
épeurer v. tr. (conjug. 1)
éphèbe n. m.
éphédrine n. f.
éphélide n. f.
éphémère adj. et n.
éphéméride n. f.
éphod [efɔd] n. m.
éphore n. m.
épi n. m.
épiage n. m.
épiaire n. f.
épiaison n. f.
épicanthus n. m.
épicarpe n. m.
épice n. f.
épicé, ée adj.
épicéa n. m.
épicène adj.
épicentre n. m.
épicer v. tr. (conjug. 3)
épicerie n. f.
épicier, ière n.
épicondyle n. m.
épicondylite n. f.
épicrânien, ienne adj.
épicurien, ienne adj. et n.
épicurisme n. m.
épicycle n. m.
épicycloïdal, ale, aux adj.
épicycloïde n. f.
épidémicité n. f.
épidémie n. f.
épidémiologie n. f.
épidémiologique adj.
épidémiologiste n.
épidémiologue n.
épiderme n. m.
épidermé, ée adj.
épidermique adj.
épidiascope n. m.
épididyme n. m.
épier v. (conjug. 7)
épierrage n. m.
épierrement n. m.
épierrer v. tr. (conjug. 1)
épierreuse n. f.

épieu n. m.
épieur, ieuse n.
épigastre n. m.
épigastrique adj.
épigé, ée adj.
épigenèse ou **épigénèse** n. f.
épigénie n. f.
épiglotte n. f.
épiglottique adj.
épigone n. m.
épigrammatique adj.
épigramme n. f. et m.
épigraphe n. f.
épigraphie n. f.
épigraphique adj.
épigraphiste n.
épigyne adj.
épilateur n. m.
épilation n. f.
épilatoire adj.
épilepsie n. f.
épileptiforme adj.
épileptique adj.
épileptisant, ante adj.
épileptogène adj.
épileptologue n.
épiler v. tr. (conjug. 1)
épileur, euse n.
épillet n. m.
épilobe n. m.
épilogue n. m.
épiloguer v. tr. (conjug. 1)
épinaie n. f.
épinard n. m.
épinçage n. m.
épincer v. tr. (conjug. 3)
épincetage n. m.
épinceter v. tr. (conjug. 4)
épinceteur, euse n.
épinceur, euse n.
épine n. f.
épiner v. tr. (conjug. 1)
épinette n. f.
épineux, euse adj.
épine-vinette n. f.
 pl. **épines-vinettes**
épinglage n. m.
épingle n. f.

épingler v. tr. (conjug. 1)
épinglerie n. f.
épinglette n. f. (rec. off. de pin's)
épinglier n. m.
épinier n. m.
épinière adj. f.
épinoche n. f.
épinochette n. f.
épiphane adj. m.
épiphanie n. f.
épiphénomène n. m.
épiphénoménisme n. m.
épiphénoméniste adj. et n.
épiphonème n. m.
épiphragme n. m.
épiphylle adj.
épiphyse n. f.
épiphyte adj.
épiphytie [-fiti] n. f.
épiploon [-plɔ̃] n. m.
épique adj.
épirogenèse n. f.
épirogénique adj.
épiscopal, ale, aux adj.
épiscopalien, ienne adj.
épiscopalisme n. m.
épiscopat n. m.
épiscope n. m.
épisio n. f.
épisiotomie n. f.
épisode n. m.
épisodique adj.
épisodiquement adv.
épisome n. m.
épispadias n. m.
épisser v. tr. (conjug. 1)
épissoir n. m.
épissure n. f.
épistasie n. f.
épistaxis n. f.
épistémè ou **épistémé** [epistɛmɛ; epistemɛ] n. f.
épistémologie n. f.
épistémologique adj.
épistémologiquement adv.
épistémologiste n.

épistémologue n.
épistolaire adj.
épistolier, ière n.
épistyle n. m.
épitaphe n. f.
épitaxie n. f.
épite n. f.
épitexte n. m.
épithalame n. m.
épithélial, iale, iaux adj.
épithélioma n. m.
épithélium n. m.
épithète n. f.
épitoge n. f.
épitomé n. m.
épître ou **épitre★** n. f.
épivarder (s') v. pron. (conjug. 1)
épizootie n. f.
épizootique adj.
éploré, ée adj.
éployé, ée adj.
éployer v. tr. (conjug. 8)
épluchage n. m.
épluche-légume(s) n. m.
PL. *épluche-légumes*
éplucher v. tr. (conjug. 1)
épluchette n. f.
éplucheur, euse n.
épluchure n. f.
EPO n. f. (erythropoïetin)
épode n. f.
époi n. m.
épointement n. m.
épointer v. tr. (conjug. 1)
époisses n. m.
éponge n. f.
épongeage n. m.
éponger v. tr. (conjug. 3)
éponte n. f.
épontille n. f.
épontiller v. tr. (conjug. 1)
éponyme adj.
éponymie n. f.
épopée n. f.
époque n. f.
épouillage n. m.
épouiller v. tr. (conjug. 1)

époumoner (s') v. pron. (conjug. 1)
épousailles n. f. pl.
épouse n. f.
épousée n. f.
épouser v. tr. (conjug. 1)
épouseur n. m.
époussetage n. m.
épousseter v. tr. (conjug. 4)
époussette n. f.
époustouflant, ante adj.
époustoufler v. tr. (conjug. 1)
époutir v. tr. (conjug. 2)
épouvantable adj.
épouvantablement adv.
épouvantail n. m.
épouvante n. f.
épouvantement n. m.
épouvanter v. tr. (conjug. 1)
époux, ouse n.
époxy adj. inv.
époxyde n. m.
épreindre v. tr. (conjug. 52)
épreintes n. f. pl.
éprendre (s') v. pron. (conjug. 58)
épreuvage n. m.
épreuve n. f.
épris, ise adj.
EPROM n. f. (erasable programmable read only memory)
éprouvant, ante adj.
éprouvé, ée adj.
éprouver v. tr. (conjug. 1)
éprouvette n. f.
E. P. S. n. f. (éducation physique et sportive)
epsilon [ɛpsilɔn] n. m.
PL. inv. ou *epsilons★*
epsomite n. f.
épucer v. tr. (conjug. 3)
épuisable adj.
épuisant, ante adj.
épuisé, ée adj.
épuisement n. m.
épuiser v. tr. (conjug. 1)

épuisette n. f.
épulide n. f.
épulie n. f.
épulis n. f.
épulon n. m.
épulpeur n. m.
épurateur n. m. et adj. m.
épuration n. f.
épure n. f.
épurement n. m.
épurer v. tr. (conjug. 1)
épurge n. f.
équanimité n. f.
équarrir v. tr. (conjug. 2)
équarrissage n. m.
équarrisseur n. m.
équarrissoir n. m.
équateur n. m.
équation n. f.
équatorial, iale, iaux adj. et n. m.
équerrage n. m.
équerre n. f.
équerrer v. tr. (conjug. 1)
équestre adj.
équeutage n. m.
équeuter v. tr. (conjug. 1)
équiangle adj.
équidé n. m.
équidistance [ekɥi-] n. f.
équidistant, ante [ekɥi-] adj.
équilatéral, ale, aux [ekɥi-] adj.
équilatère [ekɥi-] adj.
équilibrage n. m.
équilibrant, ante adj.
équilibration n. f.
équilibre n. m.
équilibré, ée adj.
équilibrer v. tr. (conjug. 1)
équilibreur, euse adj. et n. m.
équilibriste n.
équille n. f.
équimolaire [ekɥi-] adj.
équimoléculaire [ekɥi-] adj.
équimultiple [ekɥi-] adj.
équimuscle [ekɥi-] n. m.

équin, ine adj.
équinisme n. m.
équinoxe [eki-] n. m.
équinoxial, iale, iaux adj.
équipage n. m.
équipartition [ekui̯-] n. f.
équipe n. f.
équipée n. f.
équipement n. m.
équipementier n. m.
équiper v. tr. (conjug. 1)
équipier, ière n.
équipollence n. f.
équipollent, ente adj.
équipotent [ekui̯-] adj. m.
équipotentiel, ielle [ekui̯-] adj.
équiprobable adj.
équisétinées n. f. pl.
équitable adj.
équitablement adv.
équitant, ante adj.
équitation n. f.
équité n. f.
équivalence n. f.
¹équivalent, ente adj.
²équivalent n. m.
équivaloir v. tr. ind. (conjug. 29; rare à l'inf.)
équivoque adj. et n. f.
équivoquer v. intr. (conjug. 1)
érable n. m.
érablière n. f.
éradication n. f.
éradiquer v. tr. (conjug. 1)
éraflement n. m.
érafler v. tr. (conjug. 1)
éraflure n. f.
éraillé, ée adj.
éraillement n. m.
érailler v. tr. (conjug. 1)
éraillure n. f.
erbine n. f.
erbium n. m.
erbue n. f.
ère n. f.
érecteur, trice adj.
érectile adj.

érectilité n. f.
érection n. f.
éreintage n. m.
éreintant, ante adj.
éreinté, ée adj.
éreintement n. m.
éreinter v. tr. (conjug. 1)
éreinteur, euse n.
érémiste n.
érémitique adj.
érémologie n. f.
érepsine n. f.
érésipèle n. m.
éréthisme n. m.
éreuthophobie n. f.
erg n. m.
pl. *ergs* ou *areg* (ar.)
ergastoplasme n. m.
ergastule n. m.
ergographe n. m.
ergol n. m.
ergolier n. m.
ergologie n. f.
ergométrie n. f.
ergométrique adj.
ergonome n.
ergonomie n. f.
ergonomique adj.
ergonomiste n.
ergostérol n. m.
ergot n. m.
ergotage n. m.
ergotamine n. f.
ergoté, ée adj.
ergoter v. intr. (conjug. 1)
ergoterie n. f.
ergoteur, euse n. et adj.
ergothérapeute n.
ergothérapie n. f.
ergotisme n. m.
éricacées n. f. pl.
ériger v. tr. (conjug. 3)
érigéron n. m.
érigne n. f.
éristale n. m.
éristique adj. et n.
erlenmeyer [ɛʀlɶnmejɛʀ] n. m.
erminette n. f.

ermitage n. m.
ermite n.
éroder v. tr. (conjug. 1)
érogène adj.
éros n. m.
érosif, ive adj.
érosion n. f.
érotique adj.
érotiquement adv.
érotisation n. f.
érotiser v. tr. (conjug. 1)
érotisme n. m.
érotologie n. f.
érotologique adj.
érotologue n.
érotomane adj. et n.
érotomaniaque adj.
érotomanie n. f.
erpétologie ou **herpétologie** n. f.
errance n. f.
errant, ante adj.
erratique adj.
erratum n. m.
pl. *errata* ou *erratums** ou *erratas**
erre n. f.
errements n. m. pl.
errer v. intr. (conjug. 1)
erreur n. f.
erroné, ée adj.
erronément adv.
ers [ɛʀ] n. m.
ersatz [ɛʀzats] n. m.
erse n. f.; adj.
erseau n. m.
érubescence n. f.
érubescent, ente adj.
éruciforme adj.
érucique adj.
éructation n. f.
éructer v. (conjug. 1)
érudit, ite adj. et n.
érudition n. f.
érugineux, euse adj.
éruptif, ive adj.
éruption n. f.
érysipélateux, euse adj.
érysipèle n. m.

érythémateux, euse adj.
érythème n. m.
érythrine n. f.
érythroblaste n. m.
érythroblastose n. f.
érythrocytaire adj.
érythrocyte n. m.
érythrodermie n. f.
érythromycine n. f.
érythropoïèse n. f.
érythropoïétine n. f.
érythrosine n. f.
ès [ɛs] prép.
ESB n. f. (encéphalopathie spongiforme bovine)
esbigner (s') v. pron. (conjug. 1)
esbroufe n. f.
esbroufer v. tr. (conjug. 1)
esbroufeur, euse n.
escabeau n. m.
escabèche n. f.
escabelle n. f.
escadre n. f.
escadrille n. f.
escadron n. m.
escagasser v. tr. (conjug. 1)
escalade n. f.
escalader v. tr. (conjug. 1)
escalator ® n. m. (rec. off. : escalier mécanique)
escale n. f.
escalier n. m.
escalope n. f.
escaloper v. tr. (conjug. 1)
escamotable adj.
escamotage n. m.
escamoter v. tr. (conjug. 1)
escamoteur, euse n.
escampette n. f.
escapade n. f.
escape n. f.
escarbille n. f.
escarbot n. m.
escarboucle n. f.
escarcelle n. f.
escargot n. m.
escargotière n. f.
escarmouche n. f.

escarole n. f.
escarpe n. f.; n. m.
escarpé, ée adj.
escarpement n. m.
escarpin n. m.
escarpolette n. f.
¹escarre n. f. (nécrose)
²escarre ou **esquarre** n. f. (équerre)
escarrification n. f.
eschatologie [ɛska-] n. f.
eschatologique [ɛska-] adj.
esche ou **aiche** ou **èche** n. f.
escher ou **aicher** ou **écher** v. tr. (conjug. 1)
escient n. m.
esclaffer (s') v. pron. (conjug. 1)
esclandre n. m.
esclavage n. m.
esclavager v. tr. (conjug. 3)
esclavagisme n. m.
esclavagiste adj. et n.
esclave n. et adj.
esclavon, onne adj. et n.
escobar n. m.
escobarderie n. f.
escogriffe n. m.
escomptable adj.
escompte n. m.
escompter v. tr. (conjug. 1)
escompteur, euse n.
escopette n. f.
escorte n. f.
escorter v. tr. (conjug. 1)
escorteur n. m.
escot n. m.
escouade n. f.
escourgeon n. m.
escrime n. f.
escrimer (s') v. pron. (conjug. 1)
escrimeur, euse n.
escroc n. m.
escroquer v. tr. (conjug. 1)
escroquerie n. f.
escudo [ɛskydo; ɛskudo] n. m.

esculine n. f.
ésérine n. f.
esgourde n. f.
eskimo n. et adj. inv.
ésotérique adj.
ésotérisme n. m.
espace n. m.; n. f.
espacé, ée adj.
espacement n. m.
espacer v. tr. (conjug. 3)
espace-temps n. m.
espada n. f.
espadon n. m.
espadrille n. f.
espagnol, ole adj. et n.
espagnolette n. f.
espagnolisme n. m.
espalier n. m.
espar n. m.
espèce n. f.
espérance n. f.
espérantiste adj. et n.
espéranto n. m.
espérer v. (conjug. 6)
esperluette n. f.
espiègle adj.
espièglerie n. f.
espingole n. f.
espingouin, ine adj. et n.
espiogiciel n. m.
espion, ionne n.
espionite ou **espionnite** n. f.
espionnage n. m.
espionner v. tr. (conjug. 1)
espionnite n. f.
esplanade n. f.
espoir n. m.
espressione (con) loc. adv.
espressivo adj.
esprit n. m.
esprit-de-bois n. m.
esprit-de-sel n. m.
esprit-de-vin n. m.
esquarre n. f.
esquicher v. tr. (conjug. 1)
esquif n. m.
esquille n. f.

esquimau

esquimau, aude ou eskimo n. et adj.
esquimautage n. m.
esquintant, ante adj.
esquinté, ée adj.
esquinter v. tr. (conjug. 1)
esquire n. m.
esquisse n. f.
esquisser v. tr. (conjug. 1)
esquive n. f.
esquiver v. tr. (conjug. 1)
essai n. m.
essaim n. m.
essaimage n. m.
essaimer v. (conjug. 1)
essangeage n. m.
essanger v. tr. (conjug. 3)
essart n. m.
essartage n. m.
essartement n. m.
essarter v. tr. (conjug. 1)
essayage n. m.
essayer v. tr. (conjug. 8)
essayeur, euse n.
essayiste n.
esse n. f.
essence n. f.
essencerie n. f.
essénien, ienne adj. et n.
essentialisme n. m.
essentialiste adj.
essentiel, ielle adj. et n. m.
essentiellement adv.
esseulé, ée adj.
essieu n. m.
essor n. m.
essorage n. m.
essorer v. tr. (conjug. 1)
essoreuse n. f.
essorillement n. m.
essoriller v. tr. (conjug. 1)
essouchement n. m.
essoucher v. tr. (conjug. 1)
essoufflement n. m.
essouffler v. tr. (conjug. 1)
essuie n. m.
essuie-glace n. m.
   PL *essuie-glaces*
essuie-main(s) n. m.
   PL *essuie-mains*

essuie-meuble n. m.
   PL *essuie-meubles*
essuie-phare n. m.
   PL *essuie-phares*
essuie-pied(s) n. m.
   PL *essuie-pieds*
essuie-tout ou essuietout* n. m.
   PL inv. ou *essuietouts**
essuie-verre n. m.
   PL *essuie-verres*
essuyage n. m.
essuyer v. tr. (conjug. 8)
essuyeur, euse n.
est n. m. inv.
establishment n. m.
estacade n. f.
estafette n. f.
estafier n. m.
estafilade n. f.
estagnon n. m.
est-allemand, ande adj.
   PL *est-allemands, andes*
estaminet n. m.
estampage n. m.
estampe n. f.
estamper v. tr. (conjug. 1)
estampeur, euse n.
estampillage n. m.
estampille n. f.
estampiller v. tr. (conjug. 1)
estampilleuse n. f.
estancia n. f.
estarie n. f.
este adj. et n.
¹ester [ESTER] n. m.
²ester v. intr. (seult inf.)
estérase n. f.
estérification n. f.
estérifier v. tr. (conjug. 7)
esterlin n. m.
esthésie n. f.
esthésiogène adj.
esthésiologie n. f.
esthète n. et adj.
esthéticien, ienne n.
esthétique n. f. et adj.
esthétiquement adv.
esthétisant, ante adj.
esthétisation n. f.

esthétiser v. (conjug. 1)
esthétisme n. m.
estimable adj.
estimateur n. m.
estimatif, ive adj.
estimation n. f.
estime n. f.
estimer v. tr. (conjug. 1)
estivage n. m.
estival, ale, aux adj.
estivant, ante n.
estivation n. f.
estive n. f.
estiver v. (conjug. 1)
estoc n. m.
estocade n. f.
estomac n. m.
estomaqué, ée adj.
estomaquer v. tr. (conjug. 1)
estompage n. m.
estompe n. f.
estompé, ée adj.
estomper v. tr. (conjug. 1)
estonien, ienne adj. et n.
estoquer v. tr. (conjug. 1)
estouffade n. f.
estourbir v. tr. (conjug. 2)
estrade n. f.
estradiol n. m.
estradiot n. m.
estragon n. m.
estramaçon n. m.
estran n. m.
estrapade n. f.
estrapader v. tr. (conjug. 1)
estrapasser v. tr. (conjug. 1)
estrogène adj. et n. m.
estrone n. f.
estrope n. f.
estropié, iée adj. et n.
estropier v. tr. (conjug. 7)
estuaire n. m.
estuarien, ienne adj.
estudiantin, ine adj.
esturgeon n. m.
et conj.
êta n. m.
   PL inv. ou *êtas**

étable n. f.
¹établi, ie adj.
²établi n. m.
établir v. tr. (conjug. 2)
établissement n. m.
étage n. m.
étagement n. m.
étager v. tr. (conjug. 3)
étagère n. f.
étagiste n.
étai n. m.
étaiement n. m.
étain n. m.
étal n. m.
  PL étals
étalage n. m.
étalager v. tr. (conjug. 3)
étalagiste n.
étale adj. et n.
étalement n. m.
étaler v. (conjug. 1)
étaleuse n. f.
étalier n. m.
étalinguer v. tr. (conjug. 1)
étalingure n. f.
étalon n. m.
étalonnage n. m.
étalonnement n. m.
étalonner v. tr. (conjug. 1)
étamage n. m.
étambot n. m.
étambrai n. m.
étamer v. tr. (conjug. 1)
étameur n. m.
étamine n. f.
étampage n. m.
étampe n. f.
étamper v. tr. (conjug. 1)
étamperche ou
  étemperche n. f.
étampeur, euse n.
étampure n. f.
étamure n. f.
étanche adj. et n. f.
étanchéité n. f.
étanchement n. m.
étancher v. tr. (conjug. 1)
étançon n. m.
étançonnement n. m.

étançonner v. tr. (conjug. 1)
étang n. m.
étant n. m.
étape n. f.
étarquer v. tr. (conjug. 1)
étasunien, ienne adj. et n.
état n. m.
étatique adj.
étatisation n. f.
étatiser v. tr. (conjug. 1)
étatisme n. m.
étatiste adj. et n.
état-major n. m.
  PL états-majors
états-unien, ienne ou
  étasunien, ienne adj. et n. PL états-uniens, iennes
  ou étasuniens, iennes
étau n. m.
étayage n. m.
étayer v. tr. (conjug. 8)
etc. abrév. (et cetera)
et cætera ou et cetera
  ou etcétéra* [ɛtsetera]
  loc. et n. m. inv.
été n. m.
éteignoir n. m.
éteindre v. tr. (conjug. 52)
éteint, einte adj.
étemperche n. f.
étendage n. m.
étendard n. m.
étendoir n. m.
étendre v. tr. (conjug. 41)
étendu, ue adj.
étendue n. f.
éternel, elle adj. et n. m.
éternellement adv.
éterniser v. tr. (conjug. 1)
éternité n. f.
éternuement n. m.
éternuer v. intr. (conjug. 1)
étésien adj. m.
étêtage n. m.
étêtement n. m.
étêter v. tr. (conjug. 1)
éteuf n. m.
éteule n. f.

éthane n. m.
éthanoate n. m.
éthanol n. m.
éthène n. m.
éther n. m.
éthéré, ée adj.
éthérification n. f.
éthérifier v. tr. (conjug. 7)
éthérisation n. f.
éthériser v. tr. (conjug. 1)
éthérisme n. m.
Ethernet ou ethernet n. m.
éthéromane n.
éthéromanie n. f.
éther-sel n. m.
  PL éthers-sels
éthicien, ienne n.
éthiopien, ienne adj. et n.
éthique n. f. et adj.
éthiquement adv.
ethmoïdal, ale, aux adj.
ethmoïde n. m.
ethnarchie n. f.
ethnarque n. m.
ethnicisation n. f.
ethniciser v. tr. (conjug. 1)
ethnicité n. f.
ethnie n. f.
ethnique adj.
ethniquement adv.
ethnobiologie n. f.
ethnobiologiste n.
ethnobotanique n. f.
ethnocentrique adj.
ethnocentrisme n. m.
ethnocide n. m.
ethnographe n.
ethnographie n. f.
ethnographique adj.
ethnolinguistique n. f. et adj.
ethnologial, ale, aux adj.
ethnologie n. f.
ethnologique adj.
ethnologue n.
ethnométhodologie n. f.
ethnométhodologue n.

ethnomusicologie n. f.
ethnomusicologue n.
ethnopharmacologie n. f.
ethnopsychiatre [-k-] n.
ethnopsychiatrie n. f.
ethnopsychologie [-k-] n. f.
ethnoracial, iale, iaux adj.
ethnozootechnicien, ienne n.
éthogramme n. m.
éthologie n. f.
éthologique adj.
éthologiste n.
éthologue n.
éthuse n. f.
éthyle n. m.
éthylène n. m.
éthylénique adj.
éthylique adj. et n.
éthylisme n. m.
éthylomètre n. m. (rec. off. de alcootest)
éthylotest n. m.
étiage n. m.
étier n. m.
étincelage n. m.
étincelant, ante adj.
étinceler v. intr. (conjug. 4)
étincelle n. f.
étincellement ou **étincèlement*** n. m.
étiolé, ée adj.
étiolement n. m.
étioler v. tr. (conjug. 1)
étiologie n. f.
étiologique adj.
étiologiquement adv.
étiopathe n.
étiopathie n. f.
étiopathogénie n. f.
étique adj.
étiquetage n. m.
étiqueter v. tr. (conjug. 4)
étiqueteur, euse n.
étiquette n. f.
étirable adj.
étirage n. m.

étiré n. m.
étirement n. m.
étirer v. tr. (conjug. 1)
étireur, euse n.
étisie n. f.
étoc n. m.
étoffe n. f.
étoffé, ée adj.
étoffer v. tr. (conjug. 1)
étoile n. f.
étoilé, ée adj.
étoilement n. m.
étoiler v. tr. (conjug. 1)
étole n. f.
étonnamment adv.
étonnant, ante adj.
étonné, ée adj.
étonnement n. m.
étonner v. tr. (conjug. 1)
étouffade n. f.
étouffage n. m.
étouffant, ante adj.
étouffé, ée adj.
étouffe-chrétien n. m.
 pl. *étouffe-chrétiens*
étouffée (à l') loc. adv.
étouffement n. m.
étouffer v. tr. (conjug. 1)
étouffoir n. m.
étoupe n. f.
étouper v. tr. (conjug. 1)
étoupille n. f.
étourderie n. f.
étourdi, ie adj. et n.
étourdiment adv.
étourdir v. tr. (conjug. 2)
étourdissant, ante adj.
étourdissement n. m.
étourneau n. m.
étrange adj.
étrangement adv.
étranger, ère adj. et n.
étrangeté n. f.
étranglé, ée adj.
étranglement n. m.
étrangler v. tr. (conjug. 1)
étrangleur, euse n.
étrangloir n. m.
étrave n. f.

¹**être** n. m.
²**être** v. intr. (conjug. 61)
étrécir v. tr. (conjug. 2)
étreindre v. tr. (conjug. 52)
étreinte n. f.
étrenne n. f.
étrenner v. (conjug. 1)
êtres n. m. pl.
étrésillon n. m.
étrésillonner v. tr. (conjug. 1)
étrier n. m.
étrille n. f.
étriller v. tr. (conjug. 1)
étripage n. m.
étriper v. tr. (conjug. 1)
étriqué, ée adj.
étriquer v. tr. (conjug. 1)
étrive n. f.
étrivière n. f.
étroit, oite adj.
étroitement adv.
étroitesse n. f.
étron n. m.
étronçonner v. tr. (conjug. 1)
étrusque adj. et n.
étude n. f.
étudiant, iante n. et adj.
étudié, iée adj.
étudier v. (conjug. 7)
étui n. m.
étuvage n. m.
étuve n. f.
étuvée n. f.
étuvement n. m.
étuver v. tr. (conjug. 1)
étuveur n. m.
étymologie n. f.
étymologique adj.
étymologiquement adv.
étymologiste n.
étymon n. m.
eu, eue p. p. (avoir)
eubactérie n. f.
eubage n.
eucalyptol n. m.
eucalyptus n. m.
eucaryote adj. et n. m.

eucharistie [-k-] n. f.
eucharistique [-k-] adj.
euchologe [øko-] n. m.
euclidien, ienne adj.
eucologe ou
  euchologe n. m.
eudémis n. m.
eudémonisme n. m.
eudiomètre n. m.
eudiométrie n. f.
eudiométrique adj.
eudiste n. m.
eugénate n. m.
eugénique n. f. et adj.
eugénisme n. m.
eugéniste n.
eugénol n. m.
euglène n. f.
euh interj.
eunecte n. m.
eunuque n. m.
eupatoire n. f.
eupeptique adj. et n. m.
euphémique adj.
euphémiquement adv.
euphémisme n. m.
euphonie n. f.
euphonique adj.
euphoniquement adv.
euphorbe n. f.
euphorie n. f.
euphorique adj.
euphorisant, ante adj. et n. m.
euphorisation n. f.
euphoriser v. tr. (conjug. 1)
euphuisme n. m.
eupnéique adj.
eurafricain, aine adj. et n.
eurasiatique adj.
eurasien, ienne adj. et n.
eurêka interj.
euristique adj. et n. f.
euro n. m.
eurocent n. m.
eurocentrisme n. m.
eurochèque n. m.
eurocommunisme n. m.
eurocommuniste n.

eurocrate n.
eurocratie n. f.
eurocrédit n. m.
eurodéputé, ée n.
eurodevise n. f.
eurodistrict n. m.
eurodollar n. m.
eurofonctionnaire n.
euromarché n. m.
euromissile n. m.
euro-obligation n. f.
  PL. euro-obligations
europarlement n. m.
europarlementaire n.
  et adj.
européanisation n. f.
européaniser v. tr.
  (conjug. 1)
européanisme n. m.
européen, enne adj. et n.
européisme n. m.
europhile n. et adj.
europhilie n. f.
europhobe n. et adj.
europhobie n. f.
europium n. m.
eurorégion n. f.
euroscepticisme n. m.
eurosceptique adj. et n.
eurosignal n. m.
eurostratégique adj.
eurovision n. f.
euryhalin, ine adj.
eurythmie n. f.
eurythmique adj.
euskarien, ienne ou
  euscarien, ienne adj.
  et n.
eustache n. m.
eustasie n. f.
eustatique adj.
eustatisme n. m.
eutectique adj.
eutexie n. f.
euthanasie n. f.
euthanasier v. tr.
  (conjug. 7)
euthériens n. m. pl.
eutrophe adj.

eutrophisation n. f.
eux pron. pers.
évacuant, ante adj.
évacuateur, trice adj. et n. m.
évacuation n. f.
évacuer v. tr. (conjug. 1)
évadé, ée adj. et n.
évader (s') v. pron.
  (conjug. 1)
évagination n. f.
évaluable adj.
évaluateur, trice n.
évaluation n. f.
évaluer v. tr. (conjug. 1)
évanescence n. f.
évanescent, ente adj.
évangéliaire n. m.
évangélique adj.
évangélisateur, trice adj.
évangélisation n. f.
évangéliser v. tr. (conjug. 1)
évangélisme n. m.
évangéliste n. m.
évangile n. m.
évanoui, ie adj.
évanouir (s') v. pron.
  (conjug. 2)
évanouissement n. m.
évaporable adj.
évaporateur n. m.
évaporation n. f.
évaporatoire adj.
évaporé, ée adj.
évaporer v. tr. (conjug. 1)
évapotranspiration n. f.
évasé, ée adj.
évasement n. m.
évaser v. tr. (conjug. 1)
évasif, ive adj.
évasion n. f.
évasivement adv.
évasure n. f.
évêché n. m.
évection n. f.
éveil n. m.
éveillé, ée adj.
éveiller v. tr. (conjug. 1)
éveilleur, euse n.

évènement ou
événement n. m.
évènementiel, ielle ou
événementiel, ielle
adj.
évent n. m.
éventail n. m.
éventailliste n.
éventaire n. m.
éventé, ée adj.
éventer v. tr. (conjug. 1)
éventration n. f.
éventrer v. tr. (conjug. 1)
éventreur n. m.
éventualité n. f.
éventuel, elle adj.
éventuellement adv.
évêque n. m.
évergète n.
évergétisme n. m.
éversion n. f.
évertuer (s') v. pron.
(conjug. 1)
évhémérisme n. m.
éviction n. f.
évidage n. m.
évidé, ée adj.
évidement n. m.
évidemment adv.
évidence n. f.
évident, ente adj.
évider v. tr. (conjug. 1)
évidoir n. m.
évidure n. f.
évier n. m.
évincement n. m.
évincer v. tr. (conjug. 3)
éviscération n. f.
éviscérer v. tr. (conjug. 6)
évitable adj.
évitage n. m.
évitement n. m.
éviter v. tr. (conjug. 1)
évocable adj.
évocateur, trice adj.
évocation n. f.
évocatoire adj.
évolué, ée adj.
évoluer v. intr. (conjug. 1)
évolutif, ive adj.

évolution n. f.
évolutionnaire adj.
évolutionnisme n. m.
évolutionniste adj. et n.
évolutivité n. f.
évoquer v. tr. (conjug. 1)
évulsion n. f.
evzone n. m.
ex abrupto [ɛksabʁypto]
loc. adv.
exacerbation n. f.
exacerbé, ée adj.
exacerber v. tr. (conjug. 1)
exact, exacte adj.
exactement adv.
exacteur n. m.
exaction n. f.
exactitude n. f.
ex æquo loc. adv.
exagérateur, trice adj.
et n.
exagération n. f.
exagéré, ée adj.
exagérément adv.
exagérer v. tr. (conjug. 6)
exaltant, ante adj.
exaltation n. f.
exalté, ée adj. et n.
exalter v. tr. (conjug. 1)
examen n. m.
examinateur, trice n.
examiner v. tr. (conjug. 1)
exanthémateux, euse
adj.
exanthématique adj.
exanthème n. m.
exarchat n. m.
exarque n. m.
exaspérant, ante adj.
exaspération n. f.
exaspéré, ée adj.
exaspérer v. tr. (conjug. 6)
exaucement n. m.
exaucer v. tr. (conjug. 3)
ex cathedra [ɛkskatedʁa]
loc. adv.
excavateur, trice n.
excavation n. f.
excaver v. tr. (conjug. 1)
excédant, ante adj.

excédent n. m.
excédentaire adj.
excéder v. tr. (conjug. 6)
excellemment adv.
excellence n. f.
excellent, ente adj.
excellentissime adj.
exceller v. intr. (conjug. 1)
excentration n. f.
excentré, ée adj.
excentrer v. tr. (conjug. 1)
excentricité n. f.
excentrique adj. et n.
excentriquement adv.
¹excepté, ée adj.
²excepté prép.
excepter v. tr. (conjug. 1)
exception n. f.
exceptionnalisme n. m.
exceptionnalité n. f.
exceptionnel, elle adj.
exceptionnellement
adv.
excès n. m.
excessif, ive adj.
excessivement adv.
exciper v. tr. ind. (conjug. 1)
excipient [ɛksipjɑ̃] n. m.
excise n. f.
exciser v. tr. (conjug. 1)
excision n. f.
excitabilité n. f.
excitable adj.
excitant, ante adj. et n. m.
excitateur, trice n.
excitation n. f.
excitatrice n. f.
excité, ée adj. et n.
exciter v. tr. (conjug. 1)
excitomoteur, trice
adj.
exciton n. m.
exclamatif, ive adj. et n. f.
exclamation n. f.
exclamer (s') v. pron.
(conjug. 1)
exclu, ue adj.
excluant, ante adj.
exclure v. tr. (conjug. 35)
exclusif, ive adj.

exclusion n. f.
exclusive n. f.
exclusivement adv.
exclusivisme n. m.
exclusivité n. f.
excommunication n. f.
excommunier v. tr. (conjug. 7)
excoriation n. f.
excorier v. tr. (conjug. 7)
excrément n. m.
excrémentiel, ielle adj.
excreta n. m. pl.
excréter v. tr. (conjug. 6)
excréteur, trice adj.
excrétion n. f.
excrétoire adj.
excroissance n. f.
excursion n. f.
excursionner v. intr. (conjug. 1)
excursionniste n.
excusable adj.
excuse n. f.
excuser v. tr. (conjug. 1)
exeat ou exéat★ [ɛgzeat] n. m.
PL. exeat(s) ou exéats★
exécrable adj.
exécrablement adv.
exécration [ɛgze-; ɛkse-] n. f.
exécrer [ɛgze-; ɛkse-] v. tr. (conjug. 6)
exécutable adj.
exécutant, ante n.
exécuter v. tr. (conjug. 1)
exécuteur, trice n. et adj.
exécutif, ive adj. et n. m.
exécution n. f.
exécutoire adj.
exèdre n. f.
exégèse n. f.
exégète n. m.
exégétique adj.
exemplaire adj.; n. m.
exemplairement adv.
exemplarité n. f.
exemplatif, ive adj.
exemple n. m.

exemplification n. f.
exemplifier v. tr. (conjug. 7)
exempt, empte [ɛgzã, ãt] adj.
exempter [ɛgzãte] v. tr. (conjug. 1)
exemption [ɛgzãpsjɔ̃] n. f.
exequatur ou exéquatur★ [ɛgzekwatyr] n. m.
PL. inv. ou exéquaturs★
exerçable adj.
exercé, ée adj.
exercer v. tr. (conjug. 3)
exercice n. m.
exerciseur n. m.
exérèse n. f.
exergue n. m.
exfiltration n. f.
exfiltrer v. tr. (conjug. 1)
exfoliant, iante adj.
exfoliation n. f.
exfolier v. tr. (conjug. 7)
exhalaison n. f.
exhalation n. f.
exhaler v. tr. (conjug. 1)
exhaure n. f.
exhaussement n. m.
exhausser [ɛgzose] v. tr. (conjug. 1)
exhausteur n. m.
exhaustif, ive adj.
exhaustion n. f.
exhaustivement adv.
exhaustivité n. f.
exhérédation n. f.
exhéréder v. tr. (conjug. 6)
exhiber v. tr. (conjug. 1)
exhibit n. et adj.
exhibition n. f.
exhibitionnisme n. m.
exhibitionniste n.
exhortation n. f.
exhorter v. tr. (conjug. 1)
exhumation n. f.
exhumer v. tr. (conjug. 1)
exigeant, ante adj.
exigence n. f.
exiger v. tr. (conjug. 3)

exigibilité n. f.
exigible adj.
exigu, uë ou üe★ adj.
exiguïté ou exigüité★ n. f.
exil n. m.
exilé, ée adj. et n.
exiler v. tr. (conjug. 1)
exinscrit, ite adj.
existant, ante adj. et n. m.
existence n. f.
existentialisme n. m.
existentialiste adj.
existentiel, ielle adj.
exister v. intr. (conjug. 1)
exit [ɛgzit] v. et n. m.
PL. inv. ou exits
ex-libris ou exlibris★ [ɛkslibris] n. m. inv.
ex nihilo adv. et adj. inv.
exobiologie n. f.
exobiologique adj.
exobiologiste n.
exocet ® n. m.
exocrine adj.
exode n. m.
exogame adj. et n.
exogamie n. f.
exogamique adj.
exogène adj.
exogénose n. f.
exon n. m.
exondation n. f.
exondement n. m.
exonder (s') v. pron. (conjug. 1)
exonérateur, trice adj.
exonération n. f.
exonérer v. tr. (conjug. 6)
exophilie n. f.
exophtalmie n. f.
exophtalmique adj.
exoplanète n. f.
exorbitant, ante adj.
exorbité, ée adj.
exorcisation n. f.
exorciser v. tr. (conjug. 1)
exorciseur, euse n.
exorcisme n. m.
exorcistat n. m.

exorciste n.
exorde n. m.
exoréique adj.
exoréisme n. m.
exosphère n. f.
exosquelette n. m.
exostose n. f.
exotérique adj.
exothermique adj.
exotique adj. et n.
exotisme n. m.
exotoxine n. f.
expandeur n. m.
expansé, ée adj.
expansibilité n. f.
expansible adj.
expansif, ive adj.
expansion n. f.
expansionnisme n. m.
expansionniste n. et adj.
expansivité n. f.
expatriation n. f.
expatrié, iée adj. et n.
expatrier v. tr. (conjug. 7)
expectant, ante adj.
expectation n. f.
expectative n. f.
expectorant, ante adj.
expectoration n. f.
expectorer v. tr. (conjug. 1)
¹**expédient, iente** adj.
²**expédient** n. m.
expédier v. tr. (conjug. 7)
expéditeur, trice n.
expéditif, ive adj.
expédition n. f.
expéditionnaire adj. et n.
expéditivement adv.
expérience n. f.
expérimental, ale, aux adj.
expérimentalement adv.
expérimentateur, trice n.
expérimentation n. f.
expérimenté, ée adj.
expérimenter v. tr. (conjug. 1)
expert, erte adj. et n. m.

expert-comptable, experte-comptable n. PL. *experts-comptables, expertes-comptables*
expertement adv.
expertise n. f.
expertiser v. tr. (conjug. 1)
expiable adj.
expiateur, trice adj.
expiation n. f.
expiatoire adj.
expier v. tr. (conjug. 7)
expirant, ante adj.
expirateur, trice adj. et n. m.
expiration n. f.
expiratoire adj.
expirer v. (conjug. 1)
explant n. m.
explétif, ive adj.
explicable adj.
explicatif, ive adj.
explication n. f.
explicitation n. f.
explicite adj.
explicitement adv.
expliciter v. tr. (conjug. 1)
expliquer v. tr. (conjug. 1)
exploit n. m.
exploitable adj.
exploitant, ante adj. et n.
exploitation n. f.
exploité, ée adj. et n.
exploiter v. tr. (conjug. 1)
exploiteur, euse n.
explorateur, trice n.
exploration n. f.
exploratoire adj.
explorer v. tr. (conjug. 1)
explosé, ée adj.
exploser v. intr. (conjug. 1)
exploseur n. m.
explosibilité n. f.
explosible adj.
¹**explosif, ive** adj.
²**explosif** n. m.
explosion n. f.
explosivement adv.

explosivité n. f.
exponentiel, ielle adj. et n. f.
export n. m.
exportable adj.
exportateur, trice n. et adj.
exportation n. f.
exporter v. tr. (conjug. 1)
exposant, ante n.
exposé n. m.
exposer v. tr. (conjug. 1)
exposition n. f.
expo-vente n. f. PL. *expo-ventes*
¹**exprès, esse** [ɛksprɛs] adj.
²**exprès** adv.
express adj. et n. m.
expressément adv.
expressif, ive adj.
expression n. f.
expressionnisme n. m.
expressionniste adj. et n.
expressiste n. m.
expressivement adv.
expressivité n. f.
expresso n. m.
exprimable adj.
exprimer v. tr. (conjug. 1)
ex professo loc. adv.
expromission n. f.
expropriant, iante adj.
expropriateur, trice n.
expropriation n. f.
exproprier v. tr. (conjug. 7)
expulsable adj.
expulsé, ée adj.
expulser v. tr. (conjug. 1)
expulsif, ive adj.
expulsion n. f.
expurgation n. f.
expurger v. tr. (conjug. 3)
exquis, ise adj.
exquisément adv.
exquisité n. f.
exsangue [ɛksɑ̃g; ɛgzɑ̃g] adj.

exsanguino-transfusion ou **exsanguinotransfusion*** n. f.
PL *exsanguino(-)transfusions*
exstrophie n. f.
exsudat n. m.
exsudation n. f.
exsuder v. (conjug. 1)
extase n. f.
extasier (s') v. pron. (conjug. 7)
extatique adj.
extemporané, ée adj.
extenseur adj. m. et n. m.
extensibilité n. f.
extensible adj.
extensif, ive adj.
extension n. f.
extensionalité n. f.
extensionnel, elle adj.
extensivement adv.
extenso (in) [inɛkstɛ̃so] loc. adv. et loc. adj.
extensomètre n. m.
exténuant, ante adj.
exténuation n. f.
exténuer v. tr. (conjug. 1)
¹**extérieur, ieure** adj.
²**extérieur** n. m.
extérieurement adv.
extériorisation n. f.
extérioriser v. tr. (conjug. 1)
extériorité n. f.
exterminateur, trice adj. et n.
extermination n. f.
exterminer v. tr. (conjug. 1)
externalisation n. f.
externaliser v. tr. (conjug. 1)
externalité n. f.
externat n. m.
externe adj. et n.
extéroceptif, ive adj.
exterritorialité n. f.
extincteur, trice adj. et n. m.

extinctif, ive adj.
extinction n. f.
extinguible adj.
extirpable adj.
extirpateur n. m.
extirpation n. f.
extirper v. tr. (conjug. 1)
extorquer v. tr. (conjug. 1)
extorqueur, euse n.
extorsion n. f.
extra n. m. et adj.
extras
extracommunautaire adj.
extraconjugal, ale, aux adj.
extracorporel, elle adj.
extracourant ou **extra-courant** n. m.
PL *extracourants* ou *extra-courants*
extracteur n. m.
extractible adj.
extractif, ive adj.
extraction n. f.
extrader v. tr. (conjug. 1)
extradition n. f.
extrados n. m.
extra-dry ou **extradry** [ɛkstradraj] adj. inv.
PL *extra-dry* ou *extradrys*
extrafin, fine ou **extrafin, fine** adj.
PL *extra(-)fins, fines*
extrafort, forte ou **extra-fort, forte** adj. et n. m.
PL *extra(-)forts, fortes*
extragalactique adj.
extraire v. tr. (conjug. 50)
extrait n. m.
extrajudiciaire adj.
extralarge ou **extra-large** adj.
PL *extra(-)larges*
extralégal, ale, aux adj.
extra-light ou **extralight*** adj. inv.
extralinguistique adj.
extralucide adj.

extramarital, ale, aux adj.
extra-muros ou **extramuros*** adv. et adj. inv.
extranéité n. f.
extranet n. m.
extraordinaire adj.
extraordinairement adv.
extraparlementaire adj.
extraplat, ate adj.
extrapolable adj.
extrapolation n. f.
extrapoler v. intr. (conjug. 1)
extrarénal, ale, aux adj.
extrascolaire adj.
extrasensible adj.
extrasensoriel, ielle adj.
extrasolaire adj.
extrasystole n. f.
extraterrestre adj. et n.
extraterritorial, iale, iaux adj.
extraterritorialité n. f.
extra-utérin, ine adj.
PL *extra-utérins, ines*
extravagance n. f.
extravagant, ante adj.
extravaguer v. intr. (conjug. 1)
extravasation n. f.
extravaser (s') v. pron. (conjug. 1)
extraversion n. f.
extraverti, ie adj. et n.
extrême adj. et n. m.
extrêmement adv.
extrême-onction n. f.
PL *extrêmes-onctions*
extrême-oriental, ale, aux adj. et n.
extremis (in) loc. adv. et loc. adj.
extrémisme n. m.
extrémiste n. et adj.

extrémité n. f.
extremum ou extrémum* n. m.
extrinsèque adj.
extrinsèquement adv.
extrorse adj.
extroversion n. f.
extroverti, ie adj. et n.
extrudé, ée adj.
extrudeuse n. f.
extrusion n. f.
exubérance n. f.
exubérant, ante adj.
exulcération n. f.
exulcérer v. tr. (conjug. 6)
exultation n. f.
exulter v. intr. (conjug. 1)
exutoire n. m.
exuvie n. f.
ex vivo loc. adv.
ex-voto ou exvoto* n. m.
PL inv. ou exvotos*
eyeliner [ajlajnœʀ] n. m.
eyra n. m.
ezine n. m.

f

f n. m. inv.; abrév. et symb.
F n. m. inv.; abrév. et symb.
fa n. m. inv.
F. A. B. adj. inv. (franco à bord; rec. off. de F. O. B.)
fabacée n. f.
fabacées n. f. pl.
fable n. f.
fabliau n. m.
fablier n. m.
fabricant, ante n.
fabricateur, trice n.
fabrication n. f.
fabricien n. m.

fabrique n. f.
fabriquer v. tr. (conjug. 1)
fabulateur, trice adj. et n.
fabulation n. f.
fabuler v. intr. (conjug. 1)
fabuleusement adv.
fabuleux, euse adj.
fabuliste n. f.
fac n. f.
façade n. f.
façadier, ière n.
face n. f.
face-à-face ou face à face n. m. inv.
face-à-main n. m.
PL faces-à-main
facétie n. f.
facétieusement adv.
facétieux, ieuse adj.
facette n. f.
facetter v. tr. (conjug. 1)
fâché, ée adj.
fâcher v. tr. (conjug. 1)
fâcherie n. f.
fâcheusement adv.
fâcheux, euse adj. et n.
facho n. et adj.
facial, iale, iaux adj.
faciès ou facies (vx) n. m.
facile adj.
facilement adv.
facilitant, ante adj.
facilitateur, trice n.
facilitation n. f.
facilité n. f.
faciliter v. tr. (conjug. 1)
facing n. m.
façon n. f.
faconde n. f.
façonnable adj.
façonnage n. m.
façonné, ée adj.
façonnement n. m.
façonner v. tr. (conjug. 1)
façonnier, ière n. et adj.
fac-similé ou facsimilé* n. m.
PL fac-similés ou facsimilés*
factage n. m.

¹facteur n. m.
²facteur, trice n.
factice adj.
facticité n. f.
factieux, ieuse adj. et n.
faction n. f.
factionnaire n. m.
factitif, ive adj.
factorerie n. f.
factoriel, ielle adj. et n. f.
factoring n. m. (rec. off. : affacturage)
factorisation n. f.
factotum n. m.
factuel, elle adj.
factum n. m.
facturation n. f.
facture n. f.
facturer v. tr. (conjug. 1)
facturette n. f.
facturier, ière n.
faculaire adj.
facule n. f.
facultaire adj.
facultatif, ive adj.
facultativement adv.
faculté n. f.
fada adj. et n.
fadaise n. f.
fadasse adj.
fadasserie n. f.
fade adj.
fadé, ée adj.
fadement adv.
fader (se) v. pron. (conjug. 1)
fadeur n. f.
fading [fadiŋ; fediŋ] n. m. (rec. off. : évanouissement)
fado n. m.
faf n.
fafiot n. m.
fagne n. f.
fagot n. m.
fagotage n. m.
fagoter v. tr. (conjug. 1)
fagotier n. m.
fagotin n. m.
FAI n. m. (fournisseur d'accès à Internet)

faiblard, arde adj.
faible adj. et n. m.
faiblement adv.
faiblesse n. f.
faiblir v. intr. (conjug. 2)
faiblissant, ante adj.
faïence n. f.
faïencé, ée adj.
faïencerie n. f.
faïencier, ière n.
faille n. f.
failler (se) v. pron. (conjug. 1)
failli, ie n. et adj.
faillibilité n. f.
faillible adj.
faillir v. intr. (conjug. 2; surtout inf., p. simple et temps comp.)
faillite n. f.
faim n. f.
faine ou faîne n. f.
fainéant, ante n. et adj.
fainéanter v. intr. (conjug. 1)
fainéantise n. f.
¹faire n. m.
²faire v. tr. (conjug. 60)
faire-part ou
  fairepart★ n. m.
  PL. inv. ou faireparts★
faire-valoir n. m. inv.
fair-play ou fairplay★
  n. m. PL. inv. ou fairplays★
  (rec. off. : franc-jeu)
fairway n. m.
  PL. fairways
faisabilité n. f.
faisable adj.
faisan, ane n. et adj.
faisandage n. m.
faisandé, ée adj.
faisandeau n. m.
faisander v. tr. (conjug. 1)
faisanderie n. f.
faisandier n. m.
faisanneau n. m.
faisceau n. m.
faiselle n. f.
¹fait, faite adj.
²fait n. m.

faîtage ou faitage★ n. m.
faîte ou faite★ n. m.
faîteau ou faiteau★ n. m.
faîtière ou faitière★ adj. et n. f.
faitout ou fait-tout n. m.
  PL. faitouts ou fait-tout
faix n. m.
fajita n. f.
fakir n. m.
fakirisme n. m.
falafel n. m.
falaise n. f.
falarique n. f.
falbala n. m.
falciforme adj.
falconiformes n. m. pl.
faldistoire n. m.
fallacieusement adv.
fallacieux, ieuse adj.
falloir v. impers. (conjug. 29)
falot, ote adj.
²falot n. m.
falourde n. f.
falsifiable adj.
falsificateur, trice n.
falsification n. f.
falsifier v. tr. (conjug. 7)
faluche n. f.
falun n. m.
faluner v. tr. (conjug. 1)
falunière n. f.
falzar n. m.
famé, ée adj.
famélique adj.
fameusement adv.
fameux, euse adj.
familial, iale, iaux adj. et n. f.
familiariser v. tr. (conjug. 1)
familiarité n. f.
familier, ière adj. et n.
familièrement adv.
famille n. f.
famine n. f.
fan n. f.
fana adj.
fanage n. m.
fanal, aux n. m.
fanatique adj. et n.

fanatiquement adv.
fanatiser v. tr. (conjug. 1)
fanatisme n. m.
fanchon n. f.
fan-club ou fanclub★ n. m.
  PL. fan-clubs ou fanclubs★
fancy-fair [fansifɛr; fãsi-] n. f.
  PL. fancy-fairs
fandango n. m.
fane n. f.
fané, ée adj.
faner v. tr. (conjug. 1)
faneur, euse n.
fanfare n. f.
fanfaron, onne adj. et n.
fanfaronnade n. f.
fanfaronner v. intr. (conjug. 1)
fanfreluche n. f.
fange n. f.
fangeux, euse adj.
fangothérapie n. f.
fanion n. m.
fanny n. f.
fanon n. m.
fantaisie n. f.
fantaisiste adj. et n.
fantasia n. f.
fantasmagorie n. f.
fantasmagorique adj.
fantasmagoriquement adv.
fantasmatique adj.
fantasme ou
  phantasme (vieilli) n. m.
fantasmer v. (conjug. 1)
fantasque adj.
fantassin n. m.
fantastique adj. et n.
fantastiquement adv.
fantoche n. m.
fantomatique adj.
fantôme n. m.
fanton n. m.
fanzine n. m.
F. A. O. n. f. (fabrication assistée par ordinateur)
faon n. m.

FAQ

FAQ n. f. inv. (frequently asked questions, rec. off. : foire aux questions)
faquin n. m.
far n. m.
farad n. m.
faraday n. m.
  pl. *faradays*
faradique adj.
faramineux, euse adj.
farandole n. f.
faraud, aude n. et adj.
farce n. f.
farcement n. m.
farceur, euse n. et adj.
farci, ie adj. et n. m.
farcin n. m.
farcir v. tr. (conjug. 2)
fard n. m.
fardage n. m.
farde n. f.
fardé, ée adj.
fardeau n. m.
fardeleuse n. f.
farder v. (conjug. 1)
fardier n. m.
fardoches n. f. pl.
faré n. m.
farfadet n. m.
farfalle n. f.
farfelu, ue adj.
farfouiller v. intr. (conjug. 1)
fargues n. f. pl.
faribole n. f.
farigoule n. f.
farinacé, ée adj.
farine n. f.
fariner v. tr. (conjug. 1)
farineux, euse adj. et n. m.
farlouche n. f.
farlouse n. f.
farniente [-njɛnte, -njãt] n. m.
farnienter v. intr. (conjug. 1)
faro n. m.
farouche ou **farouch** n. m.
farouchement adv.
farrago n. m.
farsi n. m.

fart n. m.
fartage n. m.
farter v. tr. (conjug. 1)
far west [farwɛst] n. m. inv.
fasce n. f.
fascé, ée adj.
fascia n. m.
fasciathérapeute n.
fasciathérapie n. f.
fasciation n. f.
fascicule n. m.
fasciculé, ée adj.
fascié, iée adj.
fascinant, ante adj.
fascinateur, trice n. et adj.
fascination n. f.
fascine n. f.
fasciner v. tr. (conjug. 1)
fascisant, ante adj.
fascisation n. f.
fasciser v. tr. (conjug. 1)
fascisme n. m.
fasciste n. et adj.
faseyer ou **faséyer★** v. intr. (conjug. 1)
faste adj.; n. m.
fastes n. m. pl.
fast-food ou **fastfood★** [fastfud] n. m.
  pl. *fast-foods* ou *fastfoods★*
  (rec. off. : prêt-à-manger, restauration rapide)
fastidieusement adv.
fastidieux, ieuse adj.
fastigié, iée adj.
fastoche adj.
fastueusement adv.
fastueux, euse adj.
fat, fate n. m. et n.
fatal, ale adj.
fatalement adv.
fatalisme n. m.
fataliste n. et adj.
fatalité n. f.
fatidique adj.
fatigabilité n. f.
fatigable adj.
fatigant, ante adj.
fatigue n. f.

fatigué, ée adj.
fatiguer v. (conjug. 1)
fatma n. f.
fatras n. m.
fatrasie n. f.
fatuité n. f.
fatum n. m.
fatwa ou **fatwah** [fatwa] n. f.
fau n. m.
faubert n. m.
faubourg n. m.
faubourien, ienne n. et adj.
faucard n. m.
faucarder v. tr. (conjug. 1)
faucardeur, euse n.
fauchage n. m.
fauchaison n. f.
fauchard n. m.
fauche n. f.
fauché, ée adj.
faucher v. (conjug. 1)
fauchet n. m.
fauchette n. f.
faucheur, euse n.
faucheux n. m.
fauchon n. m.
faucille n. f.
faucon n. m.
fauconneau n. m.
fauconnerie n. f.
fauconnier n. m.
faucre n. m.
faufil n. m.
faufilage n. m.
faufiler v. tr. (conjug. 1)
faune n. m; n. f.
faunesque adj.
faunesse n. f.
faunique adj.
faunistique adj.
faussaire n.
fausse couche n. f.
faussement adv.
fausser v. tr. (conjug. 1)
fausset n. m.
fausseté n. f.
faute n. f.

fenêtrage

fauter v. intr. (conjug. 1)
fauteuil n. m.
fauteur, trice n.
fautif, ive adj.
fautivement adv.
fauve adj. et n. m.
fauverie n. f.
fauvette n. f.
fauvisme n. m.
¹**faux, fausse** adj. et n. m.
²**faux** n. f.
faux-bourdon n. m.
   pl. *faux-bourdons*
faux-filet n. m.
   pl. *faux-filets*
faux-fuyant n. m.
   pl. *faux-fuyants*
faux-monnayeur n. m.
   pl. *faux-monnayeurs*
faux-semblant n. m.
   pl. *faux-semblants*
faux-titre n. m.
   pl. *faux-titres*
favela ou **favéla** n. f.
faverole n. f.
faveur n. f.
favisme n. m.
favorable adj.
favorablement adv.
favori, ite adj. et n.
favorisant, ante adj.
favoriser v. tr. (conjug. 1)
favorite n. f.
favoritisme n. m.
favouille n. f.
favus n. m.
fax n. m. inv.
faxer v. tr. (conjug. 1)
fayard ou **foyard** n. m.
fayot n. m.
fayotage n. m.
fayoter v. intr. (conjug. 1)
fazenda n. f.
f. c. é. m. n. f. (force contre-électromotrice)
féal, ale, aux adj. et n. m.
fébricule n. f.
fébrifuge adj.
fébrile adj.
fébrilement adv.

fébrilité n. f.
fécal, ale, aux adj.
fécalome n. m.
fèces ou **féces** [fɛs; fesɛs] n. f. pl.
fécial, iaux n. m.
fécond, onde adj.
fécondabilité n. f.
fécondable adj.
fécondant, ante adj.
fécondateur, trice adj. et n.
fécondation n. f.
féconder v. tr. (conjug. 1)
fécondité n. f.
fécule n. f.
féculence n. f.
féculent, ente adj.
féculer v. tr. (conjug. 1)
féculerie n. f.
fedayin ou **fédayin** n. m.
   pl. *fedayin(s)* ou *fédayins*
fédéral, ale, aux adj.
fédéraliser v. tr. (conjug. 1)
fédéralisme n. m.
fédéraliste adj. et n.
fédérateur, trice adj. et n.
fédératif, ive adj.
fédération n. f.
fédéré, ée adj.
fédérer v. tr. (conjug. 6)
fée n. f.
feedback [fidbak] n. m.
feeder ou **feedeur★** [fidœr] n. m. (rec. off. : coaxial)
feeling [filiŋ] n. m.
féerie ou **féérie** n. f.
féerique ou **féérique** adj.
feignant, ante n. et adj.
feindre v. tr. (conjug. 52)
feint, feinte adj.
feinte n. f.
feinter v. (conjug. 1)
feinteur, euse n.
feintise n. f.
feld-maréchal, aux n. m.
feldspath [fɛldspat] n. m.

feldspathique [fɛldspatik] adj.
fêlé, ée adj.
fêler v. tr. (conjug. 1)
félibre n. m.
félibrige n. m.
félicitation n. f.
félicité n. f.
féliciter v. tr. (conjug. 1)
félidés n. m. pl.
félin, ine adj. et n. m.
félinité n. f.
fellaga ou **fellagha** n. m.
fellah n. m.
fellation n. f.
félon, onne adj.
félonie n. f.
felouque n. f.
fêlure n. f.
f. é. m. n. f. (force électromotrice)
femelle n. f. et adj.
fémidom ® ou **fémidon** n. m.
féminin, ine adj.
féminisant, ante adj.
féminisation n. f.
féminiser v. tr. (conjug. 1)
féminisme n. m.
féministe adj.
féminité n. f.
féminitude n. f.
femme n. f.
femmelette n. f.
fémoral, ale, aux adj.
fémur n. m.
fenaison n. f.
fendage n. m.
fendant n. m.
fendard ou **fendart** n. m.
fendeur, euse n.
fendillement n. m.
fendiller v. tr. (conjug. 1)
fendoir n. m.
fendre v. tr. (conjug. 41)
fendu, ue adj.
fenestrage n. m.
fenestration n. f.
fenestron ® n. m.
fenêtrage n. m.

fenêtre n. f.
fenêtrer v. tr. (conjug. 1)
feng shui [fɛŋʃwi; fɛgʃɥi] n. m. inv.
fenil [fəni(l)] n. m.
fennec [fenɛk] n. m.
fenouil n. m.
fente n. f.
fenton ou **fanton** n. m.
fenugrec n. m.
féodal, ale, aux adj. et n. m.
féodalisme n. m.
féodalité n. f.
fer n. m.
féra n. f.
féralies n. f. pl.
fer-blanc n. m.
  PL. *fers-blancs*
ferblanterie n. f.
ferblantier n. m.
féria n. f.
férial, iale, iaux adj.
férie n. f.
férié, iée adj.
féringien, ienne adj. et n.
férir v. tr. (seult inf.)
ferler v. tr. (conjug. 1)
ferlouche ou **farlouche** n. f.
fermage n. m.
fermail, aux n. m.
fermant, ante adj.
ferme adj. et adv.; n. f.
fermé, ée adj.
fermement adv.
ferment n. m.
fermentable adj.
fermentation n. f.
fermenter v. intr. (conjug. 1)
fermentescibilité n. f.
fermentescible adj.
fermenteur n. m.
fermer v. (conjug. 1)
fermeté n. f.
fermette n. f.
fermeture ® n. f.
fermi n. m.
fermier, ière n.

fermion n. m.
fermium n. m.
fermoir n. m.
féroce adj.
férocement adv.
férocité n. f.
ferrade n. f.
ferrage n. m.
ferraillage n. m.
ferraille n. f.
ferraillement n. m.
ferrailler v. intr. (conjug. 1)
ferrailleur, euse n.
ferrate n. m.
ferratier n. m.
ferré, ée adj.
ferrement n. m.
ferrer v. tr. (conjug. 1)
ferret n. m.
ferretier n. m.
ferreur n. m.
ferreux, euse adj.
ferricyanure n. m.
ferriprive adj.
ferrique adj.
ferrite n. f.
ferritine n. f.
ferrociment n. m.
ferrocyanure n. m.
ferroélectricité n. f.
ferromagnétique adj.
ferromagnétisme n. m.
ferronickel n. m.
ferronnerie n. f.
ferronnier, ière n.
ferronnière n. f.
ferroprotéine n. f.
ferrosilicium n. m.
ferrotypie n. f.
ferroutage n. m.
ferrouter v. tr. (conjug. 1)
ferroutier, ière adj.
ferrovanadium n. m.
ferroviaire adj.
ferrugineux, euse adj.
ferrure n. f.
ferry n. m.
  PL. *ferries* ou *ferrys*

ferry-boat ou **ferryboat** ★ [fɛʀibot] n. m.
  PL. *ferry-boats* ou *ferryboats*★
  (rec. off. : bac, car-ferry, transbordeur)
ferté n. f.
fertile adj.
fertilement adv.
fertilisable adj.
fertilisant, ante adj.
fertilisation n. f.
fertiliser v. tr. (conjug. 1)
fertilité n. f.
féru, ue adj.
férule n. f.
fervemment adv.
fervent, ente adj.
ferveur n. f.
fesse n. f.
fessée n. f.
fesse-mathieu n. m.
  PL. *fesse-mathieux*
fesser v. tr. (conjug. 1)
fessier, ière adj. et n. m.
fessu, ue adj.
festif, ive adj.
festin n. m.
festival n. m.
festivalier, ière n.
festivité n. f.
fest-noz ou **festnoz**★ [fɛstnoz] n. m.
  PL. inv. ou *festou-noz* (br.)
feston n. m.
festonner v. tr. (conjug. 1)
festoyer v. (conjug. 8)
feta ou **féta** n. f.
fêtard, arde n.
fête n. f.
Fête-Dieu n. f.
  PL. *Fêtes-Dieu*
fêter v. tr. (conjug. 1)
fétiche n. m.
féticheur n. m.
fétichiser v. tr. (conjug. 1)
fétichisme n. m.
fétichiste adj. et n.
fétide adj.
fétidité n. f.
fettucine [fetutʃin(e)] n. f.
fétu n. m.

fétuque n. f. ou m.
¹feu, feue adj.
²feu n. m.
feudataire n.
feudiste n.
feuil n.
feuillage n. m.
feuillagiste n.
feuillaison n. f.
feuillant, antine n.
feuillard n. m.
feuille n. f.
feuillé, ée adj.
feuillée n. f.
feuille-morte adj. inv.
feuiller v. (conjug. 1)
feuilleret n. m.
feuillet n. m.
feuilletage n. m.
feuilleté, ée adj. et n.
feuilleter v. tr. (conjug. 4)
feuilletine n. f.
feuilletis n. m.
feuilleton n. m.
feuilletonesque adj.
feuilletoniste n.
feuillette n. f.
feuillu, ue adj.
feuillure n. f.
feulement n. m.
feuler v. intr. (conjug. 1)
feutrage n. m.
feutre n. m.
feutré, ée adj.
feutrer v. tr. (conjug. 1)
feutrine n. f.
fève n. f.
féverole ou **fèverole★** n. f.
févier n. m.
février n. m.
fez [fɛz] n. m.
F. F. I. n. m. inv. (Forces Françaises de l'Intérieur)
fi interj.
fiabiliser v. tr. (conjug. 1)
fiabiliste adj. et n.
fiabilité n. f.
fiable adj.

fiacre n. m.
fiançailles n. f. pl.
fiancé, ée n.
fiancer v. tr. (conjug. 3)
fiasco n. m.
fiasque n. f.
fiat [fjat] n. m.
pl. inv. ou *fiats★*
fibranne n. f.
fibre n. f.
fibreux, euse adj.
fibrillaire [-jɛʀ; -(l)lɛʀ] adj.
fibrillation [-jasjɔ̃; -(l)lasjɔ̃] n. f.
fibrille [fibʀij; fibʀil] n. f.
fibrine n. f.
fibrineux, euse adj.
fibrinogène n. m.
fibrinolyse n. f.
fibrinolytique adj.
fibroblaste n. m.
fibrociment® n. m.
fibrocyte n. m.
fibroïne n. f.
fibromateux, euse adj.
fibromatose n. f.
fibrome n. m.
fibromyalgie n. f.
fibromyome n. m.
fibrosarcome n. m.
fibroscope n. m.
fibroscopie n. f.
fibrose n. f.
fibule n. f.
fic n. m.
ficaire n. f.
ficelage n. m.
ficelé, ée adj.
ficeler v. tr. (conjug. 4)
ficelle n. f.
ficellerie n. f.
fichage n. m.
fichant, ante adj.
¹ficher ou **fiche** v. tr. (conjug. 1; p. p. *fichu*) (faire)
²ficher v. tr. (conjug. 1) (mettre sur fiche)
fichet n. m.
fichier n. m.
fichiste n. m.

fichtre interj.
fichtrement adv.
¹fichu, ue adj.
²fichu n. m.
fictif, ive adj.
fiction n. f.
fictionalisation n. f.
fictionnaliser v. tr. (conjug. 1)
fictionnel, elle adj.
fictivement adv.
ficus n. m.
fidéicommis n. m.
fidéicommissaire n.
fidéisme n. m.
fidéiste adj. et n.
fidéjusseur n. m.
fidéjussion n. f.
fidéjussoire adj.
fidèle adj. et n.
fidèlement adv.
fidélisation n. f.
fidéliser v. tr. (conjug. 1)
fidélité n. f.
fiduciaire adj. et n.
fiduciairement adv.
fiducie n. f.
fief n. m.
fieffé, ée adj.
fiel n. m.
field [fjɛld] n. m.
fielleux, euse adj.
fiénothérapie n. f.
fiente n. f.
fienter v. intr. (conjug. 1)
fier, fière adj.
fier-à-bras n. m.
pl. *fiers-à-bras*
fièrement adv.
fiérot, ote adj. et n.
fier (se) v. pron. (conjug. 7)
fierté n. f.
fiesta n. f.
fièvre n. f.
fiévreusement adv.
fiévreux, euse adj.
fifille n. f.
fifre n. m.
fifrelin n. m.

fifty-fifty

fifty-fifty ou **fifti-fifti** ★
  loc. adv. et n. m.
  PL. *fifty-fiftys* ou *fifty-fifties* ou *fiftis-fiftis* ★
figaro n. m.
figement n. m.
figer v. tr. (conjug. 3)
fignolage n. m.
fignoler v. tr. (conjug. 1)
fignoleur, euse n.
figue n. f.
figueraie n. f.
figuerie n. f.
figuier n. m.
figuline n. f.
figurant, ante n.
figuratif, ive adj.
figuration n. f.
figurativement adv.
figure n. f.
figuré, ée adj.
figurément adv.
figurer v. (conjug. 1)
figurine n. f.
figuriniste n.
figuriste n.
fil n. m.
filable adj.
fil-à-fil n. m. inv.
filage n. m.
filaire adj.; n. f.
filament n. m.
filamenteux, euse adj.
filandière n. f.
filandre n. f.
filandreux, euse adj.
filant, ante adj.
filanzane n. m.
filao n. m.
filariose n. f.
filasse n. f.
filateur n. m.
filature n. f.
fil de fer n. m.
fildefériste ou **fil-de-fériste** n.
  PL. *fildeféristes* ou *fil(s)-de-féristes*
file n. f.
filé n. m.

filer v. (conjug. 1)
filet n. m.
filetage n. m.
fileté n. m.
fileter v. tr. (conjug. 5)
fileur, euse n.
fileyeur n. m.
filial, iale, iaux adj.
filiale n. f.
filialement adv.
filialisation n. f.
filialiser v. tr. (conjug. 1)
filiation n. f.
filière n. f.
filiforme adj.
filigrane n. m.
filigraner v. tr. (conjug. 1)
filin n. m.
filipendule adj. et n. f.
fillasse n. f.
fille n. f.
fille-mère n. f.
  PL. *filles-mères*
fillér n. m.
fillette n. f.
filleul, eule n.
film n. m.
filmage n. m.
filmer v. tr. (conjug. 1)
filmique adj.
filmogène adj.
filmographie n. f.
filmologie n. f.
filmothèque n. f.
filo n. m.
filoche n. f.
filocher v. (conjug. 1)
filoguidé, ée adj.
filon n. m.
filonien, ienne adj.
filoselle n. f.
filou n. m.
filouter v. tr. (conjug. 1)
filouterie n. f.
filovirus n. m.
fils n. m.
filtrable adj.
filtrage n. m.

filtrant, ante adj.
filtrat n. m.
filtration n. f.
filtre n. m.
filtre-presse n. m.
  PL. *filtres-presses*
filtrer v. (conjug. 1)
¹**fin, fine** adj.
²**fin** n. f.
finage n. m.
final, ale, als ou **aux** adj.
finale n. f.; n. m.
finalement adv.
finalisation n. f.
finaliser v. tr. (conjug. 1)
finalisme n. m.
finaliste adj. et n.
finalitaire adj.
finalité n. f.
finance n. f.
financement n. m.
financer v. (conjug. 3)
financeur, euse n.
financiarisation n. f.
financiariser v. tr. (conjug. 1)
financier, ière n. et adj.
financièrement adv.
finasser v. intr. (conjug. 1)
finasserie n. f.
finasseur, euse n.
finassier, ière n.
finaud, aude adj.
finauderie n. f.
fine n. f.
finement adv.
fines n. f. pl.
finesse n. f.
finette n. f.
fini, ie adj.
finir v. (conjug. 2)
finish [finiʃ] n. m.
  PL. *finishs*
finissage n. m.
finissant, ante adj.
finisseur, euse n.
finition n. f.
finitude n. f.
finn n. m.
finnois, oise adj. et n.

finno-ougrien, ienne adj. et n. m.
   PL. *finno-ougriens, iennes*
fiole n. f.
fion n. m.
fiord n. m.
fioriture n. f.
fiotte ou **fiote** n. f.
fioul n. m. (rec. off. de fuel)
firmament n. m.
firman n. m.
firme n. f.
fisc n. m.
fiscal, ale, aux adj.
fiscalement adv.
fiscalisation n. f.
fiscaliser v. tr. (conjug. 1)
fiscaliste n. et adj.
fiscalité n. f.
fish-eye [fijaj] n. m.
   PL. *fish-eyes*
fisiste n.
fissa adv.
fissible adj.
fissile adj.
fission n. f.
fissionner v. tr. (conjug. 1)
fissurartion n. f.
fissure n. f.
fissurer v. tr. (conjug. 1)
fiston n. m.
fistulaire adj.
fistule n. f.
fistuleux, euse adj.
fistuline n. f.
fitness n. m.
F. I. V. [fiv; εfive] n. f. (fécondation in vitro)
fivète n. f. (fécondation in vitro et transfert d'embryon)
fiviste n.
fix n. m.
fixage n. m.
fixant, ante adj.
fixateur, trice adj. et n. m.
fixatif n. m.
fixation n. f.
fixe adj. et n. m.
fixe-chaussette n. m.
   PL. *fixe-chaussettes*

fixement adv.
fixer v. tr. (conjug. 1)
fixette n. f.
fixeur n. m.
fixisme n. m.
fixiste adj.
fixité n. f.
fjeld ou **field** n. m.
fjord ou **fiord** n. m.
flac interj.
flaccidité n. f.
flache n. f.
flacherie n. f.
flacon n. m.
flaconnage n. m.
flaconnier n. m.
flafla ou **fla-fla** n. m.
   PL. *flaflas* ou *fla-fla*
flag n. m.
flagada adj.
flagellaire adj.
flagellant n. m.
flagellateur, trice n. et adj.
flagellation n. f.
flagelle n. m.
flagellé, ée adj. et n. m.
flageller v. tr. (conjug. 1)
flageolant, ante adj.
flageolement n. m.
flageoler v. intr. (conjug. 1)
flageolet n. m.
flagorner v. tr. (conjug. 1)
flagornerie n. f.
flagorneur, euse n. et adj.
flagrance n. f.
flagrant, ante adj.
flair n. m.
flairer v. tr. (conjug. 1)
flaireur, euse n. et adj.
flamand, ande adj. et n.
flamant n. m.
flambage n. m.
flambant, ante adj.
flambard n. m.
flambe n. f.
flambé, ée adj.
flambeau n. m.
flambée n. f.

flambement n. m.
flamber v. (conjug. 1)
flamberge n. f.
flambeur, euse n.
flamboiement n. m.
flamboyant, ante adj. et n. m.
flamboyer v. intr. (conjug. 8)
flamenco [flamεnko] n. m.
flamenque adj.
flamiche n. f.
flamine n. m.
flamingant, ante adj. et n.
flamingantisme n. m.
flamme n. f.
flammé, ée adj.
flammèche n. f.
flammekueche [flam(a)kyf(a)] n. f. ou m.
flammerole n. f.
flan n. m.
flânage n. m.
flanc n. m.
flanc-garde n. f.
   PL. *flancs-gardes*
flancher v. intr. (conjug. 1)
flanchet n. m.
flandricisme n. m.
flandrin n. m.
flanelle n. f.
flâner v. intr. (conjug. 1)
flânerie n. f.
flâneur, euse n. et adj.
flanquement n. m.
flanquer v. tr. (conjug. 1)
flapi, ie adj.
flaque n. f.
flash n. m.
   PL. *flashs* ou *flashes*
flashage n. m.
flashant, ante adj.
flash-back ou **flashback★** [flaʃbak] n. m.
   PL. *flash(s)-back* ou *flashes-back* ou *flashbacks★*
   (rec. off. : retour en arrière)
flash-ball ® [flaʃbol] n. m.
   PL. *flash-balls* (rec. off. : arme de défense à balles souples)

flasher

flasher v. (conjug. 1)
flasheur, euse n.
flasheuse n. f.
flashy adj. inv.
flasque adj.; n. m.; n. f.
flatter v. tr. (conjug. 1)
flatterie n. f.
flatteur, euse n. et adj.
flatulence n. f.
flatulent, ente adj.
flatuosité n. f.
flavescent, ente adj.
flaveur n. f.
flavine n. f.
flavonoïde n. m.
fléau n. m.
fléchage n. m.
fléché, ée adj.
flèche n. f.
flécher v. tr. (conjug. 6)
fléchette n. f.
fléchi, ie adj.
fléchir v. (conjug. 2)
fléchissement n. m.
fléchisseur adj. et n. m.
fléchiverbiste n.
flegmatique adj.
flegmatiquement adv.
flegme n. m.
flegmon n. m.
flein n. m.
flemmard, arde adj. et n.
flemmarder v. intr. (conjug. 1)
flemmardise n. f.
flemme n. f.
fléole ou phléole n. f.
flessum n. m.
flet n. m.
flétan n. m.
flétri, ie adj.
flétrir v. tr. (conjug. 2)
flétrissement n. m.
flétrissure n. f.
fleur n. f.
fleurage n. m.
fleuraison n. f.
fleurdelisé, ée adj.
fleurer v. tr. (conjug. 1)

fleuret n. m.
fleurette n. f.
fleurettiste n.
fleuri, ie adj.
fleurine n. f.
fleurir v. (conjug. 2)
fleurissement n. m.
fleuriste n.
fleuristerie n. f.
fleuron n. m.
fleuronné, ée adj.
fleuve n. m.
flexibilisation n. f.
flexibiliser v. tr. (conjug. 1)
flexibilité n. f.
flexible adj.
flexion n. f.
flexionnel, elle adj.
flexographie n. f.
flexueux, euse adj.
flexum ou flessum n. m.
flexuosité n. f.
flexure n. f.
flibuste n. f.
flibustier n. m.
flic n. m.
flicage n. m.
flicaille n. f.
flicard, arde n. m. et f.
flic flac ou flicflac★ interj. et n. m. PL. inv. ou fliflacs★
flingue n. m.
flinguer v. (conjug. 1)
flingueur, euse n. et adj.
flint(-glass) ou flint(glass)★ n. m. inv.
flip n. m.
flipot n. m.
flippant, ante adj.
¹flipper ou flippeur★ n. m.
²flipper v. intr. (conjug. 1)
fliquer v. tr. (conjug. 1)
fliquesse n. f.
fliquette n. f.
flirt n. m.
flirter v. intr. (conjug. 1)
flirteur, euse adj. et n.
floc interj.
flocage n. m.

floche adj.; n. f.
flock-book ou flockbook★ n. m.
PL. flock-books ou flockbooks★
flocon n. m.
floconner v. intr. (conjug. 1)
floconneux, euse adj.
floculant n. m.
floculation n. f.
floculer v. intr. (conjug. 1)
flonflon n. m.
flop interj. et n. m.
flopée n. f.
floqué, ée adj.
floraison n. f.
floral, ale, aux adj.
floralies n. f. pl.
flore n. f.
floréal n. m.
florès n. m.
floribondité n. f.
floricole adj.
floriculteur, trice n.
floriculture n. f.
florifère adj.
florilège n. m.
florin n. m.
florissant, ante adj.
floristique adj.
flosculeux, euse adj.
flot n. m.
flottabilité n. f.
flottable adj.
flottage n. m.
flottaison n. f.
flottant, ante adj.
flottation n. f.
flotte n. f.
flottement n. m.
flotter v. (conjug. 1)
flotteur n. m.
flottille n. f.
flou, floue adj. et n. m.
flouer v. tr. (conjug. 1)
flouse n. m.
floutage n. m.
flouter v. tr. (conjug. 1)
flouve n. f.
flouze ou flouse n. m.

fluage n. m.
fluate n. m.
fluctuant, ante adj.
fluctuation n. f.
fluctuer v. intr. (conjug. 1)
fluer v. intr. (conjug. 1)
fluet, ette adj.
fluide adj. et n. m.
fluidifiant, iante adj.
fluidification n. f.
fluidifier v. tr. (conjug. 7)
fluidique adj. et n. f.
fluidisation n. f.
fluidité n. f.
fluo adj. inv.
fluor adj. et n. m.
fluoration n. f.
fluoré, ée adj.
fluorescéine n. f.
fluorescence n. f.
fluorescent, ente adj.
fluorhydrique adj.
fluorine n. f.
fluorite n. f.
fluoroquinolone n. m.
fluoroscopie n. f.
fluorose n. f.
fluorure n. m.
fluotournage n. m.
flush [flœʃ; flɔʃ] n. m.
PL. flushs ou flushes
flûte ou **flute★** n. f.
flûté, ée ou **fluté, ée★** adj.
flûter ou **fluter★** v. (conjug. 1)
flûtiau ou **flutiau★** n. m.
flûtiste ou **flutiste★** n.
flutter n. m.
fluvial, iale, iaux adj.
fluviatile adj.
fluvioglaciaire adj.
fluviographe n. m.
fluviomètre n. m.
fluviométrique adj.
flux n. m.
fluxion n. f.
fluxmètre n. m.
flyer [flajœʀ] n. m.
flysch n. m.

F. M. n. f. inv. (modulation de fréquence)
FMI n. m. (Fonds monétaire international)
F. O. B. adj. inv. (free on board)
foc n. m.
focal, ale, aux adj. et n.
focalisation n. f.
focaliser v. tr. (conjug. 1)
focus n. m.
foehn n. m.
foène ou **foëne** [fwɛn] n. f.
fœticide n. m.
fœtoscopie n. f.
fœtoscopique adj.
fœtus n. m.
fofolle adj. f.
foi n. f.
foie n. m.
foie-de-bœuf n. m.
PL. foies-de-bœuf
foil n. m.
foiler n. m.
foin n. m.
foirade n. f.
foirail n. m.
foire n. f.
foirer v. intr. (conjug. 1)
foireux, euse adj. et n.
fois n. f.
foison n. f.
foisonnant, ante adj.
foisonnement n. m.
foisonner v. intr. (conjug. 1)
fol n. m. adj. m.
folâtre adj. et n.
folâtrer v. intr. (conjug. 1)
folâtrerie n. f.
foldingue n. et adj.
foliacé, ée adj.
foliaire adj.
foliation n. f.
folichon, onne adj.
folie n. f.
folié, iée adj.
folingue adj.
folio n. m.
foliole n. f.

folioscope n. m.
foliotage n. m.
folioter v. tr. (conjug. 1)
folioteur n. m.
folioteuse n. f.
folique adj.
folk n. m. et adj.
folkeux, euse n. et adj.
folklo adj.
folklore n. m.
folklorique adj.
folklorisation n. f.
folkloriser v. tr. (conjug. 1)
folkloriste n.
folle n. f. et adj. f.
folledingue n. f. et adj. f.
follement adv.
follet, ette adj. et n. m.
folliculaire n. m. et adj.
follicule n. m.
folliculine n. f.
folliculite n. f.
fomentateur, trice n.
fomentation n. f.
fomenter v. tr. (conjug. 1)
fomenteur, euse n.
fonçage n. m.
foncé, ée adj.
foncement n. m.
foncer v. (conjug. 3)
fonceur, euse adj. et n.
foncier, ière adj.
foncièrement adv.
fonction n. f.
fonctionnaire n.
fonctionnalisme n. m.
fonctionnaliste n. et adj.
fonctionnalité n. f.
fonctionnariat n. m.
fonctionnarisation n. f.
fonctionnariser v. tr. (conjug. 1)
fonctionnarisme n. m.
fonctionnel, elle adj.
fonctionnellement adv.
fonctionnement n. m.
fonctionner v. intr. (conjug. 1)
fond n. m.

fondamental

fondamental, ale, aux adj.
fondamentalement adv.
fondamentalisme n. m.
fondamentaliste adj. et n.
fondant, ante adj. et n. m.
fondateur, trice n. et adj.
fondation n. f.
fondé, ée adj.
fondé, ée de pouvoir(s) n.
fondement n. m.
fonder v. tr. (conjug. 1)
fonderie n. f.
fondeur, euse n.
fondeuse n. f.
fondoir n. m.
fondouk n. m.
fondre v. (conjug. 41)
fondrière n. f.
fonds n. m.
fondu, ue adj. et n. m.
fondue n. f.
fongibilité n. f.
fongible adj.
fongicide adj.
fongiforme adj.
fongique adj.
fongistatique adj.
fongosité n. f.
fongueux, euse adj.
fongus n. m.
fontaine n. f.
fontainebleau n. m.
fontainier n. m.
fontanelle n. f.
fontange n. f.
fontanili(s) n. m. pl.
fonte n. f.
fontis n. m.
fonts n. m. pl.
foot n. m.
football n. m.
footballeur, euse n.
footballistique adj.
footeux, euse n. et adj.
footing n. m.
for n. m.
forage n. m.

forain, aine adj. et n.
foraminé, ée adj.
foraminifère n. m.
forban n. m.
forçage n. m.
forçat n. m.
force n. f.
forcé, ée adj.
forcement n. m.
forcément adv.
forcené, ée adj. et n.
forceps n. m.
forcer v. (conjug. 3)
forcerie n. f.
forces n. f. pl.
forcing n. m.
forcipressure n. f.
forcir v. intr. (conjug. 2)
forclore v. tr. (conjug. 45; surtout inf. et p. p.)
forclusion n. f.
fordisme n. m.
forer v. tr. (conjug. 1)
forestage n. m.
foresterie n. f.
forestier, ière n. et adj.
foret n. m.
forêt n. f.
forêt-noire n. f.
  pl. forêts-noires
foreur n. m.
foreuse n. f.
forfaire v. (conjug. 60; seult inf., indic. prés. (au sing.) et temps comp.)
forfait n. m.
forfaitaire adj.
forfaitairement adv.
forfaitisation n. f.
forfaitisé, ée adj.
forfaitiser v. tr. (conjug. 1)
forfaitiste n.
forfaiture n. f.
forfanterie n. f.
forficule n. m.
forge n. f.
forgeable adj.
forgeage n. m.
forger v. tr. (conjug. 3)
forgeron n. m.

forgeur, euse n.
forint n. m.
forjeter v. tr. (conjug. 4)
forlancer v. tr. (conjug. 3)
forlane n. f.
forligner v. intr. (conjug. 1)
forlonger v. tr. (conjug. 3)
formage n. n.
formaldéhyde n. m.
formalisable adj.
formalisation n. f.
formaliser v. tr. (conjug. 1)
formaliser (se) v. pron. (conjug. 1)
formalisme n. m.
formaliste adj.
formalité n. f.
formant n. m.
format n. m.
formatage n. m.
formater v. tr. (conjug. 1)
formateur, trice n. et adj.
formatif, ive adj.
formation n. f.
forme n. f.
formé, ée adj.
formel, elle adj.
formellement adv.
former v. tr. (conjug. 1)
formeret n. m.
formiate n. m.
formica® n. m.
formicant, ante adj.
formication n. f.
formidable adj.
formidablement adv.
formide adj.
formier n. m.
formique adj.
formol n. m.
formoler v. tr. (conjug. 1)
formulable adj.
formulaire n. m.
formulation n. f.
formule n. f.
formuler v. tr. (conjug. 1)
formyle n. m.
fornicateur, trice n.

fornication n. f.
forniquer v. intr. (conjug. 1)
fors prép.
forsythia n. m.
¹**fort, forte** adj.
²**fort** adv., n. m.
forte ou **forté*** adv.
fortement adv.
forte-piano ou **fortépiano*** n. m. et adv.
PL. *forte-pianos* ou *fortépianos*
forteresse n. f.
fortiche adj.
fortifiant, iante adj. et n. m.
fortification n. f.
fortifier v. tr. (conjug. 7)
fortin n. m.
¹**fortissimo** n. m.
PL. *fortissimos*
²**fortissimo** adv.
fortrait, aite adj.
fortraiture n. f.
fortran n. m. (formula translation)
fortuit, ite adj.
fortuitement adv.
fortune n. f.
fortuné, ée adj.
forum n. m.
forumeur, euse n.
forure n. f.
fosse n. f.
fossé n. m.
fossette n. f.
fossile adj. et n. m.
fossilifère adj.
fossilisation n. f.
fossiliser v. tr. (conjug. 1)
fossoir n. m.
fossoyeur n. m.
fou ou **fol, folle** n. et adj.
fouace n. f.
fouage n. m.
fouaille n. f.
fouailler v. tr. (conjug. 1)
foucade n. f.
fouchtra interj.
foudre n. f.; n. m.

foudroiement n. m.
foudroyage n. m.
foudroyant, ante adj.
foudroyer v. tr. (conjug. 8)
fouet n. m.
fouettard, arde adj.
fouetté, ée adj. et n. m.
fouettement n. m.
fouetter v. (conjug. 1)
foufou, fofolle adj.
foufoune n. f.
foufounette n. f.
fougasse n. f.
fouger v. intr. (conjug. 3)
fougeraie n. f.
fougère n. f.
fougue n. f.
fougueusement adv.
fougueux, euse adj.
fouille n. f.
fouillé, ée adj.
fouille-merde n.
PL. *fouille-merdes*
fouiller v. (conjug. 1)
fouilleur, euse n.
fouillis n. m.
fouine n. f.
fouiner v. intr. (conjug. 1)
fouineur, euse adj. et n.
fouir v. tr. (conjug. 2)
fouisseur, euse n. m. et adj.
foulage n. m.
foulant, ante adj.
foulard n. m.
foule n. f.
foulée n. f.
fouler v. tr. (conjug. 1)
foulerie n. f.
fouleur, euse n.
fouloir n. m.
foulon n. m.
foulque n. f.
foultitude n. f.
foulure n. f.
four n. m.
fourbe adj. et n.
fourberie n. f.
fourbi n. m.

fourbir v. tr. (conjug. 2)
fourbissage n. m.
fourbisseur n. m.
fourbu, ue adj.
fourbure n. f.
fourche n. f.
fourchée n. f.
fourcher v. (conjug. 1)
fourchet n. m.
fourchette n. f.
fourchon n. m.
fourchu, ue adj.
fourgon n. m.
fourgonner v. intr. (conjug. 1)
fourgonnette n. f.
fourgue n. m. et f.
fourguer v. tr. (conjug. 1)
fouriérisme n. m.
fouriériste n. et adj.
fourme n. f.
fourmi n. f.
fourmilier n. m.
fourmilière n. f.
fourmilion ou **fourmi-lion** n. m.
PL. *fourmilions* ou *fourmis-lions*
fourmillant, ante adj.
fourmillement n. m.
fourmiller v. intr. (conjug. 1)
fournaise n. f.
fourneau n. m.
fournée n. f.
fourni, ie adj.
fournier, ière n.
fournil n. m.
fourniment n. m.
fournir v. tr. (conjug. 2)
fournissement n. m.
fournisseur, euse n. (rec. off. de *provider*)
fourniture n. f.
fournituriste adj. et n. m.
fourrage n. m.
¹**fourrager, ère** adj.
²**fourrager** v. (conjug. 3)
fourragère n. f.
fourre n. f.
¹**fourré, ée** adj.

fourré

²**fourré** n. m.
fourreau n. m.
fourrer v. tr. (conjug. 1)
fourre-tout ou
  fourretout★ n. m.
  PL. inv. ou *fourretouts★*
fourreur n. m.
fourrier n. m.
fourrière n. f.
fourrure n. f.
fourvoiement n. m.
fourvoyer v. tr. (conjug. 8)
foutage n. m.
foutaise n. f.
fouteur, euse n.
foutoir n. m.
foutraque adj.
¹**foutre** v. tr. (conjug. je fous, nous foutons; je foutais; je foutrai; que je foute, que nous foutions; foutant; foutu; inusité aux p. simple et antérieur de l'indic.)
²**foutre** interj.; n. m.
foutrement adv.
foutriquet n. m.
foutu, ue adj.
fovéa n. f.
fovéal, ale, aux adj.
fox n. m.
foxé, ée adj.
fox-hound n. m.
  PL. *fox-hounds*
fox-terrier n. m.
  PL. *fox-terriers*
fox-trot ou **foxtrot★** n. m.
  PL. inv. ou *foxtrots★*
foyard n. m.
foyer n. m.
frac n. m.
fracas n. m.
fracassant, ante adj.
fracasser v. tr. (conjug. 1)
fractal, ale adj. et n. f.
fraction n. f.
fractionnaire adj.
fractionnel, elle adj.
fractionnement n. m.
fractionner v. tr. (conjug. 1)

fractionnisme n. m.
fractionniste n. et adj.
fracture n. f.
fracturer v. tr. (conjug. 1)
fragile adj.
fragilement adv.
fragilisation n. f.
fragiliser v. tr. (conjug. 1)
fragilité n. f.
fragment n. m.
fragmentaire adj.
fragmentairement adv.
fragmentation n. f.
fragmenter v. tr. (conjug. 1)
fragon n. m.
fragrance n. f.
fragrant, ante adj.
frai n. m.
fraîche (à la) ou
  fraiche (à la)★ loc. adv.
fraîchement ou
  fraichement★ adv.
fraîcheur ou
  fraicheur★ n. f.
fraîchin ou **fraichin★** n. m.
fraîchir ou **fraichir★** v. intr. (conjug. 2)
prairie n. f.
¹**frais, fraîche** ou **frais, fraiche★** adj.
²**frais** n. m. pl.
fraisage n. m.
fraise n. f.
fraiser v. tr. (conjug. 1)
fraiseraie n. f.
fraiseur, euse n.
fraiseuse n. f.
fraisiculteur, trice n.
fraisier n. m.
fraisière n. f.
fraisiériste n.
fraisil n. m.
fraisure n. f.
framboise n. f.
framboiser v. tr. (conjug. 1)
framboisier n. m.
framée n. f.
¹**franc, franche** adj.

²**franc** n. m.
³**franc, franque** n. et adj.
français, aise adj. et n.
franc-alleu n. m.
  PL. *francs-alleux*
franc-bord n. m.
  PL. *francs-bords*
franc-bourgeois n. m.
  PL. *francs-bourgeois*
franc-fief n. m.
  PL. *francs-fiefs*
francfort n. f.
franchement adv.
franchir v. tr. (conjug. 2)
franchisage n. m.
franchise n. f.
franchisé, ée adj. et n.
franchiser v. tr. (conjug. 1)
franchiseur n. m.
franchissable adj.
franchissement n. m.
franchouillard, arde adj. et n.
franchouillardise n. f.
francien n. m.
francine n. f.
francique n. m.
francisable adj.
francisant, ante adj.
francisation n. f.
franciscain, aine n.
franciser v. tr. (conjug. 1)
francisque n. f.
francité n. f.
francitude n. f.
francium n. m.
franc-jeu n. m.
  PL. *francs-jeux* (rec. off. de fair-play)
franc-maçon, onne n. et adj.
  PL. *francs-maçons, onnes*
franc-maçonnerie n. f.
  PL. *franc-maçonneries*
franc-maçonnique adj.
  PL. *franc-maçonniques*
franco adv.
franco-canadien, ienne n. et adj.
  PL. *franco-canadiens, iennes*

franco-français, aise adj.
PL. *franco-français, aises*
francolin n. m.
francophile adj.
francophilie n. f.
francophobe adj.
francophobie n. f.
francophone adj. et n.
francophonie n. f.
franco-provençal, ale, aux n. m. et adj.
franc-parler n. m.
PL. *francs-parlers*
franc-quartier n. m.
PL. *francs-quartiers*
franc-tireur n. m.
PL. *francs-tireurs*
frange n. f.
frangeant adj. m.
franger v. tr. (conjug. 3)
frangin, ine n.
frangipane n. f.
frangipanier n. m.
franglais, aise adj. et n.
franquette (à la bonne) loc. adv.
franquisme n. m.
franquiste n. et adj.
fransquillon, onne n.
fransquillonner v. intr. (conjug. 1)
frape n. f.
frappadingue adj. et n.
frappant, ante adj.
frappe n. f.
frappé, ée adj.
frappement n. m.
frapper v. tr. (conjug. 1)
frappeur, euse n. et adj.
frasil n. m.
frasque n. f.
fraternel, elle adj.
fraternellement adv.
fraternisation n. f.
fraterniser v. intr. (conjug. 1)
fraternité n. f.
fratricide adj. et n.; n. m.
fratrie n. f.

fraude n. f.
frauder v. (conjug. 1)
fraudeur, euse n.
frauduleusement adv.
frauduleux, euse adj.
fraxinelle n. f.
frayage n. m.
frayement n. m.
frayer v. (conjug. 8)
frayère n. f.
frayeur n. f.
freak n.
fredaine n. f.
fredonnement n. m.
fredonner v. tr. (conjug. 1)
free-jazz ou **freejazz*** [fʀidʒaz] n. m. inv.
freelance [fʀilɑ̃s] adj. et n.
free-martin ou **freemartin*** [fʀimaʀtɛ̃] n. m. PL. *free-martins* ou *freemartins**
freesia ou **frésia** [fʀezja] n. m.
freestyle n. m.
freezer ou **freezeur** [fʀizœʀ] n. m.
frégate n. f.
frégater v. tr. (conjug. 1)
frein n. m.
freinage n. m.
freiner v. (conjug. 1)
freinte n. f.
frelater v. tr. (conjug. 1)
frêle adj.
frelon n. m.
freluquet n. m.
frémir v. intr. (conjug. 2)
frémissant, ante adj.
frémissement n. m.
frênaie n. f.
french cancan [fʀɛnʃkɑ̃kɑ̃] n. m.
frêne n. m.
frénésie n. f.
frénétique adj.
frénétiquement adv.
fréon ® n. m.
fréquemment adv.
fréquence n. f.

fréquencemètre n. m.
fréquent, ente adj.
fréquentable adj.
fréquentatif, ive adj.
fréquentation n. f.
fréquenté, ée adj.
fréquenter v. (conjug. 1)
fréquentiel, ielle adj.
frère n. m.
frérot n. m.
frésia n. m.
fresque n. f.
fresquiste n.
fressure n. f.
fret n. m.
fréter v. tr. (conjug. 6)
fréteur n. m.
frétillant, ante adj.
frétillement n. m.
frétiller v. intr. (conjug. 1)
fretin n. m.
frettage n. m.
frette n. f.
fretter v. tr. (conjug. 1)
freudien, ienne adj.
freudisme n. m.
freux n. m.
friabilité n. f.
friable adj.
¹**friand, friande** adj.
²**friand** n. m.
friandise n. f.
fric n. m.
fricadelle n. f.
fricandeau n. m.
fricassée n. f.
fricasser v. tr. (conjug. 1)
fricatif, ive adj.
fric-frac ou **fricfrac*** n. m. PL. inv. ou *fricfracs**
friche n. f.
frichti n. m.
fricot n. m.
fricotage n. m.
fricoter v. (conjug. 1)
fricoteur, euse n.
friction n. f.
frictionnel, elle adj.
frictionner v. tr. (conjug. 1)

fridolin

fridolin n. m.
frigidaire® n. m.
frigidarium n. m.
frigide adj.
frigidité n. f.
frigo n. m.
frigolite n. f.
frigorie n. f.
frigorifère adj. et n. m.
frigorifier v. tr. (conjug. 7)
frigorifique adj.
frigorigène adj.
frigoriste n.
frileusement adv.
frileux, euse adj.
frilosité n. f.
frimaire n. m.
frimas n. m.
frime n. f.
frimer v. intr. (conjug. 1)
frimeur, euse n.
frimousse n. f.
fringale n. f.
fringant, ante adj.
fringillidés n. m. pl.
fringuer v. (conjug. 1)
fringues n. f. pl.
fripe n. f.
friper v. tr. (conjug. 1)
friperie n. f.
fripier, ière n.
fripon, onne adj. et n.
friponnerie n. f.
fripouille n. f.
fripouillerie n. f.
friqué, ée adj.
friquet n. m.
frire v. (conjug. seult je fris, tu fris, il frit; je frirai, tu friras, ils friront; je frirais, tu frirais, ils friraient; fris; frit; frite)
frisage n. m.
frisant, ante adj.
frisbee® n. m.
frise n. f.
frisé, ée adj.
frise (cheval de) n. m.
frisée n. f.
friselis n. m.
friser v. (conjug. 1)

frisette n. f.
frisolée n. f.
¹**frison, onne** adj. et n.
²**frison** n. m.
frisottant, ante adj.
frisotter ou **frisoter** v. (conjug. 1)
frisottis ou **frisotis** n. m.
frisquet, ette n. m. et adj.
frisson n. m.
frissonnant, ante adj.
frissonnement n. m.
frissonner v. intr. (conjug. 1)
frisure n. f.
frit, frite adj.
frite n. f.
friterie n. f.
friter (se) ou **fritter (se)** v. pron. (conjug. 1)
friteuse n. f.
fritillaire n. f.
fritons n. m. pl.
frittage n. m.
fritte n. f.
fritter v. tr. (conjug. 1)
fritter (se) v. pron. (conjug. 1)
friture n. f.
fritz n. m.
frivole adj.
frivolement adv.
frivolité n. f.
froc n. m.
¹**froid, froide** adj.
²**froid** n. m.
froidement adv.
froideur n. f.
froidure n. f.
froissable adj.
froissage n. m.
froissant, ante adj.
froissement n. m.
froisser v. tr. (conjug. 1)
froissure n. f.
frôlement n. m.
frôler v. tr. (conjug. 1)
frôleur, euse n.
fromage n. m.
fromager, ère n. et adj.
fromagerie n. f.

fromegi n. m.
froment n. m.
fromental, aux n. m.
frometon n. m.
fronce n. f.
froncement n. m.
froncer v. tr. (conjug. 3)
fronceur, euse adj.
froncis n. m.
frondaison n. f.
fronde n. f.
fronder v. (conjug. 1)
frondeur, euse n.
front n. m.
frontail n. m.
frontal, ale, aux n. m. et adj.
frontalement adv.
frontalier, ière n. et adj.
frontalité n. f.
fronteau n. m.
frontière n. f.
frontignan n. m.
frontisme n. m.
frontispice n. m.
frontiste adj. et n.
fronton n. m.
frottage n. m.
frottée n. f.
frotte-manche n. m.
 PL frotte-manches
frottement n. m.
frotter v. (conjug. 1)
frotteur, euse n.
frotti-frotta n. m. inv.
frottis n. m.
frottoir n. m.
frouer v. intr. (conjug. 1)
froufrou n. m.
froufroutant, ante adj.
froufroutement n. m.
froufrouter v. intr. (conjug. 1)
froussard, arde adj. et n.
frousse n. f.
fructiculteur, trice n.
fructiculture n. f.
fructidor n. m.
fructifère adj.
fructification n. f.

fructifier v. intr. (conjug. 7)
fructose n. m.
fructueusement adv.
fructueux, euse adj.
frugal, ale, aux adj.
frugalement adv.
frugalité n. f.
frugivore adj.
fruit n. m.
fruité, ée adj.
fruiterie n. f.
fruiticulteur, trice n.
fruiticulture n. f.
fruitier, ière adj. et n.
frumentaire adj.
frusques n. f. pl.
fruste adj.
frustrant, ante adj.
frustration n. f.
frustratoire adj.
frustrer v. tr. (conjug. 1)
frutescent, ente adj.
FS symb.
fucacées n. f. pl.
fuchsia [fyʃja; fyksja] n. m.
fuchsine [fyk-] n. f.
fucus n. m.
fudge [fɔdʒ] n. m.
fuel [fjul] n. m. (rec. off. : fioul)
fugace adj.
fugacement adv.
fugacité n. f.
fugitif, ive adj. et n.
fugitivement adv.
fugu [fugu] n. m.
fugue n. f.
fugué, ée adj.
fuguer v. intr. (conjug. 1)
fugueur, euse adj. et n.
führer [fyʀœʀ] n. m.
fuie n. f.
fuir v. (conjug. 17)
fuite n. f.
fuiter v. intr. (conjug. 1)
fuji n. f.
fulgurance n. f.
fulgurant, ante adj.
fulguration n. f.
fulgurer v. intr. (conjug. 1)

fuligineux, euse adj.
fuligule n. m.
full [ful] n. m.
full-contact [fulkɔ̃takt] n. m.
  pl. *full-contacts*
fullerène n. m. ou f.
fulmicoton n. m.
fulminant, ante adj.
fulminate n. m.
fulmination n. f.
fulminatoire adj.
fulminer v. (conjug. 1)
fulminique adj.
fumable adj.
fumage n. m.
fumagine n. f.
fumaison n. f.
fumant, ante adj.
fumasse adj.
fumé, ée adj.; n. m.
fume-cigare n. m.
  pl. *fume-cigares*
fume-cigarette n. m.
  pl. *fume-cigarettes*
fumée n. f.
fumer v. (conjug. 1)
fumerie n. f.
fumerolle ou
  fumerole* n. f.
fumeron n. m.
fumet n. m.
fumeterre n. f.
fumette n. f.
fumeur, euse n.
fumeux, euse adj.
fumier n. m.
fumigateur n. m.
fumigation n. f.
fumigatoire adj.
fumigène adj.
fumiger v. tr. (conjug. 3)
fumiste n.
fumisterie n. f.
fumivore adj.
fumoir n. m.
fumure n. f.
fun [fœn] n. m.
funambule n.
funambulesque adj.

funboard n. m.
fundus n. m.
funèbre adj.
funérailles n. f. pl.
funéraire adj.
funérarium n. m.
funeste adj.
funestement adv.
funiculaire adj.
funicule n. m.
funin n. m.
funk n. m. et adj.
funky adj. inv., n. m.
  pl. *funkys*
fur n. m.
furane ou **furanne** n. m.
furax adj.
furet n. m.
furetage n. m.
fureter v. intr. (conjug. 5)
fureteur, euse n. et adj.
fureur n. f.
furfuracé, ée adj.
furfural n. m.
furfurol n. m.
furia n. f.
furibard, arde adj.
furibond, onde adj.
furie n. f.
furieusement adv.
furieux, ieuse adj.
furioso adj.
furole n. f.
furoncle n. m.
furonculeux, euse adj.
furonculose n. f.
furtif, ive adj.
furtivement adv.
furtivité n. f.
fusain n. m.
fusainiste n.
fusant, ante adj.
fuscine n. f.
fuseau n. m.
fusée n. f.
fusel n. m.
fuselage n. m.
fuselé, ée adj.

fuseler

fuseler v. tr. (conjug. 4)
fuséologie n. f.
fuser v. intr. (conjug. 1)
fusette n. f.
fusibilité n. f.
fusible adj. et n. m.
fusiforme adj.
fusil n. m.
fusilier n. m.
fusillade n. f.
fusiller v. tr. (conjug. 1)
fusilleur n. m.
fusilli n. m.
fusil-mitrailleur n. m.
PL. fusils-mitrailleurs
fusiniste n.
fusion n. f.
fusionnel, elle adj.
fusionnement n. m.
fusionner v. (conjug. 1)
fustanelle n. f.
fustet n. m.
fustigation n. f.
fustiger v. tr. (conjug. 3)
fustine n. f.
fût ou fut★ n. m.
futaie n. f.
futaille n. f.
futaine n. f.
futal n. m.
futé, ée adj.
futée n. f.
fute-fute adj.
PL. futes-futes
futile adj.
futilement adv.
futilité n. f.
futon n. m.
futsal n. m.
futur, ure adj. et n.
futurible adj. et n.
futurisme n. m.
futuriste adj.
futurologie n. f.
futurologue n.
fuyant, ante adj. et n.
fuyard, arde adj. et n.

g

g n. m. inv.; abrév. et symb.
G n. m. inv.; abrév. et symb.
GABA n. m. inv.
(gamma-aminobutyric acid)
gabardine n. f.
gabare ou gabarre n. f.
gabariage n. m.
¹gabarier ou gabarrier n. m.
²gabarier v. tr. (conjug. 7)
gabarit n. m.
gabarre n. f.
gabarrier n. m.
gabbro n. m.
gabegie n. f.
gabelle n. f.
gabelou n. m.
gabier n. m.
gabion n. m.
gable ou gâble n. m.
gâchage n. m.
gâche n. f.
gâcher v. tr. (conjug. 1)
gâchette n. f.
gâcheur, euse n.
gâchis n. m.
gadelier ou gadellier n. m.
gadelle n. f.
gadellier n. m.
gades n. m. pl.
gadgé n. m.
gadget n. m.
gadgeterie n. f.
gadgétisation n. f.
gadgétiser v. tr. (conjug. 1)
gadgi(e) n. f.
gadidés n. m. pl.
gadin n. m.
gadjo n. m.
PL. gadjos ou gadgé
gadolinium n. m.

gadoue n. f.
gadouille n. f.
gaélique adj. et n.
gaffe n. f.
gaffer v. (conjug. 1)
gaffeur, euse n.
gag n. m.
gaga n. et adj.
gage n. m.
gager v. tr. (conjug. 3)
gageure ou gageüre★ n. f.
gagiste n. m.
gagman n. m.
PL. gagmen ou gagmans
gagnable adj.
gagnage n. m.
gagnant, ante adj. et n.
gagne n. f.
gagne-pain n. m.
PL. inv. ou gagne-pains★
gagne-petit ou gagnepetit★ n. m.
PL. inv. ou gagnepetits★
gagner v. tr. (conjug. 1)
gagneur, euse n. et adj.
gaguesque adj.
gai, gaie adj.
gaïac n. m.
gaïacol n. m.
gaiement ou gaîment ou gaiment★ adv.
gaieté ou gaîté ou gaité★ n. f.
¹gaillard, arde adj. et n.
²gaillard n. m.
gaillarde n. f.
gaillardement adv.
gaillardie n. f.
gaillardise n. f.
gaillet n. m.
gaîment ou gaiment★ adv.
gain n. m.
gainage n. m.
gainant, ante adj.
gaine n. f.
gainer v. tr. (conjug. 1)
gainerie n. f.
gainette n. f.
gainier, ière n.

gaîté ou **gaité*** n. f.
gal n. m.
gala n. m.; n. f.
galactique adj.
galactogène adj. et n.
galactomètre n. m.
galactophore adj.
galactose n. m.
galactosidase n. f.
galalithe ® n. f.
galamment adv.
galandage n. m.
galant, ante adj.
galanterie n. f.
galantine n. f.
galapiat n. m.
galaxie n. f.
galbe n. m.
galbé, ée adj.
galber v. tr. (conjug. 1)
gale n. f.
galéasse ou **galéace** n. f.
galéjade n. f.
galéjer v. intr. (conjug. 6)
galène n. f.
galénique adj.
galénisme n. m.
galéniste n.
galéopithèque n. m.
galère n. f.
galérer v. intr. (conjug. 6)
galerie n. f.
galérien n. m.
galeriste n.
galerne n. f.
galet n. m.
galetas n. m.
galette n. f.
galetteux, euse adj.
galeux, euse adj.
galgal n. m.
galhauban n. m.
galibot n. m.
galicien, ienne adj. et n.
galiléen, enne adj. et n.
galimafrée n. f.
galimatias [galimatja] n. m.
galion n. m.
galiote n. f.

galipette n. f.
galipot n. m.
galipoter v. tr. (conjug. 1)
galle n. f.
gallec n. et adj.
gallérie n. f.
gallican, ane adj.
gallicanisme n. m.
gallicisme n. m.
gallicole adj.
gallinacé, ée adj. et n.
gallinule n. f.
gallique adj.
gallium n. m.
gallo ou **gallot** n. et adj.
gallois, oise adj. et n.
gallon n. m.
gallo-romain, aine adj. et n.
PL. *gallo-romains, aines*
gallo-roman, ane n. m. et adj.
PL. *gallo-romans, anes*
gallot n. et adj.
galoche n. f.
galon n. m.
galonner v. tr. (conjug. 1)
galop n. m.
galopade n. f.
galopant, ante adj.
galope n. f.
galoper v. (conjug. 1)
galopeur, euse n.
galopin n. m.
galopine n. f.
galoubet n. m.
galuchat n. m.
galure n. f.
galurin n. m.
galvanique adj.
galvanisation n. f.
galvaniser v. tr. (conjug. 1)
galvanisme n. m.
galvanomètre n. m.
galvanoplastie n. f.
galvanoplastique adj.
galvanotype n. m.
galvanotypie n. f.
galvaudage n. m.
galvauder v. (conjug. 1)

galvaudeux, euse n.
gamay n. m. inv.
gambade n. f.
gambader v. intr. (conjug. 1)
gambas n. f. pl.
gambe n. f.
gamberge n. f.
gamberger v. (conjug. 3)
gambette n. f. et m.
gambiller v. intr. (conjug. 1)
gambiste n.
gambit n. m.
gambusie n. f.
gamelan n. m.
gamelle n. f.
gamète n. m.
gamétogenèse n. f.
gamin, ine n.
gaminerie n. f.
gamma n. m.
PL. inv. ou *gammas**
gammaglobulines n. f. pl.
gammagraphie n. f.
gammare n. m.
gammathérapie n. f.
gamme n. f.
gammée adj. f.
gamopétale adj.
gamosépale adj.
ganache n. f.
ganacherie n. f.
ganaderia ou **ganadería** n. f.
gandin n. m.
gandoura n. f.
gang n. m.
ganga n. m.
gangétique adj.
ganglion n. m.
ganglionnaire adj.
gangrène n. f.
gangrener ou **gangréner** [gɑ̃gʀəne, gɑ̃gʀene] v. tr. (conjug. 5)
gangreneux, euse ou **gangréneux, euse** [gɑ̃gʀənø, gɑ̃gʀenø] adj.
gangster n. m.
gangstérisme n. m.

gangue n. f.
gangué, ée adj.
ganja n. f.
ganoïde adj. et n. m.
ganse n. f.
ganser v. tr. (conjug. 1)
gant n. m.
gantelet n. m.
ganter v. tr. (conjug. 1)
ganterie n. f.
gantier, ière n.
gap n. m. (rec. off. : écart)
garage n. m.
garagiste n.
garance n. f.
garancer v. tr. (conjug. 3)
garancière n. f.
garant, ante n.
garantie n. f.
garantir v. tr. (conjug. 2)
garbure n. f.
garce n. f.
garcette n. f.
garçon n. m.
garçonne n. f.
garçonnet n. m.
garçonnier, ière adj.
garçonnière n. f.
garde n. f.; n.
gardé, ée adj.
garde-à-vous loc. et n. m. inv.
garde-barrière n.
  PL. gardes-barrières ou garde-barrières★
garde-bœuf n. m.
  PL. garde-bœufs
garde-boue n. m.
  PL. garde-boues
garde-chasse n. m.
  PL. gardes-chasses ou garde-chasses★
garde-chiourme n. m.
  PL. gardes-chiourmes ou garde-chiourmes★
garde-corps n. m. inv.
garde-côte n. m.
  PL. garde-côtes
garde-feu n. m.
  PL. garde-feux

garde-fou n. m.
  PL. garde-fous
garde-frontière n.
  PL. gardes-frontières
garde-magasin n. m.
  PL. gardes-magasins ou garde-magasins★
garde-malade n.
  PL. gardes-malades ou garde-malades★
garde-manger n. m.
  PL. inv. ou garde-mangers★
garde-meuble n. m.
  PL. garde-meubles
garde-mite(s) n. m.
  PL. gardes-mites ou garde-mites★
gardénal® n. m.
garden-center n. m.
  PL. garden-centers (rec. off. : jardinerie)
gardénia n. m.
garden-party ou **garden-partie★** n. f.
  PL. garden-partys ou garden-parties★
garde-pêche n. m.
  PL. gardes-pêches ou garde-pêches★
garde-port n. m.
  PL. gardes-ports ou garde-ports★
garder v. tr. (conjug. 1)
garderie n. f.
garde-robe n. f.
  PL. garde-robes
gardeur, euse n.
garde-vin n. m.
  PL. garde-vins
garde-voie n. m.
  PL. gardes-voies ou garde-voies★
garde-vue n. m.
  PL. inv. ou garde-vues★
gardian n. m.
gardien, ienne n.
gardiennage n. m.
gardienné, ée adj.
gardon n. m.
gare n. f.; interj.
garenne n. f.; n. m.

garer v. tr. (conjug. 1)
gargamelle n. f.
gargantua n. m.
gargantuesque adj.
gargariser (se) v. pron. (conjug. 1)
gargarisme n. m.
gargote n. f.
gargotier, ière n.
gargouille n. f.
gargouillement n. m.
gargouiller v. intr. (conjug. 1)
gargouillis n. m.
gargoulette n. f.
gargousse n. f.
garibaldien, ienne adj. et n.
gariguette ou **garriguette** n. f.
garnement n. m.
garni n. m.
garniérite n. f.
garnir v. tr. (conjug. 2)
garnison n. f.
garnissage n. m.
garnisseur, euse n.
garniture n. f.
garou n. m.
garrigue n. f.
garriguette n. f.
garrocher v. tr. (conjug. 1)
garrot n. m.
garrottage ou **garrotage** n. m.
garrotter ou **garroter** v. tr. (conjug. 1)
gars n. m.
garum n. m.
gascon, onne adj. et n.
gasconnade n. f.
gasconnisme n. m.
gasoil ou **gas-oil** ou **gazole** [gazɔjl; gazwal] n. m.
gaspacho n. m.
gaspi n. m.
gaspillage n. m.
gaspiller v. tr. (conjug. 1)
gaspilleur, euse n.

gastéropodes n. m. pl.
gastralgie n. f.
gastralgique adj.
gastrectomie n. f.
gastrine n. f.
gastrique adj.
gastrite n. f.
gastro
gastroentérite n. f.
gastroentérologie n. f.
gastroentérologue n.
gastro-intestinal, ale, aux adj.
gastrologie n. f.
gastrologue n.
gastronome n.
gastronomie n. f.
gastronomique adj.
gastroplastie n. f.
gastropode n. m.
gastroscope n. m.
gastroscopie n. f.
gastrotomie n. f.
gastrula n. f.
gastrulation n. f.
gâté, ée adj.
gâteau n. m.
gâte-bois n. m. inv.
gâte-papier n. m.
  PL. inv. ou *gâte-papiers*
gâter v. tr. (conjug. 1)
gâterie n. f.
gâte-sauce n. m.
  PL. *gâte-sauces*
gâteux, euse adj. et n.
gâtifier v. intr. (conjug. 7)
gâtine n. f.
gâtisme n. m.
gatte n. f.
gattilier n. m.
gauche adj. et n.
gauchement adv.
gaucher, ère adj. et n.
gaucherie n. f.
gauchir v. (conjug. 2)
gauchisant, ante adj. et n.
gauchiser v. tr. (conjug. 1)
gauchisme n. m.
gauchissement n. m.

gauchiste n. et adj.
¹gaucho n. et adj.
²gaucho [go(t)tʃo] n. m.
gaude n. f.
gaudriole n. f.
gaufrage n. m.
gaufre n. f.
gaufrer v. tr. (conjug. 1)
gaufrette n. f.
gaufreur, euse n.
gaufrier n. m.
gaufroir n. m.
gaufrure n. f.
gaulage n. m.
gaule n. f.
gaulé, ée adj.
gauleiter n. m.
gauler v. tr. (conjug. 1)
gaulis n. m.
gaullien, ienne adj.
gaullisme n. m.
gaulliste adj. et n.
gaulois, oise adj. et n.
gauloisement adv.
gauloiserie n. f.
gaulthérie n. f.
gaupe n. f.
gaur n. m.
gauss n. m.
gausser (se) v. pron. (conjug. 1)
gavage n. m.
gave n. m.
gaver v. tr. (conjug. 1)
gaveur, euse n.
gavial n. m.
gavot, ote n. et adj.
gavotte n. f.
gavroche n. m. et adj.
gay ou gai adj.; n. m.
gayal n. m.
gaz n. m.
gazage n. m.
gaze n. f.
gazé, ée adj. et n.
gazéification n. f.
¹gazéifier, ière adj.
²gazéifier v. tr. (conjug. 7)
gazelle n. f.

gazer v. (conjug. 1)
gazetier, ière n.
gazette n. f.
gazeux, euse adj.
gazier, ière adj. et n.
gazinière n. f.
gazoduc n. m.
gazogène n. m.
gazole n. m.
gazoline n. f.
gazomètre n. m.
gazon n. m.
gazonnage n. m.
gazonnant, ante adj.
gazonné, ée adj.
gazonnement n. m.
gazonner v. (conjug. 1)
gazonneux, euse adj.
gazouillant, ante adj.
gazouillement n. m.
gazouiller v. intr. (conjug. 1)
gazouilleur, euse adj.
gazouillis n. m.
geai n. m.
géant, ante n. et adj.
géantiste n.
gecko n. m.
geek [gik] n.
gégène n. f.
géhenne n. f.
geignard, arde adj.
geignement n. m.
¹geindre n. m.
²geindre v. intr. (conjug. 52)
geisha [gɛʃa] n. f.
gel n. m.
gélatine n. f.
gélatiné, ée adj.
gélatineux, euse adj.
gélatiniforme adj.
gélatinobromure n. m.
gélatinochlorure [-k-] n. m.
gelé, ée adj.
gelée n. f.
geler v. (conjug. 5)
gélif, ive adj.
gélifiant n. m.

gélification n. f.
gélifier v. tr. (conjug. 7)
gélinotte n. f.
gélisol n. m.
gélivure n. f.
gélose n. f.
gélule n. f.
gelure n. f.
gémeau, elle adj. et n.
gémellaire adj.
gémellipare adj.
gémelliparité n. f.
gémellité n. f.
gémination n. f.
géminé, ée adj.
géminer v. tr. (conjug. 1)
gémir v. intr. (conjug. 2)
gémissant, ante adj.
gémissement n. m.
gemmage n. m.
gemmail, aux n. m.
gemmation n. f.
gemme [ʒɛm] n. f.
gemmé, ée adj.
gemmer v. tr. (conjug. 1)
gemmeur, euse adj. et n.
gemmifère adj.
gemmologie n. f.
gemmologue n.
gemmothérapie n. f.
gemmule n. f.
gémonies n. f. pl.
gênant, ante adj.
gencive n. f.
gendarme n.
gendarmerie n. f.
gendarmer (se) v. pron. (conjug. 1)
gendarmesque adj.
gendelettre n. m.
gendre n. m.
gène n. m.
gêne n. f.
généalogie n. f.
généalogique adj.
généalogiquement adv.
généalogiste n.
génépi n. m.
gêner v. tr. (conjug. 1)

général, ale, aux adj.; n.
généralat n. m.
générale n. f.
généralement adv.
généralisable adj.
généralisateur, trice adj.
généralisation n. f.
généraliser v. tr. (conjug. 1)
généralissime n. m.
généraliste adj.
généralité n. f.
générateur, trice adj. et n.
génératif, ive adj.
génération n. f.
générationnel, elle adj.
générer v. tr. (conjug. 6)
généreusement adv.
généreux, euse adj.
génericable adj.
générique adj.; n. m.
génériquer v. tr. (conjug. 1)
génériqueur n. m.
générosité n. f.
genèse n. f.
génésiaque adj.
génésique adj.
genet n. m.
genêt n. m.
généthliaque adj.
généticien, ienne n.
génétière n. f.
génétique adj. et n. f.
génétiquement adv.
génétiser v. tr. (conjug. 1)
génétisme n. m.
génétiste adj. et n.
genette n. f.
gêneur, euse n.
genévrier n. m.
génial, iale, iaux adj.
génialement adv.
génialité n. f.
géniculé, ée adj.
génie n. m.
génien, ienne adj.
genièvre n. m.
genièvrerie n. f.

génique adj.
génisse n. f.
génital, ale, aux adj.
génitalité n. f.
géniteur, trice n.
génitif n. m.
génitoires n. m. pl.
génito-urinaire adj.
PL. *génito-urinaires*
génocidaire adj. et n.
génocide adj. et n. m.
génois, oise adj. et n.
génome n. m.
gnomicien, ienne n.
génomique adj. et n. f.
génopathie n. f.
génothèque n. f.
génothérapie n. f.
génotypage n. m.
génotype n. m.
génotyper v. tr. (conjug. 1)
génotypique adj.
genou n. m.
genouillère n. f.
genre n. m.
¹**gens** n. m. et f. pl. (personnes)
²**gens** [ʒɛs; ʒɛns] n. f. (groupe de familles)
¹**gent, gente** [ʒã, ʒãt] adj.
²**gent** [ʒã] n. f.
gentamycine n. f.
gentiane n. f.
¹**gentil, ille** adj.
²**gentil** n. m.
gentilé n. m.
gentilhomme [ʒãtijɔm] n. m.
PL. *gentilshommes*
gentilhommière [ʒãtijɔmjɛʀ] n. f.
gentilité n. f.
gentillesse n. f.
gentillet, ette adj.
gentiment adv.
gentleman [ʒɛntləman; dʒɛntləman] n. m.
PL. *gentlemen* ou *gentlemans*
gentleman-farmer n. m.
PL. *gentlemen-farmers* ou *gentlemans-farmers*

gentlemen's agreement ou **gentleman's agreement** [-agʀimɛnt] n. m.
gentrification ou **gentryfication** n. f.
gentry [dʒɛntʀi] n. f. pl. *gentrys* ou *gentries*
génuflecteur, trice adj. et n.
génuflexion n. f.
géobiologie n. f.
géobiologique adj.
géocentrique adj.
géocentrisme n. m.
géochimie n. f.
géochimique adj.
géochimiste n.
géochronologie [-k-] n. f.
géochronologique [-k-] adj.
géoculturel, elle adj.
géode n. f.
géodésie n. f.
géodésien, ienne n.
géodésique adj.
géodynamique n. f.
géoglyphe n. m.
géographe n.
géographie n. f.
géographique adj.
géographiquement adv.
géoïde n. m.
géo-ingénierie n. f.
geôle n. f.
geôlier, ière n.
géolocalisation n. f.
géologie n. f.
géologique adj.
géologiquement adv.
géologue n.
géomagnétique adj.
géomagnétisme n. m.
géomancie n. f.
géomancien, ienne n.
géomarketing n. m. (rec. off. : géomatique)
géomatique n. f.

géomécanicien, ienne n.
géomembrane n. f.
géomercatique n. f. (rec. off. de géomarketing)
géomesure n. f.
géométral, ale, aux adj.
géomètre n.
géométrie n. f.
géométrique adj.
géométriquement adv.
géométrisation n. f.
géométriser v. tr. (conjug. 1)
géomorphologie n. f.
géomorphologue n.
géophagie n. f.
géophile n. m.
géophilien, ienne n.
géophone n. m.
géophysicien, ienne n.
géophysiologie n. f.
géophysique n. f.
géopoliticien, ienne n.
géopolitique n. f. et adj.
géopolitologue n.
georgette n. f.
géorgien, ienne adj. et n.
géorgique adj.
géosciences n. f. pl.
géostation n. f.
géostationnaire adj.
géostatisticien, ienne n.
géostratégie n. f.
géostratégique adj.
géosynchrone [-k-] adj.
géosynclinal, aux n. m.
géosynthétique adj. et n. m.
géotechnicien, ienne n.
géotechnique adj.
géotectonique n. f.
géotextile adj. et n. m.
géothermie n. f.
géothermique adj.
géotropisme n. m.
géotrupe n. m.

géphyrien n. m.
ger n. f. inv.
gérable adj.
gérance n. f.
géraniol n. m.
géranium n. m.
géranium-lierre n. m. pl. *géraniums-lierres*
gérant, ante n.
gerbable adj.
gerbage n. m.
gerbant, ante adj.
gerbe n. f.
gerbée n. f.
gerber v. (conjug. 1)
gerbera ou **gerbéra** n. m.
gerbeur, euse n.
gerbier n. m.
gerbille n. f.
gerboise n. f.
gerce n. f.
gercer v. (conjug. 3)
gerçure n. f.
gérer v. tr. (conjug. 6)
géreur n. m.
gerfaut n. m.
gériatre n.
gériatrie n. f.
gériatrique adj.
germain, aine adj. et n.
germandrée n. f.
germanique adj. et n.
germanisant, ante adj.
germanisation n. f.
germaniser v. tr. (conjug. 1)
germanisme n. m.
germaniste n.
germanium n. m.
germanophile adj. et n.
germanophilie n. f.
germanophobe adj. et n.
germanophobie n. f.
germanophone adj. et n.
germanopratin, ine adj.
germe n. m.
germen n. m.
germer v. intr. (conjug. 1)
germicide adj. et n. m.

germinal

¹**germinal, ale, aux** adj.
²**germinal** n. m.
germinateur, trice adj.
germinatif, ive adj.
germination n. f.
germiner v. tr. (conjug. 1)
germoir n. m.
germon n. m.
géromé n. m.
gérondif n. m.
géronte n. m.
gérontisme n. m.
gérontocrate n. m.
gérontocratie n. f.
gérontologie n. f.
gérontologique adj.
gérontologiste n.
gérontologue n.
gérontophile adj. et n.
gérontophilie n. f.
gerseau n. m.
gerzeau n. m.
gésier n. m.
gésine n. f.
gésir v. intr. défectif
(conjug. seult je gis, tu gis, il gît, nous gisons, vous gisez, ils gisent ; je gisais, etc. ; gisant)
gesse n. f.
gestaltisme [gɛʃtaltism] n. m.
gestaltiste [gɛʃtaltist] adj. et n.
gestalt-thérapie [gɛʃtalt-] n. f.
gestant, ante adj.
gestapiste n. m. et adj.
gestation n. f.
gestatoire adj.
geste n. m. ; n. f.
gesticulant, ante adj.
gesticulation n. f.
gesticuler v. intr. (conjug. 1)
gestion n. f.
gestionnaire adj. et n.
gestique n. f.
gestualité n. f.
gestuel, elle adj. et n. m.
getter [gɛtɛʀ] n. m.

gewurztraminer [gevyʀtstraminɛʀ] n. m.
geyser [ʒɛzɛʀ] n. m.
ghât n. m.
ghesha [gɛʃa] n. f.
ghetto n. m.
ghettoïsation n. f.
ghilde n. f.
G. I. n. m.
giaour n. m.
gibberelline n. f.
gibbeux, euse adj.
gibbon n. m.
gibbosité n. f.
gibecière n. f.
gibelin n. m.
gibelotte n. f.
giberne n. f.
giberner v. intr. (conjug. 1)
gibet n. m.
gibier n. m.
giboulée n. f.
giboyeux, euse adj.
gibus n. m.
giclée n. f.
giclement n. m.
gicler v. intr. (conjug. 1)
gicleur n. m.
G. I. E. n. m. (groupement d'intérêt économique)
gifle n. f.
gifler v. tr. (conjug. 1)
gift n. m. (gametes intra-fallopian transfer)
giga n. m.
gigahertz n. m.
gigantesque adj.
gigantesquement adv.
gigantisme n. m.
gigantomachie n. f.
gigaoctet n. m.
gigawatt n. m.
gigogne n. f. et adj.
gigolette n. f.
gigolo n. m.
gigot n. m.
gigoter v. intr. (conjug. 1)
gigoteuse n. f.
gigue n. f.
gilde n. f.

gilet n. m.
giletier, ière n.
gille n. m.
gimmick n. m.
gin n. m.
gindre ou **geindre** n. m. (boulanger)
gin-fizz [dʒinfiz] n. m. inv.
gingembre n. m.
ginger-ale [dʒinʒœʀɛl] n. m.
 PL *ginger-ales*
gingival, ale, aux adj.
gingivectomie n. f.
gingivite n. f.
gingivoplastie n. f.
ginglard n. m.
ginglet adj.
ginguet, ette adj.
ginkgo ou **ginko (biloba)** [ʒinko] n. m.
gin-rummy ou **gin-rami** n. m.
 PL *gin-rummys* ou *gin-ramis*
ginseng n. m.
giorno (à ou **a)** loc. adv.
girafe n. f.
girafeau n. m.
girafon n. m.
girandole n. f.
girasol n. m.
giration n. f.
giratoire adj. et n. m.
giraumont n. m.
giravion n. m.
girelle n. f.
girie n. f.
girl n. f.
girodyne n. m.
girofle n. m.
giroflée n. f.
giroflier n. m.
girolle ou **girole*** n. f.
giron n. m.
girond, onde adj.
girondin, ine adj. et n.
gironné, ée adj.
girouette n. f.
gisant, ante adj. et n. m.
gisement n. m.

gitan, ane n.
gîte ou gite* n. m. et f.
gîte-gîte ou gite-gite* n. m.
pl. gîtes-gîtes ou gites-gites*
gîter ou giter* v. (conjug. 1)
gîtologie ou gitologie* n. f.
gîtologue ou gitologue* n.
giton n. m.
givrage n. m.
givrant, ante adj.
givre n. m.
givré, ée adj.
givrer v. tr. (conjug. 1)
givreux, euse adj.
givrure n. f.
glabelle n. f.
glabre adj.
glaçage n. m.
glaçant, ante adj.
glace n. f.
glacé, ée adj.
glacer v. tr. (conjug. 3)
glacerie n. f.
glaceur n. m.
glaceuse n. f.
glaceux, euse adj.
glaciaire adj.
glacial, iale adj.
glacialement adv.
glaciation n. f.
glacier n. m.
glacière n. f.
glaciérisme n. m.
glaciériste n.
glaciologie n. f.
glaciologique adj.
glaciologue n.
glacis n. m.
glaçon n. m.
glaçure n. f.
gladiateur n. m.
glagla interj.
glagolitique adj.
glaïeul n. m.
glaire n. f.
glairer v. tr. (conjug. 1)

glaireux, euse adj.
glairure n. f.
glaise n. f.
glaiser v. tr. (conjug. 1)
glaiseux, euse adj.
glaisière n. f.
glaive n. m.
glamour n. m.
glamoureux, euse adj.
glanage n. m.
gland n. m.
glande n. f.
glandée n. f.
glander v. intr. (conjug. 1)
glandeur, euse n.
glandouiller v. intr. (conjug. 1)
glandulaire adj.
glanduleux, euse adj.
glane n. f.
glaner v. tr. (conjug. 1)
glaneur, euse n.
glanure n. f.
glapir v. intr. (conjug. 2)
glapissant, ante adj.
glapissement n. m.
glaréole n. f.
glas n. m.
glasnost [glasnɔst] n. f.
glass [glas] n. m.
glatir v. intr. (conjug. 2)
glaucomateux, euse adj.
glaucome n. m.
glauque adj.
glaviot n. m.
glavioter v. intr. (conjug. 1)
glèbe n. f.
gléchome ou glécome [-kom] n. m.
glène n. f.
gléner v. tr. (conjug. 6)
glénoïdal, ale, aux adj.
glénoïde adj.
glial, gliale, gliaux adj.
glioblastome n. m.
gliome n. m.
glissade n. f.
glissage n. m.

glissando n. m.
pl. glissandos ou glissandi (it.)
glissant, ante adj.
glisse n. f.
glissé, ée adj.
glissement n. m.
glisser v. (conjug. 1)
glisseur, euse n.
glissière n. f.
glissoir n. m.
glissoire n. f.
global, ale, aux adj.
globalement adv.
globalisation n. f.
globaliser v. tr. (conjug. 1)
globalisme n. m.
globaliste adj.
globalitaire adj.
globalité n. f.
globe n. m.
globe-trotteur, euse ou globe-trotter n.
pl. globe-trotteurs, euses ou globe-trotters
globigérine n. f.
globine n. f.
globish n. m.
globulaire adj. et n. f.
globule n. m.
globuleux, euse adj.
globuline n. f.
glocal, ale, aux adj.
glocalisation n. f.
glockenspiel [glɔkɛnʃpil] n. m.
gloire n. f.
glome n. m.
gloméris n. m.
glomérulaire adj.
glomérule n. m.
gloria n. m.
gloriette n. f.
glorieusement adv.
glorieux, ieuse adj.
glorificateur, trice adj. et n.
glorification n. f.
glorifier v. tr. (conjug. 7)
gloriole n. f.

glose

glose n. f.
gloser v. tr. (conjug. 1)
gloss [glɔs] n. m.
glossaire n. m.
glossateur n. m.
glossine n. f.
glossite n. f.
glossolalie n. f.
glossopharyngien, ienne adj.
glossotomie n. f.
glottal, ale, aux adj.
glotte n. f.
glottique adj.
glouglou n. m.
glouglouter v. intr. (conjug. 1)
gloussant, ante adj.
gloussement n. m.
glousser v. intr. (conjug. 1)
glouteron n. m.
glouton, onne adj. et n. m.
gloutonnement adv.
gloutonnerie n. f.
gloxinia n. m.
glu n. f.
gluant, ante adj.
gluau n. m.
glucagon n. m.
glucide n. m.
glucidique adj.
glucinium n. m.
glucogène n. m.
glucomètre n. m.
gluconéogenèse n. f.
glucose n. m.
glucoserie n. f.
glucoside n. m.
glui n. m.
glume n. f.
glumelle n. f.
gluon n. m.
glutamate n. m.
glutamine n. f.
glutamique adj.
gluten [glytɛn] n. m.
glutineux, euse adj.
glycémie n. f.
glycémique adj.

glycéraie n. f.
glycéride n. f.
glycérie n. f.
glycérine n. f.
glycériner v. tr. (conjug. 1)
glycérique adj.
glycérol n. m.
glycérophtalique adj.
glycine n. f.
glycocolle n. m.
glycogène n. m.
glycogenèse n. f.
glycogénique adj.
glycogénogenèse n. f.
glycol n. m.
glycolipide n. m.
glycolyse n. f.
glycolytique adj.
glycoprotéine n. f.
glycoprotéique adj.
glycoside n. m.
glycosurie n. f.
glycosurique adj.
glycosylation n. f.
glycosyler v. tr. (conjug. 1)
glyphe n. m.
glyptique n. f.
glyptodon ou glyptodonte n. m.
glyptographie n. f.
glyptothèque n. f.
glyqué, ée adj.
G. M. T. loc. nominale (Greenwich mean time)
gnac ou **gnaque** [njak] n. f.
gnangnan [nɑ̃nɑ̃] adj. inv.
gnaque [njak] n. f.
gnaule [nol] n. f.
gneiss [gnɛs] n. m.
gneisseux, euse [gnɛ-] adj.
gneissique [gnɛ-] adj.
gnète n. f.
gniôle [nol] n. f.
gniouf n. m.
gnocchi [nɔki] n. m.
gnognote ou gnognotte n. f.

gnôle ou gnaule ou gniôle [nol] n. f.
gnome [gnom] n. m.
gnomique [gnɔmik] adj.
gnomon [gnɔmɔ̃] n. m.
gnomonique [gnɔ-] adj. et n. f.
gnon n. m.
gnose n. f.
gnoséologie n. f.
gnoséologique adj.
gnosie n. f.
gnosique adj.
gnosticisme n. m.
gnostique n.
gnou [gnu] n. m.
gnouf ou gniouf n. m.
go n. m.
Go symb. (gigaoctet)
goal n. m.
goal-average n. m.
 PL. *goal-averages*
gobelet n. m.
gobeleterie ou gobelèterie n. f.
gobeletier, ière n. m.
gobe-mouche ou gobemouche★ n. m.
 PL. *gobe-mouches*★ ou *gobemouches*
gober v. tr. (conjug. 1)
goberge n. f.
goberger (se) v. pron. (conjug. 3)
gobeur, euse n.
gobie n. m.
godailler v. intr. (conjug. 1)
godasse n. f.
gode n. m.
godelureau n. m.
godemiché n. m.
goder v. intr. (conjug. 1)
godet n. m.
godiche adj. et n. f.
godille n. f.
godiller v. intr. (conjug. 1)
godilleur, euse n.
godillot n. m.
godiveau n. m.
godron n. m.

godronnage n. m.
godronner v. tr. (conjug. 1)
goéland n. m.
goélette n. f.
goémon n. m.
goémonier n. m.
goétie [gɔesi] n. f.
goglu n. m.
gogo n. m.
gogo (à) loc. adv.
gogol, e adj. et n.
gogoliser (se) v. pron. (conjug. 1)
gogs n. m. pl.
goguenard, arde adj.
goguenardise n. f.
goguenots n. m. pl.
gogues n. f. pl.
goguette n. f.
goinfre n. m. et adj.
goinfrerie n. f.
goinfrer (se) v. pron. (conjug. 1)
goitre n. m.
goitreux, euse adj. et n.
golden [gɔldɛn] n. f.
golden boy n. m.
PL. *golden boys*
golden retriever ou **retrieveur*** n. m.
PL. *golden retrievers* ou *retrieveurs**
goldo n. f.
golem n. m.
golf n. m.
golfe n. m.
golfer v. intr. (conjug. 1)
golfeur, euse n.
golfique adj.
golmotte n. f.
gombo n. m.
goménol ® n. m.
goménolé, ée adj.
gomina ® n. f.
gominer (se) v. pron. (conjug. 1)
gommage n. m.
gommant, ante adj.
gomme n. f.
gommé, ée adj.

gomme-gutte n. f.
PL. *gommes-guttes*
gomme-laque n. f.
PL. *gommes-laques*
gommer v. tr. (conjug. 1)
gomme-résine n. f.
PL. *gommes-résines*
gommette n. f.
gommeux, euse adj. et n. m.
gommier n. m.
gommose n. f.
gomorrhéen, enne adj. et n.
gon n. m.
gonade n. f.
gonadique adj.
gonadostimuline n. f.
gonadotrope adj.
gonadotrophine ou **gonadotropine** n. f.
gonalgie n. f.
gonarthrose n. f.
gond n. m.
gondolage n. m.
gondolant, ante adj.
gondole n. f.
gondolement n. m.
gondoler v. intr. (conjug. 1)
gondolier, ière n.
gone n.
gonelle n. f.
gonfalon n. m.
gonfalonier n. m.
gonflable adj.
gonflage n. m.
gonflant, ante adj.
gonfle adj.; n. f.
gonflement n. m.
gonfler v. tr. (conjug. 1)
gonflette n. f.
gonfleur n. m.
gong n. m.
gongorisme n. m.
goniomètre n. m.
goniométrie n. f.
goniométrique adj.
gonnelle ou **gonelle** n. f.
gonochorique [-kɔ-] adj.
gonochorisme [-kɔ-] n. m.

gonococcie [-kɔksi] n. f.
gonococcique [-kɔksik] adj.
gonocoque n. m.
gonorrhée n. f.
gonosome n. m.
gonozoïde n. m.
gonze n. m.
gonzesse n. f.
googliser v. tr. (conjug. 1)
gord n. m.
gordien adj. m.
gore adj. inv.
goret n. m.
goretex ® n. m.
gorfou n. m.
gorge n. f.
gorge-de-pigeon adj. inv.
gorgée n. f.
gorger v. tr. (conjug. 3)
gorgerette n. f.
gorgerin n. m.
gorget n. m.
gorgone n. f.
gorgonie n. f.
gorgonzola n. m.
gorille n. m.
gosette n. f.
gosier n. m.
gospel n. m.
gosplan n. m.
gosse n.
gosser v. (conjug. 1)
gotha n. m.
gothique adj. et n.
gotique n. m.
go (tout de) loc. adv.
gouache n. f.
gouacher v. tr. (conjug. 1)
gouaille n. f.
gouailler v. (conjug. 1)
gouaillerie n. f.
gouailleur, euse adj.
goualante n. f.
goualeuse n. f.
gouape n. f.
gouda n. m.
goudron n. m.
goudronnage n. m.

goudronner

goudronner v. tr. (conjug. 1)
goudronneur n. m.
goudronneuse n. f.
goudronneux, euse adj.
gouet n. m.
gouffre n. m.
gouge n. f.
gouger v. tr. (conjug. 3)
gougère n. f.
gougnafier n. m.
gouille n. f.
gouine n. f.
goujat, ate adj. et n.
goujaterie n. f.
goujon n. m.
goujonnage n. m.
goujonner v. tr. (conjug. 1)
goujonnette n. f.
goujonnière adj. f.
goulache ou goulasch ou goulash [gulaʃ] n. m. ou f.
goulafre ou goulafe adj. et n.
goulag n. m.
goule n. f.
goulée n. f.
goulet n. m.
gouleyant, ante adj.
goulot n. m.
goulotte n. f.
goulu, ue adj.
goulûment ou goulument* adv.
goum n. m.
goumier n. m.
goupil n. m.
goupille n. f.
goupiller v. tr. (conjug. 1)
goupillon n. m.
gour n. m.
gourance n. f.
gourante n. f.
gourbi n. m.
gourd, gourde adj.
gourde n. f.
gourdiflot, ote n.
gourdin n. m.

gourer (se) v. pron. (conjug. 1)
gourgandine n. f.
gourgane n. f.
gourmand, ande adj.
gourmander v. tr. (conjug. 1)
gourmandise n. f.
gourme n. f.
gourmé, ée adj.
gourmet n. m.
gourmette n. f.
gournable n. f.
gournabler v. tr. (conjug. 1)
gourou n. m.
gousse n. f.
gousset n. m.
goût ou gout* n. m.
¹goûter ou gouter* n. m.
²goûter ou gouter* v. (conjug. 1)
goûteur, euse ou gouteur, euse* n.
goûteux, euse ou gouteux, euse* adj.
goutte n. f.
goutte-à-goutte n. m. inv.
gouttelette n. f.
goutter v. intr. (conjug. 1)
gouttereau adj. m.
goutteur n. m.
goutteux, euse adj.
gouttière n. f.
goûtu, ue ou goutu, ue* adj.
gouvernail n. m.
gouvernance n. f.
gouvernant, ante adj. et n.
gouvernante n. f.
gouverne n. f.
gouverné, ée adj.
gouvernement n. m.
gouvernemental, ale, aux adj.
gouvernementalisme n. m.
gouverner v. tr. (conjug. 1)
gouverneur n. m.

gouzi-gouzi ou gouzigouzi* n. m.
PL. inv. ou gouzigouzis*
goy ou goï* n. m.
PL. goys ou goyim (hébr.) ou goïs*
goyave n. f.
goyavier n. m.
G. P. L. n. m. (gaz de pétrole liquéfié)
GPS n. m. (global positioning system)
G. Q. G. n. m. (grand quartier général)
G. R. ® n. m. (grande randonnée)
grabat n. m.
grabataire adj. et n.
graben n. m.
grabons n. m. pl.
grabuge n. m.
grâce n. f.
gracier v. tr. (conjug. 7)
gracieusement adv.
gracieuseté n. f.
gracieux, ieuse adj.
gracile adj.
gracilité n. f.
gracioso adv.
gradateur n. m.
gradation n. f.
grade n. m.
gradé, ée adj.
grader n. m. (rec. off. : profileuse)
gradient n. m.
gradin n. m.
gradine n. f.
gradualisme n. m.
gradualiste adj.
gradualité n. f.
graduat n. m.
graduateur n. m.
graduation n. f.
gradué, ée adj.
¹graduel, elle adj.
²graduel n. m.
graduellement adv.
graduer v. tr. (conjug. 1)
gradus n. m.

grappa

graffiter v. tr. (conjug. 1)
graffiteur, euse n.
graffiti n. m.
 PL. inv. ou *graffitis*
graffitiste adj. et n.
grafigne n. f.
grafigner v. tr. (conjug. 1)
graille n. f.
grailler v. (conjug. 1)
graillon n. m.
graillonner v. intr. (conjug. 1)
grain n. m.
grainage n. m.
graine n. f.
grainer v. (conjug. 1)
graineterie [-ntʀi; -nɛtʀi] n. f.
grainetier, ière n.
grainier, ière n.
graissage n. m.
graisse n. f.
graisser v. (conjug. 1)
graisseur n. m.
graisseux, euse adj.
gram [gʀam] n. m. inv.
gramen n. m.
graminacées n. f. pl.
graminée n. f.
grammage n. m.
grammaire n. f.
grammairien, ienne n.
grammatical, ale, aux adj.
grammaticalement adv.
grammaticalisation n. f.
grammaticaliser v. tr. (conjug. 1)
grammaticalité n. f.
grammatiste n. m.
gramme n. m.
gramophone ® n. m.
grand, grande adj.
grand-angle n. m.
 PL. *grands-angles*
grand-angulaire n. m.
 PL. *grands-angulaires*
grand-chose n. inv.

grand-croix n.
 PL. *grands-croix*
grand-dab n.
 PL. *grands-dabs*
grand-duc n. m.
 PL. *grands-ducs*
grand-ducal, ale, aux adj.
grand-duché n. m.
 PL. *grands-duchés*
grande-duchesse n. f.
 PL. *grandes-duchesses*
grandelet, ette adj.
grandement adv.
grand ensemble n. m.
grandesse n. f.
grandet, ette adj.
grandeur n. f.
grand-guignolesque adj.
 PL. *grand-guignolesques*
grandiloquence n. f.
grandiloquent, ente adj.
grandiose adj.
grandir v. (conjug. 2)
grandissant, ante adj.
grandissement n. m.
grandissime adj.
grand-maman n. f.
 PL. *grands-mamans*
grand-mère n. f.
 PL. *grands-mères*
grand-messe n. f.
 PL. *grands-messes*
grand-oncle n. m.
 PL. *grands-oncles*
grand-papa n. m.
 PL. *grands-papas*
grand-peine (à) loc. adv.
grand-père n. m.
 PL. *grands-pères*
grands-parents n. m. pl.
grand-tante n. f.
 PL. *grands-tantes*
grand-voile n. f.
 PL. *grands-voiles*
grange n. f.
grangée n. f.
granit ou granite n. m.

granité, ée adj. et n. m.
graniter v. tr. (conjug. 1)
graniteux, euse adj.
granitier n. m.
granitique adj.
granito ® n. m.
granitoïde adj.
granivore adj.
granny n. f.
 PL. *grannys*
granny smith n. f.
 PL. inv. ou *grannys smith**
granulaire adj.
granulat n. m.
granulation n. f.
granule n. m.
granulé, ée adj. et n. m.
granuler v. tr. (conjug. 1)
granuleux, euse adj.
granulie n. f.
granulite n. f.
granulocyte n. m.
granulome n. m.
granulométrie n. f.
granulométrique adj.
grapefruit ou grape-fruit n. m.
 PL. *grape(-)fruits*
graphe n. m.
graphème n. m.
grapheur n. m.
graphie n. f.
graphiose n. f.
graphique adj.; n. m. et n. f.
graphiquement adv.
graphisme n. m.
graphiste n.
graphitage n. m.
graphite n. m.
graphiter v. tr. (conjug. 1)
graphiteux, euse adj.
graphitique adj.
graphologie n. f.
graphologique adj.
graphologue n.
graphomane n.
graphomanie n. f.
graphomètre n. m.
graphorrhée n. f.
grappa n. f.

grappe n. f.
grappillage n. m.
grappiller v. (conjug. 1)
grappilleur, euse n.
grappillon n. m.
grappin n. m.
gras, grasse adj.
gras-double n. m.
  PL. *gras-doubles*
grasping-reflex n. m. inv.
grassement adv.
grasserie n. f.
grasset n. m.
grasseyant, ante adj.
grasseyement n. m.
grasseyer v. intr. (conjug. 1)
grassouillet, ette adj.
grateron n. m.
graticulation n. f.
graticuler v. tr. (conjug. 1)
gratifiant, iante adj.
gratification n. f.
gratifier v. tr. (conjug. 7)
gratin n. m.
gratiné, ée adj.
gratiner v. (conjug. 1)
gratiole n. f.
gratis adv.
gratitude n. f.
gratos adv.
gratouiller v. tr. (conjug. 1)
gratounette n. f.
grattage n. m.
grattant, ante adj.
gratte n. f.
gratte-ciel n. m.
  PL. inv. ou *gratte-ciels*
gratte-cul n. m.
  PL. *gratte-culs*
gratte-dos n. m. inv.
grattelle n. f.
grattement n. m.
gratte-papier n. m.
  PL. inv. ou *gratte-papiers*
gratte-pied(s) n. m.
  PL. *gratte-pieds*
gratter v. (conjug. 1)
gratteron ou **grateron** n. m.
gratteur, euse n.

grattoir n. m.
grattons n. m. pl.
grattouiller ou **gratouiller** v. tr. (conjug. 1)
gratture n. f.
gratuiciel n. m.
gratuit, uite adj.
gratuité n. f.
gratuitement adv.
grau n. m.
gravage n. m.
gravatier n. m.
gravats n. m. pl.
grave adj.
graveleux, euse adj.
gravelle n. f.
gravement adv.
graver v. tr. (conjug. 1)
graves n. f. pl. et n. m.
graveur, euse n.
gravide adj.
gravidique adj.
gravidité n. f.
gravier n. m.
gravifique adj.
gravillon n. m.
gravillonnage n. m.
gravillonner v. tr. (conjug. 1)
gravillonneuse n. f.
gravimétrie n. f.
gravimétrique adj.
gravir v. (conjug. 2)
gravissime adj.
gravitation n. f.
gravitationnel, elle adj.
gravitationnellement adv.
gravité n. f.
graviter v. intr. (conjug. 1)
graviton n. m.
gravois n. m. pl.
gravure n. f.
gray n. m.
gré n. m.
gréage n. m.
grèbe n. m.
¹**grébiche** adj.; n. f. (harpie)

²**grébiche** ou **grébige** n. f. (imprimerie)
grébige n. f.
grec, grecque adj. et n.
gréciser v. tr. (conjug. 1)
grécité n. f.
gréco-bouddhique adj.
  PL. *gréco-bouddhiques*
gréco-latin, ine adj.
  PL. *gréco-latins, ines*
gréco-romain, aine adj.
  PL. *gréco-romains, aines*
grecque n. f.
grecquer v. tr. (conjug. 1)
gredin, ine n.
gredinerie n. f.
gréement n. m.
green n. m.
gréer v. tr. (conjug. 1)
greffable adj.
greffage n. m.
greffe n. f.; n. m.
greffer v. tr. (conjug. 1)
greffeur, euse n.
greffier, ière n.
greffoir n. m.
greffon n. m.
grégaire adj.
grégarine n. f.
grégarisme n. m.
grège adj.
grégeois adj.
grégorien, ienne adj.
grègues n. f. pl.
grêle adj.; n. f.
grêlé, ée adj.
grêler v. impers. (conjug. 1)
grelin n. m.
grêlon n. m.
grelot n. m.
grelottant, ante ou **grelotant, ante** adj.
grelottement ou **grelotement** n. m.
grelotter ou **greloter** v. intr. (conjug. 1)
greluche n. f.
greluchon n. m.
grémil n. m.
grémille n. f.

grenache n. m.
grenadage n. m.
grenade n. f.
grenadeur n. m.
grenadier n. m.
grenadière n. f.
grenadille n. f.
grenadin n. m.
grenadine n. f.
grenage n. m.
grenaillage n. m.
grenaille n. f.
grenailler v. tr. (conjug. 1)
grenaison n. f.
grenat n. m.
grené, ée adj.
greneler v. tr. (conjug. 4)
grener v. (conjug. 5)
grènetis n. m.
greneur, euse n.
grenier n. m.
grenouillage n. m.
grenouille n. f.
grenouiller v. intr. (conjug. 1)
grenouillère n. f.
grenouille-taureau n. f.
PL grenouilles-taureaux
grenouillette n. f.
grenu, ue adj.
grenure n. f.
grès n. m.
grésage n. m.
gréser v. tr. (conjug. 6)
gréseux, euse adj.
grésière n. f.
grésil n. m.
grésillement n. m.
grésiller v. (conjug. 1)
grésoir n. m.
gressin n. m.
greubons ou grabons n. m. pl.
grève n. f.
grever v. tr. (conjug. 5)
gréviste n.
gribiche adj.
gribouillage n. m.
gribouille n. m.
gribouiller v. (conjug. 1)
gribouilleur, euse n.
gribouillis n. m.
grief n. m.
grièvement adv.
griffade n. f.
griffe n. f.
griffé, ée adj.
griffer v. tr. (conjug. 1)
griffeur, euse adj. et n.
griffon n. m.
griffonnage n. m.
griffonnement n. m.
griffonner v. tr. (conjug. 1)
griffonneur, euse n.
griffu, ue adj.
griffure n. f.
grifton n. m.
grigne n. f.
grigner v. intr. (conjug. 1)
grignotage n. m.
grignotement n. m.
grignoter v. (conjug. 1)
grignoteur, euse adj. et n. f.
grignotine n. f.
grignotis n. m.
grigou n. m.
grigri ou gris-gris n. m.
PL gris-gris ou gris-gris
gril n. m.
grill n. m.
grillade n. f.
grillage n. m.
grillager v. tr. (conjug. 3)
grillageur n. m.
grille n. f.
grillé, ée adj.
grille-pain n. m.
PL inv. ou grille-pains*
griller v. (conjug. 1)
grilloir n. m.
grillon n. m.
grill-room n. m.
PL grill-rooms
grimaçant, ante adj.
grimace n. f.
grimacer v. intr. (conjug. 3)
grimacier, ière adj.
grimage n. m.
grimaud n. m.
grime n. m.
grimer v. tr. (conjug. 1)
grimoire n. m.
grimpant, ante adj. et n. m.
grimpe n. f.
grimpée n. f.
¹grimper v. intr. (conjug. 1)
²grimper v. (conjug. 1)
grimpereau n. m.
grimpette n. f.
grimpeur, euse adj. et n.
grimpion, ionne n.
grinçant, ante adj.
grincement n. m.
grincer v. intr. (conjug. 3)
grinche n.
grincheux, euse adj.
gringalet n. m.
gringe ou grinche adj.
gringo n. et adj.
gringue n. m.
griot, griotte n.
griotte n. f.
griottine n. f.
grip n. m.
grippage n. m.
grippal, ale, aux adj.
grippe n. f.
grippé, ée adj. et n.
gripper v. (conjug. 1)
grippe-sou n. m.
PL grippe-sous
gris, grise adj. et n.
grisaille n. f.
grisailler v. intr. (conjug. 1)
grisant, ante adj.
grisard n. m.
grisâtre adj.
grisbi n. m.
grisé n. m.
griser v. tr. (conjug. 1)
griserie n. f.
griset n. m.
grisette n. f.
grisoller v. intr. (conjug. 1)
grison, onne adj. et n.
grisonnant, ante adj.
grisonnement n. m.

grisonner

grisonner v. intr. (conjug. 1)
grisou n. m.
grisoumètre n. m.
grisouteux, euse adj.
grive n. f.
grivelé, ée adj.
griveler v. intr. (conjug. 4)
grivèlerie n. f.
grivelure n. f.
griveton ou grifton n. m.
grivna n. f.
grivois, oise adj.
grivoiserie n. f.
grizzli ou grizzly n. m.
PL. grizzlis ou grizzlys
grœnendael [grɔ(n)ɛndal] n. m.
grog n. m.
groggy [grɔgi] adj. inv.
grognard, arde adj. et n. m.
grognasse n. f.
grognasser v. intr. (conjug. 1)
grogne n. f.
grognement n. m.
grogner v. intr. (conjug. 1)
grognon, onne adj. et n.
grognonner v. intr. (conjug. 1)
groin n. m.
groisil n. m.
grole ou grolle n. f. (corneille)
grolle ou grole n. f. (chaussure)
grommeler v. (conjug. 4)
grommellement ou grommèlement* n. m.
grondant, ante adj.
grondement n. m.
gronder v. (conjug. 1)
gronderie n. f.
grondeur, euse adj.
grondin n. m.
groom n. m.
groove [gruv] n. m.
¹gros, grosse adj. et n.
²gros adv.

gros-bec n. m.
PL. gros-becs
groschen [grɔʃɛn] n. m.
gros-cul n. m.
PL. gros-culs
groseille n. f.
groseillier n. m.
gros-grain n. m.
PL. gros-grains
gros-plant n. m.
PL. gros-plants
gros-porteur n. m.
PL. gros-porteurs (rec. off. de jumbo-jet)
grosse n. f.
grosserie n. f.
grossesse n. f.
grosseur n. f.
grossier, ière adj.
grossièrement adv.
grossièreté n. f.
grossir v. (conjug. 2)
grossissant, ante adj.
grossissement n. m.
grossiste n.
grosso modo loc. adv.
grossoyer v. tr. (conjug. 8)
grotesque n. et adj.
grotesquement adv.
grotte n. f.
grouillant, ante adj.
grouillement n. m.
grouiller v. intr. (conjug. 1)
grouillot n. m.
group n. m.
groupage n. m.
groupe n. m.
groupement n. m.
grouper v. tr. (conjug. 1)
groupie n.
groupusculaire adj.
groupuscule n. m.
grouse n. f.
grrr interj.
gruau n. m.
grue n. f.
gruge n. f.
gruger v. tr. (conjug. 3)
grume n. f.

grumeau n. m.
grumeler (se) v. pron. (conjug. 4)
grumeleux, euse adj.
grumelure n. f.
grumier n. m.
grunge [grœnʒ] adj. inv. et n. m.
gruon n. m.
gruppetto [grupeto; gruppetto] n. m.
PL. gruppettos ou gruppetti (it.)
gruter v. tr. (conjug. 1)
grutier, ière n.
gruyère n. m.
gryphée n. f.
GSM n. m. (global system for mobile communication)
guacamole [gwakamɔl] n. m.
guai ou guais adj. m.
guanaco n. m.
guanine n. f.
guano n. m.
guar n. m.
guarana n. m.
guarani adj. et n.
gué n. m.; interj.
guéable adj.
guèbre n.
guède n. f.
guéer v. tr. (conjug. 1)
guéguerre n. f.
guelfe n.
guelte n. f.
guenille [gənij] n. f.
guenon n. f.
guépard n. m.
guêpe n. f.
guêpier n. m.
guêpière n. f.
guère adv.
guéret n. m.
guéri, ie adj.
guéridon n. m.
guérilla n. f.
guérillero ou guériléro n. m.
guérir v. (conjug. 2)

guérison n. f.
guérissable adj.
guérisseur, euse n.
guérite n. f.
guerre n. f.
guerrier, ière n. et adj.
guerroyer v. (conjug. 8)
guet n. m.
guet-apens [gɛtapɑ̃] n. m.
  PL. guets-apens
guète n. f.
guêtre n. f.
guêtrer v. tr. (conjug. 1)
guette ou guète n. f.
guetter v. tr. (conjug. 1)
guetteur, euse n.
gueulante n. f.
¹gueulard, arde adj. et n.
²gueulard n. m. (ouverture)
gueule n. f.
gueule-de-loup n. f.
  PL. gueules-de-loup
gueulement n. m.
gueuler v. (conjug. 1)
gueules n. m.
gueuleton n. m.
gueuletonner v. intr. (conjug. 1)
gueuse n. f.
gueuserie n. f.
gueux, gueuse n.
gueuze ou gueuse n. f. (bière)
guévariste adj. et n.
gugusse n. m.
gui n. m.
guibolle ou guibole n. f.
guibre n. f.
guiche n. f.
guichet n. m.
guichetier, ière n.
guidage n. m.
guidance n. f.
guide n. m. et f.
guide-âne n. m.
  PL. guide-ânes
guideau n. m.
guide-chant n. m.
  PL. guide-chants

guide-fil n. m.
  PL. guide-fils
guider v. tr. (conjug. 1)
guiderope n. m.
guides n. f. pl.
guidoline n. f.
guidon n. m.
¹guignard, arde adj. (malchanceux)
²guignard n. m. (échassier)
guigne n. f.
guigner v. tr. (conjug. 1)
guignette n. f.
guignier n. m.
guignol n. m.
guignolée n. f.
guignolet n. m.
guignon n. m.
guilde ou gilde n. f.
guili-guili ou guiliguili* n. m.
  PL. inv. ou guilis-guilis ou guiliguilis*
guillaume n. m.
guilledou n. m.
guillemet n. m.
guillemeter ou guilleméter v. tr. (conjug. 4)
guillemot n. m.
guilleret, ette adj.
guillochage n. m.
guilloche n. f.
guilloché, ée adj.
guillocher v. tr. (conjug. 1)
guillocheur, euse n.
guillochis n. m.
guillochure n. f.
guillotine n. f.
guillotiner v. tr. (conjug. 1)
guillotineur n. m.
guimauve n. f.
guimbarde n. f.
guimpe n. f.
guinche n. f.
guincher v. intr. (conjug. 1)
guindage n. m.
guindaille n. f.
guindailler v. intr. (conjug. 1)

guindailleur, euse n.
guindant n. m.
guindé, ée adj.
guindeau n. m.
guinder v. tr. (conjug. 1)
guinderesse n. f.
guinée n. f.
guingois (de) loc. adv.
guinguette n. f.
guipage n. m.
guiper v. tr. (conjug. 1)
guipoir n. m.
guipon n. m.
guipure n. f.
guirlande n. f.
guisarme n. f.
guise n. f.
guitare n. f.
guitariste n.
guitaristique adj.
guitoune n. f.
guivre n. f.
guivré, ée adj.
gunitage n. m.
gunite n. f.
günz [gynz] n. m.
guppy n. m.
  PL. guppys ou guppies
gus n. m.
gustatif, ive adj.
gustation n. f.
gustométrie n. f.
gutta-percha ou guttapercha* n. f.
  PL. guttas-perchas ou guttaperchas*
guttural, ale, aux adj.
guyot n. m.; n. f.
guzla n. f.
gym n. f.
gymkhana n. m.
gymnase n. m.
gymnasial, iale, iaux adj.
gymnasiarque n. m.
gymnasien, ienne n.
gymnaste n.
gymnastique adj. et n. f.
gymnique adj. et n. f.
gymnocarpe adj.
gymnosophiste n. m.

gymnosperme adj. et n. f.
gymnote n. m.
gynandromorphisme n. m.
gynécée n. m.
gynécologie n. f.
gynécologique adj.
gynécologue n.
gynécomastie n. f.
gynogenèse n. f.
gynogénétique adj.
gynoïde adj.
gypaète n. m.
gypse n. m.
gypserie n. f.
gypseux, euse adj.
gypsier, ière n.
gypsomètre n. m.
gypsophile n. f.
gyrin n. m.
gyrocompas n. m.
gyromètre n. m.
gyrophare n. m.
gyropilote n. m.
gyroscope n. m.
gyroscopique adj.
gyrostat n. m.
gyrus n. m.

h

h n. m. inv.; abrév. et symb.
H n. m. inv.; abrév. et symb.
¹ha symb. (hectare)
²ha interj.
habanera ou habanéra* n. f.
habeas ou habéas*corpus [abeaskɔrpys] n. m.
habile adj.
habilement adv.
habileté n. f.
habilitation n. f.
habilité n. f.
habiliter v. tr. (conjug. 1)
habillable adj.
habillage n. m.
habillé, ée adj.
habillement n. m.
habiller v. tr. (conjug. 1)
habilleur, euse n.
habit n. m.
habitabilité n. f.
habitable adj.
habitacle n. m.
habitant, ante n.
habitat n. m.
habitation n. f.
habité, ée adj.
habiter v. (conjug. 1)
habituation n. f.
habitude n. f.
habitué, ée n.
habituel, elle adj.
habituellement adv.
habituer v. tr. (conjug. 1)
habitus n. m.
hâblerie n. f.
hâbleur, euse n. et adj.
hach [ʼaʃ] n. m.
hachage n. m.
hache n. f.
haché, ée adj.
hache-légume(s) n. m.
PL. hache-légumes
hachement n. m.
hachémite adj. et n.
hache-paille n. m.
PL. hache-pailles
hacher v. tr. (conjug. 1)
hachereau n. m.
hachette n. f.
hacheur n. m.
hache-viande n. m.
PL. hache-viandes
hachich n. m.
hachis n. m.
hachoir n. m.
hachure n. f.
hachurer v. tr. (conjug. 1)
hacienda [asjɛnda] n. f.
hack n. m.
hacker [ʼakœʀ] ou hackeur, euse* n. (rec. off. : fouineur).
H. A. D. n. f. (hospitalisation à domicile)
haddock ou haddok* n. m.
hadith [ʼadit] n. m.
hadj n. m.
hadji n. m.
hadron n. m.
hafnium n. m.
hagard, arde adj.
haggis [ʼagis] n. m.
hagiographe adj. et n.
hagiographie n. f.
hagiographique adj.
haïdouc n. m.
haïdouk n. m.
haie n. f.
haïk n. m.
haïku n. m.
haillon n. m.
haillonneux, euse adj.
haine n. f.
haineusement adv.
haineux, euse adj.
haïr v. tr. (conjug. 10)
haire n. f.
haïssable adj.
haka n. m.
halage n. m.
halal ou hallal adj. inv.
halbi n. m.
halbran n. m.
hâle n. m.
hâlé, ée adj.
halecret n. m.
haleine n. f.
halener [alane; alene] v. tr. (conjug. 5)
haler v. tr. (conjug. 1)
hâler v. tr. (conjug. 1)
haletant, ante adj.
halètement n. m.
haleter v. intr. (conjug. 5)
haleur, euse n.
half(-)pipe [ʼalfpajp] n. m.
PL. half(-)pipes

half-track ou
  halftrack★ ['alftʀak]
  n. m.
  PL. *half-tracks* ou *halftracks★*
halieutique adj. et n. f.
haliotide n. f.
haliple n. m.
hall n. m.
hallage n. m.
hallal adj. inv.
hallali interj. et n. m.
halle n. f.
hallebarde n. f.
hallebardier n. m.
hallier n. m.
halloween n. f.
hallstattien, ienne adj.
hallucinant, ante adj.
hallucination n. f.
hallucinatoire adj.
halluciné, ée adj. et n.
halluciner v. tr. (conjug. 1)
hallucinogène adj. et n. m.
hallucinose n. f.
hallux valgus [alyksvalgys]
  n. m.
halo n. m.
halocarbure n. m.
halochimie n. f.
halogénation n. f.
halogène n. m.
halogéner v. tr. (conjug. 6)
halogénure n. m.
halographie n. f.
hâloir n. m.
halon ® n. m.
halophile adj.
halophyte n. f.
halte n. f.
halte-garderie n. f.
  PL. *haltes-garderies*
haltère n. m.
haltérophile n.
haltérophilie n. f.
halva n. m.
hamac n. m.
hamada n. f.
hamadryade n. f.
hamadryas n. m.
hamamélis n. m.

hamburger ['ɑ̃buʀgœʀ;
  'ɑ̃bœʀgœʀ] n. m.
hameau n. m.
hameçon n. m.
hameçonnage n. m.
hameçonner v. tr.
  (conjug. 1)
hammam n. m.
hammerless n. m.
hampe n. f.
hamster n. m.
han interj.
hanap n. m.
hanche n. f.
hanchement n. m.
hancher v. (conjug. 1)
hand n. m.
handball ou **hand-ball**
  ['ɑ̃dbal] n. m.
handballeur, euse n.
handicap n. m.
handicapant, ante adj.
handicapé, ée adj. et n.
handicaper v. tr. (conjug. 1)
handicapeur n. m.
handisport adj.
hangar n. m.
hanneton n. m.
hannetonnage n. m.
hannetonner v. intr.
  (conjug. 1)
hansart n. m.
hanse n. f.
hanséatique adj.
hantavirus n. m.
hanté, ée adj.
hanter v. tr. (conjug. 1)
hantise n. f.
hapax ou **apax** n. m.
haplobionte n. m.
haploïde adj.
haplologie n. f.
haplonte n. m.
happe n. f.
happement n. m.
happening ['ap(ə)niŋ] n. m.
happer v.
happy end ['apiɛnd] n. m.
  ou f.
  PL. *happy ends*

happy few ['apifju] n. m. pl.
haptique adj.
haptonomie n. f.
haptonomique adj.
haptothérapeute n.
haquebute n. f.
haquenée n. f.
haquet n. m.
hara-kiri ou **hara-kiri**
  n. m.
  PL. *harakiris* ou *hara-kiris*
harangue n. f.
haranguer v. tr. (conjug. 1)
harangueur, euse n.
haras n. m.
harassant, ante adj.
harasse n. f.
harassé, ée adj.
harassement n. m.
harasser v. tr. (conjug. 1)
harcelant, ante adj.
harcèlement n. m.
harceler v. tr. (conjug. 5)
harceleur, euse n. et adj.
hard adj. inv.
hardcore adj. et n. m.
harde n. f.
harder v. tr. (conjug. 1)
hardes n. f. pl.
hardeur, euse n.
hardi, ie adj.
hardiesse n. f.
hardiment adv.
hard rock ou **hard-
  rock** n. m.
hardtop n. m.
hardware ['ɑʀdwɛʀ] n. m.
  (rec. offi. : matériel)
harem n. m.
hareng n. m.
harengaison n. f.
harengère n. f.
harenguet n. m.
harenguier n. m.
haret adj. et n. m.
harfang n. m.
hargne n. f.
hargneusement adv.
hargneux, euse adj.
haricot n. m.

haridelle

haridelle n. f.
harira n.
harissa n. m. ou f.
harki n. m.
harle n. m.
harmattan ou harmatan n. m.
harmonica n. m.
harmoniciste n.
harmonie n. f.
harmonieusement adv.
harmonieux, ieuse adj.
harmonique adj. et n. m. ou f.
harmoniquement adv.
harmonisation n. f.
harmoniser v. tr. (conjug. 1)
harmoniste n.
harmonium n. m.
harnachement n. m.
harnacher v. tr. (conjug. 1)
harnacheur n. m.
harnais ou harnois n. m.
haro interj. et n. m. inv.
harpagon n. m.
harpail n. m.
harpaille n. f.
harpe n. f.
harpie n. f.
harpiste n.
harpon n. m.
harponnage n. m.
harponnement n. m.
harponner v. tr. (conjug. 1)
harponneur n. m.
hart n. f.
haruspice n. m.
hasard n. m.
hasarder v. tr. (conjug. 1)
hasardeux, euse adj.
hasardisation n. f.
has been [ˈazbin] n. m. inv.
hasch ou hach [ˈaʃ] n. m.
haschisch ou haschich ou hachich [ˈaʃiʃ] n. m.
hase n. f.
hassidim n. m. pl.
hassidique adj.
hassidisme n. m.
hassium n. m.
hast n. m.
hastaire n. m.
hasté, ée adj.
¹hâte n. f. (précipitation)
²hâte ou haste n. f.
hâtelet n. m.
hâter v. tr. (conjug. 1)
hatha-yoga n. m.
hâtier n. m.
hâtif, ive adj.
hâtiveau n. m.
hâtivement adv.
hauban n. m.
haubanage n. m.
haubaner v. tr. (conjug. 1)
haubert n. m.
hausse n. f.
hausse-col n. m.
PL. hausse-cols
haussement n. m.
hausser v. tr. (conjug. 1)
haussier, ière n. m. et adj.
haussière ou aussière n. f.
haussmannien, ienne adj.
haut, haute adj.; n. m. et adv.
hautain, aine adj. et n. m.
hautbois n. m.
hautboïste n.
haut-commissaire n.
PL. hauts-commissaires
haut-commissariat n. m.
PL. hauts-commissariats
haut-de-chausse(s) n. m. PL. hauts-de-chausses
haut-de-forme n. m.
PL. hauts-de-forme
haute-contre ou hautecontre* n. f.; n. m. PL. hautes-contre ou hautecontres*
haute-fidélité ou hautefidélité* n. f.
PL. hautes-fidélités ou hautefidélités*

haute-forme ou hauteforme* n. m.
PL. hautes-formes ou hauteformes*
hautement adv.
hautesse n. f.
hauteur n. f.
haut-fond n. m.
PL. hauts-fonds
haut(-)fourneau n. m.
PL. hauts(-)fourneaux
hautin ou hautain n. m.
haut-le-cœur n. m. inv.
haut-le-corps n. m. inv.
haut-parleur ou hautparleur* n. m.
PL. haut-parleurs ou hautparleurs*
haut-relief n. m.
PL. hauts-reliefs
hauturier, ière adj.
havage n. m.
havanais, aise adj. et n.
havane n. m.
hâve adj.
haveneau n. m.
havenet n. m.
haver v. tr. (conjug. 1)
haveur n. m.
haveuse n. f.
havre n. m.
havresac n. m.
hawaïen, ïenne adj. et n.
hayon n. m.
hé interj.
heaume n. m.
heaumier, ière n.
heavy metal n. m.
hebdo n. m.
hebdomadaire adj. et n. m.
hebdomadairement adv.
hebdomadier, ière n.
hébéphrénie n. f.
hébéphrénique adj. et n.
héberge n. f.
hébergement n. m.
héberger v. tr. (conjug. 3)
hébergeur n. m.

hébertisme n. m.
hébété, ée adj.
hébètement ou **hébêtement** n. m.
hébéter v. tr. (conjug. 6)
hébétude n. f.
hébraïque adj.
hébraïsant, ante n. et adj.
hébraïser v. (conjug. 1)
hébraïsme n. m.
hébraïste n. et adj.
hébreu n. m. et adj. m.
hécatombe n. f.
hectare n. m.
hectique adj.
hectisie n. f.
hecto n. m.
hectolitre n. m.
hectomètre n. m.
hectométrique adj.
hectopascal n. m.
hédonisme n. m.
hédoniste n. et adj.
hédonistique adj.
hégélianisme n. m.
hégémonie n. f.
hégémonisme n. m.
hégire n. f.
heideggérien, ienne adj.
heiduque n. m.
heimatlos ['ajmatlos; ɛmatlos] adj.
heimatlosat n. m.
hein interj.
hélas interj.
hélépole n. f.
héler v. tr. (conjug. 6)
hélianthe n. m.
hélianthème n. m.
hélianthine n. f.
héliaque adj.
héliaste n. m.
hélice n. f.
héliciculteur, trice n.
héliciculture n. f.
hélico n. m.
hélicoïdal, ale, aux adj.
hélicoïde adj. et n. m.

hélicon n. m.
hélicoptère n. m.
hélicoptèriste n. m.
héliée n. f.
héligare n. f.
hélio n. f. (héliogravure)
héliocentrique adj.
héliocentrisme n. m.
héliochromie [-k-] n. f.
héliographe n. m.
héliographie n. f.
héliograveur, euse n.
héliogravure n. f.
héliomarin, ine adj.
héliomètre n. m.
hélion n. m.
héliopause n. f.
héliosphère n. f.
héliostat n. m.
héliosynchrone [-k-] adj.
héliothérapie n. f.
héliotrope n. m.
héliotropine n. f.
héliotropisme n. m.
héliport n. m.
héliportage n. m.
héliporté, ée adj.
héliski n. m.
hélistation n. f.
hélitreuillage n. m.
hélitreuiller v. tr. (conjug. 1)
hélium n. m.
hélix n. m.
hellébore n. m.
hellène adj. et n.
hellénique adj.
hellénisant, ante n. et adj.
hellénisation n. f.
helléniser v. tr. (conjug. 1)
hellénisme n. m.
helléniste n.
hellénistique adj.
hellénophone adj. et n.
hello interj.
helminthe n. m.
helminthiase n. f.
helminthique n. et adj.

helminthologie n. f.
hélodée n. f.
helvelle n. f.
helvète adj.
helvétique adj.
helvétisme n. m.
hem interj.
hémangiome n. m.
hémarthrose n. f.
hématémèse n. f.
hématidrose ou **hémathidrose** n. f.
hématie n. f.
hématine n. f.
hématique adj.
hématite n. f.
hématocrite n. m.
hématologie n. f.
hématologique adj.
hématologiste n.
hématologue n.
hématome n. m.
hématophage adj.
hématopoïèse n. f.
hématopoïétique adj.
hématose n. f.
hématozoaire n. m.
hématurie n. f.
hème n. m.
héméralope adj. et n.
héméralopie n. f.
hémérocalle n. f.
hémicellulose n. f.
hémicrânie n. f.
hémicycle n. m.
hémicylindrique adj.
hémièdre adj.
hémiédrie n. f.
hémiédrique adj.
hémine n. f.
hémiole n. f.
hémiplégie n. f.
hémiplégique adj. et n.
hémiptères n. m. pl.
hémisphère n. m.
hémisphérique adj.
hémistiche n. m.

hémitropie n. f.
hémobiologie n. f.
hémochromatose [-k-] n. f.
hémocompatible adj.
hémoculture n. f.
hémocyanine n. f.
hémodialyse n. f.
hémodyalisé, ée n.
hémodynamique adj.
hémoglobine n. f.
hémoglobinopathie n. f.
hémogramme n. m.
hémolymphe n. f.
hémolyse n. f.
hémolysine n. f.
hémolytique adj.
hémopathie n. f.
hémophile adj. et n.
hémophilie n. f.
hémoprotéine n. f.
hémoptysie n. f.
hémoptysique adj. et n.
hémorragie n. f.
hémorragique adj.
hémorroïdaire adj. et n.
hémorroïdal, ale, aux adj.
hémorroïde n. f.
hémostase n. f.
hémostatique adj. ; n. m. ; n. f.
hémotransfusion n. f.
hémovigilance n. f.
hendécagone n. m.
hendécasyllabe n. m.
hendiadyin n. m.
hendiadys n. m.
henné n. m.
hennin n. m.
hennir v. intr. (conjug. 2)
hennissant, ante adj.
hennissement n. m.
henry n. m.
pl. *henrys*
hep interj.
héparine n. f.
hépatalgie n. f.
hépatectomie n. f.

hépatique n. et adj.
hépatisation n. f.
hépatite n. f.
hépatocèle n. f.
hépatocyte n. m.
hépatologie n. f.
hépatologue n.
hépatomégalie n. f.
hépatopathie n. f.
hépatotoxique adj.
hépatoxicité n. f.
heptacorde adj.
heptaèdre n. m.
heptaédrique adj.
heptagonal, ale, aux adj.
heptagone n. m.
heptamètre adj.
heptane n. m.
heptarchie n. f.
heptasyllabe adj.
heptathlon n. m.
heptathlonien, ienne n.
héraldique adj. et n. f.
héraldiste n.
héraut n. m.
herbacé, ée adj.
herbage n. m.
herbagement n. m.
¹**herbager, ère** n. et adj.
²**herbager** v. tr. (conjug. 3)
herbe n. f.
herbe-à-chats n. f.
herbe-aux-juifs n. f.
herberie n. f.
herbette n. f.
herbeux, euse adj.
herbicide adj. et n. m.
herbier n. m.
herbivore adj. et n.
herborisateur, trice n.
herborisation n. f.
herborisé, ée adj.
herboriser v. intr. (conjug. 1)
herboriste n.
herboristerie n. f.
herbu, ue adj.
herbue ou **erbue** n. f.

herchage ou **herschage** n. m.
hercher ou **herscher** v. intr. (conjug. 1)
hercheur, euse ou **herscheur, euse** n.
hercule n. m.
herculéen, enne adj.
hercynien, ienne adj.
herd-book ['œrdbuk] n. m.
pl. *herd-books*
hère n.
héréditaire adj.
héréditairement adv.
hérédité n. f.
hérédosyphilis n. f.
hérédosyphilitique adj. et n.
hérésiarque n. m.
hérésie n. f.
hérétique adj.
hérissé, ée adj.
hérissement n. m.
hérisser v. tr. (conjug. 1)
hérisson n. m.
hérissonne n. f.
hérissonner v. tr. (conjug. 1)
héritabilité n. f.
héritage n. m.
hériter v. tr. (conjug. 1)
héritier, ière n.
hermandad n. f.
hermaphrodisme n. m.
hermaphrodite n. m. et adj.
herméneutique adj. et n. f.
hermès n. m.
herméticité n. f.
hermétique adj. et n. f.
hermétiquement adv.
hermétisme n. m.
hermétiste n.
hermine n. f.
herminette n. f.
hermitien, ienne adj.
hermitique adj.
herniaire n. f. et adj.
hernie n. f.

hernié, iée adj.
héro n. f.
héroïcité n. f.
héroïcomique adj.
héroïne n. f.
héroïnomane n. et adj.
héroïnomanie n. f.
héroïque adj.
héroïquement adv.
héroïsme n. m.
héron n. m.
héronneau n. m.
héronnière n. f.
héros n. m.
herpe n. f.
herpès n. m.
herpétique adj.
herpétisme n. m.
herpétologie n. f.
hersage n. m.
herschage n. m.
herscher v. intr. (conjug. 1)
herscheur, euse n.
herse n. f.
herser v. tr. (conjug. 1)
herseur, euse n.
hertz n. m.
hertzien, ienne adj.
hésitant, ante adj.
hésitation n. f.
hésiter v. intr. (conjug. 1)
hétaïre n. f.
hétairie n. f.
hétéro n. et adj.
hétérocerque adj.
hétérochromie [-k-] n. f.
hétérochromosome [-k-] n. m.
hétéroclite adj.
hétérocycle n. m.
hétérocyclique adj.
hétérodoxe adj.
hétérodoxie n. f.
hétérodyne adj. et n. f.
hétérogamie n. f.
hétérogène adj.
hétérogénéité n. f.
hétérogenèse n. f.
hétérogénie n. f.

hétérogreffe n. f.
hétérologue adj.
hétéromorphe adj.
hétéromorphisme n. m.
hétéronome adj.
hétéronomie n. f.
hétéronyme n. m.
hétérophobe n.
hétérophobie n. f.
hétéroplastie n. f.
hétéroplastique adj.
hétéroprotéine n. f.
hétéroptères n. m. pl.
hétérosexisme n. m.
hétérosexualité n. f.
hétérosexuel, elle adj.
hétéroside n. m.
hétérotherme adj. et n. m.
hétérotrophe adj.
hétérotrophie n. f.
hétérozygote adj. et n.
hetman n. m.
hêtraie n. f.
hêtre n. m.
heu interj.
heur n. m.
heure n. f.
heureusement adv.
heureux, euse adj.
heuristique ou **euristique** adj. et n. f.
heurt n. m.
heurté, ée adj.
heurter v. (conjug. 1)
heurtoir n. m.
hévéa n. m.
hexacoralliaires n. m. pl.
hexacorde n. m.
hexadécane n. m.
hexadécimal, ale, aux adj.
hexaèdre n. m.
hexaédrique adj.
hexafluorure n. m.
hexagonal, ale, aux adj.
hexagone n. m.
hexamètre adj. et n. m.
hexapode adj. et n. m.
hexose n. m.

hi interj.
hiatal, ale, aux adj.
hiatus n. m.
hibernal, ale, aux adj.
hibernant, ante adj.
hibernation n. f.
hiberner v. intr. (conjug. 1)
hibiscus n. m.
hibou n. m.
hic n. m.
hic et nunc loc. adv.
hickory n. m.
PL. *hickorys* ou *hickories*
hidalgo n. m.
hideur n. f.
hideusement adv.
hideux, euse adj.
hidjab ou **hidjad** n. m.
hidrosadénite n. f.
hie n. f.
hièble ou **yèble** n. f.
hiémal, ale, aux adj.
hier adv.
hiérarchie n. f.
hiérarchique adj.
hiérarchiquement adv.
hiérarchisation n. f.
hiérarchiser v. tr. (conjug. 1)
hiérarque n. m.
hiératique adj.
hiératiquement adv.
hiératisme n. m.
hiérodule n. m.
hiéroglyphe n. m.
hiéroglyphique adj.
hiérogrammate n. m.
hiéronymite n. m.
hiérophante n. m.
hi-fi ou **hifi** n. f. et adj. inv.
highlander [ajilɑ̃dœʁ] n. m.
high-tech adj. et n. m. inv.
hi-han ou **hihan** interj. et n. m.
PL. inv. ou *hihans*
hijab ou **hidjab** [ˈidʒab] n. m.
hilaire adj.
hilarant, ante adj.
hilare adj.

hilarité

hilarité n. f.
hile n. m.
hilote n. m.
himalaya n. m.
himalayen, yenne adj.
himalayisme n. m.
himation n. m.
hindi n. m. et adj.
hindou, e ou indou, e adj. et n.
hindouisme ou indouisme★ n. m.
hindouiste ou indouiste★ adj. et n.
hindoustani n. m.
hinterland [intɛʁlɑ̃d] n. m.
hip interj.
hip-hop n. m.; adj.
hip-hopeur, euse n.
PL. hip-hopeurs, euses
hipparchie n. f.
hipparion n. m.
hipparque n. m.
hippiatre n.
hippiatrie n. f.
hippiatrique adj.
hippie ou hippy n. et adj.
PL. hippies ou hippys
hippique adj.
hippisme n. m.
hippocampe n. m.
hippocratique adj.
hippocratisme n. m.
hippodrome n. m.
hippogriffe n. m.
hippologie n. f.
hippologique adj.
hippomobile adj.
hippophagie n. f.
hippophagique adj.
hippopotame n. m.
hippopotamesque adj.
hippotechnie n. f.
hippotrague n. m.
hippurique adj.
hippy n. et adj.
PL. hippies ou hippys
hiragana n. m.
hircin, ine adj.
hirondeau n. m.

hirondelle n. f.
hirsute adj.
hirsutisme n. m.
hirudine n. f.
hirudinées n. f. pl.
hispanique adj. et n.
hispanisant, ante n.
hispanisation n. f.
hispaniser v. tr. (conjug. 1)
hispanisme n. m.
hispaniste n.
hispanité n. f.
hispano-américain, aine adj.
PL. hispano-américains, aines
hispano-arabe adj.
PL. hispano-arabes
hispano-mauresque ou hispano-moresque adj. PL. hispano-mauresques ou hispano-moresques
hispanophone adj. et n.
hispanophonie n. f.
hispide adj.
hisser v. tr. (conjug. 1)
histamine n. f.
histaminique adj.
histidine n. f.
histiocyte n. m.
histochimie n. f.
histocompatibilité n. f.
histocompatible adj.
histogenèse n. f.
histogramme n. m.
histoire n. f.
histologie n. f.
histologique adj.
histologiquement adv.
histolyse n. f.
histone n. f.
histoplasmose n. f.
historiciser v. tr. (conjug. 1)
historicisme n. m.
historicité n. f.
historié, iée adj.
historien, ienne n.
historier v. tr. (conjug. 7)
historiette n. f.
historiographe n.
historiographie n. f.

historiographique adj.
historique adj. et n. m.
historiquement adv.
historisant, ante adj.
historisme n. m.
histrion n. m.
hit n. m. (rec. off. : tube)
hitlérien, ienne adj.
hitlérisme n. m.
hit-parade n. m.
PL. hit-parades (rec. off. : palmarès)
hittite adj.
HIV n. m. (human immunodeficiency virus)
hiver n. m.
hivernage n. m.
hivernal, ale, aux adj.
hivernale n. f.
hivernant, ante adj. et n.
hiverner v. (conjug. 1)
H. L. A. adj. (human leucocyte antigen)
H. L. M. n. m. ou f. (habitation à loyer modéré)
ho interj.
hobby n. m.
PL. hobbies ou hobbys
hobereau n. m.
hocco n. m.
hochement n. m.
hochequeue n. m.
hocher v. tr. (conjug. 1)
hochet n. m.
hockey n. m.
hockeyeur, euse n.
hoffmannien, ienne adj.
hoir n. m.
hoirie n. f.
hoki n. m.
holà interj.
holding n. m. ou f.
hold-up ou holdup★ n. m.
PL. inv. ou holdups★
holisme n. m.
holistique adj.
hollandais, aise adj. et n.
hollande n. f. et m.

hollywoodien, ienne adj.
holmium n. m.
holocauste n. m.
holocène n. m.
hologamie n. f.
hologrammatique adj.
hologramme n. m.
holographe adj.
holographie n. f.
holographier v. tr. (conjug. 7)
holographique adj.
holophrastique adj.
holoprotéine n. f.
holorime adj.
holoside n. m.
holothurie n. f.
holotype n. m.
holstein adj.
holster n. m.
homard n. m.
homarderie n. f.
home n. m.
home cinéma n. m.
homeland n. m.
homélie n. f.
homéomorphe adj.
homéomorphisme n. m.
homéopathe n.
homéopathie n. f.
homéopathique adj.
homéostasie n. f.
homéostat n. m.
homéostatique adj.
homéotherme n. et adj.
homéotique adj.
homérique adj.
homespun ['ɔmspœn] n. m.
home-trainer ['ɔmtrɛnœr] n. m.
PL. *home-trainers*
homicide adj. et n.; n. m.
homilétique n. f.
hominidés n. m. pl.
hominiens n. m. pl.
homininés n. m. pl.
hominisation n. f.
hominisé, ée adj.

hominoïdes n. m. pl.
hommage n. m.
hommasse adj.
homme n. m.
homme-grenouille n. m.
PL. *hommes-grenouilles*
homme-orchestre n. m.
PL. *hommes-orchestres*
homme-sandwich n. m.
PL. *hommes-sandwichs*
homme-tronc n. m.
PL. *hommes-troncs*
homo adj. et n.
homocentrique adj.
homocerque adj.
homochromie [-k-] n. f.
homocinétique adj.
homogamie n. f.
homogène adj.
homogénéifier v. tr. (conjug. 7)
homogénéisateur, trice adj.
homogénéisation n. f.
homogénéiser v. tr. (conjug. 1)
homogénéité n. f.
homographe adj. et n. m.
homographie n. f.
homographique adj.
homogreffe n. f.
homologation n. f.
homologie n. f.
homologue adj.
homologuer v. tr. (conjug. 1)
homomorphisme n. m.
homoncule ou **homuncule** n. m.
homonyme adj. et n. m.
homonymie n. f.
homonymique adj.
homoparental, ale, aux adj.
homoparentalité n. f.
homophile n. m. et adj.
homophilie n. f.
homophobe adj. et n.
homophobie n. f.

homophone adj. et n. m.
homophonie n. f.
homos n. m.
homosexualité n. f.
homosexuel, elle n. et adj.
homosphère n. f.
homothermie n. f.
homothétie n. f.
homothétique adj.
homozygote adj. et n.
homuncule n. m.
hongkongais, aise n. et adj.
hongre adj.
hongrer v. tr. (conjug. 1)
hongrois, oise adj. et n.
hongroyage n. m.
hongroyer v. tr. (conjug. 8)
hongroyeur n. m.
honnête adj.
honnêtement adv.
honnêteté n. f.
honneur n. m.
honnir v. tr. (conjug. 2)
honorabilité n. f.
honorable adj.
honorablement adv.
honoraire adj.
honoraires n. m. pl.
honorariat n. m.
honoré, ée adj. et n. f.
honorer v. tr. (conjug. 1)
honorifique adj.
honoris causa [ɔnɔʀiskoza] loc. adj.
honte n. f.
honteusement adv.
honteux, euse adj.
hooligan ou **houligan** ['uligan; 'uligɑ̃] n. m.
hooliganisme ou **houliganisme** ['uliganism] n. m.
hop interj.
hôpital, aux n. m.
hoplite n. m.
hoquet n. m.
hoqueter v. intr. (conjug. 4)
hoqueton n. m.

horaire

horaire adj. et n. m.
horde n. f.
hordéine n. f.
hordique adj.
horion n. m.
horizon n. m.
horizontal, ale, aux adj. et n. f.
horizontalement adv.
horizontalité n. f.
horloge n. f.
horloger, ère n. et adj.
horlogerie n. f.
hormis prép.
hormonal, ale, aux adj.
hormone n. f.
hormoné, ée adj.
hormoner v. tr. (conjug. 1)
hormonologie n. f.
hormonothérapie n. f.
hornblende [ɔʀnblɛd] n. f.
horodatage n. m.
horodaté, ée adj.
horodateur, trice n. m. et adj.
horokilométrique adj.
horoscope n. m.
horreur n. f.
horrible adj.
horriblement adv.
horrifiant, iante adj.
horrifier v. tr. (conjug. 7)
horrifique adj.
horripilant, ante adj.
horripilation n. f.
horripiler v. tr. (conjug. 1)
hors adv. et prép.
horsain n. m.
hors-bord n. m.
 PL. *hors-bord(s)*
hors-champ n. m.
 PL. inv. ou *hors-champs*★
hors-concours n. m.
hors-cote n. m.
 PL. *hors-cotes*
hors-d'œuvre n. m. inv.
horse-ball ou **horseball** n. m.
horse-power n. m. inv.

hors-jeu n. m.
 PL. inv. ou *hors-jeux*
hors-la-loi n. inv.
hors-ligne n. m.
 PL. inv. ou *hors-lignes*
hors-piste n. m.
 PL. inv. ou *hors-pistes*
hors-série adj. et n. m.
 PL. inv. ou *hors-séries*
hors service adj. inv.
hors-sol adj.
 PL. inv. ou *hors-sols*★
horst n. m.
hors-texte n. m.
 PL. inv. ou *hors-textes*
hors tout adj. inv.
hortensia n. m.
horticole adj.
horticulteur, trice n.
horticulture n. f.
hortillonnage n. m.
hosanna n. m.
hospice n. m.
hospitalier, ière adj. et n.
hospitalisation n. f.
hospitaliser v. tr. (conjug. 1)
hospitalisme n. m.
hospitalité n. f.
hospitalo-universitaire adj.
 PL. *hospitalo-universitaires*
hospodar n. m.
hostellerie n. f.
hostie n. f.
hostile adj.
hostilement adv.
hostilité n. f.
hosto n. m.
hot adj. inv.
hot-dog ou **hotdog** n. m.
 PL. *hot-dogs* ou *hotdogs*
hôte, hôtesse n.
hôtel n. m.
hôtel-Dieu n. m.
 PL. *hôtels-Dieu*
hôtelier, ière n. et adj.
hôtellerie n. f.
hôtel-restaurant n. m.
 PL. *hôtels-restaurants*

hôtesse n. f.
hot-line ou **hotline** n. f.
 PL. *hot-lines* ou *hotlines* (rec. off. : aide en ligne)
hotte n. f.
hottentot, ote adj. et n.
hou interj.
houache n. f.
houaiche n. f.
houblon n. m.
houblonnage n. m.
houblonner v. tr. (conjug. 1)
houblonnier, ière n. et adj.
houblonnière n. f.
houdan n. f.
houe n. f.
houille n. f.
houiller, ère adj.
houillère n. f.
houillification n. f.
houka n. m.
houla interj.
houle n. f.
houlette n. f.
houleux, euse adj.
houligan n. m.
houliganisme n. m.
houlque n. f.
houmous ou **hoummous** ou **houmos** n. m.
houp interj.
houppe n. f.
houppelande n. f.
houpper v. tr. (conjug. 1)
houppette n. f.
houppier n. m.
houque n. f.
hourd n. m.
hourdage n. m.
hourder v. tr. (conjug. 1)
hourdis n. m.
houri n. f.
hourque n. f.
hourra ou **hurrah** n. m.
hourvari n. m.
houseau n. m.

house-boat ['ausbot] n. m.
PL *house-boats* (rec. off. : coche)
house (music) ['aus(mjuzik)] n. f.
houspiller v. tr. (conjug. 1)
houssaie n. f.
housse n. f.
housser v. tr. (conjug. 1)
houssière n. f.
houssoir n. m.
houx n. m.
hovercraft n. m.
hoyau n. m.
H. S. adj. inv. (hors service)
¹**H. T.** abrév. (hors taxe)
²**H. T.** abrév. (hors tension)
HTML n. m. (hypertext markup language)
huard ou **huart** n. m.
hub ['œb] n. m. (rec. off. : concentrateur)
hublot n. m.
hubris n. f.
huche n. f.
hucher v. tr. (conjug. 1)
huchet n. m.
hue interj.
huée n. f.
huer v. (conjug. 1)
huerta [wɛʀta; ɥɛʀta] n. f.
huguenot, ote n. et adj.
huhau interj.
hui adv.
huilage n. m.
huile n. f.
huiler v. tr. (conjug. 1)
huilerie n. f.
huileux, euse adj.
¹**huilier, ière** adj.
²**huilier** n. m.
huis n. m.
huisserie n. f.
huissier n. m.
huissière n. f.
huit adj. numér. inv. et n. inv.
huitain n. m.
huitaine n. f.
huitante adj. numér. inv. et n. inv.

huitantième adj. numér. ord. n.
huitième adj. et n.
huitièmement adv.
huître ou **huitre*** n. f.
huit-reflets n. m. inv.
huîtrier, ière ou **huitrier, ière*** adj.; n. m.; n. f.
hulotte n. f.
hululement ou **ululement** n. m.
hululer ou **ululer** v. intr. (conjug. 1)
hum interj.
humain, aine adj. et n. m.
humainement adv.
humanisation n. f.
humaniser v. tr. (conjug. 1)
humanisme n. m.
humaniste n. m. et adj.
humanistique n. f.
humanitaire adj. et n.
humanitarisme n. m.
humanitariste adj. et n.
humanité n. f.
humanoïde adj. et n.
humble adj.
humblement adv.
humectage n. m.
humectant n. m.
humecter v. tr. (conjug. 1)
humecteur n. m.
humer v. tr. (conjug. 1)
huméral, ale, aux adj.
humérus n. m.
humeur n. f.
humide adj.
humidificateur n. m.
humidification n. f.
humidifier v. tr. (conjug. 7)
humidifuge adj.
humidimètre n. m.
humidité n. f.
humidologie n. f.
humiliant, iante adj.
humiliation n. f.
humilier v. tr. (conjug. 7)
humilité n. f.
humoral, ale, aux adj.

humorisme n. m.
humoriste n. et adj.
humoristique adj.
humour n. m.
humus n. m.
hune n. f.
hunier n. m.
huppe n. f.
huppé, ée adj.
hurdler ou **hurdleur, euse** n.
hure n. f.
hurlant, ante adj.
hurlement n. m.
hurler v. (conjug. 1)
hurleur, euse adj. et n.
hurling n. m.
hurluberlu, ue n.
huron, onne n. et adj.
hurrah n. m.
hurricane n. m.
husky n. m.
PL *huskys* ou *huskies*
hussard n. m.
hussarde n. f.
hussite n. m.
hutte n. f.
hyacinthe n. f.
hyades n. f. pl.
hyalin, ine adj.
hyalite n. f.
hyaloïde adj.
hyaloplasme n. m.
hyaluronique adj.
hybridation n. f.
hybride adj. et n. m.
hybrider v. tr. (conjug. 1)
hybridisme n. m.
hybridité n. f.
hybridome n. m.
hydarthrose n. f.
hydatide n. f.
hydatique adj.
hydne n. m.
hydracide n. m.
hydraire n. m.
hydrangée n. f.
hydrant n. m.
hydrante n. f.

hydrargyre n. m.
hydrargyrisme n. m.
hydratable adj.
hydratant, ante adj. et n. m.
hydratation n. f.
hydrate n. m.
hydrater v. tr. (conjug. 1)
hydraulicien, ienne n.
hydraulique adj. et n. f.
hydravion n. m.
hydrazine n. f.
hydre n. f.
hydrémie n. f.
hydrique adj.
hydrocarbonate n. m.
hydrocarboné, ée adj.
hydrocarbure n. m.
hydrocèle n. f.
hydrocéphale adj. et n.
hydrocéphalie n. f.
hydrochimiste n.
hydrochlorofluorocarbure [-k-] n. m.
hydrocoralliaire n. m.
hydrocortisone n. f.
hydrocotyle n. f.
hydrocraquage n. m.
hydrocution n. f.
hydrodynamique adj. et n. f.
hydroélectricité n. f.
hydroélectrique adj.
hydrofoil [idrofɔjl] n. m. (rec. off. : hydroptère)
hydrofuge adj.
hydrofuger v. tr. (conjug. 3)
hydrogénation n. f.
hydrogéné, ée adj.
hydrogène n. m.
hydrogéner v. tr. (conjug. 6)
hydrogéologie n. f.
hydroglisse n. f.
hydroglisseur n. m.
hydrographe n.
hydrographie n. f.
hydrographique adj.
hydrohémie n. f.
hydrojet n. m.

hydrolase n. f.
hydrolat n. m.
hydrolipidique adj.
hydrolithe n. f.
hydrologie n. f.
hydrologique adj.
hydrologue n.
hydrolysable adj.
hydrolyse n. f.
hydrolyser v. tr. (conjug. 1)
hydromassage n. m.
hydromassant, ante adj.
hydromécanique adj.
hydromel n. m.
hydrométéore n. m.
hydromètre n. m. et f.
hydrométrie n. f.
hydrométrique adj.
hydrominéral, ale, aux adj.
hydronéphrose n. f.
hydronymie n. f.
hydronymique adj.
hydropéricarde n. m.
hydrophile adj. et n.
hydrophobe adj. et n.
hydrophobie n. f.
hydrophone n. m.
hydropique adj.
hydropisie n. f.
hydropneumatique adj.
hydroponique adj.
hydroptère n. m. (rec. off. de hydrofoil)
hydropulseur n. m.
hydroquinone n. f.
hydrosilicate n. m.
hydrosoluble adj.
hydrospeed adj. et n.
hydrosphère n. f.
hydrostatique n. f. et adj.
hydrosystème n. m.
hydrotechnique n. f. et adj.
hydrothérapeute n.
hydrothérapie n. f.
hydrothérapique adj.
hydrothermal, ale, aux adj.

hydrothorax n. m.
hydrotimètre n. m.
hydrotimétrie n. f.
hydroxyde n. m.
hydroxylamine n. f.
hydroxyle n. m.
hydrozoaires n. m. pl.
hydrure n. m.
hyène n. f.
hygiaphone ® n. m.
hygiène n. f.
hygiénique adj.
hygiéniquement adv.
hygiénisme n. m.
hygiéniste n.
hygroma n. m.
hygromètre n. m.
hygrométricité n. f.
hygrométrie n. f.
hygrométrique adj.
hygrophile adj.
hygrophobe adj.
hygroscope n. m.
hygroscopie n. f.
hygroscopique adj.
hylozoïsme n. m.
hymen n. m.
hyménée n. m.
hyménium n. m.
hyménomycètes n. m. pl.
hyménoptères n. m. pl.
hymne n.
hyoïde adj.
hyoïdien, ienne adj.
hypallage n. f.
hype adj. inv.
hyper n. m.
hyperacidité n. f.
hyperacousie n. f.
hyperactif, ive adj. et n.
hyperactivité n. f.
hyperalgésie n. f.
hyperalgésique adj.
hyperalgie n. f.
hyperalgique adj.
hyperappel n. m.
hyperbande n. f.
hyperbare adj.
hyperbate n. f.

hyperbole n. f.
hyperbolique adj.
hyperboliquement adv.
hyperboloïde adj. et n. m.
hyperboréen, enne adj.
hyperchlorhydrie [-k-] n. f.
hypercholestérolémie [-k-] n. f.
hypercholestérolémique [-k-] adj. et n.
hyperchrome [-k-] adj.
hyperchromie [-k-] n. f.
hypercorrect, e adj.
hypercorrection n. f.
hyperdistribution n. f.
hyperdulie n. f.
hyperémie n. f.
hyperémotif, ive adj. et n.
hyperémotivité n. f.
hyperespace n. m.
hyperesthésie n. f.
hyperfocal, ale, aux adj.
hyperfréquence n. f.
hypergenèse n. f.
hyperglycémie n. f.
hyperinflation n. f.
hyperlaxe adj.
hyperlien n. m.
hyperlipémie n. f.
hyperlipidémie n. f.
hyperlipidique adj.
hypermarché n. m.
hypermédia n. m. et adj.
hypermédiatisé, ée adj.
hyperménorrhée n. f.
hypermètre adj.
hypermétrope adj. et n.
hypermétropie n. f.
hypermnésie n. f.
hypernerveux, euse adj.
hypéron n. m.
hyperonyme n. m.
hyperparathyroïdie n. f.
hyperphagie n. f.
hyperphagique adj. et n.

hyperplasie n. f.
hyperplasique adj.
hyperprotéiné, ée adj.
hyperpuissance n. f.
hyperréactivité n. f.
hyperréalisme n. m.
hyperréaliste adj. et n.
hyperréalité n. f.
hypersécréteur, trice adj.
hypersécrétion n. f.
hypersensibilité n. f.
hypersensible adj. et n.
hypersomniaque adj. et n.
hypersomnie n. f.
hypersonique adj.
hypersthénie n. f.
hypersustentateur, trice adj. et n.
hypersustentation n. f.
hypertélie n. f.
hypertendu, ue adj. et n.
hypertensif, ive adj.
hypertension n. f.
hyperterrorisme n. m.
hyperterroriste adj. et n.
hypertexte n. m.
hypertextualité n. f.
hypertextuel, elle adj.
hyperthermie n. f.
hyperthyroïdie n. f.
hypertonie n. f.
hypertonique adj.
hypertrophie n. f.
hypertrophié, iée adj.
hypertrophier v. tr. (conjug. 7)
hypertrophique adj.
hyperventilation n. f.
hypervitaminose n. f.
hyphe n. m.
hypholome n. m.
hypnagogique adj.
hypne n. f.
hypnoïde adj.
hypnologue n. m.
hypnose n. f.
hypnotique adj.
hypnotiser v. tr. (conjug. 1)

hypnotiseur, euse n.
hypnotisme n. m.
hypoacousie n. f.
hypoalgésie n. f.
hypoallergénique adj.
hypoallergique adj.
hypocagne n. f.
hypocalorique adj.
hypocauste n. m.
hypocentre n. m.
hypochloreux [-k-] adj. m.
hypochlorhydrie [-k-] n. f.
hypochlorite [-k-] n. m.
hypocholestérolémiant, iante adj. et n.
hypochrome [-k-] adj.
hypochromie [-k-] n. f.
hypocondre n.
hypocondriaque adj. et n.
hypocondrie n. f.
hypocoristique adj. et n. m.
hypocras n. m.
hypocrisie n. f.
hypocrite n. et adj.
hypocritement adv.
hypocycloïde n. f.
hypoderme n. m.
hypodermique adj.
hypodermose n. f.
hypofécondité n. f.
hypofertile adj.
hypofertilité n. f.
hypogastre n. m.
hypogastrique adj.
hypogé, ée adj.
hypogée n. m.
hypoglosse adj.
hypoglycémiant n. m. et adj.
hypoglycémie n. f.
hypoglycémique adj. et n.
hypogyne adj.
hypokhâgne ou **hypocagne** n. f.
hypolipémie n. f.
hyponomeute ou **yponomeute** n. m.
hyponyme n. m.

hypoparathyroïdie n. f.
hypophosphatémie n. f.
hypophosphite n. m.
hypophosphoreux, euse adj.
hypophosphorique adj.
hypophysaire adj.
hypophyse n. f.
hypoplasie n. f.
hypoplasique adj.
hyposcenium ou **hyposcénium*** n. m.
hyposécrétion n. f.
hyposodé, ée adj.
hypospadias n. m.
hypostase n. f.
hypostasier v. tr. (conjug. 7)
hypostatique adj.
hypostyle adj.
hyposulfite n. m.
hyposulfureux, euse adj.
hypotaupe n. f.
hypotendu, ue adj. et n.
hypotenseur adj. m. et n. m.
hypotensif, ive adj.
hypotension n. f.
hypoténuse n. f.
hypothalamique adj.
hypothalamus n. m.
hypothécable adj.
hypothécaire adj.
hypothécairement adv.
hypothénar n. m.
hypothèque n. f.
hypothéquer v. tr. (conjug. 6)
hypothermie n. f.
hypothèse n. f.
hypothéticodéductif, ive adj.
hypothétique adj.
hypothétiquement adv.
hypothyroïdie n. f.
hypotonie n. f.
hypotonique adj.
hypotrophie n. f.
hypotrophique adj. et n.

hypotypose n. f.
hypoventilation n. f.
hypovitaminose n. f.
hypoxémie n. f.
hypoxie n. f.
hypsomètre n. m.
hypsométrie n. f.
hypsométrique adj.
hysope n. f.
hystérectomie n. f.
hystérésis n. f.
hystérie n. f.
hystériforme adj.
hystérique adj. et n.
hystériser v. tr. (conjug. 1)
hystéro n. (hystérique)
hystérographie n. f.
hystérosalpingographie n. f.
hystéroscopie n. f.
hystérotomie n. f.
Hz symb.

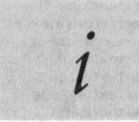

i

I n. m. inv.; abrév. et symb.
I. A. n. f. (intelligence artificielle)
IAC n. f. (insémination artificielle entre conjoints)
IAD n. f. (insémination artificielle avec donneur)
iambe ou **ïambe** n. m.
iambique adj.
I. A. O. n. f. (ingénierie assistée par ordinateur)
iatrogène adj.
iatrogénique adj.
ib. abrév. (ibidem)
ibère adj. et n.
ibérien, ienne adj. et n.
ibérique adj. et n.
ibéris n. f.
ibid. abrév. (ibidem)

ibidem adv.
ibis n. m.
ibuprofène n. m.
icaque n. f.
icaquier n. m.
icarien, ienne adj.
iceberg [isbɛʀg: ajsbɛʀg] n. m.
icelui, icelle pron. et adj. dém.
    pl. *iceux, icelles*
ichneumon n. m.
ichnologie n. f.
ichor n. m.
ichoreux, euse adj.
ichtophagique adj.
ichtyoïde [iktjɔid] adj.
ichtyol ® [iktjɔl] n. m.
ichtyologie n. f.
ichtyologique [ik-] adj.
ichtyologiste [ik-] n.
ichtyophage [ik-] adj. et n.
ichtyornis [ik-] n. m.
ichtyosaure [ik-] n. m.
ichtyose n. f.
ici adv.
ici-bas loc. adv.
icone n. m.
icône n. f.
iconicité n. f.
iconique adj.
iconiser v. tr. (conjug. 1)
iconoclasme n. m.
iconoclaste n. et adj.
iconographe n.
iconographie n. f.
iconographique adj.
iconolâtre n.
iconolâtrie n. f.
iconologie n. f.
iconologiste n.
iconologue n.
iconoscope n. m.
iconostase n. f.
iconothèque n. f.
icosaédral, ale, aux adj.
icosaèdre n. m.
ictère n. m.
ictérique adj.
ictus n. m.

id. abrév. (idem)
ide n. m.
¹idéal, ale, als ou **aux** adj.
²idéal, als ou **aux** n. m.
idéalement adv.
idéalisateur, trice adj. et n.
idéalisation n. f.
idéaliser v. tr. (conjug. 1)
idéalisme n. m.
idéaliste adj. et n.
idéalité n. f.
idéation n. f.
idée n. f.
idéel, elle adj.
idem [idɛm] adv.
identifiable adj.
identifiant, iante adj. et n. m.
identificateur, trice adj. et n. m.
identification n. f.
identificatoire adj.
identifier v. tr. (conjug. 7)
identique adj.
identiquement adv.
identitaire adj.
identité n. f.
idéogramme n. m.
idéographie n. f.
idéographique adj.
idéologie n. f.
idéologique adj.
idéologue n.
idéomoteur, trice adj.
ides n. f. pl.
id est [idɛst] loc. conj.
idiolecte n. m.
idiomatique adj.
idiome n. m.
idiopathique adj.
idiophone n. m.
idiosyncrasie n. f.
idiot, idiote adj. et n.
idiotie n. f.
idiotisme n. m.
idoine adj.
idolâtre adj. et n.
idolâtrer v. tr. (conjug. 1)
idolâtrie n. f.
idolâtrique adj.
idole n. f.
idylle n. f.
idyllique adj.
i. e. loc. conj. (id est)
if n. m.
igloo ou **iglou** [iglu] n. m.
igname [iɲam; iɡnam] n. f.
ignare adj.
igné, ée adj.
ignifugation n. f.
ignifuge adj.
ignifugeant, ante adj. et n. m.
ignifuger v. tr. (conjug. 3)
ignipuncture ou **igniponcture** n. f.
ignition n. f.
ignoble adj.
ignoblement adv.
ignominie n. f.
ignominieusement adv.
ignominieux, ieuse adj.
ignorance n. f.
ignorant, ante adj.
ignorantin adj. m. et n. m.
ignoré, ée adj.
ignorer v. tr. (conjug. 1)
iguane n. m.
iguanodon n. m.
igue n. f.
I. H. P. n. (interne des hôpitaux de Paris)
ikebana ou **ikébana** n. m.
il pron. pers. m.
ilang-ilang ou **ylang-ylang** n. m.
île ou **ile★** n. f.
iléal, ale, aux adj.
iléite n. f.
iléocæcal, ale, aux adj.
iléocolique adj.
iléon n. m.
îlet ou **ilet★** n. m.
iléus n. m.
iliaque adj.
îlien, îlienne ou **ilien, ienne★** adj.
ilion n. m.
illégal, ale, aux adj.
illégalement adv.
illégalité n. f.
illégitime adj.
illégitimement adv.
illégitimité n. f.
illettré, ée adj. et n.
illettrisme n. m.
illicéité n. f.
illicite adj.
illicitement adv.
illico adv.
illimité, ée adj.
illisibilité n. f.
illisible adj.
illisiblement adv.
illogique adj.
illogiquement adv.
illogisme n. m.
illuminateur n. m.
illumination n. f.
illuminé, ée adj. et n.
illuminer v. tr. (conjug. 1)
illuminisme n. m.
illusion n. f.
illusionner v. tr. (conjug. 1)
illusionnisme n. m.
illusionniste n.
illusoire adj.
illusoirement adv.
illustrateur, trice n.
illustration n. f.
illustre adj.
illustré, ée adj. et n. m.
illustrer v. tr. (conjug. 1)
illustrissime adj.
illuvial, iale, iaux adj.
illuviation n. f.
illuvium n. m.
I. L. M. n. m. (immeuble à loyer modéré)
îlot ou **ilot★** n. m.
îlotage ou **ilotage★** n. m.
ilote n.
îlotier, ière ou **ilotier, ière★** n.
ilotisme n. m.
I. L. S. n. m. (instrument landing system)

image n. f.
imagé, ée adj.
imagerie n. f.
imageur n. m.
imagiciel n. m.
imagicien, ienne n.
imagier, ière n. et adj.
imaginable adj.
imaginaire adj. et n. m.
imaginairement adv.
imaginal, ale, aux adj.
imaginatif, ive adj. et n.
imagination n. f.
imaginé, ée adj.
imaginer v. tr. (conjug. 1)
imago n. m. et f.
imagoïque adj.
imam n. m.
imamat n. m.
I. M. A. O. n. m. inv.
(inhibiteur de la monoamine oxydase)
imbattable adj.
imbécile adj. et n.
imbécilement adv.
imbécillité ou
imbécilité n. f.
imberbe adj.
imbiber v. tr. (conjug. 1)
imbibition n. f.
imbitable ou
imbittable adj.
imbrication n. f.
imbriqué, ée adj.
imbriquer v. tr. (conjug. 1)
imbroglio [ɛbrɔljo, ɛbrɔglijo] n. m.
imbrûlé, ée ou
imbrulé, ée* adj. et n. m.
imbu, ue adj.
imbuvable adj.
I. M. C. adj. inv. (infirme moteur cérébral)
imidazole n. m.
imitable adj.
imitateur, trice n.
imitatif, ive adj.
imitation n. f.
imiter v. tr. (conjug. 1)

immaculé, ée adj.
immanence n. f.
immanent, ente adj.
immanentisme n. m.
immangeable adj.
immanquable adj.
immanquablement adv.
immarcescible adj.
immatérialisme n. m.
immatérialiste n.
immatérialité n. f.
immatériel, ielle adj.
immatriculation n. f.
immatriculer v. tr. (conjug. 1)
immature adj.
immaturité n. f.
immédiat, iate adj. et n. m.
immédiatement adv.
immédiateté n. f.
immelmann n. m.
immémorial, iale, iaux adj.
immense adj.
immensément adv.
immensité n. f.
immensurable adj.
immergé, ée adj.
immerger v. tr. (conjug. 3)
immérité, ée adj.
immersif, ive adj.
immersion n. f.
immettable adj.
immeuble adj. et n. m.
immigrant, ante adj. et n.
immigration n. f.
immigré, ée adj. et n.
immigrer v. intr. (conjug. 1)
imminence n. f.
imminent, ente adj.
immiscer (s') v. pron. (conjug. 3)
immixtion n. f.
immobile adj.
immobilier, ière adj. et n. m.
immobilisation n. f.

immobiliser v. tr. (conjug. 1)
immobilisme n. m.
immobiliste adj. et n.
immobilité n. f.
immodération n. f.
immodéré, ée adj.
immodérément adv.
immodeste adj.
immodestement adv.
immodestie n. f.
immolateur, trice n.
immolation n. f.
immoler v. tr. (conjug. 1)
immonde adj.
immondice n. f.
immoral, ale, aux adj.
immoralement adv.
immoralisme n. m.
immoraliste adj. et n.
immoralité n. f.
immortalisation n. f.
immortaliser v. tr. (conjug. 1)
immortalité n. f.
immortel, elle adj. et n.
immortelle n. f.
immoticien, ienne n.
immotique n. f.
immotivé, ée adj.
immuabilité n. f.
immuable adj.
immuablement adv.
immun, une adj.
immunisant, ante adj.
immunisation n. f.
immuniser v. tr. (conjug. 1)
immunitaire adj.
immunité n. f.
immunoanalyse n. f.
immunochimie n. f.
immunocompétence n. f.
immunocompétent, ente adj.
immunodéficience n. f.
immunodéficit n. m.
immunodéficitaire n. et adj.

immunodépresseur n. m.
immunodépressif, ive adj.
immunodépression n. f.
immunodéprimé, ée adj. et n.
immunofluorescence n. f.
immunogène adj.
immunoglobuline n. f.
immunologie n. f.
immunologique adj.
immunologiste n.
immunostimulant, ante adj. et n. m.
immunosuppresseur n. m.
immunosuppressif, ive adj.
immunosuppression n. f.
immunothérapie n. f.
immunotolérance n. f.
immunotolérant, ante adj.
immunotransfusion n. f.
immutabilité n. f.
impact n. m.
impacté, ée adj.
impacter v. tr. (conjug. 1)
impacteur n. m.
impair, aire adj. et n. m.
impala n. m.
impalpable adj.
impaludation n. f.
impaludé, ée adj.
impanation n. f.
imparable adj.
impardonnable adj.
imparfait, aite adj. et n. m.
imparfaitement adv.
imparidigité, ée adj.
imparipenné, ée adj.
imparisyllabique adj.
imparité n. f.
impartageable adj.
impartial, iale, iaux adj.

impartialement adv.
impartialité n. f.
impartir v. tr. (conjug. 2; usité seult inf., ind. prés. et p. p.)
impasse n. f.
impassibilité n. f.
impassible adj.
impassiblement adv.
impatiemment adv.
impatience n. f.
impatiens n. f.
impatient, iente adj.
impatienter v. tr. (conjug. 1)
impatrié, iée adj. et n.
impatronisation n. f.
impatroniser v. tr. (conjug. 1)
impavide adj.
impayable adj.
impayé, ée adj.
impeachment [impitʃmənt] n. m.
impec adj. inv.; adv.
impeccable adj.
impeccablement adv.
impécunieux, ieuse adj.
impécuniosité n. f.
impédance n. f.
impédancemètre n. m.
impedimenta ou **impédimentas*** [ɛ̃pedimɛ̃ta] n. m. pl.
impénétrabilité n. f.
impénétrable adj.
impénitence n. f.
impénitent, ente adj.
impensable adj.
impense n. f.
imper n. m.
impératif, ive n. m. et adj.
impérativement adv.
impératrice n. f.
imperceptibilité n. f.
imperceptible adj.
imperceptiblement adv.
imperdable adj. et n. f.
imperfectible adj.
imperfectif, ive adj.

imperfection n. f.
imperforation n. f.
impérial, iale, iaux adj. et n.
impérialement adv.
impérialisme n. m.
impérialiste adj. et n.
impérieusement adv.
impérieux, ieuse adj.
impérissable adj.
impéritie n. f.
impermanence n. f.
impermanent, ente adj.
imperméabilisation n. f.
imperméabiliser v. tr. (conjug. 1)
imperméabilité n. f.
imperméable adj. et n. m.
impersonnalité n. f.
impersonnel, elle adj.
impersonnellement adv.
impertinemment adv.
impertinence n. f.
impertinent, ente adj.
imperturbabilité n. f.
imperturbable adj.
imperturbablement adv.
impesanteur n. f.
impétigineux, euse adj.
impétigo n. m.
impétrant, ante n.
impétration n. f.
impétrer v. tr. (conjug. 6)
impétueusement adv.
impétueux, euse adj.
impétuosité n. f.
impie adj. et n.
impiété n. f.
impitoyable adj.
impitoyablement adv.
implacabilité n. f.
implacable adj.
implacablement adv.
implaidable adj.
implant n. m.
implantation n. f.

implanter

implanter v. tr. (conjug. 1)
implantologie n. f.
implantologiste n.
implémentation n. f.
implémenter v. tr. (conjug. 1)
implexe adj.
implication n. f.
implicite adj.
implicitement adv.
impliquer v. tr. (conjug. 1)
implorant, ante adj.
imploration n. f.
implorer v. tr. (conjug. 1)
imploser v. intr. (conjug. 1)
implosif, ive adj.
implosion n. f.
impluvium [ɛplyvjɔm] n. m.
impoli, ie adj.
impoliment adv.
impolitesse n. f.
impolitique adj.
impondérabilité n. f.
impondérable adj.
impopulaire adj.
impopularité n. f.
import n. m.
importable adj.
importance n. f.
important, ante adj.
importateur, trice n. et adj.
importation n. f.
[1]**importer** v. tr. (conjug. 1)
[2]**importer** v. intr. et tr. ind. (conjug. 1 ; seult inf., p. prés. et 3e pers.)
import-export n. m.
PL. *imports-exports*
importun, une adj. et n.
importunément adv.
importuner v. tr. (conjug. 1)
importunité n. f.
imposable adj.
imposant, ante adj.
imposé, ée adj. et n.
imposer v. tr. (conjug. 1)
imposeur n. m.
imposition n. f.
impossibilité n. f.
impossible adj. et n. m.
imposte n. f.
imposteur n. m.
imposture n. f.
impôt n. m.
impotable adj.
impotence n. f.
impotent, ente adj. et n.
impraticable adj.
impratique adj.
imprécation n. f.
imprécatoire adj.
imprécis, ise adj.
imprécision n. f.
imprédictible adj.
imprégnation n. f.
imprégner v. tr. (conjug. 6)
imprenable adj.
impréparation n. f.
imprésario ou **impresario** n. m.
PL. *imprésarios* ou *impresarios* ou *impresarii* (it.)
imprescriptibilité n. f.
imprescriptible adj.
impression n. f.
impressionnabilité n. f.
impressionnable adj.
impressionnant, ante adj.
impressionner v. tr. (conjug. 1)
impressionnisme n. m.
impressionniste n. et adj.
imprévisibilité n. f.
imprévisible adj.
imprévision n. f.
imprévoyance n. f.
imprévoyant, ante adj. et n.
imprévu, ue adj. et n. m.
imprimable adj.
imprimant, ante adj. et n. f.
imprimatur n. m.
PL. inv. ou *imprimaturs*
imprimé, ée adj. et n. m.
imprimer v. tr. (conjug. 1)
imprimerie n. f.
imprimeur n. m.
imprimeuse n. f.
improbabilité n. f.
improbable adj.
improbateur, trice n. et adj.
improbatif, ive adj.
improbation n. f.
improbité n. f.
improductif, ive adj.
improductivité n. f.
impromptu, ue n. m.; adj. et adv.
imprononçable adj.
impropre adj.
improprement adv.
impropriété n. f.
improuvable adj.
improvisateur, trice n.
improvisation n. f.
improviser v. tr. (conjug. 1)
improviste (à l') loc. adv.
imprudemment adv.
imprudence n. f.
imprudent, ente adj. et n.
impubère n.
impuberté n. f.
impubliable adj.
impudemment adv.
impudence n. f.
impudent, ente adj.
impudeur n. f.
impudicité n. f.
impudique adj.
impudiquement adv.
impuissance n. f.
impuissant, ante adj.
impulser v. tr. (conjug. 1)
impulsif, ive adj. et n.
impulsion n. f.
impulsionnel, elle adj.
impulsivement adv.
impulsivité n. f.
impunément adv.
impuni, ie adj.
impunité n. f.
impur, ure adj.
impureté n. f.

imputabilité n. f.
imputable adj.
imputation n. f.
imputer v. tr. (conjug. 1)
imputrescibilité n. f.
imputrescible adj.
in adj. inv.
inabordable adj.
inabouti, ie adj.
inabrogeable adj.
in absentia loc. adv.
in abstracto loc. adv.
inaccentué, ée adj.
inacceptable adj.
inaccessibilité n. f.
inaccessible adj.
inaccompli, ie adj.
inaccomplissement n. m.
inaccordable adj.
inaccoutumé, ée adj.
inachevé, ée adj.
inachèvement n. m.
inactif, ive adj.
inactinique adj.
inaction n. f.
inactivation n. f.
inactiver v. tr. (conjug. 1)
inactivité n. f.
inactuel, elle adj.
inadaptabilité n. f.
inadaptable adj.
inadaptation n. f.
inadapté, ée adj.
inadéquat, quate [-kwa(t), kwat] adj.
inadéquation n. f.
inadmissibilité n. f.
inadmissible adj.
inadvertance n. f.
inaliénabilité n. f.
inaliénable adj.
inaliénation n. f.
inalpe n. f.
inaltérabilité n. f.
inaltérable adj.
inaltéré, ée adj.
inamical, ale, aux adj.
inamissible adj.

inamovibilité n. f.
inamovible adj.
inanalysable adj.
inanimé, ée adj.
inanité n. f.
inanition n. f.
inapaisable adj.
inapaisé, ée adj.
inaperçu, ue adj.
inappétence n. f.
inapplicable adj.
inapplication n. f.
inappliqué, ée adj.
inappréciable adj.
inapprivoisable adj.
inapproprié, iée adj.
inapte adj. et n.
inaptitude n. f.
inarticulé, ée adj.
inassimilable adj.
inassouvi, ie adj.
inassouvissable adj.
inassouvissement n. m.
inattaquable adj.
inatteignable adj.
inattendu, ue adj.
inattentif, ive adj.
inattention n. f.
inaudible adj.
inaugural, ale, aux adj.
inauguration n. f.
inaugurer v. tr. (conjug. 1)
inauthenticité n. f.
inauthentique adj.
inavouable adj.
inavoué, ée adj.
in-bord adj. inv.
inca adj. et n.
incalculable adj.
incandescence n. f.
incandescent, ente adj.
incantation n. f.
incantatoire adj.
incapable adj.
incapacitant, ante adj. et n. m.
incapacité n. f.
incarcération n. f.
incarcérer v. tr. (conjug. 6)

incarnadin, ine adj.
incarnat, ate adj.
incarnation n. f.
incarné, ée adj.
incarner v. tr. (conjug. 1)
incartade n. f.
incasique adj.
incassable adj.
incendiaire n. et adj.
incendie n. m.
incendier v. tr. (conjug. 7)
incération n. f.
incertain, aine adj.
incertitude n. f.
incessamment adv.
incessant, ante adj.
incessibilité n. f.
incessible adj.
inceste n. m.
incestueux, euse adj.
inchangé, ée adj.
inchauffable adj.
inchavirable adj.
inchoatif, ive [-kɔa-] adj.
incidemment adv.
incidence n. f.
¹**incident, ente** adj.
²**incident** n. m.
incidenter v. intr. (conjug. 1)
incinérateur n. m.
incinération n. f.
incinérer v. tr. (conjug. 6)
incipit n. m.
pl. inv. ou *incipits*
incirconcis, ise adj. et n. m.
incise n. f. et adj. f.
inciser v. tr. (conjug. 1)
inciseur n. m.
incisif, ive adj.
incision n. f.
incisive n. f.
incisure n. f.
incitant, ante adj. et n. m.
incitateur, trice n.
incitatif, ive adj.
incitation n. f.
inciter v. tr. (conjug. 1)
incivil, ile adj.

incivilement adv.
incivilité n. f.
incivique adj.
incivisme n. m.
inclassable adj.
inclémence n. f.
inclément, ente adj.
inclinable adj.
inclinaison n. f.
inclination n. f.
incliné, ée adj.
incliner v. (conjug. 1)
inclinomètre n. m.
incluant, ante adj.
inclure v. tr. (conjug. 35; sauf p. p. inclus)
inclus, use adj.
inclusif, ive adj.
inclusion n. f.
inclusivement adv.
incoagulable adj.
incoercibilité n. f.
incoercible adj.
incognito [ɛkɔɲito] adv. et n. m.
incohérence n. f.
incohérent, ente adj.
incollable adj.
incolore adj.
incomber v. tr. ind. (conjug. 1)
incombustibilité n. f.
incombustible adj.
incommensurabilité n. f.
incommensurable adj.
incommensurablement adv.
incommodant, ante adj.
incommode adj.
incommodément adv.
incommoder v. tr. (conjug. 1)
incommodité n. f.
incommunicabilité n. f.
incommunicable adj.
incommutabilité n. f.
incommutable adj.
incomparable adj.
incomparablement adv.
incompatibilité n. f.
incompatible adj.
incompétence n. f.
incompétent, ente adj.
incomplet, ète adj.
incomplètement adv.
incomplétude n. f.
incompréhensibilité n. f.
incompréhensible adj.
incompréhensif, ive adj.
incompréhension n. f.
incompressibilité n. f.
incompressible adj.
incompris, ise adj.
inconcevable adj.
inconcevablement adv.
inconciliable adj.
inconditionnalité n. f.
inconditionné, ée adj.
inconditionnel, elle adj.
inconditionnellement adv.
inconduite n. f.
inconfort n. m.
inconfortable adj.
inconfortablement adv.
incongelable adj.
incongru, ue adj.
incongruité n. f.
incongrûment ou **incongrument*** adv.
inconjugable adj.
inconnaissable adj. et n. m.
inconnu, ue adj. et n.
inconsciemment adv.
inconscience n. f.
inconscient, iente adj. et n.
inconséquence n. f.
inconséquent, ente adj.
inconsidéré, ée adj.
inconsidérément adv.
inconsistance n. f.
inconsistant, ante adj.
inconsolable adj.
inconsolé, ée adj.
inconsommable adj.
inconstance n. f.
inconstant, ante adj.
inconstitutionnalité n. f.
inconstitutionnel, elle adj.
inconstitutionnellement adv.
inconstructible adj.
incontestabilité n. f.
incontestable adj.
incontestablement adv.
incontesté, ée adj.
incontinence n. f.
¹incontinent, ente adj.
²incontinent adv.
incontournable adj.
incontrôlable adj.
incontrôlé, ée adj.
inconvenance n. f.
inconvenant, ante adj.
inconvénient n. m.
inconvertibilité n. f.
inconvertible adj.
incoordination n. f.
incorporabilité n. f.
incorporable adj.
incorporalité n. f.
incorporation n. f.
incorporéité n. f.
incorporel, elle adj.
incorporer v. tr. (conjug. 1)
incorrect, e adj.
incorrectement adv.
incorrection n. f.
incorrigible adj.
incorrigiblement adv.
incorruptibilité n. f.
incorruptible adj.
incorruptiblement adv.
incotable adj.
incrédibilité n. f.
incrédule adj. et n.
incrédulité n. f.
incréé, ée adj.
incrément n. m.
incrémentation n. f.
incrémenter v. tr. (conjug. 1)

incrémentiel, ielle adj.
increvable adj.
incrimination n. f.
incriminé, ée adj.
incriminer v. tr. (conjug. 1)
incristallisable adj.
incrochetable adj.
incroyable adj. et n.
incroyablement adv.
incroyance n. f.
incroyant, ante adj.
incrustant, ante adj.
incrustation n. f.
incruste n. f.
incruster v. tr. (conjug. 1)
incubateur, trice adj. et n.
incubation n. f.
incube n. m.
incuber v. tr. (conjug. 1)
inculcation n. f.
inculpable adj.
inculpation n. f.
inculpé, ée adj. et n.
inculper v. tr. (conjug. 1)
inculquer v. tr. (conjug. 1)
inculte adj.
incultivable adj.
inculture n. f.
incunable adj. et n. m.
incurabilité n. f.
incurable adj.
incurablement adv.
incurie n. f.
incurieux, ieuse adj.
incuriosité n. f.
incursion n. f.
incurvation n. f.
incurvé, ée adj.
incurver v. tr. (conjug. 1)
incuse adj. f. et n. f.
indatable adj.
inde n. m.
indéboulonnable adj.
indébrouillable adj.
indécelable adj.
indécemment adv.
indécence n. f.
indécent, ente adj.

indéchiffrable adj.
indéchirable adj.
indécidabilité n. f.
indécidable adj.
indécis, ise adj.
indécision n. f.
indéclinable adj.
indécomposable adj.
indécrochable adj.
indécrottable adj.
indéfectibilité n. f.
indéfectible adj.
indéfectiblement adv.
indéfendable adj.
indéfini, ie adj.
indéfiniment adv.
indéfinissable adj.
indéformable adj.
indéfrisable adj. et n. f.
indéhiscence n. f.
indéhiscent, ente adj.
indélébile adj.
indélébilité n. f.
indélicat, ate adj.
indélicatement adv.
indélicatesse n. f.
indémaillable adj.
indemne adj.
indemnisable adj.
indemnisation n. f.
indemniser v. tr. (conjug. 1)
indemnitaire n. et adj.
indemnité n. f.
indémodable adj.
indémontable adj.
indémontrable adj.
indéniable adj.
indéniablement adv.
indentation n. f.
indépassable adj.
indépendamment adv.
indépendance n. f.
indépendant, ante adj.
indépendantisme n. m.
indépendantiste adj. et n.
indéracinable adj.
indéréglable adj.
indescriptible adj.
indésirable adj. et n.

indestructibilité n. f.
indestructible adj.
indestructiblement adv.
indétectable adj.
indéterminable adj.
indétermination n. f.
indéterminé, ée adj.
indéterminisme n. m.
indéterministe adj. et n.
indétrônable adj.
index n. m.
indexation n. f.
indexer v. tr. (conjug. 1)
indianiser v. (conjug. 1)
indianisme n. m.
indianiste n.
indianité n. f.
indican n. m.
indicateur, trice n. et adj.
indicatif, ive adj. et n. m.
indication n. f.
indice n. m.
indiciaire adj.
indicible adj.
indiciblement adv.
indiciel, ielle adj.
indiction n. f.
indien, ienne adj.
indienne n. f.
indifféremment adv.
indifférence n. f.
indifférenciation n. f.
indifférencié, iée adj.
indifférent, ente adj.
indifférentisme n. m.
indifférer v. tr. (conjug. 6)
indigénat n. m.
indigence n. f.
indigène adj. et n.
indigénisme n. m.
indigéniste n.
indigent, ente adj.
indigeste adj.
indigestible adj.
indigestion n. f.
indigète adj.
indignation n. f.
indigne adj.

indigné, ée adj.
indignement adv.
indigner v. tr. (conjug. 1)
indignité n. f.
indigo n. m.
indigotier n. m.
indiqué, ée adj.
indiquer v. tr. (conjug. 1)
indirect, e adj.
indirectement adv.
indiscernable adj. et n. m.
indiscipline n. f.
indiscipliné, ée adj.
indiscret, ète adj.
indiscrètement adv.
indiscrétion n. f.
indiscriminé, ée adj.
indiscutable adj.
indiscutablement adv.
indiscuté, ée adj.
indispensable adj.
indisponibilité n. f.
indisponible adj.
indisposé, ée adj.
indisposer v. tr. (conjug. 1)
indisposition n. f.
indissociabilité n. f.
indissociable adj.
indissociablement adv.
indissolubilité n. f.
indissoluble adj.
indissolublement adv.
indistinct, incte [ɛdistɛ̃(kt), ɛ̃kt] adj.
indistinctement adv.
indium n. m.
individu ou **individual** n.
individualisation n. f.
individualiser v. tr. (conjug. 1)
individualisme n. m.
individualiste adj.
individualité n. f.
individuation n. f.
individuel, elle adj.
individuellement adv.
indivis, ise adj.
indivisaire n.
indivisément adv.

indivisibilité n. f.
indivisible adj.
indivision n. f.
in-dix-huit adj. inv.
indocile adj.
indocilité n. f.
indo-européen, enne adj.
PL. *indo-européens, ennes*
indole n. m.
indolemment adv.
indolence n. f.
indolent, ente adj.
indolore adj.
indomptable [ɛ̃dɔ̃tabl] adj.
indompté, ée [ɛ̃dɔ̃te] adj.
indonésien, ienne adj. et n.
indophénol n. m.
indou, oue adj. et n.
in-douze adj. inv.
indri n. m.
indu, ue adj.
indubitable adj.
indubitablement adv.
inductance n. f.
inducteur, trice adj. et n. m.
inductible adj.
inductif, ive adj.
induction n. f.
induire v. tr. (conjug. 38)
induit, ite adj. et n. m.
indulgence n. f.
indulgent, ente adj.
induline ® n. f.
indult n. m.
indûment ou **indument*** adv.
induration n. f.
indurer v. tr. (conjug. 1)
indusie n. f.
industrialisable adj.
industrialisation n. f.
industrialiser v. tr. (conjug. 1)
industrialisme n. m.
industrie n. f.
industriel, ielle adj. et n.
industriellement adv.

industrieux, ieuse adj.
induvie n. f.
inébranlable adj.
inébranlablement adv.
inécoutable adj.
inécouté, ée adj.
inédit, ite adj. et n. m.
inéducable adj.
ineffable adj.
ineffablement adv.
ineffaçable adj.
ineffaçablement adv.
inefficace adj.
inefficacement adv.
inefficacité n. f.
inégal, ale, aux adj.
inégalable adj.
inégalé, ée adj.
inégalement adv.
inégalitaire adj.
inégalité n. f.
inélastique adj.
inélégamment adv.
inélégance n. f.
inélégant, ante adj.
inéligibilité n. f.
inéligible adj.
inéluctabilité n. f.
inéluctable adj.
inéluctablement adv.
inémotivité n. f.
inemployable adj.
inemployé, ée adj.
inénarrable adj.
inentamé, ée adj.
inenvisageable adj.
inéprouvé, ée adj.
inepte adj.
ineptie n. f.
inépuisable adj.
inépuisablement adv.
inépuisé, ée adj.
inéquation n. f.
inéquitable adj.
inerme adj.
inerte adj.
inertie n. f.
inertiel, ielle adj.
inescomptable adj.

inespéré, ée adj.
inesthétique adj.
inestimable adj.
inétendu, ue adj.
inévitabilité n. f.
inévitable adj.
inévitablement adv.
inexact, acte adj.
inexactement adv.
inexactitude n. f.
inexaucé, ée adj.
inexcitabilité n. f.
inexcitable adj.
inexcusable adj.
inexcusablement adv.
inexécutable adj.
inexécution n. f.
inexercé, ée adj.
inexhaustible adj.
inexigibilité n. f.
inexigible adj.
inexistant, ante adj.
inexistence n. f.
inexorabilité n. f.
inexorable adj.
inexorablement adv.
inexpérience n. f.
inexpérimenté, ée adj.
inexpert, erte adj.
inexpiable adj.
inexplicable adj.
inexplicablement adv.
inexpliqué, ée adj.
inexploitable adj.
inexploité, ée adj.
inexploré, ée adj.
inexpressif, ive adj.
inexprimable adj.
inexprimablement adv.
inexprimé, ée adj.
inexpugnable adj.
inexpulsable adj.
inextensibilité n. f.
inextensible adj.
in extenso [inɛkstɛ̃so] loc. adv. et loc. adj.
inextinguible adj.
inextirpable adj.
in extremis ou **in extremis★** loc. adv. et loc. adj.
inextricable adj.
inextricablement adv.
infaillibilité n. f.
infaillible adj.
infailliblement adv.
infaisabilité n. f.
infaisable adj.
infalsifiabilité n. f.
infalsifiable adj.
infamant, ante adj.
infâme adj.
infamie n. f.
infant, ante n.
infanterie n. f.
infanticide adj. et n.; n. m.
infantile adj.
infantilisation n. f.
infantiliser v. tr. (conjug. 1)
infantilisme n. m.
infarctus n. m.
infatigable adj.
infatigablement adv.
infatuation n. f.
infatué, ée adj.
infatuer v. tr. (conjug. 1)
infécond, onde adj.
infécondité n. f.
infect, e adj.
infectant, ante adj.
infecter v. tr. (conjug. 1)
infectieux, ieuse adj.
infectiologie n. f.
infectiologue n.
infection n. f.
infélicité n. f.
inféodation n. f.
inféodé, ée adj.
inféoder v. tr. (conjug. 1)
infère adj.
inférence n. f.
inférentiel, ielle adj.
inférer v. tr. (conjug. 6)
inférieur, ieure adj. et n.
inférieurement adv.
infériorisation n. f.
inférioriser v. tr. (conjug. 1)
infériorité n. f.
infermentescible adj.
infernal, ale, aux adj.
inférovarié, iée adj.
infertile adj.
infertilité n. f.
infestation n. f.
infester v. tr. (conjug. 1)
infeutrable adj.
infibulation n. f.
infichu, ue adj.
infidèle adj.
infidèlement adv.
infidélité n. f.
infiltrat n. m.
infiltration n. f.
infiltrer v. tr. (conjug. 1)
infime adj.
in fine [infine] loc. adv.
infini, ie adj. et n. m.
infiniment adv.
infinité n. f.
infinitésimal, ale, aux adj.
infinitif, ive n. et adj.
infinitude n. f.
infirmatif, ive adj.
infirmation n. f.
infirme adj. et n.
infirmer v. tr. (conjug. 1)
infirmerie n. f.
infirmier, ière n.
infirmité n. f.
infixe n. m.
inflammabilité n. f.
inflammable adj.
inflammation n. f.
inflammatoire adj.
inflation n. f.
inflationniste adj.
infléchi, ie adj.
infléchir v. tr. (conjug. 2)
infléchissement n. m.
inflexibilité n. f.
inflexible adj.
inflexiblement adv.
inflexion n. f.
infliger v. tr. (conjug. 3)
inflorescence n. f.

influençable adj.
influence n. f.
influencer v. tr. (conjug. 3)
influent, ente adj.
influenza n. f.
influer v. (conjug. 1)
influx n. m.
info n. f. (information)
infobulle n. f.
infogérance n. f.
infographe n.
infographie® n. f.
infographique n.
infographiste n.
in-folio adj. et n. m.
PL. inv. ou *in-folios*
infomercial, iaux n. m.
infondé, ée adj.
informant, ante n.
informateur, trice n.
informaticien, ienne n.
informatif, ive adj.
information n. f.
informationnel, elle adj.
informatique n. f.
informatiquement adv.
informatisation n. f.
informatiser v. tr. (conjug. 1)
informe adj.
informé, ée adj. et n. m.
informel, elle adj. et n. m.
informer v. tr. (conjug. 1)
informulé, ée adj.
inforoute n. f.
infortune n. f.
infortuné, ée adj. et n.
infospectacle n. m.
infothèque n. f.
infoutu, ue adj.
infra adv.
infrabasse n. f.
infracteur n. m.
infraction n. f.
infradien, ienne adj.
infrahumain, aine adj.
infraliminaire adj.
infraliminal, ale, aux adj.

infralinguistique adj.
infranchissable adj.
infrangible adj.
infrarouge adj.
infrason n. m.
infrasonore adj.
infrastructure n. f.
infréquentable adj.
infroissabilité n. f.
infroissable adj.
infructueux, euse adj.
infule n. f.
infumable adj.
infundibuliforme adj.
infundibulum n. m.
infus, use adj.
infuser v. tr. (conjug. 1)
infusibilité n. f.
infusible adj.
infusion n. f.
infusoire n. m.
ingagnable adj.
ingambe adj.
ingénierie n. f. (rec. off. de engineering)
ingénieriste n.
ingénier (s') v. pron. (conjug. 7)
ingénieur n.
ingénieusement adv.
ingénieux, ieuse adj.
ingéniorat n. m.
ingéniosité n. f.
ingénu, ue adj.
ingénuité n. f.
ingénument adv.
ingérable adj.
ingérence n. f.
ingérer v. tr. (conjug. 6)
ingestion n. f.
ingouvernabilité n. f.
ingouvernable adj.
ingrat, ate adj. et n.
ingratement adv.
ingratitude n. f.
ingrédient n. m.
ingression n. f.
inguérissable adj.
inguinal, ale, aux adj.

ingurgitation n. f.
ingurgiter v. tr. (conjug. 1)
inhabile adj.
inhabileté n. f.
inhabilité n. f.
inhabitable adj.
inhabité, ée adj.
inhabituel, elle adj.
inhabituellement adv.
inhalateur, trice adj. et n. m.
inhalation n. f.
inhaler v. tr. (conjug. 1)
inharmonie n. f.
inharmonieux, ieuse adj.
inharmonique adj.
inhérence n. f.
inhérent, ente adj.
inhibé, ée adj.
inhiber v. tr. (conjug. 1)
inhibiteur, trice adj. et n. m.
inhibitif, ive adj.
inhibition n. f.
inhospitalier, ière adj.
inhumain, aine adj.
inhumainement adv.
inhumanité n. f.
inhumation n. f.
inhumer v. tr. (conjug. 1)
inimaginable adj.
inimitable adj.
inimitié n. f.
ininflammabilité n. f.
ininflammable adj.
inintelligemment adv.
inintelligence n. f.
inintelligent, ente adj.
inintelligibilité n. f.
inintelligible adj.
inintelligiblement adv.
inintéressant, ante adj.
ininterrompu, ue adj.
inique adj.
iniquement adv.
iniquité n. f.
initial, iale, iaux adj. et n. f.
initialement adv.

initialisation n. f.
initialiser v. tr. (conjug. 1)
initiateur, trice n.
initiation n. f.
initiatique adj.
initiative n. f.
initié, iée n.
initier v. tr. (conjug. 7)
injectable adj.
injecté, ée adj.
injecter v. tr. (conjug. 1)
injecteur, trice n. m. et adj.
injectif, ive adj.
injection n. f.
injoignable adj.
injonctif, ive adj.
injonction n. f.
injouable adj.
injure n. f.
injurier v. tr. (conjug. 7)
injurieusement adv.
injurieux, ieuse adj.
injuste adj.
injustement adv.
injustice n. f.
injustifiable adj.
injustifié, iée adj.
inlandsis n. m.
inlassable adj.
inlassablement adv.
inlay n. m.
PL. *inlays*
inné, ée adj.
innéisme n. m.
innéiste adj. et n.
innéité n. f.
innervant, ante adj.
innervation n. f.
innerver v. tr. (conjug. 1)
innocemment adv.
innocence n. f.
innocent, ente adj. et n.
innocenter v. tr. (conjug. 1)
innocuité n. f.
innombrable adj.
innomé, ée adj.
innominé, ée adj.
innommable adj.

innommé, ée ou **innomé, ée** adj.
innovant, ante adj.
innovateur, trice n.
innovation n. f.
innover v. (conjug. 1)
inobservable adj.
inobservance n. f.
inobservation n. f.
inobservé, ée adj.
inoccupation n. f.
inoccupé, ée adj.
in-octavo adj. et n. m.
PL. inv. ou *in-octavos*
inoculable adj.
inoculation n. f.
inoculer v. tr. (conjug. 1)
inoculum n. m.
inodore adj.
inoffensif, ive adj.
inondable adj.
inondation n. f.
inondé, ée adj. et n.
inonder v. tr. (conjug. 1)
inopérable adj.
inopérant, ante adj.
inopiné, ée adj.
inopinément adv.
inopportun, une adj.
inopportunément adv.
inopportunité n. f.
inopposabilité n. f.
inopposable adj.
inorganique adj.
inorganisable adj.
inorganisation n. f.
inorganisé, ée adj.
inotrope adj.
inoubliable adj.
inouï, ïe adj.
inox n. m.
inoxydabilité n. f.
inoxydable adj.
in pace ou **in-pace** [inpase; inpatʃe] n. m. inv.
in partibus [inpartibys] loc. adj.
in petto [inpeto] loc. adv.
in-plano adj. et n. m.
PL. inv. ou *in-planos*

input [input] n. m.
inqualifiable adj.
inquart n. m.
inquartation n. f.
in-quarto [inkwarto] adj. et n.
PL. inv. ou *in-quartos*
inquiet, inquiète adj.
inquiétant, ante adj.
inquiéter v. tr. (conjug. 6)
inquiétude n. f.
inquisiteur, trice n. m. et adj.
inquisition n. f.
inquisitoire adj.
inquisitorial, iale, iaux adj.
inracontable adj.
inratable adj.
insaisissabilité n. f.
insaisissable adj.
insalissable adj.
insalivation n. f.
insalubre adj.
insalubrité n. f.
insane adj.
insanité n. f.
insaponifiable adj.
insatiabilité n. f.
insatiable adj.
insatiablement adv.
insatisfaction n. f.
insatisfaisant, ante adj.
insatisfait, aite adj.
insaturé, ée adj.
inscriptible adj.
inscription n. f.
inscrire v. tr. (conjug. 39)
inscrit, ite adj. et n.
inscrivant, ante n.
insculper v. tr. (conjug. 1)
insécabilité n. f.
insécable adj.
insectarium n. m.
insecte n. m.
insecticide adj. et n. m.
insectifuge adj. et n. m.
insectilège n. m.
insectivore adj. et n. m.
insécuriser v. tr. (conjug. 1)

insécuritaire adj.
insécurité n. f.
in-seize adj. et n. m. inv.
inselberg [inselbɛʁg] n. m.
inséminateur, trice adj. et n.
insémination n. f.
inséminer v. tr. (conjug. 1)
insensé, ée adj.
insensibilisation n. f.
insensibiliser v. tr. (conjug. 1)
insensibilité n. f.
insensible adj.
insensiblement adv.
inséparable adj.
inséparablement adv.
insérable adj.
insérer v. tr. (conjug. 6)
insermenté adj. m.
insert n. m.
insertion n. f.
insidieusement adv.
insidieux, ieuse adj.
insigne adj.; n. m.
insignifiance n. f.
insignifiant, iante adj.
insincère adj.
insincérité n. f.
insinuant, ante adj.
insinuation n. f.
insinuer v. tr. (conjug. 1)
insipide adj.
insipidité n. f.
insistance n. f.
insistant, ante adj.
insister v. intr. (conjug. 1)
in situ loc. adv.
insituable adj.
insociabilité n. f.
insociable adj.
insoignable adj.
insolation n. f.
insolemment adv.
insolence n. f.
insolent, ente adj. et n.
insoler v. tr. (conjug. 1)
insolite adj.
insolubiliser v. tr. (conjug. 1)

insolubilité n. f.
insoluble adj.
insolvabilité n. f.
insolvable adj.
insomniaque adj. et n.
insomnie n. f.
insondable adj.
insonore adj.
insonorisation n. f.
insonoriser v. tr. (conjug. 1)
insonorité n. f.
insortable adj.
insouciance n. f.
insouciant, iante adj.
insoucieux, ieuse adj.
insoumis, ise adj. et n.
insoumission n. f.
insoupçonnable adj.
insoupçonné, ée adj.
insoutenable adj.
inspecter v. tr. (conjug. 1)
inspecteur, trice n.
inspection n. f.
inspectorat n. m.
inspirant, ante adj.
inspirateur, trice adj. et n.
inspiration n. f.
inspiratoire adj.
inspiré, ée adj. et n.
inspirer v. (conjug. 1)
instabilité n. f.
instable adj.
installateur, trice n.
installation n. f.
installer v. tr. (conjug. 1)
instamment adv.
instance n. f.
¹instant, ante adj.
²instant n. m.
instantané, ée adj.
instantanéité n. f.
instantanément adv.
instar de (à l') loc. prép.
instaurateur, trice n.
instauration n. f.
instaurer v. tr. (conjug. 1)
instigateur, trice n.
instigation n. f.

instiguer v. tr. (conjug. 1)
instillation n. f.
instiller v. tr. (conjug. 1)
instinct n. m.
instinctif, ive adj.
instinctivement adv.
instinctuel, elle adj.
instituer v. tr. (conjug. 1)
institut n. m.
institutes n. f. pl.
instituteur, trice n.
institution n. f.
institutionnalisation n. f.
institutionnaliser v. tr. (conjug. 1)
institutionnel, elle adj.
institutionnellement adv.
instructeur, trice n.
instructif, ive adj.
instruction n. f.
instruire v. tr. (conjug. 38)
instruit, ite adj.
instrument n. m.
instrumentaire adj.
instrumental, ale, aux adj.
instrumentalement adv.
instrumentalisation n. f.
instrumentaliser v. tr. (conjug. 1)
instrumentalisme n. m.
instrumentaliste adj. et n.
instrumentation n. f.
instrumenter v. (conjug. 1)
instrumentiste n.
insubmersibilité n. f.
insubmersible adj.
insubordination n. f.
insubordonné, ée adj.
insuccès n. m.
insu de (à l') loc. prép.
insuffisamment adv.
insuffisance n. f.
insuffisant, ante adj.

insufflateur n. m.
insufflation n. f.
insuffler v. tr. (conjug. 1)
insulaire adj.
insularisation n. f.
insularité n. f.
insulinase n. f.
insuline n. f.
insulinodépendant, ante adj. et n.
insulinothérapie n. f.
insultant, ante adj.
insulte n. f.
insulté, ée adj. et n.
insulter v. tr. (conjug. 1)
insulteur n. m.
insupportable adj.
insupportablement adv.
insupporter v. tr. (conjug. 1)
insurgé, ée adj. et n.
insurger (s') v. pron. (conjug. 3)
insurmontable adj.
insurpassable adj.
insurrection n. f.
insurrectionnel, elle adj.
intachable adj.
intact, e adj.
intactile adj.
intaille n. f.
intailler v. tr. (conjug. 1)
intangibilité n. f.
intangible adj.
intarissable adj.
intarissablement adv.
intégra ® adj. et n. m.
intégrable adj.
intégral, ale, aux adj. et n. f.
intégralement adv.
intégralité n. f.
intégrant, ante adj.
intégrase n. f.
intégrateur n. m.
intégratif, ive adj.
intégration n. f.
intégrationniste adj. et n.
intégré, ée adj.

intègre adj.
intégrer v. (conjug. 6)
intégrisme n. m.
intégriste n. et adj.
intégrité n. f.
intellect n. m.
intellection n. f.
intellectualisation n. f.
intellectualiser v. tr. (conjug. 1)
intellectualisme n. m.
intellectualiste adj.
intellectualité n. f.
intellectuel, elle adj. et n.
intellectuellement adv.
intelligemment adv.
intelligence n. f.
intelligent, ente adj.
intelligentsia ou **intelligentzia** n. f.
intelligibilité n. f.
intelligible adj.
intelligiblement adv.
intello adj. et n.
intellocrate n.
intempérance n. f.
intempérant, ante adj.
intempérie n. f.
intempestif, ive adj.
intempestivement adv.
intemporalité n. f.
intemporel, elle adj.
intenable adj.
intendance n. f.
intendant, ante n.
intense adj.
intensément adv.
intensif, ive adj.
intensification n. f.
intensifier v. tr. (conjug. 7)
intension n. f.
intensité n. f.
intensivement adv.
intenter v. tr. (conjug. 1)
intention n. f.
intentionnalité n. f.
intentionné, ée adj.
intentionnel, elle adj.
intentionnellement adv.

inter n. m.
interactif, ive adj.
interaction n. f.
interactivement adv.
interactivité n. f.
interagir v. intr. (conjug. 2)
interallié, iée adj.
interarmées adj.
interarmes adj.
interbancaire adj.
interbancarité n. f.
interbranches adj.
intercalaire adj.
intercalation n. f.
intercaler v. tr. (conjug. 1)
intercantonal, ale, aux adj.
intercéder v. intr. (conjug. 6)
intercellulaire adj.
intercepter v. tr. (conjug. 1)
intercepteur n. m.
interception n. f.
intercesseur n. m.
intercession n. f.
interchangeabilité n. f.
interchangeable adj.
interchanger v. tr. (conjug. 3)
intercirculation n. f.
interclasse n. m.
interclassement n. m.
interclasser v. tr. (conjug. 1)
interclasseuse n. f.
interclubs adj.
intercommunal, ale, aux adj.
intercommunalité n. f.
intercommunautaire adj.
intercommunication n. f.
intercompréhension n. f.
interconnectable adj.
interconnecter v. tr. (conjug. 1)
interconnectivité n. f.
interconnexion n. f.

intercontinental

intercontinental, ale, aux adj.
intercostal, ale, aux adj.
intercotidal, ale, aux adj.
intercours n. m.
intercourse n. f.
interculturalité n. f.
interculturel, elle adj.
intercurrent, ente adj.
interdépartemental, ale, aux adj.
interdépendance n. f.
interdépendant, ante adj.
interdiction n. f.
interdigital, ale, aux adj.
interdire v. tr. (conjug. 37 sauf *interdisez*)
interdisciplinaire adj.
interdisciplinarité n. f.
¹interdit, ite adj.
²interdit n. m.
interentreprises adj.
intéressant, ante adj.
intéressé, ée adj.
intéressement n. m.
intéresser v. tr. (conjug. 1)
intérêt n. m.
interétatique adj.
interethnique adj.
interfaçable adj.
interfaçage n. m.
interface n. f.
interfacer v. tr. (conjug. 3)
interfaceur n. m.
interfécond, onde adj.
interfécondité n. f.
interférence n. f.
interférent, ente adj.
interférentiel, ielle adj.
interférer v. intr. (conjug. 6)
interféromètre n. m.
interférométrie n. f.
interférométrique adj.
interféron n. m.
interfluve n. m.
interfoliage n. m.

interfolier v. tr. (conjug. 7)
intergalactique adj.
interglaciaire adj.
intergouvernemental, ale, aux adj.
intergroupe adj. et n.
interhumain, aine adj.
intérieur, ieure adj. et n. m.
intérieurement adv.
intérim n. m.
intérimaire adj.
interindividuel, elle adj.
intériorisation n. f.
intérioriser v. tr. (conjug. 1)
intériorité n. f.
interjectif, ive adj.
interjection n. f.
interjeter v. tr. (conjug. 4)
interleukine n. f.
interlignage n. m.
interligne n. m. et f.
interligner v. tr. (conjug. 1)
interlinéaire adj.
interlingual, ale, aux adj.
interlock n. m.
interlocuteur, trice n.
interlocutoire adj.
interlope adj. et n.
interloqué, ée adj.
interloquer v. tr. (conjug. 1)
interlude n. m.
intermariage n. m.
intermaxillaire adj.
intermède n. m.
intermédiaire adj. et n.
intermédiation n. f.
intermétallique adj.
intermezzo n. m.
pl. *intermezzos* ou *intermezzi* (it.)
interminable adj.
interminablement adv.
interministériel, ielle adj.
intermission n. f.
intermittence n. f.
intermittent, ente adj.
intermodal, al, aux adj.

intermodalité n. f.
intermoléculaire adj.
intermusculaire adj.
internalisation n. f.
internaliser v. tr. (conjug. 1)
internat n. m.
international, ale, aux adj.
internationalement adv.
internationalisation n. f.
internationaliser v. tr. (conjug. 1)
internationalisme n. m.
internationaliste adj. et n.
internationalité n. f.
internaute n.
interne adj. et n.
interné, ée adj. et n.
internement n. m.
interner v. tr. (conjug. 1)
Internet ou internet n. m.
interniste n.
internonce n. m.
interocéanique adj.
intéroceptif, ive adj.
interoculaire adj.
interopérabilité n. f.
interopérable adj.
interopérer v. intr. (conjug. 6)
interosseux, euse adj.
interpariétal, ale, aux adj.
interparlementaire adj.
interpellateur, trice n.
interpellation n. f.
interpeller ou interpeler v. tr. (conjug. 1 ou 4)
interpénétration n. f.
interpénétrer (s') v. pron. (conjug. 6)
interpersonnel, elle adj.
interphase n. f.

intranet

interphone n. m.
interplanétaire adj.
interpolation n. f.
interpoler v. tr. (conjug. 1)
interposé, ée adj.
interposer v. tr. (conjug. 1)
interposition n. f.
interprétable adj.
interprétant, ante n.
interprétariat n. m.
interprétatif, ive adj.
interprétation n. f.
interprète n.
interpréter v. tr. (conjug. 6)
interpréteur n. m.
interprofession n. f.
interprofessionnel, elle adj.
interracial, iale, iaux adj.
interrégional, ale, aux adj.
interrègne n. m.
interrelation n. f.
interreligieux, ieuse adj.
interrogateur, trice n. et adj.
interrogatif, ive adj. et n.
interrogation n. f.
interrogativement adv.
interrogatoire n. m.
interrogeable adj.
interroger v. tr. (conjug. 3)
interrompre v. tr. (conjug. 41)
interronégatif, ive adj.
interrupteur, trice n.
interruptif, ive adj.
interruption n. f.
intersaison n. f.
intersecté, ée adj.
intersection n. f.
intersession n. f.
intersexualité n. f.
intersexué, ée n. m. et adj.
intersexuel, elle adj.
intersidéral, ale, aux adj.

intersigne n. m.
interspécifique adj.
interstellaire adj.
interstice n. m.
interstitiel, ielle adj.
intersubjectif, ive adj.
intersubjectivité n. f.
intersyndical, ale, aux adj. et n.
intertextualité n. f.
intertextuel, elle adj.
intertidal, ale, aux adj.
intertitre n. m.
intertrigo n. m.
intertropical, ale, aux adj.
interurbain, aine adj. et n.
intervalle n. m.
intervalliste n.
intervenant, ante adj. et n.
intervenir v. intr. (conjug. 22)
intervention n. f.
interventionnel, elle adj.
interventionnisme n. m.
interventionniste adj. et n.
interversion n. f.
intervertébral, ale, aux adj.
intervertir v. tr. (conjug. 2)
interview n. f.
interviewer v. tr. (conjug. 1)
intervieweur, euse ou **interviewer** n.
intervocalique adj.
interzone ou **interzones** adj.
intestat adj.
¹**intestin, ine** adj.
²**intestin** n. m.
intestinal, ale, aux adj.
inti n. m.
intifada n. f.
intimation n. f.
intime adj.

intimé, ée adj. et n.
intimement adv.
intimer v. tr. (conjug. 1)
intimidable adj.
intimidant, ante adj.
intimidateur, trice adj.
intimidation n. f.
intimider v. tr. (conjug. 1)
intimisme n. m.
intimiste n. et adj.
intimité n. f.
intitulé n. m.
intituler v. tr. (conjug. 1)
intolérable adj.
intolérablement adv.
intolérance n. f.
intolérant, ante adj.
intonation n. f.
intouchabilité n. f.
intouchable adj. et n.
intouché, ée adj.
intox(e) n. f. (intoxication)
intoxicant, ante adj.
intoxication n. f.
intoxiquer v. tr. (conjug. 1)
intra-atomique ou **intraatomique*** adj.
   PL. *intra-atomiques* ou *intraatomiques**
intracardiaque adj.
intracellulaire adj.
intracérébral, ale, aux adj.
intracommunautaire adj.
intracrânien, ienne adj.
intradermique adj.
intradermo n.
intradermo(-)réaction n. f.
   PL. *intradermo(-)réactions*
intrados n. m.
intraduisible adj.
intraitable adj.
intramoléculaire adj.
intra-muros ou **intramuros*** adv. et adj. inv.
intramusculaire adj.
intranet n. m.

intransférable adj.
intransigeance n. f.
intransigeant, ante adj.
intransitif, ive adj. et n. m.
intransitivement adv.
intransitivité n. f.
intransmissibilité n. f.
intransmissible adj.
intransportable adj.
intrant n. m.
intranucléaire adj.
intrarachidien, ienne adj.
intra-utérin, ine adj.
  pl. *intra-utérins, ines*
intraveineux, euse adj.
intraversable adj.
in-trente-deux adj. et n. m. inv.
intrépide adj.
intrépidement adv.
intrépidité n. f.
intrication n. f.
intrigant, ante adj. et n.
intrigue n. f.
intriguer v. (conjug. 1)
intrinsèque adj.
intrinsèquement adv.
intriquer v. tr. (conjug. 1)
introducteur, trice n.
introductif, ive adj.
introduction n. f.
introduire v. tr. (conjug. 38)
introït [ɛtʀɔit] n. m.
introjection n. f.
intromission n. f.
intron n. m.
intronisation n. f.
introniser v. tr. (conjug. 1)
introrse adj.
introspecter (s') v. pron. (conjug. 1)
introspectif, ive adj.
introspection n. f.
introuvable adj.
introversion n. f.
introverti, ie adj. et n.
intrus, use adj. et n.
intrusif, ive adj.
intrusion n. f.

intubation n. f.
intuber v. tr. (conjug. 1)
intuitif, ive adj.
intuition n. f.
intuitionnisme n. m.
intuitionniste n. et adj.
intuitivement adv.
intuitu personæ [ɛtɥitypɛʀsɔne] loc. adv.
intumescence n. f.
intumescent, ente adj.
intussusception [ɛtysysɛpsjɔ̃] n. f.
inuit [inɥit] n. et adj. inv. en genre
inuktitut [inuktitut] n. m.
inule n. f.
inuline n. f.
inusable adj.
inusité, ée adj.
inusuel, elle adj.
in utero ou **utéro*** [inytɛʀo] loc. adv.
inutile adj.
inutilement adv.
inutilisable adj.
inutilisé, ée adj.
inutilité n. f.
invagination n. f.
invaginer (s') v. pron. (conjug. 1)
invaincu, ue adj.
invalidant, ante adj.
invalidation n. f.
invalide adj. et n.
invalider v. tr. (conjug. 1)
invalidité n. f.
invar ® n. m.
invariabilité n. f.
invariable adj.
invariablement adv.
invariance n. f.
invariant, iante adj. et n. m.
invasif, ive adj.
invasion n. f.
invective n. f.
invectiver v. (conjug. 1)
invendable adj.
invendu, ue adj.
inventaire n. m.

inventer v. tr. (conjug. 1)
inventeur, trice n.
inventif, ive adj.
invention n. f.
inventivité n. f.
inventorier v. tr. (conjug. 7)
invérifiable adj.
inversable adj.
inverse adj. et n. m.
inversement adv.
inverser v. tr. (conjug. 1)
inverseur n. m.
inversible adj.
inversion n. f.
invertase n. f.
invertébré, ée adj.
inverti, ie adj. et n.
invertir v. tr. (conjug. 2)
investigateur, trice adj.
investigation n. f.
investiguer v. intr. (conjug. 1)
investir v. tr. (conjug. 2)
investissement n. m.
investisseur n. m.
investiture n. f.
invétéré, ée adj.
invincibilité n. f.
invincible adj.
invinciblement adv.
in-vingt-quatre adj. et n. m. inv.
inviolabilité n. f.
inviolable adj.
inviolablement adv.
inviolé, ée adj.
invisibilité n. f.
invisible adj. et n. m.
invisiblement adv.
invitant, ante adj.
invitation n. f.
invite n. f.
invité, ée n.
inviter v. tr. (conjug. 1)
in vitro loc. adv.
invivable adj.
in vivo loc. adv.
invocation n. f.
invocatoire adj.

involontaire adj.
involontairement adv.
involucre n. m.
involucré, ée adj.
involuté, ée adj.
involutif, ive adj.
involution n. f.
invoquer v. tr. (conjug. 1)
invraisemblable adj.
invraisemblablement adv.
invraisemblance n. f.
invulnérabilité n. f.
invulnérable adj.
iodate n. m.
iode n. m.
iodé, ée adj.
ioder v. tr. (conjug. 1)
iodhydrique adj. m.
iodique adj.
iodisme n. m.
iodler ou **jodler** [jɔdle] v. intr. (conjug. 1)
iodoforme n. m.
iodure n. m.
ioduré, ée adj.
ion n. m.
ionien, ienne adj.
ionique adj.
ionisant, ante adj.
ionisation n. f.
ioniser v. tr. (conjug. 1)
ioniseur ou **ionisateur** n. m.
ionogramme n. m.
ionone n. f.
ionosphère n. f.
ionosphérique adj.
iota n. m.
  PL. inv. ou *iotas* ★
iotacisme n. m.
iourte n. f.
ipé n. m.
ipéca n. m.
ipomée n. f.
ipso facto loc. adv.
iranien, ienne adj. et n.
irascibilité n. f.
irascible adj.
ire n. f.

irénique adj.
irénisme n. m.
iridacées n. f. pl.
iridectomie n. f.
iridescent, ente adj.
iridié, iée adj.
iridien, ienne adj.
iridium n. m.
iridologie n. f.
iridologique adj.
iridologue n.
irien, ienne adj.
iris n. m.
irisation n. f.
irisé, ée adj.
iriser v. tr. (conjug. 1)
irish coffee n. m.
irish stew n. m.
iritis n. f.
irlandais, aise adj. et n.
IRM n. f. (imagerie par résonance magnétique)
iroko n. m.
irone n. f.
ironie n. f.
ironique adj.
ironiquement adv.
ironiser v. intr. (conjug. 1)
ironiste n.
iroquois, oise adj. et n.
I. R. P. P. n. m. (impôt sur le revenu des personnes physiques)
irradiant, iante adj.
irradiateur n. m.
irradiation n. f.
irradier v. (conjug. 7)
irraisonné, ée adj.
irrationalisme n. m.
irrationalité n. f.
irrationnel, elle adj.
irrattrapable adj.
irréalisable adj.
irréalisé, ée adj.
irréalisme n. m.
irréaliste adj.
irréalité n. f.
irrecevabilité n. f.
irrecevable adj.
irréconciliable adj.

irrécouvrable adj.
irrécupérable adj.
irrécusable adj.
irrédentisme n. m.
irrédentiste adj. et n.
irréductibilité n. f.
irréductible adj.
irréductiblement adv.
irréel, elle adj.
irréfléchi, ie adj.
irréflexion n. f.
irréformable adj.
irréfragable adj.
irréfutabilité n. f.
irréfutable adj.
irréfutablement adv.
irrégularité n. f.
irrégulier, ière adj.
irrégulièrement adv.
irréligieux, ieuse adj.
irréligion n. f.
irréligiosité n. f.
irrémédiable adj.
irrémédiablement adv.
irrémissible adj.
irrémissiblement adv.
irremplaçable adj.
irréparable adj.
irréparablement adv.
irrépétible adj.
irrépréhensible adj.
irrépressible adj.
irréprochable adj.
irréprochablement adv.
irrésistible adj.
irrésistiblement adv.
irrésolu, ue adj.
irrésolution n. f.
irrespect n. m.
irrespectueusement adv.
irrespectueux, euse adj.
irrespirable adj.
irresponsabilité n. f.
irresponsable adj.
irrétrécissable adj.
irrévérence n. f.
irrévérencieusement adv.

irrévérencieux, ieuse adj.
irréversibilité n. f.
irréversible adj.
irréversiblement adv.
irrévocabilité n. f.
irrévocable adj.
irrévocablement adv.
irrigable adj.
irrigateur, trice n. m. et adj.
irrigation n. f.
irriguer v. tr. (conjug. 1)
irritabilité n. f.
irritable adj.
irritant, ante adj.
irritatif, ive adj.
irritation n. f.
irrité, ée adj.
irriter v. tr. (conjug. 1)
irruption n. f.
I. S. n. m. (impôt sur le bénéfice des sociétés)
isabelle adj. inv.
isallobare n. f.
isard n. m.
isatis n. m.
isba n. f.
ISBN n. m. (international standard book number)
ischémie n. f.
ischémique adj. et n.
ischiatique adj.
ischion n. m.
isentropique adj.
I. S. F. n. m. (impôt de solidarité sur la fortune)
isiaque adj.
islam n. m.
islamique adj.
islamisation n. f.
islamiser v. tr. (conjug. 1)
islamisme n. m.
islamiste adj. et n.
islamité n. f.
islamologue n.
islamophobe adj.
islamophobie n. f.
islandais, aise adj. et n.
ismaélien, ienne n.

ismaélisme ou **ismaïlisme** n. m.
ISO n. m. inv. (international standardization organization)
isoagglutination n. f.
isobare adj. et n. f.
isobathe adj. et n. f.
isocarde n. m.
isocèle adj.
isochore [-kɔʀ] adj.
isochromatique [-k-] adj.
isochrone [-k-] adj.
isochronique [-k-] adj.
isochronisme [-k-] n. m.
isoclinal, ale, aux adj.
isocline adj.
isocyanate n. m.
isodyname adj.
isodynamie n. f.
isodynamique adj.
isoédrique adj.
isoélectrique adj.
isoète n. m.
isogame adj.
isogamie n. f.
isoglosse n. f. et adj.
isoglucose n. m.
isogone adj.
isogreffe n. f.
isohyète adj.
isohypse adj.
iso-ionique ou **isoïonique** adj.
PL *iso-ioniques* ou *isoïoniques*
isolable adj.
isolant, ante adj. et n. m.
isolat n. m.
isolateur n. m.
isolation n. f.
isolationnisme n. m.
isolationniste n. et adj.
isolé, ée adj. et n.
isolement n. m.
isolément adv.
isoler v. tr. (conjug. 1)
isoleucine n. f.
isologue adj.
isoloir n. m.
isomère adj. et n. m.

isomérie n. f.
isomérique adj.
isomérisation n. f.
isométrie n. f.
isométrique adj.
isomorphe adj.
isomorphisme n. m.
isoniazide n. f.
isooctane n. m.
isopaque adj.
isopet n. m.
isophase adj.
isopode adj. et n. m.
isoprène n. m.
isoprénique adj.
isoptères n. m. pl.
isorel ® n. m.
isoséiste adj.
isosiste adj. et n. f.
isospin n. m.
isostasie n. f.
isostatique adj.
isotherme adj. et n. f.
isotonie n. f.
isotonique adj.
isotope n. m.
isotopie n. f.
isotopique adj.
isotron n. m.
isotrope adj.
isotropie n. f.
israélien, ienne adj. et n.
israélite n. et adj.
issant, ante adj.
issu, ue p. p.
issue n. f.
IST n. f. (infection sexuellement transmissible)
isthme n. m.
isthmique adj.
italianisant, ante n. et adj.
italianiser v. (conjug. 1)
italianisme n. m.
italien, ienne adj. et n.
italique adj. et n.
item n. m.
itératif, ive adj.
itération n. f.

itérativement adv.
itérer v. tr. (conjug. 6)
ithyphallique adj.
itinéraire n. m. et adj.
itinérant, ante adj.
itou adv.
IUFM n. m. (institut universitaire de formation des maîtres)
iule n. m.
I. U. T. n. m. (institut universitaire de technologie)
iutien, ienne n.
ive n. f.
ivette n. f.
I. V. G. n. f. (interruption volontaire de grossesse)
ivoire n. m.
ivoirerie n. f.
ivoirier n. m.
ivoirin, ine adj.
ivoiriste n.
ivraie n. f.
ivre adj.
ivresse n. f.
ivrogne adj. et n.
ivrognerie n. f.
ivrognesse n. f.
ixage n. m.
ixer v. tr. (conjug. 1)
ixia n. f.
ixième ou **xième** adj. numér.
ixode n. m.

j

j n. m. inv.; abrév. et symb.
J n. m. inv.; abrév. et symb.
jabiru n. m.
jable n. m.
jabler v. tr. (conjug. 1)
jablière n. f.
jabloir n. m.
jaborandi n. m.
jabot n. m.
jaboter v. intr. (conjug. 1)
jaboteur, euse n.
jacaranda n. m.
jacassement n. m.
jacasser v. intr. (conjug. 1)
jacasserie n. f.
jacasseur, euse adj. et n.
jacassier, ière adj. et n.
jacée n. f.
jachère n. f.
jacinthe n. f.
jack n. m.
jackpot n. m.
jaco n. m.
jacobée n. f.
jacobin, ine n.
jacobinisme n. m.
jacobus n. m.
jaconas n. m.
jacot n. m.
jacquard n. m. et adj. inv.
jacqueline n. f.
jacquemart n. m.
jacquerie n. f.
Jacques n. m.
¹**jacquet** n. m. (jeu)
²**jacquet** ou **jaquet** n. m. (écureuil)
jacquier n. m.
jacquot ou **jacot** ou **jaco** n. m.
jactance n. f.
jacter v. intr. (conjug. 1)
jaculatoire adj.
jacuzzi® n. m.
jade n. m.
jadéite n. f.
jadis adv.
jaguar n. m.
jaillir v. intr. (conjug. 2)
jaillissant, ante adj.
jaillissement n. m.
jaïn ou **jaïna** ou **djaïn** adj. et n.
jaïnisme ou **djaïnisme** n. m.
jais n. m.
jaja n. m.
jalap n. m.
jale n. f.
jalon n. m.
jalon-mire n. m.
   PL. *jalons-mires*
jalonnement n. m.
jalonner v. (conjug. 1)
jalonneur n. m.
jalousement adv.
jalouser v. tr. (conjug. 1)
jalousie n. f.
jaloux, ouse adj. et n.
jam n. f.
jamais adv. de temps
jambage n. m.
jambart n. m.
jambe n. f.
jambé, ée adj.
jambette n. f.
jambier, ière adj. et n.
jambière n. f.
jambon n. m.
jambonneau n. m.
jambonnette n. f.
jamboree ou **jamborée*** [ʒãbɔʁi] n. m.
   PL. *jamborees* ou *jamborées**
jambose ou **jamerose** n. f.
jambosier ou **jamerosier** n. m.
jamerose n. f.
jamerosier n. m.
jammer v. intr. (conjug. 1)
jam-session [dʒamsesjɔ̃] n. f.
   PL. *jam-sessions*
jan [ʒɑ̃] n. m.
jangada n. f.
janissaire n. m.
janotisme ou **jeannotisme** n. m.
jansénisme n. m.
janséniste n. et adj.
jante n. f.
janvier n. m.
japon n. m.
japonais, aise adj. et n.

japonaiserie

japonaiserie ou japonerie n. f.
japonisant, ante n. et adj.
japoniser v. tr. (conjug. 1)
japonisme n. m.
japoniste n.
jappement n. m.
japper v. intr. (conjug. 1)
jappeur, euse adj. et n.
¹jaque n. m. ou f. (justaucorps)
²jaque n. m. (fruit)
jaquelin n. m.
jaquemart ou jacquemart n. m.
jaquet n. m.
jaquette n. f.
jaquier ou jacquier n. m.
jar n. m. (argot)
jard ou jar n. m. (sable)
jardin n. m.
jardinage n. m.
jardiner v. intr. (conjug. 1)
jardinerie n. f. (rec. off. de garden-center)
jardinet n. m.
jardineux, euse adj.
jardinier, ière n. et adj.
jargon n. m.
jargonaphasie n. f.
jargonnant, ante adj.
jargonner v. intr. (conjug. 1)
jargonneux, euse adj.
jarnicoton interj.
jarosse ou jarousse n. f.
¹jarre n. f. (récipient)
²jarre ou jars n. m. (poil)
jarret n. m.
jarreté, ée adj.
jarretelle n. f.
jarreter v. (conjug. 4)
jarretière n. f.
jars n. m.
jarter ou jarreter (conjug. 1 ; 4)
jas n. m.
jasant, ante adj. et n. m.
jaser v. intr. (conjug. 1)
jaseran ou jaseron n. m.
jasette n. f.
jaseur, euse adj. et n. m.

jasmin n. m.
jaspe n. m.
jaspé, ée adj. et n. m.
jasper v. tr. (conjug. 1)
jaspiner v. intr. (conjug. 1)
jaspure n. f.
jass n. m.
jatte n. f.
jattée n. f.
jauge n. f.
jaugeage n. m.
jauger v. (conjug. 3)
jaugeur n. m.
jaumière n. f.
jaunasse adj.
jaunâtre adj.
jaune adj.; n. et adv.
jaunet, ette adj. et n. m.
jaunir v. (conjug. 2)
jaunissage n. m.
jaunissant, ante adj.
jaunisse n. f.
jaunissement n. m.
jaunotte n. f.
java n. f.
javanais, aise adj. et n.;
n. m.
javart n. m.
javeau n. m.
javelage n. m.
javelé, ée adj.
Javel (eau de) n.
javeler v. (conjug. 4)
javeleur, euse n.
javeline n. f.
javelle n. f.
javellisation n. f.
javelliser v. tr. (conjug. 1)
javelot n. m.
jazz n. m.
jazzistique adj.
jazzman n. m.
PL jazzmen ou jazzmans
jazzothèque n. f.
jazz-rock n. m.
jazzy adj. inv.
je pron. pers.
jean n. m.
PL jeans

jean-foutre ou jeanfoutre★ n. m.
PL inv. ou jeanfoutres★
jean-le-blanc n. m. inv.
jeannette n. f.
jeannotisme n. m.
jeans [dʒins] n. m.
jectisse adj. f.
jeep ® [(d)ʒip] n. f.
jéjunal, ale, aux adj.
jéjuno-iléon n. m.
PL jéjuno-iléons
jéjunum n. m.
je-m'en-fichisme n. m.
je-m'en-fichiste adj. et n.
PL je m'en-fichistes
je-m'en-foutisme n. m.
je-m'en-foutiste adj. et n.
PL je-m'en-foutistes
je ne sais quoi ou je-ne-sais-quoi n. m. inv.
jenny n. f.
PL jennys
jérémiade n. f.
jerez n. m.
jerk [(d)ʒɛʁk] n. m.
jerker [(d)ʒɛʁke] v. intr. (conjug. 1)
jéroboam n. m.
jerricane ou jerrican ou jerrycan n. m.
jersey n. m.
PL jerseys
jersiais, iaise adj. et n.
jèse n. m.
jésuite n. m. et adj.
jésuitique adj.
jésuitiquement adv.
jésuitisme n. m.
jésus interj. et n. m.
¹jet [ʒɛ] n. m. (lancer)
²jet [dʒɛt] n. m. (avion)
jetable adj.
jetage n. m.
¹jeté, ée adj.
²jeté n. m.
jetée n. f.
jeter v. tr. (conjug. 4)
jeteur, euse n.
jetisse adj. f.

jeton n. m.
jet-set ou **jet set** [dʒɛtsɛt]
n. f.
PL *jet(-)sets*
jet-setter ou
jet-setteur, euse n.
PL *jet-setters* ou *jet-setteurs,
euses*
jet-ski [dʒɛtski] n. m.
PL *jet-skis*
jet-society [dʒɛtsɔsajti] n. f.
jet-stream [dʒɛtstʀim] n. m. PL *jet-streams*
(rec. off. : courant-jet)
jettatore [dʒetatɔʀe] n. m.
jettatura n. f.
jeu n. m.
jeu-concours n. m.
PL *jeux-concours*
jeudi n. m.
jeun (à) loc. adv.
jeune adj. et n.
jeûne n. m.
jeunement adv.
jeûner ou **jeuner*** v. intr.
(conjug. 1)
jeunesse n. f.
jeunet, ette adj. et n.
jeûneur, euse ou
jeuneur, euse* n.
jeunisme n. m.
jeuniste adj.
jeunot, otte adj. et n. m.
jèze n. m.
jigger ou **jiggeur***
[(d)ʒiɡɛʀ; (d)ʒiɡœʀ] n. m.
jihad [dʒi(j)ad] n. m.
jihadiste [dʒi(j)adist] n.
jingle [dʒingœl] n. m.
(rec. off. : indicatif)
jiu-jitsu ou **jiujitsu***
[ʒjyʒitsy] n. m.
joaillerie n. f.
joaillier, ière ou
joailler, ère n.
job n. m.
jobard, arde adj. et n.
jobarder v. tr. (conjug. 1)
jobardise ou
jobarderie n. f.

jobastre adj. et n.
jobelin n. m.
jocasse n. f.
jockey n. m.
PL *jockeys*
jocrisse n. m.
jodhpur n. m.
jodler ou **iodler** [jɔdle]
v. intr. (conjug. 1)
¹**jogger** n. m.
²**jogger** v. intr. (conjug. 1)
joggeur, euse n.
jogging n. m.
johannique adj.
johannite n. et adj.
joie n. f.
joignabilité n. f.
joignable adj.
joindre v. (conjug. 49)
¹**joint, jointe** adj.
²**joint** n. m.
jointé, ée adj.
jointif, ive adj.
jointoiement n. m.
jointoyer v. tr. (conjug. 8)
jointoyeur n. m.
jointure n. f.
joint venture ou **joint-
venture** [dʒɔjntvɛntʃœʀ]
n. f. PL *joint(-)ventures*
(rec. off. : coentreprise)
jojo adj.; n. m.
jojoba n. m.
joker n. m.
joli, ie adj.
joliesse n. f.
joliment adv.
jonagold n. m.
jonc n. m.
joncer v. tr. (conjug. 3)
jonchaie n. f.
jonchée n. f.
joncher v. tr. (conjug. 1)
joncheraie n. f.
jonchère n. f.
jonchet n. m.
jonciforme adj.
jonction n. f.
jongler v. intr. (conjug. 1)
jonglerie n. f.

jongleur, euse n.
jonkheer [jɔŋkɛʀ; ʒɔ̃kɛʀ]
n. m.
jonque n. f.
jonquille n. et adj. inv.
Jorkyball® n. m.
jota n. f.
jottereau n. m.
jouabilité n. f.
jouable adj.
joual, jouale adj. et n. m.
joubarbe n. f.
joue n. f.
jouée n. f.
jouer v. (conjug. 1)
jouet n. m.
jouette adj.
joueur, joueuse n.
joufflu, ue adj.
joug n. m.
jouguet n. m.
jouir v. tr. ind. (conjug. 2)
jouissance n. f.
jouissant, ante adj.
jouisseur, euse n.
jouissif, ive adj.
joujou n. m.
joule n. m.
jour n. m.
journal, aux adj. et n. m.
journaleux, euse n.
journalier, ière adj. et n.
journalisation n. f.
journalisme n. m.
journaliste n.
journalistique adj.
journée n. f.
journellement adv.
joute n. f.
jouter v. intr. (conjug. 1)
jouteur, euse n.
jouvence n. f.
jouvenceau, elle n.
jouxte prép.
jouxter v. tr. (conjug. 1)
jovial, iale, iaux adj.
jovialement adv.
jovialité n. f.
jovien, ienne adj.

joyau n. m.
joyeusement adv.
joyeuseté n. f.
joyeux, euse adj.
joystick [(d)ʒɔjstik] n. m. (rec. off. : manche (à balai))
JT n. m. (journal télévisé)
jubarte n. f.
jubé n. m.
jubilaire adj.
jubilant, ante adj.
jubilation n. f.
jubilatoire adj.
jubilé n. m.
jubiler v. intr. (conjug. 1)
juchée n. f.
jucher v. (conjug. 1)
juchoir n. m.
judaïcité n. f.
judaïque adj.
judaïser v. (conjug. 1)
judaïsme n. m.
judaïté n. f.
judas n. m.
judéité n. f.
judelle n. f.
judéo-allemand, ande adj. et n.
PL. *judéo-allemands, andes*
judéo-arabe adj. et n.
PL. *judéo-arabes*
judéo-chrétien, ienne adj.
PL. *judéo-chrétiens, iennes*
judéo-christianisme n. m.
judéo-espagnol, ole adj. et n.
PL. *judéo-espagnols, oles*
judéophobe adj. et n.
judéophobie n. f.
judicature n. f.
judiciaire adj.
judiciairement adv.
judiciarisation n. f.
judiciariser v. tr. (conjug. 1)
judicieusement adv.
judicieux, ieuse adj.
judo n. m.
judoka n.

jugal, ale, aux adj.
juge n.
jugé ou **juger** n. m.
jugeable adj.
juge-arbitre n.
PL. *juges-arbitres*
juge-commissaire n.
PL. *juges-commissaires*
jugement n. m.
jugeote n. f.
¹**juger** n. m.
²**juger** v. tr. (conjug. 3)
jugulaire adj. et n. f.
juguler v. tr. (conjug. 1)
juif, juive n. et adj.
juillet n. m.
juillettiste n.
juin n. m.
juiverie n. f.
jujitsu ou **ju-jitsu** n. m.
jujube n. m.
jujubier n. m.
juke-box ou **jukebox** n. m. inv.
julep n. m.
jules n. m.
julien, ienne adj.
juliénas n. m.
julienne n. f.
julot n. m.
jumbo-jet n. m.
PL. *jumbo-jets* (rec. off. : grosporteur)
jumeau, elle adj. et n.
jumel adj. m.
jumelage n. m.
jumelé, ée adj.
jumeler v. tr. (conjug. 4)
jumelle adj. f. et n. f.
jument n. f.
jumping n. m.
jungle n. f.
junior adj. et n.
junk n. et adj.
junker n. m.
junkie n. et adj.
junonien, ienne adj.
junte n. f.
jupe n. f.

jupe-culotte n. f.
PL. *jupes-culottes*
jupette n. f.
jupitérien, ienne adj.
jupon n. m.
juponné, ée adj.
juponner v. tr. (conjug. 1)
jurançon n. m.
jurande n. f.
jurassien, ienne adj. et n.
jurassique adj. et n. m.
juratoire adj.
juré, ée adj. et n.
jurement n. m.
jurer v. tr. (conjug. 1)
jureur n. m.
juridiction n. f.
juridictionnel, elle adj.
juridique adj.
juridiquement adv.
juridisme n. m.
jurisconsulte n. m.
jurisprudence n. f.
jurisprudentiel, ielle adj.
juriste n.
juron n. m.
jury n. m.
PL. *jurys*
jus n. m.
jusant n. m.
jusée n. f.
jusqu'au-boutisme n. m.
jusqu'au-boutiste n.
PL. *jusqu'au-boutistes*
jusque ou **jusques** prép. et conj.
jusquiame n. f.
jussie n. f.
jussiée n. f.
jussion n. f.
justaucorps n. m.
juste adj.; n. m. et adv.
justement adv.
juste-milieu n. m. et adj.
justesse n. f.
justice n. f.
justiciable adj. et n.
justicier, ière n.
justif n. f.

justifiable adj.
justifiant, iante adj.
justificateur, trice adj. et n. m.
justificatif, ive adj.
justification n. f.
justifier v. tr. (conjug. 7)
jute n. m.
juter v. intr. (conjug. 1)
juteux, euse adj. et n. m.
jutosité n. f.
juvénat n. m.
juvénile adj.
juvénilité n. f.
juxtalinéaire adj.
juxtaposable adj.
juxtaposé, ée adj.
juxtaposer v. tr. (conjug. 1)
juxtaposition n. f.

k

k n. m. inv.; abrév. et symb.
K n. m. inv.; abrév. et symb.
kabbale n. f.
kabbaliste n.
kabbalistique adj.
kabig [kabik] n. m.
kabuki [kabuki] n. m.
kabyle adj. et n.
kacha n. f.
kaddish n. m.
kafkaïen, ïenne adj.
kaïnite n. f.
kaiser [kɛzɛʁ; kajzɛʁ] n. m.
kakémono n. m.
¹**kaki** adj. inv. et n. m. inv.
²**kaki** n. m.
kala-azar n. m.
  PL. *kala-azars*
kalachnikov n. f.
kalanchoé [-k-] n. m.
kaléidoscope n. m.

kaléidoscopique adj.
kali n. m.
kaliémie n. f.
kalium n. m.
kalmouk, e adj.
kamala n. m.
kami n. m.
kamichi n. m.
kamikaze n. m.
kan n. m.
kanak, e ou **canaque** n. et adj.
kanat n. m.
kandjar n. m.
kangourou n. m.
kangourou-rat n. m.
  PL. *kangourous-rats*
kanji n. m. inv.
kantien, ienne [kɑ̃tjɛ̃] adj. et n.
kantisme n. m.
kaoliang n. m.
kaolin n. m.
kaolinisation n. f.
kaolinite n. f.
kaon n. m.
kapo n. m.
kapok n. m.
kapokier n. m.
kappa n. m.
  PL. inv. ou *kappas*★
karakul [kaʁakyl] n. m.
karaoké n. m.
karaté n. m.
karatéka n.
karbau n. m.
karbovanets n. m.
karcher [kaʁʃɛʁ] n. m.
karchériser v. intr. (conjug. 1)
karité n. m.
karma n. m.
karman n. m.
karmique adj.
karst n. m.
karstique adj.
kart n. m.
karting n. m.

kascher ou **casher** adj. inv.
kat n. m.
kata n. m.
katakana n. m.
kathak n. m.
kathakali n. m.
katier n. m.
kava n. m.
kawa n. m.
kayak n. m.
kayakiste n.
kazoo n. m.
kcal symb.
kébab ou **kebab** [kebab] n. m.
keepsake [kipsɛk] n. m.
keffieh ou **kéfié** [kefje; kefjɛ] n. m.
kéfir n. m.
kefta n. f.
keirin n. m.
kelvin n. m.
kendo n. m.
kendoka n.
kénotron n. m.
kentia n. m.
kentrophylle n. f.
képhir ou **kéfir** n. m.
képi n. m.
kérabau n. m.
kératine n. f.
kératinisation n. f.
kératiniser v. tr. (conjug. 1)
kératite n. f.
kératocône n. m.
kératome n. m.
kératoplastie n. f.
kératose n. f.
kératotomie n. f.
kerma n. m.
kermès n. m.
kermesse n. f.
kérogène n. m.
kérosène n. m.
kerrie n. m.
késaco ou **kezako** pron. interrog.
ketch n. m.
ketchup n. m.

ketmie

ketmie n. f.
keuf n. m.
keum n. m.
keuss n. m.
kevlar ® n. m.
keynésianisme n. m.
keynésien, ienne adj.
kg abrév. (kilogramme)
khâgne ou **cagne** n. f.
khâgneux, euse ou **cagneux, euse** n.
khalifat n. m.
khalife n. m.
khamsin ou **chamsin** [xamsin] n. m.
khan ou **kan** [kã] n. m.
khanat ou **kanat** n. m.
kharidjisme n. m.
kharidjite n.
khat n. m.
khédival, ale, aux ou **khédivial, iale, iaux** adj.
khédivat n. m.
khédive n. m.
khi n. m.
PL. inv. ou *khis*★
khmer, khmère adj. et n.
khôl ou **khol**★ n. m.
kHz symb.
kibboutz [kibuts] n. m.
PL. inv. ou *kibboutzim* (hébr.)
kibboutznik [kibutsnik] n.
kichenotte ou **quichenotte** n. f.
kick n. m.
kickboxer n. m.
kickboxing [kikbɔksiŋ] n. m.
kicker n. m.
kid n. m.
kidnappage n. m.
kidnapper v. tr. (conjug. 1)
kidnappeur, euse n.
kidnapping n. m.
kief n. m.
kieselguhr ou **kieselgur** [kizɛlgyʀ] n. m.
kiésérite ou **kiesérite** n. f.

kif n. m.
kifer v. (conjug. 1)
kiffant, ante adj.
kiffeur, euse n.
kif-kif ou **kifkif** adj. inv.
kiki n. m.
kil n. m.
kilim n. m.
killy n. m.
PL. *killies*
kilo n. m.
kilobit n. m.
kilocalorie n. f.
kiloeuro n. m.
kilofranc n. m.
kilogramme n. m.
kilogrammètre n. m.
kilohertz n. m.
kilojoule n. m.
kilométrage n. m.
kilomètre n. m.
kilométrer v. tr. (conjug. 6)
kilométrique adj.
kilo-octet n. m.
PL. *kilo-octets*
kilotonne n. f.
kilovoltampère n. m.
kilowatt n. m.
kilowattheure n. m.
kilt n. m.
kimberlite n. f.
kimono n. m.
kinase n. f.
kinescope n. m.
kinésiste n.
kinésithérapeute n.
kinésithérapie n. f.
kinesthésie n. f.
kinesthésique adj.
kinétoscope n. m.
king-charles n. m. inv.
kinkajou ou **kincajou**★ n. m.
kiosque ® n. m.
kiosquier, ière n.
kippa n. f.
kipper n. m.
kir ® n. m.
kirsch ou **kirch**★ n. m.

kit n. m. (rec. off. : prêt-à-monter)
kitch adj. inv. et n. m. inv.
kitchenette n. f. (rec. off. : cuisinette)
kite n. m.
kitesurf n. m.
kitesurfer ou **kitesurfeur, euse** n.
kitsch ou **kitch** adj. inv. et n. m. inv.
kiwi n. m.
kiwiculteur, trice n.
klaxon ® n. m.
klaxonner v (conjug. 1)
kleenex ® n. m.
kleptomane ou **cleptomane** n. et adj.
kleptomanie ou **cleptomanie** n. f.
klystron n. m.
km n. m. (kilomètre)
knack n. m.
knickerbockers n. m. pl.
knickers n. m. pl.
knock-down n. m. inv.
knock-out ou **knockout**★ n. m. et adj.
PL. inv. ou *knockouts*★
knout n. m.
K.-O. n. m. inv. et adj. inv.
koala n. m.
kobold n. m.
koheul n. m.
kohol n. m.
koinè [kɔinɛ, kɔinɛ] n. f.
kola ou **cola** n. m. et f.
kolatier ou **colatier** n. m.
kolinski n. m.
kolkhoze n. m.
kolkhozien, ienne adj. et n.
kommandantur n. f.
komsomol [kɔmsɔmɔl] n. m.
kop n. m.
kopeck n. m.
kora n. f.
korê ou **corê** n. f.

korrigan, ane n.
kot n. m.
koter v. intr. (conjug. 1)
koteur, euse n.
koto n. m.
koubba ou **kouba** n. f.
kouglof n. m.
kouign-amann ou **kouignamann** n. m. inv.
koulak n. m.
koulibiac n. m.
koumis ou **koumys** [kumi(s)] n. m.
kouros n. m.
kraal n. m.
krach n. m.
kraft n. m.
krak ou **crac** n. m.
kraken n. m.
krav-maga ou **krav maga** n. m.
kremlinologie n. f.
kremlinologique adj.
kremlinologue n.
kreutzer n. m.
krill n. m.
kriss n. m.
kronprinz n. m.
kroumir n. m.
krump n. m.
krypton n. m.
ksar n. m.
 PL. ksars ou ksour(s)
ksi n. m.
 PL. inv. ou ksis*
ksour n. m. pl.
kss kss interj.
kufique adj.
kummel n. m.
kumquat ou **qumquat*** [kɔmkwat; kumkwat] n. m.
kung-fu [kuŋfu] n. m. inv.
kurde adj. et n.
kuru [kuʁu] n. m.
kvas ou **kwas** n. m.
kW symb. (kilowatt)
kwas ou **kvas** n. m.
kwashiorkor n. m.
kWh abrév. (kilowattheure)

kymographe n. m.
kymographie n. f.
kymrique adj. et n.
kyôgen n. m.
kyrie ou **Kyrie (eleison)** [kirje(eleisɔn)] n. m. inv.
kyrielle n. f.
kyste n. m.
kystique adj.
kyu [kju] n. m.
kyudo n. m.

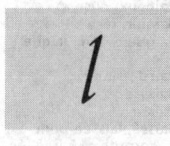

l

l n. m. inv.; abrév. et symb.
L n. m. inv.; abrév. et symb.
la art. déf. fém.; n. m. inv.
là adv. et interj.
labarum n. m.
là-bas adv.
labbe n. m.
labdanum n. m.
label n. m.
labelle n. m.
labellisation n. f.
labelliser v. tr. (conjug. 1)
labeur n. m.
labiacées n. f. pl.
labial, iale, iaux adj.
labialisation n. f.
labialiser v. tr. (conjug. 1)
labié, iée adj. et n. f.
labile adj.
labiodental, ale, aux adj.
labium n. m.
laborantin, ine n.
laboratoire n. m.
laborieusement adv.
laborieux, ieuse adj.
labour n. m.
labourable adj.

labourage n. m.
labouré n. m.
labourer v. tr. (conjug. 1)
laboureur n. m.
labrador n. m.
labre n. m.
labret n. m.
labrit ou **labri** n. m.
labyrinthe n. m.
labyrinthien, ienne adj.
labyrinthique adj.
labyrinthodonte n. m.
lac n. m.
laçage n. m.
laccase n. f.
laccolithe n. m.
lacement n. m.
lacer v. tr. (conjug. 3)
lacération n. f.
lacérer v. tr. (conjug. 6)
lacerie n. f.
lacertiens n. m. pl.
lacet n. m.
laceur, euse n.
lâchage n. m.
lâche adj.
lâché, ée adj.
lâchement adv.
¹lâcher n. m.
²lâcher v. tr. (conjug. 1)
lâcher-prise n. m.
 PL. lâcher-prises
lâcheté n. f.
lâcheur, euse n.
lacinié, iée adj.
lacis n. m.
laconique adj.
laconiquement adv.
laconisme n. m.
lacryma-christi ou **lacrima-christi** [-k-] n. m. inv.
lacrymal, ale, aux adj.
lacrymogène adj.
lacs n. m.
lactacidémie n. f.
lactaire adj. et n. m.
lactalbumine n. f.
lactarium n. m.
lactase n. f.

lactate

lactate n. m.
lactation n. f.
lacté, ée adj.
lactescence n. f.
lactescent, ente adj.
lactifère adj.
lactique adj.
lactobacille n. m.
lactodensimètre n. m.
lactoflavine n. f.
lactogène adj. et n. m.
lactomètre n. m.
lactose n. m.
lactosérum n. m.
lactucarium n. m.
lacunaire adj.
lacune n. f.
lacuneux, euse adj.
lacustre adj.
lad n. m.
ladanum n. m.
là-dedans loc. adv.
là-dessous loc. adv.
là-dessus loc. adv.
ladin n. m.
ladino n. m.
ladite adj. f.
ladre n. et adj.
ladrerie n. f.
lady n. f.
  PL. ladies ou ladys
lagomorphes n. m. pl.
lagon n. m.
lagopède n. m.
lagotriche n. m.
laguiole n. m.
laguis n. m.
lagunage n. m.
lagunaire adj.
lagune n. f.
lahar n. m.
là-haut adv.
¹lai, laie adj.
²lai n. m.
laïc, laïque n.
laïcard, arde n. et adj.
laïcat n. m.
laîche ou laiche* n. f.
laïcisation n. f.

laïciser v. tr. (conjug. 1)
laïcisme n. m.
laïcité n. f.
laid, laide adj.
laidement adv.
laideron n. m. et adj.
laideronne n. f.
laideur n. f.
laie n. f.
lainage n. m.
laine n. f.
lainer v. tr. (conjug. 1)
laineur, euse n.
laineux, euse adj.
lainier, ière n. et adj.
laïque ou laïc, laïque adj.
laird [lɛʀd] n. m.
lais n. m.
laisse n. f.
laissé, laissée-pour-compte ou laissé, ée pour compte adj. et n.
  PL. laissés,
  ées(-)pour(-)compte
laissées n. f. pl.
laisser v. tr. (conjug. 1)
laisser-aller n. m. inv.
laisser-faire n. m. inv.
laissez-passer n. m. inv.
lait n. m.
laitage n. m.
laitance n. f.
laite n. f.
laité, ée adj.
laiterie n. f.
laiteron n. m.
laiteux, euse adj.
¹laitier n. m. (matières vitreuses)
²laitier, ière n. et adj.
laiton n. m.
laitonner v. tr. (conjug. 1)
laitue n. f.
laïus n. m.
laïusser v. intr. (conjug. 1)
laïusseur, euse n. et n.
laize n. f.
lalala interj.
lallation n. f.

lama n. m.
lamage n. m.
lamaïque adj.
lamaïsme n. m.
lamaïste adj. et n.
lamanage n. m.
lamaneur n. m.
lamantin n. m.
lamarckien, ienne adj. et n.
lamarckisme n. m.
lamaserie n. f.
lambada n. f.
lambda n. m. et adj.
  PL. inv. ou lambdas*
lambdacisme n. m.
lambdoïde adj.
lambeau n. m.
lambic n. m.
lambin, ine n. et adj.
lambiner v. intr. (conjug. 1)
lambliase n. f.
lambourde n. f.
lambrequin n. m.
lambris n. m.
lambrissage n. m.
lambrisser v. tr. (conjug. 1)
lambruche n. f.
lambrusque n. f.
lambswool [lɑ̃bswul] n. m.
lame n. f.
lamé, ée adj. et n. m.
lamellaire adj.
lamelle n. f.
lamellé, ée adj. et n. m.
lamellé-collé n. m.
  PL. lamellés-collés
lamelleux, euse adj.
lamellibranches n. m. pl.
lamelliforme adj.
lamellirostres n. m. pl.
lamentable adj.
lamentablement adv.
lamentation n. f.
lamenter v. (conjug. 1)
lamento [lamento] n. m.
lamer v. tr. (conjug. 1)
lamiacées n. f. pl.
lamie n. f.
lamier n. m.

lamifié® n. m.
laminage n. m.
laminaire adj.; n. f.
laminé n. m.
laminectomie n. f.
laminer v. tr. (conjug. 1)
lamineur, euse n. et adj.
lamineux, euse adj.
laminoir n. m.
lampadaire n. m.
lampadophore adj. et n.
lampant, ante adj.
lamparo n. m.
lampas [lɑ̃pɑ(s)] n. m.
lampe n. f.
lampée n. f.
lampemètre n. m.
lamper v. tr. (conjug. 1)
lampe-tempête n. f.
  PL. lampes-tempête
lampion n. m.
lampiste n. m.
lampisterie n. f.
lampourde n. f.
lamprillon n. m.
lamproie n. f.
lampyre n. m.
lance n. f.
lance-bombe(s) n. m.
  PL. lance-bombes
lancée n. f.
lance-engin(s) n. m.
  PL. lance-engins
lance-flamme(s) n. m.
  PL. lance-flammes
lance-fusée(s) n. m.
  PL. lance-fusées
lance-grenade(s) n. m.
  PL. lance-grenades
lance-harpon n. m.
  PL. lance-harpons
lancement n. m.
lance-missile(s) n. m.
  PL. lance-missiles
lancéolé, ée adj.
lance-pierre n. m.
  PL. lance-pierres
¹**lancer** n. m.
²**lancer** v. tr. (conjug. 3)

lance-roquette(s) n. m.
  PL. lance-roquettes
lance-torpille(s) n. m.
  PL. lance-torpilles
lancette n. f.
lanceur, euse n.
lancier n. m.
lancinant, ante adj.
lanciner v. tr. (conjug. 1)
lançon n. m.
land [lɑ̃d] n. m.
  PL. länder (all.) ou lands
landais, aise adj.
land art n. m.
lande n. f.
länder [lɛndœʀ] n. m. pl.
landernau ou
  landerneau n. m.
landau n. m.
landgrave [lɑ̃dɡʀav] n. m.
landgraviat [lɑ̃dɡʀavja]
  n. m.
landier n. m.
landolphia n. m.
landtag [lɑ̃dtag] n. m.
laneret n. m.
langage n. m.
lange n. m.
langer v. tr. (conjug. 3)
langoureusement adv.
langoureux, euse adj.
langouste n. f.
langoustier n. m.
langoustine n. f.
langue n. f.
langué, ée adj.
langue-de-bœuf n. f.
  PL. langues-de-bœuf
languette n. f.
langueur n. m.
langueyage n. m.
langueyer v. tr. (conjug. 1)
languide adj.
languir v. intr. (conjug. 2)
languissamment adv.
languissant, ante adj.
lanice adj.
lanier n. m.
lanière n. f.

laniste n. m.
lanoline n. f.
lansquenet n. m.
lantanier n. m.
lanterne n. f.
lanterneau n. m.
lanterner v. (conjug. 1)
lanternon ou
  lanterneau n. m.
lanthane n. m.
lanthanides n. m. pl.
lanugineux, euse adj.
laotien, ienne [laɔsjɛ̃] adj.
  et n.
lapalissade n. f.
laparoscopie n. f.
laparoscopique adj.
laparotomie n. f.
lapement n. m.
laper v. tr. (conjug. 1)
lapereau n. m.
lapiaz ou **lapié** n. m.
lapicide n. m.
lapidaire n. et adj.
lapidation n. f.
lapider v. tr. (conjug. 1)
lapideur n. m.
lapidification n. f.
lapidifier v. tr. (conjug. 7)
lapié n. m.
lapilli(s) n. m. pl.
lapin, ine n.
lapiner v. intr. (conjug. 1)
lapinière n. f.
lapinisme n. m.
lapis(-lazuli) [lapis(lazyli)]
  n. m.
  PL. lapis(-lazulis)
lapon, one adj. et n.
¹**laps, lapse** adj.
²**laps** n. m.
lapsus n. m.
laptot n. m.
laquage n. m.
laquais n. m.
laque n. f. et m.
laqué, ée adj.
laquer v. tr. (conjug. 1)
laqueur, euse n.
laquier n. m.

laraire

laraire n. m.
larbin n. m.
larcin n. m.
lard n. m.
larder v. tr. (conjug. 1)
lardoire n. f.
lardon n. m.
lardure n. f.
lare n. m.
larfeuille n. m.
largable adj.
largage n. m.
large adj.; n. m.; adv.
largement adv.
largesse n. f.
largeur n. f.
¹larghetto n. m.
  PL. larghettos
²larghetto [laʀgeto] adv.
¹largo n. m.
  PL. largos
²largo adv.
largue adj.
larguer v. tr. (conjug. 1)
larigot n. m.
larme n. f.
larme-de-Job n. f.
  PL. larmes-de-Job
larme-du-Christ n. f.
  PL. larmes-du-Christ
larmier n. m.
larmoiement n. m.
larmoyant, ante adj.
larmoyer v. intr. (conjug. 8)
larron n. m.
larsen n. m.
larvaire adj.
larve n. f.
larvé, ée adj.
larvicide adj. et n. m.
larvivore adj.
laryngé, ée adj.
laryngectomie n. f.
laryngectomiser v. tr. (conjug. 1)
laryngien, ienne adj.
laryngite n. f.
laryngologie n. f.
laryngologiste n.
laryngologue n.

laryngoscope n. m.
laryngoscopie n. f.
laryngotomie n. f.
larynx n. m.
¹las, lasse [lɑ, lɑs] adj.
²las [lɑs] interj.
lasagne n. f.
lascar n. m.
lascif, ive adj.
lascivement adv.
lascivité ou lasciveté n. f.
laser [lazɛʀ] n. m.
laserdisc n. m.
lassant, ante adj.
lasser v. tr. (conjug. 1)
lassi n. m.
lassis n. m.
lassitude n. f.
lasso n. m.
lastex ® n. m.
lasting [lastiŋ] n. m.
lasure n. f.
lasurer v. tr. (conjug. 1)
latanier n. m.
latence n. f.
latent, ente adj.
latéral, ale, aux adj. et n. f.
latéralement adv.
latéralisation n. f.
latéralisé, ée adj.
latéralité n. f.
latérite n. f.
latéritique adj.
latéritisation n. f.
latex n. m.
laticifère adj.
latifundia n. m. pl.
latifundiaire [-fɔ̃djɛʀ] adj.
latifundium n. m.
  PL. latifundia ou latifundiums*
latin, ine adj. et n.
latinisant, ante adj. et n.
latinisation n. f.
latiniser v. (conjug. 1)
latinisme n. m.
latiniste n.
latinité n. f.

latino-américain, aine adj. et n.
  PL. latino-américains, aines
latinophone adj.
latitude n. f.
latitudinaire adj. et n.
latomies n. f. pl.
lato sensu [latosɛ̃sy] loc. adv.
latrie n. f.
latrines n. f. pl.
lats n. m.
lattage n. m.
latte n. f.
latté, ée adj. et n. m.
latter v. tr. (conjug. 1)
lattis n. m.
laudanum n. m.
laudateur, trice n.
laudatif, ive adj.
laudes n. f. pl.
laure n. f.
lauré, ée adj.
lauréat, ate adj. et n.
laurier n. m.
laurier-cerise n. m.
  PL. lauriers-cerises
laurier(-)rose n. m.
  PL. lauriers(-)roses
laurier-sauce n. m.
  PL. lauriers-sauce
laurier-tin n. m.
  PL. lauriers-tins
lauze ou lause n. f.
LAV n. m. inv.
  (lymphadenopathy associated virus)
lavable adj.
lavabo n. m.
lavage n. m.
lavallière adj. et n. f.
lavande n. f.
lavandière n. f.
lavandin n. m.
lavant, ante adj.
lavaret n. m.
lavasse n. f.
lave n. f.
lavé, ée adj.

lave-auto n. m.
PL. *lave-autos*
lave-glace n. m.
PL. *lave-glaces*
lave-linge n. m.
PL. inv. ou *lave-linges*
lave-main(s) n. m.
PL. *lave-mains*
lavement n. m.
laver v. tr. (conjug. 1)
laverie n. f.
lavette n. f.
laveur, euse n. m.
lave-vaisselle n. m.
PL. inv. ou *lave-vaisselles*
lave-vitre(s) n. m.
PL. *lave-vitres*
lavis n. m.
lavogne n. f.
lavoir n. m.
lavomatic n. m.
lavure n. f.
lawrencium [lɔʀɑ̃sjɔm] n. m.
laxatif, ive adj. et n.
laxisme n. m.
laxiste adj. et n.
laxité n. f.
laye ou **laie** n. f.
layer v. tr. (conjug. 8)
layetier n. m.
layette n. f.
layon n. m.
lazaret n. m.
lazariste n. m.
lazulite n. f.
lazurite n. f.
lazzarone n. m.
lazzi n. m.
PL. inv. ou *lazzis*
LCD n. m. (liquid crystal display)
le art. déf. masc.; pron. pers.
lé n. m.
leader ou **leadeur, euse** [lidœʀ] n.
leadership ou **leadeurship*** [lidœʀʃip] n. m. (rec. off. : primauté)
leasing [lizin] n. m. (rec. off. : crédit-bail)

lebel n. m.
lécanore n. f.
léchage n. m.
lèche n. f.
lèche-botte n.
PL. *lèche-bottes*
lèche-cul n.
PL. *lèche-culs*
lèchefrite n. f.
lèchement n. m.
lécher v. tr. (conjug. 6)
lécheur, euse n.
lèche-vitrine n. m.
lécithine n. f.
leçon n. f.
lecteur, trice n.
lecteur-enregistreur n. m.
PL. *lecteurs-enregistreurs*
lectorat n. m.
lecture n. f.
lécythe n. m.
Led n. f. (diode électroluminescente)
ledit, ladite adj.
légal, ale, aux adj.
légalement adv.
légalisation n. f.
légaliser v. tr. (conjug. 1)
légalisme n. m.
légaliste adj. et n.
légalité n. f.
légat n. m.
légataire n.
légation n. f.
¹légato ou **legato** n. m.
PL. *légatos*
²légato ou **legato** adv.
lège adj.
légendaire adj.
légende n. f.
légender v. tr. (conjug. 1)
léger, ère adj.
légèrement adv.
légèreté n. f.
leggins ou **leggings** [legins] n. m. pl.
leghorn [legɔʀn] n. f.
légiférer v. intr. (conjug. 6)
légion n. f.

légionelle n. f.
légionellose n. f.
légionnaire n. m.
législateur, trice n. et adj.
législatif, ive adj.
législation n. f.
législature n. f.
légiste n.
légitimation n. f.
légitime adj. et n. f.
légitimement adv.
légitimer v. tr. (conjug. 1)
légitimiste n. et adj.
légitimité n. f.
legs [lɛg; lɛ] n. m.
léguer v. tr. (conjug. 6)
légume n. m. et f.
légumier, ière n. et adj.
légumine n. f.
légumineux, euse adj. et n. f.
lei n. m. pl.
léiomyome n. m.
leishmania ou **leishmanie** n. f.
leishmanide n. f.
leishmanie n. f.
leishmaniose n. f.
leitmotiv [lɛtmɔtiv; lajtmɔtif] n. m.
PL. inv. ou *leitmotivs* ou *leitmotive* (all.)
lemmatisation n. f.
lemmatiser v. tr. (conjug. 1)
lemme n. m.
lemming n. m.
lemniscate n. f.
lemon-grass [lemɔngʀas] n. m. inv.
lémur n. m.
lémurien n. m.
lémuriens n. m.
lendemain n. m.
lénifiant, iante adj.
lénifier v. tr. (conjug. 7)
léninisme n. m.
léniniste adj. et n.
lénitif, ive adj.

lent, lente adj.
lente n. f.
lentement adv.
lenteur n. f.
lenticelle n. f.
lenticulaire adj.
lenticule n. f.
lenticulé, ée adj.
lentiforme adj.
lentigo n. m.
lentille n. f.
lentin n. m.
lentisque n. m.
¹lento n. m.
 PL. lentos
²lento [lɛnto] adv.
léonin, ine adj.
léonure n. m.
léopard n. m.
L. E. P. n. m. (lycée d'enseignement professionnel)
lépidodendron [-dɛ̃-] n. m.
lépidolite ou lépidolithe n. m.
lépidoptères n. m. pl.
lépidosirène n. m.
lépidostée n. m.
lépiote n. f.
lépisme n. m.
lépisostée n. m.
lèpre n. f.
lépreux, euse adj.
léprologie n. f.
léprologue n.
léprome n. m.
léproserie n. f.
lepte n. m.
leptine n. f.
leptocéphale n. m.
leptolithique n. m. et adj.
leptoméninges n. f. pl.
lepton n. m.
leptonique adj.
leptospire n. m.
leptospirose n. f.
lepture n. f.
lequel, laquelle pron. rel. et interrog.
lerche adv.

lérot n. m.
les art. déf. pl. et pron. pers. pl.
lès ou les [lɛ; le] prép.
lesbianisme n. m.
lesbien, ienne adj. et n. f.
lesbisme n. m.
lesdites adj. f. pl.
lesdits adj. m. pl.
lèse-majesté n. f.
 PL. inv. ou lèse-majestés
léser v. tr. (conjug. 6)
lésine n. f.
lésiner v. intr. (conjug. 1)
lésinerie n. f.
lésion n. f.
lésionnel, elle adj.
lesquels, lesquelles pron. rel. et interrog.
lessivable adj.
lessivage n. m.
lessive n. f.
lessiver v. tr. (conjug. 1)
lessiveuse n. f.
lessiviel, ielle adj.
lessivier n. m.
lest n. m.
lestable adj.
lestage n. m.
leste adj.
lestement adv.
lester v. tr. (conjug. 1)
let adj. inv.
létal, ale, aux adj.
létalité n. f.
letchi n. m.
léthargie n. f.
léthargique adj.
lette n. m.
lettique n. m.
letton, onne adj. et n.
lettrage n. m.
lettre n. f.
lettré, ée adj.
lettre-transfert n. f.
 PL. lettres-transferts
lettrine n. f.
lettrisme n. m.
lettriste n. et adj.
leu n. m.
leucanie n. f.

leucémie n. f.
leucémique adj. et n.
leucine n. f.
leucite n. f. et m.
leucocytaire adj.
leucocyte n. m.
leucocytose n. f.
leucoderme n. m.
leucodermie n. f.
leucodystrophie n. f.
leucoencéphalite n. f.
leucome n. m.
leucopénie n. f.
leucoplasie n. f.
leucopoïèse n. f.
leucopoïétique adj.
leucorrhée n. f.
leucose n. f.
leucotomie n. f.
leude n. m.
leur adj. poss.; pron. pers. inv.
leurre n. m.
leurrer v. tr. (conjug. 1)
lev n. m.
 PL. leva
levage n. m.
levain n. m.
levalloisien, ienne adj. et n. m.
levant, ante adj. et n. m.
levantin, ine adj. et n.
levé, ée adj. et n. m.
lève n. f.
levée n. f.
lève-glace n. m.
 PL. lève-glaces
lève-malade n. m.
 PL. lève-malades
¹lever n. m.
²lever v. (conjug. 5)
lève-tard n. inv.
lève-tôt n. inv.
lève-vitre n. m.
 PL. lève-vitres
levier n. m.
lévigation n. f.
léviger v. tr. (conjug. 3)
lévirat n. m.
lévitation n. f.
lévite n. m. et f.

léviter v. intr. (conjug. 1)
lévogyre adj.
levraut ou **levreau** n. m.
lèvre n. f.
levreau n. m.
levrette n. f.
levretté, ée adj.
levretter v. intr. (conjug. 1)
lévrier n. m.
levron, onne n.
lévulose n. m.
levurage n. m.
levure n. f.
lexème n. m.
lexical, ale, aux adj.
lexicalisation n. f.
lexicaliser (se) v. pron. (conjug. 1)
lexicographe n.
lexicographie n. f.
lexicographique adj.
lexicologie n. f.
lexicologique adj.
lexicologue n.
lexicométrie n. f.
lexicométrique adj.
lexie n. f.
lexique n. m.
lexis n. f.
lez ou **les** ou **lès** prép.
lézard n. m.
lézarde n. f.
lézarder v. (conjug. 1)
LFAC n. m. (lance-fusées antichars)
li n. m.
PL. inv. ou *lis*
liage n. m.
liais n. m.
liaison n. f.
liaisonner v. tr. (conjug. 1)
liane n. f.
lianescent, ente adj.
liant, liante adj. et n. m.
liard n. m.
lias n. m.
liasique adj.
liasse n. f.
libage n. m.
libanisation n. f.

libation n. f.
libelle n. m.
libellé n. m.
libeller v. tr. (conjug. 1)
libelliste n.
libellule n. f.
liber n. m.
libérable adj. et n. m.
libéral, ale, aux adj. et n.
libéralement adv.
libéralisation n. f.
libéraliser v. tr. (conjug. 1)
libéralisme n. m.
libéralité n. f.
libérateur, trice n. et adj.
libération n. f.
libératoire adj.
libéré, ée adj.
libérer v. tr. (conjug. 6)
libérien, ienne adj. et n.
libériste n.
libéro n. m.
libéroligneux, euse adj.
libertaire adj. et n.
liberté n. f.
liberticide adj.
libertin, ine adj. et n.
libertinage n. m.
liberty ® n. m.
PL. inv. ou *libertys**
libidinal, ale, aux adj.
libidineux, euse adj.
libido n. f.
libouret n. m.
libraire n.
librairie n. f.
libration n. f.
libre adj.
libre arbitre n. m.
libre-échange n. m.
PL. *libres-échanges*
libre-échangisme n. m.
libre-échangiste n.
PL. *libres-échangistes*
librement adv.
libre pensée ou **libre-pensée** n. f.
libre penseur, euse ou **libre-penseur, euse** adj. et n.

libre-service n. m.
PL. *libres-services*
librettiste n.
¹**lice** n. f. (palissade, chienne)
²**lice** ou **lisse** n. f. (métier à tisser)
licéité n. f.
licence n. f.
licenciable adj. et n. m.
licencié, iée n.
licenciement n. m.
licencier v. tr. (conjug. 7)
licencieusement adv.
licencieux, ieuse adj.
lichen n. m.
licher v. tr. (conjug. 1)
lichette n. f.
licier ou **lissier** n. m.
licitation n. f.
licite adj.
licitement adv.
liciter v. tr. (conjug. 1)
licol ou **licou** n. m.
licorne n. f.
licou n. m.
licteur n. m.
lidar n. m. (light detecting and ranging)
lido n. m.
lidocaïne n. f.
lié, liée adj.
lied [lid] n. m.
PL. *lieds* ou *lieder* (all.)
liégé, ée adj.
liège n. m.
liégeois, oise adj. et n.
lien n. m.
lier v. tr. (conjug. 7)
lierne n. f.
lierre n. m.
liesse n. f.
¹**lieu** n. m. (endroit)
PL. *lieux*
²**lieu** n. m. (poisson)
PL. *lieus*
lieudit ou **lieu-dit** n. m.
PL. *lieudits* ou *lieux-dits*
lieue n. f.
lieur, lieuse n.

lieuse n. f. et adj. f.
lieutenance n. f.
lieutenant n. m.
lieutenant-colonel n. m.
  n. *lieutenants-colonels*
lieutenante n. f.
lièvre n. m.
lift n. m.
lifter v. tr. (conjug. 1)
liftier, ière n.
lifting n. m. (rec. off. : lissage, remodelage)
ligament n. m.
ligamentaire adj.
ligamenteux, euse adj
ligand n. m.
ligase n. f.
ligature n. f.
ligaturer v. tr. (conjug. 1)
lige adj.
light adj. inv.
ligie n. f.
lignage n. m.
lignager, ère adj.
lignard n. m.
ligne n. f.
ligne-bloc n. f.
  n. *lignes-blocs*
lignée n. f.
ligner v. tr. (conjug. 1)
lignerolle ou
  lignerole* n. f.
ligneul n. m.
ligneur n. m.
ligneux, euse adj.
lignicole adj.
lignification n. f.
lignifier (se) v. pron. (conjug. 7)
lignine n. f.
lignite n. m.
lignocellulose n. f.
lignomètre n. m.
ligot n. m.
ligotage n. m.
ligoter v. tr. (conjug. 1)
ligue n. f.
liguer v. tr. (conjug. 1)
ligueur, euse n.
ligule n. f.

ligulé, ée adj.
liguliflores n. f. pl.
ligure adj. et n.
lilas n. m.
lilial, iale, iaux adj.
liliacées n. f. pl.
lilliputien, ienne adj. et n.
limace n. f.
limaçon n. m.
image n. m.
limaille n. f.
liman n. m.
limande n. f.
limande-sole n. f.
  n. *limandes-soles*
limbaire adj.
limbe n. m.
limbes n. m. pl.
limbique adj.
¹lime n. f. (outil)
²lime n. f. ou m. (fruit)
limer v. tr. (conjug. 1)
limerick n. m.
limes ou **limès*** [-ɛ-] n. m.
limette n. f.
limettier n. m.
limeur, euse n. et adj.
limicole adj.
limier n. m.
liminaire adj.
liminal, ale, aux adj.
limitable adj.
limitant, ante adj.
limitatif, ive adj.
limitation n. f.
limitativement adv.
limite n. f.
limité, ée adj.
limiter v. tr. (conjug. 1)
limiteur n. m.
limitrophe adj.
limnée n. f.
limnologie n. f.
limogeage n. m.
limoger v. tr. (conjug. 3)
limon n. m.
limonade n. f.
limonadier, ière n.
limonage n. m.

limonaire n. m.
limonène n. m.
limoneux, euse adj.
limonier n. m.
limonière n. f.
limonite n. f.
limoselle n. f.
limousin, ine adj. et n.
limousinage n. m.
limousine n. f.
limousiner v. tr. (conjug. 1)
limpide adj.
limpidité n. f.
limule n. m. ou f.
lin n. m.
linaigrette n. f.
linaire n. f.
linceul n. m.
lindane n. m.
linéaire adj. et n. m.
linéairement adv.
linéal, ale, aux adj.
linéament n. m.
linéarisation n. f.
linéarité n. f.
linéature n. f.
linéique adj.
liner [lajnœr] n. m.
linette n. f.
lingam ou **linga** n. m.
linge n. m.
lingère n. f.
lingerie n. f.
lingette n. f.
lingot n. m.
lingotière n. f.
lingua franca n. f.
lingual, ale, aux adj.
linguatule n. f.
lingue n. f.
linguet n. m.
linguette n. f.
linguiforme adj.
linguiste n.
linguistique n. f. et adj.
linguistiquement adv.
linier, ière adj.
linière n. f.

liniment n. m.
linkage [linkaʒ] n. m.
links [links] n. m. pl.
linnéen, enne adj.
lino n. m.; n. f.
linogravure n. f.
linoléique adj.
linoléum n. m.
linon n. m.
linotte n. f.
linotype n. f.
linotypie n. f.
linotypiste n.
linsang [lɛ̃sãg; linsãn] n. m.
linsoir n. m.
linteau n. m.
linter [lintɛʀ] n. m.
lion n. m.
lionceau n. m.
lionne n. f.
liparis n. m.
lipase n. f.
lipide n. m.
lipidémie n. f.
lipidique adj.
lipidité n. f.
lipoaspiration n. f.
lipochrome [-k-] n. m.
lipodystrophie n. f.
lipogenèse n. f.
lipogrammatique adj.
lipogramme n. m.
lipoïde adj.
lipojet n. m.
lipolyse n. f.
lipolytique adj.
lipomatose n. f.
lipome n. m.
lipophile adj.
lipophorèse n. f.
lipoprotéine n. f.
lipoprotéique adj.
liposarcome n. m.
liposoluble adj.
liposome n. m.
lipostructure n. f.
liposuccion n. f.
liposucer v. tr. (conjug. 3)
lipothymie n. f.

lipotrope adj.
lipovaccin n. m.
lippe n. f.
lippée n. f.
lippu, ue adj.
liquation n. f.
liquéfacteur n. m.
liquéfaction n. f.
liquéfiable adj.
liquéfiant, iante adj.
liquéfier v. tr. (conjug. 7)
liquette n. f.
liqueur n. f.
liquidable adj.
liquidambar n. m.
liquidateur, trice n.
liquidatif, ive adj.
liquidation n. f.
liquide adj. et n.
liquider v. tr. (conjug. 1)
liquidien, ienne adj.
liquidité n. f.
liquoreux, euse adj.
liquoriste n.
¹**lire** n. f.
²**lire** v. tr. (conjug. 43)
lirette n. f.
lis ou **lys** n. m.
lisage n. m.
lisant, ante n.
lise n. f.
liserage ou **lisérage** n. m.
liseré ou **liséré** [liz(a)ʀe; lizeʀe] n. m.
liserer ou **lisérer** v. tr. (conjug. 5)
liseron n. m.
lisette n. f.
liseur, euse n.
liseuse n. f.
lisibilité n. f.
lisible adj.
lisiblement adv.
lisier n. m.
lisière n. f.
lisp n. m. (list processing)
lissage n. m.
lissant, ante adj.
lisse adj.; n. f.

lissé, ée adj. et n. m.
lisser v. tr. (conjug. 1)
lisseur, euse n.
lissier n. m.
lissoir n. m.
listage n. m. (rec. off. de listing)
liste n. f.
listel n. m.
lister v. tr. (conjug. 1)
listéria ou **listeria** n. f.
listériose n. f.
listing [listiŋ] n. m. (rec. off. : listage)
liston n. m.
lit n. m.
litanie n. f.
litanique adj.
litchi n. m.
lité, ée adj.
liteau n. m.
litée n. f.
liter v. tr. (conjug. 1)
literie n. f.
litham n. m.
litharge n. f.
lithiase n. f.
lithiasique adj. et n.
lithine n. f.
lithiné, ée adj.
lithinifère adj.
lithique adj.
lithium n. m.
litho n. f.
lithodome n. m.
lithographe n.
lithographie n. f.
lithographier v. tr. (conjug. 7)
lithographique adj.
lithophage adj. et n. m.
lithophanie n. f.
lithosphère n. f.
lithosphérique adj.
lithothamnium n. m.
lithothérapie n. f.
lithotripteur n. m.
lithotriteur n. m.
lithotritie [-trisi] n. f.
lithuanien, ienne adj. et n.

liticonsorts n. m. pl.
litière n. f.
litige n. m.
litigieux, ieuse adj.
litispendance n. f.
litorne n. f.
litote n. f.
litrage n. m.
litre n. f.; n. m.
litron n. m.
litsam n. m.
littéraire adj. et n.
littérairement adv.
littéral, ale, aux adj.
littéralement adv.
littéralité n. f.
littérarité n. f.
littérateur, trice n.
littératie n. f.
littérature n. f.
littérisme n. m.
littoral, ale, aux adj. et n. m.
littorine n. f.
lituanien, ienne ou **lithuanien, ienne** adj. et n.
liturgie n. f.
liturgique adj.
liturgiste n.
liure n. f.
livarde n. f.
livarot n. m.
live [lajv] adj. inv.
livèche n. f.
livédo ou **livedo** n. m. ou f.
livet n. m.
livide adj.
lividité n. f.
living [liviŋ] n. m.
living-room [liviŋrum] n. m.
PL. *living-rooms* (rec. off. : salle de séjour)
livrable adj.
livraison n. f.
livre n. m; n. f.
livre-cassette n. m.
PL. *livres-cassettes*
livrée n. f.

livrer v. (conjug. 1)
livresque adj.
livret n. m.
livreur, euse n.
lixiviation n. f.
llanos ou **lianos*** [ljanos] n. m. pl.
lloyd
loader ou **loadeur*** n. m. (rec. off. : chargeuse)
loase n. f.
lob n. m.
lobaire adj.
lobby n. m.
PL. *lobbys* ou *lobbies*
lobbying n. m.
lobbyiste n.
lobe n. m.
lobé, ée adj.
lobectomie n. f.
lobélie n. f.
lobéline n. f.
lober v. (conjug. 1)
lobotomie n. f.
lobotomiser v. tr. (conjug. 1)
lobulaire adj.
lobule n. m.
lobulé, ée adj.
lobuleux, euse adj.
local, ale, aux adj. et n. m.
localement adv.
localier n. m.
localisable adj.
localisateur, trice adj. et n. m.
localisation n. f.
localisé, ée adj.
localiser v. tr. (conjug. 1)
localité n. f.
locataire n.
locateur, trice n.
locatif, ive adj. et n.
location n. f.
location-gérance n. f.
PL. *locations-gérances*
location-vente n. f.
PL. *locations-ventes*
¹**loch** [lɔk] n. m. (appareil de mesure)

²**loch** [lɔk; lɔx] n. m. (lac)
loche n. f.
locher v. tr. (conjug. 1)
lochies n. f. pl.
lock-out ou **lockout** [lɔkaut] n. m.
PL. inv. ou *lockouts*
lock-outer ou **lockouter** [lɔkaute] v. tr. (conjug. 1)
locomobile adj. et n. f.
locomoteur, trice adj. et n. m.
locomotif, ive adj.
locomotion n. f.
locomotive n. f.
locomotrice n. f.
locorégional, ale, aux adj.
locotracteur n. m.
locrien, ienne adj. Et n. m.
loculaire adj.
loculé, ée adj.
loculeux, euse adj.
locus n. m.
PL. *locus* ou *loci* (lat.)
locuste n. f.
locustelle n. f.
locuteur, trice n.
locution n. f.
loden n. m.
lodge n. m.
lods n. m. pl.
lœss n. m.
lof n. m.
lofer v. intr. (conjug. 1)
loft n. m.
log n. m.
logarithme n. m.
logarithmique adj.
loge [lɔʒ] n. f.
logeable adj.
logement n. m.
loger v. (conjug. 3)
logette n. f.
logeur, euse n.
loggia n. f.
logiciel, ielle n. m. et adj. (rec. off. de : software)
logicien, ienne n.

loubard

logicisme n. m.
logicomathématique adj.
logicopositivisme n. m.
logique adj.; n. f.
logiquement adv.
logis n. m.
logiste n.
logisticien, ienne n.
logistique n. f. et adj.
logithèque n. f.
logo n. m.
logogramme n. m.
logographe n. m.
logographie n. f.
logogriphe n. m.
logomachie n. f.
logomachique adj.
logopathie n. f.
logopède n.
logopédie n. f.
logopédique adj.
logopédiste n.
logorrhée n. f.
logorrhéique adj. et n.
logos n. m.
logotype n. m.
loguer (se) v. pron. (conjug. 1)
loi n. f.
loi-cadre n. f.
   PL. lois-cadres
loin adv. et n. m.
lointain, aine adj. et n. m.
lointainement adv.
loi-programme n. f.
   PL. lois-programmes
loir n. m.
loisible adj.
loisir n. m.
lolita n. f.
lolo n. m.
lombago [lɔ̃bago; lœbago] n. m.
lombaire adj.
lombalgie n. f.
lombard, arde adj. et n.
lombarthrose n. f.
lombes n. m. pl.
lombosacré, ée adj.

lombosciatique n. f.
lombostat n. m.
lombric n. m.
lombricoïde adj.
lombriculture n. f.
lompe n. m.
londrès n. m.
¹long, longue adj.; n. m.
²long adv.
longane n. m.
longanier n. m.
longanimité n. f.
long-courrier adj.
   PL. long(s)-courriers
long drink [lɔ̃gdʀink] n. m.
   PL. long drinks
longe n. f.
longer v. tr. (conjug. 3)
longère n. f.
longeron n. m.
longévité n. f.
longicorne adj. et n. m.
longiligne adj.
longitude n. f.
longitudinal, ale, aux adj.
longitudinalement adv.
long-jointé, ée adj.
   PL. long-jointés, ées
longrine n. f.
longtemps n. m. et adv.
longue n. f.
longuement adv.
longuet, ette adj. et n. m.
longueur n. f.
longue-vue n. f.
   PL. longues-vues
looch n. m.
loofa n. m.
look n. m.
looké, ée adj.
looker v. tr. (conjug. 1)
lookeuse n. f.
looping n. m.
looser n. m.
lope n. f.
lopette n. f.
lophobranche n. m.
lophophore n. m.
lopin n. m.

loquace adj.
loquacité n. f.
loque n. f.
loquet n. m.
loqueteau n. m.
loqueteux, euse adj.
loran n. m. (long range aid to navigation)
lord n. m.
lord-maire n. m.
   PL. lords-maires
lordose n. f.
lorette n. f.
lorgner v. tr. (conjug. 1)
lorgnette n. f.
lorgnon n. m.
lori n. m.
loricaire n. m.
loriot n. m.
loris n. m.
lorrain, aine adj. et n.
lorry n. m.
   PL. lorrys ou lorries
lors adv.
lorsque conj.
losange n. m.
losangé, ée adj.
losangique adj.
loser ou looser ou loseur* n. m.
lot n. m.
lote n. f.
loterie n. f.
loti, ie adj.
lotier n. m.
lotion n. f.
lotionner v. tr. (conjug. 1)
lotir v. tr. (conjug. 2)
lotissement n. m.
lotisseur, euse n.
loto n. m.
lotte ou lote n. f.
lotus n. m.
louable adj.
louage n. m.
louange n. f.
louanger v. tr. (conjug. 3)
louangeur, euse n. et adj.
loub n. m.
loubard, e n.

loubavitch

loubavitch adj. et n.
loubine n. f.
louche adj. ; n. f.
louchébème n. m.
loucher v. intr. (conjug. 1)
loucherbem ou **louchébème** n. m.
loucherie n. f.
louchet n. m.
loucheur, euse n.
louchon n. m.
louée n. f.
louer v. tr. (conjug. 1)
loueur, euse n.
louf adj.
loufiat n. m.
loufoque adj.
loufoquerie n. f.
louftingue adj.
lougre n. m.
louis n. m.
louise-bonne n. f.
  pl. *louises-bonnes*
louis-philippard, arde adj.
  pl. *louis-philippards, ardes*
loukoum n. m.
¹**loulou** n. m. (chien)
²**loulou, oute** n.
loup n. m.
loupage n. m.
loup-cervier n. m.
  pl. *loups-cerviers*
loup de mer n. m.
loupe n. f.
loupé, ée adj. et n. m.
louper v. tr. (conjug. 1)
loup-garou n. m.
  pl. *loups-garous*
loupiot, iotte ou **iote** n.
loupiote n. f.
lourd, lourde adj.
lourdaud, aude n. et adj.
lourde n. f.
lourdement adv.
lourder v. tr. (conjug. 1)
lourdeur n. f.
lourdingue adj.
loure n. f.
louré n. m.

lourer v. tr. (conjug. 1)
loustic n. m.
loutre n. f.
louve n. f.
louvet, ette adj.
louveteau n. m.
louveter v. intr. (conjug. 4)
louveterie ou **louvèterie** n. f.
louvetier n. m.
louvette n. f.
louvoiement n. m.
louvoyer v. intr. (conjug. 8)
lovelace n. m.
lover v. tr. (conjug. 1)
loxodromie n. f.
loxodromique adj.
loyal, ale, aux adj.
loyalement adv.
loyalisme n. m.
loyaliste adj. et n.
loyauté n. f.
loyer n. m.
L. S. D. n. m. (acide lysergique diéthylamide)
lu, lue adj.
lubie n. f.
lubricité n. f.
lubrifiant, iante adj. et n. m.
lubrification n. f.
lubrifier v. tr. (conjug. 7)
lubrique adj.
lubriquement adv.
lucane n. m.
lucaniste n.
lucanophile n.
lucarne n. f.
lucernaire n. m. ; n. f.
lucide adj.
lucidement adv.
lucidité n. f.
luciférien, ienne adj. et n.
lucifuge adj. et n. m.
lucilie n. f.
lucimètre n. m.
luciole n. f.
lucite n. f.
lucratif, ive adj.
lucrativement adv.

lucre n. m.
luddisme n. m.
ludiciel n. m.
ludion n. m.
ludique adj.
ludisme n. m.
ludobus n. m.
ludoéducatif, ive adj.
ludologue n.
ludospace n. m.
ludothèque n. f.
ludovirtuel, elle adj.
luette n. f.
lueur n. f.
luffa [lufa] ou **loofa** n. m.
luge n. f.
luger v. intr. (conjug. 3)
lugeur, euse n.
lugubre adj.
lugubrement adv.
lui pron. pers.
lui-même pron. pers. (sauf au p. p. *lui*, pas de p. p. fém. ; p. simple et imp. du subj. inusités)
luisance n. f.
luisant, ante adj. et n. m.
lulu n. m.
lumachelle n. f.
lumachellique adj.
lumbago ou **lombago** [lɔ̃bago ; lœ̃bago] n. m.
lumen [lymɛn] n. m.
lumière n. f.
lumignon n. m.
luminaire n. m.
luminance n. f.
luminescence n. f.
luminescent, ente adj.
lumineusement adv.
lumineux, euse adj.
luministe n.
luminophore n. m.
luminosité n. f.
luminothérapie n. f.
lumitype® n. f.
lump ou **lompe** n. m.
lunaire adj. ; n. f.
lunaison n. f.
lunatique adj. et n.

lunch n. m.
pl. *lunchs* ou *lunches*
lundi n. m.
lune n. f.
luné, ée adj.
lunetier, ière ou **lunettier, ière** n.
lunette n. f.
lunetterie n. f.
lunettier, ière n.
lunisolaire adj.
lunule n. f.
lunure n. f.
lupanar n. m.
lupercales n. f. pl.
lupin n. m.
lupulin n. m.
lupuline n. f.
lupus n. m.
lurette n. f. sing.
lurex ® n. m.
luron, onne n.
lusin n. m.
lusitain, aine adj. et n.
lusitanien, ienne adj. et n.
lusophone adj. et n.
lusophonie n. f.
lustrage n. m.
lustral, ale, aux adj.
lustration n. f.
lustre n. m.
lustré, ée adj.
lustrer v. tr. (conjug. 1)
lustrerie n. f.
lustreur n. m.
lustrine n. f.
lut n. m.
lutécium n. m.
lutéine n. f.
lutéinique adj.
luter v. tr. (conjug. 1)
luth n. m.
luthéranisme n. m.
lutherie n. f.
luthérien, ienne adj.
luthier, ière n.
luthiste n.
lutin, ine n. m. et adj.
lutiner v. tr. (conjug. 1)

lutrin n. m.
lutte n. f.
lutter v. intr. (conjug. 1)
lutteur, euse n.
lutz n. m.
lux n. m.
luxation n. f.
luxe n. m.
luxembourgeois, oise adj. et n.
luxembourgisme n. m.
luxer v. tr. (conjug. 1)
luxmètre n. m.
luxueusement adv.
luxueux, euse adj.
luxure n. f.
luxuriance n. f.
luxuriant, iante adj.
luxurieux, ieuse adj.
luzerne n. f.
luzernière n. f.
luzule n. f.
lycanthrope n.
lycanthropie n. f.
lycaon [likaɔ̃] n. m.
lycée n. m.
lycéen, enne n.
lycène n. f.
lychnide [lik-] n. f.
lychnis [lik-] n. m.
lycope n. m.
lycopène n. m.
lycoperdon n. m.
lycopode n. m.
lycose n. f.
lycra ® n. m.
lyddite n. f.
lydien, ienne adj.
lymphangite n. f.
lymphatique adj.
lymphatisme n. m.
lymphe n. f.
lymphocytaire adj.
lymphocyte n. m.
lymphocytopénie n. f.
lymphocytose n. f.
lymphogranulomatose n. f.
lymphographie n. f.

lymphoïde adj.
lymphokine n. f.
lymphome n. m.
lymphopénie n. f.
lymphosarcome n. m.
lynchage n. m.
lyncher v. tr. (conjug. 1)
lyncheur, euse n.
lynx n. m.
lyonnais, aise n.
lyophile adj.
lyophilisation n. f.
lyophiliser v. tr. (conjug. 1)
lyre n. f.
lyric n. m.
lyricomane n.
lyrique adj. et n.
lyriquement adv.
lyrisme n. m.
lys n. m.
lysat n. m.
lyse n. f.
lyser v. tr. (conjug. 1)
lysergamide n. m.
lysergide n. m.
lysergique adj.
lysimaque n. f.
lysine n. f.
lysogène adj.
lysosome n. m.
lysosomial, iale, iaux adj.
lysozyme n. m.
lytique adj.

m

m n. m. inv.; abrév. et symb.
M n. m. inv.; abrév. et symb.
ma adj. poss.
maastrichtien, ienne adj.
maboul, e n. et adj.

mac n. m.
macabre adj.
macache adv.
macadam n. m.
macadamia n. m.
macadamiser v. tr. (conjug. 1)
macaque n. m.
macareux n. m.
macaron n. m.
macaroni n. m.
  PL. *macaronis*
macaronique adj.
macassar n. m.
maccarthysme n. m.
maccarthyste adj. et n.
macchabée n. m.
macédoine n. f.
macédonien, ienne adj. et n.
macérateur, trice adj. et n. m.
macération n. f.
macérer v. (conjug. 6)
maceron n. m.
macfarlane n. m.
machaon n. m.
mâche n. f.
mâche-bouchon n. m.
  PL. *mâche-bouchons*
mâchefer n. m.
mâchement n. m.
macher ou **mâcher** v. tr. (conjug. 1) (meurtrir)
mâcher v. tr. (conjug. 1) (broyer)
machette n. f.
mâcheur, euse n.
machiavel [-kja-] n. m.
machiavélique [-kja-] adj.
machiavélisme [-kja-] n. m.
mâchicoulis n. m.
machin n. m.
machinal, ale, aux adj.
machinalement adv.
machination n. f.
machine n. f.
machine-outil n. f.
  PL. *machines-outils*
machiner v. tr. (conjug. 1)
machinerie n. f.
machine-transfert n. f.
  PL. *machines-transferts*
machinisme n. m.
machiniste n.
machino n.
machisme [ma(t)ʃism] n. m.
machiste [ma(t)ʃist] n. et adj.
machmètre n. m.
macho [matʃo] n. m.
mâchoire n. f.
mâchon n. m.
mâchonnement n. m.
mâchonner v. tr. (conjug. 1)
mâchouiller v. tr. (conjug. 1)
mâchure n. f.
mâchurer v. tr. (conjug. 1)
macis n. m.
mackintosh [makintɔʃ] n. m.
maclage n. m.
macle n. f.
maclé, ée adj.
macler v. tr. (conjug. 1)
maçon, onne n.
mâcon n. m.
maçonnage n. m.
maçonner v. tr. (conjug. 1)
maçonnerie n. f.
maçonnique adj.
macoute adj. et n. m.
macque ou **maque** n. f.
macramé n. m.
macre n. f.
macreuse n. f.
macro n. f.
macrobiote adj. et n.
macrobiotique n. f.
macrocéphale adj.
macrocéphalie n. f.
macrocommande n. f.
macrocosme n. m.
macrocosmique adj.
macrocyte n. m.
macrocytose n. f.
macrodécision n. f.
macroéconomie n. f.
macroéconomique adj.
macroévolution n. f.
macrographie n. f.
macrographique adj.
macro-instruction n. f.
  PL. *macro-instructions*
macroliposculpture n. f.
macromoléculaire adj.
macromolécule n. f.
macronutriment n. m.
macroordinateur n. m.
macrophage n. m. et adj.
macrophotographie n. f.
macrophotographique adj.
macropode adj. et n. m.
macroscélide n.
macroscopique adj.
macroséisme ou **macroséismique** adj.
macrosporange n. m.
macrospore n. f.
macrostructure n. f.
macroure n. m.
macula n. f.
maculage n. m.
maculaire adj.
maculature n. f.
macule n. f.
maculer v. tr. (conjug. 1)
madame n. f.
  PL. *mesdames*
madapolam n. m.
made in loc. adj.
madeleine n. f.
madeleinette n. f.
mademoiselle n. f.
  PL. *mesdemoiselles*
madère n. m.
madérisé adj. m.
madiran n. m.
madone n. f.
madrague n. f.
madras n. m.
madrasa n. f.
madré, ée adj.

madréporaires n. m. pl.
madrépore n. m.
madréporique adj.
madrier n. m.
madrigal, aux n. m.
madrigaliste n.
maelstrom ou
　malstrom ou
　malström ou
　maelström n. m.
maerl ou **merl** n. m.
maestoso adv.
maestria n. f.
maestro n. m.
mafé ou **maffé** n. m.
maffia n. f.
maffieux, ieuse adj. et n.
mafflu, ue adj.
mafia ou **maffia** n. f.
mafieux, euse ou
　maffieux, ieuse adj. et
　n.
mafioso ou **maffioso**
　n. m.
　PL. *maf(f)iosi* (it.) ou *mafiosos*
maganer v. tr. (conjug. 1)
magasin n. m.
magasinage n. m.
magasiner v. intr.
　(conjug. 1)
magasinier, ière n.
magazine n. m.
magazinique adj.
magdalénien, ienne
　adj.
mage n. m.
magenta [maʒɛta] n. m.
maghrébin, ine ou
　magrébin, ine adj. et n.
magicien, ienne n.
magie n. f.
magique adj.
magiquement adv.
magister [maʒistɛʀ] n. m.
magistère n. m.
magistral, ale, aux adj.
magistralement adv.
magistrat, ate n.
magistrature n. f.
magma n. m.

magmatique adj.
magmatisme n. m.
magnanarelle n. f.
magnanerie n. f.
magnanier, ière n.
magnanime adj.
magnanimement adv.
magnanimité n. f.
magnat n. m.
magner (se) v. pron.
　(conjug. 1)
magnésie n. f.
magnésien, ienne adj.
magnésifère adj.
magnésite n. f.
magnésium n. m.
magnet n. m. (rec. off. :
　aimantin)
magnétique adj.
magnétiquement adv.
magnétisable adj.
magnétisant, ante adj.
magnétisation n. f.
magnétiser v. tr. (conjug. 1)
magnétiseur, euse n.
magnétisme n. m.
magnétite n. f.
magnéto n. f.
magnétocassette n. f.
magnétodynamique
　adj.
magnétoélectrique adj.
magnétoencéphalographie n. f.
magnétohydrodynamique n. f.
magnétomètre n. m.
magnétométrie n. f.
**magnétomoteur,
　trice** adj.
magnéton n. m.
magnétophone n. m.
magnétophotographique adj.
magnétoscope n. m.
magnétoscoper v. tr.
　(conjug. 1)
magnétosphère n. f.
magnétostriction n. f.
magnétothérapie n. f.

magnétron n. m.
magnificat n. m. inv.
magnificence n. f.
magnifier v. tr. (conjug. 7)
magnifique adj.
magnifiquement adv.
magnitude n. f.
magnolia n. m.
magnum n. m.
magot n. m.
magouillage n. m.
magouille n. f.
magouiller v. (conjug. 1)
magouilleur, euse adj.
　et n.
magrébin, ine adj. et n.
magret n. m.
magyar, e adj. et n.
maharadja(h)
　[ma(a)ʀadʒa] n. m.
maharané n. f.
maharani ou
　maharané n. f.
mahatma n. m.
mahdi n. m.
mahdisme n. m.
mahdiste adj. et n.
mah-jong ou **majong**
　[maʒɔ̃g] n. m.
　PL. *mah-jongs* ou *majongs*
mahométan, ane n. et
　adj.
mahométisme n. m.
mahonia n. m.
mahonne n. f.
mahous, ousse adj.
mahratte ou **marathe**
　adj. et n.
mai n. m.
maïa n. m.
maie n. f.
maïeur, eure ou
　mayeur, eure n.
maïeuticien n. m.
maïeutique n. f.
maigre adj. et n.; n. m.
maigrelet, ette adj.
maigrement adv.
maigreur n. f.
maigrichon, onne adj.

maigriot 258

maigriot, iotte adj.
maigrir v. (conjug. 2)
¹**mail** [maj] n. m. (marteau)
²**mail** [mɛl] n. m. (courriel)
mail-coach ou
  mailcoach* [mɛlkotʃ]
  n. m. pl. *mail-coach(e)s* ou
  *mailcoachs**
mailing [melin] n. m. (rec.
  off. : publipostage)
maillage n. m.
maillant, ante adj.
maille n. f.
maillechort n. m.
mailler v. (conjug. 1)
maillet n. m.
mailleton n. m.
mailloche n. f.
maillon n. m.
maillot n. m.
maillotin n. m.
maillure n. f.
main n. f.
mainate n. m.
main-d'œuvre n. f.
  pl. *mains-d'œuvre*
main-forte ou
  mainforte* n. f. sing.
mainlevée n. f.
mainmise n. f.
mainmortable adj.
mainmorte n. f.
maint, mainte adj. indéf.
  et pron. indéf.
maintenabilité n. f.
maintenance n. f.
maintenant adv.
mainteneur n. m.
maintenir v. tr. (conjug. 22)
maintien n. m.
maïolique adj.
maire n.
mairesse n. f.
mairie n. f.
mais adv. et conj.
maïs n. m.
maïserie n. f.
maïsiculture n. f.
maison n. f.
maisonnée n. f.

maisonnerie n. f.
maisonnette n. f.
maistrance ou
  mestrance n. f.
maître, maîtresse ou
  maitre, maitresse*
  n. et adj.
maître-à-danser ou
  maître-à-danser*
  n. m. pl. *maîtres-à-danser*
  ou *maitres-à-danser**
maître-autel ou
  maître-autel* n. m.
  pl. *maîtres-autels* ou
  *maitres-autels**
**maître chanteur,
  euse** ou **maitre
  chanteur, euse*** n.
maître-chien ou
  maître-chien* n. m.
  pl. *maîtres-chiens* ou
  *maitres-chiens**
maître-coq ou
  maître-coq* n. m.
  pl. *maîtres-coqs* ou
  *maitres-coqs**
maître-couple ou
  maître-couple* n. m.
  pl. *maîtres-couples* ou
  *maitre-couples**
maître-cylindre ou
  maître-cylindre*
  n. m.
  pl. *maîtres-cylindres* ou
  *maitres-cylindres**
maître-esclave ou
  maitre-esclave* adj.
  pl. *maîtres-esclaves* ou
  *maitres-esclaves**
maître-mot ou **maître
  mot** ou **maitre-mot***
  n. m. pl. *maîtres(-)mots*
  ou *maitres-mots**
maître-queux ou
  maître-queux* n. m.
  pl. *maîtres-queux* ou
  *maitres-queux**
maîtresse ou
  maitresse* n. f.
maîtrisable ou
  maitrisable* adj.

maîtrise ou **maitrise***
  n. f.
maîtriser ou
  maitriser* v. tr.
  (conjug. 1)
maïzena ® ou
  maïzéna ®
  n.
maje adj. m.
majesté n. f.
majestueusement adv.
majestueux, euse adj.
majeur, eure adj. et n.
majolique n. f.
major adj. et n.
majoral, aux n. m.
majorant n. m.
majorat n. m.
majoration n. f.
majordome n. m.
majorer v. tr. (conjug. 1)
majorette n. f.
majoritaire adj.
majoritairement adv.
majorité n. f.
majuscule adj. et n. f.
makélisme ou
  makilisme n. m.
makélite ou **makilite**
  ad. et n.
makémono n. m.
maki n. m.
makimono n. m.
making of [mekiŋɔf] n. m.
  inv.
¹**mal** n. m.
  pl. *maux*
²**mal** adv.; adj. inv.
malabar n. m.
malabsorption n. f.
malachite [-ʃit; -kit] n. f.
malacologie n. f.
malacostracés n. m. pl.
malade adj. et n.
maladie n. f.
maladif, ive adj.
maladivement adv.
maladrerie n. f.
maladresse n. f.
maladroit, oite adj. et n.
maladroitement adv.

maman

malaga n. m.
malaguette n. f.
mal-aimé, ée ou mal aimé, ée ou malaimé, ée* adj. et n.
 PL. mal(-)aimés, ées
malaire adj.
malais, aise adj. et n.
malaise n. m.
malaisé, ée adj.
malaisément adv.
malandre n. f.
malandrin n. m.
malappris, ise n.
malard ou malart n. m.
malaria n. f.
malariologie n. f.
malart n. m.
malavisé, ée adj.
malaxage n. m.
malaxer v. tr. (conjug. 1)
malaxeur n. m.
malayalam [malajalam] n. m.
malayo-polynésien, ienne adj.
 PL. malayo-polynésiens, iennes
mal-baisé, ée n.
 PL. mal-baisés, ées
malbec n. m.
malbouffe n. f.
malchance n. f.
malchanceux, euse adj.
malcommode adj.
maldonne n. f.
mâle n. et adj.
malédiction n. f.
maléfice n. m.
maléfique adj.
malencontreusement adv.
malencontreux, euse adj.
malentendant, ante adj.
malentendu n. m.
mal-être ou malêtre* n. m.
malfaçon n. f.
malfaisance n. f.

malfaisant, ante adj.
malfaiteur n. m.
malfamé, ée ou mal famé, ée adj.
malformation n. f.
malfrat n. m.
malgache adj.
malgracieux, ieuse adj.
malgré prép.
malgré-nous n. m. pl.
malhabile adj.
malhabilement adv.
malheur n. m.
malheureusement adv.
malheureux, euse adj. et n.
malhonnête adj.
malhonnêtement adv.
malhonnêteté n. f.
mali n. m.
malice n. f.
malicieusement adv.
malicieux, ieuse adj.
malignité n. f.
malin, maligne adj. et n.
maline adj. f.
malines n. f.
malingre adj.
malinois n. m.
malintentionné, ée adj.
malique adj.
mal-jugé n. m.
 PL. mal-jugés
malle n. f.
malléabilisation n. f.
malléabiliser v. tr. (conjug. 1)
malléabilité n. f.
malléable adj.
malléolaire adj.
malléole n. f.
malle-poste n. f.
 PL. malles-poste
malletier n. m.
mallette n. f.
mal-logé, ée n.
 PL. mal-logés, ées
mal-logement n. m.
malmener v. tr. (conjug. 5)

mal-nourri, ie n.
 PL. mal-nourris, ies
malnutri, ie adj. et n.
malnutrition n. f.
malocclusion n. f.
malodorant, ante adj.
malossol n. m.
malotru, ue n.
maloya n. m.
malpèque n. f.
malpighie n. f.
malpighien, ienne adj.
malpoli, ie adj. et n.
malposition n. f.
malpropre adj.
malproprement adv.
malpropreté n. f.
malsain, aine adj.
malséant, ante adj.
malsonnant, ante adj.
malstrom n. m.
malt n. m.
maltage n. m.
maltais, aise adj. et n.
maltase n. f.
malté, ée adj.
malter v. tr. (conjug. 1)
malterie n. f.
malteur n. m.
malthusianisme n. m.
malthusien, ienne adj. et n.
maltose n. m.
maltôte n. f.
maltôtiers n. m.
maltraitance n. f.
maltraitant, ante adj.
maltraiter v. tr. (conjug. 1)
malus n. m.
malveillance n. f.
malveillant, ante adj.
malvenu, ue adj.
malversation n. f.
mal-vivre n. m.
malvoisie n. f.
malvoyance n. f.
malvoyant, ante adj.
mama ou mamma n. f.
maman n. f.

mambo n. m.
mamé(e) ou **mamet** n. f.
mamelle n. f.
mamelon n. m.
mamelonné, ée adj.
mamelouk n. m.
mamelu, ue adj.
mamet n. f.
¹**m'amie** ou **mamie** n. f. (amie)
²**mamie** ou **mammy** n. f. (grand-mère)
mamillaire adj. et n. f.
mammaire adj.
mammalien, ienne adj.
mammalogie n. f.
mammalogiste n.
mammectomie n. f.
mammifère adj. et n. m.
mammite n. f.
mammographie n. f.
mammouth n. m.
mammy n. f.
PL. *mammys* ou *mammies*
mamours n. m. pl.
mam'selle ou **mam'zelle** n. f.
man n. m.
mana n. m.
manade n. f.
manageable adj.
management n. m.
¹**manager** ou **manageur, euse** [manadʒɛʁ; manadʒœʁ] n.
²**manager** [mana(d)ʒe] v. tr. (conjug. 3)
managérial, iale, iaux [manadʒeʁjal] adj.
manageur, euse n.
manant n. m.
mancelle n. f.
mancenille n. f.
mancenillier n. m.
manche n. f.; n. m.; adj.
mancheron n. m.
manchette n. f.
manchon n. m.

manchonner v. tr.
manchot, ote adj. et n.
mancipation n. f.
mandala n. m.
mandale n. f.
mandant, ante n.
mandarin n. m.
mandarinal, ale, aux adj.
mandarinat n. m.
mandarine n. f.
mandarinier n. m.
mandat n. m.
mandataire n.
mandataire-liquidateur n. m.
PL. *mandataires-liquidateurs*
mandat-carte n. m.
PL. *mandats-cartes*
mandatement n. m.
mandater v. tr. (conjug. 1)
mandat-lettre n. m.
PL. *mandats-lettres*
mandat-poste n. m.
PL. *mandats-poste*
mandature n. f.
mandchou, e adj. et n.
mandement n. m.
mander v. tr. (conjug. 1)
mandibulaire adj.
mandibule n. f.
mandoline n. f.
mandoliniste n.
mandore n. f.
mandorle n. f.
mandragore n. f.
mandrill [mɑ̃dʁil] n. m.
mandrin n. m.
manducation n. f.
manécanterie n. f.
manège n. m.
mânes n. m. pl.
maneton n. m.
manette n. f.
manga n. m.
mangaka n.
manganate n. m.
manganèse n. m.
manganeux adj. m.
manganin n. m.

manganique adj.
manganite n. m.; n. f.
mangeable adj.
mangeaille n. f.
mange-disque n. m.
PL. *mange-disques*
mangeoire n. f.
¹**manger** n. m.
²**manger** v. tr. (conjug. 3)
mange-tout ou **mangetout*** n. m.
PL. inv. ou *mangetouts**
mangeur, euse n.
mangle n. f.
manglier n. m.
mangoustan n. m.
mangoustanier n. m.
mangouste n. f.
mangoustier n. m.
mangrove n. f.
mangue n. f.
manguier n. m.
maniabilité n. f.
maniable adj.
maniacodépressif, ive adj.
maniaque adj.
maniaquerie n. f.
manichéen, enne [-k-] n. et adj.
manichéisme [-k-] n. m.
manichéiste [-k-] n. et adj.
manicle n. f.
manicorde n. m.
manicordion ou **manichordion** n. m.
manie n. f.
maniement n. m.
manier v. tr. (conjug. 7)
maniéré, ée adj.
manière n. f.
maniérisme n. m.
maniériste adj. et n.
manieur, ieuse n.
manifestant, ante n.
manifestation n. f.
manifeste adj.; n. m.
manifestement adv.
manifester v. (conjug. 1)
manifold n. m.

manigance n. f.
manigancer v. tr. (conjug. 3)
maniguette n. f.
manille n. f.
manilleur, euse n.
manillon n. m.
manioc n. m.
manipulable adj.
manipulateur, trice n. et adj.
manipulation n. f.
manipule n. m.
manipuler v. tr. (conjug. 1)
manique n. f.
manitou n. m.
manivelle n. f.
manne n. f.
mannequin n. m.
mannequinat n. m.
mannette n. f.
mannite n. f.
mannitol n. m.
mannose n. m.
manocontact n. m.
manodétendeur n. m.
manœuvrabilité n. f.
manœuvrable adj.
manœuvrant, ante adj.
manœuvre n. f.; n. m.
manœuvrer v. (conjug. 1)
manœuvrier, ière n.
manographe n. m.
manoir n. m.
manomètre n. m.
manométrie n. f.
manométrique adj.
manoque n. f.
manostat n. m.
manouche n.
manouvrier, ière n.
manquant, ante adj.
manque adj.; n. m.
manqué, ée adj. et n. m.
manquement n. m.
manquer v. (conjug. 1)
mansarde n. f.
mansardé, ée adj.
manse n. f. ou m.

mansion n. f.
mansuétude n. f.
manta n. f.
mante n. f.
manteau n. m.
mantelé, ée adj.
mantelet n. m.
mantellique adj.
mantelure n. f.
mantille n. f.
mantique n. f.
mantisse n. f.
mantra n. m.
manubrium n. m.
manucure n; n. f. ou m.
manucurer v. tr. (conjug. 1)
manucurie n. f.
¹manuel, elle adj.
²manuel n. m.
manuélin, ine adj.
manuellement adv.
manufacturable adj.
manufacture n. f.
manufacturer v. tr. (conjug. 1)
manufacturier, ière n. et adj.
manu militari loc. adv.
manumission n. f.
manuscriptologie n. f.
manuscrit, ite adj. et n. m.
manutention n. f.
manutentionnaire n.
manutentionner v. tr. (conjug. 1)
manuterge n. m.
manzanilla n. m. ou f.
mao adj. et n.
M. A. O. n. f. (maintenance assistée par ordinateur)
maoïsme n. m.
maoïste adj. et n.
maori, ie adj. et n.
maous, ousse ou **mahous, ousse** adj.
mappage n. m.
mappe n. f.
mappemonde n. f.
mapper v. tr. (conjug. 1)
mapping n. m.

maque n. f.
maquée n. f.
maquer v. tr. (conjug. 1)
maquereau n. m.
maquereauter v. (conjug. 1)
maquerelle n. f.
maquettage n. m.
maquette n. f.
maquetter v. tr. (conjug. 1)
maquettisme n. m.
maquettiste n.
maquignon n. m.
maquignonnage n. m.
maquignonner v. tr. (conjug. 1)
maquillage n. m.
maquiller v. tr. (conjug. 1)
maquilleur, euse n.
maquis n. m.
maquisard n. m.
marabout n. m. et adj.
maraboutage n. m.
marabouter v. tr. (conjug. 1)
maracas n. f. pl.
maracuja ou **maracudja** [-ku(d)ʒa] n. m.
maraîchage ou **maraichage*** n. m.
maraîcher, ère ou **maraicher, ère*** n. et adj.
maraîchin, ine ou **maraichin, ine*** adj. et n.
marais n. m.
maranta n. f.
marasme n. m.
marasque n. f.
marasquin n. m.
marathe ou **mahratte** adj. et n.
marathon n. m.
marathonien, ienne adj. et n.
marâtre n. f.
maraud, aude n.
maraudage n. m.
maraude n. f.

marauder

marauder v. (conjug. 1)
maraudeur, euse n. et adj.
marbrage n. m.
marbre n. m.
marbré, ée adj.
marbrer v. tr. (conjug. 1)
marbrerie n. f.
marbreur, euse n.
¹**marbrier, ière** adj.
²**marbrier** n. m.
marbrière n. f.
marbrure n. f.
marc n. m.
marcassin n. m.
marcassite n. f.
marcel n. m.
marcescence n. f.
marcescent, ente adj.
marcescible adj.
marchand, ande n. et adj.
marchandage n. m.
marchander v. tr. (conjug. 1)
marchandeur, euse n.
marchandisage n. m. (rec. off. de merchandising)
marchandisation n. f.
marchandise n. f.
marchandiseur, euse n.
marchant, ante adj.
marchantia ou **marchantie** n. f.
marche n. f.
marché n. m.
marchéage n. m.
marché-gare n. m.
PL. *marchés-gares*
marchepied n. m.
marcher v. intr. (conjug. 1)
marchette n. f.
marcheur, euse n. et adj.
marconi adj. inv.
marcottage n. m.
marcotte n. f.
marcotter v. tr. (conjug. 1)
mardi n. m.
mare n. f.

marécage n. m.
marécageux, euse adj.
maréchal, aux n. m.
maréchalat n. m.
maréchale n. f.
maréchalerie n. f.
maréchal-ferrant n. m.
PL. *maréchaux-ferrants*
maréchaliste adj. et n.
maréchaussée n. f.
marée n. f.
marégramme n. m.
marégraphe n. m.
marelle n. f.
marémoteur, trice adj.
marengo n. m.
PL. inv. ou *marengos**
marennes n. f.
mareyage n. m.
mareyeur, euse n.
margaille n. f.
margarine n. f.
margarita n. f. ou m.
margauder v. intr. (conjug. 1)
margaux n. m.
margay [maʁgɛ] n. m.
PL. *margays*
marge n. f.
margelle n. f.
marger v. (conjug. 3)
margeur, euse n.
marginal, ale, aux adj. et n.
marginalement adv.
marginalisation n. f.
marginaliser v. tr. (conjug. 1)
marginalisme n. m.
marginalité n. f.
marginer v. tr. (conjug. 1)
margis n.
margoter ou **margotter** v. intr. (conjug. 1)
margouillat n. m.
margouillis n. m.
margoulette n. f.
margoulin, ine n.
margousier n. m.

margrave n.
margraviat n. m.
margravine n. f.
marguerite n. f.
marguillier, ière ou **marguiller, ère** n.
mari n. m.
mariable adj.
mariachi [maʁjatʃi] n. m.
mariage n. m.
marial, iale adj.
marié, iée adj. et n.
marie-jeanne n. f.
PL. *maries-jeannes*
marie-louise n. f.
PL. *maries-louises*
marier v. tr. (conjug. 7)
marie-salope n. f.
PL. *maries-salopes*
marieur, ieuse n.
marigot n. m.
marijuana ou **marihuana** n. f.
marimba n. m.
¹**marin, ine** adj.
²**marin** n. m.
marina n. f.
marinade n. f.
marine n. f.; n. m.
mariné, ée adj.
mariner v. (conjug. 1)
maringouin n. m.
marinier, ière n. et adj.
marinière n. f.
marinisme n. m.
mariolle ou **mariole*** adj. et n.
marionnette n. f.
marionnettiste n.
marisque n. f.
mariste n.
marital, ale, aux adj.
maritalement adv.
maritime adj.
maritorne n. f.
marivaudage n. m.
marivauder v. intr. (conjug. 1)
marjolaine n. f.
mark n. m.

marketer v. tr. (conjug. 4)
marketing ou
  markéting* n. m. (rec.
  off. : mercatique)
marle adj.
marli n. m.
marlin n. m.
marlou n. m.
marmaille n. f.
marmelade n. f.
marmenteau adj. m.
marmitage n. m.
marmite n. f.
marmitée n. f.
marmiter v. tr. (conjug. 1)
marmiton n. m.
marmonnement n. m.
marmonner v. tr.
  (conjug. 1)
marmoréen, enne adj.
marmoriser v. tr.
  (conjug. 1)
marmot n. m.
marmotte n. f.
marmottement n. m.
marmotter v. tr. (conjug. 1)
marmotton n. m.
marmouset n. m.
marnage n. m.
marne n. f.
marner v. (conjug. 1)
marneux, euse adj.
marnière n. f.
marocain, aine adj. et n.
maroilles n. m.
maronite n. et adj.
maronner v. intr. (conjug. 1)
maroquin n. m.
maroquinerie n. f.
maroquinier n. m.
marotique adj.
marotte n. f.
marouette n. f.
marouflage n. m.
maroufler v. tr. (conjug. 1)
maroute n. f.
marquage n. m.
marquant, ante adj.
marque n. f.
marqué, ée adj.

marque-page n. m.
  pl. *marque-pages*
marquer v. (conjug. 1)
marqueté, ée adj.
marqueterie ou
  marquèterie n. f.
marqueteur, euse n.
marqueur, euse n.
marquis n. m.
marquisat n. m.
marquise n. f.
marquoir n. m.
marraine n. f.
marrane n.
marrant, ante adj.
marre adv.
marrer (se) v. pron.
  (conjug. 1)
marri, ie adj.
¹**marron** adj. inv. et n. m.
²**marron, onne** adj.
marronnasse adj.
marronner v. intr.
  (conjug. 1)
marronnier n. m.
marrube n. m.
mars n. m.
marsala n. m.
marsault n. m.
marseillais, aise adj. et n.
marshal n. m.
marshmallow [maʀʃmalo]
  n. m.
marsouin n. m.
marsouinage n. m.
marsouiner v. intr.
  (conjug. 1)
marsupial, iale, iaux
  adj. et n. m.
marsupium n. m.
martagon n. m.
marte n. f.
marteau n. m.
marteau-pilon n. m.
  pl. *marteaux-pilons*
marteau-piolet n. m.
  pl. *marteaux-piolets*
marteau-piqueur n. m.
  pl. *marteaux-piqueurs*
martel n. m.

martelage n. m.
martelé, ée adj.
martèlement n. m.
marteler v. tr. (conjug. 5)
marteleur n. m.
martensite n. f.
martensitique adj.
martial, iale, iaux adj.
martien, ienne adj. et n.
martin-chasseur n. m.
  pl. *martins-chasseurs*
martinet n. m.
martingale n. f.
martini® n. m.
  pl. *martinis*
martin-pêcheur n. m.
  pl. *martins-pêcheurs*
martre n. f.
martyr, yre n. et adj.
martyre n. m.
martyriser v. tr. (conjug. 1)
martyrium n. m.
martyrologe n. m.
marxisme n. m.
marxisme-léninisme
  n. m.
marxiste adj. et n.
marxiste-léniniste
  et n.
  pl. *marxistes-léninistes*
marxologie n. f.
marxologue n.
maryland n. m.
mas n. m.
mascara n. m.
mascarade n. f.
mascaret n. m.
mascaron n. m.
mascarpone n. m.
mascotte n. f.
masculin, ine adj.
masculinisation n. f.
masculiniser v. tr.
  (conjug. 1)
masculinité n. f.
maser n. m.
maskinongé n. m.
maso adj. et n.
masochisme n. m.
masochiste adj. et n.

masquage

masquage n. m.
masquant, ante adj.
masque n. m.
masqué, ée adj.
masquer v. tr. (conjug. 1)
massacrant, ante adj.
massacre n. m.
massacrer v. tr. (conjug. 1)
massacreur, euse n.
massage n. m.
massaliote adj.
masse n. f.
massé n. m.
masselotte n. f.
massepain n. m.
masser v. tr. (conjug. 1)
masséter n. m.
massette n. f.
masseur, euse n.
massicot n. m.
massicotage n. m.
massicoter v. tr. (conjug. 1)
¹massier n. m. (bâton)
²massier, ière n. (élève des Beaux-Arts)
massif, ive adj. et n. m.
massification n. f.
massifier v. tr. (conjug. 7)
massique adj.
massivement adv.
mass media ou mass médias* n. m. pl.
massorah n. f.
massore n. f.
massorète n. m.
massorétique adj.
massothérapie n. f.
massue n. f.
mastaba n. m.
mastard, arde n.
mastectomie n. f.
¹master [mastœʀ; masteʀ] n. m. (enregistrement)
²master [masteʀ] n. m. (grade)
master class ou classe n. f.
pl. master class ou classes
mastère ® n. m.
mastérien, ienne n.

mastering n. m.
mastérisation n. f.
mastic n. m.
masticage n. m.
masticateur, trice adj.
mastication n. f.
masticatoire n. m. et adj.
mastiff n. m.
mastiquer v. tr. (conjug. 1)
mastite n. f.
mastoc n. m. et adj. inv.
mastocyte n. m.
mastocytose n. f.
mastodonte n. m.
mastoïde n. f.
mastoïdien, ienne adj.
mastoïdite n. f.
mastologie n. f.
mastologue n.
mastopathie n. f.
mastroquet n. m.
masturbateur, trice n.
masturbation n. f.
masturber v. tr. (conjug. 1)
m'as-tu-vu n. inv.
masure n. f.
¹mat adj. inv. et n. m. (aux échecs)
²mat, mate adj. (terne, brun, sourd)
mât n. m.
matabiche n. f.
matador n. m.
mataf n. m.
matage n. m.
matamore n. m.
match n. m.
pl. matches ou matchs
matchiche n. f.
match-play n. m.
pl. match-plays
maté n. m.
matefaim n. m.
matelas n. m.
matelassage n. m.
matelassé, ée adj. et n. m.
matelasser v. tr. (conjug. 1)
matelassier, ière n.
matelassure n. f.
matelot n. m.

matelotage n. m.
matelote n. f.
¹mater [mateʀ] n. f.
²mater v. tr. (conjug. 1)
mâter v. tr. (conjug. 1)
mater dolorosa [mateʀdɔlɔʀoza] n. f. inv.
mâtereau n. m.
matérialisation n. f.
matérialiser v. tr. (conjug. 1)
matérialisme n. m.
matérialiste n. et adj.
matérialité n. f.
matériau n. m.
matériaux n. m. pl.
matériel, ielle adj. et n.
matériellement adv.
maternage n. m.
maternant, ante adj.
maternel, elle adj. et n. f.
maternellement adv.
materner v. tr. (conjug. 1)
maternisé, ée adj.
maternité n. f.
maternologie n. f.
mateur, euse n.
math n. f. pl. (mathématiques)
mathématicien, ienne n.
mathématique adj. et n. f.
mathématiquement adv.
mathématisation n. f.
mathématiser v. tr. (conjug. 1)
matheux, euse n.
maths ou math n. f. pl. (mathématiques)
mathusalem n. m.
mati, ie adj.
matière n. f.
MATIF n. m. (marché à terme international de France)
matifiant, ante adj.
matifier v. tr. (conjug. 7)
matin n. m.
mâtin n. m.
matinal, ale, aux adj.
matinalement adv.

mâtine n. f.
mâtiné, ée adj.
matinée n. f.
mâtiner v. tr. (conjug. 1)
matines n. f. pl.
matineux, euse adj.
matir v. tr. (conjug. 2)
matité n. f.
matoir n. m.
matois, oise adj.
matoiserie n. f.
maton, onne n.
matos n. m.
matou n. m.
matraquage n. m.
matraque n. f.
matraquer v. tr. (conjug. 1)
matraqueur, euse n. m. et adj.
matras n. m.
matriarcal, ale, aux adj.
matriarcat n. m.
matriarche n. f.
matriçage n. m.
matricaire n. f.
matrice n. f.
matricer v. tr. (conjug. 3)
matriciel, ielle adj.
matriclan n. m.
matricule n. f. et m.
matrilinéaire adj.
matrilocal, ale, aux adj.
matrimonial, iale, iaux adj.
matrone n. f.
matronyme n. m.
matronymique adj.
matte n. f.
matthiole n. f.
matu n.
maturase n. f.
maturation n. f.
mature adj.
mâture n. f.
maturité n. f.
matutinal, ale, aux adj.
maubèche n. f.

maudire v. tr. (conjug. 2; sauf inf. et p. p. *maudit, maudite*)
maudit, ite adj.
maugréer v. intr. (conjug. 1)
maul [mol] n. m.
maurandie n. f.
maure ou **more** n. et adj.
maurelle n. f.
mauresque ou **moresque** n. f. et adj.
maurrasisme n. m.
mauser n. m.
mausolée n. m.
maussade adj.
maussadement adv.
maussaderie n. f.
¹**mauvais, aise** adj. et n.
²**mauvais** adv.
mauve n. f.; n. m.; adj.
mauvéine n. f.
mauviette n. f.
mauvis n. m.
maux n. m. pl.
max n. m.
maxi n. m.
maxidiscompte n. m.
maxidiscompteur n. m.
maxillaire adj. et n. m.
maxille n. f.
maxillofacial, iale, iaux adj.
maxima (a) loc. adj.
maximal, ale, aux adj.
maximalisation n. f.
maximaliser v. tr. (conjug. 1)
maximalisme n. m.
maximaliste n. et adj.
maxime n. f.
maximisation n. f.
maximiser v. tr. (conjug. 1)
maximum n. m.; adj.
pl. *maxima* ou *maximums*
maxwell n. m.
maya adj. et n.
maye [mɛ] n. f.
mayen n. m.
mayeur, eure n.
mayonnaise adj. et n. f.
mazagran n. m.

mazarinade n. f.
mazdéen, enne adj.
mazdéisme n. m.
mazette n. f.
mazot n. m.
mazout n. m.
mazoutage n. m.
mazouter v. (conjug. 1)
mazurka n. f.
M. B. A. n. f. (marge brute d'autofinancement)
mbar symb. (millibar)
McIntosh [makintɔʃ] n. f. inv. (pomme)
M. C. M. n. m. pl. (montants compensatoires monétaires)
me pron. pers.
mea(-)culpa n. m. inv.
méandre n. m.
méandrine n. f.
méat n. m.
méatoscopie n. f.
mec n. m.
mécanicien, ienne n. et adj.
mécanique adj. et n. f.
mécaniquement adv.
mécanisation n. f.
mécaniser v. tr. (conjug. 1)
mécanisme n. m.
mécaniste adj.
mécano n.
mécanographe n.
mécanographie n. f.
mécanographique adj.
mécanothérapie n. f.
mécatronicien, ienne n.
mécatronique n. f.
meccano ® n. m.
mécénat n. m.
mécène n. m.
méchage n. m.
méchamment adv.
méchanceté n. f.
méchant, ante adj. et n.
méché, ée adj.
mèche n. f.
mécher v. tr. (conjug. 6)
mécheux, euse adj.

méchoui n. m.
mechta n. f.
mécompte n. m.
méconduire (se) v. pron. (conjug. 38)
méconduite n. f.
méconium n. m.
méconnaissable adj.
méconnaissance n. f.
méconnaître ou **méconnaitre*** v. tr. (conjug. 57)
méconnu, ue adj.
mécontent, ente adj. et n.
mécontentement n. m.
mécontenter v. tr. (conjug. 1)
mécréant, ante adj. et n.
mecton n. m.
médaillable adj. et n.
médaille n. f.
médaillé, ée adj. et n.
médailler v. tr. (conjug. 1)
médaillier ou **médailler*** n. m.
médailliste n.
médaillon n. m.
mède adj. et n.
médecin n. m.
médecin-conseil n. m.
PL. *médecins-conseils*
médecine n. f.
médecine-ball n. m.
PL. *médecine-balls*
média n. m.
médiagraphie n. f.
médiale n. f.
médiamat ® n. m.
médian, iane adj. et n. f.
médianoche n. m.
médiante n. f.
médiascope n. m.
médiascopie n. f.
médiastin n. m.
médiat, iate adj.
médiateur, trice n.
médiathécaire n.
médiathéquaire n.
médiathèque n. f.

médiation n. f.
médiatique adj.
médiatiquement adv.
médiatisation n. f.
médiatiser v. tr. (conjug. 1)
médiatrice n. f.
médical, ale, aux adj.
médicalement adv.
médicalisation n. f.
médicaliser v. tr. (conjug. 1)
médicament n. m.
médicamenteux, euse adj.
médicastre n. m.
médication n. f.
médicinal, ale, aux adj.
médicinier n. m.
médicochirurgical, ale, aux adj.
médicolégal, ale, aux adj.
médicopsychologique [-k-] adj.
médicosocial, iale, iaux adj.
médiéval, ale, aux adj.
médiévisme n. m.
médiéviste n.
médina n. f.
médiocratie n. f.
médiocre adj. et n.
médiocrement adv.
médiocrité n. f.
médiologie n. f.
médiologue n.
médique adj.
médire v. tr. ind. (conjug. 37 ; sauf *médisez*)
médisance n. f.
médisant, ante adj. et n.
méditatif, ive adj. et n.
méditation n. f.
méditer v. (conjug. 1)
méditerrané, ée adj. et n. f.
méditerranéen, enne adj. et n.
médium n. ; n. m.

médiumnique [medjɔmnik] adj.
médiumnité [medjɔmnite] n. f.
médius n. m.
médoc n. m.
médullaire adj.
médulleux, euse adj.
médullosurrénale n. f.
méduse n. f.
méduser v. tr. (conjug. 1)
meeting [mitiŋ] n. m.
méfait n. m.
méfiance n. f.
méfiant, iante adj.
méfier (se) v. pron. (conjug. 7)
méforme n. f.
méga
mégabit n. m.
mégacéphalie n. f.
mégacéros n. m.
mégacôlon n. m.
mégacycle n. m.
mégahertz n. m.
mégalithe n. m.
mégalithique adj.
mégalo adj. et n.
mégalocéphalie n. f.
mégalomane adj. et n.
mégalomaniaque adj.
mégalomanie n. f.
mégalopole n. f.
mégamix n. m.
mégaoctet n. m.
mégaphone n. m.
mégapole n. f.
mégaptère n. m.
mégarde n. f.
mégastore n. m.
mégathérium n. m.
mégatonne n. f.
mégawatt n. m.
mégère n. f.
mégir ou **mégisser** v. tr. (conjug. 2 ; 1)
mégis n. m.
mégisser v. tr. (conjug. 1)
mégisserie n. f.
mégissier n. m.

mégohm n. m.
mégohmmètre n. m.
mégot n. m.
mégotage n. m.
mégoter v. intr. (conjug. 1)
méharée n. f.
méhari n. m.
   PL. *mehara* (ar.) ou *méharis*
méhariste n. m.
meilleur, e adj.
méiose n. f.
méiotique adj.
meistre n. m.
meitnerium [majtnɛʀjɔm] n. m.
méjanage n. m.
méjuger v. tr. (conjug. 3)
mél n. m. (messagerie électronique)
mélæna ou **méléna** n. m.
mélamine n. f.
mélaminé, ée adj.
mélampyre n. m.
mélancolie n. f.
mélancolique adj.
mélancoliquement adv.
mélanésien, ienne adj. et n.
mélange n. m.
mélangé, ée adj.
mélanger v. tr. (conjug. 3)
mélangeur n. m.
mélanine n. f.
mélanique adj.
mélanisme n. m.
mélanoblastome n. m.
mélanocyte n. m.
mélanoderme adj. et n.
mélanodermie n. f.
mélanome n. m.
mélanosarcome n. m.
mélanose n. f.
mélanostimuline n. f.
mélant, ante adj.
mélasse n. f.
mélatonine n. f.
melba adj.
   PL. inv. ou *melbas**
melchior [-kjɔʀ] n. m.

melchite ou **melkite** [-kit] n.
mêlé, ée adj.
méléagrine n. f.
mêlé-casse ou **mêlécasse** n. m.
   PL. *mêlés-casses* ou *mêlécasses*
mêlée n. f.
méléna ou **mélæna** n. m.
mêler v. tr. (conjug. 1)
mêle-tout ou **mêletout*** n. m.
   PL. inv. ou *mêletouts**
mélèze n. m.
mélia n. m.
mélilot n. m.
méli-mélo ou **mélimélo** n. m.
   PL. inv. ou *mélimélos*
mélinite n. f.
méliorative, ive adj.
mélique adj.; n. f.
mélisse n. f.
mélitococcie n. f.
mélitte n. f.
melkite n.
mellifère adj.
mellification n. f.
melliflu, ue ou **melliflue** adj.
mellite n. m.
mélo n. m.
mélodie n. f.
mélodieusement adv.
mélodieux, ieuse adj.
mélodique adj.
mélodiste n.
mélodramatique adj.
mélodrame n. m.
méloé n. m.
mélomane n.
melon n. m.
melonnière n. f.
mélopée n. f.
mélophage n. m.
melting-pot [mɛltiŋpɔt] n. m.
   PL. *melting-pots*

mélusine n. f.
membranaire adj.
membrane n. f.
membraneux, euse adj.
membranophone n. m.
membre n. m.
membré, ée adj.
membron n. m.
membru, ue adj.
membrure n. f.
mémé n. f.
même adj.; pron. et adv.
mêmement adv.
mémento [memɛ̃to] n. m.
mémérage n. m.
mémère n. f.
mémérer v. intr. (conjug. 6)
mémo n. m.
mémoire n. f.; n. m.
mémorable adj.
mémorandum n. m.
   PL. *mémorandums*
mémorial, iaux n. m.
mémorialiste n.
mémoriel, ielle adj.
mémorisable adj.
mémorisation n. f.
mémoriser v. tr. (conjug. 1)
menaçant, ante adj.
menace n. f.
menacé, ée adj.
menacer v. tr. (conjug. 3)
ménade n. f.
ménage n. m.
ménagement n. m.
¹ménager, ère n. et adj.
²ménager v. tr. (conjug. 3)
ménagerie n. f.
ménagiste n.
ménarche n. f.
menchevik ou **menchévique*** [mɛnʃevik] n. et adj.
mendélévium n. m.
mendélien, ienne [mɛ̃-] adj.
mendélisme [mɛ̃-] n. m.
mendésiste n.
mendiant, iante n.
mendicité n. f.

mendier

mendier v. (conjug. 7)
mendigot, ote n.
mendigoter v. (conjug. 1)
mendole n. f.
meneau n. m.
menée n. f.
mener v. tr. (conjug. 5)
ménestrel n. m.
ménétrier n. m.
meneur, euse n.
menhir n. m.
ménin, ine ou menin, ine n.
méninge n. f.
méningé, ée adj.
méningiome n. m.
méningite n. f.
méningitique adj.
méningocoque n. m.
méniscal, ale, aux adj.
méniscite n. f.
ménisque n. m.
mennonite n. et adj.
ménopause n. f.
ménopausée adj. f.
ménopausique adj.
ménorah n. f.
ménorragie n. f.
menottage n. m.
menotte n. f.
menotter v. tr. (conjug. 1)
mense n. f.
mensonge n. m.
mensonger, ère adj.
mensongèrement adv.
menstruation n. f.
menstruel, elle adj.
menstrues n. f. pl.
mensualisation n. f.
mensualiser v. tr. (conjug. 1)
mensualité n. f.
mensuel, elle adj. et n.
mensuellement adv.
mensuration n. f.
mental, ale, aux adj.
mentalement adv.
mentaliser v. tr. (conjug. 1)
mentalité n. f.

menterie n. f.
menteur, euse n. et adj.
menthe n. f.
menthol n. m.
mentholé, ée adj.
mention n. f.
mentionner v. tr. (conjug. 1)
mentir v. intr. (conjug. 16)
mentisme n. m.
menton n. m.
mentonnet n. m.
mentonnier, ière adj.
mentonnière n. f.
mentor n. m. (rec. off. de coach)
mentorat n. m.
¹menu, ue adj. et adv.
²menu n. m.
menuet n. m.
menuise n. f.
menuiser v. tr. (conjug. 1)
menuiserie n. f.
menuisier, ière n.
ménure n. m.
ményanthe n. m.
méphistophélique adj.
méphitique adj.
méplat, ate adj. et n.
méprendre (se) v. pron. (conjug. 58)
mépris n. m.
méprisable adj.
méprisant, ante adj.
méprise n. f.
mépriser v. tr. (conjug. 1)
mer n. f.
méranti n. m.
merbau n. m.
mercanti n. m.
mercantile adj.
mercantilisation n. f.
mercantiliser v. tr. (conjug. 1)
mercantilisme n. m.
mercantiliste n. et adj.
mercaptan n. m.
mercaticien, ienne n.
mercatique n. f. (rec. off. de marketing)

mercato n. m.
mercenaire adj. et n.
mercerie n. f.
mercerisage n. m.
merceriser v. tr. (conjug. 1)
merchandising [mɛʁʃɑ̃dajziŋ; mɛʁsɑ̃dajziŋ] n. m. (rec. off. : marchandisage)
merci n. f. et m.
mercier, ière n.
mercredi n. m.
mercure n. m.
mercureux adj. m.
mercuriale n. f.
mercuriel, ielle adj.
mercurique adj.
mercurochrome® [-k-] n. m.
merde n. f. et interj.
merder v. intr. (conjug. 1)
merdeux, euse adj. et n.
merdier n. m.
merdique adj.
merdouille n. f.
merdouiller v. intr. (conjug. 1)
merdoyer v. intr. (conjug. 8)
merdum interj.
mère n. f.; mère n. f.
mère-grand n. f.
PL. mères-grand
merengué ou merengue n. m.
merguez n. f.
mergule n. m.
méricarpe n. m.
méridien, ienne adj. et n.
méridienne n. f.
méridional, ale, aux adj.
meringue n. f.
meringuer v. tr. (conjug. 1)
mérinos n. m.
merise n. f.
merisier n. m.
mérisme n. m.
méristématique adj.
méristème n. m.
méritant, ante adj.
mérite n. m.

mériter v. tr. (conjug. 1)
méritocratie n. f.
méritocratique adj.
méritoire adj.
merl n. m.
merlan n. m.
merle n. m.
merleau n. m.
merlette n. f.
merlin n. m.
merlon n. m.
merlot n. m.
merlu n. m.
merluche n. f.
merluchon n. m.
mérostomes n. m. pl.
mérou n. m.
meroutage n. m.
mérovingien, ienne adj. et n.
merrain n. m.
merrine n. f.
merveille n. f.
merveilleusement adv.
merveilleux, euse adj. et n.
mérycisme n. m.
merzlota n. f.
mes adj. poss.
mesa ou **mésa** n. f.
mésalliance n. f.
mésallier (se) v. pron. (conjug. 7)
mésange n. f.
mésangette n. f.
mésaventure n. f.
mescal n. m.
mescaline n. f.
mesclun [mɛsklœ̃] n. m.
mesdames n. f. pl.
mesdemoiselles n. f. pl.
mésencéphale n. m.
mésenchymateux, euse adj.
mésenchyme n. m.
mésentente n. f.
mésentère n. m.
mésentérique adj.
mésestimation n. f.
mésestime n. f.

mésestimer v. tr. (conjug. 1)
mésintelligence n. f.
mesmérisme n. m.
mésoblaste n. m.
mésoblastique adj.
mésocarpe n. m.
mésocôlon n. m.
mésoderme n. m.
mésodermique adj.
mésolithique n. m. et adj.
mésomorphe adj.
méson n. m.
mésopause n. f.
mésophile adj.
mésopotamien, ienne adj. et n.
mésoscaphe n. m.
mésosphère n. f.
mésothéliome n. m.
mésothélium n. m.
mésothérapeute n.
mésothérapie n. f.
mésothorax n. m.
mésozoïque n. m. et adj.
mesquin, ine adj.
mesquinement adv.
mesquinerie n. f.
mess [mɛs] n. m.
message n. m.
messager, ère n.
messagerie n. f.
messe n. f.
messeigneurs n. m. pl.
messeoir ou **messoir*** v. intr. (conjug. 26 ; inusité, sauf *il messied, messéant*)
messianique adj.
messianisme n. m.
messidor n. m.
messie n. m.
messieurs n. m. pl.
messire n. m.
messoir* v. intr. → messeoir
mestrance n. f.
mestre n. m.
mesurable adj.
mesurage n. m.
mesure n. f.

mesuré, ée adj.
mesurer v. (conjug. 1)
mesurette n. f.
mesureur n. m.
mésusage n. m.
mésuser v. tr. ind. (conjug. 1)
méta ® n. m.
métabole adj.
métabolique adj.
métaboliser v. tr. (conjug. 1)
métabolisme n. m.
métabolite n. m.
métacarpe n. m.
métacarpien, ienne adj.
métacentre n. m.
métacentrique adj.
métaconnaissance n. f.
métadonnée n. f.
métairie n. f.
métal, aux n. m.
métalangage n. m.
métalangue n. f.
métaldéhyde n. m. ou f.
métalinguistique adj.
métallier, ière n.
métallifère adj.
métallique adj.
métallisation n. f.
métallisé, ée adj.
métalliser v. tr. (conjug. 1)
métallo n.
métallochromie [-k-] n. f.
métallographie n. f.
métallographique adj.
métalloïde n. m.
métallophone n. m.
métalloplastique adj.
métalloprotéine n. f.
métallurgie n. f.
métallurgique adj.
métallurgiste adj. et n. m.
métalogique adj. et n. f.
métamathématique n. f.
métamère adj. et n. m.
métamérie n. f.
métamérique adj.
métamorphique adj.
métamorphiser v. tr. (conjug. 1)
métamorphisme n. m.

métamorphosable adj.
métamorphose n. f.
métamorphoser v. tr. (conjug. 1)
métamoteur n. m.
métaphase n. f.
métaphore n. f.
métaphorique adj.
métaphoriquement adv.
métaphosphorique adj.
métaphysaire adj.
métaphyse n. f.
métaphysicien, ienne n.
métaphysique adj.; n. f.
métaphysiquement adv.
métaplasie n. f.
métapsychique adj. et n. f.
métapsychologie [-k-] n. f.
métastable adj.
métastase n. f.
métastasé, ée adj.
métastaser v. intr. (conjug. 1)
métastatique adj.
métatarse n. m.
métatarsien, ienne adj.
métathèse n. f.
métathorax n. m.
métayage n. m.
métayer, ère n.
métazoaire n. m.
méteil n. m.
métempsychose ou **métempsycose** [metɑ̃psikoz] n. f.
météncéphale n. m.
météo n. f. et adj. inv.
météore n. m.
météorique adj.
météorisation n. f.
météoriser v. tr. (conjug. 1)
météorisme n. m.
météorite n. m. ou f.
météoritique adj.
météorologie n. f.

météorologique adj.
météorologiste n.
météorologue n.
métèque n. m.
méthacrylique adj.
méthadone n. f.
méthane n. m.
méthanier n. m.
méthanogène n. m. et adj.
méthanol n. m.
méthémoglobine n. f.
méthionine n. f.
méthode n. f.
méthodique adj.
méthodiquement adv.
méthodisme n. m.
méthodiste adj. et n.
méthodologie n. f.
méthodologique adj.
méthyle n. m.
méthylène n. m.
méthylique adj.
méticilline n. f.
méticuleusement adv.
méticuleux, euse adj.
méticulosité n. f.
métier n. m.
métis, isse n.
métissage n. m.
métisser v. tr. (conjug. 1)
métonymie n. f.
métonymique adj.
métope n. f.
métrage n. m.
mètre n. m.
métré n. m.
métrer v. tr. (conjug. 6)
métreur, euse n.
métricien, ienne n.
métrique adj. et n. f.
métrite n. f.
métro n. m.; adj.; n.
métrologie n. f.
métrologique adj.
métrologiste n.
métronome n. m.
métronomique adj.
métropole n. f.

[1]**métropolitain** adj. m. et n. m. (chemin de fer)
[2]**métropolitain, aine** adj. et n. (de métropole)
métropolite n. m.
métrorragie n. f.
mets n. m.
mettable adj.
metteur, euse n.
mettre v. tr. (conjug. 56)
meublant, ante adj.
meuble adj. et n. m.
meublé, ée adj.
meubler v. tr. (conjug. 1)
meublier n. m.
meuf n. f.
meuglement n. m.
meugler v. intr. (conjug. 1)
meuh interj. et n. m.
meulage n. m.
meule n. f.
meuler v. tr. (conjug. 1)
meuleuse n. f.
meulière adj. f. et n. f.
meulon n. m.
meunerie n. f.
meunier, ière n. et adj.
meurette n. f.
meursault n. m.
meurt-de-faim n. inv.
meurtre n. m.
meurtrier, ière n. et adj.
meurtrière n. f.
meurtrir v. tr. (conjug. 2)
meurtrissure n. f.
meute n. f.
mévente n. f.
mézail n. m.
mezcal n. m.
mézigue pron. pers.
mezzanine [mεdzanin] n. f.
mezza-voce [mεdzavɔtʃe] loc. adv.
mezze ou **mezzé** [mεze] n. m.
PL. inv. ou **mezzés**
mezzo [mεdzo] n.
mezzo-soprano [mεdzo-] n.
PL. **mezzos-sopranos**

mezzotinto [mɛdzotinto] n. m.
PL inv. ou *mezzotintos*
mi n. m. inv.
mia n. m.
miam-miam interj.; n. m.
PL inv. ou *miams-miams*
miaou interj. et n. m.
miasme n. m.
miaulement n. m.
miauler v. intr. (conjug. 1)
miauleur, euse adj. et n.
mi-bas n. m. inv.
mica n. m.
micacé, ée adj.
mi-carême n. f.
PL *mi-carêmes*
micaschiste n. m.
micellaire adj.
micelle n. f.
miche n. f.
mi-chemin (à) loc. adv.
micheton n. m.
michetonner v. intr. (conjug. 1)
mi-clos, close adj.
micmac n. m.
micocoulier n. m.
mi-corps (à) loc. adv.
mi-côte (à) loc. adv.
micro n. m.
microaiguille n. f.
microampère n. m.
microampèremètre n. m.
microanalyse n. f.
microbalance n. f.
microbe n. m.
microbicide adj. et n. m.
microbien, ienne adj.
microbiologie n. f.
microbiologique adj.
microbiologiste n.
microbus n. m.
microcalorimètre n. m.
microcalorimétrie n. f.
microcaméra n. f.
microcapsulé, ée adj.
microcéphale adj. et n.
microcéphalie n. f.

microchaîne ou **microchaine*** n. f.
microchimie n. f.
microchirurgie n. f.
microcinéma n. m.
microcinématographie n. f.
microcircuit n. m.
microclimat n. m.
microclimatique adj.
microcontact n. m.
microcopie n. f.
microcopier v. tr. (conjug. 7)
microcoque n. m.
microcosme n. m.
microcosmique adj.
microcoupure n. f.
micro-cravate ou **microcravate*** n. m.
PL *micros-cravates* ou *microcravates**
microcrédit n. m.
microcurie n. f.
microdissection n. f.
microéconométrie n. f.
microéconomie n. f.
microéconomique adj.
microédition n. f.
microélectrode n. f.
microélectronique n. f. et adj.
microencapsulation n. f.
microentrepreneur, euse n.
microentreprise n. f.
microévolution n. f.
microfibre n. f.
microfiche n. f.
microfilm n. m.
microfilmer v. tr. (conjug. 1)
microfiltration n. f.
microfiltrer v. tr. (conjug. 1)
microflore n. f.
microforme n. f.
microgramme n. m.
micrographie n. f.

micrographique adj.
microgravité n. f.
microgrenu, ue adj.
microhm n. m.
micro-informatique n. f.
micro-injecter v. tr. (conjug. 1)
micro-injection n. f.
PL *micro-injections*
micro-instruction n. f.
PL *micro-instructions*
micro-instrument n. m.
PL *micro-instruments*
microlithe ou **microlite** n. f.
microlithique ou **microlitique** adj.
micromanipulateur n. m.
micromanipulation n. f.
micromètre n. m.
micrométrie n. f.
micrométrique adj.
microminiaturisation n. f.
micromoteur n. m.
micron n. m.
micronisation n. f.
microniser v. tr. (conjug. 1)
micronoyau n. m.
micronucléus n. m.
micro-ondable ou **microondable** adj.
PL *micro(-)ondables*
micro-onde ou **microonde** n. f.
PL *micro(-)ondes*
micro-onde(s) ou **microonde** n. m.
PL *micro(-)ondes*
micro-ordinateur ou **microordinateur** n. m.
PL *micro(-)ordinateurs*
micro-organisme ou **microorganisme** n. m.
PL *micro(-)organismes*
microphage adj. et n. m.
microphone n. m.
microphonique adj.

microphotographie n. f.
microphysique n. f.
micropilule n. f.
microporeux, euse adj.
microprocesseur n. m.
microprogrammation n. f.
microprogramme n. m.
micropyle n. m.
microrupteur n. m.
microscope n. m.
microscopie n. f.
microscopique adj.
microscopiste n.
microsillon n. m.
microsociologie n. f.
microsonde n. f.
microspectroscopie n. f.
microsphère n. f.
microsporange n. m.
microspore n. f.
microstructure n. f.
microtome n. m.
microtracteur n. m.
micro-trottoir n. m.
PL. *micros-trottoirs*
microtubule n. m.
miction n. f.
midi n. m.
midichaîne ou **midichaîne*** n. f.
midifié, ée adj.
midinette n. f.
midship n. m.
mie adv.; n. f.
miel n. m.
miellat n. m.
miellé, ée adj.
miellée n. f.
mielleusement adv.
mielleux, euse adj.
mien, mienne adj. poss. et pron. poss.
miette n. f.
mieux adv.
mieux-disant, ante adj.
PL. *mieux-disants, antes*

mieux-être n. m.
mièvre adj.
mièvrement adv.
mièvrerie n. f.
mi-fin adj.
PL. *mi-fins*
migmatite n. f.
mignard, arde adj.
mignardise n. f.
mignon, onne adj. et n.
mignonnet, ette adj. et n.
mignonnette n. f.
mignoter v. tr. (conjug. 1)
migraine n. f.
migraineux, euse adj.
migrant, ante adj. et n.
migrateur, trice adj.
migration n. f.
migratoire adj.
migrer v. intr. (conjug. 1)
mihrab n. m.
mi-jambe ou **mi-jambes (à)** loc. adv.
mijaurée n. f.
mijoter v. (conjug. 1)
mijoteuse n. f.
mikado n. m.
¹**mil** adj. inv.
²**mil** [mil; mij] n. m.
milan n. m.
milanais, aise adj. et n.
mildiou n. m.
mildiousé, ée adj.
mile [majl] n. m.
miliaire adj. et n. f.
milice n. f.
milicien, ienne n.
milieu n. m.
militaire adj. et n.
militairement adv.
militance n. f.
militant, ante adj. et n.
militantisme n. m.
militaria n. m. inv.
militarisation n. f.
militariser v. tr. (conjug. 1)
militarisme n. m.
militariste adj. et n.

militaro(-)économique adj.
PL. *militaro(-)économiques*
militaro-industriel, elle adj.
PL. *militaro-industriels, elles*
militaro(-)politique adj.
PL. *militaro(-)politiques*
militer v. intr. (conjug. 1)
milium n. m.
milkbar ou **milk-bar** n. m.
PL. *milkbars* ou *milk-bars*
milkshake ou **milk-shake** n. m.
PL. *milkshakes* ou *milk-shakes*
millage n. m.
millas n. m. ou **millasse** ou **milliasse** n. f.
mille adj. numér. inv.; n. m. inv.; n. m.
¹**millefeuille** n. m. (gâteau)
²**millefeuille** ou **mille-feuille** n. f.
PL. *mille(-)feuilles* (plante)
millénaire adj. et n. m.
millénarisme n. m.
millénariste adj.
millénium n. m.
millepatte ou **mille-pattes** n. m.
PL. *mille(-)pattes*
millepertuis ou **mille-pertuis** n. m.
millépore n. m.
milleraie ou **mille-raies** n. m.
PL. *milleraies* ou *mille-raies*
millerandage n. m.
millerandé, ée adj.
millésime n. m.
millésimé, ée adj.
millet n. m.
milliaire adj.
milliampère n. m.
milliampèremètre n. m.
milliard n. m.
milliardaire adj. et n.
milliardième adj. et n. m.

milliasse n. f.
millibar n. m.
millième adj. et n.
millier n. m.
milligramme n. m.
millilitre n. m.
millimétré, ée adj.
millimètre n. m.
millimétrique adj.
million n. m.
millionième adj. et n.
millionnaire adj. et n.
millivolt n. m.
millivoltmètre n. m.
milord n. m.
milouin n. m.
mi-lourd adj. m. et n. m.
PL. *mi-lourds*
mime n.
mimer v. tr. (conjug. 1)
mimesis n. f.
mimétique adj.
mimétisme n. m.
mimi n. m.
mimine n. f.
mimique adj. et n. f.
mimivirus n. m.
mimodrame n. m.
mimolette n. f.
mimologie n. f.
mimosa n. m.
mi-moyen adj. m. et n. m.
PL. *mi-moyens*
M. I. N. n. m. (marché d'intérêt national)
minable adj. et n.
minablement adv.
minage n. m.
minahouet n. m.
minaret n. m.
minauder v. intr. (conjug. 1)
minauderie n. f.
minaudier, ière adj.
minbar n. m.
mince adj. et interj.
minceur n. f.
mincir v. intr. (conjug. 2)
mine n. f.
miner v. tr. (conjug. 1)
minerai n. m.

minéral, ale, aux adj. et n. m.
minéralier n. m.
minéralisateur, trice adj. et n. m.
minéralisation n. f.
minéraliser v. tr. (conjug. 1)
minéralogie n. f.
minéralogique adj.
minéralogiste n.
minerval n. m.
minerve n. f.
minerviste n.
minervois, oise n. m.
minestrone n. m.
minet, ette n.
minette n. f.
¹**mineur, eure** adj. et n.
²**mineur** n. m.
mini adj. inv.
miniature n. f.
miniaturé, ée adj.
miniaturisation n. f.
miniaturiser v. tr. (conjug. 1)
miniaturiste n.
minibar ® n. m.
minibus n. m.
minicassette n. f.
minichaîne ou **minichaine*** n. f.
minidisc n. m.
minidose n. f.
minidosé, ée adj.
minier, ière adj.
minière n. f.
minigolf n. m.
minijupe n. f.
minima n. m. pl.
minima (a) loc. adj.
minimal, ale, aux adj.
minimalisme n. m.
minimaliste adj.
minimarge n. m.
minime adj. et n.
minimex n. m.
minimexé, ée adj.
minimiser v. tr. (conjug. 1)

minimum n. m. et adj.
PL. *minima* ou *minimums*
mini-ordinateur n. m.
PL. *mini-ordinateurs*
minipilule n. f.
minispace n. m.
ministère n. m.
ministériat n. m.
ministériel, ielle adj.
ministrable adj.
ministre n.
minitel ® n. m.
minitéliste n.
minium n. m.
minivague ® n. f.
minnesinger ou **minnésinger*** n. m.
minoen, enne adj.
minois n. m.
minorant n. m.
minoratif, ive adj.
minorer v. tr. (conjug. 1)
minoritaire adj. et n.
minorité n. f.
minot n. m.
minoterie n. f.
minotier n. m.
minou n. m.
minuit n. m.
minuscule adj. et n. f.
minus (habens) n.
minutage n. m.
minutaire adj.
minute n. f.
minuter v. tr. (conjug. 1)
minuterie n. f.
minuteur n. m.
minutie [-si] n. f.
minutier n. m.
minutieusement adv.
minutieux, ieuse adj.
miocène adj. et n. m.
mioche n.
mi-parti, ie adj.
PL. *mi-partis, ies*
mir n. m.
mirabelle n. f.
mirabellier n. m.
mirabilis n. m.
miracle n. m.

miraculé, ée adj.
miraculeusement adv.
miraculeux, euse adj.
mirador n. m.
mirage n. m.
miraud, aude adj. et n.
mirbane n. f.
mire n. f.
mire-œuf n. m.
    pl. *mire-œufs*
mirepoix n. m. ou f.
mirer v. tr. (conjug. 1)
mirette n. f.
mireur, euse n.
mirifique adj.
mirifiquement adv.
mirliflore n. m.
mirliton n. m.
mirmidon n. m.
mirmillon n. m.
miro ou **miraud, aude**
    adj. et n.
mirobolant, ante adj.
mirodrome n. m.
miroir n. m.
miroitant, ante adj.
miroité, ée adj.
miroitement n. m.
miroiter v. intr. (conjug. 1)
miroiterie n. f.
miroitier, ière n.
mironton n. m.
miroton n. m.
mis, mise adj.
misaine n. f.
misandre adj. et n.
misandrie n. f.
misanthrope n. et adj.
misanthropie n. f.
misanthropique adj.
miscellanées n. f. pl.
miscible adj.
mise n. f.
miser v. tr. (conjug. 1)
misérabilisme n. m.
misérabiliste adj. et n.
misérable adj. et n.
misérablement adv.
misère n. f.

miserere n. m. inv. ou
miséréré n. m.
miséreux, euse adj. et n.
miséricorde n. f.
miséricordieusement
    adv.
miséricordieux, ieuse
    adj.
miso n. m.
misogyne adj. et n.
misogynie n. f.
mispickel n. m.
miss n. f. inv.
missel n. m.
missi dominici
    [misidɔminisi] n. m. pl.
missile n. m.
missilier n. m.
mission n. f.
missionnaire n. et adj.
missionner v. tr. (conjug. 1)
missive adj. f. et n. f.
mistelle n. f.
mistigri n. m.
miston, onne n.
mistoufle n. f.
mistral n. m.
mitage n. m.
mitaine n. f.
mitan n. m.
mitard n. m.
mite n. f.
mi-temps n. f. et m. inv.
miter (se) v. pron.
    (conjug. 1)
miteusement adv.
miteux, euse adj. et n.
mithracisme n. m.
mithriacisme n. m.
mithriaque adj.
mithridatisation n. f.
mithridatiser v. tr.
    (conjug. 1)
mithridatisme n. m.
mitigation n. f.
mitigé, ée adj.
mitiger v. tr. (conjug. 3)
mitigeur n. m.
**mitochondrial, iale,
iaux** adj.

mitochondrie n. f.
mitogène adj. et n. m.
miton n. m.
mitonner v. (conjug. 1)
mitose n. f.
mitotique adj.
mitoyen, mitoyenne
    adj.
mitoyenneté n. f.
mitraillade n. f.
mitraillage n. m.
mitraille n. f.
mitrailler v. (conjug. 1)
mitraillette n. f.
mitrailleur n. m.
mitrailleuse n. f.
mitral, ale, aux adj.
mitre n. f.
mitré, ée adj.
mitron n. m.
mi-voix (à) loc. adv.
mix n. m.
mixage n. m.
mixer v. tr. (conjug. 1)
mixeur, euse n.
mixité n. f.
mixte adj.
mixtion n. f.
mixtionner v. tr. (conjug. 1)
mixture n. f.
M. J. C. n. f. (maison des
    jeunes et de la culture)
M. K. S. A. adj. (mètre,
    kilogramme, seconde, ampère)
ml symb. (millilitre)
Mlle abrév. (mademoiselle)
mm symb. (millimètre)
Mme abrév. (madame)
mmm interj.
MMS n. m. (rec. off. : message
    multimédia)
M. N. n. f. (marine nationale)
mn symb. (minute)
mnémonique adj.
mnémotechnique adj.
mnésique adj.
Mo symb. (mégaoctet)
mobile adj. et n. m.

mobile home [mɔbilom] n. m.
PL. *mobile homes* (rec. off. : maison mobile)
mobilier, ière adj. et n. m.
mobilisable adj.
mobilisateur, trice adj.
mobilisation n. f.
mobiliser v. tr. (conjug. 1)
mobilisme n. m.
mobiliste adj. et n.
mobilité n. f.
mobinaute n.
mobylette ® n. f.
mocassin n. m.
mochard, arde adj.
moche adj.
mocheté n. f.
moco ou **moko** n. m.
modal, ale, aux adj. et n. f.
modalisation n. f.
modalité n. f.
mode n. f.; n. m.
modelable adj.
modelage n. m.
modelé n. m.
modèle n. m.
modeler v. tr. (conjug. 5)
modeleur, euse n.
modélisation n. f.
modéliser v. tr. (conjug. 1)
modélisme n. m.
modéliste n.
modem n. m.
modénature n. f.
modérantisme n. m.
modérantiste adj. et n.
modérateur, trice n. et adj.
modération n. f.
¹**modérato** ou **moderato** adv.
PL. *modératos* ou *moderatos*
²**modérato** ou **moderato** adv.
modéré, ée adj. et n.
modérément adv.
modérer v. tr. (conjug. 6)
moderne adj.

modernisateur, trice n. et adj.
modernisation n. f.
moderniser v. tr. (conjug. 1)
modernisme n. m.
moderniste adj. et n.
modernité n. f.
modern style [mɔdɛʀnstil] n. m. inv.
modeste adj.
modestement adv.
modestie n. f.
modicité n. f.
modifiable adj.
modificateur, trice adj. et n.
modificatif, ive adj.
modification n. f.
modifier v. tr. (conjug. 7)
modillon n. m.
modique adj.
modiquement adv.
modiste n.
modulable adj.
modulaire adj.
modulant, ante adj.
modularité n. f.
modulateur, trice n. m. et adj.
modulation n. f.
module n. m.
moduler v. tr. (conjug. 1)
modulo prép.
modulor n. m.
modus operandi n. m. inv.
modus vivendi [mɔdysvivẽdi] n. m. inv.
moelle [mwal] n. f.
moelleusement [mwa-] adv.
moelleux, euse [mwa-] adj.
moellon [mwa-] n. m.
moellonnage [mwa-] n. m.
moere ou **moère** [mwɛʀ] n. f.
mœurs n. f. pl.
mofette n. f.

mofler v. tr. (conjug. 1)
mogette ou **mojette** n. f.
mohair n. m.
moi pron. pers. et n. m. inv.
moie n. f.
moignon n. m.
moi-même pron. pers.
moindre adj. compar.
moindrement adv.
moine n. m.
moineau n. m.
moinerie n. f.
moinillon n. m.
moins adv.
moins-disant, ante adj. et n.
PL. *moins-disants, antes*
moins-perçu n. m.
PL. *moins-perçus*
moins-value n. f.
PL. *moins-values*
moirage n. m.
moire n. f.
moiré, ée adj. et n. m.
moirer v. tr. (conjug. 1)
moireur n. m.
moirure n. f.
mois n. m.
moise n. f.
moïse n. m.
moiser v. tr. (conjug. 1)
moisi, ie adj. et n. m.
moisir v. intr. (conjug. 2)
moisissure n. f.
moissine n. f.
moisson n. f.
moissonnage n. m.
moissonner v. tr. (conjug. 1)
moissonneur, euse n.
moissonneuse-batteuse n. f.
PL. *moissonneuses-batteuses*
moissonneuse-lieuse n. f.
PL. *moissonneuses-lieuses*
moite adj.
moiteur n. f.
moitié n. f.

moitir

moitir v. tr. (conjug. 2)
mojette n. f.
mojito n. m.
moka n. m.
moko n. m.
mol adj. m.
molaire adj.; n. f.
molalité n. f.
molarité n. f.
molasse ou mollasse n. f.
mole n. f.
môle n. f.; n. m.
moléculaire adj.
molécularité n. f.
molécule n. f.
molécule-gramme n. f.
  pl. *molécules-grammes*
molène n. f.
moleskine n. f.
molester v. tr. (conjug. 1)
moletage n. m.
moleter v. tr. (conjug. 4)
molette n. f.
molière n. m.
moliéresque adj.
moliérisé, ée adj.
molinisme n. m.
moliniste n. et adj.
molinosisme n. m.
molinosiste n. et adj.
mollah n. m.
mollarchie n. f.
mollard n. m.
mollarder v. intr. (conjug. 1)
mollasse adj.; n. f.
mollasserie n. f.
mollasson, onne n. et adj.
mollement adv.
mollesse n. f.
¹mollet, ette adj.
²mollet n. m.
molletière n. f.
molleton n. m.
molletonné, ée adj.
molletonneux, euse adj.
mollir v. (conjug. 2)
mollisol n. m.

mollo adv.
molluscum n. m.
mollusque n. m.
moloch [-lɔk] n. m.
molosse n. m.
molossoïde adj.
molybdates n. m.
molybdène n. m.
molybdénite n. f.
molybdique adj.
molysmologie n. f.
même
moment n. m.
momentané, ée adj.
momentanément adv.
momerie n. f.
momie n. f.
momification n. f.
momifier v. tr. (conjug. 7)
momordique n. f.
mon adj. poss.
monacal, ale, aux adj.
monachisme [-ʃism; -kism] n. m.
monade n. f.
monadelphe adj.
monadisme n. m.
monadologie n. f.
monandre adj.
monarchie n. f.
monarchique adj.
monarchisme n. m.
monarchiste n. et adj.
monarque n. m.
monastère n. m.
monastique adj.
monaural, ale, aux adj.
monazite n. f.
monbazillac n. m.
monceau n. m.
mondain, aine adj. et n.
mondaniser v. intr.
mondanité n. f.
monde n. m.
monder v. tr. (conjug. 1)
mondial, iale, iaux adj. et n.
mondialement adv.
mondialisation n. f.

mondialiser v. tr. (conjug. 1)
mondialisme n. m.
mondialiste adj.
mondialité n. f.
monel ® n. m.
monème n. m.
monère n. f.
monergol n. m.
monétaire adj.
monétarisme n. m.
monétariste adj. et n.
monéticien, ienne n.
monétique n. f.
monétisation n. f.
monétiser v. tr. (conjug. 1)
mongol, e adj. et n.
mongolien, ienne adj. et n.
mongolique adj.
mongolisme n. m.
mongoloïde adj. et n.
monial, iale, iaux adj.
moniale n. f.
monisme n. m.
moniste adj. et n.
moniteur, trice n.
monition n. f.
monitoire adj.
monitor n. m.
monitorage n. m. (rec. off. de *monitoring*)
monitorat n. m.
monitoring n. m. (rec. off. : *monitorage*)
monnaie n. f.
monnaie-du-pape n. f.
  pl. *monnaies-du-pape*
monnayable adj.
monnayage n. m.
monnayer v. tr. (conjug. 8)
monnayeur n. m.
mono n. adj. inv.
monoamine n. f.
monoatomique adj.
monobasique adj.
monobloc adj. inv. et n. m.
monocâble n. m.
monocaméral, ale, aux adj.

montagnette

monocaméralisme n. m.
monocamérisme n. m.
monocellulaire adj.
monochromateur [-k-] n. m.
monochromatique [-k-] adj.
monochrome [-k-] adj.
monochromie [-k-] n. f.
monocinétique adj.
monocle n. m.
monoclinal, ale, aux adj. et n. m.
monoclinique adj.
monoclonal, ale, aux adj.
monocoque n. m. et adj.
monocorde n. m. et adj.
monocordiste n.
monocorps n. m.
monocotylédone adj. et n. f.
monocouche adj. et n. f.
monocratie n. f.
monocristal, aux n. m.
monocristallin, ine adj.
monoculaire adj.
monoculture n. f.
monocycle adj. et n. m.
monocyclique adj.
monocylindre n. m.
monocylindrique adj.
monocyte n. m.
monodie n. f.
monodique adj.
monœcie n. f.
monofonction adj. inv.
monogame adj.
monogamie n. f.
monogamique adj.
monogénique adj.
monogénisme n. m.
monogéniste n.
monoglotte n. et adj.
monograde adj.
monogramme n. m.
monogrammiste n.
monographie n. f.
monographique adj.

monoï n. m. inv.
monoïdéique adj.
monoïdéisme n. m.
monoïque adj.
monolingue adj. et n.
monolinguisme n. m.
monolithe adj. et n. m.
monolithique adj.
monolithisme n. m.
monologue n. m.
monologuer v. intr. (conjug. 1)
monomane ou monomaniaque adj. et n.
monomanie n. f.
monôme n. m.
monomère adj. et n. m.
monométallisme n. m.
monométalliste adj.
monomoteur, trice adj. et n. m.
mononucléaire adj. et n. m.
mononucléose n. f.
monopalme n. f.
monoparental, ale, aux adj.
monoparentalité n. f.
monophasé, ée adj.
monophonie n. f.
monophonique adj.
monophysisme n. m.
monophysite adj. et n.
monoplace adj.
monoplan n. m.
monoplégie n. f.
monopode n. m.
monopole n. m.
monopoleur, euse n.
monopolisateur, trice n.
monopolisation n. f.
monopoliser v. tr. (conjug. 1)
monopoliste n.
monopolistique adj.
monoposte adj.
monoptère n. m.
monorail adj. inv. et n. m.
monorime adj.

monosaccharide ou monosaccharide* [-k-] n. m.
monosémie n. f.
monosémique adj.
monosépale adj.
monoski n. m.
monoskieur, ieuse n.
monospace n. m.
monospécifique adj.
monosperme adj.
monostable adj. et n. m.
monostyle adj.
monosyllabe adj. et n. m.
monosyllabique adj.
monosyllabisme n. m.
monothéique adj.
monothéisme n. m.
monothéiste n. et adj.
monothérapie n. f.
monotone adj.
monotonie n. f.
monotrace adj.
monotrème adj. et n. m.
monotype ® n. m. et f.
monovalent, ente adj.
monoxyde n. m.
monoxyle adj.
monozygote adj.
monseigneur n. m.
  PL. messeigneurs
monsieur n. m.
  PL. messieurs
monsignor ou monsignore (it.) n. m.
  PL. monsignors ou monsignori (it.)
monstrance n. f.
monstration n. f.
monstre n. m. et adj.
monstresse n. f.
monstrueusement adv.
monstrueux, euse adj.
monstruosité n. f.
mont n. m.
montage n. m.
montagnard, arde adj. et n.
montagne n. f.
montagnette n. f.

montagneux, euse adj.
montaison n. f.
montanisme n. m.
montaniste n. et adj.
montant, ante adj. et n. m.
mont-blanc n. m.
 PL. monts-blancs
mont-de-piété n. m.
 PL. monts-de-piété
monte n. f.
monte-charge n. m.
 PL. monte-charges
montée n. f.
monte-en-l'air n. m. inv.
monte-meuble n. m.
 PL. monte-meubles
monte-plat n. m.
 PL. monte-plats
monter v. (conjug. 1)
monte-sac n. m.
 PL. monte-sacs
monteur, euse n.
montgolfière n. f.
monticole adj.
monticule n. m.
montmorency n. f.
 PL. montmorencys
montoir n. m.
montrable adj.
montre n. f.
montre-bracelet n. f.
 PL. montres-bracelets
montrer v. tr. (conjug. 1)
montreur, euse n.
montueux, euse adj.
monture n. f.
monument n. m.
monumental, ale, aux adj.
monumentalité n. f.
mooniste n.
moque n. f.
moquer v. tr. (conjug. 1)
moquerie n. f.
moquette n. f.
moquetter v. tr. (conjug. 1)
moquettiste n.
moqueur, euse adj. et n.
moraille n. f.

moraillon n. m.
moraine n. f.
morainique adj.
moral, ale, aux adj. et n. m.
morale n. f.
moralement adv.
moralisant, ante adj.
moralisateur, trice adj. et n.
moralisation n. f.
moraliser v. (conjug. 1)
moralisme n. m.
moraliste n.
moralité n. f.
morasse n. f.
moratoire adj. et n. m.
moratorium n. m.
morbide adj.
morbidesse n. f.
morbidité n. f.
morbier n. m.
morbilleux, euse adj.
morbleu interj.
morceau n. m.
morcelable adj.
morceler v. tr. (conjug. 4)
morcellement ou **morcèlement*** n. m.
mordache n. f.
mordacité n. f.
mordançage n. m.
mordancer v. tr. (conjug. 3)
mordant, ante adj. et n. m.
mordicus adv.
mordillage n. m.
mordillement n. m.
mordiller v. tr. (conjug. 1)
mordiou interj.
mordoré, ée adj. et n. m.
mordorure n. f.
mordre v. (conjug. 41)
mordu, ue adj. et n.
more n.
moreau, elle adj.
morelle n. f.
moresque n. f. et adj.
moret n. m.
morfal, ale n. et adj.

morfil n. m.
morfler v. tr. (conjug. 1)
morfondre (se) v. pron. (conjug. 41)
morfondu, ue adj.
morganatique adj.
morganatiquement adv.
morgeline n. f.
morgue n. f.
morguier n. m.
moribond, onde adj. et n.
moricaud, aude adj. et n.
morigéner v. tr. (conjug. 6)
morille n. f.
morillon n. m.
moringa n. m.
morio n. m.
morion n. m.
mormon, one n.
mormonisme n. m.
morne adj.; n. m.; n. f.
morné, ée adj.
mornifle n. f.
morose adj.
morosité n. f.
morphème n. m.
morphine n. f.
morphine-base n. f.
morphing n. m. (rec. off. : morphose)
morphinique adj.
morphinisme n. m.
morphinomane adj. et n.
morphinomanie n. f.
morphisme n. m.
morphogène adj.
morphogenèse n. f.
morphologie n. f.
morphologique adj.
morphologiquement adv.
morphopsychologie [-k-] n. f.
morphosyntaxe n. f.
morphosyntaxique adj.
morphotype n. m.
morpion n. m.
mors n. m.
morse n. m.

morsure n. f.
¹mort, morte adj.; n.
²mort, n. f.
mortadelle n. f.
mortaisage n. m.
mortaise n. f.
mortaiser v. tr. (conjug. 1)
mortaiseuse n. f.
mortalité n. f.
mort-aux-rats n. f. inv.
mort-bois n. m.
PL. *morts-bois*
morte-eau n. f.
PL. *mortes-eaux*
mortel, elle adj. et n.
mortellement adv.
morte-saison n. f.
PL. *mortes-saisons*
mortier n. m.
mortifère adj.
mortifiant, iante adj.
mortification n. f.
mortifier v. tr. (conjug. 7)
mortinatalité n. f.
mort-né, mort-née adj. et n.
PL. *mort-nés, mort-nées*
morts-terrains n. m. pl.
mortuaire adj.
morue n. f.
morula n. f.
morutier, ière n. m. et adj.
morve n. f.
morveux, euse adj. et n.
mosaïque n. f.; adj.
mosaïqué, ée adj.
mosaïsme n. m.
mosaïste n.
mosan, ane adj.
moscoutaire n.
mosette ou **mozette** n. f.
mosquée n. f.
mot n. m.
motard, arde n.
mot-clé n. m.
PL. *mots-clés*
motel n. m.
motet n. m.

moteur, trice n. m. et adj.
moteur-fusée n. m.
PL. *moteurs-fusées*
motif n. m.
motilité n. f.
motion n. f.
motivant, ante adj.
motivateur, trice adj. et n. m.
motivation n. f.
motivé, ée adj.
motiver v. tr. (conjug. 1)
moto n. f.
motobineuse n. f.
motocross ou **moto-cross** n. m.
PL. inv. ou *motos-cross*
motocrotte n. f.
motoculteur n. m.
motoculture n. f.
motocycle n. m.
motocyclette n. f.
motocyclisme n. m.
motocycliste n.
motofaucheuse n. f.
motomarine n. f.
motonautique adj.
motonautisme n. m.
motoneige n. f.
motoneigiste n.
motoneurone n. m.
motopaver ou **motopaveur** n. m.
motopompe n. f.
motopropulseur adj. m.
motor-home n. m.
PL. *motor-homes* (rec. off. : autocaravane)
motorisation n. f.
motoriser v. tr. (conjug. 1)
motoriste n.
motorship n. m.
motoski n.
mototracteur n. m.
mot-outil n. m.
PL. *mots-outils*
mot-phrase n. m.
PL. *mots-phrases*
mot-rébus n. m.
PL. *mots-rébus*

motrice n. f.
motricité n. f.
mots croisés n. m. pl.
mots-croisiste n.
PL. *mots-croisistes*
motte n. f.
motter (se) v. pron. (conjug. 1)
motteux n. m.
motu proprio loc. adv. et n. m. inv.
motus interj.
mot-valise n. m.
PL. *mots-valises*
¹mou ou **mol, molle** adj. et n.
²mou adv.
mouais interj.
mouchage n. m.
moucharabieh ou **moucharabié** n. m.
mouchard, arde n.
mouchardage n. m.
moucharder v. tr. (conjug. 1)
mouche n. f.
mouche-bébé n. m.
PL. *mouche-bébés*
moucher v. tr. (conjug. 1)
moucheron n. m.
moucheronner v. intr. (conjug. 1)
moucheté, ée adj.
moucheter v. tr. (conjug. 4)
mouchetis n. m.
mouchette n. f.
moucheture n. f.
moucheur, euse n.
mouchoir n. m.
mouclade n. f.
moudjahid n. m.
PL. *moudjahidin* ou *moudjahidines*
moudre v. tr. (conjug. 47; rare, sauf *moudre, moudrai(s)*, et *moulu, ue*)
moue n. f.
mouette n. f.
moufeter v. intr. (conjug. 5)
mouffette n. f.

mouflage

mouflage n. m.
moufle n. f. et m.
mouflet, ette n.
mouflon n. m.
moufter ou **moufeter** v. intr. (conjug. 1)
mouillage n. m.
mouillant, ante n. m. et adj.
mouillasser v. impers. (conjug. 1)
mouille n. f.
mouillé, ée adj.
mouillement n. m.
mouiller v. (conjug. 1)
mouillère n. f.
mouillette n. f.
mouilleur n. m.
mouillure n. f.
mouise n. f.
moujik n. m.
moujingue n.
moukère ou **mouquère** n. f.
moulage n. m.
moulant, ante adj.
moule n. f.; n. m.
moulé, ée adj.
moulée n. f.
mouler v. tr. (conjug. 1)
mouleur, euse n.
moulière n. f.
moulin n. m.
moulinage n. m.
moulin-à-vent n. m. inv. (vin)
mouliner v. tr. (conjug. 1)
moulinet n. m.
moulinette® n. f.
moulinier, euse n.
moulinier, ière n.
mouliste n.
[1]**moult, moulte** adj.
[2]**moult** adv.
moulu, ue adj.
moulure n. f.
moulurer v. tr. (conjug. 1)
moumoute n. f.
mound n. m.
mouquère n. f.

mourant, ante adj. et n.
mourir v. intr. (conjug. 19)
mouroir n. m.
mouron n. m.
mourre n. f.
mouscaille n. f.
mousmée ou **mousmé** n. f.
mousquet n. m.
mousquetade n. f.
mousquetaire n. m.
mousqueterie ou **mousquèterie** n. f.
mousqueton n. m.
mousquetonnage n. m.
mousquetonner v. intr. (conjug. 1)
moussaillon n. m.
moussaka n. f.
moussant, ante adj.
mousse adj.; n. f.; n. m.
mousseline n. f.
mousser v. intr. (conjug. 1)
mousseron n. m.
mousseux, euse adj. et n. m.
moussoir n. m.
mousson n. f.
moussu, ue adj.
moustache n. f.
moustachu, ue adj.
moustérien, ienne adj.
moustiquaire n. f.
moustique n. m.
moût ou **mout*** [mu] n. m.
moutard n. m.
moutarde n. f.
moutardier n. m.
moutier n. m.
[1]**mouton, onne** adj.
[2]**mouton** n. m.
moutonnant, ante adj.
moutonné, ée adj.
moutonnement n. m.
moutonner v. intr. (conjug. 1)
moutonnerie n. f.
moutonneux, euse adj.
moutonnier, ière adj.

mouture n. f.
mouvance n. f.
mouvant, ante adj.
mouvement n. m.
mouvementé, ée adj.
mouvementer v. tr. (conjug. 1)
mouvementiste adj. et n.
mouvoir v. tr. (conjug. 27; rare sauf inf, prés. indic. et participes)
movida n. f.
moviola® n. f.
moxa n. m.
moxibustion n. f.
moye ou **moie** n. f.
moyé, ée adj.
[1]**moyen, moyenne** adj.
[2]**moyen** n. m.
Moyen Âge ou **Moyen-Âge** n. m.
moyenâgeux, euse adj.
moyen-courrier n. m. et adj. m.
PL *moyen(s)-courriers*
moyennant prép.
moyenne n. f.
moyennement adv.
moyenner v. tr. (conjug. 1)
moyen-oriental, ale, aux adj.
moyeu n. m.
mozabite adj. et n.
mozarabe n. et adj.
mozette n. f.
mozzarella n. f.
MP3 n. m.
MST ou **M. S. T.** n. f. (maladie sexuellement transmissible)
M. T. S. adj. (mètre, tonne, seconde)
mu n. m.
PL inv. ou *mus***
mû, mue p. p. (mouvoir)
muance n. f.
mucher v. tr. (conjug. 1)
mucilage n. m.
mucilagineux, euse adj.
mucite n. f.

mucolytique adj.
mucor n. m.
mucosité n. f.
mucoviscidose n. f.
mucoviscidosique adj.
mucron n. m.
mucroné, ée adj.
mucus n. m.
mudéjar n. et adj.
mue n. f.
muer v. (conjug. 1)
muesli ou musli [mysli] n. m.
muet, muette adj. et n.
muette n. f.
muezzin ou muezzine* [myɛdzin] n. m.
muffin [mœfin] n. m.
mufle n. m.
muflerie n. f.
muflier n. m.
mufti ou muphti n. m.
mug n. m.
muge n. m.
mugir v. intr. (conjug. 2)
mugissant, ante adj.
mugissement n. m.
muguet n. m.
muid n. m.
mulard, arde n. m. et adj.
mulassier, ière adj.
mulâtre, mulâtresse n. et adj.
mule n. f.
mule-jenny n. f.
pl. *mule-jennys*
mulet n. m.
muleta ou muléta n. f.
muletier, ière n. m. et adj.
mulette n. f.
mulon n. m.
mulot n. m.
mulsion n. f.
multibrin n. m.
multibroche adj.
multicâble adj. et n. m.
multicanal, ale, aux adj.
multicarte adj.

multicast n. m.
multicaule adj.
multicellulaire adj.
multicolore adj.
multicombustible adj. et n. m.
multiconducteur, trice adj.
multiconfessionnel, elle adj.
multicoque n. m.
multicorps n. m.
multicouche adj.
multicritère adj.
multiculturalisme n. m.
multiculturel, elle adj.
multidiffusion n. f.
multidimensionnel, elle adj.
multidirectionnel, elle adj.
multidisciplinaire adj.
multiethnique adj.
multifactoriel, ielle adj.
multifenêtrage n. m.
multifilaire adj.
multiflore adj.
multifonction adj.
multifonctionnalité n. f.
multifonctionnel, elle adj.
multiforme adj.
multifréquence adj.
multigénique adj.
multigeste adj. et n. f.
multigestion n. f.
multigrade adj.
multijoueur adj.
multilatéral, ale, aux adj.
multilatéralisme n. m.
multilinéaire adj.
multilinéarité n. f.
multilingue adj.
multilinguisme n. m.
multilobé, ée adj.
multiloculaire adj.
multimarque adj.
multimarquisme n. m.
multimédia adj. et n. m.

multimédiathèque n. f.
multimédiatique adj.
multimètre n. m.
multimilliardaire adj. et n.
multimillionnaire adj. et n.
multimodal, ale, aux adj.
multinational, ale, aux adj.
multinomial, iale, iaux adj.
multinorme adj. m. et n. m.
multipare adj. et n. f.
multiparité n. f.
multipartenariat n. m.
multipartisme n. m.
multipartite adj.
multipiste adj.
multiplace adj.
multiplateforme adj.
multiple adj. et n. m.
multiplet n. m.
multiplex adj. et n. m.
multiplexage n. m.
multiplexe n. m.
multiplexé, ée adj.
multiplexeur n. m.
multipliable adj.
multiplicande n. m.
multiplicateur, trice adj. et n. m.
multiplicatif, ive adj.
multiplication n. f.
multiplicité n. f.
multiplier v. (conjug. 7)
multipolaire adj.
multiposte adj.
multiprocesseur, n. m. et adj. m.
multiprocessing adj. et n. m. (rec. off. : multitraitement)
multiprogrammation n. f.
multipropriétaire n. et adj.
multipropriété n. f.
multipuncture n. f.

multiracial 282

multiracial, iale, iaux adj.
multirangement adj.
multirécidive n. f.
multirécidiviste adj. et n.
multirésistant, ante adj.
multirisque adj.
multisalle adj.
multisensoriel, ielle adj.
multistandard adj. m. inv. et n.
multisupport adj.
multitâche adj.
multithérapie n. f.
multitimbral, ale, aux adj.
multitraitement n. m. (rec. off. de : multiprocessing)
multitude n. f.
multitubulaire adj.
multitude n. f.
multi-usage adj.
 pl. *multi-usages*
multivarié, ée adj.
munichois, oise adj. et n.
municipal, ale, aux adj.
municipalisation n. f.
municipaliser v. tr. (conjug. 1)
municipalité n. f.
municipe n. m.
munificence n. f.
munificent, ente adj.
munir v. tr. (conjug. 2)
munition n. f.
munitionnaire n. m.
munster n. m.
muntjac n. m.
muon n. m.
muonique adj.
muphti n. m.
muqueuse n. f.
muqueux, euse adj.
mur n. m.
mûr, mûre ou **mure*** adj.
murage n. m.
muraille n. f.

mural, ale, aux adj.
mûre ou **mure*** n. f.
mûrement ou **murement*** adv.
murène n. f.
murénidés n. m. pl.
murer v. tr. (conjug. 1)
muret ou **murette** n. m.
muretin n. m.
murette n. f.
murex n. m.
murger (se) v. pron. (conjug. 3)
muridés n. m. pl.
mûrier ou **murier*** n. m.
murin, ine adj.
mûrir ou **murir*** v. (conjug. 2)
mûrissage ou **murissage*** n. m.
mûrissant, ante ou **murissant, ante*** adj.
mûrissement ou **murissement*** n. m.
mûrisserie ou **murisserie*** n. f.
murmel n. m.
murmurant, ante adj.
murmure n. m.
murmurer v. (conjug. 1)
mûron ou **muron*** n. m.
murrhe n. f.
murrhin, ine adj.
musagète n. m.
musaraigne n. f.
musard, arde adj. et n.
musarder v. intr. (conjug. 1)
musardise n. f.
musc n. m.
muscade adj. et n. f.
muscadet n. m.
muscadier n. m.
muscadin n. m.
muscadine n. f.
muscardin n. m.
muscardine n. f.
muscari n. m.
muscarine n. f.
muscarinique adj.
muscat adj. et n. m.

muscate adj. f.
muscidés n. m. pl.
muscinal, ale, aux adj.
muscinées n. f. pl.
muscle n. m.
musclé, ée adj.
muscler v. tr. (conjug. 1)
muscu n. f.
musculaire adj.
musculation n. f.
musculature n. f.
musculeux, euse adj. et n. f.
musculosquelettique adj.
muse n. f.
muséal, ale, aux adj.
museau n. m.
musée n. m.
muséification n. f.
museler v. tr. (conjug. 4)
muselet n. m.
muselière n. f.
musellement ou **musèlement*** n. m.
muséographe n.
muséographie n. f.
muséographique adj.
muséologie n. f.
muséologique adj.
muséologue n.
muser v. intr. (conjug. 1)
musette n. f.; n. m.
muséum n. m.
musical, ale, aux adj.
musicalement adv.
musicalité n. f.
music-hall n. m.
 pl. *music-halls*
musicien, ienne n. et adj.
musicographe n.
musicographie n. f.
musicologie n. f.
musicologique adj.
musicologue n.
musicothérapeute n.
musicothérapie n. f.
musique n. f.
musiquer v. (conjug. 1)
musiquette n. f.

musli n. m.
musoir n. m.
musqué, ée adj.
musser ou mucher v. tr. (conjug. 1)
mussif adj. m.
mussitation n. f.
must [mœst] n. m.
mustang [mystɑ̃g] n. m.
mustélidés n. m. pl.
musulman, ane adj. et n.
mutabilité n. f.
mutable adj.
mutage n. m.
mutagène adj.
mutagenèse n. f.
mutant, ante adj. et n.
mutation n. f.
mutationnisme n. m.
mutationniste adj. et n.
mutatis mutandis [mytatismytɑ̃dis] loc. adv.
muter v. (conjug. 1)
mutilant, ante adj.
mutilateur, trice n.
mutilation n. f.
mutilé, ée n.
mutiler v. tr. (conjug. 1)
mutin, ine adj. et n.
mutiné, ée adj. et n.
mutinerie n. f.
mutiner (se) v. pron. (conjug. 1)
mutique adj.
mutisme n. m.
mutité n. f.
mutualisation n. f.
mutualiser v. tr. (conjug. 1)
mutualisme n. m.
mutualiste adj. et n.
mutualité n. f.
mutuel, elle adj. et n. f.
mutuellement adv.
mutule n. f.
myalgie n. f.
myalgique adj.
myasthénie n. f.
myasthénique adj.
mycélien, ienne adj.

mycélium n. m.
mycénien, ienne adj.
mycobactérie n. f.
mycoderme n. m.
mycodermique adj.
mycologie n. f.
mycologique adj.
mycologue n.
mycoplasme n. m.
mycorhizal, ale, aux adj.
mycorhize n. f.
mycose n. f.
mycosique adj.
mydriase n. f.
mydriatique adj.
mye n. f.
myéline n. f.
myélite n. f.
myéloblaste n. m.
myélocyte n. m.
myélogramme n. m.
myélographie n. f.
myélome n. m.
myélopathie n. f.
mygale n. f.
myiase n. f.
myocarde n. m.
myocardiopathie n. f.
myocardite n. f.
myocastor n. m.
myofibrille n. f.
myoglobine n. f.
myogramme n. m.
myographe n.
myologie n. f.
myologique adj.
myome n. m.
myomètre n. m.
myopathe adj. et n.
myopathie n. f.
myope n. et adj.
myopie n. f.
myopotame n. m.
myorelaxant, ante adj.
myosine n. f.
myosis n. m.
myosite n. f.

myosotis n. m.
myotique adj.
myotubulaire adj.
myriade n. f.
myriapodes n. m. pl.
myriophylle n. m.
myrmécophile adj. et n.
myrmidon ou mirmidon n.
myrmidone ou mirmidone* n. f.
myrobolan n. m.
myrosine n. f.
myroxyle n. m.
myroxylon n. m.
myrrhe n. f.
myrte n. m.
myrtiforme adj.
myrtille n. f.
mystagogie n. f.
mystagogue n. m.
mystère ® n. m.
mystérieusement adv.
mystérieux, ieuse adj.
mysticètes n. m. pl.
mysticisme n. m.
mystifiant, iante adj.
mystificateur, trice n.
mystification n. f.
mystifier v. tr. (conjug. 7)
mystique adj. et n.
mystiquement adv.
mythe n. m.
mythification n. f.
mythifier v. (conjug. 7)
mythique adj.
mytho adj. et n.; n. m.
mythographe n.
mythologie n. f.
mythologique adj.
mythologue n.
mythomane adj. et n.
mythomanie n. f.
mythos n. m.
mytiliculteur, trice n.
mytiliculture n. f.
mytilotoxine n. f.
myxœdémateux, euse adj. et n.
myxœdème n. m.

myxomatose n. f.
myxomycètes n. m. pl.
mzabite adj. et n.

n

n n. m. inv.; abrév. et symb.
N n. m. inv.; abrév. et symb.
na interj.
naan [nan] n. m.
nabab n. m.
nabi n. m.
nabisme n. m.
nabla n. m.
nable n. m.
nabot, ote n. et adj.
nabuchodonosor n. m.
nacarat n. m.
nacelle n. f.
nacre n. f.
nacré, ée adj.
nacrer v. tr. (conjug. 1)
nadir n. m.
nævus [nevys] n. m.
pl. inv. ou *nævi* (lat.)
nafé n. m.
naga n. m.
nagari n. f., n. m. et adj.
nage n. f.
nageoire n. f.
nager v. intr. (conjug. 3)
nageur, euse n.
naguère adv.
nahuatl [nayatl] n. m.
naïade n. f.
naïf, naïve n. et adj.
nain, naine n. et adj.
naissain n. m.
naissance n. f.
naissant, ante adj.
naisseur, euse n.
naître ou **naitre*** v. intr. (conjug. 59)

naïvement adv.
naïveté n. f.
naja n. m.
nana n. f.
nanan n. m.
nanar n. m.
nandou n. m.
nandrolone n. f.
nanifier v. tr. (conjug. 7)
nanisme n. m.
nanobiologie n. f.
nanocapsule n. f.
nanocristal, aux n. m.
nanoélectronique n. f.
nanofiltration n. f.
nanomatériau n. m.
nanomédicament n. m.
nanomètre n. m.
nanoparticule n. f.
nanophysique n. f.
nanoréseau ® n. m.
nanoseconde n. f.
nanostructuré, ée adj.
nanotechnologie n. f.
nanotechnologique adj.
nansouk ou **nanzouk** n. m.
nanti, ie adj. et n.
nantir v. tr. (conjug. 2)
nantissement n. m.
nanzouk n. m.
naos n. m.
NAP adj. inv. (Neuilly, Auteuil, Passy)
napalm n. m.
napalmiser v. tr. (conjug. 1)
napée n. f.
napel n. m.
naphtaline n. f.
naphtaline n. f.
naphte n. m.
naphtol n. m.
napoléon n. m.
napoléonien, ienne adj.
napolitain, aine ® adj. et n.
nappage n. m.
nappe n. f.
napper v. tr. (conjug. 1)
napperon n. m.

narcéine n. f.
narcisse n. m.
narcissique adj. et n.
narcissisme n. m.
narcoanalyse n. f.
narcochimiste n. m.
narcodollars n. m. pl.
narcolepsie n. f.
narcoleptique adj.
narcose n. f.
narcoterrorisme n. m.
narcoterroriste n.
narcothérapie n. f.
narcotine n. f.
narcotique adj. et n. m.
narcotrafic n. m.
narcotrafiquant n. m.
nard n. m.
narghilé n. m.
narguer v. tr. (conjug. 1)
narguilé ou **narghilé** n. m.
narine n. f.
naringine n. f.
narquois, oise adj.
narquoisement adv.
narrataire n.
narrateur, trice n.
narratif, ive adj.
narration n. f.
narrativité n. f.
narrer v. tr. (conjug. 1)
narthex n. m.
narval n. m.
nasal, ale, aux adj.
nasalisation n. f.
nasaliser v. tr. (conjug. 1)
nasalité n. f.
nasard n. m.
nasarde n. f.
nase ou **naze** adj.; n. m.
naseau n. m.
nashi [naʃi] n. m.
nasillard, arde adj.
nasillement n. m.
nasiller v. intr. (conjug. 1)
nasilleur, euse adj.
nasique n. f. et m.
nasitort n. m.

nasonnement n. m.
nasse n. f.
natal, ale adj.
nataliste adj.
natalité n. f.
natation n. f.
natatoire adj.
natif, ive adj. et n.
nation n. f.
national, ale, aux adj. et n.
nationalisable adj.
nationalisation n. f.
nationaliser v. tr. (conjug. 1)
nationalisme n. m.
nationaliste adj. et n.
nationalité n. f.
national-populisme n. m.
national-socialisme n. m.
national-socialiste adj. PL. *nationaux-socialistes*
nativisme n. m.
nativiste adj. et n.
nativité n. f.
natron ou **natrum** n. m.
nattage n. m.
natte n. f.
natté n. m.
natter v. tr. (conjug. 1)
nattier, ière n.
naturalisation n. f.
naturaliser v. tr. (conjug. 1)
naturalisme n. m.
naturaliste n. et adj.
naturalité n. f.
nature n. f.
naturel, elle adj. et n.
naturellement adv.
naturisme n. m.
naturiste n. et adj.
naturopathe adj. et n.
naturopathie n. f.
naucore n. f.
naufrage n. m.
naufragé, ée adj. et n.
naufrager v. intr. (conjug. 3)
naufrageur n. m.

naumachie n. f.
naupathie n. f.
naupathique adj. et n.
nauplius n. m.
nauséabond, onde adj.
nausée n. f.
nauséeux, euse adj.
nautile n. m.
nautique adj.
nautisme n. m.
nautonier, ière n.
naval, ale adj.
navalisation n. f.
navarin n. m.
navarque n. m.
navel n. f.
navette n. f.
navetteur, euse n.
navicert n. m.
naviculaire adj.
navicule n. f.
navigabilité n. f.
navigable adj.
navigant, ante adj. et n.
navigateur, trice n.
navigation n. f.
naviguer v. intr. (conjug. 1)
naviplane n. m.
navire n. m.
navire-citerne n. m. PL. *navires-citernes* (rec. off. de tanker)
navire-école n. m. PL. *navires-écoles*
navire-hôpital n. m. PL. *navires-hôpitaux*
navire-usine n. m. PL. *navires-usines*
navisphère n. f.
navrant, ante adj.
navré, ée adj.
navrement n. m.
navrer v. tr. (conjug. 1)
nazaréen, enne adj.
naze adj.; n. m.
nazi, ie n. et adj.
nazillon, onne n.
nazisme n. m.
N. B. abrév. (nota bene)

N. B. C. adj. inv. (nucléaire-biologique-chimique)
ne adv. de négation
né, née adj.
néandertalien, ienne ou **néanderthalien, ienne** adj. et n.
néanmoins adv. et conj.
néant n. m.
néantisation n. f.
néantiser v. tr. (conjug. 1)
nebka n. f.
nébuleuse n. f.
nébuleusement adv.
nébuleux, euse adj.
nébulisation n. f.
nébuliseur n. m.
nébulosité n. f.
nécessaire adj. et n. m.
nécessairement adv.
nécessité n. f.
nécessiter v. tr. (conjug. 1)
nécessiteux, euse adj. et n.
neck n. m.
nec plus ultra n. m. inv.
nécrobie n. f.
nécrologe n. m.
nécrologie n. f.
nécrologique adj.
nécrologue n.
nécromancie n. f.
nécromancien, ienne n.
nécromant n. m.
nécrophage adj.
nécrophile adj. et n.
nécrophilie n. f.
nécrophore n. m.
nécropole n. f.
nécrose n. f.
nécroser v. tr. (conjug. 1)
nécrosique adj.
nécrotique adj.
nectaire n. m.
nectar n. m.
nectarine n. f.
necton n. m.
neem n. m.

néerlandais

néerlandais, aise adj. et n.
néerlandophone adj. et n.
nef n. f.
néfaste adj.
nèfle n. f.
néflier n. m.
négateur, trice n. et adj.
négatif, ive adj. et n.
négation n. f.
négationnisme n. m.
négationniste n. et adj.
négativement adv.
négativisme n. m.
négativité n. f.
négaton n. m.
négatoscope n. m.
¹négligé, ée adj.
²négligé n. m.
négligeable adj.
négligemment adv.
négligence n. f.
négligent, ente adj.
négliger v. tr. (conjug. 3)
négoce n. m.
négociabilité n. f.
négociable adj.
négociant, iante n.
négociateur, trice n.
négociation n. f.
négocier v. (conjug. 7)
négondo n. m.
nègre, négresse n. et adj.
nègre-blanc loc. adj. inv.
négrette n. f.
négrier, ière adj. et n. m.
négrillon, onne n.
négritude n. f.
négro-africain, aine adj. et n.
PL. *négro-africains, aines*
négro-américain, aine adj. et n.
PL. *négro-américains, aines*
négroïde adj.
negro-spiritual, als ou **négrospiritual, als*** n. m.
néguentropie n. f.

négus n. m.
neige n. f.
neiger v. impers. (conjug. 3)
neigeux, euse adj.
nélombo n. m.
nem n. m.
némale n. m.
némathelminthes n. m. pl.
nématocyste n. m.
nématodes n. m. pl.
nématologie n. f.
néné n. m.
nénette n. f.
nenni adv.
nénuphar ou **nénufar** n. m.
néoblaste n. m.
néocapitalisme n. m.
néocapitaliste adj.
néoceltique adj.
néoclassicisme n. m.
néoclassique adj.
néocolonialisme n. m.
néocolonialiste adj.
néocomien, ienne n. et adj.
néoconservateur, trice n. et adj.
néocortex n. m.
néocortical, ale, aux adj.
néocréationnisme n. m.
néocréationniste adj. et n.
néocriticisme n. m.
néodarwinien, ienne adj.
néodarwinisme n. m.
néodyme n. m.
néofascisme n. m.
néofasciste adj. et n.
néoformation n. f.
néoformé, ée adj.
néogène n. m.
néoglucogenèse n. f.
néoglycogenèse n. f.
néogothique adj.
néogrec, néogrecque adj.

néo-impressionnisme n. m.
néo-impressionniste adj. et n.
PL. *néo-impressionnistes*
néokantisme n. m.
néolibéral, ale, aux adj. et n.
néolibéralisme n. m.
néolithique adj. et n. m.
néologie n. f.
néologique adj.
néologisme n. m.
néomalthusianisme n. m.
néomycine n. f.
néon n. m.
néonatal, ale adj.
néonatalogie n. f.
néonatalogiste n.
néonatologie n. f.
néonatologiste n.
néonazi, ie adj. et n.
néonazisme n. m.
néophyte n. et adj.
néoplasie n. f.
néoplasique adj.
néoplasme n. m.
néoplatonicien, ienne n. et adj.
néoplatonisme n. m.
néopositivisme n. m.
néopositiviste adj. et n.
néoprène ® n. m.
néoprotectionnisme n. m.
néoréalisme n. m.
néoréaliste adj.
néorural, ale, aux n. et adj.
néoténie n. f.
néothomisme n. m.
néottie n. f.
nèpe n. f.
népenthès n. m.
népérien, ienne adj.
népète n. f.
néphélémétrie n. f.
néphélion n. m.
néphélométrie n. f.
néphrectomie n. f.

néphrétique adj.
néphridie n. f.
néphrite n. f.
néphritique adj.
néphrogénique adj.
néphrographie n. f.
néphrologie n. f.
néphrologue n.
néphron n. m.
néphropathie n. f.
néphrose n. f.
néphrotique adj.
néphrotoxique adj.
népotisme n. m.
neptunium n. m.
néréide n. f.
néréis n. f.
nerf n. m.
néritique adj.
néroli n. m.
néronien, ienne adj.
nerprun n. m.
nervation n. f.
nerveusement adv.
nerveux, euse adj. et n.
nervi n. m.
nervosité n. f.
nervure n. f.
nervuré, ée adj.
nervurer v. tr. (conjug. 1)
nescafé ® n. m.
nestorianisme n. m.
nestorien, ienne n. et adj.
¹net, nette adj.
²net n. m.; adv.
Net n. m. (Internet)
nétiquette n. f.
netsuke n. m. inv.
nettement adv.
netteté n. f.
nettoiement n. m.
nettoyabilité n. f.
nettoyage n. m.
nettoyant, ante adj. et n. m.
nettoyer v. tr. (conjug. 8)
nettoyeur, euse n.
¹neuf adj. numér. inv. et n. inv.

²neuf, neuve adj. et n. m.
neufchâtel n. m.
neumatique adj.
neume n. m. et f.
neuneu adj.
neural, ale, aux adj.
neurasthénie n. f.
neurasthénique adj.
neurinome n. m.
neuroanatomiste n.
neurobiochimie n. f.
neurobiologie n. f.
neurobiologiste n.
neuroblaste n. m.
neurocardiologue n.
neurochimie n. f.
neurochirurgical, ale, aux adj.
neurochirurgie n. f.
neurochirurgien, ienne n.
neurocognitiviste n.
neurodégénératif, ive adj.
neurodépresseur n. m.
neuroendocrine adj.
neuroendocrinien, ienne adj.
neuroendocrinologie n. f.
neuroendocrinologiste n.
neurofibrillaire adj.
neurofibromatose n. f.
neurogénéticien, ienne n.
neurohormonal, ale, aux adj.
neuro-immunologie n. f.
neuroleptanalgésie n. f.
neuroleptique adj. et n. m.
neurolinguistique n. f.
neurologie n. f.
neurologique adj.
neurologue n.
neuromédiateur n. m.
neuromimétique adj.
neuromoteur, trice adj.

neuromusculaire adj.
neuronal, ale, aux adj.
neurone n. m.
neuronique adj.
neuropathie n. f.
neuropathologie n. f.
neuropédiatre n.
neuropeptide n. m.
neuropharmacologue n.
neurophysiologie n. f.
neurophysiologique adj.
neurophysiologiste n.
neuroplégique adj. et n. m.
neuroprotecteur, trice n.
neuropsychiatre [-k-] n.
neuropsychiatrie [-k-] n. f.
neuropsychologie [-k-] n. f.
neuropsychologique [-k-] adj.
neurosciences n. f. pl.
neurotensine n. f.
neurotonie n. f.
neurotonique adj.
neurotoxine n. f.
neurotoxique adj.
neurotransmetteur n. m.
neurotrope adj.
neurotrophique adj.
neurotropisme n. m.
neurovasculaire adj.
neurovégétatif, ive adj.
neurula n. f.
neutralisant, ante adj. et n. m.
neutralisation n. f.
neutraliser v. tr. (conjug. 1)
neutralisme n. m.
neutraliste adj. et n.
neutralité n. f.
neutre adj. et n.
neutrino n. m.
neutrographie n. f. (rec. off. : neutronographie)

neutron n. m.
neutronique adj.
neutronographie n. f.
(rec. off. de neutrographie)
neutrophile adj. et n. m.
neuvain n. m.
neuvaine n. f.
neuvième adj. et n.
neuvièmement adv.
ne varietur [nevarjetyr]
loc. adv. et loc. adj.
névé n. m.
neveu n. m.
névralgie n. f.
névralgique adj.
névraxe n. m.
névrite n. f.
névritique adj.
névrodermite n. f.
névroglie n. f.
névropathe n. et adj.
névropathie n. f.
névroptère n. m.
névrose n. f.
névrosé, ée adj. et n.
névrotique adj.
new-look ou **newlook***
[njuluk] n. m. et adj.
pl. inv. ou *newlooks**
newsgroup [njuz-] n. m.
(rec. off. : forum)
newsmagazine [njuz-]
n. m.
newton [njutɔn] n. m.
newtonien, ienne
[njutɔnjɛ̃] adj. et n.
nez n. m.
ni conj.
niable adj.
niagara n. m.
niais, niaise adj.
niaisement adv.
niaiser v. (conjug. 1)
niaiserie n. f.
niaiseux, euse adj. et n.
niaouli n. m.
niaque n. f.
nib adv.; n. m.
nibar ou **nibard** n. m.
niche n. f.

nichée n. f.
nicher v. (conjug. 1)
nichet n. m.
nichoir n. m.
nichon n. m.
nichrome® [-k-] n. m.
nickel n. m.
nickelage n. m.
nickelé, ée adj.
nickeler v. tr. (conjug. 4)
nickélifère adj.
nic-nac ou **nicnac** n. m.
pl. inv. ou *nicnacs*
nicodème n. m.
nicol n. m.
nicotinamide n. f.
nicotine n. f.
nicotinique adj.
nicotinisme n. m.
nictation ou
nictitation n. f.
nictitant, ante adj.
nictitation n. f.
nid n. m.
nidation n. f.
nid-d'abeilles n. m.
pl. *nids-d'abeilles*
nid-de-pie n. m.
pl. *nids-de-pie*
nid-de-poule n. m.
pl. *nids-de-poule*
nider (se) v. pron.
(conjug. 1)
nidicole adj.
nidification n. f.
nidifier v. intr. (conjug. 7)
nidifuge adj.
nièce n. f.
niellage n. m.
nielle n. f.; n. m.
nieller v. tr. (conjug. 1)
nielleur n. m.
niellure n. f.
nième ou **énième** adj. et n.
nier v. tr. (conjug. 7)
nietzschéen, enne adj. et n.
nifé n. m.
nigaud, aude adj. et n.

nigauderie n. f.
nigelle n. f.
night-club n. m.
pl. *night-clubs*
nihilisme n. m.
nihiliste adj. et n.
nihil obstat n. m. inv.
nilgaut ou **nilgau** n. m.
nille n. f.
nilotique adj.
nimbe n. m.
nimber v. tr. (conjug. 1)
nimbostratus n. m.
nimbus n. m.
n'importe pron. indéf.
ninas n. m.
niobium n. m.
niôle n. f.
niolo n. m.
nippe n. f.
nipper v. tr. (conjug. 1)
nippon, one ou **onne**
adj. et n.
niqab n. m.
nique n. f.
niquedouille n. et adj.
niquer v. tr. (conjug. 1)
nirvana n. m.
nitescence n. f.
nitouche n. f.
nitratation n. f.
nitrate n. m.
nitrater v. tr. (conjug. 1)
nitration n. f.
nitre n. m.
nitré, ée adj.
nitrer v. tr. (conjug. 1)
nitreux, euse adj.
nitrifiant, ante adj.
nitrification n. f.
nitrifier v. tr. (conjug. 7)
nitrile n. m.
nitrique adj.
nitrite n. m.
nitrobactérie n. f.
nitrobenzène n. m.
nitrocellulose n. f.
nitrogénase n. f.
nitroglycérine n. f.

nitrophile adj.
nitrosation n. f.
nitrotoluène n. m.
nitruration n. f.
nitrure n. m.
nitrurer v. tr. (conjug. 1)
nival, ale, aux adj.
nivéal, ale, aux adj.
niveau n. m.
nivelage n. m.
niveler v. tr. (conjug. 4)
nivelette n. f.
niveleur, euse n.
niveleuse n. f.
nivelle n. f.
nivellement ou **nivèlement*** n. m.
nivéole n. f.
nivicole adj.
nivoglaciaire adj.
nivologie n. f.
nivologue n.
nivopluvial, iale, iaux adj.
nivôse n. m.
nixe n. f.
nizeré n. m.
n-linéaire adj.
nô n. m.
nobélisable adj.
nobélisation n. f.
nobélisé, ée adj.
nobélium n. m.
nobiliaire n. m. et adj.
noblaillon, onne n.
noble adj. et n.
noblement adv.
noblesse n. f.
nobliau n. m.
noce n. f.
noceur, euse n. et adj.
nocher n. m.
nocicepteur n. m.
nociceptif, ive adj.
nociception n. f.
nocif, ive adj.
nocivité n. f.
noctambule n. et adj.
noctambulisme n. m.

noctiluque adj. et n. f.
noctuelle n. f.
noctule n. f.
nocturne adj.; n. m.; n. f.
nocuité n. f.
nodal, ale, aux adj.
nodosité n. f.
nodulaire adj.
nodule n. m.
noduleux, euse adj.
noël n. m.
Noël n. f.
noématique adj.
noème n. m.
noèse n. f.
noétique n. f. et adj.
nœud n. m.
noir, noire adj. et n.
noirâtre adj.
noiraud, aude adj. et n.
noirceur n. f.
noircir v. (conjug. 2)
noircissement n. m.
noircisseur n. m.
noircissure n. f.
noire n. f.
noise n. f.
noiseraie n. f.
noisetier n. m.
noisette n. f.
noix n. f.
nolens volens [nɔlɛ̃svɔlɛ̃s] adv.
noli me tangere [nɔlimetɑ̃ʒere] n. m. inv.
nolis n. m.
nolisement n. m.
noliser v. tr. (conjug. 1)
nom n. m.
nomade adj. et n.
nomadiser v. intr. (conjug. 1)
nomadisme n. m.
no man's land [nomansläd] n. m. inv.
nombrable adj.
nombre n. m.
nombrer v. tr. (conjug. 1)
nombreux, euse adj.
nombril [nɔ̃bri(l)] n. m.

nombrilisme n. m.
nombriliste adj. et n.
nome n. m.
nomenclateur, trice n.
nomenclature n. f.
nomenklatura [nɔmɛnklatura] n. f.
nomenklaturiste n.
nominal, ale, aux adj. et n. m.
nominalement adv.
nominalisation n. f.
nominaliser v. tr. (conjug. 1)
nominalisme n. m.
nominaliste n.
¹**nominatif, ive** adj.
²**nominatif** n. m.
nomination n. f.
nominativement adv.
nominé, ée adj. (rec. off. : sélectionné, ée)
nommable adj.
nommage n. m.
nommé, ée adj.
nommément adv.
nommer v. tr. (conjug. 1)
nomogramme n. m.
nomographe n.
nomographie n. f.
nomologie n. f.
nomologique adj.
nomothète n. m.
¹**non** adv. de négation
²**non-** inv. dans les composés à trait d'union
non-activité n. f.
nonagénaire adj. et n.
nonagésime adj. et n. f.
non-agression n. f.
non-aligné, ée adj.
non-alignement n. m.
nonantaine n. f.
nonante adj. numér. inv.
nonantième adj. numér. ord. et n.
non-appartenance n. f.
non-assistance n. f.
non-belligérance n. f.

non-belligérant, ante adj. et n.
nonce n. m.
nonchalamment adv.
nonchalance n. f.
nonchalant, ante adj.
nonchaloir n. m.
nonciature n. f.
non-combattant, ante adj.
non-comparant, ante adj. et n.
non-comparution n. f.
non-conciliation n. f.
non-concurrence n. f.
non-conformisme n. m.
non-conformiste n. et adj.
non-conformité n. f.
non-contradiction n. f.
non-croyant, ante adj. et n.
non-cumul n. m.
non-directif, ive adj.
non-directivité n. f.
non-discrimination n. f.
non-dit n. m.
non-droit n. m.
none n. f.
non-engagé, ée adj. et n.
non-engagement n. m.
non-être n. m.
non-euclidien, ienne adj.
non-évènement ou **non-événement** n. m.
non-exécution n. f.
non-existence n. f.
non-figuratif, ive adj.
non-fumeur, euse n.
non-gage n. m.
nonidi n. m.
non-imposition n. f.
non-ingérence n. f.
non-initié, iée n.
non-inscrit, ite n. et adj.
non-intervention n. f.
non-interventionniste adj. et n.
PL. *non-interventionnistes*

non-jouissance n. f.
non-lieu n. m.
non-linéaire adj.
non-métaux n. m. pl.
non-moi n. m.
nonne n. f.
nonnette n. f.
nonobstant prép. et adv.
nonos n. m.
non-paiement n. m.
nonpareil, eille adj. et n.
non-prolifération n. f.
non-recevoir n. m. inv.
non-résident, ente n.
non-respect n. m. inv.
non-retour n. m.
non-rétroactivité n. f.
non-satisfaction n. f.
non-sens n. m. et adj.
non-soi n. m.
non-spécialiste n.
non-stop adj. et n. inv.
non-tissé n. m.
non-usage n. m.
non-valeur n. f.
non-viable adj.
non-violence n. f.
non-violent, ente adj. et n.
non-voyant, ante n.
noologique adj.
nopal n. m.
noradrénaline n. f.
noradrénergique adj.
nord n. m. inv. et adj. inv.
nord-africain, aine adj. et n.
PL. *nord-africains, aines*
nord-américain, aine adj. et n.
PL. *nord-américains, aines*
nord-est n. m. et adj.
nordestin, ine adj. et n.
nordet n. m.
nordicité n. f.
nordique adj. et n.
nordir v. intr. (conjug. 2)
nordiste n. et adj.
nord-ouest n. m. et adj.
noria n. f.

normal, ale, aux adj. et n. f.
normalement adv.
normalien, ienne n.
normalisation n. f.
normaliser v. tr. (conjug. 1)
normalité n. f.
normand, ande n. et adj.
normatif, ive adj.
norme n. f.
normé, ée adj.
normer v. tr. (conjug. 1)
normographe n. m.
norois, oise n. et adj.
noroît ou **noroit*** n. m.
norrois, oise ou **norois, oise** n. et adj.
norvégien, ienne adj. et n.
nos adj. poss.
nosocomial, iale, iaux adj.
nosographie n. f.
nosologie n. f.
nosophobe n.
nosophobie n. f.
nostalgie n. f.
nostalgique adj.
nostoc n. m.
nota bene loc. et n. m. inv.
notabilité n. f.
notable adj. et n. m.
notablement adv.
notaire n.
notairesse n. f.
notamment adv.
notarial, iale, iaux adj.
notariat n. m.
notarié, iée adj.
notation n. f.
note n. f.
noter v. tr. (conjug. 1)
notice n. f.
notificatif, ive adj.
notification n. f.
notifier v. tr. (conjug. 7)
notion n. f.
notionnel, elle adj.
notocorde n. f.
notoire adj.

notoirement adv.
notonecte n. m. ou f.
notoriété n. f.
notre adj. poss.
nôtre adj. poss.; pron. poss. n.
Notre-Dame n. f.
notule n. f.
nouage n. m.
nouaison n. f.
nouba n. f.
noue n. f.
noué, nouée adj.
nouement n. m.
nouer v. (conjug. 1)
nouette n. f.
noueur n. f.
noueux, noueuse adj.
nougat n. m.
nougatine n. f.
nouille n. f.
nouillerie n. f.
noulet n. m.
nouménal, ale, aux adj.
noumène n. m.
nounou n. f.
nounours n. m.
nourrain n. m.
nourri, ie adj.
nourrice n. f.
nourricerie n. f.
nourricier, ière n. et adj.
nourrir v. tr. (conjug. 2)
nourrissage n. m.
nourrissant, ante adj.
nourrisseur n. m.
nourrisson n. m.
nourriture n. f.
nous pron. pers.
nous-même(s) pron. pers.
nouure n. f.
nouveau ou **nouvel, nouvelle** adj. et n.
nouveau-né, nouveau-née adj. et n.
PL. *nouveau-nés, nouveau-nées*
nouveauté n. f.
nouvelle n. f.
nouvellement adv.

nouvelliste n.
nova n. f.
PL. *novæ* ou *novas*
novateur, trice n.
novation n. f.
novatoire adj.
novelette n. f.
novélisation ou **novellisation** n. f.
novéliser ou **novelliser** v. tr. (conjug. 1)
novembre n. m.
nover v. tr. (conjug. 1)
novice n. et adj.
noviciat n. m.
novillada n. f.
novilléro ou **novillero** [novijero] n. m.
novillo n. m.
novlangue n. f.
novocaïne n. f.
novo (de) loc. adv.
novotique n. f.
noyade n. f.
noyau n. m.
noyautage n. m.
noyauter v. tr. (conjug. 1)
noyé, ée adj. et n.
¹noyer n. m.
²noyer v. tr. (conjug. 8)
N. P. I. n. m. pl. (nouveaux pays industrialisés)
NTSC n. m. (National Television System Committee)
¹nu, nue adj. et n.
²nu n. m.
PL. inv. ou *nus*★ (lettre)
nuage n. m.
nuageux, euse adj.
nuagisme n. m.
nuance n. f.
nuancé, ée adj.
nuancer v. tr. (conjug. 3)
nuancier n. m.
nubile adj.
nubilité n. f.
nubuck n. m.
nucal, ale, aux adj.
nucelle n. m.
nuciculteur, trice n.

nuciculture n. f.
nucléaire adj.
nucléarisation n. f.
nucléariser v. tr. (conjug. 1)
nucléariste n.
nucléase n. f.
nucléé, ée adj.
nucléide n.
nucléique adj.
nucléocapside n. f.
nucléocrate n.
nucléole n. m.
nucléolyse n. f.
nucléon n. m.
nucléonique adj. et n. f.
nucléophile n. m. et adj.
nucléoprotéine n. f.
nucléoside n.
nucléosome n.
nucléotide n.
nucléus [nykleys] n. m. inv.
nuclide n. m.
nudisme n. m.
nudiste adj. et n.
nudité n. f.
nue n. f.
nuée n. f.
nuement adv.
nue-propriété n. f.
PL. *nues-propriétés*
nugget n. m.
nuire v. tr. ind. (conjug. 38)
nuisance n. f.
nuisette n. f.
nuisible adj.
nuit n. f.
nuitamment adv.
nuitard, arde n.
nuitée n. f.
nuiteux, euse n.
nul, nulle adj. et pron.
nullard, arde n.
nullement adv.
nullipare adj. et n. f.
nullité n. f.
nûment ou **nuement** ou **nument**★ adv.
numéraire n. m.
numéral, ale, aux adj.

numérateur

numérateur n. m.
numération n. f.
numéricien, ienne n.
numérique adj. (rec. off. de digital)
numériquement adv.
numérisation n. f.
numériser v. tr. (conjug. 1) (rec. off. de digitaliser)
numériseur n. m. (rec. off. de scanner)
numéro n. m.
numérologie n. f.
numérologue n.
numérotage n. m.
numérotation n. f.
numéroter v. tr. (conjug. 1)
numéroteur n. m.
numerus clausus ou numérus clausus* [nymenysklozys] n. m.
numide adj. et n.
numismate n.
numismatique adj. et n. f.
nummulaire n. f. et adj.
nummulite n. f.
nummulitique adj. et n. m.
nunatak n. m.
nunchaku [nunʃaku] n. m.
nuncupatif adj. m.
nuncupation n. f.
nunuche adj. et n. f.
nuoc-mam ou nuoc-mâm ou nuocmam* n. m.
nu-pied n. m.
  PL. nu-pieds
nu-pieds adj. inv.
nu-propriétaire, nue-propriétaire n.
  PL. nus-propriétaires, nues-propriétaires
nuptial, iale, iaux adj.
nuptialité n. f.
nuque n. f.
nuraghe ou nuraghé* n. m.
  PL. nuraghi ou nuraghés*
nursage n. m.
nurse n. f.

nursery ou nurserie n. f.
  PL. nurserys ou nurseries
nursing n. m.
nutation n. f.
nu-tête adj. inv.
nutriment n. m.
nutrithérapeute n.
nutrithérapie n. f.
nutritif, ive adj.
nutrition n. f.
nutritionnel, elle adj.
nutritionnellement adv.
nutritionniste n.
nyctalope n.
nyctalopie n. f.
nycthéméral, ale, aux adj.
nycthémère n. m.
nycturie n. f.
nylon ® n. m.
nymphal, ale, aux adj.
nymphe n. f.
nymphéa n. m.
nymphéacées n. f. pl.
nymphée n. m. ou f.
nymphette n. f.
nympho n. f. et adj. f.
nymphomane n. f. et adj. f.
nymphomanie n. f.
nymphose n. f.
nystagmus n. m.

O

o n. m. inv.; abrév. et symb.
O n. m. inv.; abrév. et symb.
ô interj.
oaristys n. f.
oasien, ienne adj. et n.
oasis n. f. ou m.
obédience n. f.
obédiencier n. m.

obédientiel, ielle adj.
obéir v. tr. ind. (conjug. 2)
obéissance n. f.
obéissant, ante adj.
obel ou obèle n. m.
obélisque n. m.
obérer v. tr. (conjug. 6)
obèse adj. et n.
obésité n. f.
obi n. f.
obier n. m.
obit [ɔbit] n. m.
obituaire adj. et n. m.
objectal, ale, aux adj.
objecter v. tr. (conjug. 1)
objecteur n. m.
¹objectif, ive adj.
²objectif n. m.
objection n. f.
objectivant, ante adj.
objectivation n. f.
objectivement adv.
objectiver v. tr. (conjug. 1)
objectivisme n. m.
objectiviste n.
objectivité n. f.
objet n. m.
objurgation n. f.
oblat, ate n.
oblatif, ive adj.
oblation n. f.
oblativité n. f.
obligataire n. et adj.
obligation n. f.
obligatoire adj.
obligatoirement adv.
obligé, ée adj.
obligeamment adv.
obligeance n. f.
obligeant, ante adj.
obliger v. tr. (conjug. 3)
oblique adj.
obliquement adv.
obliquer v. intr. (conjug. 1)
obliquité n. f.
oblitérateur, trice adj. et n. m.
oblitération n. f.
oblitérer v. tr. (conjug. 6)

oblong, ongue adj.
obnubilation n. f.
obnubiler v. tr. (conjug. 1)
obole n. f.
obombrer v. tr. (conjug. 1)
obscène adj.
obscènement adv.
obscénité n. f.
obscur, ure adj.
obscurantisme n. m.
obscurantiste adj. et n.
obscurcir v. tr. (conjug. 2)
obscurcissement n. m.
obscurément adv.
obscurité n. f.
obsécration n. f.
obsédant, ante adj.
obsédé, ée adj.
obséder v. tr. (conjug. 6)
obsèques n. f. pl.
obséquieusement adv.
obséquieux, ieuse adj.
obséquiosité n. f.
observable adj.
observance n. f.
observateur, trice n.
observation n. f.
observationnel, elle adj.
observatoire n. m.
observer v. tr. (conjug. 1)
obsessif, ive adj.
obsession n. f.
obsessionnel, elle adj.
obsidienne n. f.
obsidional, ale, aux adj.
obsolescence n. f.
obsolescent, ente adj.
obsolète adj.
obstacle n. m.
obstétrical, ale, aux adj.
obstétricien, ienne n.
obstétrique n. f.
obstination n. f.
obstiné, ée adj.
obstinément adv.
obstiner (s') v. pron. (conjug. 1)
obstructif, ive adj.

obstruction n. f.
obstructionnisme n. m.
obstructionniste n. et adj.
obstrué, ée adj.
obstruer v. tr. (conjug. 1)
obtempérer v. tr. ind. (conjug. 6)
obtenir v. tr. (conjug. 22)
obtention n. f.
obturateur, trice adj. et n.
obturation n. f.
obturer v. tr. (conjug. 1)
obtus, use adj.
obtusangle adj.
obus n. m.
obusier n. m.
obvenir v. intr. (conjug. 22)
obvie adj.
obvier v. tr. ind. (conjug. 7)
oc adv. d'affirmation
ocarina n. m.
occase n. f.
occasion n. f.
occasionnalisme n. m.
occasionnel, elle adj.
occasionnellement adv.
occasionner v. tr. (conjug. 1)
occident n. m.
occidental, ale, aux adj. et n.
occidentalisation n. f.
occidentaliser v. tr. (conjug. 1)
occidentaliste n.
occipital, ale, aux adj.
occiput [ɔksipyt] n. m.
occire v. tr. (conjug. inusité sauf inf. et p. p. (temps comp.): *occis, ise*)
occitan, ane n. et adj.
occitanisme n. m.
occlure v. tr. (conjug. 35 sauf p. p. *occlus*)
occlusal, ale, aux adj.
occlusif, ive adj.
occlusion n. f.
occultation n. f.

occulte adj.
occulter v. tr. (conjug. 1)
occulteur n. m.
occultisme n. m.
occultiste n. et adj.
occupant, ante adj. et n.
occupation n. f.
occupationnel, elle adj.
occupé, ée adj.
occuper v. tr. (conjug. 1)
occurrence n. f.
occurrent, ente adj.
océan n. m.
océanaute n.
océane adj. f.
océanide n. f.
océanien, ienne adj. et n.
océanique adj.
océanographe n.
océanographie n. f.
océanographique adj.
océanologie n. f.
océanologique adj.
océanologue n.
océanorium ou **océanarium** n. m.
ocelle n. m.
ocellé, ée adj.
ocelot n. m.
OCR n. f. (reconnaissance optique de caractères)
ocre n. f. et m.
ocré, ée adj.
ocreux, euse adj.
octaèdre n. m.
octaédrique adj.
octal, ale, aux adj.
octane n. m.
octant n. m.
octave n. f.
octavier v. (conjug. 7)
octavin n. m.
octet n. m. (rec. off. de byte)
octette n. m.
octidi n. m.
octobre n. m.
octocoralliaire n. m.
octogénaire adj. et n.
octogonal, ale, aux adj.

octogone adj. et n. m.
octopode adj. et n. m.
octostyle adj.
octosyllabe adj. et n. m.
octosyllabique adj.
octroi n. m.
octroyer v. tr. (conjug. 8)
octuor n. m.
octuple adj. et n. m.
octupler v. tr. (conjug. 1)
oculaire adj. et n. m.
oculariste n.
oculiste n.
oculométrie n. f.
oculomoteur, trice adj.
oculus n. m.
PL inv. ou *oculi* (lat.)
ocytocine n. f.
odalisque n. f.
ode n. f.
odelette n. f.
odéon n. m.
odeur n. f.
odieusement adv.
odieux, ieuse adj.
odomètre n. m.
odométrie n. f.
odonates n. m. pl.
odontalgie n. f.
odontocètes n. m. pl.
odontoïde adj.
odontologie n. f.
odontologiste ou odontologue n.
odontomètre n. m.
odontostomatologie n. f.
odonyme n. m.
odorant, ante adj.
odorat n. m.
odorer v. intr. (conjug. 1)
odoriférant, ante adj.
odorisation n. f.
odoriser v. tr. (conjug. 1)
odyssée n. f.
œcuménicité n. f.
œcuménique adj.
œcuménisme n. m.
œdémateux, euse adj.
œdème n. m.

œdicnème n. m.
œdipe n. m.
œdipien, ienne adj.
œil n. m.
PL *yeux*
œil-de-bœuf n. m.
PL *œils-de-bœuf*
œil-de-chat n. m.
PL *œils-de-chat*
œil-de-faisan n. m.
PL *œils-de-faisan*
œil-de-paon n. m.
PL *œils-de-paon*
œil-de-perdrix n. m.
PL *œils-de-perdrix*
œil-de-pie n. m.
PL *œils-de-pie*
œillade n. f.
œillard n. m.
œillère n. f.
œillet n. m.
œilleton n. m.
œilletonnage n. m.
œilletonner v. tr. (conjug. 1)
œillette n. f.
œkoumène ou écoumène n. m.
œnanthe [e-] n. f.
œnanthique [e-] adj.
œnochoé [enɔkɔe] n. f.
œnolique [e-] adj.
œnolisme [e-] n. m.
œnologie [e-] n. f.
œnologique [e-] adj.
œnologue [e-] n.
œnométrie [e-] n. f.
œnométrique [e-] adj.
œnothère [e-] n. m.
œrsted [œɛʁstɛd] n. m.
œrstite [œɛʁstit] n. f.
œsophage [e-] n. m.
œsophagien, ienne [e-] adj.
œsophagite [e-] n. f.
œsophagoscope [e-] n. m.
œsophagoscopie [e-] n. f.

œstradiol ou estradiol [ɛs-] n. m.
œstral, ale, aux [ɛs-] adj.
œstre [ɛs-] n. m.
œstrogène ou estrogène [øs-; ɛs-] adj. et n. m.
œstrogénique ou estrogénique [øs-; ɛs-] adj.
œstrone ou estrone [ɛs-] n. f.
œstrus [ɛs-] n. m.
œuf n. m.
PL *œufs*
œufrier n. m.
œuvé, ée adj.
œuvre n. f. et m.
œuvrer v. intr. (conjug. 1)
œuvrette n. f.
off adj. inv. et adv.
offensant, ante adj.
offense n. f.
offensé, ée adj. et n.
offenser v. tr. (conjug. 1)
offenseur n. m.
offensif, ive adj.
offensive n. f.
offensivement adv.
offert, erte adj.
offertoire n. m.
office n. m.
officialisation n. f.
officialiser v. tr. (conjug. 1)
officialité n. f.
officiant, iante n. m. et f.
officiel, ielle adj. et n.
officiellement adv.
¹officier, ière n.
²officier v. intr. (conjug. 7)
officieusement adv.
officieux, ieuse adj.
officinal, ale, aux adj.
officine n. f.
offrande n. f.
offrant n. m.
offre n. f.
offreur, euse n.
offrir v. tr. (conjug. 18)
offset n. m.

offshore adj. inv. et n. m. (rec. off. : en mer)
offusquer v. tr. (conjug. 1)
oflag n. m.
oghamique ou **ogamique*** adj.
ogival, ale, aux adj.
ogive n. f.
OGM n. m. (organisme génétiquement modifié)
ognette n. f.
ognon* n. m.
ognonière* n. f.
ogre, ogresse n.
oh interj.
ohé interj.
ohm n. m.
ohmique adj.
ohmmètre n. m.
O. H. Q. n. (ouvrier hautement qualifié)
oïdium n. m.
oie n. f.
oignon ou **ognon*** n. m.
oignonière ou **ognonière*** n. f.
oïl adv. d'affirmation
oindre v. tr. (conjug. 49)
oing n. m.
¹**oint, ointe** adj. et n. m.
²**oint** ou **oing** n. m.
oiseau n. m.
oiseau-lyre n. m.
  PL *oiseaux-lyres*
oiseau-mouche n. m.
  PL *oiseaux-mouches*
oiseau-trompette n. m.
  PL *oiseaux-trompettes*
oiseler v. (conjug. 4)
oiselet n. m.
oiseleur n. m.
oiselier, ière n.
oiselle n. f.
oisellerie n. f.
oiseux, euse adj.
oisif, ive adj. et n.
oisillon n. m.
oisivement adv.
oisiveté n. f.
oison n. m.

O. K. adv. et adj. inv.
okapi n. m.
okay adv. et adj. inv.
okimono n. m.
okoumé n. m.
ola n. f.
olé ou **ollé** interj.
oléacées n. f. pl.
oléagineux, euse adj. et n. m.
oléate n. m.
olécrane n. m.
olécranien, ienne adj.
oléfiant, iante adj.
oléfine n. f.
oléiculteur, trice n.
oléiculture n. f.
oléifère adj.
oléiforme adj.
oléine n. f.
oléique adj.
oléoduc n. m.
oléohydraulique adj.
oléomètre n. m.
oléopneumatique adj.
oléoprotéagineux, euse adj.
oléorésine n. f.
oléum n. m.
olfactif, ive adj.
olfaction n. f.
olibrius n. m.
olifant ou **oliphant** n. m.
oligarchie n. f.
oligarchique adj.
oligarque n.
oligiste adj. et n. m.
oligocène n. m.
oligochètes n. m. pl.
oligoélément n. m.
oligomère n. m.
oligomérique adj.
oligopeptide n. m.
oligophrénie n. f.
oligopole n. m.
oligopolistique adj.
oligosaccharide [-k-] n. m.
oligurie n. f.
oliphant n. m.

olivaie n. f.
olivaison n. f.
olivâtre adj.
olive n. f.
oliveraie n. f.
olivétain n. m.
olivette n. f.
olivier n. m.
olivine n. f.
ollaire adj.
olla-podrida ou **ollapodrida***[ɔja-; ɔ(l)la-] n. f.
  PL *olla-podridas* ou *ollapodridas**
ollé interj.
olographe ou **holographe** adj.
olympiade n. f.
olympien, ienne adj. et n.
olympique adj.
olympisme n. m.
ombelle n. f.
ombellé, ée adj.
ombellifère adj. et n. f.
ombelliforme adj.
ombellule n. f.
ombilic n. m.
ombilical, ale, aux adj.
ombiliqué, ée adj.
omble n. m.
ombrage n. m.
ombragé, ée adj.
ombrager v. tr. (conjug. 3)
ombrageux, euse adj.
ombre n. f.; n. m.
ombrelle n. f.
ombrer v. tr. (conjug. 1)
ombrette n. f.
ombreux, euse adj.
ombrien, ienne adj. et n.
ombrine n. f.
ombudsman [ɔmbydsman] n. m.
  PL *ombudsmans* ou *ombudsmen*
oméga n. m.
  PL inv. ou *omégas**
omelette n. f.
omerta n. f.

omettre

omettre v. tr. (conjug. 56)
omicron n. m.
PL. inv. ou *omicrons*
omis, ise adj. et n. m.
omission n. f.
ommatidie n. f.
omnibus n. m. et adj.
omnidirectionnel, elle adj.
omnipotence n. f.
omnipotent, ente adj.
omnipraticien, ienne n.
omniprésence n. f.
omniprésent, ente adj.
omniscience n. f.
omniscient, iente adj.
omnisports adj.
omnium n. m.
omnivore adj.
omoplate n. f.
on pron. indéf.
onagre n. m.
onanisme n. m.
onc ou oncques ou onques adv.
once n. f.
onchocercose [-k-] n. f.
oncial, iale, iaux adj. et n. f.
oncle n. m.
oncogène adj.
oncogénétique n. f.
oncologie n. f.
oncologue n.
oncoprotéine n. f.
oncotique adj.
oncques adv.
onction n. f.
onctueusement adv.
onctueux, euse adj.
onctuosité n. f.
ondatra n. m.
onde n. f.
ondé, ée adj.
ondée n. f.
ondemètre n. m.
ondin, ine n.
ondinisme n. m.
on-dit n. m. inv.

ondoiement n. m.
ondoyant, ante adj.
ondoyer v. (conjug. 8)
ondulant, ante adj.
ondulation n. f.
ondulatoire adj.
ondulé, ée adj.
onduler v. (conjug. 1)
onduleur n. m.
onduleux, euse adj.
one man show [wanmanʃo] loc. subst. m. (rec. off. : spectacle solo)
onéreusement adv.
onéreux, euse adj.
one-step [wanstɛp] n. m.
PL. *one-steps*
one woman show n. m.
PL. *one woman shows*
O. N. G. n. f. inv. (organisation non gouvernementale)
ongle n. m.
onglé, ée adj.
onglée n. f.
onglet n. m.
onglette n. f.
onglier n. m.
onglon n. m.
onguent n. m.
onguiculé, ée adj.
onguiforme adj.
ongulé, ée adj. et n. m.
onguligrade adj.
onirique adj.
onirisme n. m.
onirologie n. f.
onirologue n. m.
oniromancie n. f.
oniromancien, ienne n.
onlay [ɔnlɛ] n. m.
PL. *onlays*
onomasiologie n. f.
onomasiologique adj.
onomastique n. f. et adj.
onomatopée n. f.
onomatopéique adj.
onques adv.
onshore adj. inv.

ontogenèse n. f.
ontogénétique adj.
ontogénie n. f.
ontogénique adj.
ontologie n. f.
ontologique adj.
ontologiquement adv.
ontothéologie n. f.
onusien, ienne adj.
onychologie [-k-] n. f.
onychomycose n. f.
onychophage n.
onychophagie n. f.
onyx n. m.
onyxis n. m.
onzain n. m.
onze adj. numér. inv. et n. inv.
onzième adj. et n.
onzièmement adv.
oocyte n. m.
oogenèse n. f.
oogone n. f.
oolithe ou oolite n. f. ou m.
oolithique adj.
oosphère n. f.
oospore n. f.
oothèque n. f.
O. P. A. n. f. inv. (offre publique d'achat)
opacifiant, iante adj.
opacification n. f.
opacifier v. tr. (conjug. 7)
opacimètre n. m.
opacimétrie n. f.
opacité n. f.
opale n. f.
opalescence n. f.
opalescent, ente adj.
opalin, ine adj.
opaline n. f.
opalisation n. f.
opaliser v. tr. (conjug. 1)
opaque adj.
ope n. f. ou m.
O. P. E. n. f. inv. (offre publique d'échange)
opéable adj.
open adj. inv. et n. m. inv.
opéra n. m.

opérable adj.
opéra-comique n. m.
PL. opéras-comiques
opérande n. m.
opérant, ante adj.
opérateur, trice n.
opération n. f.
opérationnalité n. f.
opérationnel, elle adj.
opératique adj.
opératoire adj.
operculaire adj. et n. f.
opercule n. m.
operculé, ée adj.
opéré, ée adj. et n.
opérer v. tr. (conjug. 6)
opérette n. f.
opéron n. m.
ophicléide n. m.
ophidien, ienne adj. et n. m.
ophioglosse n. m.
ophiolâtrie n. f.
ophite n. m.
ophiure n. f.
ophrys n. m. ou f.
ophtalmique adj.
ophtalmologie n. f.
ophtalmologique adj.
ophtalmologiste n.
ophtalmologue n.
ophtalmomètre n. m.
ophtalmoscope n. m.
ophtalmoscopie n. f.
opiacé, ée adj. et n. m.
opimes adj. f. pl.
opinel® n. m.
opiner v. intr. (conjug. 1)
opiniâtre adj.
opiniâtrement adv.
opiniâtrer (s') v. pron. (conjug. 1)
opiniâtreté n. f.
opinion n. f.
opioïde adj.
opiomane n.
opiomanie n. f.
opisthobranches n. m. pl.
opisthodome n. m.
opisthographe adj.

opium n. m.
opodeldoch n. m.
oponce n. m.
opopanax n. m.
opossum n. m.
opothérapie n. f.
oppidum n. m.
opportun, une adj.
opportunément adv.
opportunisme n. m.
opportuniste n. et adj.
opportunité n. f.
opposabilité n. f.
opposable adj.
opposant, ante adj. et n.
opposé, ée adj. et n. m.
opposer v. tr. (conjug. 1)
opposite n. m.
opposition n. f.
oppositionnel, elle adj.
oppressant, ante adj.
oppressé, ée adj.
oppresser v. tr. (conjug. 1)
oppresseur n. m. adj. et n.
oppressif, ive adj.
oppression n. f.
opprimant, ante adj.
opprimé, ée adj. et n.
opprimer v. tr. (conjug. 1)
opprobre n. m.
O. P. R. n. f. (offre publique de retrait)
opsine n. f.
opsonine n. f.
opsonique adj.
optatif, ive adj.
opter v. intr. (conjug. 1)
opticien, ienne n.
optimal, ale, aux adj.
optimalisation n. f.
optimaliser v. tr. (conjug. 1)
optimisation n. f.
optimiser v. tr. (conjug. 1)
optimisme n. m.
optimiste n. et adj.
optimum n. m. et adj.
PL. optima ou optimums
option n. f.
optionnel, elle adj.

optique adj. et n. f.
optiquement adv.
optocoupleur n. m.
optoélectronique n. f. et adj.
optomètre n. m.
optométrie n. f.
optométriste n.
optronique n. f. et adj.
opulence n. f.
opulent, ente adj.
opuntia [ɔpɔ̃sja] n. m.
opus [ɔpys] n. m.
opuscule n. m.
opus incertum [ɔpysɛʁtɔm] n. m. inv.
O. P. V. n. f. (offre publique de vente)
O. Q. n. (ouvrier qualifié)
or adv. et conj.; n. m.
oracle n. m.
orage n. m.
orageux, euse adj.
oraison n. f.
oral, ale, aux adj.
oralement adv.
oraliser v. tr. (conjug. 1)
oraliste adj. et n.
oralité n. f.
orange n. f.
orangé, ée adj. et n. m.
orangeade n. f.
oranger n. m.
orangeraie n. f.
orangerie n. f.
orangette n. f.
orangiste n. m.
orang-outan ou orang-outang n. m.
PL. orangs-outan(g)s
orant, ante n.
orateur, trice n.
oratoire adj.; n. m.
oratorien n. m.
oratorio n. m.
orbe n. m.
orbicole adj.
orbiculaire adj.
orbitaire adj.

orbital

orbital, ale, aux adj. et n. f.
orbite n. f.
orbitèle n. f.
orbiter v. intr. (conjug. 1)
orbiteur n. m.
orcanète ou orcanette n. f.
orchestique n. f.
orchestral, ale, aux adj.
orchestrateur, trice n.
orchestration n. f.
orchestre n. m.
orchestrer v. tr. (conjug. 1)
orchidée n. f.
orchis n. m.
orchite n. f.
ordalie n. f.
ordalique adj.
ordinaire adj. et n. m.
ordinairement adv.
¹ordinal, ale, aux adj. et n. m.
²ordinal, aux n. m. (livre de prières)
ordinand n. m.
ordinant n. m.
ordinariat n. m.
¹ordinateur, trice adj. et n. m. (religieux)
²ordinateur n. m.
ordination n. f.
ordinogramme n. m.
ordo n. m.
PL. INV. ou *ordos*
ordonnance n. f.
ordonnancement n. m.
ordonnancer v. tr. (conjug. 3)
ordonnancier n. m.
ordonnateur, trice n.
ordonné, ée adj.
ordonnée n. f.
ordonner v. tr. (conjug. 1)
ordre n. m.
ordure n. f.
ordurier, ière adj.
oréade n. f.
orée n. f.

oreillard, arde adj. et n. m.
oreille n. f.
oreiller n. m.
oreillette n. f.
oreillon n. m.
orémus n. m.
ores adv. et conj.
orfévré, ée adj.
orfèvre n. m.
orfèvrerie n. f.
orfraie n. f.
orfroi n. m.
organdi n. m.
organe n. m.
organeau n. m.
organelle n. f.
organicien, ienne adj. et n.
organicisme n. m.
organigramme n. m.
organique adj.
organiquement adv.
organisable adj.
organisateur, trice n.
organisation n. f.
organisationnel, elle adj.
organisé, ée adj.
organiser v. tr. (conjug. 1)
organiseur n. m. (rec. off. : agenda électronique)
organisme n. m.
organiste n.
organite n. m.
organochloré, ée [-k-] adj. et n. m.
organogenèse n. f.
organoleptique adj.
organologie n. f.
organomagnésien n. m.
organométallique adj.
organophosphoré, ée adj. et n. m.
organothérapie n. f.
organsin n. m.
organsinage n. m.
organsiner v. tr. (conjug. 1)
organza n. m.
orgasme n. m.

orgasmique adj.
orgastique adj.
orge n. f. et m.
orgeat n. m.
orgelet n. m.
orgiaque adj.
orgie n. f.
orgue n. m.
orgueil n. m.
orgueilleusement adv.
orgueilleux, euse adj.
oribus n. m.
orichalque n. m.
oriel n. m. (rec. off. de bay-window)
orient n. m.
orientable adj.
oriental, ale, aux adj. et n.
orientalisant, ante adj.
orientaliser v. (conjug. 1)
orientalisme n. m.
orientaliste n. et adj.
orientation n. f.
orienté, ée adj.
orientement n. m.
orienter v. tr. (conjug. 1)
orienteur, euse n.
orifice n. m.
oriflamme n. f.
origami n. m.
origan n. m.
originaire adj.
originairement adv.
¹original, ale, aux adj.
²original, aux n. m.
originalement adv.
originalité n. f.
origine n. f.
originel, elle adj.
originellement adv.
originer (s') v. pron. (conjug. 1)
orignal, aux n. m.
orillon n. m.
orin n. m.
oriole n. m.
oripeau n. m.
O. R. L. n. et adj. (oto-rhino-laryngologie)

ossification

orle n. m.
orléaniste n. et adj.
orlon® n. m.
ormaie n. f.
orme n. m.
ormeau n. m.
ormet n. m.
ormier n. m.
ormoie n. f.
orne n. m.
ornemaniste n.
ornement n. m.
ornemental, ale, aux adj.
ornementation n. f.
ornementer v. tr. (conjug. 1)
orner v. tr. (conjug. 1)
ornière n. f.
ornithogale n. m.
ornithologie n. f.
ornithologique adj.
ornithologue n.
ornithomancie n. f.
ornithorynque n. m.
ornithose n. f.
orobanche n. f.
orobe n. m.
orogenèse n. f.
orogénie n. f.
orogénique adj.
orographie n. f.
orographique adj.
oronge n. f.
oronyme n. m.
oronymie n. f.
oronymique adj.
oropharynx n. m.
orpailleur, euse n. m.
orphelin, ine n. et adj.
orphelinat n. m.
orphéon n. m.
orphéoniste n.
orphie n. f.
orphique adj.
orphisme n. m.
orpiment n. m.
orpin n. m.
orque n. f.

orseille n. f.
orteil n. m.
orthèse n. f.
orthocentre n. m.
orthocentrique adj.
orthochromatique [-k-] adj.
orthodontie n. f.
orthodontique adj.
orthodontiste n.
orthodoxe adj. et n.
orthodoxie n. f.
orthodromie n. f.
orthodromique adj.
orthoépie n. f.
orthogenèse n. f.
orthogénie n. f.
orthogénisme n. m.
orthogonal, ale, aux adj.
orthogonalement adv.
orthographe n. f.
orthographie n. f.
orthographier v. tr. (conjug. 7)
orthographique adj.
orthonormal, ale, aux adj.
orthonormé, ée adj.
orthopédie n. f.
orthopédique adj.
orthopédiste n.
orthophonie n. f.
orthophonique adj.
orthophoniste n.
orthophotographie n. f.
orthopnée n. f.
orthoprothésiste n.
orthoptère n. m. et adj.
orthoptie n. f.
orthoptique adj. et n. f.
orthoptiste n.
orthorhombique adj.
orthoscopique adj.
orthose n. f.
orthostatique adj.
orthosympathique adj.
orthotrope adj.
ortie n. f.
ortolan n. m.

orvale n. f.
orvet n. m.
orviétan n. m.
orwellien, ienne adj.
oryctérope n. m.
orylag n. m.
oryx n. m.
os n. m.
O. S. n. (ouvrier spécialisé)
oscabrion n. m.
oscar n. m.
oscarisé, ée adj.
oscière n. f.
oscillant, ante adj.
oscillateur n. m.
oscillation n. f.
oscillatoire adj.
osciller v. intr. (conjug. 1)
oscillogramme n. m.
oscillographe n. m.
oscillomètre n. m.
oscilloscope n. m.
osculateur, trice adj.
osculation n. f.
oscule n. m.
ose n. m.
osé, ée adj.
oseille n. f.
oser v. tr. (conjug. 1)
oseraie n. f.
oside n. m.
osier n. m.
osiériculteur, trice n.
osiériculture n. f.
osmique adj.
osmium n. m.
osmomètre n. m.
osmonde n. f.
osmose n. f.
osmothèque n. f.
osmotique adj.
osque adj. et n.
ossature n. f.
osséine n. f.
osselet n. m.
ossements n. m. pl.
osseux, euse adj.
ossianique adj.
ossification n. f.

ossifier

ossifier v. tr. (conjug. 7)
osso buco ou ossobuco* n. m.
　PL. inv. ou ossobucos*
ossu, ue adj.
ossuaire n. m.
ost n. m.
ostéalgie n. f.
ostéichtyens n. m. pl.
ostéite n. f.
ostensible adj.
ostensiblement adv.
ostensoir n. m.
ostentation n. f.
ostentatoire adj.
ostéoblaste n. m.
ostéoclasie n. f.
ostéocyte n. m.
ostéodensitométrie n. f.
ostéogenèse n. f.
ostéogénie n. f.
ostéologie n. f.
ostéologique adj.
ostéomalacie n. f.
ostéomyélite n. f.
ostéonécrose n. f.
ostéopathe n.
ostéopathie n. f.
ostéopathique adj.
ostéophyte n. m.
ostéoplastie n. f.
ostéoporose n. f.
ostéoporotique adj. et n.
ostéosarcome n. m.
ostéosynthèse n. f.
ostéotomie n. f.
ostiak ou ostyak n. m.
ostiole n. m.
ostraciser v. tr. (conjug. 1)
ostracisme n. m.
ostréicole adj.
ostréiculteur, trice n.
ostréiculture n. f.
ostréidés n. m. pl.
ostrogoth, gothe ou ostrogot, gote* n. et adj.
ostyak n. m.
otage n. m.
otalgie n. f.
otarie n. f.
ôte-agrafe(s) n. m.
　PL. ôte-agrafes
ôter v. tr. (conjug. 1)
otique adj.
otite n. f.
otocyon n. m.
otocyste n. m.
otolithe n. m.
otologie n. f.
otorhino ou oto-rhino n.
　PL. otorhinos ou oto-rhinos
otorhinolaryngologie ou oto-rhino-laryngologie n. f.
otorhinolaryngologique ou oto-rhino-laryngologique adj.
　PL. otorhinolaryngologiques ou oto-rhino-laryngologiques
otorhinolaryngologiste ou oto-rhino-laryngologiste n.
　PL. otorhinolaryngologistes ou oto-rhino-laryngologistes
otorragie n. f.
otorrhée ou otorrée n. f.
otoscope n. m.
otoscopie n. f.
ottoman, ane adj. et n.
ou conj. et n. m.
où pron. adv. rel. et interrog.
ouabaïne n. f.
ouache interj.
ouah interj.
ouaille n. f.
ouais interj.
ouananiche n. f.
ouaouaron n. m.
ouas-ouas n. m. pl.
ouate n. f.
ouaté, ée adj.
ouater v. tr. (conjug. 1)
ouatine n. f.
ouatiner v. tr. (conjug. 1)
oubli n. m.
oubliable adj.
oublie n. f.
oublié, ée n.
oublier v. tr. (conjug. 7)
oubliette n. f.
oublieux, ieuse adj.
ouch interj.
ouche n. f.
oud [ud] n. m.
oudiste n.
oued [wɛd] n. m.
ouest n. m. inv. et adj. inv.
ouest-allemand, ande adj. et n.
　PL. ouest-allemands, andes
¹ouf adj. et n.
²ouf interj.
ougrien, ienne adj.
oui adv. d'affirmation
oui-da interj.
ouï-dire n. m. inv.
ouïe n. f.
ouïgour ou ouïghour n. m.
ouille interj.
ouiller v. tr. (conjug. 1)
ouillère ou ouillière ou oullière n. f.
ouin interj.
ouïr v. tr. (conjug. ('ois, nous oyons; j'oyais; j'ouïs; j'ouïrai; que j'oie, que nous oyions; que j'ouïsse; oyant ouï; surtout inf. et p. p.)
ouistiti n. m.
oukase ou ukase n. m.
ouléma n. m.
oulipien, ienne adj.; n.
oullière n. f.
ouolof adj. et n.
oups interj.
ouragan n. m.
ouralien, ienne adj.
ouralique n. f.
ouralo-altaïque adj.
　PL. ouralo-altaïques
ourdir v. tr. (conjug. 2)
ourdissage n. m.

oxymel

ourdisseur, euse n.
ourdissoir n. m.
ourdou, oue ou urdu adj.; n. m.
ourlé, ée adj.
ourler v. tr. (conjug. 1)
ourlet n. m.
ourlien, ienne adj.
ours n. m.
ourse n. f.
oursin n. m.
oursinade n. f.
oursinier, ière n.
ourson n. m.
ouste ou oust interj.
out adv. et adj. inv.
outarde n. f.
outardeau n. m.
outil n. m.
outillage n. m.
outiller v. tr. (conjug. 1)
outilleur, euse n.
outing n. m.
outlaw n. m.
outplacement n. m.
output n. m. (rec. off. : produit de sortie)
outrage n. m.
outragé, ée adj.
outrageant, ante adj.
outrager v. tr. (conjug. 3)
outrageusement adv.
outrance n. f.
outrancier, ière adj.
outrancièrement adv.
outre prép. et adv.; n. f.
outré, ée adj.
outre-Atlantique loc. adv.
outrecuidance n. f.
outrecuidant, ante adj.
outre-Manche loc. adv.
¹outremer n. m.
²outre-mer adv.
outrepassé, ée adj.
outrepasser v. tr. (conjug. 1)
outrer v. tr. (conjug. 1)
outre-Rhin loc. adv.
outre-tombe loc. adv.

outrigger ou outriggeur* n. m.
outsider n. m.
ouvert, erte adj.
ouvertement adv.
ouverture n. f.
ouvrable adj. m.
ouvrage n. m.
ouvragé, ée adj.
ouvraison n. f.
ouvrant, ante n. m. et adj.
ouvré, ée adj.
ouvreau n. m.
ouvre-boîte ou ouvre-boite* n. m.
PL ouvre-boîtes ou ouvre-boites*
ouvre-bouteille n. m.
PL ouvre-bouteilles
ouvrer v. (conjug. 1)
ouvreur, euse n.
ouvrier, ière n. et adj.
ouvriérisme n. m.
ouvriériste adj. et n.
ouvrir v. (conjug. 18)
ouvroir n. m.
ouzbek adj. et n.
ouzo [uzo] n. m.
ovaire n. m.
ovalbumine n. f.
ovale adj. et n. m.
ovalie n. f.
ovalisation n. f.
ovalisé, ée adj.
ovariectomie n. f.
ovarien, ienne adj.
ovate n. m.
ovation n. f.
ovationner v. tr. (conjug. 1)
ove n. m.
ové, ée adj.
over arm stroke [ɔvɛRaRmstRɔk] n. m.
overdose [ɔvɛRdoz] n. f. (rec. off. : surdose)
overdrive [ɔvœRdRajv] n. m.
ovibos [ɔvibɔs] n. m.
oviducte n. m.
ovin, ine adj.
ovinés n. m. pl.

ovipare adj.
oviparité n. f.
oviposite ur n. m.
ovni n. m. (objet volant non identifié)
ovocyte n. m.
ovogenèse n. f.
ovoïde adj.
ovoproduit n. m.
ovotestis n. m.
ovovivipare adj.
ovoviviparité n. f.
ovulaire adj.
ovulation n. f.
ovulatoire adj.
ovule n. m.
ovuler v. intr. (conjug. 1)
oxacide n. m.
oxalate n. m.
oxalide ou oxalis n. f.
oxalique adj.
oxalis n. f.
oxer n. m.
oxford n. m.
oxhydrique adj.
oxime n. f.
oxyacétylénique adj.
oxycarboné, ée adj.
oxychlorure [-k-] n. m.
oxycoupage n. m.
oxycrat n. m.
oxydable adj.
oxydant, ante adj.
oxydase n. f.
oxydation n. f.
oxyde n. m.
oxyder v. tr. (conjug. 1)
oxydimétrie n. f.
oxydoréducteur, trice adj.
oxydoréduction n. f.
oxygénase n. f.
oxygénateur n. m.
oxygénation n. f.
oxygène n. m.
oxygéner v. tr. (conjug. 6)
oxygénothérapie n. f.
oxyhémoglobine n. f.
oxymel n. m.

oxymètre n. m.
oxymore n. m.
oxymoron n. m.
oxysulfure n. m.
oxyton n. m.
oxyure n. m.
oxyurose n. f.
oyat n. m.
oz symb.
ozalid ® n. m.
ozène n. m.
ozocérite ou **ozokérite** n. f.
ozone n. m.
ozonisation n. f.
ozoniser v. tr. (conjug. 1)
ozoniseur n. m.
ozonosphère n. f.

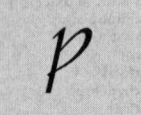

p

p n. m. inv.; abrév. et symb.
P n. m. inv.; abrév. et symb.
Pa symb. (pascal)
PAC n. f. (politique agricole commune)
pacage n. m.
pacager v. (conjug. 3)
pacane n. f.
pacanier n. m.
pacemaker ou **pacemakeur**★ [pɛsmekœʀ] n. m.
pacfung [pakfɔ̃] n. m.
pacha n. m.
pachyderme [-ʃi-; -ki-] adj. et n.
pachydermie [-ʃi-; -ki-] n. f.
pachydermique [-ʃi-; -ki-] adj.
pacificateur, trice n. et adj.
pacification n. f.

pacifier v. tr. (conjug. 7)
pacifique adj.
pacifiquement adv.
pacifisme n. m.
pacifiste n. et adj.
pack n. m. (rec. off. : paquet)
package n. m.
packagé, ée adj.
packager ou **packageur** n. m.
packaging n. m. (rec. off. : conditionnement)
pacotille n. f.
pacquage n. m.
pacquer v. tr. (conjug. 1)
pacs n. m. (pacte civil de solidarité)
pacser v. (conjug. 1)
pacson n. m.
pacte n. m.
pactiser v. intr. (conjug. 1)
pactole n. m.
pad n. m.
paddé, ée adj.
padding n. m.
paddock n. m.
paddy n. m.
  PL. inv. ou *paddys*★
padichah n. m.
padine n. f.
padischah ou **padichah** n. m.
paella ou **paëlla** ou **paélia**★ n. f.
paf interj.; adj.
pagaie n. f.
pagaille ou **pagaïe** n. f.
pagailleux, euse adj.
paganiser v. tr. (conjug. 1)
paganisme n. m.
payayer v. intr. (conjug. 8)
pagayeur, euse n.
page n. f.; n. m.
pageau n. m.
page-écran n. f.
  PL. *pages-écrans*
pagel n. m.
pagelle n. f.
¹**pageot** n. m. (poisson)

²**pageot** ou **pajot** n. m. (lit)
pager ou **pageur** [paʒœʀ] n. m.
pagi n. m. pl.
pagination n. f.
paginé, ée adj.
paginer v. tr. (conjug. 1)
pagne n. m.
pagnoter (se) v. pron. (conjug. 1)
pagode n. f.
pagre n. m.
pagure n. m.
pagus n. m.
  PL. inv. ou *pagi*
pahlavi n. m.
paidologie n. f.
paie n. f.
paiement ou **payement** n. m.
païen, païenne adj. et n.
paierie n. f.
paillage n. m.
paillard, arde adj. et n.
paillardise n. f.
paillasse n. f.; n. m.
paillasson n. m.
paillassonnage n. m.
paillassonner v. tr. (conjug. 1)
paille n. f.
paillé, ée adj.
²**paillé** n. m.
paille-en-cul n. m.
  PL. *pailles-en-cul*
paille-en-queue n. m.
  PL. *pailles-en-queue*
¹**pailler** n. m.
²**pailler** v. tr. (conjug. 1)
paillet n. m.
pailletage n. m.
pailleté, ée adj.
pailleter v. tr. (conjug. 4)
pailleteur n. m.
paillette n. f.
pailleux, euse adj.
paillis n. m.
paillon n. m.
paillote n. f.

pain n. m.
paintball n. m.
pair, paire adj.
²**pair** n. m.
paire n. f.
pairesse n. f.
pairie n. f.
pairle n. m.
paisible adj.
paisiblement adv.
paissance n. f.
paisseau n. m.
paître ou **paitre*** v. (conjug. 57; défectif; pas de p. simple, de subj. imp. ni de p. p.)
paix n. f.
pajot n. m.
pak-choï n. m.
pal n. m.
pala n. f.
palabre n. f. ou m.
palabrer v. intr. (conjug. 1)
palace n. m.
paladin n. m.
palafitte n. m.
palais n. m.
palan n. m.
palanche n. f.
palançon n. m.
palangre n. f.
palangrotte n. f.
palanquée n. f.
palanquer v. (conjug. 1)
palanquin n. m.
palastre n. m.
palatal, ale, aux adj.
palatalisation n. f.
palataliser v. tr. (conjug. 1)
palatin, ine adj. et n.
palatinat n. m.
palâtre n. m.
pale n. f.
palé, ée adj.
pâle adj.
pale-ale [pɛlɛl] n. f.
  PL. *pale-ales*
palée n. f.
palefrenier, ière n.
palefroi n. m.
palémon n. m.

paléoanthropologie n. f.
paléoanthropologiste n.
paléoanthropologue n.
paléobiologie n. f.
paléobotanique n. f.
paléobotaniste n.
paléochrétien, ienne adj.
paléoclimat n. m.
paléoclimatologie n. f.
paléoclimatologue n.
paléogène n. m.
paléogéographie n. f.
paléogéographique adj.
paléographe n.
paléographie n. f.
paléographique adj.
paléohistologie n. f.
paléolithique adj. et n. m.
paléomagnétisme n. m.
paléontologie n. f.
paléontologique adj.
paléontologiste n.
paléontologue n.
paléopalynologie n. f.
paléosol n. m.
paléothérium n. m.
paléozoïque adj. et n. m.
paléozoologie n. f.
paleron n. m.
palestre n. f.
palet n. m.
paletot n. m.
palette n. f.
palettisable adj.
palettisation n. f.
palettiser v. tr. (conjug. 1)
palétuvier n. m.
pâleur n. f.
pali, ie n. m. et adj.
pâlichon, onne adj.
palier n. m.
palière adj. f.
palilalie n. f.
palimpseste n. m.
palindrome n. m.
palindromique adj.

palingénésie n. f.
palingénésique adj.
palinodie n. f.
pâlir v. (conjug. 2)
palis n. m.
palissade n. f.
palissader v. tr. (conjug. 1)
palissadique adj.
palissage n. m.
palissandre n. m.
pâlissant, ante adj.
palisser v. tr. (conjug. 1)
palisson n. m.
palissonner v. tr. (conjug. 1)
paliure n. m.
palladien, ienne adj.
palladium n. m.
palle n. f.
palléal, ale, aux adj.
palliatif, ive adj. et n. m.
pallidectomie n. f.
pallidum n. m.
pallier v. tr. (conjug. 7)
pallium n. m.
palmaire adj.
palmarès n. m. (rec. off. de hit-parade)
palmatifide adj.
palmature n. f.
palme n. f.; n. m.
palmé, ée adj.
palmer n. m.
palmeraie n. f.
palmette n. f.
palmier n. m.
palmifide adj.
palmilobé, ée adj.
palmiparti, ie adj.
palmipartite adj.
palmipède adj. et n. m.
palmiste n. m.
palmitate n. m.
palmite n. m.
palmitine n. f.
palmitique adj. m.
palmure n. f.
palombe n. f.
palonnier n. m.
palot n. m.

pâlot

pâlot, otte adj.
palourde n. f.
palpable adj.
palpation n. f.
palpe n. m.
palpébral, ale, aux adj.
¹**palper** n. m.
²**palper** v. tr. (conjug. 1)
palper-rouler n. m. inv.
palpeur n. m.
palpitant, ante adj.
palpitation n. f.
palpiter v. intr. (conjug. 1)
palplanche n. f.
palsambleu interj.
paltoquet n. m.
palu n. m.
paluche n. f.
palucher (se) v. pron. (conjug. 1)
palud ou **palude** n. m.
paludéen, enne adj.
paludier, ière n.
paludine n. f.
paludique adj. et n.
paludisme n. m.
paludologie n. f.
paludologue n.
palus n. m.
palustre adj.
palynologie n. f.
pâmer (se) v. pron. (conjug. 1)
pâmoison n. f.
pampa n. f.
pampéro n. m.
pamphlet n. m.
pamphlétaire n.
pampille n. f.
pamplemousse n. m.
pamplemoussier n. m.
pampre n. m.
pan n. m.; interj.
panacée n. f.
panachage n. m.
panache n. m.
panaché, ée adj.
panacher v. tr. (conjug. 1)
panachure n. f.

panade n. f.
panafricain, aine adj.
panafricanisme n. m.
panais n. m.
panama n. m.
panaméricain, aine adj.
panaméricanisme n. m.
panarabe adj.
panarabisme n. m.
¹**panard, arde** adj.
²**panard** n. m.
panaris [panaʀi] n. m.
panasiatique adj.
panasiatisme n. m.
panathénées n. f. pl.
panax n. m.
pan-bagnat n. m.
   PL. *pans-bagnats*
panca ou **panka** n. m.
pancake n. m.
pancalisme n. m.
pancarte n. f.
pancetta n. f.
panchen-lama n. m.
   PL. *panchen-lamas*
panchro [-k-] adj. inv.
panchromatique [-k-] adj.
panclastite n. f.
pancosmisme n. m.
pancrace n. m.
pancréas [pɑ̃kʀeɑs] n. m.
pancréatectomie n. f.
pancréatine n. f.
pancréatique adj.
pancréatite n. f.
panda n. m.
pandanus n. m.
pandémie n. f.
pandémique adj.
pandémonium n. m.
pandiculation n. f.
pandit n. m.
pandore n. f.; n. m.
panégyrique n. m.
panégyriste n.
panel n. m.
panélisé, ée n.
panéliste n.
paner v. tr. (conjug. 1)

panerée n. f.
paneterie ou
   panèterie n. f.
panetier n. m.
panetière n. f.
paneton n. m.
panettone [panetɔn] n. m.
paneuropéen, enne adj.
panga n. m.
pangermanisme n. m.
pangermaniste adj. et n.
pangolin n. m.
panhellénique adj.
panic n. m.
panicaut n. m.
panicule n. f.
paniculé, ée adj.
panier n. m.
panière n. f.
panier-repas n. m.
   PL. *paniers-repas*
panifiable adj.
panification n. f.
panifier v. tr. (conjug. 7)
panini n. m.
paniquant, ante adj.
paniquard, arde n.
panique adj. et n. f.
paniquer v. (conjug. 1)
panislamique adj.
panislamisme n. m.
panisse n. f.
panka n. m.
panlogisme n. m.
panmixie n. f.
panne n. f.
panneau n. m.
panneautage n. m.
panneauter v. intr. (conjug. 1)
pannequet n. m.
panneton n. m.
pannicule n. m.
panonceau n. m.
panophtalmie n. f.
panoplie n. f.
panoptique adj.
panorama n. m.
panoramique adj. et n. m.

panoramiquer v. intr. (conjug. 1)
panorpe n. f.
panosse n. f.
panosser v. tr. (conjug. 1)
panouille n. f.
panpan interj.
panpsychisme n. m.
pansage n. m.
panse n. f.
pansement n. m.
panser v. tr. (conjug. 1)
panseur, euse n.
panslavisme n. m.
panspermie n. f.
pansu, ue adj.
pantacourt n. m.
pantagruélique adj.
pantalon n. m.
pantalonnade n. f.
pantalonnier, ière adj.
pante n. m.
pantelant, ante adj.
panteler v. intr. (conjug. 4)
pantenne ou **pantène** n. f.
panthéisme n. m.
panthéiste adj. et n.
panthéon n. m.
panthère n. f.
pantière n. f.
pantin n. m.
pantographe n. m.
pantoire n. f.
pantois, oise adj.
pantomètre n. m.
pantomime n. m. et f.
pantothénique adj.
pantouflage n. m.
pantouflard, arde adj.
pantoufle n. f.
pantoufler v. intr. (conjug. 1)
pantouflier, ière n.
pantoum n. m.
pantoute adv.
panty n. m.
PL. *pantys* ou *panties*
panure n. f.
panurgisme n. m.

panzer n. m.
P. A. O. n. f. (publication assistée par ordinateur)
paon, paonne n.
paon-de-jour n. m.
PL. *paons-de-jour*
paon-de-nuit n. m.
PL. *paons-de-nuit*
paonneau n. m.
P. A. P. n. m. (prêt aidé pour l'accession à la propriété)
papa n. m.
papable adj.
papaïne n. f.
papal, ale, aux adj.
papaline n. f.
papamobile n. f.
paparazzi n. m.
PL. *paparazzis* ou *paparazzi* (it.)
papas n. m.
papatte n. f.
papauté n. f.
papaver n. m.
papavéracées n. f. pl.
papavérine n. f.
papaye n. f.
papayer n. m.
pape n. m.
papé ou **papet** n. m.
¹**papelard** n. m.
²**papelard, arde** n. et adj.
papelardise n. f.
paperasse n. f.
paperasserie n. f.
paperassier, ière n. et adj.
papesse n. f.
papet n. m.
papeterie ou **papèterie** n. f.
papetier, ière n.
papi ou **papy** n. m.
papier n. m.
papier-filtre n. m.
PL. *papiers-filtres*
papier-monnaie n. m.
PL. *papiers-monnaies*

papier-toile n. m.
PL. *papiers-toiles*
papier-toilette n. m.
papilionacé, ée n. f. et adj.
papillaire adj.
papille n. f.
papillifère adj.
papillomavirus n. m.
papillome n. m.
papillon n. m.
papillonnage n. m.
papillonnant, ante adj.
papillonnement n. m.
papillonner v. intr. (conjug. 1)
papillotage n. m.
papillotant, ante adj.
papillote n. f.
papillotement n. m.
papilloter v. (conjug. 1)
papion n. m.
papisme n. m.
papiste n.
papotage n. m.
papoter v. intr. (conjug. 1)
papou, e adj. et n; m.
papouille n. f.
papouiller v. tr.
papounet n. m.
paprika n. m.
papule n. f.
papuleux, euse adj.
papy n. m.
PL. *papys*
papy-boom ou **papyboom*** n. m.
PL. *papy-booms* ou *papyboooms**
papyrologie n. f.
papyrologue n.
papyrus n. m.
paqson n. m.
pâque n. f.
paquebot n. m.
pâquerette n. f.
pâques n. f. pl. et n. m.
paquet n. m.
paquetage n. m.
paquet-cadeau n. m.
PL. *paquets-cadeaux*

paqueté

paqueté, ée adj.
paqueter v. tr. (conjug. 4)
paqueteur, euse n.
paquet-poste n. m.
pl. *paquets-poste*
par n. m.; prép.
P. A. R. n. m. (plan d'aménagement rural)
para n.
parabase n. f.
parabellum n. m.
paraben [paʀabɛn] n. m. (parahydroxybenzoate)
parabiose n. f.
parabole n. f.
parabolique adj.
paraboliquement adv.
paraboloïde n. m.
paracentèse n. f.
paracétamol n. m. (para-acetylaminophenol)
parachèvement n. m.
parachever v. tr. (conjug. 5)
parachronique [-k-] adj.
parachronisme [-k-] n. m.
parachutage n. m.
parachute n. f.
parachuter v. tr. (conjug. 1)
parachutisme n. m.
parachutiste n. et adj.
paraclet n. m.
parade n. f.
parader v. intr. (conjug. 1)
paradigmatique n. f. et adj.
paradigme n. m.
paradis n. m.
paradisiaque adj.
paradisier n. m.
parados n. m.
paradoxal, ale, aux adj.
paradoxalement adv.
paradoxe n. m.
parafe n. m.
parafer v. tr. (conjug. 1)
parafeur n. m.
paraffinage n. m.
paraffine n. f.
paraffiner v. tr. (conjug. 1)
parafiscal, ale, aux adj.

parafiscalité n. f.
parafoudre n. m.
parage n. m.
parages n. m. pl.
paragouvernemental, ale, aux adj.
paragramme n. m.
paragraphe n. m.
paragrêle n. m. et adj.
paraison n. f.
paraître ou paraitre* v. intr. (conjug. 57)
paralangage n. m.
paralittéraire adj.
paralittérature n. f.
parallactique adj.
parallaxe n. f.
parallèle adj. et n.
parallèlement adv.
parallélépipède n. m.
parallélépipédique adj.
parallélisme n. m.
parallélogramme n. m.
paralogisme n. m.
paralympique adj.
paralysant, ante adj.
paralysé, ée adj. et n.
paralyser v. tr. (conjug. 1)
paralysie n. f.
paralytique adj. et n.
paramagnétique adj.
paramagnétisme n. m.
paramécie n. f.
paramédical, ale, aux adj.
paramétrage n. m.
paramètre n. m.
paramétrer v. tr. (conjug. 6)
paramétrique adj.
paramidophénol n. m.
paramilitaire adj.
paramnésie n. f.
paramnésique adj.
paramorphine n. f.
paramoteur n. m.
paramotoriste n.
parangon n. m.
parangonnage n. m.

parangonner v. tr. (conjug. 1)
paranoïa n. f.
paranoïaque adj. et n.
paranoïde adj.
paranormal, ale, aux adj.
parapente n. m.
parapentiste n.
parapet n. m.
parapharmaceutique adj.
parapharmacie n. f.
paraphasie n. f.
paraphe ou parafe n. m.
parapher ou parafer v. tr. (conjug. 1)
paraphernal, ale, aux adj.
parapheur ou parafeur n. m.
paraphimosis n. m.
paraphrase n. f.
paraphraser v. tr. (conjug. 1)
paraphraseur, euse n.
paraphrastique adj.
paraphrénie n. f.
paraphyse n. f.
paraplégie n. f.
paraplégique adj.
parapluie n. m.
parapsychique adj.
parapsychologie [-k-] n. f.
parapsychologique [-k-] adj.
parascève n. f.
parascience n. f.
parascolaire adj.
parasexualité n. f.
parasismique adj.
parasitaire adj.
parasite n. m. et adj.
parasiter v. tr. (conjug. 1)
parasiticide adj. et n. m.
parasitique adj.
parasitisme n. m.
parasitologie n. f.
parasitose n. f.

parasol n. m.
parastatal, ale, aux adj.
parasympathique adj. et n. m.
parasynthétique adj. et n. m.
parataxe n. f.
paratexte n. m.
parathormone n. f.
parathyroïde n. f.
paratonnerre n. m.
parâtre n. m.
paratyphique adj. et n.
paratyphoïde adj. et n. f.
paravalanche ou **pare-avalanches** n. m.
paravent n. m.
paraverbal, ale, aux adj.
parbleu interj.
parc n. m.
parcage n. m.
parcellaire adj.
parcelle n. f.
parcellisation n. f.
parcelliser v. tr. (conjug. 1)
parce que loc. conj.
parchemin n. m.
parcheminer v. tr. (conjug. 1)
parcheminier, ière n.
par-ci, par-là loc. adv.
parcimonie n. f.
parcimonieusement adv.
parcimonieux, ieuse adj.
parcmètre n. m.
parcomètre n. m.
parcourir v. tr. (conjug. 11)
parcours n. m.
par-dehors loc. prép.
par-delà loc. prép. et adv.
par-derrière loc. prép. et adv.
par-dessous loc. prép. et adv.
¹**pardessus** n. m.
²**par-dessus** loc. prép. et adv.
par-devant loc. prép.

par-devers loc. prép.
pardi interj.
pardieu interj.
pardon n. m.
pardonnable adj.
pardonner v. tr. (conjug. 1)
paré, ée adj.
paréage n. m.
pare-balle(s) n. m.
  PL. *pare-balles*
pare-boue n. m.
  PL. inv. ou *pare-boues*
parebrise ou
  pare-brise n. m.
  PL. *parebrises* ou *pare-brise* ou *pare-brises**
pare-buffle n. m.
  PL. *pare-buffles*
parechoc ou
  pare-chocs n. m.
  PL. *pare(-)chocs*
pare-douche n. m.
  PL. *pare-douches*
pare-éclat(s) n. m.
  PL. *pare-éclats*
pare-étincelle(s) n. m.
  PL. *pare-étincelles*
pare-feu n. m.
  PL. *pare-feux*
pare-fumée n. m.
  PL. inv. ou *pare-fumées*
parégorique adj. et n. m.
pareil, eille adj. et n.
pareillement adv.
parélie n. f.
parement n. m.
parementer v. tr. (conjug. 1)
parementure n. f.
parémiologie n. f.
parenchymateux, euse adj.
parenchyme n. m.
parent, ente n.
parental, ale, aux adj.
parentales n. f. pl.
parentalies n. f. pl.
parentalisation n. f.
parentalité n. f.
parenté n. f.

parentèle n. f.
parentéral, ale, aux adj.
parenthèse n. f.
paréo n. m.
parer v. (conjug. 1)
parère n. m.
parésie n. f.
pare-soleil n. m.
  PL. inv. ou *pare-soleils**
paresse n. f.
paresser v. intr. (conjug. 1)
paresseusement adv.
paresseux, euse adj. et n.
paresthésie n. f.
pareur, euse n.
pare-vapeur adj. et n. m.
  PL. *pare-vapeurs*
parfaire v. tr. (conjug. 60; inf. et temps comp. seult)
parfait, aite adj. et n. m.
parfaitement adv.
parfilage n. m.
parfiler v. tr. (conjug. 1)
parfois adv.
parfondre v. tr. (conjug. 41)
parfum n. m.
parfumé, ée adj.
parfumer v. tr. (conjug. 1)
parfumerie n. f.
parfumeur, euse n.
parhélie ou **parélie** n. m.
pari n. m.
paria n. m.
pariade n. f.
pariage ou **paréage** n. m.
parian n. m.
paridés n. m. pl.
paridigitidé, ée adj. et n.
parier v. tr. (conjug. 7)
pariétaire n. f.
pariétal, ale, aux adj. et n.
parieur, ieuse n.
parigot, ote adj. et n.
paripenné, ée adj.
paris-brest n. m.
  PL. *paris-brests*
parisette n. f.

parisianisme

parisianisme n. m.
parisien, ienne n. et adj.
parisis adj.
parisyllabique adj.
paritaire adj.
paritarisme n. m.
parité n. f.
parjure n. f.
parjurer (se) v. pron. (conjug. 1)
parka n. f. ou m.
parkérisation® n. f.
parking n. m. (rec. off. : parc de stationnement)
parkinson n. m.
parkinsonien, ienne adj. et n.
parkinsonisme n. m.
parlable adj.
parlant, ante adj.
parlé, ée adj.
parlement n. m.
parlementaire adj. et n.
parlementairement adv.
parlementarisme n. m.
parlementer v. intr. (conjug. 1)
¹**parler** n. m.
²**parler** v. (conjug. 1)
parleur, euse n.
parloir n. m.
parlophone n. m.
parlote ou parlotte n. f.
parlure n. f.
parme adj. inv. et n. m.
parmélie n. f.
parmenture n. f.
parmesan n. m.
parmi prép.
parnasse n. m.
parnassien, ienne adj. et n. m.
parodie n. f.
parodier v. tr. (conjug. 7)
parodique adj.
parodiste n.
parodontal, ale, aux adj.
parodonte n. m.

parodontie n. f.
parodontiste n.
parodontite n. f.
parodontologie n. f.
parodontologiste n.
parodontologue n.
parodontopathie n. f.
parodontose n. f.
paroi n. f.
paroir n. m.
paroisse n. f.
paroissial, iale, iaux adj.
paroissien, ienne n.
parole n. f.
parolier, ière n.
paronomase n. f.
paronyme adj. et n. m.
paronymie n. f.
paronymique adj.
paronyque n. m.
paros [paros ; paʀos] n. m.
parotide n. f.
parotidien, ienne adj.
parotidite n. f.
parousie n. f.
paroxysmal, ale, aux adj.
paroxysme n. m.
paroxysmique adj.
paroxystique adj.
paroxyton adj. m.
parpaillot, ote n.
parpaing [paʀpɛ̃] n. m.
parque n. f.
parquer v. (conjug. 1)
parquet n. m.
parquetage n. m.
parqueter v. tr. (conjug. 4)
parqueterie ou parquèterie n. f.
parqueteur n. m.
parquetier n. m.
parqueur, euse n.
parrain n. m.
parrainage n. m.
parrainer v. tr. (conjug. 1)
parraineur, euse n.
parricide adj. et n. ; n. m.
parsec n. m.

parsemer v. tr. (conjug. 5)
parseur n.
parsi, e n. et adj.
parsisme n. m.
part n. f. ; n. m.
partage n. m.
partagé, ée adj.
partageable adj.
partageant, ante n.
partager v. tr. (conjug. 3)
partageur, euse n. et adj.
partageux, euse n.
partance n. f.
¹partant, ante n. et adj.
²partant conj.
partenaire n.
partenarial, ale, aux adj.
partenariat n. m.
parterre n. m.
parthénogenèse n. f.
parthénogénétique adj.
¹parti, ie adj.
²parti n. m.
partiaire adj.
partial, iale, iaux adj.
partialement adv.
partialité n. f.
participant, ante adj. et n.
participatif, ive adj.
participation n. f.
participe n. m.
participer v. tr. ind. (conjug. 1)
participial, iale, iaux adj.
particularisation n. f.
particulariser v. tr. (conjug. 1)
particularisme n. m.
particulariste adj.
particularité n. f.
particule n. f.
particulier, ière adj. et n.
particulièrement adv.
partie n. f.
partiel, ielle adj.
partiellement adv.
partir v. intr. (conjug. 16)

passionniste

partisan, ane n. et adj.
partisanerie n. f. et adj. f.
partita n. f.
  PL. *partitas* ou *partite* (it.)
partite adj.
partiteur n. m.
partitif, ive adj.
partition n. f.
partitionnement n. m.
partitionner v. tr. (conjug. 1)
parton n. m.
partousard, arde adj. et n.
partouse n. f.
partouser v. intr. (conjug. 1)
partout adv.
partouzard, arde ou **partousard, arde** adj. et n.
partouze ou **partouse** n. f.
partouzer ou **partouser** v. intr. (conjug. 1)
parturiente adj. f. et n. f.
parturition n. f.
parulie n. f.
parure n. f.
parurerie n. f.
parurier, ière n.
parution n. f.
parvenir v. tr. ind. (conjug. 22)
parvenu, ue adj. et n.
parvis n. m.
P. A. S. n. m. (para-aminosalicylique)
pas adv. de négation; n. m.
¹**pascal, ale, als** ou **aux** adj.
²**pascal** n. m.
  PL. *pascals* (unité)
pascal-seconde n. m.
pas-d'âne n. m. inv.
pas-de-géant n. m. inv.
pas-de-porte n. m. inv.
pas-grand-chose n. m. inv.
pashmina n. m.

pasionaria ou **passionaria** n. f.
paso doble ou **pasodoble*** [pasodɔbl] n. m.
  PL. inv. ou *pasodobles**
pasquin n. m.
pasquinade n. f.
passable adj.
passablement adv.
passacaille n. f.
passade n. f.
passage n. m.
passager, ère n. et adj.
passagèrement adv.
passant, ante adj. et n.
passation n. f.
passavant n. m.
passe n. f.; n. m.
¹**passé, ée** adj.
²**passé** n. m.; prép.
passe-bande adj. inv.
passe-bas adj. inv.
passe-boule n. m.
  PL. *passe-boules*
passe-crassane n. f.
  PL. *passe-crassanes*
passe-debout n. m. inv.
passe-droit n. m.
  PL. *passe-droits*
passée n. f.
passe-haut adj. inv.
passéisme n. m.
passéiste adj. et n.
passe-lacet n. m.
  PL. *passe-lacets*
passement n. m.
passementer v. tr. (conjug. 1)
passementerie n. f.
passementier, ière n. et adj.
passe-montagne n. m.
  PL. *passe-montagnes*
passe-partout ou **passepartout*** n. m.
  PL. inv. ou *passepartouts**
passe-passe ou **passepasse*** n. m. inv.

passe-pied n. m.
  PL. *passe-pieds*
passe-pierre n. f.
  PL. *passe-pierres*
passe-plat n. m.
  PL. *passe-plats*
passepoil n. m.
passepoiler v. tr. (conjug. 1)
passeport n. m.
passer v. (conjug. 1)
passerage n. f.
passereau n. m.
passerelle n. f.
passériformes n. m. pl.
passerine n. f.
passerinette n. f.
passerose n. f.
passe-temps ou **passetemps*** n. m. inv.
passe-thé n. m.
  PL. *passe-thés*
passe-tout-grain n. m. inv.
passette n. f.
passeur, euse n.
passe-velours n. m. inv.
passe-vue n. m.
  PL. *passe-vues*
passible adj.
¹**passif, ive** adj. et n. m.
²**passif** n. m.
passiflore n. f.
passiflorine n. f.
passim adv.
passing-shot [pasiŋ(ʃ)ɔt] n. m.
  PL. *passing-shots*
passion n. f.
passionaria n. f.
passioniste n. m.
passionnant, ante adj.
passionné, ée adj.
passionnel, elle adj.
passionnellement adv.
passionnément adv.
passionner v. tr. (conjug. 1)
passionniste ou **passioniste** n. m.

passivation n. f.
passivement adv.
passiver v. tr. (conjug. 1)
passivité n. f.
passoire n. f.
pastaga n. m.
pastel n. m.
pastelliste n.
pastenague n. f.
pastèque n. f.
pasteur n.
pasteurien, ienne adj. et n.
pasteurisation n. f.
pasteurisé, ée adj.
pasteuriser v. tr. (conjug. 1)
pastiche n. m.
pasticher v. tr. (conjug. 1)
pasticheur, euse n.
pastilla [pastija] n. f.
pastillage n. m.
pastille n. f.
pastilleur, euse n.
pastis n. m.
pastoral, ale, aux adj. et n. f.
pastoralisme n. m.
pastorat n. m.
pastorien, ienne adj. et n.
pastoureau, elle n.
pastourelle n. f.
pastrami n. m.
pat adj. inv. et n. m.
patache n. f.
patachon n. m.
pataphysique n. f. et adj.
patapouf interj. et n. m.
pataquès [patakɛs] n. m.
pataras n. m.
patarasse n. f.
patate n. f.
patati, patata interj.
patatoïde adj.
patatras interj.
pataud, aude n. et adj.
pataugas ® [patogas] n. m.
pataugeoire n. f.
patauger v. intr. (conjug. 3)
patch n. m. (rec. off. : retouche, correctif)

patchouli n. m.
patchwork n. m.
pâte n. f.
pâté n. m.
pâtée n. f.
¹**patelin** n. m.
²**patelin, ine** n. m. et adj.
patellaire adj.
patelle n. f.
patène n. f.
patenôtre n. f.
patent, ente adj.
patentable adj.
patentage n. m.
patente n. f.
patenté, ée adj.
patenter v. tr. (conjug. 1)
pater [patɛʀ] n. m. (père)
Pater [patɛʀ] n. m. inv. (prière)
patère n. f.
pater familias [patɛʀ-] n. m. inv.
paternalisme n. m.
paternaliste adj.
paterne adj.
paternel, elle adj. et n.
paternellement adv.
paternité n. f.
pâteusement adv.
pâteux, euse adj.
pathétique adj. et n. m.
pathétiquement adv.
pathétisme n. m.
pathogène adj.
pathogenèse n. f.
pathogénie n. f.
pathogénique adj.
pathognomonique adj.
pathologie n. f.
pathologique adj.
pathologiquement adv.
pathologiste n. et adj.
pathomimie n. f.
pathos n. m.
patibulaire adj.
patiemment adv.
patience n. f.
patient, iente adj. et n.

patientèle n. f.
patienter v. intr. (conjug. 1)
patin n. m.
patinage n. m.
patine n. f.
patiner v. (conjug. 1)
patinette n. f.
patineur, euse n.
patinoire n. f.
patio [pasjo; patjo] n. m.
pâtir v. intr. (conjug. 2)
pâtis n. m.
pâtisser v. intr. (conjug. 1)
pâtisserie n. f.
pâtissier, ière n. et adj.
pâtissoire n. f.
pâtisson n. m.
patoche n. f.
patois n. m.
patoisant, ante adj.
patoiser v. intr. (conjug. 1)
pâton n. m.
patouillard n. m.
patouiller v. (conjug. 1)
patraque n. f. et adj.
pâtre n. m.
patriarcal, ale, aux adj.
patriarcalement adv.
patriarcat n. m.
patriarche n. m.
patrice n. m.
patricial, iale, iaux adj.
patriciat n. m.
patricien, ienne n. et adj.
patriclan n. m.
patrie n. f.
patrilinéaire adj.
patrilocal, ale, aux adj.
patrimoine n. m.
patrimonial, iale, iaux adj.
patrimonialement adv.
patriotard, arde n. et adj.
patriote n. et adj.
patriotique adj.
patriotiquement adv.
patriotisme n. m.
patristique n. f. et adj.
patrologie n. f.

¹patron n. m.
²patron, onne n.
patronage n. m.
patronal, ale, aux adj.
patronat n. m.
patronner v. tr. (conjug. 1)
patronnesse adj. f. et n. f.
patronnier, ière n.
patronyme n. m.
patronymique adj.
patrouille n. f.
patrouiller v. intr. (conjug. 1)
patrouilleur, euse n.
patte n. f.
patté, ée adj.
patte-d'oie n. f.
PL. *pattes-d'oie*
pattemouille n. f.
pattern n. m.
pattes d'ef n. f. pl.
pattinsonage n. m.
pattu, ue adj.
pâturable adj.
pâturage n. m.
pâture n. f.
pâturer v. (conjug. 1)
pâturin n. m.
paturon ou **pâturon** n. m.
pauchouse n. f.
pauciflore adj.
paulette n. f.
paulien, ienne adj.
paulinien, ienne adj.
paulinisme n. m.
pauliste adj. et n.
paulownia [polɔnja] n. m.
paumatoire adj.
paume n. f.
paumé, ée adj.
paumelle n. f.
paumer v. tr. (conjug. 1)
paumier, ière n. m. et adj.
paumoyer v. tr. (conjug. 8)
paumure n. f.
paupérisation n. f.
paupériser v. tr. (conjug. 1)
paupérisme n. m.
paupière n. f.

paupiette n. f.
pause n. f.
pause(-)café n. f.
PL. *pauses(-)café*
pauser v. intr. (conjug. 1)
pauvre adj. et n.
pauvrement adv.
pauvresse n. f.
pauvret, ette n. et adj.
pauvreté n. f.
pavage n. m.
pavane n. f.
pavaner (se) v. pron. (conjug. 1)
¹pavé, ée adj.
²pavé n. m.
pavée n. f.
pavement n. m.
paver v. tr. (conjug. 1)
paveur n. m.
pavie n. f.
pavillon n. m.
pavillonnaire adj.
pavillonnerie n. f.
pavillonneur n. m.
pavimenteux, euse adj.
pavois n. m.
pavoisement n. m.
pavoiser v. tr. (conjug. 1)
pavot n. m.
paxon n. m.
payable adj.
payant, ante adj. et n.
paye ou **paie** n. f.
payement n. m.
payer v. tr. (conjug. 8)
payeur, euse n.
¹pays n. m.
²pays, payse n.
paysage n. m.
paysagé, ée adj.
paysager, ère adj.
paysagiste n.
paysan, anne n. et adj.
paysannat n. m.
paysannerie n. f.
P. C. n. m. (personal computer)
P. C. V. n. m. (à percevoir)
PDA n. m. (personal digital assistant)

PDF n. m. inv. (portable document format)
P. D. G. ou **P. d. g.** n. (président-directeur général)
péage n. m.
péagiste n.
peau n. f.
peaucier adj. m. et n. m.
peaufinage n. m.
peaufiner v. tr. (conjug. 1)
peau-rouge n.
PL. *peaux-rouges*
peausserie n. f.
peaussier n. m.
pébrine n. f.
pébroque ou **pébroc** n. m.
pécaïre interj.
pécan ou **pecan** n. m.
pécari n. m.
peccable adj.
peccadille n. f.
peccant, ante adj.
pechblende n. f.
péché n. m.
pêche n. f.
pécher v. intr. (conjug. 6)
¹pêcher n. m.
²pêcher v. tr. (conjug. 1)
pechère interj.
pécheresse n. f.
pêcherie n. f.
pêchette n. f.
pécheur, pécheresse ou **pècheresse*** n.
pêcheur, euse n.
pêchu, e adj.
pécile* n. m.
pécilotherme* adj.
pécoptéris n. m.
pécore n. f.
pecorino ou **pécorino** n. m.
pecten n. m.
pectine n. f.
pectiné, ée n. m. et adj.
pectique adj.
pectoral, ale, aux adj. et n. m.
péculat n. m.

pécule n. m.
pécuniaire adj.
pécuniairement adv.
pédagogie n. f.
pédagogique adj.
pédagogiquement adv.
pédagogue n. et adj.
pédalage n. m.
pédale n. f.
pédalée n. f.
pédaler v. intr. (conjug. 1)
pédaleur, euse n.
pédalier n. m.
pédalo ® n. m.
pédant, ante n. et adj.
pédanterie n. f.
pédantesque adj.
pédantisme n. m.
pède n. f.
pédégère n. f.
pédégérial, iale, iaux adj.
pédéraste n. m.
pédérastie n. f.
pédérastique adj.
pédestre adj.
pédestrement adv.
pédiatre n.
pédiatrie n. f.
pédiatrique adj.
pedibus [pedibys] adv.
pédicellaire n. m.
pédicelle n. m.
pédicellé, ée adj.
pédiculaire n. f. et adj.
pédicule n. m.
pédiculé, ée adj.
pédiculose n. f.
pédicure n.
pédicurie n. f.
pédieux, ieuse adj.
pedigree ou **pédigrée*** n. m.
pédiluve n. m.
pédiment n. m.
pédipalpe n. m.
pédiplaine n. f.
pédodontie n. f.
pédogenèse n. f.

pédologie n. f.
pédologique adj.
pédologue n.
pédonculaire adj.
pédoncule n. m.
pédonculé, ée adj.
pédophile adj. et n.
pédophilie n. f.
pédophilique adj.
pédopornographie n. f.
pédopsychiatre [-k-] n.
pédopsychiatrie [-k-] n. f.
pédopsychiatrique [-k-] adj.
pédum n. m.
pedzouille n.
peeling n. m.
peep-show [pipʃo] n. m.
  PL. *peep-shows*
pégase n. m.
P. E. G. C. n. m. (professeur d'enseignement général de collège)
pegmatite n. f.
pègre n. f.
péguer v. (conjug. 6)
pégueux, euse adj.
pehlvi n. m.
peignage n. m.
peigne n. m.
peigné, ée adj. et n. m.
peigne-cul n. m.
  PL. *peigne-culs*
peignée n. f.
peigner v. tr. (conjug. 1)
peigneur, euse n.
peigne-zizi n.
  PL. *peigne-zizis*
peignier n. m.
peignoir n. m.
peignures n. f. pl.
peille n. f.
peinard, arde ou **pénard, arde** adj.
peinardement adv.
peindre v. tr. (conjug. 52)
peine n. f.
peiner v. (conjug. 1)
peint, peinte adj.
peintre n.

peinture n. f.
peinturer v. tr. (conjug. 1)
peinturlurer v. tr. (conjug. 1)
péjoratif, ive adj.
péjoration n. f.
péjorativement adv.
pékan n. m.
péket n. m.
¹**pékin** n. m. (étoffe)
²**pékin** ou **péquin** n. m. (personne)
pékiné, ée adj. et n. m.
pékinois, oise adj. et n.
pékinologue n.
pekoe ou **pékoe** n. m.
PEL ou **P.E.L.** n. m. (plan d'épargne logement)
pela ou **pèla** n. m.
pelade n. f.
pelage n. m.
pélagianisme n. m.
pélagien, ienne adj. et n.
pélagique adj.
pélagos ou **pelagos** n. m.
pélamide ou **pélamyde** n. f.
pelard adj. et n. m.
pélardon n. m.
pélargonium n. m.
pelé, ée adj. et n. m.
péléen, enne adj.
pêle-mêle ou **pêlemêle** adv. et n. m.
  PL. inv. ou *pêlemêles*
peler v. (conjug. 5)
pèlerin, ine n.
pèlerinage n. m.
pèlerine n. f.
péliade n. f.
pélican n. m.
pelisse n. f.
pellagre n. f.
pellagreux, euse adj. et n.
pelle n. f.
pelle-pioche n. f.
  PL. *pelles-pioches*
peller v. tr. (conjug. 1)
pellet n. m.

pelletage n. m.
pelletée n. f.
pelleter v. tr. (conjug. 4)
pelleterie [pɛltʀi; pɛlɛtʀi] n. f.
pelleteur n. m.
pelleteuse n. f.
pelletier, ière n.
pelletisation n. f.
pelliculage n. m.
pelliculaire adj.
pellicule n. f.
pelliculé, ée adj.
pelloche ou péloche n. f.
pellucide adj.
pélobate n. m.
péloche n. f.
pélodyte n. m.
pelotage n. m.
pelotari n. m.
pelote n. f.
peloter v. (conjug. 1)
peloteur, euse n. et adj.
peloton n. m.
pelotonnement n. m.
pelotonner v. tr. (conjug. 1)
pelouse n. f.
pelta ou pelte n. f.
peltaste n. m.
pelte n. f.
pelté, ée adj.
peluche n. f.
peluché, ée ou pluché, ée adj.
pelucher ou plucher v. intr. (conjug. 1)
pelucheux, euse ou plucheux, euse adj.
pelure n. f.
pelvectomie n. f.
pelvien, ienne adj.
pelvigraphie n. f.
pelvimétrie n. f.
pelvipéritonite n. f.
pelvis n. m.
pembina n. f.
pemmican [pemikɑ̃, pɛmmikɑ̃] n. m.
pemphigoïde n. f.

pemphigus [pɛ̃figys] n. m.
pénal, ale, aux adj.
pénalement adv.
pénalisant, ante adj.
pénalisation n. f.
pénaliser v. tr. (conjug. 1)
pénaliste n.
pénalité n. f.
pénaltouche n. f.
penalty ou pénalty n. m.
  PL. penaltys ou pénaltys ou penalties
pénard, arde adj.
pénates n. m. pl.
penaud, aude adj.
pence n. m. pl.
penchant n. m.
penché, ée adj.
pencher v. (conjug. 1)
pendable adj.
pendage n. m.
pendaison n. f.
¹pendant, ante adj.
²pendant n. m.; prép.
pendard, arde n.
pendeloque n. f.
pendentif n. m.
penderie n. f.
pendiller v. intr. (conjug. 1)
pendillon n. m.
pendoir n. m.
pendouiller v. intr. (conjug. 1)
pendre v. (conjug. 41)
pendu, ue adj. et n.
pendulaire adj.
pendulation n. f.
pendule n. f.; n. m.
penduler v. intr. (conjug. 1)
pendulette n. f.
pêne n. m.
pénéplaine n. f.
pénétrabilité n. f.
pénétrable adj.
pénétrance n. f.
pénétrant, ante adj.
pénétrante n. f.
pénétration n. f.
pénétré, ée adj.
pénétrer v. (conjug. 6)

pénétromètre n. m.
pénibilité n. f.
pénible adj.
péniblement adv.
péniche n. f.
pénichette ® n. f.
pénicillé, ée adj.
pénicilline n. f.
pénicillium ou penicillium n. m.
pénicillorésistant, ante adj.
pénien, ienne adj.
pénil n. m.
péninsulaire adj.
péninsule n. f.
pénis n. m.
pénitence n. f.
pénitencerie n. f.
pénitencier n. m.
pénitent, ente n.
pénitentiaire adj.
pénitential, iale, iaux adj.
pénitentiel, ielle adj. et n. m.
pennage n. m.
¹penne [pɛn] n. f. (plume)
²penne [pene] n. f. (pâte)
penné, ée adj.
penniforme adj.
pennon n. m.
penny n. m.
  PL. pence ou pennies
pénombre n. f.
penon n. m.
pensable adj.
pensant, ante adj.
pense-bête n. m.
  PL. pense-bêtes
pensée n. f.
¹penser n. m.
²penser v. (conjug. 1)
penseur, euse n.
pensif, ive adj.
pension n. f.
pensionnaire n.
pensionnat n. m.
pensionné, ée adj. et n.
pensionner v. tr. (conjug. 1)

pensivement

pensivement adv.
pensum [pɛ̃sɔm] n. m.
pentacle n. m.
pentacrine n. m.
pentadactyle adj.
pentaèdre n. m. et adj.
pentagonal, ale, aux adj.
pentagone n. m.
pentamère adj. et n.
pentamètre adj. et n. m.
pentane n. m.
pentanol n. m.
pentarchie n. f.
pentathlon n. m.
pentathlonien, ienne n.
pentatome n. m. ou f.
pentatonique adj.
pentavalent, ente adj.
pente n. f.
Pentecôte n. f.
pentecôtisme n. m.
pentecôtiste n. et adj.
penthiobarbital n. m.
penthode n. f.
penthotal® n. m.
penthouse n. f.
penthrite ou pentrite n. f.
pentode ou penthode n. f.
pentose n. m.
pentrite n. f.
pentu, ue adj.
penture n. f.
pénultième adj. et n. f.
pénurie n. f.
péon n. m.
people ou pipeule ou pipole adj. inv. et n. m. inv.
péotte n. f.
pep ou peps n. m.
PEP ou P.E.P. n. m. (plan d'épargne populaire)
pépé n. m.
pépée n. f.
pépère n. m. et adj.
péperin ou pèperin* n. m.

pépètes n. f. pl.
pépie n. f.
pépiement n. m.
pépier v. intr. (conjug. 7)
pépin n. m.
pépinière n. f.
pépiniériste n.
pépite n. f.
péplum [peplɔm] n. m.
péponide n. f.
peppermint [pepɛrmint ; pepœrmint] n. m.
pepperoni n. m.
peps n. m.
pepsine n. f.
peptidase n. f.
peptide n. m.
peptidique adj.
peptique adj.
peptone n. f.
peptonisation n. f.
péquenaud, aude ou pèquenaud*, aude n.
péquenot ou pèquenot* n. m.
péquet ou péket n. m.
péquin n. m.
péquiste n. et adj.
peracide n. m.
pérail n. m.
péramèle n. m.
perborate n. m.
perçage n. m.
percale n. f.
percaline n. f.
perçant, ante adj.
per capita loc.
perce n. f.
percée n. f.
percement n. m.
perce-muraille n. f.
PL. perce-murailles
perce-neige n. m. ou f.
PL. inv. ou perce-neiges
perce-oreille n. m.
PL. perce-oreilles
perce-pierre n. f.
PL. perce-pierres
percept n. m.

percepteur, trice n. et adj.
perceptibilité n. f.
perceptible adj.
perceptiblement adv.
perceptif, ive adj.
perception n. f.
perceptionnisme n. m.
percer v. (conjug. 3)
percerette n. f.
percette n. f.
perceur, euse n.
percevable adj.
percevoir v. tr. (conjug. 28)
perchaude n. f.
perche n. f.
perché, ée adj. et n. m.
perchée n. f.
percher v. (conjug. 1)
percheron, onne adj. et n.
percheur, euse adj.
perchis n. m.
perchiste n. (rec. off. de perchman)
perchlorate [-k-] n. m.
perchlorique [-k-] adj.
perchman [pɛrʃman] n. m.
PL. perchmans ou perchmen (rec. off. : perchistes)
perchoir n. m.
perclus, use adj.
percnoptère n. m.
perçoir n. m.
percolateur n. m.
percolation n. f.
perçu, ue adj. et n. m.
percussion n. f.
percussionniste n.
percutané, ée adj.
percutant, ante adj.
percuter v. (conjug. 1)
percuteur n. m.
percutiréaction n. f.
perdant, ante adj. et n.
perdition n. f.
perdre v. tr. (conjug. 41)
perdreau n. m.
perdrix n. f.
perdu, ue adj.

perdurable adj.
perdurer v. intr. (conjug. 1)
père n. m.
pérégrin, ine adj. et n.
pérégrination n. f.
péremption n. f.
péremptoire adj.
péremptoirement adv.
pérennant, ante adj.
pérenne adj.
pérennisation n. f.
pérenniser v. tr. (conjug. 1)
pérennité n. f.
péréquation n. f.
perestroïka ou pérestroïka [pɛʀɛstʀɔjka] n. f.
perfectibilité n. f.
perfectible adj.
perfectif, ive n. m. et adj.
perfection n. f.
perfectionné, ée adj.
perfectionnement n. m.
perfectionner v. tr. (conjug. 1)
perfectionnisme n. m.
perfectionniste n. et adj.
perfide adj. et n.
perfidement adv.
perfidie n. f.
perfolié, iée adj.
perforage n. m.
perforant, ante adj.
perforateur, trice adj. et n.
perforation n. f.
perforé, ée adj.
perforer v. tr. (conjug. 1)
perforeuse n. f.
performance n. f.
performant, ante adj.
performatif n. m.
performer v. intr. (conjug. 1)
performeur, euse n.
perfuser v. tr. (conjug. 1)
perfusion n. f.
pergélisol n. m.
pergola n. f.
¹péri, ie adj.

²péri n. f.
périanthe n. m.
périarthrite n. f.
périarticulaire adj.
périastre n. m.
péribole n. m.
péricarde n. m.
péricardique adj.
péricardite n. f.
péricarpe n. m.
périchondre [-kɔ̃-] n. m.
péricliter v. intr. (conjug. 1)
périgée n. m.
périglaciaire adj.
périgueux n. m.
périhélie n. m.
péri-informatique n. f. et adj.
PL. péri-informatiques
péril [peʀil] n. m.
périlleusement adv.
périlleux, euse adj.
périmé, ée adj.
périmer (se) v. pron. (conjug. 1)
périmétral, ale, aux adj.
périmètre n. m.
périmétrique adj.
périnatal, ale adj.
périnatalité n. f.
périnatalogie n. f.
périnéal, ale, aux adj.
périnée n. m.
période n. f. et m.
périodicité n. f.
périodique adj.
périodiquement adv.
périodisation n. f.
périoste n. m.
périostite n. f.

péripatéticien, ienne n. et adj.
péripatétique adj.
péripétie [-si] n. f.
périphérie n. f.
périphérique adj. et n. m.
périphlébite n. f.
périphrase n. f.
périphraser v. intr. (conjug. 1)
périphrastique adj.
périple n. m.
périptère adj. et n. m.
périr v. intr. (conjug. 2)
périscolaire adj.
périscope n. m.
périscopique adj.
périsperme n. m.
périsplénite n. f.
périssable adj.
périssodactyles n. m. pl.
périssoire n. f.
périssologie n. f.
péristaltique adj.
péristaltisme n. m.
péristome n. m.
péristyle n. m.
péritel ® adj. inv.
péritéléphonie n. f.
péritexte n. m.
périthèce n. m.
péritoine n. m.
péritonéal, ale, aux adj.
péritonite n. f.
pérityphlite n. f.
périurbain, aine adj.
périurbanisation n. f.
perlant adj. m. et n. m.
perle n. f.
perlé, ée adj.
perlèche n. f.
perler v. (conjug. 1)
perlier, ière adj.
perlimpinpin n. m.
perlingual, ale, aux adj.
perlite n. f.
¹perlon n. m. (requin)
²perlon ® n. m. (fibre)
perlot n. m.

perlouse

perlouse ou **perlouze** n. f.
permaculture n. f.
permafrost n. m.
permalloy n. m.
permanence n. f.
permancier, ière n.
permanent, ente adj. et n.
permanenter v. tr. (conjug. 1)
permanentiste n.
permanganate n. m.
permanganique adj.
perméabilité n. f.
perméable adj.
perméase n. f.
permettre v. tr. (conjug. 56)
permien, ienne adj. et n. m.
permis n. m.
permissif, ive adj.
permission n. f.
permissionnaire n.
permissivité n. f.
permittivité n. f.
permutabilité n. f.
permutable adj.
permutant, ante n.
permutation n. f.
permuter v. (conjug. 1)
pernicieusement adv.
pernicieux, ieuse adj.
perniciosité n. f.
péroné n. m.
péronier, ière n. m. et n. m.
péronnelle n. f.
péronosporacées n. f. pl.
péroraison n. f.
pérorer v. intr. (conjug. 1)
péroreur, euse n. et adj.
pérot n. m.
peroxydase n. f.
peroxydation n. f.
peroxyde n. m.
peroxydé, ée adj.
peroxyder v. tr. (conjug. 1)
perpendiculaire adj. et n. f.

perpendiculairement adv.
perpendicularité n. f.
perpète (à) ou **perpette (à)** loc. adv.
perpétration n. f.
perpétrer v. tr. (conjug. 6)
perpette (à) loc. adv.
perpétuation n. f.
perpétuel, elle adj.
perpétuellement adv.
perpétuer v. tr. (conjug. 1)
perpétuité n. f.
perplexe adj.
perplexité n. f.
perquisiteur n. m.
perquisition n. f.
perquisitionner v. intr. (conjug. 1)
perré n. m.
perrière n. f.
perron n. m.
perroquet n. m.
perruche n. f.
perruque n. f.
perruquier n. m.
pers adj. m.
persan, ane adj. et n.
perse adj. et n; n.
persécuté, ée adj. et n.
persécuter v. tr. (conjug. 1)
persécuteur, trice n. et adj.
persécution n. f.
perséides n. f. pl.
persel n. m.
persévérance n. f.
persévérant, ante adj.
persévération n. f.
persévérer v. intr. (conjug. 6)
persicaire n. f.
persienne n. f.
persiflage ou **persifflage** n. m.
persifler ou **persiffler** v. tr. (conjug. 1)
persifleur, euse ou **persiffleur, euse** n. et adj.

persil n. m.
persillade n. f.
persillé, ée adj.
persillère n. f.
persique adj.
persistance n. f.
persistant, ante adj.
persister v. intr. (conjug. 1)
persona grata n. f. inv.
persona non grata [pɛʀsɔnanɔ̃ŋgʀata] n. f. inv.
personnage n. m.
personnalisable adj.
personnalisation n. f.
personnaliser v. tr. (conjug. 1)
personnalisme n. m.
personnaliste adj. et n.
personnalité n. f.
personne n. f.; pron. indéf.
personnel, elle adj. et n. m.
personnellement adv.
personnification n. f.
personnifié, iée adj.
personnifier v. tr. (conjug. 7)
perspectif, ive adj.
perspective n. f.
perspectivisme n. m.
perspicace adj.
perspicacité n. f.
perspiration n. f.
persuader v. tr. (conjug. 1)
persuasif, ive adj.
persuasion n. f.
persuasivement adv.
persulfate n. m.
persulfure n. m.
persulfuré, ée adj.
perte n. f.
pertinemment adv.
pertinence n. f.
pertinent, ente adj.
pertuis n. m.
pertuisane n. f.
pertuisanier n. m.
perturbant, ante adj.
perturbateur, trice n. et adj.

perturbation n. f.
perturbé, ée adj.
perturber v. tr. (conjug. 1)
pervenche n. f.
pervers, erse adj. et n.
perversement adv.
perversion n. f.
perversité n. f.
pervertir v. tr. (conjug. 2)
pervertissement n. m.
pervertisseur, euse n. et adj.
pervibrage n. m.
pervibrer v. tr. (conjug. 1)
pesade n. f.
pesage n. m.
pesamment adv.
pesant, ante adj.
pesanteur n. f.
pèse-acide n. m.
  PL. pèse-acides
pèse-alcool n. m.
  PL. pèse-alcools
pèse-bébé n. m.
  PL. pèse-bébés
pesée n. f.
pèse-esprit n. m.
  PL. pèse-esprits
pèse-lait n. m.
  PL. pèse-laits
pèse-lettre n. m.
  PL. pèse-lettres
pèse-moût ou **pèse-mout★** n. m.
  PL. pèse-moûts ou pèse-mouts★
pèse-personne n. m.
  PL. pèse-personnes
peser v. (conjug. 5)
pèse-sel n. m.
  PL. pèse-sels
pèse-sirop n. m.
  PL. pèse-sirops
peseta ou **péséta★** n. f.
pesette n. f.
peseur, euse n.
peseuse n.
pèse-vin n. m.
  PL. pèse-vins

peso ou **péso★** [pezo; peso] n. m.
peson n. m.
pessaire n. m.
pesse n. f.
pessereau n. m.
pessière n. f.
pessimisme n. m.
pessimiste adj. et n.
peste n. f.
pester v. intr. (conjug. 1)
pesteux, euse adj.
pesticide n. m. et adj.
pestiféré, ée adj. et n.
pestilence n. f.
pestilentiel, ielle adj.
pesto n. m.
pet n. m.
pétainisme n. m.
pétainiste adj. et n.
pétale n. m.
pétaloïde adj.
pétanque n. f.
pétant, ante adj.
pétaradant, ante adj.
pétarade n. f.
pétarader v. intr. (conjug. 1)
pétard n. m.
pétase n. m.
pétasse n. f.
pétaudière n. f.
pétauriste n. m.
pet-de-nonne n. m.
  PL. pets-de-nonne
pété, ée adj.
pétéchial, iale, iaux adj.
pétéchie n. f.
pet-en-l'air n. m. inv.
péter v. (conjug. 6)
pète-sec ou **pètesec★** et adj. PL. inv. ou pètesecs★
péteur, euse n.
péteux, euse n. et adj.
pétillant, ante adj.
pétillement n. m.
pétiller v. intr. (conjug. 1)
pétiole n. m.
pétiolé, ée adj.
petiot, iote adj. et n.
petit, ite adj.; n. et adv.

petit-beurre ou **petit beurre** n. m.
  PL. petits-beurre(s) ou petits beurres
petit-bois n. m.
  PL. petits-bois
petit-bourgeois, petite-bourgeoise n. et adj.
  PL. petits-bourgeois, petites-bourgeoises
¹**petit-déjeuner** n. m.
  PL. petits-déjeuners
²**petit-déjeuner** v. intr. (conjug. 1)
petite-fille n. f.
  PL. petites-filles
petitement adv.
petite-nièce n. f.
  PL. petites-nièces
petitesse n. f.
petit-fils n. m.
  PL. petits-fils
petit-four ou **petit four** n. m.
  PL. petits-fours ou petits fours
petit-gris n. m.
  PL. petits-gris
pétition n. f.
pétitionnaire n.
pétitionner v. intr. (conjug. 1)
pétitionneur, euse n.
petit-lait n. m.
  PL. petits-laits
petit-maître, petite-maîtresse ou **petit-maitre, petite-maitresse★** n.
  PL. petits-maîtres, petites-maîtresses ou petits-maitres, petites-maitresses★
petit-nègre n. m. sing.
petit-neveu n. m.
  PL. petits-neveux
pétitoire n. m. et adj.
petit-pois ou **petit pois** n. m.
  PL. petits(-)pois
petit-porteur n. m.
  PL. petits-porteurs

petits-enfants n. m. pl.
petit-suisse n. m.
 n. petits-suisses
pétochard, arde n.
pétoche n. f.
pétoire n. f.
pétole n. f.
peton n. m.
pétoncle n. m.
pétrarquisant, ante adj.
pétrarquiser v. intr.
 (conjug. 1)
pétrarquisme n. m.
pétrarquiste n. et adj.
pétré, ée adj.
pétrel n. m.
pétreux, euse adj.
pétrifiant, iante adj.
pétrification n. f.
pétrifier v. tr. (conjug. 7)
pétrin n. m.
pétrir v. tr. (conjug. 2)
pétrissage n. m.
pétrisseur, euse n.
pétrochimie n. f.
pétrochimique adj.
pétrochimiste n. m.
pétrodollars n. m. pl.
pétrogale n. m.
pétroglyphe n. m.
pétrographe n.
pétrographie n. f.
pétrographique adj.
pétrole n. m.
pétrolette n. f.
pétroleuse n. f.
pétrolier, ière n. m. et adj.
pétrolifère adj.
pétrologie n. f.
pétulance n. f.
pétulant, ante adj.
pétun n. m.
pétuner v. intr. (conjug. 1)
pétunia n. m.
peu adv.
peucédan n. m.
peuchère interj.
peuh interj.
peul, peule ou peuhl,
 peuhle adj. et n.

peulven n. m.
peuplade n. f.
peuple n. m.
peuplé, ée adj.
peuplement n. m.
peupler v. tr. (conjug. 1)
peupleraie n. f.
peuplier n. m.
peur n. f.
peureusement adv.
peureux, euse adj.
peut-être adv.
peyotl n. m.
pèze n. m.
pézize n. f.
pfennig n. m.
pff(t) ou pfut... interj.
P. G. C. D. n. m. (plus grand
 commun diviseur)
pH n. m. inv. (potentiel
 d'hydrogène)
phacochère n. m.
phacomètre n. m.
phaéton n. m.
phage n. m.
phagédénique adj.
phagédénisme n. m.
phagocytaire adj.
phagocyte n. m.
phagocyter v. tr. (conjug. 1)
phagocytose n. f.
phalange n. f.
phalanger n. m.
phalangette n. f.
phalangien, ienne adj.
phalangine n. f.
phalangiste n.
phalanstère n. m.
phalanstérien, ienne n.
 et adj.
phalène n. f. ou m.
phallique adj.
phallocentrique adj.
phallocentrisme n. m.
phallocrate n. et adj.
phallocratie n. f.
phallocratique adj.
phalloïde adj.
phallus n. m.
phanère n. m.

phanérogame adj. et n. f.
phanie n. f.
phantasme n. m.
pharaon n. m.
pharaonien, ienne adj.
pharaonique adj.
pharaonne n. f.
phare n. m.
pharillon n. m.
pharisaïque adj.
pharisaïsme n. m.
pharisien, ienne n.
pharmaceutique n. f. et
 adj.
pharmacie n. f.
pharmacien, ienne n.
pharmacocinétique
 n. f. et adj.
pharmacodépendance
 n. f.
pharmacodépendant,
 ante adj.
pharmacodynamie n. f.
pharmacodynamique
 adj.
pharmacogénétique
 n. f.
pharmacogénomique
 n. f.
pharmacognosie n. f.
pharmacologie n. f.
pharmacologique adj.
pharmacologue n.
pharmacomanie n. f.
pharmacopée n. f.
pharmacothérapie n. f.
pharmacovigilance n. f.
pharyngal, ale, aux adj.
 et n. f.
pharyngé, ée adj.
pharyngien, ienne adj.
pharyngite n. f.
pharyngolaryngite n. f.
pharynx n. m.
phascolome n. m.
phase n. f.
phasemètre n. m.
phasianidés n. m. pl.
phasme n. m.
phasmidés n. m. pl.

phospholipide

phatique adj.
phelloderme n. m.
phellogène adj.
phénacétine n. f.
phénakisticope n. m.
phénakistiscope n. m.
phénanthrène n. m.
phénicien, ienne adj. et n.
phénicoptères n. m. pl.
phéniqué, ée adj.
phénix n. m.
phénobarbital n. m.
phénocopie n. f.
phénol n. m.
phénolate n. m.
phénolique adj.
phénologie n. f.
phénolphtaléine n. f.
phénoménal, ale, aux adj.
phénoménalement adv.
phénoménalisme n. m.
phénoménalité n. f.
phénomène n. m.
phénoménisme n. m.
phénoménologie n. f.
phénoménologique adj.
phénoménologue n.
phénoplaste n. m.
phénotype n. m.
phénotypique adj.
phénylalanine n. f.
phénylcétonurie n. f.
phényle n. m.
phénylpyruvique adj.
phéophycées n. f. pl.
phéromone n. f.
phi n. m.
  PL. inv. ou *phis**
philanthe n. m.
philanthrope n.
philanthropie n. f.
philanthropique adj.
philatélie n. f.
philatélique adj.
philatéliste n.
philharmonie n. f.
philharmonique adj.
philhellène n. et adj.

philhellénique adj.
philhellénisme n. m.
philippine n. f.
philippique n. f.
philistin n. m. et adj. n.
philistinisme n. m.
philodendron [dɛ̃] n. m.
philologie n. f.
philologique adj.
philologiquement adv.
philologue n.
philosophale adj. f.
philosophe n. et adj.
philosopher v. intr. (conjug. 1)
philosophie n. f.
philosophique adj.
philosophiquement adv.
philosophisme n. m.
philtre n. m.
phimosis n. m.
phishing n. m.
phlébite n. f.
phlébographie n. f.
phlébolithe n. m.
phlébologie n. f.
phlébologue n.
phléborragie n. f.
phlébothrombose n. f.
phlébotome n. m.
phlébotomie n. f.
phlegmon ou **flegmon** n. m.
phlegmoneux, euse ou **flegmoneux, euse** adj.
phléole n. f.
phloème n. m.
phlogistique n. m.
phlox n. m.
phlyctène n. f.
pH-mètre n. m.
phobie n. f.
phobique adj. et n.
phocéen, enne adj. et n.
phocidien, ienne adj. et n.
phocomèle adj. et n.
phœnix ou **phénix** n. m.

pholade n. f.
pholiote n. f.
phonateur, trice adj.
phonation n. f.
phonatoire adj.
phone n. m.
phonématique adj. et n. f.
phonème n. m.
phonémique adj.
phonéticien, ienne n.
phonétique adj. et n. f.
phonétiquement adv.
phoniatre n.
phoniatrie n. f.
phonie n. f.
phonique adj.
phoniste n.
phono n. m.
phonocapteur, trice adj. et n. m.
phonogénie n. f.
phonogénique adj.
phonogramme n. m.
phonographe n. m.
phonographique adj.
phonolithe ou **phonolite** n. m. ou f.
phonolithique ou **phonolitique** adj.
phonologie n. f.
phonologique adj.
phonologue n.
phonométrie n. f.
phonon n. m.
phonothèque n. f.
phoque n. m.
phormion n. m.
phormium n. m.
phosgène n. m.
phosphatage n. m.
phosphatase n. f.
phosphatation n. f.
phosphate n. m.
phosphaté, ée adj.
phosphater v. tr. (conjug. 1)
phosphaturie n. f.
phosphine n. f.
phosphite n. m.
phospholipide n. m.

phospholipidique adj.
phospholipoprotéine n. f.
phosphore n. m.
phosphoré, ée adj.
phosphorémie n. f.
phosphorer v. intr. (conjug. 1)
phosphorescence n. f.
phosphorescent, ente adj.
phosphoreux, euse adj.
phosphorique adj.
phosphorisation n. f.
phosphorisme n. m.
phosphorite n. f.
phosphorylase n. f.
phosphorylation n. f.
phosphoryle n. m.
phosphure n. m.
phot n. m.
photo n. f. et adj. inv.
photobiologie n. f.
photobiologiste n.
photocathode n. f.
photocellule n. f.
photochimie n. f.
photochimiothérapie n. f.
photochimique adj.
photochimiquement adv.
photochromique [-k-] adj.
photocomposer v. tr. (conjug. 1)
photocomposeur n. m.
photocomposeuse n. f.
photocompositeur n. m.
photocomposition n. f.
photoconducteur, trice adj.
photoconductivité n. f.
photocopie n. f.
photocopier v. tr. (conjug. 7)
photocopieur n. m.
photocopieuse n. f.
photocopillage n. m.

photocopilleur, euse n.
photodégradable adj.
photodiode n. f.
photodissociation n. f.
photoélasticimétrie n. f.
photoélectricité n. f.
photoélectrique adj.
photoémetteur, trice adj.
photo-finish ou photofinish★ n. f.
 PL. photos-finish ou photofinishs★ (rec. off. : photo d'arrivée)
photogène adj.
photogénie n. f.
photogénique adj.
photogramme n. m.
photogrammétrie n. f.
photographe n.
photographie n. f.
photographier v. tr. (conjug. 7)
photographique adj.
photographiquement adv.
photograver v. tr. (conjug. 1)
photograveur, euse n.
photogravure n. f.
photo-interprétation n. f.
photojournalisme n. m.
photojournaliste n.
photolecture n. f.
photolithographie n. f.
photolithogravure n. f.
photoluminescence n. f.
photolyse n. f.
photomacrographie n. f.
photomagnétique adj.
photomaton ® n. m.
photomécanique adj.
photomédecine n. f.
photomètre n. m.
photométrie n. f.

photométrique adj.
photométriste n.
photomicrographie n. f.
photomontage n. m.
photomosaïque n. f.
photomultiplicateur n. m.
photon n. m.
photonique adj.
photopériode n. f.
photopériodique adj.
photopériodisme n. m.
photophobie n. f.
photophone n. m.
photophore n. m.
photophosphorylation n. f.
photopile n. f.
photoréalisme n. m.
photoréaliste adj.
photorécepteur n. m.
photoreportage n. m.
photoreporter n. m.
photorésistance n. f.
photo-robot ou photorobot n. m.
 PL. photos-robots ou photorobots
photoroman n. m.
photosatellite n. f.
photosensibilisation n. f.
photosensibilité n. f.
photosensible adj.
photosphère n. f.
photostyle n. m.
photosynthèse n. f.
photosynthétique adj.
photosystème n. m.
phototaxie n. f.
photothèque n. f.
photothérapie n. f.
phototransistor n. m.
phototrophe adj.
phototropisme n. m.
phototype n. m.
phototypie n. f.
photovoltaïque adj.

PHP n. f. inv. (personne humaine potentielle)
phragmite n. m.
phrase n. f.
phrasé n. m.
phraséologie n. f.
phraséologique adj.
phraser v. tr. (conjug. 1)
phraseur, euse n.
phrastique adj.
phratrie n. f.
phreaker n. m.
phréatique adj.
phrénique adj.
phrénologie n. f.
phrénologique adj.
phrygane n. f.
phrygien, ienne adj. et n.
phtalate n. m.
phtaléine n. f.
phtalique adj.
phtiriase n. f.
phtisie n. f.
phtisiologie n. f.
phtisiologue n.
phtisique adj. et n.
phycocyanine n. f.
phycologie n. f.
phycomycètes n. m. pl.
phylactère n. m.
phylarque n. m.
phylétique adj.
phyllade n. m.
phyllie n. f.
phyllopodes n. m. pl.
phylloxéra n. m.
phylloxéré, ée adj.
phylloxérien, ienne adj.
phylloxérique adj.
phylogenèse n. f.
phylogénétique adj. et n. f.
phylogénique adj.
phylum n. m.
PL. *phylums* ou *phyla* (lat.)
physalie n. f.
physalis n. m.
physiatre n.
physiatrie n. f.
physicalisme n. m.

physicien, ienne n.
physicochimie n. f.
physicochimique adj.
physicochimiste n.
physicomathématique n. f.
physicothéologique adj.
physiocrate n. m.
physiocratie n. f.
physiocratique adj.
physiognomonie n. f.
physiognomonique adj.
physiognomoniste n.
physiologie n. f.
physiologique adj.
physiologiquement adv.
physiologiste n.
physionomie n. f.
physionomique adj.
physionomiste n. et adj.
physiopathologie n. f.
physiopathologique adj.
physiothérapeute n.
physiothérapie n. f.
physique adj. et n. m.; n. f.
physiquement adv.
physisorption n. f.
physostigma n. m.
physostigmine n. f.
physostome n. m.
phytéléphas n. m.
phythormone n. f.
phytobiologie n. f.
phytoécologie n. f.
phytogéographie n. f.
phytohormone ou **phythormone** n. f.
phytopathologie n. f.
phytophage adj. et n.
phytopharmacie n. f.
phytophthora n. m.
phytoplancton n. m.
phytoplanctonique adj.
phytosanitaire adj.
phytosociologie n. f.
phytosociologue n.
phytothérapeute n.
phytothérapie n. f.
phytotron n. m.

phytozoaire n. m.
pi n. m.
PL. inv. ou *pis*★
piaculaire adj.
piaf n. m.
piaffant, ante adj.
piaffement n. m.
piaffer v. intr. (conjug. 1)
piaffeur, euse adj.
piaillard, arde adj.
piaillement n. m.
piailler v. intr. (conjug. 1)
piaillerie n. f.
piailleur, euse n. et adj.
pian n. m.
piane-piane adv.
¹**pianissimo** n. m.
PL. *pianissimos* ou *pianissimi* (it.)
²**pianissimo** adv.
pianiste n.
pianistique adj.
piano adv.; n. m.
piano-bar n. m.
PL. *pianos-bars*
piano-forte ou **pianoforte** n. m.
PL. *pianos-forte* ou *pianoforte*
pianofortiste n.
pianola ® n. m.
pianotage n. m.
pianoter v. intr. (conjug. 1)
piassava n. m.
piastre n. f.
piaule n. f.
piaulement n. m.
piauler v. intr. (conjug. 1)
piazza n. f.
P. I. B. n. m. (produit intérieur brut)
pibale n. f.
pible (à) loc. adj.
pic n. m.
pica n. m.
pic (à) loc. adv.
picador n. m.
picage n. m.
picaillon n. m.
picard, arde adj. et n.

picardan

picardan ou **picardant** n. m.
picarel n. m.
picaresque adj.
picaro n. m.
pic-bois n. m.
  PL *pics-bois*
piccalilli n. m.
piccolo ou **picolo** n. m.
pichenette n. f.
pichenotte n. f.
pichet n. m.
picholine [-k-] n. f.
pickles [pikœls] n. m. pl.
pickpocket n. m.
pick-up ou **pickup***
  [pikœp] n. m.
  PL inv. ou *pickups**
picodon n. m.
picoler v. intr. (conjug. 1)
picoleur, euse n.
picolo n. m.
picorer v. (conjug. 1)
picosser v. tr. (conjug. 1)
picot n. m.
picotement n. m.
picoter v. tr. (conjug. 1)
picotin n. m.
picpoul ou **piquepoul** n. m.
picrate n. m.
picrique adj.
picris n. m.
picrocholin, ine [-k-] adj.
picte n.
pictogramme n. m.
pictographie n. f.
pictographique adj.
pictural, ale, aux adj.
pic-vert n. m.
  PL *pics-verts*
pidgin [pidʒin] n. m.
pidgin-english
  [pidʒininglif] n. m.
pie n. f. et adj. inv.; adj. f.
piécé n. m.
pièce n. f.
piécette n. f.
pied n. m.
pied-à-terre n. m. inv.

pied-bot ou **pied bot** n. m.
  PL *pieds(-)bots*
pied-d'alouette n. m.
  PL *pieds-d'alouette*
pied-de-biche n. m.
  PL *pieds-de-biche*
pied-de-cheval n. m.
  PL *pieds-de-cheval*
pied-de-chèvre n. m.
  PL *pieds-de-chèvre*
pied-de-coq n. m. et adj.
  PL *pieds-de-coq*
pied-de-loup n. m.
  PL *pieds-de-loup*
pied-de-mouton n. m.
  PL *pieds-de-mouton*
pied-de-poule n. m. et adj.
  PL *pieds-de-poule*
pied-de-roi n. m.
  PL *pieds-de-roi*
pied-de-veau n. m.
  PL *pieds-de-veau*
pied-d'oiseau n. m.
  PL *pieds-d'oiseau*
pied-droit n. m.
  PL *pieds-droits*
piédestal, aux n. m.
pied-fort n. m.
  PL *pieds-forts*
piedmont n. m.
pied-noir n. m.
  PL *pieds-noirs*
piédouche n. m.
pied-plat n. m.
  PL *pieds-plats*
piédroit ou **pied-droit** n. m.
  PL *piédroits* ou *pieds-droits*
piéfort ou **pied-fort** n. m.
  PL *piéforts* ou *pieds-forts*
piège n. m.
piégeage n. m.
piéger v. tr. (conjug. 3 et 6)
piégeur, euse n.
piégeux, euse adj.
pie-grièche n. f.
  PL *pies-grièches*
pie-mère n. f.
  PL *pies-mères*
piémont n. m.

piémontais, aise adj. et n.
piercer n.
piercing n. m.
piéride n. f.
pie-rouge adj. inv.
pierrade® n. f.
pierraille n. f.
pierre n. f.
pierrée n. f.
pierreries n. f. pl.
pierrette n. f.
pierreux, euse adj. et n. f.
pierrier n. m.
pierrot n. m.
pietà ou **piéta*** n. f.
  PL inv. ou *piétas**
piétaille n. f.
piété n. f.
piètement n. m.
piéter v. intr. (conjug. 6)
piétin n. m.
piétinant, ante adj.
piétinement n. m.
piétiner v. (conjug. 1)
piétisme n. m.
piétiste n.
piéton, onne n. et adj.
piétonnier, ière adj.
piètre adj.
piètrement adv.
pieu n. m.
pieusement adv.
pieuter (se) v. pron. (conjug. 1)
pieuvre n. f.
pieux, pieuse adj.
pièze n. f.
piézoélectricité n. f.
piézoélectrique adj.
piézographe n. m.
piézographie n. f.
piézomètre n. m.
piézométrique adj.
pif interj.; n. m.
pifer ou **piffer** v. tr. (conjug. 1; surtout à l'inf.)
piffrer v. tr. (conjug. 1)
pifomètre n. m.
pifométrique adj.

pige n. f.
pigeon n. m.
pigeonnant, ante adj.
pigeonne n. f.
pigeonneau n. m.
pigeonner v. tr. (conjug. 1)
pigeonnier n. m.
piger v. tr. (conjug. 3)
pigiste n.
pigment n. m.
pigmentaire adj.
pigmentation n. f.
pigmenter v. tr. (conjug. 1)
pignada n. f.
pigne n. f.
pignocher v. intr. (conjug. 1)
pignon n. m.
pignoratif, ive adj.
pignouf, e n.
pilaf n. m.
pilage n. m.
pilaire adj.
pilastre n. m.
pilchard n. m.
pile n. f.; adv.
piler v. (conjug. 1)
pilet n. m.
pileux, euse adj.
pilier n. m.
pilifère adj.
piliforme adj.
pili-pili n. m. inv.
pillage n. m.
pillard, arde n. et adj.
piller v. tr. (conjug. 1)
pilleur, euse n.
pilocarpe n. m.
pilocarpine n. f.
pilon n. m.
pilonnage n. m.
pilonner v. tr. (conjug. 1)
pilori n. m.
pilosébacé, ée adj.
piloselle n. f.
pilosisme n. m.
pilosité n. f.
pilot n. m.
pilotable adj.
pilotage n. m.
pilote n.
piloter v. tr. (conjug. 1)
pilotin n. m.
pilotis n. m.
pilou n. m.
pilpil n. m.
pils n. m.
pilulaire adj. et n. m.
pilule n. f.
pilulier n. m.
pilum n. m.
pimbêche n. f.
pimbina ou **pembina** n. m.
piment n. m.
pimenter v. tr. (conjug. 1)
pimpant, ante adj.
pimprenelle n. f.
pin n. m.
pinacle n. m.
piña colada n. f.
pinacothèque n. f.
pinaillage n. m.
pinailler v. intr. (conjug. 1)
pinailleur, euse n.
pinard n. m.
pinardier n. m.
pinasse n. f.
pinastre n. m.
pinçage n. m.
pinçard, arde adj.
pince n. f.
pincé, ée adj.
pinceau n. m.
pincée n. f.
pince-fesse(s) n. m.
PL. pince-fesses
pince-jupe n. m.
PL. pince-jupes
pincelier n. m.
pincement n. m.
pince-monseigneur n. f.
PL. pinces-monseigneur
pince-nez n. m. inv.
pince-oreille n. m.
PL. pince-oreilles
pincer v. tr. (conjug. 3)
pince-sans-rire n. inv.
pincette n. f.
pinchard, arde adj.

pinçon n. m.
pinçure n. f.
pindarique adj.
pindariser v. intr. (conjug. 1)
pindarisme n. m.
pine n. f.
pinéal, ale, aux adj.
pineau n. m.
pinède n. f.
pineraie n. f.
pingouin n. m.
ping-pong ou **pingpong★** n. m.
PL. inv. ou pingpongs★
pingre n. et adj.
pingrerie n. f.
pinière n. f.
pinne n. f.
pinnipèdes n. m. pl.
pinnothère n. m.
pinnule n. f.
pinocytose n. f.
pinot n. m.
pin-pon interj. et n. m. inv.
pin's n. m. (rec. off. : épinglette)
pinson n. m.
pintade n. f.
pintadeau n. m.
pintadine n. f.
pinte n. f.
pinter v. (conjug. 1)
pin up ou **pinup★** n. f.
PL. inv. ou pinups★
pinyin n. m. et adj.
piochage n. m.
pioche n. f.
piocher v. tr. (conjug. 1)
piocheur, euse n.
piolet n. m.
¹**pion** n. m.
²**pion, pionne** n.
(surveillant)
pioncer v. intr. (conjug. 3)
pionnicat n. m.
pionnier, ière n. et adj.
pioupiou n. m.
pipa n. m.
pipe n. f.
pipeau n. m.
pipeauter v. (conjug. 1)

pipée n. f.
pipelet, ette n.
pipeline n. m.
piper v. (conjug. 1)
pipérade ou piperade n. f.
piper-cub n. m.
 pl. piper-cubs
piperie n. f.
pipérin n. m.
pipérine n. f.
pipéronal n. m.
pipette n. f.
pipeule adj. inv. et n. m. inv.
pipi n. m.
pipier, ière n. et adj.
pipi-room n. m.
pipistrelle n. f.
pipit n. m.
pipo n. m.
pipole adj. inv. et n. m. inv.
pipolisation n. f.
pippermint ® n. m.
piquage n. m.
¹piquant, ante adj.
²piquant n. m.
pique n. f.; n. m.
piqué, ée adj.
pique-assiette n.
 pl. pique-assiettes
pique-bœuf n. m.
 pl. pique-bœufs
pique-bois n. m. inv.
pique-feu n. m.
 pl. pique-feux
pique-fleur n. m.
 pl. pique-fleurs
piquenique ou pique-nique n. m.
 pl. pique(-)niques
piqueniquer ou pique-niquer v. intr. (conjug. 1)
piqueniqueur, euse ou pique-niqueur, euse n.
 pl. pique(-)niqueurs, euses
pique-note n. m.
 pl. pique-notes
piquepoul n. m.
piquer v. (conjug. 1)

piquerie n. f.
piquet n. m.
piquetage n. m.
piqueter v. tr. (conjug. 4)
piquette n. f.
piqueur, euse n.
piqueux n. m.
piquier n. m.
piquoir n. m.
piquouse n. f.
piqûre ou piqure★ n. f.
piranha n. m.
piratable adj.
piratage n. m.
pirate n. m.
pirater v. (conjug. 1)
piraterie n. f.
pire adj.
piriforme adj.
pirogue n. f.
piroguier n. m.
pirojki n. m.
pirole n. f.
pirouette n. f.
pirouettement n. m.
pirouetter v. intr. (conjug. 1)
pis adv.; n. m.
pis-aller n. m. inv.
piscicole adj.
pisciculteur, trice n.
pisciculture n. f.
pisciforme adj.
piscine n. f.
piscinier ou pisciniste n. m.
piscivore adj.
pisé n. m.
pisiforme adj. m.
pisolit(h)e n. f.
pisolit(h)ique adj.
pissaladière n. f.
pissat n. m.
pisse n. f.
pisse-froid ou pissefroid★ n. m.
 pl. inv. ou pissefroids★
pissement n. m.
pissenlit n. m.
pisser v. (conjug. 1)

pissette n. f.
pisseur, euse n.
pisseux, euse adj.
pisse-vinaigre n. m.
 pl. pisse-vinaigres
pissoir n. m.
pissotière n. f.
pistache n. f.
pistachier n. m.
pistage n. m.
pistard, arde n.
piste n. f.
pister v. tr. (conjug. 1)
pisteur, euse n.
pistil n. m.
pistole n. f.
pistoléro ou pistolero n. m.
pistolet n. m.
pistolet-mitrailleur n. m.
 pl. pistolets-mitrailleurs
pistoleur n. m.
piston n. m.
pistonner v. tr. (conjug. 1)
pistou n. m.
pita n. m.
pitahaya n. f.
pitance n. f.
pitbull ou pit-bull n. m.
 pl. pit(-)bulls
pitch n. m.
pitcher v.
pitchoun, oune n.
pitchounet, ette n.
pitchpin n. m.
pite n. f.
piteusement adv.
piteux, euse adj.
pithécanthrope n. m.
pithiatique adj.
pithiatisme n. m.
pithiviers n. m.
pitié n. f.
piton n. m.
pitonnage n. m.
pitonner v. intr. (conjug. 1)
pitoune n. f.
pitoyable adj.
pitoyablement adv.

planoir

pitre n. m.
pitrerie n. f.
pittoresque adj. et n. m.
pittoresquement adv.
pittosporum n. m.
pituitaire adj.
pituite n. f.
pityriasis n. m.
pive n. f.
pivert n. m.
pivoine n. f.
pivot n. m.
pivotant, ante adj.
pivoter v. intr. (conjug. 1)
pixel n. m.
pixéliser v. tr. (conjug. 1)
pizza [pidza] n. f.
pizzaïolo [pidzajɔlo] n. m.
pizzéria ou pizzeria [pidzerja] n. f.
pizzicato [pidzikato] n. m.
PL. *pizzicatos* ou *pizzicati* (it.)
P. J. n. f. (police judiciaire)
Pl symb.
placage n. m.
placard n. m.
placarder v. tr. (conjug. 1)
placardisation n. f.
placardiser v. tr. (conjug. 1)
place n. f.
placé, ée adj.
placeau n. m.
placebo ou placébo n. m.
placement n. m.
placenta [-sɛ̃-] n. m.
placentaire [-sɛ̃-] adj. et n. m.
placentation n. f.
¹placer [plasɛʀ] n. m.
²placer v. tr. (conjug. 3)
placet n. m.
placette n. f.
placeur, euse n.
placide adj.
placidement adv.
placidité n. f.
placier, ière n.
placo n. m.
placoplâtre ® n. m.

placotage n. m.
placoter v. intr. (conjug. 1)
placoteur, euse ou placoteux, euse n. et adj.
plafond n. m.
plafonnage n. m.
plafonnement n. m.
plafonner v. (conjug. 1)
plafonneur n. m.
plafonnier n. m.
plagal, ale, aux adj.
plage n. f.
plagiaire n.
plagiat n. m.
plagier v. tr. (conjug. 7)
plagioclase n. m.
plagiste n.
¹plaid [plɛ] n. m. (tribunal, procès)
plaidable adj.
plaidant, ante adj.
plaider v. (conjug. 1)
plaider-coupable n. m.
plaideur, euse n.
plaidoirie n. f.
plaidoyer n. m.
plaie n. f.
plaignant, ante adj. et n.
plaignard, arde adj.
¹plain, plaine adj.
²plain n. m.
plain-chant n. m.
PL. *plains-chants*
plaindre v. tr. (conjug. 52)
plaine n. f.
plain-pied (de) loc. adv.
plainte n. f.
plaintif, ive adj.
plaintivement adv.
plaire v. tr. (conjug. 54; p. p. inv.)
plaisamment adv.
plaisance n. f.
plaisancier, ière n.
plaisant, ante adj. et n. m.
plaisanter v. (conjug. 1)
plaisanterie n. f.
plaisantin n. m. et adj. m.

plaisir n. m.
¹plan, plane adj.
²plan n. m.
planage n. m.
planaire n. f.
planant, ante adj.
planarisation n. f.
plancha n. f.
planche n. f.
planche-contact n. f.
PL. *planches-contact*
planchéiage n. m.
planchéier v. tr. (conjug. 7)
¹plancher n. m.
²plancher v. intr. (conjug. 1)
planchette n. f.
planchiste n.
plançon n. m.
plan-concave adj.
PL. *plan-concaves*
plan-convexe adj.
PL. *plan-convexes*
plancton n. m.
planctonique adj.
plane n. f.
plané, ée adj.
planéité n. f.
planer v. (conjug. 1)
planétaire adj.
planétairement adv.
planétarisation n. f.
planétarium n. m.
planète n. f.
planétoïde n. m.
planétologie n. f.
planétologue n.
planeur n. m.
planeuse n. f.
planèze n. f.
planificateur, trice n.
planification n. f.
planifier v. tr. (conjug. 7)
planimètre n. m.
planimétrie n. f.
planimétrique adj.
planisme n. m.
planisphère n. m.
planiste n.
planning n. m.
planoir n. m.

planorbe n. f.
plan-plan adv.
planque n. f.
planqué, ée adj. et n.
planquer v. (conjug. 1)
plan-séquence n. m.
pl. plans-séquences
plansichter [plɑ̃siʃtɛʀ] n. m.
plant n. m.
plantade n. f.
plantage n. m.
plantain n. m.
plantaire adj.
plantard n. m.
plantation n. f.
plante n. f.
planté, ée adj.
planter v. (conjug. 1)
planteur, euse n.
planteuse n. f.
plantigrade adj. et n. m.
plantoir n. m.
planton n. m.
plantule n. f.
plantureusement adv.
plantureux, euse adj.
plaquage n. m.
plaque n. f.
plaqué n. m.
plaquemine n. f.
plaqueminier n. m.
plaquer v. tr. (conjug. 1)
plaquettaire adj.
plaquette n. f.
plaqueur, euse n.
plaquiste n.
plasma n. m.
plasmagène n. m. et adj.
plasmaphérèse n. f.
plasmatique adj.
plasmide n. m.
plasmifier v. tr. (conjug. 7)
plasmine n. f.
plasmocyte n. m.
plasmode n. m.
plasmodium n. m.
plasmolyse n. f.
plaste n. m.
plastic n. m.

plasticage n. m.
plasticien, ienne n.
plasticine n. f.
plasticité n. f.
plastie n. f.
plastifiant, iante n. m. et adj.
plastifier v. tr. (conjug. 7)
plastiquage n. m.
plastique adj. et n.
plastiquement adv.
plastiquer v. tr. (conjug. 1)
plastiqueur, euse n.
plastisol n. m.
plastoc n. m.
plastron n. m.
plastronner v. (conjug. 1)
plasturgie n. f.
plasturgiste n.
¹plat, plate adj. et n. m.
²plat n. m. (récipient)
platane n. m.
plat-bord n. m.
pl. plats-bords
plate n. f.
plateau n. m.
plateau-repas n. m.
pl. plateaux-repas
platebande ou plate-bande n. f.
pl. platebandes ou plates-bandes
platée n. f.
plateforme ou plate-forme n. f.
pl. plateformes ou plates-formes
platelonge ou plate-longe n. f.
pl. platelonges ou plates-longes
platement adv.
plateresque adj.
plathelminthes n. m. pl.
platier n. m.
platinage n. m.
platine n. f.
platiné, ée adj.
platiner v. tr. (conjug. 1)
platinifère adj.

platinite n. f.
platinotypie n. f.
platitude n. f.
platonicien, ienne adj.
platonique adj.
platoniquement adv.
platonisme n. m.
plâtrage n. m.
plâtras n. m.
plâtre n. m.
plâtrer v. tr. (conjug. 1)
plâtrerie n. f.
plâtreux, euse adj.
plâtrier n. m.
plâtrière n. f.
platyrhiniens n. m. pl.
plausibilité n. f.
plausible adj.
plausiblement adv.
play-back ou playback★ [plɛbak] n. m.
pl. inv. ou playbacks★ (rec. off. : présonorisation)
play-boy ou playboy★ [plɛbɔj] n. m.
pl. play-boys ou playboys★
playmate n. f.
play-off n. m. inv.
plèbe n. f.
plébéien, ienne n. et adj.
plébiscitaire adj.
plébiscite n. m.
plébisciter v. tr. (conjug. 1)
plectre n. m.
pléiade n. f.
plein, pleine adj. et n. m.
pleinement adv.
plein-emploi ou plein emploi n. m.
pléiotrope adj.
pléiotropie n. f.
pléistocène adj. et n. m.
plénier, ière adj.
plénipotentiaire n.
plénitude n. f.
plénum ou plenum n. m.
pléonasme n. m.
pléonastique adj.
plésiomorphe adj.
plésiosaure n. m.

pléthore n. f.
pléthorique adj.
pleur n. m.
pleurage n. m.
pleural, ale, aux adj.
pleurant, ante adj. et n. m.
pleurard, arde adj. et n.
pleure-misère n.
PL. inv. ou *pleure-misères*.
pleurer v. (conjug. 1)
pleurésie n. f.
pleurétique adj.
pleureur, euse n. et adj.
pleureuse n. f.
pleurite n. f. et m.
pleurnichard, arde adj. et n.
pleurnichement n. m.
pleurnicher v. intr. (conjug. 1)
pleurnicherie n. f.
pleurnicheur, euse n. et adj.
pleurobranche n. m.
pleurodynie n. f.
pleuronectes n. m. pl.
pleuropneumonie n. f.
pleurote n. m.
pleurotomie n. f.
pleutre n. m. et adj.
pleutrerie n. f.
pleuvasser v. impers. (conjug. 1)
pleuviner v. impers. (conjug. 1)
pleuvioter v. impers. (conjug. 1)
pleuvoir v. impers. et intr. (conjug. 23)
pleuvoter ou **pleuvioter** v. impers. (conjug. 1)
plèvre n. f.
plexiglas ® n. m.
plexus n. m.
pli n. m.
pliable adj.
pliage n. m.
pliant, pliante adj. et n. m.
plie n. f.

plié n. m.
pliement n. m.
plier v. (conjug. 7)
plieur, plieuse n.
plinthe n. f.
pliocène adj. et n. m.
plioir n. m.
pliosaure n. m.
plique n. f.
plissage n. m.
plissé, ée adj. et n. m.
plissement n. m.
plisser v. (conjug. 1)
plisseur, euse n.
plissure n. f.
pliure n. f.
ploc interj.
ploiement n. m.
plomb n. m.
plombage n. m.
plombagine n. f.
plombe n. f.
plombé, ée adj.
plombée n. f.
plombémie n. f.
plomber v. tr. (conjug. 1)
plomberie n. f.
plombeur n. m.
plombier n. m.
plombière n. f.
plombières n. f.
plombifère adj.
plomboir n. m.
plombure n. f.
plommée n. f.
plonge n. f.
plongeant, ante adj.
plongée n. f.
plongement n. m.
plongeoir n. m.
plongeon n. m.
plonger v. (conjug. 3)
plongeur, euse n.
plot n. m.
plouc n. et adj.
plouf interj.
ploutocrate n.
ploutocratie n. f.
ploutocratique adj.

ployable adj.
ployer v. (conjug. 8)
pluché, ée adj.
plucher v. intr. (conjug. 1)
pluches n. f. pl.
plucheux, euse adj.
pluie n. f.
plum n. m.
plumage n. m.
plumaison n. f.
plumard n. m.
plumasserie n. f.
plumassier, ière n. et adj.
plum-cake n. m.
PL. *plum-cakes*
plume n. f.; n. m.
plumeau n. m.
plumée n. f.
plumer v. (conjug. 1)
plumer (se) v. pron. (conjug. 1)
plumet n. m.
plumeté, ée adj.
plumetis n. m.
plumette n. f.
plumeur, euse n.
plumeux, euse adj.
plumier n. m.
plumitif n. m.
plum-pudding ou **plumpouding** n. m.
PL. *plum-puddings* ou *plumpoudings*
plumule n. f.
plupart (la) n. f.
plural, ale, aux adj.
pluralisme n. m.
pluraliste adj.
pluralité n. f.
pluriannuel, elle adj.
pluricellulaire adj.
pluriculturel, elle adj.
pluridisciplinaire adj.
pluridisciplinarité n. f.
pluriel, ielle n. m. et adj.
pluriethnique adj.
plurilatéral, ale, aux adj.
plurilingue adj. et n.
plurilinguisme n. m.

plurinational

plurinational, ale, aux adj.
pluripartisme n. m.
pluripartite adj.
pluripensionné, ée n.
plurivalent, ente adj.
plurivocité n. f.
plurivoque adj.
plus adv.
plusieurs adj. et nominal indéf. pl.
plus-que-parfait n. m.
plus-value n. f.
  PL. *plus-values*
pluton n. m.
plutonien, ienne adj.
plutonigène adj.
plutonique adj.
plutonisme n. m.
plutonium [plytɔnjɔm] n. m.
plutôt adv.
pluvial, iale, iaux adj.
pluvian n. m.
pluvier n. m.
pluvieux, ieuse adj.
pluviner v. impers. (conjug. 1)
pluviomètre n. m.
pluviométrie n. f.
pluviométrique adj.
pluvionival, ale, aux adj.
pluviôse n. m.
pluviosité n. f.
P. L. V. n. f. inv. (publicité sur le lieu de vente)
P. M. n. f. (police militaire)
p. m. loc. adv. (post meridiem)
¹**P. M. A.** n. m. pl. (pays les moins avancés)
²**P. M. A.** n. f. inv. (procréation médicalement assistée)
P. M. E. n. f. inv. (petites et moyennes entreprises)
P. M. I. n. f. (protection maternelle et infantile)
P. M. U. n. m. (pari mutuel urbain)

P. N. B. n. m. (produit national brut)
pneu n. m.
pneumallergène n. m.
pneumatique adj. et n.
pneumatologie n. f.
pneumatophore n. m.
pneumo n. m.
pneumococcie n. f.
pneumoconiose n. f.
pneumocoque n. m.
pneumocystose n. f.
pneumogastrique adj. et n. m.
pneumographie n. f.
pneumologie n. f.
pneumologue n.
pneumomédiastin n. m.
pneumonectomie n. f.
pneumonie n. f.
pneumonique adj. et n.
pneumopathie n. f.
pneumopédiatre n.
pneumopéritoine n. m.
pneumothorax n. m.
pochade n. f.
pochard, arde n. et adj.
pocharder (se) v. pron. (conjug. 1)
poche n. f.
poché, ée adj.
pocher v. (conjug. 1)
poche-révolver ou **poche-revolver** n. f.
  PL. *poches-révolvers* ou *poches-revolvers*
pochetée n. f.
pochetron, onne n.
pochetronner (se) v. pron. (conjug. 1)
pochette n. f.
pochette-surprise n. f.
  PL. *pochettes-surprises*
pochoir n. m.
pochon n. m.
pochothèque n. f.
pochouse ou **pauchouse** n. f.
pochtron, onne n. m.
podagre n. et adj.

podaire n. f.
podcast n. m.
podcaster v. tr. (conjug. 1)
podcasting n. m. (rec. off. : diffusion pour baladeur)
podestat n. m.
podiatre n.
podiatrie n. f.
podium n. m.
podologie n. f.
podologique adj.
podologue n.
podomètre n. m.
podotactile adj.
podzol n. m.
podzolique adj.
podzolisation n. f.
podzoliser v. tr. (conjug. 1)
pœcile ou **pécile*** n. m.
pœcilotherme ou **pécilotherme*** adj.
poêle n. f.; n. m.
poêlée n. f.
poêler v. tr. (conjug. 1)
poêlier n. m.
poêlon n. m.
poème n. m.
poésie n. f.
poète n.
poétereau ou **poètereau*** n. m.
poétesse n. f.
poétique adj.; n. f.
poétiquement adv.
poétisation n. f.
poétiser v. tr. (conjug. 1)
pogne n. f.
pogné, ée adj. et n.
pogner v. (conjug. 1)
pognon n. m.
pogo n. m.
pogonophores n. m. pl.
pogoter v. intr. (conjug. 1)
pogoteur, euse n.
pogrom ou **pogrome** n. m.
poids n. m.
poignant, ante adj.
poignard n. m.
poignarder v. tr. (conjug. 1)

poigne n. f.
poignée n. f.
poignet n. m.
poïkilotherme ou **pœcilotherme** ou **pécilotherme*** [pɔiki, pesi-] adj.
poil n. m.
poilade n. f.
poilant, ante adj.
poiler (se) v. pron. (conjug. 1)
¹**poilu, ue** adj.
²**poilu** n. m. (soldat)
poinçon n. m.
poinçonnage n. m.
poinçonnement n. m.
poinçonner v. tr. (conjug. 1)
poinçonneur, euse n.
poinçonneuse n. f.
poindre v. (conjug. 49; surtout à l'inf., aux 3ᵉ pers. du prés. et de l'imp. et au p. prés.)
poing n. m.
poinsettia n. m.
point adv.; n. m.
pointage n. m.
pointal, aux n. m.
point de vue n. m.
pointe n. f.
pointé, ée adj.
pointeau n. m.
¹**pointer** ou **pointeur** n.
²**pointer** v. (conjug. 1)
pointeur, euse n.
pointillage n. m.
pointillé n. m.
pointiller v. (conjug. 1)
pointilleusement adv.
pointilleux, euse adj.
pointillisme n. m.
pointilliste n. et adj.
pointu, ue adj.
pointure n. f.
point-virgule n. m.
PL. *points-virgules*
poire n. f.
poiré n. m.
poireau n. m.

poireauter v. intr. (conjug. 1)
poirée n. f.
poirier n. m.
pois n. m.
poiscaille n. f. ou m.
poise n. f.
poiseuille n. m.
poison n. m.
poissard, arde n. et adj.
poisse n. f.
poisser v. tr. (conjug. 1)
poisseux, euse adj.
poisson n. m.
poisson-chat n. m.
PL. *poissons-chats*
poisson-clown n. m.
PL. *poissons-clowns*
poisson-épée n. m.
PL. *poissons-épées*
poisson-lune n. m.
PL. *poissons-lunes*
poissonnerie n. f.
poissonneux, euse adj.
poissonnier, ière n.
poisson-perroquet n. m.
PL. *poissons-perroquets*
poisson-pilote n. m.
PL. *poissons-pilotes*
poisson-scie n. m.
PL. *poissons-scies*
poitevin, ine n. et adj.
poitrail n. m.
poitrinaire adj. et n.
poitrine n. f.
poitrinière n. f.
poivrade n. f.
poivre n. m.
poivré, ée adj.
poivrer v. tr. (conjug. 1)
poivrier n. m.
poivrière n. f.
poivron n. m.
poivrot, ote n.
poix n. f.
poker n. m.
polack n. m.
polacre n. f.
polaire adj. et n. f.
polaque n. m.

¹**polar** n. m.
²**polar** ou **polard, arde** n. (étudiant)
polarimètre n. m.
polarimétrie n. f.
polarisable adj.
polarisant, ante adj.
polarisation n. f.
polariscope n. m.
polariser v. tr. (conjug. 1)
polariseur adj. et n. m.
polarité n. f.
polaroïd® n. m.
polatouche n. m.
polder n. m.
pôle n. m.
polémarque n. m.
polémique adj. et n. f.
polémiquer v. intr. (conjug. 1)
polémiste n.
polémologie n. f.
polémologue adj.
polémologue n.
polenta [-lɛn-] n. f.
pole position n. f.
¹**poli, ie** adj.
²**poli** n. f.
police n. f.
policé, ée adj.
policeman [polisman] n. m.
PL. *policemen* ou *policemans*
policer v. tr. (conjug. 3)
polichinelle n. m.
policier, ière adj. et n.
policlinique n. f.
poliment adv.
polio n.
polioencéphalite n. f.
poliomyélite n. f.
poliomyélitique adj. et n.
poliorcétique adj. et n. f.
poliovirus n. m.
polir v. tr. (conjug. 2)
polissable adj.
polissage n. m.
polisseur, euse n.
polissoir n. m.
polissoire n. f.
polisson, onne n. et adj.

polissonner v. intr. (conjug. 1)
polissonnerie n. f.
poliste n. f. ou m.
politburo n. m.
politesse n. f.
politicaillerie n. f.
politicard, arde n. et adj.
politicien, ienne n. et adj.
politico-judiciaire adj.
 PL. *politico-judiciaires*
politique adj. et n. m.; n. f.
politique-fiction n. f.
politiquement adv.
politiquer v. intr. (conjug. 1)
politisation n. f.
politiser v. tr. (conjug. 1)
politiste n.
politologie n. f.
politologue n.
poljé n. m.
polka n. f.
pollakiurie n. f.
pollen [polɛn] n. m.
pollicitation n. f.
pollinie n. f.
pollinique adj.
pollinisateur, trice adj.
pollinisation n. f.
polliniser v. tr. (conjug. 1)
pollinose n. f.
polluant, ante adj. et n. m.
polluer v. tr. (conjug. 1)
pollueur, euse adj. et n.
pollution n. f.
polo n. m.
polochon n. m.
polonais, aise adj. et n.
polonaise n. f.
polonium n. m.
poltron, onne adj. et n.
poltronnerie n. f.
polyacide n. m.
polyacrylique adj.
polyakène n. m.
polyalcool n. m.
polyamide n. m.
polyamine n. f.
polyandre adj.

polyandrie n. f.
polyarthrite n. f.
polycarbonate n. m.
polycentrique adj.
polycentrisme n. m.
polycéphale adj.
polychètes [-kɛt] n. m. pl.
polychlorure [-k-] n. m.
polychrome [-k-] adj.
polychromie [-k-] n. f.
polyclinique n. f.
polycondensat n. m.
polycondensation n. f.
polycopie n. f.
polycopié, iée adj. et n. m.
polycopier v. tr. (conjug. 7)
polycoton n. m.
polyculture n. f.
polycyclique adj.
polydactyle adj.
polydactylie n. f.
polyèdre n. m. et adj.
polyédrique adj.
polyélectrolyte n. m.
polyembryonie n. f.
polyester n. m.
polyéther n. m.
polyéthylène n. m.
polygala n. m.
polygale n. m.
polygame n. et adj.
polygamie n. f.
polygénique adj.
polygénisme n. m.
polygéniste adj. et n.
polyglobulie n. f.
polyglossie n. f.
polyglotte adj. et n.
polygonacées n. f. pl.
polygonal, ale, aux adj.
polygonation n. f.
polygone n. m.
polygraphe n.
polyhandicapé, ée adj. et n.
polyinsaturé, ée adj.
polymérase n. f.
polymère n. m.
polymérie n. f.

polymérique adj.
polymérisable adj.
polymérisation n. f.
polymériser v. tr. (conjug. 1)
polyméthacrylate n. m.
polymorphe adj.
polymorphie n. f.
polymorphisme n. m.
polynévrite n. f.
polynôme n. m.
polynucléaire adj.
polyol n. m.
polyoside n. m.
polypathologie n. f.
polype n. m.
polypensionné, ée adj.
polypeptide n. m.
polypeptidique adj.
polypétale adj.
polypeux, euse adj.
polyphasé, ée adj.
polyphénol n. m.
polyphonie n. f.
polyphonique adj.
polyphosphate n. m.
polypier n. m.
polyploïde adj.
polyploïdie n. f.
polypnée n. f.
polypode n. m.
polypore n. m.
polyporopylène n. m.
polypose n. f.
polypropylène n. m.
polyptère n. m.
polyptyque n. m.
polyribosome n. m.
polysaccharide ou **polysaccharide*** [-k-] n. m.
polysémie n. f.
polysémique adj.
polysoc n. m.
polysome n. m.
polystyle adj.
polystyrène n. m.
polysulfure n. m.
polysyllabe adj.
polysyllabique adj.

polysynodie n. f.
polysynthétique adj.
polytechnicien, ienne n. et adj.
polytechnique adj. et n. f.
polythéisme n. m.
polythéiste n. et adj.
polythène ® n. m.
polytonal, ale, aux ou **als** adj.
polytonalité n. f.
polytoxicomane n. f.
polytoxicomanie n. f.
polytransfusé, ée adj. et n.
polytraumatisé, ée adj. et n.
polytraumatisme n. m.
polytric n. m.
polyuréthane ou **polyuréthanne** n. m.
polyurie n. f.
polyurique adj.
polyvalence n. f.
polyvalent, ente adj.
polyvinyle n. m.
polyvinylique adj.
pomélo n. m.
pomerium ou **pomérium*** n. m.
pomerol n. m.
pomiculteur, trice n.
pomiculture n. f.
pommade n. f.
pommader v. tr. (conjug. 1)
pommard n. m.
pomme n. f.
pommé, ée adj.
pommeau n. m.
pomme de terre n. f.
pommelé, ée adj.
pommeler (se) v. pron. (conjug. 4)
pommelle n. f.
pommer v. intr. (conjug. 1)
pommeraie n. f.
pommeté, ée adj.
pommette n. f.
pommier n. m.
pomoculteur, trice n.

pomoculture n. f.
pomœrium ou **pomerium** ou **pomérium*** n. m.
pomologie n. f.
pomologique adj.
pomologiste n.
pomologue n.
pompadour n. f.
pompage n. m.
pompant, ante adj.
pompe n. f.
pomper v. tr. (conjug. 1)
pompette adj.
pompeusement adv.
pompeux, euse adj.
¹**pompier, ière** adj. et n. (prétentieux)
²**pompier** n. m.
pompiérisme n. m.
pompile n. m.
pompiste n.
pom-pom girl n. f.
PL. pom-pom girls
pompon n. m.
pomponner v. tr. (conjug. 1)
ponant n. m.
ponçage n. m.
ponce n. f.
ponceau n. m. et adj.
poncer v. tr. (conjug. 3)
ponceur n. m.
ponceuse n. f.
ponceux, euse adj.
poncho n. m.
poncif n. m.
ponction n. f.
ponctionner v. tr. (conjug. 1)
ponctualité n. f.
ponctuation n. f.
ponctuel, elle adj.
ponctuellement adv.
ponctuer v. tr. (conjug. 1)
pondaison n. f.
pondérable adj.
pondéral, ale, aux adj.
pondérateur, trice adj.

pondération n. f.
pondéré, ée adj.
pondérer v. tr. (conjug. 6)
pondéreux, euse adj. et n. m.
pondeur, euse n.
pondoir n. m.
pondre v. tr. (conjug. 41)
ponette n. f.
poney n. m.
PL. poneys
poney-club n. m.
PL. poneys-clubs
pongé ou **pongée** n. m.
pongidés n. m. pl.
pongiste n.
pont n. m.
pontage n. m.
pont-bascule n. m.
PL. ponts-bascules
pont-canal n. m.
PL. ponts-canaux
ponte n. f.; n. m.
ponté, ée adj.
pontée n. f.
ponter v. (conjug. 1)
pontet n. m.
pontier n. m.
pontife n. m.
pontifiant, iante adj. et n.
pontifical, ale, aux adj.
pontificat n. m.
pontifier v. intr. (conjug. 7)
pontil n. m.
pont-l'évêque n. m. inv.
pont-levis n. m.
PL. ponts-levis
ponton n. m.
ponton-grue n. m.
PL. pontons-grues
pontonnier n. m.
pontuseau n. m.
pool n. m.
pop adj. inv.
pop art n. m.
popcorn ou **pop-corn** n. m.
PL. pop(-)corns
pope n. m.
popeline n. f.

poplité, ée adj.
pop music n. f.
popote n. f.
popotin n. m.
popov n. inv.
populace n. f.
populacier, ière adj.
populage n. m.
populaire adj.
populairement adv.
popularisation n. f.
populariser v. tr. (conjug. 1)
popularité n. f.
population n. f.
populationniste adj. et n.
populéum n. m.
populeux, euse adj.
populisme n. m.
populiste n. et adj.
populo n. m.
pop-up n. m. inv.
poquer v. intr. (conjug. 1)
poquet n. m.
porc n. m.
porcelaine n. f.
porcelainier, ière n. et adj.
porcelet n. m.
porc-épic n. m.
  PL. porcs-épics
porchaison n. f.
porche n. m.
porcher, ère n.
porcherie n. f.
porcin, ine adj. et n. m.
pore n. m.
poreux, euse adj.
porion n. m.
porno adj.
pornographe n. m.
pornographie n. f.
pornographique adj.
porosité n. f.
porphyre n. m.
porphyrie n. f.
porphyrine n. f.
porphyrique adj.
porphyrogénète adj.
porphyroïde adj.

porque n. f.
porrection n. f.
porridge n. m.
port n. m.
portabilité n. f.
portable adj.
portage n. m.
portager v. tr. (conjug. 3)
portail n. m.
portance n. f.
portant, ante adj. et n.
portatif, ive adj.
porte adj. f.; n. f.
porté n. m.
porte-aéronef(s) n. m.
  PL. porte-aéronefs
porte-à-faux n. m. inv.
porte-affiche n. m.
  PL. porte-affiches
porte-aiguille(s) n. m.
  PL. porte-aiguilles
porte-allumette(s) n. m.
  PL. porte-allumettes
porte-amarre n. m.
  PL. porte-amarres
porte-à-porte n. m. inv.
porte-avion(s) n. m.
  PL. porte-avions
porte-bagage(s) n. m.
  PL. porte-bagages
porte-balai(s) n. m.
  PL. porte-balais
porte-bannière n.
  PL. porte-bannières
porte-bébé n. m.
  PL. porte-bébés
porte-billet(s) n. m.
  PL. porte-billets
porte-bonheur n. m.
  PL. porte-bonheur(s)
porte-bouquet n. m.
  PL. porte-bouquets
porte-bouteille(s) n. m.
  PL. porte-bouteilles
porte-brancard n. m.
  PL. porte-brancards
porte-carte(s) n. m.
  PL. porte-cartes

porte-ceinture(s) n. m.
  PL. porte-ceintures
porte-chandelle(s) n. m.
  PL. porte-chandelles
porte-chapeau(x) n. m.
  PL. porte-chapeaux
porte-chéquier n. m.
  PL. porte-chéquiers
porte-cigare(s) n. m.
  PL. porte-cigares
porte-cigarette(s) n. m.
  PL. porte-cigarettes
porte-clé(s) ou
  porteclé* n. m.
  PL. porte-clés ou porteclés*
porte-conteneur(s)
  n. m.
  PL. porte-conteneurs
porte-copie n. m.
  PL. porte-copies
porte-coton n. m.
  PL. porte-cotons
porte-couteau n. m.
  PL. porte-couteaux
porte-cravate n. m.
  PL. porte-cravates
porte-crayon ou
  portecrayon* n. m.
  PL. porte-crayons ou
  portecrayons*
porte-croix n. m. inv.
porte-crosse n. m.
  PL. porte-crosses
porte-document(s)
  n. m.
  PL. porte-documents
porte-drapeau n. m.
  PL. porte-drapeaux
portée n. f.
porte-enseigne n. m.
  PL. porte-enseignes
porte-épée n. m.
  PL. porte-épées
porte-étendard n. m.
  PL. porte-étendards
porte-étrier n. m.
  PL. porte-étriers
porte-étrivière n. m.
  PL. porte-étrivières
portefaix n. m.

porte-fanion n. m.
PL. *porte-fanions*
porte-fenêtre n. f.
PL. *portes-fenêtres*
portefeuille n. m.
porte-flingue n. m.
PL. *porte-flingues*
porte-folio n. m. inv.
PL. *porte-folios*
porte-fort n. m. inv.
porte-glaive n. m.
PL. *porte-glaives*
porte-greffe n. m.
PL. *porte-greffes*
porte-hauban(s) n. m.
PL. *porte-haubans*
porte-hélicoptère(s) n. m.
PL. *porte-hélicoptères*
porte-jarretelle(s) n. m.
PL. *porte-jarretelles*
porte-jupe n. m.
PL. *porte-jupes*
porte-lame n. m.
PL. *porte-lames*
porte-malheur n. m.
PL. *porte-malheur(s)*
portemanteau ou **porte-manteau** n. m.
PL. *porte(-)manteaux*
portement n. m.
porte-menu n. m.
PL. *porte-menus*
porte-mine ou **portemine★** n. m.
PL. *porte-mines* ou *portemines★*
portemonnaie ou **porte-monnaie** n. m.
PL. *porte(-)monnaies*
porte-montre n. m.
PL. *porte-montres*
porte-mors n. m. inv.
porte-musique n. m.
PL. *porte-musique(s)*
porte-objet n. m.
PL. *porte-objets*
porte-outil n. m.
PL. *porte-outils*
porte-panier n. m.
PL. *porte-paniers*

porte-parapluie n. m.
PL. *porte-parapluies*
porte-parole n. m.
PL. *porte-parole(s)*
porteplume ou **porte-plume** n. m.
PL. *porte(-)plumes*
porte-poussière n. m.
PL. *porte-poussière(s)*
porte-queue n. m.
PL. *porte-queues*
¹**porter** n. m.
²**porter** v. tr. (conjug. 1)
porte-revue(s) n. m.
PL. *porte-revues*
porterie n. f.
porte-savon n. m.
PL. *porte-savons*
porte-serviette(s) n. m.
PL. *porte-serviettes*
porteur, euse n. et adj.
porte-vent n. m.
PL. *porte-vent(s)*
porte-voix ou **portevoix★** n. m. inv.
portfolio n. m.
portier, ière n.
portière adj. f.; n. f.
portillon n. m.
portion n. f.
portionnable adj.
portionnaire n.
portionné, ée adj.
portionneur n. m.
portionneuse n. f.
portique n. m.
portland n. m.
portlandien n. m.
porto n. m.
portor n. m.
portrait n. m.
portraitiste n.
portrait-robot n. m.
PL. *portraits-robots*
portraiturer v. tr. (conjug. 1)
port-salut® n. m. inv.
portuaire adj.
portugais, aise adj. et n.
portulan n. m.

portune n. m.
P. O. S. n. m. (plan d'occupation des sols)
posada n. f.
pose n. f.
posé, ée adj.
posément adv.
posemètre n. m.
poser v. (conjug. 1)
poseur, euse n.
posidonie n. f.
¹**positif, ive** adj. et n.
²**positif** n. m. (clavier)
position n. f.
positionnement n. m.
positionner v. tr. (conjug. 1)
positivement adv.
positiver v. (conjug. 1)
positivisme n. m.
positiviste adj. et n.
positivité n. f.
positon ou **positron** n. m.
positonium ou **positronium** n. m.
positron n. m.
positronium n. m.
posologie n. f.
possédant, ante adj. et n.
possédé, ée adj. et n.
posséder v. tr. (conjug. 6)
possesseur n. m.
possessif, ive adj. et n.
possession n. f.
possessionnel, elle adj.
possessivité n. f.
possessoire adj.
possibilité n. f.
possible adj. et n. m.
possiblement adv.
post
postage n. m.
postal, ale, aux adj.
postcombustion n. f.
postcommunisme n. m.
postcommuniste adj. et n.
postcure n. f.
postdate n. f.

postdater v. tr. (conjug. 1)
postdoc adj. inv.
postdoctoral, ale, aux adj.
poste n. f.; n. m.
posté, ée adj.
poste-frontière n. m.
  PL. *postes-frontières*
¹**poster** [pɔstɛʀ] n. m.
²**poster** v. tr. (conjug. 1)
postérieur, ieure adj. et n. m.
postérieurement adv.
posteriori (a)
  → a posteriori
postériorité n. f.
postériser v. tr. (conjug. 1)
postérité n. f.
postface n. f.
postfacer v. tr. (conjug. 3)
postglaciaire adj. et n. m.
posthite n. f.
posthume adj.
posthypophyse n. f.
postiche adj. et n. m.
postier, ière n.
postillon n. m.
postillonner v. intr. (conjug. 1)
postindustriel, elle adj.
post-it ® n. m. inv. (rec. off. : papillon)
postlude n. m.
postmoderne adj.
postmodernisme n. m.
postmoderniste n.
post mortem loc. adv. et loc. adj.
postnatal, ale adj.
postopératoire adj.
post-partum ou
  postpartum★ n. m. inv.
postposer v. tr. (conjug. 1)
postposition n. f.
postprandial, iale, iaux adj.
postproduction n. f.
postscolaire adj.

post-scriptum ou
  postscriptum★ n. m.
  PL. inv. ou *postscriptums★*
postsoixante-huitard, arde n. m. et n.
  PL. *postsoixante-huitards, ardes*
postsonorisation n. f.
postsynchronisation [-k-] n. f.
postsynchroniser [-k-] v. tr. (conjug. 1)
post-traumatique adj.
  PL. *post-traumatiques*
postulant, ante n.
postulat n. m.
postulation n. f.
postuler v. (conjug. 1)
postural, ale, aux adj.
posture n. f.
pot n. m.
potabilisation n. f.
potabilité n. f.
potable adj.
potache n.
potage n. m.
potager, ère adj. et n. m.
potamochère n. m.
potamogéton n. m.
potamologie n. f.
potamot n. m.
potard n. m.
potasse n. f.
potasser v. tr. (conjug. 1)
potassique adj.
potassium n. m.
pot-au-feu n. m.
  PL. *pot(s)-au-feu*
pot-bouille n. f.
pot-de-vin n. m.
  PL. *pots-de-vin*
pote n.
poteau n. m.
potée n. f.
potelé, ée adj.
potelet n. m.
potence n. f.
potencé, ée adj.
potentat n. m.

potentialisateur, trice adj.
potentialisation n. f.
potentialiser v. tr. (conjug. 1)
potentialité n. f.
potentiel, ielle adj. et n. m.
potentiellement adv.
potentille n. f.
potentiomètre n. m.
poterie n. f.
poterne n. f.
potestatif, ive adj.
poteur n. m.
potiche n. f.
potier, ière n.
potimarron n. m.
potin n. m.
potiner v. intr. (conjug. 1)
potinière n. f.
potion n. f.
potiquet n. m.
potiron n. m.
potlatch n. m.
potomanie n. f.
potomètre n. m.
potorou n. m.
pot-pourri ou
  potpourri★ n. m.
  PL. *pots-pourris* ou
  potpourris★
potron-minet n. m.
potto n. m.
pou n. m.
pouah interj.
poubelle n. f.
pouce n. m.
pouce-pied ou **pousse-pied** ou **poucepied★** n. m.
  PL. *pouces-pieds* ou
  pousse-pieds ou
  poucepieds★
poucer v. intr. (conjug. 3)
poucettes n. f. pl.
poucier n. m.
pou-de-soie ou **poult-de-soie** n. m.
  PL. *pous-de-soie* ou *poults-de-soie*

pouding [pudiŋ] n. m.
poudingue n. m.
poudrage n. m.
poudre n. f.
poudrer v. (conjug. 1)
poudrerie n. f.
poudreuse n. f.
poudreux, euse adj.
poudrier n. m.
poudrière n. f.
poudrin n. m.
poudroiement n. m.
poudroyer v. intr. (conjug. 8)
pouet interj.
pouf n. m.; interj.
pouffe n. f.
pouffer v. intr. (conjug. 1)
pouffiasse ou **poufiasse** n. f.
pouillard n. m.
pouillé n. m.
pouillerie n. f.
pouilles n. f. pl.
pouilleux, euse adj. et n.
pouillot n. m.
pouilly n. m.
poujadisme n. m.
poujadiste adj. et n.
poulailler n. m.
poulain n. m.
poulaine n. f.
poulamon n. m.
poularde n. f.
poulbot n. m.
poule n. f.
poulet n. m.
poulette n. f.
pouliche n. f.
poulie n. f.
poulinage n. m.
pouliner v. intr. (conjug. 1)
poulinière adj. f.
pouliot n. m.
poulpe n. m.
pouls n. m.
poult-de-soie n. m.
PL. *poults-de-soie*
poumon n. m.

poupard n. m. et adj.
poupart n. m.
poupe n. f.
poupée n. f.
poupin, ine adj.
poupon n. m.
pouponner v. intr. (conjug. 1)
pouponnière n. f.
poupoule n. f.
pour prép. et n. m. inv.
pourboire n. m.
pourceau n. m.
pourcentage n. m.
pourchasser v. tr. (conjug. 1)
pourfendeur, euse n.
pourfendre v. tr. (conjug. 41)
pourlèche n. f.
pourlécher v. tr. (conjug. 6)
pourliche n. f.
pourparler n. m.
pourpier n. m.
pourpoint n. m.
pourpre n. et adj.
pourpré, ée adj.
pourquoi adv.; conj.; n. m. inv.
pourri, ie adj. et n.
pourridié n. m.
pourriel n. m.
pourrir v. (conjug. 2)
pourrissage n. m.
pourrissant, ante adj.
pourrissement n. m.
pourrissoir n. m.
pourriture n. f.
pour-soi ou **poursoi*** n. m. inv.
poursuite n. f.
poursuiteur, euse n.
poursuivant, ante n.
poursuivre v. tr. (conjug. 40)
pourtant adv.
pourtour n. m.
pourvoi n. m.
pourvoir v. tr. (conjug. 25)
pourvoirie n. f.

pourvoyeur, euse n.
pourvu, ue adj. et n.
pourvu que loc. conj.
pousada n. f.
poussage n. m.
poussah ou **poussa*** n. m.
pousse n. f.; n. m.
pousse-au-crime n. m. inv.
pousse-café n. m.
PL. inv. ou *pousse-cafés**
poussée n. f.
pousse-pied n. m.
PL. *pousse-pieds*
pousse-pousse ou **poussepousse*** n. m.
PL. inv. ou *poussepousses**
pousser v. (conjug. 1)
poussette n. f.
poussette-canne n. f.
PL. *poussettes-cannes*
pousseur n. m.
poussier n. m.
poussière n. f.
poussiéreux, euse adj.
poussif, ive adj.
poussin n. m.
poussinière n. f.
poussivement adv.
poussoir n. m.
poutargue ou **boutargue** n. f.
poutine n. f.
poutou n. m.
poutrage n. m.
poutraison n. f.
poutre n. f.
poutrelle n. f.
poutser ou **poutzer** v. tr. (conjug. 1)
pouture n. f.
poutzer v. tr. (conjug. 1)
¹**pouvoir** v. tr. (conjug. 33; p. p. inv. *pu*)
²**pouvoir** n. m.
pouzzolane n. f.
pow-wow n. m. inv.
P. P. C. M. n. m. (plus petit commun multiple)

P. Q.

P. Q. n. m. (papier hygiénique)
practice n. m.
præsidium ou **présidium** [pʀezidjɔm] n. m.
pragmatique adj. et n. f.
pragmatisme n. m.
pragmatiste adj. et n.
praire n. f.
prairial n. m.
prairie n. f.
prakrit ou **prâkrit** ou **pracrit*** n. m.
pralin n. m.
pralinage n. m.
praline n. f.
praliné, ée adj.
praliner v. tr. (conjug. 1)
prame n. f.
prao n. m.
praséodyme n. m.
praticabilité n. f.
praticable adj. et n. m.
praticien, ienne n.
praticité n. f.
pratiquant, ante adj. et n.
pratique adj.; n. f.
pratiquement adv.
pratiquer v. tr. (conjug. 1)
praxie n. f.
praxinoscope n. m.
praxis n. f.
pré n. m.
préaccentuation n. f.
préachat n. m.
préacheminement n. m.
préacheter v. tr. (conjug. 5)
préadamisme n. m.
préadamite n. et adj.
préado n.
préadolescence ou **pré-adolescence** n. f.
préadolescent, ente ou **pré-adolescent, ente** n.
préalable adj. et n. m.
préalablement adv.
préalpin, ine adj.

préambule n. m.
préampli n. m.
préamplificateur n. m.
préamplification n. f.
préannoncer v. tr. (conjug. 3)
préau n. m.
préavis n. m.
préaviser v. tr. (conjug. 1)
prébende n. f.
prébendé, ée adj.
prébendier n. m.
prébiotique adj. et n. m.
précâblé, ée adj.
précaire adj.
précairement adv.
précambrien, ienne adj. et n.
précancéreux, euse adj.
précariat n. m.
précarisation n. f.
précariser v. tr. (conjug. 1)
précarité n. f.
précaution n. f.
précautionner v. tr. (conjug. 1)
précautionneusement adv.
précautionneux, euse adj.
précédemment adv.
précédent, ente adj. et n. m.
précéder v. tr. (conjug. 6)
préceinte n. f.
précellence n. f.
précepte n. m.
précepteur, trice n.
préceptorat n. m.
précession n. f.
préchambre n. f.
précharger v. tr. (conjug. 3)
préchauffage n. m.
préchauffer v. tr. (conjug. 1)
prêche n. m.
prêcher v. (conjug. 1)
prêcheur, euse n. et adj.

prêchi-prêcha ou **prêchiprêcha*** n. m. pl. inv. ou **prêchiprêchas***
précieusement adv.
précieux, ieuse adj. et n. f.
préciosité n. f.
précipice n. m.
précipitamment adv.
précipitation n. f.
¹**précipité, ée** adj.
²**précipité** n. m.
précipiter v. tr. (conjug. 1)
préciput n. m.
préciputaire adj.
¹**précis, ise** adj.
²**précis** n. m.
précisément adv.
préciser v. tr. (conjug. 1)
précision n. f.
précité, ée adj.
préclassique adj.
précoce adj.
précocement adv.
précocité n. f.
précognition n. f.
précolombien, ienne adj.
précombustion n. f.
précompte n. m.
précompter v. tr. (conjug. 1)
préconception n. f.
préconçu, ue adj.
préconisateur, trice n.
préconisation n. f.
préconiser v. tr. (conjug. 1)
précontraint, ainte adj. et n.
précontrainte n. f.
précordial, iale, iaux adj.
précordialgie n. f.
précuire v. tr. (conjug. 38)
précuisson n. f.
précuit, ite adj.
précurseur n. m. adj.
prédateur, trice n. m. et adj.

prédation n. f.
prédécesseur n.
prédécoupé, ée adj.
prédéfinir v. tr. (conjug. 2)
prédelle n. f.
prédestination n. f.
prédestiné, ée adj.
prédestiner v. tr. (conjug. 1)
prédétermination n. f.
prédéterminer v. tr. (conjug. 1)
prédéterminisme n. m.
prédicable adj. et n.
prédicant n. m.
prédicat n. m.
prédicateur, trice n.
prédicatif, ive adj.
prédication n. f.
prédictif, ive adj.
prédiction n. f.
prédigéré, ée adj.
prédilection n. f.
prédiquer v. tr. (conjug. 1)
prédire v. tr. (conjug. 37; sauf *prédisez*)
prédisposer v. tr. (conjug. 1)
prédisposition n. f.
prédominance n. f.
prédominant, ante adj.
prédominer v. intr. (conjug. 1)
préélectoral, ale, aux adj.
préemballé, ée adj.
préembauche n. f.
prééminence n. f.
prééminent, ente adj.
préempter v. tr. (conjug. 1)
préemptif, ive adj.
préemption n. f.
préencollé, ée adj.
préenregistrement n. m.
préenregistrer v. tr. (conjug. 1)
préétablir v. tr. (conjug. 2)
préexcellence n. f.
préexistant, ante adj.

préexistence n. f.
préexister v. intr. (conjug. 1)
préfabrication n. f.
préfabriqué, ée adj.
préface n. f.
préfacer v. tr. (conjug. 3)
préfacier, ière n.
préfectoral, ale, aux adj.
préfecture n. f.
préférable adj.
préférablement adv.
préféré, ée adj. et n.
préférence n. f.
préférentiel, ielle adj.
préférentiellement adv.
préférer v. tr. (conjug. 6)
préfète n. f.
préfiguration n. f.
préfigurer v. tr. (conjug. 1)
préfinancement n. m.
préfix, ixe adj.
préfixal, ale, aux adj.
préfixation n. f.
préfixe n. m.
préfixer v. tr. (conjug. 1)
préfixion n. f.
préfloraison n. f.
préfoliation n. f.
préformage n. m.
préformaté, ée adj.
préformation n. f.
préformationnisme n. m.
préformer v. tr. (conjug. 1)
préformisme n. m.
préfourrière n. f.
préfrit, ite adj.
préfrontal, ale, aux adj.
préglaciaire adj.
prégnance n. f.
prégnant, ante adj.
préhellénique adj.
préhenseur adj. m.
préhensile adj.
préhension n. f.
préhistoire n. f.
préhistorien, ienne n.

préhistorique adj.
préhominiens n. m. pl.
préhospitalier, ère adj.
préimplantatoire adj.
préinscription n. f.
préinscrire v. tr. (conjug. 39)
préinstallé, ée adj.
préjudice n. m.
préjudiciable adj.
préjudiciaux adj. m. pl.
préjudiciel, ielle adj.
préjudicier v. intr. (conjug. 7)
préjugé n. m.
préjuger v. tr. (conjug. 3)
prélart n. m.
prélasser (se) v. pron. (conjug. 1)
prélat n. m.
prélatin, ine adj.
prélature n. f.
prélavage n. m.
prêle ou **prèle** n. f.
prélegs [pʀɛlɛ(ɡ)] n. m.
prélèvement n. m.
prélever v. tr. (conjug. 5)
préliminaire n. m. et adj.
préliminairement adv.
prélogique adj.
prélude n. m.
préluder v. (conjug. 1)
prématuré, ée adj.
prématurément adv.
prématurité n. f.
prémédication n. f.
préméditation n. f.
préméditer v. tr. (conjug. 1)
prémenstruel, elle adj.
prémices n. f. pl.
premier, ière adj. et n.
première n. f.
premièrement adv.
premier-maître ou **premier-maitre*** n. m.
Pl. *premiers-maîtres* ou *premiers-maitres**

premier-ministrable adj. et n.
PL *premiers-ministrables*
premier-né, première-née adj. et n.
PL *premiers-nés, premières-nées*
prémilitaire adj.
prémisse n. f.
prémium ou **premium** n. m.
PL *prémiums* ou *premium*
premix n. m.
prémolaire n. f.
prémonition n. f.
prémonitoire adj.
prémontré, ée n.
prémunir v. tr. (conjug. 2)
prémunition n. f.
prenable adj.
prenant, ante adj.
prénatal, ale adj.
prendre v. (conjug. 58)
preneur, euse n.
prénom n. m.
prénommé, ée n.
prénommer v. tr. (conjug. 1)
prénotion n. f.
prénuptial, iale, iaux adj.
préoccupant, ante adj.
préoccupation n. f.
préoccupé, ée adj.
préoccuper v. tr. (conjug. 1)
préœdipien, ienne adj.
préolympique adj.
préopératoire adj.
préoral, ale, aux adj.
prépa adj. et n. f.
prépaiement n. m.
préparateur, trice n.
préparatif n. m.
préparation n. f.
préparatoire adj.
préparer v. tr. (conjug. 1)
prépayer v. tr. (conjug. 8)
prépondérance n. f.

prépondérant, ante adj.
préposé, ée n.
préposer v. tr. (conjug. 1)
prépositif, ive adj.
préposition n. f.
prépositionnel, elle adj.
prépositivement adv.
prépotence n. f.
prépresse n. m.
préproduction n. f.
préprogrammé, ée adj.
préprogrammer v. tr. (conjug. 1)
prépubère adj. et n.
prépubertaire adj.
prépublication n. f.
prépublier v. tr. (conjug. 7)
prépuce n. m.
préqualificatif, ive adj.
préraphaélisme n. m.
préraphaélite n. m. et adj.
préréglable adj.
préréglage n. m.
prérégler v. tr. (conjug. 6)
prérequis n. m.
préretraite n. f.
préretraité, ée adj. et n.
prérogative n. f.
préromantique adj.
préromantisme n. m.
près adv.
présage n. m.
présager v. tr. (conjug. 3)
présalaire n. m.
pré-salé n. m.
PL *prés-salés*
presbyte n. et adj.
presbytéral, ale, aux adj.
presbytère n. m.
presbytérianisme n. m.
presbytérien, ienne n.
presbytie n. f.
prescience n. f.
préscientifique adj.
préscolaire adj.
prescripteur, trice n.
prescriptible adj.
prescriptif, ive adj.

prescription n. f.
prescrire v. tr. (conjug. 39)
prescrit, ite adj.
préséance n. f.
présélecteur n. m.
présélection n. f.
présélectionner v. tr. (conjug. 1)
présence n. f.
¹**présent, ente** adj. et n.
²**présent** n. m.
présentable adj.
présentateur, trice n.
présentatif n. m.
présentation n. f.
présente n. f.
présentéisme n. m.
présentement adv.
présenter v. (conjug. 1)
présentiel, ielle adj. et n. m.
présentoir n. m.
présérie n. f.
préservateur, trice adj.
préservatif, ive adj. et n. m.
préservation n. f.
préserver v. tr. (conjug. 1)
préside n. m.
présidence n. f.
président, ente n.
présidentiabilité n. f.
présidentiable adj. et n.
présidentialisation n. f.
présidentialiser v. tr. (conjug. 1)
présidentialisme n. m.
présidentiel, ielle adj.
présider v. tr. (conjug. 1)
présidial, iale, iaux n. m. et adj.
præsidium ou **præsidium** n. m.
présomptif, ive adj.
présomption n. f.
présomptueusement adv.
présomptueux, euse adj.

présonorisation n. f. (rec. off. de play-back)
presque adv.
presqu'île ou **presqu'île★** n. f.
pressage n. m.
pressant, ante adj.
press-book n. m.
 pl. *press-books*
presse n. f.
pressé, ée adj.
presse-agrume(s) n. m.
 pl. *presse-agrumes*
presse-bouton adj.
 pl. inv. ou *presse-boutons★*
presse-citron n. m.
 pl. *presse-citrons*
pressée n. f.
presse-étoupe n. m.
 pl. *presse-étoupe(s)*
presse-fruit n. m.
 pl. *presse-fruits*
pressentiment n. m.
pressentir v. tr. (conjug. 16)
presse-papier(s) n. m.
 pl. *presse-papiers*
presse-purée n. m.
 pl. *presse-purées*
presser v. (conjug. 1)
presse-raquette n. m.
 pl. *presse-raquettes*
presseur, euse n. et adj.
pressier n. m.
pressing n. m.
pression n. f.
pressionné, ée adj.
pressoir n. m.
pressostat n. m.
pressothérapie n. f.
pressurage n. m.
pressurer v. tr. (conjug. 1)
pressureur, euse n.
pressurisation n. f.
pressuriser v. tr. (conjug. 1)
prestance n. f.
prestant n. m.
prestataire n. m.
prestation n. f.
preste adj.
presté, ée adj.

prestement adv.
prester v. tr. (conjug. 1)
prestesse n. f.
prestidigitateur, trice n.
prestidigitation n. f.
prestige n. m.
prestigieusement adv.
prestigieux, ieuse adj.
¹**prestissimo** n. m.
 pl. inv. ou *prestissimos*
²**prestissimo** adv.
¹**presto** n. m.
 pl. *prestos*
²**presto** adv.
préstratégique adj.
présumable adj.
présumé, ée adj.
présumer v. tr. (conjug. 1)
présupposé, ée adj. et n. m.
présupposer v. tr. (conjug. 1)
présupposition n. f.
présure n. f.
présurer v. tr. (conjug. 1)
¹**prêt, prête** adj.
²**prêt** n. m.
prêt-à-l'emploi n. m.
 pl. *prêts-à-l'emploi*
prêt-à-manger n. m.
 pl. *prêts-à-manger*
prêt-à-monter n. m.
 pl. *prêts-à-monter* (rec. off. de kit)
prétantaine n. f.
prêt-à-porter n. m.
 pl. *prêts-à-porter*
prêt-à-poster n. m.
 pl. *prêts-à-poster*
prêté, ée adj. et n.
prétendant, ante n.
prétendre v. tr. (conjug. 41)
prétendu, ue adj. et n.
prétendument adv.
prête-nom n. m.
 pl. *prête-noms*
prétension n. f.
prétensionneur n. m.

prétentaine ou **prétantaine** n. f.
prétentiard, iarde adj. et n.
prétentieusement adv.
prétentieux, ieuse adj.
prétention n. f.
prêter v. (conjug. 1)
prétérit n. m.
prétériter v. tr. (conjug. 1)
prétérition n. f.
prêteur, euse n. et adj.
prétexte n. f. et adj.; n. m.
prétexter v. tr. (conjug. 1)
prétimbré, ée adj.
pretintaille n. f.
pretium doloris n. m. inv.
prétoire n. m.
prétorial, iale, iaux adj.
prétorien, ienne adj. et n.
prétraité, ée adj.
prétranché, ée adj.
prêtre n. m.
prêt-relais n. m.
 pl. *prêts-relais*
prêtre-ouvrier n. m.
 pl. *prêtres-ouvriers*
prêtresse n. f.
prêtrise n. f.
préture n. f.
preuve n. f.
preux adj. m. et n. m.
prévalence n. f.
prévalent, ente adj.
prévaloir v. intr. (conjug. 29; sauf subj. prés. *que je prévale, que tu prévales, qu'ils prévalent*)
prévaricateur, trice adj.
prévarication n. f.
prévariquer v. intr. (conjug. 1)
prévariqueux, euse adj.
prévenance n. f.
prévenant, ante adj.
prévendre v. tr. (conjug. 41)
prévenir v. tr. (conjug. 22; auxil. *avoir*)

prévente n. f.
préventif, ive adj.
prévention n. f.
préventivement adv.
préventorium n. m.
prévenu, ue adj. et n.
préverbe n. m.
prévisibilité n. f.
prévisible adj.
prévision n. f.
prévisionnel, elle adj.
prévisionnellement adv.
prévisionniste n.
prévisualisation n. f.
prévisualiser v. tr. (conjug. 1)
prévoir v. tr. (conjug. 24)
prévôt n. m.
prévôtal, ale, aux adj.
prévôté n. f.
prévoyance n. f.
prévoyant, ante adj.
prévu, ue adj. et n.
priapée n. f.
priapisme n. m.
prie-Dieu n. m. inv.
prier v. (conjug. 7)
prière n. f.
prieur, eure n.
prieuré n. m.
prima donna ou **primadonna★** n. f.
PL. inv. ou *prime donne* (it.) ou *primadonnas★*
primage n. m.
primaire adj.
primal, ale, aux adj.
primarité n. f.
primat n. m.
primate n. m.
primatial, iale, iaux adj. et n.
primatie n. f.
primatologie n. f.
primatologue n.
primature n. f.
primauté n. f. (rec. off. de leadership)
prime adj. et n. f.

primer v. (conjug. 1)
primerose n. f.
primesautier, ière adj.
prime time n. m. (rec. off. : heure de grande écoute)
primeur n. f.
primeuriste n.
primevère n. f.
primidi n. m.
primigeste adj. et n. f.
primipare adj. et n. f.
primitif, ive adj. et n.
primitivement adv.
primitivisme n. m.
primitiviste n.
primo adv.
primoaccédant, ante n. et adj.
primoaccession n. f.
primoarrivant, ante adj. et n.
primo-délinquant, ante n.
PL. *primo-délinquants, antes*
primogéniture n. f.
primo-infection n. f.
PL. *primo-infections*
primordial, iale, iaux adj.
primo-vaccination n. f.
PL. *primo-vaccinations*
prince n. m.
prince de galles n. m. inv.
princeps [pʀɛ̃sɛps] adj.
princesse n. f.
princier, ière adj.
princièrement adv.
principal, ale, aux adj. et n.
principalat n. m.
principalement adv.
principat n. m.
principauté n. f.
principe n. m.
printanier, ière adj.
printemps n. m.
priodonte n. m.
prion n. m.
prionique adj.
priorat n. m.

priori (a) → a priori
prioritaire adj.
prioritairement adv.
priorité n. f.
pris, prise adj.
prise n. f.
prisée n. f.
priser v. tr. (conjug. 1)
priseur, euse n.
prismatique adj.
prisme n. m.
prison n. f.
prisonnier, ière n. et adj.
privat-docent ou **privat-dozent** [pʀivadɔsɑ̃] n.
PL. *privat-docents* ou *privat-dozents*
privatif, ive adj.
privation n. f.
privatique n. f.
privatisable adj.
privatisation n. f.
privatiser v. tr. (conjug. 1)
privativement adv.
privauté n. f.
privé, ée adj.
priver v. tr. (conjug. 1)
privilège n. m.
privilégié, iée adj. et n.
privilégier v. tr. (conjug. 7)
prix n. m.
proactif, ive adj.
proactivement adv.
probabilisme n. m.
probabiliste adj. et n.
probabilité n. f.
probable adj.
probablement adv.
probant, ante adj.
probation n. f.
probatique adj. et n. f.
probatoire adj.
probe adj.
probiotique n. m. et adj.
probité n. f.
problématique adj. et n. f.
problématiquement adv.
problématisation n. f.

problématiser v. tr. (conjug. 1)
problème n. m.
proboscidiens n. m. pl.
procaïne n. f.
procaryote adj. et n. m.
procédé n. m.
procéder v. (conjug. 6)
procédural, ale, aux adj.
procédure n. f.
procédurier, ière adj. et n.
procès n. m.
process n. m.
processeur n. m.
processif, ive adj.
procession n. f.
processionnaire adj. et n. f.
processionnel, elle adj.
processionnellement adv.
processus n. m.
procès-verbal n. m. pl. *procès-verbaux*
prochain, aine adj. et n.
prochainement adv.
proche adv.; prép.; adj.
procidence n. f.
proclamateur, trice n.
proclamation n. f.
proclamer v. tr. (conjug. 1)
proclitique adj.
proconsul n. m.
proconsulaire adj.
proconsulat n. m.
procordés n. m. pl.
procrastination n. f.
procrastineur, euse n.
procréateur, trice adj. et n. m.
procréatif, ive adj.
procréation n. f.
procréatique n. f.
procréer v. tr. (conjug. 1)
proctalgie n. f.
proctite n. f.
proctologie n. f.
proctologique adj.

proctologue n.
proctorrhée n. f.
procurateur n. m.
procuratie n. f.
procuration n. f.
procuratrice n. f.
procure n. f.
procurer v. tr. (conjug. 1)
procureur n. m.
procyonidé n. m.
prodigalité n. f.
prodige n. m.
prodigieusement adv.
prodigieux, ieuse adj.
prodigue adj. et n.
prodiguer v. tr. (conjug. 1)
pro domo loc. adv. et adj. inv.
prodrome n. m.
prodromique adj.
producteur, trice adj. et n.
productible adj.
producticien, ienne n.
productif, ive adj.
production n. f.
productique n. f.
productivisme n. m.
productiviste adj.
productivité n. f.
produire v. tr. (conjug. 38)
produit n. m.
proéminence n. f.
proéminent, ente adj.
proeuropéen, enne adj. et n.
prof n.
profanateur, trice n. et adj.
profanation n. f.
profane adj. et n.
profaner v. tr. (conjug. 1)
profectif, ive adj.
proférer v. tr. (conjug. 6)
profès, esse n.
professer v. tr. (conjug. 1)
professeur, eure n.
profession n. f.
professionnalisant, ante adj.

professionnalisation n. f.
professionnaliser v. tr. (conjug. 1)
professionnalisme n. m.
professionnel, elle adj. et n.
professionnellement adv.
professoral, ale, aux adj.
professorat n. m.
profil n. m.
profilage n. m.
profilé, ée adj. et n. m.
profiler v. tr. (conjug. 1)
profileur, euse n.
profileuse n. f. (rec. off. de grader)
profilographe n. m.
profit n. m.
profitabilité n. f.
profitable adj.
profitablement adv.
profitant, ante adj.
profiter v. tr. ind. (conjug. 1)
profiterole n. f.
profiteur, euse n.
profond, onde adj.
profondément adv.
profondeur n. f.
pro forma loc. adj. inv.
profus, use adj.
profusément adv.
profusion n. f.
progéniture n. f.
progénote n. m.
progeria n. f.
progérique adj. et n.
progestatif, ive adj.
progestérone n. f.
progiciel n. m.
proglottis n. m.
prognathe adj.
prognathie n. f.
prognathisme n. m.
programmable adj.
programmateur, trice n. et adj.
programmathèque n. f.

programmation n. f.
programmatique adj.
programme n. m.
programmer v. tr. (conjug. 1)
programmeur, euse n.
progrès n. m.
progresser v. intr. (conjug. 1)
progressif, ive adj.
progression n. f.
progressisme n. m.
progressiste adj. et n.
progressivement adv.
progressivité n. f.
prohibé, ée adj.
prohiber v. tr. (conjug. 1)
prohibitif, ive adj.
prohibition n. f.
prohibitionnisme n. m.
prohibitionniste adj. et n.
proie n. f.
projecteur n. m.
projectif, ive adj.
projectile n. m.
projection n. f.
projectionniste n.
projecture n. f.
projet n. m.
projeter v. tr. (conjug. 4)
projeteur, euse n.
projo n. m. (projecteur)
prolactine n. f.
prolamine n. f.
prolapsus n. m.
prolégomènes n. m. pl.
prolepse n. f.
prolétaire n.
prolétariat n. m.
prolétarien, ienne adj.
prolétarisation n. f.
prolétariser v. tr. (conjug. 1)
proliférant, ante adj.
prolifération n. f.
prolifère adj.
proliférer v. intr. (conjug. 6)
prolificité n. f.
prolifique adj.
proligère adj.

prolixe adj.
prolixement adv.
prolixité n. f.
prolo n. (prolétaire)
prolog n. m. (programmation en logique)
prologue n. m.
prolongateur n. m.
prolongation n. f.
prolonge n. f.
prolongé, ée adj.
prolongement n. m.
prolonger v. tr. (conjug. 3)
promenade n. f.
promener v. (conjug. 5)
promeneur, euse n.
promenoir n. m.
promesse n. f.
prométhéen, enne adj.
prométhium n. m.
prometteur, euse n. et adj.
promettre v. tr. (conjug. 56)
promis, ise adj. et n.
promiscuité n. f.
promo n. f. (promotion)
promontoire n. m.
promoteur, trice n.
promotion n. f.
promotionnel, elle adj.
promotionner v. tr. (conjug. 1)
promouvoir v. tr. (conjug. 27; rare sauf inf. et p. p.)
prompt, prompte adj.
promptement adv.
prompteur n. m.
promptitude n. f.
promu, ue adj. et n.
promulgation n. f.
promulguer v. tr. (conjug. 1)
pronaos n. m.
pronateur, trice adj. et n.
pronation n. f.
prône n. m.
prôner v. tr. (conjug. 1)
pronom n. m.

pronominal, ale, aux adj.
pronominalement adv.
prononçable adj.
prononcé, ée adj. et n. m.
prononcer v. (conjug. 3)
prononciation n. f.
pronostic n. m.
pronostique adj.
pronostiquer v. tr. (conjug. 1)
pronostiqueur, euse n.
pronucléus n. m.
pronunciamiento ou **pronunciamento** [prɔnunsjam(j)ɛnto] n. m. pl. *pronunciamientos* ou *pronunciamentos*
propagande n. f.
propagandiste n. et adj.
propagateur, trice n.
propagation n. f.
propager v. tr. (conjug. 3)
propagule n. f.
propane n. m.
propanier n. m.
proparoxyton adj. m. et n. m.
propé n.
propédeutique n. f.
propène n. m.
propension n. f.
propergol n. m.
propfan n. m.
propharmacien, ienne n.
prophase n. f.
prophète, prophétesse n.
prophétie n. f.
prophétique adj.
prophétiquement adv.
prophétiser v. tr. (conjug. 1)
prophylactique adj.
prophylaxie n. f.
propice adj.
propitiation n. f.
propitiatoire n. m. et adj.
propolis n. f.

proportion n. f.
proportionnaliste n.
proportionnalité n. f.
proportionné, ée adj.
proportionnel, elle adj.
proportionnellement adv.
proportionner v. tr. (conjug. 1)
propos n. m.
proposable adj.
proposer v. (conjug. 1)
proposition n. f.
propositionnel, elle adj.
propre adj. et n. m.
propre à rien n.
proprement adv.
propret, ette adj.
propreté n. f.
propréteur n. m.
propréture n. f.
propriétaire n.
propriété n. f.
proprio n.
proprioceptif, ive adj.
propulser v. tr. (conjug. 1)
propulseur adj. m. et n. m.
propulsif, ive adj.
propulsion n. f.
propylée n. m.
propylène n. m.
prorata n. m.
PL. inv. ou *proratas**
prorogatif, ive adj.
prorogation n. f.
proroger v. tr. (conjug. 3)
prosaïque adj.
prosaïquement adv.
prosaïsme n. m.
prosateur, trice n.
proscenium ou **proscénium*** n. m.
proscripteur n. m.
proscription n. f.
proscrire v. tr. (conjug. 39)
proscrit, ite adj. et n.
prose n. f.
prosecteur n. m.
prosélyte n.
prosélytisme n. m.

prosencéphale n. m.
prosimiens n. m. pl.
prosobranches n. m. pl.
prosodie n. f.
prosodique adj.
prosopopée n. f.
prospect n. m.
prospecter v. tr. (conjug. 1)
prospecteur, trice n.
prospecteur-placier n.
PL. *prospecteurs-placiers*
prospectif, ive adj.
prospection n. f.
prospective n. f.
prospectiviste n.
prospectus n. m.
prospère adj.
prospérer v. intr. (conjug. 6)
prospérité n. f.
prostaglandine n. f.
prostate n. f.
prostatectomie n. f.
prostatique adj. et n. m.
prostatisme n. m.
prostatite n. f.
prosternation n. f.
prosternement n. m.
prosterner v. tr. (conjug. 1)
prosthèse n. f.
prosthétique adj.
prostitué, ée n.
prostituer v. tr. (conjug. 1)
prostitution n. f.
prostraglandine n. f.
prostration n. f.
prostré, ée adj.
prostrer (se) v. pron. (conjug. 1)
prostyle adj. et n. m.
protactinium n. m.
protagoniste n.
protamine n. f.
protandrie n. f.
protase n. f.
prote n. m.
protéagineux, euse n. m. et adj.
protéase n. f.
protecteur, trice n. et adj.

protection n. f.
protectionnisme n. m.
protectionniste adj. et n.
protectorat n. m.
protée n.
protégé, ée adj. et n.
protège-cahier n. m.
PL. *protège-cahiers*
protège-coude n. m.
PL. *protège-coudes*
protège-dents ou **protège-dent*** n. m.
PL. *protège-dents*
protège-genou n. m.
PL. *protège-genoux*
protège-matelas n. m. inv.
protège-nez n. m. inv.
protège-parapluie n. m.
PL. *protège-parapluies*
protège-poignet n. m.
PL. *protège-poignets*
protéger v. tr. (conjug. 6 et 3)
protège-slip n. m.
PL. *protège-slips*
protège-tibia n. m.
PL. *protège-tibias*
protéide n.
protéiforme adj.
protéinase n. f.
protéine n. f.
protéiné, ée adj.
protéinique adj.
protéinogramme n. m.
protéinurie n. f.
protéique adj.
protèle n. m.
protéolyse n. f.
protéolytique adj.
protéome n. m.
protéomique n. f. et adj.
protérandrie n. f.
protérogyne adj.
protérogynie n. f.
protestable adj.
protestant, ante n. et adj.
protestantisme n. m.
protestataire adj.

protestation

protestation n. f.
protester v. (conjug. 1)
protêt n. m.
prothalle n. m.
prothèse n. f.
prothésiste n.
prothétique adj.
prothorax n. m.
prothrombine n. f.
protide n. m.
protidique adj.
protiste n. m.
proto n. m.
protocellule n. f.
protococcus n. m.
protocolaire adj.
protocolairement adv.
protocole n. m.
protoétoile n. f.
protogine n. m. ou f.
protogyne adj.
protogynie n. f.
protohistoire n. f.
protohistorique adj.
protomère n. m.
proton n. m.
protonéma n. m.
protonique adj.
protonotaire n. m.
protophyte n. m. ou f.
protoplanétaire adj.
protoplanète n. f.
protoplasme n. m.
protoplasmique adj.
protoplaste n. m.
protoptère n. m.
protosinaïtique adj.
protosolaire adj.
prototypage n. m.
prototype n. m.
prototypeur n. m.
protoxyde n. m.
protozoaire n. m.
protractile adj.
protubérance n. f.
protubérant, ante adj.
protuteur, trice n.
proudhonien, ienne adj. et n.

proue n. f.
prouesse n. f.
prou (peu ou) loc. adv.
prout interj. et n. m.
prouvable adj.
prouver v. tr. (conjug. 1)
provéditeur n. m.
provenance n. f.
provençal, ale, aux adj. et n.
provende n. f.
provenir v. intr. (conjug. 22)
proverbe n. m.
proverbial, iale, iaux adj.
proverbialement adv.
providence n. f.
providentialisme n. m.
providentiel, ielle adj.
providentiellement adv.
provider n. m.
provignage n. m.
provignement n. m.
provigner v. (conjug. 1)
provin n. m.
province n. f.
provincial, iale, iaux adj. et n.
provincialat n. m.
provincialisme n. m.
proviseur n. m.
provision n. f.
provisionnel, elle adj.
provisionnement n. m.
provisionner v. tr. (conjug. 1)
provisoire adj.
provisoirement adv.
provisorat n. m.
provitamine n. f.
provocant, ante adj.
provocateur, trice n. et adj.
provocation n. f.
provolone n. m.
provoquer v. tr. (conjug. 1)
proxémique n. f.
proxène n. m.
proxénète n.

proxénétisme n. m.
proximal, ale, aux adj.
proximité n. f.
proxy n. m.
PL. proxys (rec. off. : mandataire)
proyer n. m.
pruche n. f.
prude adj. et n.
prudemment adv.
prudence n. f.
prudent, ente adj.
prudentiel, ielle adj.
pruderie n. f.
prud'femme n. f.
prud'homal, ale, aux ou prudhommal, ale, aux adj.
prud'homie ou prudhommie n. f.
prud'homme ou prudhomme n. m.
prudhommerie n. f.
prudhommesque adj.
pruine n. f.
prune n. f. et adj. inv.
pruneau n. m.
prunelaie n. f.
prunelle n. f.
prunellier ou prunelier n. m.
pruniculteur, trice n.
prunier n. m.
prunus n. m.
prurigineux, euse adj.
prurigo n. m.
prurit n. m.
prussiate n. m.
prussien, ienne adj. et n.
prussique adj.
prytane n. m.
prytanée n. m.
P.-S. n. m. inv. (post-scriptum)
psalliote n. f.
psalmiste n. m.
psalmodie n. f.
psalmodier v. (conjug. 7)
psaltérion n. m.
psammite n. m.
psaume n. m.

psautier n. m.
pschent n. m.
pschitt ou **pcht** interj. et n. m.
pscht ou **pcht** interj. et n. m.
pseudarthrose n. f.
pseudo n. m.
pseudobulbaire adj.
pseudohermaphrodisme n. m.
pseudomembrane n. f.
pseudomembraneux, euse adj.
pseudomonas n. m.
pseudonyme adj. et n. m.
pseudopériodique adj.
pseudopode n. m.
psi n. m.
 PL. inv. ou *psis**
psitt ou **pst** interj.
psittacidés n. m. pl.
psittacisme n. m.
psittacose n. f.
psoas n. m.
psoque n. m.
psoralène n. m.
psoriasique adj.
psoriasis n. m.
psst interj.
pst interj.
P. S. V. n. m. (pilotage sans visibilité)
psychanalyse [-k-] n. f.
psychanalyser [-k-] v. tr. (conjug. 1)
psychanalyste [-k-] n.
psychanalytique [-k-] adj.
psychasthénie [-k-] n. f.
psychasthénique [-k-] adj. et n.
psyché [psife] n. f.
psychédélique [-k-] adj.
psychédélisme [-k-] n. m.
psychiatre [-k-] n.
psychiatrie [-k-] n. f.
psychiatrique [-k-] adj.
psychiatrisation [-k-] n. f.
psychiatriser [-k-] v. tr. (conjug. 1)
psychique adj.

psychiquement adv.
psychisme n. m.
psychoactif, ive [-k-] adj.
psychoaffectif, ive [-k-] adj.
psychoanaleptique [-k-] adj. et n. m.
psychobiologie [-k-] n. f.
psychobiologique [-k-] adj.
psychochirurgie [-k-] n. f.
psychochirurgien, ienne [-k-] n.
psychocritique [-k-] n. et adj.
psychodramatique [-k-] adj.
psychodrame [-k-] n. m.
psychodysleptique [-k-] adj. et n. m.
psychogène [-k-] adj.
psychogenèse [-k-] n. f.
psychogénétique [-k-] adj.
psychographique [-k-] n. m.
psychokinésie [-k-] n. f.
psychokinétique [-k-] adj.
psycholeptique [-k-] adj. et n. m.
psycholinguiste [-k-] n.
psycholinguistique [-k-] n. f. et adj.
psychologie [-k-] n. f.
psychologique [-k-] adj.
psychologiquement [-k-] adv.
psychologisme [-k-] n. m.
psychologue [-k-] n.
psychométricien, ienne [-k-] n.
psychométrie [-k-] n. f.
psychométrique [-k-] adj.
psychomoteur, trice [-k-] adj.
psychomotricien, ienne [-k-] n.
psychomotricité [-k-] n. f.
psychonévrose [-k-] n. f.

psychonévrotique [-k-] adj.
psychopathe [-k-] n.
psychopathie [-k-] n. f.
psychopathique [-k-] adj.
psychopathologie [-k-] n. f.
psychopathologique [-k-] adj.
psychopédagogie [-k-] n. f.
psychopédagogique [-k-] adj.
psychopédagogue [-k-] n.
psychopharmacologie [-k-] n. f.
psychopharmacologique [-k-] adj.
psychopharmacologue [-k-] n.
psychophysiologie [-k-] n. f.
psychophysiologique [-k-] adj.
psychophysiologiste [-k-] n.
psychophysique [-k-] n. f. et adj.
psychopolémologie [-k-] n. f.
psychopompe [-k-] adj.
psychorigide [-k-] adj.
psychorigidité [-k-] n. f.
psychose [-k-] n. f.
psychosensoriel, ielle [-k-] adj.
psychosocial, iale, iaux [-k-] adj.
psychosociologie [-k-] n. f.
psychosociologique [-k-] adj.
psychosociologue [-k-] n.
psychosomaticien, ienne [-k-] n.
psychosomatique [-k-] adj.
psychosomatiser v. intr. (conjug. 1)

psychostimulant, ante [-k] adj. et n. m.
psychotechnicien, ienne [-k-] n.
psychotechnique [-k-] n. f.
psychoter [-k-] v. intr. (conjug. 1)
psychothérapeute [-k-] n.
psychothérapie [-k-] n. f.
psychothérapique [-k-] adj.
psychotique [-k-] adj. et n.
psychotonique [-k-] adj. et n. m.
psychotraumatisme [-k-] n. m.
psychotrope [-k-] adj. et n. m.
psychromètre [-k-] n. m.
psychrométrie [-k-] n. f.
psychrophile [-k-] adj. et n. m.
¹**psylle** n. m. ou f. (insecte)
²**psylle** n. m. (charmeur de serpents)
psyllium n. m.
P. T. A. C. n. m. (poids total autorisé en charge)
ptéranodon n. m.
ptéridophytes n. m. pl.
ptérodactyle adj. et n. m.
ptéropode n. m.
ptérosaure n. m.
ptérosauriens n. m. pl.
ptérygoïde adj.
ptérygoïdien, ienne adj. et n. m.
ptérygote n. m.
ptolémaïque adj.
ptomaïne n. f.
ptose ou **ptôse** n. f.
ptosis n. m.
P. T. T. n. f. pl. (postes, télégraphes et téléphones)
ptyaline n. f.
ptyalisme n. m.
puant, puante adj.
puanteur n. f.

¹**pub** [pœb] n. m.
²**pub** [pyb] n. f.
pubalgie n. f.
pubère adj.
pubertaire adj.
puberté n. f.
pubescence n. f.
pubescent, ente adj.
pubien, ienne adj.
pubis n. m.
publiable adj.
public, ique adj. et n. m.
publicain n. m.
publication n. f.
publiciser v. tr. (conjug. 1)
publiciste n.
publicitaire adj. et n.
publicité n. f.
public-relations n. f. pl.
publier v. tr. (conjug. 7)
publi-information n. f.
  pl. *publi-informations*
publiphile n.
publiphobe adj. et n.
publiphone ® n. m.
publipostage n. m. (rec. off. de *mailing*)
publipromotionnel, elle adj.
publiquement adv.
publirédactionnel n. m.
puccinie n. f. ou **puccinia** n. f.
puce n. f.
puceau n. m.
pucelage n. m.
pucelle n. f.
pucer v. tr. (conjug. 3)
puceron n. m.
pucier n. m.
pudding ou **pouding** n. m.
puddlage n. m.
puddler v. tr. (conjug. 1)
pudeur n. f.
pudibond, onde adj.
pudibonderie n. f.
pudicité n. f.
pudique adj.
pudiquement adv.

puer v. (conjug. 1)
puériculteur, trice n.
puériculture n. f.
puéril, ile adj.
puérilement adv.
puérilisme n. m.
puérilité n. f.
puerpéral, ale, aux adj.
puffin n. m.
pugilat n. m.
pugiliste n. m.
pugilistique adj.
pugnace adj.
pugnacité n. f.
puîné, ée ou **puiné, ée★** adj. et n.
puis adv.
puisage n. m.
puisard n. m.
puisatier n. m.
puiser v. tr. (conjug. 1)
puisque conj.
puissamment adv.
puissance n. f.
puissant, ante adj. et n. m.
puits n. m.
pulicaire n. f.
pulka n. f.
pull n. m.
pullman n. m.
  pl. *pullmans*
pullorose n. f.
pull-over ou **pullover★** n. m.
  pl. *pull-overs* ou *pullovers★*
pullulement n. m.
pulluler v. intr. (conjug. 1)
pulmonaire adj.; n. f.
pulmonés n. m. pl.
pulpaire adj.
pulpe n. f.
pulpeux, euse adj.
pulque ou **pulqué★** n. m.
pulsar n. m.
pulsateur n. m.
pulsatif, ive adj.
pulsation n. f.
pulsé adj. m.
pulser v. intr. (conjug. 1)
pulsion n. f.

pulsionnel, elle adj.
pulsoréacteur n. m.
pultacé, ée adj.
pulvérin n. m.
pulvérisable adj.
pulvérisateur n. m.
pulvérisation n. f.
pulvériser v. tr. (conjug. 1)
pulvériseur n. m.
pulvérulence n. f.
pulvérulent, ente adj.
puma n. m.
puna n. f.
punaise n. f.
punaiser v. tr. (conjug. 1)
¹**punch** ou **ponch*** [pɔ̃ʃ] n. m. (boisson)
²**punch** [pœnʃ] n. m. (dynamisme)
puncheur, euse n.
punching-ball n. m.
PL. *punching-balls*
punique adj.
punir v. tr. (conjug. 2)
punissable adj.
punitif, ive adj.
punition n. f.
punk n. et adj.
punkette n. f.
puntillero ou **puntilléro*** [puntijero] n. m.
pupazzo n. m.
PL. *pupazzi* (it.) ou *pupazzos*
pupe n. f.
pupillaire adj.
pupillarité n. f.
pupille n.; n. f.
pupinisation n. f.
pupipare n.
pupitre n. m.
pupitreur, euse n.
pur, pure adj.
pureau n. m.
purée n. f.
purement adv.
pureté n. f.
purgatif, ive adj. et n. m.
purgation n. f.
purgatoire n. m.

purge n. f.
purgeoir n. m.
purger v. tr. (conjug. 3)
purgeur n. m.
purifiant, iante adj.
purificateur, trice n. et adj.
purification n. f.
purificatoire n. m. et adj.
purifier v. tr. (conjug. 7)
purin n. m.
purine n. f.
purique adj.
purisme n. m.
puriste n. et adj.
puritain, aine n. et adj.
puritanisme n. m.
purot n. m.
purotin n. m.
purpura n. m.
purpurin, ine adj.
purpurine n. f.
purpurique adj.
pur-sang n. m.
PL. inv. ou *purs-sangs*
purulence n. f.
purulent, ente adj.
pus [py] n. m.
puseyisme n. m.
push-pull [puʃpul] n. m. inv.
pusillanime [pyzi(l)la-] adj.
pusillanimité [pyzi(l)la-] n. f.
pustule n. f.
pustuleux, euse adj.
putain n. f.
putassier, ière adj.
putatif, ive adj.
pute n. f. et adj.
putier ou **putiet** n. m.
putois n. m.
putréfaction n. f.
putréfiable adj.
putréfier v. tr. (conjug. 7)
putrescence n. f.
putrescent, ente adj.
putrescibilité n. f.
putrescible adj.
putrescine n. f.
putride adj.

putridité n. f.
putsch [putʃ] n. m.
PL. *putschs*
putschiste [putʃist] n. m.
putt [pœt] n. m.
putter [pœtœr] n. m.
putto [puto] n. m.
PL. *putti* (it.) ou *puttos*
puvathérapie n. f.
puy n. m.
puzzle n. m.
p.-v. n. m. inv. (procès-verbal)
P. V. C. n. m. (polyvinylchloride)
P. V. D. n. m. pl. (pays en voie de développement)
pycnomètre n. m.
pycnose n. f.
pycnotique adj.
pyélite n. f.
pyélonéphrite n. f.
pygargue n. m.
pygmée n. m.
pyjama n. m.
pylône n. m.
pylore n. m.
pylorique adj.
pyodermite n. f.
pyogène adj.
pyorrhée n. f.
pyrale n. f.
pyralène® n. m.
pyramidal, ale, aux adj.
pyramide n. f.
pyramider v. intr. (conjug. 1)
pyramidion n. m.
pyrène n. m.
pyrénéite n. f.
pyrénomycètes n. m. pl.
pyrèthre n. m.
pyrétothérapie n. f.
pyrex® n. m.
pyrexie n. f.
pyridine n. f.
pyridoxal n. m.
pyridoxine n. f.
pyrimidine n. f.
pyrimidique adj.
pyrite n. f.

pyroclastique adj.
pyrocorise n. m.
pyroélectricité n. f.
pyrogallol n. m.
pyrogénation n. f.
pyrogène adj.
pyrograver v. tr. (conjug. 1)
pyrograveur, euse n.
pyrogravure n. f.
pyrole n. f.
pyroligneux, euse adj. et n. m.
pyrolyse n. f.
pyromane n.
pyromanie n. f.
pyromètre n. m.
pyrométrie n. f.
pyrométrique adj.
pyromusical, ale, aux adj.
pyrophore n. m.
pyrophosphate n. m.
pyrophosphorique adj.
pyrosis n. m.
pyrosphère n. f.
pyrosulfurique adj.
pyrotechnicien, ienne n.
pyrotechnie n. f.
pyrotechnique adj.
pyroxène n. m.
pyroxyle n. m.
pyroxylé, ée adj.
pyrrhique n. f.
pyrrhocoris n. m.
pyrrhonien, ienne adj. et n.
pyrrhonisme n. m.
pyrrol ou **pyrrole** n. m.
pyruvique adj.
pythagoricien, ienne adj. et n.
pythagorique adj.
pythagorisme n. m.
pythie n. f.
pythien, ienne adj.
pythique adj. et n. f.
python n. m.
pythonisse n. f.

pyurie n. f.
pyxide n. f.
Pz symb. (pièze)

q

q n. m. inv.; abrév. et symb.
Q n. m. inv.; abrév. et symb.
qat ou **khat** n. m.
Q. C. M. n. m. inv. (questionnaire à choix multiple)
Q. G. n. m. inv. (quartier général)
Q. H. S. n. m. (quartier de haute sécurité)
Q. I. n. m. inv. (quotient intellectuel)
qi gong n. m. inv.
Q. S. R. n. m. (quartier de sécurité renforcée)
quad [kwad] n. m.
quadra [k(w)a-] n.
quadragénaire [k(w)a-] adj. et n.
quadragésimal, ale, aux [k(w)adʀa-] adj.
quadragésime [k(w)a-] n. f.
quadrangle [k(w)a-] n. m.
quadrangulaire [k(w)a-] adj.
quadrant n. m.
quadratique [k(w)a-] adj.
quadrature [k(w)a-] n. f.
quadrette n. f.
quadri [k(w)a-] n. f.
quadriceps [k(w)a-] n. m.
quadrichromie [k(w)adʀikʀɔ-] n. f.
quadrichromique [k(w)adʀi-] adj.
quadriennal, ale, aux [k(w)a-] adj.
quadrifide [k(w)a-] adj.

quadrifolié, iée [k(w)a-] adj.
quadrige [k(w)a-] n. m.
quadrijumeaux [k(w)a-] adj. et n. m. pl.
quadrilatère [k(w)a-] n. m.
quadrillage n. m.
quadrille n. f.; n. m.
quadrillé, ée adj.
quadriller v. tr. (conjug. 1)
quadrillion n. m.
quadrilobe [k(w)a-] n. m.
quadrilogie n. f.
quadrimestre [k(w)a-] n. m.
quadrimoteur adj. m. et n. m.
quadriparti, ie [k(w)a-] adj.
quadripartite [k(w)a-] adj.
quadriphonie [k(w)a-] n. f.
quadripôle [k(w)a-] n. m.
quadrique [k(w)a-] adj. et n. f.
quadriréacteur [k(w)a-] n. m.
quadrirème [k(w)a-] n. f.
quadrisyllabe [k(w)a-] n. m.
quadrisyllabique [k(w)a-] adj.
quadrivalent, ente [k(w)a-] adj.
quadrivium [kwa-] n. m.
quadrumane [k(w)a-] adj. et n.
quadrupède [k(w)a-] adj. et n.
quadrupédie n. f.
quadruple [k(w)a-] adj.
quadrupler [k(w)a-] v. (conjug. 1)
quadruplés, ées [k(w)a-] n. pl.
quadruplex [k(w)a-] n. m.
quai n. m.
quaker, quakeresse [kwɛkœʀ, kwɛkʀɛs] n.
qualif n. f. (qualification)
qualifiable adj.

qualifiant, iante adj.
qualificateur n. m.
qualificatif, ive n. m. et adj.
qualification n. f.
qualifié, iée adj.
qualifier v. tr. (conjug. 7)
qualitatif, ive adj.
qualitativement adv.
qualité n. f.
qualiticien, ienne n.
quand conj. et adv.
quant conj.
quanta n. m. pl.
quant-à-soi n. m.
quantième adj. et n.
quantifiable adj.
quantificateur n. m.
quantification n. f.
quantifié, iée adj.
quantifier v. tr. (conjug. 7)
quantile n. m.
quantique adj.
quantitatif, ive adj.
quantitativement adv.
quantité n. f.
quanton n. m.
quantum ou **quanta** n. m.
PL. *quanta* ou *quantas★*
quarantaine n. f.
quarante adj. numér. inv. et n. inv.
quarante-huitard, arde n. et adj.
PL. *quarante-huitards, ardes*
quarantenaire adj. et n.
quarantième adj. et n.
quarderonner v. tr. (conjug. 1)
quark n. m.
¹**quart, quarte** adj.
²**quart** n. m.
quartager v. tr. (conjug. 3)
quartanier n. m.
quartation n. f.
quartaut n. m.
quart-de-rond n. m.
PL. *quarts-de-rond*
quarte adj. f.; n. f.

quarté ® n. m.
quartefeuille n. f.
quartelette ou **cartelette** n. f.
quartenier n. m.
quarterback n. m.
¹**quarteron** n. m.
²**quarteron, onne** n.
quartette ou **quartet** n. m.
quartidi n. m.
quartier n. m.
quartier-maître ou **quartier-maître★** n. m.
PL. *quartiers-maîtres* ou *quartiers-maîtres★*
quartilage n. m.
quartile [kwa] n. m.
quart-monde n. m.
PL. *quarts-mondes*
quart-mondisation n. f.
quart-mondiste n.
quarto [kwa-] adv.
quartz [kwarts] n. m.
quartzeux, euse [kwartsø] adj.
quartzifère [kwa-] adj.
quartzite [kwa-] n. m.
quasar n. m.
quasi adv.; n. m.
quasi-contrat n. m.
PL. *quasi-contrats*
quasicristaux n. m. pl.
quasi-délit n. m.
PL. *quasi-délits*
quasiment adv.
Quasimodo n. f.
quasi-monnaie n. f.
PL. *quasi-monnaies*
quasi-usufruit n. m.
PL. *quasi-usufruits*
quassia [kwasja] n. m.
quassier [kwasje] n. m.
quassine [kwasin] n. f.
quater adv.
quaternaire adj. et n.
quaterne n. m.
quaternion n. m.

quatorze adj. numér. inv. et n. inv.
quatorzième adj. et n.
quatorzièmement adv.
quatrain n. m.
quatre adj. numér. inv. et n. inv.
quatre-cent-vingt-et-un n. m. inv.
quatre-chemins n. m. inv.
quatre-de-chiffre n. m. inv.
quatre-épices n. m. inv.
quatre-étoiles adj. et n. m.
quatre-feuilles n. m. inv.
quatre-heures n. m. inv.
quatre-huit n. m. inv.
quatre-mâts n. m. inv.
quatre-quarts n. m. inv.
quatre-quatre n. f. ou m.
quatre-temps n. m. pl.
quatre-vingt adj. numér. et n.
quatre-vingt-dixième adj. et n.
PL. *quatre-vingt-dixièmes*
quatre-vingt-dixièmement adv.
quatre-vingt-et-un n. m. inv.
quatre-vingtième adj. et n.
PL. *quatre-vingtièmes*
quatrième adj. et n.
quatrièmement adv.
quatrillion [k(w)a-] n. m.
quattrocentiste [kwatrotʃentist] n.
quattrocento [kwatrotʃento] n. m.
quatuor [kwatɥɔʀ] n. m.
que conj.; adv.; pron.
québéciser v. tr. (conjug. 1)
québécisme n. m.
québécois, oise adj. et n.
québracho ou **quebracho** [kebratʃo] n. m.

quéchua

quéchua ou quechua ou quichua n. m.
quel, quelle adj.
quelconque adj.
quelque adj.
quelque chose loc. indéf. masc.
quelquefois adv.
quelqu'un, une pron. indéf.
PL quelques-uns, -unes
quémander v. (conjug. 1)
quémandeur, euse n.
qu'en-dira-t-on n. m. inv.
quenelle n. f.
quenotte n. f.
quenouille n. f.
quéquette n. f.
quérable adj.
quercitrin n. m. ou quercitrine n. f.
quercitron n. m.
querelle n. f.
quereller v. tr. (conjug. 1)
querelleur, euse adj. et n.
quérir v. tr. (seult inf.)
quérulence n. f.
quesadilla n. f.
questeur n. m.
question n. f.
questionnaire n. m.
questionnement n. m.
questionner v. tr. (conjug. 1)
questionneur, euse n.
questure n. f.
quétaine adj.
quête n. f.
quêter v. tr. (conjug. 1)
quêteur, euse n.
quetsche [kwɛtʃ] n. f.
quetzal n. m.
queue n. f.
queue-de-cheval n. f.
PL queues-de-cheval
queue-de-cochon n. f.
PL queues-de-cochon
queue-de-lion n. f.
PL queues-de-lion
queue-de-morue n. f.
PL queues-de-morue
queue-de-pie n. f.
PL queues-de-pie
queue-de-rat n. f.
PL queues-de-rat
queue-de-renard n. f.
PL queues-de-renard
queusot n. m.
queuter v. intr. (conjug. 1)
queux n. m.
qui pron.
quia (à) loc. adv.
quiche n. f.
quichenotte ou kichenotte n. f.
quichua n. m.
quick ® n. m.
quickstep n. m.
quiconque pron. rel. et indéf.
quid pron. interrog.
quidam n. m.
quiddité n. f.
quiescent, ente adj.
quiet, quiète adj.
quiétisme n. m.
quiétiste n.
quiétude n. f.
quignon n. m.
quillard n. m.
quille n. f.
quilleur, euse n.
quillier ou quiller n. m.
quillon n. m.
quinaire adj. et n.
quinaud, aude adj.
quincaillerie n. f.
quincaillier, ière ou quincailler, ère n.
quinconce n. m.
quindécemvir ou quindécimvir n. m.
quine n. m.
quiné, ée adj.
quinine n. f.
quinoa n. m.
quinoléine n. f.
quinolone n. f.
quinone n. f.
quinqua n.
quinquagénaire adj. et n.
quinquagésime n. f.
quinquennal, ale, aux adj.
quinquennat n. m.
quinquet n. m.
quinquina n. m.
quintal, aux n. m.
quinte n. f.
quinté ® n. m.
quintefeuille n. f. et m.
quintessence n. f.
quintessencié, iée adj.
quintessencier v. tr. (conjug. 7)
quintet [k(ɥ)ɛ̃tɛt] n. m.
quintette [k(ɥ)ɛ̃tɛt] n. m.
quinteux, euse adj.
quintidi n. m.
quintile n. m.
quintillion n. m.
quinto adv.
quintuple n. m.
quintupler v. (conjug. 1)
quintuplés, ées n. pl.
quinzaine n. f.
quinze adj. numér. inv. et n. inv.
quinzième adj.
quinzièmement adv.
quinziste n.
quinzomadaire adj. et n. m.
quipou ou quipu n. m.
quiproquo n. m.
quipu n. m.
quirat n. m.
quiscale [kɥi-] n. m.
quittance n. f.
quittancer v. tr. (conjug. 3)
quitte adj.
quitter v. tr. (conjug. 1)
quitus n. m.
qui-vive interj. et n. m. inv.
quiz ou quizz n. m.
quoi pron. rel. et interrog.
quoique conj.
quolibet n. m.
quorum n. m.
quota n. m.

quote-part ou
   quotepart* n. f.
   PL. *quotes-parts* ou
   *quoteparts***
quotidien, ienne adj. et n. m.
quotidiennement adv.
quotidienneté n. f.
quotient n. m.
quotité n. f.
QWERTY [kwɛʁti] adj. inv.

r

r n. m. inv.; abrév. et symb.
R n. m. inv.; abrév. et symb.
rab n. m.
rabâchage n. m.
rabâcher v. tr. (conjug. 1)
rabâcheur, euse n.
rabais n. m.
rabaissement n. m.
rabaisser v. tr. (conjug. 1)
raban n. m.
rabane n. f.
rabat n. m.
rabat-joie n.
   PL. inv. ou *rabat-joies*
rabattable adj.
rabattage n. m.
rabattement n. m.
rabatteur, euse n.
rabattre v. tr. (conjug. 41)
rabattu, ue adj.
rabbi n. m.
rabbin n. m.
rabbinat n. m.
rabbinique adj.
rabbinisme n. m.
rabelaisien, ienne adj.
rabibochage n. m.
rabibocher v. tr. (conjug. 1)
rabiole n. f.
rabiot n. m.
rabioter v. (conjug. 1)
rabique adj.
râble n. m.
râblé, ée adj.
râblure n. f.
rabot n. m.
rabotage n. m.
raboter v. tr. (conjug. 1)
raboteur n. m.
raboteuse n. f.
raboteux, euse adj.
raboudinage n. m.
raboudiner v. tr. (conjug. 1)
rabougri, ie adj.
rabougrir (se) v. pron. (conjug. 2)
rabougrissement n. m.
rabouillère n. f.
rabouilleur, euse n.
rabouter v. tr. (conjug. 1)
rabrouement n. m.
rabrouer v. tr. (conjug. 1)
racage n. m.
racahout n. m.
racaille n. f.
raccard n. m.
raccommodable adj.
raccommodage n. m.
raccommodement n. m.
raccommoder v. tr. (conjug. 1)
raccommodeur, euse n.
raccompagner v. tr. (conjug. 1)
raccord n. m.
raccordement n. m.
raccorder v. tr. (conjug. 1)
raccourci n. m.
raccourcir v. (conjug. 2)
raccourcissement n. m.
raccroc n. m.
raccrochage n. m.
raccrochement n. m.
raccrocher v. tr. (conjug. 1)
raccrocheur, euse adj.
race n. f.
racé, ée adj.
racémique adj.
racer n. m.
raceur, euse n.
rachat n. m.
rachetable adj.
racheter v. tr. (conjug. 5)
rachi n. f.
rachialgie n. f.
rachianesthésie n. f.
rachidien, ienne adj.
rachimétrie n. f.
rachimétrique adj.
rachis [ʁaʃis] n. m.
rachitique adj.
rachitisme n. m.
racho adj. (rachitique)
racial, iale, iaux adj.
racinage n. m.
racinaire adj.
racinal, aux n. m.
racine n. f.
raciner v. tr. (conjug. 1)
racing-club n. m.
racinien, ienne adj.
raciologie n. f.
racisme n. m.
raciste n. et adj.
rack n. m.
rackable adj.
racket n. m.
racketter v. tr. (conjug. 1)
racketteur, euse n.
raclage n. m.
racle n. f.
raclée n. f.
raclement n. m.
racler v. tr. (conjug. 1)
raclette n. f.
racleur, euse n.
racloir n. m.
raclure n. f.
racolage n. m.
racoler v. tr. (conjug. 1)
racoleur, euse n. et adj.
racontable adj.
racontar n. m.
raconter v. tr. (conjug. 1)
raconteur, euse n.
racorni, ie adj.

racornir

racornir v. tr. (conjug. 2)
racornissement n. m.
rad n. m.
radar n. m.
radariste n.
radasse n. f.
rade n. f.; n. m.
radeau n. m.
rader v. tr. (conjug. 1)
radiaire adj.
radial, iale, iaux adj. et n.
radian n. m.
radiant, iante adj.
radiateur n. m.
radiatif, ive adj.
radiation n. f.
radical, ale, aux adj. et n. m.
radicalaire adj.
radicalement adv.
radicalisation n. f.
radicaliser v. tr. (conjug. 1)
radicalisme n. m.
radicalité n. f.
radical-socialisme n. m.
radical-socialiste adj. et n.
  PL. radicaux-socialistes
radicant, ante adj.
radicelle n. f.
radiculaire adj.
radicule n. f.
radiculite n. f.
radié, iée adj. et n. f.
¹radier n. m.
²radier v. tr. (conjug. 7)
radiesthésie n. f.
radiesthésiste n.
radieux, ieuse adj.
radin, ine adj.
radiner v. (conjug. 1)
radinerie n. f.
radio n. f.
radioactif, ive adj.; n. m.
radioactivité n. f.
radioalignement n. m.
radioaltimètre n. m.
radioaltimétrique adj.
radioamateur n. m.
radioastronomie n. f.

radiobalisage n. m.
radiobaliser v. tr. (conjug. 1)
radiobiologie n. f.
radiocarbone n. m.
radiocassette n. f.
radiochimie n. f.
radiocobalt n. m.
radiocommande n. f.
radiocommunication n. f.
radiocompas n. m.
radiodermite n. f.
radiodiagnostic n. m.
radiodiffuser v. tr. (conjug. 1)
radiodiffuseur n. m.
radiodiffusion n. f.
radioélectricien, ienne n.
radioélectricité n. f.
radioélectrique adj.
radioélément n. m.
radiofréquence n. f.
radiogalaxie n. f.
radiogénique adj.
radiogoniomètre n. m.
radiogoniométrie n. f.
radiogoniométrique adj.
radiogramme n. m.
radiographie n. f.
radiographier v. tr. (conjug. 7)
radiographique adj.
radioguidage n. m.
radioguider v. tr. (conjug. 1)
radiohéliographe n. m.
radio-immunologie n. f.
  PL. radio-immunologies
radio-immunologique adj.
  PL. radio-immunologiques
radio-isotope n. m.
  PL. radio-isotopes
radiolaires n. m. pl.
radiolarite n. f.
radiolésion n. f.
radiolocalisation n. f.

radiologie n. f.
radiologique adj.
radiologiquement adv.
radiologue n.
radiolyse n. f.
radiomessager n. m.
radiomessagerie n. f.
radiomètre n. m.
radionavigant n. m.
radionavigation n. f.
radionécrose n. f.
radionucléide n. m.
radiophare n. m.
radiophonie n. f.
radiophonique adj.
radiophoniquement adv.
radiophotographie n. f.
radiopiloté, ée adj.
radioprotection n. f.
radioreportage n. m.
radioreporter, trice ou radioreporter n.
radio-réveil n. m.
  PL. radios-réveils
radioscopie n. f.
radioscopique adj.
radiosensible adj.
radiosondage n. m.
radiosonde n. f.
radiosource n. f.
radio-taxi ou radiotaxi★ n. m.
  PL. radios-taxis ou radiotaxis★
radiotechnique n. f. et adj.
radiotélégraphie n. f.
radiotélégraphiste n.
radiotélémétrie n. f.
radiotéléphone n. m.
radiotéléphonie n. f.
radiotélescope n. m.
radiotélévisé, ée adj.
radioteur n. m.
radiothérapeute n.
radiothérapie n. f.
radio-trottoir ou radiotrottoir★ n. m.
  PL. radios-trottoirs ou radiotrottoirs★

rallonger

radique adj.
radis n. m.
radium n. m.
radiumthérapie n. f.
radius n. m.
radja n. m.
radôme n. m.
radon n. m.
radotage n. m.
radoter v. intr. (conjug. 1)
radoteur, euse n.
radoub [radu] n. m.
radouber v. tr. (conjug. 1)
radoucir v. tr. (conjug. 2)
radoucissement n. m.
radula n. f.
rafale n. f.
rafaler v. intr. (conjug. 1)
raffermir v. tr. (conjug. 2)
raffermissant, ante adj.
raffermissement n. m.
raffinage n. m.
raffiné, ée adj.
raffinement n. m.
raffiner v. (conjug. 1)
raffinerie n. f.
raffineur, euse n.
raffinose n. f.
rafflesia ou rafflésia ou rafflésie n. m.
raffoler v. tr. ind. (conjug. 1)
raffut n. m.
rafiot n. m.
rafistolage n. m.
rafistoler v. tr. (conjug. 1)
rafle n. f.
rafler v. tr. (conjug. 1)
rafraîchi, ie ou rafraichi, ie* adj.
rafraîchir ou rafraichir* v. (conjug. 2)
rafraîchissant, ante ou rafraichissant, ante* adj.
rafraîchissement ou rafraichissement* n. m.
rafraîchisseur ou rafraichisseur* n. m.

rafraîchissoir ou rafraichissoir* n. m.
raft n. m.
rafter v. tr. (conjug. 1)
rafting n. m.
ragaillardir v. tr. (conjug. 2)
rage n. f.
rageant, ante adj.
rager v. intr. (conjug. 3)
rageur, euse adj.
rageusement adv.
ragga n. m.
raggamuffer ou raggamuffeur n. m.
raggamuffin ou ragamuffin n. m.
raglan n. m. et adj. inv.
ragnagnas n. m. pl.
ragondin n. m.
ragot n. m.
ragotier, ière adj.
ragougnasse n. f.
ragoût ou ragout* n. m.
ragoûtant, ante ou ragoutant* adj.
ragréage n. m.
ragréer v. tr. (conjug. 1)
ragtime n. m.
raguer v. intr. (conjug. 1)
rai n. m.
raï n. m.
raïa ou raya n. m.
raid n. m.
raide adj.
rai-de-cœur n. m.
PL. rais-de-cœur
raider n. m. (rec. off. : attaquant)
raideur n. f.
raidillon n. m.
raidir v. tr. (conjug. 2)
raidissement n. m.
raidisseur n. m.
raie n. f.
raifort n. m.
rail n. m.
railler v. tr. (conjug. 1)
raillerie n. f.
railleur, euse n. et adj.

railroute ou rail-route n. m.
PL. railroutes ou rails-routes
rainer v. tr. (conjug. 1)
rainette n. f.
rainurage n. m.
rainure n. f.
rainurer v. tr. (conjug. 1)
raiponce n. f.
raire v. intr. (conjug. 50)
raïs [rais] n. m.
raisin n. m.
raisiné n. m.
raisinet n. m.
raison n. f.
raisonnable adj.
raisonnablement adv.
raisonnant, ante adj.
raisonné, ée adj.
raisonnement n. m.
raisonner v. (conjug. 1)
raisonneur, euse n. et adj.
rajah ou radja n. m.
rajeunir v. (conjug. 2)
rajeunissant, ante adj.
rajeunissement n. m.
rajout n. m.
rajouter v. tr. (conjug. 1)
rajustement n. m.
rajuster v. tr. (conjug. 1)
raki n. m.
râlant, ante adj.
râle n. m.
râlement n. m.
ralenti n. m.
ralentir v. (conjug. 2)
ralentissement n. m.
ralentisseur n. m.
râler v. intr. (conjug. 1)
râleur, euse n. et adj.
ralingue n. f.
ralinguer v. (conjug. 1)
raller v. intr. (conjug. 1)
rallidés n. m. pl.
ralliement n. m.
rallier v. tr. (conjug. 7)
rallonge n. f.
rallongement n. m.
rallonger v. (conjug. 3)

rallumer

rallumer v. tr. (conjug. 1)
rallye n. m.
RAM n. f. inv. (random access memory)
ramadan n. m.
ramadanesque adj.
ramage n. m.
ramager v. (conjug. 3)
ramancher v. tr. (conjug. 1)
ramancheur, euse ou ramancheux, euse n.
ramapithèque n. m.
ramas n. m.
ramassage n. m.
ramasse n. f.
ramassé, ée adj.
ramassement n. m.
ramasse-miette(s) n. m. PL. ramasse-miettes
ramasse-poussière n. m. PL. inv. ou ramasse-poussières
ramasser v. tr. (conjug. 1)
ramassette n. f.
ramasseur, euse n. et adj.
ramasseuse-presse n. f. PL. ramasseuses-presses
ramassis n. m.
rambarde n. f.
rambour n. m.
rambutan n. m.
ramdam n. m.
rame n. f.
ramé, ée adj.
rameau n. m.
ramée n. f.
ramenard, arde adj. et n.
ramender v. tr. (conjug. 1)
ramendeur, euse n.
ramener v. tr. (conjug. 5)
ramequin n. m.
ramer v. (conjug. 1)
ramereau ou ramerot n. m.
ramescence n. f.
ramette n. f.
¹rameur n. m. (appareil)
²rameur, euse n.
rameuter v. tr. (conjug. 1)

rameux, euse adj.
rami n. m.
ramie n. f.
ramier n. m. et adj.
ramification n. f.
ramifié, iée adj.
ramifier (se) v. pron. (conjug. 7)
ramille n. f.
ramingue adj.
ramolli, ie adj. et n.
ramollir v. tr. (conjug. 2)
ramollissant, ante adj.
ramollissement n. m.
ramollo adj. et n.
ramonage n. m.
ramoner v. (conjug. 1)
ramoneur n. m.
rampant, ante adj.
rampe n. f.
rampeau n. m.
rampement n. m.
ramper v. intr. (conjug. 1)
rampon n. m.
ramponneau n. m.
ramure n. f.
ranatre n. f.
rancard ou rencard n. m.
rancarder ou rencarder v. tr. (conjug. 1)
rancart n. m.
rance adj.
ranch [ʀɑ̃tʃ] n. m. PL. ranchs ou ranches
ranche n. f.
rancher n. m.
ranci, ie adj.
rancio n. m.
rancir v. (conjug. 2)
rancissement n. m.
rancœur n. f.
rançon n. f.
rançonnement n. m.
rançonner v. tr. (conjug. 1)
rançonneur, euse n.
rancune n. f.
rancunier, ière adj. et n.
rand n. m.

rando n. f.
randomisation n. f.
randomiser v. tr. (conjug. 1)
randonnée n. f.
randonner v. intr. (conjug. 1)
randonneur, euse n.
randori n. m.
rang n. m.
rangé, ée adj.
range-CD n. m. inv.
rangée n. f.
rangement n. m.
¹ranger [ʀɑ̃dʒœʀ; ʀɑ̃dʒɛʀ] n. m.
²ranger v. tr. (conjug. 3)
rangeur, euse adj. et n.
rani n. f.
ranidés n. m. pl.
ranimation n. f.
ranimer v. tr. (conjug. 1)
rantanplan interj.
ranz n. m.
raout n. m.
rap n. m.
rapace adj. et n.
rapacité n. f.
râpage n. m.
rapailler v. tr. (conjug. 1)
rapatrié, iée adj. et n.
rapatriement n. m.
rapatrier v. tr. (conjug. 7)
rapatronnage n. m.
rapatronner v. tr. (conjug. 1)
râpe n. f.
¹râpé, ée adj.
²râpé n. m.
raper ou rapper v. intr. (conjug. 1)
râper v. tr. (conjug. 1)
râperie n. f.
rapetassage n. m.
rapetasser v. tr. (conjug. 1)
rapetissement n. m.
rapetisser v. tr. (conjug. 1)
rapeur, euse ou rappeur, euse n.
râpeux, euse adj.

rational

raphe n. m.
raphia n. m.
raphide n. f.
rapia adj. et n.
rapiat, iate adj. et n.
rapide adj. et n.
rapidement adv.
rapidité n. f.
rapidos adv.
rapiéçage n. m.
rapiécer v. tr. (conjug. 3 et 6)
rapière n. f.
rapin n. m.
rapine n. f.
rapiner v. intr. (conjug. 1)
rapinerie n. f.
raplapla adj. inv.
raplatir v. tr. (conjug. 2)
raplomber v. tr. (conjug. 1)
rapointir v. tr. (conjug. 2)
rappareiller v. tr. (conjug. 1)
rappariement n. m.
rapparier v. tr. (conjug. 7)
rappel n. m.
rappelé, ée adj.
rappeler v. (conjug. 4)
rapper v. intr. (conjug. 1)
rappeur, euse n.
rappliquer v. tr. (conjug. 1)
rappointir ou rapointir v. tr. (conjug. 2)
rappointis n. m.
rappondre v. tr. (conjug. 41)
rapponse n. f.
rapport n. m.
rapportage n. m.
rapporté, ée adj.
rapporter v. tr. (conjug. 1)
rapporteur, euse n. et adj.
rapprendre v. tr. (conjug. 58)
rapproché, ée adj.
rapprochement n. m.
rapprocher v. tr. (conjug. 1)
rapproprier v. tr. (conjug. 7)

rapsode n. m.
rapsodie n. f.
rapsodique adj.
rapt n. m.
rapter v. tr. (conjug. 1)
raptus n. m.
râpure n. f.
raquer v. intr. (conjug. 1)
raquette n. f.
raquetteur, euse n.
rare adj.
raréfaction n. f.
raréfier v. tr. (conjug. 7)
rarement adv.
rareté n. f.
rarissime adj.
¹ras, rase adj.
²ras n. m.
R. A. S. interj. (rien à signaler)
rasade n. f.
rasage n. m.
rasance n. f.
rasant, ante adj.
rascasse n. f.
ras-du-cou n. m. inv.
rasé, ée adj.
rase-motte(s) n. m.
   PL rase-mottes
rase-pet n. m.
   PL rase-pets
raser v. tr. (conjug. 1)
raseur, euse n.
rash [raʃ] n. m.
   PL rashs ou rashes
rasibus [Razibys] adv.
ras-le-bol interj. et n. m. inv.
rasoir n. m.
raspoutitsa n. f.
rassasiant, iante adj.
rassasié, iée adj.
rassasiement n. m.
rassasier v. tr. (conjug. 7)
rassemblé, ée adj.
rassemblement n. m.
rassembler v. tr. (conjug. 1)
rassembleur, euse n.
rasseoir ou rassoir* v. tr. (conjug. 26)
rasséréné, ée adj.
rasséréner v. tr. (conjug. 6)

rassie adj. f.
rassir v. (conjug. 2)
rassis, ise adj.
rassoir* v. tr. → rasseoir
rassurance n. f.
rassurant, ante adj.
rassuré, ée adj.
rassurer v. tr. (conjug. 1)
rasta n. et adj.
rastafari n. et adj.
rastaquouère n. m. et adj.
rastel n. m.
rat n. m.
rata n. m.
ratafia n. m.
ratage n. m.
rataplan interj.
ratatiné, ée adj.
ratatiner v. tr. (conjug. 1)
ratatouille n. f.
rate n. f.
raté, ée n.
râteau n. m.
ratel n. m.
râtelage n. m.
râtelée n. f.
râteler v. tr. (conjug. 4)
râteleur, euse n.
râtelier n. m.
rater v. (conjug. 1)
ratiboiser v. tr. (conjug. 1)
ratiche n. f.
ratichon n. m.
raticide n. m.
ratier n. m. et adj. m.
ratière n. f.
ratification n. f.
ratifier v. tr. (conjug. 7)
ratinage n. m.
ratine n. f.
ratiner v. tr. (conjug. 1)
ratineuse n. f.
rating [Ratiŋ; Retiŋ] n. m.
ratio [Rasjo] n. m.
ratiocinateur, trice n.
ratiocination n. f.
ratiociner v. intr. (conjug. 1)
ratiocineur, euse n.
ration n. f.
rational, aux n. m.

rationalisation n. f.
rationaliser v. tr. (conjug. 1)
rationalisme n. m.
rationaliste adj. et n.
rationalité n. f.
rationnel, elle adj. et n. m.
rationnellement adv.
rationnement n. m.
rationner v. tr. (conjug. 1)
ratissage n. m.
ratisser v. tr. (conjug. 1)
ratissette n. f.
ratisseur n. m.
ratissoire n. f.
ratites n. m. pl.
raton n. m.
ratonnade n. f.
ratonner v. (conjug. 1)
ratonneur n. m.
ratoureux, euse ou
  ratoureur, euse adj. et n.
rattachement n. m.
rattacher v. tr. (conjug. 1)
rat-taupe n. m.
  pl. *rats-taupes*
ratte n. f.
rattrapable adj.
rattrapage n. m.
rattraper v. tr. (conjug. 1)
raturage n. m.
rature n. f.
raturer v. tr. (conjug. 1)
raucheur n. m.
raucité n. f.
rauque adj.
rauquement n. m.
rauquer v. intr. (conjug. 1)
rauwolfia n. m.
ravage n. m.
ravagé, ée adj.
ravager v. tr. (conjug. 3)
ravageur, euse adj. et n.
ravalement n. m.
ravaler v. tr. (conjug. 1)
ravaleur n. m.
ravaudage n. m.
ravauder v. tr. (conjug. 1)
ravaudeur, euse n.

rave n. f.
ravenala n. m.
ravenelle n. f.
rave (party) [REV] n. f.
raveur n. m.
ravi, ie adj.
ravier n. m.
ravière n. f.
ravigotant, ante adj.
ravigote n. f.
ravigoter v. tr. (conjug. 1)
ravin n. m.
ravine n. f.
ravinement n. m.
raviner v. tr. (conjug. 1)
ravioli n. m.
  pl. *raviolis*
ravir v. tr. (conjug. 2)
raviser (se) v. pron. (conjug. 1)
ravissant, ante adj.
ravissement n. m.
ravisseur, euse n.
ravitaillement n. m.
ravitailler v. tr. (conjug. 1)
ravitailleur n. m. et adj. m.
ravivage n. m.
raviver v. tr. (conjug. 1)
ravoir v. tr. (seult inf.)
raya n. m.
rayage n. m.
rayé, rayée adj.
rayer v. tr. (conjug. 8)
rayère n. f.
raygrass ou **ray-grass**
  [REGRAS] n. m. inv.
rayon n. m.
rayonnage n. m.
rayonnant, ante adj.
rayonne n. f.
rayonné, ée adj. et n. m.
rayonnement n. m.
rayonner v. (conjug. 1)
rayure n. f.
raz n. m.
raz de marée ou **raz-de-marée** n. m. inv.
razzia [Ra(d)zja] n. f.

razzier [Ra(d)zje] v. tr. (conjug. 7)
R-D ou **R & D** n. f.
  (recherche et développement)
ré n. m. inv.
réa n. f.
réabonnement n. m.
réabonner v. tr. (conjug. 1)
réabsorber v. tr. (conjug. 1)
réabsorption n. f.
réac adj. et n. (réactionnaire)
réaccélération n. f.
réaccélérer v. tr. (conjug. 6)
réaccoutumance n. f.
réaccoutumer v. tr. (conjug. 1)
réachat n. m.
réacheminement n. m.
réacheminer v. tr. (conjug. 1)
réacquérir v. tr. (conjug. 21)
réacquisition n. f.
réactance n. f.
réactant n. m.
réacteur n. m.
réactif, ive adj. et n. m.
réaction n. f.
réactionnaire adj. et n.
réactionnel, elle adj.
réactivation n. f.
réactiver v. tr. (conjug. 1)
réactivité n. f.
réactogène adj. et n. m.
réactualisable adj.
réactualisation n. f.
réactualiser v. tr. (conjug. 1)
réadaptation n. f.
réadapter v. tr. (conjug. 1)
réadmettre v. tr. (conjug. 56)
réadmission n. f.
ready-made n. m. inv.
réafficher v. tr. (conjug. 1)
réaffirmer v. tr. (conjug. 1)
réagine n. f.
réagir v. intr. (conjug. 2)
réajustement n. m.

réajuster v. tr. (conjug. 1)
¹réal, ale, aux adj. et n. f.
²réal, aux n. m.
reales n. m. pl.
réalésage n. m.
réaléser v. tr. (conjug. 6)
réalgar n. m.
réalignement n. m.
réalisable adj.
réalisateur, trice n.
réalisation n. f.
réaliser v. tr. (conjug. 1)
réalisme n. m.
réaliste n. et adj.
réalistement adv.
réalité n. f.
reality show n. m.
  pl. *reality shows*
réalphabétisation n. f.
réalphabétiser v. tr. (conjug. 1)
réalpolitique ou **realpolitik** n. f.
réaménagement n. m.
réaménager v. tr. (conjug. 3)
réamorcer v. tr. (conjug. 3)
réanimateur, trice n.
réanimation n. f.
réanimer v. tr. (conjug. 1)
réapparaître ou **réapparaitre*** v. intr. (conjug. 57)
réapparition n. f.
réappliquer v. tr. (conjug. 1)
réappréciation n. f.
réapprécier (se) v. pron. (conjug. 7)
réapprendre v. tr. (conjug. 58)
réappropriation n. f.
réapproprier (se) v. pron. (conjug. 7)
réapprovisionnement n. m.
réapprovisionner v. tr. (conjug. 1)
réargenter v. tr. (conjug. 1)
réarmement n. m.

réarmer v. (conjug. 1)
réarrangement n. m.
réarranger v. tr. (conjug. 3)
réassignation n. f.
réassigner v. tr. (conjug. 1)
réassort n. m.
réassortiment n. m.
réassortir v. tr. (conjug. 2)
réassurance n. f.
réassurer v. tr. (conjug. 1)
réassureur n. m.
rebab [rabab] n. m.
rebaisser v. intr. (conjug. 1)
rebaptiser v. tr. (conjug. 1)
rébarbatif, ive adj.
rebâtir v. tr. (conjug. 2)
rebattement n. m.
rebattre v. tr. (conjug. 41)
rebattu, ue adj.
rebec n. m.
rebelle adj. et n.
rebeller (se) v. pron. (conjug. 1)
rébellion n. f.
rebelote interj.
rebeu ou **reubeu** n. et adj.
rebiffer (se) v. pron. (conjug. 1)
rebiquer v. intr. (conjug. 1)
reblochon n. m.
reboisement n. m.
reboiser v. tr. (conjug. 1)
rebond n. m.
rebondi, ie adj.
rebondir v. intr. (conjug. 2)
rebondissant, ante adj.
rebondissement n. m.
rebord n. m.
reborder v. tr. (conjug. 1)
rebot n. m.
reboucher v. tr. (conjug. 1)
rebours n. m.
reboutement n. m.
rebouter v. tr. (conjug. 1)
rebouteux, euse n.
reboutonner v. tr. (conjug. 1)
rebraguetter v. tr. (conjug. 1)
rebras n. m.

rebroder v. tr. (conjug. 1)
rebroussement n. m.
rebrousse-poil (à) loc. adv.
rebrousser v. tr. (conjug. 1)
rebuffade n. f.
rébus n. m.
rebut n. m.
rebutant, ante adj.
rebuter v. tr. (conjug. 1)
recacheter v. tr. (conjug. 4)
recadrage n. m.
recadrer v. tr. (conjug. 1)
recalage n. m.
recalcification n. f.
recalcifier v. tr. (conjug. 7)
récalcitrant, ante adj. et n.
recalculer v. tr. (conjug. 1)
recaler v. tr. (conjug. 1)
recalibrer v. tr. (conjug. 1)
recapitalisation n. f.
recapitaliser v. tr. (conjug. 1)
récapitulatif, ive adj.
récapitulation n. f.
récapituler v. tr. (conjug. 1)
recarder v. tr. (conjug. 1)
recarreler v. tr. (conjug. 4)
recaser v. tr. (conjug. 1)
recauser v. intr. (conjug. 1)
recéder v. tr. (conjug. 6)
recel n. m.
receler ou **recéler** v. tr. (conjug. 5)
receleur, euse ou **recéleur, euse** n.
récemment adv.
récence n. f.
recensement n. m.
recenser v. tr. (conjug. 1)
recenseur, euse n.
recension n. f.
récent, ente adj.
recentrage n. m.
recentraliser v. tr. (conjug. 1)
recentrer v. tr. (conjug. 1)
recépage n. m.
recépée n. f.

recéper v. tr. (conjug. 6)
récipissé n. m.
réceptacle n. m.
¹récepteur, trice adj. et n.
²récepteur n. m.
réceptif, ive adj.
réception n. f.
réceptionnaire n.
réceptionner v. tr. (conjug. 1)
réceptionneur, euse n.
réceptionniste n.
réceptivité n. f.
recercelé, ée adj.
recerclage n. m.
recercler v. tr. (conjug. 1)
recès ou **recez** n. m.
récessif, ive adj.
récession n. f.
récessivité n. f.
recette n. f.
recevabilité n. f.
recevable adj.
recevant, ante adj.
receveur, euse n.
recevoir v. tr. (conjug. 28)
recez n. m.
réchampi ou **rechampi** n. m.
réchampir ou **rechampir** v. tr. (conjug. 2)
réchampissage ou **rechampissage** n. m.
rechange n. m.
rechanger v. tr. (conjug. 3)
rechanter v. tr. (conjug. 1)
rechapage n. m.
rechaper v. tr. (conjug. 1)
réchappé, ée n.
réchapper v. intr. (conjug. 1)
recharge n. f.
rechargeable adj.
rechargement n. m.
recharger v. tr. (conjug. 3)
rechasser v. (conjug. 1)
réchaud n. m.
réchauffage n. m.
réchauffé, ée adj. et n. m.

réchauffement n. m.
réchauffer v. tr. (conjug. 1)
réchauffeur n. m.
rechaussement n. m.
rechausser v. tr. (conjug. 1)
rêche adj.
recherche n. f.
recherché, ée adj.
rechercher v. tr. (conjug. 1)
rechercheur n. m.
rechigner v. intr. (conjug. 1)
rechristianiser v. tr. (conjug. 1)
rechute n. f.
rechuter v. intr. (conjug. 1)
récidivant, ante adj.
récidive n. f.
récidiver v. intr. (conjug. 1)
récidiviste n.
récidivité n. f.
récif n. m.
récifal, ale, aux adj.
récipiendaire n.
récipient n. m.
réciprocité n. f.
réciproque adj. et n.
réciproquement adv.
réciproquer v. tr. (conjug. 1)
recirculation n. f.
récit n. m.
récital n. m.
récitant, ante adj. et n.
récitatif n. m.
récitation n. f.
réciter v. tr. (conjug. 1)
réclamant, ante n.
réclamation n. f.
réclame n. f.; n. m.
réclamer v. (conjug. 1)
reclassement n. m.
reclasser v. tr. (conjug. 1)
reclouer v. tr. (conjug. 1)
reclus, use adj. et n.
réclusion n. f.
réclusionnaire n.
récognitif adj. m.
récognition n. f.
recoiffer v. tr. (conjug. 1)

recoin n. m.
récolement n. m.
récoler v. tr. (conjug. 1)
recollage n. m.
récollection n. f.
recoller v. tr. (conjug. 1)
récollet n. m.
recolorisation n. f.
recoloriser v. tr. (conjug. 1)
récoltable adj.
récoltant, ante adj. et n.
récolte n. f.
récolter v. tr. (conjug. 1)
récolteur, euse n.
recombinaison n. f.
recombinant, ante adj.
recombiner v. tr. (conjug. 1)
recommandable adj.
recommandation n. f.
recommandé, ée adj. et n. m.
recommander v. tr. (conjug. 1)
recommencement n. m.
recommencer v. (conjug. 3)
récompense n. f.
récompenser v. tr. (conjug. 1)
recompiler v. tr. (conjug. 1)
recomposé, ée adj.
recomposer v. tr. (conjug. 1)
recomposition n. f.
recompter v. tr. (conjug. 1)
reconcentrer v. tr. (conjug. 1)
réconciliateur, trice n.
réconciliation n. f.
réconcilier v. tr. (conjug. 7)
reconditionnement n. m.
reconditionner v. tr. (conjug. 1)
reconductible adj.
reconduction n. f.
reconduire v. tr. (conjug. 38)

reconduite n. f.
reconfiguration n. f.
reconfigurer v. tr. (conjug. 1)
réconfort n. m.
réconfortant, ante adj.
réconforter v. tr. (conjug. 1)
reconnaissable adj.
reconnaissance n. f.
reconnaissant, ante adj.
reconnaître ou **reconnaitre*** v. tr. (conjug. 57)
reconnecter v. tr. (conjug. 1)
reconnexion n. f.
reconnu, ue adj.
reconquérir v. tr. (conjug. 21)
reconquête n. f.
reconsidérer v. tr. (conjug. 6)
reconsolider v. tr. (conjug. 1)
reconstituant, ante adj. et n. m.
reconstituer v. tr. (conjug. 1)
reconstitution n. f.
reconstructeur, trice n. et adj.
reconstruction n. f.
reconstruire v. tr. (conjug. 38)
recontacter v. tr. (conjug. 1)
recontracter v. tr. (conjug. 1)
reconventionnel, elle adj.
reconventionnellement adv.
reconversion n. f.
reconvertibilité n. f.
reconvertir v. tr. (conjug. 2)
recopiage n. m.
recopier v. tr. (conjug. 7)

record n. m. et adj. inv.
recordage n. m.
recorder v. tr. (conjug. 1)
recordman n. m.
PL. *recordmans* ou *recordmen*
recordwoman n. f.
PL. *recordwomans* ou *recordwomen*
recorriger v. tr. (conjug. 3)
recors n. m.
recoucher v. tr. (conjug. 1)
recoudre v. tr. (conjug. 48)
recoupe n. f.
recoupement n. m.
recouper v. tr. (conjug. 1)
recoupette n. f.
recouponner v. tr. (conjug. 1)
recourbé, ée adj.
recourbement n. m.
recourber v. tr. (conjug. 1)
recourbure n. f.
recourir v. (conjug. 11)
recours n. m.
recouvrable adj.
recouvrage n. m.
recouvrement n. m.
recouvrer v. tr. (conjug. 1)
recouvrir v. tr. (conjug. 18)
recracher v. (conjug. 1)
récréance n. f.
récréatif, ive adj.
récréation n. f.
rééditer v. tr. (conjug. 1)
recréer v. tr. (conjug. 1)
récréer v. tr. (conjug. 1)
récrément n. m.
recrépir v. tr. (conjug. 2)
recrépissage n. m.
recreuser v. tr. (conjug. 1)
récrier (se) v. pron. (conjug. 7)
récriminateur, trice adj. et n.
récrimination n. f.
récriminer v. intr. (conjug. 1)
récrire v. tr. (conjug. 39)
recristallisation n. f.

recristalliser v. intr. (conjug. 1)
recroquevillé, ée adj.
recroqueviller v. tr. (conjug. 1)
recru, ue adj.
recrû ou **recru*** n. m.
recrudescence n. f.
recrudescent, ente adj.
recrue n. f.
recrutement n. m.
recruter v. tr. (conjug. 1)
recruteur, euse n.
recta adv.
rectal, ale, aux adj.
rectangle n. m. et adj.
rectangulaire adj.
recteur, trice adj. et n. f.;
rectifiable adj.
rectificateur, trice n.
rectificatif, ive adj. et n. m.
rectification n. f.
rectifier v. tr. (conjug. 7)
rectifieur, ieuse n.
rectiligne adj.
rectilinéaire adj.
rection n. f.
rectite n. f.
rectitude n. f.
recto n. m.
rectocolite n. f.
rectoral, ale, aux adj.
rectorat n. m.
rectorragie n. f.
rectoscope n. m.
rectoscopie n. f.
rectosigmoïde n. m.
rectosigmoïdien, ienne adj.
rectosigmoïdoscopie n. f.
rectrice adj. et n. f.
rectum n. m.
¹reçu, ue adj.
²reçu n. m.
recueil n. m.
recueillement n. m.
recueillir v. tr. (conjug. 12)

recuire

recuire v. (conjug. 38)
recuit n. m.
recul n. m.
reculade n. f.
reculé, ée adj.
reculée n. f.
reculer v. (conjug. 1)
reculons (à) loc. adv.
reculotter v. tr. (conjug. 1)
récupérable adj.
récupérateur, trice n.
récupération n. f.
récupérer v. tr. (conjug. 6)
récurage n. m.
récurer v. tr. (conjug. 1)
récurrence n. f.
récurrent, ente adj.
récursif, ive adj.
récursivité n. f.
récursoire adj.
récusable adj.
récusation n. f.
récuser v. tr. (conjug. 1)
recyclabilité n. f.
recyclable adj.
recyclage n. m.
recycler v. tr. (conjug. 1)
recycleur, euse n.
rédacteur, trice n.
rédaction n. f.
rédactionnel, elle adj.
redan n. m.
reddition n. f.
redécorer v. tr. (conjug. 1)
redécouper v. tr. (conjug. 1)
redécouvrir v. tr. (conjug. 18)
redéfaire v. tr. (conjug. 60)
redéfinir v. tr. (conjug. 2)
redéfinition n. f.
redemander v. tr. (conjug. 1)
redémarrage n. m.
redémarrer v. intr. (conjug. 1)
rédempteur, trice n. et adj.
rédemption n. f.
redent n. m.

redenté, ée adj.
redéploiement n. m.
redéployer v. tr. (conjug. 8)
redescendre v. (conjug. 41)
redescente n. f.
redessiner v. tr. (conjug. 1)
redevable adj.
redevance n. f. (rec. off. de royalties)
redéveloppement n. m.
redévelopper v. tr. (conjug. 1)
redevenir v. intr. (conjug. 22)
redevoir v. tr. (conjug. 28)
rédhibition n. f.
rédhibitoire adj.
rédie n. f.
redif n. f.
rediffuser v. tr. (conjug. 1)
rediffusion n. f.
rédiger v. tr. (conjug. 3)
redimensionnable adj.
redimensionnement n. m.
redimensionner v. tr. (conjug. 1)
rédimer v. tr. (conjug. 1)
redingote n. f.
redire v. (conjug. 37)
redirection n. f.
rediriger v. tr. (conjug. 3)
rediscuter v. tr. (conjug. 1)
redistribuable adj.
redistribuer v. tr. (conjug. 1)
redistributif, ive adj.
redistribution n. f.
redite n. f.
redondance n. f.
redondant, ante adj.
redonner v. (conjug. 1)
redorer v. tr. (conjug. 1)
redormir v. tr. (conjug. 16)
redoublant, ante adj.
redoublé, ée adj.
redoublement n. m.
redoubler v. (conjug. 1)
redoutable adj.

redoute n. f.
redouter v. tr. (conjug. 1)
redoux n. m.
redresse (à la) loc. adj.
redressement n. m.
redresser v. tr. (conjug. 1)
redresseur n. m. et adj. m.
réductase n. f.
réducteur, trice adj. et n. m.
réductibilité n. f.
réductible adj.
réduction n. f.
réductionnisme n. m.
réductionniste adj. et n.
réduire v. tr. (conjug. 38)
¹**réduit, ite** adj.
²**réduit** n. m.
réduplicatif, ive adj.
réduplication n. f.
réduve n. f.
redynamiser v. tr. (conjug. 1)
rééchantillonnage n. m.
rééchantillonner v. tr. (conjug. 1)
rééchelonnable adj.
rééchelonnement n. m.
rééchelonner v. tr. (conjug. 1)
réécrire v. tr. (conjug. 39)
réécriture n. f.
réédifier v. tr. (conjug. 7)
rééditer v. tr. (conjug. 1)
réédition n. f.
rééducateur, trice adj. et n.
rééducation n. f.
rééduquer v. tr. (conjug. 1)
réel, elle adj. et n. m.
réélection n. f.
rééligibilité n. f.
rééligible adj.
réélire v. tr. (conjug. 43)
réellement adv.
réemballer v. tr. (conjug. 1)
réembaucher ou **rembaucher** v. tr. (conjug. 1)
réémergence n. f.

réémergent, ente adj.
réémetteur n. m.
réemploi n. m.
réemployer v. tr. (conjug. 8)
réemprunter v. tr. (conjug. 1)
réenregistrable adj.
réenregistrement n. m.
réenregistrer v. tr. (conjug. 1)
réensemencement n. m.
réensemencer v. tr. (conjug. 3)
réentendre v. tr. (conjug. 41)
rééquilibrage n. m.
rééquilibre n. m.
rééquilibrer v. tr. (conjug. 1)
réer v. intr. (conjug. 1)
réescompte n. m.
réescompter v. tr. (conjug. 1)
réessayage n. m.
réessayer v. tr. (conjug. 8)
réétiquetage n. m.
réétiqueter v. tr. (conjug. 4)
réétudier v. tr. (conjug. 7)
réévaluation n. f.
réévaluer v. tr. (conjug. 1)
réexamen n. m.
réexaminer v. tr. (conjug. 1)
réexpédier v. tr. (conjug. 7)
réexpédition n. f.
réexploitable adj.
réexploitation n. f.
réexploiter v. tr. (conjug. 1)
réexportation n. f.
réexporter v. tr. (conjug. 1)
réfaction n. f.
refacturation n. f.
refacturer v. tr. (conjug. 1)
refaire v. tr. (conjug. 60)
réfection n. f.
réfectoire n. m.
refend (de) loc. adj.

refendre v. tr. (conjug. 41)
refente n. f.
référé n. m.
référence n. f.
référencement n. m.
référencer v. tr. (conjug. 3)
référendaire n. m.
référendum ou referendum
[ʀefeʀɛdɔm; ʀefeʀɑ̃dɔm] n. m.
référent n. m.
¹référentiel, ielle adj.
²référentiel n. m.
référer v. tr. (conjug. 6)
refermable adj.
refermer v. tr. (conjug. 1)
refiler v. tr. (conjug. 1)
refinancement n. m.
refinancer v. tr. (conjug. 3)
réfléchi, ie adj.
réfléchir v. (conjug. 2)
réfléchissant, ante adj.
réflecteur n. m. et adj.
réflectif, ive adj.
réflectivité n. f.
réflectographie n. f.
reflet n. m.
refléter v. tr. (conjug. 6)
refleurir v. (conjug. 2)
refleurissement n. m.
reflex ou réflex adj. et n. m.
réflexe adj. et n. m.
réflexibilité n. f.
réflexible adj.
réflexif, ive adj.
réflexion n. f.
réflexivement adv.
réflexivité n. f.
réflexogène adj.
réflexogramme n. m.
réflexologie n. f.
réflexothérapie n. f.
refluer v. intr. (conjug. 1)
reflux n. m.
refondateur, trice adj. et n.
refondation n. f.
refonder v. tr. (conjug. 1)

refondre v. (conjug. 41)
refonte n. f.
reforestation n. f.
reforester v. tr. (conjug. 1)
réformable adj.
reformage n. m.
reformatage n. m.
reformater v. tr. (conjug. 1)
réformateur, trice n. et adj.
réformation n. f.
réforme n. f.
réformé, ée adj. et n.
reformer v. tr. (conjug. 1)
réformer v. tr. (conjug. 1)
réformette n. f.
réformisme n. m.
réformiste n. et adj.
reformulation n. f.
reformuler v. tr. (conjug. 1)
refouillement n. m.
refouiller v. tr. (conjug. 1)
refoulé, ée adj. et n.
refoulement n. m.
refouler v. tr. (conjug. 1)
refouloir n. m.
refourguer v. tr. (conjug. 1)
réfractaire adj.
réfracter v. tr. (conjug. 1)
réfracteur, trice adj.
réfraction n. f.
réfractionniste n.
réfractomètre n. m.
refrain n. m.
réfrangibilité n. f.
réfrangible adj.
réfréner ou refréner v. tr. (conjug. 6)
réfrigérant, ante adj.
réfrigérateur n. m.
réfrigération n. f.
réfrigérer v. tr. (conjug. 6)
réfringence n. f.
réfringent, ente adj.
refroidir v. (conjug. 2)
refroidissement n. m.
refroidisseur n. m. et adj. m.
refuge n. m.
réfugié, iée adj. et n.

réfugier (se)

réfugier (se) v. pron. (conjug. 7)
refumer v. tr. (conjug. 1)
refus n. m.
refuser v. (conjug. 1)
réfutabilité n. f.
réfutable adj.
réfutation n. f.
réfuter v. tr. (conjug. 1)
refuznik [ʀafyznik] n.
reg [ʀɛg] n. m.
regagner v. tr. (conjug. 1)
regain n. m.
régal n. m.
régalade n. f.
régalage n. m.
régale adj. f.; n. f.; n. m.
régaler v. tr. (conjug. 1)
régalien, ienne adj.
regard n. m.
regardable adj.
regardant, ante adj.
regarder v. tr. (conjug. 1)
regardeur, euse n.
regarnir v. tr. (conjug. 2)
régate n. f.
régater v. intr. (conjug. 1)
régatier, ière n.
regel n. m.
regeler v. (conjug. 5)
régence n. f.
regency [ʀeʒɛnsi] adj.
régendat n. m.
régénérateur, trice adj. et n. m.
régénération n. f.
régénéré, ée adj.
régénérer v. tr. (conjug. 6)
régent, ente n.
régenter v. tr. (conjug. 1)
reggae n. m. et adj. inv.
régicide adj. et n.; n. m.
régie n. f.
regimbement n. m.
regimber v. intr. (conjug. 1)
regimbeur, euse n. et adj.
régime n. m.
régiment n. m.
régimentaire adj.

reginglard n. m.
région n. f.
régional, ale, aux adj.
régionalement adv.
régionalisation n. f.
régionaliser v. tr. (conjug. 1)
régionalisme n. m.
régionaliste adj. et n.
régionnement n. m.
régir v. tr. (conjug. 2)
régisseur, euse n.
registre n. m.
réglable adj.
réglage n. m.
réglé, ée adj.
règle n. f.
règlement n. m.
réglementaire ou règlementaire* adj.
réglementairement ou règlementairement* adv.
réglementation ou règlementation* n. f.
réglementer ou règlementer* v. tr. (conjug. 1)
régler v. tr. (conjug. 6)
réglet n. m.
réglette n. f.
réglisse n. f. et m.
réglo adj. inv.
régloir n. m.
réglure n. f.
régnant, ante adj.
règne n. m.
régner v. intr. (conjug. 6)
regonflage n. m.
regonflement n. m.
regonfler v. (conjug. 1)
regorger v. intr. (conjug. 3)
regrat n. m.
regrattage n. m.
regratter v. (conjug. 1)
regrattier, ière n. et adj.
regréer v. tr. (conjug. 1)
regreffer v. tr. (conjug. 1)

régresser v. intr. (conjug. 1)
régressif, ive adj.
régression n. f.
regret n. m.
regrettable adj.
regrettablement adv.
regretter v. tr. (conjug. 1)
regrèvement n. m.
regrimper v. intr. (conjug. 1)
regros n. m.
regrossir v. intr. (conjug. 2)
regroupement n. m.
regrouper v. tr. (conjug. 1)
régularisable adj.
régularisation n. f.
régulariser v. tr. (conjug. 1)
régularité n. f.
régulateur, trice adj. et n. m.
régulation n. f.
régule n. m.
réguler v. tr. (conjug. 1)
régulier, ière adj. et n. m.
régulière n. f.
régulièrement adv.
régurgitation n. f.
régurgiter v. tr. (conjug. 1)
réhabilitable adj.
réhabilitation n. f.
réhabiliter v. tr. (conjug. 1)
réhabituer v. tr. (conjug. 1)
rehaussable adj.
rehausse n. f.
rehaussement n. m.
rehausser v. tr. (conjug. 1)
rehausseur n. m.
rehaut n. m.
réhoboam n. m.
réhydratation n. f.
réhydrater v. tr. (conjug. 1)
réification n. f.
réifier v. tr. (conjug. 7)
reiki n. m.
réimperméabilisation n. f.
réimperméabiliser v. tr. (conjug. 1)
réimplantation n. f.

relou

réimplanter v. tr. (conjug. 1)
réimportation n. f.
réimporter v. tr. (conjug. 1)
réimposer v. tr. (conjug. 1)
réimposition n. f.
réimpression n. f.
réimprimer v. tr. (conjug. 1)
rein n. m.
réincarcération n. f.
réincarcérer v. tr. (conjug. 6)
réincarnation n. f.
réincarner (se) v. pron. (conjug. 1)
réincorporer v. tr. (conjug. 1)
réindexation n. f.
réindexer v. tr. (conjug. 1)
reine n. f.
reine-claude n. f.
  pl. *reines-claudes*
reine-des-prés n. f.
  pl. *reines-des-prés*
reine-marguerite n. f.
  pl. *reines-marguerites*
reinette n. f.
réinfecter v. tr. (conjug. 1)
réinfection n. f.
réinformatisation n. f.
réinformatiser v. tr. (conjug. 1)
réingénierie n. f.
réinitialisation n. f.
réinitialiser v. tr. (conjug. 1)
réinjecter v. tr. (conjug. 1)
réinscriptible adj.
réinscription n. f.
réinscrire v. tr. (conjug. 39)
réinsérer v. tr. (conjug. 6)
réinsertion n. f.
réinstallation n. f.
réinstaller v. tr. (conjug. 1)
réinstaurer v. tr. (conjug. 1)
réintégrable adj.
réintégration n. f.
réintégrer v. tr. (conjug. 6)
réinterprétation n. f.

réinterpréter v. tr. (conjug. 6)
réintroduction n. f.
réintroduire v. tr. (conjug. 38)
réinventer v. tr. (conjug. 1)
réinvention n. f.
réinvestir v. tr. (conjug. 2)
réinvestissement n. m.
réinviter v. tr. (conjug. 1)
réitérant, ante adj.
réitératif, ive adj.
réitération n. f.
réitérer v. tr. (conjug. 6)
reître ou **reitre★** n. m.
rejaillir v. intr. (conjug. 2)
rejaillissement n. m.
rejet n. m.
rejeter v. tr. (conjug. 4)
rejeton n. m.
rejetonne n. f.
rejoindre v. tr. (conjug. 49)
rejointoiement n. m.
rejointoyer v. tr. (conjug. 8)
rejouer v. (conjug. 1)
réjouir v. tr. (conjug. 2)
réjouissance n. f.
réjouissant, ante adj.
rejuger v. tr. (conjug. 3)
relâche n. m. et f.
relâché, ée adj.
relâchement n. m.
relâcher v. tr. (conjug. 1)
relais ou **relai** n. m.
relaisser (se) v. pron. (conjug. 1)
relance n. f.
relancer v. (conjug. 3)
relanceur, euse n.
relaps, apse n. et adj.
relater v. tr. (conjug. 1)
relatif, ive adj. et n.
relation n. f.
relationnel, elle adj.
relativement adv.
relativisation n. f.
relativiser v. tr. (conjug. 1)
relativisme n. m.
relativiste adj. et n.
relativité n. f.

relaver v. tr. (conjug. 1)
relax, axe n. et n.
relaxant, ante adj. et n. m.
relaxation n. f.
relaxe adj.; n. f.
relaxer v. tr. (conjug. 1)
relayer v. (conjug. 8)
relayeur, euse n.
relecture n. f.
relégable adj.
relégalisation n. f.
relégation n. f.
reléguer v. tr. (conjug. 6)
relent n. m.
relevable adj.
relevage n. m.
relevailles n. f. pl.
¹relevé, ée adj.
²relevé n. m.
relève n. f.
relèvement n. m.
relever v. (conjug. 5)
releveur, euse adj. et n.
reliage n. m.
relief n. m.
relier v. tr. (conjug. 7)
relieur, ieuse n.
religieusement adv.
religieux, ieuse adj. et n.
religion n. f.
religionnaire n.
religiosité n. f.
reliquaire n. m.
reliquat [-ka] n. m.
relique n. f.
relire v. tr. (conjug. 43)
relish [ʀəliʃ] n. f.
reliure n. f.
relocalisation n. f.
relocaliser v. tr. (conjug. 1)
relocation n. f.
relogement n. m.
reloger v. tr. (conjug. 3)
relookage [ʀ(ə)luka3] n. m.
relooker [ʀ(ə)luke] v. tr. (conjug. 1)
relookeur, euse n.
relooking n. m.
relou, oue adj.

relouer v. tr. (conjug. 1)
réluctance n. f.
reluire v. intr. (conjug. 38)
reluisant, ante adj.
reluquer v. tr. (conjug. 1)
rélutif, ive adj.
relution n. f.
rem n. m.
remâcher v. tr. (conjug. 1)
remaillage n. m.
remailler v. tr. (conjug. 1)
remake n. m.
rémanence n. f.
rémanent, ente adj.
remanger v. tr. (conjug. 3)
remaniable adj.
remaniement n. m.
remanier v. tr. (conjug. 7)
remaquillage n. m.
remaquiller v. tr. (conjug. 1)
remarcher v. intr. (conjug. 1)
remariage n. m.
remarier v. tr. (conjug. 7)
remarquable adj.
remarquablement adv.
remarque n. f.
remarqué, ée adj.
remarquer v. tr. (conjug. 1)
remastérisation n. f.
remastériser v. tr. (conjug. 1)
remasticage n. m.
remastiquer v. tr. (conjug. 1)
remballage n. m.
remballer v. tr. (conjug. 1)
rembarquement n. m.
rembarquer v. (conjug. 1)
rembarrer v. tr. (conjug. 1)
rembaucher v. tr. (conjug. 1)
remblai n. m.
remblaiement n. m.
remblayage n. m.
remblayer v. tr. (conjug. 8)
remblayeuse n. f.
rembobinage n. m.

rembobiner v. tr. (conjug. 1)
rembobineuse n. f.
remboîtage ou **remboitage*** n. m.
remboîtement ou **remboitement*** n. m.
remboîter ou **remboiter*** v. tr. (conjug. 1)
rembourrage n. m.
rembourrer v. tr. (conjug. 1)
rembourreur, euse n.
remboursable adj.
remboursement n. m.
rembourser v. tr. (conjug. 1)
rembrunir v. tr. (conjug. 2)
rembrunissement n. m.
rembuchement n. m.
rembucher v. tr. (conjug. 1)
remède n. m.
remédiable adj.
remédiation n. f.
remédier v. tr. ind. (conjug. 7)
remembrement n. m.
remembrer v. tr. (conjug. 1)
remémoration n. f.
remémorer v. tr. (conjug. 1)
remerciement n. m.
remercier v. tr. (conjug. 7)
réméré n. m.
remettant n. m.
remettre v. tr. (conjug. 56)
remeubler v. tr. (conjug. 1)
rémige n. f.
remilitarisation n. f.
remilitariser v. tr. (conjug. 1)
reminéralisant, ante adj.
reminéralisation n. f.
réminiscence n. f.
remis, ise adj.
remise n. f.
remiser v. tr. (conjug. 1)

remisier n. m.
rémissible adj.
rémission n. f.
rémittence n. f.
rémittent, ente adj.
remix n. m.
remixage n. m.
remixer v. tr. (conjug. 1)
remixeur n. m.
rémiz n. m.
remmaillage n. m.
remmailler v. tr. (conjug. 1)
remmailleuse n. f.
remmener v. tr. (conjug. 5)
remnographie n. f.
remobilisation n. f.
remobiliser v. tr. (conjug. 1)
remodelage n. m.
remodeler v. tr. (conjug. 5)
remontage n. m.
remontant, ante adj. et n. m.
remonte n. f.
remonté, ée adj.
remontée n. f.
remonte-pente n. m.
PL. *remonte-pentes*
remonter v. (conjug. 1)
remontoir n. m.
remontrance n. f.
remontrer v. tr. (conjug. 1)
rémora n. m.
remordre v. tr. (conjug. 41)
remords n. m.
remorquage n. m.
remorque n. f.
remorquer v. tr. (conjug. 1)
remorqueur n. m.
remotivation n. f.
remotiver v. tr. (conjug. 1)
remouiller v. tr. (conjug. 1)
rémoulade n. f.
remoulage n. m.
rémouleur n. m.
remous n. m.
rempaillage n. m.
rempailler v. tr. (conjug. 1)
rempailleur, euse n.

rempaqueter v. tr. (conjug. 4)
rempart n. m.
rempiètement ou **rempiétement** n. m.
rempiéter v. tr. (conjug. 6)
rempiler v. (conjug. 1)
remplaçable adj.
remplaçant, ante n.
remplacement n. m.
remplacer v. tr. (conjug. 3)
remplage n. m.
¹**rempli, ie** adj.
²**rempli** n. m.
remplier v. tr. (conjug. 7)
remplir v. tr. (conjug. 2)
remplissage n. m.
remplisseur, euse n.
remploi n. m.
remployer v. tr. (conjug. 8)
remplumer v. tr. (conjug. 1)
rempocher v. tr. (conjug. 1)
rempoissonnement n. m.
rempoissonner v. tr. (conjug. 1)
remporter v. tr. (conjug. 1)
rempotage n. m.
rempoter v. tr. (conjug. 1)
remprunter v. tr. (conjug. 1)
remuage n. m.
remuant, ante adj.
remue n. f.
remue-ménage n. m.
PL. *remue-ménage(s)*
remue-méninges n. m. inv. ou **remue-méninge*** PL. *remue-méninges* (rec. off. de brainstorming)
remuement n. m.
remuer v. (conjug. 1)
remueur, euse n.
remugle n. m.
rémunérateur, trice n. et adj.
rémunération n. f.
rémunératoire adj.

rémunérer v. tr. (conjug. 6)
renâcler v. intr. (conjug. 1)
renaissance n. f.
renaissant, ante adj.
renaître ou **renaitre*** v. intr. (conjug. 59; rare aux temps comp. et p. p. *rené, ée*)
rénal, ale, aux adj.
renard n. m.
renarde n. f.
renardeau n. m.
renardière n. f.
renationalisation n. f.
renationaliser v. tr. (conjug. 1)
renaturation n. f.
renaturer v. tr. (conjug. 1)
renauder v. intr. (conjug. 1)
rencaissage n. m.
rencaissement n. m.
rencaisser v. tr. (conjug. 1)
rencard n. m.
rencarder v. tr. (conjug. 1)
renchéri, ie adj.
renchérir v. (conjug. 2)
renchérissement n. m.
rencogner v. tr. (conjug. 1)
rencontre n. f.; n. m.
rencontrer v. tr. (conjug. 1)
rendement n. m.
rendez-vous n. m. inv.
rendormir v. tr. (conjug. 16)
rendosser v. tr. (conjug. 1)
rendre v. tr. (conjug. 41)
rendu, ue adj. et n. m.
rêne n. f.
renégat, ate n.
renégociable adj.
renégociation n. f.
renégocier v. tr. (conjug. 7)
reneiger v. impers. (conjug. 3)
rénette n. f.
rénetter v. tr. (conjug. 1)
renfermé, ée adj. et n. m.
renfermement n. m.
renfermer v. tr. (conjug. 1)
renfiler v. tr. (conjug. 1)

renflammer v. tr. (conjug. 1)
renflé, ée adj.
renflement n. m.
renfler v. tr. (conjug. 1)
renflouage n. m.
renflouement n. m.
renflouer v. tr. (conjug. 1)
renfoncement n. m.
renfoncer v. (conjug. 3)
renforçage n. m.
renforçateur n. m. et adj. m.
renforcement n. m.
renforcer v. tr. (conjug. 3)
renforcir v. tr. (conjug. 3)
renformir v. tr. (conjug. 2)
renformis n. m.
renfort n. m.
renfrogné, ée adj.
renfrognement n. m.
renfrogner (se) v. pron. (conjug. 1)
rengagement n. m.
rengager v. tr. (conjug. 3)
rengaine n. f.
rengainer v. tr. (conjug. 1)
rengorger (se) v. pron. (conjug. 3)
rengrènement n. m.
rengrèner ou **rengrener** v. tr. (conjug. 6)
reniement n. m.
renier v. tr. (conjug. 7)
reniflard n. m.
reniflement n. m.
renifler v. (conjug. 1)
reniflette n. f.
renifleur, euse adj.
réniforme adj.
rénine n. f.
rénitence n. f.
rénitent, ente adj.
renne n. m.
renom n. m.
renommé, ée adj.
renommée n. f.
renommer v. tr. (conjug. 1)
renon n. m.

renoncement n. m.
renoncer v. tr. (conjug. 3)
renonciataire n.
renonciateur, trice n.
renonciation n. f.
renoncule n. f.
renouée n. f.
renouer v. tr. (conjug. 1)
renouveau n. m.
renouvelable adj.
renouvelant, ante n.
renouveler v. tr. (conjug. 4)
renouvellement ou **renouvèlement*** n. m.
rénovateur, trice n. et adj.
rénovation n. f.
rénover v. tr. (conjug. 1)
renquiller v. tr. (conjug. 1)
renseignement n. m.
renseigner v. tr. (conjug. 1)
rentabilisation n. f.
rentabiliser v. tr. (conjug. 1)
rentabilité n. f.
rentable adj.
rentablement adv.
rente n. f.
renter v. tr. (conjug. 1)
rentier, ière n.
rentoilage n. m.
rentoiler v. tr. (conjug. 1)
rentoileur, euse n.
rentrage n. m.
rentraire v. tr. (conjug. 50)
rentraiture n. f.
rentrant, ante adj. et n. m.
rentrayer v. tr. (conjug. 8)
rentré, ée adj. et n. m.
rentre-dedans n. m. inv.
rentrée n. f.
rentrer v. (conjug. 1)
renutrition n. f.
renversant, ante adj.
renverse n. f.
renversé, ée adj.
renversement n. m.
renverser v. tr. (conjug. 1)
renvidage n. m.

renvider v. tr. (conjug. 1)
renvideur n. m.
renvoi n. m.
renvoyer v. tr. (conjug. 8)
réoccupation n. f.
réoccuper v. tr. (conjug. 1)
réopérer v. tr. (conjug. 6)
réorchestration n. f.
réorchestrer v. tr. (conjug. 1)
réorganisateur, trice n. et adj.
réorganisation n. f.
réorganiser v. tr. (conjug. 1)
réorientation n. f.
réorienter v. tr. (conjug. 1)
réouverture n. f.
réouvrir v. tr. (conjug. 18)
repaire n. m.
repairer v. intr. (conjug. 1)
repaître ou **repaitre*** v. tr. (conjug. 57)
répandre v. tr. (conjug. 41)
répandu, ue adj.
réparable adj.
reparaître ou **reparaitre*** v. intr. (conjug. 57)
réparateur, trice n. et adj.
réparation n. f.
réparer v. tr. (conjug. 1)
reparler v. intr. (conjug. 1)
répartement n. m.
répartie ou **repartie** n. f.
¹**repartir** v. intr. (conjug. 16; auxil. être)
²**repartir** v. tr. (conjug. 16; auxil. avoir)
répartir v. tr. (conjug. 2)
répartiteur, trice n.
répartition n. f.
reparution n. f.
repas n. m.
repassage n. m.
repasse n. f.
repasser v. (conjug. 1)
repasseur n. m.

repasseuse n. f.
repavage n. m.
repaver v. tr. (conjug. 1)
repayer v. tr. (conjug. 8)
repêchage n. m.
repêcher v. tr. (conjug. 1)
repeindre v. tr. (conjug. 52)
repeint n. m.
repenser v. (conjug. 1)
repentance n. f.
repentant, ante adj.
repenti, ie adj.
repentir n. m.
repentir (se) v. pron. (conjug. 16)
repérable adj.
repérage n. m.
reperçage n. m.
repercer v. tr. (conjug. 3)
répercussion n. f.
répercuter v. tr. (conjug. 1)
reperdre v. tr. (conjug. 41)
repère n. m.
repérer v. tr. (conjug. 6)
répertoire n. m.
répertorier v. tr. (conjug. 7)
répétabilité n. f.
répète n. f. (répétition)
répéter v. tr. (conjug. 6)
répéteur n. m.
répétiteur, trice n.
répétitif, ive adj.
répétition n. f.
répétitivité n. f.
répétitorat n. m.
repeuplement n. m.
repeupler v. tr. (conjug. 1)
repiquage n. m.
repiquer v. tr. (conjug. 1)
repiqueuse n. f.
répit n. m.
replacement n. m.
replacer v. tr. (conjug. 3)
replanification n. f.
replanifier v. tr. (conjug. 7)
replantation n. f.
replanter v. tr. (conjug. 1)
replat n. m.
replâtrage n. m.

reroutage

replâtrer v. tr. (conjug. 1)
replet, ète adj.
réplétif, ive adj.
réplétion n. f.
repleuvoir v. impers. (conjug. 23)
repli n. m.
repliable adj.
repliage n. m.
réplicatif, ive adj.
réplication n. f.
repliement n. m.
replier v. tr. (conjug. 7)
réplique n. f.
répliquer v. tr. (conjug. 1)
reploiement n. m.
replonger v. (conjug. 3)
reployer v. tr. (conjug. 8)
repolir v. tr. (conjug. 2)
repolissage n. m.
répondant, ante n.
répondeur, euse adj. et n. m.
répondre v. (conjug. 41)
répons n. m.
réponse n. f.
repopulation n. f.
report n. m.
reportage n. m.
¹reporter ou reporteur, trice n.
²reporter v. tr. (conjug. 1)
reporting n. m.
repos n. m.
reposant, ante adj.
repose n. f.
reposé, ée adj.
repose-bras n. m. inv.
reposée n. f.
repose-pied(s) n. m.
 pl. repose-pieds
reposer v. (conjug. 1)
repose-tête n. m.
 pl. repose-tête(s)
repositionnable adj.
repositionnement n. m.
repositionner v. tr. (conjug. 1)
reposoir n. m.
repoussage n. m.

repoussant, ante adj.
repousse n. f.
repoussé, ée adj. et n. m.
repousse-peaux n. m. inv.
repousser v. (conjug. 1)
repoussoir n. m.
repréciser v. tr. (conjug. 1)
répréhensible adj.
répréhension n. f.
reprendre v. tr. (conjug. 58)
repreneur, euse n.
représailles n. f. pl.
représentable adj.
représentant, ante n.
représentatif, ive adj.
représentation n. f.
représentativité n. f.
représenter v. tr. (conjug. 1)
répresseur n. m.
répressif, ive adj.
répression n. f.
réprimande n. f.
réprimander v. tr. (conjug. 1)
réprimer v. tr. (conjug. 1)
reprint n. m.
reprisage n. m.
repris de justice n. m. inv.
reprise n. f.
repriser v. tr. (conjug. 1)
repro n. f.
réprobateur, trice adj.
réprobation n. f.
reprochable adj.
reproche n. m.
reprocher v. tr. (conjug. 1)
reproducteur, trice adj. et n.
reproductibilité n. f.
reproductible adj.
reproductif, ive adj.
reproduction n. f.
reproduire v. tr. (conjug. 38)
reprofilage n. m.
reprogrammation n. f.
reprogrammer v. tr. (conjug. 1)

reprographe n. m.
reprographie n. f.
reprographier v. tr. (conjug. 7)
reprographique adj.
reprotoxique adj.
réprouvé, ée n.
réprouver v. tr. (conjug. 1)
reps n. m.
reptation n. f.
reptile adj. et n. m.
reptilien, ienne adj.
repu, ue adj.
républicain, aine adj. et n.
républicanisme n. m.
republication n. f.
republier v. tr. (conjug. 7)
république n. f.
répudiation n. f.
répudier v. tr. (conjug. 7)
répugnance n. f.
répugnant, ante adj.
répugner v. tr. (conjug. 1)
répulsif, ive adj. et n. m.
répulsion n. f.
répulsivité n. f.
réputation n. f.
réputé, ée adj.
réputer v. tr. (conjug. 1)
requalification n. f.
requalifier v. tr. (conjug. 7)
requérant, ante adj.
requérir v. tr. (conjug. 21)
requête n. f.
requiem [ʀekɥijɛm] n. m. inv.
requin n. m.
requinquer v. tr. (conjug. 1)
requis, ise adj.
réquisit n. m.
réquisition n. f.
réquisitionner v. tr. (conjug. 1)
réquisitoire n. m.
réquisitorial, iale, iaux adj.
R. E. R. n. m. (réseau express régional)
reroutage n. m.

rerouter v. tr. (conjug. 1)
R. E. S. n. m. (rachat d'entreprise par les salariés)
resaler v. tr. (conjug. 1)
resalir v. tr. (conjug. 2)
resarcelé, ée adj.
rescapé, ée adj. et n.
rescaper v. tr. (conjug. 1)
rescindant, ante adj. et n.
rescinder v. tr. (conjug. 1)
rescision n. f.
rescisoire adj. et n. f.
rescolarisation n. f.
rescousse n. f.
rescrit n. m.
réseau n. m.
réseautage n. m.
réseauter v. intr. (conjug. 1)
réseautique n. f.
résécabilité n. f.
résection n. f.
réséda n. m.
resemer v. tr. (conjug. 5)
réséquer v. tr. (conjug. 6)
réserpine n. f.
réservataire adj. et n. m.
réservation n. f.
réserve n. f.
réservé, ée adj.
réserver v. tr. (conjug. 1)
réserviste n. m.
réservoir n. m.
résidant, ante adj. et n.
résidence n. f.
résident, ente n. et adj.
résidentiel, ielle adj.
résider v. intr. (conjug. 1)
résidu n. m.
résiduaire adj.
résiduel, elle adj.
résignataire n. m.
résignation n. f.
résigné, ée adj. et n.
résigner v. tr. (conjug. 1)
résiliable adj.
résiliation n. f.
résilience n. f.
résilient, iente adj.

résilier v. tr. (conjug. 7)
résille n. f.
résine n. f.
résiné, ée adj. et n. m.
résiner v. tr. (conjug. 1)
résineux, euse adj. et n. m.
résingle n. f.
résinier, ière n. et adj.
résinifère adj.
résipiscence n. f.
résistance n. f.
résistant, ante adj. et n.
résister v. tr. ind. (conjug. 1)
résistible adj.
résistif, ive adj.
résistivité n. f.
resituer v. tr. (conjug. 1)
resocialisation n. f.
résolu, ue adj.
résoluble adj.
résolument adv.
résolutif, ive adj.
résolution n. f.
résolutoire adj.
résolvance n. f.
résolvant, ante adj.
résolvante n. f.
résonance n. f.
résonateur n. m.
résonnant, ante ou **résonant, ante** adj.
résonner v. intr. (conjug. 1)
résorbable adj.
résorber v. tr. (conjug. 1)
résorcine n. f.
résorcinol n. m.
résorption n. f.
résoudre v. tr. (conjug. 51; p. p. résolu et résous, oute)
respect n. m.
respectabiliser v. tr. (conjug. 1)
respectabilité n. f.
respectable adj.
respectablement adv.
respecter v. tr. (conjug. 1)
respectif, ive adj.
respectivement adv.
respectueusement adv.

respectueux, euse adj. et n. f.
respirabilité n. f.
respirable adj.
respirant, ante adj.
respirateur n. m.
respiration n. f.
respiratoire adj.
respirer v. (conjug. 1)
resplendir v. intr. (conjug. 2)
resplendissant, ante adj.
resplendissement n. m.
responsabilisant, ante adj.
responsabilisation n. f.
responsabiliser v. tr. (conjug. 1)
responsabilité n. f.
responsable adj. et n.
resquillage n. m.
resquille n. f.
resquiller v. (conjug. 1)
resquilleur, euse n. et adj.
ressac n. m.
ressaigner v. (conjug. 1)
ressaisir v. tr. (conjug. 2)
ressaisissement n. m.
ressasser v. tr. (conjug. 1)
ressasseur, euse n.
ressaut n. m.
ressauter v. (conjug. 1)
ressemblance n. f.
ressemblant, ante adj.
ressembler v. tr. ind. (conjug. 1)
ressemelable adj.
ressemelage n. m.
ressemeler v. tr. (conjug. 4)
ressemer ou **resemer** v. tr. (conjug. 5)
ressentiment n. m.
ressentir v. tr. (conjug. 16)
resserrage n. m.
resserre n. f.
resserré, ée adj.
resserrement n. m.
resserrer v. tr. (conjug. 1)
resservir v. (conjug. 14)

rétorsion

ressort n. m.
ressortie n. f.
¹ressortir v. (conjug. 16)
²ressortir v. tr. ind. (conjug. 2)
ressortissant, ante adj. et n.
ressouder v. tr. (conjug. 1)
ressource n. f.
ressourcement n. m.
ressourcer v. (conjug. 3)
ressouvenir (se) v. pron. (conjug. 22)
ressuage n. m.
ressuer v. (conjug. 1)
ressui n. m.
ressurgir v. intr. (conjug. 2)
ressusciter v. tr. (conjug. 1)
ressuyage n. m.
ressuyer v. tr. (conjug. 8)
¹restant, ante adj.
²restant n. m.
restau n. m.
restaurateur, trice n. et adj.
restauration n. f.
restaurer v. tr. (conjug. 1)
restauroute n. m.
reste n. m.
rester v. intr. (conjug. 1)
restituable adj.
restituer v. tr. (conjug. 1)
restitution n. f.
resto ou restau n. m.
restockage n. m.
restoroute ® ou restauroute n. m.
restreindre v. tr. (conjug. 52)
restreint, einte adj.
restrictif, ive adj.
restriction n. f.
restructuration n. f.
restructurer v. tr. (conjug. 1)
restylage n. m.
restyler v. tr. (conjug. 1)
restyling n. m.
resucée n. f.
resuffixation n. f.

résultant, ante adj.
résultante n. f.
résultat n. m.
résulter v. intr. (conjug. 1 ; seult inf., p. prés. et 3ᵉ pers.)
résumable adj.
résumé n. m.
résumer v. tr. (conjug. 1)
resurchauffe n. f.
resurfaçage n. m.
resurfacer v. tr. (conjug. 3)
résurgence n. f.
résurgent, ente adj.
resurgir ou ressurgir v. intr. (conjug. 2)
résurrection n. f.
resynchroniser [-k-] v. tr. (conjug. 1)
retable n. m.
rétabli, ie adj.
rétablir v. tr. (conjug. 2)
rétablissement n. m.
retaille n. f.
retailler v. tr. (conjug. 1)
rétamage n. m.
rétamer v. tr. (conjug. 1)
rétameur n. m.
retapage n. m.
retape n. f.
retaper v. tr. (conjug. 1)
retapisser v. tr. (conjug. 1)
retard n. m.
retardant, ante adj.
retardataire adj. et n.
retardateur, trice adj. et n. m.
retardé, ée adj.
retardement n. m.
retarder v. (conjug. 1)
retassure n. f.
retâter v. tr. (conjug. 1)
retéléphoner v. tr. ind. (conjug. 1)
retendoir n. m.
retendre v. tr. (conjug. 41)
retenir v. tr. (conjug. 22)
retenter v. tr. (conjug. 1)
retenteur, trice adj.
rétention n. f.
retentir v. intr. (conjug. 2)

retentissant, ante adj.
retentissement n. m.
retenu, ue adj.
retenue n. f.
reterçage n. m.
retercer v. tr. (conjug. 3)
rétiaire n. m.
réticence n. f.
réticent, ente adj.
réticulaire adj.
réticularité n. f.
réticulation n. f.
réticule n. m.
réticulé, ée adj.
réticuler v. tr. (conjug. 1)
réticulocyte n. m.
réticuloendothélial, iale, iaux adj.
réticulum n. m.
rétif, ive adj.
rétinal n. m.
rétine n. f.
rétinien, ienne adj.
rétinite n. f.
rétinoïde n. m.
rétinoïque adj.
rétinol n. m.
rétinopathie n. f.
rétique adj. et n. m.
retirage n. m.
retiraison n. f.
retiration n. f.
retiré, ée adj.
retirer v. tr. (conjug. 1)
retisser v. tr. (conjug. 1)
rétiveté n. f.
rétivité n. f.
retombant, ante adj.
retombe n. f.
retombé n. m.
retombée n. f.
retomber v. intr. (conjug. 1)
retoquer v. tr. (conjug. 1)
retordage n. m.
retordeur, euse n.
retordre v. tr. (conjug. 41)
rétorquer v. tr. (conjug. 1)
retors, orse adj. et n. m.
rétorsion n. f.

retouche

retouche n. f.
retoucher v. tr. (conjug. 1)
retoucherie n. f.
retoucheur, euse n.
retour n. m.
retournage n. m.
retourne n. f.
retourné n. f.
retourné n. m.
retournement n. m.
retourner v. (conjug. 1)
retourneur, euse n.
retracer v. tr. (conjug. 3)
rétractable adj.
rétractation n. f.
rétracter v. tr. (conjug. 1)
rétracteur adj. m. et n.
rétractibilité n. f.
rétractif, ive adj.
rétractile adj.
rétractilité n. f.
rétraction n. f.
retraduction n. f.
retraduire v. tr. (conjug. 38)
¹**retrait, aite** adj.
²**retrait** n. m.
retraitant, ante n.
retraite n. f.
retraité, ée adj. et n.
retraitement n. m.
retraiter v. tr. (conjug. 1)
retranchement n. m.
retrancher v. tr. (conjug. 1)
retranscription n. f.
retranscrire v. tr. (conjug. 39)
retransmetteur n. m.
retransmettre v. tr. (conjug. 56)
retransmission n. f.
retravailler v. (conjug. 1)
retraverser v. tr. (conjug. 1)
rétréci, ie adj.
rétrécir v. (conjug. 2)
rétrécissement n. m.
rétreindre ou **retreindre** v. tr. (conjug. 52)
rétreint n. m.
rétreinte n. f.

retrempe n. f.
retremper v. tr. (conjug. 1)
rétribuer v. tr. (conjug. 1)
rétribution n. f.
retriever ou **rétriever★** n. m.
rétro adj. inv.; n. m.
rétroactes n. m. pl.
rétroactif, ive adj.
rétroaction n. f.
rétroactivement adv.
rétroactivité n. f.
rétroagir v. intr. (conjug. 2)
rétrocéder v. (conjug. 6)
rétrocession n. f.
rétrochargeuse n. f.
rétroconversion n. f.
rétroconvertir v. tr. (conjug. 2)
rétroéclairage n. m.
rétroéclairé, ée adj.
rétrofléchi, ie adj.
rétroflexe adj.
rétroflexion n. f.
rétrofusée n. f.
rétrogradation n. f.
rétrograde adj.
rétrograder v. (conjug. 1)
rétrogression n. f.
rétro-ingénierie n. f.
rétropédalage n. m.
rétroplanning n. m.
rétroposition n. f.
rétroprojecteur n. m.
rétroprojection n. f.
rétropropulsion n. f.
rétrospectif, ive adj. et n. m.
rétrospective n. f.
rétrospectivement adv.
retroussage n. m.
retroussé, ée adj.
retroussement n. m.
retrousser v. tr. (conjug. 1)
retroussis n. m.
retrouvable adj.
retrouvaille n. f.
retrouver v. tr. (conjug. 1)
rétroversion n. f.
rétroviral, ale, aux adj.

rétrovirologie n. f.
rétrovirologue n.
rétrovirus n. m.
rétroviseur n. m.
rets n. m.
retuber v. tr. (conjug. 1)
reubeu n. et adj.
réuni, ie adj.
réunification n. f.
réunifier v. tr. (conjug. 7)
réunion n. f.
réunionite n. f.
réunir v. tr. (conjug. 2)
réussi, ie adj.
réussir v. (conjug. 2)
réussite n. f.
réutilisable adj.
réutilisation n. f.
réutiliser v. tr. (conjug. 1)
revaccination n. f.
revacciner v. tr. (conjug. 1)
revaloir v. tr. (conjug. 29; rare sauf inf. et futur, condit.)
revalorisation n. f.
revaloriser v. tr. (conjug. 1)
revanchard, arde adj. et n.
revanche n. f.
revancher (se) v. pron. (conjug. 1)
revanchisme n. m.
revascularisation n. f.
rêvasser v. intr. (conjug. 1)
rêvasserie n. f.
rêvasseur, euse n. et adj.
rêve n. m.
rêvé, ée adj.
revêche adj.
réveil n. m.
réveille-matin n. m. pl. inv. ou *réveille-matins★*
réveiller v. tr. (conjug. 1)
réveillon n. m.
réveillonner v. intr. (conjug. 1)
révélateur, trice n. et adj.
révélation n. f.
révéler v. tr. (conjug. 6)
revenant, ante adj. et n.

revendeur, euse n.
revendicateur, trice n. et adj.
revendicatif, ive adj.
revendication n. f.
revendiquer v. tr. (conjug. 1)
revendre v. tr. (conjug. 41)
revenez-y n. m. inv.
revenir v. intr. (conjug. 22)
revente n. f.
revenu n. m.
revenue n. f.
rêver v. (conjug. 1)
réverbération n. f.
réverbère n. m.
réverbérer v. tr. (conjug. 6)
reverdir v. tr. (conjug. 2)
reverdissage n. m.
reverdissement n. m.
révérence n. f.
révérenciel, ielle adj.
révérencieusement adv.
révérencieux, ieuse adj.
révérend, ende adj. et n.
révérendissime adj.
révérer v. tr. (conjug. 6)
rêverie n. f.
reverlanisation n. f.
revernir v. tr. (conjug. 2)
revernissage n. m.
revers n. m.
réversal, ale, aux adj.
reverse adj. inv.
reversement n. m.
reverser v. tr. (conjug. 1)
réversibilité n. f.
réversible adj.
réversiblement adv.
réversion n. f.
reversoir n. m.
révertant n. m.
revêtement n. m.
revêtir v. tr. (conjug. 20)
rêveur, euse adj. et n.
rêveusement adv.
revient n. m.
revif n. m.

revigorant, ante adj.
revigorer v. tr. (conjug. 1)
revirement n. m.
revirer v. tr. (conjug. 1)
révisable adj.
réviser v. tr. (conjug. 1)
réviseur, euse n.
révision n. f.
révisionnel, elle adj.
révisionner v. tr. (conjug. 1)
révisionnisme n. m.
révisionniste n. et adj.
revisiter v. tr. (conjug. 1)
réviso n.
revisser v. tr. (conjug. 1)
revitalisant, ante adj.
revitalisation n. f.
revitaliser v. tr. (conjug. 1)
revival n. m.
revivification n. f.
revivifier v. tr. (conjug. 7)
reviviscence n. f.
reviviscent, ente adj.
revivre v. (conjug. 46)
révocabilité n. f.
révocable adj.
révocation n. f.
révocatoire adj.
revoici prép.
revoilà prép.
revoir v. tr. (conjug. 30)
revoler v. (conjug. 1)
révoltant, ante adj.
révolte n. f.
révolté, ée adj. et n.
révolter v. tr. (conjug. 1)
révolu, ue adj.
révolution n. f.
révolutionnaire adj. et n.
révolutionnairement adv.
révolutionnarisme ou **révolutionarisme** n. m.
révolutionnariste ou **révolutionariste** adj. et n.
révolutionner v. tr. (conjug. 1)

révolver ou **revolver** n. m.
révolvérisation n. f.
révolvériser v. tr. (conjug. 1)
révolving ou **revolving** adj. inv.
révoquer v. tr. (conjug. 1)
revoter v. (conjug. 1)
revouloir v. tr. (conjug. 31)
revoyure n. f. sing.
revue n. f.
revuiste n. f.
révulser v. tr. (conjug. 1)
révulsif, ive adj. et n. m.
révulsion n. f.
¹**rewriter** ou **rewriteur, trice** n.
²**rewriter** v. tr. (conjug. 1)
rewriting n. m.
rez-de-chaussée n. m. inv.
rez-de-jardin n. m. inv.
rezzou n. m.
R. G. n. m. pl. (renseignements généraux)
rH n. m. (réduction de l'hydrogène)
¹**Rh** n. m. inv. (rhésus)
²**RH** n. f. pl. (ressources humaines)
rhabdomancie n. f.
rhabdomancien, ienne n.
rhabillage n. m.
rhabiller v. tr. (conjug. 1)
rhabilleur, euse n.
rhapsode ou **rapsode** n. m.
rhapsodie ou **rapsodie** n. f.
rhapsodique ou **rapsodique** adj.
rhème n. m.
rhénium n. m.
rhéobase n. f.
rhéologie n. f.
rhéologique adj.
rhéomètre n. m.
rhéophile adj.

rhéostat

rhéostat n. m.
rhéostatique adj.
rhéotaxie n. f.
rhéotropisme n. m.
rhésus n. m.
rhéteur n. m.
rhétien, ienne ou
    rétien, ienne* adj.
rhétique ou rétique*
    adj. et n. m.
rhétoricien, ienne n.
rhétorique n. f. et adj.
rhétoriqueur n. m.
rhéto-roman, ane adj.
    PL. rhéto-romans, anes
rhinanthe n. m.
rhinencéphale n. m.
rhingrave n. m. et f.
rhinite n. f.
rhinocéros n. m.
rhinolaryngite n. f.
rhinologie n. f.
rhinolophe n. m.
rhinopharyngé, ée adj.
rhinopharyngite n. f.
rhinopharynx n. m.
rhinoplastie n. f.
rhinoscope n. m.
rhinoscopie n. f.
rhinovirus n. m.
rhizobium n. m.
rhizocarpé, ée adj.
rhizoctone n. m.
rhizoctonie n. f.
rhizoïde n. m.
rhizomateux, euse adj.
rhizome n. m.
rhizophage adj.
rhizophore n. m.
rhizopodes n. m. pl.
rhizosphère n. f.
rhizostome n. m.
rhizotome n. m.
rhizotomie n. f.
rho ou rhô n. m.
    PL. inv. ou rhos*
rhodamine n. f.
rhodanien, ienne adj.
rhodia ® n. m.
rhodiage n. m.

rhodié, iée adj.
rhodinol n. m.
rhodite n. f.
rhodium n. m.
rhodo n. m.
rhododendron [dɛ] n. m.
rhodoïd ® n. m.
rhodophycées n. f. pl.
rhodopsine n. f.
rhombe n. m.
rhombencéphale n. m.
rhombiforme adj.
rhombique adj.
rhomboèdre n. m.
rhomboédrique adj.
rhomboïdal, ale, aux
    adj.
rhomboïde n. m. et adj.
rhônealpin, ine adj. et n.
rhotacisme n. m.
rhovyl ® n. m.
rhubarbe n. f.
rhum n. m.
rhumatisant, ante adj.
    et n.
rhumatismal, ale, aux
    adj.
rhumatisme n. m.
rhumatoïde adj.
rhumatologie n. f.
rhumatologique adj.
rhumatologue n.
rhumb ou rumb n. m.
rhume n. m.
rhumer v. tr. (conjug. 1)
rhumerie n. f.
rhynchite n. m.
rhynchonelle n. f.
rhynchotes n. m. pl.
rhyolithe ou rhyolite
    n. f.
rhythm and blues ou
    rhythm'n blues n. m.
    inv.
rhytidome n. m.
rhyton n. m.
ria n. f.
riad n. m.
rial n. m.
riant, riante adj.

RIB n. m. inv. (relevé d'identité bancaire)
ribambelle n. f.
ribaud, aude adj. et n.
ribaudequin n. m.
riblon n. m.
riboflavine n. f.
ribonucléase n. f.
ribonucléique adj.
ribose n. m.
ribosomal, ale, aux adj.
ribosome n. m.
ribosomique adj.
ribote n. f.
ribouldingue n. f.
ribouler v. intr. (conjug. 1)
ribozyme n. m.
ricain, aine n.
ricanement n. m.
ricaner v. intr. (conjug. 1)
ricaneur, euse adj. et n.
ricercare [ʀitʃɛʀkaʀe] n. m.
    PL. ricercari (it.) ou
    ricercares*
richard, arde n.
riche adj. et n.
richelieu n. m.
    PL. richelieux ou richelieus
richement adv.
richesse n. f.
richissime adj.
ricin n. m.
ricine n. f.
riciné, ée adj.
rickettsie [ʀikɛtsi] n. f.
rickettsiose n. f.
rickshaw [ʀikʃo] n. m.
ricocher v. intr. (conjug. 1)
ricochet n. m.
ricotta n. f.
ric-rac loc. adv.
rictus n. m.
ridage n. m.
ride n. f.
ridé, ée adj.
rideau n. m.
ridée n. f.
ridelle n. f.
rider v. tr. (conjug. 1)
ridicule adj. et n. m.

ridiculement adv.
ridiculisation n. f.
ridiculiser v. tr. (conjug. 1)
ridoir n. m.
ridule n. f.
riel n. m.
riemannien, ienne adj.
rien pron. indéf.; n. m.; adv.
riesling [risling] n. m.
rieur, rieuse n. et adj.
rif ou **riffe** n. m. (feu, arme)
riff n. m.
riffe n. m.
rififi n. m.
riflard n. m.
rifle n. m.
rifler v. tr. (conjug. 1)
riflette n. f.
rifloir n. m.
rift n. m.
rigatoni n. m.
rigaudon ou **rigodon** n. m.
rigide adj.
rigidement adv.
rigidifier v. tr. (conjug. 7)
rigidité n. f.
rigodon n. m.
rigolade n. f.
rigolage n. m.
rigolard, arde adj. et n.
rigole n. f.
rigoler v. intr. (conjug. 1)
rigoleur, euse adj. et n.
rigolo, ote adj. et n.
rigorisme n. m.
rigoriste n. et adj.
rigotte n. f.
rigoureusement adv.
rigoureux, euse adj.
rigueur n. f.
rikiki adj. inv.
rillettes n. f. pl.
rillons n. m. pl.
rimailler v. intr. (conjug. 1)
rimailleur, euse n.
rimaye n. f.
rime n. f.
rimer v. (conjug. 1)

rimeur, euse n.
rimmel® n. m.
rinçage n. m.
rinceau n. m.
rince-bouche n. m.
  PL. *rince-bouches*
rince-bouteille n. m.
  PL. *rince-bouteilles*
rince-doigts ou **rince-doigt*** n. m.
  PL. *rince-doigts*
rincée n. f.
rincer v. tr. (conjug. 3)
rincette n. f.
rinceur, euse n.
rinçure n. f.
rinforzando adv., adj. et n. m.
ring n. m.
¹**ringard** n. m. (tisonnier)
²**ringard, arde** n. et adj.
ringarder v. tr. (conjug. 1)
ringardisation n. f.
ringardiser v. tr. (conjug. 1)
ringardise n. f.
RIP n. m. (relevé d'identité postale)
ripage n. m.
ripaille n. f.
ripailler v. intr. (conjug. 1)
ripailleur, euse n. et adj.
ripaton n. m.
ripe n. f.
riper v. (conjug. 1)
ripeur n. m.
ripiéno ou **ripieno** n. m.
ripolin® n. m.
ripoliner v. tr. (conjug. 1)
riposte n. f.
riposter v. intr. (conjug. 1)
ripou adj. et n. m.
rip(p)eur ou **ripper** n. m.
ripple-mark n. f.
  PL. *ripple-marks*
ripuaire adj. et n.
riquiqui ou **rikiki** adj. inv.
¹**rire** n. m.
²**rire** v. (conjug. 36)
ris n. m.
risberme n. f.

risée n. f.
risette n. f.
risible adj.
risiblement adv.
risorius n. m.
risotto n. m.
risque n. m.
risqué, ée adj.
risquer v. tr. (conjug. 1)
risque-tout ou **risquetout*** n. et adj.
  PL. inv. ou *risquetouts**
rissole n. f.
rissoler v. tr. (conjug. 1)
ristourne n. f. (rec. off. de *discount*)
ristourner v. tr. (conjug. 1)
rit n. m.
rital, ale n.
rite n. m.
ritournelle n. f.
ritualisation n. f.
ritualiser v. tr. (conjug. 1)
ritualisme n. m.
ritualiste n. et adj.
rituel, elle adj. et n. m.
rituellement adv.
rivage n. m.
rival, ale, aux n. et adj.
rivaliser v. intr. (conjug. 1)
rivalité n. f.
rive n. f.
rivelaine n. f.
river v. tr. (conjug. 1)
riverain, aine n. et adj.
riveraineté n. f.
rivet n. m.
rivetage n. m.
riveter v. tr. (conjug. 4)
riveteuse n. f.
riviera n. f.
rivière n. f.
rivoir n. m.
rivulaire adj. et n. f.
rivure n. f.
rixdale n. f.
rixe n. f.
riz n. m.
rizerie n. f.
riziculteur, trice n.

riziculture n. f.
rizière n. f.
riz-pain-sel n. m. inv.
R. M. A. n. m. (revenu minimum d'activité)
R. M. I. n. m. (revenu minimum d'insertion)
RMiste, RMIste n.
R. M. N. n. f. (résonance magnétique nucléaire)
R. N. n. f. inv. (route nationale)
R. N. I. S. n. m. (réseau numérique à intégration de services)
road movie ou **road-movie** [ʀɔdmuvi] n. m.
pl. *road(-)movies*
roadster [ʀɔdstɛʀ] n. m.
roast-beef [ʀɔsbif] n. m.
rob n. m.
robe n. f.
rober v. tr. (conjug. 1)
roberie n. f.
robert n. m.
robe-tablier n. f.
pl. *robes-tabliers*
robette n. f.
robin n. m.
robinet n. m.
robinetier ou **robinétier*** n. m.
robinetterie n. f.
robineux, euse adj.
robinier n. m.
robinsonnade n. f.
roboratif, ive adj.
robot n. m.
roboticien, ienne n.
robotique n. f.
robotisation n. f.
robotiser v. tr. (conjug. 1)
robre n. m.
robusta n. m.
robuste adj.
robustement adv.
robustesse n. f.
roc n. m.
rocade n. f.
rocaillage n. m.
rocaille n. f.; adj. inv.; n. m.

rocailler v. intr. (conjug. 1)
rocailleur n. m.
rocailleux, euse adj.
rocambolesque adj.
rocelle n. f.
rochage n. m.
rochassier, ière n.
roche n. f.
roche-magasin n. f.
pl. *roches-magasins*
roche-mère n. f.
pl. *roches-mères*
¹**rocher** n. m.
²**rocher** v. intr. (conjug. 1)
roche-réservoir n. f.
pl. *roches-réservoirs*
rochet n. m.
rocheux, euse adj.
rochier n. m.
¹**rock** ou **roc*** n. m. (oiseau)
²**rock** n. m. et adj. inv. (musique)
rockabilly n. m.
rock-and-roll n. m. et adj. inv.
rocker n.
rocket n. f.
rockeur, euse ou **rocker** n.
rocking-chair [ʀɔkiŋ(t)ʃɛʀ] n. m.
pl. *rocking-chairs*
rock'n'roll [ʀɔkɛnʀɔl] n. m. et adj. inv.
rock-star ou **rockstar** n. f.
pl. *rock(-)stars*
rococo n. m. et adj. inv.
rocou n. m.
rocouer v. tr. (conjug. 1)
rocouyer n. m.
rodage n. m.
rôdailler v. intr. (conjug. 1)
rodéo n. m.
roder v. tr. (conjug. 1)
rôder v. intr. (conjug. 1)
rôdeur, euse n.
rodoir n. m.
rodomont n. m. et adj.

rodomontade n. f.
rœntgen [ʀœntgɛn; ʀœntgən] n. m.
roentgenium n. m.
rœsti [ʀøʃti, ʀœsti] n. m.
rogations n. f. pl.
rogatoire adj.
rogaton n. m.
rognage n. m.
rogne n. f.
rogner v. (conjug. 1)
rogneur, euse n.
rognon n. m.
rognonnade n. f.
rognonner v. intr. (conjug. 1)
rognure n. f.
rogomme n. m.
rogue adj.; n. f.
rogué, ée adj.
rohart n. m.
roi n. m.
roide adj.
roideur n. f.
roidir v. tr. (conjug. 2)
roitelet n. m.
rôle n. m.
rôle-titre n. m.
pl. *rôles-titres*
roller [ʀɔlœʀ] n. m.
rolleur, euse n.
rollier n. m.
rollmops [ʀɔlmɔps] n. m.
rom n. et adj.
ROM n. f. inv. (read only memory)
romain, aine adj. et n.
romaine n. f.
romaïque adj. et n. m.
¹**roman, ane** adj.
²**roman** n. m.
romance n. f.
romancer v. tr. (conjug. 3)
romancero ou **romancéro*** n. m.
romanche n. m.
romancier, ière n.
romand, ande adj.
romanesco n. m.
romanesque adj. et n. m.

roman-feuilleton n. m.
  PL. *romans-feuilletons*
roman-fleuve n. m.
  PL. *romans-fleuves*
romani n. m.
romanichel, elle n.
romanisant, ante adj.
romanisation n. f.
romaniser v. (conjug. 1)
romanisme n. m.
romaniste n.
romanité n. f.
romano n.
roman-photo n. m.
  PL. *romans-photos*
romantique adj.
romantisme n. m.
romarin n. m.
rombière n. f.
roméique adj. et n. f.
rompre v. (conjug. 41)
rompu, ue adj.
romsteck ou **romsteak** ou **rumsteck** n. m.
ronce n. f.
ronceraie n. f.
ronceux, euse adj.
ronchon, onne n. et adj.
ronchonnement n. m.
ronchonner v. intr. (conjug. 1)
ronchonneur, euse adj. et n.
roncier n. m.
rond, ronde adj. et n. m.
rondache n. f.
rond-de-cuir n. m.
  PL. *ronds-de-cuir*
ronde n. f.
rondeau n. m.
ronde-bosse n. f.
  PL. *rondes-bosses*
rondelet, ette adj.
rondelle n. f.
rondement adv.
rondeur n. f.
rondier n. m.
rondin n. m.
rondo n. m.
rondouillard, arde adj.

rond-point ou **rondpoint*** n. m.
  PL. *ronds-points* ou *rondpoints**
ronéo ® n. f.
  PL. *ronéos*
ronéoter v. tr. (conjug. 1)
ronéotyper v. tr. (conjug. 1)
ronflant, ante adj.
ronflement n. m.
ronfler v. intr. (conjug. 1)
ronfleur, euse n.
rongement n. m.
ronger v. tr. (conjug. 3)
rongeur, euse adj. et n.
rongorongo adj. et n. m.
rônier n. m.
ronron n. m.
ronronnement n. m.
ronronner v. intr. (conjug. 1)
röntgen ou **rœntgen** [Rœntgɛn; Rœntgɛn] n. m.
röntgenthérapie ou **rœntgenthérapie** n. f.
rookerie [Rukʀi] n. f.
roque n. m.
roquefort n. m.
roquelaure n. f.
roquentin n. m.
roquer v. intr. (conjug. 1)
roquerie n. f.
roquet n. m.
roquetin n. m.
roquette n. f.
rorqual n. m.
rosace n. f.
rosacé, ée adj. et n. f.
rosage n. m.
rosaire n. m.
rosalbin n. m.
rosalie n. f.
rosaniline n. f.
rosat adj. inv.
rosâtre adj.
rosbif n. m.
rose adj. et n. m.; n. f.
rosé, ée adj. et n. m.
roseau n. m.
rose-croix n. inv.

rosée n. f.
roselet n. m.
roselier, ière adj. et n. f.
roséole n. f.
roser v. tr. (conjug. 1)
roseraie n. f.
rosette n. f.
roseur n. f.
roseval n. f.
rosicrucien, ienne adj. et n.
rosier n. m.
rosière n. f.
rosiériste n.
rosine n. f.
rosir v. (conjug. 2)
rosissement n. m.
rosquille n. f.
rossard, arde n. et adj.
rosse n. f. et adj.
rossée n. f.
rosser v. tr. (conjug. 1)
rosserie n. f.
rossignol n. m.
rossinante n. f.
rossolis n. m.
rösti ou **rœsti** n. m.
rostral, ale, aux adj.
rostre n. m.
¹**rot** n. m. (renvoi)
²**rot** [ʀɔt] n. m. (maladie)
rôt n. m.
rotacé, ée adj.
rotacteur n. m.
rotang n. m.
rotary n. m.
  PL. *rotarys*
rotateur, trice adj.
rotatif, ive adj. et n.
rotation n. f.
rotativiste n.
rotatoire adj.
rotavirus n. m.
rote n. f.
rotengle n. m.
roténone n. f.
roter v. intr. (conjug. 1)
roteuse n. f.
¹**rôti, ie** adj.

rôti

²rôti n. m.
rôtie n. f.
rotifères n. m. pl.
rotin n. m.
rôtir v. (conjug. 2)
rôtissage n. m.
rôtisserie n. f.
rôtisseur, euse n.
rôtissoire n. f.
roto n. m.
rotogravure n. f.
rotonde n. f.
rotondité n. f.
rotoplots n. m. pl.
rotor n. m.
rototo n. m.
rotring ® n. m.
rotrouenge n. f.
rotruenge ou
rottweiler ou
 rottweiler [ʀɔtvajlœʀ]
 n. m.
rotule n. f.
rotulien, ienne adj.
roture n. f.
roturier, ière adj. et n.
rouable n. m.
rouage n. m.
rouan, rouanne adj.
rouanne n. f.
rouannette n. f.
roubignoles n. f. pl.
roublard, arde adj.
roublardise n. f.
rouble n. m.
rouchi n. m.
roucoulade n. f.
roucoulant, ante adj.
roucoulement n. m.
roucouler v. intr. (conjug. 1)
roudoudou n. m.
roue n. f.
roué, rouée adj. et n.
rouelle n. f.
roue-pelle n. f.
 PL. roues-pelles
rouer v. tr. (conjug. 1)
rouerie n. f.
rouet n. m.
rouette n. f.

rouf n. m.
rouflaquette n. f.
rougail ou rougaille
 n. m.
rouge adj. et n.
rougeâtre adj.
rougeaud, aude adj.
rouge-gorge n. m.
 PL. rouges-gorges
rougeoiement n. m.
rougeole n. f.
rougeoleux, euse adj. et
 n.
rougeoyant, ante adj.
rougeoyer v. intr.
 (conjug. 8)
rouge-pie adj. inv.
rouge-queue n. m.
 PL. rouges-queues
rouget n. m.
rougette n. f.
rougeur n. f.
rough [ʀœf] n. m.
rougi, ie adj.
rougir v. (conjug. 2)
rougissant, ante adj.
rougissement n. m.
rouille n. f.
rouillé, ée adj.
rouiller v. (conjug. 1)
rouillure n. f.
rouir v. (conjug. 2)
rouissage n. m.
rouissoir n. m.
roulade n. f.
roulage n. m.
roulant, ante adj.
roulante n. f.
roule n. m.
roulé, ée adj. et n. m.
rouleau n. m.
rouleauté, ée adj. et n.
roulé-boulé n. m.
 PL. roulés-boulés
roulée n. f.
roulement n. m.
rouler v. (conjug. 1)
roulette n. f.
rouleur, euse n. m. et f.
roulier n. m.

roulis n. m.
rouloir n. m.
roulotte n. f.
roulotté, ée adj. et n. m.
roulottier, ière n.
roulure n. f.
roumain, aine adj. et n.
roumi n.
roumie n. f.
round n. m.
roupettes n. f. pl.
roupie n. f.
roupiller v. intr. (conjug. 1)
roupillon n. m.
rouquin, ine adj. et n.
rouscailler v. intr.
 (conjug. 1)
rouspétance n. f.
rouspéter v. intr. (conjug. 6)
rouspéteur, euse n.
rousquille n. f.
roussâtre adj.
rousse n. f.
rousseau n. m.
rousseler v. intr. (conjug. 4)
rousselet n. m.
rousserolle ou
 rousserole n. f.
roussette n. f.
rousseur n. f.
roussi n. m.
roussin n. m.
roussir v. (conjug. 2)
roussissement n. m.
rouste n. f.
roustir v. tr. (conjug. 2)
roustons n. m. pl.
routage n. m.
routard, arde n.
route n. f.
router v. tr. (conjug. 1)
routeur, euse n.
routier, ière adj. et n.
routine n. f.
routinier, ière adj.
rouverain ou rouverin
 adj. m.
rouvraie n. f.
rouvre n. m.
rouvrir v. (conjug. 18)

rythmicien

roux, rousse adj. et n.
royal, ale, aux adj.
royale n. f.
royalement adv.
royalisme n. m.
royaliste n. et adj.
royalties n. f. pl. (rec. off. : redevance)
royaume n. m.
royauté n. f.
R. S. A. n. m. (revenu de solidarité active)
RTT n. f. (réduction du temps de travail)
ru n. m.
ruade n. f.
ruban n. m.
rubané, ée adj.
rubaner v. tr. (conjug. 1)
rubanerie n. f.
rubanier, ière n. et adj.
rubato adj.; adv. et n. m.
rubéfaction n. f.
rubéfiant, iante adj. et n. m.
rubellite n. f.
rubéole n. f.
rubéoleux, euse adj.
rubescent, ente adj.
rubican adj. m.
rubicond, onde adj.
rubidium n. m.
rubiette n. f.
rubigineux, euse adj.
rubis n. m.
rubriquage ou **rubricage** n. m.
rubriquard, arde ou **rubricard, arde** n.
rubrique n. f.
ruche n. f.
ruché n. m.
ruchée n. f.
¹**rucher** n. m.
²**rucher** v. tr. (conjug. 1)
rudbeckia n. m.
rude adj.
rudement adv.
rudenté, ée adj.
rudenture n. f.

rudéral, ale, aux adj.
rudération n. f.
rudesse n. f.
rudiment n. m.
rudimentaire adj.
rudoiement n. m.
rudologie n. f.
rudoyer v. tr. (conjug. 8)
rue n. f.
ruée n. f.
ruelle n. f.
ruer v. (conjug. 1)
ruffian ou **rufian** n. m.
ruflette ® n. f.
rugby n. m.
rugbyman n. m.
PL. *rugbymen* ou *rugbymans*
rugination n. f.
rugine n. f.
rugir v. (conjug. 2)
rugissant, ante adj.
rugissement n. m.
rugosimètre n. m.
rugosité n. f.
rugueux, euse adj. et n. m.
ruiler v. tr. (conjug. 1)
ruine n. f.
ruiné, ée adj.
ruiner v. tr. (conjug. 1)
ruineusement adv.
ruineux, euse adj.
ruiniforme adj.
ruiniste adj.
ruinure n. f.
ruisseau n. m.
ruisselant, ante adj.
ruisseler v. intr. (conjug. 4)
ruisselet n. m.
ruissellement ou **ruissèlement*** n. m.
rumb n. m.
rumba n. f.
rumen n. m.
rumeur n. f.
ruminant, ante adj. et n. m.
rumination n. f.
ruminer v. tr. (conjug. 1)
rumsteak ou **rumsteck** [ʀɔmstɛk] n. m.

runabout n. m.
rune n. f.
runique adj.
ruolz n. m.
rupestre adj.
rupicole n. m.
rupin, ine adj. et n.
rupteur n. m.
rupture n. f.
rural, ale, aux adj.
ruralité n. f.
rurbain, aine adj. et n.
rurbanisation n. f.
ruse n. f.
rusé, ée adj.
ruser v. intr. (conjug. 1)
rush n. m.
PL. *rushes* ou *rushs*
russe adj. et n.
russification n. f.
russifier v. tr. (conjug. 7)
russophile adj. et n.
russophobe adj. et n.
russophone adj. et n.
russule n. f.
rustaud, aude adj. et n.
rusticage n. m.
rusticité n. f.
rustine ® n. f.
rustique adj. et n. m.
rustiquer v. tr. (conjug. 1)
rustre n. m. et adj.
rut n. m.
rutabaga n. m.
ruthénium n. m.
rutherfordium n. m.
rutilance n. f.
rutilant, ante adj.
rutile n. m.
rutilement n. m.
rutiler v. intr. (conjug. 1)
rutoside n. m.
R.-V. abrév. (rendez-vous)
ryad ou **riad** n. m.
rye n. m.
rythme n. m.
rythmé, ée adj.
rythmer v. tr. (conjug. 1)
rythmicien, ienne n.

rythmicité n. f.
rythmique adj. et n. f.
rythmiquement adv.

S

s n. m. inv.; abrév. et symb.
S n. m. inv.; abrév. et symb.
sa adj. poss.
S. A. n. f. (société anonyme)
sabayon n. m.
sabbat n. m.
sabbathien, ienne n.
sabbatique adj.
sabéen, enne adj. et n.
sabéisme n. m.
sabelle n. f.
sabellianisme n. m.
sabine n. f.
sabir n. m.
sablage n. m.
sable n. m.
sablé, ée n. m. et adj.
sabler v. tr. (conjug. 1)
sablerie n. f.
sableur n. m.
sableuse n. f.
sableux, euse adj.
sablier n. m.
sablière n. f.
sablon n. m.
sablonner v. tr. (conjug. 1)
sablonneux, euse adj.
sablonnière n. f.
sabodet n. m.
sabord n. m.
sabordage n. m.
sabordement n. m.
saborder v. tr. (conjug. 1)
sabot n. m.
sabotage n. m.
saboter v. tr. (conjug. 1)

saboterie n. f.
saboteur, euse n.
sabotier, ière n.
sabouler v. tr. (conjug. 1)
sabra n.
sabrage n. m.
sabre n. m.
sabre-baïonnette n. m.
PL. *sabres-baïonnettes*
sabrer v. tr. (conjug. 1)
sabretache n. f.
sabreur, euse n.
sabreuse n. f.
saburral, ale, aux adj.
saburre n. f.
sac n. m.
saccade n. f.
saccadé, ée adj.
saccader v. tr. (conjug. 1)
saccage n. m.
saccagement n. m.
saccager v. tr. (conjug. 3)
saccageur, euse n. et adj.
saccharase ou
  saccarase* [-k-] n. f.
saccharate ou
  saccarate* [-k-] n. m.
scchareux, euse ou
  saccareux, euse* [-k-] adj.
saccharides ou
  saccarides* [-k-] n. m. pl.
saccharifère ou
  saccarifère* [-k-] adj.
saccharifiable ou
  saccarifiable* [-k-] adj.
saccharification ou
  saccarification* [-k-] n. f.
saccharifier ou
  saccarifier* [-k-] v. tr. (conjug. 7)
saccharimètre ou
  saccarimètre* [-k-] n. m.
saccharimétrie ou
  saccarimétrie* [-k-] n. f.

saccharimétrique ou
  saccarimétrique* [-k-] adj.
saccharine ou
  saccarine* [-k-] n. f.
sacchariné, ée® ou
  saccariné, ée* [-k-] adj.
saccharique ou
  saccarique* [-k-] adj.
saccharoïde ou
  saccaroïde* [-k-] adj.
saccharolé ou
  saccarolé* [-k-] n. m.
saccharomyces ou
  saccaromyces* [-k-] n. m.
saccharose ou
  saccarose* [-k-] n. m.
sacciforme adj.
saccule n. m.
sacculiforme adj.
sacculine n. f.
sacerdoce n. m.
sacerdotal, ale, aux adj.
sachem n. m.
sachet n. m.
sacoche n. f.
sacoléva n. f.
sacolève n. m.
sacome n. m.
sac-poubelle n. m.
PL. *sacs-poubelles*
sacquebute n. f.
saquebute n. f.
sacquer ou **saquer** v. tr. (conjug. 1)
sacral, ale, aux adj.
sacralisation n. f.
sacraliser v. tr. (conjug. 1)
sacralité n. f.
sacramentaire n. et adj.
sacramental, aux n. m.
sacramentel, elle adj.
sacrant adj. m.
sacre n. m.
sacré, ée adj.
sacrebleu interj.
Sacré-Cœur n. m.
sacrédié interj.
sacredieu interj.

sacrement n. m.
sacrément adv.
sacrer v. (conjug. 1)
sacret n. m.
sacrificateur, trice n.
sacrificatoire adj.
sacrifice n. m.
sacrificiel, ielle adj.
sacrifié, iée adj. et n.
sacrifier v. tr. (conjug. 7)
sacrilège n. et adj.
sacripant n. m.
sacristain n. m.
sacristaine ou **sacristine** n. f.
sacristi interj.
sacristie n. f.
sacristine n. f.
sacro-iliaque adj.
PL. sacro-iliaques
sacro-saint, -sainte ou **sacrosaint, ainte★** adj.
PL. sacro-saints, -saintes ou sacrosaints, aintes★
sacrum n. m.
sadducéen, enne ou **saducéen, enne** n. et adj.
sadique adj. et n.
sadiquement adv.
sadisme n. m.
sado adj. et n.
sadomaso adj. et n.
sadomasochisme n. m.
sadomasochiste adj. et n.
saducéen, enne n. et adj.
safari n. m.
safari-photo n. m.
PL. safaris-photos
safran n. m.
safrané, ée adj.
safranée n. f.
safraner v. tr. (conjug. 1)
safre n. m.
saga n. f.
sagace adj.
sagacité n. f.
sagaie n. f.
sagard n. m.

sage adj. et n.
sage-femme ou **sagefemme★** n. f.
PL. sages-femmes ou sagefemmes★
sagement adv.
sagesse n. f.
sagette n. f.
sagine n. f.
sagittaire n. m. et f.
sagittal, ale, aux adj.
sagitté, ée adj.
sagne n. f.
sagneur n. m.
sagou n. m.
sagouin, ine n.
sagoutier n. m.
sagum n. m.
saharien, ienne adj. et n.
saharienne n. f.
sahel n. m.
sahélien, ienne n. et adj.
sahib n. m.
sahraoui, ie adj. et n.
saï n. m.
saie n. f.
saietter v. tr. (conjug. 1)
saïga n. m.
saignant, ante adj.
saignée n. f.
saignement n. m.
saigner v. (conjug. 1)
saigneur, euse n. et adj.
saigneux, euse adj.
saignoir n. m.
saillant, ante adj.
saillie n. f.
saillir v. (conjug. 2 ou 13)
saïmiri n. m.
¹**sain, saine** adj.
²**sain** n. m. (graisse)
sainbois n. m.
saindoux n. m.
sainement adv.
sainfoin n. m.
saint, sainte n. et adj.
saint-bernard n. m.
PL. saint-bernards
saint-crépin n. m. sing.

saint-cyrien n. m.
PL. saint-cyriens
sainte-maure n. m.
PL. sainte-maures
saintement adv.
saint-émilion n. m.
PL. saint-émilions
sainte nitouche n. f.
Saint-Esprit n. m. sing.
sainteté n. f.
saint-frusquin n. m.
saint-glinglin (à la) loc. adv.
saint-honoré n. m.
PL. saint-honorés
Saint-Jacques n. f. inv.
saint-marcellin n. m.
PL. saint-marcellins
saint-nectaire n. m.
PL. saint-nectaires
Saint(-)Office n. m.
saint-paulin n. m.
PL. saint-paulins
Saint(-)Père n. m.
saint-pierre n. m.
PL. inv. ou saint-pierres
Saint(-)Sacrement n. m. sing.
Saint(-)Sépulcre n. m.
Saint-Siège n. m.
saint-simonien, ienne adj. et n.
PL. saint-simoniens
saint-simonisme n. m.
saint-sulpicien, ienne adj.
PL. saint-sulpiciens, iennes
saint-synode n. m.
PL. saints-synodes
saisi, ie adj. et n.
saisie n. f.
saisie-arrêt n. f.
PL. saisies-arrêts
saisie-brandon n. f.
PL. saisies-brandons
saisie-exécution n. f.
PL. saisies-exécutions
saisie-gagerie n. f.
PL. saisies-gageries
saisine n. f.
saisir v. tr. (conjug. 2)

saisissable

saisissable adj.
saisissant, ante adj.
saisissement n. m.
saison n. f.
saisonnalité n. f.
saisonnier, ière adj.
saïte adj.
sajou n. m.
saké n. m.
saki n. m.
sakièh ou sakieh n. f.
salace adj.
salacité n. f.
salade n. f.
saladier n. m.
salafisme n. m.
salafiste ou salafite adj. et n.
salage n. m.
salaire n. m.
salaison n. f.
salaisonnerie n. f.
salamalec n. m.
salamandre n. f.
salami n. m.
salangane n. f.
salant adj. m. et n. m.
salarial, iale, iaux adj.
salariat n. m.
salarié, iée adj. et n.
salarier v. tr. (conjug. 7)
salaud n. m. et adj. m.
salchow n. m.
sale adj.
¹salé, ée adj.
²salé n. m.
salement adv.
salep n. m.
saler v. tr. (conjug. 1)
saleron n. m.
salésien, ienne adj. et n.
saleté n. f.
saleur, euse n.
salicaire n. f.
salicine n. f.
salicional, aux n. m.
salicole adj.
salicoque n. f.
salicorne n. f.

salicoside n. m.
salicylate n. m.
salicylique adj.
salien, ienne adj.
salière n. f.
salifère adj.
salifiable adj.
salification n. f.
salifier v. tr. (conjug. 7)
saligaud n. m.
salignon n. m.
salin, ine adj. et n. m.
salinage n. m.
saline n. f.
salinier, ière adj. et n.
salinisation n. f.
salinité n. f.
salique adj.
salir v. tr. (conjug. 2)
salissant, ante adj.
salissure n. f.
salivaire adj.
salivation n. f.
salive n. f.
saliver v. intr. (conjug. 1)
salle n. f.
salmanazar n. m.
salmigondis n. m.
salmis n. m.
salmonella n. f. inv.
salmonelle n. f.
salmonellose n. f.
salmoniculteur, trice n.
salmoniculture n. f.
salmonidés n. m. pl.
salmoniformes n. m. pl.
saloir n. m.
salol n. m.
salon n. m.
salonnard, arde n.
salonnier, ière n. et adj.
saloon [salun] n. m.
salop n. m.
salopard n. m.
salope n. f.
saloper v. tr. (conjug. 1)
saloperie n. f.
salopette n. f.

salopiot ou salopiaud n. m.
salorge n. f.
salpe n. f.
salpêtre n. m.
salpêtré, ée adj.
salpêtrière n. f.
salpicon n. m.
salpingite n. f.
salpingographie n. f.
salsa n. f.
salse n. f.
salsepareille n. f.
salsifis n. m.
saltarelle n. f.
saltation n. f.
saltationnisme n. m.
saltatoire adj.
saltimbanque n.
salto n. m.
salubre adj.
salubrité n. f.
saluer v. tr. (conjug. 1)
salure n. f.
salut n. m.
salutaire adj.
salutation n. f.
salutiste n. et adj.
salvateur, trice adj.
¹salve n. f.
²salve ou salvé [salve] n. m. inv.
salve regina n. m. inv.
salzbourgeois, oise adj. et n.
samare n. f.
samaritain, aine n. et adj.
samarium n. m.
samba n. f.; n. m.
sambuque n. f.
samedi n. m.
samit n. m.
samizdat n. m.
sammy n. m.
  PL. *sammies* ou *sammys**
samoan, ane adj. et n.
samole n. m.
samosa n. m.
samouraï ou samurai n. m.

sapèque

samoussa ou **samossa** n. m.
samovar n. m.
samoyède adj. et n.
sampan ou **sampang** n. m.
sampi n. m.
sample n. m.
sampleur ou **sampler** n. m.
sampot n. m.
samsara n. m.
SAMU n. m. inv. (service d'aide médicale d'urgence)
samurai n. m.
sana n. m.
sanatorium n. m.
PL. *sanatoriums*
san-benito ou **sanbénito**★ [sɑ̃benito] n. m.
PL. inv. ou *sanbénitos*★
sancerre n. m.
sancir v. intr.
sanctifiant, iante adj.
sanctificateur, trice n. et adj.
sanctification n. f.
sanctifier v. tr. (conjug. 7)
sanction n. f.
sanctionner v. tr. (conjug. 1)
sanctuaire n. m.
sanctuarisation n. f.
sanctuariser v. tr. (conjug. 1)
sanctus n. m.
sandale n. f.
sandalette n. f.
sandaraque n. f.
sanderling n. m.
sandix ou **sandyx** n. m.
sandjak n. m.
sandow ® n. m.
sandragon n. m.
sandre n. m.
sandwich n. m.
PL. *sandwiches* ou *sandwichs*
sandwicher v. tr. (conjug. 1)
sandwicherie n. f.

sandyx n. m.
sanforiser v. tr. (conjug. 1)
san franciscain, aine adj. et n.
sang n. m.
sang-de-dragon ou **sang-dragon** n. m.
PL. *sangs-de-dragons* ou *sang-dragons*
sang-froid n. m. inv.
sanglant, ante adj.
sangle n. f.
sangler v. tr. (conjug. 1)
sanglier n. m.
sanglot n. m.
sanglotement n. m.
sangloter v. intr. (conjug. 1)
sang-mêlé n.
PL. inv. ou *sangs-mêlés*
sangria n. f.
sangsue n. f.
sanguin, ine adj. et n.
sanguinaire adj.; n. f.
sanguine n. f.
sanguinolent, ente adj.
sanguisorbe n. f.
sanhédrin n. m.
sanicle n. f.
sanie n. f.
sanieux, ieuse adj.
sanisette ® n. f.
sanitaire adj. et n. m.
sanitation n. f.
sans prép.
sans-abri n.
PL. *sans-abri(s)*
sans-allure adj. inv. et n. inv.
sans-cœur n.
PL. *sans-cœur(s)*
sanscrit, ite n. m. et adj.
sanscritisme n. m.
sanscritiste n.
sans-culotte n. m.
PL. *sans-culottes*
sans-dessein adj. et n.
PL. *sans-dessein(s)*
sans-emploi n.
PL. *sans-emploi(s)*
sansevière n. f.

sans-façon n. m.
PL. *sans-façons*
sans-faute n. m.
PL. *sans-faute(s)*
sans-fil n. f. et m.
PL. *sans-fil(s)*
sans-filiste n.
PL. *sans-filistes*
sans-gêne adj. et n. m.
PL. *sans-gêne(s)*
sans-grade n.
PL. *sans-grades*
sanskrit, ite ou **sanscrit, ite** n. m. et adj.
sanskritisme ou **sanscritisme** n. m.
sanskritiste ou **sanscritiste** n.
sans-le-sou n. inv.
sans-logis n. inv.
sansonnet n. m.
sans-papier(s) n.
PL. *sans-papiers*
sans-parti n.
PL. *sans-partis*
sans-patrie n. m.
PL. inv. ou *sans-patries*★
sans-souci n. et adj.
PL. *sans-souci(s)*
sans-terre adj. et n. inv.
sans-travail adj. et n. inv.
santal n. m.
santaline n. f.
santé n. f.
santiag n. f.
santoline n. f.
santon n. m.
santonine n. f.
santonnier, ière n.
santour ou **santur** n. m.
sanve n. f.
sanza n. f.
saoul, saoule adj.
saoulard, arde n. et adj.
saouler v. tr. (conjug. 1)
saoulerie n. f.
sapajou n. m.
sape n. f.
sapement n. m.
sapèque n. f.

saper

saper v. (conjug. 1).
saperde n. f.
saperlipopette interj.
saper (se) v. pron. (conjug. 1)
sapeur n. m.
sapeur-pompier n. m.
  pl. *sapeurs-pompiers*
saphène n. f. et adj.
saphique adj.
saphir n. m.
saphisme n. m.
sapide adj.
sapidité n. f.
sapience n. f.
sapiential, iale, iaux [-pjɛ̃sjal] adj.
sapin n. m.
sapinage n. m.
sapine n. f.
sapinette n. f.
sapineux, euse adj.
sapinière n. f.
sapiteur n. m.
saponacé, ée adj.
saponaire n. f.
saponase n. f.
saponé n. m.
saponifiable adj.
saponification n. f.
saponifier v. tr. (conjug. 7)
saponine n. f.
sapotier n. m.
sapotille n. f.
sapotillier ou sapotier n. m.
sapristi interj.
sapropèle n. m.
sapropélique adj.
saprophage adj.
saprophile adj.
saprophyte adj. et n. m.
saprophytique adj.
saquebute n. f.
saquer v. tr. (conjug. 1)
saquinavir n. m.
sarabande n. f.
sarajévien, ienne n.
sarbacane n. f.

sarcasme n. m.
sarcastique adj.
sarcastiquement adv.
sarcelle n. f.
sarcine n. f.
sarclage n. m.
sarcler v. tr. (conjug. 1)
sarclette n. f.
sarcleur, euse n.
sarcloir n. m.
sarcoïde n. m.
sarcoïdose n. f.
sarcomateux, euse adj.
sarcome n. m.
sarcomère n. m.
sarcophage n. m. et f.
sarcoplasme n. m.
sarcoplasmique adj.
sarcopte n. m.
sardanapalesque adj.
sardane n. f.
sarde adj. et n.
sardine n. f.
sardinerie n. f.
sardinier, ière adj. et n.
sardoine n. f.
sardonique adj.
sardoniquement adv.
sardonyx n. f.
sargasse n. f.
sari n. m.
sarigue n. f.
sarin n. m.
sarisse n. f.
S. A. R. L. n. f. inv. (société à responsabilité limitée)
sarment n. m.
sarmenter v. intr. (conjug. 1)
sarmenteux, euse adj.
sarod n. m.
sarong n. m.
saros n. m.
saroual ou sarouel n. m.
sarracénie n. f.
sarracénique adj.
sarrancolin n. m.
sarrasin, ine n. et adj.
sarrau n. m.

sarrette ou serrette n. f.
sarriette n. f.
sarrussophone n. m.
sas n. m.
sashimi n. m.
sassafras n. m.
sassage n. m.
sassanide adj. et n.
sassement n. m.
sassenage n. m.
sasser v. tr. (conjug. 1)
sasseur, euse n.
satané, ée adj.
satanique adj.
sataniquement adv.
sataniser v. tr. (conjug. 1)
satanisme n. m.
sataniste adj. et n.
satellisable adj.
satellisation n. f.
satelliser v. tr. (conjug. 1)
satellitaire adj.
satellite n. m.
sati n. f. et m. inv.
satiété n. f.
satin n. m.
satinage n. m.
satiné, ée adj.
satiner v. tr. (conjug. 1)
satinette n. f.
satineur, euse n.
satire n. f.
satirique adj.
satiriquement adv.
satiriser v. tr. (conjug. 1)
satiriste n.
satisfaction n. f.
satisfaire v. tr. (conjug. 60)
satisfaisant, ante adj.
satisfait, aite adj.
satisfecit ou satisfécit [-fesit] n. m.
  pl. inv. ou *satisfécits*
satrape n. m.
satrapie n. f.
satrapique adj.
saturabilité n. f.
saturable adj.
saturant, ante adj.

saturateur n. m.
saturation n. f.
saturé, ée adj.
saturer v. tr. (conjug. 1)
saturnale n. f.
saturne n. m.
saturnie n. f.
saturnien, ienne adj.
saturnin, ine adj.
saturnisme n. m.
saturomètre n. m.
satyre n. m.
satyriasique n. m. et adj.
satyriasis n. m.
satyrique adj.
satyrisme n. m.
sauce n. f.
saucé, ée adj.
saucée n. f.
saucer v. tr. (conjug. 3)
saucette n. f.
saucier n. m.
saucière n. f.
sauciflard n. m.
saucisse n. f.
saucisserie n. f.
saucisson n. m.
saucissonnage n. m.
saucissonné, ée adj.
saucissonner v. (conjug. 1)
saucissonneur, euse n.
saucissonnier n. m.
sauf, sauve adj. et prép.
sauf-conduit ou
saufconduit* n. m.
PL. sauf-conduits ou
saufconduits*
sauge n. f.
saugrenu, ue adj.
saulaie n. f.
saule n. m.
saulée n. f.
saumâtre adj.
saumoduc n. m.
saumon n. m.
saumoné, ée adj.
saumoneau n. m.
saumonette n. f.
saumurage n. m.
saumure n. f.

saumurer v. tr. (conjug. 1)
sauna n. m.
saunage n. m.
saunaison n. f.
sauner v. intr. (conjug. 1)
saunier n. m.
saunière n. f.
saupiquet n. m.
saupoudrage n. m.
saupoudrer v. tr. (conjug. 1)
saupoudreur, euse adj. et n.
saupoudroir n. m.
saur adj. m.
saurage n. m.
saurer v. tr. (conjug. 1)
sauret n. m.
sauriens n. m. pl.
saurin n. m.
sauris n. m.
saurissage n. m.
saurisserie n. f.
saurisseur, euse n.
saussaie n. f.
saut n. m.
saut-de-lit n. m.
PL. sauts-de-lit
saut-de-loup n. m.
PL. sauts-de-loup
saut-de-mouton n. m.
PL. sauts-de-mouton
saute n. f.
sauté, ée adj. et n. m.
sautelle n. f.
saute-mouton n. m.
PL. saute-moutons
sauter v. (conjug. 1)
sautereau n. m.
sauterelle n. f.
sauterie n. f.
sauternes n. m.
saute-ruisseau n. m.
PL. saute-ruisseaux
sauteur, euse n. et adj.
sauteuse n. f.
sautillant, ante adj.
sautillement n. m.
sautiller v. intr. (conjug. 1)
sautoir n. m.

sauvable adj.
sauvage adj.
sauvagement adv.
sauvageon, onne n.
sauvagerie n. f.
sauvagesse n. f.
sauvagin, ine adj.
sauvagine n. f.
sauvaginier n. m.
sauvegarde n. f.
sauvegarder v. tr. (conjug. 1)
sauve-qui-peut n. m. inv.
sauver v. tr. (conjug. 1)
sauvetage n. m.
sauveté n. f.
sauveteur, euse n.
sauvette (à la) loc. adv.
sauveur, euse n. et adj.
sauvignon n. m.
S. A. V. n. m. (service après-vente)
savamment adv.
savane n. f.
savant, ante adj. et n.
savarin n. m.
savart n. m.
savate n. f.
savetier n. m.
saveur n. f.
¹savoir n. m.
²savoir v. tr. (conjug. 32)
savoir-être n. m. inv.
savoir-faire n. m. inv.
savoir-vivre n. m. inv.
savon n. m.
savonnage n. m.
savonner v. tr. (conjug. 1)
savonnerie n. f.
savonnette n. f.
savonneux, euse adj.
savonnier, ière n. m. et adj.
savourer v. tr. (conjug. 1)
savoureusement adv.
savoureux, euse adj.
savoyard, arde adj.
sax n. m.
saxatile adj.
saxe n. m.

saxhorn n. m.
saxicole adj. et n.
saxifrage n. f. et adj.
saxon, onne n. et adj.
saxophone n. m.
saxophoniste n.
saynète n. f.
sayon n. m.
sbire n. m.
scabieuse n. f.
scabieux, ieuse adj.
scabreux, euse adj.
scaferlati n. m.
scalaire adj.; n. m.
scala santa n. f.
scalde n. m.
scalène adj.
scalogramme n. m.
scalp n. m.
scalpel n. m.
scalper v. tr. (conjug. 1)
scampi n. m.
scan n. m.
scandale n. m.
scandaleusement adv.
scandaleux, euse adj.
scandaliser v. tr. (conjug. 1)
scander v. tr. (conjug. 1)
scandinave adj.
scandinavisme n. m.
scandium n. m.
scannage n. m.
¹scanner [skanɛʀ] n. m. (rec. off. : numériseur, scanneur)
²scanner [skane] v. tr. (conjug. 1)
scannérisation n. f.
scannériser v. tr. (conjug. 1)
scanneur n. m. (rec. off. de scanner)
scanning n. m.
scanographe n. m.
scanographie n. f.
scansion n. f.
scaphandre n. m.
scaphandrier n. m.
scaphite n. m.
scaphoïde adj.

scapulaire adj.; n. m.
scapulalgie n. f.
scapulohuméral, ale, aux adj.
scarabée n. m.
scarabéidés n. m. pl.
scare n. m.
scarieux, ieuse adj.
scarifiage n. m.
scarificateur n. m.
scarification n. f.
scarifier v. tr. (conjug. 7)
scarlatin, ine adj.
scarlatine n. f. et adj.
scarole n. f.
scatologie n. f.
scatologique adj.
scatophage adj.
scatophile adj.
sceau n. m.
sceau-de-Salomon n. m.
  pl. sceaux-de-Salomon
scélérat, ate adj. et n.
scélératesse n. f.
scellage n. m.
scellé n. m.
scellement n. m.
sceller v. tr. (conjug. 1)
scénarimage n. m. (rec. off. de : story-board)
scénario ou scenario n. m.
  pl. scénarios ou scenarii (it.)
scénarisation n. f.
scénariser v. tr. (conjug. 1)
scénariste n.
scénaristique adj.
scène n. f.
scenic railway [senikʀɛlwe] n. m.
  pl. scenic railways
scénique adj.
scéniquement adv.
scénographe n.
scénographie n. f.
scénographique adj.
scénologie n. f.
scénopégies n. f. pl.
scepticisme n. m.
sceptique n. et adj.

sceptiquement adv.
sceptre n. m.
schah ou chah n. m.
schako n. m.
schappe n. m. ou f.
schelem [ʃlɛm] n. m.
schelling [ʃ(ə)liŋ] n. m.
schéma n. m.
schémathèque n. f.
schématique adj.
schématiquement adv.
schématisation n. f.
schématiser v. tr. (conjug. 1)
schématisme n. m.
schème n. m.
schéol n. m.
scherzando [skɛʀtsando; skɛʀdzãdo] adv.
scherzo [skɛʀdzo] n. m.
schibboleth [ʃibɔlɛt] n. m.
schiedam [skidam] n. m.
schilling [ʃiliŋ] n. m.
schipperke [ʃipɛʀk] adj. et n. m.
schismatique adj.
schisme n. m.
schiste n. m.
schisteux, euse adj.
schistoïde adj.
schistosome n. m.
schistosomiase n. f.
schizogamie [ski-] n. f.
schizogenèse [ski-] n. f.
schizogonie [ski-] n. f.
schizoïde [ski-] adj. et n.
schizoïdie [ski-] n. f.
schizométamérie [ski-]
schizonévrose [ski-] n. f.
schizoparaphasie [ski-] n. f.
schizophrène [ski-] adj. et n.
schizophrénie [ski-] n. f.
schizophrénique [ski-] adj.
schizose [ski-] n. f.
schizothymie [ski-] n. f.
schlague n. f.

schlamm n. m.
¹schlass ou **châsse*** adj. (ivre)
²schlass [ʃlɑs] n. m. (couteau)
schlich n. m.
schlinguer ou **chlinguer** v. intr. (conjug. 1)
schlittage n. m.
schlitte n. f.
schlitter v. tr. (conjug. 1)
schlitteur n. m.
schmilblick n. m.
schnaps n. m.
schnauzer n. m.
schnock ou **chnoque** adj. et n.
schnorkel ou **schnorchel** [ʃnɔʀkɛl] n. m.
schnouf ou **chnouf** n. f.
schofar n. m.
scholiaste [sk-] n. m.
scholie [sk-] n. f. et m.
schooner ou **schooneur*** n. m.
schorre n. m.
schproum n. m.
schupo n. m.
schuss n. m. et adv.
schwa n. m.
S. C. I. n. f. (société civile immobilière)
sciage n. m.
scialytique ® n. m.
sciant, sciante adj.
sciatalgie n. f.
sciatique adj. et n. f.
scie n. f.
sciemment adv.
science n. f.
science-fiction n. f.
science-fictionnel, elle adj.
PL. science-fictionnels, elles
Sciences-po n. f. pl.
sciène n. f.
scientificité n. f.
scientifique adj. et n.
scientifiquement adv.

scientisme n. m.
scientiste adj. et n.
scientologie n. f.
scientologue n.
scier v. tr. (conjug. 7)
scierie n. f.
scieur n. m.
scieuse n. f.
scille n. f.
scincidés n. m. pl.
scinder v. tr. (conjug. 1)
scinque n. m.
scintigramme n. m.
scintigraphie n. f.
scintillant, ante adj. et n. m.
scintillateur n. m.
scintillation n. f.
scintillement n. m.
scintiller v. intr. (conjug. 1)
scintillogramme n. m.
scintillographie n. f.
scintillomètre n. m.
scion n. m.
sciotte n. f.
scirpaie n. f.
scirpe n. m.
scissile adj.
scission n. f.
scissionnisme n. m.
scissionniste n. et adj.
scissipare adj.
scissiparité n. f.
scissure n. f.
sciure n. f.
sciuridés n. m. pl.
scléral, ale, aux adj.
sclérenchyme n. m.
scléranthe n. m.
sclérodermie n. f.
sclérogène adj.
scléroprotéine n. f.
sclérosant, ante adj.
sclérose n. f.
sclérosé, ée adj.
scléroser v. tr. (conjug. 1)
sclérothérapie n. f.

sclérotique n. f.
scolaire adj. et n.
scolairement adv.
scolarisable adj.
scolarisation n. f.
scolariser v. tr. (conjug. 1)
scolarité n. f.
scolasticat n. m.
scolastique adj. et n. f.
scolex n. m.
scoliaste ou **scholiaste** [skɔ-] n. m.
scolie ou **scholie** [skɔ-] n. f. et m.
scoliose n. f.
scolopendre n. f.
scolyte n. m.
scombridés n. m. pl.
scone n. m.
sconse ou **skunks** n. m.
scoop [skup] n. m. (rec. off. : exclusivité)
scoot [skut] n. m.
scooter ou **scootœur*** [skutɛʀ; skutœʀ] n. m.
scootériste [sku-] n.
scope n. m.
scopie n. f.
scopolamine n. f.
scorbut n. m.
scorbutique adj.
score n. m.
scorer v. intr. (conjug. 1)
scoriacé, ée adj.
scorie n. f.
scorifier v. tr. (conjug. 7)
scorpène n. f.
scorpion n. m.
scorsonère n. f.
¹scotch n. m.
PL. scotches ou scotchs (whisky)
²scotch ® n. m. (adhésif)
PL. scotchs
scotchant, ante adj.
scotcher v. tr. (conjug. 1)
scotch-terrier n. m.
PL. scotch-terriers
scotie n. f.
scotisme n. m.

scotiste adj. et n.
scotome n. m.
scotomisation n. f.
scotomiser v. tr. (conjug. 1)
scotopie n. f.
scotopique adj.
scottish n. f.
scottish-terrier n. m.
 pl. *scottish-terriers*
scoubidou n. m.
scoumoune n. f.
scoured n. m.
scout, scoute n. m. et n.
scoutisme n. m.
S. C. P. n. f. (société civile professionnelle)
scrabble ® n. m.
scrabbleur, euse n.
scramasaxe n. m.
scrapeur ou **scraper** n. m. (rec. off. : décapeuse)
scratch adj. inv.; n. m.
scratcher v. (conjug. 1)
scriban n. m.
scribanne n. f.
scribe n. m.
scribouillard, arde n.
script n. m.
scripte n.
scripteur, trice n.
script-girl n. f.
 pl. *script-girls*
scripturaire adj.
scriptural, ale, aux adj.
scrofulaire n. f.
scrofule n. f.
scrofuleux, euse adj. et n.
scrogneugneu interj.
scrotal, ale, aux adj.
scrotum n. m.
scrub n. m.
scrupule n. m.
scrupuleusement adv.
scrupuleux, euse adj.
scrutateur, trice adj. et n.
scrutation n. f.
scruter v. tr. (conjug. 1)
scrutin n. m.
scull n. m.

sculpter v. tr. (conjug. 1)
sculpteur, trice n.
sculptural, ale, aux adj.
sculpture n. f.
scutellaire n. f.
scutiforme adj.
scutum n. m.
 pl. *scutums* ou *scuta* (lat.)
scyphoméduses n. f. pl.
scyphozoaires n. m. pl.
scythe adj. et n.
scythique adj.
S. D. F. n. (sans domicile fixe)
se pron. pers.
seaborgium n. m.
sea-line n. f.
 pl. *sea-lines*
séance n. f.
¹**séant, ante** adj.
²**séant** n. m.
seau n. m.
sébacé, ée adj.
sébaste n. m.
sébile n. f.
sebka ou **sebkha** n. f.
séborrhée n. f.
séborrhéique adj.
sébum n. m.
sec, sèche adj. et n.
sécable adj.
secam ou **sécam*** n. m.
sécant, ante adj. et n. f.
sécateur n. m.
sécession n. f.
sécessionniste adj.
séchage n. m.
séchant, ante adj.
sèche n. f.
sèche-cheveu(x) n. m.
 pl. *sèche-cheveux*
sèche-linge n. m.
 pl. *sèche-linge(s)*
sèche-main(s) n. m.
 pl. *sèche-mains*
sèchement adv.
sécher v. (conjug. 6)
sécheresse ou **sècheresse** n. f.
sécherie ou **sècherie** n. f.

sèche-serviette n. m.
 pl. *sèche-serviettes*
sécheur n. m.
sécheuse n. f.
séchoir n. m.
second, onde adj. et n.
secondaire adj.
secondairement adv.
secondarité n. f.
seconde n. f.
secondement adv.
seconder v. tr. (conjug. 1)
secouant, ante adj.
secoué, ée adj.
secouement n. m.
secouer v. tr. (conjug. 1)
secoueur n. m.
secourable adj.
secoureur, euse n.
secourir v. tr. (conjug. 11)
secourisme n. m.
secouriste n.
secours n. m.
secousse n. f.
¹**secret, ète** adj.
²**secret** n. m.
secrétage n. m.
secrétaire n.
secrétairerie n. f.
secrétariat n. m.
secrètement adv.
secréter v. tr. (conjug. 6) (frotter)
sécréter v. tr. (conjug. 6) (produire)
secréteur n. m.
sécréteur, euse ou **trice** adj.
sécrétine n. f.
sécrétion n. f.
sécrétoire adj.
sectaire n. et adj.
sectarisme n. m.
sectateur, trice n.
secte n. f.
secteur n. m.
section n. f.
sectionnement n. m.
sectionner v. tr. (conjug. 1)
sectionneur n. m.

sectoriel, ielle adj.
sectorisation n. f.
sectoriser v. tr. (conjug. 1)
sécu n. f. sing.
séculaire adj.
séculairement adv.
sécularisation n. f.
séculariser v. tr. (conjug. 1)
séculier, ière adj.
séculièrement adv.
secundo [sagɔdo] adv.
sécurisant, ante adj.
sécurisation n. f.
sécurisé, ée adj.
sécuriser v. tr. (conjug. 1)
sécurit® n. m.
sécuritaire adj.
sécurité n. f.
sedan n. m.
sédatif, ive adj. et n. m.
sédation n. f.
sédentaire adj. et n.
sédentarisation n. f.
sédentariser v. tr. (conjug. 1)
sédentarité n. f.
sédiment n. m.
sédimentaire adj.
sédimentation n. f.
sédimenter v. tr. (conjug. 1)
sédimentologie n. f.
séditieusement adv.
séditieux, ieuse adj. et n.
sédition n. f.
sédon n. m.
séducteur, trice n. et adj.
séduction n. f.
séduire v. tr. (conjug. 38)
séduisant, ante adj.
sedum ou **sédum** ou **sédon** n. m.
seersucker n. m.
séfarade n. et adj.
séfaradité n. f.
séga n. m.
ségala n. m.
seghia n. f.
segment n. m.
segmentaire adj.

segmental, ale, aux adj.
segmentation n. f.
segmenter v. tr. (conjug. 1)
ségrairie n. f.
ségrais n. m.
ségrégatif, ive adj.
ségrégation n. f.
ségrégationnisme n. m.
ségrégationniste adj. et n.
ségrégé, ée adj.
ségréger v. tr. (conjug. 3 et 6)
ségrégué, ée adj.
ségréguer v. tr. (conjug. 6)
séguedille n. f.
séguia ou **seghia** n. f.
seiche n. f.
séide n. m.
seigle n. m.
seigneur n. m.
seigneuriage n. m.
seigneurial, iale, iaux adj.
seigneurie n. f.
seille n. f.
seillon n. m.
seime n. f.
sein n. m.
seine ou **senne** n. f.
seing n. m.
séisme n. m.
séismicité n. f.
séismique adj.
séismographe n. m.
seitan n. m.
seizain n. m.
seize adj. numér. inv. et n. m. inv.
seizième adj. et n.
seizièmement adv.
seiziémiste n.
séjour n. m.
séjourner v. intr. (conjug. 1)
sel n. m.
sélacien, ienne adj. et n. m.
sélaginelle n. f.
sélect, ecte ou **select, ecte** adj.

sélecter v. tr. (conjug. 1)
sélecteur, trice n. m. et adj.
sélectif, ive adj.
sélection n. f.
sélectionné, ée adj. (rec. off. de nominé, ée)
sélectionner v. tr. (conjug. 1)
sélectionneur, euse n.
sélectionnisme n. m.
sélectivement adv.
sélectivité n. f.
sélène adj.
séléniate n. m.
sélénien, ienne adj.
sélénieux adj. m.
sélénique adj. m.
sélénite n. et adj.; n. m.
séléniteux, euse adj.
sélénium n. m.
séléniure n. m.
sélénographie n. f.
sélénographique adj.
sélénologie n. f.
sélénologue n.
self n. f.
self-control n. m.
pl. *self-controls*
self-inductance n. f.
pl. *self-inductances*
self-induction n. f.
pl. *self-inductions*
self-made-man n. m.
pl. *self-made-mans* ou *self-made-men*
self-service n. m.
pl. *self-services*
selle n. f.
seller v. tr. (conjug. 1)
sellerie n. f.
sellette n. f.
sellier n. m.
selon prép.
selve n. f.
semailles n. f. pl.
semaine n. f.
semainier, ière n.
semantème n. m.
sémanticien, ienne n.

sémantique n. f. et adj.
sémantiquement adv.
sémantisme n. m.
sémaphore n. m.
sémaphorique adj.
sémasiologie n. f.
semblable adj. et n.
semblablement adv.
semblant n. m.
sembler v. intr. (conjug. 1)
sème n. m.
séméiologie n. f.
semelle n. f.
sémème n. m.
semence n. f.
semencier, ière n. et adj.
semen-contra n. m. inv.
semer v. tr. (conjug. 5)
semestre n. m.
semestriel, ielle adj.
semestriellement adv.
semeur, euse n.
semi-argenté, ée adj.
  PL. *semi-argentés, ées*
semi-aride adj.
  PL. *semi-arides*
semi-automatique adj.
  PL. *semi-automatiques*
semi-autopropulsé, ée adj.
  PL. *semi-autopropulsés, ées*
semi-auxiliaire adj. et n. m.
  PL. *semi-auxiliaires*
semi-balistique adj.
  PL. *semi-balistiques*
semi-chenillé, ée adj.
  PL. *semi-chenillés, ées*
semi-circulaire adj.
  PL. *semi-circulaires*
semi-coke n. m.
  PL. *semi-cokes*
semi-conducteur, trice adj. et n. m. et f.
  PL. *semi-conducteurs, trices*
semi-conserve n. f.
  PL. *semi-conserves*
semi-consonne n. f.
  PL. *semi-consonnes*

semi-cylindrique adj.
  PL. *semi-cylindriques*
semi-distillation n. f.
  PL. *semi-distillations*
semi-dominance n. f.
  PL. *semi-dominances*
semi-durable adj.
  PL. *semi-durables*
semi-fini, ie adj.
  PL. *semi-finis, ies*
semi-glisseur n. m.
  PL. *semi-glisseurs*
semi-gothique adj.
  PL. *semi-gothiques*
semi-liberté n. f.
sémillant, ante adj.
sémillon n. m.
semi-lunaire adj.
  PL. *semi-lunaires*
séminaire n. m.
séminal, ale, aux adj.
séminariste n. m.
semi-nasal, ale adj. et n. f.
  PL. *semi-nasals, ales*
séminifère adj.
semi-nomade adj. et n.
  PL. *semi-nomades*
semi-nomadisme n. m.
sémiologie n. f.
sémiologique adj.
sémiologue n.
sémiométrie n. f.
sémiométrique adj.
sémioticien, ienne n.
sémiotique n. f. et adj.
semi-ouvert, erte adj.
  PL. *semi-ouverts, ertes*
semi-ouvré, ée adj.
  PL. *semi-ouvrés, ées*
semi-perméable adj.
  PL. *semi-perméables*
semi-portique n. m.
  PL. *semi-portiques*
semi-précieux, euse adj.
  PL. *semi-précieux, euses*
semi-produit n. m.
  PL. *semi-produits*
semi-public, ique adj.
  PL. *semi-publics, iques*

sémique adj.
semi-remorque n. f. et m.
  PL. *semi-remorques*
semi-rigide adj.
  PL. *semi-rigides*
semis n. m.
semi-submersible adj.
  PL. *semi-submersibles*
sémite n. et adj.
sémitique adj. et n. m.
sémitisant, ante adj. et n.
sémitisme n. m.
semi-tubulaire adj.
  PL. *semi-tubulaires*
semi-voyelle n. f.
  PL. *semi-voyelles*
semnopithèque n. m.
semoir n. m.
semonce n. f.
semoncer v. tr. (conjug. 3)
semoule n. f.
semoulerie n. f.
semoulier, ière n.
semper virens [sɛpɛRvirɛ̃s]
sempervirent, ente [sɛ̃pɛRvirɑ̃] adj.
sempervivum [sɛ̃pɛRvivɔm] n. m.
  PL. *sempervivum(s)*
sempiternel, elle adj.
sempiternellement adv.
semple n. m.
semtex n. m.
sen [sɛn] n. m.
sénat n. m.
sénateur, trice n.
sénatorerie n. f.
sénatorial, iale, iaux adj.
sénatus-consulte n. m.
  PL. *sénatus-consultes*
senau n. m.
séné n. m.
sénéchal, aux n. m.
sénéchaussée n. f.
séneçon ou **sèneçon*** n. m.

sénégalisme n. m.
senellier n. m.
sénescence n. f.
sénescent, ente adj.
sénestre ou senestre adj.
sénestrochère ou senestrochère n. m.
senestrorsum ou sénestrorsum adj. inv. et adv.
sénevé ou sènevé n. m.
sénile adj.
sénilisme n. m.
sénilité n. f.
sénior ou senior n. et adj.
séniorité n. f.
senne n. f.
sénologie n. f.
sénologue n.
sens n. m.
sensass adj.
sensation n. f.
sensationnalisme n. m.
sensationnaliste adj.
sensationnel, elle adj.
sensationnisme n. m.
sensationniste adj. et n.
sensé, ée adj.
sensément adv.
senseur n. m.
sensibilisateur, trice adj. et n.
sensibilisation n. f.
sensibiliser v. tr. (conjug. 1)
sensibilité n. f.
sensible adj.
sensiblement adv.
sensiblerie n. f.
sensitif, ive adj.
sensitive n. f.
sensitométrie n. f.
sensitométrique adj.
sensoriel, ielle adj.
sensorimétrie n. f.
sensorimétrique adj.
sensorimoteur, trice adj.
sensualisme n. m.
sensualiste adj. et n.
sensualité n. f.
sensuel, elle adj.
sensuellement adv.
sent-bon n. m. inv.
sente n. f.
sentence n. f.
sentencieusement adv.
sentencieux, ieuse adj.
senteur n. f.
senti, ie adj. et n. m.
sentier n. m.
sentiment n. m.
sentimental, ale, aux adj.
sentimentalement adv.
sentimentalisme n. m.
sentimentalité n. f.
sentine n. f.
sentinelle n. f.
sentir v. tr. (conjug. 16)
¹seoir v. intr. (conjug. 26 ; part. séant, sis) (être assis)
²seoir ou soir* v. intr. (conjug. 26 ; seult 3ᵉ pers. prés., imp., futur, condit. et p. prés.) (convenir)
sep n. m.
sépale n. m.
sépaloïde adj.
séparable adj.
séparateur, trice adj. et n. m.
séparatif, ive adj. et n. f.
séparation n. f.
séparatisme n. m.
séparatiste n.
séparé, ée adj.
séparément adv.
séparer v. tr. (conjug. 1)
sépharade n. et adj.
sépia n. f.
sépiolite n. f.
seppuku n. m.
seps n. m.
sepsis n. m.
sept adj. numér. inv. et n. inv.
septain n. m.
septal, ale, aux adj.
septantaine n. f.

septante adj. numér. inv. et n. inv.
septantième adj. numér. ord. et n.
septembre n. m.
septembrisades n. f. pl.
septemvir n. m.
septénaire adj. et n. m.
septennal, ale, aux adj.
septennat n. m.
septentrion n. m.
septentrional, ale, aux adj.
septicémie n. f.
septicémique adj.
septidi n. m.
septième adj. et n.
septièmement adv.
septime n. f.
septique adj.
septmoncel n. m.
septuagénaire adj. et n.
septum n. m.
septuor n. m.
septuple adj.
septupler v. (conjug. 1)
sépulcral, ale, aux adj.
sépulcre n. m.
sépulture n. f.
séquelle n. f.
séquençage n. m.
séquence n. f.
séquencer v. tr. (conjug. 3)
séquenceur n. m.
séquentiel, ielle adj.
séquestrant, ante adj.
séquestration n. f.
séquestre n. m.
séquestrer v. tr. (conjug. 1)
sequin n. m.
séquoia n. m.
sérac n. m.
sérail n. m.
sérancer v. tr. (conjug. 3)
séranceur n. m.
sérancolin n. m.
serapeum ou sérapéum* n. m.
¹séraphin n. m. (ange)
²séraphin, ine n. (avare)

séraphique adj.
serbe adj. et n.
serbo-croate adj. et n. m.
PL. serbo-croates
serdab n. m.
serdeau n. m.
¹serein, eine adj.
²serein n. m.
sereinement adv.
sérénade n. f.
sérendipité n. f.
sérénissime adj.
sérénité n. f.
séreux, euse adj.
serf, serve n.
serfouette n. f.
serfouir v. tr. (conjug. 2)
serfouissage n. m.
serge n. f.
sergé n. m.
sergent, ente n.
sergent-chef n. m.
PL. sergents-chefs
sergent-fourrier n. m.
PL. sergents-fourriers
sergent-major n. m.
PL. sergents-majors
sérialisation n. f.
sérialiser v. tr. (conjug. 1)
sérialisme n. m.
sériation n. f.
séricicole adj.
sériciculteur, trice n.
sériciculture n. f.
séricigène adj.
séricigraphie n. f.
séricine n. f.
série n. f.
sériel, ielle adj.
sérier v. tr. (conjug. 7)
sérieusement adv.
sérieux, ieuse adj. et n. m.
sérigraphie n. f.
sérigraphier v. tr.
(conjug. 7)
serin n. m.
serine n. f.
sérine n. f.
seriner v. tr. (conjug. 1)
serinette n. f.

seringa ou seringat
n. m.
seringue n. f.
seringuero ou
séringuéro n. m.
sérique adj.
serlienne n. f.
serment n. m.
sermon n. m.
sermonnaire n. m.
sermonner v. tr. (conjug. 1)
séroconversion n. f.
sérodiagnostic n. m.
sérodiscordant, ante
adj.
sérologie n. f.
sérologique adj.
sérologiste n.
séronégatif, ive adj.
séronégativation n. f.
séronégativité n. f.
séropositif, ive adj.
séropositivité n. f.
séroprévalence n. f.
sérosité n. f.
sérothèque n. f.
sérothérapie n. f.
sérothérapique adj.
sérotonine n. f.
sérovaccination n. f.
serpe n. f.
serpent n. m.
serpentaire n. f. et m.
serpente n. f.
serpenteau n. m.
serpentement n. m.
serpenter v. intr. (conjug. 1)
serpentiforme adj.
serpentin, ine adj. et n. m.
serpentine n. f.
serpette n. f.
serpigineux, euse adj.
serpillière ou
serpillère* n. f.
serpolet n. m.
serpule n. f.
serrage n. m.
serran n. m.
serratule n. f.
serre n. f.

serré, ée adj.
serre-file n. m.
PL. serre-files
serre-fil(s) n. m.
PL. serre-fils
serre-frein n. m.
PL. serre-freins
serre-joint n. m.
PL. serre-joints
serre-livre(s) n. m.
PL. serre-livres
serrement n. m.
serrer v. (conjug. 1)
serre-tête n. m.
PL. serre-têtes
serrette n. f.
serriste n.
serrure n. f.
serrurerie n. f.
serrurier, ière n.
sertão n. m.
serte n. f.
sertir v. tr. (conjug. 2)
sertissage n. m.
sertisseur, euse n.
sertissure n. f.
sérum n. m.
sérumalbumine n. f.
servage n. m.
serval n. m.
servant adj. m. et n. m.
servante n. f.
serve n. f.
serveur, euse n.
serviabilité n. f.
serviable adj.
service n. m.
serviette n. f.
servile adj.
servilement adv.
servilité n. f.
servir v. tr. (conjug. 14)
serviteur n. m.
servitude n. f.
servocommande n. f.
servodirection n. f.
servofrein n. m.
servomécanisme n. m.
servomoteur n. m.
servovalve n. f.

ses adj. poss.
sésame n. m.
sésamoïde adj.
sesbania n. m.
sesbanie n. f.
sesquiterpène n. m.
sessile adj.
session n. f.
sesterce n. m.
set n. m.
sétacé, ée adj.
sétérée n. f.
setier n. m.
séton n. m.
setter n. m.
seuil n. m.
seuillage n. m.
seul, seule adj.
seulement adv.
seulet, ette adj.
sève n. f.
sévère adj.
sévèrement adv.
sévérité n. f.
sévices n. m. pl.
sévir v. intr. (conjug. 2)
sevrage n. m.
sevrer v. tr. (conjug. 5)
sèvres n. m.
sévrienne n. f.
sévruga n. m.
sexage n. m.
sexagénaire adj. et n.
sexagésimal, ale, aux adj.
sexe n. m.
sexe-appeal ou sex-appeal n. m.
PL. sex(e)-appeals
sexennat n. m.
sexe-ratio ou sex-ratio n. f.
PL. sex(e)-ratios
sexe-shop ou sex-shop n. m. ou f. PL. sex(e)-shops
sexe-symbole ou sex-symbol n. m.
PL. sex(e)-symbol(e)s
sexiatre n. m.
sexiatrie n. f.

sexisme n. m.
sexiste n. et adj.
sexologie n. f.
sexologique adj.
sexologue n.
sexonomie n. f.
sexothérapeute n.
sexothérapie n. f.
sex-ratio n. f.
PL. sex-ratios
sex-shop n. m. ou f.
PL. sex-shops
sextant n. m.
sexte n. f.
sextette n. m.
sextidi n. m.
sextillion n. m.
sextolet n. m.
sex-toy n. m.
PL. sex-toys
sextuor n. m.
sextuple adj. et n. m.
sextupler v. (conjug. 1)
sexualisation n. f.
sexualiser v. tr. (conjug. 1)
sexualité n. f.
sexué, ée adj.
sexuel, elle adj.
sexuellement adv.
sexy adj. inv.
seyant, ante adj.
S. F. n. f. inv. (science-fiction)
S.G.B.D. n. m. (système de gestion de base de données)
sgraffite n. m.
shabbat [ʃabat] n. m.
shah n. m.
shaker ou shakeur n. m.
shakespearien, ienne adj.
shako ou schako n. m.
shaman n. m.
shamisen n. m.
shampoing ou shampooing n. m.
shampouiner ou shampooiner v. tr. (conjug. 1)

shampouineur, euse ou shampooineur, euse n.
shanghaïen, ïenne n.
shantung ou chantoung n. m.
shareware adj. et n. m.
sharia n. f.
sharpeï n. m.
shekel n. m.
shérif n. m.
sherpa n. m.
sherry n. m.
PL. sherrys ou sherries
shetland n. m.
shiatsu [ʃjatsy] n. m.
shiite [ʃiit] adj. et n.
shilling n. m.
shilom n. m.
shimmy n. m.
shinto n. m.
shintoïsme n. m.
shintoïste n. et adj.
shipchandler ou shipchandleur* [ʃipʃɑ̃dlœʀ] n. m.
shit n. m.
shocking ou chocking* adj. inv.
shogun ou shogoun [ʃɔgun] n. m.
shogunat ou shogounat n. m.
shoot [ʃut] n. m.
shooter [ʃute] v. (conjug. 1)
shopping ou shoping n. m.
short n. m.
show [ʃo] n. m.
PL. shows
showbiz n. m. inv.
show-business ou showbizness* [ʃobiznɛs] n. m. inv.
show-room n. m.
PL. show-rooms
shrapnel ou shrapnell n. m.
shunt n. m. (rec. off. : fondu)
shuntage n. m.
shunter v. tr. (conjug. 1)

si conj.; adv.; n. m. inv.
sial n. m.
sialagogue adj. et n. m.
sialique adj.
sialis n. m.
sialorrhée n. f.
siamois, oise adj. et n.
sibérien, ienne adj.
sibilance n. f.
sibilant, ante adj.
sibylle n. f.
sibyllin, ine adj.
sic adv.
sicaire n. m.
sicav n. f. inv. (société d'investissement à capital variable)
siccatif, ive adj.
siccité n. f.
sicilien, ienne adj. et n.
sicle n. m.
sida n. m. (syndrome d'immunodéficience acquise)
sidaïque adj. et n.
sidatique adj. et n.
side-car ou **sidecar*** n. m.
  PL. *side-cars* ou *sidecars**
sidéen, enne adj. et n.
sidénologie n. f.
sidéral, ale, aux adj.
sidérant, ante adj.
sidération n. f.
sidérer v. tr. (conjug. 6)
sidérite n. f.
sidérographie n. f.
sidérolithique adj.
sidérophiline n. f.
sidérose n. f.
sidérostat n. m.
sidéroxylon n. m.
sidérurgie n. f.
sidérurgique adj.
sidérurgiste n.
sidi n. m.
sidologie n. f.
sidologue n.
siècle n. m.
siège n. m.

siège-auto n. m.
  PL. *sièges-autos*
siéger v. intr. (conjug. 3 et 6)
siemens ou **siémens*** n. m.
sien, sienne adj. poss. et pron. poss.
sierra n. f.
sieste n. f.
siester v. intr. (conjug. 1)
sieur n. m.
sievert n. m.
sifflage n. m.
sifflant, ante adj.
sifflement n. m.
siffler v. (conjug. 1)
sifflet n. m.
siffleur, euse adj. et n.
siffleux n. m.
sifflotement n. m.
siffloter v. (conjug. 1)
sifilet n. m.
sigillaire adj. et n. f.
sigillé, ée adj.
sigillographie n. f.
sigillographique adj.
sigisbée n. m.
siglaison n. f.
sigle n. m.
siglé, ée adj.
sigma n. m.
  PL. inv. ou *sigmas**
sigmoïde adj. et n.
signal, aux n. m.
signalé, ée adj.
signalement n. m.
signaler v. tr. (conjug. 1)
signalétique adj. et n. f.
signaleur n. m.
signalisation n. f.
signaliser v. tr. (conjug. 1)
signataire n.
signature n. f.
signe n. m.
signer v. tr. (conjug. 1)
signet n. m.
signifiance n. f.
signifiant, iante adj. et n. m.
significatif, ive adj.

signification n. f.
significativement adv.
signifié n. m.
signifier v. tr. (conjug. 7)
sikh, sikhe n. et adj.
sikhisme n. m.
sil n. m.
silane n. m.
silence n. m.
silencieusement adv.
silencieux, ieuse adj. et n. m.
silène n. m.
silentbloc® n. m.
silex n. m.
silhouette n. f.
silhouetter v. tr. (conjug. 1)
silicagel n. m.
silicate n. m.
silicaté, ée adj.
silice n. f.
siliceux, euse adj.
silicicole adj.
silicium n. m.
siliciure n. m.
silicone n. f.
siliconer v. tr. (conjug. 1)
silicose n. f.
silicosé, ée adj.
silicotique adj.
silionne® n. f.
silique n. f.
sillage n. m.
sillet n. m.
sillimanite n. f.
sillon n. m.
sillonner v. tr. (conjug. 1)
silo n. m.
silotage n. m.
silphe n. m.
silure n. m.
silurien, ienne adj.
silvaner n. m.
sima n. m.
simagrée n. f.
simarre n. f.
simaruba n. m.
simbleau n. m.
simien, ienne adj. et n. m.

simiesque adj.
similaire adj.
similarité n. f.
simili n. m. et f.
similicuir n. m.
similigravure n. f.
similisage n. m.
similiser v. tr. (conjug. 1)
similiste n. m.
similitude n. f.
similor n. m.
simoniaque adj.
simonie n. f.
simoun n. m.
simple adj. et n.
simplement adv.
simplet, ette adj.
simplex adj.
simplexe n. m.
simplicité n. f.
simplifiable adj.
simplificateur, trice adj.
simplification n. f.
simplifié, iée adj.
simplifier v. tr. (conjug. 7)
simplisme n. m.
simplissime adj.
simpliste adj.
simulacre n. m.
simulateur, trice n.
simulation n. f.
simulé, ée adj.
simuler v. tr. (conjug. 1)
simulie n. f.
simultané, ée adj. et n.
simultanéisme n. m.
simultanéité n. f.
simultanément adv.
sinanthrope n. m.
sinapisé, ée adj.
sinapisme n. m.
sincère adj.
sincèrement adv.
sincérité n. f.
sincipital, ale, aux adj.
sinciput n. m.
sinécure n. f.
sine die [sinedje] loc. adv.

sine qua non [sinekwanɔn] loc. adj.
singalette n. f.
singe n. m.
singer v. tr. (conjug. 3)
singerie n. f.
single [siŋgœl] n. m. (rec. off. : simple)
singlet n. m.
singleton n. m.
singulariser v. tr. (conjug. 1)
singularité n. f.
singulier, ière adj. et n. m.
singulièrement adv.
sinisation n. f.
siniser v. tr. (conjug. 1)
sinistralité n. f.
sinistre adj.; n. m.
sinistré, ée adj. et n.
sinistrement adv.
sinistrose n. f.
sinité n. f.
sinogramme n. m.
sinologie n. f.
sinologue n.
sinon conj.
sinople n. m.
sinoque ou **cinoque** adj.
sinto n. m.
sinuer v. intr. (conjug. 1)
sinueux, euse adj.
sinuosité n. f.
sinus n. m.
sinusite n. f.
sinusoïdal, ale, aux adj.
sinusoïde n. f.
sionisme n. m.
sioniste adj. et n.
sioux n. et adj.
siphoïde adj.
siphomycètes n. m. pl.
siphon n. m.
siphonnage n. m.
siphonné, ée adj.
siphonner v. tr. (conjug. 1)
siphonophore n. m.
sipo n. m.
sire n. m.
sirène n. f.

siréniens n. m. pl.
sirex n. m.
sirli n. m.
sirocco ou **siroco** n. m.
sirop n. m.
siroter v. tr. (conjug. 1)
sirtaki n. m.
sirupeux, euse adj.
sirvente ou **sirventès** n. m.
sis, sise adj.
sisal n. m.
sismicité n. f.
sismique adj.
sismogramme n. m.
sismographe n. m.
sismologie n. f.
sismologique adj.
sismologue n.
sismotectonique n. f.
sismothérapie n. f.
sistership n. m.
sistre n. m.
sisymbre n. m.
sitar n. m.
sitariste n.
sitcom n. f. (rec. off. : comédie de situation)
site n. m.
sit-in n. m. inv.
sitogoniomètre n. m.
sitologie n. f.
sitologue n.
sitostérol n. m.
sitôt adv.
sittelle n. f.
situation n. f.
situationnel, elle adj.
situationnisme n. m.
situationniste adj. et n.
situé, ée adj.
situer v. tr. (conjug. 1)
six adj. numér. et n.
sixain n. m.
six-huit n. m. inv.
sixième adj. et n.
sixièmement adv.
six-quatre-deux (à la) loc. adv.
sixte n. f.

sixties

sixties n. f. pl.
sizain ou **sixain** n. m.
sizerin n. m.
ska n. m.
skaï® n. m.
skate n. m.
skate-board n. m.
   PL. *skate-boards*
skating n. m.
skeleton n. m.
sketch n. m.
   PL. *sketches* ou *sketchs*
ski n. m.
skiable adj.
skiascopie n. f.
ski-bob ou **skibob**★ n. m.
   PL. *ski-bobs* ou *skibobs*★
skier v. intr. (conjug. 7)
skieur, skieuse n.
skif ou **skiff** n. m.
skifeur, euse n.
skiffeur, euse n.
skin n.
skinhead n.
¹**skipper** ou **skippeur, euse** n.
²**skipper** v. tr. (conjug. 1)
skunks [skɔks] n. m.
skwal n. m.
skydôme® n. m.
skye-terrier n. m.
   PL. *skye-terriers*
sky surf ou **sky-surf** n. m.
skysurfing n. m.
slalom n. m.
slalomer v. intr. (conjug. 1)
slalomeur, euse n.
slam n. m.
slamer v. intr. (conjug. 1)
slameur, euse n.
slash n. m.
   PL. *slashs* ou *slashes*
slave adj. et n.
slavisant, ante n. et adj.
slaviser v. tr. (conjug. 1)
slaviste n. et adj.
slavistique n. f.
slavon, onne adj. et n.
slavophile adj. et n.

sleeping n. m.
slice n. m.
slicer v. tr. (conjug. 3)
slip n. m.
slogan n. m.
sloop n. m.
sloughi n. m.
slovaque adj. et n.
slovène adj. et n.
slow n. m.
slum n. m.
slurp interj.
smack interj.
smala n. f.
smalt n. m.
smaltite n. f.
smaragdin, ine adj.
smaragdite n. f.
smart adj. inv.
smash n. m.
   PL. *smashes* ou *smashs*
smasher v. intr. (conjug. 1)
S. M. E. n. m. (système monétaire européen)
smectique adj.
smectite n. f.
S. M. I. n. m. (système monétaire international)
S. M. I. C. n. m. (salaire minimum interprofessionnel de croissance)
smicard, arde n.
S. M. I. G. n. m. (salaire minimum interprofessionnel garanti)
smiley n. m. (rec. off. : frimousse)
smillage n. m.
smille n. f.
smithsonite n. f.
smocké, ée adj.
smocks n. m. pl.
smog n. m.
smok n. m.
smoking n. m.
smolt n. m.
smorrebrod [smɔʀbʀɔd] n. m.
SMS n. m. (short message service)

smurf n. m.
smurfer v. intr. (conjug. 1)
smurfeur, euse n.
snack n. m.
snack-bar ou **snackbar**★ n. m.
   PL. *snack-bars* ou *snackbars*★
snif ou **sniff** interj.
snifer ou **sniffer** v. tr. (conjug. 1)
snifeur, euse ou **sniffeur, euse** n.
sniff interj.
sniffer v. tr. (conjug. 1)
sniffeur, euse n.
sniper n. m.
snob n. et adj.
snober v. tr. (conjug. 1)
snobinard, arde adj. et n.
snobisme n. m.
snoreau n. m.
snowboard n. m.
snowboardeur, euse ou **snowboarder** n.
snow-boot ou **snowboot**★ n. m.
   PL. *snow-boots* ou *snowboots*★
snowpark n. m.
soap n. m.
soap-opéra n. m.
   PL. *soap-opéras*
sobre adj.
sobrement adv.
sobriété n. f.
sobriquet n. m.
soc n. m.
soca n. f.
soccer n. m.
sociabilité n. f.
sociable adj.
social, iale, iaux adj.
social-démocrate adj. et n.
   PL. *sociaux-démocrates*
social-démocratie n. f.
   PL. *social-démocraties*
socialement adv.
socialisation n. f.
socialiser v. tr. (conjug. 1)

socialisme n. m.
socialiste adj. et n.
socialité n. f.
social-libéral, ale, aux adj. et n.
social-libéralisme n. m.
socialo adj. et n.
socialo-libéral, ale, aux adj. et n.
sociatrie n. f.
sociétal, ale, aux adj.
sociétariat n. m.
société n. f.
socinianisme n. m.
socinien n. m.
socioanalyse n. f.
sociobiologie n. f.
sociobiologique adj.
sociobiologiste n.
socioculturel, elle adj.
sociodémographique adj.
sociodrame n. m.
socioéconomie n. f.
socioéconomique adj.
socioéducatif, ive adj.
sociogenèse n. f.
sociogramme n. m.
sociolecte n. m.
sociolibéral, ale, aux adj.
sociolinguiste n.
sociolinguistique n. f. et adj.
sociologie n. f.
sociologique adj.
sociologiquement adv.
sociologisant, ante adj.
sociologiser v. tr. (conjug. 1)
sociologisme n. m.
sociologue n.
sociométrie n. f.
sociométrique adj.
sociopathe n.
sociopharmacologue n.
sociopolitique adj.

socioprofessionnel, elle adj.
sociothérapie n. f.
socket ou **socquet** n. m.
socle n. m.
socque n. m.
socquet n. m.
socquette n. f.
socratique adj.
soda n. m.
sodé, ée adj.
sodique adj.
sodium n. m.
sodoku n. m.
sodomie n. f.
sodomiser v. tr. (conjug. 1)
sodomite n. m.
sœur n. f.
sœurette n. f.
sofa n. m.
soffite n. m.
soft adj. inv.; n. m.
softball n. m.
soft drink n. m.
software n. m. (rec. off. : logiciel)
soi pron. pers.
soi-disant adj. inv. et adv.
soie n. f.
soierie n. f.
soif n. f.
soiffard, arde adj. et n.
soignable adj.
soignant, ante adj.
soigné, ée adj.
soigner v. (conjug. 1)
soigneur n. m.
soigneusement adv.
soigneux, euse adj.
soin n. m.
¹**soir** n. m.
²**soir*** n. m. intr. → seoir
soirée n. f.
soit conj. et adv.
soit-communiqué n. m. inv.
soixantaine n. f.
soixante adj. numér. inv. et n. m. inv.

soixante-dix adj. numér. inv. et n. m. inv.
soixante-huitard, arde adj. et n.
pl. *soixante-huitards, ardes*
soixantième adj. et n.
soja n. m.
sokol n. m.
sol n. m.; n. m. inv.
solage n. m.
sol-air loc. adj. inv.
solaire adj.
solanacées n. f. pl.
solarisation n. f.
solarium n. m.
soldanelle n. f.
soldat n. m.
soldate n. f.
soldatesque adj. et n. f.
solde n. f.; n. m.
solder v. tr. (conjug. 1)
solderie® n. f.
soldeur, euse n.
sole n. f.
soléaire adj.
solécisme n. m.
soleil n. m.
solen [sɔlɛn] n. m.
solennel, elle adj.
solennellement adv.
solenniser v. tr. (conjug. 1)
solennité n. f.
solénoïde n. m.
soleret n. m.
solex® n. m.
solfatare n.
solfatarien, ienne adj.
solfège n. m.
solfier v. tr. (conjug. 7)
solidage n. f.
solidaire adj.
solidairement adv.
solidariser v. tr. (conjug. 1)
solidarité n. f.
solide adj. et n.
solidement adv.
solidification n. f.
solidifier v. tr. (conjug. 7)
solidité n. f.
solier, ière n.
soliflore n. m.

solifluxion

solifluxion n. f.
soliloque n. m.
soliloquer v. intr. (conjug. 1)
solin n. m.
solipède adj.
solipsisme n. m.
soliste n.
solitaire adj. et n.
solitairement adv.
solitude n. f.
solive n. f.
soliveau n. m.
sollicitation n. f.
solliciter v. tr. (conjug. 1)
solliciteur, euse n.
sollicitude n. f.
solmisation n. f.
solo n. m.
  PL. *solos* ou *soli* (it.)
sol-sol loc. adj. inv.
solstice n. m.
solubilisation n. f.
solubiliser v. tr. (conjug. 1)
solubilité n. f.
soluble adj.
soluté n. m.
solution n. f.
solutionner v. tr. (conjug. 1)
solutréen, enne adj. et n. m.
solvabilité n. f.
solvable adj.
solvant n. m.
solvatation n. f.
soma n. m.
somation n. f.
somatique adj.
somatisation n. f.
somatiser v. tr. (conjug. 1)
somatostatine n. f.
somatotrope adj.
somatotrophine ou somatotropine n. f.
sombre adj.
sombrer v. intr. (conjug. 1)
sombréro ou sombrero n. m.
somite n. m.
sommable adj.

sommaire adj. et n. m.
sommairement adv.
sommation n. f.
somme n. f.; n. m.
sommeil n. m.
sommeiller v. intr. (conjug. 1)
sommeilleux, euse adj. et n.
sommelier, ière n.
sommellerie n. f.
sommer v. tr. (conjug. 1)
sommet n. m.
sommier n. m.
sommital, ale, aux adj.
sommité n. f.
somnambule n. et adj.
somnambulique adj.
somnambulisme n. m.
somnifère adj. et n. m.
somnolence n. f.
somnolent, ente adj.
somnoler v. intr. (conjug. 1)
somnologue n. m.
somptuaire adj.
somptueusement adv.
somptueux, euse adj.
somptuosité n. f.
¹son adj. poss.
²son n. m.
sonagramme n. m.
sonagraphe n. m.
sonal n. m.
sonar n. m.
sonate n. f.
sonatine n. f.
sondage n. m.
sonde n. f.
sonder v. tr. (conjug. 1)
sondeur, euse n.
sondeuse n. f.
songe n. m.
songe-creux n. m. inv.
songer v. tr. ind. (conjug. 3)
songerie n. f.
songeur, euse n. et adj.
sonique adj.
sonnaille n. f.
¹sonnailler n. m.

²sonnailler v. intr. (conjug. 1)
sonnant, ante adj.
sonné, ée adj.
sonner v. (conjug. 1)
sonnerie n. f.
sonnet n. m.
sonnette n. f.
sonneur, euse n.
sono n. f.
sonographie n. f.
sonomètre n. m.
sonore adj.
sonorisation n. f.
sonoriser v. tr. (conjug. 1)
sonorité n. f.
sonothèque n. f.
sonotone ® n. m.
sopalin n. m.
sophisme n. m.
sophiste n.
sophistication n. f.
sophistique adj. et n. f.
sophistiqué, ée adj.
sophistiquer v. tr. (conjug. 1)
sophora n. m.
sophrologie n. f.
sophrologue n.
sophrothérapie n. f.
soporifique adj. et n. m.
soprane n.
sopraniste n.
soprano n.
  PL. *sopranos* ou *soprani* (it.)
soquet n. m.
sorbe n. f.
sorbet n. m.
sorbetière n. f.
sorbier n. m.
sorbitol n. m.
sorbonnard, arde n. et adj.
sorcellerie n. f.
sorcier, ière n.
sordide adj.
sordidement adv.
sordidité n. f.
sorgo ou sorgho n. m.
sorite n. m.

soupçonnable

sornette n. f.
sororal, ale, aux adj.
sororité n. f.
sorption n. f.
sort n. m.
sortable adj.
sortant, ante adj.
sorte n. f.
sorteur, euse adj. et n.
sortie n. f.
sortilège n. m.
¹sortir n. m.
²sortir v. (conjug. 16) (partir, expulser)
³sortir v. tr. (conjug. 2) (obtenir)
S. O. S. n. m.
sosie n. m.
sosténuto ou sostenuto adv. et adj.
sot, sotte adj. et n.
sotch n. m.
sotériologie n. f.
sotie ou sottie n. f.
sot-l'y-laisse n. m. inv.
sottement adv.
sottie ou sotie n. f.
sottise n. f.
sottisier n. m.
sou n. m.
souahéli, ie n. m. et adj.
soubassement n. m.
soubresaut n. m.
soubrette n. f.
soubreveste n. f.
souche n. f.
souchet n. m.
souchette n. f.
souchong [suʃɔ̃g] n. m.
souci n. m.
soucier v. tr. (conjug. 7)
soucieusement adv.
soucieux, ieuse adj.
soucoupe n. f.
soudable adj.
soudage n. m.
soudain, aine adj. et adv.
soudainement adv.
soudaineté n. f.
soudan n. m.

soudanais, aise adj. et n.
soudanien, ienne adj. et n.
soudant, ante adj.
soudard n. m.
soude n. f.
soudé, ée adj.
souder v. tr. (conjug. 1)
soudeur, euse n.
soudier, ière adj. et n.
soudoyer v. tr. (conjug. 8)
soudure n. f.
soue n. f.
soufflage n. m.
soufflant, ante adj.
soufflante n. f.
soufflard n. m.
souffle n. m.
soufflé, ée adj. et n. m.
soufflement n. m.
souffler v. (conjug. 1)
soufflerie n. f.
soufflet n. m.
souffleter v. tr. (conjug. 4)
souffleur, euse n.
soufflure n. f.
souffrance n. f.
souffrant, ante adj.
souffre-douleur n. m.
   PL. inv. ou *souffre-douleurs*
souffreteux, euse adj.
souffrir v. (conjug. 18)
soufi, ie adj. et n.
soufisme n. m.
soufrage n. m.
soufre n. m.
soufré, ée adj.
soufrer v. tr. (conjug. 1)
soufreur, euse n.
soufrière n. f.
souhait n. m.
souhaitable adj.
souhaiter v. tr. (conjug. 1)
souillard n. m.
souillarde n. f.
souille n. f.
souiller v. tr. (conjug. 1)
souillon n. m. et f.
souillure n. f.

souimanga ou souï-manga ou swi-manga n. m.
   PL. *souï(-)mangas* ou *swi-mangas*
souk n. m.
soul [sul] adj. inv. et n. f.
soûl, soûle ou soul, soule* ou saoul, saoule adj.
soulagement n. m.
soulager v. tr. (conjug. 3)
soulane n. f.
soûlant, ante ou soulant, ante* adj.
soûlard, arde ou soulard, arde* ou saoulard, arde n. et adj.
soûlaud, aude ou soulaud, aude* n.
soûler ou souler* ou saouler v. tr. (conjug. 1)
soûlerie ou soulerie* ou saoulerie n. f.
soulevé n. m.
soulèvement n. m.
soulever v. tr. (conjug. 5)
soulier n. m.
soulignage n. m.
souligner v. tr. (conjug. 1)
soûlographe ou soulographe* n.
soûlographie ou soulographie* n. f.
soûlon, onne ou soulon, onne* n.
soûlot, ote ou soulot, ote* n.
soulte n. f.
soumettre v. tr. (conjug. 56)
soumis, ise adj.
soumission n. f.
soumissionnaire n.
soumissionner v. tr. (conjug. 1)
soupape n. f.
soupçon n. m.
soupçonnable adj.

soupçonner v. tr. (conjug. 1)
soupçonneusement adv.
soupçonneux, euse adj.
soupe n. f.
soupente n. f.
¹**souper** n. m.
²**souper** v. intr. (conjug. 1)
soupeser v. tr. (conjug. 5)
soupeur, euse n.
soupière n. f.
soupir n. m.
soupirail, aux n. m.
soupirant, ante adj. et n. m.
soupirer v. (conjug. 1)
souple adj.
souplesse n. f.
souquenille n. f.
souquer v. (conjug. 1)
sourate n. f.
source n. f.
sourceur, euse n.
sourcier, ière n.
sourcil n. m.
sourcilier, ière adj.
sourciller v. intr. (conjug. 1)
sourcilleux, euse adj.
sourd, sourde adj. et n.
sourdement adv.
sourdine n. f.
sourdingue adj. et n.
sourd-muet, sourde-muette n. et adj.
PL. *sourds-muets, sourdes-muettes*
sourdre v. intr. (conjug. seult inf. et 3ᵉ pers. indic.: *il sourd, ils sourdent; il sourdait, ils sourdaient*)
souriant, iante adj.
souriceau n. m.
souricette n. f.
souricière n. f.
¹**sourire** n. m.
²**sourire** v. intr. (conjug. 36)
souris n. f.; n. m.
sournois, oise adj.
sournoisement adv.

sournoiserie n. f.
sous prép.
sous-admissible adj. et n.
PL. *sous-admissibles*
sous-alimentation n. f.
sous-alimenté, ée adj.
PL. *sous-alimentés, ées*
sous-amendement n. m.
PL. *sous-amendements*
sous-arbrisseau n. m.
PL. *sous-arbrisseaux*
sous-barbe n. f.
PL. *sous-barbes*
sous-bibliothécaire n.
PL. *sous-bibliothécaires*
sous-bois n. m. inv.
sous-brigadier n. m.
PL. *sous-brigadiers*
sous-calibré, ée adj.
PL. *sous-calibrés, ées*
sous-chef n.
PL. *sous-chefs*
sous-classe n. f.
PL. *sous-classes*
sous-clavier, ière adj.
PL. *sous-claviers, ières*
sous-commission n. f.
PL. *sous-commissions*
sous-consommation n. f.
sous-continent n. m.
PL. *sous-continents*
sous-couche n. f.
PL. *sous-couches*
souscripteur, trice n.
souscription n. f.
souscrire v. tr. (conjug. 39)
sous-culture n. f.
PL. *sous-cultures*
sous-cutané, ée adj.
PL. *sous-cutanés, ées*
sous-développé, ée adj.
PL. *sous-développés, ées*
sous-développement n. m.
sous-diaconat n. m.
PL. *sous-diaconats*
sous-diacre n. m.
PL. *sous-diacres*

sous-directeur, trice n.
PL. *sous-directeurs, trices*
sous-direction n. f.
PL. *sous-directions*
sous-dominante n. f.
PL. *sous-dominantes*
sous-doué, ée adj.
PL. *sous-doués, ées*
sous-effectif n. m.
PL. *sous-effectifs*
sous-embranchement n. m.
PL. *sous-embranchements*
sous-emploi n. m.
PL. *sous-emplois*
sous-employer v. tr. (conjug. 8)
sous-ensemble n. m.
PL. *sous-ensembles*
sous-entendre v. tr. (conjug. 41)
sous-entendu n. m.
PL. *sous-entendus*
sous-entrepreneur n. m.
PL. *sous-entrepreneurs*
sous-équipé, ée adj.
PL. *sous-équipés, ées*
sous-équipement n. m.
PL. *sous-équipements*
sous-espace n. m.
PL. *sous-espaces*
sous-espèce n. f.
PL. *sous-espèces*
sous-estimation n. f.
PL. *sous-estimations*
sous-estimer v. tr. (conjug. 1)
sous-étage n. m.
PL. *sous-étages*
sous-évaluation n. f.
PL. *sous-évaluations*
sous-évaluer v. tr. (conjug. 1)
sous-exposer v. tr. (conjug. 1)
sous-exposition n. f.
PL. *sous-expositions*
sous-faîte ou **sous-faite*** n. m.
PL. *sous-faîtes* ou *sous-faites*

sous-famille n. f.
PL. *sous-familles*
sous-fifre n. m.
PL. *sous-fifres*
sous-garde n. f.
PL. *sous-gardes*
sous-genre n. m.
PL. *sous-genres*
sous-gorge n. f.
PL. *sous-gorges*
sous-gouverneur n. m.
PL. *sous-gouverneurs*
sous-groupe n. m.
PL. *sous-groupes*
sous-homme n. m.
PL. *sous-hommes*
sous-humanité n. f.
sous-information n. f.
sous-informé, ée adj.
PL. *sous-informés, ées*
sous-jacent, ente adj.
PL. *sous-jacents, entes*
sous-lieutenant, ante n.
PL. *sous-lieutenants, antes*
sous-locataire n.
PL. *sous-locataires*
sous-location n. f.
PL. *sous-locations*
sous-louer v. tr. (conjug. 1)
sous-main n. m.
PL. *sous-mains*
sous-maître ou **sous-maitre*** n. m.
PL. *sous-maîtres* ou *sous-maitres**
sous-maîtresse ou **sous-maitresse*** n. f.
PL. *sous-maîtresses* ou *sous-maitresses**
sous-marin, ine adj. et n. m.
PL. *sous-marins, ines*
sous-marinier n. m.
PL. *sous-mariniers*
sous-marque n. f.
PL. *sous-marques*
sous-maxillaire adj.
PL. *sous-maxillaires*
sous-ministre n.
PL. *sous-ministres*

sous-multiple n. m. et adj.
PL. *sous-multiples*
sous-munition n. f.
PL. *sous-munitions*
sous-nappe n. f.
PL. *sous-nappes*
sous-normale n. f.
PL. *sous-normales*
sous-occipital, ale, aux adj.
sous-œuvre (en) loc. adv.
sous-officier, ière n.
PL. *sous-officiers, ières*
sous-orbitaire adj.
PL. *sous-orbitaires*
sous-ordre n. m.
PL. *sous-ordres*
sous-palan adj. inv. et adv.
sous-payer v. tr. (conjug. 8)
sous-performer v. intr. (conjug. 1)
sous-peuplé, ée adj.
PL. *sous-peuplés, ées*
sous-peuplement n. m.
sous-pied n. m.
PL. *sous-pieds*
sous-plat n. m.
PL. *sous-plats*
sous-pondérer v. tr. (conjug. 6)
sous-préfectoral, ale, aux adj.
sous-préfecture n. f.
PL. *sous-préfectures*
sous-préfet, -préfète n.
PL. *sous-préfets, -préfètes*
sous-production n. f.
sous-produit n. m.
PL. *sous-produits*
sous-programme n. m.
PL. *sous-programmes*
sous-prolétaire n. et adj.
PL. *sous-prolétaires*
sous-prolétariat n. m.
sous-pubien, ienne adj.
PL. *sous-pubiens, iennes*
sous-pull n. m.
PL. *sous-pulls*
sous-qualifié, iée adj.
PL. *sous-qualifiés, iées*

sous-régime n. m.
sous-répertoire n. m.
PL. *sous-répertoires*
sous-représentation n. f.
sous-scapulaire adj.
PL. *sous-scapulaires*
sous-secrétaire n.
PL. *sous-secrétaires*
sous-secrétariat n. m.
PL. *sous-secrétariats*
sous-seing n. m.
PL. *sous-seings*
soussigné, ée adj.
sous-sol n. m.
PL. *sous-sols*
sous-soleuse n. f.
PL. *sous-soleuses*
sous-station n. f.
PL. *sous-stations*
sous-tangente n. f.
PL. *sous-tangentes*
sous-tasse ou **soutasse*** n. f.
PL. *sous-tasses* ou *soutasses**
sous-tendre v. tr. (conjug. 41)
sous-tension n. f.
PL. *sous-tensions*
sous-titrage n. m.
PL. *sous-titrages*
sous-titre n. m.
PL. *sous-titres*
sous-titrer v. tr. (conjug. 1)
sous-toilé, ée adj.
PL. *sous-toilés, ées*
soustractif, ive adj.
soustraction n. f.
soustraire v. tr. (conjug. 50)
sous-traitance n. f.
sous-traitant n. m.
PL. *sous-traitants*
sous-traiter v. (conjug. 1)
sous-utiliser v. tr. (conjug. 1)
sous-ventrière n. f.
PL. *sous-ventrières*
sous-verge n. m.
PL. *sous-verges*
sous-verre n. m.
PL. *sous-verres*

sous-vêtement n. m.
  PL. *sous-vêtements*
sous-vide n. m. inv. et adj.
sous-virer v. intr. (conjug. 1)
sous-vireur, euse adj.
  PL. *sous-vireurs, euses*
soutache n. f.
soutacher v. tr. (conjug. 1)
soutane n. f.
soutanelle n. f.
soute n. f.
soutenable adj.
soutenance n. f.
soutènement n. m.
souteneur n. m.
soutenir v. tr. (conjug. 22)
soutenu, ue adj.
souterrain, aine adj. et n. m.
souterrainement adv.
soutien n. m.
soutien-gorge n. m.
  PL. *soutiens-gorges*
soutier n. m.
soutif n. m.
soutirage n. m.
soutirer v. tr. (conjug. 1)
soutireuse n. f.
soutra n. m.
souvenance n. f.
¹souvenir v. pron.
²souvenir n. m. (conjug. 22)
souvent adv.
souverain, aine adj. et n.
souverainement adv.
souveraineté n. f.
souverainisme n. m.
souverainiste adj. et n.
soviet n. m.
soviétique adj. et n.
soviétisation n. f.
soviétiser v. tr. (conjug. 1)
soviétisme n. m.
soviétologue n.
sovkhoze n. m.
soya n. m.
soyer n. m.
soyeux, euse adj. et n. m.
spa n. m.
spacieusement adv.

spacieux, ieuse adj.
spadassin n. m.
spadice n. m.
spaetzle [ʃpɛtzœl(ə); ʃpɛtzlə]
  n. m.
  PL. *spaetzle(s)*
spaghetti n. m.
  PL. inv. ou *spaghettis*
spahi n. m.
spalax n. m.
spallation n. f.
spalter [spaltɛʀ] n. m. (rec. off. : arrosage).
spam n. m.
spammer v. tr. (conjug. 1)
spanglish n. m.
sparadrap n. m.
spardeck n. m.
sparganier n. m.
sparring-partner n. m.
  PL. *sparring-partners*
spartakisme n. m.
spartakiste n.
sparte ou **spart** n. m.
spartéine n. f.
sparterie n. f.
spartiate n. et adj.
spasme n. m.
spasmodique adj.
spasmolytique adj.
spasmophile adj. et n.
spasmophilie n. f.
spasticité n. f.
spastique adj.
spatangue n. m.
spath n. m.
  PL. *spaths*
spathe n. f.
spathique adj.
spatial, iale, iaux adj.
spatialisation n. f.
spatialiser v. tr. (conjug. 1)
spatialité n. f.
spatiologie n. f.
spationaute n.
spationef n. m.
spatiotemporel, elle adj.
spatule n. f.
spatulé, ée adj.

speakeasy n. m.
  PL. *speakeasys* ou *speakeasies*
speaker ou **speakeur*** n. m.
speakerine n. f.
spécial, iale, iaux adj.
spécialement adv.
spécialisation n. f.
spécialisé, ée adj.
spécialiser v. tr. (conjug. 1)
spécialiste n.
spécialité n. f.
spéciation n. f.
spécieusement adv.
spécieux, ieuse adj.
spécification n. f.
spécificité n. f.
spécifier v. tr. (conjug. 7)
spécifique adj.
spécifiquement adv.
spécimen n. m.
spéciosité n. f.
spécisme n. m.
spéciste n.
spectacle n. m.
spectaculaire adj.
spectaculairement adv.
spectateur, trice n.
spectral, ale, aux adj.
spectre n. m.
spectrocolorimètre n. m.
spectrogramme n. m.
spectrographe n. m.
spectrohéliographe n. m.
spectromètre n. m.
spectrométrie n. f.
spectrophotomètre n. m.
spectrophotométrie n. f.
spectroscope n. m.
spectroscopie n. f.
spectroscopique adj.
spéculaire adj. et n. f.
spéculateur, trice n.
spéculatif, ive adj.
spéculation n. f.

spéculaus n. m.
spéculer v. intr. (conjug. 1)
spéculoos ou **spéculoos**
 ou **spéculaus** n. m.
spéculum ou
 speculum n. m.
speech [spitʃ] n. m.
 PL. *speeches* ou *speechs*
speed [spid] n. m. et adj. inv.
speedé, ée [spide] adj.
speeder [spide] v. intr.
 (conjug. 1)
speed-sail ® [spidsɛl] n. m.
 PL. *speed-sails*
speiss [spɛs] n. m.
spéléologie n. f.
spéléologique adj.
spéléologue n.
spéléonaute n.
spencer n. m.
spéos n. m.
spergule n. f.
spermaceti ou
 spermacéti n. m.
spermaphytes n. m. pl.
spermathèque n. f.
spermatide n. f.
spermatie n. f.
spermatique adj.
spermatocyte n. m.
spermatogenèse n. f.
spermatogonie n. f.
spermatophytes n. m. pl.
spermatozoïde n. m.
sperme n. m.
spermicide n. m. et adj.
spermiducte n. m.
spermine n. f.
spermogonie n. f.
spermogramme n. m.
spermophile n. m.
sphacèle n. m.
sphagnales n. f. pl.
sphaigne n. f.
sphénisque n. m.
sphénoïdal, ale, aux
 adj.
sphénoïde n. m.
sphère n. f.
sphéricité n. f.

sphérique adj.
sphériquement adv.
sphéroïdal, ale, aux adj.
sphéroïde n. m.
sphéromètre n. m.
sphex n. m.
sphincter n. m.
sphinctérien, ienne adj.
sphinge n. f.
sphinx n. m.
sphygmogramme n. m.
sphygmographe n. m.
sphygmomanomètre
 n. m.
sphygmotensiomètre
 n. m.
sphyrène n. f.
spi n. m.
spic n. m.
spica n. m.
spiccato n. m.
spiciforme adj.
spicilège n. m.
spicule n. m.
spider n. m.
spiegel n. m.
spin n. m.
spina-bifida ou
 spinabifida* n. m.
 PL. inv. ou *spinabifidas***
spinal, ale, aux adj.
spina-ventosa ou
 spinaventosa* n. m.
 PL. inv. ou *spinaventosas***
spinelle n. m.
spinnaker n. m.
spinosaure n. m.
spinozisme ou
 spinosisme n. m.
spiracle n. m.
spiral, ale, aux adj.
spirale n. f.
spiralé, ée adj.
spirant, ante adj. et n. f.
spire n. f.
spirée n. f.
spirifer n. m.
spirille n. m.
spirillose n. f.
spiritain n. m.

spirite adj. et n.
spiritisme n. m.
spiritual, als n. m.
spiritualisation n. f.
spiritualiser v. tr.
 (conjug. 1)
spiritualisme n. m.
spiritualiste adj. et n.
spiritualité n. f.
spirituel, elle adj.
spirituellement adv.
spiritueux, euse adj. et
 n. m.
spirochète [-k-] n. m.
spirochétose [-k-] n. f.
spirographe n. m.
spiroïdal, ale, aux adj.
spiromètre n. m.
spirométrie n. f.
spirorbe n. m.
spiruline n. f.
spitant, ante adj.
splanchnique adj.
splanchnologie n. f.
spleen n. m.
spleenétique ou
 splénétique adj.
splendeur n. f.
splendide adj.
splendidement adv.
splénectomie n. f.
splénique adj.
splénite n. f.
splénomégalie n. f.
spoiler n. m.
spoliateur, trice n. et adj.
spoliation n. f.
spolier v. tr. (conjug. 7)
spondaïque adj.
spondée n. m.
spondias n. m.
spondylarthrite n. f.
spondylarthrose n. f.
spondylite n. f.
spondylolisthésis n. m.
spondylose n. f.
spongiaires n. m. pl.
spongieux, ieuse adj.
spongiforme adj.
spongille n. f.

spongiosité n. f.
sponsor n. m. (rec. off. : mécénat, parraineur)
sponsoring n. m. (rec. off. : mécénat, parrainage)
sponsorisation n. f.
sponsoriser v. tr. (conjug. 1)
spontané, ée adj.
spontanéisme n. m.
spontanéiste n. et adj.
spontanéité n. f.
spontanément adv.
spontanisme n. m.
sporadicité n. f.
sporadique adj.
sporadiquement adv.
sporange n. m.
spore n. f.
sporogone n. m.
sporophyte n. m.
sporotriche n. m.
sporotrichose n. f.
sporozoaires n. m. pl.
sport n. m.
sportif, ive adj.
sportivement adv.
sportivité n. f.
sportswear n. m.
sportule n. f.
sportwear ou **sportswear** n. m.
sporulation n. f.
sporuler v. intr. (conjug. 1)
spot n. m. et adj. inv. (rec. off. : message publicitaire)
spoule n. f.
spoutnik n. m.
sprat n. m.
spray n. m.
PL. *sprays*
sprechgesang ou **sprechgésang*** [ʃprɛʃgezɑ̃] n. m.
springbok n. m.
springer n. m.
sprint n. m.
sprinter v. intr. (conjug. 1)
sprinteur, euse ou **sprinter** n.

sprue n. f.
spumescent, ente adj.
spumeux, euse adj.
spumosité n. f.
squale n. m.
squame n. f.
squamé, ée adj. et n. m.
squameux, euse adj.
squamifère adj.
squamule n. f.
square n. m.
squash n. m.
squat n. m.
squatine n. m. ou f.
¹**squatter** n.
²**squatter** v. tr. (conjug. 1)
squattériser v. tr. (conjug. 1)
squatteur, euse ou **squatter** n.
squaw n. f.
squeeze n. m.
squeezer v. tr. (conjug. 1)
squelette n. m.
squelettique adj.
squille n. f.
squirre ou **squirrhe** n. m.
squirreux, euse ou **squirrheux, euse** adj.
SRAS [sʀas] n. m. (syndrome respiratoire aigu sévère)
S. S. n. m. (Schutz-Staffel)
stabat mater [stabatmatɛʀ] n. m. inv.
stabile adj.
stabilisant n. m.
stabilisateur, trice adj. et n. m.
stabilisation n. f.
stabiliser v. tr. (conjug. 1)
stabilité n. f.
Stabilo-Boss® ou **stabilo** n. m.
stable adj.
stabulation n. f.
¹**staccato** n. m.
PL. *staccatos* ou *staccati* (it.)
²**staccato** adv.
stade n. m.

stadia n. m.
stadiaire n.
stadier, ière n.
staff n. m.
staffer v. tr. (conjug. 1)
staffeur, euse n.
stage n. m.
stagflation n. f.
stagiaire adj. et n.
stagnant, ante adj.
stagnation n. f.
stagner v. intr. (conjug. 1)
stakhanovisme n. m.
stakhanoviste n. et adj.
stakning n. m.
stal adj.
stalactite n. f.
stalag n. m.
stalagmite n. f.
stalagmitique adj.
stalagmomètre n. m.
stalagmométrie n. f.
stalinien, ienne adj.
stalinisme n. m.
stalle n. f.
staminal, ale, aux adj.
staminé, ée adj.
staminifère adj.
stance n. f.
stand n. m.
standard n. m.
standardisation n. f.
standardiser v. tr. (conjug. 1)
standardiste n.
stand-by n. m. et adj. inv.
standing n. m.
standiste n.
stanneux, euse adj.
stannifère adj.
stannique adj.
staphisaigre n. f.
staphylier n. m.
¹**staphylin, ine** adj.
²**staphylin** n. m. (coléoptère)
staphylococcie n. f.
staphylococcique adj.
staphylocoque n. m.
staphylome n. m.

stérilet

star n. f.
starets n. m.
starie n. f.
stariets n. m.
starification n. f.
starifier v. tr. (conjug. 7)
starisation n. f.
stariser v. tr. (conjug. 1)
starking n. f.
starlette n. f.
staroste n. m.
star-système ou star-system n. m.
starter n. m.
starting-block n. m.
PL. *starting-blocks* (rec. off. : bloc de départ)
starting-gate n. m.
PL. *starting-gates*
start-up n. f. inv. (rec. off. : jeune pousse)
stase n. f.
stat n. f.
statère n. m.
stathouder n. m.
stathoudérat n. m.
statice n. f.
statif n. m.
statine n. f.
station n. f.
stationnaire adj. et n. m.
stationnarité n. f.
stationnement n. m.
stationner v. intr. (conjug. 1)
station-service n. f.
PL. *stations-services*
statique n. f. et adj.
statiquement adv.
statisme n. m.
statisticien, ienne n.
statistique n. f. et adj.
statistiquement adv.
stator n. m.
statoréacteur n. m.
statthalter n. m.
statuaire n. et adj.
statue n. f.
statuer v. tr. (conjug. 1)
statuette n. f.

statufier v. tr. (conjug. 7)
statu quo ou
    statuquo★ n. m.
    PL. inv. ou *statuquos*★
stature n. f.
statut n. m.
statutaire adj.
statutairement adv.
stawug n. m.
stayer ou stayeur★ n. m.
steak n. m.
steamer ou steameur★ n. m.
stéarate n. m.
stéarine n. f.
stéarique adj.
stéatite n. f.
stéatopyge adj.
stéatose n. f.
steelband n. m.
steeple n. m.
steeple-chase n. m.
    PL. *steeple-chases*
stégocéphales n. m. pl.
stégomyie n. f.
stégosaure n. m.
steinbock n. m.
stèle n. f.
stellage n. m.
stellaire adj. et n. f.
stellionat n. m.
stellionataire n. et adj.
stellite ® n. m.
stem ou stemm n. m.
stemmate n. m.
stencil n. m.
sténo n.
sténodactylographie n. f.
sténogramme n. m.
sténographe n.
sténographie n. f.
sténographier v. tr. (conjug. 7)
sténographique adj.
sténopé n. m.
sténosage n. m.
sténose n. f.
sténotype n. f.
sténotypie n. f.

sténotypiste n.
stent n. m.
stentor n. m.
steppage n. m.
steppe n. f.
steppeur ou stepper n. m.
steppique adj.
stéradian n. m.
stercoraire n. m. et adj.
stercoral, ale, aux adj.
stercorite n. f.
stère n. m.
stéréo adj. inv. et n. f.
stéréobate n. m.
stéréochimie n. f.
stéréochimique adj.
stéréocomparateur n. m.
stéréoduc n. m.
stéréognosie n. f.
stéréogramme n. m.
stéréographie n. f.
stéréographique adj.
stéréo-isomère n. m.
    PL. *stéréo-isomères*
stéréométrie n. f.
stéréométrique adj.
stéréophonie n. f.
stéréophonique adj.
stéréophotographie n. f.
stéréoradiographie n. f.
stéréorégularité n. f.
stéréoscope n. m.
stéréoscopie n. f.
stéréoscopique adj.
stéréospécificité n. f.
stéréospondyles n. m. pl.
stéréotaxie n. f.
stéréotomie n. f.
stéréotomique adj.
stéréotype n. m.
stéréotypé, ée adj.
stéréotypie n. f.
stérer v. tr. (conjug. 6)
stéride n. m.
stérile adj.
stérilement adv.
stérilet n. m.

stérilisant, ante adj.
stérilisateur n. m.
stérilisation n. f.
stériliser v. tr. (conjug. 1)
stérilité n. f.
stérique adj.
sterlet n. m.
sterling adj. inv.
sternal, ale, aux adj.
sterne n. f.
sterno-cléido-mastoïdien ou **sternocléidomastoïdien*** adj. m. et n. m.
PL. *sterno-cléido-mastoïdiens* ou *sternocléidomastoïdiens**
sternum n. m.
sternutation n. f.
sternutatoire adj.
stéroïde n. m. et adj.
stéroïdien, ienne adj.
stéroïdique adj.
stérol n. m.
stérolique adj.
stertor n. m.
stertoreux, euse adj.
stéthoscope n. m.
stetson n. m.
stew n. m.
steward n. m.
sthène n. m.
stibié, iée adj.
stibine n. f.
stichomythie n. f.
stick n. m.
sticker n. m.
stigmate n. m.
stigmatique adj.
stigmatisation n. f.
stigmatisé, ée adj.
stigmatiser v. tr. (conjug. 1)
stigmatisme n. m.
stil-de-grain n. m.
PL. *stils-de-grain*
stillation n. f.
stillatoire adj.
stilligoutte n. m.
stilton n. m.
stimugène n. m. et adj.

stimulant, ante adj. et n. m.
stimulateur, trice adj. et n. m.
stimulation n. f.
stimulatoire adj.
stimuler v. tr. (conjug. 1)
stimuline n. f.
stimulus n. m.
PL. inv. ou *stimuli*
stipe n. m.
stipendié, iée adj.
stipendier v. tr. (conjug. 7)
stipité, ée adj.
stipulaire adj.
stipulation n. f.
stipule n. f.
stipulé, ée adj.
stipuler v. tr. (conjug. 1)
stochastique adj. et n. f.
stock n. m.
stockage n. m.
stock-car n. m.
stocker v. tr. (conjug. 1)
stockfisch n. m. inv.
stockiste n. m.
stock-option n. f. (rec. off. : option sur titres)
stœchiométrie n. f.
stœchiométrique adj.
stoïcien, ienne adj. et n.
stoïcisme n. m.
stoïque adj. et n.
stoïquement adv.
stokes n. m.
STOL n. m. (short taking-off and landing, rec. off. : ADAC)
stolon n. m.
stolonial, iale, iaux adj.
stolonifère adj.
stomacal, ale, aux adj.
stomachique adj.
stomate n. m.
stomatite n. f.
stomato n. m.
stomatologie n. f.
stomatologue n.
stomatoplastie n. f.
stomatorragie n. f.
stomatorragique adj.

stomatoscope n. m.
stomie n. f.
stomiser v. tr. (conjug. 1)
stomoxe n. m.
stop interj. et n. m.
stop-over n. m. inv.
stoppage n. m.
stopper v. (conjug. 1)
stoppeur, euse n.
storax n. m.
store n. m.
storiste n.
story-board n. m.
PL. *story-boards*
stoupa n. m.
stout n. m. ou f.
S. T. P. abrév. (s'il te plaît)
strabique n. et adj.
strabisme n. m.
stradiot n. m.
stradiote n. m.
stradivarius n. m.
stramoine n. f.
strangulation n. f.
stranguler v. tr. (conjug. 1)
strapontin n. m.
strapping n. m.
strass n. m.
strasse n. f.
stratagème n. m.
strate n. f.
stratège n. m.
stratégie n. f.
stratégique adj.
stratégiquement adv.
stratégiste n. m.
stratification n. f.
stratifié, iée adj.
stratifier v. tr. (conjug. 7)
stratigraphie n. f.
stratigraphique adj.
stratiome n. m.
stratocumulus n. m.
stratopause n. f.
stratosphère n. f.
stratosphérique adj.
stratum n. m.
stratus n. m.
strelitzia n. m. inv.

strepto n. m.
streptobacille n. m.
streptococcie n. f.
streptococcique adj.
streptocoque n. m.
streptomycète n. m.
streptomycine n. f.
stress n. m.
stressant, ante adj.
stresser v. tr. (conjug. 1)
stretch® n. m., adj. inv.
PL *stretchs*
stretching n. m.
strette n. f.
striation n. f.
strict, stricte adj.
strictement adv.
striction n. f.
stricto sensu loc. adv.
stridence n. f.
strident, ente adj.
stridor n. m.
stridulant, ante adj.
stridulation n. f.
striduler v. intr. (conjug. 1)
striduleux, euse adj.
strie n. f.
strié, striée adj.
strier v. tr. (conjug. 7)
strige ou **stryge** n. f.
strigiformes n. m. pl.
strigile n. m.
strike n. m.
string n. m.
strioscopie n. f.
strioscopique adj.
stripage n. m.
¹**stripper** ou **strippeur*** n. m. (rec. off. : tire-veine)
²**stripper** v. tr. (conjug. 1)
stripping n. m. (rec. off. : éveinage ; extraction au gaz)
strip(-)tease n. m.
PL *strip(-)teases*
strip(-)teaseur, euse n.
PL *strip(-)teaseurs, euses*
striure n. f.
strobile n. m.
strobophotographie n. f.

stroboscope n. m.
stroboscopie n. f.
stroboscopique adj.
stroma n. m.
stromatolite n. f. ou m.
strombe n. m.
strombolien, ienne adj.
strongle n. m.
strongyle n. m.
strongylose n. f.
strontiane n. f.
strontium n. m.
strophante n. m.
strophe n. f.
structural, ale, aux adj.
structuralisme n. m.
structuraliste adj. et n.
structurant, ante adj.
structuration n. f.
structure n. f.
structuré, ée adj.
structurel, elle adj.
structurellement adv.
structurer v. tr. (conjug. 1)
structurologie n. f.
strudel n. m.
strume n. f.
struthioniformes n. m. pl.
strychnine n. f.
strychnos n. m.
stryge n. f.
stuc n. m.
stucage n. m.
stucateur n. m.
stud-book n. m.
PL *stud-books*
studette n. f.
studieusement adv.
studieux, ieuse adj.
studio n. m.
stup n. m.
stupa ou **stoupa** n. m.
stupéfaction n. f.
stupéfaire v. tr. (conjug. 60 ; rare sauf 3ᵉ pers. sing. prés. et temps comp.)
stupéfait, aite adj.
stupéfiant, iante adj. et n. m.

stupéfier v. tr. (conjug. 7)
stupeur n. f.
stupide adj.
stupidement adv.
stupidité n. f.
stupre n. m.
stuquer v. tr. (conjug. 1)
style n. m.
stylé, ée adj.
stylet n. m.
stylisation n. f.
styliser v. tr. (conjug. 1)
stylisme n. m.
styliste n.
stylisticien, ienne n.
stylistique n. f. et adj.
stylite n. m.
stylo n. m.
stylobate n. m.
stylo-bille n. m.
PL *stylos-billes*
stylo-feutre n. m.
PL *stylos-feutres*
stylographe n. m.
styloïde adj.
stylomine® n. m.
styptique adj.
styrax n. m.
styrène ou **styrolène** n. m.
su, sue adj. et n. m.
suage n. m.
suaire n. m.
suant, suante adj.
suave adj.
suavement adv.
suavité n. f.
subaérien, ienne adj.
subaigu, uë ou **subaigu, üe*** adj.
subalpin, ine adj.
subalterne adj. et n.
subantarctique adj.
subaquatique adj.
subarctique adj.
subatomique adj.
subcarpatique adj.
subcellulaire adj.
subconscience n. f.

subconscient, iente adj. et n. m.
subdélégation n. f.
subdéléguer v. tr. (conjug. 6)
subdésertique adj.
subdiviser v. tr. (conjug. 1)
subdivision n. f.
subdivisionnaire adj.
subduction n. f.
subéquatorial, iale, iaux adj.
suber n. m.
suberaie n. f.
subéreux, euse adj.
subérine n. f.
subfébrile adj.
subintrant, ante adj.
subir v. tr. (conjug. 2)
subit, ite adj.
subitement adv.
subito adv.
subjacent, ente adj.
subjectif, ive adj.
subjectile n. m.
subjectivement adv.
subjectivisme n. m.
subjectiviste adj. et n.
subjectivité n. f.
subjonctif, ive adj. et n. m.
subjuguer v. tr. (conjug. 1)
sublimation n. f.
sublime adj. et n. m.
sublimé, ée adj. et n. m.
sublimement adv.
sublimer v. tr. (conjug. 1)
subliminaire adj.
subliminal, ale, aux adj.
sublimité n. f.
sublingual, ale, aux adj.
sublunaire adj.
submerger v. tr. (conjug. 3)
submersible adj. et n. m.
submersion n. f.
submillimétrique adj.
subnarcose n. f.
subodorer v. tr. (conjug. 1)
suborbital, ales, aux adj.
subordination n. f.

subordonnant, ante adj. et n.
subordonné, ée adj. et n.
subordonner v. tr. (conjug. 1)
subornation n. f.
suborner v. tr. (conjug. 1)
suborneur, euse adj. et n.
subrécargue n. m.
subreptice adj.
subrepticement adv.
subreption n. f.
subrogatif, ive adj.
subrogation n. f.
subrogatoire adj.
subrogé, ée adj.
subroger v. tr. (conjug. 3)
subsaharien, ienne adj.
subséquemment adv.
subséquent, ente adj.
subside n. m.
subsidence n. f.
subsidiaire adj.
subsidiairement adv.
subsidiarité n. f.
subsidiation n. f.
subsidier v. tr. (conjug. 7)
subsistance n. f.
subsistant, ante adj. et n.
subsister v. intr. (conjug. 1)
subsonique adj.
substance n. f.
substantialisme n. m.
substantialiste adj. et n.
substantialité n. f.
substantiel, ielle adj.
substantiellement adv.
substantif, ive n. m. et adj.
substantifique adj.
substantivation n. f.
substantivement adv.
substantiver v. tr. (conjug. 1)
substituable adj.
substituer v. tr. (conjug. 1)
substitut n. m.
substitutif, ive adj.
substitution n. f.
substrat n. m.
subsumer v. tr. (conjug. 1)

subterfuge n. m.
subtil, ile adj.
subtilement adv.
subtilisation n. f.
subtiliser v. (conjug. 1)
subtilité n. f.
subtropical, ale, aux adj.
subulé, ée adj.
suburbain, aine adj.
suburbicaire adj.
subvenir v. tr. ind. (conjug. 22; auxil. *avoir*)
subvention n. f.
subventionnel, elle adj.
subventionner v. tr. (conjug. 1)
subversif, ive adj.
subversion n. f.
subversivement adv.
subvertir v. tr. (conjug. 2)
suc n. m.
succédané n. m.
succéder v. tr. ind. (conjug. 6)
succenturié adj. m.
succès n. m.
successeur n.
successibilité n. f.
successible adj.
successif, ive adj.
succession n. f.
successivement adv.
successoral, ale, aux adj.
succin n. m.
succinct, incte adj.
succinctement adv.
succinique adj.
succion n. f.
succomber v. intr. (conjug. 1)
succube n. m.
succulence n. f.
succulent, ente adj.
succursale adj. et n. f.
succursalisme n. m.
succursaliste adj. et n.
suce n. f.
sucer v. tr. (conjug. 3)

sucette n. f.
suceur, euse n.
suçoir n. m.
suçon n. m.
suçotement n. m.
suçoter v. tr. (conjug. 1)
sucrage n. m.
sucrant, ante adj.
sucrase n. f.
sucrate n. m.
sucre n. m.
sucré, ée adj.
sucrer v. tr. (conjug. 1)
sucrerie n. f.
sucrette ® n. f.
sucrier, ière adj. et n.
sucrine n. f.
sud n. m. inv.
sud-africain, aine adj.
   PL. sud-africains, aines
sud-américain, aine adj.
   PL. sud-américains, aines
sudamina n. m.
sudation n. f.
sudatoire adj.
sud-est n. m.
sudiste n. et adj.
sudoku n. m.
sudoral, ale, aux adj.
sudo-régulateur, trice adj.
   PL. sudo-régulateurs, trices
sudorifère adj.
sudorifique adj.
sudoripare adj.
sud-ouest n. m.
suédé, ée adj. et n. m.
suède n. m.
suédine n. f.
suédois, oise adj. et n.
suée n. f.
suer v. (conjug. 1)
suet n. m.
suette n. f.
sueur n. f.
suffète n. m.
suffire v. tr. ind. (conjug. 37)
suffisamment adv.
suffisance n. f.

suffisant, ante adj.
suffixal, ale, aux adj.
suffixation n. f.
suffixe n. m.
suffixer v. tr. (conjug. 1)
suffocant, ante adj.
suffocation n. f.
suffoquer v. (conjug. 1)
suffragant, ante adj. et n.
suffrage n. m.
suffragette n. f.
suffusion n. f.
suggérer v. tr. (conjug. 6)
suggestibilité n. f.
suggestible adj.
suggestif, ive adj.
suggestion n. f.
suggestionner v. tr. (conjug. 1)
suggestivité n. f.
suicidaire adj. et n.
suicidant, ante n.
suicide n. m.
suicidé, ée adj. et n.
suicider (se) v. pron. (conjug. 1)
suicidologie n. f.
suidés n. m. pl.
suie n. f.
suif n. m.
suiffer v. tr. (conjug. 1)
suiffeux, euse adj.
sui generis loc. adj.
suint n. m.
suintant, ante adj.
suintement n. m.
suinter v. intr. (conjug. 1)
suisse adj. et n.
Suissesse n. f.
suite n. f.
suitée adj. f.
¹suivant, ante adj. et n.
²suivant prép.
suivante n. f.
suiveur, euse n. et adj.
suivez-moi-jeune-homme n. m. inv.
suivi, ie adj. et n. m.
suivisme n. m.
suiviste adj. et n.

suivre v. tr. (conjug. 40)
¹sujet, ette adj.; n.
²sujet n. m.
sujétion n. f.
sulcature n. f.
sulciforme adj.
sulfamide n. m.
sulfatage n. m.
sulfate n. m.
sulfaté, ée adj.
sulfater v. tr. (conjug. 1)
sulfateur, euse n.
sulfateuse n. f.
sulfhémoglobine n. f.
sulfhydrique adj. m.
sulfhydrisme n. m.
sulfinisation n. f.
sulfitage n. m.
sulfite n. m.
sulfocarbonate n. m.
sulfocarbonique adj.
sulfone n. m.
sulfoné, ée adj.
sulfosel n. m.
sulfurage n. m.
sulfuration n. f.
sulfure n. m.
sulfuré, ée adj.
sulfurer v. tr. (conjug. 1)
sulfureux, euse adj.
sulfurique adj.
sulfurisé, ée adj.
sulky n. m.
   PL. sulkies ou sulkys
sulpicien, ienne adj. et n.
sultan n. m.
sultanat n. m.
sultane n. f.
sumac n. m.
sumérien, ienne adj. et n.
summum n. m.
sumo n. m.
sumotori n. m.
sundae n. m.
sunlight n. m.
sunna n. f.
sunnisme n. m.
sunnite adj. et n.
sup adj.

super adj. inv.; n. m.
super-8 n. m. inv. et adj. inv.
superalliage n. m.
superamas n. m.
superbe adj.; n. f.
superbement adv.
superbénéfice n. m.
supercalcul n. m.
supercalculateur n. m.
supercarburant n. m.
supercentenaire adj. et n.
superchampion, ionne n.
supercherie n. f.
superciment n. m.
superclasse n. f.
supercritique adj.
supère adj.
superéthanol n. m.
supérette n. f.
superfamille n. f.
superfécondation n. f.
superfétation n. f.
superfétatoire adj.
superficialité n. f.
superficie n. f.
superficiel, ielle adj.
superficiellement adv.
superfin, ine adj.
superfinition n. f.
superflu, ue adj.
superfluide adj.
superfluidité n. f.
superfluité n. f.
supergéant n. m.
supergénérateur n. m.
supergrand n. m.
super-héros n. m. inv.
superhétérodyne adj. et n. m.
super-huit n. m. et adj. inv.
supérieur, ieure adj. et n.
supérieurement adv.
superinflation n. f.
supériorité n. f.
superjumbo n. m.
superlatif, ive adj. n. m. et n.
superlativement adv.
superléger ou **super-léger**
 PL. super(-)légers
superluminique adj.
supermalloy® n. m.
superman n. m.
 PL. supermans ou supermen
supermarché n. m.
supernova n. f.
 PL. supernovæ ou supernovas
superordinateur n. m.
superordre n. m.
superovarié, iée adj.
superphosphate n. m.
superposable adj.
superposer v. tr. (conjug. 1)
superposition n. f.
super-préfet n. m.
 PL. super-préfets
superproduction n. f.
superprofit n. m.
superpuissance n. f.
superréaction n. f.
supersonique adj.
superstar n. f.
superstitieusement adv.
superstitieux, ieuse adj. et n.
superstition n. f.
superstrat n. m.
superstructure n. f.
supertanker n. m.
superviser v. tr. (conjug. 1)
superviseur, euse n.
supervision n. f.
superwelter adj. et n.
superwoman n. f.
 PL. superwomans ou superwomen
supin n. m.
supinateur n. m. et adj. m.
supination n. f.
supion n. m.
supplanter v. tr. (conjug. 1)
suppléance n. f.
suppléant, ante adj. et n.
suppléer v. tr. (conjug. 1)
supplément n. m.
supplémentaire adj.

supplémentairement adv.
supplémentation n. f.
supplémenter v. tr. (conjug. 1)
supplétif, ive adj. et n. m.
supplétoire adj.
suppliant, iante adj. et n.
supplication n. f.
supplice n. m.
supplicier v. tr. (conjug. 7)
supplier v. tr. (conjug. 7)
supplique n. f.
suppo n. m.
support n. m.
supportable adj.
support-chaussette n. m.
 PL. supports-chaussettes
¹supporter n. m.
²supporter v. tr. (conjug. 1)
supporteur, trice n.
supposable adj.
supposé, ée adj.
supposément adv.
supposer v. tr. (conjug. 1)
supposition n. f.
suppositoire n. m.
suppôt n. m.
suppresseur n. m. et adj. m.
suppression n. f.
supprimer v. tr. (conjug. 1)
suppurant, ante adj.
suppuratif, ive adj.
suppuration n. f.
suppurer v. intr. (conjug. 1)
supputation n. f.
supputer v. tr. (conjug. 1)
supra adv.
supraconducteur, trice adj. et n. m.
supraconductivité n. f.
supraliminaire adj.
supramoléculaire adj.
supranational, ale, aux adj.
supranationalisme n. m.
supranationaliste adj. et n.
supranationalité n. f.

suprasegmental, ale, aux adj.
suprasensible adj.
supraterrestre adj.
suprématie [-si] n. f.
suprême adj. et n. m.
suprêmement adv.
¹**sur, sure** adj. (acide)
²**sur** prép.
sûr, sûre ou **sure*** adj.
surabondamment adv.
surabondance n. f.
surabondant, ante adj.
surabonder v. intr. (conjug. 1)
suractif, ive adj.
suractivé, ée adj.
suractivité n. f.
surah n. m.
suraigu, uë ou **suraigüe*** adj.
surajouter v. tr. (conjug. 1)
sural, ale, aux adj.
suralimentation n. f.
suralimenter v. tr. (conjug. 1)
suramplificateur n. m. (rec. off. de booster)
suramplification n. f.
suramplifier v. tr. (conjug. 7)
suranné, ée adj.
surarbitre n. m.
surarmement n. m.
surarmer v. tr. (conjug. 1)
surate n. f.
surbaissé, ée adj.
surbaissement n. m.
surbaisser v. tr. (conjug. 1)
surbooké, ée adj.
surbooker v. tr. (conjug. 1)
surbooking n. m. (rec. off. : surréservation)
surboum n. f.
surbrillance n. f.
surcapacitaire adj.
surcapacité n. f.
surcapitalisation n. f.
surcharge n. f.
surchargé, ée adj.

surcharger v. tr. (conjug. 3)
surchauffe n. f.
surchauffé, ée adj.
surchauffer v. tr. (conjug. 1)
surchauffeur n. m.
surchemise n. f.
surchoix n. m. et adj.
surclassement n. m.
surclasser v. tr. (conjug. 1)
surcompensation n. f.
surcompenser v. tr. (conjug. 1)
surcomposé, ée adj.
surcompressé, ée adj.
surcompression n. f.
surcomprimer v. tr. (conjug. 1)
surconsommation n. f.
surcontre n. m.
surcontrer v. tr. (conjug. 1)
surcostal, ale, aux adj.
surcot n. m.
surcote n. f.
surcouper v. intr. (conjug. 1)
surcoût ou **surcout*** n. m.
surcreusement n. m.
surcroît ou **surcroit*** n. m.
surdent n. f.
surdéterminant, ante adj.
surdétermination n. f.
surdéterminé, ée adj.
surdimensionné, ée adj.
surdimutité n. f.
surdiplômé, ée adj.
surdité n. f.
surdos n. m.
surdosage n. m.
surdose n. f. (rec. off. de overdose)
surdoué, ée adj. et n.
sureau n. m.
sureffectif n. m.
surélévation n. f.
surélever v. tr. (conjug. 5)
surelle n. f.
suremballage n. m.

sûrement ou **surement*** adv.
suréminent, ente adj.
surémission n. f.
suremploi n. m.
surenchère n. f.
surenchérir v. intr. (conjug. 2)
surenchérissement n. m.
surenchérisseur, euse n.
surencombré, ée adj.
surencombrement n. m.
surendetté, ée adj.
surendettement n. m.
surentraînement ou **surentrainement*** n. m.
surentraîner ou **surentrainer*** v. tr. (conjug. 1)
suréquipement n. m.
suréquiper v. tr. (conjug. 1)
surérogation n. f.
surérogatoire adj.
surestarie n. f.
surestimation n. f.
surestimer v. tr. (conjug. 1)
suret, ette adj.
sûreté ou **sureté*** n. f.
surévaluation n. f.
surévaluer v. tr. (conjug. 1)
surex n. m.
surexcitable adj.
surexcitant, ante adj.
surexcitation n. f.
surexcité, ée adj.
surexciter v. tr. (conjug. 1)
surexploitation n. f.
surexploiter v. tr. (conjug. 1)
surexposer v. tr. (conjug. 1)
surexposition n. f.
surf n. m.
surfaçage n. m.
surface n. f.
surfacer v. tr. (conjug. 3)
surfaceuse n. f.

surfactant n. m.
surfactation n. f.
surfacturer v. tr. (conjug. 1)
surfaire v. tr. (conjug. 60; rare sauf inf. et prés. indic.)
surfait, aite adj.
surfaix n. m.
surfer v. intr. (conjug. 1)
surfeur, euse n.
surfil n. m.
surfilage n. m.
surfiler v. tr. (conjug. 1)
surfin, ine adj.
surfiscalisation n. f.
surfondu, ue adj.
surfusion n. f.
surgant n. m.
surgélateur n. m.
surgélation n. f.
surgelé, ée adj. et n. m.
surgeler v. tr. (conjug. 5)
surgénérateur, trice adj. et n. m.
surgeon n. m.
surgeonner v. intr. (conjug. 1)
surgir v. intr. (conjug. 2)
surgissement n. m.
surhaussé, ée adj.
surhaussement n. m.
surhausser v. tr. (conjug. 1)
surhomme n. m.
surhumain, aine adj.
surhumainement adv.
surhumanité n. f.
suri, ie adj.
suricate n. m.
surimi n. m.
surimposer v. tr. (conjug. 1)
surimposition n. f.
surimpression n. f.
surin n. m.
suriner v. tr. (conjug. 1)
surinfecter (se) v. pron. (conjug. 1)
surinfection n. f.
surinformé, ée adj.
surintendance n. f.
surintendant n. m.
surintendante n. f.

surintensité n. f.
surinvestir v. tr. (conjug. 2)
surinvestissement n. m.
surir v. intr. (conjug. 2)
surirradiation n. f.
surjaler v. intr. (conjug. 1)
surjectif, ive adj.
surjection n. f.
surjet n. m.
surjeter v. tr. (conjug. 4)
surjeteuse n. f.
surjouer v. tr. (conjug. 1)
sur-le-champ loc. adv.
surlendemain n. m.
surligner v. tr. (conjug. 1)
surligneur n. m.
surlonge n. f.
surloyer n. m.
surmatelas n. m.
surmédiatisation n. f.
surmédiatiser v. tr. (conjug. 1)
surmédicalisation n. f.
surmédicaliser v. tr. (conjug. 1)
surmenage n. m.
surmenant, ante adj.
surmené, ée adj.
surmener v. tr. (conjug. 5)
sur-mesure n. m.
surmoi n. m. inv.
surmoïque adj.
surmontable adj.
surmonter v. tr. (conjug. 1)
surmortalité n. f.
surmoulage n. m.
surmouler v. tr. (conjug. 1)
surmulet n. m.
surmulot n. m.
surmultiplication n. f.
surmultiplié, iée adj.
surnager v. intr. (conjug. 3)
surnatalité n. f.
surnaturel, elle adj. et n. m.
surnaturellement adv.
surnom n. m.
surnombre n. m.

surnommer v. tr. (conjug. 1)
surnuméraire adj. et n.
suroccupation n. f.
suroffre n. f.
suroît ou **suroit*** n. m.
suros n. m.
suroxydation n. f.
suroxyder v. tr. (conjug. 1)
surpassement n. m.
surpasser v. tr. (conjug. 1)
surpatte n. f.
surpâturage n. m.
surpaye n. f.
surpayer v. tr. (conjug. 8)
surpêche n. f.
surpeuplé, ée adj.
surpeuplement n. m.
surpiquer v. tr. (conjug. 1)
surpiqûre ou **surpiqure*** n. f.
surplace ou **sur-place** n. m. inv.
surplis n. m.
surplomb n. m.
surplombant, ante adj.
surplombement n. m.
surplomber v. (conjug. 1)
surplus n. m.
surpoids n. m.
surpondérer v. tr. (conjug. 6)
surpopulation n. f.
surprenant, ante adj.
surprendre v. tr. (conjug. 58)
surpression n. f.
surprime n. f.
surpris, ise adj.
surprise n. f.
surprise-partie ou **surprise-party** n. f. n. *surprises-parties* ou *surprise-partys*
surproducteur, trice adj.
surproduction n. f.
surproduire v. tr. (conjug. 38)

surprotecteur, trice adj.
surprotection n. f.
surprotéger v. tr. (conjug. 6 et 3)
surpuissance n. f.
surpuissant, ante adj.
surqualification n. f.
surqualifié, iée adj.
surréalisme n. m.
surréaliste adj. et n.
surréalité n. f.
surrection n. f.
surréel, elle adj.
surrégénérateur n. m.
surrégime n. m.
surrénal, ale, aux adj.
surrénalien, ienne adj.
surrénalite n. f.
surreprésentation n. f.
surreprésenté, ée adj.
surréservation n. f. (rec. off. de surbooking)
surround adj. et n. m.
sursalaire n. m.
sursaturant, ante adj.
sursaturation n. f.
sursaturé, ée adj.
sursaut n. m.
sursauter v. intr. (conjug. 1)
surséance n. f.
sursemer v. tr. (conjug. 5)
surseoir ou **sursoir*** v. tr. (conjug. 26 ; futur je surseoirai)
sursis n. m.
sursitaire adj. et n.
sursoir* v. tr. → surseoir
sursoufflage n. m.
surstock n. m.
surstockage n. m.
surstocker v. tr. (conjug. 1)
surtaux n. m.
surtaxe n. f.
surtaxer v. tr. (conjug. 1)
surtension n. f.
surtitrage n. m.
surtitrer v. tr. (conjug. 1)
surtoilé, ée adj.
surtondre v. tr. (conjug. 41)

surtonte n. f.
surtout adv. ; n. m.
survaleur n. f.
survalorisation n. f.
survaloriser v. tr. (conjug. 1)
surveillance n. f.
surveillant, ante n.
surveillé, ée adj.
surveiller v. tr. (conjug. 1)
survenance n. f.
survenant, ante n.
survendre v. tr. (conjug. 41)
survenir v. intr. (conjug. 22)
survente n. f.
survenue n. f.
surveste n. f.
survêtement n. m.
survie n. f.
survirage n. m.
survirer v. intr. (conjug. 1)
survireur, euse adj.
survitaminé, ée adj.
survitrage n. m.
survivance n. f.
survivant, ante adj. et n.
survivre v. (conjug. 46)
survol n. m.
survoler v. tr. (conjug. 1)
survoltage n. m.
survolté, ée adj.
survolter v. tr. (conjug. 1)
survolteur n. m.
survolteur-dévolteur n. m.
PL. *survolteurs-dévolteurs*
sus [sy(s)] adv.
susceptibilité n. f.
susceptible adj.
susciter v. tr. (conjug. 1)
suscription n. f.
susdit, dite adj. et n.
sus-dominante n. f.
PL. *sus-dominantes*
sus-hépatique adj.
PL. *sus-hépatiques*
sushi n. m.
sus-maxillaire adj.
PL. *sus-maxillaires*
susmentionné, ée adj.

susnommé, ée adj.
suspect, ecte adj. et n.
suspecter v. tr. (conjug. 1)
suspendre v. tr. (conjug. 41)
suspendu, ue adj.
suspens [syspɑ̃] adj. m. et n. m.
¹suspense [syspɑ̃s] n. f. (censure)
²suspense [syspɛns] n. m. (attente)
suspenseur adj. m. et n. m.
suspensif, ive adj.
suspension n. f.
suspensoïde adj.
suspensoir n. m.
suspente n. f.
suspicieusement adv.
suspicieux, ieuse adj.
suspicion n. f.
sustain n. m.
sustentateur, trice adj.
sustentation n. f.
sustenter v. tr. (conjug. 1)
sus-tonique n. f.
PL. *sus-toniques*
susurrant, ante adj.
susurration n. f.
susurrement n. m.
susurrer v. (conjug. 1)
susvisé, ée adj.
sutra ou **soutra** n. m.
sutural, ale, aux adj.
suture n. f.
suturer v. tr. (conjug. 1)
suzerain, aine n.
suzeraineté n. f.
svastika ou **swastika** n. m.
svelte adj.
sveltesse n. f.
S. V. P. abrév. (s'il vous plaît)
swahili, ie ou **souahéli, ie** [swa-] n. m. et adj.
swap [swap] n. m. (rec. off. : crédit croisé, échange financier)
swastika n. m.
sweat n. m.
sweater ou **sweateur*** [switœr ; swetœr] n. m.

sweat-shirt [switʃœrt; swɛtʃœrt] n. m.
pl. *sweat-shirts*

sweepstake [swipstɛk] n. m.

swi-manga n. m.
pl. *swi-mangas*

swing n. m.

swinguer v. intr. (conjug. 1)

sybarite n. et adj.

sybaritique adj.

sybaritisme n. m.

sycomore n. m.

sycophante n. m.

sycosis n. m.

syénite n. f.

syllabaire n. m.

syllabation n. f.

syllabe n. f.

syllabique adj.

syllabus n. m.

syllepse n. f.

sylleptique adj.

syllogisme n. m.

syllogistique adj. et n. f.

sylphe n. m.

sylphide n. f.

sylvain n. m.

sylvaner ou **silvaner** n. m.

sylve n. f.

sylvestre adj.

sylvicole adj.

sylviculteur, trice n.

sylviculture n. f.

sylvinite n. f.

symbionte n. m.

symbiose n. f.

symbiote n. m.

symbiotique adj.

symbole n. m.

symbolique adj. et n.

symboliquement adv.

symbolisation n. f.

symboliser v. tr. (conjug. 1)

symboliste adj. et n.

symbologie n. f.

symétrie n. f.

symétrique adj.

symétriquement adv.

sympa adj.

sympathectomie n. f.

sympathicectomie n. f.

sympathicotonie n. f.

sympathie n. f.

sympathique adj. et n. m.

sympathiquement adv.

sympathisant, ante adj. et n.

sympathiser v. intr. (conjug. 1)

sympatrique adj.

symphonie n. f.

symphonique adj.

symphoniste n.

symphorine n. f.

symphysaire adj.

symphyse n. f.

symplectique adj.

symposium n. m.
pl. *symposiums*

symptomatique adj.

symptomatiquement adv.

symptomatologie n. f.

symptomatologique adj.

symptôme n. m.

synagogue n. f.

synalèphe n. f.

synallagmatique adj.

synanthéré, ée adj.

synapse n. f.

synaptique adj.

synarchie n. f.

synarthrose n. f.

synchondrose [-k ɔ̃-] n. f.

synchro [-k-] n. f.

synchrocyclotron [-k-] n. m.

synchrone [-k-] adj.

synchronie [-k-] n. f.

synchronique [-k-] adj.

synchroniquement [-k-] adv.

synchronisation [-k-] n. f.

synchronisé, ée adj.

synchroniser [-k-] v. tr. (conjug. 1)

synchroniseur [-k-] n. m.

synchronisme [-k-] n. m.

synchrotron [-k-] n. m.

synchrotronique [-k-] adj.

synclinal, ale, aux n. m. et adj.

syncopal, ale, aux adj.

syncopant, ante n. et adj.

syncope n. f.

syncopé, ée adj.

syncoper v. (conjug. 1)

syncrétique adj.

syncrétisme n. m.

syncrétiste n. et adj.

syncristallisation n. f.

syncristalliser v. intr. (conjug. 1)

syncytial, iale, iaux adj.

syncytium n. m.

syndactyle adj.

syndactylie n. f.

synderme n. m.

syndic n. m.

syndical, ale, aux adj.

syndicalisation n. f.

syndicaliser v. tr. (conjug. 1)

syndicalisme n. m.

syndicaliste n. et adj.

syndicat n. m.

syndicataire n. et adj.

syndication n. f.

syndique n. f.

syndiqué, ée adj.

syndiquer v. tr. (conjug. 1)

syndrome n. m.

synecdoque n. f.

synéchie n. f.

synérèse n. f.

synergiciel n. m.

synergie n. f.

synergique adj.

synesthésie n. f.

syngnathe n. m.

synodal, ale, aux adj.

synode n. m.

synodique adj.

synonyme adj. et n. m.

synonymie n. f.

synonymique adj.
synopse n. f.
synopsie n. f.
synopsis n. f. et m.
synoptique adj.
synostose n. f.
synovial, iale, iaux adj.
synovie n. f.
synovite n. f.
syntacticien, ienne n.
syntactique adj.; n. f.
syntagmatique adj. et n. f.
syntagme n. m.
syntaxe n. f.
syntaxique adj.
syntaxiquement adv.
synthé n. m.
synthèse n. f.
synthétase n. f.
synthétique adj.
synthétiquement adv.
synthétiser v. tr. (conjug. 1)
synthétiseur n. m.
syntone adj.
syntonie n. f.
syntonisation n. f.
syntoniser v. tr. (conjug. 1)
syntoniseur n. m. (rec. off. de : tuner)
syphiligraphe n.
syphiligraphie n. f.
syphilis n. f.
syphilitique adj. et n.
syrah n. f.
syriaque n. m.
seringue n. f.
syringomyélie n. f.
syrinx n. f. ou m.
syrphe n. m.
syrte n. f.
systématicien, ienne n.
systématique adj. et n. f.
systématiquement adv.
systématisation n. f.
systématisé, ée adj.
systématiser v. tr. (conjug. 1)
système n. m.
systémicien, ienne n.

systémier n. m.
systémique adj. et n. f.
systole n. f.
systolique adj.
systyle n. m. et adj.
syzygie n. f.

t

t n. m. inv.; abrév. et symb.
T n. m. inv.; abrév. et symb.
ta adj. poss.
ta, ta, ta interj.
tabac n. m.
tabaco-dépendant, ante adj.
  PL. *tabaco-dépendants, antes*
tabacologie n. f.
tabacologue n.
tabacomanie n. f.
tabaculteur, trice n.
tabagie n. f.
tabagique adj. et n.
tabagisme n. m.
tabard n. m.
tabasco n. m.
tabassage n. m.
tabassée n. f.
tabasser v. tr. (conjug. 1)
tabatière n. f.
tabellaire adj.
tabellion n. m.
tabernacle n. m.
tabès ou **tabes** n. m.
tabétique adj.
tabla n.
tablar ou **tablard** n. m.
tablature n. f.
table n. f.
tableau n. m.
tableautier n. m.
tableautin n. m.
tablée n. f.

tabler v. tr. ind. (conjug. 1)
tabletier, ière n.
tablettage n. m.
tablette n. f.
tabletter v. tr. (conjug. 1)
tabletterie n. f.
tableur n. m.
tablier n. m.
tabloïd ou **tabloïde** n. m.
tabou, e n. m. et adj.
tabouiser v. tr. (conjug. 1)
taboulé n. m.
tabouret n. m.
tabulaire adj.
tabulateur n. m.
tabulation n. f.
tabulatrice n. f.
tabun [tabun] n. m.
tac interj. et n. m.
tacatac interj.
tacaud n. m.
tacca n. m.
tacet n. m.
tache n. f.
taché, ée adj.
tâche n. f.
tachéographe n. m.
tachéomètre n. m.
tachéométrie n. f.
tacher v. tr. (conjug. 1)
tâcher v. (conjug. 1)
tâcheron, onne n.
tacheté, ée adj.
tacheter v. tr. (conjug. 4)
tacheture n. f.
tachine n. m. ou f.
tachiscopique adj.
tachisme n. m.
tachiste adj. et n.
tachistoscope n. m.
tachistoscopique adj.
tachyarythmie [-k-] n. f.
tachycardie [-k-] n. f.
tachygenèse [-k-] n. f.
tachygénétique [-k-] adj.
tachygraphe [-k-] n. m.
tachymètre [-k-] n. m.
tachymétrie [-k-] n. f.
tachyon [-k-] n. m.

tachyphagie

tachyphagie [-k-] n. f.
tachyphémie [-k-] n. f.
tachyphylaxie [-k-] n. f.
tacite adj.
tacitement adv.
taciturne adj.
taciturnité n. f.
tacle n. m.
tacler v. intr. (conjug. 1)
taco n. m.
tacon n. m.
taconeos ou **taconéos** n. m. pl.
tacot n. m.
tact n. m.
tactel ® n. m.
tacticien, ienne n.
tacticité n. f.
tactile adj.
tactique n. f. et adj.
tactiquement adv.
tactisme n. m.
TAD n.
tadorne n. m.
tædium vitæ [tedjɔmvite] n. m.
taekwondo [tekwɔ̃do] n. m.
tael n. m.
tænia [tenja] n. m.
taf ou **taffe** n. m. (travail)
taffe n. f. (bouffée)
taffer v. intr. (conjug. 1)
taffetas n. m.
tafia n. m.
tag n. m.
tagage n. m.
tagal n. m.
tagalog n. m.
tagète n. m.
tagger n. m.
tagine n. m.
tagliatelle ou **taliatelle★** n. f.
pl. *tagliatelles* ou *taliatelles★*
taguer v. tr. (conjug. 1)
tagueur, euse ou **tagger** n.
taïaut ou **tayaut** interj.
taï-chi(-chuan) n. m.

taie n. f.
taïga n. f.
taïkonaute n.
taillable adj.
taillade n. f.
taillader v. tr. (conjug. 1)
taillage n. m.
taillanderie n. f.
taillandier n. m.
taille n. f.
taillé, ée adj.
taille-crayon n. m.
pl. *taille-crayons*
taille-douce n. f.
pl. *tailles-douces*
taille-haie n. m.
pl. *taille-haies*
tailler v. (conjug. 1)
taillerie n. f.
tailleur n. m.
tailleur-pantalon n. m.
pl. *tailleurs-pantalons*
taillis n. m.
tailloir n. m.
taillole n. f.
tain n. m.
taire v. tr. (conjug. 54)
taiseux, euse n.
tajine ou **tagine** n. m.
tala adj. et n.
talanquère n. f.
talc n. m.
talé, ée adj.
talent n. m.
talentueusement adv.
talentueux, euse adj.
taler v. tr. (conjug. 1)
taleth n. m.
taliban n. m.
pl. *taliban(s)*
talion n. m.
talisman n. m.
talismanique adj.
talitre n. m.
talkie-walkie n. m.
pl. *talkies-walkies*
talk-show n. m.
pl. *talk-shows* (rec. off. : débat-spectacle, émission-débat)
tallage n. m.

talle n. f.
taller v. intr. (conjug. 1)
tallipot n. m.
talmouse n. f.
talmud n. m.
talmudique adj.
talmudiste n. m.
talochage n. m.
taloche n. f.
talocher v. (conjug. 1)
talon n. m.
talonnade n. f.
talonnage n. m.
talonnement n. m.
talonner v. (conjug. 1)
talonnette n. f.
talonneur n. m.
talonnière n. f.
talpack n. m.
talquer v. tr. (conjug. 1)
talqueux, euse adj.
talure n. f.
¹**talus** [talys] adj. m. (bot)
²**talus** n. m. (pente)
talweg ou **thalweg** n. m.
tamandua n. m.
tamanoir n. m.
tamar n. m.
tamarin n. m.
tamarinier n. m.
tamaris ou **tamarix** n. m.
tambouille n. f.
tambour n. m.
tambourin n. m.
tambourinage n. m.
tambourinaire n. m.
tambourinement n. m.
tambouriner v. (conjug. 1)
tambourineur, euse n.
tambour-major n. m.
pl. *tambours-majors*
tamia n. m.
tamier n. m.
tamil adj. et n.
tamis n. m.
tamisage n. m.
tamiser v. (conjug. 1)
tamiserie n. f.

tarasque

tamiseur, euse n.
tamisier, ière n.
tamoul, e adj. et n.
tamouré n. m.
tampico n. m.
tampon n. m.
tamponnade n. f.
tamponnage n. m.
tamponnement n. m.
tamponner v. tr. (conjug. 1)
tamponneur, euse adj. et n.
tamponnoir n. m.
tam-tam ou tamtam★ n. m.
PL inv. ou tamtams★
tan n. m.
tanagra n. m. ou f.
tanaisie n. f.
tancer v. tr. (conjug. 3)
tanche n. f.
tandem n. m.
tandis que loc. conj.
tandouri ou tandoori adj. et n. m.
tanga n. m.
tangage n. m.
tangara n. m.
tangélo ou tangelo n. m.
tangence n. f.
tangent, ente adj.
tangente n. f.
tangentiel, ielle adj. et n. f.
tangentiellement adv.
tangerine n. f.
tangibilité n. f.
tangible adj.
tangiblement adv.
tango n. m.
tangon n. m.
tangue n. f.
tanguer v. intr. (conjug. 1)
tangueur n. m.
tanguière n. f.
tanière n. f.
tanin ou tannin n. m.
tanisage ou tannisage n. m.

taniser ou tanniser v. tr. (conjug. 1)
tank n. m.
tanka n. m. inv.
tanker [tɑ̃kœʀ] n. m. (rec. off. : navire-citerne)
tankiste n. m.
tannage n. m.
tannant, ante adj.
tanne n. f.
tanné, ée adj.
tannée n. f.
tanner v. tr. (conjug. 1)
tannerie n. f.
tanneur, euse n.
tannin n. m.
tannique adj.
tannisage n. m.
tanniser v. tr. (conjug. 1)
tanrec n. m.
tansad [tɑ̃sad] n. m.
tant adv. et nominal
tantale n. m.
tante n. f.
tantième adj. et n. m.
tantine n. f.
tantinet n. m.
tant mieux loc. adv.
tantôt adv. et n. m.
tantouze ou tantouse n. f.
tant pis loc. adv.
tantra n. m.
tantrique adj.
tantrisme n. m.
T. A. O. n. f. (traduction assistée par ordinateur)
taoïsme n. m.
taoïste n. m.
taon n. m.
tapage n. m.
tapager v. intr. (conjug. 3)
tapageur, euse adj.
tapageusement adv.
tapant, ante adj.
tapas n. f. pl.
tape n. f.
tapé, ée adj.
tape-à-l'œil adj. et n. m. inv.

tapecul ou tape-cul n. m.
PL tape(-)culs
tapée n. f.
tapement n. m.
tapenade n. f.
taper v. (conjug. 1)
tapette n. f.
tapeur, euse n.
taphophilie n. f.
tapi, ie adj.
tapin n. m.
tapiner v. intr. (conjug. 1)
tapineuse n. f.
tapinois (en) loc. adv.
tapioca n. m.
tapir n. m.
tapir (se) v. pron. (conjug. 2)
tapis n. m.
tapis-brosse n. m.
PL tapis-brosses
tapisser v. tr. (conjug. 1)
tapisserie n. f.
tapissier, ière n.
tapon n. m.
taponnage n. m.
taponner v. (conjug. 1)
tapotement n. m.
tapoter v. tr. (conjug. 1)
tapuscrit n. m.
taquage n. m.
taque n. f.
taquer v. tr. (conjug. 1)
taquet n. m.
taquin, ine adj.
taquiner v. tr. (conjug. 1)
taquinerie n. f.
taquoir n. m.
tara n. m.
tarabiscot n. m.
tarabiscotage n. m.
tarabiscoté, ée adj.
tarabiscoter v. tr. (conjug. 1)
tarabuster v. tr. (conjug. 1)
taragot n. m.
tarama n. m.
tarare n. m.
tarasque n. f.

taratata interj.
taraud n. m.
taraudage n. m.
taraudant, ante adj.
tarauder v. tr. (conjug. 1)
taraudeur, euse n. et adj.
taravelle n. f.
tarbouche ou **tarbouch** n. m.
tard adv.
tarder v. intr. (conjug. 1)
tardif, ive adj.
tardigrade n. m. et adj.
tardivement adv.
tare n. f.
¹**taré** adj. m. (Blason : tourné)
²**taré, ée** adj.
tarente n. f.
tarentelle n. f.
tarentule n. f.
tarer v. tr. (conjug. 1)
taret n. m.
targe n. f.
targette n. f.
targuer (se) v. pron. (conjug. 1)
targui, ie adj. sing. et n. sing.
tari, ie adj.
taricheute n. m.
tarière n. f.
tarif n. m.
tarifaire adj.
tarifer v. tr. (conjug. 1)
tarification n. f.
tarin n. m.
tarir v. (conjug. 2)
tarissable adj.
tarissement n. m.
tarlatane n. f.
tarlouze ou **tarlouse** n. f.
tarmac n. m.
taro n. m.
tarot n. m.
taroté, ée adj.
tarpan n. m.
tarpon n. m.
tarse n. m.
tarsectomie n. f.
tarsien, ienne adj.

tarsier n. m.
tartan® n. m.
tartane n. f.
tartare adj. et n.
tartarin n. m.
tartarinade n. f.
tarte n. f. et adj.
tartelette n. f.
tartempion n. pr. et n. m.
tartiflette n. f.
tartignolle ou **tartignole** adj.
tartinade n. f.
tartine n. f.
tartiner v. (conjug. 1)
tartir v. intr. (conjug. 2)
tartrate n. m.
tartre n. m.
tartré, ée adj.
tartreux, euse adj.
tartrique adj.
tartufe ou **tartuffe** n. m. et adj.
tartuferie ou **tartufferie** n. f.
tarzan n. m.
tas n. m.
Taser [tazɛʀ] n. m.
tassage n. m.
tasse n. f.
tasseau n. m.
tassé, ée adj.
tassement n. m.
tasser v. (conjug. 1)
tassette n. f.
tassili n. m.
taste-vin n. m.
  PL. inv. ou *taste-vins★*
T. A. T. n. m. (thematic apperception test)
tata n. f.; n. m.
tatami n. m.
tatane n. f.
tataouinage n. m.
tataouiner v. intr. (conjug. 1)
tatar, are adj. et n.
tâter v. tr. (conjug. 1)
tâteur n. m.

tâte-vin n. m.
  PL. inv. ou *tâte-vins★*
tati(e) n. f.
tatillon, onne adj.
tatin n. f.
tâtonnant, ante adj.
tâtonnement n. m.
tâtonner v. intr. (conjug. 1)
tâtons (à) loc. adv.
tatou n. m.
tatouage n. m.
tatouer v. tr. (conjug. 1)
tatoueur, euse n.
tatouille n. f.
¹**tau** n. m. (lettre)
  PL. inv. ou *taus★*
²**tau** n. m. (bâton)
taud n. m.
tauder v. tr. (conjug. 1)
taudis n. m.
taulard, arde ou **tôlard, arde** n.
taule ou **tôle** n. f.
taulier, ière ou **tôlier, ière** n.
taupe n. f.
taupé, ée adj.
taupe-grillon n. m.
  PL. *taupes-grillons*
taupier n. m.
taupière n. f.
taupin n. m.
taupinière n. f.
taure n. f.
taureau n. m.
taurides n. f. pl.
taurillon n. m.
taurin, ine adj.
taurobole n. m.
tauromachie n. f.
tauromachique adj.
tautochrone [-k-] adj.
tautologie n. f.
tautologique adj.
tautomère adj. et n. m.
tautomérie n. f.
taux n. m.
tauzin n. m.
tavaïolle ou **tavaïole★** n. f.

tavel n. m.
tavelé, ée adj.
tavelure n. f.
taverne n. f.
tavernier, ière n.
tavillon n. m.
taxable adj.
taxateur, trice n. et adj.
taxation n. f.
taxe n. f.
taxer v. tr. (conjug. 1)
taxi n. m.
taxi-brousse n. m.
PL. *taxis-brousse*
taxidermie n. f.
taxidermiste n.
taxie n. f.
taxi-girl n. f.
PL. *taxi-girls*
taximan n. m.
PL. *taximans* ou *taximen*
taximètre n. m.
taxinomie n. f.
taxinomique adj.
taxinomiste n.
taxiphone® n. m.
taxiway n. m.
PL. *taxiways*
taxodium n. m.
taxol n. m.
taxon n. m.
taxonomie n. f.
taxonomique adj.
taxonomiste n.
tayaut interj.
taylorisation n. f.
tayloriser v. tr. (conjug. 1)
taylorisme n. m.
T. B. I. n. m. (tableau blanc interactif)
tchadanthrope n. m.
tchador n. m.
tchao ou **ciao** interj.
tchapalo n. m.
tcharchaf n. m.
tchatche n. f.
tchatcher v. intr. (conjug. 1)
tchatcheur, euse n.
tchatter ou **chatter** v. intr. (conjug. 1)

tchèque adj. et n.
tchérémisse n. m.
tchernoziom n. m.
tchervonets n. m.
PL. *tchervontsy* ou *tchervonets*
tchin-tchin interj.
tchitola n. m.
te pron. pers.
té n. m.; interj.
teasing n. m. (rec. off. : aguichage)
tec n. f. inv. (tonne équivalent charbon)
technème n. m.
technétium n. m.
technétronique adj.
technicien, ienne n. et adj.
technicisation n. f.
techniciser v. tr. (conjug. 1)
technicisme n. m.
techniciste adj.
technicité n. f.
technico(-)commercial, iale adj.
PL. *technico(-)commerciaux, iales*
technicolor® n. m.
technique adj. et n.
techniquement adv.
techno adj. et n. f.
technobureaucratique adj.
technocrate n.
technocratie n. f.
technocratique adj.
technocratisation n. f.
technocratiser v. tr. (conjug. 1)
technocratisme n. m.
technologie n. f.
technologique adj.
technologiquement adv.
technologiste n.
technologue n.
technoparc n. m.
technopole n. f.
technopôle n. m.
technostructure n. f.

teck ou **tek** n. m.
teckel n. m.
tectonique n. f. et adj.
tectrice adj. f. et n. f.
teddy n. m.
teddy-bear [tedibɛʀ] n. m.
PL. *teddy-bears*
Te Deum [tedeɔm] n. m. inv.
tee [ti] n. m.
teenager n.
teeshirt ou **tee-shirt** ou **t-shirt** [tiʃœʀt] n. m.
PL. *teeshirts* ou *tee-shirts* ou *t-shirts*
téflon n. m.
tégénaire n. f.
tégéviste n.
tégument n. m.
tégumentaire adj.
teigne n. f.
teigneux, euse adj.
teillage n. m.
teille n. f.
teiller v. tr. (conjug. 1)
teilleur, euse n.
teindre v. tr. (conjug. 52)
¹**teint, teinte** adj.
²**teint** n. m.
teintant, ante adj.
teinte n. f.
teinté, ée adj.
teinter v. tr. (conjug. 1)
teinture n. f.
teinturerie n. f.
teinturier, ière n.
tek n. m.
tel, telle adj.; pron. et nominal
télamon n. m.
télé n. f.
téléachat ou **télé-achat** n. m.
PL. *téléachats* ou *télé-achats*
téléacheteur, euse n.
téléacteur, trice n.
téléaffichage n. m.
téléalarme n. f.
téléaste n.
téléavertisseur n. m.
télébenne n. f.

téléboutique

téléboutique n. f.
télécabine n. f.
télécarte n. f.
télécentre n. m.
téléchargeable adj.
téléchargement n. m.
télécharger v. tr. (conjug. 3)
téléchargeur n. m.
télécghirurgie n. f.
télécinéma n. m.
télécommande n. f.
télécommander v. tr. (conjug. 1)
télécommunication n. f.
téléconférence n. f.
téléconseiller, ère n.
téléconsultant, ante n.
télécopie n. f.
télécopier v. tr. (conjug. 7)
télécopieur n. m.
télédéclarant, ante n.
télédéclaration n. f.
télédéclarer v. tr. (conjug. 1)
télédétection n. f.
télédiffuser v. tr. (conjug. 1)
télédiffusion n. f.
télédistribution n. f.
téléécriture n. f.
téléenseignement n. m.
téléévangéliste n. m.
téléfax ® n. m.
téléférage ou téléphérage n. m.
téléférique ou téléphérique adj. et n. m.
téléfilm n. m.
téléga ou télègue n. f.
télégénie n. f.
télégénique adj.
télégestion n. f.
télégramme n. m.
télégraphe n. m.
télégraphie n. f.
télégraphier v. tr. (conjug. 7)
télégraphique adj.

télégraphiquement adv.
télégraphiste n.
télègue n. f.
téléguidage n. m.
téléguider v. tr. (conjug. 1)
téléimprimeur n. m.
téléinformatique n. f. et adj.
téléjournal, aux n. m.
télékinésie n. f.
télémaintenance n. f.
télémanipulateur n. m.
télémanipulation n. f.
télémark n. m.
télémarker v. tr. (conjug. 1)
télémarketeur, euse ou télémarqueteur, euse n.
télémarketing n. m.
télémarqueteur, euse n.
télémédecine n. f.
télémesure n. f.
télémètre n. m.
télémétreur, euse n.
télémétrie n. f.
télémétrique adj.
télencéphale n. m.
téléobjectif n. m.
téléologie n. f.
téléologique adj.
téléonomie n. f.
téléonomique adj.
téléopérateur, trice n.
téléosaure n. m.
téléostéens n. m. pl.
télépaiement n. m.
télépathe n. et adj.
télépathie n. f.
télépathique adj.
télépayer v. tr. (conjug. 8)
téléphérage n. m.
téléphérique adj. et n. m.
téléphonage n. m.
téléphone n. m.
téléphoner v. (conjug. 1)
téléphonie n. f.
téléphonique adj.

téléphoniquement adv.
téléphoniste n.
téléphotographie n. f.
télépointage n. m.
téléport n. m.
téléporter v. tr. (conjug. 1)
téléradar n. m.
téléradio n. f.
téléradiographie n. f.
téléréalité n. f.
téléreportage n. m.
téléroman n. m.
téléscaphe n. m.
télescopage n. m.
télescope n. m.
télescoper v. tr. (conjug. 1)
télescopique adj.
télescripteur n. m.
télésecrétariat n. m.
téléservice n. m.
télésiège n. m.
télésignalisation n. f.
téléski n. m.
télésouffleur n. m.
téléspectateur, trice n.
télesthésie n. f.
télésurveillance n. f.
télétex ® n. m.
télétexte n. m.
téléthèque n. f.
téléthon n. m.
télétoxique adj.
télétraitement n. m.
télétransmettre v. tr. (conjug. 56)
télétransmission n. f.
télétravail n. m.
télétravailler v. tr. (conjug. 1)
télétravailleur, euse n.
télétype ® n. m.
téléuniversité n. f.
téléévangéliste n. m.
télévendeur, euse n.
télévente n. f.
télévérité n. f.
télévisé, ée adj.
téléviser v. tr. (conjug. 1)
téléviseur n. m.

téphillin

télévision n. f.
télévision-réalité n. f.
télévisuel, elle adj.
télex n. m.
télexer v. tr. (conjug. 1)
télexiste n.
tell n. m.
tellement adv.
tellière n. m. et adj.
tellurate n. m.
tellure n. m.
tellureux, euse adj.
tellurhydrique adj.
tellurique adj.
tellurisme n. m.
tellurure n. m.
téloche n. f.
télolécithe adj.
télomère n. m.
télophase n. f.
telson n. m.
téméraire adj.
témérairement adv.
témérité n. f.
témoignage n. m.
témoigner v. tr. (conjug. 1)
témoin n. m.
tempe n. f.
tempera (a ou **à la)** loc. adj.
tempérament n. m.
tempéramental, ale, aux adj.
tempérance n. f.
tempérant, ante adj.
température n. f.
tempéré, ée adj.
tempérer v. tr. (conjug. 6)
tempête n. f.
tempêter v. intr. (conjug. 1)
tempétueux, euse adj.
temple n. m.
templier n. m.
tempo n. m.
PL. *tempi* (it.) ou *tempos*
temporaire adj.
temporairement adv.
temporal, ale, aux adj.
temporalité n. f.
temporel, elle adj.

temporellement adv.
temporisateur, trice n. et adj.
temporisation n. f.
temporiser v. (conjug. 1)
temps n. m.
tempura n. f.
tenable adj.
tenace adj.
tenacement adv.
ténacité n. f.
tenaillant, ante adj.
tenaille n. f.
tenaillement n. m.
tenailler v. tr. (conjug. 1)
tenancier, ière n.
tenant, ante adj. et n.
tendance n. f.
tendanciel, ielle adj.
tendanciellement adv.
tendancieusement adv.
tendancieux, ieuse adj.
tende n. f.
tendelle n. f.
tender n. m.
tenderie n. f.
tendeur, euse n.
tendineux, euse adj.
tendinite n. f.
tendinopathie n. f.
tendon n. m.
¹**tendre** adj. et n.
²**tendre** v. tr. (conjug. 41)
tendrement adv.
tendresse n. f.
tendreté n. f.
tendron n. m.
tendu, ue adj.
ténèbres n. f. pl.
ténébreux, euse adj.
ténébrion n. m.
tènement n. m.
ténesme n. m.
¹**teneur** n. f.
²**teneur, euse** n.
ténia ou **tænia** n. m.
ténifuge adj. et n.
tenir v. (conjug. 22)
tennis n. m. et f.

tennis-elbow [tenisɛlbo] n. m.
PL. *tennis-elbows*
tennisman n. m.
PL. *tennismen* ou *tennismans*
tennistique adj.
tennistiquement adv.
tenon n. m.
tenonner v. tr. (conjug. 1)
ténor n. m.
ténorino ou **tenorino** n. m.
PL. *ténorinos* ou *tenorini* (it.)
ténoriser v. intr. (conjug. 1)
ténorite n. f.
ténotomie n. f.
tenrec ou **tanrec** n. m.
tenseur n. m. et adj. m.
tensioactif, ive adj. et n. m.
tensiomètre n. m.
tension n. f.
tensionneur n. m.
tenson n. f.
tensoriel, ielle adj.
tentaculaire adj.
tentacule n. m.
tentant, ante adj.
tentateur, trice n. et adj.
tentation n. f.
tentative n. f.
tente n. f.
tenter v. tr. (conjug. 1)
tenthrède n. f.
tenture n. f.
tenu, ue adj.
ténu, ue adj.
tenue n. f.
ténuirostre adj.
ténuité n. f.
tenure n. f.
ténuto ou **tenuto** adv.
téocalli n. m.
téorbe n. m.
tep n. f. inv. (tonne équivalent pétrole)
téphillin ou **tephillin** n. m.
PL. *téphillins* ou *tephillin*

téphrochronologie [-k-] n. f.
téphrosie n. f.
tepidarium ou **tépidarium** n. m.
téquila ou **tequila** n. f.
TER n. m. inv. (train express régional)
ter adv.
téragone n. f.
téraoctet n. m.
tératogène adj.
tératogenèse n. f.
tératogénie n. f.
tératologie n. f.
tératologique adj.
tératologue n.
tératome n. m.
terbium n. m.
tercer v. tr. (conjug. 3)
tercet n. m.
térébelle n. f.
térébellum ou **terebellum** n. m.
térébenthine n. f.
térébinthacées n. f. pl.
térébinthe n. m.
térébrant, ante adj.
térébration n. f.
térébratule n. f.
téréphtalique adj.
tergal n. m.
tergiversation n. f.
tergiverser v. intr. (conjug. 1)
termaillage n. m.
terme n. m.
terminaison n. f.
¹**terminal, ale, aux** adj. et n. f.
²**terminal, aux** n. m.
terminateur n. m.
terminer v. tr. (conjug. 1)
terminologie n. f.
terminologique adj.
terminologue n.
terminus n. m.
termite n. m.
termitière n. f.
ternaire adj.

terne adj.; n. m.
ternir v. tr. (conjug. 2)
ternissement n. m.
ternissure n. f.
terpène n. m.
terpénique adj.
terpinol n. m.
terrage n. m.
terrain n. m.
terra incognita n. f.
terramare n. f.
terraqué, ée adj.
terrarium n. m.
terra rossa n. f.
terrasse n. f.
terrassement n. m.
terrasser v. tr. (conjug. 1)
terrassier n. m.
terre n. f.
terre à terre loc. adj.
terreau n. m.
terreauter v. tr. (conjug. 1)
terre-neuvas ou **terre-neuvier** n. m. et adj.
 pl. *terre-neuvas* ou *terre-neuviers*
terre-neuve n. m. inv.
terre-plein ou **terreplein*** n. m.
 pl. *terre-pleins* ou *terrepleins**
terrer v. tr. (conjug. 1)
terrestre adj.
terreur n. f.
terreux, euse adj.
terrible adj.
terriblement adv.
terricole adj.
terrien, ienne adj. et n.
terrier n. m.
terrifiant, iante adj.
terrifier v. tr. (conjug. 7)
terrigène adj.
terril n. m.
terrine n. f.
territoire n. m.
territorial, iale, iaux adj.
territorialement adv.
territorialisation n. f.

territorialiser v. tr. (conjug. 1)
territorialité n. f.
terroir n. m.
terrorisant, ante adj.
terroriser v. tr. (conjug. 1)
terrorisme n. m.
terroriste n. et adj.
terser v. tr. (conjug. 1)
terson n. m.
tertiaire adj. et n.
tertiairisation n. f.
tertiarisation n. f.
tertiarisme n. m.
tertio adv.
tertre n. m.
terza rima n. f.
tes adj. poss.
tesla n. m.
tesselle n. f.
tessère n. f.
tessiture n. f.
tesson n. m.
test n. m.
testabilité n. f.
testable adj.
testacé, ée adj.
testacelle n. f.
testage n. m.
testament n. m.
testamentaire adj.
testateur, trice n.
tester v. (conjug. 1)
testeur, euse n.
testiculaire adj.
testicule n. m.
testimonial, iale, iaux adj.
testing n. m.
test-match n. m.
 pl. *test-matchs*
testologie n. f.
testostérone n. f.
¹**têt** [tɛt] n. m. (jour)
²**têt** ou **test** [tɛ(t)] n. m. (pot, terre)
tétanie n. f.
tétanique adj.
tétanisation n. f.
tétaniser v. tr. (conjug. 1)

tétanos n. m.
tétard n. m.
tête n. f.
tête-à-queue n. m. inv.
tête-à-tête n. m. inv.
tête à tête (en) loc. adv.
têteau n. m.
tête-bêche ou têtebêche* adv.
tête-chèvre n. m.
  PL tête-chèvres
tête-de-clou n. m.
  PL tête-de-clou
tête-de-loup n. f.
  PL tête-de-loup
tête-de-Maure n. f.
  PL têtes-de-Maure
tête-de-moineau n. f.
  PL tête-de-moineau
tête-de-mort n. f.
  PL têtes-de-mort
tête-de-nègre adj. et n.
  PL têtes-de-nègre
tétée n. f.
téter v. tr. (conjug. 6)
téterelle ou tèterelle* n. f.
têtière n. f.
tétin n. m.
tétine n. f.
téton n. m.
tétonnière n. f.
tétra n. m.
tétrachlorure [-k-] n. m.
tétracorde n. m.
tétracycline n. f.
tétradactyle adj.
tétrade n. f.
tétraèdre n. m.
tétraédrique adj.
tétragone n. f.
tetrahydrogestrinone n. f.
tétrahydronaphtalène n. m.
tétraline n. f.
tétralogie n. f.
tétramère adj. et n. m.
tétramètre n. m.
tétraplégie n. f.

tétraplégique adj. et n.
tétraploïde adj.
tétraploïdie n. f.
tétrapode n. m. et adj.
tétraptère adj. et n. m.
tétrarchat n. m.
tétrarchie n. f.
tétrarque n. m.
tétras n. m.
tétras-lyre n. m.
  PL tétras-lyres
tétrastyle adj.
tétrasyllabe n. m.
tétrasyllabique adj.
tétratomicité n. f.
tétratomique adj.
tétravalence n. f.
tétravalent, ente adj.
tétrode n. f.
tétrodon n. m.
tette n. f.
têtu, ue adj.
teuf n. f.
teufeur, euse n.
teuf-teuf ou teufteuf* n. m.
  PL inv. ou teufteufs*
teurgoule n. f.
teuton, onne adj. et n.
teutonique adj.
tévé n. f.
tex n. m.
tex-mex adj. inv.
texte n. m.
texteur n. m.
textile adj. et n. m.
¹texto ® n. m.
²texto adv.
textuel, elle adj.
textuellement adv.
texturant n. m.
texturation n. f.
texture n. f.
texturer v. tr. (conjug. 1)
tézigue pron. pers. 2ᵉ pers.
T. G. V. n. m. (train à grande vitesse)
th n. m.
thaï, thaïe adj. et n.
thaïlandais, aise adj. et n.

thalamique adj.
thalamus n. m.
thalassémie n. f.
thalassémique adj.
thalasso n. f.
thalassothérapie n. f.
thalassotoque adj.
thaler n. m.
thalidomide n. f.
thalle n. m.
thallium n. m.
thallophytes n. f. pl.
thalweg n. m. → talweg
thanatologie n. f.
thanatologue n.
thanatopracteur, trice n.
thanatopraxie n. f.
thanatos n. m.
thane n. m.
thaumaturge adj. et n. m.
thaumaturgie n. f.
thaumaturgique adj.
thé n. m.
théatin n. m.
théâtral, ale, aux adj.
théâtralement adv.
théâtralisation n. f.
théâtraliser v. tr. (conjug. 1)
théâtralisme n. m.
théâtralité n. f.
théâtre n. m.
théâtreux, euse n. et adj.
théâtrothérapie n. f.
thébaïde n. f.
thébaïne n. f.
thébaïque adj.
thébaïsme n. m.
¹théier, ière adj.
²théier n. m.
théière n. f.
théine n. f.
théisme n. m.
théiste n. et adj.
thématique adj. et n. f.
thématisme n. m.
thème n. m.
thénar n. m.

théobromine n. f.
théocratie n. f.
théocratique adj.
théodicée n. f.
théodolite n. m.
théogonie n. f.
théogonique adj.
théologal, ale, aux adj. et n. m.
théologie n. f.
théologien, ienne n.
théologique adj.
théophilanthrope n.
théophilanthropie n. f.
théophylline n. f.
théorbe ou téorbe n. m.
théorbiste n.
théorématique adj.
théorème n. m.
théorétique adj. et n. f.
théoricien, ienne n.
théorie n. f.
théorique adj.
théoriquement adv.
théorisation n. f.
théoriser v. (conjug. 1)
théosophe n.
théosophie n. f.
thèque n. f.
thérapeute n.
thérapeutique adj. et n. f.
thérapie n. f.
thériaque n. f.
théridion ou theridium n. m.
thériens n. m. pl.
thermal, ale, aux adj.
thermalisme n. m.
thermaliste adj.
thermalité n. f.
thermes n. m. pl.
thermicien, ienne n.
thermicité n. f.
thermidor n. m.
thermidorien, ienne adj. et n.
thermie n. f.
thermique adj.
thermiquement adv.
thermisation n. f.

thermistance n. f.
thermite n. f.
thermoacidophile adj. et n. m.
thermobrossage n. m. (rec. off. de brushing)
thermocautère n. m.
thermochimie n. f.
thermochimique adj.
thermocline n. f.
thermocollant, ante adj.
thermocouple n. m.
thermodurcissable adj.
thermodynamicien, ienne n.
thermodynamique n. f. et adj.
thermoélectricité n. f.
thermoélectrique adj.
thermoélectronique adj.
thermoformage n. m.
thermoformé, ée adj.
thermogène adj.
thermogenèse ou thermogénèse n. f.
thermogénie n. f.
thermogénique adj.
thermographe n. m.
thermographie n. f.
thermogravimétrie n. f.
thermogravimétrique adj.
thermohalin, ine adj.
thermoïonique adj.
thermolabile adj.
thermoluminescence n. f.
thermolyse n. f.
thermomagnétique adj.
thermomagnétisme n. m.
thermomécanique adj.
thermomètre n. m.
thermométrie n. f.
thermométrique adj.
thermonucléaire adj.

thermophile adj. et n. m.
thermopile n. f.
thermoplaste adj.
thermoplastique adj.
thermoplongeur n. m.
thermopompe n. f.
thermopropulsé, ée adj.
thermopropulsif, ive adj.
thermopropulsion n. f.
thermorégulateur, trice n. m. et adj.
thermorégulation n. f.
thermorésistant, ante adj.
thermos n. m. ou f.
thermosensible adj.
thermosiphon n. m.
thermosphère n. f.
thermostable adj.
thermostat n. m.
thermostater v. tr. (conjug. 1)
thermostatique adj.
théropode n. m.
thésard, arde n.
thésaurisation n. f.
thésauriser v. (conjug. 1)
thésauriseur, euse n.
thésaurus ou thesaurus n. m.
thèse n. f.
thesmophories n. f. pl.
thêta n. m.
n. inv. ou thêtas*
thétique adj.
théurgie n. f.
T. H. G. n. f. (tétrahydrogestrinone)
thiamine n. f.
thibaude n. f.
thioalcool n. m.
thiol n. m.
thionine n. f.
thionique adj.
thiosulfate n. m.
thiosulfurique adj.
thio-urée n. f.
n. thio-urées

thixotrope adj.
thixotropique adj.
thlaspi n. m.
tholos n. f. inv.
thomise n. m.
thomisme n. m.
thomiste n. et adj.
thon n. m.
thonaire n. m.
thonier n. m.
thonine n. f.
thora n. f.
thoracentèse n. f.
thoracique adj.
thoraco n. f.
thoracoplastie n. f.
thorax n. m.
thorite n. f.
thorium n. m.
thoron n. m.
thréonine n. f.
thridace n. f.
thriller ou thrilleur* n. m.
thrips n. m.
thrombine n. f.
thrombocyte n. m.
thrombokinase n. f.
thrombolytique n. m.
thrombopénie n. f.
thrombopénique adj.
thrombophlébite n. f.
thromboplastine n. f.
thrombose n. f.
thrombotique adj.
thrombus n. m.
T. H. T. n. f. (très haute tension)
thulium n. m.
thune ou tune n. f.
thuriféraire n. m.
thurne n. f.
thuya n. m.
thyade n. f.
thylacine n. m.
thym n. m.
thymie n. f.
thymine n. f.
thymique adj.

thymoanaleptique adj. et n. m.
thymocyte n. m.
thymol n. m.
thymus n. m.
thyratron n. m.
thyréoglobuline n. f.
thyréostimuline n. f.
thyréotrope adj.
thyristor n. m.
thyristorisé, ée adj.
thyroglobuline n. f.
thyroïde adj. et n. f.
thyroïdectomie n. f.
thyroïdien, ienne adj.
thyroïdite n. f.
thyroxine n. f.
thyrse n. m.
thysanoures n. m. pl.
tiag n. f.
tian n. m.
tiare n. f.
tibétain, aine adj. et n.
tibia n. m.
tibial, iale, iaux adj.
tic n. m.
T. I. C. E. n. f. pl. (technologies de l'information et de la communication dans l'enseignement)
ticket n. m.
ticket-repas n. m.
PL. tickets-repas
ticket-restaurant n. m.
PL. tickets-restaurants
tickson n. m.
tic-tac ou tictac* interj. et n. m.
PL. inv. ou tictacs*
tie-break [tajbʀɛk] n. m.
PL. tie-breaks (rec. off. : jeu décisif)
tiédasse n. f.
tiède adj.
tièdement adv.
tiédeur n. f.
tiédir v. (conjug. 2)
tiédissement n. m.

tien, tienne adj. et pron. poss. de la 2ᵉ pers. du sing.
tierce n. f.
tiercé, ée adj. et n. m.
tiercéiste n.
tiercelet n. m.
tiercer v. tr. (conjug. 3)
tierceron n. m.
tiers, tierce adj. et n. m.
tiers-monde n. m.
PL. tiers-mondes
tiers-mondisation n. f.
tiers-mondisme n. m.
tiers-mondiste adj. et n.
PL. tiers-mondistes
tiers-point n. m.
PL. tiers-points
tif n. m.
tifosi n. m.
PL. tifosi(s)
tige n. f.
tigelle n. f.
tigette n. f.
tiglon n. m.
tignasse n. f.
tigre, tigresse n.
tigré, ée adj.
tigridia n. m.
tigridie n. f.
tigron n. m.
tiguidou adj.
tilapia n. m.
tilbury [tilbyʀi] n. m.
PL. tilburys
tilde [tild(e)] n. m.
tillac n. m.
tillage n. m.
tillandsia n. m.
tillandsie n. f.
tille n. f.
tiller v. tr. (conjug. 1)
tilleul n. m.
tilleur, euse n.
tilt n. m.
tilter v. intr. (conjug. 1)
timbale n. f.
timbalier n. m.
timbrage n. m.
timbre n. m.
timbré, ée adj.

timbre-amende

timbre-amende n. m.
  PL. *timbres-amendes*
timbre-poste n. m.
  PL. *timbres-poste*
timbre-quittance n. m.
  PL. *timbres-quittances*
timbrer v. tr. (conjug. 1)
timbre-taxe n. m.
  PL. *timbres-taxes*
timide adj.
timidement adv.
timidité n. f.
timing [tajmiŋ] n. m.
timon n. m.
timonerie n. f.
timonier, ière n.
timoré, ée adj.
tin n. m.
tinamou n. m.
tincal n. m.
tinctorial, iale, iaux adj.
tinette n. f.
tintamarre n. m.
tintement n. m.
tinter v. (conjug. 1)
tintin n. m.
tintinnabuler v. intr. (conjug. 1)
tintouin n. m.
T. I. P. n. m. (titre interbancaire de paiement)
tipi n. m.
tip-top ou **tip top** adj. inv.
tipule n. f.
ti-punch n. m.
  PL. *ti-punchs*
tique n. f.
tiquer v. intr. (conjug. 1)
tiqueté, ée adj.
tiqueture n. f.
tiqueur, euse adj. et n.
tir n. m.
TIR n. m. (transit international routier)
tirade n. f.
tirage n. m.
tiraillement n. m.
tirailler v. (conjug. 1)
tiraillerie n. f.
tirailleur n. m.

tiramisu n. m.
tirant n. m.
tirasse n. f.
tire n. f.
tiré, ée adj.
tiré à part n. m.
tire-au-cul n. m. inv.
tire-au-flanc n. m. inv.
tire-balle n. m.
  PL. *tire-balles*
tire-bonde n. m.
  PL. *tire-bondes*
tire-botte n. m.
  PL. *tire-bottes*
tirebouchon ou **tire-bouchon** n. m.
  PL. *tire(-)bouchons*
tirebouchonner ou **tire-bouchonner** v. (conjug. 1)
tire-braise n. m.
  PL. *tire-braises*
tire-clou n. m.
  PL. *tire-clous*
tire-d'aile (à) loc. adv.
tirée n. f.
tire-fesse(s) n. m.
  PL. *tire-fesses*
tire-filet n. m.
  PL. *tire-filets*
tire-fil(s) n. m.
  PL. *tire-fils*
tire-fond ou **tirefond*** n. m.
  PL. *tire-fonds* ou *tirefonds**
tire-jus n. m. inv.
tire-lait n. m.
  PL. *tire-lait* ou *tire-laits**
tire-larigot (à) ou **tirelarigot (à)*** loc. adv.
tire-ligne n. m.
  PL. *tire-lignes*
tirelire n. f.
tire-pied n. m.
  PL. *tire-pieds*
tirer v. (conjug. 1)
tiret n. m.
tirette n. f.
tireur, euse n.
tireuse n. f.

tire-veille n. m.
  PL. *tire-veilles*
tire-veine n. m.
  PL. *tire-veines* (rec. off. de stripper)
tiroir n. m.
tiroir-caisse n. m.
  PL. *tiroirs-caisses*
tisane n. f.
tisanière n. f.
tiser v. intr. (conjug. 1)
tison n. m.
tisonné, ée adj.
tisonner v. tr. (conjug. 1)
tisonnier n. m.
tissage n. m.
tisser v. tr. (conjug. 1)
tisserand, ande n.
tisserin n. m.
tisseur, euse n.
tissu n. m.
tissulaire adj.
titan n. m.
titanate n. m.
titane n. m.
titanesque adj.
titi n. m.
titi (en) loc. adv.
titillation n. f.
titiller v. tr. (conjug. 1)
titrage n. m.
titraille n. f.
titre n. m.
titrer v. tr. (conjug. 1)
titre-restaurant n. m.
  PL. *titres-restaurants*
titreuse n. f.
titrisation n. f.
titubant, ante adj.
tituber v. intr. (conjug. 1)
titulaire adj. et n.
titularisation n. f.
titulariser v. tr. (conjug. 1)
tmèse n. f.
TMS n. m. pl.
TNF n. m.
T. N. T. n. f. (télévision numérique terrestre)
toarcien, ienne adj. et n. m.

toast n. m.
toaster v. tr. (conjug. 1)
toasteur n. m.
toboggan n. m.
TOC n. m. (trouble obsessionnel compulsif)
toc interj.; adj. inv.; n. m.
tocade ou toquade n. f.
tocante ou toquante n. f.
tocard, arde ou toquard, arde adj. et n.
toccata n. f.
PL *toccatas* ou *toccate* (it.)
tocophérol n. m.
tocsin n. m.
toffee [tɔfe; tɔfi] n. m.
tofu [tɔfu] n. m.
toge n. f.
tohu-bohu ou tohubohu* n. m.
PL inv. ou *tohubohus**
toi pron. pers. et nominal
toile n. f.
toilé, ée adj.
toilerie n. f.
toilettage n. m.
toilette n. f.
toiletter v. tr. (conjug. 1)
toilettes n. f. pl.
toiletteur, euse n.
toileuse n. f.
toilier, ière n. et adj.
toi-même pron. pers.
toise n. f.
toisé n. m.
toiser v. tr. (conjug. 1)
toison n. f.
toit n. m.
toiture n. f.
tokamak n. m.
tokay n. m.
tokharien, ienne n. m. et adj.
tôlard, arde n.
tolbutamide n. m.
tôle n. f.
tôlé, ée adj.
tolérable adj.
tolérance n. f.

tolérant, ante adj.
tolérantisme n. m.
tolérer v. tr. (conjug. 6)
tôlerie n. f.
tolet n. m.
toletière n. f.
tôlier, ière n.
tolite n. f.
tollé n. m.
toluène n. m.
toluidine n. f.
toluol n. m.
T. O. M. n. m. (territoire d'outre-mer)
tomahawk n. m.
tomaison n. f.
toman n. m.
tomate n. f.
tomawak ou tomahawk n. m.
tombac n. m.
tombal, ale, aux adj.
tombant, ante adj.
tombe n. f.
tombé, ée adj. et n. m.
tombeau n. m.
tombée n. f.
tombelle n. f.
¹tomber v. intr.
²tomber v. (conjug. 1)
tombereau n. m. (rec. off. de dumper)
tombeur, euse n.
tombola n. f.
tombolo n. m.
tome n. m.
tomenteux, euse adj.
tomer v. tr. (conjug. 1)
tomette n. f.
tomme n. f.
tommy n. m.
PL *tommies* ou *tommys**
tomodensitomètre n. m.
tomodensitométrie n. f.
tomographe n. m.
tomographie n. f.
tomographique adj.
tom-pouce n. m. inv.

¹ton adj. poss.
²ton n. m.
tonal, ale, als ou aux adj.
tonalité n. f.
tonca n. m.
tondage n. m.
tondeur, euse n.
tondeuse n. f.
tondre v. tr. (conjug. 41)
tondu, ue adj.
toner n. m.
tonétique n. f.
tonfa n. m.
tong n. f.
tonic n. m.
tonicardiaque adj.
tonicité n. f.
tonie n. f.
tonifiant, iante adj. et n. m.
tonifier v. tr. (conjug. 7)
tonique adj. et n. m.; n. f.
tonitruant, ante adj.
tonitruer v. intr. (conjug. 1)
tonka ou tonca n. m.
tonlieu n. m.
tonnage n. m.
tonnant, ante adj.
tonne n. f.
tonneau n. m.
tonnelage n. m.
tonnelet n. m.
tonnelier n. m.
tonnelle n. f.
tonnellerie n. f.
tonner v. intr. (conjug. 1)
tonnerre n. m.
tonomètre n. m.
tonométrie n. f.
tonsure n. f.
tonsurer v. tr. (conjug. 1)
tonte n. f.
tontine n. f.
tontiner v. tr. (conjug. 1)
tontisse adj.
tonton n. m.
tonture n. f.
tonus n. m.

top n. m.; adj. inv.
topaze n. f.
top-case n. m.
  pl. *top-cases*
toper v. intr. (conjug. 1)
topette n. f.
tophacé, ée adj.
tophus n. m.
topiaire n. f.
topinambour n. m.
topique adj. et n.
top-modèle ou **top model** n.
  pl. *top-modèles* ou *top models*
top niveau n. m.
topo n. m.
topographe n.
topographie n. f.
topographique adj.
topographiquement adv.
topoguide n. m.
topologie n. f.
topologique adj.
topométrie n. f.
toponyme n. m.
toponymie n. f.
toponymique adj.
toponymiste n.
top secret ou **top-secret** adj. inv.
toquade ou **tocade** n. f.
toquante n. f.
toquard, arde adj. et n.
toque n. f.
toqué, ée adj. et n.
toquer v. intr. (conjug. 1)
toquer (se) v. pron. (conjug. 1)
torah ou **thora** n. f.
torball n. m.
torche n. f.
torché, ée adj.
torche-cul n. m.
  pl. *torche-culs*
torchée n. f.
torcher v. tr. (conjug. 1)
torchère n. f.
torchis n. m.

torchon n. m.
torchonner v. tr. (conjug. 1)
torcol n. m.
tordage n. m.
tordant, ante adj.
tord-boyaux ou **tord-boyau** n. m.
  pl. *tord-boyaux*
tordeur, euse n.
tord-nez n. m. inv.
tordoir n. m.
tordre v. tr. (conjug. 41)
tordu, ue adj.
tore n. m.
toréador n. m.
toréer v. intr. (conjug. 1)
toréra ou **torera** n. f.
toréro ou **torero** n. m.
torgnole n. f.
torii n. m.
  pl. inv. ou *toriis*★
toril n. m.
tormentille n. f.
tornade n. f.
toro n. m.
toroïdal, ale, aux adj.
toron n. m.
toronner v. tr. (conjug. 1)
toronneuse n. f.
torpédo n. f.
torpeur n. f.
torpide adj.
torpillage n. m.
torpille n. f.
torpiller v. tr. (conjug. 1)
torpilleur n. m.
torque n. m. et f.
torr n. m.
torréfacteur n. m.
torréfaction n. f.
torréfier v. tr. (conjug. 7)
torrent n. m.
torrentiel, ielle adj.
torrentiellement adv.
torrentueusement adv.
torrentueux, euse adj.
torride adj.
¹**tors, torse** adj.
²**tors** n. m.
torsade n. f.

torsader v. tr. (conjug. 1)
torse n. m.
torseur n. m.
torsion n. f.
tort n. m.
tortellini n. m.
torticolis n. m.
tortil n. m.
tortilla n. f.
tortillard adj. m. et n. m.
tortille n. f.
tortillement n. m.
tortiller v. (conjug. 1)
tortillon n. m.
tortionnaire n.
tortis n. m.
tortore n. f.
tortorer v. tr. (conjug. 1)
tortu, ue adj.
tortue n. f.
tortueusement adv.
tortueux, euse adj.
torturant, ante adj.
torture n. f.
torturer v. tr. (conjug. 1)
torve adj.
tory n.
  pl. *torys* ou *tories*
torysme n. m.
toscan, ane adj. et n.
tosser v. intr. (conjug. 1)
tôt adv.
total, ale, aux adj. et n.
totalement adv.
totalisant, ante adj.
totalisateur, trice adj. et n. m.
totalisation n. f.
totaliser v. tr. (conjug. 1)
totalitaire adj.
totalitarisme n. m.
totalité n. f.
totem n. m.
totémique adj.
totémisme n. m.
totipotence n. f.
totipotent, ente adj.
toto n. m.
toton n. m.

toutefois

touage n. m.
touareg ou
 touarègue* adj. et n.
 PL touaregs ou touarègues*
toubib n. m.
toucan n. m.
touchable adj.
¹touchant, ante adj.
²touchant prép.
touchau n. m.
touche n. f.
touche-à-tout n. m. inv.
touche-pipi n. m.
 PL touche-pipi(s)
¹toucher v. tr. (conjug. 1)
²toucher v. tr. (conjug. 1)
touche-touche (à) loc. adv.
touchette n. f.
touée n. f.
touer v. tr. (conjug. 1)
toueur n. m.
touffe n. f.
touffeur n. f.
touffu, ue adj.
touillage n. m.
touille n. f.
touiller v. tr. (conjug. 1)
touillette n. f.
toujours adv.
touladi n. m.
touloupe n. f.
toundra n. f.
toungouze n. m. et adj.
toupet n. m.
toupie n. f.
toupiller v. tr. (conjug. 1)
toupilleur n. m.
toupilleuse n. f.
toupillon n. m.
toupiner v. intr. (conjug. 1)
touque n. f.
tour n. f.; n. m.
touraillage n. m.
touraille n. f.
touranien, ienne adj.
tourbe n. f.
tourber v. intr. (conjug. 1)
tourbeux, euse adj.
tourbier, ière n. et adj.

tourbière n. f.
tourbillon n. m.
tourbillonnaire adj.
tourbillonnant, ante adj.
tourbillonnement n. m.
tourbillonner v. intr. (conjug. 1)
tourd n. m.
tourdille adj. m.
tourelle n. f.
touret n. m.
tourie n. f.
tourier, ière adj. et n.
tourillon n. m.
tourillonneuse n. f.
tourin n. m.
tourisme n. m.
tourista ou turista n. f.
touriste n.
touristique adj.
tourlourou n. m.
tourmaline n. f.
tourment n. m.
tourmentant, ante adj.
tourmente n. f.
tourmenté, ée adj.
tourmenter v. tr. (conjug. 1)
tourmenteur, euse n.
tourmentin n. m.
tournage n. m.
tournailler v. intr. (conjug. 1)
¹tournant, ante adj.
²tournant n. m.
tournante n. f.
tourne n. f.
tourné, ée adj.
tourne-à-gauche n. m. inv.
tournebouler v. tr. (conjug. 1)
tournebroche n. m.
tourne-disque n. m.
 PL tourne-disques
tournedos n. m.
tournée n. f.
tournemain (en un) loc. adv.

tourne-pierre n. m.
 PL tourne-pierres
tourner v. (conjug. 1)
tournesol n. m.
tournette n. f.
tourneur, euse n. et adj.
tournevis n. m.
tournicoter v. intr. (conjug. 1)
tourniole n. f.
tourniquer v. intr. (conjug. 1)
tourniquet n. m.
tournis n. m.
tournisse n. f.
tournoi n. m.
tournoiement n. m.
tournois adj.
tournoyant, ante adj.
tournoyer v. intr. (conjug. 8)
tournure n. f.
touron n. m.
tour-opérateur n. m.
 PL tour-opérateurs (rec. off. : voyagiste)
tourte n. f.
tourteau n. m.
tourtereau n. m.
tourterelle n. f.
tourtière n. f.
tous, toutes adj.; pron.; adv. et n.
toussailler v. intr. (conjug. 1)
toussaint n. f.
tousser v. intr. (conjug. 1)
tousseur, euse n.
toussotement n. m.
toussoter v. intr. (conjug. 1)
tout, toute adj.; pron.; adv. et n.
tout-à-l'égout n. m. inv.
toute(s)-boîte(s) ou
 toutes-boites* n. f.
 PL toutes-boîtes ou toutes-boites*
toute-bonne n. f.
 PL toutes-bonnes
toute-épice n. f.
 PL toutes-épices
toutefois adv.

tout-en-un adj. inv.
toute-puissance n. f.
pl. *toutes-puissances*
toutes-boîtes n. m. inv.
tout-fou adj. m. et n. m.
pl. *tout-fous*
toutim n. m.
toutou n. m.
tout-Paris n. m.
tout-petit n. m.
pl. *tout-petits*
tout-puissant, toute-puissante adj.
pl. *tout-puissants, toutes-puissantes*
tout-terrain adj. et n. m. inv.
tout-va (à) ou **tout va (à)** loc. adv.
tout-venant n. m. inv.
toux n. f.
township n. f. ou m.
toxémie n. f.
toxémique adj.
toxicité n. f.
toxico adj. et n.
toxicochimie n. f.
toxicochimiste n.
toxicodépendance n. f.
toxicodépendant, ante adj. et n.
toxicodermie n. f.
toxicologie n. f.
toxicologique adj.
toxicologue n.
toxicomane adj. et n.
toxicomaniaque adj.
toxicomanie n. f.
toxicomanologue n.
toxicose n. f.
toxi-infectieux, ieuse adj.
pl. *toxi-infectieux, ieuses*
toxi-infection ou **toxiinfection★** n. f.
pl. *toxi-infections* ou *toxiinfections★*
toxine n. f.
toxique n. m. et adj.
toxocarose n. f.
toxoplasme n. m.

toxoplasmose n. f.
T. P. n. m. pl. (travaux pratiques)
trabe n. f.
trabée n. f.
traboule n. f.
trabouler v. intr. (conjug. 1)
trac n. m.
traçabilité n. f.
traçage n. m.
traçant, ante adj.
tracas n. m.
tracasser v. tr. (conjug. 1)
tracasserie n. f.
tracassier, ière adj.
tracassin n. m.
trace n. f.
tracé n. m.
tracelet n. m.
tracement n. m.
tracer v. (conjug. 3)
traceret n. m.
traceur, euse n.
trachéal, ale, aux adj.
trachée n. f.
trachée-artère n. f.
pl. *trachées-artères*
trachéen, enne adj.
trachéite n. f.
trachéobronchite n. f.
trachéofibroscopie n. f.
trachéostomie n. f.
trachéotomie n. f.
trachéotomisé, ée adj. et n.
trachome n. m.
trachyte [-k-] n. m.
trachytique [-k-] adj.
traçoir n. m.
tract n. m.
tractable adj.
tractage n. m.
tractation n. f.
tracté, ée adj.
tracter v. (conjug. 1)
¹**tracteur, trice** adj.
²**tracteur** n. m.
tractif, ive adj.
traction n. f.
tractionnaire n. m.

tractopelle n. f.
tractoriste n.
trac (tout à) loc. adv.
tractus n. m.
trader n. m.
tradescantia n. m.
trade-union [tʀɛdjynjɔ̃ ; tʀɛdjunjɔn] n. f.
pl. *trade-unions*
trade-unionisme n. m.
trade-unioniste adj. et n.
pl. *trade-unionistes*
tradeur, euse n.
traditeur n. m.
tradition n. f.
traditionalisme n. m.
traditionaliste adj. et n.
traditionnaire adj. et n.
traditionnel, elle adj.
traditionnellement adv.
traducteur, trice n.
traduction n. f.
traduire v. tr. (conjug. 38)
traduisible adj.
trafic n. m.
traficotage n. m.
traficoter v. intr. (conjug. 1)
trafiquant, ante n.
trafiquer v. tr. (conjug. 1)
tragédie n. f.
tragédien, ienne n.
tragicomédie n. f.
tragicomique adj.
tragique adj. et n. m.
tragiquement adv.
tragus n. m.
trahir v. tr. (conjug. 2)
trahison n. f.
trail n. m.
traille n. f.
train n. m.
traînage ou **trainage★** n. m.
traînailler ou **trainailler★** v. intr. (conjug. 1)
traînant, ante ou **trainant★** adj.
traînard, arde ou **trainard, arde★** n.

traînasse ou **trainasse*** n. f.
traînasser ou **trainasser*** v. (conjug. 1)
traîne ou **traine*** n. f.
traîneau ou **traineau*** n. m.
traîne-bûche ou **traine-buche*** n. m.
PL. *traîne-bûches* ou *traine-buches**
traîne-buisson ou **traine-buisson*** n. m.
PL. *traîne-buissons* ou *traine-buissons**
traînée ou **trainée*** n. f.
traînement ou **trainement*** n. m.
traîne-misère ou **traine-misère*** n. m.
PL. *traîne-misère(s)* ou *traine-misères**
traîner ou **trainer*** v. (conjug. 1)
traîne-savate ou **traine-savate*** n. m.
PL. *traîne-savates* ou *traine-savates**
traîne-semelle ou **traine-semelle*** n. m.
PL. *traîne-semelles* ou *traine-semelles**
traîneur, euse ou **traineur, euse*** n.
trainglot n. m.
training n. m.
traintrain ou **train-train** n. m.
PL. inv. ou *traintrains*
traire v. tr. (conjug. 50)
trait n. m.
traitable adj.
traitant, ante n. m. et adj.
trait d'union n. m.
traite n. f.
traité n. m.
traitement n. m.
traiter v. (conjug. 1)
traiteur n. m.
traître, traîtresse ou **traitre, esse*** n. et adj.

traîtreusement ou **traitreusement*** adv.
traîtrise ou **traitrise*** n. f.
trajectographie n. f.
trajectographique adj.
trajectoire n. f.
trajet n. m.
tralala n. m.
trâlée n. f.
tram n. m.
tramail n. m.
trame n. f.
tramelot n. m.
tramer v. tr. (conjug. 1)
traminot n. m.
tramontane n. f.
tramp n. m.
tramping n. m. (rec. off. : transport maritime à la demande)
trampoline n. f.
trampoliniste n.
tramway n. m.
PL. *tramways*
tranchage n. m.
tranchant, ante adj. et n. m.
tranche n. f.
tranché, ée adj.
tranchée n. f.
tranchée-abri n. f.
PL. *tranchées-abris*
tranchefile n. f.
tranchefiler v. tr. (conjug. 1)
tranche-montagne n. m.
PL. *tranche-montagnes*
trancher v. (conjug. 1)
tranchet n. m.
trancheur, euse n.
tranchoir n. m.
tranquille adj.
tranquillement adv.
tranquillisant, ante adj. et n. m.
tranquilliser v. tr. (conjug. 1)
tranquillité n. f.
trans adj.

transaction n. f.
transactionnel, elle adj.
transafricain, aine adj.
transalpin, ine adj.
transamazonien, ienne adj.
transaminase n. f.
transandin, ine adj.
transat n. m. et f.
transatlantique adj. et n. m.
transbahuter v. tr. (conjug. 1)
transbordement n. m.
transborder v. tr. (conjug. 1)
transbordeur n. m. (rec. off. de *ferry-boat*)
transcanadien, ienne adj. et n.
transcaspien, ienne adj.
transcaucasien, ienne adj.
transcendance n. f.
transcendant, ante adj.
transcendantal, ale, aux adj.
transcendantalisme n. m.
transcender v. tr. (conjug. 1)
transcodage n. m.
transcoder v. tr. (conjug. 1)
transcodeur n. m.
transconteneur n. m.
transcontinental, ale, aux adj.
transcriptase n. f.
transcripteur, trice n.
transcription n. f.
transcrire v. tr. (conjug. 39)
transculturel, elle adj.
transdisciplinaire adj.
transdisciplinarité n. f.
transducteur n. m.
transduction n. f.
transe n. f.
transept n. m.
transfection n. f.
transférable adj.

transfèrement n. m.
transférentiel, ielle adj.
transférer v. tr. (conjug. 6)
transferrine n. f.
transfert n. m.
transfigurateur, trice adj.
transfiguration n. f.
transfigurer v. tr. (conjug. 1)
transfiler v. tr. (conjug. 1)
transfini, ie adj.
transfixion n. f.
transformable adj.
transformateur, trice adj. et n. m.
transformation n. f.
transformationnel, elle adj.
transformée n. f.
transformer v. tr. (conjug. 1)
transformisme n. m.
transformiste n. et adj.
transfrontalier, ière adj.
transfuge n.
transfuser v. tr. (conjug. 1)
transfuseur n. m.
transfusion n. f.
transfusionnel, elle adj.
transgène n. m.
transgenèse n. f.
transgénique adj.
transgresser v. tr. (conjug. 1)
transgresseur n. m.
transgressif, ive adj.
transgression n. f.
transhumance n. f.
transhumant, ante adj.
transhumer v. (conjug. 1)
¹**transi, ie** adj.
²**transi** n. m.
transiger v. intr. (conjug. 3)
transilien, ienne adj. et n. m.
transir v. (conjug. 2; seult prés. indic., temps comp. et inf.)
transistor n. m.

transistorisation n. f.
transistoriser v. tr. (conjug. 1)
transit n. m.
transitaire adj. et n.
transiter v. (conjug. 1)
transitif, ive adj.
transition n. f.
transitionnel, elle adj.
transitivement adv.
transitivité n. f.
transitoire adj.
transitoirement adv.
translatif, ive adj.
translation n. f.
translittération n. f.
translittérer v. tr. (conjug. 6)
translocation n. f.
translucide adj.
translucidité n. f.
transmanche adj. inv.
transmetteur, euse n.
transmettre v. tr. (conjug. 56)
transmigration n. f.
transmigrer v. intr. (conjug. 1)
transmissibilité n. f.
transmissible adj.
transmission n. f.
transmodulation n. f.
transmuable adj.
transmuer v. tr. (conjug. 1)
transmutabilité n. f.
transmutable adj.
transmutant, ante adj.
transmutation n. f.
transmuter v. tr. (conjug. 1)
transnational, ale, aux adj.
transocéanique adj.
transpalette n. m.
transparaître ou **transparaitre*** v. intr. (conjug. 57)
transparence n. f.
transparent, ente adj. et n. m.

transpercement n. m.
transpercer v. tr. (conjug. 3)
transphrastique adj.
transpirant, ante adj.
transpiration n. f.
transpirer v. (conjug. 1)
transplacentaire adj.
transplant n. m.
transplantable adj.
transplantation n. f.
transplanté, ée n.
transplantement n. m.
transplanter v. tr. (conjug. 1)
transplanteur n. m.
transplantoir n. m.
transpolaire adj.
transpondeur n. m.
transport n. m.
transportabilité n. f.
transportable adj.
transportation n. f.
transporté, ée adj.
transporter v. tr. (conjug. 1)
transporteur n. m.
transposable adj.
transposer v. tr. (conjug. 1)
transpositeur n. m.
transposition n. f.
transposon n. m.
transpyrénéen, enne adj.
transsaharien, ienne adj.
transsexualisme n. m.
transsexualité n. f.
transsexuel, elle adj. et n.
transsibérien, ienne adj.
transsonique adj.
transsubstantiation n. f.
transsudat n. m.
transsudation n. f.
transsuder v. (conjug. 1)
transuranien, ienne adj. et n. m.

transvasement n. m.
transvaser v. tr. (conjug. 1)
transversal, ale, aux adj.
transversalement adv.
transversalité n. f.
transverse adj.
transvestisme n. m.
transvider v. tr. (conjug. 1)
trapèze n. m.
trapéziste n.
trapézoïdal, ale, aux adj.
trapézoïde adj.
trappe n. f.
trappeur, euse n.
trappillon n. m.
trappiste n. m. et n. f.
trappistine n. f.
trapu, ue adj.
traque n. f.
traquenard n. m.
traquer v. tr. (conjug. 1)
traquet n. m.
traqueur, euse n.
trash adj. inv.
trattoria n. f.
trauma n. m.
traumatique adj.
traumatisant, ante adj.
traumatiser v. tr. (conjug. 1)
traumatisme n. m.
traumatologie n. f.
traumatologique adj.
traumatologiste n.
¹**travail** n. m.
  PL. *travails* (dispositif)
²**travail, aux** n. m. (tâche)
travaillé, ée adj.
travailler v. (conjug. 1)
travailleur, euse n. et adj.
travailleuse n. f.
travaillisme n. m.
travailliste n. et adj.
travailloter v. intr. (conjug. 1)
travée n. f.
travelage n. m.
traveling n. m.

traveller [travlœr] n. m.
traveller's chèque ou **traveller's check** ou **traveler's chèque*** [travlœr(s)ʃɛk] n. m.
travelling ou **traveling** n. m.
travelo n. m.
travers n. m.
traversable adj.
traverse n. f.
traversée n. f.
traverser v. tr. (conjug. 1)
traversier, ière adj. et n. m.
traversin n. m.
traversine n. f.
travertin n. m.
travesti, ie adj. et n. m.
travestir v. tr. (conjug. 2)
travestisme n. m.
travestissement n. m.
traviole (de) loc. adv.
trayeur, euse n.
trayon n. m.
trébuchant, ante adj.
trébuchement n. m.
trébucher v. (conjug. 1)
trébuchet n. m.
trécheur n. m.
tréfilage n. m.
tréfiler v. tr. (conjug. 1)
tréfilerie n. f.
tréfileur n. m.
tréflé, ée adj.
trèfle n. m.
tréflerie n. f.
tréflière n. f.
tréfonds n. m.
tréhalose n. m.
treillage n. m.
treillager v. tr. (conjug. 3)
treillageur n. m.
treille n. f.
treillis n. m.
treillisser v. tr. (conjug. 1)
treize adj. numér. inv. et n. m. inv.
treizième n.
treizièmement adv.
treiziste n.

trek n. m.
trekkeur, euse n.
trekking ou **trek** n. m.
trélingage n. m.
tréma n. m.
trémail n. m.
trématage n. m.
trémater v. tr. (conjug. 1)
trématodes n. m. pl.
tremblaie n. f.
tremblant, ante adj.
tremble n. m.
tremblé, ée adj. et n. m.
tremblement n. m.
trembler v. intr. (conjug. 1)
trembleur, euse n. et adj.
trembleuse n. f.
tremblotant, ante adj.
tremblote n. f.
tremblotement n. m.
trembloter v. intr. (conjug. 1)
trémelle n. f.
trémie n. f.
trémière adj. f.
trémolo n. m.
trémoussement n. m.
trémousser (se) v. pron. (conjug. 1)
trempabilité n. f.
trempage n. m.
trempe adj.; n. f.
trempé, ée adj.
tremper v. (conjug. 1)
trempette n. f.
trempeur n. m.
tremplin n. m.
trémulation n. f.
trémuler v. (conjug. 1)
trenail n. m.
trench n. m.
trench-coat [trɛnʃkot] n. m.
  PL. *trench-coats*
trentain n. m.
trentaine n. f.
trente adj. numér. inv. et n. m. inv.
trente-et-quarante n. m. inv.
trente et un n. m.

trentenaire adj.
trente-six adj. numér. inv. et n.
trente-trois adj. numér. inv. et n.
trentième adj. et n.
trépan n. m.
trépanation n. f.
trépaner v. tr. (conjug. 1)
trépang n. m.
trépas n. m.
trépasser v. intr. (conjug. 1)
tréphocyte n. m.
tréphone n. f.
trépidant, ante adj.
trépidation n. f.
trépider v. intr. (conjug. 1)
trépied n. m.
trépignement n. m.
trépigner v. intr. (conjug. 1)
trépointe n. f.
tréponématose n. f.
tréponème n. m.
très adv.
trésaille n. f.
trescheur ou **trécheur** n. m.
trésor n. m.
trésorerie n. f.
trésorier, ière n.
trésorier-payeur n. m.
 PL. trésoriers-payeurs
tressage n. m.
tressaillement n. m.
tressaillir v. intr. (conjug. 13)
tressautement n. m.
tressauter v. intr. (conjug. 1)
tresse n. f.
tresser v. tr. (conjug. 1)
tresseur, euse n.
tréteau n. m.
treuil n. m.
treuillage n. m.
treuiller v. tr. (conjug. 1)
trêve n. f.
trévire n. f.
trévirer v. tr. (conjug. 1)
trévise n. f.
tri n. m.
triacide n. m.

triade n. f.
triage n. m.
triaire n. m.
trial n. m. et f.
trialcool n. m.
triandre adj.
triandrie n. f.
triangle n. m.
triangulaire adj.
triangulation n. f.
trianguler v. tr. (conjug. 1)
trias n. m.
triasique adj.
triathlète n.
triathlon n. m.
triathlonien, ienne n.
triatomique adj.
tribade n. f.
tribal, ale, aux adj.
tribalisme n. m.
triballe n. f.
triballer v. tr. (conjug. 1)
tribart n. m.
tribasique adj.
triboélectricité n. f.
triboélectrique adj.
tribologie n. f.
triboluminescence n. f.
triboluminescent, ente adj.
tribomètre n. m.
tribométrie n. f.
tribord n. m.
tribordais n. m.
triboulet n. m.
tribu n. f.
tribulation n. f.
tribun n. m.
tribunal, aux n. m.
tribunat n. m.
tribune n. f.
tribunitien, ienne adj.
tribut n. m.
tributaire adj.
tributyrine n. f.
tric n. m.
tricarboxylique adj.
tricard, arde n.
tricennal, ale, aux adj.

tricentenaire n. m. et adj.
tricéphale adj.
triceps adj. et n. m.
tricératops n. m.
triche n. f.
tricher v. intr. (conjug. 1)
tricherie n. f.
tricheur, euse n.
trichiasis [-k-] n. m.
trichine [-k-] n. f.
triché, ée [-k-] adj.
trichineux, euse [-k-] adj.
trichinose [-k-] n. f.
trichite [-k-] n. f.
trichloracétique [-k-] adj.
trichloréthylène [-k-] n. m.
trichocéphale [-k-] n. m.
trichocéphalose [-k-] n. f.
trichogramme [-k-] n. m.
tricholome [-k-] n. m.
trichoma [-k-] n. m.
trichomonas [-komɔnas] n. m.
trichophytie [-kofiti] n. f.
trichophyton [-ko-] n. m.
trichrome [-k-] adj.
trichromie [-k-] n. f.
trick ou **tric** n. m.
triclinique adj.
triclinium [-klinjɔm] n. m.
 PL. tricliniums
tricoises n. f. pl.
tricolore adj.
tricorne adj. et n. m.
tricot n. m.
tricotage n. m.
tricoté, ée adj.
tricoter v. (conjug. 1)
tricotets n. m. pl.
tricoteur, euse n.
tricourant adj. inv.
trictrac n. m.
tricuspide adj.
tricycle n. m. et adj.
tridacne n. m.
tridactyle adj.
trident n. m.
tridi n. m.

tridimensionnel, elle adj.
trièdre adj. et n. m.
triennal, ale, aux adj.
trier v. tr. (conjug. 7)
triérarque n. m.
trière n. f.
triester n. m.
trieur, trieuse n.
trieuse n. f.
trifide adj.
trifoliolé, ée adj.
triforium n. m.
trifouiller v. (conjug. 1)
trigémellaire adj.
trigéminé, ée adj.
trigle n. m.
triglycéride n. m.
triglyphe n. m.
trigo n. f.
trigone adj. et n. m.
trigonelle n. f.
trigonocéphale n. m.
trigonométrie n. f.
trigonométrique adj.
trigonométriquement adv.
trigramme n. m.
trijumeau adj. et n. m.
trilatéral, ale, aux adj.
trilingue adj.
trilitère adj.
trille n. m.
triller v. (conjug. 1)
trillion n. m.
trilobé, ée adj.
trilobites n. m. pl.
triloculaire adj.
trilogie n. f.
trilogue n. m.
trimaran n. m.
trimard n. m.
trimarder v. (conjug. 1)
trimardeur n. m.
trimbalage ou **trimballage** n. m.
trimbalement ou **trimballement** n. m.

trimbaler ou **trimballer** v. tr. (conjug. 1)
trimer v. intr. (conjug. 1)
trimère n. m.
trimestre n. m.
trimestriel, ielle adj.
trimestriellement adv.
trimètre n. m.
trimmer ou **trimmeur*** n. m.
trimoteur n. m.
trin, trine adj.
trinervé, ée adj.
tringle n. f.
tringler v. tr. (conjug. 1)
tringlot ou **trainglot** n. m.
trinitaire adj. et n.
trinité n. f.
trinitrobenzène n. m.
trinitrotoluène n. m.
trinôme n. m.
trinquart n. m.
trinqueballe n. m.
trinquer v. intr. (conjug. 1)
trinquet n. m.
trinquette n. f.
trio n. m.
triode n. f.
triol n. m.
triolet n. m.
triolisme n. m.
triomphal, ale, aux adj.
triomphalement adv.
triomphalisme n. m.
triomphaliste adj. et n.
triomphant, ante adj.
triomphateur, trice n.
triomphe n. m.
triompher v. (conjug. 1)
trionyx n. m.
trip n. m.
tripaille n. f.
tripale adj.
tripang ou **trépang** n. m.
triparti, ie ou **tripartite** adj.
tripartisme n. m.
tripartite adj.

tripartition n. f.
tripatouillage n. m.
tripatouiller v. tr. (conjug. 1)
tripatouilleur, euse n.
tripe n. f.
triperie n. f.
tripette n. f.
triphasé, ée adj.
triphénylméthane n. m.
triphosphate n. m.
triphtongue n. f.
tripier, ière n.
triplace adj.
triplan n. m.
triple adj. et n. m.
triplé n. m.
triplement adv.; n. m.
tripler v. (conjug. 1)
triplet n. m.
triplette n. f.
triplex n. m.
triplicata n. m.
PL. inv. ou *triplicatas*
triploïde adj.
triploïdie n. f.
triplure n. f.
tripode adj. et n. m.
tripodie n. f.
tripoli n. m.
triporteur n. m.
tripot n. m.
tripotage n. m.
tripotée n. f.
tripoter v. (conjug. 1)
tripoteur, euse n.
tripous ou **tripoux** n. m. pl.
triptyque n. m.
trique n. f.
triqueballe ou **trinqueballe** n. m.
trique-madame ou **triquemadame*** n. f.
PL. inv. ou *triquemadames**
triquet n. m.
trirectangle adj.
trirègne n. m.
trirème n. f.
trisaïeul, eule n.

trisannuel

trisannuel, elle adj.
trisecteur, trice adj.
trisection n. f.
triskèle n. m.
trismique adj.
trismus n. m.
trisoc n. m.
trisomie n. f.
trisomique adj.
trisser v. (conjug. 1)
triste adj.
tristement adv.
tristesse n. f.
tristounet, ette adj.
trisyllabe adj. et n. m.
trisyllabique adj.
trithérapie n. f.
triticale n. m.
tritium n. m.
triton n. m.
triturateur n. m.
trituration n. f.
triturer v. tr. (conjug. 1)
triumvir n. m.
triumviral, ale, aux adj.
triumvirat n. m.
trivalence n. f.
trivalent, ente adj.
trivalve adj.
trivial, iale, iaux adj.
trivialement adv.
trivialité n. f.
trivium n. m.
troc n. m.
trocart n. m.
trochaïque adj.
trochanter n. m.
trochantérien, ienne adj.
troche n. f.
trochée n. f. m.; n. f.
troches n. f. pl.
trochile n. m.
trochilidés n. m. pl.
trochin n. m.
trochisque n. m.
trochiter n. m.
trochlée n. f.
trochléen, enne adj.

trochure n. f.
troène n. m.
troglobie adj.
troglodyte n. m.
troglodytique adj.
trogne n. f.
trognon n. m.
troïka n. f.
trois adj. numér. et n. m.
trois-D ou 3D adj. inv. (tridimensionnel)
trois-deux n. m.
trois-étoiles ou trois étoiles n. m. et adj. inv.
trois-huit n. m. inv.; n. m. pl.
troisième adj. et n.
troisièmement adv.
trois-mâts n. m. inv.
trois-points adj. inv.
trois-ponts n. m.
trois-quarts n. m.
trois-quatre n. m. inv.
trois-six n. m.
troll n. m.
trolle ou trole* n. f.; n. m.
trolley n. m.
PL. trolleys
trolleybus n. m.
trombe n. f.
trombidion n. m.
trombidiose n. f.
trombine n. f.
trombinoscope n. m.
tromblon n. m.
trombone n. m.
tromboniste n.
trommel n. m.
trompe n. f.
trompe-la-mort n. m. inv.
trompe-l'œil n. m. inv.
tromper v. tr. (conjug. 1)
tromperie n. f.
trompeter ou trompetter ou trompéter* v. (conjug. 4)
trompette n. f. et m.
trompette-de-la-mort n. f.
PL. trompettes-de-la-mort

trompette-des-morts n. f.
PL. trompettes-des-morts
trompettiste n.
trompeur, euse adj.
trompeusement adv.
trompillon n. m.
tronc n. m.
troncation n. f.
troncature n. f.
tronche n. f.
tronchet n. m.
tronçon n. m.
tronconique adj.
tronçonnage n. m.
tronçonnement n. m.
tronçonner v. tr. (conjug. 1)
tronçonneur n. m.
tronçonneuse n. f.
tronculaire adj.
trône n. m.
trôner v. intr. (conjug. 1)
tronqué, ée adj.
tronquer v. tr. (conjug. 1)
trop adv. et nominal
trope n. m.
trophée n. m.
trophique adj.
trophoblaste n. m.
trophonévrose n. f.
tropical, ale, aux adj.
tropicalisation n. f.
tropicaliser v. tr. (conjug. 1)
tropique n. m. et adj.
tropisme n. m.
tropopause n. f.
troposphère n. f.
troposphérique adj.
trop-perçu n. m.
PL. trop-perçus
trop-plein n. m.
PL. trop-pleins
troque n. m.
troquer v. tr. (conjug. 1)
troquet n. m.
troqueur, euse n.
trot n. m.
trotskisme ou trotskysme n. m.

trotskiste ou
  trotskyste n.
trotte n. f.
trotte-menu adj. inv.
trotter v. (conjug. 1)
trotteur, euse n.
trotteuse n. f.
trottin n. m.
trottinement n. m.
trottiner v. intr. (conjug. 1)
trottinette n. f.
trottoir n. m.
trou n. m.
troubadour n. m.
troublant, ante adj.; n. m.
trouble adj.; n. m.
troublé, ée adj.
trouble-fête n.
  PL. *trouble-fêtes*
troubler v. tr. (conjug. 1)
troué, ée adj.
trouée n. f.
trouer v. tr. (conjug. 1)
troufignon n. m.
troufion n. m.
trouillard, arde adj. et n.
trouille n. f.
trouiller v. intr. (conjug. 1)
trouillomètre n. m.
trouilloter v. tr. (conjug. 1)
troupe n. f.
troupeau n. m.
troupiale n. m.
troupier n. m. et adj. m.
troussage n. m.
trousse n. f.
trousseau n. m.
trousse-galant n. m.
  PL. *trousse-galants*
trousse-pet n. m.
  PL. *trousse-pets*
trousse-pied n. m.
  PL. *trousse-pieds*
trousse-queue n. m.
  PL. *trousse-queues*
troussequin n. m.
trousser v. tr. (conjug. 1)
trousseur n. m.

trou-trou ou
  troutrou* n. m.
  PL. *trous-trous* ou *troutrous**
trouvable adj.
trouvaille n. f.
trouvé, ée adj.
trouver v. tr. (conjug. 1)
trouvère n. m.
trouveur, euse n.
truand, ande n.
truandage n. m.
truander v. (conjug. 1)
truanderie n. f.
truble n. f.
trublion n. m.
¹**truc** n. m.
²**truc** ou **truck** [trœk]
  n. m. (chariot)
trucage ou **truquage** n. m.
truchement n. m.
trucider v. tr. (conjug. 1)
truck n. m.
trucmuche n. m.
truculence n. f.
truculent, ente adj.
truelle n. f.
truellée n. f.
truffe n. f.
truffer v. tr. (conjug. 1)
trufficulteur, trice n.
trufficulture n. f.
truffier, ière adj.
truffière n. f.
truie n. f.
truisme n. m.
truite n. f.
truité, ée adj.
truiticulture n. f.
trullo [tru(l)lo; trylo] n. m.
  PL. *trullos* ou *trulli*
trumeau n. m.
truquage n. m.
truquer v. (conjug. 1)
truqueur, euse n.
truquiste n.
trusquin n. m.
trusquiner v. tr. (conjug. 1)
trust n. m.
truste n. f.

truster v. tr. (conjug. 1)
trusteur n. m.
trutticulture n. f.
trypanosome n. m.
trypanosomiase n. f.
trypsine n. f.
trypsinogène n. m.
tryptamine n. f.
tryptophane n. m.
tsar n. m.
tsarévitch n. m.
tsarine n. f.
tsarisme n. m.
tsariste adj.
tsatsiki n. m.
tsétsé ou **tsé-tsé** n. f.
  PL. inv. ou *tsétsés*
T. S. F. n. f. (télégraphie sans fil)
TSH n. f.
t-shirt n. m.
  PL. *t-shirts*
tsigane n. et adj.
tsoin-tsoin ou
  tsointsoin* interj. et adj. inv.
tss-tss interj.
tsuga n. m.
tsunami [tsunami] n. m.
T. T. C. abrév. (toutes taxes comprises)
T. U. abrév. (temps universel)
tu pron. pers.
tuage n. m.
tuant, tuante adj.
tub n. m.
tuba n. m.
tubage n. m.
tubaire adj.
tubard, arde adj. et n.
tube n. m. (rec. off. de *hit*)
tubeless adj. et n. m.
tuber v. tr. (conjug. 1)
tubéracées n. f. pl.
tubercule n. m.
tuberculeux, euse adj. et n.
tuberculide n. f.
tuberculination n. f.
tuberculine n. f.

tuberculine

tuberculinique adj.
tuberculisation n. f.
tuberculose n. f.
tubéreuse n. f.
tubéreux, euse adj.
tubérisation n. f.
tubérisé, ée adj.
tubérosité n. f.
tubeur n. m.
tubicole n. m.
tubifex n. m.
tubipore n. m.
tubiste n. m.
tubitèle adj.
tubulaire n. f. et adj.
tubule n. m.
tubulé, ée adj.
tubuliflore adj.
tubuline n. f.
tubulure n. f.
tudesque adj.
tudieu interj.
tue-chien n. m.
  PL. *tue-chiens*
tue-diable n. m.
  PL. *tue-diables*
tue-l'amour n. m. inv.
tue-loup n. m.
  PL. *tue-loups*
tue-mouche n. m. et adj.
  PL. *tue-mouches*
tuer v. tr. (conjug. 1)
tuerie n. f.
tue-tête (à) loc. adv.
tueur, tueuse n.
tuf n. m.
tuffeau ou **tufeau** n. m.
tufier, ière adj.
tufté, ée adj.
tuilage n. m.
tuile n. f.
tuileau n. m.
tuiler v. tr. (conjug. 1)
tuilerie n. f.
tuilier, ière n. et adj.
tularémie n. f.
tulipe n. f.
tulipier n. m.
tulle n. m.
tullerie n. f.

tullier, ière adj.
tulliste n.
tumbling n. m.
tuméfaction n. f.
tuméfié, iée adj.
tuméfier v. tr. (conjug. 7)
tumescence n. f.
tumescent, ente adj.
tumeur n. f.
tumoral, ale, aux adj.
tumorigène adj.
tumulaire adj.
tumulte n. m.
tumultueusement adv.
tumultueux, euse adj.
tumulus n. m.
  PL. *tumulus* ou *tumuli* (lat.)
tune n. f.
tuner n. m. (rec. off. : syntoniseur)
tungar n. m.
tungstate n. m.
tungstène n. m.
tunicelle n. f.
tuniciers n. m. pl.
tuning n. m.
tunique n. f.
tunisien, ienne adj. et n.
tunnel n. m.
tunnelier n. m.
T. U. P. n. m. (titre universel de paiement)
tupaja ou **tupaïa** n. m.
tupi adj. et n.
tupinambis n. m.
tupperware ® [typɛʀwɛʀ, tœpœʀwɛʀ] n. m.
tuque n. f.
turban n. m.
turbe n. f.
turbé ou **turbeh** n. m.
turbellariés n. m. pl.
turbide adj.
turbidimétrie n. f.
turbidité n. f.
turbin n. m.
turbinage n. m.
turbine n. f.
turbiné, ée adj.
turbinelle n. f.

turbiner v. (conjug. 1)
turbith n. m.
turbo n. m. et adj. inv.
turboalternateur n. m.
turbocompressé, ée adj.
turbocompresseur n. m.
turbodiesel adj. et n. m.
turbofiltre n. m.
turboforage n. m.
turbomachine n. f.
turbomoteur n. m.
turbopompe n. f.
turbopropulseur n. m.
turboréacteur n. m.
turbosoufflante n. f.
turbostatoréacteur n. m.
turbot n. m.
turbotière n. f.
turbotin n. m.
turbotrain n. m.
turbulence n. f.
turbulent, ente adj.
turbulette n. f.
turc, turque adj. et n.
turcique adj.
turco n. m.
turco-mongol, ole n. m. et adj.
  PL. *turco-mongols, oles*
turcophone n.
turdidés n. m. pl.
turf n. m.
turfiste n.
turgescence n. f.
turgescent, ente adj.
turgide adj.
turion n. m.
turista n. f.
turkmène adj. et n.
turlupiner v. (conjug. 1)
turlutaine n. f.
turlute n. f.
turluter v. (conjug. 1)
turlutte n. f.
turlututu interj.
turne n. f.
turnep n. m.

turnover ou **turn-over** n. m.
PL. *turnovers* ou *turn-over*
turonien, ienne adj. et n. m.
turpide adj.
turpidement adv.
turpitude n. f.
turquerie n. f.
turquin adj. m.
turquoise n. f.; adj. inv.; n. m.
turriculé, ée adj.
turriforme adj.
turritelle n. f.
tussah n. m.
tussilage n. m.
tussor n. m.
tutélaire adj.
tutelle n. f.
tuteur, trice n.
tuteurage n. m.
tuteurer v. tr. (conjug. 1)
tutoiement n. m.
tutorat n. m.
tutoré, ée adj.
tutoriel, ielle adj. et n. m.
tutoyer v. tr. (conjug. 8)
tutti [tu(t)ti] n. m.
PL. inv. ou *tuttis*★
tutti frutti loc. adj. inv. et n. m.
tutti quanti loc. nominale
tutu n. m.
tuyau n. m.
tuyautage n. m.
tuyauter v. (conjug. 1)
tuyauterie n. f.
tuyauteur, euse n.
tuyère n. f.
T. V. A. n. f. (taxe à la valeur ajoutée)
TVHD n. f. inv. (télévision haute définition)
tweed n. m.
tweeter n. m. (rec. off. : haut-parleur d'aigu)
twill n. m.
twin-set ou **twinset**★ n. m.
PL. *twin-sets* ou *twinsets*★

twister v. intr. (conjug. 1)
tylenchus n. m.
tympan n. m.
tympanal, ale, aux adj. et n. m.
tympanique adj.
tympaniser v. tr. (conjug. 1)
tympanisme n. m.
tympanométrie n. f.
tympanon n. m.
tyndallisation n. f.
typage n. m.
type n. m.
typé, ée adj.
typer v. tr. (conjug. 1)
typesse n. f.
typha n. m.
typhique adj. et n.
typhlite n. f.
typhobacillose n. f.
typhoïde adj. et n. f.
typhoïdique adj.
typhomycine n. f.
typhon n. m.
typhose n. f.
typhus n. m.
typicité n. f.
typique adj. et n.
typiquement adv.
typo n. f.; adj.
typochromie [-k-] n. f.
typographe n.
typographie n. f.
typographier v. tr. (conjug. 7)
typographique adj.
typographiquement adv.
typolithographie n. f.
typologie n. f.
typologique adj.
typomètre n. m.
typtologie n. f.
tyramine n. f.
tyran n. m.
tyranneau n. m.
tyrannicide adj. et n.; n. m.
tyrannie n. f.
tyrannique adj.

tyranniquement adv.
tyranniser v. tr. (conjug. 1)
tyrannosaure n. m.
tyrolien, ienne adj. et n. m.
tyrolienne n. f.
tyrosinase n. f.
tyrosine n. f.
tyrosinémie n. f.
tyrothricine n. f.
tzatziki ou **tsatsiki** n. m.
tzigane n. et adj.

u

u n. m. inv.
ubac n. m.
ubérale adj. f.
ubiquiste [ybi-] adj. et n.
ubiquitaire [ybi-] n. et adj.
ubiquité [ybi-] n. f.
ubuesque adj.
uchronie [-k-] n. f.
UEM n. f. (union économique et monétaire)
ufologie n. f.
ufologique adj.
ufologue n.
UFR n. f. (unité de formation et de recherche)
uhlan n. m.
U. H. T. n. f. (ultra-haute température)
ukase n. m.
ukrainien, ienne adj. et n.
ukulélé n. m.
ulcératif, ive adj.
ulcération n. f.
ulcéré, ée adj.
ulcère n. m.
ulcérer v. tr. (conjug. 6)
ulcéreux, euse adj.
ulcéroïde adj.
uléma n. m.

ulluque

ulluque n. m.
U.L.M. n. m. inv. (ultra-léger motorisé)
ulmaire n. f.
ulnaire adj.
ultérieur, ieure adj.
ultérieurement adv.
ultimatum n. m.
ultime adj.
ultimo adv.
ultra n.
ultracentrifugation n. f.
ultracentrifugeuse n. f.
ultrachic adj.
ultraconcurrentiel, ielle adj.
ultracourt, courte adj.
ultradien, ienne adj.
ultrafiltration n. f.
ultrafrais, fraîche ou **fraiche*** adj. et n. m.
ultragauche n. f.
ultralarge adj.
ultralibéral, ale, aux adj. et n.
ultralibéralisme n. m.
ultramajoritaire adj.
ultramarin, ine adj.
ultramicroscope n. m.
ultramicroscopie n. f.
ultramicroscopique adj.
ultraminoritaire adj.
ultramoderne adj.
ultramontain, aine adj.
ultramontanisme n. m.
ultranationaliste adj. et n.
ultra-orthodoxe adj. et n. PL. *ultra-orthodoxes*
ultrapatriotique adj.
ultraperformant, ante adj.
ultrapériphérique adj.
ultra-petita ou **ultrapétita*** [yltrapetita] adv.
ultraplat, plate adj.
ultraportable adj.
ultrapression n. f.
ultrarapide adj.
ultraroyaliste adj. et n.
ultrasensible adj.
ultrason n. m.
ultrasonique adj.
ultrasonore adj.
ultraviolence n. f.
ultraviolent, ente adj.
ultraviolet, ette adj. et n. m.
ululement n. m.
ululer v. intr. (conjug. 1)
ulve n. f.
un, une adj. numér. et qualificatif; n.; art. et pron. indéf.
unanime adj.
unanimement adv.
unanimisme n. m.
unanimiste adj. et n.
unanimité n. f.
unau n. m.
unciforme adj.
unciné, ée adj.
underground [œndœʀgʀaund] [œdɛʀgʀ(a)und] adj. et n. PL. inv. ou *undergrounds*
une n. f.
une-deux n. m. inv.
unguéal, ale, aux [ɔ̃gɥeal] adj.
unguifère [ɔ̃gɥifɛʀ] adj.
unguis [ɔ̃gɥis] n. m.
uni, unie adj.
uniate n. et adj.
uniaxe adj.
unicellulaire adj.
unicité n. f.
unicolore adj.
unicorne n. m. et adj.
unidirectionnel, elle adj.
unidose n. f.
unième adj. numér. ord. et n.
unièmement adv.
unif n. f.
unifamilial, ale, aux adj.
unificateur, trice adj. et n.
unification n. f.
unifier v. tr. (conjug. 7)
unifilaire adj.
uniflore adj.
unifolié, iée adj. et n. m.
uniforme adj. et n. m.
uniformément adv.
uniformisant, ante adj.
uniformisation n. f.
uniformiser v. tr. (conjug. 1)
uniformité n. f.
unijambiste adj. et n.
unilatéral, ale, aux adj.
unilatéralement adv.
unilatéralisme n. m.
unilatéraliste adj.
unilinéaire adj.
unilingue adj.
unilobé, ée adj.
uniloculaire adj.
uniment adv.
uninominal, ale, aux adj.
union n. f.
unionisme n. m.
unioniste n. et adj.
uniovulé, ée adj.
unipare adj.
unipersonnel, elle adj. et n. m.
unipolaire adj.
unique adj.
uniquement adv.
unir v. tr. (conjug. 2)
uniramé, ée adj.
unisexe adj.
unisexualité n. f.
unisexué, ée adj.
unisson n. m.
unitaire n. et adj.
unitarien, ienne adj.
unitarisme n. m.
unité n. f.
unitif, ive adj.
univalent, ente adj.
univalve adj.
univers n. m.
universalisation n. f.
universaliser v. tr. (conjug. 1)

universalisme n. m.
universaliste adj. et n.
universalité n. f.
universaux n. m. pl.
universel, elle adj. et n. m.
universellement adv.
universiade n. f.
universitaire adj. et n.
université n. f.
univibrateur n. m.
univitellin, ine adj.
univocité n. f.
univoque adj.
untel pron.
upas n. m.
upérisation n. f.
uppercut n. m.
upsilon n. m.
PL. INV. ou *upsilons*★
upwelling n. m.
uracile n. m.
uraète n. m.
uræus n. m.
uranate n. m.
urane n. m.
uranie n. f.
uranifère adj.
uraninite n. f.
uranique adj.
uranisme n. m.
uranite n. f.
uranium n. m.
uranoplastie n. f.
uranoscope n. m.
uranyle n. m.
urate n. m.
urbain, aine adj.
urbanisation n. f.
urbaniser v. tr. (conjug. 1)
urbanisme n. m.
urbaniste n.
urbanistique adj.
urbanité n. f.
urbanologie n. f.
urbi et orbi loc. adv.
urcéolé, ée adj.
urdu n. m.
ure n. m.
urédinales n. f. pl.

urédospore n. f.
urée n. f.
uréide n. m.
urémie n. f.
urémique adj.
uréogénèse n. f.
uréotélique adj.
urétéral, ale, aux adj.
uretère n. m.
urétérite n. f.
uréthane ou
 uréthanne n. m.
urétral, ale, aux adj.
urètre n. m.
urétrite n. f.
urgemment adv.
urgence n. f.
urgent, ente adj.
urgentissime adj.
urgentiste n.
urger v. intr. (conjug. 3)
uricémie n. f.
uricotélique adj.
urinaire adj.
urinal, aux n. m.
urine n. f.
uriner v. intr. (conjug. 1)
urineux, euse adj.
urinifère adj.
urinoir n. m.
urique adj.
URL n. f. inv.
urne n. f.
urobiline n. f.
urobilinurie n. f.
urodèles n. m. pl.
urogénital, ale, aux adj.
urographie n. f.
urolagnie n. f.
urologie n. f.
urologue n.
uromètre n. m.
uronique adj.
uropode n. m.
uropyges n. m. pl.
uropygial, iale, iaux adj.
uropygien, ienne adj.
urotélique adj.

ursidés n. m. pl.
ursin, ine adj.
ursuline n. f.
urticaire n. f.
urticant, ante adj.
urtication n. f.
urubu n. m.
urus n. m.
us n. m. pl.
usage n. m.
usagé, ée adj.
usager, ère n.
usant, ante adj.
USB n. m. (universal serial bus)
usé, ée adj.
user v. tr. (conjug. 1)
usinage n. m.
usine n. f.
usiner v. tr. (conjug. 1)
usinier, ière adj.
usité, ée adj.
usnée n. f.
ustensile n. m.
ustilaginales n. f. pl.
usucapion n. f.
usuel, elle adj. et n. m.
usuellement adv.
usufructuaire adj.
usufruit n. m.
usufruitier, ière n. et adj.
usuraire adj.
usure n. f.
usurier, ière n.
usurpateur, trice n.
usurpation n. f.
usurper v. (conjug. 1)
ut n. m. inv.
utérin, ine adj.
utérus n. m.
utile adj. et n. m.
utilement adv.
utilisable adj.
utilisateur, trice n.
utilisation n. f.
utiliser v. tr. (conjug. 1)
utilitaire adj. et n. m.
utilitarisme n. m.
utilitariste adj.
utilité n. f.

utopie n. f.
utopique adj.
utopiste n.
utriculaire n. f. et adj.
utricule n. m.
utriculeux, euse adj.
¹U. V. n. m. pl. (ultraviolets)
²U. V. n. f. inv. (unité de valeur)
U. V. A. n. m. pl.
uval, ale, aux adj.
uva-ursi n. m. inv.
U. V. B. n. m. pl.
uvée n. f.
uvéite n. f.
uvulaire adj.
uvule n. f.
uxorilocal, ale, aux adj.

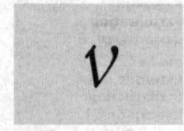

V

v n. m. inv.; abrév. et symb.
V n. m. inv.; abrév. et symb.
vacance n. f.
vacancier, ière n.
vacant, ante adj.
vacarme n. m.
vacataire n. et adj.
vacation n. f.
vaccaire n. f.
vaccin n. m.
vaccinal, ale, aux adj.
vaccinateur, trice n. et adj.
vaccination n. f.
vaccine n. f.
vaccinelle n. f.
vacciner v. tr. (conjug. 1)
vaccinide n. f.
vaccinogène adj.
vaccinoïde n. f. et adj.
vaccinologie n. f.
vaccinostyle n. m.
vaccinothérapie n. f.

vachard, arde adj.
vache n. f.
vachement adv.
vacher, ère n.
vacherie n. f.
vacherin n. m.
vachette n. f.
vacillant, ante adj.
vacillation n. f.
vacillement n. m.
vaciller v. intr. (conjug. 1)
vacive n. f.
va comme je te pousse (à la) loc. adv.
vacuité n. f.
vacuolaire adj.
vacuole n. f.
vacuolisation n. f.
vacuoliser v. tr. (conjug. 1)
vacuome n. m.
vacuum [vakyɔm] n. m.
va-de-la-gueule n. m. inv.
vade-mecum ou vadémécum★ [vademekɔm] n. m.
PL. inv. ou vadémécums★
vadrouille n. f.
vadrouiller v. intr. (conjug. 1)
vadrouilleur, euse adj. et n.
va-et-vient n. m. inv.
vagabond, onde adj. et n.
vagabondage n. m.
vagabonder v. intr. (conjug. 1)
vagal, ale, aux adj.
vagin n. m.
vaginal, ale, aux adj.
vaginisme n. m.
vaginite n. f.
vagir v. intr. (conjug. 2)
vagissant, ante adj.
vagissement n. m.
vagolytique adj.
vagotonie n. f.
vagotonique adj.
vague adj. et n. m.; n. f.
vaguelette n. f.
vaguement adv.

vaguemestre n. m.
vaguer v. intr. (conjug. 1)
vahiné n. f.
vaigrage n. m.
vaigre n. f.
vaillamment adv.
vaillance n. f.
vaillant, ante adj.
vaillantie n. f.
vain, vaine adj.
vaincre v. tr. (conjug. 42)
vaincu, ue adj.
vainement adv.
vainqueur n.
vair n. m.
vairé, ée adj.
vairon adj. m.; n. m.
vaisseau n. m.
vaisselier n. m.
vaisselle n. f.
val, vals ou vaux n. m.
VAL n. m. (véhicule automatique léger)
valable adj.
valablement adv.
valdinguer v. intr. (conjug. 1)
valençay n. m.
valence n. f.
valenciennes n. f.
valentinite n. f.
valériane n. f.
valérianelle n. f.
valérique adj.
valet n. m.
valetaille n. f.
valétudinaire adj. et n.
valeur n. f.
valeureusement adv.
valeureux, euse adj.
valgus adj. et n. m.
validation n. f.
valide adj.
validement adv.
valider v. tr. (conjug. 1)
validité n. f.
valine n. f.
valise n. f.
valisette n. f.

vallée n. f.
valleuse n. f.
vallisnérie n. f.
vallon n. m.
vallonné, ée adj.
vallonnement n. m.
valoche n. f.
valoir v. (conjug. 29)
valorisable adj.
valorisant, ante adj.
valorisation n. f.
valoriser v. tr. (conjug. 1)
valpolicella [valpɔlitʃella; valpɔlitʃela] n. m.
valse n. f.
valse-hésitation n. f.
   PL. *valses-hésitations*
valser v. intr. (conjug. 1)
valseur, euse n.
valvaire adj.
valve n. f.
valvé, ée adj.
valvulaire adj.
valvule n. f.
valvuloplastie n. f.
vamp n. f.
vamper v. tr. (conjug. 1)
vampire n. m.
vampirique adj.
vampiriser v. tr. (conjug. 1)
vampirisme n. m.
van n. m.
vanadinite n. f.
vanadique adj.
vanadium n. m.
vanda n. f.
vandale n.
vandaliser v. tr. (conjug. 1)
vandalisme n. m.
vandoise n. f.
vanesse n. f.
vanille n. f.
vanillé, ée adj.
vanillier n. m.
vanilline n. f.
vanilliné, ée adj.
vanillisme n. m.
vanillon n. m.
vanité n. f.
vaniteusement adv.
vaniteux, euse adj.
vanity n. m.
   PL. *vanitys*
vanity-case [vanitikɛz] n. m.
   PL. *vanity-cases*
vannage n. m.
vanne n. f.
vanneau n. m.
vannelle n. f.
vanner v. tr. (conjug. 1)
vannerie n. f.
vannet n. m.
vanneur, euse n.
vannier n. m.
vannure n. f.
vantail, aux ou **ventail, aux** n. m.
vantard, arde adj.
vantardise n. f.
vanter v. tr. (conjug. 1)
va-nu-pieds ou **vanupied*** n.
   PL. inv. ou *vanupieds**
vape n. f.
vapeur n. f.; n. m.
vapo n. m.
vapocraquage n. m.
vapocraqueur n. m.
vaporeusement adv.
vaporeux, euse adj.
vaporisage n. m.
vaporisateur n. m.
vaporisation n. f.
vaporiser v. tr. (conjug. 1)
vaquer v. (conjug. 1)
var n. m. (volt ampère réactif)
varaigne n. f.
varan n. m.
varangue n. f.
varappe n. f.
varapper v. intr. (conjug. 1)
varappeur, euse n.
varech [-ʀɛk] n. m.
vareuse n. f.
varia n. m. pl.
variabilité n. f.
variable adj. et n.
variablement adv.

variance n. f.
¹**variant, ante** adj.
²**variant** n. m.
variante n. f.
variateur n. m.
variation n. f.
varice n. f.
varicelle n. f.
varicocèle n. f.
varicosité n. f.
varié, iée adj.
varier v. (conjug. 7)
variétal, ale, aux adj.
variété n. f.
variétoche n. f.
variole n. f.
variolé, ée adj.
varioleux, euse adj. et n.
variolique adj.
variolisation n. f.
variomètre n. m.
variorum [vaʀjɔʀɔm] adj. inv.
variqueux, euse adj.
varlope n. f.
varloper v. tr. (conjug. 1)
varon ou **varron** n. m.
varus adj. et n. m.
varve n. f.
vasard, arde adj. et n. m.
vasculaire adj.
vascularisation n. f.
vascularisé, ée adj.
vasculariser (se) v. pron. (conjug. 1)
vase n. f.
vasectomie n. f.
vaseline n. f.
vaseliner v. tr. (conjug. 1)
vaser v. impers. (conjug. 1)
vaseux, euse adj.
vasière n. f.
vasistas [vazistas] n. m.
vasoconstricteur, trice adj. et n.
vasoconstriction n. f.
vasodilatateur, trice adj. et n. m.
vasodilatation n. f.
vasomoteur, trice adj.

vasopresseur n. m.
vasopressine n. f.
vasotomie n. f.
vasouillard, arde adj.
vasouiller v. intr. (conjug. 1)
vasque n. f.
vassal, ale, aux n.
vassalisation n. f.
vassaliser v. tr.
vassalité n. f.
vaste adj.
vastement adv.
vastitude n. f.
va-t-en-guerre n. inv. et adj. inv.
vaticane adj. f.
vaticinateur, trice n.
vatication n. f.
vaticiner v. intr. (conjug. 1)
va-tout ou **vatout*** n. m.
pl. inv. ou *vatouts**
vau n. m.
vauchérie n. f.
vauclusien, ienne adj.
vaudeville n. m.
vaudevillesque adj.
vaudevilliste n.
vaudois, oise n.
vaudou n. m.
vau-l'eau (à) loc. adv.
vaurien, ienne n.
vautour n. m.
vautrait n. m.
vautrer (se) v. pron. (conjug. 1)
vau-vent (à) loc. adv.
va-vite (à la) loc. adv.
vavasseur n. m.
VDQS n. m. (vin délimité de qualité supérieure)
veau n. m.
vécés n. m. pl.
vecteur adj. et n. m.
vectoriel, ielle adj.
vectorisation n. f.
vectoriser v. tr. (conjug. 1)
vécu, ue adj. et n. m.
véda n. m.
vedettariat n. m.
vedette n. f.

vedettisation n. f.
védique adj.
védisme n. m.
végétal, ale, aux n. m. et adj.
végétalien, ienne adj. et n.
végétalisation n. f.
végétaliser v. tr. (conjug. 1)
végétalisme n. m.
végétarien, ienne adj. et n.
végétarisme n. m.
végétatif, ive adj.
végétation n. f.
végéter v. intr. (conjug. 6)
véhémence n. f.
véhément, ente adj.
véhémentement adv.
véhiculaire adj.
véhicule n. m.
véhiculer v. tr. (conjug. 1)
veille n. f.
veillée n. f.
veiller v. (conjug. 1)
veilleur, euse n.
veilleuse n. f.
veinard, arde adj. et n.
veine n. f.
veiné, ée adj.
veiner v. tr. (conjug. 1)
veinette n. f.
veineux, euse adj.
veinoprotecteur, trice adj.
veinotonique adj. et n. m.
veinule n. f.
veinure n. f.
vêlage n. m.
vélaire adj.
vélanède n. f.
vélani n. m.
vélar n. m.
vélarisation n. f.
vélarium ou **velarium** n. m.
velche ou **welche** n.
velcro n. m.
veld ou **veldt** n. m.
Vél d'hiv' n. m. sing.

veldt n. m.
vêlement n. m.
vêler v. intr. (conjug. 1)
vélideltiste n.
vélin n. m.
véliplanchiste n.
vélique adj.
vélite n. m.
vélivole adj. et n.
velléitaire adj. et n.
velléité n. f.
vélo n. m.
véloce adj.
vélocement adv.
vélocimètre n. m.
vélocimétrie n. f.
vélocipède n. m.
vélocipédique adj.
vélocité n. f.
vélodrome n. m.
vélomoteur n. m.
vélopousse ou **vélopousse** n. m.
pl. inv. ou *vélopousses*
véloroute n. f.
véloski n. m.
velot n. m.
velours n. m.
velouté, ée adj. et n. m.
veloutement n. m.
velouter v. tr. (conjug. 1)
velouteux, euse adj.
veloutier n. m.
veloutine n. f.
veltage n. m.
velte n. f.
velu, ue adj.
vélum ou **velum** n. m.
Velux ® n. m.
velvet n. m.
velvote n. f.
venaison n. f.
vénal, ale, aux adj.
vénalement adv.
vénalité n. f.
venant, ante n. et adj.
vendable adj.
vendange n. f.

vendangeoir n. m.
vendangeon n. m.
vendanger v. (conjug. 3)
vendangerot n. m.
vendangette n. f.
vendangeur, euse n.
vendéen, enne adj. et n.
vendémiaire n. m.
vendetta [vɑ̃deta; vɑ̃dɛta] n. f.
vendeur, euse n. et adj.
vendre v. tr. (conjug. 41)
vendredi n. m.
vendu, ue adj.
venelle n. f.
vénéneux, euse adj.
vénérable adj. et n.
vénération n. f.
vénère ou **véner** adj.
vénéréologie n. f.
vénérer v. tr. (conjug. 6)
vénéricarde n. f.
vénerie ou **vènerie*** n. f.
vénérien, ienne adj. et n.
vénérologie n. f.
venet n. m.
venette n. f.
veneur n. m.
vengeance n. f.
venger v. tr. (conjug. 3)
vengeron n. m.
vengeur, geresse n. et adj.
véniel, ielle adj.
venimeux, euse adj.
venin n. m.
venir v. intr. (conjug. 22; auxil. être)
vénitien, ienne adj. et n.
vent n. m.
ventail, aux n. m.
vente n. f.
venté, ée adj.
venter v. impers. (conjug. 1)
venteux, euse adj.
ventilateur n. m.
ventilation n. f.
ventilé, ée adj.
ventiler v. tr. (conjug. 1)
ventileuse n. f.

ventilo n. m.
ventis n. m. pl.
ventôse n. m.
ventouse n. f.
ventouser v. tr.
ventral, ale, aux adj.
ventre n. m.
ventrebleu interj.
ventrèche n. f.
ventrée n. f.
ventre-saint-gris interj.
ventriculaire adj.
ventricule n. m.
ventrière n. f.
ventriloque n. et adj.
ventriloquie n. f.
ventripotent, ente adj.
ventru, ue adj.
venturi n. m.
venu, ue adj. et n.
venue n. f.
vénus n. f.
vénusien, ienne adj.
vénusté n. f.
vépéciste n.
vêpres n. f. pl.
ver n. m.
vérace adj.
véracité n. f.
véraison n. f.
véranda n. f.
vératre n. m.
vératrine n. f.
verbal, ale, aux adj.
verbalement adv.
verbalisation n. f.
verbaliser v. (conjug. 1)
verbalisme n. m.
verbatim adv. et n. m.
verbe n. m.
verbeusement adv.
verbeux, euse adj.
verbiage n. m.
verbigération n. f.
verboquet n. m.
verbosité n. f.
ver-coquin n. m.
 PL *vers-coquins*
verdage n. m.

verdâtre adj.
verdelet, ette adj.
verdet n. m.
verdeur n. f.
verdict n. m.
verdier n. m.
verdir v. (conjug. 2)
verdissage n. m.
verdissant, ante adj.
verdissement n. m.
verdoiement n. m.
verdoyant, ante adj.
verdoyer v. intr. (conjug. 8)
verdunisation n. f.
verdure n. f.
vérétille n. f. ou m.
véreux, euse adj.
verge n. f.
vergé, ée adj.
vergence n. f.
vergeoise n. f.
verger n. m.
vergerette n. f.
vergeté, ée adj.
vergetier n. m.
vergette n. f.
vergeture n. f.
vergeure ou **vergeüre***
 [vɛʁʒyʁ] n. f.
verglaçant, ante adj.
verglacé, ée adj.
verglas n. m.
vergne n. m.
vergobret n. m.
vergogne n. f.
vergue n. f.
véridicité n. f.
véridique adj.
véridiquement adv.
vérifiable adj.
vérificateur, trice n.
vérificatif, ive adj.
vérification n. f.
vérifier v. tr. (conjug. 7)
vérifieur, ieuse n.
vérin n. m.
vérine ou **verrine** n. f.
vérisme n. m.
vériste adj. et n.

véritable adj.
véritablement adv.
vérité n. f.
verjus n. m.
verjuter v. tr. (conjug. 1)
verlan n. m.
vermée n. f.
vermeil, eille adj. et n. m.
vermet n. m.
vermicelle n. m.
vermiculaire adj.
vermiculé, ée adj.
vermiculite n. f.
vermiculure n. f.
vermiforme adj.
vermifuge adj.
vermille n. f.
vermiller v. intr. (conjug. 1)
vermillon n. m.
vermillonner v. (conjug. 1)
vermine n. f.
vermineux, euse adj.
vermis n. m.
vermisseau n. m.
vermivore adj.
vermoulu, ue adj.
vermoulure n. f.
vermouth ou **vermout** n. m.
vernaculaire adj.
vernal, ale, aux adj.
vernalisation n. f.
vernation n. f.
verni, ie adj. et n. m.
vernier n. m.
vernir v. tr. (conjug. 2)
vernis n. m.
vernissage n. m.
vernissé, ée adj.
vernisser v. tr. (conjug. 1)
vernisseur, euse n.
vérole n. f.
vérolé, ée adj.
véronal n. m.
véronique n. f.
verranne n. f.
verrat n. m.
verre n. m.
verré, ée adj.

verrée n. f.
verrerie n. f.
verrier n. m.
verrière n. f.
verrine n. f.
verroterie n. f.
verrou n. m.
verrouillage n. m.
verrouiller v. tr. (conjug. 1)
verrucaire n. f.
verrucosité n. f.
verrue n. f.
verruqueux, euse adj.
vers n. m.; prép.
versaillais, aise adj. et n.
versant n. m.
versatile adj.
versatilité n. f.
verse n. f.
versé, ée adj.
verseau n. m. (pente)
versement n. m.
verser v. (conjug. 1)
verset n. m.
verseur n. m. et adj. m.
verseuse n. f.
versicolore adj.
versificateur n. m.
versification n. f.
versifier v. tr. (conjug. 7)
version n. f.
vers-librisme n. m.
vers-libriste n.
  PL. *vers-libristes*
verso n. m.
verste n. f.
versus prép.
vert, verte adj. et n. m.
vert-de-gris n. m. et adj. inv.
vert-de-grisé, ée adj.
vertébral, ale, aux adj.
vertébré, ée adj. et n. m.
vertèbre n. f.
vertement adv.
vertex n. m.
vertical, ale, aux adj. et n.
verticalement adv.

verticaliser v. tr. (conjug. 1)
verticalité n. f.
verticille n. m.
verticillé, ée adj.
vertige n. m.
vertigineusement adv.
vertigineux, euse adj.
vertigo n. m.
vertu n. f.
vertubleu interj.
vertuchou interj.
vertueusement adv.
vertueux, euse adj.
vertugadin n. m.
verve n. f.
verveine n. f.
vervelle n. f.
¹**verveux, euse** adj.
²**verveux** n. m. (filet)
vésanie n. f.
vésanique adj.
vesce n. f.
vesceron n. m.
vésical, ale, aux adj.
vésicant, ante adj. et n. m.
vésication n. f.
vésicatoire adj. et n. m.
vésiculaire adj.
vésicule n. f.
vésiculeux, euse adj.
vesou n. m.
vespa n. f.
vespasienne n. f.
vespéral, ale, aux adj. et n. m.
vespertilion n. m.
vespidés n. m. pl.
vesse n. f.
vesse-de-loup n. f.
  PL. *vesses-de-loup*
vesser v. intr. (conjug. 1)
vessie n. f.
vestale n. f.
veste n. f.
vestiaire n. m.
vestibulaire adj.
vestibule n. m.
vestige n. m.
vestigial, iale, iaux adj.

vestimentaire adj.
veston n. m.
vété
vêtement n. m.
vétéran n. m.
vétérante n. f.
vétérinaire adj. et n.
vététiste ou **VTTiste** n.
vétillard, arde n. et adj.
vétille n. f.
vétiller v. intr. (conjug. 1)
vétilleux, euse adj.
vêtir v. tr. (conjug. 20)
vétiver n. m.
veto ou **véto*** n. m.
 PL inv. ou **vétos*** (opposition)
vêtu, ue adj.
vêture n. f.
vétuste adj.
vétusté n. f.
veuf, veuve adj. et n.
veuglaire n. f.
veule adj.
veulerie n. f.
veuvage n. m.
vexant, ante adj.
vexateur, trice n.
vexation n. f.
vexatoire adj.
vexer v. tr. (conjug. 1)
vexillaire n. m.
vexille n. m.
vexillologie n. f.
vexillologue n.
VHS n. m.
via prép.
viabiliser v. tr. (conjug. 1)
viabilité n. f.
viable adj.
viaduc n. m.
via ferrata n. f.
viager, ère adj. et n. m.
viandard, arde n. et adj.
viande n. f.
viander v. (conjug. 1)
viatique n. m.
vibice n. f.
vibord n. m.
vibrage n. m.

vibrant, ante adj.
vibraphone n. m.
vibraphoniste n.
vibrateur n. m.
vibratile adj.
vibration n. f.
vibrato n. m.
vibratoire adj.
vibrer v. (conjug. 1)
vibreur n. m.
vibrion n. m.
vibrionner v. intr. (conjug. 1)
vibrisse n. f.
vibromasseur n. m.
vicaire n. m.
vicarial, iale, iaux adj.
vicariance n. f.
vicariant, iante adj.
vicariat n. m.
vice n. m.
vice-amiral, ale, aux n.
vice-champion, ionne n.
 PL vice-champions, ionnes
vice-chancelier, ière n.
 PL vice-chanceliers, ières
vice-consul, e n.
 PL vice-consuls, es
vice-consulat n. m.
 PL vice-consulats
vicelard, arde adj. et n.
vice-légat n. m.
 PL vice-légats
vice-légation n. f.
 PL vice-légations
vicennal, ale, aux adj.
vice-présidence n. f.
 PL vice-présidences
vice-président, ente n.
 PL vice-présidents, entes
vice-recteur, trice n.
 PL vice-recteurs, trices
vice-reine n.
 PL vice-reines
vice-roi n. m.
 PL vice-rois
vice-royauté n. f.
vicésimal, ale, aux adj.

vice versa ou
 vice-versa loc. adv.
vichy n. m.
vichyssois, oise adj. et n.
vichyste adj. et n.
viciation n. f.
vicié, iée adj.
vicier v. tr. (conjug. 7)
vicieusement adv.
vicieux, ieuse adj.
vicinal, ale, aux adj.
vicinalité n. f.
vicissitude n. f.
vicomtal, ale, aux adj.
vicomte, esse n.
vicomté n. f.
victimaire n. m. et adj.
victime n. f.
victimisation n. f.
victimiser v. tr. (conjug. 1)
victimologie n. f.
victoire n. f.
victoria n.
victorien, ienne adj.
victorieusement adv.
victorieux, ieuse adj.
victuaille n. f.
vidage n. m.
vidame n. m.
vidamé ou **vidamie** n. m.
vidange n. f.
vidanger v. tr. (conjug. 3)
vidangeur n. m.
vide adj. et n. m.
vidé, ée adj.
vidéaste n.
vide-bouteille n. m.
 PL vide-bouteilles
vide-cave n. m.
 PL vide-caves
vide-grenier n. m.
 PL vide-greniers
videlle n. f.
vidéo adj. inv. et n. f.
vidéocassette n. f.
vidéoclip n. m.
vidéoclub n. m.
vidéocommunication n. f.
vidéoconférence n. f.

vidéodisque n. m.
vidéodisque n. m.
vidéofréquence n. f.
vidéogag n. m.
vidéogramme n. m.
vidéographie n. f.
vidéophone n. m.
vidéophonie n. f.
vidéoprojecteur n. m.
vidéoprojection n. f.
vide-ordures ou
  vide-ordure* n. m.
  PL. *vide-ordures*
vidéosurveillance n. f.
vidéotex n. m.
vidéothèque n. f.
vidéotransmission n. f.
vide-poche n. m.
  PL. *vide-poches*
vide-pomme n. m.
  PL. *vide-pommes*
vider v. tr. (conjug. 1)
vide-tourie n. m.
  PL. *vide-touries*
videur, euse n.
vide-vite n. m. inv.
vidimer v. tr. (conjug. 1)
vidimus n. m.
vidoir n. m.
viduité n. f.
vidure n. f.
vie n. f.
vieil adj. et n. m.
vieillard n. m.
vieillarde n. f.
vieille adj. et n. f.
vieillerie n. f.
vieillesse n. f.
vieilli, ie adj.
vieillir v. (conjug. 2)
vieillissant, ante adj.
vieillissement n. m.
vieillot, otte adj.
vielle n. f.
vieller v. intr. (conjug. 1)
vielleur, euse n.
vielleux, euse n.
viennois, oise adj. et n.
viennoiserie n. f.
vierge n. f. et adj.
viet [vjɛt] adj. et n.

vietnamien, ienne adj. et n.
viet vo dao [vjɛtvodao]
vieux ou **vieil, vieille**
  adj. et n.
vieux-lille n. m. inv.
vif, vive adj. et n. m.
vif-argent n. m. sing.
vigie n. f.
vigilamment adv.
vigilance n. f.
vigilant, ante adj.
vigile adj.; n. m.; n. f.
vigne n. f.
¹**vigneau** n. m. (tertre)
²**vigneau** ou **vignot** n. m.
  (littorine)
vigneron, onne n.
vignetage ou
  vignettage n. m.
vignette n. f.
vignettiste n.
vigneture n. f.
vignoble n. m.
vignot n. m.
vigogne n. f.
vigoureusement adv.
vigoureux, euse adj.
viguerie n. f.
vigueur n. f.
viguier n. m.
VIH n. m. (virus de l'immunodéficience humaine)
viking n. m. et adj.
vil, vile adj.
vilain, aine n. et adj.
vilainement adv.
vilayet [vilajɛt] n. m.
vilebrequin n. m.
vilement adv.
vilenie ou **vilénie** n. f.
vilipender v. tr. (conjug. 1)
villa n. f.
villafranchien, ienne
  adj. et n. m.
village n. m.
villageois, oise adj. et n.
villagisation n. f.
villanelle n. f.

ville n. f.
ville-dortoir n. f.
  PL. *villes-dortoirs*
villégiateur n. m.
villégiature n. f.
villégiaturer v. intr.
  (conjug. 1)
villeux, euse adj.
villosité n. f.
vin n. m.
vinage n. m.
vinaigre n. m.
vinaigrer v. tr. (conjug. 1)
vinaigrerie n. f.
vinaigrette n. f.
vinaigrier n. m.
vinasse n. f.
vindas n. m.
vindicatif, ive adj.
vindicativement adv.
vindicte n. f.
vinée n. f.
viner v. tr. (conjug. 1)
vineux, euse adj.
vingt adj. numér. inv. et n. inv.
vingtaine n. f.
vingt-deux adj. numér. et interj.
vingtième adj. et n.
vingtièmement adv.
vinicole adj.
vinifère adj.
vinificateur, trice n.
vinification n. f.
vinifier v. tr. (conjug. 7)
vinique adj.
vinosité n. f.
vinothérapie n. f.
vintage n. m.
vinyle n. m.
vinylique adj.
vinylite ® n. f.
vioc n. m.
viol n. m.
violacé, ée adj.
violacer v. tr. (conjug. 3)
violat adj. m.
violateur, trice n.
violation n. f.
violâtre adj.

viole n. f.
violemment adv.
violence n. f.
violent, ente adj.
violenter v. tr. (conjug. 1)
violer v. tr. (conjug. 1)
violet, ette adj. et n. m.
violette n. f.
violeur, euse n.
violier n. m.
violine n. f. et adj.
violiste n.
violon n. m.
violoncelle n. m.
violoncelliste n.
violoné, ée adj.
violoner v. intr. (conjug. 1)
violoneux n. m.
violoniste n.
vioque ou **vioc** adj.
viorne n. f.
VIP [veipe; viajpi] n. inv. (very important person)
vipère n. f.
vipereau n. m.
vipéridés n. m. pl.
vipérin, ine n. f. et adj.
virage n. m.
virago n. f.
viral, ale, aux adj.
vire n. f.
virée n. f.
virelai n. m.
virelangue n. m.
virement n. m.
virémie n. f.
virer v. (conjug. 1)
virescence n. f.
vireur n. m.
vireux, euse adj.
virevoltant, ante adj.
virevolte n. f.
virevolter v. intr. (conjug. 1)
[1]**virginal, ale, aux** adj.
[2]**virginal** n. m.
virginie n. m.
virginité n. f.
virgule n. f.
viril, ile adj.

virilement adv.
virilisant, ante adj.
virilisation n. f.
viriliser v. tr. (conjug. 1)
virilisme n. m.
virilité n. f.
virilocal, ale, aux adj.
virion n. m.
virocide adj. et n. m.
virolage n. m.
virole n. f.
viroler v. tr. (conjug. 1)
virolier n. m.
virologie n. f.
virologiste n.
virologue n.
virophage n. m.
virose n. f.
virtualiser v. tr.
virtualité n. f.
virtuel, elle adj.
virtuellement adv.
virtuose n.
virtuosité n. f.
virucide adj. et n. m.
virulence n. f.
virulent, ente adj.
virure n. f.
virus n. m.
vis n. f.
visa n. m.
visage n. m.
visagisme ® n. m.
visagiste ® n.
vis-à-vis adv. adj. et n. m.
viscache n. f.
viscéral, ale, aux adj.
viscéralement adv.
viscéralgie n. f.
viscère n. m.
viscoélastique adj.
viscose n. f.
viscosimètre n. m.
viscosité n. f.
visé n. m.
visée n. f.
viser v. (conjug. 1)
viseur n. m.
visibilité n. f.

visible adj.
visiblement adv.
visière n. f.
visiocasque n. m.
visioconférence n. f.
vision n. f.
visionique n. f.
visionnage n. m.
visionnaire n. et adj.
visionnement n. m.
visionner v. tr. (conjug. 1)
visionneuse n. f.
visiophone n. m.
visiophonie n. f.
visitable adj.
visitandine n. f.
visitation n. f.
visite n. f.
visiter v. tr. (conjug. 1)
visiteur, euse n.
visnage n. m.
vison n. m.
visonnière n. f.
visqueux, euse adj.
vissage n. m.
vissant, ante adj.
visser v. tr. (conjug. 1)
visserie n. f.
visseuse n. f.
vista n. f.
visu n. f. inv.
visualisation n. f.
visualiser v. tr. (conjug. 1)
visualiseur n. m.
visu (de) [devizy] loc. adv.
visuel, elle adj. et n.
visuellement adv.
vit n. m.
vital, ale, aux adj.
vitalisme n. m.
vitaliste adj.
vitalité n. f.
vitamine n. f.
vitaminé, ée adj.
vitaminer v. tr. (conjug. 1)
vitaminique adj.
vite adj. et adv.
vitellin, ine adj. et n. m.
vitellus n. m.

vitelotte

vitelotte n. f.
vitesse n. f.
viticole adj.
viticulteur, trice n.
viticulture n. f.
vitiligo n. m.
vitrage n. m.
vitrail, aux n. m.
vitre n. f.
vitré, ée adj.
vitrer v. tr. (conjug. 1)
vitrerie n. f.
vitreux, euse adj.
vitrier n. m.
vitrifiable adj.
vitrificateur n. m.
vitrification n. f.
vitrifier v. tr. (conjug. 7)
vitrine n. f.
vitriol n. m.
vitriolage n. m.
vitrioler v. tr. (conjug. 1)
vitrioleur, euse n.
vitrocéramique n. f.
vitrophanie n. f.
vitrosité n. f.
vitulaire adj.
vitupérateur, trice n.
vitupération n. f.
vitupérer v. (conjug. 6)
vivable adj.
¹vivace adj.
²vivace [vivatʃe] adj. inv.
vivacité n. f.
vivandier, ière n.
vivaneau n. m.
¹vivant, ante adj.
²vivant n. m.
vivarium n. m.
vivat interj. et n. m.
vive n. f.; interj.
vivement adv.
viveur n. m.
vivier n. m.
vivifiant, iante adj.
vivificateur, trice adj. et n.
vivification n. f.
vivifier v. tr. (conjug. 7)

vivipare adj.
viviparité n. f.
vivisection n. f.
vivoir n. m.
vivoter v. intr. (conjug. 1)
¹vivre n. m.
²vivre v. (conjug. 46)
vivré, ée adj.
vivrier, ière adj.
vizir n. m.
vizirat n. m.
v'là prép.
vlan interj.
vobulateur n. m.
vocable n. m.
vocabulaire n. m.
vocal, ale, aux adj.
vocalement adv.
vocalique adj.
vocalisation n. f.
vocalise n. f.
vocaliser v. (conjug. 1)
vocalisme n. m.
vocaliste n.
vocatif n. m.
vocation n. f.
vocationnel, elle adj.
voceratrice ou vocératrice n. f.
vocero ou vocéro [vɔtʃero; vɔsero] n. m. PL. voceri (it.) ou vocéros
vociférateur, trice n.
vocifération n. f.
vociférer v. intr. (conjug. 6)
vocodeur n. m.
vodka n. f.
vœu n. m.
vogoul ou vogoule n. m. et adj.
vogue n. f.
voguer v. intr. (conjug. 1)
voici prép.
voie n. f.
voierie n. f.
voilà prép.
voilage n. m.
voile n. m.; n. f.
voilé, ée adj.
voilement n. m.

voiler v. (conjug. 1)
voilerie n. f.
voilette n. f.
voilier n. m.
voilure n. f.
voir v. (conjug. 30)
voire adv.
voirie n. f.
voisé, ée adj.
voisement n. m.
voisin, ine adj. et n.
voisinage n. m.
voisiner v. intr. (conjug. 1)
voiturage n. m.
voiture n. f.
voiture-balai n. f. PL. voitures-balais
voiture-bar n. f. PL. voitures-bars
voiturée n. f.
voiture-école n. f. PL. voitures-écoles
voiture-lit n. f. PL. voitures-lits
voiture-poste n. f. PL. voitures-poste
voiturer v. tr. (conjug. 1)
voiture-restaurant n. f. PL. voitures-restaurants
voiture-salon n. f. PL. voitures-salons
voiturette n. f.
voiturier n. m. et adj. m.
voïvodat n. m.
voïvode n. m.
voïvodie n. f.
voix n. f.
vol n. m.
volage adj.
volaille n. f.
volailler, ère n.
volailleur, euse n.
¹volant, ante adj.
²volant n. m.
volanter v. tr. (conjug. 1)
volapuk n. m.
volatil, ile adj.
volatile adj.; n. m.
volatilisable adj.
volatilisation n. f.

voyant

volatiliser v. tr. (conjug. 1)
volatilité n. f.
vol-au-vent n. m.
  PL vol(s)-au-vent
volcan n. m.
volcanique adj.
volcanisme n. m.
volcanologie n. f.
volcanologique adj.
volcanologue n.
vole n. f.
volé, ée adj.
volée n. f.
volémie n. f.
voler v. (conjug. 1)
volerie n. f.
volet n. m.
voletant, ante adj.
voleter v. intr. (conjug. 4)
volette n. f.
volettement ou
  volètement★ n. m.
voleur, euse n. et adj.
volière n. f.
volige n. f.
voligeage n. m.
voliger v. tr. (conjug. 3)
volis n. m.
volitif, ive adj.
volition n. f.
volley n. m.
volleyball ou
  volley-ball [volɛbol] n. m.
volleyer v. intr. (conjug. 1)
volleyeur, euse n.
volontaire adj. et n.
volontairement adv.
volontariat n. m.
volontarisme n. m.
volontariste adj.
volonté n. f.
volontiers adv.
volorécepteur n. m.
volt n. m.
voltage n. m.
voltaïque adj.
voltaire n. m.
voltairianisme n. m.
voltairien, ienne adj. et n.

voltaïsation n. f.
voltamètre n. m.
voltampère n. m.
voltampérométrie n. f.
volte n. f.
volte-face ou
  volteface★ n. f.
  PL volte-face(s) ou
  voltefaces★
volter v. intr. (conjug. 1)
voltige n. f.
voltigement n. m.
voltiger v. intr. (conjug. 3)
voltigeur, euse n.
voltmètre n. m.
volubile adj.
volubilement adv.
volubilis n. m.
volubilité n. f.
volucelle n. f.
volucompteur ® n. m.
volumateur, trice adj.
volume n. m.
volumen n. m.
  PL volumen(s)
volumétrie n. f.
volumétrique adj.
volumineux, euse adj.
volumique adj.
volupté n. f.
voluptuaire adj.
voluptueusement adv.
voluptueux, euse adj.
volute n. f.
volvaire n. f.
volvation n. f.
volve n. f.
volvoce ou volvox n. m.
volvulus n. m.
vomer n. m.
vomérien, ienne adj.
vomi n. m.
vomique adj. f.; n. f.
vomiquier n. m.
vomir v. tr. (conjug. 2)
vomissement n. m.
vomissure n. f.
vomitif, ive adj.
vomitoire n. m.

vomito negro ou
  vomito négro★ n. m.
vorace adj.
voracement adv.
voracité n. f.
vortex n. m.
vorticelle n. f.
vos adj. poss.
votant, ante n.
votation n. f.
vote n. m.
voter v. (conjug. 1)
votif, ive adj.
votre adj. poss.
vôtre adj.; pron. poss. et n.
vouer v. tr. (conjug. 1)
vouge n. m.
voui adv. d'affirmation
vouivre n. f.
¹vouloir n. m.
²vouloir v. tr. (conjug. 31)
voulu, ue adj.
vous pron. pers.
vous-même(s) pron. pers.
vousoiement n. m.
vousoyer v. tr. (conjug. 8)
vousseau n. m.
voussoiement n. m.
voussoir n. m.
voussoyer v. tr. (conjug. 8)
voussure n. f.
voûte ou voute★ n. f.
voûté, ée ou vouté,
  ée★ adj.
voûter ou vouter★ v. tr.
  (conjug. 1)
vouvoiement n. m.
vouvoyer v. tr. (conjug. 8)
vouvray n. m.
vox populi n. f. inv.
voyage n. m.
voyager v. intr. (conjug. 3)
voyageur, euse n.
voyageur-kilomètre
  n. m.
  PL voyageurs-kilomètres
voyagiste n. (rec. off. de
  tour-opérateur)
voyance n. f.
voyant, ante n. et adj.

voyelle

voyelle n. f.
voyer n. m.
voyeur, euse n.
voyeurisme n. m.
voyou n. m.
voyoucratie n. f.
voyoute n. f.
V. P. C. n. f. (vente par correspondance)
vrac (en) loc. adv.
vrai, vraie adj.; n. m. et adv.
vraiment adv.
vraisemblable adj.
vraisemblablement adv.
vraisemblance n. f.
vraquier n. m.
vrillage n. m.
vrille n. f.
vrillé, ée adj.
vrillée n. f.
vriller v. (conjug. 1)
vrillette n. f.
vrombir v. intr. (conjug. 2)
vrombissant, ante adj.
vrombissement n. m.
vroum interj.
V. R. P. n. m. inv. (voyageur, représentant, placier)
VS n. f. (vitesse de sédimentation)
vs prép. (versus)
VSN n. m. (volontaire du service national)
VTC n. m. (vélo tout-chemin)
VTT n. m. (vélo tout-terrain)
VTTiste ou **vététiste** n.
¹vu, vue adj.
²vu prép.
vue n. f.
vulcain n. m.
vulcanales n. f. pl.
vulcanien, ienne adj.
vulcanisation n. f.
vulcaniser v. tr. (conjug. 1)
vulcanologie n. f.
vulgaire adj. et n. m.
vulgairement adv.
vulgarisateur, trice n. et adj.

vulgarisation n. f.
vulgariser v. tr. (conjug. 1)
vulgarisme n. m.
vulgarité n. f.
vulgate n. f.
vulgo adv.
vulgum pecus n. m. sing.
vulnérabilité n. f.
vulnérable adj.
vulnéraire adj. et n. f.
vulnérant, ante adj.
vulpin, ine adj. et n. m.
vultueux, euse adj.
vultuosité n. f.
vulvaire adj.; n. f.
vulve n. f.
vulvite n. f.
vumètre n. m.

W

w n. m. inv.; abrév. et symb.
W n. m. inv.; abrév. et symb.
wading [wediŋ] n. m.
wagage n. m.
wagnérien, ienne adj.
wagon n. m.
wagon-bar n. m.
PL. *wagons-bars*
wagon-citerne n. m.
PL. *wagons-citernes*
wagon-foudre n. m.
PL. *wagons-foudres*
wagon-lit n. m.
PL. *wagons-lits*
wagonnet n. m.
wagonnier n. m.
wagon-réservoir n. m.
PL. *wagons-réservoirs*
wagon-restaurant n. m.
PL. *wagons-restaurants*
wagon-salon n. m.
PL. *wagons-salons*

wagon-tombereau n. m.
PL. *wagons-tombereaux*
wagon-trémie n. m.
PL. *wagons-trémies*
wagon-vanne n. m.
PL. *wagons-vannes*
wahhabisme [waa-] n. m.
wahhabite [waa-] adj.
wah-wah [wawa] adj. et n. f. inv.
wakeboard n. m.
walé [wa-] n. m.
wali [wali] n. m.
walkie-talkie [wokitoki; wolkitɔlki] n. m.
PL. *walkies-talkies*
walkman [wɔ(l)kman] n. m.
PL. *walkmans* (rec. off. : baladeur)
walk-over ou **walkover*** [wɔ(l)kɔvœʀ; walkɔvɛʀ] n. m.
PL. inv. ou *walkovers**
walkyrie n. f.
wallaby n. m.
PL. *wallabys* ou *wallabies*
wallingant, ante n. et adj.
wallon, onne n. et adj.
wallonisme n. m.
waouh interj.
WAP n. m. (wireless application protocol)
wapiti n. m.
wargame n. m.
warning n. m.
warrant n. m.
warrantage n. m.
warranter [va-] v. tr. (conjug. 1)
wasabi [wazabi] n. m.
washingtonia [waʃiŋtɔnja] n. m.
wasp [wasp] n. et adj. (white anglo-saxon protestant)
wassingue [wasɛ̃g; vasɛ̃g] n. f.
water [watɛʀ] n. m.
water-ballast [watɛʀbalast] n. m.
PL. *water-ballasts*

water-closet(s) ou **watercloset*** [watɛʁklɔzɛ(t)] n. m. pl.
PL *water-closets* ou *waterclosets**

watergang [watɛʁgɑ̃g] n. m.

wateringue [watʁɛ̃g] n. m. ou f.

water-polo ou **waterpolo*** [watɛʁpolo] n. m.

waterproof [watɛʁpʁuf] adj. et n.
PL *waterproofs*

waters [watɛʁ] n. m. pl.

waterzooi ou **waterzoï** [watɛʁzoj] n. m.

watt [wat] n. m.

wattheure [watœʁ] n. m.

wattman [watman] n. m.
PL *wattmans* ou *wattmen*

wattmètre [wat-] n. m.

wax n. m.

Wb symb.

W.-C. [dublavese; vese] n. m. pl.

web [wɛb] n. m.

webcam [wɛbkam] n. f.

webdesigner n.

weber ou **wéber*** [vebɛʁ] n. m.

webmaster n. m. (rec. off. : administrateur de site/serveur)

webmestre [wɛbmɛstʁ] n. f.

webrairie n. f.

webtélé n. f.

webzine n. m.

week-end ou **weekend*** n. m.
PL *week-ends* ou *weekends**

welche [vɛlʃ] n. m.

wellingtonia [wɛliŋtɔnja] n. m.

weltanschauung [vɛltanʃauuŋ(g)] n. f.

welter [wɛltɛʁ; vɛltɛʁ] n. m.

wengé n. m.

wergeld n. m.

western n. m.

westerner n. m.

Wh symb.

wharf [waʁf] n. m.

whig [wig] n.

whipcord [wipkɔʁd] n. m.

whiskey [wiske] n. m.

whisky n. m.
PL *whiskys* ou *whiskies*

whist n. m.

white [wajt] n. m.

white-spirit [wajtspiʁit] n. m.
PL *white-spirits*

widget [widʒɛt] n. m.

wifi ou **wi-fi** n. m. inv.

wigwam [wigwam] n. m.

wiki n. m.

wilaya n. f.

williams n. f.

winch [win(t)ʃ] n. m.
PL *winchs* ou *winches*

winchester [win(t)ʃɛstɛʁ] n. f.

windsurf ® [windsœʁf] n. m.

windsurfeur, euse ou **windsurfer** [windsœʁfœʁ] n.

wintergreen [wintɛʁgʁin] n. m.

wishbone [wiʃbon] n. m.

wisigoth, othe [vizigo, ɔt] adj. et n.

wisigothique [vizi-] adj.

witloof [witlɔf] n. f.

W. O. abrév. (walk-over)

woh interj.

wok [wɔk] n. m.

wolfram [vɔlfʁam] n. m.

wolframite [vɔlfʁa-] n. f.

wolof ou **ouolof** [wɔlɔf] adj. et n.

wombat [wɔ̃ba] n. m.

won [wɔn] n. m.

woofer ou **woofeur** [wufœʁ] n. m.

world music n. f.

World Wide Web n. m.

wormien adj. m.

würmien, ienne adj.

wyandotte n. f. et adj.

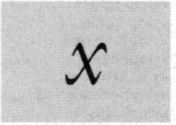

x

x n. m. inv.; abrév. et symb.

X n. m. et adj. inv.; abrév. et symb.

xanthane n. m.

xanthie n. f.

xanthine n. f.

xanthome n. m.

xanthophylle n. f.

xénarthres n. m. pl.

xénélasie n. f.

xénodevise n. f.

xénogreffe n. f.

xénon n. m.

xénophile adj. et n.

xénophilie n. f.

xénophobe adj. et n.

xénophobie n. f.

xéranthème n. m.

xérès n. m.

xérodermie n. f.

xérographie n. f.

xérographique adj.

xérophile adj.

xérophtalmie n. f.

xérophyte n. f.

xérus n. m.

xi ou **ksi** n. m.
PL inv. ou *xis**

xième adj. numér.

ximenia n. f.

ximénie n. f.

xipho n. m.

xiphoïde adj.

xiphoïdien, ienne adj.

xiphophore n. m.

xylème n. m.

xylène n. m.

xylidine

xylidine n. f.
xylitol n. m.
xylo n. m.
xylocope n. m.
xylographe n.
xylographie n. f.
xylographique adj.
xylophage adj.
xylophène n. m.
xylophone n. m.
xylophoniste n.
xylose n. m.
xyste n. m.

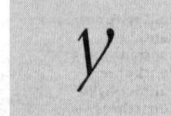

Y

y n. m. inv.; pron. et adv.; abrév. et symb.
yacht ['jɔt] n. m.
yacht-club ['jɔtklœb] n. m.
PL. *yacht-clubs*
yachting ['jɔtiŋ] n. m.
yachtman ou yachtsman ['jɔtman] n. m.
PL. *yacht(s)mans* ou *yatch(s)men*
yack ou yak n. m.
yaka n. m. inv.
yakitori n. m.
yakuza ou yakusa [jakuza] n. m.
yang [jãg] n. m.
yankee ['jãki] n. et adj.
yaourt n. m.
yaourtier n. m.
yaourtière n. f.
y-a-qu'à n. m. inv.
yard ['jard] n. m.
yass ou jass ['jas] n. m.
yatagan n. m.
yearling ['jœrliŋ] n. m.
yèble n. f.
yen ['jɛn] n. m.
yeoman [jɔman] n. m.
PL. *yeomans* ou *yeomen*
yeshiva [jɛʃiva] n. f.
PL. *yeshivot* (hébr.)
yéti ou yeti n. m.
yeuse n. f.
yeux n. m. pl.
yéyé ou yé-yé n.
PL. *yéyés* ou *yé-yé*
yiddish adj. inv. et n. m. inv. ou yidiche★ adj. et n. m. ['jidiʃ]
yin n. m.
ylang-ylang n. m.
PL. *ylangs-ylangs*
yod ['jɔd] n. m.
yoga n. m.
yogi n. m.
yogourt ['jɔgurt] n. m.
yokozuna n. m.
yole n. f.
Yom Kippour ou Yom Kippur n. m.
york n. m.
youp interj.
youpala n. m.
youpi interj.
yourte ou iourte n. f.
youyou n. m.
yoyo® ou yo-yo n. m.
PL. *yoyos* ou *yo-yo*
yoyoter ou yoyotter v. intr. (conjug. 1)
ypérite n. f.
yponomeute n. m.
ypréau n. m.
ysopet ou isopet n. m.
ytterbine n. f.
ytterbium n. m.
yttria n. m.
yttrialite n. f.
yttrifère adj.
yttrique adj.
yuan ['jyan; 'jan] n. m.
yucca n. m.
yuppie ['jupi] n. (young urban professional)
yuzu n. m.

Z

z n. m. inv.; abrév. et symb.
Z n. m. inv.; abrév. et symb.
zabre n. m.
ZAC n. f. (zone d'aménagement concerté)
ZAD n. f. (zone d'aménagement différé)
zain adj. m.
zakouski n. m.
PL. inv. ou *zakouskis*
zamak ® n. m.
zamier n. m.
zancle n. m.
zanni ou zani [(d)zani] n. m.
zanzi n. m.
zanzibar n. m.
zaouïa n. f.
zapatéado [zapa-; sapa-] n. m.
zapatiste adj. et n.
zapper v. intr. (conjug. 1)
zappette n. f.
zappeur, euse n.
zapping n. m.
zarbi ou zarb adj.
zarzuela ou zarzuéla★ n. f.
zazou n.
zebra ou zébra n. m. inv.
zèbre n. m.
zébrer v. tr. (conjug. 6)
zébrule n. m.
zébrure n. f.
zébu n. m.
zée n. m.
zélateur, trice n.
zélé, ée adj.
zèle n. m.
zellige n. m.
zélote n.
zen n. m. et adj. inv.

zénana n. m.
zend, zende n. m. et adj.
zénith n. m.
zénithal, ale, aux adj.
zénitude ou zenitude n. f.
zéolite ou zéolithe n. f.
ZEP n. f. inv. (zone d'éducation prioritaire)
zéphyr n. m.
zeppelin n. m.
zéro n. m.
zérotage n. m.
zest ou zeste interj.
zeste n. m.
zesteur n. m.
zêta n. m.
PL. inv. ou *zêtas*
zétète n. f.
zététique adj.
zeugma ou zeugme n. m.
zeuzère n. f.
zézaiement n. m.
zézayer v. intr. (conjug. 8)
ZI n. f. (zone industrielle)
zibeline n. f.
zicral ® n. m.
zidovudine n. f.
zieuter ou zyeuter v. tr. (conjug. 1)
zig ou zigue n. m.
ziggourat [ziguRat] n. f.
zigonner v. intr. (conjug. 1)
zigoto n. m.
zigouigoui n. m.
zigouiller v. tr. (conjug. 1)
zigounette n. f.
zigue n. m.
zigzag n. m.
zigzagant, ante adj.
zigzaguer v. intr. (conjug. 1)
zinc n. m.
zincifère adj.
zincique adj.
zincographie n. f.
zingage n. m.
zingaro [dzingaRo] n. m.
PL. *zingari* ou *zingaros*
zinguer v. tr. (conjug. 1)

zingueur n. m.
zinjanthrope n. m.
zinnia n. m.
zinzin adj. inv. et n.; n. m.
zinzinuler v. intr. (conjug. 1)
zinzolin n. m.
zip n. m.
ziphiidés n. m. pl.
zipper v. tr. (conjug. 1)
zircon n. m.
zircone n. f.
zirconium n. m.
zist n. m.
zizanie n. f.
zizi n. m.
zloty n. m.
PL. *zlotys*
zob n. m.
zodiac ® n. m.
zodiacal, ale, aux adj.
zodiaque n. m.
zoé n. f.
zoécie n. f.
zoïde n. m.
zoïle n. m.
zombie ou zombi n. m.
zombiesque adj.
zona n. m.
zonage n. m.
zonal, ale, aux adj.
zonalité n. f.
zonard, arde n. et adj.
zone n. f.
zoné, ée adj.
zoner v. (conjug. 1)
zonier, ière n.
zoning n. m.
zonure n. m.
zoo [z(o)o] n. m.
zoogamète n. m.
zoogéographie n. f.
zooglée n. f.
zoolâtre adj. et n.
zoolâtrie n. f.
zoologie n. f.
zoologique adj.
zoologiquement adv.
zoologiste n.
zoologue n.

zoom [zum] n. m.
zoomable [zu-] adj.
zoomer [zu-] v. intr. (conjug. 1)
zoomorphe adj.
zoomorphisme n. m.
zoonose n. f.
zoopathie n. f.
zoophage adj.
zoophile adj.
zoophilie n. f.
zoophobie n. f.
zoophyte n. m.
zooplancton n. m.
zoopsie n. f.
zoosémiotique n. f.
zoospore n. f.
zootaxie n. f.
zootechnicien, ienne n.
zootechnie n. f.
zootechnique adj.
zoothérapie n. f.
zoreille n. f.
zorille n. f.
zoroastrien, ienne adj. et n.
zoroastrisme n. m.
zorse n. f.
zostère n. f.
zostérien, ienne adj.
zou interj.
zouave n. m.
zouk n. m.
zouker v. intr. (conjug. 1)
zoulou, e n.
zozo n. m.
zozoter v. intr. (conjug. 1)
zozoteur, euse n.
ZUP n. f. (zone à urbaniser en priorité)
zut interj.
zutique adj.
zutiste n.
zwanze [zwɑ̃z; swɑ̃tse; sv-] n. f.
zwanzer [zwɑ̃ze; swɑ̃tse; sv-] v. intr. (conjug. 1)

zwanzeur, euse
[zwãzœʀ, swantsœʀ, sv-] n.
zwinglianisme n. m.
zyeuter v. tr. (conjug. 1)
zygène n. f.
zygoma n. m.

zygomatique adj.
zygomorphe adj.
zygomycètes n. m. pl.
zygopétale n. m.
zygospores n. f. pl.
zygote n. m.

zyklon n. m.
zymase n. f.
zymotique adj.
zython n. m.
zythum ou **zython** n. m.
zzzz... interj.

ANNEXES

noms d'habitants

suffixes et préfixes

conjugaisons

NOMS D'HABITANTS

Abbevillois, oise Abbeville (Somme)
Abidjanais, aise* Abidjan (Côte-d'Ivoire)
Abkhaze Abkhazie (Géorgie)
Ablonais, aise Ablon-sur-Seine (Val-de-Marne)
Abyssin, ine ou **Abyssinien, ienne** Abyssinie (Afrique)
Acadien, ienne Acadie (Canada)
Accréen, éenne Accra (Ghana)
Açoréen, éenne Açores (océan Atlantique)
Adamois, oise L'Isle-Adam (Val-d'Oise)
Adjar, e Adjarie (Géorgie)
Afghan, ane* Afghanistan (Asie)
Africain, aine Afrique
Agathois, oise Agde (Hérault)
Agéen, éenne Ay ou Aÿ (Marne)
Agenais, aise Agen (Lot-et-Garonne)
Aigrefeuillais, aise Aigrefeuille-d'Aunis (Charente-Maritime)
Aiguebellin, Aiguebellinche Aiguebelle (Savoie)
Aiguepersois, oise Aigueperse (Puy-de-Dôme)
Aigues-Mortais, aise Aigues-Mortes (Gard)
Aiguillon, onne Aiguilles-en-Queyras (Hautes-Alpes)
Aiguillonnais, aise Aiguillon (Lot-et-Garonne)
Aigurandais, aise Aigurande (Indre)
Airois, oise Aire-sur-la-Lys (Pas-de-Calais)
Airvaudais, aise Airvault (Deux-Sèvres)
Aixois, oise Aix-en-Othe (Aube)
Aixois, oise Aixe-sur-Vienne (Haute-Vienne)
Aixois, oise Aix-les-Bains (Savoie)
Aixois, oise ou **Acquae-Sextien, ienne** Aix-en-Provence (Bouches-du-Rhône)
Ajaccien, ienne Ajaccio (Corse-du-Sud)
Akkadien, ienne Akkad (Mésopotamie)
Albanais, aise* Albanie (Europe)
Albenassien, ienne Aubenas (Ardèche)
Albertain, aine Alberta (Canada)
Albertin, ine Albert (Somme)
Albertivillarien, ienne Aubervilliers (Seine-Saint-Denis)
Albertvillois, oise Albertville (Savoie)
Albigeois, oise Albi (Tarn)
Albinien, ienne Aubigny-sur-Nère (Cher)
Alençonnais, aise Alençon (Orne)
Aléoute îles Aléoutiennes (États-Unis)
Aleppin, ine Alep (Syrie)
Alésien, ienne Alès (Gard)
Alexandrin, ine Alexandrie (Égypte)
Alfortvillais, aise Alfortville (Val-de-Marne)
Algérien, ienne* Algérie (Afrique)
Algérois, oise* Alger (Algérie)
Allaudien, ienne Allauch (Bouches-du-Rhône)
Allemand, ande* Allemagne (Europe)
Allossard, arde Allos (Alpes-de-Haute-Provence)
Alnélois, oise Auneau (Eure-et-Loir)
Alpin, ine Alpes (Europe)
Alréen, éenne Auray (Morbihan)
Alsacien, ienne Alsace (France)
Altaïen, ïenne, ou **Oïrat, e** Altaï (Russie)
Altaïque Altaï (Asie)
Altiligérien, ienne Haute-Loire (France)
Altkirchois, oise Altkirch (Bas-Rhin)
Altoséquanais, aise Hauts-de-Seine (France)
Amandinois, oise ou **Amandois, oise** Saint-Amand-en-Puisaye (Nièvre)
Amandinois, oise Saint-Amand-les-Eaux (Nord)
Amazonien, ienne Amazonie (Amérique du Sud)
Ambarrois, oise Ambérieu-en-Bugey (Ain)
Ambertois, oise Ambert (Puy-de-Dôme)
Amboisien, ienne Amboise (Indre-et-Loire)
Amélien, ienne ou **Palaldéen, éenne** Amélie-les-Bains-Palalda (Pyrénées-Orientales)
Amiénois, oise Amiens (Somme)
Amollois, oise Amou (Landes)
Amstellodamien, ienne* ou **Amstellodamois, oise** Amsterdam (Pays-Bas)
Ancenien, ienne Ancenis (Loire-Atlantique)
Anconitain, aine Ancône (Italie)
Andalou, ouse Andalousie (Espagne)
Andelisien, ienne Les Andelys (Eure)
Andernosien, ienne Andernos-les-Bains (Gironde)
Andin, ine Andes (Amérique du Sud)
Andorran, ane* principauté d'Andorre (Europe)
Andorran, ane* Andorre-la-Vieille (principauté d'Andorre)

ANNEXES

Andrésien, ienne Saint-André-de-l'Eure (Eure)
Angelinos [plur.] Los Angeles (États-Unis)
Angérien, ienne Saint-Jean-d'Angély (Charente-Maritime)
Angevin, ine Angers (Maine-et-Loire)
Angevin, ine Anjou (France)
Angkorien, ienne Angkor (Cambodge)
Anglais, aise Angleterre (Grande-Bretagne)
Angloy, oye Anglet (Pyrénées-Atlantiques)
Angolais, aise* Angola (Afrique)
Angoumois, ine Angoulême (Charente)
Anianais, aise Aniane (Hérault)
Ankarien, ienne* Ankara (Turquie)
Annamite Annam (Viêtnam)
Annécien, ienne Annecy (Haute-Savoie)
Annemassien, ienne Annemasse (Haute-Savoie)
Annonéen, éenne Annonay (Ardèche)
Annotain, aine Annot (Alpes-de-Haute-Provence)
Antibois, oise Antibes (Alpes-Maritimes)
Antiguais, aise et Barbudien, ienne Antigua-et-Barbuda (Petites Antilles)
Antillais, aise Antilles (Amérique centrale)
Antonien, ienne Antony (Hauts-de-Seine)
Antraiguain, aine Antraigues-sur-Volane (Ardèche)
Antrainais, aise Antrain (Ille-et-Vilaine)
Anversois, oise Anvers (Belgique)
Anzinois, oise Anzin (Nord)
Appalachien, ienne Appalaches (États-Unis)
Appaméen, éenne Pamiers (Ariège)
Aptésien, ienne Apt (Vaucluse)
Aquitain, aine Aquitaine (France)
Arabe Arabie (Asie)
Aragonais, aise Aragon (Espagne)
Aramonais, aise Aramon (Gard)
Arboisien, ienne Arbois (Jura)
Arcachonnais, aise Arcachon (Gironde)
Arcadien, ienne Arcadie (Grèce)
Archepontain, aine Pont-de-l'Arche (Eure)
Arcisien, ienne Arcis-sur-Aube (Aube)
Ardéchois, oise Ardèche (France)
Ardennais, aise Ardenne (Belgique, France)
Ardennais, aise Ardennes [dép.] (France)
Arédien, ienne Saint-Yrieix-la-Perche (Haute-Vienne)
Arétin, ine Arezzo (Italie)

Argelésien, ienne Argelès-Gazost (Hautes-Pyrénées)
Argelésien, ienne Argelès-sur-Mer (Pyrénées-Orientales)
Argentacois, oise Argentat (Corrèze)
Argentais, aise Argent-sur-Sauldre (Cher)
Argentanais, aise Argentan (Orne)
Argenteuillais, aise Argenteuil (Val-d'Oise)
Argentiérois, oise L'Argentière-la-Bessée (Hautes-Alpes)
Argentin, ine* Argentine (Amérique du Sud)
Argentonnais, aise Argenton-Château (Deux-Sèvres)
Argentonnais, aise Argenton-sur-Creuse (Indre)
Argentréen, éenne* Argentré-du-Plessis (Ille-et-Vilaine)
Ariégeois, oise Ariège (France)
Arlésien, ienne Arles (Bouches-du-Rhône)
Arleusien, ienne Arleux (Nord)
Arménien, ienne* Arménie (Asie)
Armentiérois, oise Armentières (Nord)
Armoricain, aine Armorique (France)
Arnétois, oise Arnay-le-Duc (Côte-d'Or)
Arrageois, oise Arras (Pas-de-Calais)
Arsais, aise Ars-en-Ré (Charente-Maritime)
Artésien, ienne Artois (France)
Ascquois, oise Ascq (Nord)
Asiate ou **Asiatique** Asie
Asniérois, oise Asnières-sur-Seine (Hauts-de-Seine)
Assyrien, ienne Assyrie (Asie)
Asturien, ienne Asturies (Espagne)
Athégien, ienne Athis-Mons (Essonne)
Athénien, ienne Athènes (Grèce)
Athisien, ienne Athis-de-l'Orne (Orne)
Aturin, ine Aire-sur-l'Adour (Landes)
Aubeterrien, ienne Aubeterre-sur-Dronne (Charente)
Aubois, oise Aube (France)
Aubussonnais, aise Aubusson (Creuse)
Auchellois, oise Auchel (Pas-de-Calais)
Audiernais, aise Audierne (Finistère)
Audincourtois, oise Audincourt (Doubs)
Audois, oise Aude (France)
Audomarois, oise Saint-Omer (Pas-de-Calais)
Audonien, ienne Saint-Ouen (Seine-Saint-Denis)

NOMS D'HABITANTS

Audruicquois, oise Audruicq (Pas-de-Calais)
Audunois, oise Audun-le-Roman (Meurthe-et-Moselle)
Augeron, onne pays d' Auge (France)
Aulnaisien, ienne Aulnay-sous-Bois (Seine-Saint-Denis)
Aulnésien, ienne Aulnoye-Aymeries (Nord)
Aultois, oise Ault (Somme)
Aumalois, oise Aumale (Seine-Maritime)
Aunais, aise Aunay-sur-Odon (Calvados)
Aunisien, ienne Aunis (France)
Aupsois, oise Aups (Var)
Aurignacais, aise Aurignac (Haute-Garonne)
Aurillacois, oise Aurillac (Cantal)
Auscitain, aine Auch (Gers)
Australien, ienne* Australie
Autrichien, ienne* Autriche (Europe)
Autunois, oise Autun (Saône-et-Loire)
Auxerrois, oise Auxerre (Yonne)
Avallonnais, aise Avallon (Yonne)
Avesnois, oise Avesnes-sur-Helpe (Nord)
Aveyronnais, aise Aveyron (France)
Avignonnais, aise Avignon (Vaucluse)
Avranchinais, aise Avranches (Manche)
Axonais, aise Aisne (France)
Azéri, ie ou **Azerbaïdjanais, aise*** Azerbaïdjan (Caucase)
Babylonien, ienne Babylone (Mésopotamie)
Bachamois, oise Baccarat (Meurthe-et-Moselle)
Badois, oise Bade (Allemagne)
Badonvillois, oise Badonviller (Meurthe-et-Moselle)
Bagdadien, ienne* Bagdad (Irak)
Bagnérais, aise Bagnères-de-Bigorre (Hautes-Pyrénées)
Bahamien, ienne* îles Bahamas (océan Atlantique)
Bahreïni [invar. en genre] ou **Bahreïnien, ienne*** Bahreïn (Proche-Orient)
Baixanenc, Baixanenque Baixas (Pyrénées-Orientales)
Balbynien, ienne Bobigny (Seine-Saint-Denis)
Baléare Baléares (Espagne)
Balinais, aise Bali (Asie)
Balkanique Balkans (Europe)
Bâlois, oise Bâle (Suisse)
Bamakois, oise* Bamako (Mali)
Bangkokien, ienne* Bangkok (Thaïlande)
Bangladais, aise* Bangladesh (Asie)
Banguissois, oise* Bangui (République centrafricaine)
Banjulais, aise* Banjul (Gambie)
Banyulenc, Banyulencque Banyuls-sur-Mer (Pyrénées-Orientales)
Bapalmois, oise Bapaume (Pas-de-Calais)
Baralbin, ine Bar-sur-Aube
Barbadien, ienne* La Barbade (Petites Antilles)
Barcelonais, aise Barcelone (Espagne)
Barisien, ienne Bar-le-Duc (Meuse)
Barois, oise Le Bar-sur-Loup (Alpes-Maritimes)
Barséquanais, aise Bar-sur-Seine (Aube)
Bas-Alpin, ine Alpes-de-Haute-Provence (France)
Bas-Alpin, ine Basses-Alpes (France)
Basque, Basquaise ou **Euskarien, ienne** pays Basque (Espagne, France)
Bas-Rhinois, oise Bas-Rhin (France)
Basse-Terrien, ienne Basse-Terre (Guadeloupe)
Bastiais, iaise Bastia (Haute-Corse)
Batave République Batave (Europe)
Batzien, ienne île de Batz (Finistère)
Bavarois, oise Bavière (Allemagne)
Bayeusain, aine ou **Bajocasse** Bayeux (Calvados)
Bayonnais, aise Bayonne (Pyrénées-Atlantiques)
Béarnais, aise Béarn (France)
Beauceron, onne Beauce (France)
Beaunois, oise Beaune (Côte-d'Or)
Beauvaisien, ienne ou **Beauvaisin, ine** Beauvais (Oise)
Belfortain, aine Belfort (France)
Belge* Belgique (Europe)
Belgradois, oise* Belgrade (Serbie)
Bélizais, aise ou **Bélizien, ienne*** Bélize ou Belize (Amérique centrale)
Bellachon, onne Bellac (Haute-Vienne)
Belleysan, ane Belley (Ain)
Bellifontain, aine Fontainebleau (Seine-et-Marne)
Bellilois, oise Belle-Île (Morbihan)
Bénédictin, ine Saint-Benoît-du-Sault (Indre)
Bengali, ie ou **Bengalais, aise** Bengale (Inde)
Béninois, oise* Bénin (Afrique)
Béotien, ienne Béotie (Grèce)
Bergamasque Bergame (Italie)
Bergeracois, oise Bergerac (Dordogne)
Berlinois, oise* Berlin (Allemagne)

ANNEXES

Bermudien, ienne îles Bermudes (océan Atlantique)
Bernayen, enne Bernay (Eure)
Bernois, oise* Berne (Suisse)
Berrichon, onne Berry (France)
Berruyer, ère Bourges (Cher)
Béthunois, oise Béthune (Pas-de-Calais)
Beyrouthin, ine* Beyrouth (Liban)
Biafrais, aise Biafra (Afrique)
Biarrot, ote Biarritz (Pyrénées-Atlantiques)
Bidartars [plur.] Bidart (Pyrénées-Atlantiques)
Biélorusse* Biélorussie (Europe)
Bigourdan, ane Bigorre (France)
Binchois, oise Binche (Belgique)
Birman, ane* Birmanie (Asie)
Biscaïen, ïenne Biscaye (Espagne)
Bisontin, ine Besançon (Doubs)
Bissalien, ienne* Bissau ou Bissao (Guinée-Bissau)
Bissau-Guinéen, éenne ou **Bissao-Guinéen, éenne** Guinée-Bissau ou Guinée-Bissao (Afrique)
Biterrois, oise Béziers (Hérault)
Bizertin, ine Bizerte (Tunisie)
Blancois, oise Le Blanc (Indre)
Blangeois, oise Blangy-sur-Bresle (Seine-Maritime)
Blayais, aise Blaye (Gironde)
Blésois, oise Blois (Loir-et-Cher)
Bohémien, ienne Bohême (République tchèque)
Bolivien, ienne* Bolivie (Amérique du Sud)
Bolonais, aise Bologne (Italie)
Bonifacien, ienne Bonifacio (Corse-du-Sud)
Bonnevillois, oise Bonneville (Haute-Savoie)
Bonnois, oise* Bonn (Allemagne)
Bônois, oise Bône (Algérie)
Borain, aine Borinage (Belgique)
Borain, aine Bourg-Saint-Maurice (Savoie)
Bordelais, aise Bordeaux (Gironde)
Bosniaque* ou **Bosnien, ienne** Bosnie-Herzégovine (Europe)
Bostonien, ienne Boston (États-Unis)
Botswanais, aise ou **Botswanéen, éenne** ou Botswana (Afrique)
Boucalais, aise Le Boucau (Pyrénées-Atlantiques)
Bougivalais, aise Bougival (Yvelines)
Boulageois, oise Boulay-Moselle (Moselle)

Boulonnais, aise Boulogne-Billancourt (Hauts-de-Seine)
Boulonnais, aise Boulogne-sur-Mer (Pas-de-Calais)
Bourbonnais, aise Bourbonnais (France)
Bourbourgeois, oise Bourbourg (Nord)
Bourcain, aine Bourg-lès-Valence (Drôme)
Bourcat, ate Bourg-d'Oisans (Isère)
Bourgetin, ine Le Bourget (Seine-Saint-Denis)
Bourguésan, ane Bourg-Saint-Andéol (Ardèche)
Bourguignon, onne Bourgogne (France)
Bourguisan, ane Bourg-Argental (Loire)
Bouriate Bouriatie (Russie)
Bouthanais, aise* Bouthan (Asie)
Brabançon, onne Brabant (Belgique)
Bragard, arde Saint-Dizier (Haute-Marne)
Brandebourgeois, oise Brandebourg (Allemagne)
Brasilien, ienne* Brasilia (Brésil)
Brazzavillois, oise* Brazzaville (Congo)
Bréhatin, ine île de Bréhat (Côtes-d'Armor)
Brésilien, ienne Brésil (Amérique du Sud)
Bressan, ane Bresse (France)
Bressaud, aude La Bresse (Vosges)
Bressuirais, aise Bressuire (Deux-Sèvres)
Brestois, oise Brest (Finistère)
Breton, onne Bretagne (France)
Briançonnais, aise Briançon (Hautes-Alpes)
Briard, arde Brie (France)
Briéron, onne Brière (France)
Brignolais, aise Brignoles (Var)
Briochin, ine* Saint-Brieuc (Côtes-d'Armor)
Briotin, ine Briey (Meurthe-et-Moselle)
Britannique Grande-Bretagne (Europe)
Britanno-Colombien, ienne Colombie-Britannique (Canada)
Brivadois, oise Brioude (Haute-Loire)
Briviste Brive-la-Gaillarde (Corrèze)
Broutain, aine Brou (Eure-et-Loir)
Bruaysien, ienne Bruay-la-Buissière (Pas-de-Calais)
Brugeois, oise Bruges (Belgique)
Brunéien, ienne* Brunei (Asie)
Bruxellois, oise* Bruxelles (Belgique)
Bucarestois, oise* Bucarest (Roumanie)
Buccorhodanien, ienne Bouches-du-Rhône (France)
Budapestois, oise* Budapest (Hongrie)

NOMS D'HABITANTS

Buenos-Airien, ienne* Buenos Aires (Argentine)
Bujumburien, ienne* ou **Bujumburais, aise** Bujumbura (Burundi)
Bulgare Bulgarie (Europe)
Burgien, ienne Bourg-en-Bresse (Ain)
Burkinabé ou **Burkinabè** [invar. en genre] Burkina-Faso ou Burkina Faso (Afrique)
Burundais, aise* Burundi (Afrique)
Byzantin, ine Byzance (Europe)
Cadurcien, ienne* ou **Cahorsin, ine** ou **Cahorsien, ienne** Cahors (Lot)
Caennais, aise* Caen (Calvados)
Cairote* Le Caire (Égypte)
Calabrais, aise Calabre (Italie)
Caladois, oise Villefranche-sur-Saône (Rhône)
Calaisien, ienne Calais (Pas-de-Calais)
Calaisien, ienne Saint-Calais (Sarthe)
Calgarien, ienne Calgary (Alberta)
Californien, ienne Californie (États-Unis)
Calvadossien, ienne Calvados (France)
Calvais, aise Calvi (Haute-Corse)
Camarguais, aise ou **Camarguin, ine** ou **Camarguen, enne** Camargue (France)
Cambodgien, ienne* Cambodge (Asie)
Cambrésien, ienne Cambrai (Nord)
Camerounais, aise* Cameroun (Afrique)
Canadien, ienne* Canada (Amérique du Nord)
Cananéen, éenne pays de Canaan
Canarien, ienne îles Canaries (Espagne)
Cannois, oise Cannes (Alpes-Maritimes)
Cantalien, ienne Cantal (France)
Cantilien, ienne Chantilly (Oise)
Cantonais, aise Canton (Chine)
Capouan, ane Capoue (Italie)
Cap-Verdien, ienne* îles du Cap-Vert (océan Atlantique)
Caracassien, ienne* Caracas (Venezuela)
Caraïbe ou **Caribéen, éenne** Caraïbes (Amérique centrale)
Carcassonnais, aise Carcassonne (Aude)
Carélien, ienne Carélie (Russie)
Carioca [invar. en genre] Rio de Janeiro (Brésil)
Carolomacérien, ienne Charleville-Mézières (Ardennes)
Carolorégien, ienne Charleroi (Belgique)
Carpentrassien, ienne Carpentras (Vaucluse)
Carquefolien, ienne Carquefou (Loire-Atlantique)

Carrillon, onne ou **Carriérois, oise** Carrières-sur-Seine (Yvelines)
Carthaginois, oise Carthage (Tunisie)
Casablancais, aise Casablanca (Maroc)
Cassidain, aine Cassis (Bouches-du-Rhône)
Castelbriantais, aise Châteaubriant (Loire-Atlantique)
Castellanais, aise Castellane (Alpes-de-Haute-Provence)
Castelneuvien, ienne Châteauneuf-la-Forêt (Haute-Vienne)
Castelnovien, ienne Châteauneuf-sur-Charente (Charente)
Castélorien, ienne Château-du-Loir (Sarthe)
Castelroussin, ine Châteauroux (Indre)
Castelsalinois, oise Château-Salins (Moselle)
Castelsarrasinois, oise Castelsarrasin (Tarn-et-Garonne)
Castillan, ane Castille (Espagne)
Castrais, aise Castres, La Châtre (Tarn)
Castrais, aise La Châtre (Indre)
Castrogontérien, ienne Château-Gontier (Mayenne)
Castrothéodoricien, ienne Château-Thierry (Aisne)
Catalan, ane Catalogne (Espagne, France)
Caucasien, ienne Caucase
Cauchois, oise pays de Caux (France)
Caussenard, arde Causses (France)
Cayennais, aise Cayenne (Guyane française)
Centrafricain, aine* République Centrafricaine (Afrique)
Cerdan, ane ou **Cerdagnol, ole** Cerdagne (Espagne, France)
Céretan, ane Céret (Pyrénées-Orientales)
Cévenol, ole Cévennes (France)
Ceylanais, aise île de Ceylan (Asie)
Chaldéen, éenne Chaldée (Mésopotamie)
Chalonnais, aise Chalon-sur-Saône (Saône-et-Loire)
Châlonnais, aise Châlons-en-Champagne (Marne)
Chambérien, ienne Chambéry (Savoie)
Chamoniard, iarde Chamonix (Haute-Savoie)
Champenois, oise Champagne (France)
Charentais, aise Charente (France)
Charentais, aise maritime Charente-Maritime (France)
Charolais, aise Charolais (France)

ANNEXES

Charollais, aise Charolles (Saône-et-Loire)
Chartrain, aine Chartres (Eure-et-Loir)
Château-Chinonais, aise Château-Chinon (Nièvre)
Châteaulinois, oise Châteaulin (Finistère)
Châteauneuvois, oise• ou **Castel-Papaux** [plur.] Châteauneuf-du-Pape (Vaucluse)
Châtelain, aine Château-d'Oléron (Charente-Maritime)
Châtelleraudais, aise Châtellerault (Vienne)
Chaumontais, aise Chaumont (Haute-Marne)
Chaurien, ienne ou **Castelnaudarien, ienne** Castelnaudary (Aude)
Cherbourgeois, oise• Cherbourg (Manche)
Chicoutimien, ienne Chicoutimi (Québec)
Chilien, ienne• Chili (Amérique du Sud)
Chinois, oise• Chine (Asie)
Chinonais, aise Chinon (Indre-et-Loire)
Choletais, aise Cholet (Maine-et-Loire)
Chypriote ou **Cypriote** Chypre (Méditerranée)
Ciotaden, enne La Ciotat (Bouches-du-Rhône)
Ciréen, éenne Cirey-sur-Vezouve (Meurthe-et-Moselle)
Cisjordanien, ienne Cisjordanie (Proche-Orient)
Civraisien, ienne Civray (Vienne)
Clamartois, oise Clamart (Hauts-de-Seine)
Clamecycois, oise Clamecy (Nièvre)
Clermontois, oise Clermont (Oise)
Clermontois, oise Clermont-Ferrand (Puy-de-Dôme)
Clodoaldien, ienne Saint-Cloud (Hauts-de-Seine)
Clusien, ienne Cluses (Haute-Savoie)
Cochinchinois, oise Cochinchine (Viêtnam)
Cognaçais, aise Cognac (Charente)
Colmarien, ienne Colmar (Haut-Rhin)
Colombien, ienne• Colombie (Amérique du Sud)
Commercien, ienne Commercy (Meuse)
Comorien, ienne• Comores (océan Indien)
Compiégnois, oise Compiègne (Oise)
Concarnois, oise Concarneau (Finistère)
Condomois, oise Condom (Gers)
Confolentais, aise Confolens (Charente)
Congolais, aise• Congo (Afrique)
Constantinois, oise Constantine (Algérie)
Copenhaguois, oise• Copenhague (Danemark)
Cordouan, ane Cordoue (Espagne)
Coréen, éenne Corée (Asie)
Corfiote Corfou (Grèce)
Corpopétrussien, ienne Saint-Pierre-des-Corps (Indre-et-Loire)
Corrézien, ienne Corrèze (France)
Corse Corse (France)
Cortenais, aise Corte (Haute-Corse)
Cosnois, oise Cosne-Cours-sur-Loire (Nièvre)
Costaricain, aine• ou **Costaricien, ienne** Costa Rica (Amérique centrale)
Costarmoricain, aine Côtes-d'Armor (France)
Côte d'Orien, ienne Côte-d'Or (France)
Côtois, oise La Côte-Saint-André (Isère)
Côtois, oise La Côte-Saint-André (Isère)
Cotonois, oise• Cotonou (Bénin)
Cotterézien, ienne Villers-Cotterêts (Aisne)
Coulumérien, ienne Coulommiers (Seine-et-Marne)
Courtraisien, ienne Courtrai (Belgique)
Coutançais, aise Coutances (Manche)
Creillois, oise Creil (Oise)
Crétois, oise Crète
Creusois, oise Creuse (France)
Cristolien, ienne Créteil (Val-de-Marne)
Croate• Croatie (Europe)
Croisicais, aise Le Croisic (Loire-Atlantique)
Cubain, aine• Cuba (Amérique centrale)
Cubzaguais, aise Saint-André-de-Cubzac (Gironde)
Dacquois, oise Dax (Landes)
Dahoméen, éenne Dahomey (Afrique)
Dakarois, oise• Dakar (Sénégal)
Dalmate Dalmatie (Croatie)
Damascène• Damas (Syrie)
Danois, oise• Danemark (Europe)
Danubien, ienne Danube (Europe centrale)
Dauphinois, oise Dauphiné (France)
Délien, ienne ou **Déliaque** Délos (Grèce)
Denaisien, ienne Denain (Nord)
Déodatien, ienne Saint-Dié-des-Vosges (Vosges)

NOMS D'HABITANTS

Deux-Sévrien, ienne Deux-Sèvres (France)
Dieppois, oise Dieppe (Seine-Maritime)
Dignois, oise Digne (Alpes-de-Haute-Provence)
Dijonnais, aise Dijon (Côte-d'Or)
Dinannais, aise Dinan (Côtes-d'Armor)
Diois, Dioise Die (Drôme)
Dionysien, ienne Saint-Denis (Réunion, Seine-Saint-Denis)
Djerbien, ienne Djerba (Tunisie)
Djiboutien, ienne* Djibouti (Afrique)
Dodomais, aise* Dodoma (Tanzanie)
Dolois, oise Dole (Jura)
Dominguois, oise* Saint-Domingue [ville] (République dominicaine)
Dominicain, aine* République Dominicaine (Antilles)
Dominicain, aine Saint-Domingue (Antilles)
Dominiquais, aise* République de Dominique (Petites Antilles)
Dordognais, aise Dordogne (France)
Douaisien, ienne Douai (Nord)
Douarneniste Douarnenez (Finistère)
Doubiste ou **Doubien, ienne** Doubs (France)
Douchanbéen, éenne Douchanbé (Tadjikistan)
Dracénois, oise Draguignan (Var)
Drômois, oise Drôme (France)
Drouais, aise Dreux (Eure-et-Loir)
Dryat, Dryate Saint-André-les-Vergers (Aube)
Dublinois, oise* Dublin (Irlande)
Dunkerquois, oise Dunkerque (Nord)
Dunois, oise Châteaudun (Eure-et-Loir)
Ébroïcien, ienne Évreux (Eure)
Écossais, aise Écosse (Grande-Bretagne)
Édimbourgeois, oise* Édimbourg (Écosse)
Égéen, éenne mer Égée
Égyptien, ienne* Égypte (Proche-Orient)
Elbeuvien, ienne Elbeuf (Seine-Maritime)
Elbois, oise île d' Elbe (Italie)
Émirien, ienne* Émirats Arabes Unis (Arabie)
Éolien, ienne Éolide (Asie Mineure)
Équato-Guinéen, éenne* Guinée Équatoriale (Afrique)
Équatorien, ienne* Équateur (Amérique du Sud)
Érévanais, aise* Erevan (Arménie)
Érythréen, éenne* Érythrée (Afrique)
Esfahâni [invar. en genre] Ispahan (Iran)
Espagnol, ole* Espagne (Europe)

Essonnien, ienne Essonne (France)
Estonien, ienne* ou **Este** Estonie (Europe)
Étampois, oise Étampes (Essonne)
États-Unien, ienne États-Unis d'Amérique
Éthiopien, ienne* Éthiopie (Afrique)
Étolien, ienne Étolie (Grèce)
Étrusque Étrurie (Italie)
Eurasien, ienne Eurasie
Européen, enne Europe
Euskarien, ienne ou **Euscarien, ienne** Pays Basque
Évahonien, ienne Évaux-les-Bains (Creuse)
Évianais, aise Évian-les-Bains (Haute-Savoie)
Évryen, enne Évry (Essonne)
Ézasque Èze (Alpes-Maritimes)
Faouëtais, aise Le Faouët (Morbihan)
Fassi, ie Fez (Maroc)
Fécampois, oise Fécamp (Seine-Maritime)
Feroïen, ïenne îles Féroé (océan Atlantique)
Ferrarais, aise Ferrare (Italie)
Ferton, onne Fère-Champenoise (Marne)
Fidésien, ienne Sainte-Foy-lès-Lyon (Rhône)
Fidjien, ienne* îles Fidji (Océanie)
Figeacois, oise Figeac (Lot)
Finistérien, ienne Finistère (France)
Finlandais, aise* ou **Finnois, oise** Finlande (Europe)
Flamand, ande ou **Flandrien, ienne** Flandre ou Flandres (Europe)
Fléchois, oise La Flèche (Sarthe)
Flérien, ienne Flers-de-l'Orne (Orne)
Fleurantin, ine Fleurance (Gers)
Floracois, oise Florac (Lozère)
Florentin, ine Florence (Italie)
Florentinois, oise Saint-Florentin (Yonne)
Floridien, ienne Floride (États-Unis)
Fontenaisien, ienne Fontenay-le-Comte (Vendée)
Forbachois, oise Forbach (Moselle)
Forcalquiérien, ienne Forcalquier (Alpes-de-Haute-Provence)
Forgion, ionne Forges-les-Eaux (Seine-Maritime)
Formosan, ane Formose (Asie)
Fouesnantais, aise Fouesnant (Finistère)
Fougerais, aise Fougères (Ille-et-Vilaine)
Fourasin, ine Fouras (Charente-Maritime)
Fourchambaultais, aise Fourchambault (Nièvre)

ANNEXES

Fourmisien, ienne Fourmies (Nord)
Foyalais, aise Fort-de-France (Martinique)
Foyen, yenne Sainte-Foy-la-Grande (Gironde)
Français, aise• France (Europe)
Franc-Comtois, oise ou **Comtois, oise** Franche-Comté (France)
Francfortois, oise Francfort-sur-le-Main (Allemagne)
Francilien, ienne Île-de-France (France)
Frédéricktonnais, aise Fredericton (Nouveau-Brunswick)
Fréjusien, ienne Fréjus (Var)
Fribourgeois, oise Fribourg (Suisse)
Frison, onne Frise (Pays-Bas)
Fuégien, ienne Terre de Feu (Amérique du Sud)
Fuxéen, éenne Foix (Ariège)
Gabalitain, aine Gévaudan (Lozère)
Gabonais, aise• Gabon (Afrique)
Gaboronais, aise• Gaborone (Botswana)
Gaditan, ane Cadix (Espagne)
Galicien, ienne Galice (Espagne)
Galiléen, éenne Galilée (Israël)
Gallois, oise pays de Galles (Grande-Bretagne)
Gambien, ienne• Gambie (Afrique)
Gantois, oise Gand (Belgique)
Gapençais, aise Gap (Hautes-Alpes)
Gardois, oise Gard (France)
Gascon, onne Gascogne (France)
Gaspésien, ienne Gaspésie (Québec)
Gaulois, oise Gaule
Genevois, oise Genève (Suisse)
Génois, oise Gênes (Italie)
Géorgien, ienne• Géorgie (Caucase, États-Unis)
Gergolien, ienne Jargeau (Loiret)
Germain, aine Germanie
Germanois, oise Saint-Germain-Laval (Loire)
Germanopratin, ine Saint-Germain-des-Prés (Paris)
Géromois, oise Gérardmer (Vosges)
Gersois, oise Gers (France)
Gessien, ienne ou **Gexois, oise** Gex (Ain)
Ghanéen, éenne• Ghana (Afrique)
Gibraltarien, ienne Gibraltar (Europe)
Giennois, oise Gien (Loiret)
Gillocrucien, ienne Saint-Gilles-Croix-de-Vie (Vendée)
Girondin, ine Gironde (France)
Gisorsien, ienne Gisors (Eure)
Gourdonnais, aise Gourdon (Lot)

Grandvallier, ière Saint-Laurent-en-Grandvaux (Jura)
Grassois, oise Grasse (Alpes-Maritimes)
Grec, Grecque• Grèce (Europe)
Grenadien, ienne• La Grenade (océan Atlantique)
Grenadin, ine Grenade (Espagne)
Grenoblois, oise Grenoble (Isère)
Grison, onne canton des Grisons (Suisse)
Groenlandais, aise Groenland (Amérique du Nord)
Groisillon, onne ou **Grésillon, onne** île de Groix (Morbihan)
Guadeloupéen, éenne Guadeloupe (Antilles)
Guatémalien, ienne• Guatemala (Guatemala)
Guatémaltèque Guatemala (Amérique centrale)
Guebwillerois, oise Guebwiller (Haut-Rhin)
Guérandais, aise Guérande (Loire-Atlantique)
Guérétois, oise Guéret (Creuse)
Guernesiais, iaise île de Guernesey (Grande-Bretagne)
Guinéen, éenne• Guinée (Afrique)
Guingampais, aise Guingamp (Côtes-d'Armor)
Guingettois, oise Bourg-Madame (Pyrénées-Orientales)
Guyanais, aise Guyane (Amérique du Sud)
Guyanien, ienne• Guyana (Amérique du Sud)
Hagetmautien, ienne Hagetmau (Landes)
Haguenois, oise• La Haye (Pays-Bas)
Haguenovien, ienne Haguenau (Bas-Rhin)
Haillicourtois, oise Haillicourt (Pas-de-Calais)
Hainuyer, ère ou **Hannuyer, ère** ou **Hennuyer, ère** Hainaut (Belgique)
Haïtien, ienne• Haïti (Amérique centrale)
Haligonien, ienne Halifax (Nouvelle-Écosse)
Hambourgeois, oise Hambourg (Allemagne)
Hamois, oise Ham (Somme)
Hanoïen, ïenne• Hanoï (Viêtnam)
Hanovrien, ienne Hanovre (Allemagne)
Hararais, aise• Harare (Zimbabwe)
Haut-Alpin, ine Hautes-Alpes (France)

NOMS D'HABITANTS

Haut-Garonnais, aise Haute-Garonne (France)
Haut-Marnais, aise Haute-Marne (France)
Haut-Pyrénéen, éenne Hautes-Pyrénées (France)
Haut-Rhinois, oise Haut-Rhin (France)
Haut-Saônois, oise Haute-Saône (France)
Haut-Viennois, oise Haute-Vienne (France)
Havanais, aise* La Havane (Cuba)
Havrais, aise Le Havre (Seine-Maritime)
Hawaïen, ïenne Îles Hawaï (Polynésie)
Haytillon, onne La Haye-du-Puits (Manche)
Hédéen, éenne Hédé (Ille-et-Vilaine)
Hellène Hellade (Grèce ancienne)
Helsinkien, ienne Helsinki (Finlande)
Helvète Helvétie
Hendayais, aise Hendaye (Pyrénées-Atlantiques)
Hennebontais, aise Hennebont (Morbihan)
Héraultais, aise Hérault (France)
Hessois, oise Hesse (Allemagne)
Hiérosolymite ou **Hiérosolymitain, aine*** Jérusalem (Israël)
Himalayen, enne Himalaya (Asie)
Hirsonnais, aise Hirson (Aisne)
Hollandais, aise ou **Néerlandais, aise** Hollande (Europe)
Hollywoodien, ienne Hollywood (États-Unis)
Hondurien, ienne* Honduras (Amérique centrale)
Honfleurais, aise Honfleur (Calvados)
Hongkongais, aise Hong-Kong (Asie)
Hongrois, oise* ou **Magyar, e** Hongrie (Europe)
Hullois, oise Hull (Québec)
Hyèrois, oise Hyères (Var)
Ibère Ibérie
Icaunais, aise Yonne (France)
Illyrien, ienne Illyrie (Europe)
Indien, ienne* Inde (Asie)
Indochinois, oise Indochine (Asie)
Indrien, ienne Indre (France)
Ingouche Ingouchie (Russie)
Ionien, ienne Ionie
Irakien, ienne ou **Iraqien, ienne** ou **Iraquien, ienne** Irak ou Iraq (Proche-Orient)
Iranien, ienne Iran (Proche-Orient)
Irlandais, aise* Irlande (Europe)

Isérois, oise ou **Iseran, ane** Isère (France)
Isignais, aise Isigny-sur-Mer (Calvados)
Islandais, aise* Islande (Europe)
Islois, oise L'Isle-sur-la-Sorgue (Vaucluse)
Israélien, ienne* Israël (Proche-Orient)
Isséen, éenne Issy-les-Moulineaux (Hauts-de-Seine)
Issoirien, ienne Issoire (Puy-de-Dôme)
Issoldunois, oise Issoudun (Indre)
Istanbuliote Istanbul (Turquie)
Istréen, éenne Istres (Bouches-du-Rhône)
Italien, ienne* Italie (Europe)
Ivoirien, ienne* Côte-d'Ivoire (Afrique)
Ivryen, yenne Ivry-sur-Seine (Val-de-Marne)
Jakartanais, aise* Jakarta (Indonésie)
Jamaïcain, aine ou **Jamaïquain, aine*** Jamaïque (Antilles)
Japonais, aise* ou **Nippon, onne** Japon (Asie)
Jarlandin, ine Château-Arnoux (Alpes-de-Haute-Provence)
Javanais, aise Java (Indonésie)
Jersiais, iaise Île de Jersey (Grande-Bretagne)
Jocondien, ienne Joué-lès-Tours (Indre-et-Loire)
Joinvillois, oise Joinville (Haute-Marne)
Jonzacais, aise Jonzac (Charente-Maritime)
Jordanien, ienne* Jordanie (Proche-Orient)
Jurassien, ienne Jura (France)
Kaboulien, ienne* Kaboul (Afghanistan)
Kabyle Kabylie (Algérie)
Kalmouk, e Kalmoukie (Russie)
Kampalais, aise* Kampala (Ouganda)
Kazakh, e* Kazakhstan (Asie)
Kenyan, ane ou **Kényan, ane*** Kenya (Afrique)
Khakasse Khakassie (Russie)
Khartoumais, aise* Khartoum (Soudan)
Kiévien, ienne* Kiev (Ukraine)
Kigalois, oise* ou **Kigalien, ienne** Kigali (Rwanda)
Kinois, oise* Kinshasa (république démocratique du Congo)
Kirghiz, e* Kirghizistan (Asie)
Kiribatien, ienne* République de Kiribati (océan Pacifique)
Kittichien et Névicien, Kittitienne et Névicienne* Saint-Christophe-et-Niévès (Petites Antilles)
Kosovar, e Kosovo (Yougoslavie)
Koweïtien, ienne* Koweit (Arabie)

ANNEXES

Kurde Kurdistan (Asie)
Labradorien, ienne Labrador (Québec, Terre-Neuve)
Lacédémonien, ienne Lacédémone (Grèce)
Lacaunais, aise Lacaune (Tarn)
Lachinois, oise Lachine (Québec)
Lagnolan, ane Lagnieu (Ain)
Lagotien, ienne* Lagos (Nigeria)
Landais, aise Landes (France)
Landernéen, éenne Landerneau (Finistère)
Landivisien, ienne Landivisiau (Finistère)
Landrecien, ienne Landrecies (Nord)
Langonais, aise Langogne (Lozère)
Langonnais, aise Langon (Gironde)
Langrois, oise Langres (Haute-Marne)
Languedocien, ienne Languedoc (France)
Lanmeurien, ienne Lanmeur (Finistère)
Lannionnais, aise Lannion (Côtes-d'Armor)
Laonnois, oise Laon (Aisne)
Laotien, ienne* Laos (Asie)
Lapalissois, oise Lapalisse (Allier)
Lapon, one Laponie (Europe)
Largentiérois, oise Largentière (Ardèche)
Lasallois, oise La Salle (Québec)
Latino-Américain, aine Amérique Latine
Laurentien, ienne Saint-Laurent (Québec)
Laurentin, ine Saint-Laurent-de-Cerdans (Pyrénées-Orientales)
Laurentinois, oise Saint-Laurent-du-Pont (Isère)
Lausannois, oise Lausanne (Suisse)
Lavallois, oise Laval (Mayenne)
Lavallois, oise Laval (Québec)
Lédonien, ienne Lons-le-Saunier (Jura)
Leipzigois, oise Leipzig (Allemagne)
Lensois, oise Lens (Pas-de-Calais)
Léonais, aise ou **Léonard, arde** pays de Léon (Bretagne)
Lesbien, ienne Lesbos (Grèce)
Lescarien, ienne Lescar (Pyrénées-Atlantiques)
Lesothan, ane* Lesotho (Afrique)
Lesparrain, aine Lesparre-Médoc (Gironde)
Letton, one* ou **Letton, onne** ou **Latvien, ienne*** Lettonie (Europe)
Levantin, ine Levant
Lexovien, ienne Lisieux (Calvados)
L'Haÿssien, ienne L'Haÿ-les-Roses (Val-de-Marne)

Libanais, aise* Liban (Proche-Orient)
Libérien, ienne* Liberia (Afrique)
Libournais, aise Libourne (Gironde)
Librevillois, oise* Libreville (Gabon)
Libyen, enne* Libye (Afrique)
Liechtensteinois, oise* Liechtenstein (Europe)
Liégeois, oise Liège (Belgique)
Ligérien, ienne Loire (France)
Ligurien, ienne Ligurie (Italie)
Lillois, oise Lille (Nord)
Lillot, ote L'Isle-d'Abeau (Isère)
Lilongwais, aise* Lilongwe (Malawi)
Liménien, ienne* Lima (Pérou)
Limougeaud, aude Limoges (Haute-Vienne)
Limousin, ine Limousin (France)
Limouxin, ine Limoux (Aude)
Lisbonnin, ine* Lisbonne (Portugal)
Lislois, oise L'Isle-Jourdain (Gers)
Lituanien, ienne* ou **Lithuanien, ienne** Lituanie (Europe)
Livournais, aise Livourne (Italie)
Lochois, oise Loches (Indre-et-Loire)
Loctudiste Loctudy (Finistère)
Lodévois, oise Lodève (Hérault)
Loir-et-Chérien, ienne Loir-et-Cher (France)
Lombard, arde Lombardie (Italie)
Loméen, éenne* Lomé (Togo)
Lommois, oise Lomme (Nord)
Londonien, ienne* Londres (Angleterre)
Longjumellois, oise Longjumeau (Essonne)
Longnycien, ienne Longny-au-Perche (Orne)
Longovicien, ienne Longwy (Meurthe-et-Moselle)
Loossois, oise Loos (Nord)
Lorientais, aise Lorient (Morbihan)
Lorrain, aine Lorraine (France)
Lot-et-Garonnais, aise Lot-et-Garonne (France)
Lotois, oise Lot (France)
Loudéacien, ienne Loudéac (Côtes-d'Armor)
Loudunais, aise Loudun (Vienne)
Louhannais, aise Louhans (Saône-et-Loire)
Louisianais, aise Louisiane (États-Unis)
Lourdais, aise Lourdes (Hautes-Pyrénées)
Louvaniste Louvain (Belgique)
Louveciennois, oise Louveciennes (Yvelines)

Lovérien, ienne Louviers (Eure)
Lozérien, ienne Lozère (France)
Luandais, aise• Luanda (Angola)
Lucanien, ienne Lucanie (Italie)
Luchonnais, aise Bagnères-de-Luchon (Haute-Garonne)
Lucquois, oise Lucques (Italie)
Lunévillois, oise Lunéville (Meurthe-et-Moselle)
Lurcyquois, oise Lurcy-Lévis (Allier)
Luron, onne Lure (Haute-Saône)
Lusakois, oise• Lusaka (Zambie)
Lusitanien, ienne ou **Lusitain, aine** Lusitanie (Portugal)
Lussacais, aise Lussac (Gironde)
Luxembourgeois, oise• Luxembourg (Europe)
Luxovien, ienne Luxeuil-les-Bains (Haute-Saône)
Luzarchois, oise Luzarches (Val-d'Oise)
Luzien, ienne Saint-Jean-de-Luz (Pyrénées-Atlantiques)
Lydien, ienne Lydie
Lyonnais, aise Lyon (Rhône)
Lyonsais, aise Lyons-la-Forêt (Eure)
Macanéen, éenne Macao (Asie)
Macédonien, ienne Macédoine (Grèce; Europe)
Machecoulais, aise Machecoul (Loire-Atlantique)
Mâconnais, aise Mâcon (Saône-et-Loire)
Madelinot, Madelinienne îles de la Madeleine (Canada)
Madérien, ienne ou **Madérois, oise** Madère (Portugal)
Madrilène• Madrid (Espagne)
Maghrébin, ine Maghreb (Afrique)
Mahorais, aise Mayotte (océan Indien)
Maintenonnais, aise Maintenon (Eure-et-Loir)
Majorquin, ine Majorque (Espagne)
Malabare Malabar (Inde)
Malabéen, éenne Malabo (Guinée équatoriale)
Malais, aise ou **Malaisien, ienne** ou **Malaysien, ienne** Malaisie (Asie)
Malawien, ienne• Malawi (Afrique)
Malaysia Malaisie
Maldivien, ienne• îles Maldives (océan Indien)
Malgache• Madagascar (océan Indien)
Malien, ienne• Mali (Afrique)
Malinois, oise Malines (Belgique)
Malouin, ine Saint-Malo (Ille-et-Vilaine)
Maltais, aise• Malte (Europe)

Mamertin, ine Mamers (Sarthe)
Managuayen, yenne• Managua (Nicaragua)
Manaméen, éenne• Manama (Bahreïn)
Manceau, Mancelle Le Mans (Sarthe)
Manceau, Mancelle Maine (France)
Manchois, oise Manche (France)
Mandchou, e ou **Manchou, e** Mandchourie ou Manchourie (Chine)
Manillais, aise• Manille (Philippines)
Manitobain, aine Manitoba (Canada)
Mannois, oise île de Man (Grande-Bretagne)
Manosquin, ine Manosque (Alpes-de-Haute-Provence)
Mantais, aise Mantes-la-Jolie (Yvelines)
Mantevillois, oise Mantes-la-Ville (Yvelines)
Mantouan, ane Mantoue (Italie)
Maputais, aise• Maputo (Mozambique)
Marandais, aise Marans (Charente-Maritime)
Marcquois, oise Marcq-en-Barœul (Nord)
Marennais, aise Marennes (Charente-Maritime)
Marignanais, aise Marignane (Bouches-du-Rhône)
Maringois, oise Maringues (Puy-de-Dôme)
Marlois, oise Marle (Aisne)
Marlychois, oise Marly-le-Roi (Yvelines)
Marmandais, aise Marmande (Lot-et-Garonne)
Marnais, aise Marne (France)
Marocain, aine• Maroc (Afrique)
Marommais, aise Maromme (Seine-Maritime)
Marquésan, ane ou **Marquisien, ienne** îles Marquises (Polynésie)
Marseillais, aise Marseille (Bouches-du-Rhône)
Marshallais, aise• îles Marshall (Micronésie)
Martégaux [plur.] Martigues (Bouches-du-Rhône)
Martien, ienne Mars (planète)
Martinais, aise Saint-Martin-de-Ré (Charente-Maritime)
Martinérois, oise Saint-Martin-d'Hères (Isère)
Martiniquais, aise Martinique (Antilles)
Marvejolais, aise Marvejols (Lozère)
Mascatais, aise• Mascate (Oman)
Masérois, oise• Maseru (Lesotho)

ANNEXES

Maskoutain, aine Saint-Hyacinthe (Québec)
Masopolitain, aine Masevaux (Haut-Rhin)
Mathalien, ienne Matha (Charente-Maritime)
Maubeugeois, oise Maubeuge (Nord)
Maubourguetois, oise Maubourguet (Hautes-Pyrénées)
Mauriacois, oise Mauriac (Cantal)
Mauricien, ienne* Île Maurice (océan Indien)
Mauritanien, ienne* ou **Maure** [hist.] Mauritanie (Afrique)
Maxipontain, aine ou **Pontois, oise** Pont-Sainte-Maxence (Oise)
Mayençais, aise Mayence (Allemagne)
Mayennais, aise Mayenne (France)
Mazamétain, aine Mazamet (Tarn)
Mbabanais, aise* Mbabane (Swaziland)
Mède Médie
Méditerranéen, éenne Méditerranée
Médocain, aine ou **Médoquin, ine** Médoc (France)
Mélanésien, ienne Mélanésie (Océanie)
Meldois, oise Meaux (Seine-et-Marne)
Melunais, oise Melun (Seine-et-Marne)
Mendois, oise Mende (Lozère)
Ménéhildien, ienne Sainte-Menehould (Marne)
Mentonnais, aise Menton (Alpes-Maritimes)
Merdrignacien, ienne Merdrignac (Côtes-d'Armor)
Mersois, oise Mers-les-Bains (Somme)
Mervillois, oise Merville (Nord)
Mesnilois, oise Le Mesnil-le-Roi (Yvelines)
Mésopotamien, ienne Mésopotamie (Asie)
Messin, ine Metz (Moselle)
Meudonnais, aise Meudon-la-Forêt (Hauts-de-Seine)
Meulanais, aise Meulan (Yvelines)
Meusien, ienne Meuse (France)
Mexicain, aine* Mexique (Amérique centrale)
Meyrueisien, ienne Meyrueis (Lozère)
Micronésien, ienne* Micronésie (Océanie)
Milanais, aise Milan (Italie)
Millavois, oise Millau (Aveyron)
Milliacois, oise Milly-la-Forêt (Essonne)
Mimizanais, aise Mimizan (Landes)
Minhote Minho (Portugal)
Minorquin, ine Minorque (Espagne)

Miramasséen, éenne Miramas (Bouches-du-Rhône)
Mirandais, aise Mirande (Gers)
Mirapicien, ienne Mirepoix (Ariège)
Mirebalais, aise Mirebeau (Vienne)
Miribelan, ane Miribel (Ain)
Modanais, aise Modane (Savoie)
Modénais, aise Modène (Italie)
Moirantin, ine Moirans-en-Montagne (Jura)
Moissagais, aise Moissac (Tarn-et-Garonne)
Moldave* Moldavie (Roumanie; Europe)
Molsheimien, ienne ou **Molsheimois, oise** Molsheim (Bas-Rhin)
Moncoutantais, aise Moncoutant (Deux-Sèvres)
Monégasque* Monaco (Europe)
Monestois, oise Mennetou-sur-Cher (Loir-et-Cher)
Mongol, ole* Mongolie (Asie)
Monistrolien, ienne Monistrol-sur-Loire (Haute-Loire)
Monpaziérois, oise Monpazier (Dordogne)
Monrovien, ienne* Monrovia (Liberia)
Monségurais, aise Monségur (Gironde)
Monsois, oise Mons-en-Barœul (Nord)
Montacutain, aine ou **Montaiguisien, ienne** Montaigu (Vendée)
Montalbanais, aise Montauban (Tarn-et-Garonne)
Montargois, oise Montargis (Loiret)
Montbardois, oise Montbard (Côte-d'Or)
Montbéliardais, aise Montbéliard (Doubs)
Montbrisonnais, aise Montbrison (Loire)
Montbronnais, aise Montbron (Charente)
Montcellien, ienne Montceau-les-Mines (Saône-et-Loire)
Montchaninois, oise Montchanin (Saône-et-Loire)
Montcuquois, oise Montcuq (Lot)
Montdidérien, ienne Montdidier (Somme)
Mont-Dorien, ienne Le Mont-Dore (Puy-de-Dôme)
Monténégrin, ine Monténégro
Montévidéen, éenne* Montevideo (Uruguay)
Monticinois, oise Montcenis
Montilien, ienne Montélimar (Drôme)

NOMS D'HABITANTS

Montluçonnais, aise Montluçon (Allier)
Montmartrois, oise Montmartre (Paris)
Montmorencéen, éenne Montmorency (Val-d'Oise)
Montmorillonnais, aise Montmorillon (Vienne)
Montois, oise Mont-de-Marsan (Landes)
Montpelliérain, aine Montpellier (Hérault)
Montponnais, aise Montpon-Ménestérol (Dordogne)
Montréalais, aise Montréal (Québec)
Montréjeaulais, aise Montréjeau (Haute-Garonne)
Montreuillois, oise Montreuil (Pas-de-Calais)
Montreuillois, oise Montreuil-sous-Bois (Seine-Saint-Denis)
Montrichardais, aise Montrichard (Loir-et-Cher)
Montrougien, ienne Montrouge (Hauts-de-Seine)
Morave Moravie (République tchèque)
Morbihannais, aise Morbihan (France)
Morcenais, aise Morcenx (Landes)
Mordve Mordovie (Russie)
Morétain, aine Moret-sur-Loing (Seine-et-Marne)
Morlaisien, ienne Morlaix (Finistère)
Morlan, ane Morlaas (Pyrénées-Atlantiques)
Moronais, aise* Moroni (Comores)
Mortagnais, aise Mortagne-au-Perche (Orne)
Mortainais, aise Mortain (Manche)
Mortuacien, ienne Morteau (Doubs)
Morvandiau, Morvandelle Morvan (France)
Morzinois, oise Morzine (Haute-Savoie)
Moscovite Moscou (Russie)
Mosellan, ane Moselle (France)
Moulinois, oise Moulins (Allier)
Mouysard, arde Mouy (Oise)
Mouzonnais, aise Mouzon (Ardennes)
Mozambicain, aine* Mozambique (Afrique)
Mulhousien, ienne Mulhouse (Haut-Rhin)
Munichois, oise Munich (Allemagne)
Muratais, aise Murat (Cantal)
Muretain, aine Muret (Haute-Garonne)
Murisaltien, ienne Meursault (Côte-d'Or)
Murois, oise La Mure (Isère)
Murviellois, oise Murviel-lès-Béziers (Hérault)

Mussipontain, aine Pont-à-Mousson (Meurthe-et-Moselle)
Mycénien, ienne Mycènes
Nairobien, ienne* Nairobi (Kenya)
Namibien, ienne* Namibie (Afrique)
Namurois, oise Namur (Belgique)
Nancéien, ienne Nancy (Meurthe-et-Moselle)
Nantais, aise Nantes (Loire-Atlantique)
Nanterrien, ienne Nanterre (Hauts-de-Seine)
Nantuatien, ienne Nantua (Ain)
Napolitain, aine Naples (Italie)
Narbonnais, aise Narbonne (Aude)
Nauruan, ane* Nauru (Micronésie)
Navarrais, aise ou **Navarrin, ine** Navarre (Espagne)
Nazairien, ienne Saint-Nazaire (Loire-Atlantique)
Nazaréen, éenne Nazareth (Galilée)
Ndjaménais, aise* ou **Ndjaménois, oise** Ndjamena (Tchad)
Néerlandais, aise* Pays-Bas, aussi Hollande (Europe)
Nemourien, ienne Nemours (Seine-et-Marne)
Néo-Brisacien, ienne Neuf-Brisach (Haut-Rhin)
Néo-Brunswickois, oise Nouveau-Brunswick (Canada)
Néo-Calédonien, ienne Nouvelle-Calédonie (Océanie)
Néocastrien, ienne Neufchâteau (Vosges)
Néodomien, ienne Neuves-Maisons
Néo-Écossais, aise Nouvelle-Écosse (Canada)
Néo-Guinéen, éenne Nouvelle-Guinée (Mélanésie)
Néo-Hébridais, aise Nouvelles-Hébrides (Mélanésie)
Néo-Orléanais, aise La Nouvelle-Orléans (États-Unis)
Néo-Zélandais, aise* Nouvelle-Zélande (Océanie)
Népalais, aise* Népal (Asie)
Néracais, aise Nérac (Lot-et-Garonne)
Neuchâtelois, oise Neuchâtel (Suisse)
Neufchâtelois, oise Neufchâtel-en-Bray (Seine-Maritime)
Neuilléen, éenne Neuilly-sur-Seine (Hauts-de-Seine)
Neustrien, ienne Neustrie (Gaule)
Neuvicois, oise Neuvic (Corrèze)

ANNEXES

Neuvillois, oise Neuville-de-Poitou (Vienne)
Neversois, oise ou **Nivernais, aise** Nevers (Nièvre)
New-Yorkais, aise New York (États-Unis)
Niaméyen, yenne* Niamey (Niger)
Nicaraguayen, yenne* Nicaragua (Amérique centrale)
Niçois, oise Nice (Alpes-Maritimes)
Nicosien, ienne* Nicosie (Chypre)
Nigérian, iane* Nigeria (Afrique)
Nigérien, ienne* Niger (Afrique)
Nîmois, oise Nîmes (Gard)
Niortais, aise Niort (Deux-Sèvres)
Nivellois, oise Nivelles (Belgique)
Nivernais, aise Nièvre (France)
Nocéen, éenne Neuilly-Plaisance (Seine-Saint-Denis)
Nogarolien, ienne Nogaro (Gers)
Nogentais, aise Nogent (Haute-Marne)
Nogentais, aise Nogent-le-Rotrou (Eure-et-Loir)
Nogentais, aise Nogent-sur-Marne (Val-de-Marne)
Nogentais, aise Nogent-sur-Oise (Oise)
Noirmoutrin, ine Noirmoutier-en-l'Île (Vendée)
Nolaytois, oise Nolay (Côte-d'Or)
Nonancourtois, oise Nonancourt (Eure)
Nontronnais, aise Nontron (Dordogne)
Nord-Africain, aine Afrique du Nord
Nord-Américain, aine Amérique du Nord
Nord-Coréen, éenne Corée du Nord
Nordiste Nord (France)
Nord-Vietnamien, ienne Nord-Vietnam (Asie)
Normand, ande Normandie (France)
Norvégien, ienne* Norvège (Europe)
Nouakchottois, oise* Nouakchott (Mauritanie)
Nouvionnais, aise Le Nouvion-en-Thiérache (Aisne)
Nubien, ienne Nubie (Afrique)
Nuiton, onne Nuits-Saint-Georges (Côte-d'Or)
Numide Numidie (Afrique)
Nyonsais, aise Nyons (Drôme)
Occitan, ane Occitanie (France)
Océanien, ienne Océanie
Ogien, ienne Île-d'Yeu (Vendée)
Oisien, ienne Oise (France)
Oléronais, aise île d' Oléron (Charente-Maritime)

Ollierguois, oise Olliergues (Puy-de-Dôme)
Oloronais, aise Oloron-Sainte-Marie (Pyrénées-Atlantiques)
Omanais, aise Oman (Arabie)
Ombrien, ienne Ombrie (Italie)
Ontarien, ienne Ontario (Canada)
Oranais, aise Oran (Algérie)
Orangeois, oise Orange (Vaucluse)
Orléanais, aise Orléans (Loiret)
Orlysien, ienne Orly (Val-de-Marne)
Ormessonnais, aise Ormesson-sur-Marne (Val-de-Marne)
Ornais, aise Orne (France)
Ornanais, aise Ornans (Doubs)
Ossète Ossétie (Russie, Géorgie)
Ostendais, aise Ostende (Belgique)
Ottoman, ane Empire Ottoman (Proche-Orient, Europe)
Ouagalais, aise* Ouagadougou (Burkina-Faso)
Oudmourte Oudmourtie (Russie)
Ouessantin, ine ou **Ouessantais, aise** île d'Ouessant (Finistère)
Ougandais, aise* Ouganda (Afrique)
Outaouais, aise* Ottawa (Canada)
Outremontais, aise Outremont (Québec)
Ouzbek, e ou **Ouzbek, Ouzbèke*** Ouzbékistan (Asie)
Oxonien, ienne ou **Oxfordien, ienne** Oxford (Angleterre)
Oyonnaxien, ienne Oyonnax (Ain)
Pacéen, éenne Pacy-sur-Eure (Eure)
Pacénien, ienne* La Paz (Bolivie)
Padouan, ane Padoue (Italie)
Paimblotin, ine Paimbœuf (Loire-Atlantique)
Paimpolais, aise* Paimpol (Côtes-d'Armor)
Pakistanais, aise* Pakistan (Asie)
Palaisien, ienne Le Palais-sur-Vienne (Haute-Vienne)
Palaisien, ienne Palaiseau (Essonne)
Palantin, ine Le Palais (Morbihan)
Palermitain, aine ou **Panormitain, aine** Palerme (Italie)
Palestinien, ienne Palestine (Proche-Orient)
Palois, oise Pau (Pyrénées-Atlantiques)
Panaméen, éenne* ou **Panamien, ienne** Panamá ou Panama (Amérique centrale)

NOMS D'HABITANTS

Pantinois, oise Pantin (Seine-Saint-Denis)
Papou, e ou **Papoua** [plur.] ou **Papouan, ane*** Papouasie (Mélanésie)
Paraguayen, yenne Paraguay (Amérique du Sud)
Parisien, ienne* Paris (Seine)
Parmesan, ane Parme (Italie)
Parodien, ienne Paray-le-Monial (Saône-et-Loire)
Parthenaisien, ienne Parthenay (Deux-Sèvres)
Pascuan, ane île de Pâques (Polynésie)
Patagon, onne Patagonie (Argentine)
Pauillacais, aise Pauillac (Gironde)
Pauliste São Paulo (Brésil)
Pavesan, ane Pavie (Italie)
Péageois, oise Bourg-de-Péage (Drôme)
Pékinois, oise* Pékin (Chine)
Péloponnésien, ienne Péloponnèse (Grèce)
Pennsylvanien, ienne Pennsylvanie (États-Unis)
Percheron, onne Perche (France)
Percyais, aise Percy (Manche)
Périgourdin, ine Périgord (France)
Périgourdin, ine Périgueux (Dordogne)
Pernois, oise Pernes-les-Fontaines (Vaucluse)
Péronnais, aise Péronne (Somme)
Pérougien, ienne Pérouges (Ain)
Perpignanais, aise Perpignan (Pyrénées-Orientales)
Persan, ane Perse (Proche-Orient)
Persanais, aise Persan (Val-d'Oise)
Pérugin, ine Pérouse (Italie)
Péruvien, ienne* Pérou (Amérique du Sud)
Pétrifontain, aine Pierrefonds (Oise)
Pétruvien, ienne Saint-Pierre-sur-Dives (Calvados)
Phalsbourgeois, oise Phalsbourg (Moselle)
Phénicien, ienne Phénicie (Asie)
Philadelphien, ienne Philadelphie (États-Unis)
Philippin, ine* Philippines (Océanie)
Phnompenhois, oise* Phnom-Penh (Cambodge)
Phocidien, ienne ou **Phocéen, éenne** Phocide (Grèce)
Phrygien, ienne Phrygie (Asie Mineure)
Picard, arde Picardie (France)
Pictavien, ienne Poitiers (Vienne)

Picto-Charentais, aise Poitou-Charentes (France)
Piémontais, aise Piémont (Italie)
Pierrefittois, oise Pierrefitte (Seine-Saint-Denis)
Pierrelattin, ine Pierrelatte (Drôme)
Pierrotin, ine Saint-Pierre (Martinique)
Pisan, ane Pise (Italie)
Piscénois, oise Pézenas (Hérault)
Pisciacais, aise Poissy (Yvelines)
Pithivérien, ienne Pithiviers (Loiret)
Placentin, ine Plaisance (Italie)
Plouescatais, aise Plouescat (Finistère)
Plouhatin, ine Plouha (Côtes-d'Armor)
Pointois, oise Pointe-à-Pitre (Guadeloupe)
Poitevin, ine Poitou (France)
Polinois, oise Poligny (Jura)
Polonais, aise* Pologne (Europe)
Polynésien, ienne Polynésie (Océanie)
Pompéien, ienne Pompéi (Italie)
Poncinois, oise Poncin (Ain)
Pondinois, oise Pont-d'Ain (Ain)
Ponot, ote Le Puy-en-Velay (Haute-Loire)
Pont-Audemérien, ienne Pont-Audemer (Eure)
Pontaveniste Pont-Aven (Finistère)
Pontellois-Combalusien, Pontelloise-Combalusienne Pontault-Combault (Seine-et-Marne)
Pontépiscopien, ienne Pont-l'Évêque (Calvados)
Pontissalien, ienne Pontarlier (Doubs)
Pontivyen, yenne Pontivy (Morbihan)
Pont-l'Abbiste Pont-l'Abbé (Finistère)
Pontois, oise Pons, Pont-de-Chéruy, Pont-en-Royans, Pont-Sainte-Maxence, Pont-sur-Yonne (Charente-Maritime, Isère, Yonne)
Pontoisien, ienne Pontoise (Val-d'Oise)
Pontorsonnais, aise Pontorson (Manche)
Pontrambertois, oise Saint-Just-Saint-Rambert (Loire)
Pontrivien, ienne Pontrieux (Côtes-d'Armor)
Pornicais, aise Pornic (Loire-Atlantique)
Pornichetain, aine Pornichet (Loire-Atlantique)
Portais, aise Port-Sainte-Marie (Lot-et-Garonne)
Port-au-Princien, ienne* Port-au-Prince (Haïti)
Port-Louisien, ienne* Port-Louis (île Maurice)

ANNEXES

Porto-Novien, ienne* Porto-Novo (Bénin)
Portoricain, aine Porto Rico (Amérique centrale)
Portugais, aise* Portugal (Europe)
Portusien, ienne Port-sur-Saône (Haute-Saône)
Port-Vendrais, aise Port-Vendres (Pyrénées-Orientales)
Port-Vilais, aise* Port-Vila (Vanuatu)
Pouillonnais, aise Pouillon (Landes)
Poyais, aise Poix-de-Picardie (Somme)
Pradéen, éenne Prades (Pyrénées-Orientales)
Pragois, oise ou **Praguois, oise*** Prague (République tchèque)
Praïen, ïenne* Praia (Îles du Cap-Vert)
Prémerycois, oise Prémery (Nièvre)
Prince-Édouardien, ienne Île-du-Prince-Édouard (Canada)
Privadois, oise Privas (Ardèche)
Provençal, ale, aux Provence (France)
Provinois, oise Provins (Seine-et-Marne)
Prussien, ienne Prusse
Pugétais, aise Puget-Théniers (Alpes-Maritimes)
Puiseautin, ine Puiseaux (Loiret)
Pyrénéen, éenne Pyrénées (France)
Pyrénéen-Atlantique, Pyrénéenne-Atlantique Pyrénées-Atlantiques (France)

Qatari [plur.] ou **Qatarien, ienne*** Qatar (Proche-Orient)
Québécois, oise Québec (Canada)
Quercinois, oise Quercy (France)
Quercitain, aine Le Quesnoy (Nord)
Quesnoysien, ienne Quesnoy-sur-Deûle (Nord)
Quiberonnais, aise Quiberon (Morbihan)
Quillanais, aise Quillan (Aude)
Quillebois, oise Quillebeuf-sur-Seine (Eure)
Quimperlois, oise Quimperlé (Finistère)
Quimpérois, oise* Quimper (Finistère)
Quiténien, ienne* Quito (Équateur)

Rabastinois, aise Rabastens (Tarn)
Rabati [invar.] Rabat (Maroc)
Radounaud, aude Oradour-sur-Glane (Haute-Vienne)
Raincéen, éenne Le Raincy (Seine-Saint-Denis)
Raismois, oise Raismes (Nord)
Rambertois, oise Saint-Rambert-d'Albon (Drôme)
Rambolitain, aine Rambouillet (Yvelines)
Rambuvetais, aise Rambervillers (Vosges)
Ravennate Ravenne (Italie)
Redonnais, aise Redon (Ille-et-Vilaine)
Réginaburgien, ienne ou **Réginaborgien, ienne** Bourg-la-Reine (Hauts-de-Seine)
Rémois, oise Reims (Marne)
Renazéen, éenne Renazé (Mayenne)
Rennais, aise Rennes (Ille-et-Vilaine)
Réolais, aise La Réole (Gironde)
Restérien, ienne Retiers (Ille-et-Vilaine)
Rétais, aise Île de Ré (Charente-Maritime)
Rethélois, oise Rethel (Ardennes)
Réunionnais, aise Île de la Réunion (océan Indien)
Rhénan, ane Rhénanie (Allemagne)
Rhénan, ane Rhin
Rhodanien, ienne Rhône (France)
Rhodien, ienne Île de Rhodes (Grèce)
Rhône-Alpin, ine Rhône-Alpes (France)
Ribeauvillois, oise Ribeauvillé (Haut-Rhin)
Riceton, one Les Riceys (Aube)
Riézois, oise Riez (Alpes-de-Haute-Provence)
Rifain, aine Rif (Maroc)
Riomois, oise Riom (Puy-de-Dôme)
Ripagérien, ienne Rive-de-Gier (Loire)
Rivesaltais, aise Rivesaltes (Pyrénées-Orientales)
Rivois, oise Rives (Isère)
Riyadien, ienne* Riyad (Arabie saoudite)
Roannais, aise Roanne (Loire)
Robertin, ine Le Robert (Martinique)
Rochechouartais, aise Rochechouart (Haute-Vienne)
Rochefortais, aise Rochefort (Charente-Maritime)
Rochelais, aise La Rochelle (Charente-Maritime)
Rochelais, aise La Roche-Posay (Vienne)
Rochois, oise La Roche-Bernard (Morbihan)
Roisséens, éenne Roissy-en-France (Val-d'Oise)
Romain, aine* Rome (Italie)
Romarimontain, aine Remiremont (Vosges)
Romorantinais, aise Romorantin (Loir-et-Cher)
Rotterdamois, oise Rotterdam (Pays-Bas)
Roubaisien, ienne Roubaix (Nord)
Rouchon, onne Roche-la-Molière (Loire)
Rouennais, aise Rouen (Seine-Maritime)

NOMS D'HABITANTS

Rouergat, ate Rouergue (France)
Rougéen, éenne Rougé (Loire-Atlantique)
Roumain, aine* Roumanie (Europe)
Roussillonnais, aise Roussillon (Isère)
Royannais, aise Royan (Charente-Maritime)
Roybonnais, aise Roybon (Isère)
Royen, enne Roye (Somme)
Royéraud, aude Royère (Creuse)
Rueillois, oise Rueil-Malmaison (Hauts-de-Seine)
Ruffécois, oise Ruffec (Charente)
Rumillien, ienne Rumilly (Haute-Savoie)
Russe* Russie (Europe)
Ruthénien, ienne ou **Ruthène** Ruthénie (Ukraine)
Ruthénois, oise Rodez (Aveyron)
Rwandais, aise* Rwanda (Afrique)
Sabéen, éenne Saba
Sablais, aise Les Sables-d'Olonne (Vendée)
Sabolien, ienne Sablé-sur-Sarthe (Sarthe)
Sabrais, aise Sabres (Landes)
Sagranier, ière Salers (Cantal)
Saharien, ienne Sahara (Afrique)
Saint-Africain, aine Saint-Affrique (Aveyron)
Saint-Agrévois, oise Saint-Agrève (Ardèche)
Saint-Aignanais, aise Saint-Aignan-sur-Cher (Loir-et-Cher)
Saintais, aise Saintes (Charente-Maritime)
Saint-Alvérois, oise Saint-Alvère (Dordogne)
Saint-Amandois, oise ou **Amandin, ine** Saint-Amand-Montrond (Cher)
Saint-Andréen, éenne Saint-André-les-Alpes (Alpes-de-Haute-Provence)
Saint-Aubinais, aise Saint-Aubin-sur-Mer (Calvados)
Saint-Béatais, aise Saint-Béat (Haute-Garonne)
Saint-Céréen, éenne Saint-Céré (Lot)
Saint-Chamonais, oise Saint-Chamond (Loire)
Saint-Chinianais, aise Saint-Chinian (Hérault)
Saint-Cyrien, ienne Saint-Cyr-l'École (Yvelines)
Sainte-Crix [invar.] Sainte-Croix (Suisse)
Saint-Estevard, arde Saint-Étienne-en-Dévoluy (Hautes-Alpes)
Saint-Fidéen, éenne Sainte-Foy (Québec)
Saint-Foniard, iarde Saint-Fons (Rhône)

Saint-Fulgentais, aise Saint-Fulgent (Vendée)
Saint-Gallois, oise Saint-Gall (Suisse)
Saint-Gaudinois, oise Saint-Gaudens (Haute-Garonne)
Saint-Germanois, oise Saint-Germain-en-Laye (Yvelines)
Saint-Gillois, oise Saint-Gilles (Gard)
Saint-Gironnais, aise Saint-Girons (Ariège)
Saint-Jean-de-Losnais, aise Saint-Jean-de-Losne (Côte-d'Or)
Saint-Jeannais, aise Saint-Jean-de-Maurienne (Savoie)
Saint-Jeannais, aise Saint-Jean-Pied-de-Port (Pyrénées-Atlantiques)
Saint-Jeannois, oise Saint-Jean-Cap-Ferrat (Alpes-Maritimes)
Saint-Julien, ienne Saint-Julien-Chapteuil (Haute-Loire)
Saint-Julliennois, oise Saint-Julien-en-Genevois (Haute-Savoie)
Saint-Juniaud, iaude Saint-Junien (Haute-Vienne)
Saint-Juraud, aude Saint-Just-en-Chevalet (Loire)
Saint-Justois, oise Saint-Just-en-Chaussée (Oise)
Saint-Laurentin, ine Saint-Laurent-de-Neste (Hautes-Pyrénées)
Saint-Lois, Saint-Loise ou **Laudinien, ienne** Saint-Lô (Manche)
Saint-Louisien, ienne Port-Saint-Louis-du-Rhône (Bouches-du-Rhône)
Saint-Lucien, ienne* Sainte-Lucie (Petites Antilles)
Saint-Maixentais, aise Saint-Maixent-l'École (Deux-Sèvres)
Saint-Marcellinois, oise Saint-Marcellin (Isère)
Saint-Martinois, oise Saint-Martin-Vésubie (Alpes-Maritimes)
Saint-Mihielois, oise ou **Sammiellois, oise** Saint-Mihiel (Meuse)
Saintois, oise Saintes-Marie-de-la-Mer (Bouches-du-Rhône)
Saintongeais, aise Saintonge (France)
Saint-Ouennais, aise Saint-Ouen-l'Aumône (Val-d'Oise)
Saint-Paulais, aise Saint-Paul-de-Fenouillet (Pyrénées-Orientales)
Saint-Paulois, oise Saint-Paul-de-Vence (Alpes-Maritimes)
Saint-Pérollais, aise Saint-Péray (Ardèche)

ANNEXES

Saint-Pierrais, aise et Miquelonnais, aise Saint-Pierre-et-Miquelon (océan Atlantique)
Saint-Pierrois, oise Saint-Pierre-le-Moûtier (Nièvre)
Saint-Politain, aine Saint-Pol-de-Léon (Finistère)
Saint-Polois, oise Saint-Pol-sur-Ternoise (Pas-de-Calais)
Saint-Ponais, aise Saint-Pons-de-Thomières (Hérault)
Saint-Pourcinois, oise Saint-Pourçain-sur-Sioule (Allier)
Saint-Quentinois, oise Saint-Quentin (Aisne)
Saint-Rémois, oise Saint-Rémy-sur-Durolle (Puy-de-Dôme)
Saint-Servantin, ine ou **Servannais, aise** Saint-Servan-sur-Mer (Ille-et-Vilaine)
Saint-Severin, ine Saint-Sever (Landes)
Saint-Valliérois, oise Saint-Vallier-sur-Rhône (Drôme)
Saint-Vincentais (et Grenadin), Saint-Vincentaise (et Grenadine) Saint-Vincent (-et-les-Grenadines) (Petites Antilles)
Salinois, oise Salins-les-Bains (Jura)
Salisien, ienne Salies-de-Béarn (Pyrénées-Atlantiques)
Sallanchard, arde Sallanches (Haute-Savoie)
Salomonais, aise* ou **Salomonien, ienne** îles Salomon (Mélanésie)
Salonicien, ienne Salonique (Grèce)
Saltusien, ienne Saint-Julien-du-Saut (Yonne)
Salvadorien, ienne* Salvador (Amérique centrale)
Samaritain, aine Samarie (Palestine)
Samien, ienne ou **Samiote** Samos (Grèce)
Samoan, ane* îles Samoa (Polynésie)
Sancerrois, oise Sancerre (Cher)
San-Claudien, ienne ou **Sanclaudien, ienne** Saint-Claude (Jura)
Sanflorain, aine Saint-Flour (Cantal)
San-Marinais, aise ou **Saint-Marinais, aise** Saint-Marin (Europe)
Santoméen, ééenne* Sao Tomé-et-Principe (océan Atlantique)
Saoudien, ienne* Arabie Saoudite (Proche-Orient)

Sarajévien, ienne* Sarajevo (Bosnie-Herzégovine)
Sarde Sardaigne (Italie)
Sarladais, aise Sarlat-la-Canéda (Dordogne)
Sarrebourgeois, oise Sarrebourg (Moselle)
Sarrebruckois, oise Sarrebruck (Allemagne)
Sarregueminois, oise Sarreguemines (Moselle)
Sarrois, oise Sarre (Allemagne)
Sartenais, aise Sartène (Corse-du-Sud)
Sarthois, oise Sarthe (France)
Saskatchewanais, aise Saskatchewan (Canada)
Saulxuron, onne Saulxures-sur-Moselotte (Vosges)
Saumurois, oise Saumur (Maine-et-Loire)
Sauveterrat, ate Sauveterre-de-Rouergue (Aveyron)
Sauveterrien, ienne Sauveterre-de-Béarn (Pyrénées-Atlantiques)
Savenaisien, ienne Savenay (Loire-Atlantique)
Savernois, oise Saverne (Bas-Rhin)
Savinien, ienne Savigny-sur-Orge (Essonne)
Savoyard, arde ou **Savoisien, ienne** Savoie (France)
Saxon, onne Saxe (Allemagne)
Scandinave Scandinavie (Europe)
Scéen, éenne Sceaux (Hauts-de-Seine)
Seclinois, oise Seclin (Nord)
Sedanais, aise Sedan (Ardennes)
Sédélocien, ienne Saulieu (Côte-d'Or)
Ségovien, ienne Ségovie (Espagne)
Segréen, éenne Segré (Maine-et-Loire)
Seine-et-Marnais, aise Seine-et-Marne (France)
Sélestadien, ienne Sélestat (Bas-Rhin)
Semurois, oise Semur-en-Auxois (Côte-d'Or)
Sénan, ane île de Sein (Finistère)
Sénécois, oise ou **Sénécien, ienne** Senez (Alpes-de-Haute-Provence)
Sénégalais, aise* Sénégal (Afrique)
Sénégambien, ienne Sénégambie (Afrique)
Senlisien, ienne Senlis (Oise)
Sénonais, aise Sens (Yonne)
Séoulien, ienne* Séoul (Corée du Sud)
Septimontain, aine Samoëns (Haute-Savoie)
Séquano-Dyonisien, ienne Seine-Saint-Denis (France)
Serbe Serbie

NOMS D'HABITANTS

Sétois, oise Sète (Hérault)
Seurrois, oise Seurre (Côte-d'Or)
Séveragais, aise Séverac-le-Château (Aveyron)
Sévillan, ane Séville (Espagne)
Sevranais, aise Sevran (Seine-Saint-Denis)
Sévrien, ienne Sèvres (Hauts-de-Seine)
Seychellois, oise* Seychelles (océan Indien)
Sherbrookois, oise Sherbrooke (Québec)
Siamois, oise Siam (Asie)
Sibérien, ienne Sibérie (Russie)
Sicilien, ienne Sicile (Italie)
Siennois, oise Sienne (Italie)
Sierra-Léonais, aise* ou **Sierra-Léonien, ienne** Sierra Leone (Afrique)
Silésien, ienne Silésie (Pologne)
Singapourien, ienne* Singapour (Asie)
Sissonnais, aise Sissonne (Aisne)
Sisteronais, aise Sisteron (Alpes-de-Haute-Provence)
Slovaque* Slovaquie (Europe)
Slovène* Slovénie (Europe)
Smyrniote Smyrne [auj. Izmir] (Turquie)
Sochalien, ienne Sochaux (Doubs)
Sofiote* Sofia (Bulgarie)
Soiséen, éenne Soisy-sous-Montmorency (Val-d'Oise)
Soissonnais, aise Soissons (Aisne)
Solesmien, ienne Solesmes (Sarthe)
Solesmois, oise Solesmes (Nord)
Soleurois, oise Soleure (Suisse)
Solliès-Pontois, oise Solliès-Pont (Var)
Solognot, ote Sologne (France)
Solrézien, ienne Solre-le-Château (Nord)
Somalien, ienne* Somalie (Afrique)
Sommièrois, oise Sommières (Gard)
Sonégien, ienne Soignies (Belgique)
Sorien, ienne Sore (Landes)
Sospellois, oise Sospel (Alpes-Maritimes)
Sostranien, ienne La Souterraine (Creuse)
Soudanais, aise* Soudan (Afrique)
Souillagais, aise Souillac (Lot)
Sourdevalais, aise Sourdeval (Manche)
Soussien, ienne Sousse (Tunisie)
Soviétique Union Soviétique ou URSS
Spadois, oise Spa (Belgique)
Sparnacien, ienne Épernay (Marne)
Spartiate Sparte (Grèce)
Spinalien, ienne Épinal (Vosges)
Spiripontain, aine Pont-Saint-Esprit
Sri Lankais, aise ou **Sri-Lankais, aise*** Sri Lanka (Asie)

Stanois, oise Stains (Seine-Saint-Denis)
Stéoruellan, ane Saint-Jean-de-la-Ruelle (Loiret)
Stéphanais, aise Saint-Étienne-du-Rouvray (Seine-Maritime)
Stéphanois, oise Saint-Étienne (Loire)
Stockholmois, oise* Stockholm (Suède)
Strasbourgeois, oise Strasbourg (Bas-Rhin)
Sud-Africain, aine* Afrique du Sud
Sud-Américain, aine Amérique du Sud
Sud-Coréen, éenne Corée du Sud
Sud-Vietnamien, ienne Sud-Viêtnam (Asie)
Suédois, oise* Suède (Europe)
Suisse, Suissesse* Suisse (Europe)
Sullylois, oise Sully-sur-Loire (Loiret)
Suménois, oise Sumène (Gard)
Sumérien, ienne Somer (Mésopotamie)
Surinamien, ienne ou **Surinamais, aise*** Surinam ou Suriname (Amérique du Sud)
Swazi, ie* Swaziland (Afrique)
Sydnéen, éenne Sydney (Australie)
Syracusain, aine Syracuse (Sicile)
Syrien, ienne* Syrie (Proche-Orient)
Tadjik, e* Tadjikistan (Asie)
Tahitien, ienne Tahiti (Polynésie)
Taïwanais, aise Taïwan (Asie)
Talmondais, aise Talmont-Saint-Hilaire (Vendée)
Tananarivien, ienne* Antananarivo ou Tananarive (Madagascar)
Tanzanien, ienne* Tanzanie (Afrique)
Tararien, ienne Tarare (Rhône)
Tarasconnais, aise Tarascon (Bouches-du-Rhône)
Tarbais, aise Tarbes (Hautes-Pyrénées)
Tarentin, ine Tarente (Italie)
Tarnais, aise Tarn (France)
Tarusate Tartas (Landes)
Tasmanien, ienne Tasmanie (Australie)
Taulésien, ienne Taulé (Finistère)
Tchadien, ienne* Tchad (Afrique)
Tchécoslovaque Tchécoslovaquie (Europe)
Tchèque* République tchèque (Europe)
Tchétchène Tchétchénie (Russie)
Tchouvache Tchouvachie (Russie)
Téhéranais, aise* Téhéran (Iran)
Telavivien, ienne* Tel-Aviv (Israël)
Tençois, oise Tence (Haute-Loire)
Tendasque Tende (Alpes-Maritimes)
Ternois, oise Tergnier (Aisne)
Terrassonnais, aise Terrasson-la-Villedieu (Dordogne)

ANNEXES

Terre-Neuvien, ienne Terre-Neuve (Canada)
Testerin, ine La Teste (Gironde)
Texan, ane Texas (États-Unis)
Thaïlandais, aise* Thaïlande (Asie)
Thannois, oise Thann (Haut-Rhin)
Thébain, aine Thèbes (Grèce)
Théoulien, ienne Théoule-sur-Mer (Alpes-Maritimes)
Thessalien, ienne Thessalie (Grèce)
Theutois, oise Theux (Belgique)
Thiaisien, ienne Thiais (Val-de-Marne)
Thiernois, oise Thiers (Puy-de-Dôme)
Thillotin, ine Le Thillot (Vosges)
Thionvillois, oise Thionville (Moselle)
Thironnais, aise Thiron-Gardais (Eure-et-Loir)
Thononais, aise Thonon-les-Bains (Haute-Savoie)
Thouarsais, aise Thouars (Deux-Sèvres)
Thrace Thrace (Europe)
Thuirinois, oise Thuir (Pyrénées-Orientales)
Tibétain, aine Tibet (Asie)
Timorais, aise Timor (Indonésie)
Tiranais, aise* Tirana (Albanie)
Togolais, aise* Togo (Afrique)
Tokyote ou **Tokyoïte** Tokyo (Japon)
Tonguien, ienne* ou **Tongan, ane** îles Tonga (Océanie)
Tonkinois, oise Tonkin (Viêtnam)
Tonneinquais, aise Tonneins (Lot-et-Garonne)
Tonnerrois, oise Tonnerre (Yonne)
Torontois, oise Toronto (Ontario)
Toscan, ane Toscane (Italie)
Toulois, oise Toul (Meurthe-et-Moselle)
Toulonnais, aise Toulon (Var)
Toulousain, aine Toulouse (Haute-Garonne)
Touquettois, oise Le Touquet-Paris-Plage (Pas-de-Calais)
Tourangeau, Tourangelle Touraine (France)
Tourangeau, Tourangelle Tours (Indre-et-Loire)
Tournaisien, ienne Tournai (Belgique)
Tournonais, aise Tournon-sur-Rhône (Ardèche)
Tournusien, ienne Tournus (Saône-et-Loire)
Tourouvrain, aine Tourouvre (Orne)
Tourquennois, oise Tourcoing (Nord)
Traiton, onne Le Trait (Seine-Maritime)
Transylvain, aine ou **Transylvanien, ienne** Transylvanie (Roumanie)
Trappiste Trappes (Yvelines)
Trégastellois, oise Trégastel (Côtes-d'Armor)
Trégorrois, oise ou **Trécorrois, oise** Tréguier (Côtes-d'Armor)
Treignacois, oise Treignac (Corrèze)
Trélonais, aise Trélon (Nord)
Trembladais, aise La Tremblade (Charente-Maritime)
Trévire ou **Trévère** Trèves (Allemagne)
Trévisan, ane Trévise (Italie)
Trévoltien, ienne Trévoux (Ain)
Tricastin, ine Saint-Paul-Trois-Châteaux (Drôme)
Triestin, ine Trieste (Italie)
Trifluvien, ienne Trois-Rivières (Québec)
Trinidadien, ienne* Trinité-et-Tobago (Petites Antilles)
Tripolitain, aine* Tripoli (Lybie)
Tropézien, ienne Saint-Tropez (Var)
Trouvillais, aise Trouville-sur-Mer (Calvados)
Troyen, yenne Troie (Asie Mineure)
Troyen, yenne Troyes (Aube)
Tulliste Tulle (Corrèze)
Tunisien, ienne* Tunisie (Afrique)
Tunisois, oise* Tunis (Tunisie)
Turc, Turque* Turquie (Proche-Orient)
Turinois, oise Turin (Italie)
Turkmène* Turkménistan (Asie)
Turripinois, oise La Tour-du-Pin (Isère)
Tuvaluan, ane* Tuvalu (océan Pacifique)
Tyrien, ienne Tyr (Phénicie)
Tyrolien, ienne Tyrol (Autriche)
Uginois, oise Ugine (Savoie)
Ukrainien, ienne* Ukraine (Europe)
Uruguayen, yenne* Uruguay (Amérique du Sud)
Ussellois, oise Ussel (Corrèze)
Utellien, ienne Utelle (Alpes-Maritimes)
Uzellois, oise Uzel (Côtes-d'Armor)
Uzerchois, oise Uzerche (Corrèze)
Uzétien, ienne Uzès (Gard)
Uztaritztarrak [invar. en genre] Ustaritz (Pyrénées-Atlantiques)
Vaillicien, ienne Vailly-sur-Aisne (Aisne)
Vaisonnais, aise Vaison-la-Romaine (Vaucluse)
Valache Valache (Roumanie)
Valaisan, ane ou **anne** Valais (Suisse)

Val-de-Marnais, aise Val-de-Marne (France)
Val-d'Oisien, ienne Val-d'Oise (France)
Valdôtain, aine val d' Aoste (Italie)
Valencéen, éenne Valençay (Indre)
Valenciennois, oise Valenciennes (Nord)
Valentinois, oise Valence (Drôme)
Valéricain, aine Saint-Valéry-sur-Somme (Somme)
Valériquais, aise Saint-Valéry-en-Caux (Seine-Maritime)
Vallaurien, ienne Vallauris (Alpes-Maritimes)
Valmontais, aise Valmont (Seine-Maritime)
Valognais, aise Valognes (Manche)
Valréassien, ienne Valréas (Vaucluse)
Vancouvérois, oise Vancouver (Colombie-Britannique)
Vannetais, aise Vannes (Morbihan)
Vanuatuan, ane• Vanuatu (Mélanésie)
Varennois, oise Varennes-sur-Allier (Allier)
Varois, oise Var (France)
Varsovien, ienne• Varsovie (Pologne)
Vauclusien, ienne Vaucluse (France)
Vaudois, oise canton de Vaud (Suisse)
Vauverdois, oise Vauvert (Gard)
Vellave Velay (France)
Vençois, oise Vence (Alpes-Maritimes)
Vendéen, éenne Vendée (France)
Vendômois, oise Vendôme (Loir-et-Cher)
Vénézuélien, ienne• ou **Vénézolan, ane•** Venezuela (Amérique du Sud)
Vénitien, ienne Venise (Italie)
Verdunois, oise Verdun (Meuse)
Verdunois, oise Verdun-sur-le-Doubs (Saône-et-Loire)
Vermandois, oise Vermand (Aisne)
Vermontois, oise Vermont (Etats-Unis)
Vernois, oise Vergt (Dordogne)
Vernolien, ienne Verneuil-sur-Avre (Eure)
Vernonnais, aise Vernon (Eure)
Vernousain, aine Vernoux-en-Vivarais (Ardèche)
Véronais, aise Vérone (Italie)
Verriérois, oise ou **Védrarien, ienne** Verrières-le-Buisson (Essonne)
Versaillais, aise Versailles (Yvelines)
Vertavien, ienne Vertou (Loire-Atlantique)
Vervinois, oise Vervins (Aisne)
Vésigondin, ine Le Vésinet (Yvelines)

Vésulien, ienne Vesoul (Haute-Saône)
Veveysan, ane Vevey (Suisse)
Vézélien, ienne Vézelay (Yonne)
Vibraysien, ienne Vibraye (Sarthe)
Vicentin, ine Vicence (Italie)
Vichyssois, oise Vichy (Allier)
Vicois, oise Vic-Fezensac, Vic-sur-Cère (Gers)
Vicois, oise Vic-sur-Cère (Cantal)
Vicolais, aise Vico (Corse-du-Sud)
Vicomtois, oise Vic-le-Comte (Puy-de-Dôme)
Vicquois, oise Vic-en-Bigorre (Hautes-Pyrénées)
Viennois, oise• Vienne (Autriche)
Viennois, oise Vienne (Isère)
Vientianais, aise• Vientiane (Laos)
Vierzonnais, aise Vierzon (Cher)
Vietnamien, ienne• Viêtnam (Asie)
Viganais, aise Le Vigan (Gard)
Vigeoyen, euse Vigeois (Haute-Vienne)
Vigneusien, ienne Vigneux-sur-Seine (Essonne)
Villandrautais, aise Villandraut (Gironde)
Villardien, ienne Villard-de-Lans (Isère)
Villarois, oise Villers-lès-Nancy (Meurthe-et-Moselle)
Villefortais, aise Villefort (Lozère)
Villefranchois, oise Villefranche-de-Lauragais (Haute-Garonne)
Villefranchois, oise Villefranche-de-Rouergue (Aveyron)
Villejuifois, oise Villejuif (Val-de-Marne)
Villemomblois, oise Villemomble (Seine-Saint-Denis)
Villemurien, ienne Villemur (Haute-Garonne)
Villeneuvien, ienne Villeneuve-sur-Yonne (Yonne)
Villeneuvois, oise Villeneuve-sur-Lot (Lot-et-Garonne)
Villenogarennois, oise Villeneuve-la-Garenne (Hauts-de-Seine)
Villepintois, oise Villepinte (Seine-Saint-Denis)
Villérier, ière Villers-le-Lac (Doubs)
Villersois, oise Villers-Saint-Paul (Oise)
Villeruptien, ienne Villerupt (Meurthe-et-Moselle)
Villeurbannais, aise Villeurbanne (Rhône)
Vimonastérien, ienne Vimoutiers (Orne)
Vimynois, oise Vimy (Pas-de-Calais)
Vinçanais, aise Vinça (Pyrénées-Orientales)

ANNEXES

Vincennois, oise Vincennes (Val-de-Marne)
Viroflaysien, ienne Viroflay (Yvelines)
Virois, oise Vire (Calvados)
Vitréen, éenne Vitré (Ille-et-Vilaine)
Vitriot, iote Vitry-sur-Seine (Val-de-Marne)
Vitryat, ate Vitry-le-François (Marne)
Vivarois, oise Viviers (Ardèche)
Vizillois, oise Vizille (Isère)
Voironnais, aise Voiron (Isère)
Voltaïque Haute-Volta (Afrique)
Volvicois, oise Volvic (Puy-de-Dôme)
Vosgien, ienne Vosges (France)
Vouglaisien, ienne ou **Vogladien, ienne** Vouillé (Vienne)
Vouvrillon, onne Vouvray (Indre-et-Loire)
Vouzinois, oise Vouziers (Ardennes)
Wallisien, ienne et Futunien, ienne îles Wallis-et-Futuna (Polynésie)
Wallon, onne Wallonie (Belgique)
Washingtonien, ienne* Washington (États-Unis)
Wasselonnais, aise Wasselonne (Bas-Rhin)
Wasseyen, yenne Wassy (Haute-Marne)
Wattignisien, ienne Wattignies (Nord)
Wattrelosien, ienne Wattrelos (Nord)
Winnipeguois, oise Winnipeg (Canada)
Wissembourgeois, oise Wissembourg (Bas-Rhin)
Wurtembergeois, oise Wurtemberg (Allemagne)
Yamoussoukrois, oise* Yamoussoukro (Côte-d'Ivoire)
Yaoundéen, éenne* Yaoundé (Cameroun)
Yéménite Yémen (Arabie)
Yennois, oise Yenne (Savoie)
Yerrois, oise Yerres (Essonne)
Yonnais, oise La Roche-sur-Yon (Vendée)
Yougoslave* Yougoslavie (Europe)
Yssingelais, aise Yssingeaux (Haute-Loire)
Yvelinois, oise Yvelines (France)
Yvetotais, aise Yvetot (Seine-Maritime)
Yzeurien, ienne Yzeure (Allier)
Zagrébois, oise* Zagreb (Croatie)
Zaïrois, oise* Zaïre (Afrique)
Zambien, ienne* Zambie (Afrique)
Zélandais, aise Zélande (Pays-Bas)
Zicavais, aise Zicavo (Corse-du-Sud)
Zimbabwéen, éenne* Zimbabwe (Afrique)
Zurichois, oise Zurich (Suisse)

SUFFIXES ET PRÉFIXES

a- ou **an-** du grec exprimant la négation (« pas »), ou la privation (« sans »)
-able du latin *-abilis* « qui peut être » ou « qui donne », « enclin à »
-acées du latin *-aceae*, de *-oceus* « appartenant à »
acro- du grec *akros* « qui est à l'extrémité »
actino- du grec *aktis, aktinos* « rayon »
adip(o)- du latin *adeps, adipis* « graisse »
aéro- du grec *aêr, aeros* « air »
afro- du latin *afer, afri* « africain »
-agogue, -agogie du grec *-agôgos*, et *-agôgía*, de *ageín* « mener, conduire »
agro- du grec *agros* « champ »
allo- du grec *allos* « autre »
ambi- du latin *ambo* « deux à la fois, les deux ensemble »
ambly- du grec *amblus* « émoussé, affaibli »
amph(i)- du grec *amphi* « des deux côtés, en double » ou « autour »
ana- du grec *ana* « de bas en haut, en remontant », « en arrière », « à rebours », en sens contraire », ou « de nouveau »
-andre, -andrie du grec *-andros, -andría*, de *anêr*, *andros* « homme, mâle »
andro- du grec *anêr, andros* « homme, mâle »
anémo- du grec *anemos* « vent »
angi(o)- du grec *aggeion* « capsule; vaisseau »
anté- du latin *ante* « avant », indiquant l'antériorité
-anthe du grec *anthos* « fleur »
-anthrope, -anthropie, anthropo- du grec *anthrôpos* « homme »
ant(i)- du grec *anti* « en face de, contre »
aqua- ou **aqui-** du latin *aqua* « eau »
arbor- du latin *arbor* « arbre »
archéo- du grec *arkhaios* « ancien »
arch(i)- du grec *arkhi-*, qui exprime la prééminence, le premier rang
-archie du grec *-arkhía*, de *arkhein* « commander »
argyr(o)- du grec *arguros* « argent »
-arque du grec *arkhein* « commander »
artér(io)- du latin *arteria* « artère »
arthr(o)- du grec *arthron* « articulation »
astro- du latin *astrum* « astre »
atto- du danois *atten* « dix-huit »
audi(o)- du latin *audire* « entendre »
auto- du grec *autos* « soi-même, lui-même »
bactéri(o)- du grec *baktêria* « bâton », au sens de « bactérie »
-bare du grec *barus* « lourd »

baro- du grec *baros* « pesanteur »
bary- du grec *barus* « lourd »
-bate du grec *batein* « marcher, s'appuyer »
bathy- du grec *bathus* « profond »
bi- du latin *bis* indiquant le redoublement ou répétition ou duplication
biblio- du grec *biblion* « livre »
-bie du grec *bioun* « vivre »
bio- du grec *bios* « vie »
blast(o)-, -blaste du grec *blastos* « germe »
blenno- du grec *blennos* « humeur visqueuse »
-bole du grec *bolê* « action de jeter, jet, de ballein* « jeter, lancer »
brachy- du grec *brakhus* « court »
brady- du grec *bradus* « lent »
broncho- du grec *brogkhia* « bronches »
calci(o)-, calc(o)- du latin *calx, calcis* « chaux », « calcium », « calcaire »
calli- du grec *kallos* « beauté »
calor(i)- du latin *calor* « chaleur »
carbo- du latin *carbo* « charbon »
carcino- du grec *karkinos* « crabe, chancre »
-carde, -cardie, cardio-, cardi du grec *kardía* « cœur »
-carpe du grec *karpos* « fruit », « poignet »
caryo- du grec *karuon* « noix, noyau »
cata- du grec *kata* « en dessous, en arrière »
cauli-, -caule du latin *caulis* « tige »
-cèle du grec *kêlê* « tumeur »
-cène du grec *kainos* « récent »
-centèse du grec *kentêsis* « action de piquer »
centi- du latin *centum* « cent », qui divise par cent l'unité pont il précède le nom
centro- du latin *centrum* « centre »
-céphale, céphal(o)-, -céphalie du grec *kephalê* « tête »
chalco- du grec *khalkos* « cuivre »
chir(o)- du grec *kheir* « main »
chlor(o)- du grec *khlôros* « vert », indiquant la présence de chlore ou la couleur verte
chol(é)- du grec *kholê* « bile »
chromat(o)- du grec *khrôma, atos* « couleur »
-chrome, chromo-, -chromie du grec *khrôma* « couleur »
-chronique, chron(o)-, -chrone, -chronisme du grec *khrónos* « temps »
chrys(o)- du grec *khrusos* « or »
-cide du latin *cædere* « tuer »
circum- du latin *circum* « autour »
-clasie du grec *klasis* « action de briser »

SUFFIXES ET PRÉFIXES

clino- du grec *klinein* « pencher » et « être couché »
co- du latin *co*, variante de *cum* « avec »
col- du latin *com*, *cum* « avec »
-cole du latin *colere* « cultiver, habiter »
-colore du latin *color* « couleur »
com- ou **con-** du latin *com*, *cum* « avec »
contra- du latin *contra* « contre, en sens contraire »
contre- du latin *contra* qui exprime soit l'opposition, soit la proximité
-cope du grec *kopto* « je coupe »
copro- du grec *kopros* « excrément »
-coque du grec *kokkos* « grain »
cordi- du latin *cor*, *cordis* « cœur »
crani(o)- du grec *kranion* « crâne »
-crate, -cratie du grec *kratos* « force, puissance »
cristallo- du grec *krustallos* « cristal »
cruci- du latin *crux*, *crucis* « croix »
cryo- du grec *kruos* « froid »
crypto- du grec *kruptos* « caché »
cupri- ou **cupro-** du latin *cuprum* « cuivre »
curv(i)- du latin *curvus* « courbe »
cyan(o)- du grec *kuanos* « bleu sombre »
cyclo-, -cycle du grec *kuklos* « cercle »
cyn(o)- du grec *kuôn*, *kunos* « chien »
cyst(o)-, -cyste du grec *kustis* « vessie »
-cyte, cyto- du grec *kutos* « cavité, cellule »
-dactyle, dactylo- du grec *daktulos* « doigt »
déca- du grec *deka* « dix », qui multiplie par dix l'unité dont il précède le nom
déci- du latin *decimus* « dixième », qui divise par dix l'unité dont il précède le nom
dendro-, -dendron du grec *dendron* « arbre »
dento- du lat *in dens*, *dentis* « dent »
dermato-, derm(o)- du grec *derma*, *dermatos* « peau ».
-derme, -dermie du grec *derma* « peau »
dés- du grec *dis-*, qui indique l'éloignement, la séparation, la privation, l'action contraire
deutér(o)- du grec *deuteros* « deuxième »
dextr(o)- du latin *dextra* « droite »
di- du grec *di-* « deux fois »
dia- du grec *dia-* signifiant « séparation, distinction » ou « à travers »
dicho- du grec *dikho-*, de *dikha* « en deux », de *dis* « deux fois »
-didacte du grec *didaskein* « enseigner »
digiti- du latin *digitus* « doigt »
dipl(o)- du grec *diploos* « double »
dis- du latin *dis*, indiquant la séparation, la différence, le défaut
dodéca- du grec *dodeka* « douze »

dorso- du latin *dorsum* « dos »
-doxe du grec *doxa* « opinion »
-drome, -dromie du grec *dromos* « course »
-dynamie, dynam(o)-, -dyne du grec *dunamis* « force »
dys- du grec *dus-*, exprimant l'idée de difficulté, de manque (nombreux mots de médecine)
éco- du grec *oikos* « maison, habitat »
ecto- du grec *ektos* « au dehors »
-ectomie du grec *ektomê* « ablation »
-èdre du grec *hedra* « siège, base »
embryo- du grec *embruon* « embryon »
-émie du grec *-aimia*, de *haima* « sang »
en- ou **em-** du latin *in-* et *im-*, de *in* « dans »
endo- du grec *endo-*, de *endon* « en dedans »
entér(o)-, -entère du grec *enteron* « intestin »
entomo- du grec *entomon* « insecte », de *entomos* « coupé »
entre- du latin *inter* « entre »
épi- du grec *epi* « sur »
équi- du latin *aequi-*, de *aequus* « égal »
-érèse du grec *eirein* « enlever »
ergo-, -ergie du grec *ergon* « travail, force »
érythr(o)- du grec *eruthros* « rouge »
esthésio-, -esthésie du grec *aisthêsis* « sensation, sensibilité »
ethno- du grec *ethnos* « peuple »
eu- du grec *eu* « bien, agréablement »
ex- du latin *ex* « hors de »
exa- du grec *hexa* « six »
exo- du grec *exô* « au-dehors »
extra- du latin *extra* « en dehors »
femto- du danois *femten* « quinze »
-fère du latin *-fer* « qui porte », de *ferre* « porter, renfermer »
ferro- du latin *ferrum* « fer »
-fier du latin *-ficare*, de *facere* « faire »
-fique du latin *ficus*, de *facere* « faire »
flor(i)- ou **-flore** du latin *flos*, *floris* « fleur »
-forme du latin *-formis*, de *forma* « forme »
-fuge du latin *-fuga* et *-fugus*, de *fugere* « fuir »
gala- ou **galact(o)-** du grec *gala, galaktos* « lait »
gallo- du latin *gallus* « gaulois »
-game, -gamie du grec *gamos* « mariage »
gastéro- ou **gastr(o)-, -gastre** du grec *gastêr, gastros* « ventre, estomac »
-gée du grec *gê* « terre »
-gène du grec *-genês*, de *genos* « naissance, origine »
-genèse ou **-génèse, -génésie** du grec *genesis* « naissance, formation, production »

SUFFIXES ET PRÉFIXES

-génie du grec *-geneia* « production, formation »
géo- du grec *gê* « Terre »
germano- du latin *germanus* « allemand »
géront(o)- du grec *gerôn, gerontos* « vieillard »
giga- du grec *gigas* « géant »
gloss(o)-, -glosse du grec *glôssa* « langue »
gluc(o)-, glyco- du grec *glukus* « doux »
glypto- du grec *gluptos* « gravé »
-gnose, -gnosie, -gnostique du grec *gnôsis* « connaissance »
-gone, -gonal, ale, aux, gonio- du grec *gônia* « angle »
-gone, -gonie du grec *gonos, gonia* « génération »
-grade du latin *-gradus*, de *gradi* « marcher »
-gramme du grec *gramma* « lettre, écriture »
-graphe, -graphie, -graphique du grec *-graphos, -graphia,* de *graphein* « écrire »
grapho- du grec *graphein* « écrire »
gréco- du latin *graecus* « grec »
gymn(o)- du grec *gumnos* « nu »
-gyne du grec *gunê* « femme »
gynéco- du grec *gunê, gunaîkos* « femme »
gyr(o)- ou **gir(o)-** du grec *guros* « cercle »
haplo- du grec *haplous* « simple »
hect(o)- du grec *hekaton* « cent »
héli(o)-, -hélie du grec *hélios* « soleil »
héma- ou **hémat(o)-** ou **hémo-** du grec *haima, haimatos* « sang »
hémi- du grec *hêmi* « à moitié »
hendéca- du grec *hendeka* « onze »
hépat(o)- du grec *hêpar, hêpatos* « foie »
hepta- du grec *hepta* « sept »
hérédo- du latin *heres, heredis* « héritier »
hétér(o)- du grec *heteros* « autre »
hexa- du grec *hexa*, de *hex* « six »
hiér(o)- du grec *hieros* « sacré »
hipp(o)- du grec *hippos* « cheval »
hispano- du latin *hispanus* « espagnol »
hist(o)- du grec *histos* « tissu »
holo- ou **olo-** du grec *holos* « entier »
homéo- du latin *homœo,* du grec *homoios* « semblable »
homo- du grec *homos* « semblable, le même »
horo- du grec *hôro,* de *hôra* « heure »
hydr(o)-, -hydre du grec *hudôr* « eau »
hygro- du grec *hugros* « humide »
hyl(é)-, hyl(o)- du grec *hulê* « bois; matière »
hymén(o)- du grec *humên* « membrane »
hyper- du grec *huper* « au-dessus, au-delà »
hypn(o)- du grec *hupnos* « sommeil »
hypo- du grec *hupo* « au-dessous, en deçà »

hypso- du grec *hupsos* « hauteur »
hystér(o)- du grec *hustera* « utérus »
iatr(o)-, -iatre, -iatrie du grec *iatros* « médecin »
ichty(o)- ou **ichthy(o)-** du grec *ikhthus* « poisson »
icon(o)- du grec *eikôn* « image »
-ide du grec *-eidês,* de *eidos* « aspect, forme »
idéo- du grec *idea* « idée »
idio- du grec *idios* « propre, spécial »
igni- du latin *ignis* « feu »
immuno- du latin *immunis* « exempt »
impari- du latin *impar* « impair »
il-, in-, im- du latin *in* « en, dans »
indo- du latin *Indus* « de l'Inde »
infra- du latin *infra* « inférieur », « en dessous de »
inter- du latin *inter* « entre »
intra- du latin *intra* « à l'intérieur de »
intro- du latin *intro* « dedans »
is(o)- du grec *isos* « égal »
judéo- du latin *judaeus* « juif »
juxta- du latin *juxta* « près de »
kérat(o)- du grec *keras, keratos* « corne, cornée »
kilo- du grec *khilioi* « mille »
kinési- du grec *kinêsis* « mouvement »
lact(o)- du latin *lac, lactis* « lait »
lalo- ou **-lalie** du grec *lalein* « parler »
lamelli- du latin *lamella* « lamelle »
laryng(o)- du grec *laruggos* « gorge »
latér(o)- ou **-latère** du latin *latus, eris* « côté »
-lâtre ou **-lâtrie** du grec *latreuein* « servir »
lépido- du grec *lepis, lepidos* « écaille »
-leptique du grec *lêptikos* « qui prend »
leuc(o)- du grec *leukos* « blanc »
-lingue du latin *lingua* « langue »
lipo- du grec *lipos* « graisse »
-lithe, -lithique, litho- du grec *lithos* « pierre »
loco- du latin *locus* « lieu »
-logie, -logue, -loge ; -logien, -logisme, -logiste ou **-logique** du grec *logia* « théorie », de *logos* « parole, discours »
logo- du grec *logos* « parole, discours »
longi- du latin *longus* « long »
-loque du latin *loqui* « parler »
lymph(o)- du latin *lympha* ou de *lymphe*
-lyse du grec *lusis* « solution, dissolution »
-machie du grec *makhê* « combat »
macro- du grec *makros* « long, grand »
magnéto- du latin *magneticus,* de *magnes (lapis)* « aimant »
malaco- du grec *malakos* « mou »

SUFFIXES ET PRÉFIXES

-mancie, -mancien, ienne du grec *manteia* « divination »

-mane du latin *manus* « main »

-mane, -manie du grec *mania* « folie »

maxi- du latin *maximum* « grand, très grand »

mécano- du grec *mêkhanê* « machine »

médico- du latin *medicus* « médecin »

médio- du latin *medius* « moyen; au milieu »

méga-, mégal(o)-, -mégalie du grec *megas, megalou* « grand »

mélan(o)- du grec *melas, melanos* « noir »

mélo- du grec *melos* « chant »

méno- du grec *mên, mênos* « mois »

-mère, méro- du grec *meros* « partie »

més(o)- du grec *mesos* « au milieu, médian »

mét(a)- du grec *meta*, exprimant la succession, le changement, la participation, et en philosophie et dans les sciences humaines « ce qui dépasse, englobe »

-mètre, métro-, -métrie du grec *-metrês, -metros, metron* « mesure »

mi- du latin *medius* « qui est au milieu »

micro- du grec *mikros* « petit »

milli- du latin *mille*

mini- du latin *minus* « moins »

mis(o)- du grec *misein* « haïr »

mnémo- du grec *mnêmê* « mémoire »

-mnèse, -mnésie, -mnésique du grec *-mnêsia* ou *-mnêsis*, radical *mimnêsko* « je me souviens »

-mobile du latin *mobilis* « qui se meut »

mon(o)- du grec *monos* « seul, unique »

morph(o)-, -morphe, -morphique, -morphisme du grec *morphê* « forme »

multi- du latin *multus* « beaucoup, nombreux »

musico- du latin *musica* « musique »

-myces, myc(o)-, -mycète du grec *mukês* « champignon »

myél(o)- du grec *muelos* « moelle »

myi- du grec *muia* « mouche »

my(o)- du grec *mus* « muscle »

myria- ou **myrio-** du grec *murias* « dizaine de mille »

mytho- du grec *muthos* « fable »

mytili- ou **mytilo-** du latin *mytilus*, grec *mutilos* « coquillage, moule »

nano- du grec *nannos* « nain »

narco- du grec *narkê* « engourdissement »

-naute, -nautique du grec *nautês* « navigateur », *nautikos* « relatif à la navigation »

nécr(o)- du grec *nekros* « mort »

némat(o)- du grec *nêma, nêmatos* « fil »

néo- du grec *neos* « nouveau »

néphr(o)- du grec *nephros* « rein »

neur(o)- ou **névr(o)-** du grec *neuron* « nerf »

nigri- ou **nigro-** du latin *niger* « noir »

nivo- du latin *niveus* « de neige »

-nome, -nomie, -nomique du grec *-nomos, -nomia, -nomikos*, de *nemein* « distribuer, administrer »

nomo- du grec *nomos* « loi »

noso- du grec *nosos* « maladie »

noto- du grec *nôtos* « dos »

novo- du latin *novus* « nouveau »

nucléo- du latin *nucleus* « noyau »

ob- du latin *ob* « en face, à l'encontre »

oct(a)-, octi- ou **octo-** du latin *octo* « huit »

-odie du grec *-ôdia*, radical *odê* « chant »

-odontie, odont(o)- du grec *odous, odontos* « dent »

œn(o)- du grec *oinos* « vin »

-oïdal, ale, aux ou **-oïde** du grec *-eidês*, de *eidos* « aspect », servant à former des adj. avec le sens de « semblable à »

oléi- ou **oléo-** du grec *olea* « olivier », *oleum* « huile »

oligo- du grec *oligos* « petit, peu nombreux »

omni- du latin *omnis* « tout »

oniro- du grec *oneiros* « rêve »

onto- du grec *ôn, ontos* « l'être, ce qui est »

-onyme du grec *-ônumos*, de *onoma* « nom »

oo- du grec *ôon* « œuf »

-ope ou **-opie** du grec *ôps, opis* « vue »

ophi(o)- du grec *ophis* « serpent »

ophtalm(o)-, -ophtalmie du grec *ophthalmos* « œil »

opistho- du grec *opisthen* « derrière, en arrière »

opo- du grec *opos* « suc »

-opsie du grec *opsis* « vision, vue »

opto- du grec *optos* « visible »

-orama du grec *orama* « vue », souvent simplifié en *-rama*

ornitho- du grec *ornis, ornithos* « oiseau »

oro- du grec *oros* « montagne »

orth(o)- du grec *orthos* « droit », et fig. « correct »

-ose de *glucose*, sert à former les noms des glucides

osté(o)- du grec *osteon* « os »

ostréi- du latin *ostrea*, grec *ostreon* « huître »

oto- du grec *oûs, ôtos* « oreille »

-oure du grec *oura* « queue »

ovi- ou **ov(o)-** du latin *ovum* « œuf »

ox(y)- du grec *oxus* « pointu, acide », qui représente oxygène

paléo- du grec *palaios* « ancien »

SUFFIXES ET PRÉFIXES

pali(n)- du grec *palin* « de nouveau »
palmi- du latin *palma* « palme »
pan-, pant(o)- du grec *pan, pantos* « tout »
para- du grec *para* « à côté de »
-pare du latin *-parus, de parere* « engendrer »
-pathie, -pathique, -pathe du grec *-patheia, -pathês, de pathos* « ce qu'on éprouve »
patho- du grec *pathos* « affection, maladie »
-pède, pédi- du latin *pes, pedis* « pied »
péd(o)- du grec *pais, paidos* « enfant, jeune garçon » ou de *paideuein* « élever, instruire »
pent(a)- du grec *pente* « cinq »
péri- du grec *peri* « autour (de) »
péta- du grec *penta* « cinq »
pétro- du grec *petros* « pierre »
-phage, -phagie, -phagique du grec *-phagos et -phagia, de phagein* « manger »
-phane, -phanie du grec *-phanes et -phaneia, de phainein* « paraître »
pharmaco- du grec *pharmakon* « remède »
phén(o)- du grec *phainein* « briller, éclairer »
-phile, -philie du grec *philos* « ami »
phil(o)- du grec *philos* « ami », ou *philein* « aimer »
phléb(o)- du grec *phleps, phlebos* « veine »
-phobe, -phobie du grec *phobos* « crainte »
phon(o)-, -phone, -phonie du grec *phônê* « voix, son »
-phore du grec *pherein* « porter »
-phote, photo- du grec *phôs, phôtos* « lumière »
phyco- du grec *phukos* « algue »
-phylle du grec *phullon* « feuille »
-physe du grec *phusis* « croissance, production »
physio- du grec *phusis* « nature »
phyt(o)-, -phyte du grec *phuton* « plante »
pico- de l'espagnol *pico* « petite somme »
picr(o)- du grec *pikros* « amer »
piézo- du grec *piezein* « presser »
pisci- du latin *piscis* « poisson »
plani- du latin *planus* « plan »
-plasie du grec *plasis* « action de façonner, modeler »
-plasme, plasmo- du grec *plasma* « chose façonnée »
-plastie du grec *plassein* « modeler »
-plégie du grec *plêssein* « frapper »
pleuro- du grec *pleuron* « côté »
plouto- du grec *ploutos* « richesse »
pluri- du latin *plures* « plusieurs »
pluvio- du latin *pluvia* « pluie »
pneumat(o)- du grec *pneuma, pneumatos* « souffle »

pneumo- du grec *pneumôn* « poumon »
-pode du grec *pous, podos* « pied »
polari- du grec *polein* « tourner »
poli-, -pole, -polite du grec *polis* « ville »
politico- du grec *politikos* « politique »
poly- du grec *polus* « nombreux; abondant »
pomi- ou **pomo-** du latin *pomum* « fruit »
post- du latin *post* « après »
pré- du latin *prae* « devant, en avant »
pro- du grec ou du latin *pro* « en avant » et « qui est pour, partisan de »
proct(o)- du grec *prôktos* « anus »
prot(o)- du grec *prôtos* « premier, primitif, rudimentaire »
pseud(o)- du grec *pseudês* « menteur »
psych(o)- du grec *psukhê* « l'âme sensitive »
-ptère du grec *-pteros, de pteron* « plume d'aile, ailé », et « aile, colonnade »
ptér(o)- du grec *ptero-, de pteron* « aile »
-ptérygien du grec *pterugion* « nageoire »
-puncture ou **-poncture** du latin *punctura* « piqûre »
pyél(o)- du grec *puelos* « cavité, bassin ».
-pyge, -pygie du grec *pugê* « fesse »
py(o)- du grec *puo-, de puon* « pus »
pyro- du grec *pur, puros* « feu »
quadri- ou **quadru-** du latin *quadr-, de quattuor* « quatre »
quinqu(a)- du latin *quinque* « cinq »
quint- du lat *quintus* « cinquième »
radio- du latin *radius* « rayon » ou de *radiation*
-rama du grec *orama* « vue »
re- du latin *re* indiquant un mouvement en arrière
rect(i)- du latin *rectus* « droit ».
rétro- du latin *retro* « en arrière »
rhéo- du grec *rheô, rhein* « couler »
rhin(o)- du grec *rhis, rhinos* « nez »
rhizo- du grec *rhiza* « racine »
rhod(o)- du grec *rhodon* « rose » (couleur)
rhomb(o)- du grec *rhombos* « losange »
rhynch(o)- du grec *rhugkhos* « groin, bec »
-rostre du latin *rostrum* « bec »
-rragie ou **-rrhagie** du grec *rhagê, d'après erragên, de rhêgnumi* « briser; jaillir »
-rrhée ou **-rrée** du grec *-rroia, de rhein* « couler »
sacchari- ou **racchar(o)-** du latin *saccharum*, du grec *sakkharon* « sucre »
sapro- du grec *sapros* « putride »
sarco- du grec *sarx, sarkos* « chair »
-saure du grec *saura* ou *sauros* « lézard »
-scaphe du grec *skaphê* « barque »

SUFFIXES ET PRÉFIXES

scato- du grec *skor, skatos* « excrément »
schiz(o)- du grec *skhizein* « fendre »
sclér(o)- du grec *sklêros* « dur »
-scope, -scopie du grec *skopos, -skopia,* de *skopein* « examiner, observer »
-sélène ou **séléno-** du grec *selênê* « Lune »
self- de l'anglais *self* « soi-même »
semi- du latin *semi-* « à demi »
-sepsie du grec *sêpsis* « putréfaction »
-septique du grec *sêptikos* « septique »
sérici- du latin *sericus* « de soie », grec *sêrikos,* de *sêr* « ver à soie », de *Sêres* « les Sères »
séro- du latin *serum* « petit-lait »
servo- du latin *servus* « esclave »
sidér(o)- du latin *sideros* « fer »
simili- du latin *similis* « semblable »
sin(o)- du latin médiéval *Sinae* (nom grec d'une ville d'Extrême-Orient), signifiant « de la Chine »
sism(o)- ou **séism(o)-** du grec *seismos* « secousse »
somato-, -some du grec *sôma* « corps »
sono- du latin *sonus* « son »
-sophe du grec *sophos* « sage, savant »
-sophie du grec *sophia* « sagesse, science »
spatio- de *spatial,* signifie « espace »
spéléo- du grec *spêlaion* « caverne »
spermat(o)- ou **spermo-** du grec *sperma, spermatos* « semence, graine »
-sperme du grec *-spermos,* de *sperma* « semence, graine »
sphygmo- du grec *sphugmos* « pouls, pulsation »
-stat du grec *-statês,* de *histanai* « (se) dresser, (se) tenir en équilibre »
stéat(o)- du grec *stear, steatos* « graisse »
stégo- du grec *stegos* « toit »
sténo- du grec *stenos* « étroit »
stéréo- du grec *stereos* « solide »
-sthénie du grec *sthenos* « force »
stomat(o)-, -stomie du grec *stoma, atos* « bouche »
strato- du latin *stratum* « chose étendue »
strepto- du grec *streptos* « contourné, recourbé »
strobo- du grec *strobos* « rotation, tournoiement »
sub- du latin *sub* « sous »
sulf(o)- du latin *sulfur, uris* « soufre »
super- du latin *super* « au-dessus, sur »
supra- du latin *supra* « au-dessus, au-delà »
sur- du latin *super* « au-dessus »
sus- de l'adv. *sus,* « au-dessus », « ci-dessus, plus haut »
sylv(i)- du latin *silva* « forêt »

sym- ou **syn-** du grec *sun* « avec »
tachéo- du grec *takheos* « rapide »
tachy- du grec *takhus* « rapide »
tauto- du grec *tauto* « le même »
taxi- ou **taxo-** ; **-taxie** du grec *taxis* « arrangement, ordre »
-technie, -technique, techno- du grec *tekhnê* « art, métier, procédé », et *tekhnikos*
télé- du grec *têle* « loin »
téléo- ou **télo-** du grec *telos, teleos* « fin, but », et *teleios* « complet, achevé »
téra- du grec *teras* qui indique la multiplication par un million de millions, et par ext. par un très grand nombre, de l'unité dont il précède le nom
térato- du grec *teras, teratos* « monstre »
tétra- du grec *tetra-,* de *tettares* « quatre »
thalasso- du grec *thalassa* « mer »
thanato- du grec *thanatos* « mort »
-thée, théo-, -théisme, -théiste du grec *theos* « dieu »
-thèque du grec *thêkê* « loge, réceptacle, armoire »
-thérapie du grec *therapeia* « soin, cure »
-therme, -thermie, -thermique ou **therm(o)-** du grec *thermos* « chaud » ou *thermainein* « chauffer »
thi(o)- du grec *theion* « soufre »
thorac(o)- du grec *thôrax, thôrakos* « thorax »
thromb(o)- du grec *thrombos* « caillot »
-thymie du grec *-thumia,* de *thumos* « cœur, affectivité »
-tocie, toco- du grec *tokos* « accouchement »
-tome, -tomie du grec *-tomos,* et *-tomia,* radical *temnein* « couper, découper »
-tonie du grec *tonos* « tension »
-tope, topo- du grec *topo-,* de *topos* « lieu »
toxico- du latin *toxicum* « poison »
trans- du latin *trans* « par-delà »
tri- du latin et du grec *tri-* « trois »
tribo- du grec *tribein* « frotter »
trich(o)-, -triche du grec *thrix, trikhos* « poil, cheveu »
-trope, -tropie, -tropisme du grec *tropos* « tour, direction », de *trepein* « tourner »
-trophie, tropho- du grec *trophê* « nourriture »
tropo- du grec *tropos* « tour, direction »
tubi- du latin *tubus* « tube »
tubul- du latin *tubulus* « petit tube »
turbo- du latin *turbo* « tourbillon »
-type, -typie du grec *tupos* « empreinte ; modèle »

typh(o)- du grec *tuphos* « fumée, torpeur »
typo- du grec *tupos* « marque, caractère »
typto- du grec *tuptein* « frapper »
tyr(o)- du grec *turos* « fromage »
ultra- du latin *ultra* « au-delà »
unci- du latin *uncus* « crochet »
undéci- du latin *undecim* « onze »
ungu(i)- du latin *unguis* « ongle »
uni- du latin *unus* « un »
urano- du grec *ouranos* « ciel »
-urèse, -urie du grec *ourêsis* « action d'uriner »
-urge, -urgie du grec *-ourgos* et *-ourgia* ; radical *ergo* « je fais », *ergon* « œuvre, art »
uro- du grec *oûron* « urine »
-valent, ente de *équivalent* (en chimie), signifiant « qui a pour valence »
vaso- du latin *vas* « récipient »
verm(i)- du latin *vermis* « ver »

vice- du latin *vice* « à la place de, pour »
vidéo- du latin *videre* « voir »
vini- du latin *vinum* « vin »
vir- ou **-vir** du latin *vir* « homme »
viti- du latin *vitis* « vigne »
vivi- du latin *vivus, vivi* « vivant »
-vore du latin *-vorus*, de *vorare* « avaler, manger »
xantho- du grec *xanthos* « jaune »
xén(o)- du grec *xenos* « étranger »
xér(o)- du grec *xêros* « sec »
xyl(o)- du grec *xulo-*, de *xulon* « bois »
-yle du grec *hulê* « matière, substance »
-zoaire du grec *zôon* « animal » et du suffixe taxinomique de biologie *-aire*
-zoïque du grec *zôikos* « relatif aux animaux »
zoo- du grec *zôon* « être vivant, animal »
zygo- du grec *zugon* « joug », et fig. « couple »
zym(o)- du grec *zumê* « levain, ferment »

conjugaisons

1. Accord du participe passé

2. Tableaux des conjugaisons

VERBES RÉGULIERS :

conjugaison 1 *chanter*

conjugaison 2 *finir*

VERBES IRRÉGULIERS :

conjugaisons 3 à 9 : verbes irréguliers en -*er*

conjugaisons 10 à 22 : verbes irréguliers en -*ir*

conjugaisons 23 à 34 : verbes irréguliers en -*oir*
(conjugaison 34 : verbe *avoir*)

conjugaisons 35 à 61 : verbes irréguliers en -*re*
(conjugaison 61 : verbe *être*)

ACCORD DU PARTICIPE PASSÉ

AVEC « ÊTRE »

Lorsque le participe passé est employé avec être, il s'accorde en genre et en nombre avec le sujet. Il se met au pluriel s'il y a deux sujets (ou plus) et au masculin si l'un des sujets est masculin :

- *Il est déjà parti* • *Elle et son frère sont rentrés tard*

☛ Avec *on* et *vous*, l'accord varie selon les personnes que ces pronoms représentent. :
- *on est entré* (= quelqu'un est entré) • *on est entré(s)* (= nous sommes entrés)
- *vous êtes entré* (vous = un homme) • *vous êtes entrée* (vous = une femme)

AVEC « AVOIR »

Lorsque le participe passé est employé avec avoir, il est invariable si le verbe est intransitif (c'est-à-dire s'il n'a jamais de complément) ou si ses compléments sont toujours indirects :

- *Ils ont menti* • *Ces romans nous ont plu*

Il est invariable si le complément d'objet direct est placé après le verbe :
- *Il a reçu deux lettres* • *Elle m'a prêté sa bicyclette*
- *Ils ont passé des moments difficiles*

En revanche, le participe passé s'accorde en genre et en nombre avec le complément d'objet direct si celui-ci est placé avant le verbe :
- *Les lettres qu'il a reçues* • *La bicyclette qu'elle m'a prêtée*
- *Les moments difficiles qu'ils ont passés*
- *Ses arguments, je les ai trouvés très convaincants*

☛ Les verbes **courir, coûter, durer, peser, mesurer, valoir, vivre** sont parfois suivis de compléments qui ressemblent à des compléments d'objet direct mais qui sont en fait des compléments circonstanciels. Le participe passé est alors invariable :
- *Les 2000 mètres qu'ils ont couru* mais *Les dangers qu'ils ont courus*
- *Les milliards que le projet a coûté* mais *Les efforts que cela m'a coûtés*
- *Les millions que cela a valu* mais *La renommée que son film lui a value*

VERBE PRONOMINAL

Lorsque le participe passé est employé avec un verbe pronominal, il s'accorde en genre et en nombre avec le sujet quand le verbe est toujours pronominal, c'est-à-dire s'il se construit toujours avec le pronom se :

- *Elle s'est enfuie* • *Nous nous sommes emparés du sac*
- *Ils s'en sont souvenus*

Il s'accorde en genre et en nombre avec le sujet quand le pronom est complément d'objet direct du verbe :

- *Elle s'est coiffée* (= elle a coiffé elle-même)
- *Nous nous sommes lavé(e)s* (= nous avons lavé nous-mêmes)
- *Ils se sont brûlés* (= ils ont brûlé eux-mêmes)

ACCORD DU PARTICIPE PASSÉ

Il s'accorde en genre et en nombre avec le complément d'objet direct quand celui-ci est placé avant le verbe :

- *La robe qu'elle s'est offerte* (= la robe qu'elle a offerte à elle-même)
- *Les objectifs qu'il s'est fixés* (= les objectifs qu'il a fixés à lui-même)

En revanche, le participe passé est invariable quand le pronom n'est pas complément d'objet direct :

- *Elle s'est offert une moto* (= elle a offert une moto à elle-même)
- *Nous nous sommes lavé les mains* (= nous avons lavé nos mains)
- *Elles se sont envoyé plusieurs lettres* (l'une à l'autre)

Le participe passé est invariable lorsque le verbe ne peut pas avoir de complément d'objet direct :

- *Ils se sont parlé* (= ils ont parlé l'un à l'autre)
- *Elles se sont succédé à la tribune* (= l'une a succédé à l'autre)

PARTICIPE PASSÉ SUIVI D'UN INFINITIF

Lorsque le participe passé est suivi d'un infinitif, il est invariable si le complément placé devant lui est le complément d'objet direct de l'infinitif :

- *La chanson que j'ai entendu chanter* (on chante quoi ? la chanson)
- *Les plats qu'elle a choisi de cuisiner* (elle a cuisiné quoi ? les plats)
- *Elles se sont laissé convaincre* (on a convaincu qui ? elles)

Le participe passé s'accorde si le complément placé devant lui est à la fois le complément d'objet direct du verbe conjugué et celui de l'infinitif :

- *Les musiciens que j'ai entendus jouer*
(j'ai entendu qui ? les musiciens ; qui joue ? les musiciens)
- *Elle s'est laissée tomber* (qui est tombé ? elle)

> NB : La réforme de l'orthographe de 1990 préconise
> l'invariabilité du participe passé de *laisser* suivi d'un infinitif
> dans tous les cas. Ainsi, *Elle s'est laissé tomber* est une graphie
> acceptée.

Si l'infinitif est précédé d'une préposition, le participe s'accorde ou non :

- *Les chemises que j'ai mis ou mises à sécher*
- *Les problèmes que nous avons eu ou eus à régler*

VERBES IMPERSONNELS

Le participe passé des verbes impersonnels ou employés dans des tournures impersonnelles est invariable :

- *Les mètres de tissu qu'il a fallu*
- *Les tempêtes qu'il y a eu dans le Sud*

conjugaison | CHANTER

indicatif

PRÉSENT
je chante
tu chantes
il chante
nous chantons
vous chantez
ils chantent

IMPARFAIT
je chantais
tu chantais
il chantait
nous chantions
vous chantiez
ils chantaient

PASSÉ SIMPLE
je chantai
tu chantas
il chanta
nous chantâmes
vous chantâtes
ils chantèrent

FUTUR SIMPLE
je chanterai
tu chanteras
il chantera
nous chanterons
vous chanterez
ils chanteront

PASSÉ COMPOSÉ
j'ai chanté
tu as chanté
il a chanté
nous avons chanté
vous avez chanté
ils ont chanté

PLUS-QUE-PARFAIT
j'avais chanté
tu avais chanté
il avait chanté
nous avions chanté
vous aviez chanté
ils avaient chanté

PASSÉ ANTÉRIEUR
j'eus chanté
tu eus chanté
il eut chanté
nous eûmes chanté
vous eûtes chanté
ils eurent chanté

FUTUR ANTÉRIEUR
j'aurai chanté
tu auras chanté
il aura chanté
nous aurons chanté
vous aurez chanté
ils auront chanté

subjonctif

PRÉSENT
que je chante
que tu chantes
qu'il chante
que nous chantions
que vous chantiez
qu'ils chantent

IMPARFAIT
que je chantasse
que tu chantasses
qu'il chantât
que nous chantassions
que vous chantassiez
qu'ils chantassent

PASSÉ
que j'aie chanté
que tu aies chanté
qu'il ait chanté
que nous ayons chanté
que vous ayez chanté
qu'ils aient chanté

PLUS-QUE-PARFAIT
que j'eusse chanté
que tu eusses chanté
qu'il eût chanté
que nous eussions chanté
que vous eussiez chanté
qu'ils eussent chanté

conditionnel

PRÉSENT
je chanterais
tu chanterais
il chanterait
nous chanterions
vous chanteriez
ils chanteraient

PASSÉ 1ʳᵉ FORME
j'aurais chanté
tu aurais chanté
il aurait chanté
nous aurions chanté
vous auriez chanté
ils auraient chanté

PASSÉ 2ᵉ FORME
j'eusse chanté
tu eusses chanté
il eût chanté
nous eussions chanté
vous eussiez chanté
ils eussent chanté

impératif

PRÉSENT
chante
chantons
chantez

participe

PRÉSENT
chantant

PASSÉ
chanté

conjugaison 2 FINIR

indicatif

PRÉSENT
je finis
tu finis
il finit
nous finissons
vous finissez
ils finissent

IMPARFAIT
je finissais
tu finissais
il finissait
nous finissions
vous finissiez
ils finissaient

PASSÉ SIMPLE
je finis
tu finis
il finit
nous finîmes
vous finîtes
ils finirent

FUTUR SIMPLE
je finirai
tu finiras
il finira
nous finirons
vous finirez
ils finiront

PASSÉ COMPOSÉ
j'ai fini
tu as fini
il a fini
nous avons fini
vous avez fini
ils ont fini

PLUS-QUE-PARFAIT
j'avais fini
tu avais fini
il avait fini
nous avions fini
vous aviez fini
ils avaient fini

PASSÉ ANTÉRIEUR
j'eus fini
tu eus fini
il eut fini
nous eûmes fini
vous eûtes fini
ils eurent fini

FUTUR ANTÉRIEUR
j'aurai fini
tu auras fini
il aura fini
nous aurons fini
vous aurez fini
ils auront fini

subjonctif

PRÉSENT
que je finisse
que tu finisses
qu'il finisse
que nous finissions
que vous finissiez
qu'ils finissent

IMPARFAIT
que je finisse
que tu finisses
qu'il finît
que nous finissions
que vous finissiez
qu'ils finissent

PASSÉ
que j'aie fini
que tu aies fini
qu'il ait fini
que nous ayons fini
que vous ayez fini
qu'ils aient fini

PLUS-QUE-PARFAIT
que j'eusse fini
que tu eusses fini
qu'il eût fini
que nous eussions fini
que vous eussiez fini
qu'ils eussent fini

conditionnel

PRÉSENT
je finirais
tu finirais
il finirait
nous finirions
vous finiriez
ils finiraient

PASSÉ 1ʳᵉ FORME
j'aurais fini
tu aurais fini
il aurait fini
nous aurions fini
vous auriez fini
ils auraient fini

PASSÉ 2ᵉ FORME
j'eusse fini
tu eusses fini
il eût fini
nous eussions fini
vous eussiez fini
ils eussent fini

impératif

PRÉSENT
finis
finissons
finissez

participe

PRÉSENT
finissant

PASSÉ
fini

CONJUGAISONS 3 À 6

3. placer

indicatif présent je place, il place, nous plaçons, ils placent
> **imparfait** je plaçais
> **passé simple** je plaçai
> **futur** je placerai

impératif place, plaçons
conditionnel présent je placerais
subjonctif présent que je place, que nous placions
participe présent plaçant
> **passé** placé

.... bouger ....

indicatif présent je bouge, il bouge, nous bougeons, ils bougent
> **imparfait** je bougeais, nous bougions
> **passé simple** je bougeai
> **futur** je bougerai

impératif bouge, bougeons
conditionnel présent je bougerais
subjonctif présent que je bouge, que nous bougions
participe présent bougeant
> **passé** bougé

4. appeler(1)

indicatif présent j'appelle, il appelle, nous appelons, ils appellent
> **imparfait** j'appelais
> **passé simple** j'appelai
> **futur** j'appellerai

impératif appelle, appelons
conditionnel présent j'appellerais
subjonctif présent que j'appelle, que nous appelions
participe présent appelant
> **passé** appelé

.... jeter(1) ....

indicatif présent je jette, il jette, nous jetons, ils jettent
> **imparfait** je jetais
> **passé simple** je jetai
> **futur** je jetterai

impératif jette, jetons
conditionnel présent je jetterais
subjonctif présent que je jette, que nous jetions
participe présent jetant
> **passé** jeté

5. geler(1)

indicatif présent je gèle, il gèle, nous gelons, ils gèlent
> **imparfait** je gelais, nous gelions
> **passé simple** je gelai
> **futur** je gèlerai

impératif gèle, gelons
conditionnel présent je gèlerais
subjonctif présent que je gèle, que nous gelions
participe présent gelant
> **passé** gelé

.... acheter(1) ....

indicatif présent j'achète, il achète, nous achetons, ils achètent
> **imparfait** j'achetais, nous achetions
> **passé simple** j'achetai
> **futur** j'achèterai

impératif achète, achetons
conditionnel présent j'achèterais
subjonctif présent que j'achète, que nous achetions
participe présent achetant
> **passé** acheté

(1) NB : la réforme de l'orthographe préconise l'emploi systématique du è pour noter le son « e ouvert » dans les verbes en –eler et -eter. Ainsi, on peut conjuguer sur le modèle de **geler** et **acheter** (conjug. 5) des verbes tels que **ruisseler** (il ruissèle, il ruissèlera), **épousseter** (j'épossète, il époussètera), **étiqueter** (il étiquètera)

6. céder

indicatif présent je cède, il cède, nous cédons, ils cèdent
> **imparfait** je cédais, nous cédions
> **passé simple** je cédai
> **futur** je céderai, je cèderai*

impératif cède, cédons
conditionnel présent je céderais, je cèderais*
subjonctif présent que je cède, que nous cédions
participe présent cédant
> **passé** cédé

CONJUGAISONS 7 À 13

7. épier
indicatif présent j'épie, il épie, nous épions, ils épient
> **imparfait** j'épiais, nous épiions
> **passé simple** j'épiai
> **futur** j'épierai
impératif épie, épions
conditionnel présent j'épierais
subjonctif présent que j'épie, que nous épiions
participe présent épiant
> **passé** épié

prier
indicatif présent je prie, il prie, nous prions, ils prient
> **imparfait** je priais, nous priions
> **passé simple** je priai
> **futur** je prierai
impératif prie, prions
conditionnel présent je prierais
subjonctif présent que je prie, que nous priions
participe présent priant
> **passé** prié

8. noyer
indicatif présent je noie, il noie, nous noyons, ils noient
> **imparfait** je noyais, nous noyions
> **passé simple** je noyai
> **futur** je noierai
impératif noie, noyons
conditionnel présent je noierais
subjonctif présent que je noie, que nous noyions
participe présent noyant
> **passé** noyé

payer
indicatif présent je paie ou je paye, il paie ou il paye, nous payons, ils paient ou ils payent
> **imparfait** je payais, nous payions
> **passé simple** je payai
> **futur** je paierai ou je payerai, nous paierons ou nous payerons
impératif paie ou paye, payons
conditionnel présent je paierais ou je payerais
subjonctif présent que je paie ou que je paye, que nous payions
participe présent payant
> **passé** payé

9. aller voir page ci-contre

10. haïr
indicatif présent je hais, il hait, nous haïssons, ils haïssent
> **imparfait** je haïssais, nous haïssions
> **passé simple** je haïs, nous haïmes
> **futur** je haïrai
impératif hais, haïssons
conditionnel présent je haïrais
subjonctif présent que je haïsse, que nous haïssions
participe présent haïssant
> **passé** haï

11. courir
indicatif présent je cours, il court, nous courons, ils courent
> **imparfait** je courais, nous courions
> **passé simple** je courus
> **futur** je courrai
impératif cours, courons
conditionnel présent je courrais
subjonctif présent que je coure
participe présent courant
> **passé** couru

12. cueillir
indicatif présent je cueille, il cueille, nous cueillons, ils cueillent
> **imparfait** je cueillais, nous cueillions
> **passé simple** je cueillis
> **futur** je cueillerai
impératif cueille, cueillons
conditionnel présent je cueillerais
subjonctif présent que je cueille, que nous cueillions
participe présent cueillant
> **passé** cueilli

13. assaillir
indicatif présent j'assaille, il assaille, nous assaillons, ils assaillent
> **imparfait** j'assaillais, nous assaillions
> **passé simple** j'assaillis
> **futur** j'assaillirai
impératif assaille, assaillons
conditionnel présent j'assaillirais
subjonctif présent que j'assaille, que nous assaillions

conjugaison 9 ALLER

indicatif

PRÉSENT	PASSÉ COMPOSÉ
je vais	je suis allé
tu vas	tu es allé
il va	il est allé
nous allons	nous sommes allés
vous allez	vous êtes allés
ils vont	ils sont allés

IMPARFAIT	PLUS-QUE-PARFAIT
j'allais	j'étais allé
tu allais	tu étais allé
il allait	il était allé
nous allions	nous étions allés
vous alliez	vous étiez allés
ils allaient	ils étaient allés

PASSÉ SIMPLE	PASSÉ ANTÉRIEUR
j'allai	je fus allé
tu allas	tu fus allé
il alla	il fut allé
nous allâmes	nous fûmes allés
vous allâtes	vous fûtes allés
ils allèrent	ils furent allés

FUTUR SIMPLE	FUTUR ANTÉRIEUR
j'irai	je serai allé
tu iras	tu seras allé
il ira	il sera allé
nous irons	nous serons allés
vous irez	vous serez allés
ils iront	ils seront allés

subjonctif

PRÉSENT	PASSÉ
que j'aille	que je sois allé
que tu ailles	que tu sois allé
qu'il aille	qu'il soit allé
que nous allions	que nous soyons allés
que vous alliez	que vous soyez allés
qu'ils aillent	qu'ils soient allés

IMPARFAIT	PLUS-QUE-PARFAIT
que j'allasse	que je fusse allé
que tu allasses	que tu fusses allé
qu'il allât	qu'il fût allé
que nous allassions	que nous fussions allés
que vous allassiez	que vous fussiez allés
qu'ils allassent	qu'ils fussent allés

conditionnel

PRÉSENT

j'irais
tu irais
il irait
nous irions
vous iriez
ils iraient

PASSÉ 1re FORME

je serais allé
tu serais allé
il serait allé
nous serions allés
vous seriez allés
ils seraient allés

PASSÉ 2e FORME

je fusse allé
tu fusses allé
il fût allé
nous fussions allés
vous fussiez allés
ils fussent allés

impératif

PRÉSENT

va
allons
allez

participe

PRÉSENT

allant

PASSÉ

allé

conjugaison 14 à 20

participe présent assaillant
> **passé** assailli

———— 14. servir ————

indicatif présent je sers, il sert, nous servons, ils servent
> **imparfait** je servais, nous servions
> **passé simple** je servis
> **futur** je servirai
impératif sers, servons
conditionnel présent je servirais
subjonctif présent que je serve
participe présent servant
> **passé** servi

———— 15. bouillir ————

indicatif présent je bous, il bout, nous bouillons, ils bouillent
> **imparfait** je bouillais, nous bouillions
> **passé simple** je bouillis
> **futur** je bouillirai
impératif bous, bouillons
conditionnel présent je bouillirais
subjonctif présent que je bouille, que nous bouillions
participe présent bouillant
> **passé** bouilli

———— 16. partir ————

indicatif présent je pars, il part, nous partons, ils partent
> **imparfait** je partais, nous partions
> **passé simple** je partis
> **futur** je partirai
impératif pars, partons
conditionnel présent je partirais
subjonctif présent que je parte
participe présent partant
> **passé** parti

············ sentir ············

indicatif présent je sens, il sent, nous sentons, ils sentent
> **imparfait** je sentais, nous sentions
> **passé simple** je sentis
> **futur** je sentirai
impératif sens, sentons
conditionnel présent je sentirais
subjonctif présent que je sente
participe présent sentant
> **passé** senti

———— 17. fuir ————

indicatif présent je fuis, il fuit, nous fuyons, ils fuient
> **imparfait** je fuyais, nous fuyions
> **passé simple** je fuis, nous fuîmes
> **futur** je fuirai
impératif fuis, fuyons
conditionnel présent je fuirais
subjonctif présent que je fuie, que nous fuyions
participe présent fuyant
> **passé** fui

———— 18. couvrir ————

indicatif présent je couvre, il couvre, nous couvrons, ils couvrent
> **imparfait** je couvrais, nous couvrions
> **passé simple** je couvris
> **futur** je couvrirai
impératif couvre, couvrons
conditionnel présent je couvrirais
subjonctif présent que je couvre
participe présent couvrant
> **passé** couvert

———— 19. mourir ————

indicatif présent je meurs, il meurt, nous mourons, ils meurent
> **imparfait** je mourais, nous mourions
> **passé simple** je mourus
> **futur** je mourrai
impératif meurs, mourons
conditionnel présent je mourrais
subjonctif présent que je meure
participe présent mourant
> **passé** mort

———— 20. vêtir ————

indicatif présent je vêts, il vêt, nous vêtons, ils vêtent
> **imparfait** je vêtais, nous vêtions
> **passé simple** je vêtis, nous vêtîmes
> **futur** je vêtirai
impératif vêts, vêtons
conditionnel présent je vêtirais
subjonctif présent que je vête
participe présent vêtant
> **passé** vêtu

21. acquérir

indicatif présent j'acquiers,
il acquiert, nous acquérons,
ils acquièrent
> **imparfait** j'acquérais,
nous acquérions
> **passé simple** j'acquis
> **futur** j'acquerrai
impératif acquiers, acquérons
conditionnel présent j'acquerrais
subjonctif présent que j'acquière
participe présent acquérant
> **passé** acquis

22. venir

indicatif présent je viens, il vient,
nous venons, ils viennent
> **imparfait** je venais, nous venions
> **passé simple** je vins, nous vînmes
> **futur** je viendrai
impératif viens, venons
conditionnel présent je viendrais
subjonctif présent que je vienne
participe présent venant
> **passé** venu

23. pleuvoir

indicatif présent il pleut
> **imparfait** il pleuvait
> **passé simple** il plut
> **futur** il pleuvra
impératif n'existe pas
conditionnel présent il pleuvrait
subjonctif présent qu'il pleuve
participe présent pleuvant
> **passé** plu

24. prévoir

indicatif présent je prévois,
il prévoit, nous prévoyons,
ils prévoient
> **imparfait** je prévoyais,
nous prévoyions
> **passé simple** je prévis
> **futur** je prévoirai
impératif prévois, prévoyons
conditionnel présent je prévoirais
subjonctif présent que je prévoie,
que nous prévoyions
participe présent prévoyant
> **passé** prévu

25. pourvoir

indicatif présent je pourvois,
il pourvoit, nous pourvoyons,
ils pourvoient
> **imparfait** je pourvoyais,
nous pourvoyions
> **passé simple** je pourvus
> **futur** je pourvoirai
impératif pourvois, pourvoyons
conditionnel présent je pourvoirais
subjonctif présent que je pourvoie,
que nous pourvoyions
participe présent pourvoyant
> **passé** pourvu

26. asseoir ou assoir*

indicatif présent j'assieds, il assied,
nous asseyons, ils asseyent, ou
j'assois, il assoit, nous assoyons,
ils assoient
> **imparfait** j'asseyais, nous asseyions
ou j'assoyais, nous assoyions
> **passé simple** j'assis
> **futur** j'assiérai ou j'assoirai
impératif assieds, asseyons ou assois,
assoyons
conditionnel présent j'assiérais
ou j'assoirais
subjonctif présent que j'asseye,
que nous asseyions ou que j'assoie,
que nous assoyions
participe présent asseyant
ou assoyant
> **passé** assis

27. mouvoir

indicatif présent je meus,
il meut, nous mouvons,
ils meuvent
> **imparfait** je mouvais,
nous mouvions
> **passé simple** je mus,
nous mûmes
> **futur** je mouvrai
impératif meus, mouvons
conditionnel présent je mouvrais
subjonctif présent que je meuve,
que nous mouvions
participe présent mouvant
> **passé** mû

28. recevoir

indicatif présent je reçois, il reçoit, nous recevons, ils reçoivent
> **imparfait** je recevais, nous recevions
> **passé simple** je reçus
> **futur** je recevrai

impératif reçois, recevons
conditionnel présent je recevrais
subjonctif présent que je reçoive, que nous recevions
participe présent recevant
> **passé** reçu

29. valoir

indicatif présent je vaux, il vaut, nous valons, ils valent
> **imparfait** je valais, nous valions
> **passé simple** je valus
> **futur** je vaudrai

impératif vaux, valons
conditionnel présent je vaudrais
subjonctif présent que je vaille, que nous valions
participe présent valant
> **passé** valu

falloir

indicatif présent il faut
> **imparfait** il fallait
> **passé simple** il fallut
> **futur** il faudra

impératif *n'existe pas*
conditionnel présent il faudrait
subjonctif présent qu'il faille
participe présent n'existe pas
> **passé** fallu

30. voir

indicatif présent je vois, il voit, nous voyons, ils voient
> **imparfait** je voyais, nous voyions
> **passé simple** je vis
> **futur** je verrai

impératif vois, voyons
conditionnel présent je verrais
subjonctif présent que je voie, que nous voyions
participe présent voyant
> **passé** vu

31. vouloir

indicatif présent je veux, il veut, nous voulons, ils veulent
> **imparfait** je voulais, nous voulions
> **passé simple** je voulus
> **futur** je voudrai

impératif veux ou veuille, voulons, voulez ou veuillez
conditionnel présent je voudrais
subjonctif présent que je veuille, que nous voulions
participe présent voulant
> **passé** voulu

32. savoir

indicatif présent je sais, il sait, nous savons, ils savent
> **imparfait** je savais, nous savions
> **passé simple** je sus
> **futur** je saurai

impératif sache, sachons
conditionnel présent je saurais
subjonctif présent que je sache, que nous sachions
participe présent sachant
> **passé** su

33. pouvoir

indicatif présent je peux *ou* je puis, il peut, nous pouvons, ils peuvent
> **imparfait** je pouvais, nous pouvions
> **passé simple** je pus
> **futur** je pourrai

impératif *inusité*
conditionnel présent je pourrais
subjonctif présent que je puisse, que nous puissions
participe présent pouvant
> **passé** pu

34. avoir voir page ci-contre

35. conclure

indicatif présent je conclus, il conclut, nous concluons, ils concluent
> **imparfait** je concluais, nous concluions
> **passé simple** je conclus
> **futur** je conclurai

impératif conclus, concluons
conditionnel présent je conclurais
subjonctif présent que je conclue

conjugaison 34 AVOIR

indicatif

PRÉSENT	PASSÉ COMPOSÉ
j'ai	j'ai eu
tu as	tu as eu
il a	il a eu
nous avons	nous avons eu
vous avez	vous avez eu
ils ont	ils ont eu

IMPARFAIT	PLUS-QUE-PARFAIT
j'avais	j'avais eu
tu avais	tu avais eu
il avait	il avait eu
nous avions	nous avions eu
vous aviez	vous aviez eu
ils avaient	ils avaient eu

PASSÉ SIMPLE	PASSÉ ANTÉRIEUR
j'eus	j'eus eu
tu eus	tu eus eu
il eut	il eut eu
nous eûmes	nous eûmes eu
vous eûtes	vous eûtes eu
ils eurent	ils eurent eu

FUTUR SIMPLE	FUTUR ANTÉRIEUR
j'aurai	j'aurai eu
tu auras	tu auras eu
il aura	il aura eu
nous aurons	nous aurons eu
vous aurez	vous aurez eu
ils auront	ils auront eu

subjonctif

PRÉSENT	PASSÉ
que j'aie	que j'aie eu
que tu aies	que tu aies eu
qu'il ait	qu'il ait eu
que nous ayons	que nous ayons eu
que vous ayez	que vous ayez eu
qu'ils aient	qu'ils aient eu

IMPARFAIT	PLUS-QUE-PARFAIT
que j'eusse	que j'eusse eu
que tu eusses	que tu eusses eu
qu'il eût	qu'il eût eu
que nous eussions	que nous eussions eu
que vous eussiez	que vous eussiez eu
qu'ils eussent	qu'ils eussent eu

conditionnel

PRÉSENT
j'aurais
tu aurais
il aurait
nous aurions
vous auriez
ils auraient

PASSÉ 1re FORME
j'aurais eu
tu aurais eu
il aurait eu
nous aurions eu
vous auriez eu
ils auraient eu

PASSÉ 2e FORME
j'eusse eu
tu eusses eu
il eût eu
nous eussions eu
vous eussiez eu
ils eussent eu

impératif

PRÉSENT
aie
ayons
ayez

participe

PRÉSENT
ayant

PASSÉ
eu

participe présent concluant
> **passé** conclu

───── **36. rire** ─────
indicatif présent je ris, il rit,
  nous rions, ils rient
> **imparfait** je riais, nous riions
> **passé simple** je ris
> **futur** je rirai
impératif ris, rions
conditionnel présent je rirais
subjonctif présent que je rie,
  que nous riions
participe présent riant
> **passé** ri

───── **37. dire** ─────
indicatif présent je dis, il dit,
  nous disons, vous dites, ils disent
> **imparfait** je disais, nous disions
> **passé simple** je dis
> **futur** je dirai
impératif dis, disons, dites
conditionnel présent je dirais
subjonctif présent que je dise
participe présent disant
> **passé** dit

·············· **suffire** ··············
indicatif présent je suffis, il suffit,
  nous suffisons, ils suffisent
> **imparfait** je suffisais, nous suffisions
> **passé simple** je suffis
> **futur** je suffirai
impératif suffis, suffisons
conditionnel présent je suffirais
subjonctif présent que je suffise
participe présent suffisant
> **passé** suffi

───── **38. nuire** ─────
indicatif présent je nuis, il nuit,
  nous nuisons, ils nuisent
> **imparfait** je nuisais, nous nuisions
> **passé simple** je nuisis
> **futur** je nuirai
impératif nuis, nuisons
conditionnel présent je nuirais
subjonctif présent que je nuise
participe présent nuisant
> **passé** nui

·············· **conduire** ··············
indicatif présent je conduis,
  il conduit, nous conduisons,
  ils conduisent
> **imparfait** je conduisais,
  nous conduisions
> **passé simple** je conduisis
> **futur** je conduirai
impératif conduis, conduisons
conditionnel présent je conduirais
subjonctif présent que je conduise
participe présent conduisant
> **passé** conduit

───── **39. écrire** ─────
indicatif présent j'écris, il écrit,
  nous écrivons, ils écrivent
> **imparfait** j'écrivais, nous écrivions
> **passé simple** j'écrivis
> **futur** j'écrirai
impératif écris, écrivons
conditionnel présent j'écrirais
subjonctif présent que j'écrive
participe présent écrivant
> **passé** écrit

───── **40. suivre** ─────
indicatif présent je suis, il suit,
  nous suivons, ils suivent
> **imparfait** je suivais, nous suivions
> **passé simple** je suivis
> **futur** je suivrai
impératif suis, suivons
conditionnel présent je suivrais
subjonctif présent que je suive
participe présent suivant
> **passé** suivi

───── **41. rendre** ─────
indicatif présent je rends, il rend,
  nous rendons, ils rendent
> **imparfait** je rendais, nous rendions
> **passé simple** je rendis
> **futur** je rendrai
impératif rends, rendons
conditionnel présent je rendrais
subjonctif présent que je rende
participe présent rendant
> **passé** rendu

·············· **rompre** ··············
indicatif présent je romps, il rompt,
  nous rompons, ils rompent

> **imparfait** je rompais,
  nous rompions
> **passé simple** je rompis
> **futur** je romprai
impératif romps, rompons
conditionnel présent je romprais
subjonctif présent que je rompe
participe présent rompant
> **passé** rompu

·············· **battre** ··············

indicatif présent je bats, il bat,
  nous battons, ils battent
> **imparfait** je battais, nous battions
> **passé simple** je battis
> **futur** je battrai
impératif bats, battons
conditionnel présent je battrais
subjonctif présent que je batte
participe présent battant
> **passé** battu

——————— **42. vaincre** ———————

indicatif présent je vaincs, il vainc,
  nous vainquons, ils vainquent
> **imparfait** je vainquais,
  nous vainquions
> **passé simple** je vainquis
> **futur** je vaincrai
impératif vaincs, vainquons
conditionnel présent je vaincrais
subjonctif présent que je vainque
participe présent vainquant
> **passé** vaincu

——————— **43. lire** ———————

indicatif présent je lis, il lit,
  nous lisons, ils lisent
> **imparfait** je lisais, nous lisions
> **passé simple** je lus
> **futur** je lirai
impératif lis, lisons
conditionnel présent je lirais
subjonctif présent que je lise
participe présent lisant
> **passé** lu

——————— **44. croire** ———————

indicatif présent je crois, il croit,
  nous croyons, ils croient
> **imparfait** je croyais, nous croyions
> **passé simple** je crus, nous crûmes
> **futur** je croirai

impératif crois, croyons
conditionnel présent je croirais
subjonctif présent que je croie,
  que nous croyions
participe présent croyant
> **passé** cru

——————— **45. clore** ———————

indicatif présent je clos, il clôt,
  ils closent
> **imparfait** inusité
> **passé simple** n'existe pas
> **futur** je clorai
impératif clos
conditionnel présent je clorais
subjonctif présent que je close
participe présent closant
> **passé** clos

——————— **46. vivre** ———————

indicatif présent je vis, il vit,
  nous vivons, ils vivent
> **imparfait** je vivais, nous vivions
> **passé simple** je vécus
> **futur** je vivrai
impératif vis, vivons
conditionnel présent je vivrais
subjonctif présent que je vive
participe présent vivant
> **passé** vécu

——————— **47. moudre** ———————

indicatif présent je mouds, il moud,
  nous moulons, ils moulent
> **imparfait** je moulais, nous moulions
> **passé simple** je moulus
> **futur** je moudrai
impératif mouds, moulons
conditionnel présent je moudrais
subjonctif présent que je moule
participe présent moulant
> **passé** moulu

——————— **48. coudre** ———————

indicatif présent je couds, il coud,
  nous cousons, ils cousent
> **imparfait** je cousais, nous cousions
> **passé simple** je cousis
> **futur** je coudrai
impératif couds, cousons
conditionnel présent je coudrais
subjonctif présent que je couse

conjugaison 49 À 54

participe présent cousant
> **passé** cousu

——— 49. joindre ———
indicatif présent je joins, il joint, nous joignons, ils joignent
> **imparfait** je joignais, nous joignions
> **passé simple** je joignis
> **futur** je joindrai
impératif joins, joignons
conditionnel présent je joindrais
subjonctif présent que je joigne, que nous joignions
participe présent joignant
> **passé** joint

——— 50. traire ———
indicatif présent je trais, il trait, nous trayons, ils traient
> **imparfait** je trayais, nous trayions
> **passé simple** n'existe pas
> **futur** je trairai
impératif trais, trayons
conditionnel présent je trairais
subjonctif présent que je traie, que nous trayions
participe présent trayant
> **passé** trait

——— 51. absoudre ———
indicatif présent j'absous, il absout, nous absolvons, ils absolvent
> **imparfait** j'absolvais, nous absolvions
> **passé simple** inusité
> **futur** j'absoudrai
impératif absous, absolvons
conditionnel présent j'absoudrais
subjonctif présent que j'absolve
participe présent absolvant
> **passé** absous ou absout*

——— 52. craindre ———
indicatif présent je crains, il craint, nous craignons, ils craignent
> **imparfait** je craignais, nous craignions
> **passé simple** je craignis
> **futur** je craindrai
impératif crains, craignons
conditionnel présent je craindrais
subjonctif présent que je craigne, que nous craignions

participe présent craignant
> **passé** craint

············ peindre ············
indicatif présent je peins, il peint, nous peignons, ils peignent
> **imparfait** je peignais, nous peignions
> **passé simple** je peignis
> **futur** je peindrai
impératif peins, peignons
conditionnel présent je peindrais
subjonctif présent que je peigne, que nous peignions
participe présent peignant
> **passé** peint

——— 53. boire ———
indicatif présent il bois, il boit, nous buvons, ils boivent
> **imparfait** je buvais, nous buvions
> **passé simple** je bus
> **futur** je boirai
impératif bois, buvons
conditionnel présent je boirais
subjonctif présent que je boive, que nous buvions
participe présent buvant
> **passé** bu

——— 54. plaire[(1)] ———
indicatif présent je plais, il plaît, nous plaisons, ils plaisent
> **imparfait** je plaisais, nous plaisions
> **passé simple** je plus
> **futur** je plairai
impératif plais, plaisons
conditionnel présent je plairais
subjonctif présent que je plaise
participe présent plaisant
> **passé** plu

············ taire ············
indicatif présent je tais, il tait, nous taisons, ils taisent
> **imparfait** je taisais, nous taisions
> **passé simple** je tus
> **futur** je tairai
impératif tais, taisons
conditionnel présent je tairais
subjonctif présent que je taise
participe présent taisant
> **passé** tu

55. croître[2]

indicatif présent je crois, tu crois, il croît, nous croissons, ils croissent
> **imparfait** je croissais, nous croissions
> **passé simple** je crûs, nous crûmes
> **futur** je croîtrai
impératif crois, croissons
conditionnel présent je croîtrais
subjonctif présent que je croisse
participe présent croissant
> **passé** crû

.... accroître[1] ....

indicatif présent j'accrois, il accroît, nous accroissons, ils accroissent
> **imparfait** j'accroissais, nous accroissions
> **passé simple** j'accrus, nous accrûmes
> **futur** j'accroîtrai
impératif accrois, accroissons
conditionnel présent j'accroîtrais
subjonctif présent que j'accroisse
participe présent accroissant
> **passé** accru

56. mettre

indicatif présent je mets, il met, nous mettons, ils mettent
> **imparfait** je mettais, nous mettions
> **passé simple** je mis
> **futur** je mettrai
impératif mets, mettons
conditionnel présent je mettrais
subjonctif présent que je mette
participe présent mettant
> **passé** mis

57. connaître[1]

indicatif présent je connais, il connaît, nous connaissons, ils connaissent
> **imparfait** je connaissais, nous connaissions
> **passé simple** je connus
> **futur** je connaîtrai
impératif connais, connaissons
conditionnel présent je connaîtrais
subjonctif présent que je connaisse
participe présent connaissant
> **passé** connu

58. prendre

indicatif présent je prends, il prend, nous prenons, ils prennent
> **imparfait** je prenais, nous prenions
> **passé simple** je pris
> **futur** je prendrai
impératif prends, prenons
conditionnel présent je prendrais
subjonctif présent que je prenne, que nous prenions
participe présent prenant
> **passé** pris

59. naître[1]

indicatif présent je nais, il naît, nous naissons, ils naissent
> **imparfait** je naissais, nous naissions
> **passé simple** je naquis
> **futur** je naîtrai
impératif nais, naissons
conditionnel présent je naîtrais
subjonctif présent que je naisse
participe présent naissant
> **passé** né

(1) La Réforme de l'orthographe de 1990 préconise l'abandon de l'accent circonflexe sur le i et le u, sauf dans les terminaisons verbales du passé simple ou antérieur et celles du subjonctif imparfait ou plus-que-parfait. Ainsi, on peut écrire **plait ; nait, naitra, naitrait, accroit, accroitra, accroitrait, connait, connaitra, connaitrait**, etc.

(2) La Réforme de l'orthographe de 1990 préconise de conserver l'accent circonflexe sur les formes du verbe **croître** qui, sinon, pourraient se confondre avec celles du verbe **croire**. Ainsi on peut écrire **croitre, croitrai, croitra, croitrait, croitrions**, etc. mais on écrit **crû, croîs, croît, crûs, crût, crûrent, crûsse**, etc.

conjugaison 60 FAIRE

indicatif

PRÉSENT
je fais
tu fais
il fait
nous faisons
vous faites
ils font

IMPARFAIT
je faisais
tu faisais
il faisait
nous faisions
vous faisiez
ils faisaient

PASSÉ SIMPLE
je fis
tu fis
il fit
nous fîmes
vous fîtes
ils firent

FUTUR SIMPLE
je ferai
tu feras
il fera
nous ferons
vous ferez
ils feront

PASSÉ COMPOSÉ
j'ai fait
tu as fait
il a fait
nous avons fait
vous avez fait
ils ont fait

PLUS-QUE-PARFAIT
j'avais fait
tu avais fait
il avait fait
nous avions fait
vous aviez fait
ils avaient fait

PASSÉ ANTÉRIEUR
j'eus fait
tu eus fait
il eut fait
nous eûmes fait
vous eûtes fait
ils eurent fait

FUTUR ANTÉRIEUR
j'aurai fait
tu auras fait
il aura fait
nous aurons fait
vous aurez fait
ils auront fait

subjonctif

PRÉSENT
que je fasse
que tu fasses
qu'il fasse
que nous fassions
que vous fassiez
qu'ils fassent

IMPARFAIT
que je fisse
que tu fisses
qu'il fît
que nous fissions
que vous fissiez
qu'ils fissent

PASSÉ
que j'aie fait
que tu aies fait
qu'il ait fait
que nous ayons fait
que vous ayez fait
qu'ils aient fait

PLUS-QUE-PARFAIT
que j'eusse fait
que tu eusses fait
qu'il eût fait
que nous eussions fait
que vous eussiez fait
qu'ils eussent fait

conditionnel

PRÉSENT
je ferais
tu ferais
il ferait
nous ferions
vous feriez
ils feraient

PASSÉ 1re FORME
j'aurais fait
tu aurais fait
il aurait fait
nous aurions fait
vous auriez fait
ils auraient fait

PASSÉ 2e FORME
j'eusse fait
tu eusses fait
il eût fait
nous eussions fait
vous eussiez fait
ils eussent fait

impératif

PRÉSENT
fais
faisons
faites

participe

PRÉSENT
faisant

PASSÉ
fait

conjugaison 61 ÊTRE

indicatif

PRÉSENT	PASSÉ COMPOSÉ
je suis	j'ai été
tu es	tu as été
il est	il a été
nous sommes	nous avons été
vous êtes	vous avez été
ils sont	ils ont été

IMPARFAIT	PLUS-QUE-PARFAIT
j'étais	j'avais été
tu étais	tu avais été
il était	il avait été
nous étions	nous avions été
vous étiez	vous aviez été
ils étaient	ils avaient été

PASSÉ SIMPLE	PASSÉ ANTÉRIEUR
je fus	j'eus été
tu fus	tu eus été
il fut	il eut été
nous fûmes	nous eûmes été
vous fûtes	vous eûtes été
ils furent	ils eurent été

FUTUR SIMPLE	FUTUR ANTÉRIEUR
je serai	j'aurai été
tu seras	tu auras été
il sera	il aura été
nous serons	nous aurons été
vous serez	vous aurez été
ils seront	ils auront été

subjonctif

PRÉSENT	PASSÉ
que je sois	que j'aie été
que tu sois	que tu aies été
qu'il soit	qu'il ait été
que nous soyons	que nous ayons été
que vous soyez	que vous ayez été
qu'ils soient	qu'ils aient été

IMPARFAIT	PLUS-QUE-PARFAIT
que je fusse	que j'eusse été
que tu fusses	que tu eusses été
qu'il fût	qu'il eût été
que nous fussions	que nous eussions été
que vous fussiez	que vous eussiez été
qu'ils fussent	qu'ils eussent été

conditionnel

PRÉSENT
je serais
tu serais
il serait
nous serions
vous seriez
ils seraient

PASSÉ 1ʳᵉ FORME
j'aurais été
tu aurais été
il aurait été
nous aurions été
vous auriez été
ils auraient été

PASSÉ 2ᵉ FORME
j'eusse été
tu eusses été
il eût été
nous eussions été
vous eussiez été
ils eussent été

impératif

PRÉSENT
sois
soyons
soyez

participe

PRÉSENT
étant

PASSÉ
été

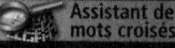

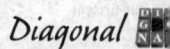